PROCÉDURE
ADMINISTRATIVE,

RECUEIL

CONTENANT PAR ORDRE ALPHABÉTIQUE DE MATIÈRES,
ET D'APRÈS LE TEXTE DES LOIS, ORDONNANCES, DÉCRETS, ARRÊTÉS
ET INSTRUCTIONS MINISTÉRIELLES,

actuellement en vigueur,

L'INDICATION DES ATTRIBUTIONS

DES DIVERS FONCTIONNAIRES ADMINISTRATIFS,

DES RÈGLES A SUIVRE, DES FORMALITÉS A REMPLIR

ET

DES PIÈCES A PRODUIRE

Pour l'instruction des affaires soumises à l'examen et à la décision des Ministres, Préfets, Sous-préfets, Conseils de préfecture, Conseils municipaux, Maires, Adjoints et autres Fonctionnaires,

PAR F. CROZET,

avocat,

L'un des rédacteurs de la *Bibliothèque municipale* et du *Journal de jurisprudence de la Cour impériale de Grenoble*,

AVEC LE CONCOURS

De la **RÉDACTION DU RÉPERTOIRE ADMINISTRATIF.**

~~PREMIÈRE LIVRAISON~~

NOTA. La seconde et dernière livraison paraîtra en décembre.

Prix de l'ouvrage complet : 8 fr.

GRENOBLE,
PRUDHOMME, IMPRIMEUR, PROPRIÉTAIRE-ÉDITEUR,
Rue Lafayette, 14, au deuxième étage.

1854.

PROCÉDURE

ADMINISTRATIVE.

COLLECTION ÉCONOMIQUE TOUJOURS COMPLÈTE DE LA LÉGISLATION MUNICIPALE.

Cette collection se compose :

1° De la **PROCÉDURE ADMINISTRATIVE**, qui comprend toute la législation municipale depuis 1669 jusqu'au 23 décembre 1854 ;

2° Du **RÉPERTOIRE ADMINISTRATIF**, 3e série, qui recueille par ordre chronologique tous les documents officiels faisant suite aux matières composant la *Procédure administrative*.

Avec ces deux ouvrages, un administrateur est continuellement à jour de tous les documents, en lois, décrets, instructions ministérielles, et jurisprudence, qu'il a intérêt de connaître pour leur application dans la pratique administrative.

NOTA. — La *Procédure administrative* diffère du *Formulaire municipal* et du *Répertoire*, en ce que ces deux derniers ouvrages contiennent, *in extenso*, tous les documents, avec instructions, commentaires, formules, et jurisprudence des actes à accomplir, tandis que la *Procédure* n'a pris à ces documents que ce qui était spécial à chacun de ces actes. Le *Formulaire* et le *Répertoire* sont, pour ainsi dire, la mise en action de la *Procédure*.

(V. l'annonce ci-après.)

BIBLIOTHÈQUE MUNICIPALE.

FORMULAIRE MUNICIPAL, par **E. Miroir** et **Ch. Jourdan**, deuxième édition, revue et mise en harmonie avec la législation et la jurisprudence actuelles. Six forts volumes in-8, prix........ 48 fr.

Cet ouvrage contient, dans 1233 articles ou traités différents, classés par ordre alphabétique, tout **le droit ancien encore en vigueur**, **tout le droit nouveau** : lois, décrets, ordonnances, instructions ministérielles, et jurisprudence du conseil d'Etat, de la cour de cassation, etc., depuis 1789 jusque fin 1843, en ce qui concerne la partie administrative ; et un RECUEIL complet de FORMULES de tous les actes qu'on peut rédiger dans une mairie.

NOUVEAU FORMULAIRE DE 10 ANS, ou Supplément à la deuxième édition du **Formulaire municipal**, contenant toute la législation et la jurisprudence administratives, depuis 1844 jusqu'à 1854, renfermées dans la deuxième série du **Répertoire administratif**, 2 vol. in-8. (Sous-presse pour paraître en 1855.)

RÉPERTOIRE ADMINISTRATIF, Journal complémentaire et continuation du **Formulaire municipal**, contenant, par ordre chronologique, tous les actes officiels administratifs qui font suite à la législation recueillie dans le Formulaire ; des développements, instructions, commentaires et formules sur tout ce qui ressort de l'administration municipale, et le DICTIONNAIRE DE JURISPRUDENCE ADMINISTRATIVE du Conseil d'Etat, de la Cour de cassation, des Cours d'appel, etc., etc., par plusieurs jurisconsultes et fonctionnaires, 1 vol. in-8 par an, paraissant par livraisons mensuelles de 32 ou 64 pages ; prix, pour les souscripteurs, à partir d'octobre 1854, franc de port par la poste........ .... 8 fr.

Cette publication se divise en trois séries : la première comprend dix ans, de 1834 à 1843, et forme onze volumes en y comprenant la **Table décennale** ; prix, rendu franco par la poste : 68 fr., et par le roulage, 48 fr. ; elle fait suite à la première édition du **Formulaire municipal**.

La deuxième série comprend dix ans, de 1844 à 1853, et forme dix volumes ; prix franco, 60 fr. La **Table** des deux premières séries ou **de vingt ans** est sous presse. Cette série fait suite au **Formulaire municipal**, deuxième édition.

La troisième série commence en la présente année 1854, qui est en cours de publication ; prix de ladite année 1854, 8 fr. La troisième série fait suite à la deuxième édition du **Formulaire municipal**, et au **Nouveau Formulaire de 10 ans**.

FORMULAIRE DE 10 ans, ou supplément au **Formulaire municipal** par E. Miroir et Ch. Jourdan, et à tous les manuels municipaux, et TABLE DECENNALE alphabétique et analytique de toutes les matières administratives survenues depuis le 1er janvier 1834, contenues dans les dix années, première série du **Répertoire administratif**, journal complémentaire du *Formulaire municipal* ; renfermant, en outre, les formules des actes qui se rapportent à ces matières, par F. CROZET, avocat ; précédé d'un CALENDRIER MUNICIPAL PERPÉTUEL, indiquant pour chaque jour les travaux que les maires ont à accomplir à des époques déterminées.— In-8, 8 fr.

AGENDA pour les receveurs municipaux, suivi de Notes complémentaires pour les receveurs spéciaux ; ouvrage utile aux maires, administrateurs d'hospices, secrétaires de communes, receveurs des finances, conseillers de préfecture, comptables municipaux, etc. ; 4e édition, revue, corrigée et considérablement augmentée ; mise en harmonie avec le décret de décentralisation, et suivie d'une instruction sur le timbre, etc., etc., et d'une Table alphabétique et analytique. 1 vol. in-8°, grand raisin, publié en deux livraisons. — Prix de l'ouvrage pour les souscripteurs avant l'apparition de la 2e livraison (payables en recevant la première) :.. 5 fr.

Quand l'*Agenda* sera terminé, le prix en sera porté à un chiffre plus élevé. — L'éditeur garantit le remboursement des 5 fr., si l'ouvrage ne se terminait pas. — En vente : 1re LIVRAISON.

Tous ces ouvrages se vendent séparément.

Pour tous ces ouvrages, adresser les demandes à PRUDHOMME, imprimeur-éditeur à Grenoble ; — Affranchir. — Joindre un bon de poste du prix du livre que l'on veut acquérir, et aussitôt il sera envoyé franco par la poste à l'adresse donnée, à l'exception du Formulaire qui sera expédié par le roulage.

PROCÉDURE
ADMINISTRATIVE,

RECUEIL

CONTENANT PAR ORDRE ALPHABÉTIQUE DE MATIÈRES,
ET D'APRÈS LE TEXTE DES LOIS, ORDONNANCES, DÉCRETS, ARRÊTÉS
ET INSTRUCTIONS MINISTÉRIELLES
actuellement en vigueur,

L'INDICATION DES ATTRIBUTIONS
DES DIVERS FONCTIONNAIRES ADMINISTRATIFS,

DES RÈGLES A SUIVRE, DES FORMALITÉS A REMPLIR
ET
DES PIÈCES A PRODUIRE

Pour l'instruction des affaires soumises à l'examen et à la décision des Ministres, Préfets, Sous-préfets, Conseils de préfecture, Conseils municipaux, Maires, Adjoints et autres Fonctionnaires;

EXTRAIT

Du Formulaire municipal 2e édition, et du Supplément du Formulaire
QUI EST SOUS PRESSE;

TERMINÉ PAR UNE TABLE CHRONOLOGIQUE ET UNE TABLE ANALYTIQUE.

PAR F. CROZET,
avocat,
L'un des rédacteurs de la *Bibliothèque municipale* et du *Journal de jurisprudence de la Cour impériale de Grenoble,*

AVEC LE CONCOURS
De la RÉDACTION DU RÉPERTOIRE ADMINISTRATIF.

1 vol. in-8° : 8 fr.

Adresser les demandes (franco) à PRUDHOMME, imprimeur-éditeur à Grenoble ; joindre un bon de poste ou des timbres-postes du prix de l'ouvrage demandé, et aussitôt il sera envoyé franco.

GRENOBLE,
PRUDHOMME, IMPRIMEUR, PROPRIÉTAIRE-ÉDITEUR,
Rue Lafayette, 14, au deuxième étage.
PARIS,
DURAND, LIBRAIRE,
Rue des Grès, 5.

1855.

AVIS

De l'éditeur-propriétaire de la *Bibliothèque municipale*.

Depuis 1830, nous nous occupons de publications administratives. Notre but constant a été de fournir aux administrateurs et principalement aux fonctionnaires municipaux les moyens d'arriver facilement, et sans se livrer à de longues et pénibles recherches, à la connaissance exacte des règles qu'ils ont à suivre dans les nombreuses affaires qui leur sont soumises.

Dans ces derniers temps, il est devenu plus que jamais indispensable de réunir et de classer les diverses dispositions des lois et instructions qui concernent les matières administratives ; car l'augmentation considérable des affaires résultant des progrès de la civilisation et des besoins nouveaux, et de plus, les nombreuses et importantes modifications apportées dans notre législation par suite des événements politiques, sont venues accroître les difficultés à ce point, qu'il serait à peu près impossible à un administrateur, poussé par la masse des affaires qui se pressent, de se livrer aux études nécessaires pour opérer avec régularité et en temps utile, s'il n'avait à sa disposition des ouvrages spéciaux pour lui indiquer avec sûreté la marche à suivre et les règles à observer pour chaque demande.

C'est surtout à l'égard de la *procédure administrative*, dont les règles sont éparses dans une foule de lois et d'instructions publiées à diverses époques, et successivement modifiées par de nouvelles dispositions, que les fonctionnaires doivent éprouver le besoin d'un ouvrage qui leur permette, sans avoir recours à des recherches et à des études auxquelles ils n'ont pas le temps de se livrer, *d'instruire promptement et régulièrement* les affaires d'intérêt général et d'intérêt particulier qu'ils ont à traiter. Le moment nous a paru favorable pour combler cette lacune, et l'un des rédacteurs du *Répertoire administratif*, qui s'est occupé toute sa vie de l'étude de la jurisprudence, s'est empressé de nous prêter son concours.

L'ouvrage que nous publions aujourd'hui sous le titre de *Procédure administrative*, renferme, d'après le dernier état de la législation, l'ensemble des règles à suivre et l'indication des formalités à observer et des pièces à produire pour l'instruction de toutes les affaires relatives à chaque matière soumise à l'examen et à la décision de MM. les Préfets, Sous-Préfets, Conseillers de préfecture, Maires, Adjoints, Conseillers municipaux et autres Fonctionnaires administratifs. Ces règles sont extraites textuellement des lois, ordonnances, décrets, arrêtés et instructions ministérielles actuellement en vigueur, et cités à la suite de chaque article, afin qu'on puisse y avoir recours au besoin. On a ajouté à tous ces documents l'indication des attributions des divers fonctionnaires administratifs à l'effet de les mettre en état d'apprécier eux-mêmes l'étendue et les limites de leur compétence respective.

L'ordre alphabétique des matières nous a paru le plus convenable et le plus propre à faciliter les recherches. Nous nous sommes efforcé de ne rien omettre d'important, tout en nous restreignant aux indications les plus sommaires, et en évitant les développements et les discussions qui sortaient du cadre que nous nous sommes tracé. Nous aurons atteint notre but, si l'utilité de notre essai est reconnue par les fonctionnaires auxquels il est destiné.

Notes sur la Table chronologique, et sur les Tables alphabétique et analytique n°s 1 et 2.

Table chronologique. — La *Procédure* étant le résultat d'un classement alphabétique des matières réglées par une multitude de documents officiels, il pourra être utile à quelques personnes d'avoir par ordre chronologique ces mêmes documents, avec renvoi aux passages dans lesquels ils sont consignés : c'est l'objet de la Table chronologique, qui, au moyen des renvois, reconstitue pour ainsi dire dans leur entier les actes qui ont été divisés dans tout l'ouvrage.

Tables alphabétiques et analytiques. — Quoique la *Procédure* soit par ordre alphabétique de matières, il nous a paru indispensable, pour faciliter plus encore les recherches aux personnes peu habituées aux affaires, de donner une Table générale par ordre alphabétique de toutes les choses dont il est question dans ces mêmes matières. Ainsi, dans l'article *Budgets communaux*, qui forme douze pages, on fait connaître ce que c'est que : *Recettes ordinaires* ou *extraordinaires*; *Dépenses ordinaires, extraordinaires, facultatives, obligatoires, imprévues; Crédits, Virements de crédits*, etc., etc. Pour trouver les passages où ces opérations sont décrites, il faut un temps plus ou moins long. Au moyen de la Table générale, on a immédiatement la page et le numéro du paragraphe, il n'y a plus alors à parcourir douze pages.

A la Table générale nous avons ajouté une deuxième Table contenant, toujours par ordre alphabétique, toutes les matières régies par le décret de *décentralisation* du 25 mars 1852. Comme on aura fréquemment recours aux diverses dispositions de ce décret, nous avons pensé qu'il convenait d'en faire une Table à part, en ayant soin de la distinguer de la première au moyen d'un caractère différent employé dans les rubriques ; il ne pourra pas alors y avoir de confusion, et on ne recourra à cette Table que pour la compétence de la décision.

Nous le répétons, tout notre but, dans ces travaux, est de faire gagner du temps.

PROCÉDURE

ADMINISTRATIVE.

A

ABANDON. — Formulaire municipal, tome 1, page. 11.

1. *Abandon des choses.* — Toute chose trouvée abandonnée doit être remise entre les mains de l'officier de police du lieu, qui fait aussitôt les diligences nécessaires pour découvrir la personne à qui l'objet appartient.

L'autorité municipale ne doit pas perdre de vue l'abandon des choses qui pourraient être nuisibles à la société, non plus que celui des armes à feu, des drogues pernicieuses, etc., et des procès-verbaux doivent être dressés contre les négligents, afin qu'ils soient traduits devant le tribunal de simple police, pour y être condamnés à l'amende portée par l'art. 471, n° 7, du Code pénal.

2. *Abandon de tutelle.* — Lorsqu'un tuteur a disparu et a abandonné la tutelle qui lui était confiée, le maire doit en instruire aussitôt le juge de paix.

3. *Abandon des enfants.* V. ENFANTS TROUVÉS.

4. *Abandon d'animaux.* V. ANIMAUX.

ABAT-JOUR. V. VOIRIE.

ABATTOIRS. — Form. mun., tom. 1, pag. 13.

LÉGISLATION.

Décret du 15 octobre 1810. — Ord. du 15 avril 1838, relative aux abattoirs publics et communs.

PROCÉDURE.

1. Les abattoirs sont, comme établissements communaux, placés sous l'autorité du ministre de l'intérieur, et, comme établissements insalubres et incommodes de première classe, sous celle du ministre de l'agriculture et du commerce. *(Ord. du 15 avril 1838, art. 1 et 3.)*

2. La mise en activité de tout abattoir public et commun légalement établi, entraîne de plein droit la suppression des tueries particulières situées dans la localité. *(Ord. précitée, art. 2.)*

3. Ces établissements ne doivent pas être considérés comme productifs de revenus; leur but essentiel est la sûreté et la salubrité publiques, que l'existence de tueries particulières peut gravement compromettre. Les communes doivent donc éviter d'établir un véritable impôt sur la viande de boucherie, impôt qui élèverait le prix de cet aliment de première nécessité, mais chercher seulement à se couvrir de leurs avances, et à s'indemniser aussi des frais d'entretien et d'agence des abattoirs, au moyen de taxes d'abatage établies par un tarif municipal approuvé par le gouvernement, et perçues conformément à ce qui se pratique pour les droits d'octroi. *(Loi du 18 juillet 1837, art. 31, et instructions min.)*

4. L'usage des abattoirs publics est entièrement facultatif pour les bouchers des banlieues. Il en est de même pour ceux de la ville, sous la condition pour ces derniers d'abattre au dehors, d'introduire la viande par quartier, et de payer le droit d'octroi. (*Instruct. minist. du 22 décembre 1825.*)

5. Il y a deux manières d'établir des abattoirs : 1° la construction par la commune au moyen de fonds spéciaux votés par le conseil municipal, sauf ensuite à mettre en ferme ou en régie la perception des droits; 2° la construction par un entrepreneur, à ses frais, à charge par la commune de lui abandonner le produit des droits pendant un nombre d'années déterminé.

6. La demande aux fins d'établir un abattoir est formée par une délibération du conseil municipal. (*Décret du 15 oct. 1810, art. 5.*)

7. Cette délibération motivée doit contenir, 1° le chiffre de la population de la commune; 2° le nombre des bouchers et charcutiers en exercice; 3° le nombre des tueries ou échaudoirs particuliers; 4° la quantité de bestiaux de chaque espèce, abattus annuellement pour la consommation, avec indication du poids moyen. (*Instr. min. du 22 déc. 1825.*)

8. Un plan figuratif, dressé à l'avance sur une petite échelle, doit indiquer avec précision la situation du local choisi pour l'établissement de l'abattoir, la distance à laquelle il se trouve des maisons et terrains environnants, et l'emplacement où l'abattoir sera construit. (*Circ. min. du 8 août 1833.*)

9. La délibération du conseil municipal doit s'expliquer sur le choix de l'emplacement, sur le mode d'exécution de l'opération et sur le tarif des droits à percevoir. Si l'emplacement n'appartient pas à la commune, le conseil doit délibérer sur le projet d'acquisition du terrain.

Cette délibération est transmise, en double expédition, ainsi que le plan figuratif, au sous-préfet, qui fait procéder à une enquête *de commodo et incommodo*. (*Décret du 15 oct. 1810, et ord. du 14 janv. 1815.*)

10. L'avis qui indique l'ouverture de l'enquête est affiché dans la commune qui forme la demande et dans les communes circonvoisines à cinq kilomètres du rayon. (*Décret précité, art. 3.*)

11. Pendant l'enquête, le maire complète l'instruction comme il suit :

1° Il prépare, s'il y a lieu, le projet de traité avec l'entrepreneur;

2° Il fait faire par un homme de l'art le plan et le devis de la construction;

3° Il dresse le cahier des charges destiné à servir de base à l'adjudication des travaux;

4° Il prend un arrêté pour réglementer le service de l'abattoir.

12. Après toutes ces formalités, une nouvelle délibération du conseil municipal intervient, à l'effet 1° d'approuver le projet de construction, et, s'il y a lieu, le projet de traité avec l'entrepreneur; 2° de répondre aux réclamations qui ont pu s'élever contre l'établissement de l'abattoir; 3° de voter les fonds nécessaires pour faire face aux dépenses de construction; 4° de délibérer sur le tarif des droits à percevoir pour taxes d'abatage.

13. L'instruction étant alors complète, le maire transmet au sous-préfet les pièces suivantes:

1° Délibération du conseil municipal demandant l'établissement de l'abattoir;

2° Procès-verbal d'enquête *de commodo et incommodo*, et certificat d'affiche, dans le cas où le sous-préfet n'a pas fait lui-même les publications;

3° Plan figuratif des lieux, en double;

4° Plan de construction et devis des travaux, en double. (Les pièces n°s 2, 3 et 4, visées par le maire);

5° Deux copies du règlement de police de l'abattoir;

6° Cahier des charges à imposer à l'entrepreneur des travaux, en double copie;

7° Dernière délibération du conseil municipal, en double expédition;

8° Copie certifiée du tarif des droits d'octroi établis dans la commune, ou certificat constatant qu'il n'existe pas d'octroi;

9° Evaluation des frais d'exploitation et d'agence de l'abattoir;

10° Situation de la caisse municipale, délivrée par le percepteur;

11° Projet, s'il y a lieu, de traité de gré à gré entre le maire et l'entrepreneur, dressé sur papier timbré, avec une copie sur papier libre.

14. Dans le cas où, pour l'établissement de l'abattoir, il a été voté, soit une acquisition ou une aliénation d'immeubles, soit une imposition extraordinaire ou un emprunt, un dossier distinct et séparé doit être transmis au sous-préfet, pour chacune de ces affaires. — V. les mots ACQUISITIONS, ALIÉNATIONS, EMPRUNTS COMMUNAUX, IMPOSITIONS EXTRAORDINAIRES.

15. Le décret du 25 mars 1852 sur la décentralisation administrative ne faisant aucune mention des abattoirs, les préfets doivent s'abstenir de statuer, tant sur la création d'abattoirs, que sur le tarif des droits d'abatage *(Instr. min. du 22 juin 1853, ensuite d'un avis du conseil d'État)*, et adresser au ministre de l'agriculture et du commerce les pièces citées ci-dessus; au ministre de l'intérieur : 1° la délibération municipale; 2° le projet de traité, s'il y a lieu; 3° le cahier des charges; 4° les plan et devis, si la dépense excède 30,000 fr. *(Loi du 18 juillet 1837, art. 45)*; et 5° le tarif des droits à percevoir.

L'affaire s'instruit simultanément dans les bureaux des deux ministères, qui règlent, de concert, les dispositions à arrêter.

16. Lorsque le maire a reçu l'autorisation, il se met en mesure de procéder à l'adjudication des travaux.

17. Il appartient aux maires de faire, pour le service et la police des abattoirs, tous les règlements nécessaires. — Les principales règles à établir sont relatives à la sûreté et à la salubrité publiques. Ainsi les bœufs et les vaches doivent être conduits à l'attache; dans les villes, un préposé à l'abattoir doit être présent à l'abatage des bestiaux, pour s'assurer s'ils sont sains et exempts de maladie et si la viande est de bonne qualité, etc.

V. ADJUDICATION.

ABEILLES. — Form. mun., tom. 1, pag. 24.

Les abeilles ne doivent être tolérées dans les villes qu'autant qu'il ne peut en résulter aucun inconvénient ni danger pour les voisins, à raison des piqûres de ces insectes; autrement elles rentrent dans la classe des animaux nuisibles ou incommodes, à l'égard desquels il appartient aux maires de prescrire les mesures convenables pour prévenir les accidents qui pourraient en résulter.

ABONNEMENTS.

LÉGISLATION.

Arrêté des consuls du 29 prairial an 8-18 juin 1800, art. 1 à 3. — Instr. min. du 8 mess. an 8-21 juin 1800. — Décret et instr. min. du 12 février 1852.

1. *Bulletin des lois.* — La collection du *Bulletin des lois* ne peut, sous aucun prétexte, être distraite du secrétariat de la mairie, où elle doit être déposée par le maire, qui a mission de veiller à sa conservation et qui en est personnellement responsable. Le maire sortant en fait la remise à son successeur; si cette formalité a été omise, ce dernier est présumé avoir reçu la collection complète, et le remplacement des numéros détruits ou égarés est à sa charge. *(Avis du comité de l'int. du 25 juin 1830.)*

2. *Moniteur des communes.* — Le *Bulletin des lois*, qui était envoyé aux maires de toutes les communes et dont le prix d'abonnement est de 6 fr. *(arrêté du 29 prair. an 8, art. 1er)*, n'est plus reçu maintenant que par les maires de chef-lieu de canton; les autres communes reçoivent, en échange, le *Moniteur des communes*, feuille divisée en deux parties, dont une doit rester déposée aux archives de la mairie, et l'autre est placardée dans la commune. *(Décret du 12 février 1851, art. 1, 2, 3 et 5.)*

Le prix du *Moniteur des communes* est le même que celui du *Bulletin des lois*; il est payé par les communes à titre de dépense obligatoire. *(Décret précité, art. 4.)*

3. *Boissons.* — L'abonnement pour les droits sur les liquides est purement facultatif pour les communes, et les impositions votées pour pourvoir à cet abon-

nement ne peuvent être autorisées que par décision gouvernementale. (*Loi du 28 avril 1816, et instr. min. du 18 août 1837.*)

V. Casernement militaire.

Abreuvoirs. — Form. mun., tom. 1, pag. 25.

1. La construction et l'entretien des abreuvoirs publics sont à la charge des communes. Il appartient aux maires d'en désigner l'emplacement, après avoir pris l'avis du conseil municipal.

2. Lorsqu'il s'agit d'établir un abreuvoir dans une rivière navigable ou flottable, dans un canal de navigation, de desséchement ou d'irrigation, l'autorisation doit préalablement en être demandée au préfet. (*Arrêté du 19 ventôse an 6, art. 9 et 12.*)

3. Les abreuvoirs sont, comme lieux publics, placés sous la surveillance de l'autorité municipale. (*Arrêté du 12 mess. an 8, art. 32.*) En conséquence, il appartient aux maires d'arrêter toutes les dispositions qu'ils jugeront nécessaires pour leur conservation et leur entretien, et de prescrire des mesures de police pour en assurer la sûreté et la salubrité.

Ainsi ils peuvent défendre :

1° De dépasser les limites ou barrages qui y auront été établis ;

2° D'y mener les chevaux plus vite que le pas ;

3° De les y faire conduire par des femmes ou par des conducteurs qui ne seraient pas âgés de dix-huit ans ;

4° D'y mener des chevaux ou bestiaux pendant la nuit ;

5° D'y laver du linge ;

6° D'y jeter des ordures ou immondices ;

7° D'y laisser introduire des oies et des canards ;

8° D'y faire plonger et baigner des chiens, à moins que l'eau n'y ait un courant rapide ;

9° D'y faire conduire par un seul homme plus de trois chevaux à la fois, y compris le porteur, sans que cette défense puisse cependant être appliquée au postillon. (*Déclaration du 28 avril 1782, et arr. cour cass. du 8 septembre 1809 et du 24 avril 1834.*)

4. Les règlements de police doivent surtout rappeler qu'aux termes de l'arrêté du gouvernement, du 27 messidor an 5, il est défendu de conduire les bestiaux infectés de maladies contagieuses aux abreuvoirs communs.

5. Les contraventions à ces dispositions doivent être constatées par des procès-verbaux, et les contrevenants traduits devant le tribunal de police.

Absence. — Form. mun., tom. I, pag. 29.

1. Lorsqu'une personne a disparu de son domicile, les parents, les amis, et même les voisins ou toutes autres parties intéressées, doivent en faire la déclaration à l'officier de police du lieu. Cette déclaration doit contenir les noms, qualité et signalement de l'individu absent, et les circonstances de la disparition.

2. S'il n'y a pas présomption que l'individu disparu soit mort dans son habitation, l'officier de police ou le maire qui en fait les fonctions reçoit la déclaration, la transmet au procureur impérial, et en donne avis au préfet ou au sous-préfet, ainsi qu'au juge de paix de l'arrondissement, pour l'apposition des scellés.

3. Si la présomption existe, l'officier de police se transporte sur les lieux et fait ouvrir la porte de l'absent en présence de deux témoins, avec lesquels il entre dans les lieux et procède sous leur assistance. S'il trouve la personne morte dans le local, il procède, suivant les cas, à constater s'il y a mort subite ou accidentelle, ou mort violente ; il avertit le juge de paix pour apposer les scellés, et dresse du tout procès-verbal.

4. L'administration locale est, de plus, chargée spécialement de veiller aux intérêts et à la conservation des droits des absents. Ainsi, suivant la loi du 28 septembre-6 octobre 1791, tit. 1er, sect. 5, art. 1er, la municipalité doit pourvoir à faire serrer la récolte d'un cultivateur absent, infirme ou accidentellement

hors d'état de le faire lui-même, et qui réclame ce secours. Les ouvriers sont payés sur la récolte. — D'après la loi du 6 brumaire an 5, les propriétés des défenseurs de la patrie et des autres citoyens absents pour le service public, sont mises sous la surveillance des maires et adjoints municipaux de chaque commune. — Aux termes d'un arrêté du gouvernement, du 22 prairial an 5, dans chaque commune où ne réside pas un juge de paix, le maire et, à son défaut, son adjoint, sont tenus de donner avis, sans aucun délai, au juge de paix résidant dans le canton, de la mort de toute personne qui laisse pour héritiers des pupilles, des mineurs ou des absents. — Enfin, suivant un arrêté du gouvernement du 6 messidor an 10, l'insolvabilité ou l'absence des redevables du trésor public sont constatées, ou par des procès-verbaux, soit de perquisition, soit de carence, dressés par des huissiers, ou par des certificats délivrés, sous leur responsabilité, par les maires ou adjoints des communes de leur résidence ou de leur dernier domicile. Ces certificats sont visés par le préfet, pour l'arrondissement chef-lieu, et par les sous-préfets, pour les autres arrondissements.

5. Une loi du 13 janvier 1817 contient toutes les mesures à suivre pour faire déclarer l'absence ou constater le décès des militaires, et règle les effets, soit de la présomption, soit de la déclaration d'absence légalement prononcée.

ABUS (APPEL COMME D'). — Form. mun., tom. I, pag. 33.

1. On désigne ainsi le recours ou l'appel formé contre l'abus ou l'usage illicite de la puissance et de la juridiction ecclésiastiques, empiétant sur la juridiction laïque ou sur les droits d'autrui.

2. Les articles organiques du concordat du 26 messidor an 9-15 juillet 1801, et une ordonnance du roi, du 29 juin 1814, attribuent au conseil d'Etat la connaissance des appels comme d'abus.

3. En matière ecclésiastique, les cas d'abus sont l'excès de pouvoir, la contravention aux lois et règlements de l'Etat, l'infraction des règles consacrées par les canons reçus en France, l'attentat aux libertés, franchises et coutumes de l'église gallicane, et toute entreprise ou tout procédé qui, dans l'exercice du culte, peut compromettre la sûreté des citoyens, troubler arbitrairement leur conscience, dégénérer contre eux en oppression, en injures ou en scandale public. *(Art. 6 du concordat.)*

ACCIDENT. — Form. mun., tom. I, pag. 34.

1. L'accident est un cas fortuit, un événement imprévu, qui cause des dommages, soit aux personnes, soit aux choses.

2. Le devoir des maires et adjoints, et de tout officier de police, est de prévenir les accidents, de secourir ceux qui en ont été victimes, de poursuivre ceux qui les ont occasionnés, soit par méchanceté, ou par maladresse, ou par imprudence, ou en contrevenant aux règlements de police.

3. Le Code pénal contient plusieurs dispositions contre ceux qui ont occasionné divers genres d'accidents. Ce sont notamment les dispositions des art. 471 et suivants.

ACCOUCHEMENTS. — Form. mun., tom. I, pag. 37.

1. Les maires veillent à ce qu'aucune personne ne s'ingère dans l'art des accouchements, si elle n'est pourvue d'un diplôme. *(Loi du 19 vent. an 11-10 mars 1803.)* — A cet effet, si un chirurgien-accoucheur ou une sage-femme se présentent dans une commune pour y résider, le maire doit exiger la représentation du diplôme et examiner s'il est en bonne forme. Dans le cas contraire, il dresse ou fait dresser procès-verbal contre les contrevenants, et le transmet au procureur impérial.

2. Les maires présentent aux autorités supérieures, pour être admises à suivre les cours d'accouchement, les femmes qui se destinent à l'état de sages-femmes; ils leur délivrent un certificat de bonne vie et mœurs.

ACQUISITIONS. — Form. mun., tom. I, pag. 39.

LÉGISLATION.

Loi du 18 juillet 1837, art. 19 et 46.— Décret du 25 mars 1852, art. 1er, et tableau A.

PROCÉDURE.

1. Délibération du conseil municipal portant vote d'acquisition, et par laquelle justification est faite que la commune a les ressources nécessaires pour acquérir. Cette délibération est soumise à l'approbation du préfet. *(Loi du 18 juillet 1837, art. 19 et 20.)*

2. Après cette délibération, le maire fait procéder à l'estimation de l'immeuble par deux experts, l'un nommé par lui, l'autre par le vendeur, ou par un seul expert accepté par le vendeur; il fait souscrire par ce dernier une promesse de vente écrite sur papier timbré, et énonçant la nature, la situation, l'étendue de l'immeuble et l'engagement de le vendre moyennant le prix d'estimation; il fait dresser un plan figuré et détaillé des lieux, et transmet ensuite ces trois pièces, avec la délibération du conseil municipal au sous-préfet, qui prescrit une enquête *de commodo et incommodo. (Instr. min. et avis du conseil d'Etat du 3 septembre 1811.)*

3. Ensuite de cette enquête, le conseil municipal, après avoir pris connaissance de toutes les pièces, approuve le rapport d'experts et vote les ressources nécessaires pour payer le prix d'acquisition, après avoir répondu aux observations qui ont pu être faites dans le procès-verbal d'enquête contre le projet d'acquisition.

4. L'instruction étant complète, le maire transmet au sous-préfet :

1° La délibération municipale portant vote d'acquisition;

2° Le procès-verbal d'enquête *de commodo et incommodo;*

3° Le procès-verbal d'estimation, sur papier timbré, avec l'avis du commissaire enquêteur;

4° Le plan figuré et détaillé des lieux, aussi en double;

5° La promesse de vente souscrite par le vendeur;

6° Deux copies de la délibération du conseil municipal portant approbation du rapport d'experts, et vote des ressources nécessaires pour le paiement de la dépense;

7° La situation de la caisse municipale, délivrée par le percepteur.

5. Si, pour payer l'acquisition, le conseil municipal a voté des centimes additionnels ou l'aliénation d'immeubles communaux, le maire transmet au sous-préfet un dossier distinct contenant les pièces qu'il est prescrit de produire en matière d'imposition extraordinaire ou d'aliénation.

6. L'arrêté autorisant l'acquisition est rendu par le préfet, quelle que soit la valeur des immeubles à acquérir. *(Décret du 25 mars 1852, art. 1er, et tableau A, n° 41.)*

Si l'acquisition est amiable, l'arrêté préfectoral suffit; s'il s'agit d'exproprier, un décret est nécessaire. *(Instr. min. du 5 mai 1852, modèle n° 46, note **.)*

Les préfets ne peuvent, non plus, autoriser les acquisitions nécessitant la création de ressources *départementales* extraordinaires. *(Instr. précitée.)*

L'arrêté préfectoral, accompagné des pièces qui s'y rattachent, est ensuite transmis au maire, qui s'entend avec le vendeur pour la passation de l'acte par-devant notaire.

7. Les actes d'acquisition qui portent sur des propriétés affectées à un service public doivent être soumis à l'autorité centrale. Ainsi, les préfets sont compétents pour acquérir un immeuble affecté à une pépinière départementale ou loué à des particuliers au profit du département, etc.; mais ils cessent de l'être pour faire, par exemple, la cession d'un édifice dans lequel serait établi l'hôtel de la préfecture, ou qui serait consacré, soit aux services judiciaires, soit au service des prisons départementales, etc.

Les préfets ne rendent compte au ministre compétent que des actes d'une valeur excédant 20,000 fr. Le ministre ne s'occupe des actes d'une moindre valeur que dans le cas où ils donnent lieu à réclamation. *(Instr. précitée.)*

8. L'acte d'acquisition est transmis au sous-préfet, avec une copie sur papier libre, pour être revêtu de l'approbation préfectorale.

9. Après cette approbation, le maire fait procéder à la transcription du contrat d'acquisition dans le délai de quinze jours, et à la purge des hypothèques légales suivant les formes prescrites par le Code Napoléon. Il ne délivre aucun mandat de paiement au vendeur avant l'accomplissement de ces formalités, ni avant la radiation des inscriptions, s'il en existe sur l'immeuble vendu.

10. Lorsque les acquisitions par les communes et les établissements publics donnent lieu à une expropriation dont les indemnités de dépossession sont dues exclusivement par les départements, les communes, les établissements publics ou les particuliers concessionnaires, les conservateurs des hypothèques perçoivent le salaire fixé par le décret du 21 septembre 1810 et par l'ordonnance du 1er mai 1816. Ce salaire n'est pas dû lorsque les acquisitions sont faites pour le compte de l'Etat à la charge du budget général, quelle que soit la participation des départements, des communes, des établissements et des particuliers. *(Décision min. du 16 novembre 1842, et Inst. min. du 16 décembre suivant.)*

11. Les formalités ci-dessus énoncées qui concernent les acquisitions des communes et qui sont prescrites par diverses instructions ministérielles, s'appliquent également aux acquisitions des établissements de bienfaisance, en ajoutant aux pièces à produire l'avis du conseil municipal de la commune dans laquelle l'établissement est situé.

12. S'il y a déclaration d'utilité publique, si le prix de l'immeuble n'excède pas 500 fr., et si le cédant présente à la commune les garanties suffisantes, le conseil municipal, avec l'approbation du préfet, peut dispenser le maire de la purge et de toute formalité hypothécaire. Il en est de même pour le cas où il n'y a pas déclaration d'utilité publique, et lorsque le prix de la cession n'excède pas 100 fr. *(Ord. du 18 avril 1842.)*

13. La dispense de purge accordée aux communes par l'ordonnance précitée ne s'étend pas aux établissements de bienfaisance. *(Agenda des receveurs municipaux, n° 107.)*

14. La purge des hypothèques doit toujours avoir lieu contre les veuves, les filles, les ecclésiastiques et les célibataires, quoique connus pour n'avoir été ni comptables ni tuteurs. *(Avis du conseil d'Etat du 9 mai 1807.)*

15. Les actes d'acquisitions faites par les communes sont soumis aux droits proportionnels d'enregistrement et de transcription hypothécaire, hors le cas d'expropriation pour cause d'utilité publique. *(Loi du 18 avril 1831, art. 17, et du 6 mai 1841, art. 58.)*

V. Enquête.

ACTES ADMINISTRATIFS. — Form. mun., tom. I. pag. 46.

1. L'acte administratif est un arrêté ou une décision de l'autorité administrative, concernant un service d'utilité publique. — V. Arrêtés.

Dans beaucoup de villes, les actes administratifs qui concernent la police prennent le titre d'ordonnances ou règlements de police.

2. L'administration est seule compétente pour prononcer sur la validité d'un acte administratif. Les tribunaux ne peuvent en connaître, sauf aux réclamants à se pourvoir devant le conseil d'Etat, pour leur être fait droit, s'il y a lieu, en exécution des lois. *(Loi du 16 fruct. an 3-2 sept. 1795.)*

3. Les actes purement administratifs, dans lesquels les préfets et les maires n'ont pas excédé leurs pouvoirs, ne peuvent être déférés directement au conseil d'Etat; ils doivent être préalablement soumis, les premiers, au ministre de l'intérieur, les seconds, aux différents ministres, chacun en ce qui les concerne. *(Ord. du 20 nov. 1815 et du 28 sept. 1816.)*

4. La publication et la transmission des actes de préfecture qui sont d'un intérêt général, se font au moyen de bulletins dont toutes les feuilles, de même dimension et ayant un ordre de pagination, peuvent se réunir, à la fin de l'année, en un volume, suivi d'une table des matières. Ce recueil porte assez généralement le titre de *Recueil des actes administratifs*. Mais la transmission de ces ac-

tes par le Recueil ne dispense pas les préfets de faire imprimer, quand il y a lieu, en placards, les actes qui doivent être portés à la connaissance des citoyens. *(Circ. du min. de l'int., du 21 sept. 1815.)*

5. Les préfets doivent envoyer au ministre de l'intérieur trois exemplaires de leurs actes administratifs. *(Circ. du min. de l'int., des 21 septemb. 1815 et 17 juin 1820.)*

ACTES DE L'ÉTAT CIVIL. — V. ETAT CIVIL.

ACTIONS JUDICIAIRES DES COMMUNES ET DES ÉTABLISSEMENTS PUBLICS.— V. PROCÈS DES COMMUNES.

ADJOINTS. — Form. mun., tom. I, pag. 50.

1. L'adjoint est le fonctionnaire public qui remplace immédiatement le maire, en cas d'absence, de maladie ou de tout autre empêchement. *(Loi du 21 mars 1831, art. 5.)*

2. Les adjoints sont nommés par le chef de l'État dans les chefs-lieux de département et d'arrondissement, et dans les communes de 3,000 habitants et au-dessus. Ils sont nommés par le préfet dans les autres communes. Le préfet peut les suspendre; mais ils ne sont révoqués que par décision gouvernementale. *(Loi du 7 juillet 1852, art. 7.)*

3. Ils peuvent être pris en dehors du conseil municipal. *(Loi précitée, art. 8.)*

4. Le maire peut déléguer une partie de ses fonctions à un ou à plusieurs de ses adjoints, et, en l'absence des adjoints, à ceux des conseillers municipaux qui sont appelés à en faire les fonctions. *(Loi du 18 juillet 1837, art. 14.)*

5. Dans ce cas, ils sont les seuls ordonnateurs des dépenses municipales. *(Instr. gén. du min. des fin., du 15 déc. 1826, art. 7[illegible] à 722.)*

6. Les adjoints ne peuvent remplir les fonctions d'officier de l'état civil qu'ensuite d'une délégation spéciale du maire. *(Instr. min. du 30 juillet 1807.)*

7. Ils assistent, par délégation, aux ventes des coupes de bois communaux, sans que cependant leur absence en entraîne la nullité. *(Code forest., art. 100.)*

8. Ils ne peuvent prendre part à ces mêmes ventes, ni par eux-mêmes, directement ou indirectement, ni par personnes interposées, à peine d'une amende du douzième ou quart du prix de l'adjudication, sans préjudice de dommages-intérêts, s'il y a lieu, et de la nullité de la vente. *(Même Code, art. 101.)*

9. Outre ces attributions, les adjoints en ont une qui leur est propre; elle consiste à remplir les fonctions du ministère public près le tribunal de police de la commune. *(Loi du 27 vent. an 8, art. 1er, et Cod. d'instr. crim., art. 167.)*

Pour exercer ces fonctions près le tribunal de police du canton, ils doivent être délégués par le maire. *(Cod. d'instr. crim., art. 44.)*

10. L'adjoint ou le premier adjoint est, simultanément avec le maire, membre né du conseil de répartition des contributions directes.

11. Les adjoints sont, ainsi que les maires, officiers de police judiciaire. *(Code d'instr. crim., art. 9.)* Ils doivent, comme tout fonctionnaire public, donner avis sur-le-champ au procureur impérial, de tout crime ou délit dont ils acquièrent la connaissance dans l'exercice de leurs fonctions *(Cod. d'instr. crim., art. 29)*, et même dresser tous procès-verbaux nécessaires pour constater le délit et faire saisir les prévenus dans le cas de flagrant délit. *(Loi du 7 pluv. an 9, art. 4.)*

ADJUDICATIONS. — Form. mun., tom. I, pag. 52.

LÉGISLATION.

Loi du 18 juillet 1837, art. 16, 19, 20 et 46. — Ord. du 14 novembre 1837. — Décret du 25 mars 1852.

PROCÉDURE.

1. Les adjudications ont lieu :

1° Aux enchères à l'extinction des feux pour l'aliénation et la location des propriétés communales, la vente des récoltes des biens communaux non affermés, la mise en ferme des octrois, et généralement pour tous les objets dont le produit entre dans la caisse communale;

2° Au rabais pour les travaux de constructions, réparations ou entretien des bâtiments communaux, pour les fournitures extraordinaires, et généralement pour tous les objets susceptibles d'une adjudication dont la dépense est à la charge de la commune. Les adjudications au rabais ont lieu ordinairement par voie de soumission.

2. Dans l'un comme dans l'autre cas, un cahier des charges est rédigé. Tout doit y être clair, précis; les dimensions d'ouvrages, d'étendue, de contenance, tous les prix, salaires, dépenses, doivent y être calculés d'après le système légal des poids et mesures. Les cahiers des charges doivent notamment déterminer la nature et l'importance des garanties que les fournisseurs ont à produire, soit pour être admis aux adjudications, soit pour répondre de leurs engagements. *(Ord. du 14 novembre 1837, art. 4.)*

3. Lorsqu'il s'agit d'aliénation ou de baux à ferme de biens communaux, la délibération du conseil municipal portant demande d'aliénation, ou règlement des conditions du bail, ainsi que le cahier des charges, doivent être soumises à l'approbation du préfet. — V. ALIÉNATION, BAUX ADMINISTRATIFS.

4. Lorsqu'il s'agit de travaux communaux, les projets et devis, ainsi que le cahier des charges adopté par le conseil municipal, sont soumis à l'approbation du préfet. — V. TRAVAUX PUBLICS.

5. Un cahier des charges doit aussi être dressé par le maire, adopté par le conseil municipal et approuvé par le préfet, lorsqu'il s'agit de fournitures extraordinaires, de marchés et autres objets qui doivent être mis en adjudication.

6. Les travaux et fournitures dont la valeur n'excède pas 3,000 fr., et divers autres objets, sont dispensés d'adjudication par une ordonnance du 14 novembre 1837. — V. MARCHÉS.

7. L'avis des adjudications doit être publié, sauf les cas d'urgence, un mois à l'avance, par des affiches qui indiquent : 1° le lieu où l'on pourra prendre connaissance du cahier des charges; 2° l'autorité chargée de procéder à l'adjudication; 3° le lieu, le jour et l'heure fixés pour l'adjudication. *(Ord. du 14 novembre 1837, art. 6.)* Ces affiches sont apposées, par les soins du maire, dans la localité et dans les principales communes limitrophes.

Outre ces affiches, l'adjudication est annoncée par des insertions dans les journaux et par des publications faites dans la localité, à son de trompe ou de caisse, à deux reprises et à quinzaine ou huitaine d'intervalle.

Le non-accomplissement de ces formalités entraîne la nullité. *(Ord. du 23 déc. 1820.)*

8. Les adjudications sont passées par le maire, assisté de deux membres du conseil municipal, désignés d'avance par le conseil, ou, à défaut, appelés dans l'ordre du tableau. Le receveur municipal est appelé à toutes les adjudications. *(Loi du 18 juillet 1837, art. 16.)*

Suivant les circonstances, ces fonctionnaires sont assistés, soit de l'architecte communal, soit d'un délégué du directeur des contributions indirectes. — Les adjudications sont passées à la mairie, ou, selon l'importance des travaux, au chef-lieu de préfecture ou de sous-préfecture.

9. Toutes les difficultés qui peuvent s'élever sur les opérations sont résolues séance tenante, par le maire et les deux conseillers assistants, à la majorité des voix, sauf recours de droit à l'autorité supérieure. *(Décret du 10 brumaire an 14-1er novembre 1805, et Instr. min. du 9 juin 1838.)*

10. Les adjudications qui intéressent les établissements de bienfaisance sont passées en assemblée générale de l'administration, présidée par le maire, lorsque le montant de l'adjudication est au-dessous de 1,000 fr.; par le sous-préfet, lorsqu'il est au-dessus, mais n'excède pas 20,000 fr., et par le préfet, lorsqu'il s'agit de travaux ou fournitures dépassant cette dernière somme. *(Décr. et Instr. précit.)*

11. *Adjudications aux enchères.* — A l'ouverture de la séance, le maire donne lecture, savoir : de l'arrêté qui autorise la vente, et du cahier des charges, s'il s'agit d'aliénation; des conditions du bail et du cahier des charges, s'il s'agit de

baux à ferme, de ventes de récoltes ou autres objets. Il indique la mise à prix et le chiffre des enchères. Un premier feu est ensuite allumé, pendant la durée duquel toute personne peut enchérir. L'adjudication n'est faite qu'après l'extinction de trois bougies allumées successivement. Si, pendant la durée d'une de ces trois premières bougies, il survient des enchères, l'adjudication n'est faite qu'après l'extinction de deux bougies sans nouvelle enchère. Le dernier enchérisseur est déclaré adjudicataire, à la charge de se conformer aux charges et conditions de l'adjudication. Toutes ces opérations sont constatées par un procès-verbal, ainsi qu'il est expliqué ci-après.

12. *Adjudications sur soumissions cachetées.* — Après la lecture du devis et du cahier des charges, un *maximum* de prix ou un *minimum* de rabais, arrêté à l'avance par l'autorité qui procède à l'adjudication, est déposé cacheté sur le bureau. — Les soumissions, cachetées séparément, et accompagnées des pièces et justifications indiquées par l'affiche, sont remises au maire par chaque soumissionnaire. — Le maire procède ensuite publiquement à l'ouverture des soumissions, et, après avoir consulté les deux membres du conseil municipal qui l'assistent, il arrête la liste des concurrents dont les justifications ont paru régulières. Immédiatement après, les soumissions sont lues publiquement par le maire, qui déclare adjudicataire le soumissionnaire qui a fait l'offre la plus avantageuse, en se renfermant dans les limites du *maximum* ou du *minimum* déterminé par l'administration, dont il est donné connaissance avant la lecture des soumissions.

Si la soumission n'était pas conforme au *maximum* de prix ou au *minimum* de rabais, le maire surseoirait à l'adjudication, et consulterait, au plus tôt, le conseil municipal sur la nécessité de modifier le projet ou les limites du rabais.

Dans le cas où plusieurs soumissionnaires auraient offert le même prix, il serait procédé, séance tenante, à une adjudication entre les soumissionnaires seulement, soit sur de nouvelles soumissions, soit à l'extinction des feux. *(Ord. du 14 nov. 1837, art. 8.)*

13. Les résultats de l'adjudication sont constatés par un procès-verbal, relatant toutes les circonstances de l'opération. *(Même ord., art. 9.)* Les adjudications ne sont valables et définitives, à l'égard des communes et des établissements publics, qu'après l'approbation du préfet. *(Même ord., art. 10.)* Les procès-verbaux sont transmis, sans retard, au sous-préfet, savoir : la minute sur papier timbré, et une copie sur papier libre. Ils sont enregistrés dans le délai de vingt jours après leur approbation et leur réception à la mairie, et inscrits sur le répertoire tenu par le maire. Une expédition sur papier timbré est délivrée au receveur municipal, et une autre aux adjudicataires.

14. Les frais d'affiches, de criées, d'enregistrement, de timbre, d'expédition, et tous autres auxquels peut donner lieu l'adjudication, sont supportés par l'adjudicataire.

15. Faute par l'adjudicataire de satisfaire aux conditions de l'adjudication, il est procédé contre lui à la revente et adjudication sur folle enchère. *(Loi du 11 brumaire an 7-1er novembre 1798, art. 24.)*

ADMINISTRATION. — Form. mun., tom. I, pag. 79.

1. L'administration a pour objet l'action du gouvernement, quant au maintien de l'ordre et à l'exécution des lois, et la garantie de la société, quant au maintien de ses intérêts. Elle comprend plusieurs services distincts, notamment:

1° L'administration proprement dite, qui comprend les ministres, préfets, sous-préfets, maires, adjoints; 2° l'autorité délibérante : conseils généraux de département, conseils d'arrondissement, conseils municipaux, etc.; 3° l'autorité judiciaire prononçant sur tout le contentieux administratif : conseil d'État, conseils de préfecture.

2. L'administration proprement dite se divise en administration départementale et administration municipale.

3. L'organisation et les attributions de l'administration départementale sont réglées par les lois des 28 pluviôse an 8 (17 février 1800), 22 juin 1833, 10 mai 1838, 7 juillet 1852, et le décret du 25 mars 1852, sur la décentralisation admi-

nistrative.—V. Conseils généraux de département, Conseils d'arrondissement, Préfets.

4. L'organisation de l'administration municipale est réglée par les lois du 21 mars 1831 et 7 juillet 1852.

Les attributions de cette administration sont déterminées par la loi du 18 juillet 1837. — V. Adjoints, Conseils municipaux, Maires, etc.

AÉROSTATS ET ASCENSIONS AÉROSTATIQUES. — Form. mun., tom. I, pag. 82.

1. Les aérostats pouvant occasionner de graves accidents, les maires tiennent de la loi le droit et le devoir de prescrire les précautions qui doivent être prises lorsqu'on en voudra faire élever. Ainsi ils peuvent ordonner que toute personne qui sera dans ce cas, devra en obtenir la permission de la police, qui ne la délivrera qu'à des personnes d'une capacité reconnue, en indiquant d'ailleurs le lieu, le jour et l'heure des expériences. Ils peuvent défendre même de faire élever des ballons auxquels seraient adaptés des réchauds à l'esprit de vin ou autres matières dangereuses pour le feu.

Défenses doivent, en outre, être faites de traverser les terres ensemencées pour suivre la direction d'un aérostat, ou pour tout autre prétexte, sous les peines de police rurale et de toute indemnité pour les dégâts. *(Loi du 6 oct. 1791, tit. 2, art. 27 et 29; Cod. pén., art. 471 et 475.)*

2. Les ascensions aérostatiques dont feraient partie des femmes ou des mineurs, sont sévèrement prohibées, à moins qu'ils n'exercent la profession d'aéronaute, ou n'accompagnent leur père ou leur mari. Les ascensions où figureraient des animaux d'un poids considérable doivent aussi être défendues. *(Instr. min. du 7 oct. 1853.)*

AFFICHES. — Form. mun., tom. I, pag. 83.

LÉGISLATION.

Loi du 10 décembre 1830.

1. On appelle *affiches* tous placards, manuscrits ou imprimés, que l'on expose en un lieu public, pour répandre un avis quelconque.

On distingue les affiches apposées par les ordres de l'administration de celles apposées dans l'intérêt des particuliers.

2. Les affiches de l'administration sont destinées à publier les lois, décrets, règlements, et en général tous ceux de ces actes qu'il importe de porter à la connaissance du public. Ces affiches, en tant qu'elles émanent d'une autorité publique, peuvent seules être sur papier blanc, et ne sont pas assujetties au timbre. *(Loi du 22-28 juillet 1791.)*

Leur dégradation amène le délinquant devant le tribunal de police municipale. La contravention doit toujours être constatée par un procès-verbal. *(Loi du 22 fructidor an 6-9 août 1798.)*

3. Dans les villes et communes, il doit être désigné, par les officiers municipaux, des lieux exclusivement destinés à recevoir les affiches et avis émanés de l'autorité publique, et personne ne peut y faire apposer des affiches particulières, sous peine d'amende. *(Loi du 18-21 mai 1791, art. 11.)*

4. Pour prévenir toutes dégradations et inconvenances, les affiches ne doivent pas être apposées sur les murs et les portes des églises. Un arrêté municipal qui persisterait à indiquer l'église paroissiale comme lieu d'affichage, pourrait être réformé par le préfet. *(Instr. min. du 25 juin 1850.)*

Cependant, il y a exception pour les actes relatifs à l'expropriation pour cause d'utilité publique, qui doivent être affichés à la principale porte de l'église paroissiale. *(Loi du 3 mai 1841, art. 6, 15 et 21.)*

Cette exception existe aussi pour la liste des jurés de chaque commune. *(Décret du 7 août 1848, art. 6.)*

Mais, dans ces deux cas, il conviendra d'attacher sur la partie extérieure de la principale porte de l'église un cadre ou tableau mobile destiné à recevoir les deux sortes d'affiches dont il vient d'être question. *(Instr. min. du 25 juin 1850.)*

5. Les particuliers peuvent employer, avec l'autorisation du maire, la voie des affiches pour faire des annonces, des réclamations, ou pour toute autre cause qui ne porte pas atteinte à l'ordre public et aux bonnes mœurs.

Mais aucun écrit, soit à la main, soit imprimé, soit lithographié, contenant des nouvelles politiques ou traitant d'objets politiques, ne peut être affiché ou placardé dans les rues, places ou autres lieux publics; sont seulement exceptés les actes de l'autorité. *(Loi du 10 déc. 1830, art. 1er.)*

6. Les affiches des particuliers doivent être sur du papier de couleur, sous peine d'amende, et le papier doit être timbré avant l'impression. *(Loi du 20 avril 1816, art. 65, et du 25 mars 1817, art. 77.)*

7. Les affiches que publient les fonctionnaires municipaux relativement à l'administration et à la gestion des biens de la commune, comme celles qui annoncent, par exemple, une vente de biens communaux, un bail à ferme ou à loyer, une adjudication de travaux, ou tout autre objet, dans l'intérêt de la commune considérée comme personne morale, doivent être sur papier de couleur, et sont assujetties au timbre. *(Lois du 9 vendémiaire an 6-30 septembre 1797, art. 56, et du 28 avril 1816, art. 65.)*

8. Les préfets, sous-préfets, maires et commissaires de police doivent prendre des mesures pour que les affiches de théâtres n'annoncent au public que les titres des ouvrages dramatiques portés sur les brochures visées au ministère de l'intérieur ou sur les répertoires, et pour que, sous aucun prétexte, ces titres ne puissent être dénaturés ou doublés. *(Circ. min. du 10 juillet 1853.)*

AFFICHES PEINTES.

LÉGISLATION.

Loi du 8 juillet 1852, art. 30. — Décret du 25 août 1852.

1. Tout individu qui voudra, au moyen de la peinture ou de tout autre procédé, inscrire des affiches dans un lieu public, sur les murs, sur une construction quelconque, ou même sur toile, sera tenu préalablement de payer le droit d'affichage établi par l'art. 30 de la loi du 8 juillet 1852 (1), et d'obtenir de l'autorité municipale, dans les départements, et, à Paris, du préfet de police, l'autorisation ou permis d'afficher. *(Décret du 25 août 1852, art. 1er.)*

2. L'autorité municipale ou le préfet de police ne délivrera le permis d'affichage qu'au vu et sur le dépôt de la déclaration portant quittance du droit et sans préjudice du droit des tiers. — Chaque permis sera enregistré sur un registre spécial par ordre de date et de numéro. — Le numéro du permis devra être lisiblement indiqué au bas de chaque exemplaire de l'affiche, qui devra porter, en outre, son numéro d'ordre. *(Décret précité, art. 3.)*

3. Ainsi, les mesures à prendre par l'autorité municipale consistent : 1° à ouvrir un registre sur lequel sont inscrits, par ordre de dates et de numéros, les autorisations ou permis d'afficher; — 2° À délivrer ces permis, mais seulement sur le dépôt de la déclaration portant quittance de la taxe d'affichage, et sous la réserve des droits des tiers; — 3° A indiquer sur les permis le numéro du registre, pour qu'il puisse être reproduit au bas de chaque exemplaire de l'affiche; — 4° A garder et classer les déclarations, par ordre de numéros, pour être communiquées sans déplacement, à toute réquisition, tant aux préposés de l'enregistrement et des domaines, qu'aux agents chargés par l'art. 5 du décret de constater les contraventions; — 5° En cas de refus du permis d'afficher, à délivrer un certificat motivé, nécessaire au déclarant pour obtenir la restitution des droits préalablement payés par lui. *(Circ. min. du 20 oct. 1852.)*

AFFICHEURS. — Form. mun., tom. 1, pag. 88.

1. Quiconque veut exercer, même temporairement, la profession d'afficheur d'écrits imprimés, lithographiés, gravés ou à la main, est tenu d'en faire préala-

---

(1) Ce droit a été fixé à 50 c. pour les affiches d'un mètre carré et au-dessous, et à 1 fr. pour celles d'une dimension supérieure. *(Loi du 8 juill. 1852, art. 30.)*

blement déclaration devant l'autorité municipale, d'indiquer son domicile, et de soumettre cette déclaration chaque fois qu'il en change. (*Loi du 10 déc. 1830, art. 2.*)

2. L'autorité municipale est investie du droit d'interdire l'exercice de la profession de crieur ou d'afficheur public, à toutes personnes autres que celles commissionnées par elle, encore bien qu'il ne s'agisse pas de crier ou afficher des écrits, dessins ou emblêmes. (*Arr. cass., 12 nov. 1847.*)

AFFIRMATION. V. Procès-verbaux.

AFFOUAGE. — Form. mun., tom. I, pag. 93.

LÉGISLATION.

Code forestier, art. 70, 81, 103, 105. — Ord. du 1er août 1827, art. 73. — Loi du 18 juillet 1837, art. 17, 44.

PROCÉDURE.

1. Délibération du conseil municipal contenant la demande en délivrance de la coupe affouagère. (*Loi du 18 juillet 1837, art. 17.*)

Cette délibération, prise dans la session de mai, lors de la formation du budget, doit indiquer le montant détaillé des taxes affouagères qui seront réparties entre les ayants droit, pour faire face aux frais d'exploitation, et, s'il y a lieu, aux dépenses telles que contributions afférentes aux bois, traitement des gardes, indemnité due à l'État pour frais d'administration, frais de timbre et de confection du rôle, et remises du receveur municipal. (*Loi précitée, art. 44.*)

2. Avant de publier cette délibération, le maire établit, sur papier libre, de concert avec le conseil municipal, la liste de tous les chefs de famille ayant domicile réel et fixe dans la commune.

Cette liste, dressée en double copie, dont une sur papier timbré de 1 fr. 25 c., ou visé pour timbre, doit être arrêtée par le conseil municipal, et revêtue, sur les deux copies, de la signature de tous les membres qui ont assisté à la séance. Elle doit contenir : 1° un numéro d'ordre ; 2° les noms et prénoms des habitants de la commune ayant droit à l'affouage ; 3° la désignation des quartiers ou hameaux auxquels ils appartiennent ; 4° le nombre d'individus composant chaque feu ; 5° la quantité de fagots, stères, etc., composant chaque lot ; 6° le montant de la taxe à payer par chaque affouager ; 7° une colonne pour l'émargement du receveur ; 8° une colonne d'observations.

3. La liste étant annexée à la délibération municipale, le maire avertit les habitants qu'ils peuvent en prendre connaissance, conformément à l'art. 25 de la loi du 21 mars 1831. (*Ord. du 18 déc. 1818. — Circ. min. du 15 fév. 1846.*)

4. Après les délais fixés pour la publication, le conseil municipal prend connaissance de l'enquête, et fournit, sur les réclamations qui peuvent s'être élevées, des observations au conseil de préfecture, chargé de statuer sur les contestations relatives au mode de jouissance du droit d'affouage.

5. Le maire transmet alors, au sous-préfet :

1° La délibération du conseil municipal demandant la délivrance de la coupe affouagère, en double copie ;

2° La liste ou rôle d'affouage, en double ;

3° Un certificat du maire constatant que la délibération et la liste ont été publiées selon les prescriptions de l'ordonnance du 18 décembre 1838, et qu'elles n'ont donné lieu à aucune réclamation ; ou le procès-verbal d'enquête, s'il a été fait des réclamations ;

4° La délibération du conseil municipal sur le résultat de l'enquête.

6. L'état d'assiette des coupes est dressé par le conservateur et soumis par lui à l'approbation du ministre des finances. (*Art. 73 de l'ord. réglementaire du 1er août 1837.*)

7. Une copie de la délibération du conseil municipal, approuvée par le préfet, est ensuite renvoyée au maire, et le rôle, revêtu de la formule exécutoire, est adressé au receveur municipal par l'intermédiaire du receveur particulier.

8. Alors le maire prend immédiatement les mesures nécessaires pour faire effectuer l'exploitation de la coupe, soit par voie d'adjudication publique, soit au moyen d'un traité de gré à gré, avec un entrepreneur responsable.

9. Dans le premier cas, le maire dresse un cahier des charges qu'il soumet à l'approbation du conseil municipal et qu'il transmet au sous-préfet, avec la délibération, en double copie. L'une des copies du cahier des charges doit être sur papier timbré. Après avoir reçu l'approbation du préfet, il procède à l'adjudication. — V. Adjudications.

10. Dans le second cas, le maire passe un traité de gré à gré avec un entrepreneur de son choix. Ce traité, soumis au conseil municipal, est transmis au sous-préfet, en double copie, dont un sur papier timbré, avec la délibération du conseil municipal, aussi en double copie (1).

11. Après l'approbation du procès-verbal d'adjudication ou du traité de gré à gré, l'administration forestière accorde le permis d'exploiter, qui est remis au maire.

12. La formation des lots et leur délivrance aux affouagers sont faites par l'entrepreneur, d'après les règles indiquées par le cahier des charges ou par le traité de gré à gré, sous la surveillance du maire, qui peut s'adjoindre deux membres du conseil municipal.

Aucun habitant ne pourra enlever son lot d'affouage qu'en présence du garde forestier, et que celui-ci n'y devra consentir que sur la production de la quittance de la taxe, délivrée par le receveur municipal, et du permis du maire apposé au dos de la quittance. Tout enlèvement qui aurait lieu furtivement ou ostensiblement, avec le seul permis du maire, nonobstant les défenses du garde forestier, sera constaté par ce dernier et poursuivi comme en matière de délit forestier.

13. Les portions d'affouage non enlevées faute de paiement de la taxe, sont, à la diligence du receveur municipal, mises en vente séparément par le maire, dans la forme des adjudications, mais seulement jusqu'à concurrence du montant des taxes non acquittées et des frais de vente. Le surplus est délivré aux affouagers auxquels ces mêmes portions sont attribuées. *(Circ. min. du 10 janvier 1839.)*

Cette obligation de mettre en vente *séparément* les lots non retirés, faute de paiement de la taxe, ayant amené des abus causés par le peu de concurrence établie sur ces minimes adjudications, les ministres de l'intérieur et des finances ont arrêté que le mot *séparément* sera considéré comme supprimé de l'instruction générale, et que les maires auront la faculté de réunir et d'adjuger en un seul ou plusieurs lots les portions d'affouage non enlevées par les ayants droit. *(Circul. du dir. de la compt. gén. du min. des fin., du 16 déc. 1853.)*

14. Les produits non distribués des coupes affouagères, ainsi que les copeaux, débris et écorces restant après partage entre les habitants, sont vendus par le maire, sans la participation des agents forestiers. *(Inst. min. du 12 août 1848.)*

15. Les communes et les établissements doivent au trésor le vingtième de la valeur des coupes affouagères délivrées en nature par l'administration forestière, ainsi que de la valeur du pâturage qui aurait été autorisé dans les parties boisées soumises au régime forestier. *(Loi du 25 juin 1841.)*

Ce vingtième est calculé sur la valeur vénale des objets délivrés en nature, et non pas sur le produit en argent retiré par la commune. *(Arrêté min. du 14 décembre 1841.)*

16. Les réclamations et les demandes en modération ou décharge de taxes affouagères sont du ressort de l'autorité municipale.

17. Dans les communes dont les ressources sont insuffisantes pour le paiement de leurs gardes champêtres et forestiers, ou pour l'acquit des charges et des con-

---

(1) Cette délibération n'est sujette au timbre et à l'enregistrement que dans le cas où elle fixe le salaire de l'entrepreneur chargé de la coupe. *(Inst. min. du 4 nov. 1843.)*

tributions établies sur leurs bois et autres biens en jouissance commune, les coupes affouagères, au lieu d'être distribuées entre les habitants, peuvent être vendues sur l'autorisation du préfet. La vente en est faite alors par voie d'adjudication; mais, à raison de la faible importance de ces coupes, il n'est pas nécessaire que l'adjudication soit faite au chef-lieu de sous-préfecture, et le préfet désigne le lieu qui lui paraît le plus convenable. Le recouvrement du prix de cette adjudication est effectué selon les règles établies pour le prix de vente des coupes ordinaires dont il vient d'être parlé.

18. Les coupes ou portions de coupes de la valeur de 500 fr. et au-dessus, peuvent, avec l'approbation du ministre, être adjugées dans la commune propriétaire, sous la présidence du maire. (*Instr. gén. min. des fin. du 17 juin 1840.*)

AGENTS COMMUNAUX. — Form. mun., tom. II, p. 282.

1. Ces agents sont: le secrétaire de la mairie, les employés des bureaux, les commissaires et agents de police, les mandeurs, les employés de la petite voirie, etc.

2. Le maire nomme à tous les emplois communaux pour lesquels la loi ne prescrit pas un mode spécial de nomination. Il suspend et révoque les titulaires de ces emplois. (*Loi du 18 juillet 1837, art. 12.*)

3. Le traitement des agents communaux est fixé par le maire et prélevé sur le crédit porté au budget pour frais d'administration et de bureau.

AGENTS DE POLICE. — Form. mun., tom. I, pag. 122.

1. Les agents de police sont des employés appartenant essentiellement à la police administrative, et placés, soit sous les ordres des commissaires de police, pour les assister dans leurs fonctions, soit sous les ordres immédiats du maire dans les communes où il n'y a pas de commissaire de police. — Ils sont choisis et nommés par le maire, et leur traitement est prélevé, comme celui des autres employés, sur le budget de la commune.

2. Les simples agents de police n'ont pas qualité pour dresser des procès-verbaux faisant foi en justice. Leurs fonctions doivent se borner à faire rapport au commissaire ou au maire des contraventions reconnues par eux. (*Arr.-cass. du 30 mars 1839.*)

Les rapports des agents de police valent comme dénonciation des faits qu'ils constatent, et peuvent être corroborés par d'autres preuves. Pour assurer à leurs rapports l'appui de la preuve testimoniale, les agents de police peuvent prendre la précaution de se faire assister de deux témoins pris dans le voisinage des délinquants, et faire signer leurs rapports par ces témoins.

3. Les agents de police, n'étant pas officiers publics, ne peuvent faire personnellement, ni visites, ni perquisitions domiciliaires, ni acte d'instruction, ni arrestations, hors le cas de flagrant délit et celui où ils seraient porteurs de mandats de justice. — Dans ce dernier cas, ils agissent, aux termes de l'art. 97 du Code d'instruction criminelle, comme agents de la force publique, qualité qui leur a été reconnue par la jurisprudence de la cour de cassation.

AJOURNEMENT. V. ASSIGNATIONS.

ALGÉRIE.

1. L'émigration en Algérie comprend deux catégories distinctes de personnes:

1° Les simples ouvriers qui se rendent en Algérie pour y travailler librement, soit chez les particuliers, soit dans les ateliers du gouvernement;

2° Les colons qui vont ou demandent à aller, en qualité de concessionnaires, exploiter les terres mises par le gouvernement à leur disposition. (*Circ. min. du 15 juin 1846.*)

2. Le passage gratuit est accordé par le ministre de la guerre aux ouvriers de certaines professions, sur la demande qui lui en est adressée par l'intermédiaire du préfet.

A chaque demande doivent être annexés : 1° un certificat délivré par le maire de la commune et visé par le sous-préfet, indiquant le sexe, l'âge, la profession, la moralité, les ressources pécuniaires du pétitionnaire; s'il est célibataire et s'il est marié, la composition de sa famille, l'âge, le sexe de ses enfants et leur profession; 2° un certificat de médecin, constatant l'état de santé de toutes les personnes qui figurent dans la demande. (*Circ. précitée.*)

3. Toute demande de concession doit être adressée au ministre de la guerre, par l'intermédiaire du préfet, avec les pièces suivantes : 1° un certificat délivré par le maire et visé par le sous-préfet, constatant la moralité, la position sociale, la profession, l'âge du pétitionnaire, ainsi que le nombre, le sexe et l'âge de ses enfants; 2° un acte de notoriété passé par-devant notaire et indiquant la somme exacte qu'il pourra, soit par lui-même, soit à l'aide de tiers, consacrer à la mise en valeur des terres qui lui seront concédées. (*Circ. précitée.*)

4. L'admission des citoyens dans les colonies agricoles est prononcée par le ministre de la guerre. Ceux qui désireront être admis devront justifier, par la production de pièces authentiques, de leur nationalité, de leur âge, de leur profession, de leur moralité et de leur aptitude physique, et fournir les mêmes renseignements sur les divers membres de leur famille qu'ils auront l'intention d'amener avec eux. — Nul chef de famille ou célibataire ne sera admissible au delà de soixante ans. (*Règl. du min. de la guerre du 27 sept. 1848.*)

5. Les colons destinés à compléter les villages fondés en 1848 sont choisis, sur la désignation des conseils de préfecture, parmi 1° les soldats libérés du service, ou ayant servi en Algérie; 2° les cultivateurs de France et d'Algérie, mariés. (*Loi du 20 juillet 1850, art. 2.*)

6. Les colons admis ne sont à la charge de l'Etat qu'à partir du jour de leur embarquement. (*Loi précitée, art. 3.*)

7. Les émigrants ont droit :

1° Au transport gratuit de leurs effets, de France en Algérie, et, au besoin, à un secours de route;

2° A la concession gratuite d'une maison composée de deux pièces;

3° A la concession d'une étendue de terres cultivables en rapport avec le nombre des membres de la famille (de 2 à 10 hectares) ;

4° Au don de bestiaux, d'instruments aratoires, de semences et de plants d'arbres. (*Instr. min. du 12 août 1850.*)

ALIÉNATIONS. — Form. mun., tom. I, pag. 134.

LÉGISLATION.

Loi du 18 juillet 1837, sur l'administration municipale, art. 19 et 46, et décret du 25 mars 1852, art. 1er, et tableau A, n° 41.

PROCÉDURE.

1. Délibération du conseil municipal proposant l'aliénation, soit aux enchères publiques, soit à l'amiable, avec indication de la nature, de la contenance et du revenu de l'immeuble à aliéner. Cette délibération est soumise à l'approbation du préfet. (*Loi du 18 juillet 1837, art. 19 et 20.*)

2. Le maire fait ensuite procéder, par le géomètre ou l'architecte qu'il a choisi, à l'estimation et à la description de l'immeuble. Il dresse un cahier des charges indiquant les conditions de la vente et les époques de paiement. Si le conseil a voté la vente à l'amiable, il fait souscrire un engagement par celui qui doit s'en rendre acquéreur. Il transmet ensuite ces pièces, avec la délibération du conseil municipal, au sous-préfet, qui ordonne une enquête *de commodo et incommodo.*

3. Après cette enquête, le conseil municipal se réunit de nouveau, prend connaissance de toutes les pièces, examine les observations des opposants entendus dans l'enquête, et répond à chacune d'elles; enfin, il approuve le procès-verbal de l'expert.

4. Le maire transmet ensuite au sous-préfet :

1° La délibération du conseil municipal, portant vote d'aliénation;

2° Le procès-verbal d'enquête *de commodo et incommodo;*

3° Le procès-verbal d'estimation, sur papier timbré;

4° Le plan figuratif des lieux;
5° L'avis du commissaire enquêteur;
6° Celui du sous-préfet;
7° Le cahier des charges de l'adjudication, en double copie, dont une sur papier timbré;
8° La délibération du conseil municipal, sur les résultats de l'expertise et de l'enquête;
9° Enfin, la soumission de l'acquéreur, si la vente doit être faite à l'amiable.

5. Sur la production de ces pièces et sur l'avis du sous-préfet, la vente est autorisée par un arrêté préfectoral, quelle que soit la valeur des immeubles. *(Décr., 25 mars 1852, art. 1er, tableau A, n° 41.)*

L'arrêté préfectoral indique la mise à prix, la contenance de l'immeuble à aliéner, et la destination du produit.

6. Le maire seul a qualité pour faire choix du notaire appelé à passer le contrat de vente. Ce choix peut cependant être fait par le préfet, lorsqu'il y a désaccord formel. (*Déc., 31 janv. 1840.*)

7. Si la vente doit avoir lieu à l'amiable, le maire peut dresser l'acte dans la forme administrative, à moins que l'acquéreur, qui doit en supporter les frais, ne préfère le passer par-devant notaire.

Si la vente doit avoir lieu aux enchères, le maire, après avoir reçu l'arrêté d'autorisation, procède à l'adjudication après apposition d'affiches, dans les formes indiquées ci-dessus au mot *Adjudications*.

Dans tous les cas, la vente n'est définitive qu'après l'approbation du préfet.

8. Les aliénations des biens des hospices et des autres établissements de bienfaisance sont soumises aux mêmes formalités.

9. Les préfets ne sont pas compétents pour autoriser les aliénations des bois soumis au régime forestier, et appartenant aux communes ou aux établissements charitables. (*Av. cons. Etat, 11 déc. 1852.*)

10. En ce qui concerne les biens de l'Etat, V. Biens de l'Etat.

ALIÉNÉS. — Form. mun., tom. I, pag. 142.

LÉGISLATION.

Loi du 30 juin 1838, sur les établissements d'aliénés.

1. Les placements dans les établissements d'aliénés sont volontaires ou ordonnés d'office par l'autorité publique.

2. Les pièces à produire aux chefs ou directeurs de ces établissements pour les placements volontaires, sont :

1° Une demande d'admission contenant les noms, profession, âge et domicile, tant de la personne qui la forme, que de celle dont le placement est réclamé, et l'indication du degré de parenté, ou, à défaut, de la nature des relations qui existent entre elles;

2° Un certificat de médecin, constatant l'état mental de la personne à placer et indiquant les particularités de sa maladie, et la nécessité de la faire traiter dans un établissement d'aliénés, et de l'y tenir renfermée;

3° Le passe-port ou toute autre pièce propre à constater l'individualité de la personne à placer. *(L., 30 juin 1838, art. 8.)*

A ces pièces, il est à propos de joindre :

1° Un certificat du maire et des répartiteurs, constatant la situation de fortune de l'aliéné et de ceux de ses parents habitant la commune, auxquels des aliments pourraient être réclamés, aux termes des art. 205 et suivants du Code Napoléon;

2° L'avis du maire sur le mérite de la demande.

3. Il est fait mention de toutes ces pièces dans un bulletin d'entrée, qui est renvoyé, dans les vingt-quatre heures, avec un certificat du médecin de l'établissement, et la copie de celui ci-dessus mentionné, au maire, qui l'envoie immédiatement au préfet. *(Id.)*

4. Dans les trois jours de la réception du bulletin, si le placement est fait dans un établissement privé, le préfet charge un ou plusieurs hommes de l'art de con-

stater l'état mental de la personne désignée dans le bulletin, et d'en faire rapport sur-le-champ. *(L., 30 juin 1838, art. 9.)*

5. Dans le même délai, le préfet notifie administrativement les noms, profession et domicile, tant de la personne placée, que de celle qui a demandé le placement, et les causes du placement, 1° au procureur impérial de l'arrondissement du domicile de la personne placée; 2° au procureur impérial de l'arrondissement de la situation de l'établissement. Ces dispositions sont communes aux établissements publics et privés. *(Id., art. 10.)*

6. Le placement d'office dans les établissements d'aliénés est ordonné par les préfets à l'égard de toute personne dont l'état d'aliénation compromet l'ordre public ou la sûreté des personnes.

Les ordres des préfets sont motivés et doivent énoncer les circonstances qui les ont rendus nécessaires. *(Id., art. 18.)*

7. En cas de danger imminent, attesté par le certificat d'un médecin ou par la notoriété publique, les maires ordonnent, à l'égard des personnes atteintes d'aliénation mentale, toutes les mesures provisoires nécessaires, à la charge d'en référer, dans les vingt-quatre heures, au préfet, qui statue sans délai. *(Id., art. 19.)*

8. Les procureurs impériaux sont informés de tous les ordres donnés en vertu des articles précédents ; ces ordres sont notifiés au maire du domicile des personnes soumises au placement, qui en donne immédiatement avis aux familles. *(Id., art. 22.)*

9. La dépense du transport des aliénés est arrêtée par le préfet, sur le mémoire des agents préposés à ce transport. La dépense de l'entretien et du traitement des aliénés dans les hospices ou établissements publics, est réglée d'après un tarif arrêté par le préfet, qui transmet au directeur des domaines les états à recouvrer sur les familles; au receveur général, ceux à percevoir sur les communes, et aux préfets des autres départements, ceux relatifs aux aliénés qui leur appartiennent. *(Id., art. 26 et 27.)*

10. Les départements et les communes concourent à la dépense de leurs aliénés indigents, et la base de ce concours est le revenu communal. Ainsi, ne peuvent supporter un concours : 1° de plus d'un tiers, les communes ayant un revenu de 100,000 fr. et au-dessus ; 2° de plus d'un quart, celles ayant un revenu de 50,000 fr. et au-dessus; 3° de plus d'un cinquième, celles ayant un revenu de 20,000 fr. et au-dessus; 4° de plus d'un sixième, celles dont le revenu est de 5,000 fr. et au-dessus. Les communes ayant moins de 5,000 fr. de revenus ne doivent être tenues de concourir à cette dépense que dans une proportion moindre qu'un sixième, et qu'autant qu'elles pourront fournir ce concours, sans compromettre leurs autres services; le préfet peut les en exonérer.

Un conseil municipal ne peut refuser le vote de la dépense du concours, lorsque ce concours a pour base les règles qui précèdent. En cas de refus, cette dépense peut être portée d'office au budget de la commune par un arrêté du préfet pris en conseil de préfecture. *(Instr. min., 5 août 1840.)*

11. La dépense d'entretien des aliénés à la charge des hospices, donne lieu à un concours obligatoire de ces établissements, alors même qu'il y a concours simultané de la part d'un hospice et d'une commune, et que cette dernière en a été exonérée. Un recours subsidiaire contre la commune ne peut être exercé que dans le cas où l'hospice ne pourrait faire face à la dépense mise à sa charge. *(Id.)*

12. En cas de contestation se rattachant au concours des communes, il est statué par le conseil de préfecture. *(L., 30 juin 1838, art. 28.)*

13. Les hospices et hôpitaux civils sont tenus de recevoir provisoirement les personnes qui leur seront adressées par les préfets, maires et commissaires de police, jusqu'à ce qu'elles soient dirigées sur l'établissement destiné à les recevoir, et pendant le trajet qu'elles feront pour s'y rendre.

Dans toutes les communes où il existe des hospices ou hôpitaux, les aliénés ne pourront être déposés ailleurs. Où il n'en existe pas, les maires devront pourvoir à leur logement, soit dans une hôtellerie, soit dans un local loué à cet effet.

Dans aucun cas, les aliénés ne pourront être ni conduits avec les condamnés et les prévenus, ni déposés dans une prison. *(Id., art. 24.)*

14. A l'égard de la sortie des aliénés placés d'office dans les établissements publics, le préfet accorde les exeat sur la proposition du médecin de l'asile, et il n'intervient dans la sortie des aliénés placés volontairement, que lorsque les familles voudraient retirer des aliénés dont l'état mental compromettrait l'ordre public ou la sûreté des personnes.

15. Les commissions administratives ou de surveillance des hospices et établissements publics d'aliénés, exercent, à l'égard des personnes non interdites qui y sont placées, les fonctions d'administrateurs provisoires, et elles désignent un de leurs membres pour les remplir. Cet administrateur procède au recensement des sommes dues à l'aliéné et à l'acquittement de ses dettes, passe des baux ne pouvant excéder trois ans, et peut même, en vertu d'une autorisation spéciale du président du tribunal civil, faire vendre le mobilier.

Les sommes provenant de cette vente ou des recouvrements sont versées dans la caisse de l'établissement, et employées, s'il y a lieu, au profit de l'aliéné.

Les significations à faire à l'aliéné interdit doivent être faites à l'administrateur provisoire nommé par jugement. *(L., 30 juin 1838, art. 31 et 33.)*

16. Les maires visitent, dans le mois de décembre, les établissements d'aliénés situés sur leur commune.

ALIGNEMENTS. — Form. mun., tom. VI, pag. 849.

LÉGISLATION.

Loi du 16 septembre 1807, art. 52. — Ordonnance du 23 août 1835. — Loi du 21 mai 1836, sur les chemins vicinaux, art. 15. — Loi du 18 juillet 1837. — Décret du 25 mars 1852.

PROCÉDURE.

1. Les alignements concernent la grande voirie, la voirie urbaine et la voirie vicinale.

2. *En matière de grande voirie*, les demandes d'alignement, soit pour les constructions, soit pour les plantations ou clôtures le long des routes impériales et départementales, sont adressées au sous-préfet, qui statue directement sur l'avis de l'ingénieur ordinaire de l'arrondissement, dans tous les cas où il s'agit de traverses dont les alignements ont été fixés par un règlement d'administration publique. *(Circ. min., 18 mai 1849 et 11 févr. 1850.)* Dans les autres cas, l'alignement est donné aux parties par le préfet.

3. Les avant-projets présentés pour le règlement des alignements des traverses de grande voirie, donnent lieu à la production des pièces suivantes :

1° Certificat du maire, constatant que l'avant-projet (plans, profil et mémoire descriptif), a été déposé, pendant huit jours, à la mairie, et que les publications prescrites par l'art. 6 de la loi du 3 mai 1841 ont eu lieu ;

2° Numéro du journal dans lequel a été inséré l'avis du dépôt du plan ;

3° Procès-verbal ouvert pendant le temps du dépôt de l'avant-projet, et sur lequel le maire a consigné les dires des parties ;

4° Réclamations et observations qui auraient été adressées par écrit, et qui doivent être annexées au procès-verbal ;

5° Délibération par laquelle le conseil municipal de la commune donne son avis sur les alignements proposés ;

6° Procès-verbal de la commission réunie au chef-lieu de la sous-préfecture, laquelle doit avoir terminé ses opérations dans le délai de dix jours (1) ;

7° Rapport des ingénieurs sur les résultats de l'enquête ;

8° Avis préfectoral visant et résumant les pièces de l'instruction. *(Instr. min., 27 déc. 1849.)*

4. Les sous-préfets ont mission de passer les actes de cession et d'acquisition de terrains par suite d'alignement, toutes les fois que la valeur de la parcelle à céder ou à acquérir n'atteindra pas 1,000 fr. Ils adressent au préfet des extraits

---

(1) A défaut de ce procès-verbal (qui n'est valable qu'autant qu'il est signé par cinq membres de la commission), il doit être produit un procès-verbal du sous-préfet, dans lequel il donne son avis et fait connaître les causes qui ont empêché la commission de se réunir ou de terminer ses opérations dans le délai voulu.

des contrats intervenus; le préfet les porte dans les états trimestriels qu'il a à produire au ministre des travaux publics, à qui il adresse, en outre, un bordereau mensuel indiquant, route par route, le montant des parcelles de terrains acquises par suite d'alignements. (*Instr. min., 27 déc. 1849.*)

Les cessions de terrains à retrancher de la voie publique par suite d'alignement, et dont le prix est inférieur à 1,000 fr., peuvent être consenties sans l'assentiment préalable de l'administration supérieure des domaines. Ces cessions doivent être faites, savoir : au chef-lieu du département, et dans l'arrondissement de ce chef-lieu, en présence du directeur ou de son délégué; dans les autres arrondissements, avec la participation du receveur au chef-lieu de l'arrondissesement, lorsque les cessions sont consenties devant le sous-préfet, ou du receveur au bureau du canton de la situation des terrains, lorsqu'elles ont lieu devant le maire délégué par le sous-préfet. Les receveurs locaux, avant de prêter leur concours, n'ont pas à consulter le directeur. (*Id., 11 février 1850.*)

5. *En matière de voirie urbaine*, les plans généraux d'alignement, dressés par un géomètre choisi par le maire, sont soumis au conseil municipal qui les approuve par une délibération; ils sont ensuite déposés à la mairie pendant quinze jours, à l'expiration desquels un commissaire, délégué par le préfet, reçoit, à la mairie, pendant trois jours consécutifs, les déclarations des habitants, sur l'utilité publique des alignements projetés. Après une nouvelle délibération du conseil municipal, contenant les réponses aux réclamations faites dans l'enquête, toutes les pièces sont transmises, par l'intermédiaire du sous-préfet, au préfet, qui approuve les plans d'alignement. (*L., 16 sept. 1807, et décr., 25 mars 1852, n° 50 du tableau A.*) — Les demandes d'alignement sont adressées au maire, qui statue par un arrêté, en se conformant aux plans approuvés.

6. La confection des plans d'alignement donne lieu à l'accomplissement des formalités essentielles qui suivent :

1° Le plan, rédigé par un agent-voyer ou par tout autre homme de l'art, est dressé en double expédition;

2° Il est soumis au conseil municipal, qui donne son avis sur les alignements proposés;

3° Il est ensuite procédé à une enquête dont la durée est de quinze jours, à l'expiration desquels un commissaire, désigné par le préfet, reçoit à la mairie, pendant trois jours consécutifs, les déclarations des habitants;

4° Le conseil municipal examine et discute les réclamations consignées ou annexées au procès-verbal de l'enquête;

5° Toutes les pièces de l'affaire sont adressées au sous-préfet, qui y joint son avis motivé, et transmet le tout, sous un bref délai, au préfet;

6° Le préfet prend l'avis d'un conseil des bâtiments civils, composé d'un ingénieur des ponts et chaussées, de l'agent-voyer en chef, de l'architecte du département, et de tels autres hommes de l'art qu'il juge nécessaire d'y adjoindre;

7° Sur l'avis de ce conseil, le préfet prend, à l'effet d'homologuer le plan, un arrêté d'homologation. Cet arrêté vise : 1° le plan général d'alignement de la ville ou de la commune; 2° les pièces de l'enquête; 3° les délibérations du conseil municipal; 4° l'avis du sous-préfet, et 5° les lois sur la matière.

Les alignements ayant pour objet l'ouverture de rues ou la création de places, ne peuvent recevoir leur exécution que lorsque la commune a été autorisée à acquérir. (*Circ. min., 5 mai 1852, modèle n° 46.*)

7. Lorsque, par suite des observations du conseil des bâtiments civils, il paraît nécessaire au préfet d'apporter des modifications aux alignements proposés, il y a lieu de procéder à une nouvelle enquête, et à prendre de nouveau l'avis du conseil municipal avant de statuer définitivement.

La communication à l'autorité supérieure des plans en cours d'instruction est obligatoire, 1° lorsqu'il s'agit d'arrêter, dans une place de guerre ou port de mer, les alignements des voies publiques avoisinant les établissements militaires; 2° lorsque ces alignements doivent affecter un monument historique ou précieux sous le rapport de l'art, ou un bâtiment quelconque appartenant à l'État. (*Id.*)

8. Les frais relatifs à la confection des plans d'alignement sont rangés au nombre des dépenses obligatoires. (*L., 18 juill. 1837, art. 30.*)

9. Dans les lieux où il n'existe pas de plan approuvé, l'alignement est donné

par un arrêté du maire, dont une copie certifiée est adressée au sous-préfet. Mais il est à propos que l'arrêté du maire soit précédé de l'enquête et des autres formalités prescrites par l'ordonnance réglementaire du 23 août 1835, et, dans le cas où il y a contestation sur l'alignement, il est nécessaire de provoquer, comme complément des formalités légales prescrites par la loi du 3 mai 1841, un décret en vertu duquel le jury d'expropriation pourra être légalement saisi, si c'est le règlement de l'indemnité qui est en question. (*Instr. min., 23 août 1841.*)

10. Ces règles ne sont pas applicables aux rues qui sont la prolongation des routes impériales ou départementales, ou des chemins de grande communication. Dans ce cas, c'est le préfet et non le maire qui donne l'alignement.

11. Les administrations municipales des villes ayant plus de 2,000 âmes de population, sont tenues de faire dresser et approuver les plans généraux d'alignement. (*L., 16 sept. 1807, art. 53.*)

12. *En matière de voirie vicinale,* l'alignement sur les chemins vicinaux de grande communication est donné par le préfet, sur l'avis du sous-préfet et du maire, et sur le rapport des agents-voyers, ou par le sous-préfet lui-même, lorsque le préfet lui a délégué pouvoir à cet effet. (*Projet de règl. gén. du min. de l'int., 21 juill. 1854.*)

Les autorisations d'alignement, en ce qui concerne les chemins vicinaux ordinaires et d'intérêt commun, sont données par le maire. Ces autorisations ne peuvent jamais être verbales, et doivent toujours faire l'objet d'un arrêté, qui est transcrit au registre des arrêtés, et dont une expédition est remise aux parties intéressées. (*Id.*)

Les autorisations données par les maires ne sont définitives qu'après approbation du sous-préfet, qui s'assure que la largeur légale du chemin a été respectée. (*Idem.*)

13. Les communes et les établissements publics sont, comme les particuliers, obligés d'obtenir des arrêtés d'alignement pour leurs maisons d'écoles, églises, halles, etc., sur la grande ou sur la petite voirie.

14. Les maires et adjoints doivent dresser des procès-verbaux contre ceux qui ont construit sans alignement ou en contravention à l'alignement, sur les chemins vicinaux de grande communication et sur les chemins vicinaux ordinaires.

V. CONSTRUCTIONS, PRÉFETS, TRAVAUX COMMUNAUX, VOIRIE.

ALIMENTS.

1. L'autorité municipale a le droit, en vertu de la loi du 16-24 août 1790, de faire des règlements pour le débit et la salubrité des comestibles exposés en vente; mais elle ne peut établir aucune taxe pour l'exécution de ces règlements. Le pain et la viande seuls peuvent être taxés.—V. BOUCHERS, BOULANGERS.

2. Les maires peuvent, en conséquence, dans l'intérêt de la santé publique, défendre d'exposer en vente des comestibles gâtés, corrompus ou nuisibles, et ordonner l'enfouissement ou la destruction de ces denrées, et faire dresser procès-verbal contre les délinquants. — V. BLÉ.

ALLUMETTES CHIMIQUES. — Form. mun., tom. I, pag. 157.

1. Les fabriques d'allumettes chimiques sont rangées dans les établissements insalubres de première classe, et, comme tels, soumis à la législation qui régit ces établissements. — V. ÉTABLISSEMENTS DANGEREUX, INSALUBRES ET INCOMMODES.

2. Une circulaire du ministre de l'intérieur, du 15 décembre 1852, indique les conditions à insérer dans les arrêtés d'autorisation des fabriques d'allumettes chimiques. (V. *Répertoire administratif, 1846, pag. 351; 1853, pag. 90.*)

AMENDES. — Form. mun., tom. I, pag. 165.

1. *Amendes de police rurale et municipale.* — Le produit de ces amendes appartenant exclusivement aux communes dans lesquelles les contraventions ont été commises, les états de recouvrement sont transmis par le directeur de l'enregistrement et des domaines au préfet, qui en arrête le montant; le directeur délivre ensuite, au nom de chaque receveur municipal, un mandat en vertu duquel le receveur de l'enregistrement tient compte à la commune de la somme qui

lui revient. Ces mandats sont transmis aux receveurs municipaux par l'entremise des préfets et des receveurs des finances. (*Instr. gén., 17 juin 1840, art. 796.*)

2. *Amendes de police correctionnelle.* — Le montant de ces amendes, versé, sur les mandats du directeur de l'enregistrement, à la caisse du receveur général du département, forme un fonds commun dont le préfet dispose, jusqu'à concurrence des deux tiers du produit, en faveur des communes qui éprouvent des besoins, après déduction de la moitié de cette quotité affectée au paiement de l'abonnement des chefs-lieux de canton au *Moniteur des communes.*

Le préfet liquide les états fournis par la direction de l'enregistrement et des domaines; il prélève, sur les produits, les remises et taxations, les droits des greffiers, les frais de poursuites tombés en non-valeur, et établit la répartition du surplus entre les communes, par un état particulier [1], ensuite duquel il délivre, sur la caisse des receveurs des finances, des mandats de paiement au nom des receveurs des communes en faveur desquelles la répartition a été faite. (*Id., art. 797.*)

3. *Amendes en matière de grande voirie.* — Le produit de ces amendes est réparti de la manière suivante : un tiers aux agents qui ont constaté les délits; un tiers au trésor public, pour les dépenses des ponts et chaussées; un tiers aux communes dans lesquelles les délits ont été constatés. La liquidation et la répartition sont arrêtées par le préfet sur les états fournis par le directeur de l'enregistrement, et le directeur provoque, auprès du ministre des finances, l'ordonnancement des sommes liquidées et réparties par l'arrêté du préfet. (*Id., art. 799 et 800.*)

4. *Amendes pour contraventions à la police du roulage.* — Un tiers du produit de ces amendes est attribué, dans certains cas, aux agents rédacteurs du procès-verbal; les deux autres tiers sont attribués, soit au trésor public, soit aux départements, soit aux communes intéressées, selon que la contravention concerne une route nationale, une route départementale ou un chemin de grande communication. Il en est de même du total des frais de réparation du dommage, ainsi que du total de l'amende, lorsqu'il n'y a pas lieu d'en attribuer un tiers aux agents rédacteurs. (*L., 30 mai 1851, sur la police du roulage, art. 28.*)

Les règles relatives à l'exécution de ces dispositions sont établies dans l'instruction de l'administration de l'enregistrement et des domaines, du 17 décembre 1851, art. 12 et suivants.

5. *Amendes pour contraventions aux droits d'octroi.* — Ces amendes appartiennent, déduction faite des frais et prélèvements autorisés, moitié aux employés des octrois, et moitié à la commune dans laquelle les contraventions ont été commises.

Cette répartition est établie par des bordereaux arrêtés entre les maires et les préposés au service de l'octroi, et qui présentent la date des jugements ou transactions, les sommes payées par les contrevenants, et leur partage entre la commune et les employés saisissants. (*Instr. gén., 17 juin 1840, art. 801 et 802.*)

6. *Amendes pour délits de chasse.* — Le produit de ces amendes appartient à la commune sur le territoire de laquelle l'infraction a été commise, sous la déduction de la gratification accordée aux gardes et gendarmes, rédacteurs des procès-verbaux.

Cette gratification est acquittée par les receveurs de l'enregistrement, suivant les règles de la comptabilité ordinaire. Il est tenu un compte spécial par commune, du recouvrement des amendes, et ce compte est réglé chaque année. Après prélèvement des gratifications et de cinq pour cent pour frais de régie, le produit restant des amendes recouvrées est compté à la commune. (*Ord., 5 mai 1845.*)

7. *Amendes en matière de garde nationale.* — Le recouvrement de ces amendes est effectué à la diligence du receveur de l'enregistrement, ensuite d'extraits des jugements qui lui sont transmis par le secrétaire du conseil de discipline, et le montant en est versé dans la caisse communale.

8. *Amendes contre les receveurs.* — Les communes et établissements de bienfaisance ont droit au montant des amendes prononcées *par le conseil de préfecture,* contre leurs receveurs en retard de rendre compte. Ces amendes sont re-

---

(1) Cet état de répartition a cessé d'être soumis à la sanction du ministre de l'intérieur, par l'effet du décret du 25 mars 1852, tableau A, n° 39.

couvrées sur le retardataire, par la caisse intéressée, à la diligence du receveur des finances, au moyen d'une expédition de l'arrêté qui les a prononcées. (*Agenda des receveurs municipaux, 4e édit., nos 55 et 248.*)

ANIMAUX. — Form. mun., tom. I, pag. 173.

1. *Animaux abandonnés ou perdus.* — Toute personne qui trouve un animal perdu ou abandonné doit en faire la déclaration à l'officier de police du lieu, et le lui représenter. — Si le propriétaire est connu, l'animal lui est rendu aussitôt, à la charge par ledit propriétaire de payer les frais que l'animal a pu occasionner. — Si le propriétaire n'est pas connu, l'animal est mis en fourrière à sa charge. Si le propriétaire ne se présente pas, l'animal est vendu par ordre de l'autorité; les frais de fourrière se prélèvent sur le produit de la vente, et le surplus est versé dans la caisse des dépôts et consignations. Il est dressé procès-verbal du tout.

2. *Animaux dangereux ou nuisibles.* — L'autorité municipale doit, dans l'intérêt de la sûreté et de la salubrité publiques, arrêter et prescrire toutes les mesures convenables pour prévenir les accidents qui pourraient résulter de l'évasion, de la divagation ou du défaut de surveillance des animaux féroces, malfaisants ou vicieux, et du dépôt ou de la garde d'animaux incommodes et nuisibles à la propreté et à la salubrité. — V. Battues.

3. *Animaux domestiques.* — Les jeux cruels qu'on exerce sur des animaux domestiques vivants doivent être sévèrement défendus par les municipalités; ils sont assimilés, pour la peine, aux mauvais traitements exercés envers lesdits animaux. (*L., 2 juill. 1850.*)

4. *Animaux malades ou morts.* — Lorsqu'un animal meurt dans les champs ou lieux habités, il doit être enfoui sans délai, comme pouvant nuire à la salubrité publique. (*L., 28 sept.-6 oct. 1791, tit. 2, art. 13.*)

Les maires doivent faire abattre immédiatement les animaux atteints d'une maladie contagieuse et incurable, et, dans ce cas, l'enfouissement doit être fait dans une fosse de 2 mètres 60 centimètres de profondeur, et à 100 mètres au moins des habitations. (*Arr., 27 mess. an 5-15 juill. 1797.*)

APPROVISIONNEMENTS. — Form. mun., tom. I, pag. 184.

1. L'approvisionnement des villes a été regardé de tout temps comme une partie importante des mesures d'administration et de police. Les approvisionnements sont, pour les maires et les officiers de police, un objet du plus haut intérêt, et sur lequel ils doivent apporter toute leur surveillance. C'est principalement sur les grains que l'attention des magistrats doit être constamment en éveil, et ils doivent tenir la main à ce que les lois et règlements de police, relatifs à chaque espèce de denrée, soient strictement exécutés.

2. Les maires doivent se faire rendre compte fréquemment des approvisionnements existants, afin que, s'ils diminuaient de manière à devenir insuffisants, ils puissent prendre les mesures nécessaires suivant les circonstances.

3. Il est particulièrement une espèce d'approvisionnement que les maires doivent surveiller avec soin, c'est celui que les boulangers sont tenus d'avoir constamment, en exécution des ordonnances qui règlent le service de la boulangerie dans les villes. — V. Boulangers.

ARBRES. — Form. mun., tom. I, pag. 186.

1. *Arbres sur les bords des grandes routes.* — Le riverain est tenu de laisser la distance d'un mètre au moins, suivant l'essence des arbres, entre la plantation sur son terrain et le bord extérieur du fossé. (*Décr., 10 déc. 1811, art. 90* [1].) — Dans le courant d'octobre, les maires doivent, pour l'exécution de l'art. 93 du décret précité, signaler au sous-préfet la quantité d'arbres morts ou manquant sur les parties des grandes routes qui traversent leurs communes respectives.

---

(1) Ce décret établit une servitude dont l'administration est libre de réclamer ou de ne pas exiger l'exercice. Par une circulaire du ministre des travaux publics du 9 août 1850, des distinctions ont été admises à l'égard des plantations, suivant la largeur des routes. V. Plantations.

2. Lorsqu'il y a lieu, dans l'intérêt du maintien de la visibilité des lignes télégraphiques aériennes, de procéder à l'élagage ou à la suppression d'arbres, un rapport de l'inspecteur du télégraphe, adressé au préfet, indique le lieu où existe l'obstacle, les circonstances qui le rendent nuisible, et les efforts tentés pour en obtenir du propriétaire la suppression. Sur ce rapport, le préfet, s'il y a lieu, fait sommer administrativement le propriétaire d'en opérer le déplacement ou l'élagage. Sur le refus de la partie intéressée, le préfet prescrit, par un arrêté, les mesures nécessaires pour faire disparaître l'obstacle. Cet arrêté, de l'exécution duquel un agent du service télégraphique peut être chargé, réserve toujours le paiement préalable de l'indemnité, qui est fixée par le juge de paix, et qui est consignée préalablement à l'exécution de l'arrêté préfectoral. (*Décr.*, 27 *déc. 1851, et instr. min.*, 25 *nov. 1852.*)

3. *Arbres sur le bord des chemins vicinaux.* — Les préfets ont le droit de déterminer, dans les règlements qu'ils font pour l'exécution de la loi du 21 mai 1836 sur les chemins vicinaux, tout ce qui concerne les plantations le long de ces chemins, et, par conséquent, la distance à laquelle les plantations peuvent être effectuées par les propriétaires riverains.

4. Les maires peuvent aussi prendre des arrêtés dans ce sens. Ces arrêtés prescrivent aux propriétaires, fermiers ou colons partiaires, 1° d'élaguer à une hauteur donnée; 2° de supprimer les arbres penchant sur les chemins, et nuisant à leur assèchement ou à la circulation; 3° de couper les racines s'étendant sur leur sol, ou sur le fossé, et ce dans un délai que détermine l'arrêté. Ce travail doit avoir lieu tous les ans, ensuite de nouvel arrêté. (*Projet de règl. gén. du min. de l'int., 21 juill. 1854.*)

5. *Arbres des cimetières.* — Ces arbres appartiennent aux communes, d'après la loi du 11 prairial an 3, qui leur a rendu la propriété des terrains des cimetières. Les maires peuvent donc en disposer dans l'intérêt de la commune, en se conformant aux règlements sur les établissements publics, et après avoir rempli les formalités prescrites pour les arbres épars. Ainsi, les maires peuvent faire émonder les arbres des cimetières, mais ils ne peuvent les faire abattre sans en avoir préalablement obtenu l'autorisation du préfet. — Quant à ceux de ces arbres qui croissent sans culture, les fruits et émondes en appartiennent aux fabriques, par application de l'art. 36, n° 4, du décret du 30 décembre 1809, qui leur attribue le produit spontané des terrains servant de cimetières.

6. *Arbres des promenades et autres lieux publics.* — Les arbres des promenades publiques et autres emplacements dont les communes ont la propriété, leur appartiennent également; mais ils ne peuvent non plus être abattus qu'avec les formalités prescrites pour les arbres épars, c'est-à-dire, ensuite d'une autorisation du préfet.

V. Haies, Plantations, Routes.

ARCHITECTES. — Form. mun., tom. I, pag. 203.

1. Toutes les fois que des travaux de construction, de réparation ou même de simple entretien, sont effectués pour le compte d'une commune, ils doivent l'être avec l'assistance d'un architecte choisi par l'administration.

2. Cet architecte est chargé, suivant la nature des travaux, de rédiger :

1° Un devis explicatif ou mémoire contenant la position et les dimensions de la construction projetée, les distributions et dimensions particulières, les espèces, les qualités et les quantités de matériaux à employer, enfin, les procédés de main d'œuvre les plus essentiels, avec tous les détails propres à bien fixer les conditions de l'exécution et le degré de perfection exigé;

2° Le détail estimatif, état où sont énumérés et détaillés les prix courants de toutes les espèces de matériaux, d'ouvrages et de main-d'œuvre, suivant les dimensions et conditions portées au devis, et où se trouve, à la fin, le montant aperçu et très-rapproché de la dépense entière;

3° Les dessins figuratifs des plans du rez-de-chaussée et des différents étages, les coupes en long et en travers, et les évaluations des faces principales;

4° Le cahier des charges générales et des charges particulières pour les différentes natures de travaux et les modèles de soumissions.

Toutes ces pièces doivent être projetées, rédigées et signées par l'architecte, puis visées et signées par l'ordonnateur de la dépense.

3. Lorsque les projets sont définitivement approuvés, l'architecte, sur l'ordre du maire, arrête tout ce qui est relatif à l'exécution; il surveille les détails de construction, la qualité des matériaux; il s'assure de la tenue régulière des attachements et de leur inscription sur un registre; il reçoit les mémoires des entrepreneurs à la fin de chaque campagne; procède à la réception des travaux; règle les mémoires conformément aux marchés, et, s'il y a lieu, conformément aux prix courants.

4. Les communes ont le droit de choisir, et les maires celui d'employer tels architectes dont la capacité est reconnue. L'autorité supérieure ne peut leur imposer des choix faits par elle. (*Déc. min., 26 août 1839.*)

5. Les architectes chargés de travaux ressortissant du ministère de l'intérieur doivent, sous leur responsabilité, veiller à ce que ces travaux soient conformes aux projets, plans et devis approuvés; ils ne peuvent y faire aucun changement sans l'autorisation préalable de l'autorité compétente, et ils supportent les frais de tout changement non approuvé, sauf leur recours contre l'entrepreneur, si le changement est du fait de ce dernier. (*Arr. min., 18 juin 1812.*)

6. Les architectes communaux sont rétribués, ou par un traitement fixe et annuel déterminé par le conseil municipal, ou par des remises proportionnelles au montant des travaux faits au compte de la commune. Le taux de ces remises est ordinairement de cinq pour cent du prix d'adjudication, au moyen de quoi les frais accessoires de bureau, d'inspecteur, de commis, etc., sont à la charge de l'architecte communal. (*Av. approuvé du conseil des bâtiments civils, 12 pluv. an 8.*)

7. Les travaux ordinaires d'entretien des édifices diocésains sont dirigés par des architectes ayant leur résidence dans le diocèse et nommés par le ministre de l'instruction publique et des cultes, sur l'avis des évêques et des préfets. (*Décr., 7 mars 1853, art. 1er.*)

8. Quant aux devoirs spéciaux des architectes relativement aux constructions et travaux des communes, V. CONSTRUCTIONS COMMUNALES, TRAVAUX COMMUNAUX.

ARCHIVES COMMUNALES. — Form. mun., tom. I, pag. 206.

Instruction ministérielle du 16 juin 1842.

SOMMAIRE.

§ 1er. — Devoirs généraux des maires.

1. Les titres et papiers de l'administration municipale sont entre les mains du maire; mais il n'en est que simple dépositaire, à raison de ses fonctions. Ces documents doivent être tenus constamment à la disposition des officiers municipaux en exercice, ainsi que la correspondance et les instructions de l'autorité supérieure.

§ 2. — Transmission.

2. Les archives sont transmises exactement d'un fonctionnaire à l'autre. Le maire qui cesse ses fonctions doit faire la remise de tous les papiers et registres relatifs à l'administration, entre les mains de son successeur, au moment où il l'installe, ou, si ce dernier n'est pas nommé, entre les mains du fonctionnaire qui exerce provisoirement. Cette opération est constatée par un procès-verbal en double minute : l'une des minutes est remise au fonctionnaire sortant, pour lui servir de décharge; l'autre reste déposée à la mairie, pour établir la responsabilité du nouveau titulaire.

Dans le cas où un maire sortant se refuserait à procéder à l'inventaire, le sous-préfet nommerait un commissaire pour dresser cet acte, contradictoirement avec le maire en exercice.

3. En cas de décès, les héritiers d'un maire ont à rendre compte des objets appartenant à la mairie, et dont leur auteur se trouvait dépositaire. L'adjoint doit exiger d'eux qu'ils lui en fassent la remise immédiate. Un inventaire est dressé en double minute; l'une des minutes est remise aux héritiers. Dans tous les cas, le procès-verbal désigne ce qui ne se retrouverait pas à la mairie, afin que, s'il y a lieu, l'ancien maire soit déclaré responsable des objets manquants.

4. Les sous-préfets ont dans leurs obligations la surveillance des archives communales. Ils les inspectent lors de leurs tournées; dressent, s'il y a lieu, procès-verbal de l'état dans lequel ils les trouvent, et rendent compte au préfet des actions en responsabilité à diriger contre les dépositaires négligents.

§ 3. — Inventaires.

5. Les maires doivent procéder à la rédaction d'un inventaire complet des archives communales, afin de couvrir leur responsabilité, et de ne pas prendre à leur charge des objets dont l'existence ne serait pas constatée.

L'inventaire est dressé sur un registre ou cahier, coté et parafé par le sous-préfet.

Il doit être tenu constamment à jour.

Une ou plusieurs pages sont consacrées à chaque division; des pages blanches sont laissées à la suite pour permettre la mise à jour. Chaque division comprend une série particulière de numéros correspondant aux articles qui y sont portés, et a pour signe une lettre de l'alphabet. Chaque article porte, indépendamment de son propre numéro, la lettre de la division à laquelle il appartient. La lettre qui caractérise chaque division est inscrite en tête de la page qui lui est consacrée; le numéro de chaque article est placé en regard de l'indication qui le concerne.

L'inventaire terminé, le maire le certifie au bas de chaque division, y appose sa signature, et le présente au conseil municipal. Il lui présente en outre, s'il y a lieu, un état des volumes ou documents qui manquent, et celui des dépenses à faire, soit pour leur achat, soit pour acquérir de nouveaux ouvrages.

Chaque année, dans la session où le conseil municipal forme le budget, le maire lui communique l'inventaire [1], en ayant soin d'y ajouter préalablement tous les objets non encore inscrits. Les additions sont portées à la suite de chacune des divisions, et forment autant de suppléments qui doivent être certifiés et signés.

Le préfet peut autoriser les maires de communes possédant des archives considérables, à constater sur des cahiers séparés de l'inventaire, les récolements et suppléments qui s'y rattachent.

Une copie de l'inventaire doit être transmise au préfet par l'intermédiaire du sous-préfet. Il en est de même pour les procès-verbaux de récolement. Ces copies et celles des procès-verbaux sont déposées aux archives de la préfecture.

§ 4. — Récolements.

6. A tous les renouvellements des autorités municipales, le préfet doit appeler spécialement leur attention sur les archives, et recommander l'opération du récolement.

Un procès-verbal de cette opération est rédigé et transcrit à la suite. Les objets manquants y sont signalés, et le nouveau maire en donne avis au sous-préfet. Ce procès-verbal doit être signé par les personnes ayant assisté au récolement, entre autres par l'adjoint, ou, à défaut, par un conseiller municipal qui aura prêté son assistance.

Les maires continués dans leurs fonctions ne sont pas dispensés de l'opération du récolement. Un procès-verbal doit constater la prise en décharge des archives.

§ 5. — Classement.

7. Pour la mise en ordre des archives, deux opérations doivent être exécutées: 1° les livres, registres ou papiers sont rangés par ordre de matières; 2° les ma-

---

[1] V., *Répertoire administratif*, 1842, pag. 266 à 277, un modèle complet d'inventaire.

lières sont distribuées sous un petit nombre de divisions comprenant toutes les natures de documents.

Les papiers sont mis en dossiers et rassemblés par ordre de dates. Chaque dossier ne doit contenir qu'une subdivision de même matière, et la réunion de ces dossiers forme la liasse ou le carton de cette matière.

Ce travail préparatoire terminé, il est procédé au classement, qui comprend quinze divisions, depuis A jusques et y compris P [1], lettre sous laquelle on range les pièces diverses n'ayant pu être classées dans les divisions précédentes.

§ 6. — Communications de pièces.

8. Les communications aux particuliers ne peuvent être données que lorsqu'elles n'offrent pas d'inconvénients; en ce cas, elles ont lieu sans frais, sans déplacement, et sous une surveillance sûre, de telle sorte qu'aucune altération ou soustraction ne puisse être commise.

Les pièces cadastrales ne doivent être déplacées que sur un ordre ministériel, et contre récépissé.

Les maires seuls délivrent les expéditions ou extraits des actes déposés à leur mairie. Ces expéditions ou extraits donnent lieu à la perception de droits, à raison de 75 centimes le rôle, et dont le produit est versé dans la caisse municipale.

Donnent aussi lieu à la perception de droits les extraits ou expéditions des actes de l'état civil [2].

Les premières expéditions des actes administratifs sont délivrées gratuitement aux parties qu'elles concernent; toutes autres expéditions sont soumises au droit. Celles-ci doivent être faites sur papier timbré du coût de 1 fr. 25 c.

§ 7. — Exploration, vérification, surveillance.

9. Des commissaires spéciaux peuvent être chargés de visiter, sous la direction des préfets, les archives communales, et d'en commencer la mise en ordre; puis, le travail se continue par leurs soins et sous leur surveillance.

L'inspecteur, dès ses premières visites, dresse l'état des objets matériels indispensables aux archives, et propose au maire de réclamer du conseil municipal les allocations nécessaires.

---

(1) A. Lois. — B. Actes administratifs de la préfecture. — C. Livres divers. — D. Actes de l'administration municipale. — E. Etat civil. — F. Population et statistique. — G. Contributions. — H. Affaires militaires. — I. Police. — K. Personnel. — L. Comptabilité. — M. Biens communaux servant à l'usage public. — N. Biens communaux affermés ou livrés à la jouissance commune. — O. Voirie. — P. Pièces diverses.

(2) Pour chaque expédition d'un acte de naissance, de décès ou de publication de mariage

(2) Pour chaque expédition d'un acte de naissance, de décès ou de publication de mariage..........	» fr.	30 c.
Plus, pour droit de timbre..........	1	25
	1 fr.	55 c.
Pour celle des actes de mariage et de divorce..........	»	60
Timbre..........	1	25
	1 fr.	85 c.
Dans les villes de 50,000 âmes et au-dessus, pour chaque expédition d'actes de naissance, de décès et de publication de mariage..........	»	50
Timbre..........	1	25
	1 fr.	75 c.
Pour celle des actes de mariage, d'adoption et de divorce..........	1	»
Timbre..........	1	25
	2 fr.	25 c.
A Paris, pour chaque expédition d'acte de naissance, de décès et de publication de mariage..........	»	75
Timbre..........	1	25
	2 fr.	75 c.
Pour celle des actes de mariage, de divorce et d'adoption..........	1	50
Timbre..........	1	25
	2 fr.	75 c.

§ 8. — **Intervention des conseils généraux.**

10. Le préfet rend compte au conseil général de l'état des archives communales. Ce conseil peut mettre à la charge du département le surcroît de dépense pouvant résulter de l'accroissement des travaux des archivistes et de l'établissement d'un matériel spécial. Le conseil général décide encore s'il entend imposer des conditions aux communes, soit pour leur concours dans la dépense d'un nouveau matériel, soit pour le paiement des expéditions de titres qu'elles réclameront, dispositions qui doivent être fixées par un règlement.

§ 9. — **Archives des anciennes municipalités. — Anciens titres.**

11. Des règles spéciales de classement sont applicables aux communes qui ont possédé une organisation municipale antérieurement à 1789, et qui ont conservé des actes de cette ancienne administration; nous renvoyons à cet égard à la circulaire du 16 juin 1842, que nous venons d'analyser; elle prévoit aussi ce qui est relatif à la conservation et au déchiffrement des anciens titres.

§ 10. — **Archives des établissements de bienfaisance.**

12. Les maires s'entendent avec les commissions administratives de ces établissements pour établir le bon ordre dans leurs archives spéciales.

Quel que soit le lieu du dépôt, un inventaire distinct doit toujours en être dressé.

Ce qui est relatif aux archives communales proprement dites est aussi applicable à celle des établissements de bienfaisance. (*Instr. min., 16 juin 1842.*)

V. Abonnements, Etat civil.

ARCHIVES DÉPARTEMENTALES.

1. Une circulaire ministérielle, du 24 avril 1841, indique le mode de classement à suivre pour les archives départementales. (V. *Répertoire administratif*, 1843, pag. 123.)

Une autre circulaire, du 24 juillet 1844, contient des instructions concernant la suppression et la vente des papiers inutiles. (V. *Répertoire administratif*, 1844, pag. 386.)

Des instructions sur l'inventaire des archives départementales ont été données par le ministre dans une circulaire en date du 20 janvier 1854. (V. *Répertoire administratif*, 1854, pag. 133.)

2. La nomination des archivistes départementaux appartient aux préfets (*Décr., 4 févr. 1850 et 25 mars 1852*), avec obligation de choisir d'anciens élèves de l'école des chartes, ou, à défaut, des personnes munies d'un certificat d'aptitude, délivré, après examen, par une commission que le ministre de l'intérieur est chargé d'organiser.

ARMES. — Form. mun., tom. I, pag. 214.

Les gardes nationaux et les communes sont responsables des armes qui leur sont délivrées, et qui restent la propriété de l'Etat. — En conséquence, lorsque le gouvernement juge nécessaire de délivrer des armes de guerre aux gardes nationales, le nombre des armes reçues doit être constaté, dans chaque municipalité, au moyen d'états émargés par les gardes nationaux à l'instant où les armes leur sont délivrées. (*L., 22 mars 1831, art. 69.*)

ARRÊTÉS. — Form. mun., tom. I, p. 253.

1. On appelle *arrêtés* les actes d'administration des préfets, des conseils de préfecture, des sous-préfets et des maires.

C'est par des arrêtés que les préfets et les maires ordonnent l'exécution des lois ou des règlements d'administration publique, et en prescrivent le mode; c'est aussi par des arrêtés que les conseils de préfecture statuent sur les contestations qui sont de leur compétence.

2. En matière de police locale, les arrêtés et règlements des fonctionnaires municipaux, approuvés par l'autorité supérieure, sont obligatoires jusqu'à leur réformation légale, même pour les tribunaux saisis de la connaissance d'une contravention à ces arrêtés. (*LL., 19-22 juill. 1791, et 18 juill. 1837.*)

3. Le recours est ouvert pour la partie qui se prétend lésée, savoir : contre les règlements municipaux, devant le préfet; contre les arrêtés des préfets, devant le ministre de l'intérieur, et contre les arrêtés des sous-préfets, devant le préfet (*Ord.-arr., 14 nov. 1821*); contre les arrêtés des conseils de préfecture, devant le conseil d'Etat. — Le délai pour se pourvoir devant ces diverses juridictions est de trois mois à compter du jour de la notification.

4. Les ampliations des arrêtés préfectoraux permettant aux communes de vendre, acheter ou louer, ne sont pas soumises au timbre; mais elles sont soumises à cette formalité lorsque le maire fait usage de ces copies ou expéditions, soit en les produisant à l'occasion des ventes, acquisitions ou locations faites au nom de la commune, soit en les mentionnant dans lesdits actes. (*Instr. min., 5 févr. 1840.*)

5. Par une circulaire du 3 janvier 1838, le ministre de l'intérieur conseille aux maires de faire transcrire *tous* leurs arrêtés sur un registre à ce destiné, et en tête duquel serait placé un modèle ou cadre de rédaction qu'ils pourraient consulter au besoin. Cependant, le ministre ne fait pas une obligation de ce registre; il fait seulement remarquer que cette mesure, appliquée déjà librement dans quelques mairies, serait bonne et utile à toutes. L'achat de ce registre ne peut être classé parmi les dépenses obligatoires énumérées par la loi du 18 juillet 1837.

ARROSEMENT. — Form. mun., tom. I, p. 255.

1. Les maires, chargés de veiller à tout ce qui peut assurer la salubrité publique et la commodité du passage, ne doivent pas négliger, pendant l'été, et notamment pendant les grosses chaleurs, l'arrosement de la voie publique.

2. Ils peuvent ordonner que, à partir du mois de juin et jusqu'à la fin du mois d'août, chaque habitant fera arroser le devant de sa maison, de sa boutique ou de son magasin, deux fois par jour; ceux qui ne se soumettent pas à l'arrêté du maire sur ce point, sont passibles d'une amende de 1 à 5 fr. inclusivement. (*Cod. pén., art. 471, n° 15.*)

3. L'arrosement des places, quais, ponts et promenades publiques doit être fait aux frais de la commune par les préposés et sous la surveillance des officiers de police, au moyen de tonneaux disposés pour cet usage.

ASILE (SALLES D'). — Form. mun., tom. VI, pag. 592.

LÉGISLATION.

Ordonnance du 22 décembre 1837. — Règlement général du 24 avril 1838.

1. Les salles d'asile ou écoles du premier âge sont des établissements charitables où les enfants des deux sexes peuvent être admis, jusqu'à l'âge de six ans accomplis, pour recevoir les soins de surveillance maternelle et de première éducation que leur âge réclame. (*Ord., 22 déc. 1837, art. 1er.*)

2. Elles sont publiques ou privées. — Les salles d'asile publiques sont celles que soutiennent, en tout ou en partie, les communes, les départements ou l'Etat. (*Id., art. 2 et 3.*)

3. Nulle salle d'asile n'est considérée comme publique, qu'autant qu'un logement et un traitement convenables ont été assurés à la personne chargée de tenir l'établissement, soit par des fondations, donations ou legs, soit par des délibérations du conseil général ou du conseil municipal, dûment approuvées. (*Id., art. 4.*)

4. L'autorisation d'exercer dans un lieu déterminé est délivrée par le recteur de l'Académie, sur le vu et le dépôt des pièces suivantes : 1° un certificat d'aptitude délivré par la commission d'examen mentionnée ci-après; 2° un certificat de moralité, délivré conformément à l'art. 6 de l'ordonnance du 23 juin 1836 [1]. (*Id., art. 8 et 9.*)

---

[1] Ce certificat est délivré, sur l'attestation de trois conseillers municipaux, par le maire de la commune ou de chacune des communes où la postulante aura résidé pendant trois ans. — A Paris, cette délivrance a lieu, sur l'attestation de trois notables, par le maire de l'arrondissement municipal ou de chacun des arrondissements municipaux où l'impétrante aura résidé depuis trois ans.

5. Les commissions d'examen sont prises parmi les dames inspectrices dont il est parlé ci-après. Leur nombre ne peut être moindre de cinq. Elles sont nommées par le préfet. (*Ord., 22 déc. 1837, art. 14.*)

6. Des dames inspectrices sont chargées de la visite habituelle et de l'inspection des salles d'asile. Elles sont nommées, sur la présentation du maire, par le préfet, qui a seul le droit de les révoquer. (*Id., art. 19 et 20.*)

ASPHYXIÉS ET NOYÉS. — Form. mun., tom. I, pag. 258.

1. Le gouvernement s'est souvent occupé du sort des citoyens dont les jours sont menacés par un accident et particulièrement par immersion. Il appartient à l'administration de seconder ses vues, 1° en rendant générales quelques institutions partielles, par lesquelles les citoyens sont le plus possible garantis des endroits dangereux, et les nageurs, pêcheurs et bateliers, stimulés à voler promptement au secours de ceux qui sont en péril; 2° en publiant, chaque année, dans les premiers jours de juin, un règlement qui indique les lieux où l'on peut se baigner sans danger; qui ordonne l'établissement de poteaux destinés à marquer les limites des endroits où l'on peut s'exercer à la nage; qui fasse défense expresse, sous des peines très-sévères, de se baigner dans les endroits dangereux; 3° en établissant, s'il est possible, une école de natation et des bateaux de secours le long des eaux les plus fréquentées, pendant la saison des bains.

2. Indépendamment de ces mesures préservatives, il en est d'autres que l'on doit observer lorsqu'un accident est arrivé. Il en est donné avis sur-le-champ à l'officier de police le plus voisin; celui-ci se transporte aussitôt sur les lieux, accompagné d'un médecin, chirurgien ou officier de santé, qu'il a requis à cet effet. L'homme de l'art prend la direction des secours; l'officier de police veille à ce qu'ils soient administrés sans retard et avec ordre; il ordonne toutes les mesures que les circonstances exigent. Il rédige procès-verbal de toute l'opération.

3. Ce procès-verbal doit contenir :

1° La désignation du sexe, le signalement, les nom, prénoms, qualité, âge et domicile de l'individu noyé, s'il est possible de les savoir;

2° La déclaration de l'homme de l'art, sur l'état de l'individu, les causes de cet état, le laps de temps qu'exige son traitement;

3° Les renseignements recueillis sur l'accident;

4° Les déclarations des personnes qui en ont eu connaissance;

5° Les noms, professions et demeures de ceux qui ont repêché le noyé;

6° La désignation des vêtements, effets et papiers;

7° Les noms, professions et demeures de ceux à qui le corps du noyé est remis, s'il est reconnu et réclamé; ou la désignation du lieu où il aura été conduit, s'il est vivant;

8° L'envoi du corps au lieu habituel du dépôt, ou à celui qui aura été désigné par l'autorité;

9° L'indication des sommes payées pour les frais de l'opération et des personnes à qui elles ont été payées, en constatant, s'il y a lieu, que la famille n'a pas le moyen de les acquitter;

10° Enfin, un état sommaire de la nature des secours administrés au noyé, et de l'effet qu'ils ont produit.

Le procès-verbal est transmis, dans les vingt-quatre heures, au procureur impérial.

4. Les maires signalent aux préfets les personnes qui se vouent, au péril de leur vie, à la noble tâche de sauver leurs semblables, et ces magistrats sollicitent du gouvernement, en leur faveur, des récompenses et des médailles d'honneur, qui sont décernées par le ministre de l'intérieur.

ASSIGNATION ou AJOURNEMENT. — Form. mun., tom. I, pag. 273.

1. Sont assignés : 1° l'État, lorsqu'il s'agit de domaines et droits domaniaux, en la personne ou au domicile du préfet du département où siége le tribunal devant lequel doit être portée la demande en première instance.....; 3° Les administrations ou établissements publics en leurs bureaux, dans le lieu où réside le siége de l'administration; dans les autres lieux, en la personne et au bureau de leur préposé.....; 5° les communes, en la personne ou au domicile du maire, et,

à Paris, en la personne ou domicile du préfet. — Dans les cas ci-dessus, l'original est visé de celui à qui copie de l'exploit est laissée ; en cas d'absence ou de refus, le visa est donné, soit par le juge de paix, soit par le procureur impérial près le tribunal de première instance, auquel, en ce cas, la copie doit être laissée. (*Cod. proc. civ., art. 69.*)

2. L'accomplissement de ces formalités est exigé à peine de nullité. (*Id., art. 70.*)

ASSISTANCE. — Form. mun., tom. I, pag. 280.

Il est des circonstances où l'assistance du maire ou de son adjoint est nécessaire pour autoriser ou légitimer les opérations des autres fonctionnaires publics; tels sont les cas suivants :

1° Quand les gardes champêtres ou forestiers ont besoin de s'introduire dans les maisons particulières, pour la recherche des délits forestiers ou de vols. (*Cod. for., art. 161 et 162; Cod. pén., art. 16.*)

2° Lorsque les employés des bureaux de garantie font la recherche de faux poinçons. (*L., 9 brum. an 6, art. 101.*)

3° Quand les préposés de l'enregistrement ont à constater, par un procès-verbal, le refus à eux fait de la part des notaires, des huissiers, des greffiers ou secrétaires, de communiquer leurs répertoires pour les vérifier. (*L., 22 frim. an 7, art. 2.*)

4° Lorsque les mêmes préposés dressent des procès-verbaux pour constater les contraventions commises dans les lieux où se font les ventes publiques et par enchères. (*Id., art. 8.*)

5° Lorsque les préposés des contributions indirectes procèdent à l'ouverture des caves, celliers et appartements, pour constater la fraude des débitants de boissons, des fabricants de bière, et qu'il y a opposition ou résistance. (*L., 28 avr. 1816, art. 237.*)

6° Dans quelques-unes des opérations des vérificateurs des poids et mesures (*Ord., 17 avril 1839, art. 39*); des officiers de la gendarmerie. (*Décr., 1er mars 1854, art. 261.*)

ASSISTANCE PUBLIQUE (MARIAGE DES INDIGENTS, LÉGITIMATION DE LEURS ENFANTS NATURELS).

LÉGISLATION.

Loi du 10 décembre 1850.

1. La législation nouvelle est venue au secours des indigents dans plusieurs de ses dispositions. La loi du 10 décembre 1850 a statué en ce qui concerne le mariage des indigents et la légitimation de leurs enfants naturels.

2. Les pièces nécessaires au mariage des indigents, à la légitimation de leurs enfants naturels et au retrait de ces enfants déposés dans les hospices, sont réclamées et réunies par les soins de l'officier de l'état civil de la commune dans laquelle les parties ont déclaré vouloir se marier. Les expéditions de ces pièces peuvent, sur la demande du maire, être réclamées et transmises par les procureurs impériaux. (*L., 10 déc. 1850, art. 1er.*)

3. L'officier de l'état civil doit exiger d'abord que les réclamants justifient régulièrement de leur indigence, au moyen d'un certificat délivré par le commissaire de police, ou par le maire dans les communes où il n'existe pas de commissaire de police, et d'un extrait du rôle des contributions, constatant que les parties intéressées paient moins de 10 fr., ou d'un certificat du percepteur de leur commune, portant qu'elles ne sont pas imposées. Le certificat d'indigence est visé et approuvé par le juge de paix du canton, qui fait mention, dans le visa, de l'extrait des rôles ou du certificat négatif du percepteur. (*Id., art. 6, et instr. min., 29 mars 1851.*)

4. L'officier de l'état civil doit éclairer de ses conseils les parties intéressées, et faire, au besoin, lui-même les démarches nécessaires à la constatation de leur indigence. Il réclame, soit en France, soit à l'étranger, non-seulement les pièces relatives à la célébration du mariage, mais encore les actes indispensables pour lever les obstacles pouvant s'opposer à l'union des réclamants. Les demandes en dispense d'âge, de parenté ou d'alliance, sont instruites de cette manière. (*Instr. min. préc.*)

5. Les procureurs impériaux doivent, dans les mêmes cas, agir d'office et procéder à tous actes d'instruction préalable à la célébration du mariage. (*L., 10 déc. 1850, art. 2.*)

Cette intervention a lieu sur la demande du maire, qui peut consulter ce magistrat; dans le cas où le procureur impérial *agit*, il prend en quelque sorte la place administrative du maire, lorsqu'il ne suffit pas seulement à ce dernier d'être éclairé, mais d'être aidé. (*Instr. min., 29 mars 1851.*)

6. Tous jugements de rectification ou d'inscription des actes de l'état civil, toutes homologations d'actes de notoriété, et généralement tous actes ou procédures nécessaires au mariage des indigents, sont poursuivis et exécutés d'office par le ministère public. (*L., 10 déc. 1850, art. 3.*)

De cette manière, les intérêts de l'indigent sont poursuivis, sans que, dans aucun cas, il y ait lieu de recourir à l'intervention des avoués. (*Instr. min., 29 mars 1851.*)

7. Les extraits des registres de l'état civil, les actes de notoriété, de consentement, de publication; les délibérations de conseil de famille; les certificats de libération du service militaire; les dispenses pour cause de parenté, d'alliance ou d'âge; les actes de reconnaissance des enfants naturels; les actes de procédure, les jugements et arrêts dont la production est nécessaire, sont visés pour timbre et enrégistrés gratis, lorsqu'il y aurait lieu à enregistrement. Il n'est perçu aucun droit de greffe, ni aucun droit de sceau au profit du trésor sur les minutes et originaux, ainsi que sur les copies ou expéditions qui en sont passibles. L'obligation du visa pour timbre n'est pas applicable aux publications civiles, ni au certificat constatant la célébration civile du mariage. (*L., 10 déc. 1850, art. 4.*)

8. La taxe des expéditions des actes de l'état civil requises pour le mariage des indigents est réduite, quels que soient les détenteurs de ces pièces, à 30 centimes, lorsqu'il n'y a pas lieu à légalisation; à 50 centimes, lorsque cette dernière formalité doit être accomplie. Le droit de recherche alloué aux greffiers, les droits de légalisation perçus au ministère des affaires étrangères ou dans les chancelleries de France à l'étranger, sont supprimés. (*Id., art. 5.*)

9. Les actes, extraits, copies ou expéditions ainsi délivrés, mentionnent expressément qu'ils sont destinés à servir à la célébration d'un mariage entre indigents, à la légitimation ou au retrait de leurs enfants naturels déposés dans les hospices. Ils ne peuvent servir à autres fins, sous peine de 25 fr. d'amende, outre le paiement des droits, contre ceux qui en feraient usage, ou qui les auraient indûment délivrés ou reçus. (*Id., art. 7.*)

10. Le certificat d'indigence est délivré en plusieurs originaux, lorsqu'il doit être produit à divers bureaux d'enregistrement. L'extrait du rôle ou le certificat négatif du percepteur reste annexé aux pièces qui doivent être déposées pour la célébration du mariage. (*Id., art. 8.*)

11. Les dispositions ci-dessus énoncées sont applicables aux mariages indigents entre français et étrangers. Elles sont exécutoires aux colonies. (*Id., art. 9.*)

Il en est de même pour l'Algérie. (*Instr. min., 29 mars 1851.*)

12. Le retrait des enfants nés en plein mariage aux indigents qui ont profité des dispositions de la loi du 10 décembre 1850, et que ceux-ci auraient déposés dans les hospices, ne donne pas droit à la gratuité des pièces à fournir. Cette gratuité n'est applicable qu'aux enfants illégitimes. (*Id.*)

V. SECOURS ET DÉGRÈVEMENTS.

ASSOCIATIONS. — Form. mun., tom. I, pag. 280.

1. Nulle association de plus de vingt personnes, dont le but serait de se réunir tous les jours ou à certains jours marqués, pour s'occuper d'objets religieux, littéraires, politiques ou autres, ne peut se former qu'avec l'agrément du gouvernement, et sous les conditions qu'il plaît à l'autorité publique d'imposer à la société. (*Cod. pén., art. 291.*)

2. Pour former une association de la nature de celles désignées dans l'art. 291 du Code pénal, il faut présenter une demande au préfet du département, soumettre à son approbation les statuts ou règlements de l'association, et indiquer le lieu de la réunion. Le préfet prend un arrêté par lequel il accorde ou refuse cette autorisation, et, dans l'un et l'autre cas, expédition de cet arrêté est adressée,

pour en surveiller l'exécution, au maire de la commune où se forme l'association.

3. Dans le cas d'association non autorisée, et formée de plus de vingt membres, les maires ou adjoints doivent constater ou faire constater l'infraction par le commissaire de police. Celui-ci se transporte au lieu de la réunion, relate dans son procès-verbal le nombre des individus réunis, le nom et la demeure des chefs, directeurs ou administrateurs de l'association; le nom et la demeure des personnes qui auraient consenti ou accordé l'usage du local. Il rassemble les papiers qu'il trouve dans ce local, en dresse un inventaire qu'il fait reconnaître et signer par les parties présentes; ferme ces papiers sous clef, fait évacuer les lieux et appose les scellés sur la porte. Le procès-verbal, ainsi que l'inventaire, sont remis au maire, qui les transmet au préfet, pour être statué ce qu'il appartiendra.

ASSURANCES CONTRE L'INCENDIE. — Form. mun., tom. I, pag. 285.

1. Les sociétés anonymes ayant pour but des assurances contre l'incendie, la grêle, etc., sont tenues à se faire autoriser par le gouvernement, et à produire différentes justifications concernant leur situation.

2. Les bâtiments et édifices communaux étant placés sous l'administration et la surveillance des maires, ceux-ci sont appelés à prendre toutes les mesures qui peuvent en garantir la conservation. Au nombre de ces mesures, on doit placer, comme une des plus importantes, l'assurance contre l'incendie. Ainsi, les maires feront toujours un acte de bonne administration en proposant au conseil municipal de faire assurer, au moins, ceux des bâtiments de la commune qui présentent à la fois le plus de valeur et d'utilité. — Il en est de même à l'égard des bâtiments qui appartiennent aux établissements de bienfaisance.

Mais, afin de prévenir autant que possible les sinistres en vue desquels les maires contractent des polices d'assurances, ils doivent faire établir des paratonnerres sur les églises et autres édifices communaux. (*Instr. min., 25 mai 1834.*)

3. La délibération du conseil municipal portant allocation de cette dépense, lorsqu'elle aura été revêtue de l'approbation de l'autorité compétente, sera pour le maire une autorisation suffisante de contracter avec une compagnie, et la police est soumise à l'approbation du préfet, sur l'avis du sous-préfet, conformément au décret du 25 mars 1852, art. 1er, nº 52 du tableau A.

Les formalités sont les mêmes pour les établissements de bienfaisance; seulement, c'est sur le vu de la délibération de la commission administrative et sur l'avis du conseil municipal, que le préfet statue.

4. Les préfets doivent faire tout ce qui dépend d'eux pour que les corps municipaux et les administrations charitables assurent les bâtiments et mobiliers confiés à leurs soins, et ne traitent qu'avec des compagnies offrant, tant par leur ancienneté que par l'étendue de leurs opérations, toutes les garanties désirables. (*Instr. min., 5 mai 1852.*)

Leurs devoirs et leurs attributions sont les mêmes pour les bâtiments départementaux, que pour ceux appartenant aux communes et établissements charitables. (*Instr. préc.*)

5. Lorsque l'incendie vient à détruire tout ou partie d'un bâtiment assuré, appartenant à la commune, le maire doit, 1º donner immédiatement avis de l'événement à l'agent de la compagnie de la résidence la plus voisine; 2º faire, dans les vingt-quatre heures, sa déclaration au juge de paix du canton où l'incendie a éclaté; 3º nommer un expert pour l'évaluation du sinistre; 4º lorsque l'état du sinistre est dressé, il est arrêté par les experts et accepté par les parties; 5º le maire se pourvoit de l'autorisation du préfet pour faire verser dans la caisse municipale la somme à laquelle a été évalué le sinistre; 6º il fait dresser un devis des réparations à faire aux bâtiments incendiés, et le soumet à la délibération du conseil municipal et à l'approbation du préfet; 7º il procède, suivant les formes usitées, à l'adjudication au rabais de ces travaux. Si les réparations sont de nature à ne souffrir aucun retard, il obtient du préfet l'autorisation de les faire exécuter en régie; 8º il ordonnance la dépense en ses mandats sur le receveur municipal.

6. Indépendamment des mesures qui ont pour objet le remboursement du

dommage éprouvé par la commune, le maire doit aussi en prendre d'autres à l'effet de constater les causes de l'événement. Il doit procéder à une enquête à ce sujet, et en dresser procès-verbal; puis, suivant les résultats qu'elle aura produits, y donner telles suites qu'il sera nécessaire, soit qu'il s'agisse d'exercer une action civile contre les auteurs de l'incendie, soit qu'il y ait lieu de les poursuivre criminellement.

ATELIERS DE CHARITÉ. — Form. mun., tom. I, pag. 291.

1. L'autorité administrative doit aviser aux moyens d'ouvrir, dans l'étendue de chaque département, des travaux appropriés aux besoins des classes indigentes et laborieuses, et présentant un objet d'utilité générale pour l'Etat ou le département. (*L., 16-19 déc. 1790.*) La surveillance de ces travaux est exclusivement confiée à la même autorité.

2. Les ateliers de charité ne sont organisés que temporairement, et seulement dans certaines circonstances, telles que disette, crise politique, etc., dans le but de prévenir les émeutes et les séditions, en procurant de l'ouvrage à la classe indigente. C'est aux travaux de terrassement, nivellements, fouilles, qu'on doit s'attacher de préférence, parce qu'ils occupent le plus de bras à moins de frais, et qu'on peut y admettre même les vieillards, les femmes, les enfants.

3. Les maires doivent, dans les circonstances citées plus haut, provoquer auprès du préfet l'ouverture d'ateliers communaux. Les travaux devant être exécutés dans l'intérêt exclusif des communes, elles ont à supporter une grande partie des dépenses qui en résultent; cependant l'Etat y contribue selon le plus ou moins de ressources de la commune et l'importance des ateliers ouverts. Ainsi la part contributive de l'Etat peut s'élever jusqu'au tiers de la dépense effectuée, et même, au besoin, dépasser cette limite. (*Instr. min. int., 28 nov. 1853.*)

4. Les ateliers de charité n'étant ouverts qu'en vue de circonstances exceptionnelles, leurs dépenses ne peuvent être faites que sur des fonds provenant d'impositions extraordinaires ou de ressources spéciales créées à cet effet.

Les ressources communales applicables à ces ateliers sont: 1° les fonds libres du budget; 2° les donations ou souscriptions volontaires des particuliers; 3° les impositions extraordinaires; 4° les emprunts (pour lesquels les formalités ordinaires doivent être maintenues); et 5° la subvention de l'Etat. (*Instr. préc.*)

5. Une circulaire ministérielle du 19 novembre 1835, relative au mode de paiement et de justification des dépenses des ateliers de charité, invite les préfets à ne mandater aucune somme pour ces dépenses, qu'au fur et à mesure des besoins, c'est-à-dire, au moment de la formation des ateliers. Les mandats doivent toujours être délivrés au nom des receveurs municipaux, à moins que la direction de ces travaux ne soit confiée à un agent spécial.

6. Les quittances données aux receveurs municipaux par les indigents employés aux travaux à exécuter sur les chemins vicinaux, sont exemptes du timbre, même quand les sommes payées excèdent dix francs. (*L., 13 brum. an 7, art. 16.*) Mais cette exception est spéciale, et les quittances qui seraient délivrées, dans ce cas, par les fournisseurs, demeurent, à l'égard du timbre, soumises aux règles ordinaires. (*Déc. min., 9 oct. 1835.*)

7. Lorsque le besoin de créer un atelier de charité est manifeste, les maires provoquent une délibération du conseil municipal, assisté, s'il y a lieu, des plus imposés. (*Instr. min. int., 28 nov. 1853.*)

8. Dans le cas où il serait nécessaire de recourir à une imposition extraordinaire, le maire n'a à joindre à la délibération qu'un certificat du receveur municipal, constatant les impositions extraordinaires qui peuvent déjà grever la commune, ses fonds placés au trésor, ses emprunts et ses dettes antérieures. (*Instr. préc.*)

ATTACHE (DROIT D'). — Form. mun., tom. I, p. 293.

La loi du 11 frimaire an 7, art. 7, n° 3, porte au nombre des recettes communales le produit de la location des places sur les rivières, lorsque les administrations auront reconnu que cette location peut avoir lieu sans gêner la navigation. Ce produit est également compris dans les recettes ordinaires des communes par la loi du 18 juillet 1837, art. 31, n° 7.

ATTELAGE. — Répert. adm. de 1852, pag. 379.

LÉGISLATION.

Décret du 10 août 1852.

1. Il ne peut être attelé : 1° Aux voitures servant au transport des marchandises, plus de cinq chevaux, si elles sont à deux roues; plus de huit, si elles sont à quatre roues, sans qu'il puisse y avoir plus de cinq chevaux de file; 2° aux voitures servant au transport des personnes, plus de trois chevaux si elles sont à deux roues; plus de six si elles sont à quatre roues. (*Décr., 10 août 1851, art. 3.*)

2. Lorsqu'il y aura lieu de transporter des blocs de pierre, des locomotives ou d'autres objets d'un poids considérable, l'emploi d'un attelage exceptionnel pourra être autorisé, sur l'avis des ingénieurs ou des agents voyers, par les préfets des départements traversés. (*Décr. préc., art. 4.*)

3. Les prescriptions de l'art. 1 ne sont pas applicables sur les parties de routes ou de chemins vicinaux de grande communication affectées de rampes d'une déclivité ou d'une longueur exceptionnelle.

Les limites de ces parties de routes ou de chemins sur lesquelles l'emploi de chevaux de renfort est autorisé, sont déterminées par un arrêté du préfet, sur la proposition de l'ingénieur en chef ou de l'agent voyer en chef du département, et indiquées sur place par des poteaux portant cette inscription : *Chevaux de renfort.*

Pour les voitures marchant avec relais réguliers et servant au transport des personnes ou des marchandises, la faculté d'atteler des chevaux de renfort s'étend à toute la longueur des relais dans lesquels sont placés les poteaux.

L'emploi des chevaux de renfort peut être autorisé temporairement sur les parties de routes ou de chemins de grande communication, lorsque, par suite de travaux de réparations ou d'autres circonstances accidentelles, cette mesure sera nécessaire. Dans ce cas, le préfet fera placer des poteaux provisoires. (*Décr. préc., art. 5.*)

4. En temps de neige ou de verglas, les prescriptions relatives à la limitation du nombre de chevaux demeurent suspendues. (*Décr. préc., art. 6.*) — V. BARRIÈRES DE DÉGEL.

ATTRIBUTIONS. V. ADJOINTS, CONSEILS D'ARRONDISSEMENT ET DE DÉPARTEMENT, CONSEILS MUNICIPAUX, MAIRES, PRÉFETS, etc.

ATTROUPEMENTS. — Form. mun., tom. IV, pag. 573.

1. Lorsqu'un attroupement, armé ou non armé, se forme sur la voie publique, le maire ou l'un de ses adjoints, à leur défaut, le commissaire de police ou tout autre agent ou dépositaire de la force publique et du pouvoir exécutif, portant l'écharpe tricolore, se rend sur le lieu de l'attroupement. — Un roulement de tambour annonce l'arrivée du magistrat. — Si l'attroupement est armé, le magistrat lui fait sommation de se dissoudre et de se retirer. — Cette première sommation restant sans effet, une seconde sommation, précédée d'un roulement de tambour, est faite par le magistrat. — En cas de résistance, l'attroupement est dissipé par la force. — Si l'attroupement est sans armes, le magistrat, après le premier roulement de tambour, exhorte les citoyens à se disperser. S'ils ne se retirent pas, trois sommations sont successivement faites. — En cas de résistance, l'attroupement est dissipé par la force. (*Décr., 7 juin 1848.*)

2. Chaque commune est responsable des délits commis à force ouverte ou par violence sur son territoire, par des attroupements ou rassemblements armés ou non armés, soit envers les personnes, soit contre les propriétés nationales ou privées, ainsi que des dommages-intérêts auxquels ils donnent lieu. (*L., 10 vendém. an 4, tit. 4, art. 1er.*)

3. Lorsqu'un délit de cette nature a été commis sur une commune, les officiers municipaux sont tenus de le faire constater sommairement dans les vingt-quatre heures, et d'en adresser procès-verbal, sous trois jours au plus tard, au commissaire du pouvoir exécutif près le tribunal civil du département (de procureur impérial). (*L. préc., tit. 5, art. 1er.*)

AUBERGES, CABARETS, HÔTELLERIES ET AUTRES LIEUX PUBLICS.

1. L'autorité municipale a le droit de faire des règlements sur la police des auberges, cafés, cabarets et autres lieux publics.

Les maires peuvent notamment prendre tous arrêtés qu'ils jugent convenables sur la clôture à certaines heures des lieux publics, et défendre aux aubergistes, cabaretiers ou autres de donner à manger, à boire ou à jouer, après telle heure, et aux particuliers, d'aller boire ou jouer après ladite heure, sous les peines de droit contre ceux qui seraient trouvés dans ces maisons après l'heure indiquée.

2. Les commissaires de police doivent se transporter fréquemment chez les habitants de la commune qui donnent à loger, visiter les passe-ports des voyageurs ou étrangers, faire arrêter, comme vagabond, l'individu trouvé sans passeport, qui ne se ferait pas réclamer par une personne notable du lieu, et dresser procès-verbal contre l'aubergiste ou le logeur trouvé en contravention. (*L., 28 germ. an 6, et Cod. pén., art. 629 et suiv.*)

3. A cet effet, ils peuvent entrer, soit de jour, soit de nuit, aux heures prescrites, dans les maisons et appartements de ceux qui logent, s'y faire représenter les registres, constater s'ils sont exactement tenus, faire la recherche des individus qui leur auraient été signalés et de ceux qui seraient dans le cas d'être arrêtés, exiger la représentation des passe-ports ou des livrets de ceux qui y sont logés, arrêter ceux qui seraient trouvés sans papiers ni répondants, dresser procès-verbal des délits et contraventions, ainsi que de leurs opérations, envoyer les procès-verbaux au procureur impérial, ou citer les contrevenants au tribunal de simple police, suivant la gravité des cas. (*L., 19-22 juill. 1791, tit. 1er, art. 9, et 10 vendém. an 4. — Arr. gouv., 2 germ. an 4. — L., 28 germ. an 6.*)

4. Aucun café, cabaret ou autre débit de boissons à consommer sur place ne peut être ouvert sans la permission préalable de l'autorité administrative. (*Décr., 29 déc. 1851, art. 1er.*)

5. La fermeture des établissements désignés en l'art. 1er, qui existent actuellement ou qui seront autorisés à l'avenir, pourra être ordonnée par arrêté du préfet, soit après une condamnation pour contravention aux lois et règlements qui concernent ces professions, soit par mesure de sûreté publique. (*Décr. préc., art. 2.*)

AUTORISATION. — Form. mun., tom. I, pag. 310.

1. Les maires sont dans le cas de délivrer des autorisations sur différents objets d'administration, selon les demandes qui leur sont faites, telles que les autorisations pour déposer des matériaux sur la petite voirie en cas de construction ou de démolition; pour opérer ces constructions ou démolitions; pour réparer, recrépir, établir un balcon, ouvrir une fenêtre, poser un chéneau, placer une enseigne, etc. Ces autorisations, qui ne s'accordent que sur l'avis de l'architecte-voyer, mis en marge de la demande de la partie intéressée, dont le renvoi lui a été fait préalablement, s'inscrivent sur un registre spécial aux affaires de la voirie.

2. Il est encore d'autres autorisations, telles que celles qui sont nécessaires pour placer une pierre tumulaire sur une fosse; pour faire la vidange d'une fosse d'aisance hors le temps prescrit par les règlements. Ces autorisations s'inscrivent également sur un registre qui porte le nom de *Registre d'autorisations*.

3. A l'égard des autorisations dont les communes ont besoin pour acquérir, aliéner, échanger, emprunter ou vendre, ou pour plaider, tant en demandant qu'en défendant, V. ACQUISITIONS, ALIÉNATIONS, CONSTRUCTIONS, ÉCHANGES, EMPRUNTS, PROCÈS DES COMMUNES, etc.

AUTORITÉ MUNICIPALE. V. ADJOINTS, CONSEILS MUNICIPAUX, MAIRES.

AUTORITÉS CONSTITUÉES. V. PRÉSÉANCES.

AUVENTS. V. VOIRIE.

AVIS. — Form. mun., tom. I, pag. 318.

1. Il est plusieurs sortes d'avis qui sont dans les attributions des maires et qu'il est de leur devoir de donner.

2. Ils donnent avis aux juges de paix des événements qui exigent le concours de leur ministère.

Ils donnent également avis aux autorités administratives supérieures de tous les événements qui compromettent la sûreté et la tranquillité publique, et aux procureurs impériaux des crimes et délits commis sur le territoire de leur commune.

3. L'avis des maires est aussi demandé très-fréquemment par l'autorité supérieure (le préfet ou le sous-préfet), à titre de renseignement, sur une multitude d'objets d'administration, soit dans l'intérêt public, soit dans l'intérêt privé. En pareil cas, c'est le plus souvent en marge des pétitions que s'inscrivent et la demande du préfet et la réponse du maire.

4. Les maires font publier des avis dans le journal administratif pour annoncer à des administrés qui n'ont pas fait connaître leur demeure, qu'on a à leur remettre quelque pièce ou lettre qui les intéresse, soit un brevet de pension, soit un mandat de secours, soit un avis de succession.

5. Les conseils municipaux sont également appelés à donner de simples avis sur certaines matières qui touchent à l'intérêt communal, et qui sont énumérés dans l'art. 21 de la loi du 18 juillet 1837. — V. CONSEILS MUNICIPAUX.

B

BACS ET BATEAUX. — Form. mun., tom. I, pag. 321.

LÉGISLATION.

Loi du 6 frimaire an 7-26 novembre 1798. — Loi du 14 floréal an 10-4 mai 1802.

PROCÉDURE.

1. Les bacs et bateaux établis pour la traverse des fleuves, rivières ou canaux navigables, ont été assujettis à une règle uniforme par la loi du 6 frim. an 7, relative au régime, à la police et à l'administration desdits bacs et bateaux, laquelle, en abrogeant toutes dispositions de lois et règlements antérieurs, ainsi que tous usages, concordats, engagements et franchises concernant les bacs, mit l'Etat en possession de ceux qui existaient alors, moyennant indemnité envers les propriétaires et détenteurs.

2. Le produit de chaque bac est maintenant affermé au profit de l'Etat, d'après un tarif fixé par le gouvernement dans la forme des règlements d'administration publique. Les obligations particulières des fermiers sont déterminées par le cahier des charges. (*LL., 6 frim. an 7, art. 18 et suiv., et 14 flor. an 10, art. 10.*)

3. Le droit de bac étant un droit exclusivement domanial, le gouvernement seul a le pouvoir de déterminer, pour chaque département, le nombre et la situation des bacs à établir sur les fleuves, rivières ou canaux. (*L., 14 flor. an 10, art. 9.*)

4. La perception des droits de bacs et passages d'eau, dont les tarifs sont arrêtés par le gouvernement, est affermée à l'enchère publique, d'après les ordres et instructions du ministre des finances, et à la diligence des préfets. (*Arr., 8 flor. an 12, art. 1er.*)

5. Les baux ordinaires sont de trois, six, neuf années, et l'adjudicataire se charge, par estimation, des effets mobiliers affectés au service des bacs. — Lorsque, pour l'intérêt et l'avantage de la perception, il est jugé convenable de passer des baux d'une plus longue durée, les préfets peuvent les consentir pour douze, quinze et dix-huit années, à la charge de les soumettre à l'approbation du ministre des finances. (*Arr. préc., art. 2 et 3.*)

6. L'administration et la police des bacs et bateaux appartiennent au préfet du

département, et, sous sa direction, au maire du lieu de la situation. (*L., 6 frim. an 7, art. 31.*)

7. Lorsque les passages sont communs à deux départements limitrophes, l'administration et la police desdits passages appartiennent au sous-préfet de l'arrondissement dans lequel se trouve située la commune la plus prochaine dudit passage; en cas d'égalité de distance, la population la plus forte détermine; en conséquence, la gare, le logement et le domicile de droit du passager doivent toujours être établis de ce côté. (*L. préc., art. 32.*)

8. Dans les mois de septembre et d'avril de chaque année, sans préjudice des autres visites qui pourraient être jugées nécessaires, les préfets prescrivent aux ingénieurs des ponts et chaussées, de faire, en présence des administrations municipales ou d'un commissaire nommé par elles, la visite des bacs, bateaux et autres objets dépendant de leur service, afin de juger s'ils sont régulièrement entretenus. (*L. préc., art. 34.*)

9. Si quelque événement survenait dans l'intervalle d'une visite à l'autre, et qu'il fût indispensable d'y pourvoir sans délai, l'administration municipale, sur l'avis que lui en donne l'adjudicataire, fait faire provisoirement tout ce qui est nécessaire. Elle en informe de suite le préfet, qui ordonne une visite extraordinaire. (*L. préc., art. 37 et 38.*)

10. Les tribunaux connaissent de l'interprétation et de l'exécution des baux ; mais les conseils de préfecture sont compétents pour prononcer sur les questions d'interprétation des tarifs. Les juges de paix prononcent sur les contraventions au tarif de la part des particuliers.

11. Les fonctionnaires de l'ordre administratif, dans leurs tournées, peuvent réclamer leur passage en franchise des bacs et bateaux, ainsi que celui de leurs secrétaires, domestiques, voitures et conducteurs d'icelles. (*Instr. min., 25 mai 1847.*)

BAINS ET BAIGNEURS. — Form. mun., tom. I, pag. 349.

1. Sous le rapport de l'hygiène, de la décence et de la sûreté des individus, les bains en rivière réclament une surveillance toute particulière de la part des maires et des officiers de police. Des règlements appropriés aux localités, et indiquant les mesures les plus propres à prévenir tout accident, doivent être publiés tous les ans à l'époque de la saison des bains.

2. Nulle école de natation ne doit être formée sans la permission de l'autorité municipale, qui s'assure si l'emplacement choisi offre des dispositions nécessaires, soit sous le rapport de la décence, soit sous celui de la sûreté des baigneurs, et prescrit aux entrepreneurs et directeurs les mesures de police qu'ils devront observer.

3. Si l'établissement doit avoir lieu dans une rivière navigable, l'entrepreneur se pourvoit de l'autorisation du préfet, qui statue sur l'avis du maire. Si l'autorisation est accordée, elle est enregistrée à la mairie, et le maire donne les ordres pour la stricte exécution des conditions qu'elle renferme.

BAINS ET LAVOIRS PUBLICS.

1. Une loi du 3 février 1851 a ouvert un crédit extraordinaire de 600,000 fr. pour encourager, dans les communes qui en feraient la demande, la création d'établissements modèles pour bains et lavoirs publics gratuits ou à prix réduits.

2. Les communes qui veulent obtenir une subvention de l'Etat doivent, 1° prendre l'engagement de pourvoir, jusqu'à concurrence des deux tiers au moins, au montant de la dépense totale ; 2° soumettre préalablement au ministre de l'agriculture et du commerce les plans et devis des établissements qu'elles se proposent de créer, ainsi que les tarifs, tant pour les bains que pour les lavoirs. — Le ministre statue sur les demandes, et détermine la quotité et la forme de la subvention, après avoir pris l'avis d'une commission gratuite nommée par lui. (*L., 3 févr. 1851, art. 2, et décr., 3 janv. 1852, art. 2.*)

3. Les dispositions de cette loi sont applicables, sur l'avis du conseil municipal, aux bureaux de bienfaisance et autres établissements reconnus comme établisse-

ments d'utilité publique, qui satisfont aux conditions ci-dessus énoncées. (*L., 3 févr. 1851, art. 3.*)

BALANCES. V. Poids et Mesures.

BALAYAGE. V. Nettoiement.

BALCONS. V. Voirie.

BALS PUBLICS. — Form. mun., tom. I, pag. 357.

1. Les bals publics, étant assimilés aux spectacles, sont placés sous la surveillance et la police des autorités municipales, par les lois des 16-24 août 1790, 13-19 janvier 1791, 14 août et 1er septembre 1793. En conséquence, l'autorité municipale peut défendre, par un arrêté, l'ouverture de bals et concerts publics sans une autorisation préalable.

2. En accordant l'autorisation, le maire peut fixer les heures de l'ouverture et de la clôture des réunions publiques, défendre qu'on y reçoive aucune personne masquée, déguisée ou travestie, sauf tolérance, s'il y a lieu, pendant le carnaval; ordonner que tous bâtons, cannes ou armes seront déposés en entrant; enfin, prescrire telles dispositions qui pourront paraître convenables dans l'intérêt du bon ordre et de la sûreté publiques.

3. La loi du 9 frimaire an 5-27 septembre 1796, a établi un droit pour les indigents, d'un décime par franc sur les billets d'entrée des bals publics. Ce droit, qui a été porté au quart de la recette brute par la loi du 8 thermidor an 5, a été maintenu par toutes les lois de finances intervenues depuis.

4. Les maires, dans l'intérêt des indigents de la commune, ne sauraient mettre trop de soin à faciliter le recouvrement de cet impôt. Ils ne doivent, en conséquence, accorder l'autorisation d'ouvrir un bal public, qu'en imposant aux concessionnaires l'obligation d'acquitter le droit des pauvres, suivant l'usage établi dans la commune.

BAN. — Form. mun., tom. I, pag. 361.

1. On entend par *ban* une annonce publique, faite officiellement, pour ordonner ou défendre quelque chose, et spécialement une proclamation qui indique le jour où les propriétaires d'une même commune obtiennent le libre exercice d'une récolte simultanée.

2. Chaque propriétaire est libre de faire sa récolte, avec tout instrument et au moment qui lui convient, pourvu qu'il ne cause aucun dommage aux propriétaires voisins.

Cependant, dans les pays où le ban des vendanges est en usage, il peut être fait, à cet égard, un règlement chaque année par le conseil général de la commune, mais seulement pour les vignes non closes.

Les réclamations qui peuvent être faites contre ce règlement sont portées au préfet, qui y statue sur l'avis du sous-préfet. (*L., 26 sept.-6 oct. 1791, sur la police rurale, tit. 1er, sect. 5, art. 2.*)

3. Au maire seul appartient le droit de faire des arrêtés ou règlements, le maire étant seul chargé de l'administration. (*L., 18 juill. 1837, art. 11.*) Mais, dans les communes où le ban des vendanges est un usage consacré, le maire convoque un certain nombre d'habitants, propriétaires ou vignerons, et, sur leur avis, il fixe le jour de l'ouverture des vendanges, et le fait annoncer, soit par affiches, soit par tout autre mode usité dans le pays.

BARRIÈRES DE DÉGEL.

LÉGISLATION.

Décret du 10 août 1852.

1. Le ministre des travaux publics détermine les départements dans lesquels il peut être établi, sur les routes nationales et départementales, des barrières pour restreindre la circulation pendant le temps de dégel.

Les préfets, dans chaque département, déterminent les chemins de grande communication sur lesquels les barrières peuvent être établies.

2. Ces barrières sont fermées et ouvertes en vertu d'arrêtés du sous-préfet, pris sur l'avis de l'ingénieur d'arrondissement ou de l'agent-voyer. Ces arrêtés sont affichés et publiés à la diligence des maires.

Dès que la fermeture des barrières a été ordonnée, aucune voiture ne peut sortir de la ville, du bourg ou du village dans lequel elle se trouve. Toutefois, les voitures qui sont déjà en marche peuvent continuer leur route jusqu'au gîte le plus voisin, où elles sont tenues de rester jusqu'à l'ouverture des barrières. Pour n'être point inquiétés dans leur trajet, les propriétaires ou conducteurs de ces voitures prennent un laissez-passer du maire.

Le jour de l'ouverture des barrières et le lendemain, les voitures ne peuvent partir du lieu où elles ont été retenues, que deux à la fois et à un quart d'heure d'intervalle. Le maire ou son délégué préside au départ, qui a lieu dans l'ordre suivant lequel les voitures se sont fait inscrire à leur arrivée dans la commune.

3. Le service des barrières est fait par des agents désignés à cet effet par les ingénieurs ou les agents-voyers.

4. Toute voiture prise en contravention doit être arrêtée et les chevaux doivent être mis en fourrière dans l'auberge la plus rapprochée, le tout sans préjudice de l'amende stipulée à l'art. 4, tit. 2, de la loi du 30 mai 1851, et des frais de réparation mentionnés à l'art. 9 de cette loi.

5. Peuvent circuler pendant la fermeture des barrières de dégel, 1° les courriers de la malle; 2° les voitures de voyage suspendues, étrangères à toute entreprise publique de messageries; 3° les voitures non chargées; 4° sur les chaussées pavées, les voitures chargées mais attelées seulement d'un cheval, si elles sont à deux roues, et de deux chevaux, si elles sont à quatre roues; 5° sur les chaussées empierrées, les voitures chargées mais attelées seulement de deux chevaux, si elles sont à deux roues, et de trois chevaux si elles sont à quatre roues. (*Décr., 10 août 1852, art. 7.*)

BATEAUX A VAPEUR. — Form. mun., tom. I, pag. 374.

1. Une ordonnance royale du 2 avril 1823 a établi les premières bases de police pour ce genre de navigation. Elle a prescrit des mesures générales et uniformes, en laissant à l'autorité locale le soin de faire les règlements particuliers qui doivent en dériver.

2. Une autre ordonnance du 25 mai 1828, ayant pour but de pourvoir à la sûreté de la navigation et des voyageurs, a prescrit plusieurs dispositions relatives à la confection et à l'usage des machines à vapeur en ce qui concerne les chaudières et les cylindres.

3. Le ministre des travaux publics a adressé aux préfets, le 1er juin 1830, une instruction du 27 mai précédent, pour l'exécution des ordonnances concernant les bateaux à vapeur, et pour la rédaction des règlements particuliers dans chaque département.

4. Enfin, une ordonnance du 22 mai 1843 a réuni les règles relatives aux bateaux à vapeur, en modifiant quelques-unes de celles établies par la législation existante.

5. L'exécution des obligations imposées aux propriétaires de bateaux à vapeur doit être surveillée avec soin, non-seulement par les commissions de surveillance, mais encore par les ingénieurs des mines, des ponts et chaussées, officiers de port, maires et adjoints, commissaires de police, officiers et sous-officiers de gendarmerie des villes et des communes situées sur les lignes de navigation. Ces fonctionnaires et agents doivent, chacun en ce qui le concerne, dresser procès-verbal des contraventions et accidents, et transmettre immédiatement leurs procès-verbaux au préfet du département, qui, après vérification des faits, statue en ce qui peut le concerner, et renvoie, lorsqu'il y a lieu, les contrevenants devant l'autorité judiciaire, pour l'application des peines qu'ils ont encourues.

BATELEURS, CHANTEURS, SALTIMBANQUES, etc.

Une circulaire du ministre de l'intérieur, du 15 décembre 1853, invite MM. les préfets à mettre en vigueur, dans leurs départements, un arrêté qui consacrera entre autres mesures, les dispositions suivantes :

1° Tout individu qui voudra se livrer à l'exercice de la profession de saltimbanque, bateleur, escamoteur, joueur d'orgue, musicien ambulant ou chanteur, devra en faire la demande au préfet, en joignant à sa pétition un certificat de bonne vie et mœurs, délivré par le commissaire de police ou le maire de la commune où il sera domicilié ;

2° Tout individu permissionné qui changera de résidence, devra faire connaître immédiatement sa nouvelle demeure à l'administration, en produisant un certificat délivré par le commissaire de police ou le maire de la commune où il s'établira ;

3° Les saltimbanques, chanteurs, etc., ne pourront exercer leur profession avant huit heures du matin en tout temps, et ils devront se retirer avant six heures du soir, depuis le 1er octobre jusqu'au 1er avril, et avant neuf heures du soir du 1er avril au 1er octobre ;

4° Il leur est expressément défendu de se faire accompagner par des enfants âgés de moins de seize ans ;

5° Il leur est fait défense également de pronostiquer ou d'expliquer les songes, sous les peines portées par les art. 479, 480 et 481 du Code pénal ;

6° Les chanteurs ne peuvent chanter ou mettre en vente d'autres chansons que celles qui seront revêtues de l'estampille de l'administration, sous les peines portées par l'art. 2 de la loi du 16 février 1834 et l'art. 6 de la loi du 27 juillet 1849 ;

7° Enfin, lorsque le permissionnaire voudra voyager hors du département, il sera tenu, avant de prendre ou de faire viser son passe-port, de déposer sa permission, qu'il pourra réclamer à son retour.

V. Colporteurs.

BATIMENTS. — Form. mun., tom. I, pag. 377.

1. La loi du 16-24 août 1790, tit. 11, art. 3, et l'arrêté du 5 brum. an 9-27 octobre 1800, art. 16, rangent au nombre des objets de police, confiés à la vigilance et à l'autorité des maires, la démolition ou la réparation des bâtiments menaçant ruine, et placent, par conséquent, sous leur surveillance immédiate tous les bâtiments d'une même ville ou commune. Mais leurs décisions ne peuvent s'appliquer qu'aux bâtiments existants sur la *petite voirie*, dite *voirie urbaine* ou *municipale*, et ils n'interviennent, en matière de grande voirie, que pour constater les contraventions, conformément à l'art. 2 de la loi du 29 floréal an 10-19 mai 1802, concurremment avec les autres agents que la loi désigne.

2. Aux préfets seuls appartient la surveillance directe de tout ce qui touche à la grande voirie, le droit d'ordonner la démolition ou d'autoriser la réparation des bâtiments situés sur les routes, quais, rues de villes, bourgs et villages formant *traverses*, et autres voies rangées dans la même classe.

3. Les maires, toujours en matière de *petite voirie*, permettent ou défendent la réparation des saillies et pourvoient à la viabilité des rues en général. Ils poursuivent, devant le tribunal de simple police, la répression des contraventions par l'intermédiaire de leurs adjoints ou des commissaires de police. (*Cod. pén., art. 471, n° 5.*)

4. Ils donnent, par le ministère d'un ingénieur, ou architecte voyer, les alignements demandés par des propriétaires intéressés, et ce, conformément aux plans arrêtés. — V. Alignements, Constructions, Travaux communaux, Voirie.

BATIMENTS MILITAIRES. — Form. mun., tom. I, pag. 616.

1. Les bâtiments, établissements et terrains cédés aux villes, à la charge de conserver leur destination pour le service de la guerre, en vertu du décret du 23 avril 1810, et qui sont restés jusqu'à ce jour affectés à ce service, rentrent, pour leur conservation et police, comme pour leur dépense, sous l'administration directe et exclusive du ministre de la guerre ; mais les communes en conservent la nue-propriété pour en être remises en possession et en avoir la libre jouissance, si, par suite de leur nullité absolue pour le service militaire, ils étaient abandonnés par le département de la guerre. (*Ord., 5 août 1818, art. 13.*)

2. Les maires ont diverses attributions relatives aux bâtiments militaires. L'article 65 du décret du 24 décembre 1811 leur attribue la connaissance et la poursuite de tous les délits de dégradation des ouvrages et bâtiments militaires. — D'après divers arrêtés et règlements, à défaut de sous-intendant militaire, ils assistent à la visite des casernes ou pavillons où doit loger la troupe à son arrivée. — Ils assistent également à la visite des casernes et corps de garde, qui se fait le 1er de chaque mois, et ils dressent un procès-verbal des dégradations faites pendant le courant du mois. — Ils font les mêmes visites et constatations au départ des troupes.

BATTUES.

1. Les corps administratifs doivent encourager les habitants des campagnes, par des récompenses et suivant les localités, à la destruction des animaux malfaisants qui peuvent ravager les troupeaux. (*Décr., 28 sept. 1791, tit. 1er, sect. 4, art. 20.*)

2. Les primes suivantes sont accordées, 1° pour une tête de louve pleine, 50 fr.; 2° pour chaque tête de loup, 40 fr.; 3° pour chaque tête de louveteau, 20 fr. La prime est de 150 fr. pour un loup, enragé ou non, s'étant jeté sur des hommes ou des enfants. (*L., 10 mess. an 5-28 juin 1797, art. 2 et 3.*)

Les préfets peuvent fixer d'autres primes pour des animaux malfaisants autres que les loups. La prime doit être payée, que le fait de destruction ait eu lieu dans une battue ou en dehors. C'est à celui qui a tué l'animal que la prime est due, et non au directeur de la battue. (*Instr. gén., 22 juill. 1851.*)

3. Celui qui, ayant tué un de ces animaux, veut toucher la prime, doit faire constater, par le maire de la commune la plus voisine, la mort de l'animal, son âge, son sexe; si c'est une louve, il sera dit si elle est pleine ou non. (*L., 10 mess. an 5-28 juin 1797, art. 4.*)

4. Les battues sont ordonnées par les préfets, sur l'avis conforme du sous-préfet et sur la demande des municipalités (1), qui règlent elles-mêmes les jours de battues, et déterminent le nombre d'hommes dont elles seront composées. (*Arr. directoire, 19 pluv. an 5, art. 2 et 3.*)

5. Les battues sont dirigées par les lieutenants de louveterie, assistés des gardes forestiers et des habitants requis. (*Rég., 20 août 1814.*)

6. Ces derniers sont tenus, sous peine d'amende, d'obtempérer à la réquisition du maire, et leur coopération ne donne droit à aucune indemnité. (*Instr. gén. min. int., 22 juillet 1851, § 10.*)

7. Les battues ordonnées dans les bois et propriétés des particuliers ne sont pas soumises au consentement des propriétaires. Il n'est dérogé à ce droit des préfets qu'en faveur des bois et propriétés clos. (*Instr. préc.*)

V. Animaux, Chasse.

BAUX ADMINISTRATIFS. — Form. mun., tom. I, pag. 418.

LÉGISLATION.

Loi du 18 juillet 1837, sur l'administration municipale, art. 17-20. — Décret du 25 mars 1852, art. 1er, tableau A, n° 44.

PROCÉDURE.

1. Lorsqu'il s'agit d'un bail à ferme ou à loyer, dont la durée n'excède pas dix-huit ans pour les biens ruraux, et neuf ans pour les autres biens, le maire fait procéder par un expert à leur estimation, et le conseil municipal règle les conditions du bail, qui sont déterminées d'après l'usage des lieux et transcrites dans la délibération.

Le maire prévient ensuite les habitants, par les moyens ordinaires de publicité, qu'ils peuvent prendre connaissance de cette délibération à la mairie, où un

(1) Cette formalité de la demande, faite par une municipalité, n'est pas nécessaire pour qu'une battue soit ordonnée par le préfet. Il suffit que la nécessité en soit reconnue par ce fonctionnaire, ensuite de la connaissance directe de ravages produits par les animaux nuisibles. (*Instr. gén. min. int., 22 juill. 1851.*)

procès-verbal d'enquête est ouvert, en exécution de l'ordonnance du 18 décembre 1838, pour recevoir leurs observations.

S'il s'élève des réclamations, le conseil municipal, après les avoir examinées, fait subir aux conditions du bail les modifications qu'il juge nécessaires, et répond, par des explications motivées, aux réclamations qui ne lui paraissent pas fondées.

Ces délibérations, en double expédition, ainsi que les procès-verbaux d'expertise et d'enquête, sont transmis au sous-préfet, qui en délivre récépissé. Les délibérations sont exécutoires si, dans les trente jours qui suivent la date du récépissé, le préfet ne les a pas annulées. (*L., 18 juill. 1837, art. 17 et 18.*) Alors le maire procède à l'adjudication, comme il est expliqué ci-après.

2. Lorsqu'il s'agit d'un bail excédant dix-huit ans pour les biens ruraux, et neuf ans pour les autres biens, le maire, après avoir fait procéder à l'estimation, dresse un cahier des charges contenant les conditions du bail, sur lesquelles le conseil municipal est appelé à délibérer. Le procès-verbal d'expertise, le cahier des charges et la délibération du conseil municipal, sont transmis en double au sous-préfet, qui désigne un commissaire pour procéder à une enquête *de commodo et incommodo*. Le conseil municipal délibère sur le résultat de l'enquête, et les délibérations sont adressées au sous-préfet avec les autres pièces, pour être soumises à l'approbation du préfet. (*L., 18 juill. 1838, art. 19 et 20. — Décr., 25 mars 1852, tableau A, n° 44.*)

Lorsque le préfet a statué, et que les pièces ont été renvoyées au maire, celui-ci, après avoir fait faire les affiches et publications nécessaires, procède à l'adjudication dans la forme indiquée ci-dessus au mot *Adjudications*. L'acte d'adjudication est passé par-devant notaire, ainsi que le prescrit l'art. 4 de l'ordonnance du 7 octobre 1818. Il est ensuite soumis à l'approbation du préfet par l'intermédiaire du sous-préfet, auquel il est transmis, avec deux copies certifiées sur papier libre.

3. Quand il s'agit d'un bail d'immeubles à prendre à loyer par la commune, le maire fait procéder à leur estimation par un expert, dresse un acte, dans la forme administrative, des conditions du bail arrêtées avec le propriétaire, et le conseil municipal délibère sur ces conditions, conformément à l'art. 19 de la loi du 18 juillet 1838, et vote un crédit suffisant pour payer le prix de la première année du loyer. Toutes les pièces sont ensuite adressées au sous-préfet, qui prescrit une enquête *de commodo et incommodo*. Après la délibération du conseil municipal, sur le résultat de l'enquête, cette délibération et les autres pièces sont transmises au sous-préfet, et le bail, revêtu de l'approbation du préfet, est renvoyé au maire, pour être soumis à l'enregistrement et inscrit sur le répertoire.

4. Les formes ci-dessus énoncées s'appliquent également aux baux à ferme des établissements de bienfaisance. Les pièces à produire sont les mêmes, auxquelles on joint l'avis du conseil municipal. Lorsqu'il s'agit de baux à prendre, l'arrêté préfectoral vise :

1° La délibération de la commission administrative ou du conseil d'administration ;
2° La promesse de bail ;
3° Le procès-verbal d'expertise ;
4° Celui de l'enquête ;
5° L'avis du commissaire enquêteur ;
6° Le budget de l'établissement ;
7° L'avis du conseil municipal ;
Et 8° celui du sous-préfet.

5. Les maires ne doivent pas faire de baux verbaux.

6. Les baux écrits et expirés qui seraient continués par tacite reconduction sans acte écrit et enregistré, et sans approbation du préfet, sont illégaux, et peuvent donner lieu, contre la commune, à des injonctions, procès-verbaux et amendes. (*Agenda des receveurs municipaux, n° 41.*)

7. Les baux d'une longue durée pouvant être plus favorables aux progrès de l'agriculture, et concourir plus facilement à tirer de leur état de stérilité les terrains restés jusqu'à présent incultes et sans produit, les préfets doivent diriger vers ce but l'attention des conseils municipaux. (*Instr. min. int., 31 oct. 1818.*)

BÉTAIL. V. PATURAGE.

BIBLIOTHÈQUES ADMINISTRATIVES ET COMMUNALES.

1. *Bibliothèques administratives.*—Les préfets peuvent acquérir, aux frais des départements, les ouvrages administratifs dont ils reconnaissent l'achat utile à leur administration et à leurs bureaux. (*Instr. min., 30 juill. 1838.*)

Ces acquisitions peuvent être faites sur les allocations spéciales portées dans les budgets départementaux, section des dépenses facultatives. (*L., 10 mai 1838, art. 16.*)

Les mesures de contrôle et de conservation établies pour le mobilier départemental sont applicables aux bibliothèques administratives. Un récolement annuel doit en être fait, ainsi que lors des mutations des fonctionnaires. Il en est tenu un catalogue dont les feuillets sont cotés par le secrétaire général ou par le sous-préfet, et qui sont signés par eux lors du récolement annuel. Tous les livres compris dans le catalogue doivent être frappés d'une estampille ainsi conçue : *préfecture* ou *sous-préfecture de* , laquelle est placée sur la page de titre et sur la couverture. (*Instr. min., 30 juill. 1838.*)

2. *Bibliothèques communales.* — Les maires doivent tendre aussi, en raison de la multiplicité des détails dépendant de leurs fonctions, à créer, pour l'administration de la commune, une *bibliothèque municipale* qui puisse les faciliter dans la connaissance et dans l'application de la loi.

Ils peuvent faire voter par le conseil municipal et approuver par le préfet les dépenses de l'achat de livres ou de frais d'abonnement.

Quant aux modes de classification et de conservation des ouvrages administratifs, v. ARCHIVES COMMUNALES.

BIBLIOTHÈQUES PUBLIQUES. — Form. mun., tom. I, pag. 500.

LÉGISLATION.

Ordonnance du 22 février 1839.

1. Les villes qui possèdent des bibliothèques allouent annuellement un fonds au budget pour leur entretien. Ce fonds sert à faire des acquisitions nouvelles. Une commission, composée de huit ou dix habitants les plus érudits et présidée par le maire, donne son avis sur le choix des ouvrages.

2. Lorsqu'une bibliothèque est la propriété d'une commune et qu'elle est entretenue à ses frais, la nomination du bibliothécaire appartient au maire, aux termes de l'art. 12 de la loi du 18 juillet 1837, nonobstant la disposition de l'art. 41 de l'ordonnance du 22 février 1839, qui porte que les bibliothécaires sont nommés sur la proposition de l'autorité compétente par le ministre de l'instruction publique. (*Rapp. min. instr. publ., approuvé par le roi.*)

3. Le maire règle, par un arrêté, les attributions du bibliothécaire et fixe l'ordre qui doit être observé dans la bibliothèque, soit pour les jours d'ouverture publique, soit pour les heures de lecture particulière.

4. Toute aliénation, par les villes et les facultés, des livres, manuscrits, chartes, diplômes, médailles contenus en leurs bibliothèques, est interdite. — Les échanges ne peuvent avoir lieu que sous l'autorité des maires et des recteurs, avec l'approbation du ministre. — Les maires et les recteurs donnent seuls les autorisations pour le prêt des livres. (*Ord., 22 févr. 1839, art. 40.*)

5. Tous réglements des autorités locales sur le service public, l'établissement du service de nuit et les fonds affectés aux dépenses du personnel, du matériel et des acquisitions, sont adressés au ministère de l'instruction publique et y restent déposés. (*Ord. préc., art. 42.*)

BIENS COMMUNAUX. — Form. mun., tom. I, pag. 506.

LÉGISLATION.

Loi du 20 germinal an XI. — Loi du 18 juillet 1837.

§ 1er. — Définition.

1. Les biens communaux sont de trois sortes : 1° les biens ruraux; 2° les propriétés bâties ; 3° les bois ou forêts.

Les biens ruraux et les bois ou forêts sont suffisamment définis; quant aux propriétés bâties, elles sont ou *productives de revenus*, telles que moulins, usines, maisons, etc.; ou *affectées à un service public*, telles que les hôtels de ville, églises paroissiales, maisons d'école, presbytères, etc.

Il est des propriétés bâties participant à la fois de l'une et de l'autre de ces deux espèces, en ce qu'elles ont une destination comme établissements publics, et qu'elles procurent en même temps un revenu par un prix de location. Telles sont les abattoirs, halles, marchés, salles de spectacle, etc.

§ 2. — Administration.

2. Les maires sont les administrateurs-nés des biens communaux, et les régissent sous la surveillance des préfets et des sous-préfets.

3. Le maire est chargé, sous la surveillance de l'administration supérieure, de la conservation et de l'administration des propriétés de la commune, et de faire, en conséquence, tous actes conservatoires de ses droits, de la gestion des revenus, de la surveillance des établissements communaux et de la comptabilité communale. (*L., 18 juill. 1837, art. 10.*)

4. Les conseils municipaux règlent par leurs délibérations: 1° le mode d'administration des biens communaux; 2° les conditions des baux à ferme ou à loyer dont la durée n'excède pas dix-huit ans pour les biens ruraux et neuf ans pour les autres biens; 3° le mode de jouissance et la répartition des pâturages et fruits communaux, autres que les bois, ainsi que les conditions à imposer aux parties prenantes. (*L. préc., art. 17.*)

5. Les biens communaux ne sont susceptibles que de deux modes d'administration: ou ils restent sous la main de la commune, et dans ce cas l'exploitation en est faite à son compte, et les habitants jouissent des fruits en nature; ou ils sont donnés à ferme, et le prix de ferme est versé dans la caisse communale. C'est le conseil municipal qui détermine lequel de ces modes doit être préféré dans l'intérêt de la commune.

6. Dans le premier cas, le conseil municipal détermine aussi le mode d'exploitation qui doit être suivi.

Les délibérations prises à cet effet sont soumises immédiatement par le maire au sous-préfet, qui en délivre ou fait délivrer récépissé. La délibération est exécutoire si, dans les trente jours qui suivent la date du récépissé, le préfet ne l'a pas annulée, soit d'office pour violation d'une loi ou d'un règlement d'administration publique, soit sur la réclamation de toute partie intéressée. — Toutefois, le préfet peut suspendre l'exécution de la délibération pendant un autre délai de trente jours. (*L. préc., art. 18.*)

§ 3. — Terres vaines et vagues.

7. Dans plusieurs communes, les terres vaines et vagues sont mises en culture, par suite de concessions temporaires faites aux habitants, au moyen de faibles redevances. Ailleurs, ce sont les clairières des forêts communales qu'on donne à défricher, à charge de réensemencement en espèces forestières, après une certaine période d'années. Ces mesures offrent des avantages réels pour l'assistance de la classe laborieuse, et dans l'intérêt des communes; il est très-désirable de voir se réaliser leur adoption.

Les maires doivent, à cet égard, éveiller la sollicitude des conseils municipaux. Ceux-ci, dans leurs délibérations à ce sujet, ne doivent pas perdre de vue que l'instruction des demandes en concessions temporaires de terrains appartenant aux communes, a lieu d'après des règles différentes, selon que les terrains sont ou non soumis au régime forestier. Dans ce dernier cas, lorsqu'il s'agit de communaux proprement dits, les conseils municipaux tiennent, de l'art. 17 de la loi du 18 juillet 1837, le pouvoir d'en déterminer le mode de jouissance. Dans le premier cas, au contraire, quand il est question de clairières dépendant d'une forêt communale, leur mise en culture est subordonnée à l'autorisation, soit du préfet, soit du ministre des finances, selon que l'avis émis par l'administration forestière est ou non favorable à la mesure. — V. Bois communaux.

8. Lorsque les terres vaines et vagues doivent être concédées à des familles

pauvres, sous condition de mise en culture et d'une redevance, soit en argent, soit en nature, le maire invite les chefs de famille ayant au moins une année de domicile réel et fixe dans la commune, à déclarer s'ils veulent prendre part à cette mise en culture. Procès-verbal de leurs dires est dressé par le maire.

Sur le vu de ce procès-verbal, le conseil municipal arrête la liste des déclarants admis à concourir, en choisissant de préférence les moins aisés. Une commission de trois conseillers municipaux procède à la division des terrains à concéder en autant de lots qu'il aura été admis de concurrents. Cette opération est constatée par un procès-verbal.

Les lots sont attribués par la voie du sort, en séance publique du conseil, présidée par le maire, qui constate les résultats du tirage.

Chaque concessionnaire cultive lui-même son lot, sans pouvoir le céder, soit gratuitement, soit à prix d'argent. Toute cession de lot donne lieu, de la part de celui qui en a été l'objet, au paiement d'une double taxe au profit de la commune.

La commune doit se réserver de reprendre les lots non mis en culture, et de les concéder à d'autres pour les années restant à courir. *(Instr. préf. Var, 30 sept. 1849.)*

§ 4. — Jouissance.

9. Les délibérations des conseils municipaux relatives au changement du mode de jouissance sont exécutoires sous l'approbation du préfet (*Instr. min. int.*, *5 mai 1852, modèle n° 20)*, dont l'arrêté vise :

1° La délibération du conseil municipal qui vote changement du mode de jouissance ;

2° Le procès-verbal de l'enquête ;

3° L'avis du sous-préfet.

L'arrêté approbatif indique les conditions du nouveau mode.

Tout changement ne doit qu'améliorer l'usage préexistant, et les préfets doivent tendre, par leurs conseils, à amener les administrations municipales à stipuler des redevances au profit de la caisse communale. Les nouveaux modes de jouissance ne doivent établir ni consacrer d'injustes inégalités entre les chefs de ménage d'une même commune. En principe, chaque habitant ayant feu séparé a un droit égal à la jouissance des biens communaux. (*Instr. préc.*)

Les conseils municipaux ne peuvent établir, quant à la jouissance des biens communaux, de distinction entre les anciens et les nouveaux domiciliés, ni les assujettir à des conditions onéreuses. (*Av. comité int., 12 janv. 1838, et Instr. min. int., 28 mars 1838.*)

L'étranger qui prend part aux charges communales a droit à la jouissance de ces mêmes biens, mais non à un partage. (*L., 10 juin 1793.*)

§ 5. — Partage de biens indivis.

10. Le conseil municipal délibère également sur la délimitation ou le partage des biens indivis entre deux ou plusieurs communes ou sections de commune. Ces délibérations sont exécutoires sur l'approbation du préfet. (*L., 18 juill. 1837, art. 19 et 20.*)

§ 6. — Contributions.

11. Relativement aux contributions des biens communaux, le maire doit se faire remettre par le percepteur les premiers avertissements des contributions imposées, afin de pouvoir réclamer, s'il y a lieu, au nom de la commune contribuable, contre la cotisation, et aussi pour connaître et ordonnancer le montant de la dépense.

Le maire vise les extraits de rôle certifiés par le percepteur, que celui-ci produit à l'appui de son compte de dépense pour contributions payées par la commune.

Si un extrait de rôle est indivis, le visa du maire sur cet extrait arrête la quote-part supportable par sa commune.

Si la commune doit payer les contributions imposées au nom d'un particulier pour une maison, un terrain, ou pour un autre immeuble dont elle aurait la jouissance ou dont elle aurait fait l'acquisition, il est nécessaire que le visa du maire, sur l'extrait du rôle, explique par quelles circonstances la commune paye des contributions qui ne sont pas sous son nom.

Si la commune a payé des contributions imposées au nom d'une fraction de ses habitants, pour des biens appartenant à cette fraction, le maire en fait la répartition entre les ayants droit, et ce proportionnellement à leur jouissance respective, au moyen d'un rôle arrêté par le préfet. (*L., 26 germ. an 11, art. 3 et 4.*)

Si la commune ne tire pas de produit d'une propriété foncière dont la jouissance est égale entre tous les habitants de la commune ou d'une section, la cote de cette propriété est répartie par voie de centimes additionnels au rôle des quatre contributions directes entre tous les habitants de la commune ou de la section, comme dépense communale obligatoire. (*LL., 26 germ. an 11, art. 2, et 18 juill. 1837, art. 30, 39 et 40.*)

Lorsque la commune a imposé, comme charge supplémentaire, à ses fermiers ou locataires, de payer les impositions des biens affermés, cette charge est un complément de prix de ferme.

Si une commune ou un établissement de bienfaisance obtient décharge de sa cote au rôle des contributions ou d'une partie de sa cote, le maire vise l'extrait de l'ordonnance de décharge.

12. Les contributions assises sur les biens communaux constituent une dépense obligatoire pour les communes; lorsqu'elles ne peuvent la couvrir avec leurs revenus ordinaires, elles ont recours à une imposition extraordinaire portant sur toutes les contributions directes payées dans la commune. (*Instr. min., 9 mai 1845.*)

Le paiement des contributions assises sur les bois communaux peut aussi spécialement être fait au moyen de la distraction d'une portion suffisante des bois, laquelle portion est vendue aux enchères, ou par une taxe sur chaque lot d'affouage, taxe dont le produit doit être assez élevé pour subvenir au paiement de la contribution. (*Déc. min. int., 17 juill. 1841.*)

§ 7. — Biens indivis entre plusieurs communes.

13. Lorsque plusieurs communes possèdent des biens ou des droits par indivis, un décret institue, si l'une d'elles le réclame, une commission syndicale, composée de délégués des conseils municipaux des communes intéressées. — Chacun des conseils élit dans son sein, au scrutin secret et à la majorité des voix, le nombre de délégués qui aura été déterminé par le décret. — La commission syndicale doit être renouvelée tous les trois ans, après le renouvellement partiel des conseils municipaux. — Les délibérations prises par la commission ne sont exécutoires que sur l'approbation du préfet, et demeurent d'ailleurs soumises à toutes les règles établies pour les délibérations des conseils municipaux. (*L., 18 juill. 1837, art. 70.*)

14. La commission syndicale est présidée par un syndic nommé par le préfet et choisi parmi les membres qui la composent. — Les attributions de la commission syndicale et du syndic, en ce qui touche les biens et les droits indivis, sont les mêmes que celles des conseils municipaux et des maires pour l'administration des propriétés communales. (*L., 18 juill. 1837, art. 71.*)

15. Quant aux partages de biens entre communes, l'administration doit les favoriser, et le préfet est exclusivement compétent pour les autoriser et les approuver, aux termes du décret du 25 mars 1852. Il l'est également pour trancher entre les parties les difficultés relatives aux opérations purement matérielles du partage, telles que celles qui consistent dans la nomination des experts, la formation des parts à distribuer, et le tirage des lots au sort. Lorsqu'il s'agit, au contraire, d'une contestation sur le mode même du partage, elle ne peut être vidée que par le conseil de préfecture, sauf recours au conseil d'État. Quant aux questions de propriété, elles restent du domaine de l'autorité judiciaire. (*Circ. min., 5 mai 1852, n° 58.*)

16. Les pièces nécessaires pour l'instruction de ces partages sont : 1° la délibération portant vote de la mesure ; 2° un procès-verbal d'expertise et d'attribution des lots, dressé par une personne désignée par le préfet ou le sous-préfet de l'arrondissement; 3° un procès-verbal d'information *de commodo et incommodo*; 4° une nouvelle délibération sur le résultat de l'enquête, si elle a soulevé des oppositions; 5° l'avis du sous-préfet en forme d'arrêté. Le partage doit toujours être fait suivant le nombre de feux existant dans chaque commune, à moins de titres ou d'usages équivalents et contraires. (*Circ. préc., n° 53.*)

Le mode de partage par feux ne peut être pratiqué lorsque la jouissance des communes est inégale. Les tribunaux peuvent alors, en prenant pour base la quote-part de produits perçue par chacune des communes ayant la jouissance, faire entre elles le partage, sans avoir égard au nombre de feux dont elles sont composées. Ainsi, par exemple, s'il est reconnu que de temps immémorial l'une des deux communes copartageantes jouit du droit de faire pâturer les bestiaux, pendant toute la journée, sur un marais indivis, tandis que l'autre commune ne faisait pâturer les siens que pendant la matinée, les tribunaux arrêtent le partage sur cette base, et peuvent attribuer à la première les deux tiers de la propriété, et le tiers seulement à la seconde.

Quand l'une des communes prétend que ses titres s'opposent au mode de partage par feux, ce partage ne peut être établi par l'autorité administrative; la contestation est du ressort de l'autorité judiciaire. (*Déc. min. int., 3 nov. 1837.*)

17. Les formalités ci-énoncées sont applicables aux biens indivis appartenant à des établissements de bienfaisance; seulement, on joint aux pièces à produire l'avis des conseils municipaux.

V. Acquisitions, Aliénations, Assurances contre l'incendie, Baux administratifs, Circonscriptions territoriales, Dettes communales, Échanges.

BIENS DE L'ÉTAT.

§ 1er. — Aliénation d'immeubles.

1. Lorsque l'objet à vendre ne ressort pas du ministère des finances, il en est fait remise au directeur des domaines, savoir : par l'ingénieur des ponts et chaussées, pour les anciennes routes; par le conservateur des forêts, pour les bois, etc.

Cette remise est accompagnée de l'état des immeubles et de leur estimation.

2. Le préfet, sur la proposition du directeur des domaines, fixe le jour de la vente par un arrêté qui est publié et affiché.

3. La vente a lieu aux enchères publiques. Il y est procédé par le préfet, assisté du directeur des domaines ou de son délégué.

Le préfet peut déléguer le sous-préfet de l'arrondissement ou le maire du lieu, pour procéder à la vente, si le prix ne dépasse pas 500 fr. Le ministre peut autoriser la vente sur les lieux, si le prix est au-dessus de 500 fr.

4. Le recouvrement du prix de vente se fait par le receveur des domaines de la circonscription. (*LL. 15-16 flor. an 10, 5 vent. an 12, 3 mai 1841. — Ord., 14 sept. 1822. — Arr., 10 oct. 1837.*)

§ 2. — Baux à ferme.

5. La mise en ferme des biens de l'Etat a lieu devant le préfet ou son délégué, assisté du directeur des domaines ou de son délégué, sur un état indicatif des immeubles à louer, un cahier des charges approuvé par le préfet, et un arrêté du préfet fixant le jour et le lieu de la mise en ferme.

Le recouvrement du prix de ferme se fait par le receveur des domaines.

§ 3. — Vente d'objets mobiliers.

6. La remise des objets mobiliers à vendre est faite au directeur des domaines, comme pour les immeubles. Elle est accompagnée de l'état estimatif de ces objets.

7. Le préfet rend un arrêté qui annonce la vente, à laquelle il est procédé, ensuite de la publication et affiche de cet arrêté, par le directeur des domaines, assisté du préfet, ou du sous-préfet, ou du maire, et le recouvrement du prix est fait par le receveur des domaines.

8. Les objets mobiliers appartenant au département sont vendus de la même manière que ceux appartenant à l'Etat, après une décision du conseil général.

BLANCHISSERIES. — Form. mun., tom. 1, pag. 607.

1. Les blanchisseries de toile et fils de chanvre, de lin et de coton, par le chlore, sont des établissements insalubres de deuxième classe. Celles où l'on opère au moyen de chlorures alcalins ne sont placées que dans la troisième classe.

2. Aucun blanchisseur de toiles au moyen de l'acide muriatique ne peut établir de blanchisserie sans autorisation préfectorale. (*Décr., 15 oct. 1810.*)

3. Des bateaux de lessive ne peuvent être établis sur rivière sans permission du préfet, de laquelle il doit être justifié au maire.

4. Défenses peuvent être faites par les maires, 1° de laver du linge à la rivière ailleurs que dans les bateaux de lessive et aux endroits désignés à cet effet; 2° à toutes personnes, de puiser de l'eau auprès des bateaux de blanchisseuses; 3° à celles-ci d'attacher des cordages aux arbres pour faire sécher le linge. Les maires peuvent aussi astreindre les propriétaires de bateaux de lessive à établir en permanence un batelet, afin de pouvoir secourir immédiatement les personnes qui pourraient tomber à l'eau. Ces propriétaires peuvent, de plus, être obligés à faire visiter ce batelet au moins quatre fois par an, pour s'assurer s'il n'y existe pas d'avaries; cette visite est faite par un charpentier en bateaux, assisté d'un commissaire de police, qui en dresse procès-verbal et le remet au maire, pour être statué ce qu'il appartiendra. Les contrevenants sont poursuivis par-devant le tribunal de simple police. (*L., 14-22 déc. 1789, art. 50; 16-24 août 1790, tit. 11, art. 3, n° 1; 19-22 juill. 1791, tit. 1er, art. 46.—Cod. pén., art. 471, n° 15.*)

V. Manufactures et établissements insalubres.

BLÉ.

Dans le cas où le blé exposé en vente est avarié ou altéré par l'humidité, ou bien encore ergoté, le maire doit, 1° faire constater l'état du blé par des agriculteurs ou des personnes faisant le commerce des grains; 2° faire dresser un procès-verbal; 3° ficeler et sceller les sacs, et les faire mettre en un lieu de dépôt, sous la surveillance d'un gardien; 4° rendre compte du tout à l'autorité supérieure, qui, de son côté, prend toutes les mesures ultérieures que la prudence commande. (*L., 16-24 août 1790, art. 3, n° 4, et 19-22 juill. 1791, tit. 1er, art. 46.*)

V. Approvisionnements, Boulangers, Grains et farines.

BOIS DES COMMUNES et DES ÉTABLISSEMENTS PUBLICS.

LÉGISLATION.

Code forestier, et ordonnance réglementaire du 1er août 1827.—Décret du 12 avril 1854.

PROCÉDURE.

SOMMAIRE.

§ 1er. — Soumission de bois au régime forestier, ou distraction de bois dudit régime.

(*Code forestier, article 90. — Ordonnance du 1er août 1827, article 128.*)

1. S'il y a contestation de la part des communes ou établissements propriétaires de bois, sur leur soumission au régime forestier, la vérification de l'état des bois est faite par les agents forestiers, contradictoirement avec les maires ou administrateurs.

2. Le procès-verbal de cette vérification est envoyé, par le conservateur, au préfet, qui fait délibérer les conseils municipaux ou les administrateurs des établissements propriétaires, et transmet le tout, avec son avis, au ministre des fi-

nances. En cas de contestation, c'est le conseil de préfecture qui est appelé à statuer, conformément au paragr. 4 de l'art. 90 du Code forestier. (*Arr.-cass., 7 juin 1851 et 28 juill. 1852.*)

§ 2. — Délimitation et bornage.

(Code forestier, article 8 à 14. — Ordonnance du 1er août 1827, articles 129 à 133.)

3. Les demandes formées, soit par la commune, soit par les propriétaires riverains, sont adressées au préfet, qui prend l'avis du conservateur et celui du maire ou des administrateurs, et nomme ensuite un ou plusieurs agents forestiers chargés d'opérer, comme experts, dans l'intérêt des communes ou des établissements propriétaires.

4. Lorsqu'il s'agit d'une délimitation générale, l'arrêté du préfet indique le jour fixé pour le commencement des opérations et le point de départ. — Les maires des communes où doit être affiché cet arrêté, sont tenus d'adresser au préfet des certificats constatant que l'arrêté a été publié et affiché dans ces communes.

5. Le maire de la commune, ou l'un des administrateurs de l'établissement propriétaire, a droit d'assister à toutes les opérations, conjointement avec l'agent forestier nommé par le préfet. Ses dires, observations et oppositions sont exactement consignés au procès-verbal, qui est rédigé par les experts, suivant l'ordre de l'opération. Ce procès-verbal est divisé en autant d'articles qu'il y a de propriétaires riverains, et chacun de ces articles est clos séparément, et signé par les parties intéressées.

6. Le procès-verbal de délimitation est immédiatement déposé au secrétariat de la préfecture, et par extrait, au secrétariat de la sous-préfecture, en ce qui concerne chaque arrondissement. Il est donné avis de ce dépôt par un arrêté du préfet, publié et affiché dans les communes limitrophes. Les intéressés peuvent en prendre connaissance et former leur opposition dans le délai d'une année, à dater du jour de la publication de l'arrêté.

7. Le conseil municipal ou les administrateurs sont appelés à délibérer sur les résultats du procès-verbal.

8. Une copie du procès-verbal et des autres documents est envoyée par le préfet à la commune, au conservateur, à l'inspecteur et au directeur de l'administration des forêts.

9. La délimitation est approuvée par une décision du ministre des finances, lorsque, pendant le délai du dépôt, aucune opposition n'a été formée. Il est ensuite procédé, par les agents forestiers, au bornage, en présence des parties intéressées, ou elles dûment appelées par arrêté du préfet.

10. Lorsqu'il s'élève des contestations ou des oppositions, les communes ou les établissements propriétaires sont autorisés à intenter action, ou à défendre, s'il y a lieu, et les actions sont suivies dans la forme ordinaire. Il est sursis au bornage jusqu'après la décision des tribunaux compétents.

11. L'état des frais de délimitation et de bornage, dressé par le conservateur et visé par le préfet, est remis au receveur de la commune ou de l'établissement propriétaire, qui perçoit le montant des sommes mises à la charge des riverains. Ces frais sont, pour moitié, à la charge des communes ou établissements propriétaires, et pour l'autre moitié, à la charge des riverains.

Si c'est la commune qui a requis la délimitation, elle verse la totalité des frais liquidés, aussitôt après la liquidation; si cette délimitation n'a pas été requise par elle, elle verse encore la totalité des frais, mais la partie à la charge des riverains n'est exigible qu'à mesure du recouvrement des taxes.

Les mandats pour frais de délimitation sont délivrés par le préfet sur la caisse communale, au nom des ayants droit. (*Ord., 23 mars 1845.*)

§ 3. — Aménagement des bois.

(Code forestier, article 90. — Ordonnance du 1er août 1827, articles 135 et 136.)

12. Les propositions d'aménagement sont soumises à la délibération du conseil municipal ou des administrateurs des établissements propriétaires; le conservateur et le préfet donnent leur avis, et les propositions sont transmises par le

préfet au directeur de l'administration des forêts. L'ordonnance approbation d'aménagement est exécutée par le conservateur.

Les mêmes formalités doivent être observées lorsqu'il y a lieu de faire un changement dans l'aménagement ou dans le mode d'exploitation, ou encore lorsqu'il y a lieu de faire effectuer des travaux extraordinaires, tels que recepages, repeuplements, routes, clôtures, etc. — Le préfet, sur la proposition du conservateur, autorise ces travaux, si la commune ou l'établissement n'élève aucune objection contre eux.

Les mêmes formalités sont aussi à remplir, lorsqu'il s'agit seulement de la conversion en bois et de l'aménagement de terrains en pâturages. La proposition de l'administration forestière est alors communiquée à la commission administrative ou au conseil municipal, qui doit en délibérer. En cas de contestation, le conseil de préfecture est appelé à prononcer sur elles, sauf recours au conseil d'Etat.

§ 4. — Coupes affouagères.

V. ci-dessus au mot Affouage.

§ 5. — Coupes ordinaires et extraordinaires.

(*Code forestier, articles 100 et suivants. — Ordonnance du 1er août 1827, articles 73 et suivants, et article 134.*)

13. Lorsqu'il s'agit de coupes extraordinaires annuelles, sur la délibération du conseil municipal et le rapport du conservateur, le préfet donne son avis et transmet le dossier au directeur de l'administration des forêts. La décision qui autorise les coupes est exécutée par le conservateur.

14. Lorsqu'il y a lieu de délivrer des coupes extraordinaires, pour des cas de force majeure tels qu'incendie, inondations, ouragans, etc., le conseil municipal est appelé à délibérer sur la demande, appuyée d'un devis estimatif des bois réclamés; sur la production de cette délibération et le rapport du conservateur, le préfet rend un arrêté d'urgence, et transmet tout le dossier au directeur de l'administration des forêts, qui approuve l'arrêté. Cet arrêté, ainsi approuvé, est transmis par le préfet au conservateur, qui en assure l'exécution. (*Ord., 10 mars 1831, art. 1er. — Arr. min. fin., 4 févr. 1837, art. 4.*)

15. Les ventes des coupes, tant ordinaires qu'extraordinaires, sont faites par voie d'adjudication publique, annoncée au moins quinze jours à l'avance, par des affiches apposées dans le chef-lieu du département, dans le lieu de la vente, dans la commune de la situation des bois, et dans les communes environnantes. (*Cod. for., art. 17 et 100.*)

16. Elles doivent être précédées des opérations d'assiette, arpentage, balivage, martelage, indiquées dans les art. 73 et suivants de l'ordonnance du 1er août 1827. Elles sont faites à la diligence des agents forestiers et en présence du maire ou d'un adjoint, pour les bois des communes, et d'un des administrateurs, pour ceux d'un établissement public. (*Cod. for., art. 100.*)

17. Les coupes invendues lors des adjudications, sont de nouveau mises en vente, ensuite de délibération du conseil municipal, de l'avis du conservateur et d'un arrêté du préfet.

18. Lorsqu'il y a lieu à la vente ou à la délivrance d'arbres morts, secs ou dépérissants, sur la délibération du conseil municipal, le rapport et l'avis du conservateur, et l'avis du préfet, qui envoie toutes les pièces au directeur de l'administration des forêts, il intervient une décision approbative, qui est exécutée par le conservateur. (*Ord., 1er août 1827, art. 101 et 103.*)

L'administration des forêts est autorisée à concéder, sur la demande des maires, la faculté de ramasser gratuitement le bois mort, sec et gisant, aux habitants pauvres des communes limitrophes des bois soumis au régime forestier. — La liste des indigents à admettre au ramassage gratuit est dressée par le maire de la commune, de concert avec le chef de cantonnement. Elle est soumise à l'approbation préalable de l'inspecteur des forêts. (*Arr. min. fin., 19 sept. 1853.*)

§ 6. — Prorogation de délai de coupe ou de vidange.

(Ordonnance du 1er août 1827, articles 96 et 138.)

19. Il faut une pétition à double expédition, dont une sur papier timbré, promettant une indemnité à la commune ou à l'établissement propriétaire des bois.

Cette pétition, adressée au préfet, est transmise par le conservateur au directeur des forêts, qui rend une décision dont il est donné avis au préfet, au conservateur et aux intéressés. Le préfet fait recouvrer, s'il y a lieu, au profit de qui de droit, l'indemnité, qui est versée dans la caisse du receveur de la commune ou de l'établissement propriétaire.

§ 7. — Paiements de moins de mesure ou de sur-mesures constatés dans les coupes de bois.

20. Dans le cas de moins de mesure, sur la demande de l'adjudicataire, la proposition du conservateur et les procès-verbaux de réarpentage et de récolement, il intervient un arrêté du préfet, qui fixe le prix du moins de mesure, et ordonne le remboursement à l'aide d'un mandat du maire. En cas de contestation de la part du maire, l'affaire est déférée au conseil de préfecture.

21. Dans le cas de sur-mesures constatées, les états dressés par le conservateur sont rendus exécutoires par le préfet, qui les fait recouvrer par le receveur municipal au profit des communes. (*Clauses du cahier des charges de l'adjudication.*)

§ 8. — Adjudication de glandée, panage ou paisson.

(Ordonnance du 1er août 1827, articles 118, 119 et 139.)

22. Ces adjudications ne peuvent avoir lieu, dans les bois des communes et des établissements publics, qu'en vertu d'une autorisation spéciale du préfet, accordée sur la délibération du conseil municipal ou des administrateurs de l'établissement propriétaire, et l'avis de l'agent forestier local.

23. Les maires des communes et les particuliers jouissant du droit de pâturage ou de panage dans les forêts de l'Etat, remettent annuellement à l'agent forestier local, avant le 31 décembre, pour le pâturage, et avant le 31 juin, pour le panage, l'état des bestiaux que chaque usager possède, avec la distinction de ceux qui servent à son propre usage, et de ceux dont il fait commerce. Les propositions des agents forestiers sont soumises à l'approbation du conservateur avant le 1er février, pour le pâturage, et avant le 1er août, pour le panage et la glandée.

§ 9. — Droit d'usage. — Cantonnement. — Rachat.

(Décret du 12 avril 1854.)

24. Les communes ou établissements publics qui veulent affranchir leurs bois de droits d'usage quelconques, par voie de cantonnement ou de rachat, en adressent la demande au préfet, qui statue sur l'opportunité, après avoir pris l'avis des agents forestiers. (*Décr., 12 avr. 1854, art. 6,* § 1er.)

25. S'il s'agit d'un droit rachetable à prix d'argent, prévu au § 2, art. 64 du Code forestier (1), il est procédé conformément aux dispositions des §§ 2 et 3 de l'art. 5 du décret précité (*Décr. préc., art. 6,* § 2), c'est-à-dire de la manière suivante :

26. Le préfet est préalablement appelé à donner son avis motivé sur l'absolue nécessité de l'usage pour les habitants. Après avoir déclaré l'opportunité, il notifie sa décision au maire de la commune usagère, en lui prescrivant de faire délibérer le conseil municipal, pour qu'il exerce, s'il le juge à propos, le pourvoi qui lui est réservé par le paragr. 2 de l'art. 64 du Code forestier. (*Décr. préc., art. 5, §§ 2 et 3.*)

27. Les études préalables pour déterminer les offres de cantonnement ou de rachat à faire à l'usager sont faites par deux agents forestiers.

Toutefois, sur la demande de la commune ou de l'établissement propriétaire, il est adjoint aux deux agents forestiers un troisième expert, dont la désignation appartient à la commune et à l'établissement. Ce troisième expert fait, concurremment avec les agents forestiers, les études nécessaires pour la détermination des offres. (*Décr. préc., art. 1er, § 2, et art. 7, §§ 1er et 2.*)

---

(1) C'est-à-dire, d'un droit d'usage autre que l'usage en bois.

28. La commune ou l'établissement propriétaire est appelé, par le préfet, à déclarer s'il entend donner suite aux offres de cantonnement ou de rachat. Sur sa déclaration affirmative, les offres sont soumises au ministre de l'intérieur. En cas d'avis favorable, le ministre des finances statue sur la convenance et l'opportunité des offres. (*Décr. préc., art. 7, § 3.*)

29. Il est ensuite procédé conformément aux art. 3 et 4 du décret, savoir :

Si l'usager déclare accepter les offres, il est passé, entre le préfet et lui, en la forme administrative, un acte constatant son engagement, sous réserve de l'homologation de l'empereur.

Si l'usager propose des modifications au projet qui lui a été signifié, ou refuse absolument d'y adhérer, il en est référé au ministre des finances, qui statue et ordonne, s'il y a lieu, au préfet d'intenter l'action en cantonnement. (*Décr. préc., art. 3, 4, et 7-§ 4.*)

30. Toutefois, les modifications qui seraient proposées par l'usager, doivent être acceptées par la commune ou l'établissement propriétaire, et approuvées par le ministre de l'intérieur, avant d'être soumises à l'homologation de l'empereur par le ministre des finances. Si l'usager refuse d'adhérer aux offres, l'action devant les tribunaux ne peut être intentée que par le maire ou les administrateurs, suivant les formes prescrites par les lois.

Les indemnités et frais auxquels les agents forestiers seraient reconnus avoir droit, et les vacations du troisième expert, sont supportés en entier par les communes ou établissements publics. (*Décr. préc., art. 7, §§ 5 et 6* (¹).)

§ 10. — Travaux extraordinaires de recepages, repeuplements, clôtures et autres travaux d'amélioration.

(*Ordonnance du 1er août 1827, article 136.*)

31. Les conseils municipaux ou les administrateurs des établissements propriétaires sont consultés sur les propositions relatives à ces travaux, et lorsqu'ils n'élèvent aucune objection, les travaux peuvent être autorisés par le préfet, sur l'avis du conservateur. Dans le cas contraire, il est statué par le gouvernement.

§ 11. — Aliénation ou échange de bois.

(*Loi du 18 juillet 1837, sur l'administration communale.*)

32. Les formes à suivre à cet égard sont les mêmes que celles prescrites pour les aliénations de biens communaux. (V. ALIÉNATIONS, *sauf qu'il doit être joint aux pièces l'avis du conservateur.*)

§ 12. — Etablissement ou maintien d'une construction à distance prohibée des forêts.

(*Ordonnance du 1er août 1827, article 177.*)

33. Les demandes sont adressées au préfet en double expédition, dont une sur papier timbré; sur le rapport et l'avis du conservateur, le préfet statue en conseil de préfecture, sans l'autorisation du ministre des finances. (*Décr., 25 mars 1852, art. 3.*)

§ 13. — Défrichement de bois.

(*Code forestier, article 91.*)

34. Les communes et les établissements publics ne peuvent faire aucun défrichement de bois sans une autorisation expresse et spéciale du gouvernement, sous peine d'une amende de 500 fr. au moins et de 1,500 fr. au plus par hectare défriché, avec obligation de rétablir les lieux en nature de bois. (*Cod. for., art. 91 et 220.*)

35. Une délibération du conseil municipal doit indiquer exactement : 1° l'étendue totale du bois; 2° la contenance à défricher; 3° si les coupes ordinaires sont vendues ou délivrées en nature; 4° dans le cas de la délivrance, quel est le nombre des affouagistes, la quantité de bois délivrée annuellement à chacun d'eux, et la réduction que cette part subira par l'effet du défrichement; 5° quel est le genre de culture auquel la commune destine le terrain à défricher, et quel

(¹) Ce décret abroge les art. 112, 113, 114, 115, 116 et 145 de l'ordonnance royale du 1er août 1827.

avantage en retireront les habitants pauvres; 6° quel est le revenu net de ce terrain dans son état actuel, et quel en sera le revenu net après le défrichement. (*Circ. dir. for., 27 nov. 1849.*)

36. Cette délibération est adressée en triple expédition au sous-préfet, et, sur le rapport et l'avis du conservateur, le préfet donne son avis et transmet le dossier au ministre des finances, pour être statué sur la demande.

§ 14. — Formation, division et réunion des triages de bois.

37. Les communes intéressées sont appelées à délibérer sur ces objets, et, sur l'avis du conservateur, le préfet rend un arrêté, dont le conservateur est chargé d'assurer l'exécution.

§ 15. — Nomination des gardes forestiers des communes ou des établissements de bienfaisance.

38. Ces gardes sont nommés par le préfet sur la présentation du conservateur des forêts, qui transmet au nouveau garde la commission nécessaire pour entrer en fonctions. (*Décr., 25 mars 1852, art. 5, § 20.*)

Le salaire des gardes est à la charge des communes; il est réglé par le préfet, sur la proposition du conseil municipal. (*Cod. for., art. 98 et 108.*)

§ 16. — Produits accessoires.

39. Les adjudications de chablis et autres produits forestiers, faites sous la présidence des maires, ne doivent pas être soumises à l'approbation des préfets, par le motif que, quand un préfet délègue un maire pour le remplacer, la délégation est absolue et ne peut être limitée que par une disposition restrictive expresse. (*Déc. min. fin., 10 juin 1848.*)

Mais les agents forestiers doivent se faire remettre, par les maires, deux expéditions du procès-verbal d'adjudication, dont l'une est destinée à leur bureau, et l'autre, devant servir de titre de perception, doit, au moyen d'un bulletin d'envoi, être transmise par eux aux préfets chargés de la faire parvenir, par l'intermédiaire des receveurs des finances, aux agents comptables inférieurs, qui doivent opérer le recouvrement. (*Déc. min. fin., 17 juill. 1851. — Circ. min. int., 23 août 1851.*)

BOIS DE L'ÉTAT.

1. Les règles relatives aux bois et forêts qui font partie du domaine de l'Etat et du domaine de la couronne, sont établies dans les titres 3 et 4 du Code forestier, et dans les titres 2 et 3 de l'ordonnance d'exécution du 1er août 1827.

2. Celles relatives à l'affranchissement des forêts de l'Etat, de droits d'usage, au moyen du cantonnement ou du rachat, ont été nouvellement déterminées par un décret du 12 avril 1854, art. 1er, 2, 3, 4 et 5. Ce décret abroge les art. 112 à 116 et l'art. 145 de l'ordonnance du 1er août 1827.

BORNAGE. — Form. mun., tom. II, pag. 95.

1. Les communes doivent demander l'autorisation du conseil de préfecture, à l'effet de poursuivre un bornage judiciaire.

2. L'opération du bornage des communes se fait par les maires ou répartiteurs du cadastre réunis des communes dont les territoires sont contigus, et il en est dressé un procès-verbal dont l'expédition est déposée au secrétariat de chaque mairie. La fourniture, la préparation et la plantation des bornes se font en vertu d'un traité qui est signé par tous les maires qui y ont concouru. Ce traité doit être approuvé par le préfet, sur l'avis du sous-préfet. Les frais de ces bornes sont supportés par les différentes communes, en proportion du nombre employé pour chacune, et sont acquittés sur les fonds communaux.

BOUCHERS. — Form. mun., tom. II, pag. 100.

1. La loi du 16-24 août 1790, qui confie à la vigilance et à l'autorité des corps municipaux l'inspection de la fidélité du débit des denrées qui se vendent au poids et à la mesure, et de la salubrité des comestibles exposés en vente publi-

que, place les bouchers sous la surveillance des maires, et les soumet aux règlements de police que l'autorité municipale a le droit de faire ou de publier de nouveau, non-seulement pour la vente, mais même pour la taxe de la viande de boucherie. — Les contraventions à ces règlements sont du ressort des tribunaux de police.

2. Les maires sont en droit de taxer la viande en vertu de l'art. 30 de la loi du 22 juillet 1791, surtout lorsqu'il y a lieu de craindre que les bouchers ne se concertent entre eux pour la mettre à un prix excessif. Cette taxe, à laquelle ils ne peuvent contrevenir sans encourir une amende, se fait sur les informations que l'on prend du prix courant des bestiaux dans les foires et marchés des environs, et l'on proportionne le prix du détail à ce prix courant, eu égard aux droits auxquels les bouchers sont assujettis et aux bénéfices légitimes qu'ils doivent retirer de leur profession.

BOUES ET IMMONDICES. V. Nettoiement.

BOULANGERS. — Form. mun., tom. II, pag. 145.

1. La profession de boulanger, indispensable pour fournir à l'homme son premier aliment, intéresse essentiellement toutes les classes de citoyens. Aussi l'autorité municipale a-t-elle le droit, conformément aux lois des 16-24 août 1790 et 22 juillet 1791, de faire tous les règlements qui peuvent subordonner les boulangers à ce qu'exige la subsistance des habitants d'une commune, et leur faire exercer leur profession avec toute l'exactitude et la fidélité qu'exige l'intérêt public. — Les contraventions à ces règlements sont du ressort des tribunaux de police.

2. L'art. 30 de la loi du 22 juillet 1791 donne aux maires le droit de taxer périodiquement le prix du pain. La taxe est faite d'après les mercuriales établissant le prix moyen des farines.

3. Indépendamment des règlements de police, l'exercice de la profession de boulanger, dans la plupart des villes de France, est soumis à des règles et à des conditions particulières qui sont déterminées par des actes du gouvernement, rendus en forme de règlements d'administration publique, sur la proposition du ministre de l'intérieur.

V. Approvisionnements.

BOURSES DÉPARTEMENTALES ET COMMUNALES DANS LES LYCÉES ET COLLÉGES.

1. Les candidats aux bourses nationales, départementales et communales doivent justifier, par un examen préalable, qu'ils sont en état de suivre la classe correspondante à leur âge. — Une commission, chargée d'examiner les candidats, et dont les membres seront désignés par le ministre de l'instruction publique, se réunit au chef-lieu du département. — Le ministre détermine l'époque et la forme des examens. (*Décr., 7 févr. 1852, art. 1er.*)

2. Le préfet du département confère, sous la confirmation du ministre de l'instruction publique, les bourses départementales et communales, ces dernières d'après une liste dressée par les conseils municipaux. (*Décr. préc., art. 3.*)

3. Le ministre, pour les boursiers nationaux; le préfet, pour les boursiers départementaux ainsi que pour les boursiers communaux, peuvent accorder des promotions de bourses aux élèves qui auront mérité cette faveur par leur bonne conduite et leurs progrès. (*Décr. préc., art. 4.*)

BRUITS ET TAPAGES NOCTURNES. — Form. mun., tom. II, pag. 195.

1. Sont considérés comme bruits et tapages nocturnes les attroupements, les réunions tumultueuses, les disputes et querelles sur la voie publique, les cris, les chants et charivaris qui, pendant la nuit, troublent le repos des habitants.

2. L'art. 3, tit. 11, de la loi du 16-24 août 1790, et l'art. 19, tit. 1er, de la loi du 19-22 juillet 1791, confient aux corps municipaux le soin de réprimer et de poursuivre les atteintes portées à la tranquillité publique, telles que les bruits et tapages nocturnes. Cette contravention est punie des peines portées par l'art. 479 du Code pénal.

BUDGETS COMMUNAUX (¹). — Form. mun., tom. II, pag. 207.

LÉGISLATION.

Loi du 18 juillet 1837, sur l'administration municipale, titre 3, articles 30 et suivants. — Instruction générale sur la comptabilité, du 17 juin 1840, articles 699 et suivants.

PROCÉDURE.

SOMMAIRE.

§ 1er. — Définition du budget.

1. Le budget, en général, est l'état par approximation des recettes et des dépenses qui doivent se faire pendant le cours d'une année pour l'administration d'un État, d'un département, d'une commune, ou d'un établissement de bienfaisance.

2. Le budget d'une commune se compose de deux états ; d'un premier état qu'on appelle *budget primitif*, et d'un deuxième état qu'on appelle *budget additionnel* ou *supplémentaire*, ou bien encore *chapitres additionnels* ; et même, dans des départements, on n'opère qu'avec le budget primitif et des *crédits supplémentaires*, dont il sera question ci-après. Ces différentes formes ont toutes le même but, celui de se rendre compte parfaitement des recettes et des dépenses d'une commune.

3. Les deux budgets primitif et additionnel sont préparés, dressés et présentés par le maire, et votés par le conseil municipal dans la session de mai (*L., 18 juill. 1837, art. 10 et 19*) : le budget additionnel, qui est *additionnel* au budget de l'exercice courant, pour recevoir son application après son immédiate approbation par le préfet ; le budget primitif, pour être ouvert, également après la même approbation, à partir du premier janvier à venir, de manière à faire suite, sans interruption, au budget qui a été clos le 31 décembre.

4. Les formules des budgets sont fournies aux communes par les soins des préfets, et la dépense en est prélevée sous forme de cotisation municipale.

§ 2. — Du budget primitif.

5. Le budget primitif se divise en deux titres principaux : Titre Ier, *recettes* ; Titre II, *dépenses*. *(L., 18 juill. 1837, art. 30 à 32.)*

6. TITRE Ier. *Des recettes.* — Les recettes des communes sont : *ordinaires* ou *extraordinaires*.

7. Les *recettes ordinaires* se composent : 1° des revenus de tous les biens dont les habitants n'ont pas la jouissance en nature ; 2° des cotisations imposées annuellement sur les ayants droit aux fruits qui se perçoivent en nature ; 3° du produit des centimes ordinaires affectés aux communes par les lois de finances ; 4° du produit de la portion accordée aux communes dans l'impôt des patentes, du produit 5° des octrois, 6° des droits de places perçus dans les halles, foires, marchés, abattoirs, d'après les tarifs dûment autorisés, 7° des permis de stationnement et de location sur la voie publique, sur les ports et rivières et autres lieux publics, 8° des péages communaux, des droits de pesage, mesurage et jaugeage, des droits de voirie et autres légalement établis ; 9° du prix des concessions dans les cimetières ; 10° du produit des concessions d'eau, de l'enlèvement des boues et immondices de la voie publique et autres concessions autorisées pour les services communaux ; 11° du produit des expéditions des actes administratifs et des actes de l'état civil ; 12° de la portion que les lois accordent aux communes dans le produit des amendes prononcées par les tribunaux ; et généralement du produit de toutes les taxes de ville et de police, dont la perception est autorisée par la loi. *(L. préc., art. 31.)*

8. Les *recettes extraordinaires* se composent : 1° des contributions extraordinaires

(¹) Nous avons pris pour base des formules de cet article celles de la comptabilité du département de l'Isère.

dûment autorisées; 2° du prix des biens aliénés; 3° des dons et legs; 4° du remboursement des capitaux exigibles et des rentes rachetées; 5° du produit des coupes extraordinaires de bois; 6° du produit des emprunts et de toutes autres recettes accidentelles. (*L., 18 juill. 1837, art. 32.*)

Ces deux catégories de recettes constituent les voies et moyens des communes pour faire face à leurs besoins ou dépenses.

9. TITRE II. *Des dépenses.* — Les dépenses des communes sont : *obligatoires* ou *facultatives.*

10. *Dépenses obligatoires.* Sont obligatoires les dépenses suivantes : 1° l'entretien de la mairie; 2° les frais de bureau et d'impression pour le service de la commune; 3° l'abonnement au *Bulletin des lois* (1); 4° les frais de recensement de la population; 5° les frais des registres de l'état civil et la portion des tables décennales à la charge des communes; 6° le traitement du receveur municipal, du préposé en chef de l'octroi et les frais de perception; 7° le traitement des gardes des bois de la commune et des gardes champêtres; 8° le traitement et les frais de bureau des commissaires de police, tels qu'ils sont déterminés par les lois; 9° les pensions des employés municipaux et des commissaires de police, régulièrement liquidées et approuvées; 10° les frais de loyer et de réparation du local de la justice de paix, ainsi que ceux d'achat et d'entretien de son mobilier, dans les communes chefs-lieux de canton; 11° les dépenses de la garde nationale, telles qu'elles sont déterminées par les lois; 12° les dépenses relatives à l'instruction publique, conformément aux lois; 13° l'indemnité de logement aux curés et desservants et autres ministres des cultes salariés par l'Etat, lorsqu'il n'existe pas de bâtiment affecté à leur logement; 14° les secours aux fabriques des églises et autres administrations préposées aux cultes dont les ministres sont salariés par l'Etat, en cas d'insuffisance de leurs revenus, justifiée par leurs comptes et budgets; 15° le contingent assigné à la commune, conformément aux lois, dans la dépense des enfants trouvés et abandonnés; 16° les grosses réparations aux édifices communaux, sauf l'exécution des lois spéciales concernant les bâtiments militaires et les édifices consacrés aux cultes; 17° la clôture des cimetières, leur entretien et leur translation dans les cas déterminés par les lois et règlements d'administration publique; 18° les frais des plans d'alignement; 19° les frais et dépenses des conseils de prud'hommes, pour les communes où ils siégent; les menus frais des chambres consultatives des arts et manufactures, pour les communes où elles existent; 20° les contributions et prélèvements établis par les lois sur les biens et revenus communaux; 21° l'acquittement des dettes exigibles, et généralement toutes les autres dépenses mises à la charge des communes par une disposition des lois. (*L. préc., art. 30.*)

11. Ainsi sont obligatoires toutes les dépenses auxquelles la commune est tenue pour exister en communauté; toutes celles que commandent les lois.

12. Les dépenses obligatoires se divisent en *dépenses ordinaires*: toutes celles qui se renouvellent annuellement;

13. Et en *dépenses extraordinaires*: toutes celles qui sont accidentelles, telles que grosses réparations, frais de procès, etc.

14. *Dépenses facultatives.*—Toutes les *dépenses* autres que les précédentes sont *facultatives (art. préc.)*, c'est-à-dire qu'on peut à la rigueur se dispenser de les faire.

15. Les dépenses facultatives se divisent aussi: en *ordinaires*, telles que traitement du desservant, de l'institutrice, etc.;

16. En *extraordinaires*, telles que constructions, acquisitions, etc.

17. Il y a des dépenses qui sont, suivant le cas, ou obligatoires ou facultatives. Le *traitement du vicaire* n'est obligatoire pour la commune que lorsque la fabrique ne peut l'acquitter. Il n'est maintenu au budget qu'autant que l'insuffisance des revenus de la fabrique est justifiée par la production de son budget, du compte du trésorier, et, au besoin, des pièces justificatives du compte. (*L. préc., art. 30, § 14. — Circ. min. int., 16 janv. 1840.*)

---

(1) Pour les communes chefs-lieux de canton. Les autres reçoivent en échange une feuille (intitulée *Moniteur des communes*), contenant les lois, décrets, instructions du gouvernement, etc., et la dépense en est obligatoire. (*Décr., 12 févr. 1852.*)

Les *secours à la fabrique* ne sont également obligatoires que lorsque la nécessité en est justifiée comme pour le traitement du vicaire.

Les *secours au culte protestant* sont dans le même cas; les consistoires sont tenus à des justifications semblables à celles que fournissent les fabriques.

Le traitement de l'institutrice, le loyer de la maison d'école des filles, l'indemnité du logement à l'institutrice, le chauffage de l'école des filles. Ces dépenses ne sont obligatoires que pour les communes d'une population de 800 âmes, dont les ressources ordinaires égalent ou excèdent les charges prévues pour les dépenses obligatoires. (*L., 15 mars 1850, art. 51.*)

18. Il est à remarquer encore qu'une dépense facultative avant le vote, devient obligatoire dès qu'elle est effectuée.

19. *Forme du budget primitif et du budget additionnel.* — Ces budgets sont composés de sept colonnes.

La première est celle des *numéros d'ordre*, qui suivent du premier au dernier des articles sans interruption, soit pour la recette, soit pour la dépense;

La deuxième est le libellé de la *nature des recettes* ou *des dépenses*. Le libellé des dépenses doit être exactement reproduit chaque fois que le maire délivre un mandat. C'est un des points essentiels pour la justification de la dépense;

La troisième colonne comprend les *recettes ou crédits proposés par le maire;*

La quatrième, *recettes ou crédits proposés par le conseil municipal;*

La cinquième, *recettes ou crédits proposés par le sous-préfet;*

La sixième, les *recettes admises* ou les *crédits alloués par le préfet;*

La septième, une *colonne d'observations.*

20. Dès que les budgets sont votés et signés par le conseil municipal en quadruple expédition pour les communes dépendant d'une sous-préfecture, et en triple pour les autres, ils sont adressés au sous-préfet, qui fait ses propositions, et les transmet au préfet, pour être approuvés, ainsi qu'il le jugera convenable, selon la limite de ses pouvoirs.

§ 3. — Des dépenses imprévues. — Des crédits supplémentaires. — Des virements de crédits.

21. Indépendamment du budget primitif et du budget additionnel, les maires, pour n'être pas entravés dans l'action de leur administration, ont encore la ressource, 1° des dépenses imprévues, qui peuvent être allouées au budget primitif, chapitre *Dépenses obligatoires*; 2° des crédits supplémentaires; 3° des virements de crédits.

22. *Dépenses imprévues.*—Les conseils municipaux peuvent porter au budget un crédit pour dépenses imprévues. La somme inscrite pour ce crédit ne peut être réduite ou rejetée qu'autant que les revenus ordinaires, après avoir satisfait à toutes les dépenses obligatoires, ne permettent pas d'y faire face, ou qu'elle excède le dixième des recettes ordinaires.—Le crédit pour dépenses imprévues est employé par le maire, avec l'approbation du préfet et du sous-préfet.—Dans les communes autres que les chefs-lieux de département et d'arrondissement, le maire peut employer le montant de ce crédit aux dépenses urgentes, sans approbation préalable, à la charge d'en informer immédiatement le sous-préfet, et d'en rendre compte au conseil municipal dans la première session ordinaire qui suit la dépense effectuée. (*L., 18 juill. 1837, art. 37.*)

23. Le fonds des dépenses imprévues ne peut être employé à payer des dépenses qui ont été faites pendant un exercice autre que celui pour lequel le fonds a été alloué, non plus que des dépenses proposées au budget, et qui ont été rejetées. En général, aucune dépense dont l'objet sort de la classe de celles qui s'effectuent habituellement en vertu des lois et règlements généraux, ne doit avoir lieu sur ce fonds, à moins d'une autorisation spéciale du préfet. (*Instr., 20 avril 1834. — Règl. min. int., 1840, art. 210.*)

24. *Crédits supplémentaires.* — Lorsque, dans le cours d'un exercice, les crédits ouverts par le budget sont reconnus insuffisants, ou lorsqu'il doit être pourvu à des dépenses non prévues par ce budget, il est ouvert des crédits supplémentaires. Ces crédits, sans forme déterminée, sont délibérés par le conseil municipal, soumis au sous-préfet, et autorisés par le préfet.

La délibération du conseil municipal est fournie en double expédition: l'une est renvoyée au maire par l'intermédiaire du sous-préfet, qui en garde note, et l'autre au percepteur par le receveur général, qui en prend également note. (*Circ. min., 15 juin 1836. — Instr. gén., 17 juin 1840, art. 721.*)

Dans quelques départements, ces délibérations sont présentées, comme les budgets, en triple ou quadruple expédition.

25. Il ne faut pas considérer comme ouvrant des crédits les autorisations données par le préfet, soit aux entreprises et aux travaux des communes, soit aux recettes qui ont pour objet de faire face à ces dépenses. Ainsi, l'approbation du préfet au bas d'une adjudication d'église, autorise à bâtir une église, mais non pas à la payer. Pour la payer, il faut un crédit ouvert au budget (ou séparément). Le préfet autorise donc *deux fois*, savoir: la première fois, *pour qu'on puisse entreprendre;* la seconde fois, *pour qu'on puisse payer. (Agenda des receveurs municipaux, nº 14).*

26. Si l'on se pénètre bien du principe ci-dessus, on n'admettra jamais comme étant des crédits:

1º Une délibération approuvée qui vote une imposition destinée à construire un pont; 2º un procès-verbal de réception d'œuvre, approuvé; 3º un devis de travaux, approuvé; 4º une autorisation de faire des travaux en régie; 5º un arrêté du préfet fixant le traitement d'un garde; 6º l'autorisation d'emprunter pour bâtir une école; 7º l'allocation d'un secours destiné à ouvrir un chemin; 8º généralement, aucune autorisation de *faire* ou *d'entreprendre* des dépenses ou des ouvrages qui conduiront plus tard la commune à faire des paiements.

Pour tous ces objets, le comptable, malgré les autorisations précitées, ne paiera pas sans que le préfet ait ouvert aux budgets ou supplémentairement l'autorisation *de payer* qu'on appelle *crédit* et qui est un acte tout à fait distinct de l'autorisation *d'entreprendre. (Ag. préc., nº 15.)*

D'un autre côté, les allocations des budgets ne constituent que de simples prévisions, et l'ouverture d'un crédit ne donne pas le droit de faire la dépense à laquelle il s'applique, lorsque cette dépense se rattache à une mesure qui exige par elle-même une autorisation spéciale. Par exemple, une allocation budgétaire faite en vue de travaux de construction, ne suffit pas pour que ces travaux, dont l'autorisation est soumise à des règles particulières, puissent être entrepris. (*Instr. min. int., 5 mai 1852.*)

27. Les comptables n'ont pas qualité pour discuter les motifs d'un crédit supplémentaire, ni les formes dans lesquelles il a été ouvert. Il suffit que le préfet ait ouvert ce crédit pour qu'il soit valable. — Les instructions, il est vrai, ont réglé que nul crédit supplémentaire ne serait ouvert que sur une délibération du conseil municipal; mais il est sensible que, si un conseil municipal a demandé une subvention pour une dépense, ou s'il a voté, à une époque, une entreprise à faire et les ressources destinées à y pourvoir, le préfet peut, sur la simple demande du maire, ou d'office, ouvrir les crédits nécessaires pour l'objet en question, lorsqu'arrivent les époques du paiement, sans recourir de nouveau au conseil municipal. C'est un droit inhérent au droit de régler les budgets, c'est-à-dire d'y introduire, lors des échéances, toutes les dettes contractées par les conseils municipaux; tandis que, pour la moindre entreprise non votée, le préfet n'accorderait pas, sans une délibération, l'ouverture d'un crédit (sauf le cas de l'article 39 de la loi du 18 juillet 1837 où le préfet procède d'office). Mais, ainsi qu'il est dit ci-dessus, les receveurs municipaux ne sont pas chargés de vérifier l'accomplissement des formalités prescrites pour l'ouverture des crédits. (*Ag. préc., nº 21.)*

28. Quand le préfet a mandaté d'office une dépense communale régulièrement autorisée et liquide, conformément à l'article 61 de la loi du 18 juillet 1837, la dépense est imputée sur le crédit ouvert, s'il existe un crédit, et, à défaut de crédit, il en ouvre un d'office en conseil de préfecture, puis, s'il y a refus du maire, il mandate d'office le paiement de la dépense. *(L., 18 juill. 1837, art. 39.)*

29. *Des virements de crédits.* — Lorsqu'il s'agit de faire face à une dépense urgente, le maire peut, à défaut de ressources disponibles, proposer au conseil municipal de voter le virement d'un ou de plusieurs crédits ouverts aux budgets, et applicables à des dépenses facultatives et même obligatoires, mais qui

peuvent attendre, telles que frais de procès et autres dettes. La délibération qui intervient est transmise en double expédition au sous-préfet, avec les pièces justificatives, pour être soumises à l'approbation du préfet.

§ 4. — Exercice communal. — Durée. — Clôture.

30. *Durée de l'exercice.*— La durée de l'exercice communal est de quinze mois pour la recette et pour le *paiement de la dépense.* L'exercice ouvre le 1er janvier et clôt le 31 mars de la deuxième année. Quant à la dépense, elle doit s'effectuer du 1er janvier au 31 décembre; les trois mois de plus sont pour payer ou recevoir, et non pour faire des dépenses nouvelles. Toutes les recettes et tous les paiements énoncés au budget de cet exercice, faits dans le délai de quinze mois, appartiennent à ce budget.

31. A toutes époques, des recettes en retard peuvent s'effectuer sur titre régulier; seulement elles appartiennent à l'exercice du budget, qui les porte comme recettes à faire ou restes à recouvrer, et, en cas de clôture de ce budget, à l'exercice courant. Elles sont alors reprises par le premier budget additionnel à dresser, comme on le verra plus loin.

32. Toutes les recettes imprévues qui ne sont par conséquent portées sur aucun budget, appartiennent à l'exercice courant pendant lequel elles sont faites. Les recettes imprévues, opérées le 1er janvier, appartiennent à l'exercice qui ouvre le 1er janvier.

33. Les allocations des dépenses qui n'ont pas été effectuées du 1er janvier au 31 décembre sont périmées, et les dépenses ne peuvent plus être faites sans une autorisation nouvelle, obtenue dans les formes ordinaires, ou par la réouverture du crédit par le préfet.

34. Il peut arriver qu'une dépense, commencée en cours d'exercice, n'ait été achevée qu'au commencement de l'année suivante; l'administration en tolère quelquefois sans autorisation nouvelle, si on n'a pu mieux faire, le paiement jusqu'au 31 mars; mais on ne doit jamais, pour couvrir ces irrégularités, antidater aucune pièce.

35. *Situation du percepteur.* — Le 31 mars, l'exercice est clos; aucune opération, à partir de ce jour, ne peut lui appartenir. Le percepteur établit la situation de l'exercice expiré de chacune des communes de sa réunion. La situation présente l'état suivant :

RECETTES. — Les recettes sont divisées en trois natures :

1° Recettes prévues au budget primitif;
2° Recettes prévues au budget additionnel;
3° Recettes non prévues aux budgets.

Ces trois sortes de recettes se subdivisent ainsi dans six colonnes :

1° *Recettes prévues aux budgets primitif et additionnel;*
2° *Fixation définitive des sommes à recouvrer, d'après les titres et actes;*
3° *Sommes recouvrées du 1er janvier au 31 décembre;*
4° *Sommes recouvrées du 1er janvier suivant au 31 mars;*
5° *Total de la recette;*
6° *Restes à recouvrer.*

DÉPENSES. — Les dépenses se divisent également en trois natures :

1° Dépenses prévues au budget primitif;
2° Dépenses prévues au budget additionnel;
3° Dépenses non prévues aux budgets.

Ces trois sortes de dépenses se subdivisent aussi en six colonnes :

1° *Dépenses prévues aux budgets primitif et additionnel;*
2° *Crédits supplémentaires* (ou virements de crédits);
3° *Sommes payées du 1er janvier au 31 décembre;*
4° *Sommes payées du 1er janvier suivant au 31 mars;*
5° *Total de la dépense;*
6° *Sommes non payées au 31 mars* (ou annulées par suite de virements de crédits.)

36. *Clôture de l'exercice.* — Cette situation établit définitivement la clôture de l'exercice : aucune opération nouvelle ne peut plus lui appartenir; elle affecte-

rait l'exercice courant. Tout mandat délivré sur l'exercice expiré, qui se présenterait après le 31 mars, est nul, sauf réordonnancement sur les reliquats de l'exercice clos, reportés au budget de l'année courante. (*Ord., 31 mai 1838, art. 453.*)

37. *Etat des restes à recouvrer et à payer.* — Quand le receveur municipal a arrêté sa situation, il dresse et signe, conjointement avec le maire, l'état 1° des restes à recouvrer; 2° des restes à payer sur l'exercice clos.

38. Dans l'état des restes à recouvrer, il convient de décomposer en deux colonnes *le reste à recouvrer* :

1re. *Sommes jugées irrécouvrables par le comptable qui en demandera la décharge par état nominatif*, et que le conseil municipal annulera ou maintiendra ainsi qu'il l'entendra. (V. § 5.)

2e. *Sommes jugées recouvrables par le comptable.*

Cette deuxième colonne constitue les restes à recouvrer, si le conseil municipal donne décharge des restes irrécouvrables, mais, jusqu'à sa décision, ces restes figurent dans les ressources de la commune.

39. Dans l'état des restes à payer il convient de décomposer aussi *le reste à payer* en deux colonnes :

1re *Crédits inutiles ou annulés de droit.*

2e *Crédits à reporter sur l'exercice courant.*

40. Les crédits *inutiles au maire* sont ceux qui excèdent les sommes nécessaires pour payer les dettes exigibles de l'exercice clos. — Les crédits *annulés de droit* sont ceux qui n'ont été ouverts que sous la condition d'une recette correspondante *égale* qui ne s'est pas réalisée en tout ou en partie, par exemple, *emploi de rôles de prestations*, etc.

41. Les crédits à reporter sont toutes les dettes restées exigibles de l'exercice clos.

42. Ainsi, l'état des restes à recouvrer et des crédits à reporter, forme le solde de cet exercice.

43. Cette pièce est faite à quadruple exemplaire, dont un reste entre les mains du maire; les trois autres sont remis au comptable, qui en garde un, pour le joindre au compte de la gestion de l'exercice courant, et adresse immédiatement le second à la sous-préfecture et le troisième à la recette des finances.

44. *Crédit supplémentaire.* — L'état des restes à payer sert au receveur municipal de *crédit supplémentaire* à titre *de report* sur l'exercice courant, et il peut payer, en vertu de cet état, les sommes y maintenues comme restes à payer. (*Instr. gén., 712.*)—Il est à observer que l'état des restes à payer n'a plus aucune valeur du moment que le budget additionnel est parvenu au receveur municipal, qui, dès lors, ne peut plus employer ni présenter ledit état des restes à payer, comme crédit supplémentaire, si ce n'est pour les dépenses qui, ayant été payées en vertu de cet état, avant la réception du budget additionnel, n'auraient pas été créditées à ce budget. A ce moment, tous crédits conservés par l'état des restes à payer et non encore employés, sont annulés radicalement, s'ils ne se trouvent pas reproduits dans le budget additionnel. (*Ag. des recev. municip., n° 33.*)

§ 5. — Etats de demande en décharge de restes à recouvrer.

45. Le receveur municipal est seul chargé des rentrées à opérer pour le compte des communes de sa réunion. Après avoir exercé pendant quinze mois ses poursuites, s'il reconnaît que des sommes sont irrécouvrables quand il a établi, le 31 mars, l'état de situation financière de la commune, comme il est dit au paragraphe 4, et qu'il a arrêté avec le maire l'état des restes à recouvrer et des restes à payer, il dresse deux états de demande en décharge servant ensemble de développement à la première colonne de l'état des sommes jugées irrécouvrables.

46. L'un de ces états comprend les produits dont les titres ne sont pas réductibles, c'est-à-dire les produits communaux perçus au moyen de rôles.

47. L'autre, les produits dont les titres sont réductibles, c'est-à-dire les fermages, loyers, rentes, redevances, etc., etc.

48. Ces états indiquent dans des colonnes distinctes : 1° le rappel du libellé des produits non recouvrables ; 2° les noms des divers redevables des cotes irrécou-

vrables; 3° les numéros de ces cotes au titre de perception; 4° les causes qui rendent chaque cote irrécouvrable; 5° les sommes partielles dont le comptable demande la décharge; 6° le total des sommes partielles par chaque article de produit irrécouvrable, et ils contiendront, en outre, trois colonnes réservées: la première, pour inscrire les sommes partielles admises en non-valeur par le conseil municipal; la deuxième, pour inscrire le total *par produit* des non-valeurs admises; la dernière, pour recevoir les observations du même conseil.

49. Les états nominatifs de demande en décharge doivent être remis au maire de la commune avant le 30 avril, pour qu'il puisse les soumettre au conseil municipal dans sa session de mai; le conseil statue ce que de droit. Ils sont ensuite soumis à la sanction du préfet et par lui renvoyés au comptable intéressé, par la voie du receveur des finances. Cette pièce approuvée constitue des ordonnances de décharge (réduction ou non-valeur.) (*Ag. des recev. munic., art. 174.*)

50. Les débiteurs peuvent aussi, comme les receveurs municipaux, se pourvoir par demande en décharge auprès des conseils municipaux.

§ 6. — Du budget additionnel.

51. Le budget primitif est la prévision au mois de mai des recettes et des dépenses de l'exercice à venir qui ouvrira le premier janvier prochain.

Avec ce budget, et le budget additionnel qu'on y adjoint au mois de mai de l'année suivante, avec le secours des dépenses imprévues, des crédits supplémentaires ou des virements de crédits, l'administration de l'exercice, jusqu'au 31 décembre, s'accomplit, et toutes les opérations faites jusqu'à cette époque appartiennent à cet exercice.

52. Mais les recettes imprévues survenues depuis le 1er janvier, qui appartiennent à l'exercice qui commence, les *crédits nouveaux* qu'il a été indispensable d'ouvrir depuis ce jour, les *restes à recouvrer* et les *restes à payer*, et le *boni* ou le *déficit* de l'exercice clos le 31 mars, enfin les *fonds libres* que peut présenter le budget ouvert depuis le 1er janvier, rendent nécessaire la régularisation de l'exercice courant par l'établissement d'un *budget additionnel* ou de *chapitres additionnels*.

53. Le budget additionnel (ou chapitres additionnels), est présenté par le maire dans la session de mai, immédiatement après que le conseil municipal a délibéré sur les comptes de l'exercice clos. Ce budget, dont les colonnes sont semblables à celles du budget primitif, se divise aussi en deux chapitres: *Recettes* et *Dépenses*.

54. *Recettes.* — Les recettes se composent:

1° Du boni de l'exercice clos, s'il en existe un, ainsi que le constate la situation du receveur municipal, arrêtée le 31 mars;

2° Des restes à recouvrer reportés de l'exercice expiré;

3° Des recettes faites depuis le 1er janvier dernier et non prévues au budget primitif courant, telles que: amendes de police rurale et municipale de voirie, pour délits de chasse, pour délits forestiers, ventes de bois.

55. *Dépenses.* — Les dépenses se composent:

1° Du déficit de l'exercice précédent, s'il y a déficit, et il peut y avoir déficit dans un exercice sans qu'il y ait déficit dans la caisse municipale, parce que les recettes sont centralisées sans distinction, ni de provenances, ni d'exercices, et un exercice peut être en retard de ses recettes, lorsque le suivant est en avance; tant qu'il y a des fonds en caisse, le receveur municipal paie, d'où il suit qu'un exercice peut présenter un déficit;

2° Des restes à payer de l'exercice clos;

3° Des crédits nouveaux ouverts depuis janvier dernier;

4° Des crédits pour dépenses ordinaires projetées depuis le 1er janvier dernier;

5° Enfin, des crédits pour dépenses extraordinaires projetées depuis la même époque.

56. Ce budget est dressé, voté et approuvé comme le budget primitif. Les pièces nécessaires pour la justification du budget primitif suffisent pour la justification du budget additionnel.

§ 7. — Règlement, vote et approbation des budgets.

57. Les recettes et les dépenses des communes, quelle que soit leur nature, ne peuvent être faites qu'en vertu des budgets délibérés chaque année ou d'autorisations supplémentaires. (*Instr. gén., 17 juin 1840, art. 699.*)

58. C'est dans la session ordinaire et annuelle du mois de mai que le budget de l'exercice futur est voté par le conseil municipal, qui s'occupe préalablement du règlement des comptes de l'exercice clos, et délibère sur les chapitres additionnels de l'exercice courant. (*Instr. préc., art. 702 et suiv.*)

59. Ainsi le conseil municipal a trois opérations importantes à faire dans cette session : 1° examiner, débattre et arrêter les comptes de l'exercice clos ; 2° voter le budget additionnel ou les chapitres additionnels de l'exercice courant ; 3° voter le budget primitif de l'exercice prochain. Le maire prépare à l'avance tous les documents nécessaires pour accomplir ces travaux.

60. *Règlement de l'exercice clos, compte du maire.* — Le maire soumet à la délibération du conseil les budgets primitif et additionnel de cet exercice ; toutes les autorisations de crédits supplémentaires ou de virements de crédits ; l'état de situation arrêté le 31 mars par le receveur municipal, qui comprend les recettes imprévues opérées fin le 31 décembre. A cet état sont joints les titres des recettes, tels que contrats de vente, baux, etc. ; l'état des restes à recouvrer et à payer ; son compte administratif, qui doit comprendre en recettes et en dépenses toutes les opérations de l'exercice jusqu'à sa clôture.

61. Il joint à ce compte en deniers tous les développements et les explications qui en doivent former la partie morale. (*Instr. préc., art. 713, 714, 715.*)

Ce compte se compose, pour les recettes, de deux chapitres : *recettes ordinaires, recettes extraordinaires.* On peut en ajouter deux autres : *recettes supplémentaires, recettes accidentelles.* Il se divise en neuf colonnes : 1re, *numéro d'ordre des articles ;* 2e, *nature des recettes ;* 3e, *sommes à recouvrer d'après le budget ;* 4e, *fixation définitive d'après les titres justificatifs ;* 5e, *recettes effectuées les douze premiers mois ;* 6e, *recettes effectuées les treizième, quatorzième, quinzième et dernier mois ;* 7e, *totaux ;* 8e, *restes à recouvrer ;* 9e, *observations.*

Les observations comprennent les explications et détails nécessaires pour la justification des augmentations, réductions ou non-valeurs des recettes. C'est la partie morale du compte *recettes.*

Les dépenses forment également deux chapitres :

1° *Dépenses obligatoires,* subdivisées en *dépenses ordinaires et dépenses extraordinaires ;* 2° *dépenses facultatives,* aussi subdivisées en dépenses ordinaires et dépenses extraordinaires. On peut y ajouter : dépenses supplémentaires et dépenses accidentelles. Ce compte se divise en neuf colonnes : 1re, *numéro d'ordre des articles ;* 2e, *nature des dépenses ;* 3e, *dépenses autorisées par les budgets ;* 4e, *sommes dépensées dans l'année ;* 5e, *et dans les trois mois suivants ;* 6e, *totaux ;* 7e, *restes à payer ;* 8e, *restes annulés ;* 9e, *observations.* Ces observations comprennent, comme pour les recettes, les explications et les détails nécessaires pour apprécier l'augmentation, la réduction ou l'annulation des dépenses et leur bien employé : c'est la moralité de la dépense.

Ensuite de la récapitulation de la recette et de la dépense comparées, on a le *boni* ou le *déficit* de l'exercice.

62. Ces comptes ainsi dressés ne le sont généralement que par les administrations municipales qui doivent les publier. Mais comme ces comptes ne peuvent être que le développement de la situation de la gestion dressée par le receveur municipal, les communes de peu d'importance qui n'ont que de faibles frais de bureau ne font pas ces écritures ; les maires se réfèrent à cette situation du receveur municipal, à laquelle ils adjoignent dans tous les cas l'état des restes à recouvrer et à payer. Ces deux états, avec les pièces à l'appui, représentent toute leur gestion.

63. Le maire produit encore au conseil municipal les états de demande en décharge formée par le receveur en ce qui concerne les restes irrécouvrables.

64. Enfin, il présente le procès-verbal de *règlement définitif* qu'il a préparé à l'avance. (*Inst. préc., art. 715.*)

65. *Examen du compte du maire.* — Le conseil municipal procède à l'examen

des comptes d'administration présentés par le maire; il désigne celui de ses membres qui exerce la présidence. Le maire peut assister à la délibération; mais il doit se retirer au moment où le conseil va émettre son vote. Le président adresse immédiatement la délibération au sous-préfet. (*L., 18 juill. 1837, art. 25.*)

66. Le conseil municipal procède au règlement définitif du compte ainsi qu'il suit :

67. En ce qui concerne les *recettes*, le conseil ramène les évaluations du budget au chiffre des produits réels résultant des titres définitifs; il rapproche ensuite les recouvrements faits de la somme des produits constatés, afin de reconnaître s'il y a balance entre eux ou s'il reste encore des parties à recouvrer : dans ce dernier cas, il apprécie les motifs du non-recouvrement; il admet, s'il y a lieu, le reliquat en non-valeurs, ou il en renvoie la recette à l'exercice suivant, soit que le recouvrement puisse encore en être obtenu, soit que le reliquat doive être mis à la charge du receveur. Les sommes admises en non-valeurs sont déduites du montant des recettes, ainsi que les sommes dont la recette est renvoyée à l'exercice suivant; mais, à l'égard de ces dernières, il doit être fait mention de l'obligation imposée au receveur de les comprendre dans son prochain compte. Dans aucun cas, cependant, le conseil n'apporte de modifications au chiffre des comptes présentés, le jugement de ces comptes étant attribué par les règlements, soit à la cour des comptes, soit au conseil de préfecture.

68. En ce qui concerne les *dépenses*, le conseil municipal rapproche les paiements du montant des crédits alloués par le budget ou par les autorisations supplémentaires; il fixe les excédants des crédits, et il détermine s'ils proviennent de dépenses effectives restées inférieures aux crédits présumés, ou de dépenses non entreprises dans le courant de la première année de l'exercice; de dépenses faites, mais non liquidées ou mandatées à l'époque de la clôture de l'exercice; enfin, de dépenses mandatées, mais pour lesquelles les mandats n'ont pas été payés à la même époque. Le conseil prononce l'annulation de ces excédants de crédits, *en ce qui concerne les exercices clos.* (*Instr. gén. min. fin., 17 juin 1840, art. 716.*)

69. Les crédits ou portions de crédits qui sont applicables à des dépenses faites dans le courant de la première année de l'exercice, mais non soldés à la date de la clôture de cet exercice, sont reportés de plein droit, et sans nouvelle allocation, au budget de l'exercice courant, où ils font l'objet d'un chapitre spécial sur lequel le paiement des dépenses est imputé. (*Instr. préc., art. 717.*)

70. Les crédits ou portions de crédits relatifs à des dépenses *non entreprises* pendant la première année de l'exercice ne peuvent être reportés au budget de l'exercice suivant, qu'autant qu'ils ont été alloués de nouveau par l'autorité supérieure, sur le vote du conseil municipal. Ils sont portés (¹) à la section 2 du chapitre des *dépenses supplémentaires*, comme étant la reproduction des crédits annulés au budget précédent. (*Instr. préc., art. 718.*)

71. Les *restes à payer* qui n'auraient pas été régulièrement constatés à la fin de l'exercice et dont les crédits n'auraient pas été, par conséquent, nominativement reportés au budget courant, ne peuvent non plus être acquittés qu'au moyen de crédits supplémentaires ou par leur report au budget additionnel. (*Instr. préc., art. 719.*)

72. Les crédits reportés de l'exercice clos à l'exercice suivant doivent être employés dans les délais fixés pour ce dernier exercice; faute de quoi, ils ne pourraient plus revivre qu'en vertu de nouveaux crédits autorisés dans les formes prescrites. (*Instr. préc., art. 720.*)

73. Tous les crédits additionnels autorisés hors budget pour des dépenses effectuées depuis le 1er janvier jusqu'au 31 décembre d'une année, doivent être rattachés au budget de cette année. Ils sont portés dans le compte de l'exercice clos, au chapitre des *dépenses supplémentaires*, après la section du *report des restes à payer*. (*Instr. préc., art. 721.*)

74. Le conseil municipal, après avoir arrêté le chiffre total des recettes et des dépenses de l'exercice clos, détermine l'excédant définitif applicable aux ressources de l'exercice suivant.

(¹) Au budget additionnel (ou aux chapitres additionnels).

Lorsque au lieu d'un excédant de recettes il existe un excédant de dépenses qui ne provient pas de paiements irréguliers, et n'est pas dès lors de nature à être mis à la charge du receveur, comme cet excédant sera nécessairement couvert par les ressources restant à réaliser et transportées au nouvel exercice, aucune opération spéciale n'est à faire à cet égard; le procès-verbal du règlement définitif de l'exercice clos doit seulement le constater, en énonçant qu'il cessera d'exister par l'effet du recouvrement des produits restant à rentrer à l'époque de la clôture. (*Instr. gén. min. fin., 17 juin 1840, art. 723.*)

75. Lorsque dans les communes dont le revenu est de peu d'importance, les opérations de l'exercice sont terminées aux époques de clôture, sans qu'il existe ni *restes à payer* ni *restes à recouvrer*, le conseil municipal mentionne cette circonstance dans sa délibération, et cette mention tient lieu de toute autre justification. (*Instr. min. int., 15 juin 1836, et instr. préc., art. 724.*)

76. *Situation du receveur municipal.* — Le maire, qui a repris la présidence, présente à l'examen du conseil le compte de gestion du receveur. Ce compte est l'objet d'une délibération qui est ensuite adressée, avec le compte, au conseil de préfecture, par le comptable, dans les formes tracées par les règlements, après examen par le receveur des finances. L'arrêté du conseil de préfecture qui statue sur ce compte, est envoyé en double expédition au maire, qui le notifie au receveur.

77. *Budget additionnel.* — Après le règlement du budget de l'exercice clos, le conseil municipal s'occupe de la formation du budget additionnel ou chapitres additionnels au budget de l'exercice courant. Les recettes comprennent, outre les reliquats résultant du règlement de l'exercice clos, les sommes restant à recouvrer au 31 mars, et les recettes accidentelles non prévues au budget primitif. Les dépenses sont celles qui restaient à payer au 31 mars, celles dont le crédit se trouve annulé faute d'emploi, par la clôture de l'exercice, ou pour lesquelles de nouvelles allocations sont nécessaires, celles enfin qui n'ont pas été prévues au budget principal. (*Instr. gén., 17 juin 1840, art. 711 à 726.*)

78. *Budget primitif.* — Lorsque toutes ces opérations sont terminées, le conseil municipal dresse, sur la proposition du maire, le budget de l'exercice qui doit s'ouvrir le 1er janvier suivant.

79. Si l'insuffisance des revenus communaux exige qu'il soit établi des impositions extraordinaires, pour faire face aux dépenses annuelles, soit obligatoires, soit facultatives, le conseil ajourne sa séance à quinzaine, et le maire convoque immédiatement les plus imposés. — V. IMPOSITIONS EXTRAORDINAIRES.

80. *Approbation du préfet.* — Le compte d'administration mentionné à l'art. 713 (64) doit être transmis en double expédition, appuyé de l'état de situation formé par le receveur; le même envoi comprend le budget supplémentaire de l'exercice courant, en quatre expéditions, l'état des restes à payer de l'exercice clos, le budget primitif de l'exercice prochain, aussi en quatre expéditions, et enfin les délibérations du conseil municipal relatives à ces divers objets.

Le procès-verbal de règlement définitif des budgets, les délibérations des conseils municipaux, les observations des maires et celles des préfets, doivent être disposés dans l'ordre des articles des budgets eux-mêmes. (*Instr. min., 10 avril 1835, et 17 juin 1840, art. 725.*)

81. Le budget de chaque commune, proposé par le maire et voté par le conseil municipal, est définitivement réglé par arrêté du préfet. (*L., 18 juill. 1837, art. 33.*) A l'égard des budgets des villes dont le revenu est de 100,000 fr., et qui étaient réglés par ordonnances, ils sont maintenant approuvés par le préfet, lorsqu'ils ne donnent pas lieu à des impositions extraordinaires. (*Décr., 25 mars 1852, § 35 du tableau A.*)

82. Les préfets arrêtent d'office les budgets des communes retardataires. Ils ont qualité pour rejeter ou réduire les dépenses proposées au budget. (*L., 18 juill. 1837, art. 15 et 36.*)

83. Les dépenses proposées aux budgets ne peuvent être augmentées, et il ne peut y en être introduit de nouvelles par l'arrêté du préfet qu'autant qu'elles sont obligatoires. (*L. préc., art. 38.*)

84. Dans le cas où le budget d'un exercice ne peut être approuvé, ni par consé-

quent remis au receveur municipal avant l'ouverture de l'exercice, les recettes et dépenses *ordinaires* continuent à être faites jusqu'à l'approbation du budget, conformément à celui de l'année précédente. *(L., 18 juill. 1837, art. 35. — Ord., 13 mai 1838, art. 437.)*

85. Si le conseil municipal n'alloue pas les fonds exigés pour une dépense obligatoire, ou n'alloue qu'une somme insuffisante, l'allocation nécessaire doit être inscrite d'office au budget par arrêté du préfet en conseil de préfecture. Dans tous les cas, le conseil municipal est préalablement appelé à en délibérer. *(L. préc., art. 39. — Inst. gén. min. fin., 17 juin 1840, art. 709.)*

86. Le budget ne doit jamais offrir de déficit entre les recettes disponibles et les propositions de dépenses, qu'autant qu'on présenterait en même temps des moyens de le couvrir. *(Circ., 14 avr. 1812.)*

87. Les budgets et les comptes des communes restent déposés à la mairie, où toute personne imposée aux rôles de la commune a droit d'en prendre connaissance. — Ils sont rendus publics, par la voie de l'impression, dans les communes dont le revenu est de cent mille francs ou plus, et dans les autres, quand le conseil municipal a voté la dépense de l'impression. *(L., 18 juill. 1837, art. 60.)*

§ 8. — Nomenclature des pièces à fournir avec les budgets.

88. 1° L'état de situation de l'exercice clos,

2° L'état des restes à recouvrer et des restes à payer du même exercice;

3° L'état de demande en décharge des sommes irrécouvrables du même exercice;

4° La délibération portant vote de l'imposition pour insuffisance;

5° La délibération portant vote de centimes et prestations pour les chemins vicinaux;

6° Le budget et le compte de la fabrique, quand le conseil propose un secours;

7° L'état des dettes de la commune au 1er janvier de l'exercice courant.

§ 9. — Exécution du budget.

89. *Comptable.* — Les recettes et dépenses communales s'effectuent par un comptable *chargé seul et sous sa responsabilité* de poursuivre la rentrée de tous les revenus de la commune et de toutes les sommes qui lui seraient dues, ainsi que d'acquitter les dépenses ordonnancées par le maire jusqu'à concurrence des crédits régulièrement accordés. *(L. préc., art. 62.)*

90. Tous les rôles de taxes, de sous-répartition et de prestations locales devront être remis à ce comptable, et ce, par l'intermédiaire du receveur des finances. *(L. préc., art. 62.)*

91. Toutes les recettes municipales, pour lesquelles les lois et règlements n'ont pas prescrit un mode spécial de recouvrement, s'effectuent sur des états dressés par le maire. Ces états sont exécutoires après qu'ils ont été visés par le sous-préfet. *(L. préc., art. 63.)*

92. Toute personne autre que le receveur municipal, qui, sans autorisation légale, se sera ingérée dans le maniement des deniers de la commune, sera, par ce seul fait, constituée comptable; elle pourra en outre être poursuivie en vertu de l'art. 250 du Code pénal, comme s'étant immiscée sans titre dans des fonctions publiques. *(L. préc., art. 64.)*

93. Le percepteur remplit les fonctions de receveur municipal.

Néanmoins, dans les communes dont le revenu excède 30,000 francs, ces fonctions sont confiées, si le conseil le demande, à un receveur municipal spécial. *(L. préc., art. 65.)*

94. *Action du maire.* — Le maire (ou son délégué en cas d'empêchement) est l'ordonnateur de toutes les dépenses; il peut seul délivrer des mandats.

S'il refusait d'ordonnancer une dépense régulièrement autorisée et liquide, il serait prononcé par le préfet en conseil de préfecture.

L'arrêté du préfet tiendrait lieu du mandat du maire. *(L. préc., art. 61 et 14.)*

95. Le maire est ainsi seul administrateur du budget dans sa teneur. Son administration consiste :

Pour les *Recettes*, à accroître autant qu'il est possible les revenus communaux, à n'en laisser ni perdre ni dépérir aucun, et à mettre en valeur les biens qui seraient sans produit; pour les *Dépenses*, à faire emploi des crédits de la manière la plus avantageuse à la commune et dans le sens du vote du conseil municipal représentant de la commune, qui est propriétaire des fonds à dépenser, et libre d'en faire l'emploi qui lui semble convenable sous approbation.

96. Le maire n'a le maniement d'aucun fonds, ni en recette ni en dépense.

97. Les recettes sont faites par le receveur municipal, auquel, à cet effet, tous les titres à recouvrer sont remis par l'intermédiaire du préfet et du receveur des finances. Quant aux fonds que le maire peut recevoir ensuite de la nature même de ses fonctions, tels que les droits sur les expéditions des actes de l'état civil, il ne doit pas en faire dépense; il les verse, comme tout débiteur communal, dans la caisse du receveur municipal.

98. *Mandats.* — Le maire paie ses dépenses par des *mandats* qu'il tire sur le receveur municipal, auquel il *mande* de payer la dépense *faite* et *justifiée.*

99. Le mandat n'a pas de forme absolue; il peut être donné séparément; il peut être écrit sur le mémoire ou sur la facture du fournisseur, ou sur tout autre titre de créance.

100. Quelle que soit la forme du mandat, il faut que le mandat cite: la désignation budgétaire de la dépense; le crédit sur lequel il est tiré; le nom de la partie et la nature de ses droits, et qu'il soit daté. Tout mandat qui ne porte point ces caractères, est inadmissible. (*Agenda des receveurs municipaux, n° 75.*)

101. Si un mandat irrégulier était accueilli par le percepteur, le paiement serait mal intervenu et ne lui serait pas alloué dans la reddition de ses comptes communaux au conseil de préfecture, juge de la validité des paiements faits pour le compte des communes.

Le percepteur est en conséquence tenu, sous sa responsabilité, de ne recevoir que des mandats réguliers, et appuyés des pièces justificatives nécessaires pour constater la légitimité de la créance.

§ 10. — Fonds de réserve communal.

102. Nous croyons devoir exprimer ici un vœu que nous avons entendu former dans les bureaux de la préfecture de l'Isère : c'est que les conseils municipaux de la plupart des communes rurales se décident à créer un fonds de réserve pour faire face à quelques-unes des parties du service communal qui, faute de cette ressource, sont souvent en souffrance: d'où résulte quelquefois l'attiédissement du zèle des employés qui en pâtissent.

Ainsi, les rôles de pâturage, d'affouage, de communaux cultivés, ne sont ordinairement dressés que dans les mois de septembre et d'octobre, et mis en recouvrement vers la fin de l'année. Beaucoup de prix de ferme et autres recettes ne rentrent que tardivement. Les employés communaux de toute nature sont alors obligés d'attendre six mois, un an et même plus, pour toucher leur faible traitement.

Cet état de choses est certainement déplorable. La précaution proposée y mettrait fin, car les conseils municipaux pourraient facilement former une réserve, en y affectant le 5 p. 100 du montant de leurs recettes. Cette allocation, répétée pendant plusieurs années, créerait sans gêne un fonds qui permettrait de faire apporter une parfaite régularité dans l'acquittement des charges municipales.

Chaque année, ce fonds serait un prêteur officieux qui ferait les avances nécessaires pour subvenir aux recettes en retard. Lorsque celles-ci rentreraient, le fonds de réserve serait remboursé de son prêt et mis en état de rendre de nouveaux services.

Il figurerait au budget sous le titre de:

Réserve pour faire face aux traitements des employés de la commune.

Il n'est pas douteux que les affaires de la commune ne marchassent mieux, ensuite de ce régime. Quand ses agents seraient exactement payés, le maire aurait plus de raison d'être sévère à leur égard, s'ils se relâchaient de leur devoir, sans avoir à craindre quelque arrière-pensée de leur part sur l'exécution des engagements pris envers eux.

A cette raison s'adjoint la considération éminemment morale de ne pas tenir dans un état de gêne extrême des hommes qui remplissent les obligations de leurs fonctions, et qui ne peuvent satisfaire à leurs engagements personnels qu'à des époques très-éloignées, ce qui doit être pour eux une cause de dommages et d'empêchement à apporter de l'ordre dans leur petit budget, en même temps que cela déprécie leur caractère.

Cette mesure serait promptement généralisée, si le gouvernement, pour l'encourager, la prenait en grande considération dans toutes les demandes de subventions qui lui sont adressées. Ce serait une preuve d'ordre et de bonne gestion apportée dans l'administration de la commune, qui lui mériterait appui et secours dans ses besoins.

V. Comptabilité.

BUDGETS DÉPARTEMENTAUX. — Form. mun., tom. II, pag. 200.

LÉGISLATION.

Loi du 10 mai 1838, articles 11 et suivants.

SOMMAIRE.

§ 1er. — Règles générales.

1. Le budget du département est présenté par le préfet, délibéré par le conseil général, et réglé définitivement par un décret. Il est divisé en sections. (*L., 10 mai 1838, art. 11.*)

2. La première section comprend les dépenses ordinaires suivantes :

1° Les grosses réparations et l'entretien des édifices et bâtiments départementaux ; 2° les contributions dues par les propriétés du département ; 3° le loyer, s'il y a lieu, des hôtels de préfecture et de sous-préfecture ; 4° l'ameublement et l'entretien du mobilier de l'hôtel de préfecture et des bureaux de sous-préfecture ; 5° le casernement ordinaire de la gendarmerie ; 6° les dépenses ordinaires des prisons départementales ; 7° les frais de translation des détenus, des vagabonds et des forçats libérés ; 8° les loyer, mobilier et menues dépenses des cours et tribunaux, et les menues dépenses des justices de paix ; 9° le chauffage et l'éclairage des corps de garde, des établissements départementaux ; 10° les travaux d'entretien des routes départementales et des ouvrages d'art qui en font partie ; 11° les dépenses des enfants trouvés et abandonnés, ainsi que celles des aliénés, pour la part afférente au département, conformément aux lois ; 12° les frais de route accordés aux voyageurs indigents ; 13° les frais d'impression et de publication des listes électorales et du jury ; 14° les frais de tenue des colléges et des assemblées convoqués pour nommer les membres du corps législatif, des conseils généraux et des conseils d'arrondissement ; 15° les frais d'impression des budgets et des comptes des recettes et dépenses du département ; 16° la portion à la charge des départements dans les frais des tables décennales de l'état civil ; 17° les frais relatifs aux mesures qui ont pour objet d'arrêter le cours des épidémies et des épizooties ; 18° les primes fixées par les règlements d'administration publique, pour la destruction des animaux nuisibles ; 19° les dépenses de garde et de conservation des archives du département. (*L. préc., art. 12.*)

3. Il est pourvu à ces dépenses au moyen 1° des centimes affectés à cet emploi par la loi de finances ; 2° de la part allouée au département dans le fonds commun ; 3° des produits éventuels, énoncés aux nos 6, 7 et 8 de l'art. 10 [1]. (*L. préc., art. 13.*)

4. Les dépenses ordinaires qui doivent être portées dans la première section, peuvent y être inscrites, ou être augmentées d'office, jusqu'à concurrence du montant des recettes destinées à y pourvoir, par le décret qui règle le budget. (*L. préc., art. 14.*)

---

[1] Ces produits sont : le revenu et le produit des propriétés départementales, tant mobilières qu'immobilières ; le produit d'expéditions d'anciennes pièces ou d'actes de la préfecture, déposés aux archives ; le produit des droits de péage autorisés par le gouvernement au profit du département, ainsi que des autres droits et perceptions, concédés au département par les lois.

5. Aucune dépense facultative ne peut être inscrite dans la première section du budget. (*L., 10 mai 1838, art. 15.*)

6. Les dépenses ordinaires des départements s'exécutent sur l'approbation des préfets, sauf les cas exceptionnels où l'approbation préalable du ministre de l'intérieur est exigée, soit par les instructions de l'administration centrale, soit par les réserves faites au règlement du budget.

7. Les dépenses ordinaires peuvent être inscrites dans la première section ou être augmentées d'office, jusqu'à concurrence du montant des recettes destinées à y pourvoir par l'ordonnance royale qui règle le budget. (*Ord., 31 mai 1838, art. 408.*)

8. Les virements des crédits des budgets départementaux d'un sous-chapitre à un autre, et les augmentations d'allocations qui seraient reconnues nécessaires dans ces sous-chapitres, après le règlement du budget, pour assurer l'exécution des services compris dans la première section, doivent être autorisés par des décisions ministérielles, sur la proposition de la division de comptabilité centrale. (*Ord., 31 mai 1838, art. 410.*)

9. Quant aux variations que pourraient exiger les besoins constatés des services de la première section entre les articles d'un même sous-chapitre, c'est au préfet à approuver les virements que ces besoins occasionnent, sans jamais excéder, dans ce cas, la limite du crédit, et en se conformant aux instructions particulières qui, exceptionnellement, ont spécialisé quelques articles.

10. La deuxième section comprend les dépenses facultatives d'utilité départementale. Le conseil général peut aussi y porter les autres dépenses énoncées en l'art. 12. (*L. préc., art. 16.*)

Les dépenses facultatives sont :

1° Les dépenses d'utilité départementale qui ne sont pas comprises dans la première section ;

2° Les dépenses imputables sur les centimes spéciaux et extraordinaires. (*L. préc., art. 16 et 19.*)

11. Il est pourvu aux dépenses portées dans la deuxième section du budget, au moyen des centimes additionnels facultatifs, et des produits des propriétés du département, non effectuées à un service départemental. (*L. préc., art. 17.*)

12. Aucune dépense ne peut être inscrite d'office dans cette deuxième section, et les allocations qui y sont portées par le conseil général ne peuvent être ni changées ni modifiées par le décret qui règle le budget. (*L. préc., art. 18.*)

13. La troisième section du budget départemental comprend les dépenses extraordinaires à exécuter sur le produit des centimes extraordinaires perçus, ou des emprunts contractés en vertu des lois particulières à chaque département. — Aucune dépense ne peut y être imputée que sur les centimes destinés par la loi à y pourvoir. (*Ord., 31 mai 1838, art. 414.*)

Dans le cas où des changements dans les destinations données par les lois sont reconnus nécessaires, ils ne peuvent avoir lieu qu'en vertu d'une loi nouvelle.

14. Les dépenses de la quatrième section sont celles des travaux des chemins vicinaux qui obtiennent des ressources extraordinaires, soit des centimes spéciaux des départements, soit des contingents des communes et des particuliers.

15. Les dépenses départementales concernant l'instruction primaire et le cadastre forment la cinquième et la sixième section ; le budget départemental constate ainsi les charges qui ne ressortissent pas au ministère de l'intérieur, et complète, par ce moyen, l'ensemble des centimes imposés aux départements.

§ 2. — Dettes départementales.

16. Les dettes départementales, contractées pour des dépenses ordinaires, doivent être portées à la première section du budget, et soumises à toutes les règles applicables à ces dépenses.

Les dettes contractées pour pourvoir à d'autres dépenses sont inscrites par le conseil général, dans la deuxième section, et, dans le cas où il aurait omis ou refusé de faire cette inscription, il y est pourvu au moyen d'une contribution extraordinaire, établie par une loi spéciale. (*L., 10 mai 1838, art. 20.*)

V. Dettes des communes.

§ 3. — Exécution et liquidation des dépenses.

17. Les dépenses comprises aux budgets départementaux sont exécutées et liquidées par les préfets, conformément aux instructions spéciales à chaque nature de ces dépenses, et aux dispositions législatives ou administratives qui exigent, suivant les cas, l'approbation par décret ou par arrêté ministériel.

18. Les allocations de la première section du budget départemental peuvent recevoir toutes les modifications que nécessite la liquidation exacte des dépenses ordinaires qui y sont portées. Mais les allocations pour dépenses imputables sur les fonds facultatifs, ne peuvent recevoir de changements, même par décret réglementaire, sans une délibération préalable du conseil général.

19. Ainsi, il y a spécialité pour les sous-chapitres de dépenses ordinaires de la première section, qui peuvent néanmoins être modifiés, en plus ou en moins, par une décision ministérielle; et il y a spécialité par articles pour les dépenses de la seconde section, à moins de changements par suite de délibérations spéciales du conseil général.

20. La spécialité des dépenses de la troisième section résulte du texte des lois qui autorisent les impositions extraordinaires ou les emprunts, et de la répartition faite au budget départemental par le conseil général, ou modifiée par une délibération subséquente.

21. La spécialité de la quatrième section est dans sa destination exclusive aux chemins vicinaux et dans les dispositions de la loi du 21 mai 1836.

§ 4. — Ordonnancement.

22. Les crédits ouverts aux départements sont mis à la disposition des préfets par des ordonnances de délégation, à mesure et dans la proportion de l'exécution des dépenses. Ces délégations sont délivrées avec les distinctions de chapitres et d'articles du budget général nécessaires au maintien des spécialités établies aux diverses sections du budget départemental.

23. Les préfets mandatent les dépenses départementales en vertu des ordonnances de délégation du ministre, et rappellent sur leurs mandats, non-seulement les chapitres et articles de budget général exprimés en ces ordonnances, mais aussi les sous-chapitres et articles du budget départemental approuvé, afin de donner les moyens de suivre les spécialités prescrites.

24. Les fonds restés disponibles en fin d'exercice, sur les centimes et produits locaux affectés aux dépenses des départements, sont transportés, par les lois de règlements de compte, aux exercices qu'elles déterminent, et y conservent l'affectation qui leur a été donnée par les budgets primitifs. *(L., 10 mai 1838. — Ord., 31 mai 1838, art. 94.)*

25. Cette affectation de fonds non employés est constatée par un supplément spécial de report au budget primitif, lequel est établi d'office par le préfet, et rappelle : 1° les recettes disponibles sur chaque chapitre et article du budget général; 2° les dépenses restant à payer ou à exécuter sur chaque sous-chapitre et article du budget départemental, conformément au règlement de ce budget, et en conservant les anciens numéros des articles.

26. Ces fonds disponibles de report sont remis à la disposition des préfets par des ordonnances de délégation, dans la même forme et avec la même affectation que celles de l'exercice courant.

27. Les fonds qui n'auraient pu recevoir leur emploi dans le cours de l'exercice sont reportés, après clôture, sur l'exercice en cours d'exécution, avec l'affectation qu'ils avaient au budget voté par le conseil général, et les fonds restés libres sont cumulés avec les ressources du budget nouveau, suivant la nature de leur origine. *(Ord. préc., art. 416.)*

28. L'exercice en cours d'exécution est celui auquel sont rattachés, par le règlement des comptes, les fonds départementaux de l'exercice dernier clos, annulés au moment de la cessation des paiements.

§ 5. — Comptes.

29. Le conseil général entend et débat les comptes d'administration qui lui sont présentés par le préfet.

Ces comptes, provisoirement arrêtés par le conseil général, sont définitivement réglés par décret. (*Ord., 31 mai 1838, art. 425.*)

30. Les restes à payer, compris dans les comptes des dépenses départementales, ou portés dans les budgets de ces dépenses au chapitre des exercices clos, peuvent être mandatés par les préfets sur les budgets courants, sans être assujettis aux formalités relatives aux créances de l'Etat, et sauf à se renfermer dans les délais prescrits pour l'admission des créances non périmées. (*Ord. préc., art. 116.*)

31. Aucune créance d'exercice périmé ne doit figurer dans un budget qu'avec l'explication de la cause du retard.

32. Tout reversement pour *trop payé* avec des fonds départementaux doit être effectué dans la caisse du receveur général, au compte des produits éventuels du département; ainsi imputée, la somme reversée est comprise, par la comptabilité générale des finances, dans les états trimestriels de ces produits, et elle est rendue au département au moyen d'ordonnances de délégation.

33. Les budgets et les comptes du département, définitivement réglés, sont rendus publics par la voie de l'impression. (*Ord. préc., art. 426.*)

34. L'impression du budget doit avoir lieu dans le mois qui suit sa réception à la préfecture. Trois exemplaires en sont remis au payeur par le préfet.

L'impression en un seul cahier du compte de l'exercice a lieu dans le mois qui suit la réception à la préfecture de ce rapport approuvé par le ministère. Trois exemplaires en sont remis au payeur.

§ 6. — Fonds de réserve, emploi.

35. Le fonds de réserve est applicable à certaines dépenses urgentes qui n'ont été l'objet d'aucun vote du conseil général, et qui se produisent en cours d'exercice. Il peut également être employé à combler l'insuffisance de crédits qui n'ont pas été votés limitativement par le conseil général; mais, en tout cas, il importe que ce fonds ne soit affecté qu'à des dépenses d'intérêt départemental. (*Instr. min. int., 5 mai 1852.*)

BUREAUX DE BIENFAISANCE. — Form. mun., tom. II, pag. 252.

LÉGISLATION.

Loi du 7 frimaire an 5-27 novembre 1796. — Ordonnances des 31 octobre 1821 et 6 juin 1830. — Loi du 18 juillet 1837. — Décrets des 23, 25 mars et 17 juin 1852.

SOMMAIRE.

§ 1er. — Institution. — But. — Règles générales.

1. Les bureaux de bienfaisance sont des établissements communaux qui ont pour objet de distribuer des secours à domicile aux malades, aux indigents et aux infirmes. (*L., 7 frim. an 5-27 nov. 1796, art. 4.*)

Ces secours sont, autant que possible, donnés en nature. (*L. préc., art. 10.*)

2. Les bureaux de bienfaisance doivent s'assurer, avant tout, si l'indigent qui se présente pour être secouru a le domicile de secours voulu par la loi du 15 octobre 1793. (*Instr. min., 8 févr. 1823.*)

3. Ils tiennent un livre des pauvres, où sont inscrits tous les indigents assistés. (*Instr. préc.*)

4. Les bureaux de bienfaisance ne sont autorisés que par le gouvernement.

Les propositions des particuliers, des communes ou des établissements publics, sont adressées aux préfets, qui les renvoient au gouvernement lorsque ces propositions leur paraissent mériter une suite.

Les préfets joignent à ces propositions les délibérations des conseils municipaux, ou leurs avis, lorsque ces propositions n'émanent pas des communes elles-mêmes, avec tous les renseignements propres à éclairer l'administration supérieure sur l'utilité de l'établissement projeté, son mode de constitution, les ressources et les garanties de stabilité et de durée qu'il peut présenter. (*Instr. min. int., 5 mai 1852.*)

5. L'autorisation du gouvernement n'est pas *préalablement* nécessaire pour les bureaux de bienfaisance établis *à titre provisoire* par les préfets à l'occasion de sinistres ou d'épidémies nécessitant de prompts secours, bureaux chargés de centraliser et de répartir les ressources provenant de dons, collectes et souscriptions volontaires. L'existence de ces établissements étant éphémère, elle cesse avec les causes qui l'ont provoquée. Cependant les préfets sont tenus d'informer immédiatement le ministre de la création de ces établissements, afin qu'il puisse veiller à leur suppression ou à leur conservation, dans le cas où, par des raisons particulières, il peut être utile de les conserver. (*Instr. préc.*)

6. Dans les communes où il y a plusieurs bureaux de bienfaisance, la proportion pour laquelle chacun d'eux est fondé dans la recette du droit sur les spectacles est déterminée par le bureau central dans les communes où il y a plusieurs municipalités, et par l'administration municipale dans les autres. (*L., 7 frim. an 5-27 nov. 1796, art. 7.*)

7. L'arrêté du ministre de l'intérieur, du 5 prairial an 11-25 mai 1803, par ses articles 1 à 4, a autorisé les bureaux de bienfaisance à faire des quêtes et des collectes, et à établir des troncs dans les lieux où la bienfaisance individuelle peut être excitée à déposer des aumônes et des dons.

8. Leur dotation se compose :

1° Du droit des pauvres sur les spectacles (*L. préc.*) ;

2° Des biens que la loi du 4 ventôse an 9-23 février 1801 a mis à leur disposition ;

3° Des dons et legs qu'ils sont autorisés à recevoir ; — V. Dons et legs.

4° Des subventions des conseils municipaux ;

5° Des maisons et biens ruraux, rentes sur l'Etat ou sur particuliers, provenant, soit des sources indiquées numéros 2 et 3, soit des économies réalisées ;

6° Et des dons manuels, soit en argent, soit en nature, que la charité met à leur disposition.

9. Le bureau rend compte, tous les mois, du produit de sa recette, à l'administration par laquelle il a été nommé. (*L. préc., art. 9.*)

10. Lorsqu'une commune est divisée en deux, le bureau de bienfaisance est dissous et remplacé par deux autres, un par chaque nouvelle commune, et ses biens sont partagés entre eux dans la proportion de la population des deux communes. Toutefois, l'initiative sur ce point appartient aux commissions administratives, qui peuvent proposer toute autre base équitable. (*Déc. min., 13 avril 1830.*)

§ 2. — Commissions administratives. — Composition. — Renouvellement. — Attributions.

11. Les commissions administratives des bureaux de bienfaisance sont, comme celles des hospices et hôpitaux, composées de cinq membres nommés par le préfet, et du maire de la commune. (*Décr., 23, 25 mars et 17 juin 1852.*)

La présidence appartient au maire ; en cas d'absence, au plus ancien des membres présents, et, à défaut d'ancienneté, au plus âgé.

12. Le maire, étant président-né des commissions administratives (*Arr., 29 germ. an 9-19 avril 1801 ; décr., 7 floréal an 13-27 avril 1805, art. 2*), ne peut être compris dans les cinq membres qui les composent (*Instr., 8 févr. 1823, 2e part., tit. 1er, chap. 1er*). Lorsqu'un des membres du bureau est appelé à remplir les fonctions de maire, il cesse de faire partie des cinq membres, et son remplacement est proposé au plus prochain renouvellement. Les remplacements pour cette cause, comme pour décès ou démission d'un des membres, comptent pour le renouvellement.

13. La parenté et l'alliance, même à des degrés rapprochés, ne crée pas une incompatibilité absolue pour faire partie de ces commissions.

14. Les commissions administratives sont renouvelées chaque année par cinquième ; le renouvellement est déterminé par le sort pendant les quatre premières années, et ensuite par l'ancienneté. Les membres sortants sont rééligibles. (*Décr., 23 mars 1852.*)

15. Ces commissions peuvent être dissoutes par le ministre de l'intérieur, sur la proposition ou l'avis du préfet. Leurs membres peuvent être individuellement révoqués dans la même forme. (*Décr., 23 mars 1852.*)

16. Les services dans les bureaux de bienfaisance sont considérés comme services publics, et comptent pour l'admission dans l'ordre de la Légion d'honneur. (*Ord., 31 oct. 1821, art. 7.*)

17. Les membres des bureaux de bienfaisance ne peuvent être poursuivis à raison des actes relatifs à l'exercice de leurs fonctions, sans autorisation donnée par le conseil d'Etat. (*Décr., 14 juillet 1812.*)

18. Les bureaux de bienfaisance peuvent nommer dans les divers quartiers des villes, pour les soins qu'il est jugé utile de leur confier, des adjoints et des dames de charité. (*Ord., 31 oct. 1821, art. 4.*)

19. Ils choisissent tous les trois mois, dans leur sein, un vice-président chargé de présider en l'absence du maire. Ils élisent aussi, tous les ans, parmi leurs membres, un trésorier et un secrétaire honoraires, qui peuvent être réélus. (*Arr. min., 9 juill. 1816, art. 1er.*)

20. Les bureaux de bienfaisance ne peuvent faire procéder à aucune construction nouvelle ou réparation partielle ou entière, que sur la production des projets et devis. Quel que soit le montant des travaux, ces projets et devis sont soumis à l'approbation préalable du préfet, qui est compétent pour autoriser les travaux proposés. (*Décr., 25 mars 1852, § 49 du tableau A. — Instr. min. int., 5 mai 1852.*) — V. CONSTRUCTIONS COMMUNALES, pour les pièces à produire dans ce cas par les commissions administratives.

Cependant les bureaux de bienfaisance peuvent ordonner, sans autorisation préalable, les réparations et autres travaux dont la dépense n'excède pas 2,000 fr. (*Ord., 31 oct. 1821, art. 16.*)

21. Les délibérations des commissions administratives des bureaux de bienfaisance ne sont exécutoires qu'après avoir été approuvées (*Ord. préc., art. 11*), hors le cas où elles auraient pour but des travaux n'excédant pas 2,000 fr.

22. Les médecins, chirurgiens et pharmaciens sont nommés par les préfets, sur la présentation de trois candidats, par le bureau; ils sont révoqués dans la même forme; néanmoins la révocation n'est définitive qu'après avoir été approuvée par le ministre. — Tous les autres employés sont nommés par le bureau et révocables par lui. (*Ord. préc., art. 18.*)

§ 3. — Service intérieur. — Budgets. — Comptabilité. — Maniement de Fonds.

23. Pour faciliter le service intérieur, les préfets doivent prescrire la rédaction de règlements qui, dressés par les bureaux, sont soumis à leur approbation. (*Ord. préc., art. 17. — Instr. min., 8 févr. 1823.*)

24. Les bureaux de bienfaisance se réunissent chaque année pour les délibérations concernant les budgets annuels; les projets de travaux autres que ceux de simple entretien; les changements dans le mode de gestion des biens; les transactions, etc., etc. (*Ord. préc., art. 8.*)

25. L'époque de ces réunions est fixée par le préfet. Elles ont ordinairement lieu, pour les bureaux qui reçoivent des subventions des communes, dans les premiers jours du mois qui précède celui où les conseils municipaux sont appelés à régler le budget communal, afin que les budgets de ces établissements puissent être mis sous les yeux de ces conseils, comme éléments justificatifs de leurs besoins et des sommes qu'il peut être nécessaire de leur allouer dans les budgets communaux. Quant à ceux des établissements auxquels les communes ne fournissent pas de subvention, leur session annuelle a lieu dans le mois d'octobre. (*Instr. min. fin., 15 déc. 1826.*)

26. Les conseils municipaux sont toujours appelés à donner leur avis sur les budgets et les comptes des bureaux de bienfaisance. (*L., 18 juill. 1837, art. 21.*)

27. A quelque somme que s'élèvent les budgets des bureaux de bienfaisance, ils sont définitivement réglés par les préfets. (*OO., 31 oct. 1821, art. 13; 6 juin 1830, art. 1er.*)

28. Les règles de la comptabilité des communes s'appliquent aux bureaux de bienfaisance. (*Ord., 31 mai 1838, art. 498.*)

29. Les membres des bureaux de bienfaisance n'ont aucune rétribution et ne touchent personnellement aucuns fonds. (*L., 7 frim. an 5-27 nov. 1796, art. 5.*)

Cependant, l'usage (approuvé par une décision ministérielle du 10 mai 1830) s'est introduit de compter aux administrateurs, sur mandats, les sommes à distribuer aux indigents, sous l'engagement de rapporter les listes nominatives d'emploi des sommes mandatées. (*Agenda des recev. munic., 4e édit., n° 153.*)

30. Les pauvres sont les seules parties prenantes légales aux caisses des bureaux de bienfaisance. (*Ag. préc., n° 152.*)

31. Lorsqu'il a été fait des legs aux pauvres, avec condition que la distribution en doit être faite par telle personne spécialement désignée, le bureau de bienfaisance du lieu doit toujours percevoir le montant du legs, sauf à la caisse de l'établissement à le reverser au distributeur spécial, et ce distributeur institué doit rendre compte à l'établissement, s'il n'en a été dispensé par une disposition formelle du testament. Si le testament ne dispense pas expressément le distributeur de rendre compte, il doit rapporter au comptable l'état certifié indiquant les noms des indigents participants et la somme remise à chacun d'eux; autrement ce distributeur resterait dans le cas d'une opération occulte dont il serait appelé à présenter le compte au conseil de préfecture. (*Déc. min., 11 mai 1837, et 23 juin 1838.*)

32. Le placement en rentes sur l'Etat des fonds libres qui n'ont pas de destination spéciale et ne sont pas nécessaires au besoin du service, est obligatoire. Ce placement est préférable, parce qu'il offre l'avantage d'un revenu fixe et régulier, affranchi de tout frais, embarras et non-valeurs. En général, les acquisitions d'immeubles non fondées sur une raison de service doivent être rejetées par les préfets, car elles ont l'inconvénient de constituer des placements peu productifs, grevés de charges annuelles, et se résolvant parfois en non-valeurs. (*Instr. min. int., 5 mai 1852.*)

Les capitaux disponibles appartenant aux bureaux de bienfaisance, dans tous les cas où ces établissements sont autorisés à les convertir en rentes sur l'Etat, peuvent aussi être employés en achat de lettres de gage. (*Décr., 28 févr. 1852, art. 46.*)

§ 4. — Receveurs. — Nomination. — Révocation.

33. Les préfets nomment les receveurs des bureaux de bienfaisance. (*Ord., 6 juin 1830, art. 2. — Décr., 25 mars 1852, art. 5.*)

L'arrêté de nomination vise (*Instr. min. int., 5 mai 1852, modèle n° 6*) :

1° La présentation de trois candidats faite par la commission administrative;

2° L'avis du sous-préfet.

34. Les préfets peuvent, pour de justes causes, provoquer la révocation des administrateurs et des receveurs par eux nommés. S'il y a urgence, ils en prononcent la suspension provisoire. Dans l'un et l'autre cas, ils en réfèrent au ministre de l'intérieur, qui statue définitivement sur leurs propositions. (*Ord., 6 juin 1830, art. 3. — Instr. min. int., 5 mai 1852.*)

35. Lorsque les recettes des bureaux de bienfaisance, réunies aux recettes des hospices, n'excèdent pas 20,000 fr., elles sont confiées à un même receveur. Lorsqu'elles n'excèdent pas 10,000 fr., elles sont confiées au receveur municipal. Il peut n'y avoir qu'un même receveur pour les bureaux de bienfaisance et les hospices, et leurs recettes réunies peuvent être confiées au receveur municipal, lors même qu'elles s'élèvent au-dessus des proportions ci-dessus déterminées; mais, dans ce cas, la mesure ne peut avoir lieu que du consentement des administrations respectives. (*Ord., 31 oct. 1821, art. 24.*)

§ 5. — Gestion des biens immeubles.

36. Les commissions administratives des bureaux de bienfaisance ne peuvent exploiter elles-mêmes, sans autorisation, les propriétés foncières qui leur appartiennent.

L'autorisation du préfet suffit dans tous les cas, quel que soit le revenu des biens. (*Ord., 31 oct. 1821, art. 15. — Instr., 8 févr. 1823.*)

37. Les baux des maisons et biens ruraux doivent être adjugés aux enchères, par-devant un notaire désigné par le préfet. — V. Baux.

38. Le cahier des charges de l'adjudication et de la jouissance est préalablement dressé par le bureau de bienfaisance. Le sous-préfet donne son avis, et le préfet approuve ou modifie ledit cahier des charges. (*Décr., 12 août 1807, art. 2.*)

39. Les affiches pour l'adjudication sont apposées, un mois à l'avance, dans les lieux accoutumés, et, de quinzaine en quinzaine, un extrait doit en être inséré dans le journal du département. Il est fait mention du tout dans le procès-verbal d'adjudication. (*Décr. préc., art. 3.*)

40. Dans toute adjudication, le droit d'hypothèque doit être stipulé sur les biens du preneur, et les biens qui y sont affectés sont désignés spécialement. (*Décr. préc., art. 1er.*)

Les bureaux de bienfaisance doivent, autant que possible, stipuler que le preneur paiera les contributions.

41. Un membre du bureau de charité assiste aux enchères et à l'adjudication (*Décr. préc., art. 4.*), et le procès-verbal en est dressé par un notaire.

Le receveur doit aussi y assister. (*Instr. gén., 17 juin 1840, art. 892.*)

42. Elle n'est définitive qu'après l'approbation du préfet, et le délai pour l'enregistrement des baux est de vingt jours, à compter de cette approbation. (*L., 15 mai 1818, art. 78.*)

43. Lorsque le préfet a approuvé l'adjudication, le contrat est définitif, et lors même que ce magistrat acquerrait la conviction qu'il a été induit en erreur, et que l'établissement est lésé, il ne peut revenir sur son approbation. Il n'appartiendrait qu'aux tribunaux civils de statuer en cas de dol ou de fraude. (*Lett. min. int., 22 juin 1838.*)

44. Les dispositions du décret du 25 mars 1852 (*Art. 1er et § 41 du tabl. A*), d'après lesquelles le préfet est compétent pour statuer sur les aliénations, acquisitions, échanges et partages de biens de toute nature, quelle qu'en soit la valeur, sont applicables aux bureaux de bienfaisance. — V., relativement aux formalités à remplir pour ces divers actes, Acquisitions, Aliénations, Echanges, Hospices.

§ 6. — Actions judiciaires, autorisation de plaider ou de transiger.

45. Les bureaux de bienfaisance, avant d'intenter une action, doivent la soumettre à l'examen d'un comité consultatif, formé, dans chaque arrondissement, de trois membres choisis par le sous-préfet parmi les jurisconsultes les plus éclairés de l'arrondissement. (*Arr., 7 mess. an 9, art. 11.*)

Ce comité déclare, par une consultation écrite et motivée, s'il y a lieu d'autoriser à plaider. (*Arr. préc., art. 12.*)

46. Ces consultations et avis sont soumis au conseil de préfecture, qui, conformément à l'art. 4 de la loi du 28 pluviôse an 8-17 février 1800, accorde ou refuse l'autorisation, sauf recours au conseil d'Etat. (*Arr. préc., art. 13.*)

47. Les décisions des conseils de préfecture, sur les demandes à fin d'autorisation de plaider formées par les bureaux de bienfaisance, doivent être rendues dans le délai de deux mois, à partir de la date du récépissé qui aura été délivré à la préfecture lors du dépôt de ces pièces. (*L., 18 juill. 1837, art. 52.*)

De même, le conseil d'Etat doit, en cas de pourvoi, statuer dans les deux mois à partir du jour de l'enregistrement au secrétariat général. (*L. préc., art. 53.*)

48. L'action ne peut être intentée qu'après les décisions, soit du conseil de préfecture, soit, en cas de pourvoi, du conseil d'Etat, ou après l'expiration des délais ci-dessus fixés, et jamais les bureaux de bienfaisance ne peuvent défendre une action sans autorisation expresse. (*L. préc., art. 54.*)

49. Aucune action ne peut être intentée contre un bureau de bienfaisance par un simple particulier, sans qu'il ait, au préalable, adressé au préfet un mémoire exposant les motifs de sa réclamation, mémoire dont il lui est donné récépissé, et qui interrompt la prescription et toutes déchéances. (*L. préc., art. 51.*)

50. Les actions possessoires, tant en demandant qu'en défendant, et autres actes conservatoires et interruptifs des déchéances, notamment la signification des actes d'appel dans les délais du Code, sont dispensés d'autorisation préalable.

51. L'autorisation spéciale du conseil de préfecture n'est pas nécessaire pour

citer en jugement sur les difficultés auxquelles pourraient donner lieu des dons ou legs dont l'acceptation a été autorisée. (*Arr. cons. Etat, 28 mars 1821.*)

52. C'est au nom du maire, en sa qualité de président-né du bureau de bienfaisance, que l'action est intentée et soutenue, mais seulement après autorisation, ainsi qu'il est dit aux numéros précédents.

53. Le conseil municipal est toujours appelé à donner son avis sur les autorisations de plaider et transiger, demandées par les établissements de bienfaisance. (*L., 18 juill. 1837, art. 21, 5°.*)

§ 7. — Mainlevée d'hypothèques.

54. Les receveurs des bureaux de bienfaisance ne peuvent, dans le cas où elle n'est pas ordonnée par les tribunaux, donner mainlevée des oppositions formées pour la conservation des droits des pauvres, ni consentir aucune radiation, changement ou limitation, qu'ensuite d'une décision spéciale du conseil de préfecture, prise sur une proposition formelle de l'administration, de l'avis du comité consultatif. (*Décr., 11 therm. an 12-30 juill. 1804.*)

Pour obtenir cette décision, la commission administrative du bureau de bienfaisance doit prendre une délibération, dont copie est adressée au sous-préfet. Une expédition de la quittance du capital remboursé est jointe à la délibération, s'il s'agit d'une radiation d'inscription.

L'arrêté du conseil de préfecture est ensuite transmis au maire, qui, de concert avec le receveur, en assure l'exécution.

V. Domicile de secours, Indigents, Secours.

§ 8. — Pièces à produire.

I. — *Dons et legs.*

55. V. ces mots.

II. — *Acquisitions, Adjudications, Aliénations, Baux à ferme.*

56. V. ces mots.

III. — *Echanges.*

57. L'arrêté préfectoral approbatif d'échanges entre les bureaux de bienfaisance et les communes, établissements publics ou particuliers, vise (*Instr. min. int., 5 mai 1852, mod. n° 26*) :

1° La délibération de la commission administrative du bureau de bienfaisance (1);

2° La soumission de l'échangiste;

3° Le procès-verbal d'expertise;

4° Celui de l'enquête;

5° L'avis du commissaire enquêteur;

6° Celui du conseil municipal;

7° Le budget de l'établissement;

8° L'avis du sous-préfet.

A l'exception des nos 2, 4 et 7, toutes ces pièces doivent être fournies en double expédition.

Outre ces pièces, le bureau doit encore fournir le certificat du conservateur des hypothèques.

V. Échanges.

IV. — *Partages.*

58. Les pièces visées par l'arrêté préfectoral consacrant un partage de biens indivis appartenant à des établissements de bienfaisance, sont (*Instr. min. int., 5 mai 1852, mod. n° 28*) :

1° Les délibérations des commissions administratives, ou des conseils d'administration ;

2° Le procès-verbal d'expertise et d'attribution des lots;

3° Le procès-verbal de l'enquête;

4° L'avis du commissaire enquêteur;

5° Celui du conseil municipal ou des conseils municipaux, suivant le cas;

6° Celui du sous-préfet.

---

(1) Cette délibération fait connaître les motifs de l'échange.

Le plan figuré des lieux doit, en outre, être fourni au préfet.

Toutes ces pièces, à l'exception du procès-verbal d'enquête, sont en double expédition.

V. Partages.

59. Les administrations des bureaux de bienfaisance de chaque commune doivent faire tenir un sommier général des biens, rentes et revenus quelconques appartenant à ces établissements; il importe que ce sommier soit revu et rectifié chaque année, selon les changements survenus dans leur dotation. (*Instr., 8 févr. 1823.*)

V. — *Travaux.*

60. V. Constructions communales, pour les pièces à produire, et Travaux.

VI. — *Traités de gré à gré.*

61. Le préfet est compétent pour autoriser les marchés de gre à gré, passés par les bureaux de bienfaisance. (*Décr., 25 mars 1852, § 48 du tabl. A.*)

62. Le marché de gré à gré est une exception qui ne doit être admise que dans des cas déterminés. (*Circ. min. int., 5 mai 1852.*)

63. L'arrêté préfectoral approbatif d'un traité de gré à gré, passé par un bureau de bienfaisance, vise (*Circ. préc., mod. n° 43*) :

1° La délibération de la commission administrative;

2° Le traité conclu (il indique la nature des travaux ou fournitures, et le montant de la dépense);

3° Le budget de l'établissement;

4° L'avis du sous-préfet.

V. Marchés.

BUREAUX DE PLACEMENT.

1. Nul ne peut tenir un bureau de placement, sous quelque titre et pour quelque profession, place ou emploi que ce soit, sans une permission spéciale délivrée par l'autorité municipale. Cette permission ne peut être accordée qu'à des personnes d'une moralité reconnue. (*Décr., 25 mars 1852, art. 1er.*)

2. La demande à fin de permission doit contenir les conditions auxquelles le requérant se propose d'exercer son industrie. (*Décr. préc., art. 2.*)

3. L'autorité municipale surveille les bureaux de placement pour y assurer le maintien de l'ordre et la loyauté de la gestion. Elle prend les arrêtés nécessaires à cet effet, et règle le tarif des droits qui peuvent être perçus par le gérant. (*Décr. préc., art. 3.*)

4. Les contraventions sont punies par l'amende et l'emprisonnement, indépendamment des restitutions et dommages-intérêts auxquels pourraient donner lieu les faits imputables au gérant, faits auxquels l'art. 463 du Code pénal peut être applicable. (*Décr. préc., art. 4.*)

5. L'autorité municipale peut retirer la permission aux contrevenants à ses arrêtés et aux individus contre lesquels, pour d'autres faits, la peine de l'emprisonnement aurait été encourue et subie. (*Décr. préc., art. 5.*)

6. Les retraits de permission et les règlements émanés de l'autorité municipale ne sont exécutoires qu'après approbation du préfet. (*Décr. préc., art. 7.*)

C

CABARETS. V. Auberges.

CADASTRE. — Form. mun., tom. II, pag. 305.

1. La confection du cadastre parcellaire, dont les opérations remontaient à 1808, a été terminée vers l'année 1840. La forme de ces opérations avait été déterminée notamment par une ordonnance royale du 3 octobre 1821 et par les règlements des 10 octobre 1821 et 15 mars 1827. On attend de nouvelles disposi-

tions législatives concernant la révision et le renouvellement des anciennes opérations et la conservation permanente des travaux ainsi renouvelés.

Mais comme les opérations cadastrales sont soumises jusque-là à la législation antérieure à 1840, nous en rapportons, après un article puisé dans la loi de finances du 7 août 1850, les dispositions principales en ce qui concerne les communes et leurs administrations.

2. Dans toute commune cadastrée depuis trente ans au moins, il peut être procédé à la révision et au renouvellement du cadastre sur la demande du conseil municipal, et sur l'avis conforme du conseil général du département, à la charge par la commune de pourvoir aux frais des nouvelles opérations. Toutefois, dans une commune dont les évaluations cadastrales ont été révisées avec des fonds départementaux, les opérations peuvent être régularisées par un arrêté ministériel, sur la demande des conseils généraux. Les opérations commencées dans une commune peuvent également être terminées aux frais des départements. (*L. de fin., 7 août 1850, art. 7.*)

3. Lorsqu'une commune est distraite d'une autre section de commune à laquelle elle était réunie, les frais de la division de la matrice cadastrale doivent être supportés par la section qui a demandé la distraction, et qui est par conséquent présumée y avoir le plus d'intérêt. (*Lett. min. int., 22 oct. 1833.*)

Aucune reconfection d'expertise n'est autorisée qu'après que le conseil municipal, assisté des plus imposés, s'est engagé à en payer les frais. (*Lett. min. fin. au min. int., 28 nov. 1839.*)

4. La délimitation doit toujours précéder l'arpentage de deux années au moins. (*Règl., 15 mars 1827, art. 7.*)

5. L'arpentage des communes désignées à l'avance pour être cadastrées, ne peut être entrepris qu'après l'achèvement, sur le terrain, des plans des communes comprises dans les budgets antérieurs. (*Règl. préc., art. 15.*)

6. Quinze jours au moins à l'avance, le maire est prévenu de l'époque précise à laquelle le géomètre doit se rendre sur les lieux. Cet avis est adressé au maire de la commune et aux maires des communes contiguës, avec invitation de lui donner toute la publicité nécessaire. (*Règl. préc., art. 40.*)

7. Aussitôt que le plan d'une commune est terminé, le préfet autorise le maire à convoquer le conseil municipal et les plus forts imposés. (*Règl. préc., art. 57.*)

8. Le conseil municipal, sur l'invitation de l'inspecteur, nomme les commissaires classificateurs, qui doivent être au nombre de cinq et choisis parmi les possesseurs des cultures principales ou prédominantes du terrain; deux sont pris parmi les non-résidants, remplacés, en cas d'absence, par leurs régisseurs ou fermiers, et les trois autres, dans les domiciliés. — Le conseil municipal nomme aussi cinq classificateurs suppléants, dont trois habitant la commune, et deux forains. (*Règl. préc., art. 60.*)

9. Un père et son fils, deux frères ou beaux-frères, ne peuvent être nommés classificateurs dans la même commune, qu'autant qu'aucun autre propriétaire n'est en état de remplir cette fonction; mais l'exception doit être autorisée par le préfet. (*Règl. préc., art. 61.*)

10. Trois des classificateurs, au moins, ou trois suppléants, doivent toujours prendre part à l'opération du classement. (*Règl. préc., art. 68.*)

11. Les classificateurs du cadastre n'ont pas droit à une indemnité. En cas de refus des propriétaires appelés par les conseils municipaux pour concourir aux opérations cadastrales, un expert salarié, nommé par le préfet, procède seul aux opérations du classement; elle est toute gratuite à l'égard des propriétaires qui ont accepté cette mission. Il n'y a donc pas lieu d'autoriser une imposition extraordinaire pour indemniser les classificateurs du cadastre. (*Av. com. de l'int., 22 janv. 1836.*)

CADAVRE. — Form. mun., tom. II, pag. 340.

1. La reconnaissance et la levée des cadavres, ainsi que leur inhumation, sont l'objet des soins et de la vigilance de la police judiciaire et municipale, et donnent lieu à des formalités que réclament l'ordre et la sûreté publics.

2. Aussitôt qu'un cadavre a été découvert, on doit, avant de l'enlever et de

l'inhumer, prévenir l'un, au moins, des fonctionnaires ci-après : le procureur impérial, le juge de paix, le maire, l'adjoint, le commissaire de police, ou l'officier de gendarmerie le plus voisin.

3. S'il s'agit d'un noyé, le cadavre est retiré de l'eau, déposé sur la grève dans le même état où il a été découvert, et l'on s'empresse d'en donner avis à qui de droit. — V. Asphyxiés et noyés.

4. L'officier judiciaire ou de police averti se transporte sur les lieux, assisté, s'il est nécessaire, d'un ou de plusieurs officiers de santé, qu'il requiert conformément à la loi, et procède en conformité des art. 32 et suivants du Code d'instruction criminelle. Il fait l'examen du cadavre, se fait rendre compte des causes certaines ou présumées de la mort, prend tous les renseignements qu'il peut se procurer sur les nom et prénoms, l'âge, la profession, le lieu de naissance et le domicile de l'individu décédé; entend les dépositions de toutes les personnes présentes à la mort ou qui ont connaissance des circonstances qui l'ont précédée ou suivie, et dresse du tout un procès-verbal circonstancié. — Lorsqu'il y a des signes ou indices de mort violente, ou d'autres circonstances qui donnent lieu de le soupçonner, mention détaillée en est faite dans le procès-verbal. (*Cod. civ., art. 81.*)

L'officier de police est tenu de transmettre de suite à l'officier de l'état civil du lieu où la personne est décédée, tous les renseignements énoncés dans son procès-verbal d'après lesquels l'acte de décès est rédigé. — L'officier de l'état civil en envoie une expédition à celui du domicile de la personne décédée, s'il est connu. Cette expédition est inscrite sur les registres. (*Cod. préc., art. 82.*)

5. Si le corps est reconnu au moment de la levée, il en est fait mention dans le procès-verbal de la manière la plus circonstanciée, pour prévenir toutes erreurs, et la remise du cadavre peut en être faite tout de suite aux personnes qui le réclament, lesquelles, si elles en ont la faculté, paient les frais de repêchage si c'est un noyé, et ceux de visite du cadavre. (*Ord. de police, 9 flor. an 8.*)

S'il n'est ni reconnu, ni réclamé au moment de la levée, le cadavre est transporté dans un lieu public, le cimetière, par exemple, où il est exposé pendant trois jours aux regards du public, avec les précautions nécessaires pour ne pas porter atteinte à la décence; ses vêtements sont suspendus à ses côtés, pour aider à le reconnaissance. (*Ord. préc.*)

6. Après cette exposition, si elle n'amène aucun résultat, l'officier de police ou le maire fait procéder à l'inhumation sur l'ordre délivré par l'officier de l'état civil. L'ordre porte le signalement du cadavre, l'endroit où il a été trouvé, et la cause présumée de sa mort. (*Cod. civ., art. 77.*)

7. Toutes les formalités et dispositions ci-dessus s'appliquent aussi à des portions de cadavre. (*Ord. de pol., 9 flor. an 8.*)

Ceux qui, sans l'autorisation préalable de l'officier public, font inhumer un cadavre, sont passibles d'une peine de six jours à deux mois d'emprisonnement, et d'une amende de 16 à 50 francs. (*Cod. pén., art. 358.*)

CAFÉS. V. Auberges.

CAFÉS-CONCERTS.

1. Ces établissements, qui tendent à se multiplier, doivent, par leur nature, être l'objet d'une surveillance spéciale, indépendamment des obligations auxquelles ils sont soumis par les règlements de police sur les lieux publics. — Les cafés-concerts devant être classés au nombre des débits de boissons, tombent sous l'application du décret du 29 décembre 1851, et ne peuvent, dès lors, être ouverts, nonobstant leur spécialité, qu'en vertu de l'autorisation préfectorale, qui est toujours révocable. Le tarif des objets de consommation et le programme du concert du jour, doivent être ostensiblement affichés dans l'intérieur de l'établissement. Tout chant contraire à l'ordre ou à la morale doit y être sévèrement interdit. On ne doit tolérer à l'orchestre l'usage d'aucun instrument bruyant de nature à troubler le repos public. — Un double du programme de chaque concert doit être remis, vingt-quatre heures au moins à l'avance, au commissaire de police, qui pourra, s'il y a lieu, le communiquer aux personnes qui justifieraient d'un intérêt sérieux à en prendre connaissance. Aucune modification ne peut être apportée à ce programme, sans en rendre compte, avant l'ouverture du concert, au commissaire de police. (*Circ. min., 6 avr. 1853.*)

2. C'est d'après les instructions qui précèdent que doivent être formulées les autorisations que les préfets sont dans le cas d'accorder aux propriétaires ou entrepreneurs de cafés-concerts, sans préjudice de toutes autres obligations résultant des règlements sur la police des lieux publics. (*Circ. préc.*)

CAHIER DES CHARGES. — Form. mun., tom. II, pag. 350.

1. Lorsqu'il s'agit d'une adjudication de travaux ou de fournitures intéressant une commune, le maire rédige le cahier des charges à imposer à l'adjudicataire ou à l'entrepreneur, et soumet cet acte à l'approbation du conseil municipal et du préfet. Le cahier des charges indique notamment le mode d'adjudication, les conditions exigées de l'adjudicataire, le mode d'exécution des travaux, ou la nature, la quantité et la qualité des fournitures, ainsi que l'époque de leur livraison et le mode de paiement du prix de l'adjudication.

2. Lorsqu'il s'agit d'aliénations d'immeubles, le cahier des charges contient, outre les conditions particulières qui peuvent avoir été déterminées par le conseil municipal, l'indication des époques de paiement du prix d'adjudication et du cautionnement à fournir par l'adjudicataire.

3. En ce qui concerne les travaux intéressant l'état ou les départements, les cahiers des charges sont dressés d'après un modèle fourni par le gouvernement, pour les travaux des ponts et chaussées; on y fait les changements que peut exiger la nature des travaux à adjuger.

V. Constructions, Devis, Travaux communaux.

CAISSES D'ÉPARGNE. — Form. mun., tom. II, pag. 353.

LÉGISLATION.

Ordonnance du 3 juin 1829. — Lois des 5 juin 1835 et 31 mars 1837. — Loi du 22 juin 1845. — Décret du 7 juillet 1848. — Loi du 21 novembre 1848. — Loi du 29 avril 1850. — Loi du 30 juin 1851. — Décret du 15 avril 1852. — Loi du 7 mai 1853.

PROCÉDURE.

1. Les caisses d'épargne sont autorisées par des décrets rendus dans la forme des règlements d'administration publique. (*L., 5 juin 1835.*)

2. La demande en autorisation est remise par les fondateurs au sous-préfet de l'arrondissement, et transmise par lui au préfet du département, qui l'adresse, avec son avis, au ministre du commerce. Elle doit être accompagnée d'un projet de statuts indiquant le mode de constitution de la caisse, sa forme, son siége, sa circonscription, la quotité de sa dotation, son mode d'administration, et ses rapports avec les déposants et avec le trésor public.

La seule condition préalable est de justifier d'un fonds de dotation suffisant pour assurer le service de l'établissement. Pour les caisses municipales fondées près des monts-de-piété, l'engagement du conseil municipal ou de l'administration du mont-de-piété, de pourvoir à la dépense, tient lieu de fonds de dotation, jusqu'à ce que l'accumulation des bénéfices produits par les opérations de la caisse ait pu lui constituer un capital suffisant pour assurer le service.

3. La dotation des caisses d'épargne se compose, en outre, de quatre autres natures de fonds, des subventions municipales ou départementales.

4. Les conseils municipaux peuvent seconder la création des caisses d'épargne, soit en concourant, chaque année, dans une proportion déterminée, au paiement des dépenses de la caisse, soit en se chargeant des frais de premier établissement, soit encore en fournissant à la caisse d'épargne un local dans le bâtiment de la mairie.

5. Le conseil des directeurs est composé, suivant l'importance de la localité, de neuf, douze ou quinze membres désignés, un tiers parmi les membres du conseil municipal, et deux tiers parmi les citoyens les plus recommandables de la ville.

6. La nomination des directeurs appartient au conseil municipal ou aux fondateurs.

7. Le maire est membre-né et président du conseil des directeurs. En cas d'empêchement, il est remplacé par un adjoint.

8. Entre autres devoirs et attributions, le conseil des directeurs délibère et propose au conseil municipal les modifications à introduire dans les statuts.

9. Un comité composé de deux directeurs, dont un conseiller municipal, et de trois administrateurs désignés par le conseil des directeurs, doit s'assembler au moins une fois par semaine, pour s'assurer que la comptabilité est tenue constamment à jour, et délibérer sur les difficultés relatives au service qui peuvent se présenter.

10. On distribue aux chambres, chaque année, un rapport sommaire sur la situation et sur les opérations des caisses d'épargne, auquel il est joint un état général des sommes votées ou données par les conseils généraux, les conseils municipaux et les citoyens. Pareille communication est faite aux préfets et aux autorités désignées dans les ordonnances ou décrets d'autorisation. (*L., 5 juin 1835, art. 12.*)

11. Le service de la comptabilité et de sa vérification est réglé par le décret du 15 avril 1852.

12. Par une loi du 7 mai 1853, l'intérêt bonifié aux caisses d'épargne par la caisse des dépôts et consignations, a été fixé au quatre pour cent.

CAISSE DES RETRAITES.

LÉGISLATION.

Lois du 18 juin 1850 et du 28 mai 1853.—Décrets du 27 mars 1851 et du 8 septembre 1853.

1. La loi du 18 juin 1850 a créé, sous la garantie de l'Etat, une caisse de retraites ou rentes viagères pour la vieillesse.

2. Les certificats, actes de notoriété et autres pièces exclusivement relatives à l'exécution de cette loi, sont délivrés gratuitement et dispensés des droits de timbre et d'enregistrement. (*L., 18 juin 1850, art. 11.*)

3. Le montant de chaque versement est constaté par un enregistrement porté au livret et signé par le caissier ou par le préposé qui reçoit le versement. Cet enregistrement ne forme titre envers l'Etat qu'à la charge par le déposant, de soumettre, dans les vingt-quatre heures de la date du versement, le livret, à Paris et dans le département de la Seine, au visa du contrôleur près la caisse des dépôts et consignations, et, dans les autres départements, au visa du préfet ou du sous-préfet. (*Décr., 8 sept. 1853, art. 15.*)

4. L'intermédiaire qui verse dans l'intérêt de plus de dix déposants, dresse un bordereau en double expédition des sommes versées pour chacun d'eux; le caissier de la caisse des dépôts et consignations, comme il est dit ci-dessus, en donne quittance, qui ne forme titre envers l'Etat que si ladite quittance a été soumise, à Paris et dans le département de la Seine, au visa du contrôleur près la caisse des dépôts et consignations, et, dans les autres départements, au visa du préfet ou du sous-préfet. (*Décr. préc., art. 16 [extrait].*)

5. Les préfets et les sous-préfets relèvent, sur un registre spécial, les sommes enregistrées aux bordereaux et livrets, et adressent, tous les mois, un extrait dudit registre, tant à la caisse des dépôts et consignations qu'au ministre des finances, pour servir d'élément de contrôle. (*Décr. préc., art. 17.*)

6. Les jours et heures des versements sont fixés, pour Paris et pour le département de la Seine, par le directeur général de la caisse des dépôts et consignations, et, dans les autres départements, par les préfets. (*Décr., 17 mars 1851, art. 15.*)

CANAUX. — Form. mun., tom. II, pag. 420.

1. La loi du 14 floréal an 11-4 mai 1803, et le décret du 10 avril 1812 confient spécialement à la surveillance des autorités municipales, des sous-préfets et préfets, l'entretien des digues et ouvrages d'art, le curage des canaux et la police de leurs cours.

2. Le décret du 10 avril 1812 déclare applicable aux canaux, rivières navigables, etc., le titre 9 du décret du 16 décembre 1811, contenant règlement sur la construction, la réparation et l'entretien des routes.

3. Il est pourvu au curage des canaux et des rivières non navigables suivant les anciens règlements ou d'après les usages locaux. (*L., 14 flor. an 11, art. 1er.*)

4. Lorsqu'il est question d'un curage que les propriétaires doivent faire, chacun en droit soi, il suffit que l'autorité municipale fasse publier un simple avis ou arrêté, portant que le curage commencera tel jour, sur tel point, et devra être terminé tel autre jour.

5. Mais s'il s'agit d'un curage qui doit s'exécuter en commun, il faut recourir aux formalités prescrites par la loi du 14 floréal an 11. Elles consistent à organiser, avec l'autorisation du préfet, un syndicat chargé, sous la surveillance et la direction du maire, de tous les détails de l'opération.

6. A cet effet, le préfet fait préparer un projet par un agent-voyer ou tout autre homme de l'art. Il le soumet à une enquête, et, après délibération du conseil municipal ou des conseils municipaux des communes traversées par le cours d'eau, le préfet prend un arrêté portant règlement d'administration publique, qui doit être libellé conformément au modèle annexé à l'instruction ministérielle du 5 mai 1852 sous le n° 47, et qui détermine l'organisation et les attributions de la commission syndicale, le mode d'exécution et de paiement des travaux, et les règles de la comptabilité.

V. Cours d'eau.

CANTONNIERS. — Form. mun., tom. II, pag. 422.

1. Les cantonniers employés par l'administration des ponts et chaussées sont nommés et peuvent être congédiés par l'ingénieur en chef, sur la proposition de l'ingénieur ordinaire. La liste de ces ouvriers est remise par l'ingénieur ordinaire au préfet, qui peut exiger le renvoi et le remplacement de ceux sur le compte desquels il aurait reçu des renseignements défavorables. — Le salaire des cantonniers est fixé par le préfet, sur la proposition de l'ingénieur en chef. Il leur est payé d'après des rôles collectifs. (*Instr., 23 avril 1832, et 21 oct. 1833.*)

2. Les cantonniers doivent faire connaître au maire les délits qui se commettent dans l'étendue de leur canton. Celui-ci doit, sans délai, communiquer la plainte au sous-préfet, qui fait aussitôt vérifier les faits par l'ingénieur de l'arrondissement.

3. Les cantonniers chefs et autres employés du service des ponts et chaussées ou des chemins vicinaux de grande communication, commissionnés à cet effet, sont spécialement chargés de constater les contraventions et délits prévus par la loi sur la police du roulage. (*L., 30 mai 1851, art. 15.*)

4. Les cantonniers sont surveillés par la gendarmerie, sans que cependant elle ait des ordres à leur donner. Les absences de ces agents sont prises en note par elle, et ces notes sont remises au préfet par états d'arrondissement. (*Décr., 1er mars 1854, art. 629.*)

5. Les cantonniers, par leur état et leur position, pouvant mieux que personne donner des renseignements exacts sur les voyageurs, et étant d'utiles auxiliaires de la gendarmerie pour faire découvrir les malfaiteurs, doivent obtempérer à toutes ses demandes et réquisitions. (*Décr. préc., art. 633.*)

6. Il peut y avoir des cantonniers communaux chargés de l'entretien des chemins vicinaux. Le cantonnier communal devient pour le maire, au moment de l'emploi des journées de prestations, un aide très-précieux dans la direction des travaux, et un chef d'atelier formé et toujours à sa disposition. Il peut, en outre, être chargé de la police des chemins, veiller à ce qu'ils ne soient ni dégradés ni usurpés par les riverains, empêcher les dépôts de fumier et de matériaux, faire exécuter l'élagage des arbres et des haies qui les bordent, et enfin dresser des procès-verbaux contre les contrevenants; mais, pour qu'il ait qualité pour verbaliser, il convient de lui faire délivrer une commission de garde champêtre. Il reçoit alors le nom de *garde champêtre cantonnier*.

7. La nomination du cantonnier appartient au maire (*L., 18 juill. 1837, art.*

12); mais celle du garde champêtre est soumise à l'approbation du conseil municipal, et sa commission lui est délivrée par le sous-préfet. (*L.*, *18 juill. 1837*, *art. 13.*) Il faut donc, pour la nomination d'un garde champêtre cantonnier, suivre les règles prescrites pour les gardes champêtres.

8. Le traitement du cantonnier communal doit être voté par le conseil municipal et inscrit au budget, sur la proposition du maire.

CARNAVAL. — Form. mun., tom. II, pag. 432, et tom. V, pag. 631.

Le temps de carnaval étant celui pendant lequel les lieux publics sont le plus fréquentés, les maires, en vertu des droits que leur confèrent les lois sur la police municipale, doivent prendre spécialement pour cette époque des arrêtés destinés à prévenir ou à réprimer tous actes de licence, déguisements, mascarades, etc., pouvant porter atteinte à la décence, à la sûreté ou à la tranquillité publiques.

CARRIÈRES, CRAYÈRES, MARNIÈRES, SABLIÈRES. — Form. mun., tom. II, pag. 433.

LÉGISLATION.

Loi du 21 avril 1810, sur les mines, minières et carrières.

PROCÉDURE.

1. L'exploitation des carrières à ciel ouvert a lieu sans permission, sous la simple surveillance de la police, et en se conformant aux lois et règlements généraux ou locaux. (*L.*, *21 avril 1810*, *art. 81.*) Les maires, adjoints, commissaires de police et gardes champêtres doivent apporter la surveillance la plus exacte, 1° pour empêcher les entrepreneurs de rendre les chemins publics dangereux par la proximité des excavations; 2° pour mettre les propriétés particulières et la vie des hommes à l'abri de tout accident.

2. Les ingénieurs des mines rendent compte au préfet de l'état des exploitations, et proposent les mesures à prendre suivant les circonstances. (*Instr. gén. min. int.*, *sur l'exécution de la loi du 21 avril 1810*, § 7.)

3. Quand l'exploitation a lieu par galeries souterraines, elle est soumise à la surveillance de l'administration. (*L.*, *21 avril 1810*, *art. 82.*)

4. Ces carrières doivent être visitées fréquemment par les ingénieurs des mines et par les gardes-mines sous leurs ordres. Les exploitants sont tenus de fournir à la préfecture, au mois de janvier de chaque année, les plans et coupes de leurs travaux, tracés sur une échelle d'un millimètre par mètre. (*Instr. gén. préc.*, § 7.)

5. Les contestations qui peuvent intervenir entre les propriétaires et les entrepreneurs de travaux publics, à raison de l'exploitation des carrières, sont jugées par le conseil de préfecture.

6. Les préfets donnent leur autorisation pour l'exploitation des crayères et marnières par cavage ou par puits, et fixent les distances auxquelles l'exploitation peut être conduite. (*Ord.*, *21 oct. 1814*, *art. 37 et 38.*)

7. Nul ne peut, à peine d'amende, ouvrir des carrières, plâtrières, glaisières, sablonnières, marnières ou crayères, pour les exploiter, ni dans son propre terrain, ni dans un terrain par lui tenu à titre précaire, sans en avoir demandé et obtenu l'autorisation. (*Règl. gén.*, *22 mars 1813.*)

8. Tout exploitant qui se propose d'entreprendre une extraction quelconque, est tenu d'adresser au sous-préfet de l'arrondissement dans lequel se trouve situé le terrain à exploiter, sa demande en double expédition, dont une sur papier timbré.

Il doit énoncer, dans sa pétition, ses nom, prénom et demeure, la commune, et la désignation particulière du lieu où il se propose de fouiller, l'étendue du terrain à exploiter, la nature de la masse, son épaisseur et la profondeur à laquelle elle se trouve, enfin, le mode d'exploitation qu'il entend suivre et employer. (*Règl. préc.*, *art. 2.*)

9. Le sous-préfet, après avoir consulté le maire de la commune du demandeur et celui de la commune où doit être établie l'exploitation, donne son avis sur la personne et sur les avantages, ou sur les inconvénients de l'exploitation

projetée. Cet avis est adressé au préfet du département avec la pétition et les titres du demandeur, dans le délai d'un mois au plus tard, à dater du jour de l'enregistrement à la sous-préfecture. (*Règl. gén., 22 mars 1813, art. 4.*)

10. La pétition, les plans, les titres, déclarations et avis des autorités locales, sont enregistrés à la préfecture et envoyés à l'inspecteur général des carrières. (*Règl. préc., art. 5.*)

11. Sur le vu des autorités locales et du rapport de l'inspecteur général des carrières, le préfet statue. Les permissions accordées sont publiées et affichées dans les communes respectives. Ces affiches et publications sont faites à la diligence des maires et adjoints des communes intéressées. A cet effet, des ampliations des autorisations accordées sont adressées au sous-préfet de l'arrondissement dans lequel doit se faire l'exploitation. (*Règl. préc., art. 6 et 7.*)

12. Il est tenu, tant à la préfecture que dans le bureau de l'inspecteur général, un registre desdites autorisations. (*Règl. préc., art. 8.*)

13. Les droits résultant des permissions accordées ne peuvent être cédés ni transportés sans une autorisation spéciale du préfet. Les héritiers sont tenus à faire devant le préfet la déclaration de l'intention où ils sont de continuer ou de cesser l'exploitation. (*Règl. préc., art. 10.*)

14. La demande d'abandon ou de comblement doit être adressée au préfet, qui statue sur le rapport de l'inspecteur général des carrières. (*Règl. préc., art. 22 et 23.*)

15. Il est adressé au sous-préfet de l'arrondissement ampliation de l'arrêté intervenu. Une expédition en est aussi délivrée à l'impétrant. (*Règl. préc., art. 24.*)

16. Le propriétaire est tenu de faire sauter par les mines les parties menaçantes. A défaut, le préfet, sur l'avis de l'inspecteur général, ordonne le comblement de la carrière, et les frais de cette opération, du montant desquels il est décerné une ordonnance exécutoire contre le propriétaire, sont payés, en cas de refus, comme les contributions publiques. (*Règl. préc., art. 25 et 26.*)

V. Mines.

CASERNEMENT MILITAIRE. — Form. mun., tom. II, pag. 450.

LÉGISLATION.

Décret, 8 juillet 1791, titre V. — Loi du 15 mai 1818, et ordonnance du 5 août suivant.

PROCÉDURE.

1. La loi du 15 mai 1818 a déchargé les communes, moyennant un abonnement, de toutes charges concernant le casernement, et l'ordonnance du 5 août suivant a régularisé la perception de cet abonnement, qui n'est prélevé que dans les villes qui ont des octrois. La fixation de l'abonnement est faite de manière à atteindre la somme réelle que l'Etat a légitimement à reprendre dans la caisse de la commune. (*Instr. min., 7 sept. 1836.*)

2. La régie des contributions indirectes est chargée d'opérer le prélèvement des fonds d'abonnement, d'après le mode suivi pour le prélèvement du dixième de l'octroi. Le prélèvement ne se fait qu'à raison d'un quinzième par mois de la somme allouée au budget pour l'abonnement annuel, sauf, en cas d'insuffisance, les moyens additionnels de recouvrement, indiqués par l'art. 7 de l'ordonnance du 5 août 1818. (*Ord., 5 août 1818, art. 2.*)

3. Au commencement de chaque trimestre, l'intendant militaire fait dresser le décompte du nombre effectif des journées d'occupation du logement par les troupes, et le décompte trimestriel de l'abonnement. Il transmet ces décomptes au préfet, qui les communique aux maires des communes débitrices, pour être admis ou contestés.

4. Dans le premier cas, la feuille de décompte, visée par le préfet, est remise, par ses soins, au directeur des contributions indirectes, pour servir aux mêmes fins qu'un rôle exécutoire.

5. En cas de contestation par le maire, celui-ci s'adresse au préfet, qui transmet la réclamation au ministre de la guerre, pour y être statué, s'il s'agit du nombre de journées d'occupation. Si la réclamation porte sur le paiement des décomptes, il y est statué comme pour le dixième de l'octroi. Le point de contesta-

tion, une fois jugé par décision ministérielle, le paiement des décomptes est poursuivi par la régie, sauf le recours de droit au conseil d'Etat, selon les règlements. (*Ord., 5 août 1818, art. 3 à 6.*)

6. L'abonnement est fixe ou proportionnel, et constitue, pour les communes qui y sont soumises, une dépense obligatoire qui doit être, chaque année, portée au budget communal.

En cas de refus, de la part des conseils municipaux, d'accepter la somme arbitrée par le ministre de l'intérieur, la perception doit avoir lieu à l'effectif, à raison de 7 fr. par homme et de 3 fr. par cheval, sur des états de revue, et suivant les formes usitées dans l'administration militaire.

7. Il doit être remis aux maires de tous les lieux où il se trouve des bâtiments militaires conservés, un état détaillé des logements que ces bâtiments renferment. (*Décr., 8 juill. 1791, tit. 5, art. 3. — Règl., 23 mai 1792, art. 8.*)

8. Dans toutes les places de guerre, postes militaires et villes de garnison habituelle, il doit exister au secrétariat de la mairie un état de tous les logements et établissements que les maires peuvent fournir, sans fouler les habitants, lorsque les établissements militaires ne suffisent pas. (*Décr. préc., art. 4.*)

9. Lorsqu'il y a faute ou insuffisance de bâtiments affectés au logement des troupes destinées à tenir garnison, il y est pourvu par le maire, en établissant ces troupes, autant que faire se peut, soit dans les lieux désignés dans l'article précédent, soit dans les maisons vides et convenables, et en procurant aux troupes à cheval des écuries suffisantes. Ces maisons et écuries, que les maires doivent indiquer, sont choisies et louées par les sous-intendants militaires. (*Décr. préc., art. 8.*)

10. En cas de non-conciliation sur le prix du loyer, il y est pourvu par une fixation judiciaire; s'il y a urgence, le maire désigne les locaux qui doivent être mis à la disposition des troupes ou de l'administration militaire, sous la condition d'acquitter le prix de location qui sera ultérieurement déterminé. (*Règl., 20 juill. 1824.*)

11. Avant la prise de possession des locaux, les sous-intendants militaires doivent procéder, en la présence du maire, à la reconnaissance des maisons et écuries.

12. Si, au lieu d'un abonnement, les villes sont dans le cas de réclamer des dégrèvements partiels ou intégraux, il convient qu'elles joignent à l'appui de leurs réclamations, et comme pièces justificatives, la preuve dûment certifiée, soit des événements de force majeure, pouvant motiver l'exception sollicitée, soit l'état comparatif de la situation financière de la ville, avec le montant des sommes à payer pour le prélèvement, à l'effet de constater l'impossibilité où se trouve la caisse municipale de faire face à cette dépense, sans nuire aux services communaux; ou bien, enfin, de démontrer que les sommes produites par la consommation des troupes sont tout à fait inférieures à celles que le prélèvement de 7 fr. par homme et de 3 fr. par cheval exigerait de la ville.

CAUTIONNEMENT.

1. Les cautionnements à fournir par les percepteurs-receveurs des communes et d'établissements de bienfaisance sont déterminés, pour leur nature et leur quotité, dans chaque arrêté de nomination, et doivent être réalisés avant l'installation des comptables. — Ils sont fixés au dixième des recettes ordinaires portées au compte de l'année qui précède celle de la nomination du receveur. (*Instr. gén., 17 juin 1840, art. 1051.*)

2. Les cautionnements des receveurs des communes doivent être faits en numéraire et versés au trésor public. Les cautionnements des receveurs d'établissements de bienfaisance sont fournis en numéraire, en immeubles ou en rentes sur l'Etat. (*L., 21 avril 1816. — Instr. gén. préc., art. 1052.*)

3. Les cautionnements sont solidairement affectés aux diverses gestions dont un même comptable se trouve chargé cumulativement. (*Ord., 17 sept. 1837.*)

4. Lorsqu'un percepteur-receveur de communes et d'établissements de bienfaisance a cessé ses fonctions, et que ce comptable ou ses ayants cause demandent le remboursement de ses cautionnements, il doit justifier de sa libération

par la production de diverses pièces énoncées aux art. 1079, 1080 et 1081 de l'instruction générale sur la comptabilité publique, du 17 juin 1840.

CENTIMES ADDITIONNELS.

1. Les centimes additionnels sont une imposition locale destinée à subvenir aux frais de l'administration des communes dont les ressources sont insuffisantes. Ils se divisent en *centimes additionnels ordinaires* et *centimes additionnels extraordinaires.*

2. *Centimes additionnels ordinaires.* — Les conseils municipaux déterminent, dans leurs sessions annuelles, le nombre de centimes à percevoir additionnellement au principal des contributions directes. (*Arr., 4 therm. an 10, art. 10.*)

Ils ont été fixés à cinq centimes au principal de la contribution foncière et de la contribution personnelle et mobilière, par l'art. 31 de la loi du 15 mai 1818. Ils sont imposés sans qu'il soit besoin d'un vote spécial, au profit de toutes les communes, à l'exception de celles qui auront déclaré que cette contribution leur est inutile. A défaut de ce vote négatif, le produit des centimes additionnels est, au besoin, inscrit d'office au budget de la commune par l'autorité chargée de le régler.

3. *Centimes additionnels extraordinaires.* — Lorsque les cinq centimes ordinaires sont épuisés, et qu'une commune doit pourvoir à une dépense vraiment urgente, elle peut s'imposer jusqu'à vingt centimes ([1]) du principal des contributions, non compris les centimes spéciaux applicables aux dépenses de l'instruction primaire, aux chemins vicinaux et au traitement des gardes champêtres. (*L., 15 mai 1812, art. 39. — Instr. min. int., 17 mars 1837.*)

Le maximum des impositions extraordinaires est fixé à trois centimes pour les dépenses de l'instruction primaire (*L., 28 juin 1832*), et à cinq centimes pour celles des chemins vicinaux. (*L., 21 mai 1836.*) Ces centimes ne sont pas compris dans le maximum déterminé plus haut pour les centimes *facultatifs*, et affectés aux autres dépenses communales.

4. A partir du 1er janvier 1853, il a été ajouté, pour dégrèvements et non-valeurs, au produit des centimes additionnels départementaux et communaux, ordinaires et extraordinaires, savoir : un centime par franc de ce produit sur les centimes afférents aux contributions foncière, personnelle et mobilière; trois centimes par franc sur les centimes afférents aux portes et fenêtres, et cinq centimes par franc sur ceux afférents aux patentes. (*L.-budgét., 8 juill. 1853, art. 14.*)

5. La répartition de ces centimes est faite, chaque année, par un décret du chef de l'État. Un tiers est mis à la disposition des préfets, et les deux autres tiers restent à la disposition du ministre des finances, pour être, par lui, distribués ultérieurement entre les divers départements, en raison de leurs pertes et de leurs besoins. (*Décr., 19 avril 1852, et 26 mars 1853.*)

6. Le vote des centimes additionnels a lieu par le conseil municipal, assisté obligatoirement des plus imposés en nombre égal à celui des membres de ce conseil. (*L., 15 mai 1818, art. 39. — Instr. min. int., 27 mars 1837.*)

7. Les délibérations municipales concernant une contribution extraordinaire destinée à subvenir aux dépenses obligatoires, sont exécutoires en vertu d'un arrêté du préfet, s'il s'agit d'une commune ayant moins de cent mille francs de revenu, et d'un décret, s'il s'agit d'une commune ayant un revenu supérieur.

Dans le cas où la contribution extraordinaire a pour but de subvenir à d'autres dépenses que les dépenses obligatoires, elle ne peut être autorisée que par un décret, s'il s'agit d'une commune ayant moins de cent mille francs de revenu, et par une loi, s'il s'agit d'une commune ayant un revenu supérieur. (*LL., 18 juill. 1837, art. 40, et 10 juin 1853, art. 4.*)

8. L'arrêté préfectoral vise :

1° La délibération du conseil municipal, assisté des plus imposés;

([1]) Le nombre maximum de ces centimes est fixé, chaque année, par la loi du budget général de l'Etat.

2° Les pièces justificatives de la dépense;
3° Le tableau des membres du conseil municipal en exercice;
4° La liste des plus imposés;
5° Le certificat du maire constatant la convocation des plus imposés;
6° Le budget municipal;
7° Le chiffre du principal des quatre contributions directes;
8° Le certificat du receveur municipal, visé par le maire, constatant les impositions extraordinaires pour dépenses facultatives éventuelles pesant sur la commune. (*Instr., 5 mai 1852, modèle n° 13.*)

V. Impositions extraordinaires.

CÉRÉMONIES PUBLIQUES.

1. L'art. 3 du tit. 11 de la loi du 16-24 août 1790 charge les municipalités de veiller au maintien du bon ordre dans les cérémonies publiques. C'est donc aux maires qu'il appartient de prescrire toutes les mesures que la prudence peut suggérer pour prévenir tout accident et tout désordre, et pour assurer la tranquillité publique.

2. Le décret du 24 messidor an 12-13 juillet 1804 règle les rangs et préséances des diverses autorités dans les cérémonies publiques. Ce décret, qui n'a été modifié ni abrogé par aucune disposition postérieure, conserve encore toute sa vigueur.

CERTIFICATS.

1. Les maires sont presque journellement dans le cas de délivrer des certificats à leurs administrés, pour une infinité d'objets différents. Ainsi, un certificat de bonne vie et mœurs est demandé au maire par les personnes qui quittent la commune pour aller résider dans une autre, ou par celles qui postulent un emploi, une fonction, une récompense; un certificat d'indigence se demande ordinairement 1° pour être admis dans un atelier de charité, dans un hospice; 2° pour avoir part aux secours distribués par les bureaux de bienfaisance; 3° pour être dispensé de la consignation d'amende en cas de recours en cassation; 4° pour être soustrait à une amende de police, qu'on est dans l'impuissance d'acquitter; 5° pour l'obtention d'un secours du gouvernement, en qualité de veuve ou d'enfant de militaire; 6° pour obtenir l'assistance judiciaire; 7° pour l'obtention de secours de route et les moyens de transport, etc., etc. — Les certificats de vie exigés des militaires, pour le paiement des soldes de retraite, sont délivrés par les maires de leurs communes respectives, sauf à ceux-ci à prendre les mesures nécessaires pour s'assurer de l'identité des individus dont ils certifient l'existence.

2. Sont dispensés de la formalité du timbre et de l'enregistrement 1° les certificats délivrés pour services militaires, à l'exception de ceux réclamés par les remplaçants; 2° les certificats d'indigence; 3° les certificats de moralité; 4° ceux relatifs aux caisses de retraite, aux sapeurs-pompiers blessés, aux opérations de vaccine, et plusieurs autres certificats mentionnés dans des lois spéciales. — Les certificats de vie des rentiers et pensionnaires de l'Etat sont dispensés seulement de l'enregistrement.

CHAISES ET BANCS DANS LES ÉGLISES.

1. Les fabriques peuvent louer des bancs et des chaises dans les églises, suivant le tarif qui en est arrêté par l'évêque et par le préfet, et cette fixation doit être toujours la même, quelles que soient les cérémonies qui ont lieu dans les églises. (*Décr., 18 mai 1806.*)

2. Les bancs dans les églises ne doivent être concédés que pour la vie de ceux qui les demandent. Ils ne peuvent être établis que sous une redevance au profit de la fabrique, et les bancs vacants par la mort de ceux qui les ont loués, sont réaffermés par la fabrique. (*Déc. minist.*)

CHAMBRES DE COMMERCE.

1. Les chambres de commerce ont pour attributions de donner au gouvernement

les avis et renseignements qui leur sont demandés de sa part, sur les faits et les intérêts industriels et commerciaux; de présenter leurs vues sur l'état de l'industrie et du commerce, et sur les moyens d'en accroître la prospérité; sur les améliorations à introduire dans toutes les branches de la législation commerciale, y compris le tarif des douanes, etc. (*Décr., 3 sept. 1851, art. 11.*)

2. Le préfet et le sous-préfet, suivant les localités, sont membres de droit des chambres de commerce; ils président les séances auxquelles ils assistent. (*Décr. préc., art. 9.*)

3. Dans les dix premiers mois de chaque année, les chambres de commerce adressent au préfet de leur département le compte-rendu des recettes et des dépenses de l'année précédente, et le projet de budget des recettes et dépenses de l'année suivante. Le préfet transmet ces comptes et ces budgets, avec ses observations et son avis personnel, au ministre de l'agriculture et du commerce, qui les approuve, s'il y a lieu. (*Décr. préc., art. 17.*)

4. L'assemblée électorale se tient dans la ville où est établie la chambre de commerce; elle est convoquée et présidée, suivant les localités, par le préfet, le sous-préfet, ou leurs délégués, assisté de quatre électeurs, qui sont les deux plus âgés et les deux plus jeunes des membres présents. Le bureau, ainsi composé, nomme un secrétaire pris dans l'assemblée. (*Décr., 30 août 1852, art. 2.*)

CHAMBRES CONSULTATIVES DES ARTS ET MANUFACTURES.

1. Il peut être établi, dans les lieux où le gouvernement le juge convenable, des chambres consultatives des arts et manufactures. (*L., 22 germ. an 11-12 avril 1803, art. 1er.*)

2. Leurs fonctions sont de faire connaître les besoins et les moyens d'amélioration des manufactures, fabriques, arts et métiers. (*L. préc., art. 3.*)

3. Les chambres consultatives de manufactures sont composées chacune de six membres, et présidées par les maires des lieux où elles sont placées; dans les communes où il se trouve plusieurs maires, le préfet préside la chambre, ou désigne celui qui doit le remplacer. (*Arr., 10 therm. an 11-29 juillet 1803, art. 1er.*)

4. Les chambres consultatives envoient leurs projets et mémoires au sous-préfet de leur arrondissement, qui les transmet avec ses observations au préfet; les préfets sont tenus de les adresser au ministre avec leur avis. (*Arr. préc., art. 5.*)

5. Les maires des lieux où il est établi des chambres consultatives doivent fournir un local convenable pour la tenue des séances. (*Arr. préc., art. 8.*)

6. Les menus frais de bureau auxquels cette tenue donne lieu font partie des dépenses des communes, sont portés dans leurs budgets, et acquittés sur leurs revenus. (*Arr. préc., art. 9.*)

7. L'élection des membres des chambres consultatives des arts et manufactures est faite par les industriels et les commerçants compris dans la circonscription de chacune de ces chambres, et inscrits sur les listes de notables, conformément aux art. 618 et 619 du Code de commerce. (*Décr., 30 août 1852, art. 1 et 3.*)

8. Les chambres consultatives donnent leur avis au préfet, en cas de contestation, sur la vérification de la nature des marques de fabrication des étoffes et tissus de l'espèce de ceux qui sont prohibés, ou sur le procédé d'application de ces marques. (*Ord., 8 août 1816.*)

CHARCUTIERS.

1. La police municipale ayant, en vertu des pouvoirs qui lui sont conférés par les lois des 24 août 1790 et 22 juillet 1791, la faculté de faire des réglements, à l'effet de garantir la sûreté et la salubrité publiques, elle peut prendre, à l'égard des charcutiers, des mesures analogues à celles qui concernent les bouchers, pourvu qu'elles ne soient pas contraires à la liberté du commerce, et qu'elles n'excèdent pas la compétence municipale.

2. Ainsi, dans les villes où il existe des abattoirs, les charcutiers sont ordinairement tenus d'abattre leurs porcs dans ces établissements, et, dans celles où il

n'y a pas d'abattoir, il doit être enjoint à tout charcutier qui s'établit, de choisir un local derrière lequel se trouve une cour où il puisse faire son travail sans être vu du public.

3. Pour éviter le danger qui résulterait de la vente et de l'usage de viande de porc attaquée de *ladrerie*, l'art. 13 du tit. 1er de la loi du 22 juillet 1791 a enjoint aux officiers de police d'entrer dans les maisons de charcutiers, assistés de personnes compétentes, pour y faire la vérification des chairs qu'ils débitent et s'assurer s'il n'y en a point de gâtées ou provenant d'animal infecté de la maladie.

CHARGEMENT DES VOITURES.—Rép. adm., 1853, pag. 380.

LÉGISLATION.

Loi du 30 mai 1851. — Décret du 10 août 1852.

1. *Voitures servant au transport des marchandises.* — La largeur du chargement des voitures qui ne servent pas au transport des personnes, ne peut excéder 2 mèt. 50 cent. Toutefois, les préfets des départements traversés peuvent délivrer des permis de circulation pour les objets d'un grand volume qui ne seraient pas susceptibles d'être chargés dans ces conditions.

Sont affranchis, conformément à la loi du 30 mai 1851, de toute réglementation de largeur de chargement, les voitures d'agriculture, lorsqu'elles sont employées au transport des récoltes de la ferme aux champs, et des champs à la ferme ou au marché. (*Décr., 10 août 1852, art. 3.*)

2. *Voitures publiques servant au transport des personnes.* — Le maximum de la hauteur des voitures publiques, depuis le sol jusqu'à la partie la plus élevée du chargement, est fixé à 3 mètres pour les voitures à quatre roues, et à 2 mèt. 60 cent. pour les voitures à deux roues.

Il est accordé, pour les voitures à quatre roues, une augmentation de 10 centimètres, si elles sont pourvues à l'avant-train de sassoires et contre-sassoires formant chacune au moins un demi-cercle de 1 mèt. 15 cent. de diamètre, ayant la cheville ouvrière pour centre.

Lorsque, par application du 3e § de l'art. 20 (1), on autorisera une réduction dans la largeur de la voie, le rapport de la hauteur de la voiture avec la largeur de la voie sera, au maximum, de 1 3/4.

Dans tous les cas, la hauteur est réglée par une traverse en fer placée au milieu de la longueur affectée au chargement, et dont les montants, au moment de la visite prescrite par l'art. 17 (2), sont marqués d'une estampille constatant qu'ils ne dépassent pas la hauteur voulue ; ils doivent, ainsi que la traverse, être constamment apparents.

La bâche qui recouvre le chargement ne peut déborder ces montants ni la hauteur de la traverse.

Il est défendu d'attacher aucun objet en dehors de la bâche. (*Décr. préc., art. 22.*)

3. *Peines.* — Les contraventions du no 1 sont punies d'une amende de 5 à 30 fr. ; elles sont jugées par le conseil de préfecture. (*L., 30 mai 1851, art. 4, et 17-§ 1er.*)

Les contraventions du no 2 sont punies, suivant le cas, d'une amende de 16 à 200 fr., de 100 à 1,000 fr. et prison ; elles sont jugées par le tribunal correctionnel. (*L., 30 mai 1851, art. 2, § 3. — Décr., 10 août 1852, art. 22. — Décr., 14 fruct. an 12, art. 6. — L., 25 mars 1817, art. 115 et 122.*)

CHASSE. — Form. mun., tom. II, pag. 579.

LÉGISLATION.

Loi du 3 mai 1844.

§ 1er. — Permis de chasse, délivrance, règles générales.

1. Nul ne peut chasser sans être muni d'un permis de chasse, quels que soient

---

(1) En pays de montagnes, les entrepreneurs peuvent être autorisés par les préfets, sur l'avis des ingénieurs et des agents voyers, à employer des largeurs de voies moindres que celles réglées par les paragraphes précédents, mais à la condition que les voies seront au moins égales à la voie la plus large des voitures en usage dans la contrée. (*Décr., 10 août 1852, art. 20, § 3.*)

(2) Cette visite est déterminée par les art. 17 et 18 du décret précité.

le mode, la nature et le but de la chasse. (*L., 3 mai 1844, art. 1er. — Instr. gén. min. int., 22 juill. 1851.*)

2. Les préfets ne peuvent autoriser la chasse sans permis. (*Instr. préc. — Arr. cass., 18 avril 1845.*)

3. Les permis de chasse sont délivrés, sur l'avis du maire et du sous-préfet, par le préfet du département dans lequel celui qui en fait la demande a sa résidence ou son domicile. La délivrance des permis de chasse donne lieu au paiement d'un droit de 15 fr. au profit de l'Etat, et de 10 fr. au profit de la commune dont le maire a donné l'avis. Les permis de chasse sont personnels; ils sont valables pour toute la France et pour un an seulement. (*L., 3 mai 1844, art. 5.*)

4. Les agents chargés de constater les délits de chasse ne doivent point se contenter de l'exhibition, par le chasseur, de la quittance du prix du permis délivré par le percepteur. L'avis de la délivrance du permis ne peut non plus être considéré comme le permis lui-même. Le chasseur qui a perdu son permis ne peut y substituer un certificat émanant du préfet, et constatant la délivrance de cette pièce; il ne doit se livrer à l'exercice de la chasse qu'après avoir obtenu un second permis et en avoir acquitté le prix. (*Instr. gén. min. int., 22 juill. 1851.*)

5. La demande du permis de chasse doit être faite sur papier timbré; elle est remise au maire, accompagnée de la quittance de 25 fr. délivrée par le percepteur. Le maire la transmet ensuite, avec son avis, au sous-préfet, qui les fait parvenir au préfet, lequel adresse directement les permis accordés aux maires des communes où résident les intéressés. (*Circ. min. int., 20 mai 1844, 30 juill. et 5 sept. 1849.*)

6. Un relevé nominatif des permis délivrés est tenu et certifié par le receveur municipal, et visé par le maire et le receveur des finances. (*Agenda des receveurs municipaux, 4e édit., no 251.*)

7. Si le permis, sorti des bureaux de la préfecture, n'est pas arrivé à sa destination, le préfet peut en délivrer un second, sans imposer à l'impétrant la condition d'en consigner de nouveau le prix. A la demande en délivrance d'un duplicata doit être joint un certificat du maire constatant la non-remise de la première formule. (*Instr. gén. min. int., 22 juill. 1851.*)

8. Le préfet peut refuser le permis de chasse: 1° à tout individu majeur qui n'est point personnellement inscrit, ou dont le père ou la mère n'est pas inscrit au rôle des contributions; 2° à tout individu qui, par une condamnation judiciaire, est privé de l'un ou de plusieurs des droits énumérés dans l'art. 42 du Code pénal, autres que le droit de port d'armes; 3° à tout condamné à un emprisonnement de plus de six mois pour rébellion ou violence envers les agents de l'autorité publique; 4° à tout condamné pour délit d'association illicite, de fabrication, débit, distribution de poudre, armes ou autres munitions de guerre; de menaces écrites ou de menaces verbales avec ordre ou sous condition; d'entraves à la circulation des grains; de dévastation d'arbres ou de récoltes sur pied, de plants venus naturellement ou faits de main d'homme; 5° à ceux qui auront été condamnés pour vagabondage, mendicité, vol, escroquerie ou abus de confiance. La faculté de refuser le permis de chasse aux condamnés dont il est question dans les paragraphes 3, 4 et 5 cesse cinq ans après l'expiration de la peine. (*L., 3 mai 1844, art. 6.*)

Le permis de chasse n'est pas délivré: 1° aux mineurs qui n'ont pas seize ans accomplis; 2° aux mineurs de seize à vingt et un ans, à moins que le permis ne soit demandé pour eux par leur père, mère, tuteur ou curateur, porté au rôle des contributions; 3° aux interdits; 4° aux gardes champêtres ou forestiers des communes et établissements publics, ainsi qu'aux gardes forestiers de l'Etat et aux gardes-pêche. (*L. préc., art. 7.*)

Le permis de chasse n'est pas accordé: 1° à ceux qui, par suite de condamnations, sont privés du droit de port d'armes; 2° à ceux qui n'ont pas exécuté les condamnations prononcées contre eux pour l'un des délits prévus par la présente loi; 3° à tout condamné placé sous la surveillance de la haute police. (*L. préc., art. 8.*)

Ce refus doit être fait, non-seulement à toutes les personnes énumérées dans cet article 6, mais encore aux étrangers qui demeurent en France sans y avoir une résidence fixe, ou à ceux qui, ayant une résidence fixe, sont placés sous la surveillance par suite de circonstances politiques. (*Instr. pol. gén. min. int., 22 juill. 1851.*)

9. Les demandes de permis de chasse doivent toujours être faites directement par les intéressés, quand ils sont majeurs. (*Instr. préc.*)

10. Les permis de chasse doivent être datés du jour où le préfet les signe, ou, mieux encore, du jour de leur envoi. Le jour de la délivrance du permis et celui de son expiration ne comptent pas dans l'année pendant la durée de laquelle ils sont valables. (*Instr. préc. — Arr. cass.*)

11. Il n'y a pas lieu de soumettre à la formalité du timbre la demande en renouvellement du permis de chasse, non plus que la demande primitive. (*Circ. min. int., 25 mars 1846.*)

§ 2. — Ouverture et clôture de la chasse. — Chasses et transports de gibier permis et prohibés.

12. Les préfets déterminent, par des arrêtés publiés au moins dix jours à l'avance, l'époque de l'ouverture et celle de la clôture de la chasse dans chaque département. (*L., 3 mai 1844, art. 3.*)

13. Les préfets, sur l'avis des conseils généraux de département, prennent des arrêtés pour déterminer 1° l'époque de la chasse des oiseaux de passage, autres que la caille, et les modes et procédés de cette chasse; 2° le temps pendant lequel il est permis de chasser le gibier d'eau, dans les marais, sur les étangs, fleuves et rivières; 3° les espèces d'animaux malfaisants ou nuisibles que le propriétaire, possesseur ou fermier, peut en tout temps détruire sur ses terres, et les conditions de l'exercice de ce droit. — Ils peuvent également prendre des arrêtés, 1° pour prévenir la destruction des oiseaux; 2° pour autoriser l'emploi des chiens lévriers, pour la destruction des animaux malfaisants ou nuisibles; 3° pour interdire la chasse pendant les temps de neige. (*L. préc., art. 9.*)

14. Les maires doivent faire publier et afficher, dans les formes et aux lieux accoutumés, et aussitôt qu'ils les ont reçus, les arrêtés du préfet, qui déterminent l'époque de l'ouverture et celle de la clôture de la chasse, qui en réglementent le droit, etc.

15. Les arrêtés qui fixent le jour de l'ouverture ou de la clôture de la chasse doivent être rédigés en termes généraux et ne contenir aucune distinction entre les bois et la plaine, entre les terrains clos et non clos, entre la chasse au chien courant et au chien d'arrêt, enfin entre la chasse au gros gibier (gibier de bois) et le gibier ordinaire. (*Instr. gén. min. int., 22 juill. 1851.*)

Les seules exceptions admises par la loi du 3 mai 1844, art. 9, sont exclusivement relatives à la chasse des oiseaux de passage et du gibier d'eau. (*Instr. préc.*)

16. Les préfets peuvent fixer des époques différentes dans les divers arrondissements, cantons et communes de leurs départements, selon que l'exposition des localités comprises dans ces divisions administratives y hâte ou retarde la maturité et l'enlèvement des récoltes. (*Instr. préc.*)

17. Les maires ont seuls le droit, pour protéger les récoltes, de suppléer au silence de la loi et de prendre des arrêtés de police municipale pour défendre la chasse, par exemple, à une certaine distance des vignes, jusqu'à la fin du ban de vendange et grapillage. (*Instr. préc. — Arr. cass., 4 sept. 1847.*)

Cependant, les préfets, dans leurs arrêtés d'ouverture, peuvent, par application de l'art. 11 de la loi du 3 mai 1844, rappeler que tout délit de chasse commis sur des terres non dépouillées de leurs récoltes est puni d'une amende qui peut être portée au double. (*Instr. préc.*)

18. Les préfets des départements compris dans une même zone doivent se concerter pour fixer, autant que possible, les mêmes époques d'ouverture et de clôture. Ils doivent aussi prendre des mesures pour que leurs arrêtés à ce sujet ne soient pas affichés seulement dans leurs départements respectifs, mais encore dans les principaux centres de population des départements voisins. (*Instr. préc.*)

19. Les daims, faisans et sangliers peuvent être transportés dans le temps où la chasse est prohibée; mais ce transport n'est permis par le préfet que sur le vu

d'un certificat du maire de la commune d'origine, certificat qui doit indiquer exactement le nombre et l'espèce des animaux, et constatant qu'ils ont été élevés sur la propriété de celui qui veut les transporter ; que, de plus, ce transport n'a pas lieu dans un intérêt de commerce et de consommation. Dans le cas où les animaux à transporter sont en grand nombre et ont un caractère malfaisant ou nuisible, comme les sangliers, les pétitionnaires doivent joindre à l'appui de leur demande l'avis du maire de la commune de la destination, ainsi que celui du sous-préfet de l'arrondissement dont dépend cette commune. (*Instr. gén. min. int., 22 juill. 1851.*)

20. Relativement à la destruction des animaux malfaisants ou nuisibles, v. BATTUES.

21. Les arrêtés pris par les préfets en vertu de l'art. 9 de la loi du 3 mai 1844 ont un caractère permanent, et il n'est pas besoin de les renouveler chaque année.

§ 3. — Délits de chasse et Agents chargés de la répression de ces délits.

22. Les délits prévus par la loi du 3 mai 1844 sont prouvés, soit par procès-verbaux ou rapports, soit par témoins, à défaut de rapports et procès-verbaux, ou à leur appui. (*L., 3 mai 1844, art. 21.*)

23. Les procès-verbaux des maires et adjoints, commissaires de police, officier, maréchal-des-logis ou brigadier de gendarmerie, gendarmes [1], gardes forestiers, gardes-pêche, gardes champêtres ou gardes assermentés des particuliers, font foi jusqu'à preuve contraire. (*L. préc., art. 22.*)

24. Il en est de même des procès-verbaux des employés des contributions indirectes et des octrois, lorsque, dans la limite de leurs attributions respectives, ces agents recherchent et constatent les délits prévus par le § 1er de l'art. 4 de la loi du 3 mai 1844. (*L. préc., art. 23.*)

25. Dans les vingt-quatre heures du délit, les procès-verbaux des gardes sont, à peine de nullité, affirmés par les rédacteurs devant le juge de paix ou l'un de ses suppléants, ou devant le maire ou l'adjoint, soit de la commune ou de leur résidence, soit de celle où le délit a été commis. (*L. préc., art. 24.*)

§ 4. — Amendes et gratifications.

26. Les amendes prononcées contre les délinquants sont attribuées aux communes sur le territoire desquelles les délits ont été commis, déduction faite des gratifications accordées aux gardes et gendarmes. (*L. préc., art. 19.*)

Il en est de même des amendes pour délits de chasse commis dans les bois de l'Etat, des communes, des établissements publics et des particuliers, soumis au régime forestier. (*Circ. min. int., 3 juin 1847.*)

27. Ce n'est pas au préfet, mais au directeur des domaines, à ordonnancer les gratifications. (*Ord., 5 mai 1845, art. 2. — Instr. gén. min. int., 22 juill. 1851.*)

§ 5. — Affermage du droit de chasse dans les bois communaux.

28. Les maires sont autorisés à affermer le droit de chasse dans les bois communaux, à la charge de faire approuver la mise en ferme par le préfet et le ministre de l'intérieur. (*Décr., 25 prair. an 13-14 juin 1805.*)

A cet effet, le conseil municipal délibère, et le maire soumet la délibération, ainsi que le cahier des charges dressé quant à ce par lui, à l'approbation du préfet, par l'intermédiaire du sous-préfet. Ces deux pièces doivent être transmises en double expédition. — V. ADJUDICATIONS.

29. Le receveur municipal doit être appelé à ces adjudications. (*L., 18 juill. 1837, art. 16.*)

30. Les maires doivent adresser aux agents forestiers locaux une expédition

---

[1] La gendarmerie dresse procès-verbal contre tous individus trouvés en contravention aux lois et règlements sur la chasse ; elle saisit les filets, engins, et autres instruments de chasse prohibés par la loi, ainsi que les armes abandonnées par les délinquants, et réprime la mise en vente, la vente, l'achat, le transport et le colportage du gibier pendant le temps où la chasse est interdite. (*Décr., 1er mars 1854, art. 328.*)

du procès-verbal d'adjudication des baux de chasse dans les bois communaux, ainsi que des clauses qui les régissent. (*Circul. min. int., 4 nov. 1850.*)

31. Le maire ne peut se rendre locataire du droit de chasse sur les propriétés de la commune qu'il administre. (*Déc. min. int., 25 janv. 1830.*)

CHAUX. V. Fours a chaux.

CHEMINÉES, FOURS. — Form. mun., tom. III, pag. 5.

1. L'art. 9 du tit. 2 de la loi sur la police rurale, du 28 septembre-6 octobre 1791, prescrit les règles à observer pour la police des fours et des cheminées des bâtiments ruraux. Suivant cet article, les officiers municipaux sont tenus de faire, au moins une fois par an, la visite des fours et cheminées de toutes maisons et de tous bâtiments éloignés de moins de deux cents mètres des autres habitations; ces visites doivent être préalablement annoncées huit jours d'avance. — Après la visite, ils doivent ordonner la réparation ou la démolition des fours et cheminées qui se trouveraient dans un état de délabrement qui pourrait occasionner un incendie ou d'autres accidents.

2. Quant aux fours et cheminées des villes, les maires ont, d'après l'art. 3, § 5, tit. 11, de la loi du 16-24 août 1790, et l'art. 46, tit. 1er de la loi du 19-22 juillet 1791, le droit de prescrire toutes les mesures de précaution qu'ils jugent nécessaires pour prévenir les incendies, et ils puisent ces mesures dans les règlements locaux ou dans les anciens usages ou coutumes.

CHEMINS DE FER. — Form. mun., tom. III, pag. 9.

LÉGISLATION.

Loi du 15 juillet 1845, sur la police des chemins de fer. — Ordonnance réglementaire du 15 novembre 1846. — Loi du 27 février 1850. — Arrêté du ministre des travaux publics, du 15 avril 1850. — Décret du 27 mars 1852.

PROCÉDURE.

1. L'établissement des chemins de fer fait partie des entreprises d'utilité publique pour lesquelles les compagnies qui s'en chargent sont substituées aux droits et aux obligations de l'Etat.

Les conditions d'établissement sont réglées par les actes de concession. Parmi ces conditions, il en est de générales et de particulières. Les premières sont reproduites dans tous les actes de concession, sauf les modifications dont l'expérience et les progrès de l'art ont fait reconnaître la nécessité. Les autres, qui sont variables suivant les circonstances, reçoivent dans les actes de concession toutes les modifications dont elles sont susceptibles.

2. Les chemins de fer construits ou concédés par l'Etat font partie de la grande voirie. (*L., 15 juill. 1845, art. 1er.*)

3. Sont applicables aux chemins de fer les lois et règlements sur la grande voirie qui ont pour objet d'assurer la conservation des fossés, talus, levées et ouvrages d'art dépendants des routes, et d'interdire, sur toute leur étendue, le pacage des bestiaux et les dépôts de terre et autres objets quelconques. (*L. préc., art. 2.*)

4. Sont applicables aux propriétés riveraines des chemins de fer les servitudes imposées par les lois et règlements sur la grande voirie, et qui concernent l'alignement, l'écoulement des eaux, l'occupation temporaire des terrains en cas de réparation, la distance à observer pour les plantations, et l'élagage des arbres plantés, le mode d'exploitation des mines, minières, tourbières, carrières et sablières, dans la zone déterminée à cet effet.

Sont également applicables à la confection et à l'entretien des chemins de fer, les lois et règlements sur l'extraction des matériaux nécessaires aux travaux publics. (*L. préc., art. 3.*)

5. Les procès-verbaux constatant les contraventions de voirie commises par les concessionnaires ou fermiers des chemins de fer, sont notifiés administrativement, dans les quinze jours de leur date, au domicile élu par le concessionnaire

ou fermier, à la diligence du préfet, et transmis, dans le même délai, au conseil de préfecture du lieu de la contravention. (*L., 15 juill. 1845, art. 12.*)

6. Les contraventions aux dispositions relatives à la sûreté de la circulation sur les chemins de fer, sont prévues par les art. 16 et suivants de la loi précitée du 15 juillet 1845.

7. Les mesures d'ordre et de police à observer sur les chemins de fer sont réglées par l'ordonnance du 15 novembre 1846.

8. Des commissaires et sous-commissaires, spécialement préposés à la surveillance des chemins de fer, sont nommés par le ministre des travaux publics. (*L., 27 févr. 1850, art. 1er.*)

9. Ils ont, pour la constatation des crimes, délits et contraventions commis dans l'enceinte des chemins de fer et de leurs dépendances, les pouvoirs d'officiers de police judiciaire. (*L. préc., art. 3.*)

10. Ils sont, en cette qualité, sous la surveillance du procureur impérial, et lui adressent directement leurs procès-verbaux. — Néanmoins, ils adressent aux ingénieurs, sous les ordres desquels ils continuent à exercer leurs fonctions, les procès-verbaux qui constatent les contraventions à la grande voirie, et en double original, aux procureurs impériaux et aux ingénieurs, ceux qui constatent des infractions aux règlements de l'exploitation. — Dans la huitaine du jour où ils auront reçu les procès-verbaux constatant des infractions aux règlements de l'exploitation, les ingénieurs transmettent au procureur impérial leurs observations sur ces procès-verbaux. — Dans le même délai, ils transmettent au préfet les procès verbaux dressés pour contraventions à la grande voirie. (*L. préc., art. 4.*) — V. Commissaires de police.

11. Le contrôle et la surveillance des chemins de fer, exploités par les compagnies, sont exercés directement par le ministre des travaux publics, pour tout ce qui concerne le service de l'exploitation proprement dite, l'ensemble de la circulation, l'application des tarifs, la surveillance des opérations commerciales et les mesures générales d'intérêt public. (*Arr. min. fin., 15 avril 1850, art. 1er.*)

12. Les mesures d'intérêt local concernant la conservation des bâtiments, ouvrages d'art, terrassements et clôtures, des abords des gares et stations, des passages à niveau, des ponts, rivières et canaux traversant les chemins de fer, y compris la police des cours dépendant des stations, et, en général, toutes les questions relatives à l'exécution des titres 1 et 2 de la loi du 15 juillet 1845, sur la police des chemins de fer, sont dans les attributions des préfets des départements traversés. — Chaque préfet prend, en outre, dans l'étendue de son département, les mesures nécessaires pour rendre exécutoires les règlements et instructions ministériels concernant le public. (*Arr. préc., art. 2.*)

13. Le personnel actif employé par les compagnies est soumis à la surveillance de l'administration publique. L'administration aura le droit, les compagnies entendues, de requérir la révocation d'un agent de ces compagnies. (*Décr., 27 mars 1852, art. 1er.*)

CHEMINS DE HALAGE.

1. On appelle *chemin de halage* l'espace de terrain laissé le long des bords des rivières, pour servir au trait des chevaux ; ce chemin est aussi appelé *marchepied.*

2. Les chemins de halage doivent avoir une largeur de 7 mètres 776 millim. au moins du côté où les bateaux se tirent, et 3 mètres 330 millim. de l'autre côté. (*Ord. 1669, tit. 28, art. 7. — Cod. civ., art. 556, 650. — Décr., 22 janv. 1808, art. 1er.*)

3. Les propriétaires riverains, en quelque temps que la navigation ait été établie, sont tenus de laisser le passage pour le chemin de halage. (*Décr. préc., art. 2.*)

4. L'administration peut, lorsque le service n'en doit pas souffrir, restreindre la largeur des chemins de halage, notamment quand il y aura antérieurement

des clôtures en haies vives, murailles ou travaux d'art, ou des maisons à détruire. (*Décr., 22 janv. 1808, art. 4. — Cons. d'Etat, 28 déc. 1849.*)

5. Un arrêt du conseil d'Etat, du 8 mai 1822, rend applicable aux rivières *flottables* seulement, les dispositions ci-dessus de l'ordonnance de 1669.

6. L'obligation du chemin de halage n'est qu'une servitude et ne caractérise point une expropriation. La propriété privée conserve sa nature et ses prérogatives, hors les cas du service de la navigation. (*Ord.-arr., 26 août 1818. — Arr. cass., 24 févr. 1827.*)

7. C'est au préfet à ordonner l'établissement d'un marche-pied ou d'un chemin de halage, à en déterminer la largeur, etc. Le conseil de préfecture ne connaît que des contraventions qui peuvent être commises à ce sujet. (*Cons. d'Etat, 13 août 1850.*)

8. Les chemins de halage font partie de la grande voirie (*Cons. d'Etat, 8 mai 1822*) et sont hors des attributions de la police municipale. (*Arr. cass.*)

9. Les propriétaires d'arbres plantés sur les chemins de halage peuvent abattre ces arbres sans autorisation de l'administration. (*Cons. d'Etat, 14 juin 1851.— Dufont.*)

CHEMINS RURAUX.

1. Les maires doivent rechercher sur tout le territoire de leur commune les chemins publics autres que les rues, les routes et les chemins vicinaux, et en dresser un état intitulé : *Etat général de tous les chemins ruraux de la commune de.....* (*Circ. min., 16 nov. 1839.*)

2. Le tableau des chemins ruraux, publié dans les formes voulues, et arrêté par le préfet, fait titre pour la commune, et le maire doit s'opposer à toute anticipation sur ces chemins.

3. Dans les communes où ce tableau des chemins ruraux n'existe pas, ces chemins sont portés sur le tableau général des chemins, à la suite de ceux qui ont été déclarés chemins vicinaux.

4. Les maires sont chargés de la police des chemins ruraux, en vertu des lois d'attributions municipales qui leur confient le soin de prendre des mesures sur tout ce qui intéresse la sûreté et la commodité du passage dans les rues, quais, places et voies publiques. (*L., 16-24 août 1790, tit. 11, art. 8.*)

5. Cependant, le droit des communes sur les chemins ruraux se borne à la conservation et au maintien de ces chemins. Elles ne peuvent ni imposer des contributions aux usagers, ni rien prélever sur les ressources spéciales affectées aux chemins vicinaux, pour pourvoir aux réparations qui y sont nécessaires.

Elles ont, toutefois, la faculté, lorsqu'elles ont pourvu, sur leurs revenus ordinaires, à toutes leurs dépenses obligatoires, d'affecter tout ou partie du restant disponible à la réparation ou à l'entretien des chemins ruraux.

Les votes émis à ce sujet sont inscrits au budget communal, et sont rendus exécutoires suivant les règles ordinaires.

6. Le plus ordinairement, l'entretien des chemins ruraux est laissé à la charge des particuliers qui les fréquentent habituellement pour l'exploitation de leurs propriétés. Mais l'autorité municipale ne peut rien leur prescrire obligatoirement, puisque cette charge ne leur est imposée par aucune disposition légale.

7. Si les racines des plantations faites le long des chemins ruraux anticipent sur le sol de ces chemins, de manière à gêner la circulation, ou même à en restreindre graduellement la largeur, les maires peuvent et doivent prendre un arrêté, approuvé par le préfet, pour ordonner le recepage de ces racines. Il en est de même pour l'élagage des haies ou arbres dont les branchages feraient obstacle au passage des voitures. (*Circ. min. int., 16 nov. 1839.*)

8. Les contraventions à ces arrêtés et les anticipations sont constatées par procès-verbal, et déférées aux tribunaux de simple police. (*Circ. préc.*)

CHEMINS VICINAUX. — Form. mun., tom. III, pag. 19.

LÉGISLATION.

Lois du 28 juillet 1824, et du 21 mai 1836, sur les chemins vicinaux.

SOMMAIRE.

§ 1er. — Ouverture et classement.

1. Lorsqu'il y a lieu de donner à des voies de communication le caractère de chemin vicinal, le maire forme un état indiquant 1° la direction de chaque chemin, c'est-à-dire, le lieu où il commence, celui où il aboutit, et les hameaux ou autres localités principales qu'il traverse; 2° la longueur des chemins sur le territoire de la commune; 3° leur largeur actuelle. Le maire fait également connaître les portions de chemins qu'il pourrait être nécessaire d'élargir. *(Instr. min., 24 juin 1836, sur l'art. 1er de la loi du 21 mai.)*

2. Cet état doit être déposé à la mairie pendant un mois; les habitants sont prévenus de ce dépôt par une publication faite dans la forme ordinaire; ils sont invités à prendre connaissance de l'état des chemins dont le classement est projeté, et avertis que, pendant le délai du dépôt, ils peuvent adresser au maire toutes les observations et réclamations dont le projet de classement leur paraîtrait pouvoir être l'objet, soit dans leur intérêt privé, soit dans l'intérêt de la commune. *(Instr. préc.)*

3. Après l'expiration du délai d'un mois, l'état dressé par le maire, ainsi que les oppositions ou réclamations auxquelles il peut avoir donné lieu, est soumis au conseil municipal, qui doit donner son avis, tant sur les propositions du maire que sur les propositions ou réclamations déposées à la mairie. *(Instr. préc.)*

4. La délibération du conseil municipal, ainsi que toutes les pièces à l'appui, est transmise par le maire au sous-préfet, qui l'adresse au préfet avec son avis motivé, et, après l'examen de ces documents, le préfet déclare, par un arrêté pris dans la forme ordinaire, que tels chemins de telle largeur font partie des chemins vicinaux de la commune de..... *(Instr. préc.)*

5. Ces formalités, prescrites pour le classement des chemins vicinaux, doivent être également observées pour leur ouverture et redressement. Un arrêté du préfet autorise les travaux pour leur exécution. — V. Travaux communaux.

6. Les mêmes formalités doivent être observées pour le déclassement d'un chemin vicinal. Toutefois, il est nécessaire, dans ce cas, de remplir une formalité de plus. Elle consiste à faire délibérer les conseils municipaux des communes qui peuvent avoir intérêt à la conservation du chemin, et, s'il n'y a pas unanimité dans les délibérations, le sous-préfet fait ouvrir une enquête dans ces mêmes communes. *(Instr. préc.)*

7. L'arrêté du préfet, portant reconnaissance et fixation de la largeur d'un chemin vicinal, attribue définitivement au chemin le sol compris dans les limites qu'il détermine, et le droit des propriétaires riverains se résout en une indemnité. *(L., 21 mai 1836, art. 15.)*

8. Dans le cas où, pour satisfaire les besoins de la circulation, ou pour faciliter l'entrée des villes, bourgs ou villages, il y a nécessité de dépasser les limites du maximum, l'excédant de largeur qu'il convient de donner au chemin sera déterminé par le préfet, sur la proposition de l'agent voyer, après délibération du conseil municipal, et sur l'avis du maire et du sous-préfet. *(Projet de règl. gén., 21 juill. 1854, art. 4.)*

9. Conformément à l'article 15 de la loi du 21 mai 1836, l'arrêté qui fixe la

largeur d'un chemin vicinal opère au profit de la commune la dépossession du propriétaire dont les terrains doivent servir à l'élargissement du chemin. Cet arrêté doit être notifié au propriétaire, au moins huit jours avant l'occupation des terrains. A l'expiration de ce délai, la portion du sol nécessaire à l'élargissement est immédiatement incorporée à la voie publique. Toutefois, si cette portion est occupée par des constructions ou des plantations, il peut être sursis à l'élargissement jusqu'à la destruction par vétusté desdites constructions ou plantations. (*Projet de règl. gén., 21 juill. 1854, art. 5.*)

§ 2. — Indemnités de terrains.

10. Les indemnités de terrains sont réglées à l'amiable par le maire, ou bien par le juge de paix du canton, sur un rapport d'experts nommés, l'un, par le sous-préfet, et l'autre par le propriétaire. En cas de désaccord, le tiers expert est nommé par le conseil de préfecture. (*L., 21 mai 1836, art. 15 et 17.*) Les actes sont passés dans la forme administrative et homologués par arrêté du préfet. Ils sont soumis au timbre, à l'enregistrement et à la transcription. (*L. préc., art. 20.*

11. Si les indemnités n'ont pu être réglées à l'amiable ou par le juge de paix, on a recours à l'expropriation pour cause d'utilité publique dans les formes prescrites par la loi du 3 mai 1841. — V. Expropriation pour utilité publique.

12. Dans ce cas, le jury spécial chargé de régler les indemnités, n'est composé que de quatre jurés. Le tribunal, en prononçant l'expropriation, désigne, pour présider et diriger le jury, l'un de ses membres ou le juge de paix du canton; il choisit, sur la liste prescrite par l'art. 29 de la loi du 7 juillet 1833, quatre personnes pour former le jury spécial, et trois jurés supplémentaires. L'administration et la partie intéressée ont respectivement le droit d'exercer une récusation péremptoire. (*L. préc., art. 16.*)

§ 3. — Indemnités pour extraction de matériaux, dépôts ou enlèvements de terre et occupations temporaires de terrains.

13. Ces opérations sont autorisées par un arrêté du préfet, qui désigne les lieux. L'arrêté est notifié aux parties intéressées au moins dix jours avant que son exécution puisse être consommée. L'indemnité est réglée à l'amiable, et, en cas de contestation, par le conseil de préfecture, sur le rapport d'experts, nommés, l'un par le sous-préfet, et l'autre par le propriétaire. En cas de discord, le tiers-expert est nommé par le conseil de préfecture. (*L. préc., art. 17.*)

§ 4. — Bornage des chemins.

14. Lorsqu'il y a lieu de procéder au bornage des chemins vicinaux, le maire donne avis aux propriétaires riverains du jour où cette opération doit se faire, et les invite à se trouver sur les lieux. Si ces propriétaires ne se rendent pas à cette invitation, il est, néanmoins, passé outre à l'opération. (*Projet de règl. gén., 21 juill. 1854, art. 11.*)

15. Dans toutes les parties du chemin qui ont la largeur fixée par l'arrêté préfectoral, tant pour la voie livrée à la circulation que pour les fossés et ouvrages accessoires, il est, de distance en distance, placé des bornes aux points de rencontre du sol appartenant au chemin et des propriétés particulières. (*Projet de règl. gén. préc., art. 12.*)

16. Il est dressé un procès-verbal détaillé du bornage des chemins; dans ce procès-verbal sont spécialement indiqués: 1° tous les points où les bornes, soit apparentes, soit médiaires, ont été placées; 2° la distance entre ces points et les indications de repère nécessaires pour les retrouver; 3° la largeur actuelle du chemin, tant aux points abornés qu'aux endroits où il n'a pas encore la largeur légale; 4° les noms des propriétaires riverains des endroits où le chemin n'a pas encore sa largeur légale; 5° les lieux où le chemin a plus que la largeur légale; 6° enfin, les autres renseignements et les observations qu'il peut être utile de constater dans l'intérêt de la commune. (*Projet de règl. gén. préc., art. 16.*)

17. Les procès-verbaux de bornage sont signés par le maire, par les conseillers municipaux présents à l'opération, par les propriétaires riverains qui y

ont assisté, ainsi que par l'agent voyer qui y a concouru. Si quelques propriétaires riverains se sont abstenus d'assister au bornage, mention en est faite au procès-verbal; on y consigne également les observations de ceux qui, étant présents, refuseraient de signer. (*Projet de règl. gén., 21 juill. 1824, art. 17.*)

18. Les procès-verbaux de bornage sont dressés en double expédition pour les chemins vicinaux de petite communication, et en triple expédition pour les chemins de grande communication; ils sont aussitôt adressés au sous-préfet, qui les transmet au préfet avec son avis, pour être approuvés par lui, s'il y a lieu. — Après cette approbation, une des expéditions est déposée dans les archives de la commune; une autre, aux archives de la sous-préfecture, enfin, la troisième expédition, pour les chemins vicinaux de grande communication, reste déposée à la préfecture. (*Projet de règl. gén. préc., art. 18.*)

19. Les frais auxquels donne lieu l'opération du bornage sont imputés sur les ressources affectées au service des chemins vicinaux, soit de petite, soit de grande communication, selon la catégorie à laquelle appartient le chemin aborné. (*Projet de règl. gén. préc., art. 19.*)

20. Dans toutes les communes où les ressources le permettent, il est dressé, aussitôt après le bornage des chemins vicinaux, un plan sur lequel sont tracés tous ces chemins, de manière à pouvoir toujours reconnaître les anticipations qui seraient faites par la suite. Des instructions ultérieures règlent la forme et l'échelle de ces plans. (*Projet de règl. gén. préc., art. 20.*)

§ 5. — Aliénation du sol d'un chemin abandonné.

21. En cas de changement de direction ou d'abandon d'un chemin vicinal, en tout ou en partie, les propriétaires riverains peuvent faire leur soumission de se rendre acquéreurs de la partie de ce chemin qui cesse de servir de voie de communication, et d'en payer la valeur, qui est fixée par des experts nommés dans la forme déterminée par l'art. 17. (*L., 21 mai 1836, art. 19.*)

22. Lorsque l'aliénation du sol d'un chemin a été autorisée, le maire de la commune en prévient par écrit, et individuellement, chacun des propriétaires riverains du chemin. Cet avis contient l'invitation de déclarer, dans le délai de quinzaine, s'ils entendent user du bénéfice de l'article 19 de la loi du 21 mai 1836 et se rendre acquéreurs du sol en en payant la valeur à dire d'expert. — La notification de l'avis ci-dessus est faite par le garde champêtre ou tout autre agent de la commune, qui doit en tirer reçu ou rédiger procès-verbal de la remise. (*Projet de règl. gén., 21 juill. 1854, art. 35.*)

23. Si les propriétaires riverains du chemin font, dans la quinzaine de la notification, leur soumission de se rendre acquéreurs du sol, ils doivent en même temps nommer leur expert, conformément à l'article 17 de la loi du 21 mai 1836; le second expert est nommé par le sous-préfet. — Les deux experts, après avoir prêté serment, procèdent à l'évaluation du sol. En cas de discord entre eux, il en est référé au préfet, qui provoque la nomination d'un tiers expert par le conseil de préfecture.—L'expertise est soumise à l'homologation du préfet. (*Projet de règl. gén. préc., art. 36.*)

24. Si les propriétés situées sur les deux rives du chemin appartiennent au même propriétaire, c'est à lui seul qu'appartient le droit de soumissionner le sol du chemin. — Si les propriétés situées sur les deux rives du chemin appartiennent à des propriétaires différents, et que l'un d'eux, seulement, fasse sa soumission de se rendre acquéreur, c'est en faveur de ce propriétaire que se fait la concession de la totalité du sol du chemin. — Si les deux propriétaires riverains font, tous deux, leur soumission de se rendre acquéreurs, le sol est concédé à chacun d'eux jusqu'au milieu du chemin. (*Projet de règl. gén. préc., article 37.*)

25. Dans le cas où les propriétaires riverains d'un chemin supprimé déclarent renoncer au bénéfice de l'article 19 de la loi du 21 mai 1836, ou bien s'ils n'ont pas fait leur soumission dans le délai prescrit par l'article 23 (36) ci-dessus, le sol du chemin peut être aliéné, dans les formes prescrites pour la vente des terrains communaux. (*Projet de règl. gén. préc., art. 38.*)

26. Le prix des terrains aliénés en exécution des dispositions du présent cha-

pitre est versé à la caisse municipale à titre de recette accidentelle. (*Projet de règl. gén., 21 juill. 1854, art. 40.*)

§ 6. — Entretien des chemins vicinaux.

27. En cas d'insuffisance des ressources ordinaires des communes, il est pourvu à l'entretien des chemins vicinaux, à l'aide, soit de prestations en nature dont le maximum est fixé à trois journées de travail, soit de centimes spéciaux, en addition au principal des quatre contributions directes, et dont le maximum est fixé à cinq.

Le conseil municipal peut voter l'une ou l'autre de ces ressources, ou toutes les deux concurremment. Le concours des plus imposés n'est pas nécessaire dans les délibérations prises à cet égard. (*L., 21 mai 1836, art. 2.*)

La délibération du conseil municipal, approuvée par le préfet, est envoyée au directeur des contributions directes, pour la confection du rôle. Le rôle, approuvé par le préfet, est publié en même temps que ceux des contributions directes.

28. La prestation peut être acquittée en nature ou en argent, au gré du contribuable. Lorsque le contribuable n'a pas opté dans les délais prescrits, la prestation est de droit exigible en argent. (*L. préc., art. 4.*)

29. Si le conseil municipal, mis en demeure, n'a pas voté, dans la session désignée à cet effet, les prestations et centimes nécessaires, ou si la commune n'en a pas fait emploi dans les délais prescrits, le préfet peut, d'office, soit imposer la commune dans les limites du maximum, soit faire exécuter les travaux. — Chaque année, le préfet communique au conseil général l'état des impositions établies d'office en vertu du présent article. (*L. préc., art. 5.*)

30. Quinze jours avant l'époque fixée pour l'exécution des travaux, et après avoir visité ou fait visiter les chemins vicinaux, afin de reconnaître ceux qui ont le plus besoin de réparation, le maire fait publier, le dimanche à l'issue de la messe paroissiale, et afficher à la porte de la maison commune, l'avis que les travaux de prestation en nature vont commencer dans la commune. La publication est répétée un second dimanche, et en même temps le maire fait remettre, par le garde champêtre, à chaque contribuable tenu à la prestation, un avis signé, portant réquisition de se trouver tel jour, à telle heure, sur le chemin, pour y faire les travaux qui lui seront indiqués en acquittement de sa cote. — L'exécution des travaux de prestation a lieu sous la surveillance du maire ou de son délégué. (*Instr., 24 juin 1836, art. 4.*)

31. Pour l'emploi des ressources en argent, le maire fait dresser par l'agent voyer ou conducteur, le devis régulier des travaux à exécuter, et le transmet au sous-préfet qui le renvoie au maire, revêtu de son approbation ou de celle du préfet. Cependant, lorsqu'il s'agit de travaux au-dessous de 300 fr., la rédaction d'un devis n'est pas nécessaire, mais le maire doit avoir, avant de les faire exécuter, l'approbation du sous-préfet.

32. L'exécution des travaux a lieu ou par régie ou par adjudication. Les sommes au-dessus de 300 fr. peuvent être employées par régie, sous la surveillance des maires, et, autant que possible, avec le concours des agents du service vicinal. L'emploi des sommes supérieures à 300 fr. doit, au contraire, à moins de motifs exceptionnels dont le préfet est seul juge, être fait au moyen d'adjudications.

§ 7. — Chemins vicinaux d'intérêt commun.

33. Lorsqu'un chemin vicinal intéresse plusieurs communes, le préfet, sur l'avis des conseils municipaux, désigne les communes qui doivent concourir à sa construction ou à son entretien, et fixe la proportion dans laquelle chacune d'elles doit y contribuer. (*L., 21 mai 1836, art. 6.*) Ces chemins, qu'il ne faut pas confondre avec ceux de grande communication, sont nommés *chemins de petite communication* ou *d'intérêt commun*. Les ressources fournies par les communes intéressées sont centralisées par les soins de l'administration départementale, et la direction, ainsi que la surveillance des travaux, sont confiées aux agents chargés du service de la grande vicinalité.

§ 8. — Subventions pour dégradations habituelles ou temporaires.

34. Lorsqu'un chemin vicinal est dégradé par des exploitations, il y a lieu d'imposer aux exploitants des subventions spéciales, proportionnées à la dégradation extraordinaire qui doit être attribuée aux exploitations. Ces subventions peuvent être acquittées en argent ou en prestations en nature. Elles sont réglées annuellement, sur la demande des communes, par le conseil de préfecture, après des expertises contradictoires faites d'après les formes prescrites par l'art. 17. Elles peuvent aussi être déterminées par abonnement, et réglées, dans ce cas, par le préfet en conseil de préfecture. Elles sont recouvrées comme en matière de contributions directes. (*L., 21 mai 1836, art 14.*)

§ 9. — Nomination d'agents voyers et de cantonniers.

35. Le préfet peut nommer des agents voyers. Leur traitement est fixé par le conseil général. Ce traitement est prélevé sur les fonds affectés aux travaux. Les agents voyers prêtent serment, ils ont le droit de constater les contraventions et délits, et d'en dresser des procès-verbaux. (*L. préc., art. 11.*)

36. Sur la demande des maires et des conseils municipaux, le rapport des agents voyers et l'avis du sous-préfet, le préfet autorise, s'il y a lieu, la nomination de cantonniers communaux, pour l'entretien des chemins vicinaux. Deux ou plusieurs communes peuvent être autorisées à se réunir pour l'entretien d'un cantonnier. (*Projet de règl. gén., 21 juill. 1854, art. 210.*)

37. Lorsque les cantonniers appartiennent à une seule commune, ils sont nommés par le maire, sous l'approbation du sous-préfet. Lorsqu'ils appartiennent à une réunion de deux ou plusieurs communes, ils sont nommés par le sous-préfet, sur la présentation des maires. (*Projet de règl. gén. préc., art. 211.*)

38. Le traitement des cantonniers est fixé par les conseils municipaux. Les délibérations prises à cet effet sont soumises à l'approbation du préfet. Toutefois le traitement des cantonniers nommés par le sous-préfet est fixé par le préfet. (*Projet de règl. gén. préc., art. 212.*)

§ 10. — Elagage et recepage.

39. Un arrêté du maire ordonne l'élagage des arbres et des haies, et le recepage des racines qui forment saillie sur le sol. Cet arrêté est publié pendant deux dimanches consécutifs, et, à défaut d'exécution de cet arrêté par les propriétaires ou fermiers, l'élagage et le recepage sont faits à la diligence du maire, aux frais du contrevenant, et l'état des frais est rendu exécutoire par le juge de paix.

§ 11. — Usurpations et dégradations.

40. Toute anticipation sur le sol des chemins vicinaux ou des fossés, berges ou talus qui en dépendent, de quelque manière qu'elle ait été commise, est constatée par les maires, adjoints, commissaires de police, agents voyers et gardes champêtres. (*Projet de règl. gén. préc., art. 382.*)

41. Les procès-verbaux rédigés par les fonctionnaires et agents désignés par l'article précédent doivent être soumis au timbre et à l'enregistrement, en débet, dans les quatre jours de leur rédaction; ceux rédigés par les gardes champêtres doivent, préalablement, être affirmés dans la forme ordinaire et dans les vingt-quatre heures de leur rédaction. (*Projet de règl. gén. préc., art. 383.*)

42. Tout procès-verbal constatant une anticipation sur le sol d'un chemin vicinal, ou des fossés, berges ou talus qui en dépendent, est, par les soins du maire de la commune, notifié administrativement au contrevenant, avec injonction de restituer, sous huitaine, le sol anticipé. Si à l'expiration de la huitaine cette restitution n'a pas eu lieu, cette circonstance est mentionnée au procès-verbal primitivement rédigé, et ce procès-verbal est immédiatement transmis au préfet, par l'intermédiaire du sous-préfet, pour y être statué par le conseil de préfecture, conformément à l'article 8 de la loi du 9 ventôse an XIII. (*Projet de règl. gén. préc., art. 384.*)

43. Lorsqu'un arrêté du conseil de préfecture portera injonction de restituer le sol qu'il avait anticipé, cet arrêté peut, pour éviter les frais, être notifié admi-

nistrativement au contrevenant, sous la condition que ce dernier déclarera, par écrit, avoir reçu cette notification et la tenir pour suffisante. Dans le cas où cette déclaration n'est pas immédiatement donnée, le maire fait notifier l'arrêté par huissier. (*Projet de règl. gén., 21 juill. 1854, art. 385.*)

44. Si à l'expiration des trois jours qui suivent la notification, faite administrativement ou par ministère d'huissier, de l'arrêté du conseil de préfecture, le contrevenant n'a pas obéi aux injonctions de cet arrêté, le maire y pourvoit d'office, et fait procéder à la reprise des terrains indûment occupés, ainsi qu'à la destruction des œuvres condamnées par ledit arrêté. Toutefois, s'il s'agit de la destruction de bâtiments ou autres constructions, et que le contrevenant notifie son intention de se pourvoir devant l'Empereur, en son conseil d'État, contre l'arrêté du conseil de préfecture, et encore s'il n'y a pas une extrême urgence à l'exécution immédiate de cet arrêté, le maire peut surseoir à cette exécution jusqu'à ce qu'il ait été statué sur le pourvoi. Il est rendu compte au préfet de tout sursis ainsi accordé, afin qu'il puisse, au besoin, donner les instructions nécessaires. (*Projet de règl. gén. préc., art. 386.*)

45. Lorsque l'arrêté du conseil de préfecture à l'égard duquel il y a eu pourvoi est confirmé par le décret impérial à intervenir, le maire veille à ce que cet arrêté reçoive aussitôt son exécution. (*Projet de règl. gén. préc., art. 387.*)

46. Lorsqu'une anticipation sur le sol d'un chemin vicinal ou des fossés, berges et talus qui en dépendent, a été déclarée constante et réprimée par le conseil de préfecture, le procès-verbal constatant cette contravention est ensuite déféré au tribunal de simple police, pour y être requis l'application, s'il y a lieu, de l'amende prononcée par l'article 479, n° 11, du Code pénal. (*Projet de règl. gén. préc., art. 388.*)

47. La répression des usurpations sur les chemins qui n'ont pas été déclarés vicinaux appartient aux tribunaux ordinaires. La répression des dégradations sur les chemins vicinaux et autres appartient aux tribunaux de simple police. La connaissance des questions de propriété appartient exclusivement aux tribunaux ordinaires. (*Instr. min., 24 juin 1836, sur l'art. 10 de la loi du 21 mai.*)

§ 12. — Comptabilité.

48. Les percepteurs-receveurs municipaux sont exclusivement chargés de toutes les recettes et de toutes les dépenses relatives aux chemins vicinaux. Le maire est l'ordonnateur de toutes ces dépenses, mais il ne peut en effectuer aucune par lui-même, et il lui est interdit de disposer, autrement que par des mandats sur les percepteurs-receveurs municipaux, des fonds affectés aux travaux des chemins vicinaux, quelle que soit l'origine de ces fonds. (*Projet de règl. gén., 21 juill. 1854, art. 213.*)

CHEMINS VICINAUX DE GRANDE COMMUNICATION.

LÉGISLATION.

Loi du 21 mai 1836.

§ 1er. — Classement des chemins vicinaux ordinaires en chemins de grande communication. — Formalités.

1. Les chemins vicinaux peuvent, selon leur importance, être déclarés chemins vicinaux de grande communication par le conseil général, sur l'avis des conseils municipaux, des conseils d'arrondissement, et sur la proposition du préfet. — Sur les mêmes avis et proposition, le conseil général détermine la direction de chaque chemin vicinal de grande communication, et désigne les communes qui doivent contribuer à sa construction ou à son entretien. — Le préfet fixe la largeur et les limites du chemin, et détermine annuellement la proportion dans laquelle chaque commune doit concourir à l'entretien de la ligne vicinale dont elle dépend ; il statue sur les offres faites par les particuliers, associations de particuliers ou de communes. (*L., 21 mai 1836, art. 7.*)

2. Lorsque, par suite de son importance et de son utilité pour les relations agricoles et commerciales du pays, un chemin vicinal de petite communication, déjà existant, paraît au préfet devoir être érigé en chemin vicinal de grande communication, il charge l'agent voyer en chef de la rédaction du projet de restauration ou de rectification de ce chemin. (*Projet règl. gén., 21 juill. 1854, art. 223.*)

3. L'agent voyer en chef s'aide, pour l'étude et la rédaction de ce travail, du concours des maires des communes intéressées, soit en ce qui concerne la fixation de la direction définitive dudit chemin, soit par rapport à la largeur à y donner, à la nature et aux dimensions des ouvrages d'art qu'il y aurait lieu d'y exécuter. — Le projet indique, aussi approximativement que possible, la dépense des travaux. (*Projet de règl. gén., 21 juill. 1854, art. 224.*)

4. Le projet, ainsi rédigé, est transmis par le préfet, s'il y a lieu, au sous-préfet de l'arrondissement, qui le fait communiquer, par extrait ou analyse, aux conseils municipaux des communes intéressées, lesquels doivent émettre leur avis tant sur le classement proposé que sur la direction du chemin à ériger, et sur la désignation des communes qui doivent contribuer à sa construction et à son entretien. Les délibérations des conseils municipaux sont, aussitôt après qu'elles ont été prises, adressées par les maires, et en double minute, au sous-préfet, qui les réunit, les examine, et les fait compléter ou régulariser, s'il y a lieu. (*Projet de règl. gén. préc., art. 225.*)

5. Le sous-préfet met lesdites délibérations et le projet lui-même, ainsi que tous les autres documents y relatifs, sous les yeux du conseil d'arrondissement, lors de sa plus prochaine session, pour que ce conseil émette également son avis sur les questions examinées par les conseils municipaux. (*Projet de règl. gén. préc., art. 226.*)

6. Dès que les diverses pièces mentionnées en l'article précédent et l'avis du sous-préfet sont parvenus au préfet, ce fonctionnaire examine s'il y a lieu, de sa part, de proposer au conseil général du département le classement dudit chemin au nombre des chemins vicinaux de grande communication. (*Projet de règl. gén. préc., art. 227.*)

7. Sur la proposition du préfet, le conseil général prononce, s'il y a lieu, le classement du chemin et en fixe la direction. Sur le vu de la délibération prise par cette assemblée, le préfet fixe, par un arrêté spécial, la largeur et les limites de ce nouveau chemin vicinal de grande communication, et détermine annuellement la proportion dans laquelle chaque commune doit contribuer à la dépense des travaux. (*Projet de règl. gén. préc., art. 228.*)

8. Si la voie de communication à ériger en chemin vicinal de grande communication n'existe pas déjà, et qu'il y ait nécessité d'en autoriser l'ouverture, il y a lieu de remplir les formalités prescrites en matière d'expropriation. (*Projet de règl. gén. préc., art. 229.*)

§ 2. — Déclassement des chemins vicinaux de grande communication.

9. Lorsqu'il paraît au préfet y avoir lieu de provoquer, près du conseil général du département, le déclassement d'un chemin vicinal de grande communication, les conseils municipaux de toutes les communes intéressées à ce chemin sont entendus; le conseil d'arrondissement est également appelé à émettre son avis. — Toutes les délibérations intervenues sont transmises au préfet avec l'avis du sous-préfet. (*Projet de règl. gén. préc., art. 230.*)

10. Si l'examen des documents indiqués en l'article précédent paraît au préfet démontrer l'inutilité du chemin, il soumet la proposition du déclassement au conseil général. (*Projet de règl. gén. préc., art. 231.*)

11. Il est procédé de même, dans le cas où un chemin vicinal n'a été déclaré de grande communication que sur des offres de concours qui viendraient à n'être pas réalisées. (*Projet de règl. gén. préc., art. 232.*)

§ 3. — Subventions.

12. Les chemins vicinaux de grande communication, et, dans des cas extraordinaires, les autres chemins vicinaux, peuvent recevoir des subventions sur les fonds départementaux. — Il est pourvu à ces subventions au moyen des centimes facultatifs ordinaires du département, et de centimes spéciaux votés annuellement par le conseil général. — La distribution des subventions est faite, en ayant égard aux ressources, aux sacrifices et aux besoins des communes, par le préfet, qui en rend compte, chaque année, au conseil général. — Les communes acquittent la portion des dépenses mise à leur charge, au moyen de leurs revenus ordinaires, et, en cas d'insuffisance, au moyen de deux journées de prestations sur les trois journées autorisées par l'art. 2, et des deux tiers des centimes votés par le conseil municipal, en vertu du même article. (*L., 21 mai 1836, art. 8.*)

13. Lorsque le conseil général du département a voté au budget départemental les fonds qu'il croit pouvoir affecter aux besoins du service vicinal, soit au moyen de prélèvements sur les centimes facultatifs, soit par le vote de centimes spéciaux, soit enfin par le vote de centimes extraordinaires ou d'un emprunt, et que le vote du conseil général est devenu définitif par l'approbation du budget pour les deux premières natures de ressources, et par une autorisation législative pour la troisième, le préfet opère, aussitôt après la réception du budget approuvé, la répartition des subventions départementales entre les divers chemins vicinaux de grande communication qui doivent y prendre part. — Cette répartition, basée sur l'importance des travaux à exécuter dans le cours de l'année à laquelle elle s'appliquera, est opérée en ayant égard aux ressources, aux sacrifices et aux besoins des communes, comme le veut l'art. 8 de la loi. — Le préfet prend également en considération, pour cette répartition, les offres de concours volontaire qui ont été faites, tant par les communes, en dehors de leurs contingents obligatoires, que par des particuliers ou associations de particuliers. (*Projet de règl. gén., 21 juill. 1854, art. 244.*)

§ 4. — Etat des travaux. — Dépenses. — Contingent des communes. — Recouvrement.

14. Chaque année, avant le 1er avril, l'agent voyer en chef remet au préfet un état sommaire des travaux neufs et de ceux de réparation et d'entretien à exécuter dans le courant de l'année suivante sur chacun des chemins vicinaux de grande communication, ainsi que ses propositions sur la fixation du contingent à demander à chacune des communes intéressées à ces chemins. (*Projet de règl. gén. préc., art. 233.*)

15. Des extraits de ce travail sont envoyés par le préfet aux sous-préfets, qui les examinent et les renvoient aussitôt avec leurs propositions. — Sur le vu de ces documents, le préfet répartit la dépense à faire sur chaque chemin entre les communes intéressées à ce chemin. — Les contingents sont toujours évalués en argent, dans les limites du maximum fixé par l'art. 8 de la loi, si les communes sont obligées de recourir aux ressources spéciales créées par la loi du 21 mai 1836; mais ils peuvent, aux termes du même article, être fournis, soit en argent, soit en prestations en nature, calculées suivant la valeur donnée par le conseil général à chaque espèce de journées. (*Projet de règl. gén. préc., art. 234.*)

16. Un extrait de l'arrêté portant répartition du contingent est notifié au maire de chaque commune intéressée, pour être mis, dans la session de mai, sous les yeux du conseil municipal, qui en délibère et vote les ressources nécessaires à l'acquittement de ce contingent. — En cas de refus ou de négligence de la part du conseil municipal d'obtempérer à cette obligation, il est procédé par le préfet à une imposition d'office. (*Projet de règl. gén. préc., art. 235.*)

17. Toutes les ressources en argent, autres que les subventions départementales, soit qu'elles proviennent de ressources ordinaires des communes, de centimes spéciaux communaux, d'impositions communales extraordinaires, de prestations converties en argent, de subventions spéciales prévues par l'art. 14 de la loi, ou enfin de souscriptions volontaires de particuliers ou d'associations de particuliers, et destinées aux chemins vicinaux de grande communication, sont recouvrées par le receveur général du département, d'après les états rendus exécutoires par le préfet. (*Projet de règl. gén. préc., art. 245.*)

18. Ces ressources sont imputées au compte des *produits éventuels du département*, et conservent leur spécialité sous le titre de *contingents des chemins vicinaux de grande communication*, pour les lignes auxquelles elles ont été affectées par les votes, offres ou décisions qui les ont créées ou réglées. (*Projet de règl. gén. préc., art. 246.*)

§ 5. Exécution des travaux. — Surveillance.

19. Les travaux de toute nature à faire sur les chemins vicinaux de grande communication s'exécutent sous l'autorité immédiate du préfet et la surveillance et la direction des agents voyers, sous les réserves qui seront faites ci-après à l'égard des travaux de prestation. — Des décisions spéciales déterminent, lorsqu'il y a lieu, l'action que MM. les sous-préfets ont à exercer sur cette partie du service. (*Projet de règl. gén. préc., art. 247.*)

20. Les travaux de toute nature à faire sur les chemins vicinaux de grande

communication sont l'objet de projets et devis rédigés par les agents voyers, et ne sont exécutés qu'après leur approbation par le préfet. — Les projets et devis sont accompagnés de plans, quand l'importance des travaux l'exige, et ils indiquent les terrains et les carrières d'où les matériaux doivent être extraits. — Les projets indiquent les parties de travaux qui peuvent être exécutés au moyen de la prestation en nature, et celles qui ne peuvent, en raison de leur nature, n'être exécutées qu'à prix d'argent. (*Projet de règl. gén., 21 juill. 1854, art. 248.*)

CHENILLES. V. ECHENILLAGE.

CHEVAUX.

Les chevaux ont été, sous plusieurs rapports, l'objet de lois et de règlements dont l'exécution est dans les attributions de l'autorité municipale. — Ainsi, les maires doivent employer particulièrement tous les moyens de prévenir et d'arrêter la contagion de la morve et les autres maladies des chevaux. (*L., 28 sept. 1791.*) — Par une circulaire du 22 août 1806, le ministre de l'intérieur appelle l'attention des préfets sur les moyens de prévenir et de réprimer la divagation des chevaux entiers, et de faire cesser les inconvénients graves qui résultent de l'usage adopté par un grand nombre de cultivateurs, de laisser errer les chevaux, sans aucune précaution, tant dans les pâturages que sur les chemins. Cet objet rentre aussi essentiellement dans les attributions de la police municipale. (*LL., 16-24 août 1790, et 19-22 juill. 1791.*) — V. ANIMAUX, ATTELAGE, CHARGEMENT DES VOITURES, COLLIERS.

CHIENS.

1. Le maire a le droit de prendre des arrêtés, en vertu des lois des 16-24 août 1790 et 19-22 juillet 1721, pour défendre, 1° de laisser vaguer ou errer des chiens sur la voie publique sans les accompagner ou les tenir en laisse, ou sans qu'ils soient muselés; 2° de les agacer et faire battre contre d'autres chiens; 3° de les faire courir devant les voitures; 4° de les placer en garde sous les charrettes sans être attachés, le tout sous les peines portées par l'art. 475, n° 7, du Code pénal.

2. Il doit être pris également des mesures de police pour la destruction des chiens enragés et pour prévenir les accidents graves qu'ils peuvent occasionner. L'usage d'un poison préparé pour la destruction des chiens errants, est ordinairement employé. Ce poison, après un avis publié trois jours d'avance, est répandu aux époques nécessaires, sur les quais, dans les places, rues, carrefours et promenades.

CIMETIÈRES.

LÉGISLATION.

Décret du 23 prairial an 12-12 juin 1804, sur les sépultures. — Ordonnance du 6 décembre 1843, sur les cimetières.

SOMMAIRE.

§ 1er. — Translation des cimetières.

1. Les dispositions du décret du 23 prairial an 12, qui prescrivent la translation des cimetières hors des villes et bourgs, peuvent être appliquées à toutes les communes. (*Ord., 6 déc. 1843, art. 1er.*)

2. La translation des cimetières hors des villes et bourgs, lorsqu'elle devient nécessaire, est ordonnée par un arrêté du préfet, le conseil municipal entendu. Le préfet détermine également le nouvel emplacement du cimetière, sur l'avis du conseil municipal, et après enquête *de commodo et incommodo*. (*Ord. préc., art. 2.*)

Ainsi, lorsqu'il est nécessaire d'opérer la translation d'un cimetière, le maire appelle le conseil municipal à délibérer sur l'utilité de la mesure; dans sa délibération, le conseil détermine l'emplacement du nouveau cimetière.

Le maire procède ensuite comme en matière d'acquisitions communales, et il transmet au sous-préfet, 1° la délibération du conseil municipal, en double; 2° le procès-verbal d'estimation et le plan du terrain à acquérir, en double; 3° la déclaration du vendeur, contenant promesse de vente; 4° le plan du cimetière existant, en double; 5° un état certifié par le maire, contenant le chiffre de la population de la commune ou de la paroisse, et le nombre des décès survenus pendant chacune des cinq dernières années; 6° le certificat du conservateur des hypothèques, relatif aux inscriptions qui peuvent grever le terrain à acquérir; 7° l'état de situation de la caisse municipale.

3. A la réception de ces pièces, le sous-préfet prescrit une enquête *de commodo et incommodo*, qui doit porter uniquement sur le choix du terrain. (*Instr. min., 30 déc. 1843.*)

4. Ensuite de cette enquête, sur les résultats de laquelle le conseil municipal donne son avis, le préfet prend l'arrêté qui détermine l'emplacement du nouveau cimetière. (*Ord., 6 déc. 1843, art. 2.*)

5. En cas de translation d'un cimetière, les concessionnaires ont droit d'obtenir, dans le nouveau cimetière, un emplacement égal en superficie au terrain qui leur avait été concédé, et les restes qui y avaient été inhumés, sont transportés aux frais de la commune. (*Ord. préc., art. 5.*)

Les administrations locales doivent, en premier lieu, prendre toutes les mesures nécessaires pour que les familles soient averties de la translation, afin que les exhumations et réinhumations soient opérées, s'il est possible, par leurs soins ou avec leur concours; en second lieu, veiller à ce qu'il soit procédé à ces opérations avec toutes les précautions de salubrité qu'elles exigent. (*Instr. min. int., 30 déc. 1843.*)

§ 2. — Etablissement de nouveaux cimetières, produits.

6. Les communes qui sont obligées d'abandonner les cimetières actuels et de s'en procurer de nouveaux hors de l'enceinte de leurs habitations, peuvent acquérir les terrains qui leur sont nécessaires. (*Décr., 23 prair. an 12-12 juin 1804, art. 7.*) — V. Acquisitions.

On ne doit recourir à l'expropriation qu'avec la plus grande réserve, et qu'autant qu'il est impossible de trouver à acheter amiablement aucun autre terrain propre aux inhumations. Si donc il devient indispensable de recourir à ce moyen extrême, le maire doit produire, à l'appui du procès-verbal d'enquête, un certificat de lui et du commissaire enquêteur, attestant qu'il n'existe, en effet, sur le territoire de la commune, aucun autre emplacement convenable. (*Instr. min. int., 30 déc. 1843.*)

7. Aussitôt que les nouveaux emplacements sont disposés à recevoir les inhumations, les cimetières existants sont fermés, et restent dans l'état où ils se trouvent, sans que l'on en puisse faire usage pendant cinq ans. (*Décr., 23 prair. an 12, art. 8.*)

8. A partir de cette époque, les terrains qui servaient de cimetières peuvent être affermés par les communes auxquelles ils appartiennent, mais à condition qu'ils ne seront qu'ensemencés ou plantés, sans qu'il puisse y être fait aucune fouille ou fondation pour des constructions de bâtiments, jusqu'à ce qu'il en soit autrement ordonné. (*Décr. préc., art. 9.*)

9. Les terrains les plus élevés et exposés au nord sont choisis de préférence; ils sont clos de murs de deux mètres au moins d'élévation. On y fait des plantations, en prenant les précautions convenables pour ne point gêner la circulation de l'air. (*Décr. préc., art. 3.*)

Les communes qui font ces plantations en sont propriétaires, et peuvent disposer du produit, à l'exclusion des fabriques, qui n'ont droit qu'aux produits *spontanés* et n'exigeant aucune espèce de culture. (*Circ. min. agr. et comm., 8 mai 1833.*) — V. Fabriques.

10. Pour éviter le danger qu'entraîne le renouvellement trop rapproché des fosses, l'ouverture des fosses pour de nouvelles sépultures n'a lieu que de cinq années en cinq années; en conséquences, les terrains destinés à former les lieux de sépulture sont cinq fois plus étendus que l'espace nécessaire pour y déposer le nombre présumé des morts qui peuvent y être enterrés chaque année. (*Décr., 23 prair. an 12, art. 6.*)

Les fosses doivent avoir une profondeur de 1 mètre 50 cent. à 2 mètres. Une moins grande profondeur pourrait être préjudiciable à la santé publique. (*Instr. min.*)

§ 3. — Clôture et entretien des cimetières.

11. Pour la clôture des cimetières, qui est une charge obligatoire imposée aux communes par l'art. 30 de la loi du 18 juillet 1837, le maire fait faire par un homme de l'art un devis estimatif des travaux ; il dresse en même temps le cahier des charges à imposer à l'entrepreneur, et soumet le tout au conseil municipal qui, en l'approuvant, vote les fonds nécessaires au paiement de la dépense.

12. Toutes les pièces, accompagnées d'un état de situation de la caisse municipale, sont transmises, en double copie, au sous-préfet, et, après leur approbation par le préfet, le maire procède à l'adjudication des travaux.

13. Quant à l'entretien des cimetières, c'est aux fabriques et non aux communes à y pourvoir. (*Décr. 30 déc. 1809, art. 37.*) Ce décret attribue aux fabriques le produit spontané des cimetières. (*Décr. préc., art. 26.*)

§ 4. — Concessions de terrains dans les cimetières, pour sépultures privées.

14. Lorsque l'étendue des lieux consacrés aux inhumations le permet, il peut y être fait des concessions de terrains aux personnes qui désirent y posséder une place distincte et séparée, pour y fonder leur sépulture et celle de leurs parents ou successeurs, et y construire des caveaux, monuments ou tombeaux. (*Décr., 23 prair. an 12, art. 10.*)

15. Les concessions de terrains dans les cimetières communaux sont divisées en trois classes : 1° concessions perpétuelles ; 2° concessions trentenaires ; 3° concessions temporaires. — Aucune concession ne peut avoir lieu qu'au moyen du versement d'un capital, dont deux tiers au profit de la commune et un tiers au profit des pauvres ou des établissements de bienfaisance. — Les concessions trentenaires sont renouvelables indéfiniment à l'expiration de chaque période de trente ans, moyennant une nouvelle redevance qui ne peut dépasser le taux de la première. A défaut du paiement de cette nouvelle redevance, le terrain concédé fait retour à la commune, mais il ne peut cependant être repris par elle que deux années après l'expiration de la période pour laquelle il avait été concédé ; dans l'intervalle de ces deux années, les concessionnaires ou leurs ayants cause peuvent user de leur droit de renouvellement. — Les concessions temporaires sont faites pour quinze ans au plus, et ne peuvent être renouvelées. (*Ord., 6 déc. 1843, art. 3.*)

16. La subdivision par portion de terrain affectée à chacune des trois classes, est opérée en raison combinée du chiffre de la population, de l'étendue du cimetière et du nombre de concessions de chaque classe, supputé selon les besoins présumés. (*Instr. min. int., 30 déc. 1843.*)

17. Les matériaux non réclamés, provenant des tombes et monuments, à l'expiration des concessions, sont abandonnés aux communes, pour être employés à l'entretien des cimetières. (*Déc. min. fin., 18 déc. 1843.— Instr. min. int., 30 déc. 1843, art. 184.*)

Les administrations municipales doivent observer soigneusement deux conditions essentielles : la première, de mettre les familles en demeure, par tous les moyens de publicité, d'enlever, dans un délai fixé, les constructions existantes sur les terrains dont la concession est expirée, et de n'en prendre possession qu'après avis itératif et une année révolue à compter du jour du premier avertissement ; la seconde, de ne faire emploi des matériaux provenant des tombes abandonnées, que pour l'entretien et l'amélioration des cimetières. (*Instr. préc.*)

18. Le terrain nécessaire aux séparations et passages établis autour des concessions, doit être fourni par la commune. (*Ord., 6 déc. 1843, art. 4.*)

19. Une délibération du conseil municipal, demandant l'autorisation de faire des concessions, fixe le prix et l'étendue de chaque classe de concessions. Cette délibération (fournie en double expédition), avec un plan du cimetière, un état de la population, et un état des décès qui ont eu lieu pendant les cinq dernières années, est transmise au sous-préfet, qui donne son avis, et l'arrêté d'autorisation est rendu par le préfet, qui statue sur le tarif proposé par le conseil municipal. (*Ord. préc., art. 3. — Instr. min., 30 déc. 1843.*)

20. Quand il n'existe point de tarif arrêté, les demandes en concession doivent être adressées par le pétitionnaire, avec ses offres écrites, au conseil municipal, qui en délibère et qui décide s'il y a lieu d'accorder la concession demandée. En cas d'affirmative, le conseil municipal détermine les conditions à imposer et le prix à verser dans la caisse municipale, aussi bien pour le compte de la commune que pour celui de l'établissement de bienfaisance. Cette délibération est transmise au préfet par le sous-préfet, avec adjonction par le maire des renseignements nécessaires sur la contenance du cimetière, le terme moyen des décès par année, et il est statué par arrêté préfectoral.

21. Les communes ne peuvent affermer le droit de faire des concessions dans les cimetières. Ces établissements ne doivent jamais faire l'objet d'une entreprise particulière. (*Avis com. int., 7 sept. 1822.*)

22. Les actes de concession sont passés, soit par-devant notaire, soit par le maire dans la forme des actes administratifs. Ces actes sont transmis en triple expédition au sous-préfet, savoir : la minute, sur papier timbré, et deux copies certifiées, sur papier libre.

23. Si le terrain du cimetière appartient à la fabrique, les produits de concessions représentant le prix ou la valeur du terrain lui appartient; mais ce qui dépasse cette valeur et ce qui, d'après l'art. 11 du décret du 23 prairial an 12, représente la fondation au profit des pauvres, appartient à la commune.

§ 5. — Police des cimetières.

24. Les lieux de sépulture, soit qu'ils appartiennent aux communes, soit qu'ils appartiennent aux particuliers, sont soumis à l'autorité, police et surveillance des administrations municipales. (*Décr., 23 prair. an 12, art. 16.*)

25. Dans les communes où l'on professe plusieurs cultes, chaque culte doit avoir un lieu d'inhumation particulier, et, dans le cas où il n'y a qu'un seul cimetière, on le partage par des murs, haies ou fossés, en autant de parties qu'il y a de cultes différents, avec une entrée particulière pour chacune, et en proportionnant cet espace au nombre d'habitants de chaque culte. (*Décr. préc., art. 15.*)

Les divisions ci-dessus ne peuvent s'entendre que de simples démarcations, et non de clôtures tendant à établir la séparation *matérielle* des terrains affectés à l'inhumation des personnes privées canoniquement de la sépulture. (*Lett. min. cult., 19 août 1839.*)

Toute autre séparation que celle qui est fondée sur la différence des religions entre les individus décédés, est interdite. (*Déc. min. cult., 8 mars, 2 et 20 août 1838.*)

26. Aucune inscription ne peut être placée sur les pierres tumulaires ou monuments funèbres, sans avoir été préalablement soumise à l'approbation du maire. (*Ord., 6 déc. 1843, art. 6.*)

§ 6. — Rayon de servitude aux abords des cimetières.

27. Nul ne peut, sans autorisation, élever aucune habitation et creuser aucun puits, à moins de cent mètres (¹) des nouveaux cimetières transférés hors des communes en vertu des lois et règlements. (*Décr., 7 mars 1808, art. 1er.*)

28. Les bâtiments existants ne peuvent également être restaurés ni augmentés sans autorisation. Les puits peuvent, après visite contradictoire d'experts, être comblés, en vertu d'ordonnance du préfet du département, sur la demande de la police locale. (*Décr. préc., art. 2.*)

§ 7. — Aliénation des anciens cimetières.

29. Il est procédé, pour la vente des anciens cimetières, comme en matière d'aliénations communales. — V. ALIÉNATIONS.

V. CONVOIS FUNÈBRES, EXHUMATIONS, INHUMATIONS.

(¹) L'article 2 du décret du 23 prairial an 12 n'exigeait qu'une distance de 35 à 40 mètres, au moins.

CIRCONSCRIPTIONS TERRITORIALES.

LÉGISLATION.

Loi du 18 juillet 1837, articles 1 à 8.

PROCÉDURE.

1. Toutes les fois qu'il s'agit de réunir plusieurs communes en une seule, ou de distraire une section d'une commune, soit pour la réunir à une autre, soit pour l'ériger en commune séparée, le préfet prescrit préalablement, dans les communes intéressées, une enquête, tant sur le projet en lui-même que sur ses conditions. Les conseils municipaux, assistés des plus imposés en nombre égal à celui de leurs membres, les conseils d'arrondissement et le conseil général donnent leur avis. (*L., 18 juill. 1837, art. 2.*)

2. Si le projet concerne une section de commune, il est créé, pour cette section, une commission syndicale. Un arrêté du préfet détermine le nombre des membres de la commission. Ils sont élus par les électeurs municipaux domiciliés dans la section, et, si le nombre des électeurs n'est pas double de celui des membres à élire, la commission est composée des plus imposés de la section. La commission nomme son président. Elle est chargée de donner son avis sur le projet. (*L. préc., art. 3.*)

3. Les réunions et distractions de communes qui modifient la composition d'un département, d'un arrondissement ou d'un canton, ne peuvent être prononcées que par une loi. Toutes autres réunions ou distractions de communes peuvent être prononcées par décrets, au cas de consentement des conseils municipaux, délibérant avec les plus imposés, et, à défaut de ce consentement, pour les communes qui n'ont pas trois cents habitants, sur l'avis du conseil général du département. Dans tous les autres cas, il ne peut être statué que par une loi. (*L. préc., art. 4.*)

4. Les habitants de la commune réunie à une autre commune conservent la jouissance exclusive des biens dont les fruits sont perçus en nature. Les édifices et autres immeubles servant à un usage public deviennent propriété de la commune à laquelle est faite la réunion. (*L. préc., art. 5.*)

5. La section de commune érigée en commune séparée, ou réunie à une autre commune, emporte la propriété des biens qui lui appartiennent exclusivement. Les édifices servant à un usage public et situés sur son territoire, deviennent propriétés de la nouvelle commune ou de la commune à laquelle est faite la réunion. (*L. préc., art. 6.*)

6. Dans tous les cas de réunion ou de fractionnement de communes, les conseils municipaux sont dissous. Il est procédé immédiatement à de nouvelles élections. (*L. préc., art. 8.*)

7. La suppression des enclaves et terrains prolongés, ou les simples rectifications de limites, donnent lieu à la production des pièces suivantes, que le préfet doit envoyer au ministre :

1° Les délibérations des conseils municipaux (¹) ;
2° L'avis du géomètre en chef du cadastre (²) ;
3° Celui du directeur des contributions directes ;
4° Deux expéditions du plan des lieux ;
5° Un tableau indiquant l'étendue, la population, les revenus et les dépenses ordinaires des communes, ainsi que l'étendue des terrains à distraire ou à échanger, le nombre des habitants qu'ils renferment, et le revenu communal qu'ils produisent en centimes additionnels ;
6° Les renseignements relatifs aux biens et aux droits communaux ;
7° Enfin, l'avis motivé du préfet, en forme d'arrêté. (*Instr. min., 30 avril 1838.*)

8. Lorsqu'il s'agit d'une section de commune ou d'une portion de territoire

---

(¹) Ces délibérations doivent désigner la localité appelée à devenir le chef-lieu, ainsi que le nom à donner à la commune nouvelle. (*Instr. min. int., 29 août 1849.*)

(²) Dans les départements où cet agent n'a pas cessé son service. (*Instr. préc.*)

qui, sans porter ce nom, est cependant assez considérable et assez peuplée pour que la distraction n'en puisse être opérée sans altérer sensiblement l'existence et la constitution de la commune, le préfet doit :

1° Faire procéder à une enquête au sein des communes intéressées;

2° Former une commission syndicale dans cette section ou portion de territoire;

3° Appeler les conseils municipaux à délibérer, avec adjonction des plus imposés;

4° Et soumettre l'affaire à l'examen du conseil d'arrondissement et du conseil général.

Aux pièces qui résultent de l'accomplissement de ces formalités, le préfet joint les pièces notées plus haut, 2°, 3°, 4°, 5°, 6° [1], et 7°. (*Instr. min. int., 30 avril 1838.*)

9. Dans l'un comme dans l'autre des deux cas dont il vient d'être parlé, l'affaire est soumise aux conseils général et d'arrondissement. Si une loi est nécessaire, le plan des lieux doit être fourni en triple expédition, et en quadruple lorsqu'il s'agit d'opérer entre deux départements. (*Instr. min. int., 30 avril 1838.*)

10. Les préfets doivent rechercher l'occasion de provoquer la suppression des communes de moins de trois cents habitants, et leur réunion aux communes voisines. (*Instr. min. int., 29 août 1849.*)

11. Lorsque l'initiative d'érection de commune vient des communes, sections, hameaux, particuliers, les frais du plan sont faits par eux. Ces frais sont, au contraire, portés au budget départemental, lorsque cette initiative vient du préfet. (*Instr. min. préc.*)

12. Les budgets des communes intéressées doivent être joints aux projets de changements de circonscriptions; le tableau statistique indiqué plus haut est visé par le préfet. (*Instr. préc.*)

13. Il convient de diviser les hameaux intéressés en groupes distincts ayant des intérêts séparés, lorsque le chiffre de la population particulière de chacun de ces hameaux ne permet pas d'y établir une commission syndicale spéciale. (*Instr. préc.*)

14. Les maires des communes intéressées ne peuvent être commissaires enquêteurs. Les juges de paix peuvent être chargés de diriger les enquêtes. Dans tous les cas, le commissaire enquêteur joint au procès-verbal de l'enquête son opinion sur le mérite de la circonscription proposée, et résume numériquement le nombre des témoignages pour ou contre le projet. (*Instr. préc.*)

15. Les délibérations des conseils électifs doivent toujours être motivées. (*Instr. préc.*)

16. Les projets de modifications aux circonscriptions, et les conditions auxquelles ces modifications doivent être opérées, sont soumises à une instruction simultanée. (*Instr. min. int., 29 janv. 1848 et 29 août 1849.*)

17. Les simples contestations de limites entre communes d'un même département sont résolues par arrêté préfectoral. (*Instr. préc., 1849.*)

18. Relativement aux circonscriptions cantonales, le préfet appelle à délibérer les conseils municipaux des communes dépendant de ces circonscriptions, le conseil d'arrondissement et le conseil général. Le préfet joint aux délibérations motivées de ces assemblées, son avis motivé, ainsi qu'un croquis visuel indiquant l'étendue territoriale des cantons intéressés. (*Instr. préc.*)

19. Les dossiers relatifs aux circonscriptions territoriales doivent être envoyés au ministre dans le courant de janvier. (*Instr. préc.*)

CITATIONS. V. TRIBUNAL DE POLICE.

CLOCHES.

1. Aux termes de l'art. 48 de la loi du 18 germinal an 10-8 avril 1802, l'évê-

---

[1] La désignation des édifices servant à usage public ne doit pas être oubliée dans cette pièce.

que doit se concerter avec le préfet, pour régler la manière d'appeler les fidèles au service divin, par le son des cloches. On ne peut les sonner pour toute autre cause, sans la permission de la police.

2. Un avis du conseil d'Etat, du 17 juin 1840, a décidé, 1° que les cloches des églises sont spécialement affectées aux cérémonies de la religion catholique; d'où il suit qu'on ne peut en exiger l'emploi pour les célébrations concernant des personnes étrangères au culte catholique, ni pour l'enterrement de celles à qui les prières de l'église auraient été refusées en vertu des règles canoniques; — 2° Que le curé ou desservant doit avoir seul la clef du clocher, comme il a celle de l'église, et que le maire n'a pas le droit d'avoir une seconde clef; — 3° Que les usages existant dans les diverses localités relativement au son des cloches des églises, s'ils ne présentent pas de graves inconvénients, et s'ils sont fondés sur de vrais besoins, doivent être respectés et maintenus; — 4° Qu'à cet égard, le maire doit se concerter avec le curé ou desservant; que les difficultés qui pourraient s'élever entre eux sur l'application de cette règle doivent être soumises à l'évêque et au préfet, lesquels s'entendront pour les résoudre et pour empêcher que rien ne trouble sur ce point la bonne harmonie qui doit régner entre l'autorité ecclésiastique et l'autorité municipale; — 5° Que, dans ce cas, il paraît juste que la commune contribue au paiement du sonneur des cloches de l'église en proportion des sonneries affectées à ses besoins communaux; mais que ce sonneur doit être nommé et ne peut être révoqué que par le curé ou desservant, dans les communes rurales, et par les marguilliers, sur la proposition du curé ou desservant, dans les communes urbaines, ainsi qu'il est prescrit par le décret du 30 novembre 1809, et l'ordonnance du 12 janvier 1825; — 6° Que toute nomination faite ou tout acte passé contrairement à ces prescriptions ne sauraient être maintenus; — 7° Que, dans les cas de péril commun, qui exigent un prompt secours, ou dans les circonstances pour lesquelles des dispositions de lois ou de règlements ordonnent des sonneries, le curé ou desservant doit obtempérer aux réquisitions du maire, et qu'en cas de refus, le maire peut faire sonner les cloches de son autorité propre.

CLOUS DES BANDES DE ROUES DE VOITURES.

1. Il est expressément défendu d'employer des clous à tête de diamant. Tout clou de bande sera rivé à plat et ne pourra, lorsqu'il sera posé à neuf, former une saillie de plus de 5 millimètres. *(Décr., 10 août 1852, art. 2.)*

2. Les contraventions à cette disposition sont punies d'une amende de 5 à 30 fr. *(L., 30 mai 1851, art. 4)*; elles sont jugées par le conseil de préfecture *(L. préc., art. 17.)*

CLUBS ET AUTRES RÉUNIONS PUBLIQUES.

Un décret du 28 juillet 1848 avait établi diverses conditions pour l'ouverture et la tenue des clubs. Une loi du 19 juin 1849 autorisa le gouvernement, pendant l'année qui suivrait la promulgation de ladite loi, à interdire les clubs et autres réunions qui seraient de nature à compromettre la sûreté publique. Cette loi fut prorogée pour une année par les lois des 6 juin 1850 et 21 juin 1851. Enfin, un décret du 25 mars 1852 a abrogé le décret du 28 juillet 1848 sur les clubs, à l'exception toutefois de l'art. 13 de ce décret, qui interdit les sociétés secrètes. Le même décret du 25 mars dispose, par son art. 2, que les articles 291, 292 et 294 du Code pénal, et les art. 1, 2 et 3 de la loi du 10 avril 1834 sur les associations, seront applicables aux réunions publiques, de quelque nature qu'elles soient.

COLLÉGES COMMUNAUX.

1. Il ne peut être établi d'écoles secondaires communales ou de collége communal sans l'autorisation du gouvernement. Ces écoles sont sous la surveillance et l'inspection particulière des préfets. *(L., 11 flor. an 10, art. 8.)*

2. Les traitements des régents et maîtres sont réglés et arrêtés par l'empereur en conseil d'Etat, sur l'avis du conseil supérieur de l'instruction publique et le

rapport du ministre de l'intérieur, et classé parmi les dépenses fixes et ordinaires des villes. (*Décr., 15 nov. 1811, art. 11.*)

3. Les bâtiments des colléges communaux sont entretenus annuellement aux frais des villes où ils sont établis. (*Décr., 17 sept. 1808.*) En conséquence, les sommes nécessaires à l'entretien et aux réparations de ces établissements, sont arrêtées, chaque année, dans le budget des communes. (*Décr., 15 nov. 1811, art. 12.*)

4. Des dépenses de réparations et d'entretien des bâtiments devant être faites sous l'autorité du maire, comme représentant la ville propriétaire de ces bâtiments, c'est ce fonctionnaire qui doit être chargé de l'emploi des fonds affectés à ces travaux. Il en est de même pour les dépenses extraordinaires, telles que l'achat du mobilier, les constructions ou reconstructions pour lesquelles il serait accordé des fonds particuliers et spéciaux. Elles doivent être faites sous la direction de l'architecte de la ville, et par les soins du maire, d'après l'autorisation du préfet. (*Circ. min., 12 août 1813.*)

5. Les comptes des dépenses des colléges communaux sont rendus, chaque année, par le principal à un bureau composé du maire, président; d'un membre du conseil de l'Académie, ou autre délégué du recteur; de deux membres du conseil de département ou d'arrondissement, et de deux membres du conseil municipal. Ces quatre derniers sont désignés, chaque année, par le préfet. (*Décr., 15 nov. 1811, art. 13.*)

COLLÉGES ÉLECTORAUX. V. ÉLECTIONS.

COLLIERS DE CHEVAUX.

1. La largeur des colliers des chevaux ou autres bêtes de trait ne peut dépasser 90 centimètres, mesurés entre les points les plus saillants des pattes des attelles. (*Décr., 10 août 1852, art. 12.*)

2. Les contraventions sont punies d'une amende de 5 à 30 fr.. Elles sont jugées par le conseil de préfecture. (*L., 30 mai 1851, art. 4, et 17, §-1er.*)

COLPORTEURS.

1. Tous distributeurs ou colporteurs de livres, écrits, brochures, gravures et lithographies, doivent être pourvus d'une autorisation délivrée, pour le département de la Seine, par le préfet de police, et, pour les autres départements, par les préfets. — Ces autorisations peuvent toujours être retirées par les autorités qui les ont délivrées. (*L., 27 juill. 1849, art. 6.*)

Les pièces à fournir pour l'obtention de cette autorisation sont:

1° L'acte de naissance de l'impétrant;

2° Un certificat de bonne vie et mœurs, délivré par le maire de la commune où il a son domicile;

3° Une copie conforme de son signalement.

2. Chaque exemplaire d'un ouvrage quelconque, écrit ou gravure, renfermé dans la balle du colporteur, doit être frappé d'un timbre spécial à chaque préfecture, et apposé dans les bureaux préfectoraux. Tout ouvrage ne portant pas cette estampille doit être immédiatement saisi. (*Instr. min. pol. gén., 28 juill. 1852.*)

3. Tout individu ayant l'intention de soumettre un ouvrage à l'estampille, doit préalablement présenter à la préfecture un exemplaire de cet ouvrage. (*Instr. min. pol. gén., 12 sept. 1852.*)

4. L'autorisation donnée par un préfet ne s'applique qu'au département qu'il administre. Tout colporteur qui se rend d'un département dans un autre, doit obtenir une nouvelle autorisation. (*Instr. min. int., 6 sept. 1849.*)

5. Les colporteurs doivent justifier, à toute réquisition des magistrats et fonctionnaires publics, et spécialement des juges de paix, des maires, adjoints, commissaires de police, agents de police municipale et gendarmes, 1° de l'autorisation dont ils sont nantis; 2° du catalogue des écrits et livres qu'ils colportent. Ils ne peuvent s'opposer à ce que leurs déclarations soient contrôlées, et à ce

qu'on visite scrupuleusement leurs ballots et marchandises. Les maires, commissaires de police et gendarmes doivent exercer la plus active surveillance. (*Instr. min. int., 6 sept. 1849.*)

6. Les agents de l'administration ont le droit de demander à tout distributeur, à tout colporteur, à tout dépositaire d'écrits destinés à être distribués, quel que soit le lieu de la distribution ou du dépôt, l'autorisation prescrite par l'art. 6 de la loi du 27 juillet 1849, et si cette autorisation n'est pas accordée, de dénoncer les contrevenants au ministère public. (*Instr. min. int., 30 nov. 1849.*)

COMESTIBLES. V. Aliments, Bouchers, Boulangers, Denrées.

COMICES AGRICOLES, CHAMBRES ET CONSEIL GÉNÉRAL D'AGRICULTURE, CONCOURS AGRICOLES.

LÉGISLATION.

Loi du 20 mars 1851. — Décret du 25 mars 1852.

§ 1er. — Comices agricoles.

1. Il doit être établi dans chaque arrondissement un ou plusieurs comices agricoles. Ils sont particulièrement chargés des intérêts agricoles pratiques, du jugement des concours, de la distribution des primes ou autres récompenses dans leurs circonscriptions. — Le règlement constitutif de chaque comice doit être soumis à l'approbation du préfet. — Sur la proposition du préfet, le conseil général du département fixe la circonscription des comices. (*L., 20 mars 1851, art. 1er, 2, 4 et 5.*)

§ 2. — Chambres consultatives d'agriculture.

2. Il y a, dans chaque arrondissement, une chambre consultative d'agriculture, composée d'autant de membres qu'il y a de cantons dans l'arrondissement, sans que le nombre de ces membres puisse être inférieur à six. (*Décr., 25 mars 1852, art. 1er et 2.*)

3. Le préfet désigne, dans chaque canton, pour faire partie de la chambre d'agriculture, un agriculteur notable ayant son domicile ou des propriétés dans le canton. Les membres de la chambre d'agriculture sont nommés pour trois ans. Ils sont toujours rééligibles. (*Décr. préc., art. 3.*)

4. Le préfet, au chef-lieu, et les sous-préfets, dans les arrondissements, président la chambre consultative d'agriculture. Un vice-président, élu à la majorité des voix, supplée le préfet ou le sous-préfet, en cas d'absence ou d'empêchement. — Le préfet ou le sous-préfet nomme le secrétaire. (*Décr. préc., art. 4.*)

5. Un arrêté du préfet fixe, chaque année, l'époque de la session ordinaire des chambres d'agriculture de son département. Il en détermine la durée et arrête le programme des travaux. — Des sessions ordinaires peuvent avoir lieu sur sa convocation. (*Décr. préc., art. 5.*)

6. Les chambres consultatives d'agriculture présentent au gouvernement leurs vues sur les questions qui intéressent l'agriculture. Leur avis peut être demandé sur les changements à opérer dans la législation, en ce qui touche les intérêts agricoles, et notamment en ce qui concerne les contributions indirectes, les douanes, les octrois, la police et l'emploi des eaux. — Elles peuvent aussi être consultées sur l'établissement des foires et marchés, sur la destination à donner aux subventions de l'État et du département; enfin, sur l'établissement des écoles régionales et des fermes-écoles. — Elles sont chargées de la statistique agricole du département. (*Décr. préc., art. 6.*)

7. Les chambres consultatives d'agriculture correspondent directement avec les préfets et les sous-préfets, et, par l'intermédiaire des préfets, avec le ministre de l'intérieur, de l'agriculture et du commerce. (*Décr. préc., art. 7.*)

8. Les préfets et les sous-préfets fournissent au chef-lieu du département ou de l'arrondissement un local convenable pour la tenue des séances. — Le budget des chambres consultatives d'agriculture est visé par le préfet, et présenté au conseil général. Il fait partie des dépenses départementales et est porté au chap. VII des dépenses ordinaires. (*Décr. préc., art. 8.*)

9. Les chambres consultatives d'agriculture sont reconnues comme établissements d'utilité publique, et peuvent, en cette qualité, acquérir, recevoir, posséder, aliéner, après y avoir été dûment autorisées. (*Décr., 25 mars 1852, art. 10.*)

§ 3. — Conseil général d'agriculture.

10. Il y a, près du ministre de l'intérieur, de l'agriculture et du commerce, un conseil général de l'agriculture, composé de cent membres, dont quatre-vingt-six choisis parmi les membres des chambres d'agriculture, et quatorze au dehors. (*Décr. préc., art. 11.*)

11. Le ministre de l'intérieur, de l'agriculture et du commerce, nomme, chaque année, les membres du conseil général de l'agriculture. Ils sont toujours rééligibles. Le ministre préside le conseil et nomme deux vice-présidents. Il désigne, en dehors du conseil, les secrétaires qui doivent rédiger les procès-verbaux des séances. (*Décr. préc., art. 12.*)

12. Le conseil général de l'agriculture se réunit, chaque année, en une session qui ne peut durer plus d'un mois. (*Décr. préc., art. 13.*)

13. Des commissaires du gouvernement, désignés par le ministre, assistent aux délibérations du conseil général de l'agriculture, et prennent part aux discussions. Ils sont entendus toutes les fois qu'ils le demandent, et ont entrée aux commissions. (*Décr. préc., art. 14.*)

14. Le conseil général de l'agriculture peut être saisi de toutes les questions d'intérêt général sur lesquelles les chambres d'agriculture ont été consultées. — Il donne aussi son avis sur celles que le ministre lui soumet. (*Décr. préc., art. 15.*)

§ 4. — Concours agricoles.

15. Des concours agricoles ont lieu sur l'initiative des sociétés d'agriculture et comices agricoles. Ces concours doivent être préalablement autorisés par le préfet, qui vise et approuve le programme qui en est dressé par les sociétés autorisées.

Ces concours sont destinés à faire connaître, et récompenser par des primes d'argent ou par des médailles : 1° les gardes champêtres dont le zèle et le service ont été le plus remarquables; 2° les serviteurs agricoles qui sont restés un certain nombre d'années chez le même cultivateur, et qui se sont distingués par leur probité et leur travail [1]; 3° les instruments aratoires nouveaux ou perfectionnés, dont l'invention ou le perfectionnement peut être utile à l'agriculture; 4° les animaux remarquables de toutes les espèces [2].

Aux concours agricoles sont ordinairement joints des concours horticoles. Ces derniers concernent les légumes, hortolages, les fruits, les plantes et les fleurs, et donnent lieu à la distribution de médailles et de primes d'argent, dont une partie des fonds peut être faite par la ville même où se tient le concours, afin d'encourager la production horticole dans leur territoire [3]. (*Progr. du comice agricole de l'arrond. de Grenoble, pour le concours de 1854.*)

COMMISSAIRES DE POLICE. — Form. mun., tom. III, pag. 283.

SOMMAIRE.

§ 1er. — Règles générales.

1. Les commissaires de police sont des officiers établis dans les villes pour veil-

---

(1) Ces serviteurs doivent, pour être admis au concours, fournir :
1° Un certificat du cultivateur chez lequel le service s'est accompli;
2° Un certificat du maire de la commune, constatant le même fait.

(2) Les propriétaires des animaux primés doivent produire un certificat du maire de la commune, attestant que les animaux sont nés dans l'arrondissement ou sont possédés par eux depuis un temps déterminé. Ce certificat doit contenir le nom du fermier ou du propriétaire, l'origine, l'âge et le signalement de la bête.

(3) La ville de Grenoble fait distribuer en son nom trois primes aux jardiniers maraîchers de la banlieue, qui, *habituellement*, approvisionnent de légumes son marché, et qui présentent la culture la plus étendue, la plus variée et la mieux soignée.

ler à la sûreté et à la tranquillité publiques, prévenir les délits, rechercher et poursuivre ceux qui enfreignent les lois répressives.

2. Il y a un commissaire de police dans les villes de 5,000 à 10,000 habitants. Dans les villes où la population excède 10,000, il y en a un par chaque 10,000 d'excédant. (*L., 28 pluv. an 8-17 févr. 1800, art. 12.*)

3. Pour être commissaire de police, il faut être âgé de vingt-cinq ans au moins. (*L., 5 fruct. an 3-22 août 1795, art. 175.*)

4. La résidence dans la commune est obligatoire. (*L., 29 mars-12 sept. 1791, art. 12.*)

5. Ils ne peuvent entrer en fonctions qu'après avoir prêté serment. (*L., 21 niv. an 8-11 janv. 1800.*)

6. Le serment est prêté par-devant le maire. Expédition de l'acte de prestation de serment est présentée et enregistrée au tribunal de première instance. (*Décr., 22 juin 1811.*)

7. Les fonctions des commissaires de police sont incompatibles avec celles de notaire, d'avoué et d'officier municipal. (*LL., 8 juin 1792, art. 2; 28 vent. an 11-19 mars 1803, art. 7.*)

On les regarde aussi comme incompatibles avec celles d'huissier.

8. Les commissaires de police, étant subordonnés à l'autorité municipale, ne peuvent cumuler leurs fonctions avec aucune autre qui fasse partie ou qui soit dépendante de cette autorité. (*L., 24 vend. an 3-15 oct. 1794, tit. 2, art. 1er.*)

9. Les commissaires de police sont répartis en cinq classes. Ils peuvent recevoir des frais de bureau qui varient du dixième au cinquième de leur traitement. (*Décr., 28 mars 1852, art. 5.*)

§ 2. — Nomination, révocation.

10. Les commissaires de police des villes de 6,000 âmes et au-dessous, sont nommés par les préfets, sur une liste de trois candidats, arrêtée par l'inspecteur général du ministère de la police générale.

La révocation, pour être définitive, doit être approuvée par le ministre.

Les commissaires de police des villes au-dessus de 6,000 âmes, continuent à être nommés par le chef de l'Etat. (*Décr. préc., art. 6.*)

Quant aux appariteurs, sergents de ville et autres agents inférieurs de la police municipale sous des titres divers, ils sont à la nomination du maire, à qui il appartient de les suspendre ou de les révoquer. (*L., 18 juill. 1837, art. 12.*) — V. Agents communaux.

§ 3. — Traitement, contribution des communes.

11. Les chefs-lieux de canton qui ne sont pas pourvus de commissaire de police, ou la commune désignée pour sa résidence, sont tenus de contribuer au traitement de ces agents, au moyen d'un contingent qui n'est pas moindre de 300 fr. pour les chefs-lieux au-dessous de 1,500 habitants; 500 fr. pour les chefs-lieux ayant de 1,500 à 3,000 habitants; 600 fr. pour les chefs-lieux ayant de 3,000 à 5,000 habitants. Les traitements alloués et les contingents déterminés suivant les proportions précédentes, peuvent être répartis entre les chefs-lieux et les autres communes du canton dont les ressources permettent d'y participer. La répartition est réglée par le préfet en conseil de préfecture. (*Décr., 28 mars 1852, art. 7.*)

L'Etat intervient dans le surplus de la dépense pour porter les traitements au taux indiqué. (*Décr. préc., art. 8.*)

Les ressources affectées au traitement et aux frais de bureau de ces agents se composent ainsi : 1° du contingent à la charge de la ville résidence du commissaire de police ; 2° des contingents afférents à chaque commune comprise dans la juridiction de ce fonctionnaire; 3° des sommes à payer par les caisses municipales, pour indemnités facultatives; 4° de la subvention de l'Etat. (*Déc. min. fin., 30 sept. 1852.*)

Ces diverses ressources sont centralisées aux caisses des receveurs généraux, sur lesquelles le traitement et les frais de bureau des commissaires sont ensuite mandatés par les préfets, et le nouveau service dont il s'agit fait l'objet d'un article spécial dans le compte des cotisations, sous le titre : *Fonds destinés aux traitements et frais de bureau des commissaires de police.* (*Déc. préc.*)

12. Si un conseil municipal refuse d'allouer l'intégralité du traitement d'un commissaire de police, et que ce refus paraisse mal fondé, le préfet peut porter d'office au budget le traitement moyen des trois dernières années, jusqu'à concurrence du maximum réglé suivant la population par l'arrêté du 17 germinal an 11-7 avril 1803.

§ 4. — Commissaires de police cantonaux, création, juridiction.

13. Lorsque le besoin s'en fait sentir, il peut être établi, dans les cantons où il n'en existe pas, un commissaire de police dont la juridiction s'étend à toutes les communes de ce canton, et qui, sauf les exceptions autorisées, réside au chef-lieu de ce canton. (*Décr., 28 mars 1852, art. 2.*)

14. Dans tout canton où il existe actuellement un commissaire de police, soit au chef-lieu, soit dans une commune dépendante du canton, sa juridiction s'étend à toutes les communes du canton. (*Décr., 17 janv. 1853, art. 2.*)

Dans tout canton où il existe plus d'un commissaire de police, la juridiction de chacun de ces fonctionnaires s'étend à toutes les communes du canton. Néanmoins, le préfet peut, dans l'intérêt du service, déterminer les limites de la circonscription placée spécialement sous la surveillance de chacun d'eux. (*Décr. et art. préc.*)

Dans les villes divisées en plusieurs cantons, et dans lesquelles il n'existe qu'un commissaire de police, la juridiction de ces fonctionnaires s'étend à toutes les communes de ces cantons. (*Décr. et art. préc.*)

Dans les villes où il existe plusieurs cantons et plus d'un commissaire de police, la juridiction de ces fonctionnaires s'étend à toutes les communes de ces cantons. Néanmoins, le préfet peut, dans l'intérêt du service, déterminer les limites de la circonscription placée spécialement sous la surveillance de chacun d'eux. (*Décr. et art. préc.*)

§ 5. — Attributions générales des commissaires de police.

15. Les commissaires de police sont placés sous les ordres du commissaire départemental; ils exécutent ses instructions et lui en rendent compte. Ils lui transmettent les demandes qu'ils croient devoir former dans leur intérêt personnel, avec les renseignements propres à en faire apprécier la valeur. Ils lui fournissent les explications nécessaires à l'occasion des plaintes dont ils peuvent devenir l'objet. Ils lui adressent, pour être transmises à l'autorité supérieure, leurs demandes de congé, d'indemnité, de gratifications, d'avancement, etc. (*Instr. min. pol. gén., 30 avril 1853.*)

16. En police administrative, ils surveillent le maintien habituel de l'ordre public, dans le but de prévenir les délits. Ainsi, ils ont une surveillance journalière à exercer notamment sur les objets ci-après désignés: 1° la sûreté et la commodité de la voie publique et de la petite voirie, ce qui comprend le nettoiement et l'illumination des rues, les dépôts de matériaux, les bâtiments en péril, les objets exposés sur les croisées, les diverses espèces de saillies, les échoppes, les étalages, les halles et marchés, etc.; 2° la vérification des demandes en permission pour les établissements de boucheries, boulangeries, charcuteries, brasseries, distilleries, magasins de fourrages, chantiers de bois de chauffage, ateliers et manufactures insalubres, bals, concerts, spectacles et fêtes publiques, etc.; 3° les précautions contre les incendies, les inondations et autres calamités; les insensés, les animaux malfaisants, les maladies contagieuses et tout ce qui peut altérer la salubrité et la santé; 4° les secours à donner aux noyés et aux asphyxiés; la levée des cadavres, le transport dans les hospices des malades indigents et des blessés; 5° la conservation des monuments publics, la protection due à l'exercice des cultes, le maintien des mœurs publiques; 6° la délivrance des bulletins et certificats pour obtention de passe-ports, permis de séjour, cartes de sûreté et ports d'armes; 7° le visa des registres des hôtelleries et logeurs, des marchands et fabricants d'or et d'argent, des brocanteurs et fripiers, des pharmaciens et droguistes, les visites fréquentes dans les maisons garnies; 8° le visa des livrets des ouvriers, l'inscription des individus en état de domesticité et la délivrance à chacun d'eux d'un bulletin d'inscription ou livret; 9° l'arrestation des femmes publiques, des mendiants valides, des vagabonds et gens sans aveu; enfin, tous les objets intéressant le maintien du bon ordre, de la tranquillité et de la sûreté publiques.

17. Pour tous les objets ci-dessus, les commissaires de police exercent leurs fonctions sous l'autorité immédiate des municipalités auxquelles ils sont subordonnés dans l'exercice habituel et journalier de leurs fonctions. Ils instruisent le sous-préfet ou le préfet de tout ce qui intéresse l'ordre et la tranquillité; mais les ordres de ces derniers leur sont transmis par les maires. (*Instr. min. pol., 7 vent. an 9.*)

18. En police judiciaire, les commissaires de police exercent, 1° en police municipale, comme officiers de police judiciaire et officiers du ministère public près le tribunal de simple police, sous la surveillance du procureur impérial; 2 en police correctionnelle et criminelle, comme officiers de police auxiliaire du procureur impérial, et également sous sa surveillance; 3° en justice civile, comme officiers publics, sous la surveillance des préfets et des procureurs impériaux.

19. En police judiciaire municipale, ils remplissent les fonctions du ministère public près le tribunal de simple police. (*Cod. instr. crim., art. 144 et suiv.*) — Ils recherchent les contraventions de police, reçoivent les rapports, dénonciations et plaintes qui sont relatifs à ces contraventions, et dressent procès-verbal des contraventions. (*Cod. préc., art. 11.*)

20. En police correctionnelle et criminelle, ils assistent le procureur impérial dans l'instruction, et signent les procès-verbaux; comme officiers de police auxiliaires du procureur impérial, ils le suppléent, et font, dans la première instruction, tous les actes de sa compétence. — En la même qualité, ils décernent, s'il y a lieu, tout mandat d'amener contre le prévenu connu ou suffisamment désigné, et font perquisition dans son domicile. — Ils adressent leurs procès-verbaux avec les prévenus, les pièces de convictions et autres, au procureur impérial.

21. En justice civile, les commissaires de police sont aptes à constater, sur la réquisition des parties intéressées, tous événements, accidents ou faits qui peuvent donner lieu à une action civile, excepté le cas d'avaries à des marchandises. — C'est aussi comme officiers de justice civile, qu'ils assistent les huissiers dans l'exécution des jugements, à l'effet d'être présents, en cas d'empêchement des juges de paix, aux ouvertures de portes, à fin de saisie-exécution et autres opérations ordonnées par la justice.

§ 6. — Attributions spéciales des commissaires de police cantonaux.

22. Le commissaire de police cantonal informe immédiatement le sous-préfet de tous les faits qui touchent à la tranquillité publique, et il lui adresse un rapport mensuel; il prend les instructions du maire de sa résidence et celles des maires de son canton, pour tout ce qui touche à la police municipale. — Il informe les maires de tout ce qui peut intéresser la tranquillité de leur commune. — Il reçoit également les instructions du commissaire départemental et il en assure l'exécution. Il exécute les ordres qui lui sont transmis par le sous-préfet de l'arrondissement et le procureur impérial, et il leur en rend compte ainsi qu'au commissaire départemental. (*Instr. min. pol. gén., 30 avril 1853, art. 28.*)

23. Les commissaires cantonaux se transportent, au moins une fois tous les trois mois, dans chaque commune de leur canton. Ils font, autant que possible, coïncider le jour de leur tournée dans les communes importantes du canton, avec celui des foires principales de l'année. — Ils confèrent avec le maire et prennent ses instructions. — Ils exercent dans chaque commune de leur ressort les fonctions qui leur sont attribuées par les lois, décrets et ordonnances en vigueur. — Il doit être donné, au commissaire de police en tournée, un local convenable à la mairie, pour qu'il puisse y procéder aux actes de son ministère. (*Instr. préc., art. 29.*)

24. Le commissaire cantonal se transporte, suivant les besoins ou sur l'ordre du commissaire départemental ou des autorités administratives ou judiciaires, dans la commune de son ressort, qui lui est désignée en dehors des tournées générales, pour y agir conformément à ses attributions. (*Instr. préc., art. 30.*)

25. Une fois par mois, au moins, le commissaire cantonal confère avec les gardes champêtres des communes du canton. — A cet effet, il leur adresse une réquisition d'avoir à se rendre en personne, à un jour fixé, dans son bureau ou sur un point déterminé du canton. Toutefois, les convocations seront combinées

de telle sorte, qu'elles aient lieu successivement et sans porter préjudice au service de la police rurale. (*Instr. min. pol. gén., 30 avril 1853, art. 31.*)

26. Les gardes champêtres et forestiers du canton peuvent être requis par le commissaire cantonal. — Ils doivent l'informer, sans retard, de tout ce qui intéresse la tranquillité publique; le tout en exécution de l'art. 3 du décret du 28 mars 1852. — Le commissaire de police cantonal informe les gardes champêtres et forestiers de son ressort, des obligations qui leur sont imposées par le décret précité, et il tient la main à leur exécution. (*Instr. préc., art. 32.*)

27. Deux fois par mois, le commissaire cantonal adresse un rapport au commissaire départemental. Ce rapport contient principalement les faits qui se sont produits dans le canton, l'énumération des contraventions, délits et crimes qui ont été constatés, et les renseignements qui peuvent intéresser la police générale. Il l'informe, *sans retard*, de tout fait grave qui arrive à sa connaissance. — Il lui rend compte du résultat de ses tournées générales, de l'exécution des ordres qu'il a reçus, de ses conférences avec les gardes champêtres et forestiers, et de toutes les missions spéciales dont il a été chargé. — Selon les cas et l'urgence, les communications ont lieu dans le rapport bi-mensuel ou dans les rapports spéciaux. (*Instr. préc., art. 33.*)

§ 7. — Attributions des commissaires spéciaux de police des chemins de fer.

28. La surveillance de l'exploitation des chemins de fer est exercée, concurremment avec d'autres fonctionnaires, par les commissaires spéciaux de police et les agents placés sous leurs ordres. (*Ord., 15 nov. 1846, art. 51.*)

29. Ils sont chargés particulièrement, ainsi que leurs agents, de surveiller la composition, le départ, l'arrivée, la marche et les stationnements des trains, l'entrée, le stationnement et la circulation des voitures dans les cours et stations, l'admission du public dans les gares et sur les quais des chemins de fer. (*Ord. préc., art. 57.*)

30. Les compagnies sont tenues de fournir des locaux convenables pour les commissaires spéciaux de police et les agents de surveillance. (*Ord. préc., art. 58.*)

31. Toutes les fois qu'il arrive un accident sur le chemin de fer, il en est fait immédiatement déclaration à l'autorité locale et au commissaire spécial de police. (*Ord. préc., art. 59.*)

32. Les commissaires spéciaux de police des chemins de fer relèvent directement du ministère des travaux publics. En conséquence, ils sont tenus d'adresser au préfet, aussitôt après la formalité de l'affirmation, les procès-verbaux qu'ils ont été dans le cas de dresser. (*Instr. min. trav. publ., 31 mars 1847.*)

33. Indépendamment de l'expédition du procès-verbal remise au préfet, ils doivent adresser directement et en même temps ce procès-verbal au procureur impérial. (*Instr. min. trav. publ., mai 1847.*)

COMMISSIONS ADMINISTRATIVES.

V. Bureaux de bienfaisance, Enquêtes de commodo et incommodo, Hospices, Monts de piété.

COMMUNAUTÉS RELIGIEUSES.

LÉGISLATION.

Loi du 24 mai 1825.

1. Aucune congrégation religieuse de femmes ne peut être autorisée qu'après que les statuts, dûment approuvés par l'évêque diocésain, ont été vérifiés et enregistrés au conseil d'Etat en la forme requise pour les bulles d'institution canonique. — Après la vérification et l'enregistrement, l'autorisation est accordée par une loi à celles de ces congrégations qui n'existaient pas au 1er janvier 1825. A l'égard de celles qui existaient antérieurement, l'autorisation est accordée par un décret. (*L., 24 mai 1825, art. 2.*)

2. Il ne peut être formé aucun établissement d'une congrégation religieuse de femmes, déjà autorisée, s'il n'a été préalablement informé sur la convenance et les inconvénients de l'établissement, et si l'on ne produit à l'appui de la demande le consentement de l'évêque diocésain et l'avis du conseil municipal de la

commune où l'établissement doit être formé.—L'autorisation spéciale de former l'établissement est accordée par un décret inséré, dans la quinzaine, au *Bulletin des lois*. (*L. préc., art. 3.*)

3. Les congrégations religieuses d'hommes sont régies, comme tous les autres établissements ecclésiastiques, par la loi du 2 janvier 1817, qui exige que les établissements ecclésiastiques soient autorisés par une loi.

COMMUNES.

LÉGISLATION.

Loi du 18 juillet 1837, sur l'administration municipale.

1. Toutes les fois qu'il s'agit de réunir plusieurs communes en une seule, ou de distraire une section de commune, soit pour la réunir à une autre, soit pour l'ériger en commune séparée, le préfet prescrit préalablement dans les communes intéressées, une enquête, tant sur le projet lui-même, que sur ses conditions.

Les conseils municipaux, assistés des plus imposés en nombre égal à celui de leurs membres, les conseils d'arrondissement et le conseil général donnent leur avis. (*L., 18 juill. 1837, art. 2.*)

2. Si le projet concerne une section de commune, il est créé pour cette section une commission syndicale. Un arrêté du préfet détermine le nombre des membres de la commission. Ils sont élus par les conseillers municipaux domiciliés dans la section, et, si le nombre des électeurs n'est pas double de celui des membres à élire, la commission est composée des plus imposés de la section. La commission nomme son président et donne son avis sur le projet. (*L. préc., art. 3.*)

3. Les réunions et distractions de communes qui modifient la composition d'un département, d'un arrondissement ou d'un canton, ne peuvent être prononcées que par une loi.

Toutes autres réunions ou distractions de communes peuvent être prononcées par ordonnance, en cas de consentement des conseils municipaux, délibérant avec les plus imposés, et, à défaut de ce consentement, pour les communes qui n'ont pas trois cents habitants, sur l'avis affirmatif du conseil général de département. Dans tous les autres cas, il ne peut être statué que par une loi. (*L. préc., art. 4.*)

4. D'après ces dispositions, voici l'indication des formes à suivre et des pièces à produire :

1° Délibération des communes ou pétition des sections intéressées;

2° Nomination par le préfet d'un commissaire enquêteur;

3° Procès-verbal de l'enquête faite dans les communes et sections de communes intéressées;

4° Avis du commissaire enquêteur;

5° S'il s'agit de distraire une section de commune et de l'ériger en commune séparée, nomination par les électeurs communaux d'une commission syndicale dont le nombre des membres est déterminé par un arrêté du préfet;

6° Avis de la commission syndicale sur le projet;

7° Avis des conseils municipaux des communes intéressées, assistés des plus imposés;

8° Plan cadastral des lieux, indiquant la nature et l'étendue des terrains;

9° Avis du directeur des contributions directes, avec indication du revenu des terrains et des recettes et dépenses des communes;

10° Avis du sous-préfet, s'il y a lieu;

11° Avis du conseil d'arrondissement;

12° Avis du conseil général;

13° Avis motivé du préfet;

14° Budget des communes;

15° Transmission du dossier par le préfet au ministre de l'intérieur.

5. Pour les autres objets concernant l'organisation et l'administration des communes, v. chacun des mots auxquels ils se rapportent.

V. CIRCONSCRIPTIONS TERRITORIALES.

COMPTABILITÉ COMMUNALE. — Form. mun., tom. III, pag. 319 et suiv.

LÉGISLATION.

Ordonnance du 31 mai 1838, titre 4, chapitre 20.

§ 1er. — Définition de la comptabilité. — Observations.

1. La comptabilité financière communale est l'application de tous les principes qui régissent les intérêts matériels des communes, soit en recette soit en dépense.

Un règlement général sur la comptabilité publique, établi par une ordonnance du 31 mai 1838, contient le résumé, par ordre de matières, des dispositions des lois, ordonnances et instructions ministérielles qui régissent la comptabilité publique. Les règles de la comptabilité communale sont comprises sous le tit. 4, chap. 20, de cette ordonnance.

Une instruction générale du ministre des finances, du 17 juin 1840, sur le service et la comptabilité des receveurs des finances, des percepteurs et des receveurs des communes, renferme, sous le tit. 5, les règles du service des communes et des établissements de bienfaisance.

Toutes les dispositions de l'ordonnance du 31 mai 1838, et de l'instruction générale du 17 juin 1840, concernant le service des communes, sont textuellement transcrites au *Formulaire municipal*, tom. III, sous la rubrique *Comptabilité communale*. La majeure partie de ces dispositions s'appliquent aux comptables.

Notre recueil s'adressant principalement à MM. les maires, nous nous renfermerons ici dans ce qui leur est strictement utile.

2. L'article *Budget communal* comprend l'appréciation des recettes et des dépenses des communes. Il est donc une sous-division de la comptabilité. Nous avons rapporté ci-dessus, dans cet article, les règles principales que les maires sont tenus de suivre dans leur administration financière. Ici, pour compléter les documents concernant la comptabilité communale, nous examinerons l'ordre de surveillance auquel cette comptabilité est soumise, et l'ordre matériel ou la tenue des livres qu'un maire doit établir pour que sa gestion financière puisse présenter à toutes les époques la situation de la caisse communale.

§ 2. — Surveillance de la comptabilité.

3. Nous avons vu au mot *Budget* (95) qu'une commune étant propriétaire de ses biens et des parts que lui fait l'Etat, elle les gère comme elle l'entend, *sous approbation :* parce que la loi ne permet pas une gestion contraire à l'intérêt général communal. Là est le principe de la surveillance: elle soustrait l'administration de la France à la dilapidation qui grève plus ou moins les autres nations.

4. D'une part, la commune, par son conseil, débat et vote ses recettes et ses dépenses ; le tout est examiné par le sous-préfet, qui fait ses observations; par le préfet, qui approuve avec ou sans retranchement ; par le préfet et le conseil de préfecture, lorsqu'il y a lieu d'*ajouter* : avec recours, dans le premier cas, au ministre de l'intérieur, et, dans le deuxième, au conseil d'Etat. Telle est la hiérarchie de la surveillance pour le fait du vote de la recette et de la dépense.

5. D'autre part, pour le fait de l'exécution: un comptable capable, unique, responsable avec cautionnement, perçoit, et paie sur pièces justificatives à ses risques et périls; un receveur des finances par arrondissement scrute toutes ses opérations, soit pour ne pas laisser passer la moindre erreur ou la moindre irrégularité, soit même pour faire observer toutes les formules matérielles, parce que l'uniformité du travail facilite extraordinairement les vérifications.

Ces comptes ainsi contrôlés sont soumis au conseil municipal, qui les débat et fait ses observations, puis au conseil de préfecture, juge de la validité des paiements, sauf recours, si les parties croient devoir appeler de ses décisions, à la cour des comptes, et subséquemment au conseil d'Etat, qui prononce en dernier ressort.

6. Ainsi, le conseil d'Etat, la cour des comptes et le ministre de l'intérieur abritent, suivant le cas, de leur puissante autorité, le budget de la plus petite commune.

Ce qu'il y a de plus admirable dans cette organisation, c'est que les communes rurales en profitent le plus, elles qui, en tout autre cas, seraient sans cesse lésées.

7. Cette administration est la plus libérale qui existe, puisqu'il n'en coûte aux

communes, pour cette gérance, en moyenne, que le 1 et ½ pour % de leurs recettes et de leurs dépenses. Il y a des budgets qui ne s'élèvent pas en totalité au delà de 500 francs, ce qui ne produit au comptable qu'une remise de 7 fr. 50 c.; pour cette modique rétribution, l'administration financière de la commune est aussi bien gérée, aussi bien surveillée que si cette commune possédait le plus gros budget. Il n'est rien alloué aux receveurs des finances pour leur coopération.

§ 3. — Tenue de livres ou écritures.

8. Nous allons examiner successivement quelle est la tenue des livres des communes rurales, cantonales, et de celle des communes qui ressortissent de la cour des comptes.

1° *Communes rurales.*

9. Nous avons dit que les communes rurales, qui ne payent des remises que proportionnellement à leur budget, quelque faible qu'il soit, profitent le plus de l'organisation financière communale : effectivement, cette organisation est si bien établie, que la majeure partie des communes de France ne tiennent pas de comptabilité. Toute l'action des maires, quant à ce, consiste à donner leur signature sur les mandats délivrés pour acquitter leurs dépenses, et sur les états de situation des receveurs. La raison de cet abandon de leurs opérations est sensible : c'est que la législation, si complète sur tous les autres points, est presque muette à cet égard. Un seul article de l'ordonnance du 31 mai 1838, l'art. 455, y a trait; il porte :

10. « Au fur et à mesure de chaque opération d'ordonnancement, il doit en être tenu écriture sur des registres ouverts dans chaque mairie.

» Dans les grandes administrations municipales, les maires doivent faire tenir un journal et un grand-livre pour y consigner sommairement toutes les opérations financières concernant la fixation des crédits, la liquidation, l'ordonnancement et le paiement; et ces mêmes opérations doivent en même temps être décrites avec détail dans les livres ou registres auxiliaires, au nombre et dans la forme déterminée par les préfets, suivant la nature et l'importance des diverses parties du service. » (*Ord., 31 mai 1838, art. 455.*)

11. Ainsi, chaque commune doit, d'après ces prescriptions, au moins tenir un registre d'ordonnancement.

Ce registre, qui sera le journal, par ordre de date, de toutes les opérations financières du maire, puisqu'il n'a pas autre chose à faire qu'à ordonnancer ses dépenses, peut être établi de la manière suivante :

1re colonne, numéro d'ordre de chaque mandat délivré;

2e colonne, date du mandat;

3e colonne, libellé du mandat comprenant le nom de la partie prenante, le motif du paiement, la somme, l'indication des pièces justificatives;

4e colonne, la somme en chiffres;

5e colonne, désignation du compte ou article du budget auquel se réfère la dépense;

6e colonne, numéro de l'article du budget.

Avec le budget, qui est la base de leur comptabilité, un registre d'ordonnancement, et la situation de caisse mensuelle que le receveur municipal doit leur fournir le 1er de chaque mois, les maires des communes rurales se rendraient facilement compte de leurs opérations, s'ils avaient soin de tenir ce livre. Leur budget n'étant pas considérable, quelques écritures de mois en mois suffiraient pour mettre parfaitement à jour leurs opérations, sans être obligés, à chaque mandat qu'ils ont à délivrer, d'avoir recours au receveur municipal. Evidemment, en administrant par eux-mêmes, ils acquerraient plus d'autorité.

2° *Communes cantonales.*

12. Les communes chefs-lieux de canton sont en général d'une assez grande importance, et le chiffre de leur budget étant élevé, les maires sont nécessairement obligés, pour administrer, de tenir, en outre du journal ou livre des mandats dont nous venons de parler, le *grand-livre* prescrit par l'ordonnance du 31 mai 1838.

Ce grand-livre, qui serait plus exactement appelé *livre des crédits ouverts au budget*, s'établit de cette manière :

On consacre à chaque crédit ou compte une demi-page, ou une ou deux pages, selon que l'article comportera plus ou moins de mandats à délivrer.

On inscrit en une ligne le libellé du crédit ouvert au budget, en commençant par le n° d'ordre qui sert de pagination pour recourir au compte; on met au bout de la ligne la somme créditée; c'est l'indication du chiffre à consommer; puis on tire une ligne à l'encre en dessous pour séparer le crédit des détails de la dépense qui suivront, jusqu'à absorption de la prévision.

Les inscriptions des dépenses sont extraites du journal et établies également par colonnes :

1re colonne, n° du journal, d'où on reporte l'inscription sur le grand-livre.

2e colonne, année et mois.

3e colonne, jour.

4e colonne, abrégé du libellé du journal, mais comprenant le nom de la partie prenante.

5e colonne, tracée par francs et centimes, indication de la somme en chiffres.

6e colonne, id. total des sommes.

13. Or, le premier livre contient toutes les dépenses mandatées, inscrites par ordre chronologique; le total de ces dépenses, mis en rapport avec le total des crédits ouverts au budget, donne tout de suite le chiffre qui reste à dépenser, et, comparé avec l'encaisse fourni par le percepteur, la somme qui reste disponible.

Le deuxième livre présente les sommes dépensées sur chaque crédit, et, en faisant le total de chacune de ces séries de dépenses, l'on sait immédiatement ce qui reste à mandater sur chacun des crédits. C'est le compte de situation analysé dans toutes ses parties. Le total réuni de ces divers comptes doit égaler le total unique du livre d'ordonnancement, autrement il y aurait erreur au grand-livre. A la clôture de l'exercice, ces deux totaux, qui n'en font qu'un, doivent être égaux ou inférieurs au total des crédits des budgets; s'il est inférieur, on procède, pour le reste à payer, comme il est dit à l'article *Budget*, n° 39.

Il est à remarquer que le total de la dépense effectuée ne peut être supérieur à aucun crédit ou au total des crédits du budget, car cet excédant serait un paiement irrégulier qui resterait à la charge du comptable, libre à lui de se faire rembourser comme il l'entendrait.

3° Communes justiciables de la Cour des comptes.

14. Les communes justiciables de la cour des comptes sont celles dont le revenu excède trente mille francs. (*L., 18 juill. 1837, art. 66.*)

La base principale de la comptabilité de ces communes n'est pas composée d'autres livres que les deux décrits ci-dessus.

Seulement, pour chaque partie importante de leurs revenus ou de leurs dépenses, il y a des livres de détail auxiliaires, qu'on établit suivant les cas.

Ainsi, il y a un carnet d'enregistrement des bordereaux des diverses perceptions qu'opère la commune. Chacun de ses établissements, tels que l'octroi, l'abattoir, etc., a sa comptabilité à part. Les perceptions opérées par l'administration municipale sont versées à sa caisse, et le maire n'en peut faire emploi qu'après ce versement. Autrement cet emploi rentrerait dans la comptabilité occulte.

La voirie a également sa comptabilité spéciale. — V. Voirie.

Il peut y avoir aussi un carnet de retraite des employés de l'octroi et des bureaux, et plusieurs autres livres auxiliaires.

§ 4. — Compte d'exercice du maire.

15. Le compte d'*exercice* à rendre par le maire ordonnateur présente, par colonnes distinctes, et en suivant l'ordre des chapitres et des articles du budget, *en recette* :

1° La désignation de la nature de recette; 2° l'évaluation admise par le budget; 3° la fixation définitive de la somme à recouvrer d'après les titres justificatifs; 4° les sommes recouvrées pendant l'année du budget et pendant les premiers mois de la seconde année; 5° la somme restant à recouvrer.

En dépense, le compte présente :

1° La désignation des articles de dépenses admis par le budget; 2° le montant des crédits; 3° le montant des sommes payées sur ces crédits, soit dans la première année, soit dans les premiers mois de la deuxième; 4° les restes à payer à reporter au budget de l'exercice suivant; 5° les crédits ou portions de crédits à annuler, faute d'emploi dans les délais prescrits.

Le maire joint d'ailleurs à ce compte de deniers tous les développements et explications qui doivent en former la partie morale, et servir, tant au conseil municipal qu'à l'autorité supérieure, à apprécier les actes administratifs du maire, pendant l'exercice qui vient de se terminer. (*Ord., 31 mai 1838, art. 456.*)

16. Les comptes des maires ordonnateurs, rendus par exercice et clos (ainsi que le prescrit l'art. 1er de l'ordonnance du 1er mai 1835) au 31 mars qui suit immédiatement chaque exercice, sont nécessairement soumis aux délibérations des conseils municipaux dans la session ordinaire qui suit immédiatement la clôture de chaque exercice.

Ceux de ces comptes qui doivent être définitivement réglés par le ministre de l'intérieur, lui sont transmis par les préfets, avec les observations dont ils les jugent susceptibles, deux mois au plus tard après l'examen des conseils municipaux. (*Ord. préc., art. 457.*)

17. Le conseil municipal délibère sur les comptes présentés annuellement par le maire. (*L., 18 juill. 1837, art. 23.*)

18. Les comptes du maire pour l'exercice clos sont présentés au conseil municipal avant la délibération du budget. Ils sont définitivement approuvés par les préfets. (*L. préc., art. 60.— Décr., 25 mars 1852, n° 35 du tabl. A.*)

Le préfet envoie au ministre de l'intérieur, aussitôt après les avoir approuvés, une copie certifiée des comptes des communes qui ont 100,000 fr. de revenu. (*Circ. min., 5 mai 1852.*)

19. Une copie conforme du compte d'administration, tel qu'il a été vérifié par le conseil municipal, et arrêté définitivement ou provisoirement par le préfet, doit être, comme élément de contrôle, jointe au compte de gestion du comptable, lorsque celui-ci est soumis à l'apurement du tribunal compétent. (*Ord. préc., art. 460.*)

V. Budgets communaux.

COMPTABILITÉ des ÉTABLISSEMENTS de BIENFAISANCE.

— Form. mun., tom. III, pag. 323.

SOMMAIRE.

LÉGISLATION.

Ordonnance du 31 mai 1838, portant règlement général sur la comptabilité publique.

1. Les règles de la comptabilité des communes s'appliquent aux établissements de bienfaisance en ce qui concerne la division et la durée des exercices, la spécialité et la clôture des crédits, la perception des revenus, l'ordonnancement et le paiement des dépenses, et par suite, le mode d'écriture et de comptes, ainsi que la formation et le règlement des budgets. (*Ord., 31 mai 1838, art. 498.*)

2. La comptabilité des établissements de bienfaisance est circonscrite dans la gestion des biens des pauvres, la présentation, le vote et l'exécution du budget.

§ 1er. — Gestion des biens.

V. Bureaux de bienfaisance.

§ 2. — Des budgets.

3. Les prescriptions qui s'appliquent aux budgets communaux étant communes aux budgets des bureaux de bienfaisance, nous n'aurons que quelques détails spéciaux à ajouter pour compléter la matière.

4. La formule du budget est fournie par la préfecture, et sa dépense est payée sur le fonds de *cotisations municipales.*

5. Le budget est présenté par le président de la commission administrative, délibéré et voté dans la session qui a ordinairement lieu dans le mois d'avril, ou au commencement de mai, au jour désigné par le préfet.

6. Les recettes se composent des revenus des biens des pauvres et des subventions de la commune, et la dépense consiste à faire face aux dépenses ordinaires ou extraordinaires et à porter les fonds libres en secours aux indigents.

7. Le budget est soumis au conseil municipal dans sa session de mai, afin qu'il puisse donner son avis (*L., 18 juill. 1837, art. 21, § 6*) et délibérer sur la subvention à accorder par la commune (*Ord., 31 mai 1838, art. 502*). L'avis du

conseil consiste généralement, quand il ne vote pas de subventions et que la dépense est égale ou inférieure aux revenus, à déclarer qu'il est d'avis que le budget soit approuvé.

8. Le budget est ensuite renvoyé à la commission administrative, avec copie de la délibération. La commission transmet, avec la délibération, le budget en quadruple expédition (ou en triple pour l'arrondissement chef-lieu), au sous-préfet, qui l'annote de ses observations et le fait parvenir au préfet, pour être arrêté définitivement ; puis les exemplaires sont renvoyés, l'un au receveur général pour le comptable, et deux au sous-préfet, qui en garde un et fait parvenir l'autre au président de la commission administrative.

9. Il n'y a pas de chapitres additionnels aux budgets des bureaux de bienfaisance, comme dans les budgets des communes, parce qu'il n'y a pas les mêmes éventualités de recettes. Lorsque les crédits ouverts par le budget d'un exercice sont reconnus insuffisants, ou lorsqu'il doit être pourvu à des dépenses non prévues lors de la formation de ce budget, les crédits supplémentaires doivent également être ouverts par des décisions spéciales de l'autorité investie du droit de régler le budget. (*Instr., 15 déc. 1826, art. 792.*)

10. Dans le cas où, par une cause quelconque, le budget d'un établissement n'a pas été approuvé avant le commencement de l'exercice, les recettes et dépenses ordinaires continuent, jusqu'à l'approbation de ce budget, à être faites conformément à celui de l'année précédente (*L., 18 juill. 1837, art. 35. — Ord., 31 mai 1838, art. 437 et 498*). Le service n'éprouve ainsi aucune interruption.

11. Si le retard provient du fait de la commission administrative, qui ne voudrait pas voter le budget, la loi n'a pas, comme pour les communes (*L., 18 juill. 1837, art. 15 et 39*), investi les préfets de moyens coercitifs pour vaincre une semblable résistance ; il reste à user de persuasion ou à révoquer l'administration.

12. En cas de difficulté sur l'interprétation d'un article du budget, elle est résolue par le préfet, qui approuve le budget, sauf recours au ministre de l'intérieur. (*Arr. cons. Etat, 8 janv. 1836, Thibault.*)

§ 3. — Administration. — Secours.

13. Les commissions administratives des établissements de bienfaisance désignent un des membres de l'administration, lequel, sous le titre d'ordonnateur, est spécialement et exclusivement chargé de la signature de tous les mandats à délivrer aux créanciers de l'établissement pour des dépenses régulièrement autorisées. (*Ord., 31 mai 1838, art. 506.*)

Aucune dépense ne peut être acquittée si elle n'a été préalablement ordonnancée par le maire (ou l'ordonnateur) sur un crédit régulièrement ouvert.

Tout mandat ou ordonnance doit être délivré au profit et au nom des créanciers directs de l'établissement. Il doit énoncer l'exercice et le crédit auxquels la dépense s'applique, et être accompagné, pour la légitimité de la dette et la garantie du payement, des pièces indiquées par les règlements. (*Ord. préc., art. 447 et 506.*)

14. Les commissions administratives et les bureaux de bienfaisance ne peuvent faire que les dépenses autorisées. Les receveurs sont personnellement responsables de tout paiement qui ne résulterait point de ces autorisations, ou qui les excéderait. (*Ord., 31 oct. 1821, art. 20.*)

15. Les commissions administratives ne peuvent délibérer qu'à la majorité des membres qui les composent. (*Instr. min. int., 8 févr. 1823.*)

16. La bonne gestion du bien des pauvres consiste à augmenter le plus possible leurs revenus ; mais ce serait une économie mal entendue si on faisait des épargnes en face de besoins pressants à soulager. Les revenus appartiennent aux indigents présents, et on ne peut les laisser souffrir pour augmenter la part des indigents à venir.

17. Les secours sont généralement fournis en nature, tels que : aliments, combustibles, vêtements, paiements de loyer, médicaments, etc. Ce genre d'assistance est préféré à celui des secours en argent, parce que souvent la misère provient d'inconduite, paresse ou désordre, et il y aurait à craindre, en donnant de l'argent, que toute la famille n'en profitât pas. En cas de livraison de fourni-

tures, on fait prix à l'avance avec le fournisseur, qui délivre les articles convenus, sur la présentation de bons remis aux indigents, et tous les mois ou tous les trimestres, l'on échange ces bons contre un mandat sur le comptable du bureau, en y joignant les bons à l'appui.

18. Les secours se distribuent aussi en argent, au moyen de bons ou mandats que l'on remet aux parties prenantes. Le mandat est payé à présentation, sans qu'il soit nécessaire de l'acquitter. Ce procédé, qui s'emploie facilement quand il y a peu de pauvres, devient moins praticable dans les grands centres où on a à secourir beaucoup d'individus et à distribuer mensuellement de grosses sommes par de très-petites fractions, ce qui pourrait produire quelquefois, à la fin de l'année, plusieurs rames de mandats, et rendrait la gestion très-embarrassante. Pour échapper à cet inconvénient, et aussi parce que cela facilite la distribution, l'usage (approuvé par une décision du ministre de l'intérieur du 10 mai 1830) s'est introduit de compter aux administrateurs, sur mandats, les sommes à distribuer aux indigents, avec charge de rapporter les listes nominatives d'emploi des sommes mandatées, que le comptable joint ensuite à son mandat. Il n'est pas nécessaire que ces listes soient émargées par les parties prenantes.

§ 4. — Ecritures. — Comptes d'administration.

19. Les règles de la comptabilité des communes s'appliquent aux bureaux de bienfaisance. Les bureaux doivent, en conséquence, tenir registre de toutes leurs opérations, afin de se rendre compte à volonté de leur situation financière, et d'établir, à la clôture de l'exercice, leur compte d'administration, qui doit être soumis au conseil municipal, avec le budget de l'exercice futur.

Pour la généralité des bureaux, ces écritures sont peu importantes, puisque le budget ne l'est pas lui-même ; l'on peut à cet égard se reporter à ce que nous avons dit à COMPTABILITÉ COMMUNALE (11) pour le *Registre d'ordonnancement*, et à BUDGETS COMMUNAUX (61) pour le compte d'administration à présenter par le bureau.

20. Voici les prescriptions légales quant à ce dernier document :

« Les comptes d'administration de l'établissement sont présentés aux commissions administratives des hospices et bureaux de bienfaisance qui s'assemblent en réunion ordinaire du 1er au 15 avril de chaque année. » (*Ord., 31 mai 1838, art. 507.*)

Ces comptes, « accompagnés des pièces justificatives et de la délibération du conseil municipal, sont adressés au sous-préfet de l'arrondissement, immédiatement après l'examen fait par le conseil. — Le sous-préfet transmet ces comptes et les pièces à l'appui, avec son avis, au préfet du département, qui les arrête. » (*Ord. préc., art. 508. — Décr., 25 mars 1812, n° 35 du tab' A. — Instr. min. int., 5 mai 1852.*)

21. Ce compte est joint au compte de gestion du comptable. (*Instr. gén., 17 juin 1840.*)

§ 5. — Comptes de gestion du comptable.

22. Les receveurs d'établissements de bienfaisance sont tenus de rendre chaque année un compte de gestion pour leurs opérations de l'année précédente. (*Instr. préc., art. 1312.*)

Ce compte est établi comme celui des communes, V. BUDGETS COMMUNAUX (76), et conformément aux prescriptions des art. 1318 et 1319 de l'instruction précitée.

Il est appuyé des pièces justificatives de la recette et de la dépense. (*Instr. préc., art. 1322.*)

Il est soumis au receveur des finances avant sa présentation à la commission administrative.

23. Dans la communication qui en est faite aux commissions administratives, comme ensuite aux conseils municipaux, le receveur tient les pièces justificatives à la disposition de ces assemblées. — S'il lui est demandé extraordinairement communication de ces pièces, il les remet en personne, et s'il s'en dessaisit momentanément, elles ne sont livrées que contre un bordereau détaillé et certifié par le président de la commission administrative [ou par le maire]. (*Instr. préc., art. 1334.*)

24. Aussitôt que la délibération a été prise, le receveur en retire une ampliation,

la joint à son compte, et soumet le tout au conseil municipal ; puis il retire aussi ampliation de la délibération du conseil municipal, portant avis sur son compte, et il fait parvenir son compte, ces deux délibérations et toutes les pièces à l'appui au préfet, qui les transmet aux juges du compte. *(OO., 31 oct. 1821, art. 8 ; 31 mai 1838, art. 511. — L., 18 juill. 1837, art. 21.)*

COMPTABILITÉ OCCULTE. — Form. mun., tom. III, pag. 526.

1. On désigne ainsi toute gestion, tout maniement de deniers publics faits en dehors des règles de la comptabilité administrative.

2. Les receveurs des hospices et des bureaux de bienfaisance ont seuls qualité pour recevoir et pour payer ; les recettes et les paiements effectués sans leur intervention donnent lieu à toutes répétitions et poursuites de droit. *(Ord., 31 oct. 1821, art. 21.)*

3. Toutes recettes, tout paiement fait pour le compte des communes sans l'intervention de leur receveur, donnent lieu aux poursuites autorisées par les lois contre les personnes qui ont indûment disposé des deniers publics. *(Ord., 23 avril 1823, art. 14.)*

4. Toute personne, autre que le receveur municipal, qui, sans autorisation légale, se serait ingérée dans le maniement des deniers de la commune, est, par ce seul fait, constituée comptable ; elle peut en outre être poursuivie en vertu de l'article 258 du Code pénal, comme s'étant immiscée sans titre dans des fonctions publiques. *(L., 18 juill. 1837, art. 64.)*

5. Les préfets sont appelés à prendre des mesures rigoureuses contre les maires qui auraient participé au détournement des deniers communaux de la destination assignée, soit par le budget, soit par des autorisations spéciales. Les receveurs municipaux sont tenus de les informer des irrégularités de cette nature qui parviendraient à leur connaissance.

6. Celui qui se rend coupable de *comptabilité occulte* provoque contre lui 1° une hypothèque légale à prendre immédiatement sur tous ses biens ; et 2° le séquestre, s'il n'avait pas produit son compte dans un délai déterminé. *(L., 28 pluv. an 3.)*

Ou bien encore la contrainte par corps. *(L., 17 avril 1832.)* Enfin, suivant le cas, l'application des articles 258 et 169 du Code pénal.

7. Les débiteurs qui se seraient acquittés illégalement seraient poursuivis pour qu'ils eussent à se libérer valablement. *(Cod. Nap., art. 1239.)*

8. Le percepteur-receveur qui aurait aidé ou simplement connu ces opérations occultes, pourrait être suspendu ou destitué et forcé en recette. *(Arr., 19 vend., an 12.)*

9. Sont des opérations occultes, *même étant faites de bonne foi*, celles qui consistent à faire solder directement par les débiteurs des communes ou établissements de bienfaisance, certaines sommes entre les mains des entrepreneurs, adjudicataires ou autres créanciers, à la décharge des mêmes communes et établissements, *sans l'intervention de la caisse des receveurs* ; et même l'instruction fondamentale du ministre de l'intérieur, du mois de septembre 1824, s'oppose à ce que les entrepreneurs de constructions communales reçoivent des communes les matériaux provenant d'anciennes constructions, sans que la valeur en soit liquidée et portée en recette dans les écritures du receveur au moyen d'un versement en argent ou en mandats du maire acquittés. A plus forte raison, ne peut-on admettre que les adjudicataires ou entrepreneurs de travaux de communes ou établissements disposent de parties de bois à prendre dans la forêt communale ou hospitalière, sans faire déterminer le prix dans la forme indiquée par l'art. 105 du Code forestier et sans verser ce prix dans la caisse du comptable. — C'est un principe dominant en comptabilité publique, qu'aucune dépense ne doit être faite par atténuation de recette. — Le comptable qui a connaissance d'opérations de nature occulte, selon les définitions ci-dessus, doit, non-seulement les déclarer dans le certificat terminant son compte de gestion, mais encore refuser de régler avec tous adjudicataires, entrepreneurs ou autres créanciers qui recevraient d'autres mains que celles du receveur municipal et dans la situation desquels il y aurait lieu de faire imputation de paiements occultes, lors même que

ces paiements à imputer seraient faits au moyen du produit de souscriptions volontaires consenties au profit de la commune ou de l'établissement. Ce produit, quand il a été souscrit, appartient comme tous les autres, pour sa recette et pour son emploi, à la caisse du receveur légal. (*Agenda des recev. munic.*, n°191.)

10. Sont également des opérations occultes les recettes et les emplois de fonds provenant de dons ou de collectes, de quêtes, de troncs et de loteries, organisés au profit des pauvres, si les fonds sont reçus et employés sans l'intervention de la caisse de l'établissement de bienfaisance légalement autorisé à percevoir ces produits. (*L., 7 frim. an 5, art. 8.—Arr. min., 5 prair. an 11, art. 4.— Décr., 12 sept. 1806.*)—Et sont aussi des opérations occultes les distributions de sommes léguées aux pauvres par des testaments instituant un distributeur spécial, si ce distributeur percevait directement les legs sans l'intervention du receveur de l'établissement; ou si, ayant reçu de ce comptable les sommes à distribuer, il n'en rendait pas compte régulièrement. — Les receveurs des établissements de bienfaisance doivent donc veiller à ce que tous les produits des espèces sus-indiquées, dont ils ont connaissance, soient intégralement versés entre leurs mains; et, si leurs demandes pour cet objet demeuraient sans résultat, signaler les opérations occultes dans le certificat qui termine leur compte, indépendamment des rapports particuliers qu'ils doivent, au fur et à mesure de la connaissance des faits, adresser au receveur des finances leur chef de service, avec prière d'en référer au préfet, par la voie du receveur général. (*Agenda des recev. mun.*, n° 192.)

11. Les règlements exigent absolument que tous revenus en matière *et même les produits des récoltes* des biens exploités par un établissement de bienfaisance figurent en recette dans les comptes des receveurs. — C'est donc encore un cas de comptabilité occulte que celui d'un établissement hospitalier qui ne ferait pas entrer dans ses budgets et dans les comptes du receveur tous ses revenus en matière ou en denrées récoltées, sauf à porter en dépense le montant de la partie de ces denrées qui, n'ayant pas été vendue et convertie en argent, aurait été consommée ou distribuée en nature par l'établissement. (*Agenda préc.*, n° 193.)

12. Les comptables ont à remarquer et à faire remarquer aux administrations locales, qu'indépendamment des principes d'ordre moral qui font traiter et interdire comme comptabilité occulte tout maniement de deniers par une personne non comptable (même lorsque les fonds sont utilement et moralement employés), il y a des raisons d'ordre matériel qui s'opposent absolument à ce que ces opérations soient tolérées. Tels sont (en prenant pour exemple une entreprise de travaux) les cas de cession de créances, de saisie-arrêt, de malfaçons, de non-réalisation de cautionnement, de retenues en garantie, etc., etc., tous cas dans lesquels l'administration perd sa liberté d'action et ses garanties, si elle a délégué ses débiteurs ou souscripteurs à verser directement entre les mains de l'entrepreneur. Au reste, plus on réfléchira sur cette matière, plus on sentira que les règlements ne sauraient tolérer le moindre maniement de deniers municipaux ou hospitaliers par une personne non comptable. (*Agenda préc.*, n° 194.)

COMPTABILITÉ PUBLIQUE.

1. Les règles relatives à cette comptabilité sont établies dans l'ordonnance du 31 mai 1838, qui présente, suivant un ordre méthodique, la série des divers articles extraits de tous les actes officiels antérieurs qui ont déterminé successivement les règles et les formes prescrites aux administrateurs et aux comptables pour la recette et l'emploi des deniers de l'État.

2. Ces règles sont expliquées et développées dans l'instruction générale du 17 juin 1840 sur le service et la comptabilité des receveurs des finances, des percepteurs et des receveurs de communes et d'établissements de bienfaisance.

CONFLITS D'ATTRIBUTION. — Form. mun., tom III, pag. 549.

1. On nomme *conflit d'attribution* une contestation entre une autorité administrative et un tribunal, sur le point de savoir si c'est à l'un ou à l'autre qu'appartient la connaissance de l'affaire qui y a donné lieu.

2. Il y a deux sortes de conflits d'attribution : le *conflit positif* et le *conflit négatif*.

3. Le *conflit positif* est l'acte par lequel l'administration revendique la décision d'une affaire qu'elle soutient lui appartenir et dont les tribunaux sont saisis.

4. Il ne peut être élevé que par les préfets des départements, soit d'office, soit sur la réquisition du procureur impérial, soit sur l'invitation des ministres. (*Arr., 13 brum. an 10.— Ord., 12 déc. 1821.*)

5. Le conflit peut être élevé en tout état de cause, soit avant tout jugement et sur un simple exploit d'assignation donné même devant un juge de paix, soit pendant l'instruction et les débats judiciaires, soit après le jugement. (*Ord.-arr., 19 août 1819 et 18 avril 1821.*)

6. Il y a lieu à élever le conflit, bien que le jugement ou l'arrêt aient été contradictoirement rendus et qu'ils ne soient plus susceptibles d'être attaqués par les parties, si ces jugements et arrêts n'ont prononcé que sur la question de compétence, et s'il n'y a pas encore de jugement définitif sur le fond. (*Ord.-arr., 21 août 1816, 1er sept. 1819, et 23 avril 1823.*)

7. Le conflit peut être élevé contre les jugements des tribunaux de paix et de première instance, rendus en dernier ressort et contre les arrêts des cours impériales, pendant les délais de l'appel ou du recours en cassation. (*Ord.-arr., 22 janv. et 28 juill. 1824.*)

8. C'est au conseil d'Etat qu'appartient le droit de régler les conflits d'attribution. (*Arr., 5 niv. an 8.— Décr., 25 janv. 1852.*)

9. Le *conflit négatif* résulte de la déclaration respective faite par l'autorité administrative et par l'autorité judiciaire, que la même affaire n'est pas de leur compétence. C'est aussi au conseil d'Etat qu'il appartient de statuer sur les conflits négatifs ou règlements de juges entre l'autorité administrative et l'autorité judiciaire. C'est ce qui a été décidé par la jurisprudence de la cour de cassation et par celle du conseil d'Etat.

CONSEILS D'ARRONDISSEMENT.— Form. mun., tom. VI, pag. 73.

LÉGISLATION.

Lois des 22 juin 1833, 10 mai 1838, et 7 juillet 1852.

§ 1er. — Composition des conseils d'arrondissement.

1. Il y a dans chaque arrondissement de sous-préfecture, un conseil d'arrondissement composé d'autant de membres que l'arrondissement a de cantons, sans que le nombre des conseils puisse être au-dessous de neuf. (*L., 22 juin 1833, art. 20.*)

2. Si le nombre des cantons est inférieur à neuf, un décret répartit entre les cantons les plus peuplés le nombre de conseillers d'arrondissement à élire pour complément. (*L. préc., art. 21.*)

3. L'élection des membres des conseils d'arrondissement a lieu par commune, sur les listes dressées pour l'élection des députés au corps législatif, conformément aux dispositions des décrets du 2 février 1852. (*L., 7 juill. 1852, art. 3.*) V. Elections.

4. Les président, vice-président et secrétaires sont nommés pour chaque session, et choisis parmi les membres du conseil par le préfet. (*L. préc., art. 5.*)

5. Les membres des conseils d'arrondissement sont élus pour six ans. Ils sont renouvelés par moitié tous les trois ans. (*L., 22 juin 1833, art. 25.*)

§ 2. — Attributions des conseils d'arrondissement.

6. Les conseils d'arrondissement ne peuvent se réunir s'ils n'ont été convoqués par le préfet, en vertu d'un décret qui détermine l'époque et la durée de la session. — Au jour indiqué, le sous-préfet donne lecture du décret, reçoit le serment des conseillers nouvellement élus, et déclare, au nom de l'empereur, que la session est ouverte. — Le sous-préfet a entrée dans le conseil d'arrondissement; il est entendu quand il le demande, et assiste aux délibérations. Les séances ne sont pas publiques; le conseil ne peut délibérer que si la moitié plus un des conseillers sont présents. Les votes sont recueillis au scrutin secret toutes les fois que quatre des conseillers présents le réclament. (*L. préc., art. 27 et 28.*)

7. La session ordinaire du conseil d'arrondissement se divise en deux parties :

la première précède et la deuxième suit la session du conseil général. (*L., 10 mai 1838, art. 39.*)

8. Dans la première partie de la session, le conseil d'arrondissement délibère sur les réclamations auxquelles donnerait lieu la fixation du contingent de l'arrondissement dans les contributions directes, et sur les demandes en réduction de contributions, formées par les communes. (*L., 10 mai 1838, art. 40.*)

9. Le conseil d'arrondissement donne son avis :

1° Sur les changements proposés à la circonscription du territoire de l'arrondissement, des cantons et des communes, et à la désignation de leurs chefs-lieux ;

2° Sur le classement et la direction des chemins vicinaux de grande communication ;

3° Sur l'établissement et la suppression, ou le changement des foires et des marchés ;

4° Sur les réclamations élevées au sujet de la part contributive des communes respectives dans les travaux intéressant à la fois plusieurs communes, ou les communes et le département ;

5° Et généralement sur tous les objets sur lesquels il est appelé à donner son avis en vertu des lois et règlements, ou sur lesquels il serait consulté par l'administration. (*L. préc., art. 41.*)

10. Le conseil d'arrondissement peut donner son avis :

1° Sur les travaux de routes, de navigation et autres objets d'utilité publique qui intéressent l'arrondissement ;

2° Sur le classement et la direction des routes départementales qui intéressent l'arrondissement ;

3° Sur les acquisitions, aliénations, échanges, construction et reconstruction des édifices et bâtiments destinés à la sous-préfecture, au tribunal de première instance, à la maison d'arrêt ou d'autres services publics spéciaux à l'arrondissement, ainsi que sur les changements de destination de ces édifices ;

4° Et généralement sur tous les objets sur lesquels le conseil général est appelé à délibérer, en tant qu'ils intéressent l'arrondissement. (*L. préc., art. 42.*)

11. Le préfet communique au conseil d'arrondissement le compte de l'emploi des fonds de non-valeurs, en ce qui concerne l'arrondissement. (*L. préc., art. 43.*)

12. Le conseil d'arrondissement peut adresser directement au préfet, par l'intermédiaire de son président, son opinion sur l'état et les besoins des différents services publics, en ce qui touche l'arrondissement. (*L. préc., art. 44.*)

13. Dans la seconde partie de sa session, le conseil d'arrondissement répartit entre les communes les contributions directes. Il est tenu de se conformer, dans la répartition de l'impôt, aux décisions rendues par le conseil général sur les réclamations des communes. Faute par le conseil d'arrondissement de s'y être conformé, le préfet, en conseil de préfecture, établit la répartition d'après lesdites décisions. (*L. préc., art. 45 et 46.*)

14. Si le conseil d'arrondissement ne se réunissait pas, ou s'il se séparait sans avoir arrêté la répartition des contributions directes, les mandements des contingents assignés à chaque commune seraient délivrés par le préfet, d'après les bases de la répartition précédente, sauf les modifications à apporter dans le contingent, en exécution de la loi. (*L. préc., art. 47.*)

15. La dissolution des conseils d'arrondissement peut être prononcée par le chef de l'Etat. En ce cas, il est procédé à une nouvelle élection avant la session annuelle, et, au plus tard, dans le délai de six mois à dater du jour de la dissolution. (*L., 7 juill. 1852, art. 6.*)

CONSEIL D'ÉTAT. — Form. mun., tom. III, pag. 619.

LÉGISLATION.

Décret organique du 25 janvier 1852.

§ 1er. — Formation et composition du conseil d'Etat.

1. Le conseil d'Etat, sous la direction de l'empereur, rédige les projets de loi et en soutient la discussion devant le corps législatif.

Il propose les décrets qui statuent : 1° sur les affaires administratives dont l'examen lui est déféré par des dispositions législatives ou réglementaires; 2° sur le contentieux administratif; 3° sur les conflits d'attribution entre l'autorité administrative et judiciaire. — Il est nécessairement appelé à donner son avis sur tous les décrets portant règlement d'administration publique ou qui doivent être rendus dans la forme de ces règlements. — Il connaît des affaires de haute police administrative à l'égard des fonctionnaires dont les actes sont déférés à sa connaissance par l'empereur. — Enfin, il donne son avis sur toutes les questions qui lui sont soumises par l'empereur ou par les ministres. *(Décr., 25 janv. 1852, art. 1er.)*

2. Le conseil d'Etat est composé : 1° d'un vice-président nommé par l'empereur; 2° de quarante à cinquante conseillers d'Etat en service ordinaire; 3° de conseillers d'Etat en service ordinaire hors sections, dont le nombre ne peut excéder celui de quinze; 4° de conseillers d'Etat en service extraordinaire dont le nombre ne peut s'élever au delà de vingt; 5° de quarante maîtres des requêtes divisés en deux classes de vingt chacune; 6° de quarante auditeurs divisés en deux classes de vingt chacune. — Un secrétaire général ayant titre et rang de maître des requêtes est attaché au conseil d'Etat. *(Décr. préc., art. 2.)*

3. Les ministres ont rang, séance et voix délibérative au conseil d'Etat. *(Décr. préc., art. 3.)*

4. L'empereur nomme et révoque les conseillers d'Etat. *(Décr. préc., art. 4.)*

5. Le conseil d'Etat est présidé par l'empereur, ou, en son absence, par le vice-président du conseil d'Etat. Celui-ci préside également, lorsqu'il le juge convenable, les différentes sections administratives, et l'assemblée du conseil d'Etat délibérant au contentieux. *(Décr. préc., art. 5.)*

§ 2. — Formes de procéder.

6. Le conseil d'Etat est divisé en six sections, savoir : section de législation, justice et affaires étrangères; — section du contentieux; — section de l'intérieur, de l'instruction publique et des cultes; — section des travaux publics, de l'agriculture et du commerce, — section de la guerre et de la marine; — section des finances. *(Décr. préc., art. 10.)*

7. Chaque section est présidée par un conseiller d'Etat en service ordinaire, nommé, par l'empereur, président de section. *(Décr. préc., art. 11.)*

8. Les délibérations du conseil d'Etat sont prises en assemblée générale et à la majorité des voix, sur le rapport fait par les conseillers d'Etat pour les projets de loi et les affaires les plus importantes, et par les maîtres des requêtes pour les autres affaires. — Les maîtres des requêtes et les auditeurs de première classe assistent à l'assemblée générale; néanmoins les auditeurs de première classe ne peuvent assister qu'en vertu d'une autorisation spéciale aux assemblées générales présidées par l'empereur. — Les maîtres des requêtes ont voix consultative dans toutes les affaires, et voix délibérative dans celles dont ils font rapport. *(Décr. préc., art. 12.)*

9. Le conseil d'Etat ne peut délibérer qu'au nombre de vingt membres ayant voix délibérative, non compris les ministres. — En cas de partage, la voix du président est prépondérante. *(Décr. préc. art. 13.)*

10. La section du contentieux est chargée de diriger l'instruction écrite et de préparer le rapport de toutes les affaires contentieuses ainsi que des conflits d'attributions entre l'autorité administrative et l'autorité judiciaire. — Elle est composée de six conseillers d'Etat, y compris le président, et du nombre de maîtres des requêtes et d'auditeurs déterminé par le règlement. — Elle ne peut délibérer si quatre au moins de ses membres ayant voix délibérative, ne sont présents.— Les maîtres des requêtes ont voix consultative dans toutes les affaires et voix délibérative dans celles dont ils sont rapporteurs. — Les auditeurs ont voix consultative dans les affaires dont ils font le rapport. *(Décr. préc., art. 17.)*

11. Trois maîtres des requêtes sont désignés par l'empereur pour remplir, au contentieux administratif, les fonctions de commissaires du gouvernement. Ils assistent aux délibérations de la section du contentieux. *(Décr. préc., art. 18.)*

12. Le rapport des affaires est fait au nom de la section, en séance publique

de l'assemblée du conseil d'Etat, délibérant au contentieux. — Cette assemblée se compose : 1° des membres de la section ; 2° de dix conseillers d'Etat désignés par l'empereur et pris en nombre égal dans chacune des autres sections. Ils sont tous les deux ans renouvelés par moitié. — Cette assemblée est présidée par le président de la section du contentieux. (*Décr., 25 janv. 1852, art. 19.*)

13. Après le rapport, les avocats des parties sont admis à présenter des observations orales. — Le commissaire du gouvernement donne ses conclusions dans chaque affaire. (*Décr. préc., art. 20.*)

14. Le conseil d'Etat ne peut délibérer au contentieux si onze membres au moins, ayant voix délibérative, ne sont présents. En cas de partage, la voix du président est prépondérante. (*Décr. préc., art. 23.*)

15. La délibération n'est pas publique. — Le projet de décret est transcrit sur le procès-verbal des délibérations qui fait mention des noms des membres présents ayant délibéré. Le décret est lu en séance publique. (*Décr. préc., art. 24.*)

16. Lorsque le ministre donne communication aux préfets d'une requête contentieuse portée devant le conseil d'Etat, ce magistrat doit la transmettre immédiatement à l'ingénieur en chef, qui, dans un délai d'un mois au plus à compter de cette transmission, doit la lui renvoyer avec son rapport, et le préfet, dans la quinzaine qui suit ce renvoi, adresse le dossier au ministre, avec son avis. (*Circ. min. comm. et trav. publ., 27 juill. 1854.*)

Quant aux pourvois au conseil d'Etat, V. Conseils de préfecture, § 5.

CONSEILS DE FABRIQUES. V. Fabriques.

CONSEILS GÉNÉRAUX DE DÉPARTEMENT. — Form. mun., tom. VI, pag. 73.

LÉGISLATION.

Lois des 22 juin 1833, 10 mai 1838, et 7 juillet 1852.

§ 1er. — Composition des conseils généraux.

1. Il y a dans chaque département un conseil général composé d'autant de membres qu'il y a de cantons dans le département. (*L., 22 juin 1833, art. 1er et 2. — Décr., 3 juill. 1848, art. 1er.*)

2. L'élection des membres des conseils généraux a lieu par commune, sur les listes dressées pour l'élection des députés au corps législatif, conformément aux dispositions des décrets du 2 février 1852. (*L., 7 juill. 1852, art. 3.*) — V. Elections.

3. Les président, vice-président et secrétaire sont nommés pour chaque session et choisis, parmi les membres du conseil, par l'empereur. Les séances des conseils généraux ne sont pas publiques. (*L. préc., art. 5.*)

4. Les membres des conseils généraux sont nommés pour neuf ans; ils sont renouvelés par tiers tous les trois ans, et sont indéfiniment rééligibles. (*L., 22 juin 1833, art. 8.*)

5. Un conseil général ne peut se réunir s'il n'a été convoqué par le préfet, en vertu d'un décret qui détermine l'époque et la durée de la session. Au jour indiqué pour la réunion du conseil général, le préfet donne lecture du décret de convocation, reçoit le serment des conseillers nouvellement élus, et déclare, au nom de l'empereur, que la session est ouverte. Le préfet a entrée au conseil général, il est entendu quand il le demande, et assiste aux délibérations, excepté lorsqu'il s'agit de l'apurement de ses comptes. (*L. préc., art. 12.*)

6. Le conseil général ne peut délibérer que si la moitié plus un des conseillers sont présents; les votes sont recueillis au scrutin secret toutes les fois que quatre des conseillers présents le réclament. (*L. préc., art. 13.*)

§ 2. — Attributions des conseils généraux.

7. Le conseil général du département répartit chaque année les contributions directes, entre les arrondissements, conformément aux règles établies par les lois. — Avant d'effectuer cette répartition, il statue sur les demandes délibérées par

les conseils d'arrondissement en réduction du contingent assigné à l'arrondissement. (*L., 10 mai 1838, art. 1er.*)

8. Il prononce définitivement sur les demandes en réduction de contingent formées par les communes, et préalablement soumises au conseil d'arrondissement. Il vote les centimes additionnels dont la perception est autorisée par les lois. (*L. préc., art. 2 et 3.*)

9. Le conseil général délibère :

1° Sur les contributions extraordinaires à établir et les emprunts à contracter dans l'intérêt du département ;

2° Sur les acquisitions, aliénations et échanges des propriétés départementales ;

3° Sur le changement de destination ou d'affectation des édifices départementaux ;

4° Sur le mode de gestion des propriétés départementales ;

5° Sur les actions à intenter ou à soutenir au nom du département, sauf les cas d'urgence ;

6° Sur les transactions qui concernent les droits du département ;

7° Sur l'acceptation des dons et legs faits au département ;

8° Sur le classement et la direction des routes départementales ;

9° Sur les projets, plans et devis de tous les autres travaux exécutés sur les fonds du département ;

10° Sur les offres faites par des communes, par des associations ou des particuliers, pour concourir à la dépense des routes départementales ou d'autres travaux à la charge du département ;

11° Sur la concession à des associations, à des compagnies ou à des particuliers, de travaux d'intérêt départemental ;

12° Sur la part contributive à imposer au département dans la dépense des travaux exécutés par l'État et qui intéressent le département ;

13° Sur la part contributive du département aux dépenses des travaux qui intéressent à la fois le département et les communes ;

14° Sur l'établissement et l'organisation des caisses de retraite, ou autre mode de rémunération en faveur des employés des préfectures et des sous-préfectures ;

15° Sur la part de la dépense des aliénés et des enfants trouvés et abandonnés qui sera mise à la charge des communes, et sur les bases de la répartition à faire entre elles ;

16° Sur tous les autres objets sur lesquels il est appelé à délibérer par les lois et règlements. (*L. préc., art. 4.*)

10. Le conseil général donne son avis :

1° Sur les changements proposés à la circonscription du territoire du département, des arrondissements, des cantons et des communes, et à la désignation des chefs-lieux ;

2° Sur les difficultés élevées relativement à la répartition de la dépense des travaux qui intéressent plusieurs communes ;

3° Sur l'établissement, la suppression ou le changement des foires et marchés ;

4° Et généralement sur tous les objets sur lesquels il est appelé à donner son avis en vertu des lois et règlements, ou sur lesquels il est consulté par l'administration. (*L. préc., art. 6.*)

11. Le conseil général vérifie l'état des archives et celui du mobilier appartenant au département. (*L. préc., art. 8.*)

12. Le budget du département est présenté par le préfet, délibéré par le conseil général, et réglé définitivement par un décret. (*L. préc., art. 11.*)

13. Le conseil général entend et débat les comptes d'administration qui lui sont présentés par le préfet : 1° Des recettes et dépenses conformément aux budgets du département ; 2° des fonds de non-valeurs ; 3° du produit des centimes additionnels spécialement affectés par les lois générales, à diverses branches du service public.

Les observations du conseil général sur les comptes présentés à son examen sont adressées directement, par son président, au ministre chargé de l'administration départementale.

Ces comptes, provisoirement arrêtés par le conseil général, sont définitivement réglés par des décrets. (*L. préc., art. 24.*)

14. Le conseil général peut ordonner la publication de tout ou partie de ses délibérations ou procès-verbaux.

Les procès-verbaux, rédigés par le secrétaire et arrêtés au commencement de chaque séance, contiennent l'analyse de la discussion; les noms des membres qui ont pris part à la discussion n'y sont pas insérés. (*L., 10 mai 1838, art. 26.*)

15. Les délibérations du conseil général sont soumises à l'approbation de l'empereur, du ministre compétent ou du préfet, selon les cas déterminés par les lois ou par les règlements d'administration publique. (*L. préc., art. 5.*)

16. Si le conseil général ne se réunissait pas, ou s'il se séparait sans avoir arrêté la répartition des contributions directes, les mandements des contingents assignés à chaque arrondissement seraient délivrés par le préfet d'après les bases de la répartition précédente, sauf les modifications à porter dans le contingent en exécution des lois. (*L. préc., art. 27.*)

17. Si le conseil ne se réunissait pas, ou s'il se séparait sans avoir arrêté le budget des dépenses ordinaires du département, le préfet, en conseil de préfecture, établirait d'office ce budget, qui serait réglé par un décret. (*L. préc., art. 28.*)

18. Les délibérations du conseil général relatives à des acquisitions, aliénations et échanges de propriétés départementales, ainsi qu'aux changements de destination des édifices et bâtiments départementaux, doivent être approuvés par un décret, le conseil d'Etat entendu (*L. préc., art. 29*), sauf à l'égard des affaires mentionnées dans le tableau A annexé au décret du 25 mars 1852 sur lesquelles le préfet est appelé à statuer, ainsi que sur le mode de gestion des propriétés départementales.

19. L'acceptation ou le refus des legs et donations faits au département sont autorisés par le préfet, lorsqu'il n'y a pas réclamation des familles, et par un décret, le conseil d'Etat entendu, lorsqu'il y a réclamation. (*Décr., 25 mars 1852, art. 1er, et tabl. A, nos 42 et 55.*)

20. Les contributions extraordinaires et les emprunts que le conseil général voterait pour subvenir aux dépenses du département, ne peuvent être autorisés que par une loi. (*L., 10 mai 1838, art. 33 et 34.—Décr., 25 mars 1852, art. 1er, tabl. A, no 55.*)

21. Les séances des conseils généraux ne sont pas publiques. (*L., 7 juill. 1852, art. 5.*)

CONSEILS MUNICIPAUX. — Form. mun. tom. III, pag. 624.

LÉGISLATION.

Loi du 21 mars 1831 sur l'organisation municipale. — Loi du 18 juillet 1837 sur l'administration municipale. — Loi du 7 juillet 1852.

§ 1er.—Composition des conseils municipaux.

1. Chaque commune a un conseil municipal composé, y compris les maire et adjoints qui peuvent être pris aujourd'hui en dehors du conseil municipal (1) :

De dix membres dans les communes de 500 habitants et au-dessous;
De douze, dans celles de 500 à 1,500;
De seize, dans celles de 1,500 à 2,500;
De vingt-un, dans celles de 2,500 à 3,500;
De vingt-trois, dans celles de 3,500 à 10,000;
De vingt-sept, dans celles de 10,000 à 30,000;
Et de trente-six, dans celles d'une population de 30,000 âmes et au-dessus.

Dans les communes où il y a plus de trois adjoints, le conseil municipal est augmenté d'un nombre de membres égal à celui des adjoints au-dessus de trois.

Dans celles où il a été nommé un ou plusieurs adjoints spéciaux et supplémentaires, en vertu du 2e § de l'art. 2 de la loi du 21 mars, le conseil municipal est également augmenté d'un nombre égal à celui de ces adjoints. (*L., 21 mars 1831, art. 9.*)

2. Les conseils municipaux sont élus par l'assemblée des électeurs communaux. (*L., préc., art. 10.*) V. ELECTIONS MUNICIPALES.

3. Les membres du conseil municipal sont choisis parmi les citoyens inscrits

(1) Loi du 7 juillet 1852.

sur la liste de la commune et âgés de vingt-cinq ans, et parmi les citoyens ayant le même âge qui, sans être domiciliés dans la commune, y paient une contribution directe. Le nombre de ces derniers ne peut toutefois dépasser le quart de la totalité des conseillers. (*Décr., 3 juill. 1848, art. 9.*)

4. Les incompatibilités et les empêchements qui restreignent le choix des électeurs sont déterminés par les art. 18, 19 et 20 de la loi du 21 mars 1831.

5. Les conseillers municipaux sont élus pour six ans et toujours rééligibles. Ils sont renouvelés par moitié tous les trois ans. (*L., 21 mars 1831, art. 17.*)

6. Le sort désigne les conseillers qui doivent être compris dans la moitié sortante, lors de la deuxième élection qui a lieu trois ans après le renouvellement entier d'un conseil municipal. (*L. préc., art. 53.*) Le tirage au sort s'exécute d'après les règles tracées par l'ordonnance du 9 septembre 1834.

7. En cas de vacances dans l'intervalle des élections triennales, il doit être procédé au remplacement dès que le conseil municipal se trouve réduit aux trois quarts de ses membres. (*L. préc., art. 22.*)

8. Le préfet peut déclarer démissionnaire tout membre du conseil municipal qui a manqué à trois convocations successives (¹) sans motifs reconnus légitimes par le conseil. (*L. préc., art. 26.*)

9. Les conseils municipaux peuvent être suspendus par le préfet, mais leur dissolution ne peut être prononcée que par le chef du gouvernement. — En cas de dissolution, l'élection du nouveau conseil a lieu dans le délai d'une année. En cas de dissolution ou de suspension, le préfet peut désigner, soit une commission qui remplit les fonctions du conseil municipal, soit des citoyens à l'effet d'assister le maire dans les actes administratifs spéciaux et déterminés, pour lesquels la loi ou les règlements exigent le concours d'un ou de plusieurs conseillers municipaux. (*L., 7 juill. 1852, art. 9 et 10.*) — Lorsqu'un conseil municipal donne en masse sa démission, le préfet, au lieu de l'accepter, doit suspendre le conseil municipal, et procéder ensuite à l'organisation d'une commission municipale. (*Déc. min. int.*)

10. Si les conseils municipaux ou les commissions dûment convoqués négligent ou refusent de se réunir pour l'installation d'un maire ou d'adjoints, leur abstention est constatée dans un procès-verbal dressé par le maire. (*Instr. min. int., 15 juill. 1852.*)

§ 2. — Assemblées des conseils municipaux.

11. Les conseils municipaux se réunissent quatre fois l'année, au commencement des mois de février, mai, août et novembre. Chaque session peut durer dix jours. (*L., 21 mars 1831, art. 23.*)

Ces dix jours se comptent à partir de celui de l'ouverture, et la session est terminée à l'expiration de ce délai, qu'il y ait eu ou non dix séances. Ainsi, un conseil municipal ne peut pas s'ajourner au delà de ce terme : sont nulles les délibérations prises hors de la réunion légale. (*Instr. min. int., 17 juill. 1838.*)

12. Le préfet ou le sous-préfet prescrit la convocation extraordinaire du conseil municipal ou l'autorise sur la demande du maire, toutes les fois que les intérêts de la commune l'exigent.

La durée des sessions extraordinaires est limitée par l'arrêté de convocation. (*Instr. préc.*)

13. Dans les sessions ordinaires, le conseil municipal peut s'occuper de toutes les matières qui rentrent dans ses attributions. — En cas de réunion extraordinaire, il ne peut s'occuper que des objets pour lesquels il a été spécialement convoqué.

14. La convocation peut également être autorisée pour un objet spécial et déterminé sur la demande du tiers des membres du conseil municipal, adressée directement au préfet, qui ne peut la refuser que par un arrêté motivé, lequel est notifié aux réclamants, et dont ils peuvent appeler au chef de l'État. (*L., 21 mars 1831, art. 24.*)

15. Si l'affaire pour laquelle le conseil municipal a été convoqué extraordinairement ne pouvait pas être terminée pendant la durée de la session extraordi-

---

(¹) C'est-à-dire à trois sessions.

naire, une nouvelle convocation peut avoir lieu ultérieurement, d'après une demande spéciale faite à cet effet par le maire, ou même d'office. (*Instr. min. int.*, *17 juill. 1838.*)

16. Un secrétaire doit être nommé à chaque session ordinaire ou extraordinaire. (*Instr. préc.* — *L.*, *21 mars 1831, art. 24.*)

17. Les membres du conseil municipal sont convoqués par le maire, individuellement et par écrit, au moins cinq jours avant la réunion. Le billet de convocation indique le jour et l'heure de la séance, et, s'il s'agit d'une séance extraordinaire, l'objet spécial qui l'a motivée.

18. Les lettres de convocation adressées à des membres absents de la commune, doivent être rendues au maire, qui les dépose sur le bureau, au commencement de la séance.

19. Lorsque les plus imposés de la commune sont appelés à délibérer avec le conseil municipal, ils sont convoqués, de la même manière, au moins dix jours avant celui de la réunion. (*L.*, *18 juill. 1837, art. 42.*)

20. Le maire préside le conseil municipal, et en cas d'absence ou d'empêchement, il est remplacé par l'adjoint disponible, le premier dans l'ordre de nomination. (*L. préc.*, *art. 5 et 24.*) Dans tous les autres cas, les adjoints pris en dehors du conseil municipal ont seulement droit d'y siéger avec voix consultative. (*L.*, *7 juill. 1852.*)

Dans les séances où les comptes d'administration du maire sont débattus, le conseil municipal désigne au scrutin celui de ses membres qui exerce la présidence. Le maire peut assister à la délibération, mais il doit se retirer au moment où le conseil va émettre son vote. (*L.*, *18 juill. 1837, art. 25.*)

21. Le président déclare la session ou la séance ouverte, et, après avoir fait l'appel nominal et s'être assuré que la majorité des membres en exercice se trouve réunie, il invite le conseil à nommer au scrutin celui de ses membres qui remplira les fonctions de secrétaire. (*L.*, *21 mars 1831, art. 24.*)

22. Le conseil municipal ne peut délibérer que lorsque la majorité des membres en exercice assiste au conseil. (*L. préc.*, *art. 25.*)

23. Les délibérations du conseil municipal se prennent à la majorité des voix. En cas de partage, la voix du président est prépondérante. (*L. préc.*, *art. 27.*)

24. Lorsque, après deux convocations successives faites par le maire, à huit jours d'intervalle et dûment constatées, les membres du conseil municipal ne se sont pas réunis en nombre suffisant, la délibération prise après la troisième convocation est valable, quel que soit le nombre des membres présents. (*L. préc.*, *art. 26.*)

25. Les délibérations sont inscrites par ordre de date, sur un registre coté et paraphé par le sous-préfet. Elles sont signées par tous les membres présents à la séance, ou mention est faite de la cause qui les empêche de signer. (*L. préc.*, *art. 28.*)

26. Les séances des conseils municipaux ne sont pas publiques, leurs débats ne peuvent être publiés officiellement qu'avec l'approbation de l'autorité supérieure. Il est voté au scrutin secret toutes les fois que trois des membres présents le réclament. (*L. préc.*, *art. 29.*)

27. Il ne doit point y avoir de commission permanente dans un conseil municipal. (*Instr. min int.*, *17 juill. 1838.*)

28. Le maire, étant chargé de la direction de toutes les affaires de la commune, et ses connaissances sur les détails d'administration pouvant être utiles à tous les travaux préparés par le conseil, il est convenable qu'il assiste aux séances des diverses commissions et prenne part à leurs discussions. Il n'y a d'exception que pour les commissions chargées d'examiner ses comptes, dans lesquelles il ne peut être admis qu'à donner des renseignements. (*Instr. préc.*)

§ 3. — Attributions des conseils municipaux.

29. Les attributions des conseils municipaux se divisent en trois catégories distinctes :

La première comprend les objets que les conseils municipaux ont le droit de régler directement, sous la simple surveillance de l'autorité supérieure. Ces objets sont déterminés par l'art. 17 de la loi du 18 juillet 1837.

Expédition de toute délibération sur un des objets, énoncée en l'article précédent, est immédiatement adressée (en double) au sous-préfet, qui en délivre ou fait délivrer récépissé. La délibération est exécutoire si, dans les trente jours qui suivent la date du récépissé, le préfet ne l'a pas annulée, soit d'office pour violation d'une loi ou d'un règlement d'administration publique, soit sur la réclamation de toute partie intéressée. Toutefois, le préfet peut suspendre l'exécution de la délibération pendant un autre délai de trente jours. (*L., 18 juill. 1837, art. 18.*)

30. La deuxième catégorie comprend les objets sur lesquels les conseils municipaux ont l'initiative de la délibération, sans, toutefois, que leurs décisions soient valables avant d'avoir reçu l'approbation du préfet. Ces objets sont énoncés dans l'art. 19 de la loi du 18 juillet 1837.

Les délibérations des conseils municipaux sur ces objets sont adressées au sous-préfet. Elles sont exécutoires sur l'approbation du préfet, sauf les cas où l'approbation par le ministre compétent ou par un décret est prescrite par les lois ou par les règlements d'administration publique. (*L. préc., art. 20.*)

31. Enfin, dans la troisième catégorie, sont compris les objets sur lesquels les conseils municipaux ne sont appelés qu'à donner leur avis. Ils sont énoncés dans l'art. 21 de la loi du 18 juillet 1837.

32. Tant que des conventions votées par un conseil municipal ne sont pas devenues définitives et obligatoires pour la commune, en vertu d'un traité passé d'après une autorisation régulière, ce conseil a toujours la faculté de revenir sur ses votes précédents, de les déclarer non avenus, et l'administration supérieure sortirait de la limite de ses attributions en les approuvant malgré lui. (*Déc. min. int., 7 déc. 1849.*)

33. Les délibérations des conseils municipaux relatives aux écoles sont envoyées, avant le 1er mai, pour l'arrondissement chef-lieu, au préfet, et pour les autres arrondissements aux sous-préfets, qui les transmettent dans les dix jours au préfet, avec leur propre avis, celui des délégués cantonaux et celui de l'inspecteur primaire. (*Décr., 7 oct. 1850, art. 19.*)

34. La déclaration de l'instituteur qui veut établir un pensionnat primaire est soumise par le maire au conseil municipal, dans sa plus prochaine réunion. Le conseil municipal, avant de donner son avis sur la demande, s'assure que le local est approprié à sa destination, et que la tenue de l'école communale n'aura pas à souffrir de l'établissement projeté. (*Décr., 30 déc. 1850, art. 5.*)

35. En cas de mort, blessure ou maladie d'un sapeur-pompier, et après constatation, le conseil municipal de la commune débitrice se réunit pour procéder à la liquidation des secours ou pensions. Sa délibération peut être attaquée par toute partie intéressée, ainsi que par le maire au nom de la commune, ou d'office par le préfet. Le recours est porté devant le conseil général du département; jusqu'à la décision définitive du conseil général, la délibération du conseil municipal est provisoirement exécutée. (*L., 5 avril 1851, art. 4 et 6.*)

36. Sur la demande du conseil municipal, et par décret du chef de l'Etat, il peut être établi une caisse communale de secours et pensions en faveur des sapeurs-pompiers victimes de leur dévouement, de leurs veuves et de leurs enfants. (*L. préc., art. 8.*)

37. L'assentiment des conseils municipaux est nécessaire pour l'établissement d'un mont-de-piété. (*L., 24 juin 1851, art. 1er.*)

38. Toutes les fois que les conseils municipaux ont pris une délibération réglant l'un des objets énumérés dans l'art. 17 de ladite loi du 18 juillet 1837, le maire doit, avant de la transmettre au sous-préfet, avertir les habitants par la voie des annonces et publications usitées, qu'ils peuvent se présenter à la maison commune pour prendre connaissance de cette délibération, et que leurs réclamations, s'ils ont à en présenter, seront reçues à la mairie pendant huit jours à dater de la publication. L'accomplissement de cette formalité doit être constatée par un certificat du maire, qui est joint à la délibération transmise au sous-préfet. (*Ord., 18 déc. 1838, art. 2.*)

Un registre d'enquête est ouvert aussitôt par le maire, qui a soin de le clore à l'expiration du délai indiqué. Dans le cas seulement où il s'est élevé des réclamations, le procès-verbal d'enquête est communiqué au conseil municipal pour y répondre.

39. Le maire doit ensuite transmettre au sous-préfet, avec la première délibération municipale : 1° Un certificat du maire constatant que cette délibération a été publiée conformément à l'ordonnance du 18 décembre 1838, et qu'elle n'a donné lieu à aucune réclamation de la part des habitants; 2° S'il a été fait des réclamations, le procès-verbal d'enquête et deux copies de la délibération du conseil municipal sur les résultats de l'enquête.

40. Relativement aux attributions des conseils municipaux, voyez les mots Affouage, Adjudications, Biens communaux, etc.

CONSEILS DE PRÉFECTURE. — Form. mun., tom. III, pag. 580.

LÉGISLATION.

Loi du 28 pluviôse an 8-17 février 1800. — Arrêté des consuls du 19 fructidor an 9-6 septembre 1801. — Décret du 28 mars 1852.

SOMMAIRE.

§ 1er. — Composition.

1. Les conseils de préfecture, créés par la loi du 28 pluviôse an 8, ont été placés auprès des préfets, soit pour les assister de leurs avis dans certains cas déterminés, soit pour prononcer sur le contentieux administratif.

2. Le nombre des conseillers de préfecture est fixé à quatre dans vingt-deux départements, et à trois dans les autres, à l'exception de la Seine. (*Décr., 28 mars 1852.*)

3. Les conseillers de préfecture sont nommés et révoqués par l'empereur; ils prêtent serment entre les mains du préfet; ils doivent être âgés de 25 ans.

4. Lorsque le préfet assiste au conseil de préfecture, il le préside; en cas de partage, il a voix prépondérante. (*L., 28 pluv. an 8, art. 5.*) En cas d'absence du préfet, le conseil de préfecture est présidé par le plus ancien de ses membres.

5. Les conseils de préfecture ne peuvent prendre aucune délibération, si les membres ne sont au moins au nombre de trois. Le préfet, lorsqu'il assiste à la séance, compte pour compléter les membres nécessaires pour délibérer. — En cas de partage ou d'insuffisance du nombre des membres du conseil, les membres restants désignent à la pluralité des voix un des membres du conseil général de département qui siége avec ceux du conseil de préfecture. Le choix ne peut tomber sur les membres des tribunaux qui font partie du conseil général. (*Arr., 19 fruct. an 9.*)

6. Un conseil de préfecture est composé légalement, lorsqu'il a pourvu au remplacement de ceux de ses membres qui se sont récusés pour cause de parenté avec l'une des parties (*Arr. cons. Etat, 22 juill. 1826, St-Marsal*);

7. Lorsqu'un conseiller général, siégeant en remplacement d'un conseiller de préfecture absent, a été désigné conformément aux dispositions de l'art. 3 de l'arrêté du 19 fructidor an 9 [1]. (*Arr. cons. Etat, 2 août 1848, Debaise.*)

8. Les membres des conseils de préfecture admis à la retraite pour ancienneté

---

[1] Les membres restant au conseil de préfecture désigneront, à la pluralité des voix, un des membres du conseil général du département, qui siégera avec ceux du conseil de préfecture, soit qu'il faille compléter le nombre nécessaire pour délibérer ou vider un partage. Le choix ne pourra jamais tomber sur les membres des tribunaux qui font partie des conseils généraux de département. (*Arr., 19 fruct. an 9-6 sept. 1801, art. 3.*)
En cas de partage sur le choix du suppléant, la voix du préfet, s'il assiste à la séance, ou du plus ancien d'âge des conseillers, si le préfet n'est pas à la séance du conseil, aura la prépondérance. (*Arr. préc., art. 4.*)

de services ou pour cause d'infirmités, qui ont bien mérité dans l'exercice de leurs fonctions, peuvent recevoir le titre de conseillers de préfecture honoraires. Ceux auxquels ce titre a été conféré peuvent prendre part, avec voix consultative, aux délibérations de ces conseils, lorsqu'ils y sont appelés par convocation spéciale du préfet. (*Décr., 15 mars 1854, art. 1 et 2.*)

§ 2. — Attributions et compétence.

9. Les conseils de préfecture prononcent :

1° Sur les demandes des particuliers tendant à obtenir la décharge ou la réduction de leur cote de contributions directes;

2° Sur les difficultés qui peuvent s'élever entre les entrepreneurs de travaux publics et l'administration, concernant le sens ou l'exécution des clauses de leurs marchés ;

3° Sur les réclamations des particuliers qui se plaignent de torts et dommages procédant du fait personnel des entrepreneurs et non de l'administration;

4° Sur les demandes et contestations concernant les indemnités dues aux particuliers à raison des terrains pris ou fouillés pour la confection des chemins, canaux et autres ouvrages publics;

5° Sur les difficultés qui peuvent s'élever en matière de grande voirie;

6° Sur les demandes qui sont présentées par les conseils municipaux et les maires, pour être autorisés à plaider, vendre, aliéner, échanger;

7° Sur le contentieux du domaine public, tel que les contestations relatives aux concessions d'icelui, aux ventes de domaines nationaux, au transfert de rentes, aux adjudications de bois de l'État et autres opérations forestières. (*L., 28 pluv. an 8, art. 4.*)

10. Les conseils de préfecture prononcent encore sur les comptes des receveurs des communes dont le revenu n'excède pas 30,000 fr., sur les comptes des receveurs des hospices et autres établissements de bienfaisance, sauf le recours à la cour des comptes, en cas de contestation (*Ord., 28 janv. 1815, et 21 mai 1817*); — en matière d'élections, sur les demandes en nullité des élections des conseillers municipaux, des conseillers d'arrondissement et de département, et des prud'hommes, lorsque les formes prescrites n'ont pas été observées; sur certaines contraventions en matière de police de roulage; sur les poursuites exercées contre les usurpateurs de biens communaux, et sur plusieurs autres objets dont la connaissance leur est attribuée par des lois spéciales.

11. Les conseils de préfecture donnent leur avis lorsque les préfets les consultent, et sur toutes les affaires dans lesquelles les préfets doivent prononcer en conseil de préfecture. (V. la loi du *18 juill. 1837*, et notamment le décret du *25 mars 1852, art. 3.*)

12. Les conseils de préfecture sont chargés de la répression des contraventions en matière de servitudes militaires, et les contrevenants sont cités par-devant eux. Ils fixent le délai dans lequel le contrevenant est tenu de démolir les travaux exécutés et de rétablir les lieux dans l'état où ils étaient avant la contravention. (*Décr., 10 août 1853, art. 43 et 44.*)

§ 3. — Procédure.

13. Les lois n'ont établi aucune forme particulière de procéder par-devant les conseils de préfecture. Voici les règles que la jurisprudence et l'usage ont admises relativement aux demandes, à l'instruction et au jugement.

14. Si l'affaire est introduite par les particuliers, c'est au préfet, comme président du conseil, qu'on doit directement s'adresser pour toute demande ou réclamation, en y joignant un mémoire explicatif.

Si c'est une commune qui introduit l'affaire, le conseil de préfecture est saisi par une délibération du conseil municipal, adressée au préfet, appuyée d'un mémoire explicatif du maire, ainsi que des pièces justificatives.

15. Le conseil charge un de ses membres d'examiner l'affaire et de lui faire un rapport. Dans le cas où l'affaire n'offrirait pas les pièces ou renseignements suffisants, le conseil peut citer la partie à jour et à heures fixes et l'entendre, soit

en personne, soit par un fondé de pouvoirs, verbalement ou par écrit. Il peut également ordonner des expertises et prononcer alors définitivement sur tout ce qui peut être l'objet d'une condamnation.

16. Les parties ne sont représentées ni par des avoués ni par des avocats. Ce sont les parties elles-mêmes qui signent leurs requêtes et mémoires, et qui suivent leurs affaires. Cependant elles peuvent se faire assister par des avocats. Les défenses d'une commune doivent être présentées par le maire, ou, en son absence, par l'adjoint, comme exerçant seul les actions de la commune.

17. L'instruction par écrit étant établie devant le conseil de préfecture, il n'y a pas lieu d'appeler les parties à comparaître en personne et à plaider devant ce même conseil. (*Avis cons. Etat, 4 févr. 1826.*)

18. Les règles du droit commun sont applicables lorsque, dans le cours d'une instance introduite devant un conseil de préfecture, une expertise est reconnue nécessaire et qu'il doit être procédé à nomination d'experts. (*Ord.-arr., 23 août 1845, Pourchot.*)

19. Les conseils de préfecture n'ont pas le droit de réformer leurs décisions; ce droit n'appartient qu'à l'autorité supérieure (*Arr. cons. Etat, 21 juin 1813, Urbau*), surtout lorsqu'il s'agit de décisions contradictoires. (*Arr. cons. Etat, 10 avril 1812, Darche.*)

20. Ils doivent s'abstenir de connaître de nouveau d'une contestation sur laquelle ils ont déjà prononcé contradictoirement. (*Arr. cons. Etat, 31 mars 1825, Belhomme.*)

21. Ils peuvent rétracter leurs décisions purement interlocutoires (*Arr. cons. Etat, 4 août 1812*), et leurs arrêtés par défaut. (*Arr. cons. Etat, 19 févr. 1823.*)

22. Ils ne peuvent procéder par voie réglementaire. (*Arr. cons. Etat, 26 févr. 1823.*)

23. Un conseil de préfecture, régulièrement saisi d'une contestation, doit prendre un arrêté portant décision, et ne pas se borner à donner un avis. (*Arr. cons. Etat, 11 août 1824.*)

24. Ne sont pas nulles les décisions du conseil de préfecture prononcées un jour férié. (*Arr. cons. Etat, 30 mai 1834.*)

§ 4. — Forme des arrêtés. — Signification.

25. Les arrêtés doivent, à peine de nullité, être signés par trois membres. (*Arr. cons. Etat, 22 févr. 1821.*)

26. Les arrêtés des conseils de préfecture, lors même qu'ils ne sont point rendus en matière de règlement de comptes, ne doivent pas être précédés d'un intitulé, ni suivis d'un mandement semblable à ceux qui sont déterminés pour les cours et tribunaux. (*Avis cons. Etat, 4 févr. 1826.*)

27. Les arrêtés doivent, à peine de nullité, être motivés. Les motifs portent sur chaque chef de réclamation, notamment au cas de demande en indemnité, formée par un entrepreneur de travaux publics, et fondée sur des chefs distincts. Les arrêtés de condamnation à l'amende doivent, aussi à peine de nullité, contenir les termes de la loi appliquée. (*Arr. cons. Etat, 12 déc. 1818, 21 avril 1830, et 9 mai, 18 juill. et 20 août 1834.*)

28. L'arrêté qui se réfère aux avis développés des agents des contributions directes est suffisamment motivé. (*Ord.-arr., 24 janv. 1845.*)

29. En matière de grande voirie, les conseils de préfecture motivent suffisamment leurs arrêtés, en se fondant sur ce que les faits constatés par les procès-verbaux constituent des contraventions de grande voirie, et sur ce que les moyens de défense présentés par les contrevenants, ne sont pas admissibles. (*Arr. cons. Etat, 7 déc. 1850.*)

30. En matière de contributions directes, le conseil de préfecture n'est pas tenu d'indiquer dans ses décisions les noms des parties et leurs moyens de défense. Il suffit qu'il statue sur le vu de leur réclamation et des observations des autorités appelées à donner leur avis. (*Arr. cons. Etat, 10 mai 1851.*)

31. La signification des décisions prises par les conseils de préfecture peut être

faite par des huissiers, mais ils doivent faire ces significations sans prendre l'attache du tribunal au nom duquel ils exercent. (*L., 29 flor. an 10, art. 4.*)

Si les parties refusent de s'y conformer, le même article veut qu'elles y soient contraintes par la voie des garnisaires et la saisie des meubles.

32. L'exploit de signification d'un arrêté, obtenu contre une commune, est nul, faute d'être visé par le maire ou l'un des fonctionnaires désignés par l'article 69 du Code de procédure. (*Ord., 23 juin 1823.*)

§ 5. — Voies de recours. — Opposition. — Pourvoi au conseil d'Etat.

33. Dès que les arrêtés sont rendus, ils ont le caractère et les effets des jugements ordinaires. L'arrêté du conseil de préfecture est par défaut, lorsque le défendeur ou le réclamant n'ont fourni ni mémoire ni défense, et le conseil d'Etat a admis, à l'égard des condamnations par défaut émanées des conseils de préfecture, les règles et moyens d'opposition établis dans le Code de procédure civile à l'égard des jugements par défaut rendus par les tribunaux ordinaires.

34. Le conseil de préfecture ne peut se dispenser de recevoir l'opposition, en disant qu'une autorité n'a pas le droit de se réformer elle-même. (*Arr. cons. Etat, 23 déc. 1815.*)

35. L'opposition à un arrêté rendu par défaut n'est recevable que devant le même conseil de préfecture qui l'a rendu. (*Ord.-arr., 7 févr. 1845.*)

36. Un arrêté par défaut ne peut être réputé exécuté, et il est susceptible d'opposition, lorsqu'il n'a été suivi que d'un simple commandement de payer le montant des condamnations prononcées. (*Ord.-arr., 26 mai 1845.*)

37. C'est par la voie de l'opposition, et non par la voie du recours au conseil d'Etat, que l'on doit se pourvoir contre les arrêtés des conseils de préfecture rendus par défaut. (*Avis cons. Etat, 27 janv. et 1er août 1848, 1er juin 1849, et 26 mars 1850.*)

38. Lorsqu'un arrêté de conseil de préfecture, rendu sur opposition, n'a pas été signifié, on peut former opposition au second arrêté qui intervient. (*Arr. cons. Etat, 10 juill. 1822.*)

39. A l'égard des arrêtés rendus contradictoirement, le recours au conseil d'Etat est la seule voie pour les faire annuler, soit qu'on les attaque au fond pour mal jugé, soit qu'on les attaque dans leur forme intrinsèque, ou pour excès de pouvoir, ou pour cause d'incompétence. Cet appel doit être formé dans les trois mois de la signification faite par huissier à personne ou domicile, par l'application des mêmes règles du Code de procédure civile, à défaut de dispositions spéciales. L'obligation de se pourvoir dans le délai de trois mois est imposée aux communes comme aux particuliers. Comme il y a urgence dans les affaires administratives, les arrêtés des conseils de préfecture, s'il n'en est autrement ordonné, sont exécutoires nonobstant le pourvoi au conseil d'Etat.

40. Le recours des parties au conseil d'Etat est formé par requête signée d'un avocat au conseil, contenant l'exposé sommaire des faits et moyens, les conclusions, les noms et demeures des parties, l'énonciation des pièces dont on entend se servir et qui restent jointes à la requête. (*Décr., 22 juill. 1806.*) La requête doit être déposée au secrétariat du conseil d'Etat.

41. En matière de contributions directes, il y a exception aux règles ci-dessus. La requête n'a pas besoin d'être signée par un avocat. Elle doit au contraire, à peine de rejet, être transmise au préfet, qui y joint ses observations, afin d'accélérer davantage le jugement de la réclamation.

42. Le défaut de recours en temps utile contre les arrêtés simplement préparatoires, ne fait pas obstacle au pourvoi contre l'arrêté définitif. (*Arr. cons. Etat, 7 déc. 1850.*)

43. Les conseils de préfecture ne peuvent admettre la voie de la requête civile contre leurs arrêtés qui ont obtenu l'autorité de la chose jugée. (*Arr. cons. Etat, 24 oct. 1827.*)

§ 6. — Instruction des affaires contentieuses.

44. Dès que l'instruction d'une affaire à porter devant un conseil de préfecture est terminée, le préfet doit presser ce conseil de prendre sa décision.

Lorsque ce conseil a prononcé, il importe que sa décision devienne promptement définitive, soit par l'adhésion réciproque des parties, soit en faisant courir le délai de l'appel à l'expiration duquel le débat se trouve irrévocablement clos. Dans ce but, tout arrêté rendu sur des matières contentieuses, ressortissant du ministère des travaux publics, doit, dans la huitaine, être notifié à la partie.

Si le dispositif s'écarte des conclusions présentées par les ingénieurs, il est communiqué, dans le même délai, à l'ingénieur en chef, lequel doit, dans les dix jours, renvoyer le dossier à la préfecture, en donnant un avis motivé sur la question de savoir s'il y a lieu de former un pourvoi.

Après avoir pris connaissance de l'affaire, et au plus tard dans les dix jours qui suivent ce renvoi, le préfet transmet les pièces au ministre des travaux publics, avec ses observations, en indiquant au ministre la date de la notification faite à la partie, et, s'il y a lieu, la date de la signification que la partie elle-même a pu faire au préfet. (*Circ. min. comm. et trav. publ., 27 juill. 1854.*)

CONSEILS DE PRUD'HOMMES.

LÉGISLATION.

Loi du 18 mars 1806. — Décret du 11 juin 1809. — Loi du 1er juin 1853.

1. Les conseils de prud'hommes forment une juridiction composée de négociants fabricants, de chefs d'ateliers et ouvriers établis dans les principales villes de commerce, pour la police des manufactures, et investis du droit de juger les différends qui s'élèvent, soit entre des fabricants et des ouvriers, soit entre des chefs d'atelier et des compagnons ou apprentis (*L., 18 mars 1806, art. 6*), soit sur des affaires relatives à la branche d'industrie qu'ils exercent, et sur les conventions dont cette industrie aurait été l'objet. (*Décr., 11 juin 1809, art. 10.*)

2. Les conseils de prud'hommes sont établis par des décrets rendus dans la forme des règlements d'administration publique, après avis des chambres de commerce ou des chambres consultatives des arts et des manufactures.—Les décrets d'institution déterminent le nombre des membres de chaque conseil. — Ce nombre est de six au moins, non compris le président et le vice-président. (*L., 1er juin 1853, art. 1er.*)

3. Les membres des conseils de prud'hommes sont élus par les patrons, chefs d'atelier, contre-maîtres et ouvriers appartenant aux industries dénommées dans les décrets d'institution, suivant les conditions déterminées ci-après. (*L. préc., art. 2.*)

4. Les présidents et vice-présidents des conseils de prud'hommes sont nommés par l'empereur. Ils peuvent être pris en dehors des éligibles. Leurs fonctions durent trois années. Ils peuvent être nommés de nouveau. Les secrétaires sont nommés et révoqués par le préfet sur la proposition du président. (*L. préc., art. 3.*)

5. Sont électeurs : 1° les patrons âgés de vingt-cinq ans accomplis et patrons depuis cinq années au moins, et depuis trois ans dans la circonscription du conseil ; 2° les chefs d'atelier, contre-maîtres et ouvriers, âgés de vingt-cinq ans accomplis, exerçant leur industrie depuis cinq ans au moins, et domiciliés depuis trois ans dans la circonscription du conseil. (*L. préc., art. 4.*)

6. Sont éligibles les électeurs âgés de trente ans accomplis et sachant lire et écrire. (*L. préc., art. 5.*)

7. Ne peuvent être éligibles ni électeurs, les étrangers, ni aucun des individus désignés dans l'art. 15 de la loi du 2 février 1852 (1). (*L. préc., art. 6.*)

8. Dans chaque commune de la circonscription, le maire, assisté de deux assesseurs qu'il choisit, l'un parmi les électeurs patrons, l'autre parmi les électeurs ouvriers, inscrit les électeurs sur un tableau qu'il adresse au préfet. La liste élec-

(1) Cet article établit les causes d'incapacité pour les élections des députés au corps législatif.

torale est dressée et arrêtée par le préfet. *(L., 1er juin 1853, art. 7.)* — Les listes électorales sont publiées dans la forme ordinaire. — Indépendamment des affiches renfermant les arrêtés de convocation, une lettre d'avis doit être adressée à chaque électeur. *(Instr. min., 5 juill. 1853.)*

9. En cas de réclamation, le recours est ouvert devant le conseil de préfecture ou devant les tribunaux civils, suivant les distinctions établies par la loi sur les élections municipales. *(L., 1er juin 1853, art. 8.)*

10. Les patrons, réunis en assemblée particulière, nomment directement les prud'hommes patrons. — Les contre-maîtres, chefs d'ateliers et les ouvriers, également réunis en assemblées particulières, nomment les prud'hommes ouvriers en nombre égal à celui des patrons. — Au premier tour de scrutin, la majorité absolue des suffrages est nécessaire; la majorité relative suffit au second tour. *(L. préc., art. 9.)* — Les préfets délèguent aux maires et adjoints des communes où siégent les conseils, le soin de présider les assemblées électorales. *(Instr. min., 5 juill. 1853.)*

11. Les conseils de prud'hommes sont renouvelés par moitié tous les trois ans. Le sort désigne ceux des prud'hommes qui sont remplacés la première fois. Les prud'hommes sont rééligibles. — Lorsque, par un motif quelconque, il y a lieu de procéder au remplacement d'un ou plusieurs membres d'un conseil de prud'hommes, le préfet convoque les électeurs. — Tout membre élu en remplacement d'un autre, ne demeure en fonction que pendant la durée du mandat confié à son prédécesseur. *(L., 1er juin 1853, art. 10.)*

12. Le bureau général est composé, indépendamment du président et du vice-président, d'un nombre égal de prud'hommes patrons et de prud'hommes ouvriers. Ce nombre est au moins de deux prud'hommes patrons et de deux prud'hommes ouvriers, quel que soit celui des membres dont se compose le conseil. *(L. préc., art. 11.)*

13. Les jugements des conseils de prud'hommes sont définitifs et sans appel, lorsque le chiffre de la demande n'excède pas 200 fr. en capital. Au-dessus de 200 fr., les jugements sont sujets à l'appel devant le tribunal de commerce. *(L. préc., art. 13.)*

14. L'autorité administrative peut toujours, lorsqu'elle le juge convenable, réunir les conseils de prud'hommes, qui doivent donner leur avis sur les questions qui leur sont posées. *(L. préc., art. 17.)*

15. Les pièces transmises par le préfet, au ministre, pour l'établissement d'un conseil de prud'hommes, sont les suivantes :

1° Délibération de la chambre de commerce ou de la chambre consultative des arts et manufactures, s'il existe une assemblée de ce genre dans l'arrondissement;

2° Délibération du conseil municipal, renfermant la promesse de subvenir au paiement des dépenses;

3° Un tableau indiquant toutes les industries justiciables du conseil projeté, la division de ces industries en catégories, le nombre des prud'hommes à élire dans chacune d'elles, et enfin le nombre des patrons et des ouvriers, électeurs ou non, que renferment ces mêmes catégories. *(Instr. min., 5 juill. 1853.)*

16. Les dépenses des conseils de prud'hommes sont obligatoires pour les communes où ils siégent. *(L., 18 juill. 1837, art. 31-19°.)*

CONSEILS DE RECENSEMENT. V. Garde nationale.

CONSEILS DE RÉVISION. V. Recrutement.

CONSTRUCTIONS. — Form. mun., tom. IV, pag. 1.

LÉGISLATION.

Loi du 18 juillet 1837. — Décret du 25 mars 1852. — Instructions ministérielles.

§ 1er. — **Constructions particulières.**

1. Les constructions, reconstructions ou réparations particulières ne peuvent être faites sans l'autorisation des maires, pour la petite voirie, et des préfets ou sous-préfets suivant les cas, pour la grande, ces fonctionnaires étant spécialement chargés de donner les alignements.

2. En ce qui concerne la petite voirie, le propriétaire qui a une construction, reconstruction ou réparation à faire, adresse au maire une pétition en double expédition, dont l'une est sur papier timbré et l'autre sur papier libre, à l'effet de demander l'alignement ou l'autorisation nécessaire. L'expédition sur papier libre est revêtue du *soit-communiqué* du maire à l'architecte-voyer, et transmise à ce dernier, qui fait accès des lieux, donne son avis, et le remet au maire. D'après cet avis, le maire donne ou refuse son autorisation. Sa décision est inscrite sur l'expédition timbrée. Si l'autorisation est accordée, la partie intéressée acquitte le droit de voirie fixé par le règlement.

3. En cas de contravention à ces dispositions, il en est dressé procès-verbal, avec défense de continuation d'œuvre; le contrevenant est poursuivi, pour la grande voirie, devant le conseil de préfecture, et, pour la petite voirie, devant le tribunal de simple police.

§ 2. — Constructions communales.

I. — *Formes à suivre.*

4. Préalablement à la rédaction de tout projet de construction, agrandissement ou appropriation, il doit être dressé, par les soins du maire, un programme raisonné de tous les besoins de l'édifice projeté, contenant notamment l'indication du nombre approximatif 1° des individus qui doivent y être reçus à demeure ou le fréquenter; 2° des pièces à consacrer à des usages communs ou particuliers. (*Instr. min., 28 juin 1813.*)

Ce programme doit indiquer aussi les limites dans lesquelles la dépense devra se renfermer.

5. Le maire appelle ensuite le conseil municipal à délibérer sur la nécessité, l'utilité ou la convenance de la construction, reconstruction ou réparation.

Par sa délibération, le conseil municipal autorise le maire à faire dresser les plans et devis; il indique la somme nécessaire pour l'exécution des travaux, et les moyens de couvrir la dépense, soit qu'il s'agisse de recourir à une imposition extraordinaire, à une vente de biens communaux ou à un emprunt, soit que les fonds ordinaires soient suffisants.

Dans le cas où il faudra recourir à une aliénation de biens communaux, le maire instruit l'affaire en même temps qu'il charge un architecte de la rédaction du projet, et adresse au sous-préfet copie de la délibération du conseil municipal, avec les pièces nécessaires. — V. ALIÉNATIONS.

Si la commune ne peut ou ne veut recourir à une vente, et, à défaut d'autres ressources extraordinaires ou de ressources suffisantes, la délibération en fait mention et dit qu'il y aura lieu de voter des centimes additionnels.

6. L'architecte choisi par le maire dresse 1° un devis descriptif indiquant les constructions et travaux à exécuter, les natures et qualités de matériaux à employer, le mode de mise en œuvre, les précautions particulières qu'il serait nécessaire d'y apporter, ou les mesures spéciales que la nature et la destination des localités exigeraient, etc.;

2° Un détail métrique et estimatif, accompagné de sous-détails faisant connaître le prix de base des matériaux et de main d'œuvre, les déchets, faux frais et bénéfices, etc. (*Instr. min., avril 1842.*)

7. Le maire dresse ensuite le cahier des charges précisant les diverses obligations de l'entrepreneur, les conditions de l'adjudication, s'il en doit être passé une, le mode et les époques de paiement, soit pour à-compte, soit pour solde, etc.

8. Les projets, devis et cahier des charges sont soumis au conseil municipal, qui les examine avec soin, et qui, s'il les approuve, vote les fonds nécessaires pour leur exécution, si ces fonds sont pris sur les ressources ordinaires; mais, dans le cas où ils devraient être faits au moyen d'une imposition extraordinaire ou d'un emprunt, les plus imposés, convoqués à l'avance, sont introduits dans la salle des délibérations, où leur concours est alors obligatoire, dans les communes ayant moins de 100,000 fr. de revenus. (*L., 18 juill. 1837, art. 42.*)

9. Dans le cas où le conseil municipal n'approuverait pas les projets, devis et cahier des charges qui lui sont soumis, il vote les modifications ou changements qu'il croit y faire, et il renvoie le projet à l'architecte, en s'ajournant à quinzaine au moins pour statuer à nouveau. Ce délai est nécessaire surtout pour que le maire ait le temps voulu pour convoquer une seconde fois les plus imposés.

10. Les communes peuvent demander et elles reçoivent un secours sur les fonds du département et de l'État, lorsqu'il s'agit de la construction d'une église, d'un presbytère ou d'une maison d'école. — V. Églises, Presbytères.

Les grosses réparations constituent une dépense obligatoire; les constructions neuves, une dépense facultative. *(L., 18 juill. 1837, art. 30.)*

11. Les plans, devis, projets, cahiers des charges, etc., des constructions communales ou d'établissements de bienfaisance, sont soumis au préfet, qui est compétent pour les approuver, quel que soit le chiffre des travaux. *(Décr., 25 mars 1852, n° 49, tabl. A. — Instr. min. int., 5 mai 1852.)*

12. Les plans et devis, ainsi que le cahier des charges, sont revêtus de l'approbation du préfet, et renvoyés au maire, qui procède alors à l'adjudication. — V. Adjudication.

Le maire est chargé, sous la surveillance de l'autorité supérieure, de la direction des travaux communaux. *(L., 18 juill. 1837, art. 10.)*

13. Quoique les travaux soient sous la direction des maires, ils ne doivent pas être commencés sans que les alignements aient régulièrement été donnés, pour la grande comme pour la petite voirie. — V. Alignement.

14. Aucune construction nouvelle ou reconstruction entière ou partielle, ne peut être autorisée que sur la production des projets et devis. *(L., 18 juill. 1837, art. 45.)*

II. — *Pièces à produire.*

15. Le maire produit au préfet *(Instr. min. int., 15 avril 1842)*:

1° Un plan général de l'emplacement et de ses tenants et aboutissants ;

2° Les plans des divers étages de l'édifice à construire, avec une indication exacte de l'usage des diverses pièces dont ils se composent;

3° Les coupes en long et en travers, et les profils nécessaires pour indiquer les pentes du sol, les hauteurs des planchers, des combles, etc.;

4° Les élévations propres à faire connaître les diverses façades, ainsi que le style et le genre de décoration des édifices;

5° Un devis descriptif;

6° Un devis estimatif, accompagné des sous-détails, selon le cours du pays;

7° Le cahier des charges;

8° Le programme raisonné qui a servi de base à la composition du projet;

9° Les délibérations du conseil municipal.

16. Sur le vu de ces pièces, le préfet prend un arrêté qui vise *(Instr. min. int., 5 mai 1852, modèle n° 44)*:

1° La première délibération du conseil municipal, qui vote l'exécution des travaux;

2° Celle qui indique leur nature, le montant de la dépense et les ressources nécessaires pour y pourvoir;

3° Les plans et devis, dressés par l'architecte;

4° L'avis de l'ingénieur en chef, ou de l'architecte du département, ou du conseil des bâtiments civils, suivant le cas;

5° Le budget communal;

6° L'avis du sous-préfet.

Les trois premières pièces sont fournies en double expédition.

Le maire fournit aussi au préfet, en double expédition, le cahier des charges.

17. L'arrêté préfectoral approbatif de travaux relatifs à un établissement de bienfaisance, vise *(Instr. préc., modèle n° 45)* :

1° La délibération de la commission administrative (la teneur de cette délibération est la même que celle de la délibération du conseil municipal énoncée plus haut, 2°);

2° Les plans et devis;

3° L'avis du conseil municipal;

4° L'avis de l'ingénieur (comme plus haut, 4°);

5° Le budget de l'établissement;

6° L'avis du sous-préfet.

18. Si le projet concerne un édifice du culte, il est joint à toutes ces pièces l'avis de l'évêque diocésain.

19. Dans le cas où, à défaut de fonds libres, la commune a dû recourir à une

aliénation ou à une imposition extraordinaire, le maire doit produire les pièces spéciales à ces opérations. — V. Aliénations, Impositions extraordinaires.

III. — *Réception et liquidation des travaux.*

20. La réception des travaux a pour but de vérifier si toutes les conditions imposées à l'entrepreneur ont été remplies exactement, si tous les travaux ont été régulièrement exécutés, et si rien ne s'oppose au paiement de la dépense, non plus qu'à la remise du cautionnement de l'entrepreneur.

21. A cet effet, l'architecte qui a conduit les travaux rédige un procès-verbal à cette fin, en présence de l'entrepreneur. L'architecte n'agit, en ce cas, que comme délégué du maire ou des administrations de l'établissement de bienfaisance, qui, seuls, ont le droit de *recevoir* les travaux.

22. Les dépenses de ces travaux ne sont payées que sur la production :

1° De la décision approbative de ces travaux;

2° Du procès-verbal de l'adjudication, dûment approuvé par le préfet;

3° De l'état d'avancement des constructions et des à-compte à payer, certifié véritable par l'architecte chargé de la surveillance et de la direction des travaux, et visé par le maire ou par l'administration charitable;

4° Du procès-verbal de réception des travaux, quand il s'agit du solde final de la dépense. *(Instr. min. int., 10 févr. 1840.)*

V. Architectes, Devis, Travaux communaux.

CONTRATS DE MARIAGE. V. Etat civil.

CONTRAVENTIONS. — Form. mun., tom. IV, pag. 20.

1. Les contraventions sont les infractions que les lois punissent des peines de police. *(Cod. pén., art. 1er.)*

2. Les peines de police sont : l'emprisonnement, l'amende et la confiscation de certains objets saisis. *(Cod. préc., art. 464.)*

3. Sont considérés comme contraventions de police simple, les faits qui, d'après les dispositions du quatrième livre du Code pénal, peuvent donner lieu, soit à 15 fr. d'amende ou au-dessous, soit à cinq jours d'emprisonnement ou au-dessous, qu'il y ait ou non confiscation des choses saisies, et quelle qu'en soit la valeur. *(Cod. instr. crim., art. 137.)*

4. La connaissance des contraventions de police est attribuée au juge de paix et au maire, suivant les règles et les distinctions établies dans les art. 139 et suivants du Code d'instruction criminelle.

5. Les commissaires de police, et, dans les communes où il n'y en a point, les maires, à défaut de ceux-ci, les adjoints de maire, recherchent les contraventions de police, même celles qui sont sous la surveillance spéciale des gardes forestiers et champêtres. — Ils reçoivent les rapports, dénonciations et plaintes qui sont relatifs aux contraventions de police. — Ils consignent, dans les procès-verbaux qu'ils rédigent à cet effet, la nature et les circonstances des contraventions, le temps et les lieux où elles ont été commises, les preuves ou indices à la charge de ceux qui en seront reconnus coupables. *(Cod. préc., art. 11.)*

6. Les gardes champêtres et les gardes forestiers, considérés comme officiers de police judiciaire, sont chargés de rechercher, chacun dans le territoire pour lequel ils auront été assermentés, les délits et contraventions de police qui auront porté atteinte aux propriétés rurales et forestières. — Ils dressent des procès-verbaux à l'effet de constater la nature, les circonstances, le temps, le lieu des délits et des contraventions, ainsi que les preuves et les indices qu'ils ont pu en recueillir. *(Cod. préc., art. 16.)*

7. Le service de la gendarmerie ayant pour but spécial d'assurer le maintien de l'ordre et l'exécution des lois, et l'action directe de la police judiciaire, administrative et militaire, les sous-officiers, brigadiers et gendarmes, ont qualité pour rechercher et constater les contraventions de toute nature. *(Décr., 1er mars 1854, art. 268 et 270.)*

8. Ainsi, la gendarmerie dresse des procès-verbaux des contraventions en matière de grande voirie, telles qu'anticipations, dépôts de fumiers et autres

objets, et constate toute espèce de détériorations commises sur les grandes routes, sur les arbres qui les bordent, sur les fossés, ouvrages d'art et matériaux destinés à leur entretien ; elle dénonce à l'autorité compétente les auteurs de ces délits et contraventions. (*Décr., 1er mars 1854, art. 313.*)

9. Elle surveille l'exécution des règlements sur la police des fleuves et des rivières navigables ou flottables, des bacs et bateaux de passage, des canaux de navigation ou d'irrigation, des dessèchements généraux ou particuliers, des plantations pour la fixation des dunes, des ports maritimes de commerce; elle dresse des procès-verbaux de contraventions à ces règlements, et en fait connaître les auteurs aux autorités compétentes. (*Décr. préc., art. 314.*)

10. Elle dresse des procès-verbaux contre ceux qui commettent des contraventions de petite voirie dans les rues, places, quais et promenades publiques, hors du passage des grandes routes et de leur prolongement, sur les chemins vicinaux, ainsi que les canaux ou ruisseaux flottables appartenant aux communes. (*Décr. préc., art. 316.*)

11. Elle dresse des procès-verbaux contre les propriétaires de voitures et les entrepreneurs de messageries publiques qui sont en contravention aux lois et règlements d'administration sur la police du roulage. (*Décr. préc., art. 317.*)

12. Elle dresse procès-verbal contre ceux qui exercent publiquement et abusivement de mauvais traitements envers les animaux domestiques.—Elle transmet ce procès-verbal au maire ou au commissaire de police chargé de la poursuite. (*Décr. préc., art. 320.*)

13. La gendarmerie est chargée de protéger l'agriculture et de saisir tous individus commettant des dégâts dans les champs et les bois, dégradant la clôture des murs, haies et fossés, lors même que ces délits ne seraient pas accompagnés de vols; de saisir pareillement tous ceux qui sont surpris commettant des larcins de fruits ou d'autres productions d'un terrain cultivé. (*Décr. préc., art. 322*).

14. Elle est tenue de surveiller l'exécution des mesures de police prescrites par les règlements en ce qui concerne la salubrité, et de dresser procès-verbal des contraventions. (*Décr. préc., art. 324.*)

15. La gendarmerie dresse procès-verbal contre tous individus trouvés en contravention aux lois et règlements sur la chasse. Elle seconde les agents des eaux et forêts dans la poursuite et la répression des délits forestiers et de pêche. (*Décr. préc., art. 328 et 330.*)

16. Elle surveille les mendiants, vagabonds et gens sans aveu, parcourant les communes et les campagnes. (*Décr. préc., art. 333.*) — Elle s'assure de la personne des étrangers et de tout individu circulant dans l'intérieur de la France sans passe-ports ou avec des passe-ports qui ne sont pas conformes aux lois, à la charge de les conduire sur-le-champ devant le maire ou l'adjoint de la commune la plus voisine. (*Décr. préc., art. 287.*)

V., au surplus, Procès-verbal, et les rubriques concernant les diverses matières qui donnent lieu à des contraventions.

CONTRIBUTIONS DIRECTES. — Form. mun., tom. V, pag. 423.

LÉGISLATION.

Loi du 22 messidor an 7. — Arrêté des consuls du 24 floréal an 8. — Lois des 26 mars 1831 et 21 avril 1832. — Résumé des lois, règlements, circulaires et décisions concernant les réclamations en matière de contributions directes, approuvé par le ministre des finances le 10 mai 1849.

1. Les rôles généraux des contributions directes sont publiés dans les communes conformément à la loi du 2 messidor an 7, le premier dimanche qui suit leur réception. La date de la publication est certifiée par le maire au bas de chaque rôle.

2. Lorsqu'un contribuable se croit surtaxé ou indûment taxé, il adresse au sous-préfet, dans le délai de trois mois à compter du jour de la publication des rôles, une demande en décharge ou réduction. Il y joint l'avertissement ou l'extrait du rôle et la quittance des termes échus de sa contribution, sans pouvoir, sous prétexte de réclamations, différer le paiement des termes à échoir pendant

les trois mois qui suivent sa réclamation, dans lesquels elle doit être jugée définitivement. (*LL., 2 messid. an 7, art. 17 et 18; 21 avril 1832, art. 28.*)

3. Les contribuables qui ont éprouvé des pertes de revenus par l'effet d'événements extraordinaires, ou par suite de chômage d'usines ou de vacance de maisons, d'une durée de trois mois au moins, peuvent former des demandes en remise ou modération de contribution. (*Arr., 24 flor. an 8, art. 21. — LL., 15 sept. 1807 et 28 juin 1833.*)

4. Les demandes en remise ou modération pour pertes résultant d'événements extraordinaires doivent être présentées dans les quinze jours qui suivent l'événement (*Circ., 22 déc. 1826*). Les demandes en remise ou modération pour chômage d'usines ou pour inhabitations de maisons, doivent être présentées dans les quinze jours qui suivent l'année ou le dernier trimestre de chômage ou d'inhabitation. (*Circ., 31 août 1844.*)

5. Les réclamations individuelles doivent être rédigées sur papier timbré, sauf le cas où elles ont pour objet une cote moindre de 30 francs. (*LL., 13 brum. an 7, art. 12, et 21 avril 1832, art. 28.*)

6. Les demandes de toute nature sont enregistrées dans les bureaux de la préfecture et des sous-préfectures, à la date de leur réception (*Arr. min., 25 oct. 1832*). Celles reçues dans les sous-préfectures sont immédiatement envoyées au préfet. —Toutes les demandes sont adressées sans délai au directeur des contributions, qui les transmet au contrôleur chargé de faire un rapport: celui-ci consulte le maire s'il s'agit d'un impôt de quotité; il prend l'avis des répartiteurs s'il s'agit d'un impôt de répartition. (*Arr., 24 flor. an 8, art. 4 et 25.— L., 21 avril 1832, art. 28.*)

7. Le directeur fait son rapport sur les demandes en décharge ou réduction relatives aux contributions foncière, personnelle, mobilière et des portes et fenêtres, dès qu'il a reconnu la régularité de l'instruction. (*L., 21 avril 1832, art. 29.*) — Il communique au sous-préfet les dossiers des réclamations relatives à la contribution des patentes et ceux des demandes en remise ou modération pour toutes les contributions; il ne rédige ses rapports qu'après avoir reçu l'avis de ce fonctionnaire. (*Circ., 26 juill. 1845, n° 91.*)

8. Si le directeur conclut à l'admission pure et simple de la demande, il adresse immédiatement son rapport à la préfecture. (*LL., 26 mars 1831, art. 28; 21 avril 1832, art. 29.*)

9. Si, au contraire, il conclut au rejet de la demande, ou s'il propose de ne l'admettre qu'en partie, il transmet le dossier à la sous-préfecture, et invite le réclamant à en prendre communication et à faire connaître, dans les dix jours, s'il veut fournir de nouvelles observations ou recourir à la vérification par voie d'experts. (*L., 21 avril 1832, art. 29.*) Ces formalités ne s'appliquent pas aux demandes en remise ou modération.

10. Les avis du dépôt des dossiers sont transmis au maire pour être notifiés aux réclamants; le maire renvoie au directeur un bordereau nominatif constatant la notification. (*Circ., 27 janv. 1844, art. 22.*)

11. Le dossier reste déposé à la sous-préfecture pendant quinze jours à partir de la date de l'envoi fait par le directeur. Ce délai expiré, le dossier est renvoyé au directeur, avec les observations du réclamant, s'il en fait. (*Instr., 30 sept. 1813.*)

12. Si l'expertise est demandée, le directeur renvoie toutes les pièces au contrôleur, pour qu'il soit procédé à cette opération. Le contrôleur s'assure que le réclamant a désigné son expert, et invite le sous-préfet à désigner celui qui doit représenter l'administration. Il fixe ensuite le jour où il se rendra sur les lieux pour procéder à la vérification. Il en prévient, au moins dix jours à l'avance, les deux experts, le réclamant et le maire de la commune. Il invite ce dernier à faire désigner, par les répartiteurs, deux d'entre eux pour être présents aux opérations, s'il s'agit des contributions foncière, personnelle, mobilière ou des portes et fenêtres. Le maire ou l'adjoint seul assiste pour la contribution des patentes. (*L., 22 mess. an 7, art. 24. — Arr., 24 flor. an 8, art. 5 et 10.*)

13. Il ne peut être nommé de tiers expert. (*Circ., 3 juill. 1845, n° 90.*) — Le contrôleur joint son avis personnel motivé au procès-verbal de l'expertise.

14. Dès que le directeur a reçu le dossier et le procès-verbal de l'expertise, il fait son rapport et le transmet à la préfecture. (*Arr., 24 flor. an 8, art. 28.*)

15. Le directeur fait son rapport sur les demandes en remise ou modération dès que l'instruction en est terminée, et le transmet aussitôt au préfet, qui prononce sur les droits des réclamants à une remise ou à une modération, sauf à n'en déterminer, s'il y a lieu, la quotité qu'au moment où il connaîtra le montant total des pertes et celui des crédits dont il pourra disposer. (*Circ., 16 juill. et 20 nov. 1827.*)

16. Les demandes en remise ou modération sont jugées par le préfet seul. Le conseil de préfecture statue sur les demandes individuelles en décharge, réduction et mutation de cotes, ainsi que sur les états de cotes indûment imposées. Le préfet statue seul sur les états de cotes irrécouvrables. (*L., 28 pluv. an 8, art. 4. — Arr., 24 flor. an 8. — Circ., 17 mai 1836.*)

17. Le directeur fait connaître aux réclamants les décisions rendues sur leurs réclamations. Le contribuable qui veut se pourvoir au conseil d'Etat doit exercer son recours dans les trois mois de la notification de la décision. (*Décr., 22 juill. 1806, art. 11. — Arr. cons. Etat, 30 mars 1844.*)

18. La requête doit être formée sur papier timbré; elle doit être accompagnée d'une expédition de la décision attaquée. Les recours peuvent être transmis sans frais au président du conseil d'Etat par l'intermédiaire du préfet, qui y joint ses observations. (*L., 21 avril 1832, art. 30.*)

19. Les décisions du préfet sur les demandes en remise ou modération ne sont pas susceptibles d'être déférées au conseil d'Etat par la voie contentieuse. Le recours est porté devant le ministre dans le département duquel se trouve la matière contentieuse. (*Déc. cons. Etat.*)

20. Nul ne peut se pourvoir dans l'intérêt d'autrui, s'il ne justifie qu'il a qualité pour le faire. (*Arr. cons. Etat, 6 juin 1844. — Circ., 8 oct. 1844, n° 56.*)

21. Les maires ne peuvent se pourvoir dans l'intérêt de leurs communes que lorsqu'ils y sont autorisés par le conseil municipal. (*Arr., 9 mai 1838.*)

22. Les percepteurs sont admis à se pourvoir contre les décisions du conseil de préfecture sur les états de cotes indûment imposées, et leurs requêtes sont introduites comme celles des contribuables. (*Arr., 15 août 1839.*)

23. Si la réclamation est reconnue fondée, et s'il y a eu expertise, les frais d'expertise sont supportés par la commune, qui en fait l'avance. Les mandats sont délivrés aux experts par le préfet sur la caisse communale. Si, au contraire, la réclamation est rejetée, la commune fait, comme dans le premier cas, l'avance des frais d'expertise, toujours sur mandats du préfet. Mais la dépense de cette avance est couverte par le remboursement de somme égale à exiger du contribuable qui a succombé. Pour cet effet, le mandat du préfet, sur la caisse communale au profit de l'expert, contient ordre de recouvrement et contrainte exécutoire par les mêmes moyens qu'en matière de contributions directes. (*L., 2 mess. an 7, art. 225. — Agenda des recev. mun., n°s 136 et 137.*)

CONVOIS FUNÈBRES. — Form. mun., tom. V, pag. 460.

LÉGISLATION.

Décrets du 23 prairial an 12-12 juin 1804, et du 18 mai 1806.

1. Le mode le plus convenable pour le transport des corps est réglé, suivant les localités, par les maires, sauf l'approbation des préfets. (*Décr., 23 prair. an 12-12 juin 1804, art. 21.*)

2. Les fabriques des églises et les consistoires jouissent seuls du droit de fournir des voitures, tentures, ornements, et de faire généralement toutes les fournitures quelconques nécessaires pour les enterrements, et pour la décence et la pompe des funérailles. Les fabriques et les consistoires peuvent faire exercer ou affermer ce droit, d'après l'approbation des autorités civiles, sous la surveillance desquelles ils sont placés. (*Décr. préc., art. 22.*)

3. L'emploi des sommes provenant de l'exercice ou de l'affermage de ce droit est consacré à l'entretien des églises, des lieux d'inhumation, et au paiement des desservants. Cet emploi est réglé et réparti sur la proposition du conseiller d'Etat chargé des affaires concernant les cultes, et d'après l'avis des évêques et préfets. (*Décr. préc., art. 23.*)

4. Les frais à payer par les successions des personnes décédées, pour les bil-

lets d'enterrement, le prix des tentures, les bières et le transport des corps, sont fixés par un taux proposé par les administrations municipales et arrêté par les préfets. (*Décr., 23 prair. an 12-12 juin 1804, art. 25.*)

5. Dans les villages et autres lieux où le droit précité ne peut être exercé par les fabriques, les autorités locales y pourvoient, sauf l'approbation des préfets. (*Décr. préc., art. 26.*)

6. Dans toutes les églises, les curés, desservants et vicaires font gratuitement le service exigé pour les morts indigents. L'indigence est constatée par un certificat de la municipalité. (*Décr., 18 mai 1806, art. 1er.*)

7. Si l'église est tendue pour recevoir un convoi funèbre, et qu'on présente ensuite le corps d'un indigent, il est défendu de détendre jusqu'à ce que le service soit fini. (*Décr. préc., art. 2.*)

8. Dans les communes où il n'existe pas d'entreprise ou de marché pour les sépultures, le mode de transport du corps est réglé par les préfets et les conseils municipaux. Le transport des indigents est fait gratuitement. (*Décr. préc., art. 9.*)

9. Dans les communes populeuses, où l'éloignement des cimetières rend le transport coûteux, où il est fait avec des voitures, les autorités municipales, de concert avec les fabriques, font adjuger aux enchères l'entreprise de ce transport, des travaux nécessaires à l'inhumation, et de l'entretien des cimetières. (*Décr. préc., art. 10.*)

10. Le transport des morts indigents est fait décemment et gratuitement; tout autre transport est assujetti à une taxe fixe. Les familles qui veulent quelque pompe traitent avec l'entrepreneur, suivant un tarif dressé à cet effet. Les règlements et marchés qui fixent cette taxe et le tarif, sont délibérés par les conseils municipaux. (*Décr. préc., art. 11.*)

Ce tarif est soumis à l'approbation du préfet, qui est compétent pour autoriser. (*Décr., 25 mars 1852, n° 46 du tabl. A.*)

L'arrêté préfectoral d'approbation vise (*Instr. min. int., 5 mai 1852, nos 80 à 82, modèle n° 40*) :

1° La délibération du conseil municipal;
2° Celle du conseil de fabrique;
3° L'avis du sous-préfet;
4° Celui de l'évêque diocésain.

Le préfet n'est tenu, envers le ministre, que de lui transmettre une copie de l'arrêté d'approbation, à laquelle doit être jointe une copie du tarif approuvé.

11. Les fournitures précitées dans l'art. 11, dans les villes où les fabriques ne fournissent pas elles-mêmes, sont données, ou en régie intéressée, ou en entreprise, à un seul régisseur ou entrepreneur. Le cahier des charges est proposé par le conseil municipal, d'après l'avis de l'évêque, et arrêté définitivement par le préfet. (*Décr., 18 mai 1806, art. 14.*)

12. Les adjudications sont faites selon le mode établi par les lois et règlements pour tous les travaux publics. (*Décr. préc., art. 15.*) — V. Adjudications.

Des traités particuliers ne doivent intervenir que dans le cas où une tentative infructueuse d'adjudication aurait établi l'absence de toute concurrence. (*Circ. préf. Seine, 29 nov. 1847.*)

13. C'est aux conseils de fabrique qu'appartient l'initiative de la rédaction des tarifs et tableaux gradués par classe pour les fournitures nécessaires au service intérieur de l'église; lorsque le service ne doit point être exécuté directement par les fabriques, ce sont ces mêmes conseils qui préparent le cahier des charges de l'entreprise aux enchères de ce service. (*Circ. préc.*)

Ce premier travail effectué, les tarifs adoptés par les conseils de fabrique sont transmis, avec la délibération qui les approuve, par le président de ce conseil, au maire de la commune, avec invitation de le soumettre à la délibération du conseil municipal, et de soumettre en même temps à ce conseil la formation de tarifs pour la pompe extérieure des convois ou le transport des corps, ainsi que la rédaction du cahier des charges de l'entreprise aux enchères des fournitures applicables à cette partie du service. Lorsque le conseil municipal n'est pas en session ordinaire, il ne peut délibérer à ce sujet qu'après que le maire a été autorisé spécialement à le convoquer. (*Circ. préf. Seine, 29 nov. 1847. — L., 21 mars 1831, art. 24.*)

14. Le tarif qu'il appartient au conseil municipal de dresser, doit donc comprendre les fournitures à faire à la maison mortuaire, pour le cortége et pour la décoration du portail de l'église. Le conseil municipal dresse aussi le tarif des bières et cercueils, lorsque le conseil de fabrique réclame l'application du privilége à ces objets. (*Circ. préc.*)

15. Les conseils municipaux s'abstiennent fréquemment de proposer l'établissement d'une taxe municipale de transport, notamment lorsque les avantages généraux du service permettent d'imposer à l'entrepreneur l'obligation de pourvoir à l'inhumation des indigents. Dans ce cas, cette inhumation a lieu suivant le mode prévu dans l'une des dernières classes du tarif. (*Circ. préc.*)

V. Inhumations.

CONVOIS MILITAIRES. — Form. mun., tom. IV, pag. 30.

Toutes les dispositions qui se rapportent à ce service important, auquel un grand nombre de maires sont appelés à concourir, se trouvent rassemblées dans un règlement général, approuvé par le ministre de la guerre, le 31 décembre 1823. Ce règlement est rapporté textuellement dans le *Formulaire municipal.*

CORRESPONDANCE ADMINISTRATIVE.

LÉGISLATION.

Arrêté du 17 pluviôse an 5-5 février 1797.

1. En matière administrative, la correspondance est l'échange des relations d'une autorité avec une autre.

2. Toute autorité constituée ne doit régulièrement correspondre qu'avec l'autorité qui lui est *immédiatement* supérieure. Il n'est permis de s'adresser directement plus haut qu'en cas de *déni de justice*, ou dans le cas où une autorité d'un degré plus élevé aurait demandé directement des renseignements.

3. Les agents municipaux des communes, les percepteurs et tous autres agents, préposés ou employés, placés sous la surveillance des administrations municipales, doivent adresser à ces administrations toutes les demandes d'instructions et de renseignements dont ils peuvent avoir besoin. (*Arr., 17 pluv. an 5-5 févr. 1797, art. 1er.*)

4. Les administrations municipales, les receveurs, etc., et tous autres agents placés immédiatement sous la surveillance des administrations départementales, ne peuvent également correspondre qu'avec ces administrations. (*Arr. préc., art. 2.*)

5. Le sous-préfet est le chef immédiat des maires d'un arrondissement, et ceux-ci ne doivent correspondre qu'avec lui. Les maires de l'arrondissement chef-lieu, où il n'y a pas de sous-préfet, correspondent directement avec le préfet. (*Décr., 7 avril 1811, art. 31.*)

Il n'y a d'exception à cette règle que dans les deux cas cités plus haut, et celui où les maires, comme officiers de police judiciaire, ont à correspondre avec les procureurs impériaux et leurs substituts.

6. Les maires doivent ne traiter qu'un seul objet dans la correspondance; il faut une lettre pour chaque affaire.

7. Les accusés de réception doivent rappeler la date, le numéro et l'objet des lettres auxquelles il est répondu. Les réponses aux lettres de l'administration supérieure ont lieu *sans aucun retard.*

8. Toute mairie a un *registre de correspondance*, servant à enregistrer les lettres ou réponses que le maire est dans le cas d'écrire. Chaque lettre y est numérotée. A ce registre est joint un répertoire tenu par ordre alphabétique.

9. Le maire a toujours soin de désigner, dans les lettres d'envoi de pièces, le nombre et la nature de ces pièces, et il indique même ce nombre en marge de la lettre par un chiffre, ou par autant de barres qu'il y a de pièces.

Toutes les fois qu'à une lettre ou circulaire de l'autorité est joint un état, un tableau ou un cadre à remplir, le maire à qui elle est adressée s'attache à suivre scrupuleusement les indications données.

10. Les maires doivent toujours répondre, même aux circulaires, dût la réponse exigée être négative.

11. Tout retard des maires à répondre aux dépêches qui leur sont adressées, est considéré comme négligence, sauf la preuve du contraire, et les fait dénoncer à l'autorité supérieure, qui les rappelle à leurs devoirs, et, en cas de récidive, les suspend de leurs fonctions. (*Arr., 4 niv. an 5-24 déc. 1796, art. 6.*)

12. Si les préfets ne peuvent, malgré deux avertissements successifs, constatés par la correspondance, obtenir des municipalités ou des sous-préfets les renseignements nécessaires à l'administration, ils ont le droit de nommer deux commissaires, qui se transportent, aux frais des officiers municipaux ou des sous-préfets, pour recueillir les renseignements ou informations demandés. (*L., 15-27 mars 1791, 1re partie, art. 22.*)

13. Pour forcer le maire au paiement de ces frais, le préfet les liquide par un arrêté qu'il rend exécutoire, et qui en fait une taxe administrative dont le receveur poursuit le recouvrement dans les formes établies pour le recouvrement des contributions.

14. Les maires jouissent de la franchise pour leur correspondance. Ils mettent leurs lettres et paquets sous bandes croisées et y apposent leur contre-seing.

15. Lorsqu'un fonctionnaire est hors d'état de remplir ses fonctions, par absence, maladie, ou pour toute autre cause légitime, le fonctionnaire qui le remplace par intérim contre-signe les dépêches à sa place; mais, sur chacune d'elles, il énonce qu'il remplit par intérim les fonctions auxquelles le contre-seing est attribué. (*Ord., 14 déc. 1825, art. 8.*)

L'adjoint qui remplit les fonctions de maire par intérim doit écrire sur l'adresse: *Pour le maire de la commune d , absent* (ou *malade*, ou *empêché*), et signer.

16. Les lettres et paquets contre-signés sont remis au directeur des postes, et non jetés à la boîte. (*Ord. préc., art. 7.*)

17. Lorsqu'un maire a un renseignement à demander dans un autre département que le sien, et touchant uniquement à l'administration, il peut l'obtenir par l'intermédiaire du préfet de son département. Si le renseignement désiré est d'un intérêt particulier, le maire écrit directement à l'autorité ou à la personne qui doit le donner.

18. Les maires n'ont point la franchise pour les lettres que les particuliers leur adressent. Ils peuvent refuser celles qui ne sont pas affranchies, mais au moment où elles leur sont présentées et avant d'être décachetées. (*Ord. préc., art. 13.*)

19. Les lettres et paquets dans le cas d'être chargés ne peuvent être reçus et expédiés en franchise que lorsqu'il y est joint une réquisition signée des autorités ou fonctionnaires qui les adressent. Ils sont présentés sous bandes lorsque le fonctionnaire à qui ils sont adressés ne jouit de la franchise que sous bandes. (*Ord. préc., art. 10.*)

20. Ce n'est que dans un cas extraordinaire, d'une grande importance, et lorsque le maire a besoin d'avoir, de l'autorité supérieure, une décision immédiate, qui ne pourrait être différée sans danger, que ce fonctionnaire peut se servir d'un exprès aux frais de la commune.

Ce n'est que dans un cas semblable qu'ils peuvent employer la gendarmerie pour porter une dépêche; mais compte doit en être rendu aux ministres de la guerre et de l'intérieur. (*L., 28 germ. an 6-17 avril 1798, art. 149. — Ord., 20 oct. 1820, art. 60. — Décr., 1er mars 1854, art. 91 à 99.*)

21. Les commissions administratives des établissements de bienfaisance correspondent avec les sous-préfets, sous la surveillance desquels elles se trouvent immédiatement placées. (*Circ., 5 messid. an 8-24 juin 1800.*)

22. Les mandements imprimés que les archevêques ou évêques adressent aux préfets, sous-préfets, maires et aux fonctionnaires de leurs diocèses, doivent leur parvenir francs de port, lorsqu'ils ont été mis sous bandes.

V. Franchise.

COURS D'EAU. V. Digues, Marais, Rivières, Usines.

COURS D'EAU NON NAVIGABLES. — Form. mun., tom. IV, pag. 495.

LÉGISLATION.

Loi du 14 floréal an 11-4 mai 1803.

PROCÉDURE.

1. Dès qu'un cours d'eau peut être utile à un grand nombre de particuliers, ou favoriser l'industrie et l'agriculture, l'administration est appelée à régler l'usage de cette eau. (*Arr. cass., 8 oct. 1827.*)

2. En matière de cours d'eau, les maires doivent provoquer toutes les mesures de haute police qui sont dans les attributions de l'autorité supérieure; ils veillent à l'exécution des règlements qu'elle a arrêtés, et sont appelés à en dresser eux-mêmes, en ce qui touche la salubrité et la décence publiques. (*LL., 14 déc. 1789, art. 50, et 24 août 1790, art. 3.*) — V. Bains et Baigneurs.

3. Il est pourvu au curage des canaux et des rivières non navigables et à l'entretien des digues et ouvrages d'art qui y correspondent, de la manière prescrite par les anciens règlements ou d'après les usages locaux. (*L., 14 flor. an 11, art. 1er.*)

4. C'est en partant de l'embouchure des cours d'eau que le curage doit s'effectuer, afin que les eaux se trouvent toujours libres en aval des travaux. (*Instr. min. int., 18 mars 1839.*)

5. Les préfets et sous-préfets doivent sans cesse rappeler aux maires des communes intéressées l'utilité du curage, sous les divers rapports de la salubrité, de l'amélioration des prairies, de l'élève et de l'engraissement des bestiaux, etc. (*Instr. préc.*)

6. Lorsque l'application du règlement ou l'exécution du mode consacré par l'usage éprouve des difficultés, ou lorsque des changements survenus exigent des dispositions nouvelles, il y est pourvu par un règlement d'administration publique, de manière que la quotité de chaque imposé soit toujours relative au degré d'intérêt qu'il a aux travaux qui doivent s'effectuer. (*L. préc., art. 2.*)

7. Ce règlement doit être rendu par le préfet, qui fait préparer un projet par un agent-voyer ou tout autre homme de l'art, le soumet à une enquête, et, après délibération du conseil municipal ou des conseils municipaux des communes traversées par le cours d'eau, prend un arrêté portant règlement d'administration publique. (*Décr., 25 mars 1852.— Instr. min. int., 5 mai 1852.*)

8. Lorsque le projet de curage comprend aussi des travaux d'élargissement, au moyen de l'occupation de propriétés particulières, c'est-à-dire quand on veut augmenter la largeur naturelle du cours d'eau, le préfet doit s'assurer avant de le rendre exécutoire, du consentement des propriétaires, ainsi que de la réalisation des ressources pour leur payer des indemnités, à moins que la cession ne soit gratuite. A cet effet, le conseil ou les conseils municipaux doivent voter les fonds nécessaires. Dans le cas où il y a lieu de recourir à l'expropriation, le préfet n'est plus compétent, et il adresse au ministre le dossier de l'affaire. (*Instr. préc.*)

Ce dossier se compose (*Instr. préc., modèle n° 47*) :

1° Du projet dressé pour l'élargissement et le curage, lequel projet indique le territoire;

2° De la délibération par laquelle le conseil municipal donne son avis sur le projet et vote les ressources nécessaires pour subvenir à la dépense des travaux et au paiement des indemnités de terrains;

3° Du procès-verbal de l'enquête;

4° De l'avis de la commission d'enquête.

5° De ceux du sous-préfet et du préfet, ce dernier avis en forme d'arrêté.

9. Outre le visa de ces pièces, l'arrêté pris par le préfet, lorsqu'il est compétent, doit, entre autres dispositions,

1° Autoriser le maire, agissant au nom de la commune, à acquérir les immeubles ou portions d'immeubles dont l'occupation est nécessaire pour opérer les travaux d'élargissement projetés;

2° Etablir une commission syndicale pour diriger et régulariser les travaux.

(Cette commission doit être composée de sept membres, nommés par le préfet et choisis, quatre parmi les propriétaires riverains, deux parmi les propriétaires d'usines, et un parmi les propriétaires non riverains [1]);

3° Nommer un garde-rivière chargé de veiller à l'exécution des lois et règlements sur la police des eaux. Il agit sous la surveillance et l'autorité du syndicat et du maire de la commune. (*Instr. min. int., 5 mai 1852, modèle n° 47.*)

10. Les rôles de répartition des sommes nécessaires au paiement des travaux d'entretien, réparations ou reconstructions, sont dressés sous la surveillance du préfet, rendus exécutoires par lui, et le recouvrement s'en opère de la même manière que celui des contributions publiques. (*L., 14 flor. an 11, art. 3.*)

11. Toutes les contestations relatives au recouvrement de ces rôles, aux réclamations des individus imposés et à la confection des travaux, sont portées devant le conseil de préfecture, sauf le recours au conseil d'État. (*L. préc., art. 4.*)

12. Lorsqu'il s'agit de simples travaux de curage ou de repurgement des fossés, l'autorité municipale les prescrit chaque année, et ce repurgement doit être effectué par les propriétaires riverains, chacun en droit soi. — A ce défaut, il est procédé à leurs frais par un entrepreneur. (*Arr. gouv., 19 vent. an 6.*)

13. Les propriétaires riverains sont avertis par le maire de leur part de curage à effectuer, et de la somme à laquelle s'élèvent les travaux de la part qui leur incombe, et ils sont mis en demeure de faire exécuter eux-mêmes lesdits travaux ou de payer, dans le délai de trois jours, la somme dite. Si le propriétaire exécute le curage, le maire reçoit les travaux, et en délivre un certificat attestant l'exécution du travail, et invitant le receveur communal à lui passer quittance du montant de sa cotisation sur la remise dudit certificat.

14. Le préfet a le droit d'ordonner la démolition d'office de tous les barrages, batardeaux, pertuis, murs, etc., non autorisés, qui peuvent gêner le libre écoulement des eaux. (*Arr. préc.*)

V. Canaux, Moulins, Usines.

COUTRES DE CHARRUES.

1. Les fermiers, laboureurs, cultivateurs, doivent mettre leurs noms sur la partie supérieure des coutres de leurs charrues. Ils doivent enlever ces coutres tous les soirs après leur travail, et les transporter à leur domicile.

Les coutres qui ne portent pas le nom de leurs propriétaires, ou qui sont trouvés dans les champs, doivent être enlevés et déposés chez l'autorité chargée de la police. (*Ord., 18 nov. 1814.*)

2. Les maires veillent à ce que cette prescription soit exécutée, et poursuivent ceux qui, par cet abandon, peuvent compromettre la sûreté publique. (*Cod. pén., art. 471 et 472.*)

3. La gendarmerie est spécialement chargée de surveiller ces prescriptions, et de dénoncer ceux à qui appartiennent les coutres, pinces, barres, barreaux, instruments aratoires, échelles, et autres objets non enlevés, pouvant servir à des malfaiteurs. (*Décr., 1er mars 1854, art. 323.*)

CRIEURS PUBLICS. — Form. mun., tom. IV, pag. 122.

1. Nul ne peut exercer, même temporairement, la profession de crieur, de vendeur ou de distributeur, sur la voie publique, d'écrits, dessins ou emblèmes imprimés, lithographiés, autographiés, moulés, gravés ou à la main, sans autorisation préalable de l'autorité municipale. — Cette autorisation peut être retirée. — Ces dispositions sont applicables aux chanteurs sur la voie publique. (*L., 16 févr. 1834, art. 1er.*)

2. Toute contravention à la disposition ci-dessus sera punie d'un emprisonnement de six jours à deux mois, pour la première fois, et de deux mois à un an en cas de récidive. Les contrevenants seront traduits devant les tribunaux correctionnels, qui pourront, dans tous les cas, appliquer les dispositions de l'article 463 du Code pénal. (*L. préc., art. 2.*)

---

[1] La commission peut n'être composée que de cinq, ou même de trois membres, selon l'importance du cours d'eau. S'il n'existe que peu d'usines sur le cours d'eau, on n'appelle qu'un usinier à faire partie du syndicat.

CRIMES ET DÉLITS. — Form. mun., tom. IV, pag. 126.

1. Les maires, les adjoints et les commissaires de police, en leur qualité d'officiers de police judiciaire, ont le droit de recevoir les rapports, dénonciations et plaintes, qui sont relatifs aux crimes et délits commis dans le territoire de la commune; de rédiger tous procès-verbaux indicatifs de la nature des crimes et délits, de leurs circonstances, du temps, du lieu où ils ont été commis, des personnes qui en sont présumées coupables; de recueillir les preuves et les indices qui existent sur les individus soupçonnés, en flagrant délit, arrêtés sur la clameur publique, ou prévenus de crimes et délits qui sont du ressort des tribunaux de police correctionnelle et des cours d'assises. (*Cod. instr. crim., liv. Ier.*)

2. Tout officier de police judiciaire, prévenu d'avoir commis, dans l'exercice de ses fonctions, un délit emportant peine correctionnelle, est cité, par le procureur général, devant la cour impériale, qui prononce sans appel. (*Cod. préc., art. 479 et 483.*) — En exécution de ces articles, les maires, comme juges de police ou seulement comme officiers de police judiciaire, ainsi que les gardes champêtres, en cette dernière qualité, sont jugés sans appel par la cour impériale, pour les délits entraînant une peine correctionnelle.

3. Si c'est un crime emportant la peine de forfaiture ou autre plus grave, les fonctions ordinairement dévolues au juge d'instruction et au procureur impérial sont remplies par le premier président et le procureur général ou par tels autres officiers qu'ils auront respectivement et spécialement désignés. Jusqu'à cette délégation, et dans le cas où il existerait un corps de délit, il peut être constaté par tout officier de police judiciaire. (*Cod. préc., art. 484.*)

4. Les maires et adjoints coupables de délits comme administrateurs et comme officiers de l'état civil, sont poursuivis par les voies ordinaires, sur la dénonciation du préfet, ou sur celle des citoyens lésés. (*L., 14-18 déc. 1789, art. 60 et 61.*) — Mais ils ne peuvent être poursuivis, pour les faits relatifs à leurs fonctions, qu'en vertu d'une décision du conseil d'Etat. (*Acte constitut., 22 frim. an 8-13 déc. 1799, art. 75.*)

5. Cette garantie couvre tous les agents du gouvernement, et notamment les ecclésiastiques, les conseillers d'Etat, les préfets, les sous-préfets, les maires et adjoints, les employés des douanes et des octrois, les percepteurs des contributions directes, les directeurs et inspecteurs des postes, les gardes forestiers et même les gardes champêtres et les gendarmes, lorsqu'ils sont prévenus d'avoir commis un délit dans l'exercice de leurs fonctions. — Elle ne s'applique pas aux agents du gouvernement pris en flagrant délit.

CULTES. — Form. mun., tom. IV, pag. 137.

SOMMAIRE.

§ 1er. — Dispositions fondamentales.

1. Chacun professe librement sa religion, et reçoit de l'Etat, pour l'exercice de son culte, une égale protection.

Les ministres, soit des cultes actuellement reconnus par la loi, soit de ceux qui seraient reconnus à l'avenir, ont le droit de recevoir un traitement de l'Etat. (*Const., 4 nov. 1848.*)

2. Les administrations municipales se souviendront toujours que chacun jouit de la faculté de professer sa religion et obtient pour son culte une protection égale; elles veilleront à ce que l'exercice du droit des uns ne porte aucune atteinte à la liberté des autres. (*Circ. min. cult., 28 févr. 1844.*)

3. Tout individu qui, sans la permission de l'autorité municipale, a accordé ou consenti l'usage de sa maison ou de son appartement, en tout ou en partie, pour la réunion des membres d'une association, même autorisée, ou pour l'exercice d'un culte, est puni d'une amende de 16 à 200 fr. [V. ci-après le n° 75.] (*Cod. pén., art. 294.*)

4. Tout ministre d'un culte qui procède aux cérémonies religieuses d'un mariage, sans qu'il lui ait été justifié d'un acte de mariage préalablement reçu par les officiers de l'Etat civil, est, pour la première fois, puni d'une amende de 16 à 200 fr. (*Cod. pén., art. 199*).

5. Les ministres des cultes ne peuvent profiter des dispositions entre-vifs ou testamentaires faites en leur faveur. *(Cod. civ., art. 909.)*

§ 2. — Culte catholique.

LÉGISLATION.

Loi relative à l'organisation des cultes, du 18 germinal an 10-8 avril 1803, contenant la convention du 23 fructidor an 9, et les articles organiques du concordat, du 26 messidor an 9. — Décret du 28 février 1810.

I. Règles générales.

6. Les cérémonies extérieures du culte catholique ne peuvent avoir lieu dans les communes où se trouve placée une église consistoriale protestante; mais dans les questions de cette nature les administrations locales doivent prendre conseil des nécessités de l'ordre. Partout où des avis sérieux indiqueraient que les processions devraient être l'occasion ou le prétexte d'actes scandaleux ou de désordres, dans l'intérêt de la tranquillité publique et par respect pour le culte, les cérémonies religieuses ne devraient point avoir lieu en dehors des églises ou des temples. Agir dans un esprit de conciliation, et s'attacher à éviter toute perturbation et tout conflit en matière religieuse, tel est le principe que les fonctionnaires ont à observer. (*L., 18 germ. an 10, art. 45. — Circ., 30 germ. an 11, et 3 mai 1849.*)

7. Le service du culte catholique communal se divise en cure ou paroisse, succursale, chapelle vicariale, chapelle, chapelle de secours, annexe, oratoire, vicariat et binage.

II. Paroisses, Succursales, Chapelles vicariales, Chapelles, Chapelles de secours, Annexes, Oratoires, Vicariats, Binages.

1° *Des Cures ou Paroisses.*

8. La cure est desservie par un archiprêtre, qui est inamovible. Il y en a au moins une par chaque justice de paix. (*L. préc., art. 60.*)

Les cures se divisent en deux classes distinguées par le traitement affecté à l'archiprêtre ou curé. Le traitement est payé par le trésor. (*L. préc., art. 66.*)

9. Les curés de la première classe reçoivent 1,500 francs; ceux de deuxième, 1,200 francs. A l'âge de 70 ans, les curés de chacune de ces classes reçoivent une augmentation annuelle de 100 fr. — Les curés ont droit en outre à un logement ou à une indemnité de logement.

10. Les évêques nomment et instituent les curés. Néanmoins, ils ne manifestent leur nomination et ils ne donnent l'institution canonique qu'après que cette nomination a été agréée par le chef de l'Etat. *(L. préc., art. 19.)*

11. Les curés sont tenus de résider dans leur paroisse. *(L. préc., art. 29.)*

12. Aucune partie du territoire français ne peut être érigée en cure ou en succursale sans l'autorisation expresse du gouvernement. (*L. préc., art. 62.*)

13. Il y a au moins une paroisse dans chaque justice de paix. (*L. préc., art. 60.*)

14. La cure est apte à posséder, acquérir, et à recevoir des libéralités.

15. Les sections d'une commune qui forment paroisses séparées, doivent seules être imposées pour les dépenses du culte qui leur sont propres. *(Ord., 4 janv. 1841.)*

16. Lorsqu'une paroisse est composée de plusieurs communes, la répartition des frais du culte entre elles doit avoir lieu administrativement au marc le franc de leurs contributions respectives, savoir : de la contribution mobilière et personnelle, s'il s'agit de la dépense pour la célébration du culte ou de réparations d'entretien, et au marc le franc des contributions foncières et mobilières, s'il s'agit de grosses réparations ou reconstructions. (*L., 14 févr. 1810, art. 4.*)

17. Les cures ne peuvent être érigées que sur la proposition de l'évêque, qui a l'initiative en matière de circonscription. Le préfet émet son avis.

2° Des Succursales.

18. La succursale est desservie par un curé ou desservant dont le traitement, payé par le trésor, est de 850 fr.; à 50 ans, 900 fr.; à 60 ans, 1,000 fr.; à 70 ans, 1,100 fr.; à 75 ans, 1,200 fr.

19. Les communes sont autorisées à faire un supplément de traitement qui varie de 50 à 150 fr.; mais peu le fournissent, parce que c'est une dépense facultative.

20. Le logement ou une indemnité de logement est également due au desservant.

21. Les succursales sont, comme les cures, aptes à posséder et à recevoir des libéralités.

22. Il est établi autant de succursales que le besoin peut l'exiger. (*L., 18 germ. an 10, art. 60.*)

Il y en a généralement une par commune.

23. Chaque évêque, de concert avec le préfet, règle le nombre et l'étendue des succursales. Les plans arrêtés sont soumis au gouvernement et ne peuvent être mis à exécution sans son autorisation. (*L. préc., art. 61.*)

24. Les prêtres desservant les succursales sont nommés par les évêques. (*L. préc., art. 63.*

25. Les érections de succursales ont lieu par un décret rendu sur la production des pièces ci-après (*Circ. min. cult., 20 août 1842*) :

1° Certificat du maire, constatant que la commune ou section de commune dont l'église est proposée à l'érection, est pourvue d'une église et d'un presbytère appropriés à leur destination, et, à défaut de presbytère, l'engagement régulier de la commune d'en fournir un au desservant;

2° L'inventaire des vases sacrés, ornements, etc., que possède l'église;

3° Le tableau des villages, hameaux, maisons isolées, du nombre des habitants compris dans la circonscription de la succursale, et celui des habitants de la paroisse dont il s'agit de les détacher;

4° Plan en double de la circonscription de la succursale, si le périmètre n'est pas exactement celui de la commune;

5° Tableau des distances entre les sections et l'église, et indication des difficultés de communication de cette église aux sections intéressées, indication fournie et certifiée par l'ingénieur de l'arrondissement;

6° Délibération du conseil municipal de la commune chef-lieu, si c'est une section qui demande à être érigée; délibération du conseil de fabrique de la paroisse dont la succursale à ériger dépend pour le culte;

7° Ordonnance épiscopale;

8° Avis du préfet, rédigé en forme d'arrêté.

26. La circonscription d'une succursale peut être modifiée par augmentation et diminution de territoire. Un décret statue sur la modification, d'après les mêmes formalités que pour l'érection.

27. Lorsqu'une succursale dont la circonscription est celle de la commune, contient deux églises, l'exercice du culte peut être transféré de l'une dans l'autre, par arrêté du préfet, pris sur l'avis du conseil municipal, sur celui du conseil de fabrique et sur une ordonnance épiscopale. Dans ce cas, le titre de la succursale peut aussi être transféré de l'une à l'autre, de la même manière et avec les mêmes formalités.

28. Si la circonscription de la succursale est formée de sections de plusieurs communes et renferme deux églises, le titre de la succursale ne peut être transféré de l'une dans l'autre que par un décret rendu sur délibération du conseil municipal de chaque commune intéressée, du conseil de fabrique de chaque succursale intéressée, et sur l'avis du préfet en forme d'arrêté.

3° Des Chapelles vicariales et Chapelles.

29. Les chapelles vicariales sont des églises desservies par des vicaires dont le

traitement est payé partie par le trésor et partie par les communes. L'Etat alloue 350 fr., et les communes au moins 250 fr.

30. Les chapelles diffèrent des chapelles vicariales en ce que le chapelain de la chapelle ne reçoit aucune rétribution du trésor : il est entièrement payé par la commune. (*Circ. min. cult., 11 oct. 1811.*)

Un presbytère doit être fourni par la commune au chapelain qui dessert la chapelle ou la chapelle vicariale. Le chapelain est tenu à résidence.

31. Les vicaires chargés de desservir les chapelles sont nommés, changés et révoqués par l'évêque. (*Instr. min., 21 août 1833.*)

32. Les communes qui obtiennent une chapelle où le culte est exercé par un chapelain résidant, sont dispensées de contribuer aux dépenses de la cure ou succursale dont elles dépendent. Elles sont d'ailleurs autorisées à avoir une fabrique particulière et à recevoir des dons et legs, et elles peuvent concourir pour la répartition du fonds affecté par le budget des cultes aux réparations des églises et presbytères. (*Avis cons. Etat, 14 déc. 1810.*)

33. Dans les paroisses ou succursales trop étendues, et lorsque la difficulté des communications l'exige, il peut être établi des chapelles. (*Décr., 30 sept. 1807, art. 8.*)

L'établissement de ces chapelles doit être préalablement provoqué par une délibération du conseil municipal de la commune, dûment autorisé à s'assembler à cet effet, et qui contient l'engagement de doter le chapelain. (*Décr. préc., art. 9.*)

34. Les pièces à fournir *par la commune*, pour l'érection de chapelles, sont (*Instr. min., 21 août 1833*) :

1° Délibération du conseil municipal indiquant les motifs de nécessité de l'établissement de la chapelle, le montant du traitement proposé pour le chapelain, celui de la dépense annuelle présumée de l'entretien de l'église et du presbytère, et contenant l'engagement de pourvoir à ces dépenses, soit sur les revenus ordinaires de la commune, soit au moyen d'un rôle de répartition entre tous les contribuables, au centime le franc de leurs contributions ordinaires. Dans ce dernier cas, la délibération doit être prise par le conseil municipal et les plus forts imposés, aux termes de la loi du 15 mai 1818;

2° Budget de la commune;

3° Inventaire des vases sacrés, linge et ornements existant dans l'église.

35. Les pièces à fournir *par l'administration* (*Instr. préc.*) sont :

1° Etat de population de la commune réclamante et de la commune chef-lieu de la paroisse. Cet état doit être certifié par le sous-préfet de l'arrondissement;

2° Certificat du percepteur des contributions directes, constatant le montant de celles payées par la commune réclamante (en principal), et indiquant s'il y a déjà imposition extraordinaire en recouvrement, sa durée et sa quotité;

3° Un certificat de l'ingénieur en chef des ponts et chaussées, sur la difficulté des communications entre la commune chef-lieu de la succursale ou de la cure et la commune réunies;

4° Une information *de commodo et incommodo* dressée sans frais par le juge de paix ou par le maire d'une commune voisine, délégué par le préfet, et à laquelle tout les habitants de la commune en instance seront appelés et déposeront individuellement en signant leur déclaration;

5° Délibération du conseil municipal de la commune chef-lieu, devant tenir lieu de l'information *de commodo et incommodo* dans cette commune;

6° Projet de circonscription de la chapelle, c'est-à-dire, indication des villages ou hameaux qui doivent composer son territoire;

7° Avis motivé de l'autorité diocésaine;

8° Avis du sous-préfet;

9° Pareil avis du préfet en forme d'arrêté.

4° *Des Chapelles de secours.*

36. La chapelle de secours est une église qui dépend d'une paroisse dans la circonscription de laquelle elle est enclavée. Elle est ouverte dans une commune, section, hameau, éloignés de l'église paroissiale, où il n'a pu être établi ni succursale ni chapelle.

La chapelle de secours est entretenue par la paroisse sur le territoire de laquelle elle se trouve; elle n'a point de fabrique. Elle ne peut posséder ni recevoir de libéralités; celles qui lui sont faites sont acceptées par la fabrique dont elle dépend et qui pourvoit à ses besoins.

L'établissement de la chapelle de secours est autorisé sur la demande de la fabrique.

5° *Des Annexes.*

37. L'annexe est une église qui n'a pas de circonscription propre, qui est située sur le territoire d'une cure ou d'une succursale, et dans laquelle l'exercice public du culte est autorisé à la demande de souscripteurs qui s'engagent à en supporter seuls tous les frais.

38. La dépense de l'annexe étant à la charge de souscripteurs particuliers, il s'ensuit que la commune ou section de commune où l'annexe est établie n'est pas dispensée de concourir aux frais du culte de l'église dont dépend l'annexe.

39. L'annexe n'a pas de fabrique; elle est administrée par celle de l'église dans la circonscription de laquelle elle est située, et c'est au trésorier de cette fabrique qu'il appartient de poursuivre l'acceptation des libéralités faites en faveur de l'annexe. Les formalités sont les mêmes que pour les libéralités faites aux succursales.

40. Il peut être érigé une annexe sur la demande des principaux contribuables d'une commune, et sur l'obligation personnelle qu'ils souscriront de payer le vicaire, laquelle est rendue exécutoire par l'homologation et à la diligence du préfet, après l'érection de l'annexe. (*Décr., 30 sept. 1807, art. 11.*)

41. Expéditions desdites délibérations, demandes, engagements, obligations, sont adressées au préfet du département et à l'évêque diocésain, lesquels, après s'être concertés, adressent chacun leur avis sur l'érection de l'annexe au ministre des cultes. (*Décr. préc., art. 12.*)

42. Les pièces à fournir *par les réclamants*, sont (*Instr. min., 21 août 1833*) :

1° Pétition à l'évêque, contenant toutes les indications exigées du conseil municipal, lorsqu'il s'agit d'une chapelle, en tout ce qui concerne la fixation du traitement et l'évaluation des dépenses d'entretien ;

2° Rôle des souscriptions volontaires des principaux habitants. (Si l'annexe est destinée à l'usage de toute une section séparée de la commune, le rôle peut comprendre la totalité des habitants.) En regard de chaque souscription, qui doit être appuyée de la signature du souscripteur, ou de sa marque ordinaire s'il est illettré, doit également être rappelé le montant des contributions ordinaires dans la commune ou ailleurs. Ce rôle peut n'être souscrit que pour un certain nombre d'années : sa durée ne doit pas être moindre de trois ans ;

3° Inventaire des meubles, linge et ornements existant dans l'église.

Les souscripteurs peuvent se réserver que ceux qu'ils achèteront demeureront leur propriété.

43. Les pièces à fournir *par l'autorité* (*Instr. préc.*), sont :

1° Délibération du conseil municipal ;

2° Certificat de population ;

3° Projet de circonscription du territoire de l'annexe ;

4° Avis motivé de l'autorité diocésaine ;

5° Pareil avis du préfet en forme d'arrêté du préfet.

La différence entre les chapelles et les annexes consistant surtout dans la manière de pourvoir à la dépense, il résulte que l'église, ouverte seulement pour une section de commune, mais dont la dépense serait faite par la totalité de la commune, soit au moyen d'une imputation sur le budget s'il offre des ressources suffisantes, soit au moyen d'une imposition extraordinaire, serait une véritable chapelle.

6° *Des Oratoires particuliers.*

44. Les demandes d'oratoires particuliers pour les hospices, les prisons, les maisons de détention et de travail, les écoles secondaires ecclésiastiques, les congrégations religieuses, les lycées et les colléges, et des chapelles oratoires domestiques, à la ville ou à la campagne, pour les individus ou les grands établissements de fabriques et manufactures, sont accordées par le chef de l'Etat, sur la proposition des évêques. A ces demandes sont jointes les délibérations prises à

cet effet par les administrateurs des établissements publics, et l'avis des maires et des préfets. (*Décr., 22 déc. 1812, art. 2.*)

45. Tout le casuel provenant de l'exercice du culte dans les chapelles ou oratoires des hospices doit tourner exclusivement au profit de ces établissements, et rentrer dans la masse de leurs revenus. (*Instr., 27 frim. an 11 et 8 févr. 1823.*)

46. Le service du culte dans les oratoires est à la charge de ceux qui les ont érigés.

7° Des Vicariats.

47. Les vicariats ne sont établis que dans les églises déjà érigées en cures ou succursales, et lorsque la population ou l'étendue de la paroisse ne permet pas au curé ou desservant de suffire seul à son service.

48. Quand la nécessité d'un vicariat est reconnue par l'évêque, le prélat peut, en vertu des droits qui lui appartiennent, autoriser l'établissement de ce vicariat, moyennant l'engagement, qui doit être pris par le conseil de fabrique ou par le conseil municipal, d'assurer au vicaire un traitement de 250 fr. au moins. Le gouvernement n'intervient que lorsqu'il s'agit d'autoriser le titulaire du vicariat à recevoir une indemnité de 350 fr. sur les fonds du trésor.

49. Chaque année le budget de l'État comprend des fonds pour la création de vicariats.

50. Les pièces à produire pour la création de vicariats, sont :

1° Proposition de l'évêque;

2° Avis du préfet;

3° Délibération du conseil de fabrique ou du conseil municipal, contenant l'engagement de la fabrique ou de la commune, d'assurer le traitement de 250 fr. au moins au vicaire.

8° Du Binage.

51. L'autorisation de biner ou de faire un double service en cas de vacance d'une succursale, est donnée par l'évêque. Une indemnité de 200 fr. est allouée pour ce service. Elle est délivrée sur une attestation transmise par l'évêque au préfet, et annexée au mandat de paiement comme pièce justificative.

52. Les curés, vicaires et desservants autorisés à biner dans les succursales vacantes, ont droit à la jouissance des presbytères de ces succursales tant qu'ils exercent ce double service. Ils ne peuvent en louer tout ou partie qu'avec l'autorisation de l'évêque. (*Ord., 3 mars 1825, art. 2.— Déc. min. cult., nov. 1842.*) Il ne leur est point dû d'indemnité de logement. (*Lett. min. int., 3 déc. 1841.*)

III. — Frais du culte. — Contingent des communes.

53. Les dépenses du culte à la charge des communes quand les fabriques n'y peuvent subvenir, sont toutes celles qui sont imposées par la loi aux fabriques, telles que :

1° De fournir aux frais nécessaires du culte, savoir : les ornements, les vases sacrés, le linge, le luminaire, le pain, le vin, l'encens, le paiement des vicaires, des sacristains, chantres, organistes, sonneurs, suisses, bedeaux et autres employés au service de l'église, selon la convenance et les besoins des lieux; 2° de payer l'honoraire des prédicateurs de l'avent, du carême et autres solennités; 3° de pourvoir à la décoration et aux dépenses relatives à l'embellissement intérieur de l'église; 4° de veiller à l'entretien des églises, presbytères et cimetières, et, en cas d'insuffisance des revenus de la fabrique, de faire toutes diligences nécessaires pour qu'il soit pourvu aux réparations et reconstructions, ainsi que le tout est réglé au paragr. 3 (*Décr., 30 déc. 1809, art. 37*); 5° les réparations et grosses réparations des édifices du culte. (*Décr. préc., art. 46, 94 et 95.*)

54. Les obligations des communes résultent des dispositions qui suivent :

55. Les charges des communes relativement au culte, sont : 1° de suppléer à l'insuffisance des revenus de la fabrique, pour les charges portées en l'art. 37; 2° de fournir au curé ou desservant un presbytère, ou, à défaut de presbytère, un logement, ou, à défaut de presbytère et de logement, une indemnité pécuniaire; 3° de fournir aux grosses réparations des édifices consacrés au culte. (*Décr., 30 déc. 1809, art. 92.*)

56. Sont obligatoires (pour les communes) les dépenses suivantes : .... l'indemnité de logement aux curés et desservants, et autres ministres des cultes salariés par l'Etat, lorsqu'il n'existe pas de bâtiment affecté à leur logement ;
Les secours aux fabriques des églises et autres administrations préposées aux cultes dont les ministres sont salariés par l'Etat, en cas d'insuffisance de leurs revenus, justifiés par leurs comptes et budgets. (*L., 18 juill. 1837, art. 30, §§ 13 et 14.*)

57. L'interprétation de ces dispositions a soulevé deux questions :
1° Les fabriques soutenaient que, dans tous les cas, les communes devaient payer l'indemnité de logement.
Le conseil d'Etat, consulté sur cette question, l'a résolue ainsi :
« Les fabriques doivent appliquer l'excédant de leurs revenus à l'indemnité de logement due au curé ou desservant, à défaut de presbytère, et cette indemnité n'est à la charge des communes que dans le cas où l'insuffisance des revenus de la fabrique ne lui permet pas d'y subvenir sur ses propres revenus. Dans le cas où la commune doit payer l'indemnité de logement, et où le conseil municipal refuse d'allouer les fonds nécessaires pour cette dépense, le recours du curé ou desservant ne peut être exercé que devant l'autorité administrative, dans les formes qui ont été réglées par l'art. 39 de la loi du 18 juillet 1837. En conséquence, lorsqu'un pareil recours est exercé devant les tribunaux civils, le conflit doit être immédiatement élevé par le préfet. » (*Avis cons. Etat, 21 août 1839.—Circ., 4 nov. 1839.*)
Depuis lors, cet avis a fait jurisprudence invariable. La commune n'intervient qu'à défaut de ressources de la fabrique ;
2° Les fabriques, quand elles avaient à recourir aux conseils municipaux, refusaient de produire les pièces à l'appui de leurs comptes et budgets, si les conseils le jugeaient nécessaire.
Le conseil d'Etat, appelé à se prononcer sur cette deuxième question, l'a résolue ainsi, dans le sens des conseils municipaux :
« Est d'avis que les conseils municipaux ont le droit de demander, à l'appui des comptes des fabriques, la production de celles des pièces justificatives qu'ils jugeront nécessaires pour éclairer leur opinion sur l'insuffisance des revenus. » (*Cons. Etat, 20 nov. 1839.*)

58. Quand il y a omission de revenus dans les budgets des fabriques, c'est un obstacle à leur recours contre les communes. (*Circ., 26 mars 1812.*)

59. Les frais de célébration des services religieux, ordonnés par le gouvernement, constituent des dépenses obligatoires du culte, qui tombent à la charge des fabriques. Elles ne peuvent réclamer des communes le remboursement de ces frais ; elles ne peuvent que les porter dans leurs comptes et budgets, et, en cas d'insuffisance de leurs ressources, demander au conseils municipaux de subvenir à cette insuffisance dans la forme ordinaire. (*Avis com. int. cons. Etat, 21 juill. 1838.*)

§ 2. — Culte protestant. (*Form. mun., tom. IV, pag. 196.*)

60. Le culte protestant, dont les ministres reçoivent un traitement mis à la charge de l'Etat, avait été primitivement organisé par la loi du 18 germinal an 10, il a été réorganisé par un décret du 26 mars 1852.

61. Les communes où le culte protestant est exercé concurremment avec le culte catholique, sont autorisées à procurer aux ministres du culte protestant un logement et un jardin. (*Décr., 5 mai 1806, art. 1er.*)

62. Le supplément de traitement qu'il y a lieu d'accorder à ces ministres, les frais de construction, réparations, entretien des temples, et ceux du culte protestant sont également à la charge des communes, lorsque la nécessité de venir au secours des églises sera constatée. (*Décr. préc., art. 2.*)

63. Si le service du pasteur n'embrasse qu'une seule commune, le préfet, après avoir pris l'avis du conseil municipal et du consistoire, fixe le montant de l'indemnité. Si ce service embrasse plusieurs communes, les conseils municipaux

et les consistoires également consultés, le préfet détermine la part contributive de chacune. (*Règl. adm. publ., 7 août 1842, art. 2 et 3.*)

64. Quand deux ou plusieurs pasteurs résident dans une même commune, si leur service est borné à la commune de leur résidence, une indemnité égale est due à chacun d'eux; s'ils sont appelés par leur titre à desservir cette commune et les communes circonvoisines, l'indemnité payée, tant par la commune de la résidence que par les autres, est répartie entre eux par portions égales. (*Règl. préc., art. 5, 6, 7 et 8.*)

65. Si, parmi plusieurs pasteurs résidant dans une même commune, le service de l'un d'eux est spécialement affecté à la commune de leur résidence, et si le service de l'autre ou des autres pasteurs est affecté aux communes circonvoisines, l'indemnité est due, au premier, par la commune de la résidence, et aux autres, par les communes de la circonscription. (*Règl. préc., art. 8.*)

66. L'indemnité de logement des ministres du culte protestant, mise à la charge des communes par l'art. 30 de la loi du 18 juillet 1837, à défaut de bâtiment affecté à cet usage, est due, à dater du jour de l'installation, aux pasteurs régulièrement institués. Elle continue d'être due aux pasteurs qui deviennent présidents de leurs consistoires. (*Ord., 6 sept. 1842, art. 1er.*)

67. Si le service du pasteur n'embrasse qu'une seule commune, le préfet, après avoir pris l'avis du conseil municipal et du consistoire, fixe le montant de l'indemnité de logement due à ce pasteur. (*Ord. préc., art. 2.*)

68. Si le service du pasteur embrasse plusieurs communes, le préfet, après avoir pris l'avis des conseils municipaux intéressés et des consistoires, détermine la part de contribution de chacune de ces communes. (*Ord. préc., art. 3.*)

69. La somme due par chaque commune, en vertu des art. 2 et 3 ci-dessus, est portée annuellement à son budget, chapitre des dépenses ordinaires. (*Ord. préc., art. 4.*)

70. Quand deux ou plusieurs pasteurs résident dans une même commune, l'indemnité de logement est répartie entre eux selon les règles ci-après. (*Ord. préc., art. 5.*)

71. Si le service de ces pasteurs est borné à la commune de leur résidence, une indemnité égale est due à chacun d'eux. (*Ord. préc., art. 6.*)

72. Si les pasteurs résidant dans une même commune sont appelés par leur titre à desservir cette commune et les communes circonvoisines, l'indemnité, payée, tant par la commune de la résidence que par les autres, est répartie entre eux par portions égales. (*Ord. préc., art. 7.*)

73. Si, parmi plusieurs pasteurs résidant dans une même commune, le service de l'un d'eux est spécialement affecté à la commune de leur résidence, et si le service de l'autre ou des autres pasteurs est affecté aux communes circonvoisines, l'indemnité est due au premier par la commune de la résidence, et aux autres, par les communes de leur circonscription. (*Ord. préc., art. 8.*)

74. Les protestants des localités où le gouvernement n'a pas encore institué de pasteur, sont rattachés administrativement au consistoire le plus voisin. (*Décr., 26 mars 1852, art. 4.*)

75. Les administrations municipales doivent se montrer animées des plus bienveillantes dispositions lorsque les protestants veulent se réunir dans une maison particulière, pour y prier. Elles s'assurent toutefois que le lieu choisi présente toutes les garanties désirables de décence, de sûreté et de salubrité, et que les délégués de l'administration y trouveront toujours un accès libre et facile. (*Circ. min. cult., 28 févr. 1844.*)

§ 3. — Culte israélite. (*Form. mun., tom. IV, pag. 201.*)

76. Le traitement des ministres du culte israélite a été mis à la charge de l'État par la loi du 8 février 1831.

77. L'organisation du culte israélite est réglée par une ordonnance du 25 mai

1844. Ce culte a un consistoire central, des consistoires départementaux, des grands rabbins, des rabbins communaux et des ministres officiants.

78. Les ministres du culte israélite auxquels il est dû une indemnité de logement, aux termes de l'art. 30 de la loi du 18 juillet 1837, sont les grands rabbins des consistoires départementaux, quand ils remplissent les fonctions de rabbin communal, et les rabbins communaux régulièrement institués. (*Ord., 6 sept. 1842, art. 9.*)

CURAGE DES FOSSÉS, CANAUX ET RIVIÈRES. V. CANAUX, COURS D'EAU NON NAVIGABLES.

D

DATE. — Form. mun., tom. IV, pag. 225.

1. La *date* est l'indication du temps et du lieu où un acte a été passé. On date communément du jour, du mois et de l'année. Cette formalité est nécessaire à la perfection des actes, soit administratifs, soit judiciaires, soit extrajudiciaires.

2. Les actes de l'état civil doivent énoncer l'année, le jour et l'heure où ils sont reçus, et aucune date ne doit y être mise en chiffres. (*Cod. Nap., art. 34 et 42.*)

3. Lorsque les maires délivrent un certificat de vie, ils doivent avoir soin de mettre en toutes lettres la date du certificat, ainsi que celle de la naissance du certifié.

Les répertoires tenus par les maires doivent contenir la date des actes et la relation de l'enregistrement. (*L., 22 frim. an 7, art. 49 et 50.*)

DÉBAUCHE.

1. Les femmes publiques et les lieux de débauche sont sous la surveillance spéciale des maires. Les officiers de police peuvent entrer en tout temps dans les maisons de débauche. (*L., 19-22 juill. 1791, tit. 1er, art. 10.*)

2. Les maires et les officiers de police doivent porter sur ces maisons une grande surveillance, empêcher qu'elles ne soient le théâtre de rixes ou tapages nocturnes, enfin soumettre les femmes qui les habitent à des visites de médecin, etc. Ces mesures peuvent faire l'objet d'un règlement de police.

DÉBITS DE BOISSONS.

LÉGISLATION.

Décret du 29 décembre 1851.

1. Aucun café, cabaret ou autre débit de boissons à consommer sur place ne pourra être ouvert à l'avenir sans la permission préalable de l'autorité administrative. (*Décr., 29 déc. 1851, art. 1er.*)

Cette permission ne peut être accordée qu'après un examen minutieux, et à des individus dont la moralité et les antécédents sont suffisamment garantis. (*Circ. min. int., 2 janv. 1852.*)

2. La fermeture des établissements désignés en l'art. 1er, qui existent actuellement ou qui seront autorisés à l'avenir, pourra être ordonnée par arrêté du préfet, soit après une condamnation pour contravention aux lois et règlements qui concernent ces professions, soit par mesure de sûreté publique. (*Décr., 29 déc. 1851, art. 2.*)

3. Avant d'ordonner la fermeture d'un débit de boissons, le préfet doit d'abord avertir le propriétaire et s'entourer de preuves et de renseignements certains; il consulte la gendarmerie, les commissaires de police, les maires, les juges de paix, les sous-préfets. Les cafés transformés en clubs ou foyers de propagande politique, les cabarets devenus le rendez-vous des repris de justice, d'individus tarés vivant de prostitution et de vol, doivent être impitoyablement fermés. Les établissements où l'on débite des boissons falsifiées ou altérées, et de nature à nuire à

la santé du peuple, doivent être traités avec la même sévérité. S'il est démontré au préfet que la falsification est faite sciemment, qu'un établissement condamné réalise des bénéfices illicites aux dépens de la santé des pauvres gens, ce magistrat doit le supprimer sans hésiter. (*Circ. min. int.*, *2 janv. 1852.*)

4. Tout individu qui ouvrira un café, cabaret ou débit de boissons à consommer sur place, sans autorisation préalable ou contrairement à un arrêté de fermeture pris en vertu de l'article précédent, sera poursuivi devant les tribunaux correctionnels, et puni d'une amende de 25 à 500 fr., et d'un emprisonnement de six jours à six mois. — L'établissement sera fermé immédiatement. (*Décr., 29 déc. 1851, art. 3.*)

5. Il n'est accordé de licence que lorsque les déclarants justifient d'une permission du préfet. A défaut de cette permission, aucune licence n'est délivrée. Les mêmes formalités sont exigées des personnes qui se chargent de la distribution ou de la vente des boissons dans les cercles, réunions ou chambrées, ainsi que des aubergistes, maîtres d'hôtels, restaurateurs, traiteurs, etc., y compris ceux qui sont installés dans les gares des chemins de fer. Il en est de même en ce qui concerne les individus militaires qui sont dans l'intention d'ouvrir des débits placés en dehors de l'action de l'autorité militaire. Une autorisation spéciale pour chaque débit est nécessaire, lors même que plusieurs de ces établissements appartiennent au même individu. L'autorisation doit être renouvelée aussi en cas de changement de domicile, de cession ou de reprise d'établissement. (*Instr. min. fin., 4 févr. 1852.*)

6. Lorsque les agents de la régie ont constaté l'existence de débits clandestins, la copie du procès-verbal doit être adressée au préfet, afin que ce magistrat puisse agir contre le contrevenant pour défaut d'autorisation administrative. (*Instr. préc.*)

7. En cas de décès, faillite, ou de toute autre circonstance imprévue ou de force majeure, un délai de trente jours est accordé aux ayants droit, pour se pourvoir d'une nouvelle autorisation. — Les préfets donnent avis à la régie des fermetures de débits qu'ils prononcent. (*Instr. préc.*)

V. Auberges.

DÉCENTRALISATION ADMINISTRATIVE. V. Préfets.

DÉCÈS. V. État civil.

DÉCLARATION. — Form. mun., tom. IV, pag. 231.

1. Les maires et adjoints reçoivent un grand nombre de déclarations, comme administrateurs, comme officiers de police judiciaire, comme juges de police, comme officiers du ministère public, et enfin comme officiers de l'état civil. Ils les consignent sur les registres qu'ils tiennent comme administrateurs et officiers de l'état civil. Telles sont notamment les déclarations de domicile, les déclarations en matière de contributions directes, les déclarations de naissance, mariage, décès et adoption.

2. Les déclarations relatives à des contraventions, délits et crimes font l'objet de procès-verbaux qu'ils dressent à l'effet de poursuivre les contrevenants.

3. Tout officier de police est apte à recevoir, sans pouvoir s'y refuser, toute déclaration qui intéresse, soit l'ordre public, soit la personne qui la fait, si cette personne se trouve lésée.

DÉFRICHEMENT DES BOIS. — Form. mun., tom. IV, pag. 254.

LÉGISLATION.

Code forestier, titre 15, article 219 à 225. — Ordonnance du 1er août 1827, pour l'exécution du Code forestier.

PROCÉDURE.

1. Tout particulier qui veut arracher ou défricher des bois, doit en faire la déclaration à la sous-préfecture six mois d'avance, pendant lesquels l'administra-

tion peut faire signifier son opposition au défrichement. Dans les six mois, à dater de cette signification, il est statué sur l'opposition par le préfet, sauf le recours au ministre des finances. — Si dans les six mois après la signification de l'opposition, la décision du ministre n'a pas été rendue et signifiée au propriétaire, le défrichement peut être effectué. (*Cod. for., art. 219.*)

2. La déclaration prescrite par l'art. 219 précité est faite en double minute, dont une sur papier timbré, et remise à la sous-préfecture, où il en est tenu registre. Elle doit indiquer les nom, prénoms, profession et demeure du propriétaire; le nom, la situation, la section, le numéro cadastral, l'étendue totale du bois, et la contenance à défricher. (*Ord., 1er août 1827, art. 192.*)

Les portions de forêts dont le défrichement a été autorisé sont préalablement mesurées par un géomètre désigné à cet effet par l'administration, délimitées et séparées du surplus du massif, soit par des bornes, soit de toute autre manière, et le permis ne peut en être entrepris qu'ensuite d'un permis de l'agent local chef de service. Ce permis n'est délivré que sur le vu des pièces constatant que ces obligations ont été remplies, et sur la remise du procès-verbal et du plan de mesurage. (*Circ. dir. for., 12 mai 1840.*)

3. La copie sur papier libre est remise au déclarant, revêtue du visa du sous-préfet, et c'est à partir de la date de ce visa que court le délai ci-dessus énoncé.

L'autre minute est transmise par le sous-préfet à l'agent forestier supérieur de l'arrondissement. (*Ord., 1er août 1827, art. 192.*)

4. L'agent forestier procède à la reconnaissance de l'état et de la situation des bois, et dresse un procès-verbal auquel il joint un rapport détaillé qu'il remet sans délai, au conservateur, avec la déclaration du propriétaire. (*Ord. préc., art. 193.*)

5. Si le conservateur estime que le bois ne doit pas être défriché, il fait signifier au propriétaire une opposition au défrichement, et en réfère au préfet, en lui transmettant les pièces avec ses observations. — Dans le cas contraire, le conservateur en réfère sans délai au directeur général des forêts, qui en rend compte au ministre des finances. (*Ord. préc., art. 194.*)

6. Le préfet statue sur l'opposition, dans le délai d'un mois, par un arrêté énonçant les motifs de sa décision.

Dans le délai de huit jours, le préfet fait signifier cet arrêté à l'agent forestier supérieur de l'arrondissement, ainsi qu'au propriétaire des bois, et le soumet, avec les pièces à l'appui, au ministre des finances, qui rend et fait signifier au propriétaire sa décision définitive dans les six mois, à dater du jour de la signification de l'opposition. (*Ord. préc., art. 195.*)

7. Lorsque les maires et adjoints dressent des procès-verbaux pour constater des défrichements effectués en contravention au titre 15 du Code forestier, ils sont tenus, indépendamment de la remise qu'ils doivent en faire aux procureurs impériaux, d'en adresser une copie certifiée à l'agent forestier local. (*Ord. préc., art. 196.*)

8. Les préfets ne doivent pas perdre de vue qu'il ne peut être question de défricher les lieux élevés ou montagneux, encore moins les terrains offrant des portions de bois à restaurer; que ceux-là ne doivent les occuper que pour reboiser par des semis, et que ceux-ci doivent être religieusement conservés dans toute modification de propriété, dans toute concession à proposer. (*Circ. min. int., 10 févr. 1820.*)

V. Bois des communes, § 13.

DÉGEL. V. Barrières de dégel.

DÉGRADATIONS. — Form. mun., tom. IV, pag. 260.

1. Les lois des 16-24 août 1790, 19-22 juillet 1791, 28 septembre-6 octobre 1791 imposent aux maires l'obligation de veiller à ce qu'il ne soit porté aucune atteinte aux propriétés publiques et privées, à ce qu'il ne soit commis aucune dégradation aux monuments des arts, tels que statues, fontaines, mausolées, tableaux, etc.

2. Des procès-verbaux doivent être dressés pour tous ces cas de contraventions, qui sont prévus et punis par les art. 257, 437 et 475 du Code pénal.

DÉLAI. — Form. mun., tom. IV, pag. 265.

1. On nomme ainsi le temps accordé par la loi, ou par le juge, ou par les parties, pour faire quelque chose ou pour remplir une obligation.

2. La loi accorde différents délais pour les assignations, les oppositions, les appels ou recours, pour exercer certains droits. Ainsi le délai ordinaire d'une assignation en justice est de huitaine, augmenté d'un jour à raison de trois myriamètres de distance; le délai ordinaire de l'opposition à un jugement est de huitaine, à partir de la signification. Le délai de l'appel est de trois mois, aussi à partir de la signification. Il en est de même du délai du recours en cassation.

DÉLÉGATION. — Form. mun., tom. IV, pag. 266.

1. La délégation est l'acte par lequel un fonctionnaire confère légalement une partie de ses pouvoirs à un autre fonctionnaire.

2. Le maire peut déléguer une partie de ses fonctions à un ou plusieurs de ses adjoints, et, en l'absence des adjoints, à ceux des conseillers municipaux qui sont appelés à en faire les fonctions. (*L., 18 juill. 1837, art. 14.*) Lorsque l'adjoint agit en vertu d'une délégation, sa signature doit être précédée de ces mots : *Par délégation du maire.*

3. Les préfets peuvent aussi déléguer leurs fonctions, mais seulement dans les cas suivants :

Lorsqu'ils ont obtenu un congé et qu'ils s'absentent du département, comme lorsqu'ils sont seulement absents du chef-lieu, ou empêchés, soit par maladie, soit par toute autre cause, ils se font remplacer par l'un des conseillers de préfecture qu'ils désignent. — A cet effet, ils prennent un arrêté dont ils doivent donner connaissance au ministre de l'intérieur, et celui des conseillers de préfecture désigné pour remplacer le préfet, ne peut signer qu'en faisant une mention expresse de cette délégation. (*Arr., 17 niv. an 9.*)

DÉLIBÉRATION DU CONSEIL MUNICIPAL. V. CONSEILS MUNICIPAUX.

DÉMOLITION. — Form. mun., tom. IV, pag. 291.

1. Les maires étant chargés par l'art. 3 du tit. 11 de la loi du 24 août 1790, de surveiller l'exécution des règlements relatifs à la voirie, sont compétents pour ordonner toute démolition ou réparation d'édifice menaçant ruine, après visite et rapport d'experts, et, dans le cas où le propriétaire ne déférerait pas à la sommation, l'art. 18 du tit. 1er de la loi du 19-22 juillet 1791 autorise la poursuite devant le tribunal de police, ensuite du procès-verbal dressé préalablement.

2. La police doit aussi, lorsque des démolitions ont lieu sur la voie publique, faire prendre les précautions nécessaires pour qu'il n'arrive aucun accident. Les principales consistent, 1° à faire entourer de planches, à la distance de deux mètres au moins, la partie de bâtiment qui est en démolition ; 2° à éclairer, la nuit, les excavations qu'on aurait été obligé de pratiquer, ainsi que les amas de décombres qu'on n'aurait pu enlever pendant le jour, etc.

DENRÉES. — Form. mun., tom. IV, pag. 300.

1. L'inspection sur la fidélité du débit des denrées qui se vendent au poids ou à la mesure, appartient aux maires, adjoints et commissaires de police, qui ont le droit de faire à cet effet toutes visites nécessaires. (*L., 16-24 août 1790, tit. 11, art. 3.*)

2. Le pain et la viande sont les seules denrées dont le prix soit soumis à la taxe. (*L., 19-22 juill. 1791, tit. 1er, art. 9.*)

3. Les maires, adjoints et commissaires de police ont aussi dans leurs attributions la surveillance de tout ce qui concerne la salubrité des comestibles et des boissons, d'après les lois des 16-24 août 1790 et 19-22 juillet 1791. En consé-

quence, ils ont le droit de faire des règlements à cet égard, et d'ordonner la destruction ou la saisie des aliments, boissons et médicaments corrompus, gâtés ou altérés.

DÉPAISSANCE. V. PATURAGE.

DÉPENSES DES COMMUNES. V. BUDGETS COMMUNAUX, nos 9 à 18.

DÉPOTS DE SURETÉ. — Form. mun., tom. IV, pag. 310.

1. Les *dépôts de sûreté* sont des lieux établis près les justices de paix pour recevoir *momentanément* les individus arrêtés pour délits de police, et, *passagèrement*, les condamnés *criminellement*, transférés d'un département dans un autre. (*Circ. min. int., 8 niv. an 10-29 déc. 1801.*)

2. Les dépôts de sûreté servant spécialement au transfèrement des prévenus et des condamnés, doivent être considérés comme des annexes aux chambres de sûreté des casernes de gendarmerie, autorisées par la loi du 28 germinal an 6-17 avril 1798; et mises, comme telles, à la charge des centimes variables des départements. — Les *maisons de police* proprement dites, qui reçoivent les individus arrêtés en flagrant délit et les condamnés de simple police, sont à la charge des communes où elles sont situées, à moins que les conseils municipaux n'en aient voté la suppression. (*Avis cons. Etat, 12 juin 1811. — Circ. min. int., 11 juill. 1811. — Avis com. int., 28 janv. 1834.*)

3. Les maires des communes ayant des dépôts de sûreté doivent toujours tenir un relevé exact de l'espèce des délits qui ont donné lieu à l'entrée de tout individu dans ces dépôts, afin de pouvoir constater ce qu'ils ont le droit de réclamer sur les fonds départementaux. (*Circ. min. int., 11 juill. 1811.*)

4. Lorsque les dépôts de sûreté sont tout à la fois des prisons de passage et des maisons de police municipale, le département et la commune contribuent chacun à la dépense, suivant l'importance du service qui leur est afférent. (*Lett. min. int., 29 oct. 1840.*)

5. Les préfets peuvent supprimer les prisons cantonales qui ne leur paraissent pas nécessaires pour le service départemental, c'est-à-dire pour le transfèrement des prisonniers. (*Lett. préc.*)

DESSÈCHEMENT DES MARAIS.— Form. mun., tom. IV, pag. 339.

LÉGISLATION.

Loi du 16 septembre 1807, sur le dessèchement des marais.

PROCÉDURE.

1. En principe, tout ce qui est couvert d'eau ne doit pas être desséché. Il faut, avant tout, considérer la salubrité publique; dans ce cas, il n'y a pas à hésiter. Mais si une contrée est généralement privée d'eau, si cette privation est due à son déboisement, les étangs ou marais qui ne sont pas nuisibles aux hommes ou aux animaux sont une véritable ressource pour l'agriculture, par le moyen de l'évaporation. Le plus utile dessèchement de cette nature est celui qui fait un sage emploi des eaux, en les destinant à alimenter des canaux d'irrigation. (*Circ. min. int., 10 févr. 1820.*)

2. Les dessèchements des marais sont exécutés, 1o d'office par le gouvernement; 2o par les propriétaires, sur leur demande; 3o à défaut de ces derniers, par des compagnies concessionnaires. (*L., 16 sept. 1807, art. 2, 3 et 4.*)

3. Les plans et profils fournis à l'appui des demandes et projets des propriétaires ou des compagnies, doivent être vérifiés et approuvés par les ingénieurs des ponts et chaussées. (*L. préc., art. 5.*)

4. Les frais du levé et de la vérification des plans sont à la charge des commissaires définitifs. (*L. préc., art. 6.*)

5. Le décret de concession est rendu en conseil d'Etat, sur la proposition motivée du préfet en forme d'arrêté. (*L. préc., art. 8.*)

6. A l'appui de la demande en concession du dessèchement d'un marais, les

propriétaires ou la compagnie demanderesse fournissent au préfet un mémoire explicatif, avec les plans, pièces et documents à l'appui. Ce mémoire est renvoyé au maire de la commune sur laquelle le marais est situé ; des instructions sont données en même temps par le sous-préfet pour procéder aux formalités d'affiche et d'information *de commodo et incommodo.*

7. Après cette information, le maire transmet au sous-préfet, 1° le mémoire, les plans et les pièces et documents ; 2° un certificat attestant que l'enquête a été annoncée dans la commune au moyen d'affiches et publications ; 3° le procès-verbal d'enquête.

8. Le décret de concession qui intervient ensuite détermine le mode de dessèchement et le mode d'indemnité, d'après la loi et les convenances locales, et fixe en même temps les délais pour l'exécution.

9. Lorsque le gouvernement ou des compagnies concessionnaires font un dessèchement, il est formé, entre les propriétaires intéressés, un syndicat, à l'effet de nommer les experts qui doivent procéder à l'estimation des terrains. Les syndics sont nommés par le préfet, parmi les propriétaires les plus imposés. (*L., 16 sept. 1807, art. 7.*)

10. Les syndics réunis présentent un expert au préfet ; les concessionnaires en présentent un autre, et le préfet nomme un tiers expert.

Si le dessèchement est fait par l'Etat, le préfet nomme un second expert, et le tiers experts est nommé par le ministre de l'intérieur. (*L. préc., art. 8.*)

11. Les terrains des marais sont divisés en plusieurs classes, dont le nombre ne doit pas excéder dix, et ne peut pas être au-dessous de cinq : ces classes sont formées d'après les divers degrés d'inondation, et de manière à ce que toutes les terres de même valeur présumée soient dans la même classe. (*L. préc., art. 9.*)

12. Le plan périmétral des diverses classes est tracé sur le plan cadastral par les ingénieurs et les experts réunis. (*L. préc., art. 10.*)

13. Ce plan est soumis à l'approbation du préfet ; il reste déposé au secrétariat de la préfecture pendant un mois ; les parties intéressées sont invitées, par affiches, à prendre connaissance du plan et à fournir leurs observations sur son exactitude, sur l'étendue donnée aux limites jusques auxquelles se feront sentir les effets du dessèchement, et, enfin, sur le classement des terres. (*L. préc., art. 11.*)

14. Le préfet, après avoir reçu ces observations, celles en réponse des entrepreneurs du dessèchement, celles des ingénieurs et des experts, peut ordonner les vérifications qu'il juge convenables. — Dans le cas où, après vérification, les parties intéressées persisteraient dans leurs plaintes, les questions sont portées devant la commission spéciale ci-après énoncée. (*L. préc., art. 12.*)

15. Lorsque les plans sont définitivement arrêtés, les deux experts nommés par les propriétaires et les entrepreneurs du dessèchement, procèdent à l'appréciation de chacune des classes composant le marais, eu égard à sa valeur réelle au moment de l'estimation, considéré dans son état de marais, et sans pouvoir s'occuper d'une estimation détaillée par propriété. Les experts procèdent en présence du tiers expert, qui les départage s'ils ne peuvent s'accorder. (*L. préc., art. 13.*)

16. Le procès-verbal d'estimation par classe est déposé, pendant un mois, à la préfecture. Les intéressés en sont prévenus par affiches, et, s'il survient des réclamations, elles sont jugées par la commission spéciale. — Dans tous les cas, l'estimation est soumise à la commission pour être jugée et homologuée par elle ; elle peut décider outre et contre l'avis des experts. (*L. préc., art. 14.*)

17. Lorsque les travaux de dessèchement sont terminés, il est procédé à leur vérification et réception. En cas de réclamations, elles sont portées devant la commission, qui les juge. (*L. préc., art. 17.*)

18. Après la reconnaissance des travaux, les experts, respectivement nommés par les propriétaires et les entrepreneurs du dessèchement, accompagnés du tiers expert, procèdent, de concert avec les ingénieurs, à une classification des fonds desséchés, suivant leur valeur nouvelle et les espèces de culture dont ils sont devenus susceptibles.

Cette classification est vérifiée, arrêtée, suivie d'une estimation, le tout dans les formes ci-dessus prescrites pour la classification et l'estimation des marais avant le desséchement. (*L., 16 sept. 1807, art. 18.*)

19. Dès que l'estimation des fonds desséchés a été arrêtée, les entrepreneurs du desséchement présentent à la commission un rôle contenant : 1° le nom des propriétaires; 2° l'étendue de leur propriété; 3° les classes dans lesquelles elle se trouve placée, le tout relevé sur le plan cadastral; 4° l'énonciation de la première estimation, calculée à raison de l'étendue et des classes : 5° le montant de la valeur nouvelle de la propriété depuis le desséchement, réglée par la seconde estimation et le second classement; 6° enfin, la différence entre les deux estimations. (*L. préc., art. 19.*)

20. Le montant de la plus-value obtenue par le desséchement, est divisé entre le propriétaire et le concessionnaire, dans les proportions fixées par l'acte de concession. Le rôle des indemnités sur la plus-value est arrêté par la commission et rendue exécutoire par le préfet. (*L. préc., art. 20.*)

21. Les entrepreneurs du desséchement sont chargés de la conservation des travaux en cours d'exécution. — A compter de la réception des travaux, l'entretien et la garde sont à la charge des propriétaires anciens et nouveaux. (*L. préc., art. 25 et 26.*)

22. La commission spéciale dont l'intervention est indiquée ci-dessus est composée de sept commissaires nommés par l'empereur, et pris parmi les personnes présumées avoir le plus de connaissances relatives, soit aux localités, soit aux divers objets sur lesquels ils ont à prononcer.

Leurs décisions sont motivées; ils doivent, pour les prononcer, être au moins au nombre de cinq.

DÉTENUS (Jeunes).

LÉGISLATION.

Loi du 5 août 1850.

1. Les jeunes détenus acquittés en vertu de l'art. 66 du Code pénal, comme ayant agi sans discernement, mais non remis à leurs parents, sont conduits dans une colonie pénitentiaire; ils y sont élevés en commun, sous une discipline sévère, et appliqués aux travaux de l'agriculture, ainsi qu'aux principales industries qui s'y rattachent. Il est pourvu à leur instruction élémentaire. (*L., 5 août 1850, art. 3.*)

2. Il est établi, auprès de toute colonie pénitentiaire, un conseil de surveillance qui se compose : d'un délégué du préfet; d'un ecclésiastique désigné par l'évêque du diocèse; de deux délégués du conseil général; d'un membre du tribunal civil de l'arrondissement, élu par ses collègues. (*L. préc., art. 8.*)

3. Les règles tracées par la présente loi pour la création, le régime et la surveillance des colonies pénitentiaires s'appliquent aux maisons pénitentiaires destinées à recevoir les jeunes filles détenues, sauf les modifications suivantes....

Le conseil de surveillance se compose : d'un ecclésiastique désigné par l'évêque du diocèse; de quatre dames déléguées par le préfet du département. — L'inspection, faite au nom du ministre de l'intérieur, est exercée par une dame inspectrice. (*L. préc., art. 15 et 18.*)

4. Sont à la charge de l'État : 1° les frais de création et d'entretien des colonies correctionnelles et des établissements publics servant de colonies et de maisons pénitentiaires; 2° les subventions aux établissements privés, auxquels de jeunes détenus sont confiés. (*L. préc., art. 20.*)

5. Les jeunes détenus dont la tutelle est déléguée à l'État, peuvent recevoir diverses destinations. Les commissions administratives des hospices doivent être informées de ces divers mouvements, en ce qui concerne les enfants trouvés et orphelins. Il en est de même, 1° pour les jeunes détenus placés en apprentissage chez des particuliers; 2° pour ceux placés sous la tutelle de sociétés de patronage. Les préfets et ces sociétés doivent avertir les commissions administratives des changements opérés dans la situation de ces enfants. (*Instr. min. int., 17 juill. 1851.*)

DETTES DES COMMUNES. — Form. mun., tom. IV, pag. 365.

LÉGISLATION.

Lois du 18 juillet 1837 et du 10 juin 1853.

1. Les dettes des communes se divisent en deux classes : les dettes *anciennes* et les dettes *nouvelles*. Les dettes anciennes sont celles qui ont été contractées antérieurement à la loi du 24 août 1793, et que cette loi a déclarées dettes *nationales*. Les dettes nouvelles sont celles contractées postérieurement.

2. Les créanciers des communes dont le titre est antérieur à la loi du 24 août 1793, étant devenus créanciers de l'Etat, et ayant dû s'adresser à la liquidation de la dette publique, ne peuvent aujourd'hui exercer aucune action contre les communes.

3. Les dettes communales obligatoires sont celles que les communes contractent pour subvenir aux besoins de leurs services municipaux, ou qui résultent, soit d'engagements régulièrement contractés, soit de condamnations judiciaires passées en forme de chose jugée. (*Instr. min. int., 8 août 1833.*)

4. On entend par engagements régulièrement contractés ceux ayant pour objet une mesure arrêtée par délibération du conseil municipal, revêtue de l'approbation supérieure, et faisant titre à l'égard des tiers.

Quand ces formalités ont été remplies, par exemple, pour un contingent afférant à un chemin de grande communication, contingent excédant le produit des centimes spéciaux, la commune rénitente peut être imposée d'office jusqu'à concurrence de l'intégralité du contingent qu'elle doit fournir. (*Instr. min., 4 avril 1838.*)

5. Les condamnations prononcées contre les communes par suite de dommages aux propriétés, causés par des attroupements, sont des dettes obligatoires. (*L., 10 vend. an 4.*)

6. Le paiement des dettes des communes a lieu au moyen, 1° de fonds libres dans la caisse municipale ; 2° d'une imposition extraordinaire ; 3° d'une vente de biens communaux ou d'une aliénation de rente ; 4° d'un emprunt.

7. Si la commune a besoin de s'imposer, de vendre ou d'emprunter, afin de parvenir à l'extinction d'une dette provenant de condamnation judiciaire, elle doit produire, à l'appui de la demande d'autorisation, une expédition en forme du jugement et un mémoire des frais dûment taxés par le tribunal. A l'égard des intérêts de cette dette spéciale, ils ne sont dus qu'autant qu'il y a eu demande en justice.

8. Lorsqu'il s'agit, pour une commune, d'établir une imposition extraordinaire à répartir proportionnellement au rôle des quatre contributions directes, à l'effet de payer un procès intenté ou perdu, le particulier qui soutient le procès ou qui l'a gagné, n'est pas compris dans la répartition de la somme imposée. (*Décr., 22-31 mai 1812, et 24-31 mai 1813. — Ord., 1er sept. 1819.*)

9. Les maires, adjoints et officiers municipaux ne peuvent être actionnés pour des dettes contractées au nom, pour le compte et dans l'intérêt de la commune. Mais il n'en est pas ainsi :

1° Lorsque ces fonctionnaires ou plusieurs habitants ont contracté, en leur propre et privé nom, sans autorisation du conseil municipal, ou avec renonciation à tout bénéfice de discussion, ou avec expression de solidité et de garantie, avec recours contre la commune, s'il y a lieu ;

2° Lorsqu'ils ont disposé, à leur profit particulier, du prix de fournitures faites à la commune ;

3° Lorsque la destination de la somme empruntée pour les besoins de la commune n'est qu'éventuellement indiquée dans l'acte ;

4° Lorsque l'acte a tous les caractères d'un engagement personnel, et ne se rattache, par aucune de ses énonciations, à une opération administrative ;

5° Enfin, lorsque la reconnaissance de la dette par la commune n'est que postérieure à l'obligation personnelle du maire.

10. Si une commune ne peut se libérer d'une dette au moyen de ses ressources ordinaires, et qu'il faille recourir, soit à un emprunt, soit à une imposition ex-

traordinaire, il est procédé suivant les formes indiquées aux mots ALIÉNATIONS, EMPRUNTS, IMPOSITIONS EXTRAORDINAIRES, etc.

11. Le paiement des sommes dues et reconnues par les communes, ne peut être poursuivi que par voie administrative, soit que les communes débitrices aient pour créanciers d'autres communes, des corporations ou des établissements publics de bienfaisance et de charité, l'Etat ou des particuliers.

Lorsque des condamnations ont été prononcées par des jugements contre plusieurs communes, la distribution entre elles de leur quote-part doit se faire administrativement.

12. Les intérêts des sommes dues par les communes, pour travaux exécutés à leur profit, courent, à moins de stipulations contraires, et lorsque le règlement des mémoires n'est pas contesté, du jour de la demande portée, soit en justice, soit devant l'autorité liquidatrice. (*Ord., 26 févr. 1823.*)

13. Pendant l'intervalle de la session de 1853 à celle de 1854, des décrets rendus en la forme de règlements d'administration publique ont pu autoriser, sur leur demande, les départements ainsi que les communes dont les revenus excèdent 100,000 fr., à convertir leurs dettes actuelles, et à les éteindre au moyen d'emprunts remboursables à longue échéance. Le remboursement s'effectue par des annuités dont le terme ne peut excéder 50 années, et qui comprennent l'intérêt et l'amortissement du capital. (*L., 10 juin 1853, art. 1er.*)

14. Les communes dont les revenus sont de moins de 100,000 fr. peuvent aussi demander à convertir leurs dettes, ensuite de la disposition précédente, et sur l'approbation du gouvernement, qui statue par décret. (*Instr. min. int., 20 juin 1853.*)

15. Les préfets, après examen des dettes de chaque commune, provoquent les délibérations des conseils municipaux des communes qui peuvent avoir intérêt de convertir leurs dettes actuelles, et ils reçoivent de ces fonctionnaires les instructions propres à les éclairer sur le but de cette conversion et à l'opérer. (*Instr. préc.*)

16. Les départements et les communes peuvent voter des centimes additionnels, lorsqu'il n'y a pas d'autre moyen pour assurer le paiement des annuités de remboursement. Les impositions extraordinaires et taxes additionnelles d'octroi, lorsqu'il en est établi pour assurer le service de ces annuités, doivent être réduites proportionnellement à la diminution de dépense résultant de la conversion, au lieu d'en conserver l'intégralité pour employer la différence à de nouvelles dépenses. La conversion des dettes ne doit augmenter les ressources disponibles que dans le cas où l'amortissement des anciennes obligations avait lieu au moyen d'excédants des revenus ordinaires.

Toutefois, il n'est pas interdit de faire usage de taxes additionnelles d'octroi et de centimes extraordinaires pendant toute la durée de l'amortissement des emprunts à longue échéance. Il faut seulement voter à nouveau les taxes et les impositions que d'autres besoins rendraient indispensables, et soumettre ce vote à l'autorité compétente. (*Instr. préc.*)

17. Sur la demande d'une commune en conversion d'une dette, le préfet instruit l'affaire, et envoie au ministre de l'intérieur les pièces suivantes :

1° La délibération du conseil municipal, portant vote de l'emprunt à long terme, et faisant connaître d'une manière précise quels sont les motifs de la conversion de l'ancienne dette, et si la commune a le droit de s'acquitter immédiatement et intégralement envers son créancier; dans les communes dont les revenus n'atteignent pas 100,000 fr. de revenus, cette délibération doit être prise avec l'adjonction des plus imposés;

2° Le budget de l'exercice courant;

3° L'état indicatif des dépenses et des recettes ordinaires, d'après les comptes des trois dernières années;

4° L'état des dettes à convertir, avec l'indication de leur origine, de leur qualité, du mode de leur remboursement, et des ressources affectées à leur extinction;

5° L'état, s'il y a lieu, des biens immobiliers pouvant servir de gage hypothécaire pour le remboursement de l'emprunt à contracter.

Le préfet joint à ces pièces son avis motivé, en forme d'arrêté. (*Instr. min. int., 20 juin 1853.*)

18. Chacun des décrets d'autorisation de conversion de dettes communales, doit être précédé d'un avis du conseil d'Etat, rendu en assemblée générale. (*Instr. préc.*)

V. Emprunts, Impositions.

DEVIS. — Form. mun., tom. IV, pag. 382.

1. On nomme *devis* un état détaillé des travaux à faire, soit pour la construction d'un bâtiment, soit pour toute autre œuvre, avec l'indication, tant des matériaux qui doivent entrer dans cette construction, que du prix que doivent coûter ces matériaux, ou auxquels ils doivent être payés.

2. Aucune adjudication de travaux publics ou communaux ne doit avoir lieu sans qu'il ait été dressé préalablement un devis de ces travaux. Pour les travaux communaux, ce devis est dressé par l'architecte de la ville ou de la commune, et, à défaut, par un homme de l'art. Il est soumis par le maire à l'approbation du conseil municipal, et ensuite à celle du préfet.

3. Un devis, pour être fait rigoureusement dans les règles, doit se composer de deux parties:

La première partie, sous le nom de *devis*, indique la nature et la quantité de matériaux, ainsi que leur mensuration;

La deuxième partie, sous le nom de *détail estimatif*, comprend, par détail et sous-détail, le prix de chaque objet en particulier.

4. L'indication du montant des honoraires de l'architecte et de la somme à valoir pour travaux imprévus est obligatoire dans un devis. En règle générale, et sauf les exceptions motivées par des circonstances particulières, les sommes pour frais imprévus et pour les honoraires de l'architecte, doivent être fixées, chacune, à un vingtième de la dépense totale des travaux. (*Instr. min. int., 10 févr. 1840.*)

5. Si, pendant l'exécution des travaux, on reconnaît la nécessité de travaux additionnels aux plans et devis primitifs, des plans et devis supplémentaires, doivent être dressés et soumis à l'approbation du préfet, avant de passer outre à l'exécution des travaux. Lorsque les constructions ne peuvent être suspendues sans de graves inconvénients, cette formalité doit être remplie avant leur achèvement et leur réception par l'administration municipale ou charitable, afin de régulariser l'exécution de la totalité des travaux et le paiement du solde dû à l'entrepreneur. — Les travaux qui modifient les plans et devis primitifs doivent toujours être exécutés aux clauses et conditions, et moyennant le rabais de la première adjudication. (*Instr. préc.*)

6. Il n'est point alloué de remise à l'architecte pour les travaux supplémentaires, à moins que l'insuffisance des prévisions du projet primitif ne provienne de causes indépendantes de leur volonté. Si l'architecte reçoit un traitement fixe, il doit subir une retenue au profit du département ou de la commune. (*Instr. min., 7 août 1828.*)

7. Une décision supplémentaire de l'autorité compétente est nécessaire pour l'emploi des sommes qui restent disponibles sur le montant des devis approuvés, par suite des rabais des adjudications. (*Instr. préc.*)

8. Les devis des travaux des communes et des établissements de bienfaisance sont approuvés par les préfets, quelle que soit la somme prévue par ces devis. (*Décr., 25 mai 1852, n° 49 du tabl. A. — Instr. min. int., 5 mai 1852.*)

9. Les devis doivent toujours être revêtus du visa du maire, et produits en double expédition, dont l'une sur papier timbré ou sur papier visé pour timbre. Le renvoi des pièces à l'autorité locale peut résulter de l'omission de la formalité du visa par le maire.

10. Lorsqu'il doit être exécuté des travaux non compris au devis, l'entrepreneur doit s'en faire délivrer l'ordre écrit par le maire ou par le fonctionnaire sous les ordres de qui il exécute.

V. Constructions, Plans, Plantations, Travaux communaux.

DIGUES. — Form. mun., tom. IV, pag. 385.

LÉGISLATION.

Loi du 16 septembre 1807, articles 33 et 34.

PROCÉDURE.

1. Lorsqu'il s'agit de construire des digues à la mer ou contre les fleuves, rivières et torrents navigables ou non navigables, la nécessité en est constatée par le gouvernement, et la dépense supportée par les propriétés protégées, dans la proportion de leur intérêt aux travaux, sauf le cas où le gouvernement croirait utile et juste d'accorder des secours sur les fonds publics. (*L., 16 sept. 1807, art. 33.*)

2. Les formes établies par ladite loi et l'intervention d'une commission spéciale sont appliquées à l'exécution du précédent article.

Lorsqu'il y a lieu de pourvoir aux dépenses d'entretien ou de réparation des mêmes travaux, des règlements d'administration publique fixent la part contributive du gouvernement et des propriétaires. (*L. préc., art. 34.*)

3. Sur la demande d'un ou de plusieurs propriétaires intéressés, tendant à la construction d'une digue ou à des réparations, le préfet commet l'ingénieur des ponts et chaussées ou un homme de l'art pour faire un rapport sur la situation des lieux. Le préfet peut même agir d'office.

4. Le rapport, accompagné du plan des lieux, constate la nécessité d'entreprendre les travaux, en indique la nature, et donne un aperçu de la dépense.

5. Le préfet ordonne le dépôt du rapport et du plan pendant huit jours, à la mairie de chaque rive, afin que tous les propriétaires intéressés puissent en prendre connaissance, et faire leurs observations. Le maire de chaque rive dresse procès-verbal des dires et observations, et l'envoie au préfet.

6. Ces formalités étant remplies, les intéressés, réunis en assemblée générale, envoient une liste double de candidats, sur laquelle le préfet nomme une commission provisoire, qui donne tous les renseignements nécessaires pour arrêter les bases d'un règlement d'administration publique, et indique les mesures d'urgence qu'il peut être utile de prendre jusqu'à la sanction de ce règlement.

7. Ensuite le préfet, après avoir consulté l'ingénieur en chef, dresse le projet de règlement d'administration publique, qui organise l'association des intéressés, les attributions de la commission syndicale, le mode de confection et de paiement des travaux, la comptabilité et les moyens de conservation et d'entretien des digues. Ce projet est adressé au directeur général des ponts et chaussées.

8. Le préfet propose en même temps la nomination d'une commission spéciale pour juger les réclamations sur le périmètre, le classement et l'estimation des propriétés.

Les attributions de cette commission syndicale sont définies par l'ordonnance du 23 décembre 1816.

9. Dès que le décret portant règlement d'administration publique est rendu, le préfet nomme des syndics en remplacement de la commission provisoire.

En cas d'empêchement, le syndic directeur est remplacé par un adjoint nommé aussi par le préfet et pris parmi les syndics. (*Ord., 23 déc. 1816, art. 4.*)

10. Lorsque le syndicat est constitué, il présente au préfet un expert pour dresser le plan périmétral des diverses classes de terrain, et le classement des propriétés intéressées, non d'après la valeur des terrains, mais uniquement d'après le degré de danger. Il doit être fait cinq classes au moins et dix au plus.

11. Le plan périmétral et le procès-verbal de classement étant remis au préfet par l'expert du syndicat, le préfet en ordonne le dépôt pendant un mois à la mairie du lieu où le syndicat tient ses séances.

12. La publication de ce dépôt est faite pendant trois dimanches consécutifs, et le procès-verbal de la publication est dressé par les gardes champêtres.

13. Les propriétaires qui croient avoir des réclamations à former doivent les présenter aux préfets par pétition en double expédition, avant l'expiration du délai d'un mois.

14. Sur l'invitation du préfet, les réclamants nomment un expert, qui, avec l'expert du syndicat et un tiers expert nommé par le préfet, discutent les motifs des réclamations et procèdent aux vérifications nécessaires.

15. Le préfet fait notifier aux réclamants le résultat de la vérification des trois experts, et, s'ils persistent dans leurs plaintes, les pièces sont renvoyées à la commission spéciale, qui prononce.

16. Quand le plan périmétral et le procès-verbal de classement sont définitivement arrêtés par la commission spéciale, l'expert du syndicat procède à l'estimation de chacune des propriétés comprises dans le périmètre.

17. Le procès-verbal d'estimation est déposé et son dépôt annoncé comme il est dit au n° 12. Les propriétaires présentent leurs réclamations, et ces réclamations, instruites dans les formes indiquées au n° 14, sont portées devant la commission spéciale.

18. Après l'homologation du procès-verbal d'estimation, il est procédé, par les soins du syndicat, à la confection de la matrice du rôle, et la suite des opérations du syndicat a lieu conformément au décret qui a constitué l'association. *(L., 16 sept. 1807. — Instr. préf. Isère, 10 mars 1829.)*

19. Lorsque l'Etat accorde une subvention à raison de l'intérêt que peuvent avoir les routes ou la navigation à la construction des digues, il est procédé à la vérification et à la réception définitive des travaux par les ingénieurs des ponts et chaussées, et il peut être dirigé des poursuites contre les propriétaires ou les associations qui auraient entrepris des travaux avant d'en avoir demandé et obtenu l'autorisation dans les formes ci-dessus prescrites. *(Instr. préc., art. 19.)*

DIMANCHES ET FÊTES.

1. Une loi du 18 novembre 1814 dispose que les travaux ordinaires sont interrompus les dimanches et jours de fête reconnus par la loi de l'Etat, et contient diverses dispositions réglementaires et explicatives des obligations qu'elle impose. Il a été décidé, sous l'empire de la charte de 1830, que cette loi n'avait point été abrogée, notamment dans la disposition qui défend aux cabaretiers, marchands de vin, traiteurs, etc., de tenir leurs maisons ouvertes et d'y donner à boire pendant le temps des offices.

2. A la suite des événements politiques survenus en 1848, on considéra d'abord la loi du 18 novembre 1814 comme étant en opposition avec les principes de liberté religieuse qui venaient d'être proclamés; mais on reconnut bientôt que le repos du dimanche était nécessaire à l'ouvrier, et qu'il devait être respecté au double point de vue de la moralité et de l'hygiène. En conséquence, des circulaires ministérielles des 20 mars 1849, 13 novembre et 15 décembre 1851 ont décidé qu'à l'avenir les travaux publics et communaux devaient cesser les dimanches et les jours fériés, et qu'on insérerait dans les cahiers des charges une clause formelle à cet égard.

3. Une autre circulaire du ministre de l'intérieur, du 30 mars 1849, a décidé que le pouvoir municipal a conservé le droit d'interdire, pendant les exercices du culte, les réunions ou manifestations qui troubleraient ces exercices.

DISPENSES POUR MARIAGE. V. Etat civil.

DOMICILE. — Form. mun., tom. IV, pag. 470.

1. La preuve de l'intention du changement de domicile d'un citoyen résulte d'une déclaration expresse faite, tant à la municipalité du lieu qu'il quitte, qu'à celle du lieu où il a transféré son domicile. *(Cod. Nap., art. 104.)*

2. Le citoyen appelé à une fonction publique temporaire ou révocable, conserve le domicile qu'il avait auparavant, s'il n'a pas manifesté d'intention contraire. *(Cod. préc., art. 106.)*

3. L'acceptation de fonctions conférées à vie emporte translation immédiate de domicile du fonctionnaire dans le lieu où il doit exercer ces fonctions. *(Cod. préc., art. 107.)*

DOMICILE DE SECOURS.

LÉGISLATION.

Loi du 24 vendémiaire an 2-15 octobre 1793.

§ 1er. — Dispositions organiques.

1. Le domicile de secours est le lieu où l'homme nécessiteux a droit aux secours publics. (*L., 24 vend. an 2-15 oct. 1793, art. 1er.*)

2. Le lieu de la naissance est le lieu naturel du domicile de secours. (*L. préc., art. 2.*)

3. Le lieu de naissance pour les enfants est le domicile habituel de la mère au moment où ils sont nés. (*L. préc., art. 3.*)

4. Pour acquérir le domicile de secours, il faut un séjour d'un an dans la commune. (*L. préc., art. 4.*)

Le *séjour* n'est pas autre chose, dans l'esprit de la loi, que le fait d'une résidence réelle qui, soumettant virtuellement le domicilié aux charges locales, l'affilie en retour à la famille communale. (*Lett. min. int., 17 févr. 1842.*)

5. Le séjour ne compte que du jour de l'inscription au greffe de la municipalité [1]. (*L., 24 vend. an 2-15 oct. 1793, art. 5.*)

6. La municipalité peut refuser le domicile de secours, si le domicilié n'est pas pourvu d'un passe-port et de certificats qui constatent qu'il n'est point homme sans aveu. (*L. préc., art. 6.*)

7. Jusqu'à l'âge de 21 ans, tout citoyen peut réclamer sans formalité, le droit de domicile de secours dans le lieu de sa naissance. Après l'âge de 21 ans, il est astreint à un séjour de six mois avant d'obtenir le droit de domicile, et à se conformer aux art. 4, 5 et 6. (*L. préc., art. 7 et 8.*)

8. Celui qui quitte son domicile pour en acquérir un second est tenu aux mêmes formalités que pour le premier. Il en est de même pour celui qui, après avoir quitté un domicile, veut y revenir. (*L. préc., art. 9 et 10.*)

9. Nul ne peut exercer en même temps dans deux communes le droit de domicile de secours. On est censé conserver son dernier domicile tant que le délai exigé pour le nouveau n'est pas échu, pourvu qu'on ait été exact à se faire inscrire au greffe de la nouvelle municipalité ([2]). (*L. préc., art. 12.*)

10. Ceux qui se marient dans une commune et qui l'habitent pendant six mois, acquièrent le domicile de secours. Ceux qui restent deux ans dans la même commune, en louant leurs services à un ou plusieurs individus, obtiennent le même droit. (*L. préc., art. 13 et 14.*)

11. Tout soldat qui a combattu un temps quelconque pour la liberté, avec des certificats honorables, jouit tout de suite du droit de domicile de secours dans le lieu où il veut se fixer. (*L. préc., art. 15.*)

12. Tout vieillard âgé de 70 ans, sans avoir acquis de domicile, ou reconnu infirme avant cette époque, reçoit les secours de stricte nécessité dans l'hospice le plus voisin. (*L. préc., art. 16.*)

13. Celui qui, dans l'intervalle du délai prescrit pour acquérir le domicile de secours, se trouve, par quelque infirmité, suite de son travail, hors d'état de gagner sa vie, est reçu à tout âge dans l'hospice le plus voisin. (*L. préc., art. 17.*)

14. Tout malade, domicilié de droit ou non, qui est sans ressources, est secouru, ou à son domicile de fait, ou à l'hospice le plus voisin. (*L. préc., art. 18.*)

§ 2. — Jurisprudence administrative.

15. L'application de la loi du 24 vendémiaire an 2 a donné lieu à plusieurs questions dont les solutions nous ont paru être renfermées dans un travail dû à

([1]) V. ci-après, n° 21.

([2]) Le domicile ne se prescrit jamais, et si, d'après l'art. 11, nul ne peut avoir le domicile de secours dans deux communes, nul non plus ne reste sans domicile. (*Lett. min. int., 11 févr. 1842.*)

M. Follet, employé à la division départementale du ministère de l'intérieur, extrait des *Procès-verbaux de la commission des enfants trouvés*, publiés en 1850 par les soins du ministre de l'intérieur, travail inséré dans le *Répertoire administratif*, année 1852, pag. 220 à 227. Voici celles de ces solutions de jurisprudence administrative qui peuvent intéresser les fonctionnaires municipaux.

16. La loi du 24 vendémiaire an 2 reconnaissait à tout indigent le droit aux secours publics; mais ce droit a disparu avec l'ordre de choses qui l'avait créé, et, d'obligatoires qu'ils étaient pour l'administration, ces secours sont devenus facultatifs, selon l'état des ressources des communes ou des départements. Les indigents n'ont plus aujourd'hui un droit au secours, mais seulement une aptitude à le recevoir.

17. En ce qui concerne les enfants, l'interprétation la plus équitable à donner à cette expression *domicile habituel de la mère (L., 24 vend. an 2, art. 3)*, paraît devoir être la *résidence ordinaire et actuelle* de la mère, abstraction faite de la question de savoir si cette résidence a eu les caractères et la durée nécessaires pour faire acquérir à cette dernière le domicile de secours.

18. Le mineur est frappé d'une incapacité absolue pour acquérir le droit attaché au domicile de secours dans un autre lieu que celui de la naissance, puisque le domicile résultant du fait de la naissance se conserve de droit jusqu'à 21 ans, et ne se perd que lorsque, après cet âge, on en a acquis ailleurs un nouveau, quelque long que soit le temps depuis lequel on a quitté la commune où le mineur avait antérieurement ce domicile. Mais si une fille mineure est enceinte et met au monde son enfant, cet enfant aura son domicile de secours au lieu où sa mère avait son domicile habituel. *(Interpr. des art. 2, 3, 7, 8 et 12 de la loi du 24 vend. an 2.)* Cette interprétation de la loi a été consacrée par un grand nombre de décisions.

19. Le domicile de secours est entièrement distinct du domicile civil. C'est un droit inhérent à l'individu, et qui ne se transmet ni entre époux, ni des ascendants aux descendants, d'où il suit que les ascendants, le mari, la femme et les enfants, peuvent avoir chacun un domicile de secours différent, selon les circonstances d'âge et de durée de séjour de chacun d'eux.

La femme mariée qui réside dans une commune autre que celle qu'habite son mari, y acquerra un domicile de secours propre et indépendant de celui de ce dernier. *(Lett. min. int., 11 févr. 1842.)*

20. Pour les enfants de domestiques, confiés à la charité publique, comme pour les autres enfants abandonnés, le lieu de naissance est au domicile habituel de la mère au moment où ils sont nés.

21. L'inscription au greffe de la municipalité, exigée par l'art. 5 de la loi de vendémiaire, n'est plus *utile* (¹).

22. Pour que le séjour d'un an, voulu par l'art. 4, soit valable, il faut qu'il soit l'effet de la libre volonté. Le militaire, le condamné, etc., ne peuvent acquérir le domicile de secours dans la localité où ils ne résident pas de leur plein gré, lors même que leur résidence y serait de plus d'une année. (²).

23. Les blanchisseuses vivandières ne peuvent acquérir le domicile de secours dans une localité que par une année de séjour dans cette localité, à compter de l'époque où elles ont cessé d'appartenir à l'armée. *(Déc., 15 sept. 1849.)*

Il n'en est pas de même des femmes qui suivent les régiments: elles peuvent acquérir, dans les localités où tiennent garnison les régiments qu'elles suivent, le domicile de secours. Elles sont réputées aussi y avoir leur domicile habituel. Les enfants qu'elles peuvent mettre au monde dans ces diverses localités y acquièrent donc droit au domicile de secours. Cette jurisprudence a été consacrée par un grand nombre de décisions.

24. Les enfants nés dans une maison centrale ne doivent pas être élevés aux frais du département dans lequel est situé cette maison, soit pendant la détention

---

(¹) Il n'existe plus aujourd'hui de registre d'inscription au secrétariat de la commune, et toutes les formalités qui se rattachent à cette inscription sont sans objet. *(Lett. min. int., 17 févr. 1842.)*

(²) Le séjour à l'hospice ou à la prison n'a pas les caractères qui, dans l'intention de la loi du 24 vendémiaire an 2, fondent le domicile de secours. *(Lett. min. int., 9 mars 1842.)*

de leur mère, soit après l'expiration de la condamnation de cette dernière, s'il est reconnu, au moment de sa mise en liberté, qu'elle est dans l'impossibilité de prendre soin de ces enfants. C'est au département où, antérieurement à sa condamnation, la mère avait son domicile de secours, à faire élever l'enfant né dans une maison centrale, conformément à l'art. 3 de la loi du 24 vendémiaire an 2-15 octobre 1793. (*Diverses décis. min. int.*)

25. L'étranger et ses enfants ne peuvent acquérir, en France, le domicile de secours (1).

26. Lorsque le domicile habituel de la mère ne peut être retrouvé, le domicile de secours des enfants est, dans ce cas, au lieu réel de leur naissance, conformément à l'art. 2 de la loi de vendémiaire.

27. Lorsque le domicile de secours d'un individu quelconque à la charge de la charité publique est en litige, c'est le département à la charge duquel se trouve actuellement l'indigent qui doit faire toutes les recherches nécessaires pour trouver le lieu véritable où il a droit au domicile de secours.

28. Les individus qui, par suite d'une infirmité physique ou intellectuelle, ou de leur âge, sont hors d'état d'indiquer, soit le lieu de leur naissance, soit celui de leur domicile, et à l'égard desquels il n'est pas possible de se procurer des renseignements positifs, doivent être secourus aux frais de la localité où ils ont été trouvés. (*Lett. min. int., 11 févr. 1842.*)

V. Bureaux de bienfaisance, Secours.

DONS ET LEGS. — Form. mun., tom. IV, p. 485.

LÉGISLATION.

Code Napoléon. — Loi du 18 juillet 1837, art. 48. — Décret du 25 mars 1852, tableau A, n° 42.

SOMMAIRE.

§ 1er. — Règles communes aux dons et legs.

1. La donation entre-vifs est un acte par lequel le donateur se dépouille actuellement et irrévocablement d'une chose donnée en faveur du donataire qui l'accepte. (*Cod. Nap., art. 894.*)

2. Toute libéralité entachée de substitution doit être rejetée. (*Cod. préc., art. 896.*)

3. Il ne peut y avoir de donation anonyme. (*Avis com. int., 17 et 22 sept. 1830.*)

L'administration doit exiger que les actes de donation soient rédigés de manière à ce que les héritiers des donateurs puissent faire valoir les droits que leur accordent les art. 920 et suiv. du Code Nap., et, pour éviter toute fraude, il est nécessaire que les auteurs des libéralités de cette nature figurent nominativement dans les états soumis à l'autorité. (*Circ. préf. Cantal, 4 août 1849.*)

4. Les conditions attachées à une donation ou à un legs doivent être littéralement suivies et religieusement observées (*Avis com. int., 21 mai 1833*). Cependant, celles contraires aux lois doivent être réputées non écrites. (*Cod. Nap., art. 900.*)

Les dispositions entre-vifs ou par testament, au profit d'une commune ou d'un établissement public, n'ont leur effet qu'autant qu'elles ont été autorisées. (*Cod. préc., art. 910. — L., 18 juill. 1837, art. 48.*)

Tant que la commune n'a pas été légalement autorisée, elle n'a pas qualité pour réclamer l'exécution d'un legs, alors même qu'il ne s'agit que d'en fixer l'assiette ou la nature. (*Arr. cass., 7 juill. 1834.*)

---

(1) L'étranger, malgré sa résidence, ne fait jamais partie de la famille communale. En ce qui concerne ceux atteints d'aliénation mentale, la dépense ne peut être imposée à aucun département; seulement, si l'étranger est dans la catégorie des réfugiés politiques, le ministre fait payer le prix de la pension sur le crédit de son budget, destiné à secourir les réfugiés. (*Déc. min. int., 17 févr. 1841.*)

6. Cette autorisation est donnée par le préfet, lorsqu'il n'y a pas réclamation de la part des familles. S'il s'élève une réclamation sur tout ou partie des dispositions faites au profit des communes ou des établissements de bienfaisance, l'affaire doit être soumise à la sanction du chef de l'Etat, quand bien même la réclamation porterait sur une partie seulement des legs. Dans ce cas, le préfet adresse toutes les pièces au ministre de l'intérieur, avec ses propositions. (*Décr., 25 mars 1852, art. 1er, et tabl. A, nº 42. — Instr. min. int., 5 mai 1852.*)

L'autorité compétente ne peut imposer à une commune ou à un établissement public donataire, comme condition de son autorisation, des charges ne se trouvant pas écrites dans l'acte constitutif de la libéralité. (*Avis com. int., 2 janv. 1833.*)

7. Les maires peuvent toujours, à titre conservatoire, accepter les dons et legs, en vertu d'une délibération du conseil municipal. Le décret (s'il y a réclamation) ou l'arrêté du préfet, qui intervient ensuite, a effet du jour de cette acceptation. (*L., 18 juill. 1837, art. 48.*)

8. L'acceptation par le maire d'une donation doit toujours être notifiée au donateur. (*Cod. Nap., art. 932.*)

9. Toute donation faite à une commune, et qui n'a pas été acceptée légalement, du vivant du donateur, est nulle de plein droit. Le consentement donné par les héritiers à l'exécution d'une donation non acceptée du vivant du donateur ne peut suppléer à ce défaut de forme. (*Avis com. int., 7 janv. 1831 et 24 mars 1835.*)

10. Même dans le cas d'objets *connexes*, par exemple celui d'un legs fait à une fabrique d'église, à la charge d'affecter tout ou partie de ce legs au soulagement des pauvres, le préfet est compétent pour autoriser le bureau de bienfaisance ou le maire, à défaut de bureau de bienfaisance, à accepter le bénéfice de la disposition faite au profit des indigents, bien que le ministre de la justice et des cultes ait à faire rendre un décret en ce qui concerne la fabrique, puisque l'administration des établissements religieux n'a pas été décentralisée. Seulement, avant de prendre une décision, le préfet doit transmettre *directement* le dossier de l'affaire au ministre de la justice et des cultes, en lui faisant connaître qu'il statuera favorablement en ce qui le concerne, et le préfet ne statue, en effet, qu'après la notification du décret intervenu. (*Instr. min. int., 5 mai 1852.*)

11. Quant aux dons et legs faits distinctement dans le même acte de libéralité, c'est-à-dire, indépendants les uns des autres, le préfet peut statuer immédiatement, sans attendre l'envoi aux ministères compétents des pièces relatives aux libéralités qui peuvent excéder la limite de ses attributions. (*Instr. préc.*)

12. Les actes portant donation entre-vifs sont passés par-devant notaire. (*Cod. Nap., art. 931.*) Le maire en demande expédition, et fait délibérer le conseil municipal sur l'acceptation de la donation. Après cette délibération, si l'acceptation provisoire du maire n'a pas été insérée dans l'acte de donation, cette formalité est remplie par un acte séparé, également authentique.

13. Le maire fait ensuite, s'il y a lieu, procéder par un expert à l'estimation des immeubles compris dans la donation.

14. Lorsqu'un notaire dépositaire d'un testament a connaissance, lors de l'ouverture de ce testament, d'une disposition contenant un legs au profit d'une commune ou d'un établissement public, il est tenu d'en donner avis au maire ou aux administrateurs. (*Ord., 2 avril 1817, art. 5.*) Le maire réclame une expédition du testament et appelle le conseil municipal à délibérer sur l'acceptation du legs. Il fait ensuite, s'il y a lieu, procéder par un expert à l'estimation des immeubles mentionnés dans le testament.

15. Après l'accomplissement de ces formalités, le maire met les héritiers en demeure de consentir à la délivrance du legs. S'ils ne répondent pas à l'invitation, il y a lieu, pour avoir la preuve de la mise en demeure, de leur faire notifier un acte extrajudiciaire par ministère d'huissier.

16. L'opposition des héritiers n'est point un obstacle absolu à l'autorisation des libéralités faites aux communes et aux établissements publics; leur consentement n'est pas, non plus, une raison suffisante pour en déterminer nécessairement l'approbation. Les héritiers sont consultés parce que l'administration veut

protéger tous les intérêts ; mais elle n'est liée dans aucun cas ; elle conserve toujours son libre arbitre et son indépendance. (*Circ. préf. Cantal, 4 août 1849.*)

17. Les interpellations qui leur sont adressées, par acte extrajudiciaire ou par voie publicative, lorsqu'il s'agit de legs ou donations concernant les fabriques, doivent avoir lieu alors même qu'il y a un légataire universel institué, car ils peuvent avoir l'intention d'attaquer le legs universel, et il importe que le préfet en soit prévenu, parce que cette circonstance peut exercer une grande influence sur sa décision. (*Circ. préc.*)

18. Si un legs est fait à des enfants trouvés recueillis dans un hospice, et nominativement désignés dans la disposition, la commission administrative n'a pas besoin d'être autorisée administrativement, car la tutelle laissée aux commissions administratives par la loi du 15 pluviôse an 13 et le décret du 19 janvier 1811 reste sous l'empire des règles du Code civil. (*Avis com. int., 17 févr. 1835.*)

19. A l'égard des libéralités pour cause de mort ou que l'on veut faire par acte de dernière volonté, il est dans la nature des actes qui les contiennent d'être secrets jusqu'à l'ouverture de la succession, et révocables à la volonté du donateur. Il n'y a pas lieu dès lors, tant que le donateur existe, à faire autoriser l'acceptation des dispositions faites par ces actes, en ce que la faculté constante de les révoquer peut rendre l'acceptation illusoire. (*Circ. min. int., 30 germ. an 12-20 avril 1804.*)

20. A moins qu'il ne s'agisse d'une donation d'objets d'une valeur très-minime et faite de la main à la main, l'autorisation d'accepter la donation ne peut être accordée, parce qu'il y a impossibilité de vérifier si cette donation surpasse la portion disponible. La publicité donnée à la donation et au nom du donateur est le seul moyen qui permette aux intéressés d'attaquer la libéralité, s'il y a lieu. (*Circ. min. int., 28 juill. 1827. — Avis com. int., 17 et 22 sept. 1830.*)

21. Les décrets ou arrêtés d'autorisation déterminent, pour le plus grand bien des établissements, l'emploi des sommes données, et prescrivent la conservation ou la vente des effets mobiliers, lorsque le testateur ou le donateur ont omis d'y pourvoir. (*Ord., 20 avril 1817, art. 4.*)

22. Quant à l'examen des libéralités en elles-mêmes, le préfet doit le faire porter surtout sur les charges et conditions imposées par le bienfaiteur, afin qu'avant de statuer il puisse s'assurer qu'elles ne sont pas onéreuses pour l'établissement intéressé, et qu'il a, d'ailleurs, été pourvu au moyen de les acquitter. (*Circ. min. int., 5 mai 1852.*)

23. Le préfet ne doit pas perdre de vue que, s'il s'élève une réclamation sur tout ou partie des dispositions faites au profit de communes ou d'établissements de bienfaisance, l'affaire échappe à sa compétence et doit être soumise à la sanction du chef de l'Etat, quand bien même la réclamation ne porterait que sur une partie des legs. Dans ce cas, le préfet adresse toutes les pièces au ministre, comme par le passé. (*Circ. préc.*)

24. Il était de règle que, dans les affaires *mixtes*, c'est-à-dire lorsqu'un donateur ou testateur avait fait, soit des libéralités distinctes à divers établissements, soit des libéralités *connexes*, c'est-à-dire dépendantes les unes des autres, il devait être statué par voie de décision collective, et que cette décision appartenait à la compétence la plus élevée. Maintenant, dans des circonstances semblables, les affaires sont scindées, et les compétences respectives sont rétablies. Ainsi, même dans le cas d'objets *connexes*, par exemple celui d'un legs fait à une fabrique d'église, à la charge d'affecter tout ou partie de ce legs au soulagement des pauvres, le préfet est compétent pour autoriser le bureau de bienfaisance, ou le maire, à défaut de bureau de bienfaisance, à accepter le bénéfice de la disposition faite au profit des indigents, bien que le ministre de l'instruction publique et des cultes ait à faire rendre un décret en ce qui concerne la fabrique, puisque l'administration des établissements religieux n'a pas été décentralisée. Seulement, avant de prendre une décision, le préfet doit transmettre *directement* le dossier de l'affaire au ministre de l'instruction publique et des cultes, en lui faisant connaître que lui, préfet, est décidé à statuer favorablement en ce qui le concerne, et le préfet ne statue qu'après la notification du décret intervenu. Ce retard ne préjudicie point aux intérêts des pauvres, puisque, en tous cas, ils ne

peuvent jouir de la libéralité avant l'acceptation de la fabrique légataire instituée, et les délais se trouvent abrégés, l'intervention du ministère de l'intérieur étant désormais inutile. (*Circ. min. int., 5 mai 1852.*)

25. Quant aux dons et legs faits distinctement dans le même acte de libéralité, c'est-à-dire indépendants les uns des autres, le préfet peut statuer immédiatement, sans attendre l'envoi aux ministères compétents des pièces relatives aux libéralités qui excéderaient les limites de ses attributions. (*Circ. préc.*)

26. Tout établissement d'utilité publique étranger, constituant régulièrement une personne civile, a qualité pour recevoir des dons et legs de biens meubles ou immeubles situés en France; mais lesdits dons et legs ne peuvent avoir d'effet qu'autant qu'ils ont été autorisés par le gouvernement français. (*Avis cons. Etat, 12 janv. 1854.*)

§ 2. — Pièces à produire.

I. — Donations.

1° *Donations aux communes.*

27. 1° L'acte de donation;
2° Le procès-verbal descriptif et estimatif des objets mobiliers ou immobiliers donnés, à moins que cette description et estimation ne se trouvent dans l'acte de donation;
3° Le certificat de vie du donateur, transcrit sur papier timbré;
4° Des renseignements ayant pour objet de faire connaître si la libéralité n'a été produite par aucune suggestion; si elle n'excède point la quotité disponible, et, autant que possible, quelle est la position des héritiers naturels du donateur;
5° Le budget de la commune, et un état de la situation financière;
6° La délibération du conseil municipal votant l'acceptation;
7° L'acceptation provisoire du maire;
8° Enfin, l'avis motivé, et en forme d'arrêté, du sous-préfet. (*Instr. min. int., 5 mai 1852. — Circ. préf. Cantal, 4 août 1849.*)

28. L'arrêté d'autorisation du préfet vise (*Instr. préc., mod. n° 29*) les pièces suivantes, lorsqu'il s'agit de dons et legs faits aux communes:
1° L'acte public de donation entre-vifs;
2° Le certificat constatant l'existence du donateur et sa position de fortune;
3° La délibération du conseil municipal;
4° L'acceptation par le maire à titre conservatoire, en vertu de cette délibération;
5° Le procès-verbal d'expertise, s'il s'agit d'un immeuble;
6° L'avis du sous-préfet.

2° *Donations aux hospices et aux bureaux de bienfaisance.*

29. Comme pour les communes, sauf 1° que l'acceptation provisoire est faite par la commission administrative; 2° que le conseil municipal n'est appelé qu'à exprimer son avis sur la donation, et 3° que le budget communal est remplacé par celui de l'établissement donataire. (*Circ. préf. Cantal, 4 août 1849.*)

3° *Donations aux fabriques.*

30. Ajouter aux pièces mentionnées au n° 27 ci-dessus (1°, 2°, 3° et 4°) relatif à la formation des dossiers concernant les donations aux communes:
5° La délibération du conseil de fabrique, votant l'acceptation;
6° L'acceptation provisoire du trésorier;
7° Le budget de la fabrique;
8° L'avis du sous-préfet.

II. — Legs.

1° *Legs aux communes.*

31. 1° Une expédition en forme du testament;
2° L'acte de décès du testateur;
3° Une délibération du conseil municipal, sur l'acceptation;
4° L'acceptation provisoire du maire;
5° Le budget de la commune;
6° L'adhésion des héritiers ou leur opposition à la délivrance du legs, et,

dans ce dernier cas, des renseignements sur leur situation de fortune, sur leur degré de parenté, et sur la valeur des biens laissés par le testateur;

7° Si l'objet légué est un immeuble, un procès-verbal descriptif et estimatif de cet immeuble, et un certificat du conservateur des hypothèques, constatant s'il est libre ou grevé;

8° L'avis, en forme d'arrêté, du sous-préfet. (*Circ. préf. Cantal, 4 août 1849. — Instr. min. int., 5 mai 1852.*)

2° Legs aux établissements de bienfaisance.

32. Le dossier doit être formé comme pour les legs aux communes, en remplaçant, toutefois, le budget communal par celui de l'établissement, et en justifiant de l'acceptation provisoire de la commission administrative, le conseil municipal n'étant appelé qu'à exprimer son avis sur le legs. Dans les communes où il n'y a pas de bureau de bienfaisance, l'acceptation des legs et donations faits aux pauvres continue à être votée par les conseils municipaux. (*Circ. et instr. préc.*)

3° Legs aux fabriques.

33. 1° Le testament;

2° L'acte de décès;

3° L'évaluation de l'objet légué;

4° La délibération du conseil de fabrique, votant l'acceptation;

5° L'acceptation provisoire du trésorier;

6° Le budget de la fabrique;

7° Copie de l'acte extrajudiciaire constatant que les héritiers connus ont été appelés à prendre connaissance du testament;

8° Leur consentement à la délivrance du legs; en cas contraire, joindre leur Mémoire, en faisant connaître le nombre des réclamants, le montant de l'hoirie et la portion afférente à chacun d'eux. S'il n'y a pas d'héritiers connus, acte des affiches du testament au chef-lieu de la mairie du domicile du testateur, et numéros du journal de l'arrondissement, contenant l'insertion prescrite par l'article 3 de l'ordonnance du 14 janvier 1831;

9° Enfin, l'avis, en forme d'arrêté, du sous-préfet. (*Circ. et instr. préc.*)

§ 3. — Formalités conservatoires des legs. — Enregistrement, transcription, droits.

34. Les receveurs ont pour obligation, en cas de legs à des communes ou établissements publics, de procéder à la formalité conservatoire de l'inscription hypothécaire sur tous les biens de la succession. (*Cod. Nap., art. 1017.*)

35. Cette formalité doit être accomplie dans le délai de six mois. (*Cod. préc., art. 2111.*)

36. En cas de retard de paiement d'un legs, ils doivent procéder contre les héritiers ou légataires universels débiteurs, en remettant le dossier à un avoué chargé de former la demande en délivrance du legs, laquelle demande, d'ailleurs, est nécessaire pour faire courir les intérêts, s'ils ne sont pas stipulés dans l'acte testamentaire. (*Cod. préc., art. 1011, 1014 et 1015. — Agenda des recev. munic., n° 44, § 2.*)

37. En cas d'urgence, les receveurs des communes doivent en même temps leur faire signifier, par ministère d'huissier, un commandement suivi de saisie-exécution, au moyen d'un état dressé par le maire, et rendu exécutoire par le visa du sous-préfet. (*L., 18 juill. 1837, art. 63. — Instr. gén. min. fin., art. 739. — Circ. min. fin., 19 déc. 1840.*)

38. Les dons et legs sont soumis aux droits proportionnels d'enregistrement et de transcription établis par les lois existantes. (*L., 18 avril 1831, art. 17.*)

V. Établissements ecclésiastiques pour l'énumération des personnes pouvant accepter les dons ou legs.

DRAINAGE.

LÉGISLATION.

Loi du 10 juin 1854.

1. Le mot *drainage* en anglais signifie, à proprement parler, écoulement, assèchement; on l'emploie en ce sens dans son expression générale; mais on l'em-

ploie aussi dans un sens plus restreint, pour désigner l'opération qui consiste à placer dans un champ des séries régulières de tuyaux qui enlèvent l'humidité par le sous-sol.

2. Les travaux d'assèchement se font principalement pendant l'hiver, à l'époque où les ouvriers ruraux restent chez eux inoccupés, par suite de la suspension des opérations rurales proprement dites. L'assèchement les occupe à ce moment, leur procure une existence meilleure, et les empêche de quitter nos campagnes et de se réfugier dans les villes, où ils trouvent quelquefois, il est vrai, des prix de journée plus élevés, mais où ils prennent des habitudes et des goûts nouveaux, et ne peuvent plus se livrer aux travaux des champs, alors que leurs bras y seraient si nécessaires et souvent si indispensables.

3. Au point de vue de l'hygiène, il est incontestable que, dans les cantons où l'assèchement a pu se faire sur une large échelle, on a vu disparaître les maladies qui souvent avaient une si fâcheuse influence sur les populations. La plus grande quantité de travail, et, par suite, la meilleure nourriture prise par l'ouvrier; l'absence des miasmes qui développent les maladies suite de l'humidité, toutes ces causes améliorent la santé publique. (*Rapp. de la comm. chargée d'examiner le projet de loi.*)

4. Tout propriétaire qui veut assainir son fonds par le drainage ou un autre mode d'assèchement, peut, moyennant une juste et préalable indemnité, en conduire les eaux souterrainement ou à ciel ouvert, à travers les propriétés qui séparent ce fonds d'un cours d'eau ou de toute autre voie d'écoulement. — Sont exceptés de cette servitude les maisons, cours, jardins, parcs et enclos attenant aux habitations. (*L., 10 juin 1854, art. 1er.*)

5. Les propriétaires de fonds voisins ou traversés ont la faculté de se servir des travaux faits en vertu de l'article précédent, pour l'écoulement des eaux de leur fonds. — Ils supportent dans ce cas: 1° une part proportionnelle dans la valeur des travaux dont ils profitent; 2° les dépenses résultant des modifications que l'exercice de cette faculté peut rendre nécessaires; et 3° pour l'avenir, une part contributive dans l'entretien des travaux devenus communs. (*L. préc., art. 2.*)

6. Les associations de propriétaires qui veulent, au moyen de travaux d'ensemble, assainir leurs héritages par le drainage ou tout autre mode d'assèchement, jouissent des droits et supportent les obligations qui résultent des articles précédents. Ces associations peuvent, sur leur demande, être constituées par arrêtés préfectoraux, en syndicats, auxquels sont applicables les art. 3 et 4 de la loi du 14 floréal an 11. (*L. préc., art. 3.*)

7. Les travaux que voudraient exécuter les associations syndicales, les communes ou les départements, pour faciliter le drainage ou tout autre mode d'assèchement, peuvent être déclarés d'utilité publique par décret rendu en conseil d'Etat. — Le règlement des indemnités dues pour expropriation est fait conformément aux paragr. 2 et suivants de l'art. 16 de la loi du 21 mai 1836. (*L. préc., art. 4.*)

8. Les contestations auxquelles peuvent donner lieu l'établissement et l'exercice de la servitude, la fixation du parcours des eaux, l'exécution des travaux de drainage ou d'assèchement, les indemnités et les frais d'entretien, sont portés en premier ressort devant le juge de paix du canton, qui, en prononçant, doit concilier les intérêts de l'opération avec le respect dû à la propriété. — S'il y a lieu à expertise, il pourra n'être nommé qu'un seul expert. (*L. préc., art. 5.*)

9. La destruction totale ou partielle des conduits d'eau ou fossés évacuateurs est punie des peines portées à l'art. 456 du Code pénal. — Tout obstacle apporté volontairement au libre écoulement des eaux est puni des peines portées par l'article 457 du même Code. — L'art. 463 du Code pénal peut être appliqué. (*L. préc., art. 6.*)

10. Il n'est aucunement dérogé aux lois qui règlent la police des eaux. (*L. préc., art. 7.*)

EAU. V. COURS D'EAU. — RIVIÈRES NAVIGABLES.

EAUX MINÉRALES ET THERMALES. — Form. mun., tom. IV, pag. 505.

LÉGISLATION.

Ordonnance du 18 juin-7 juillet 1823, portant règlement sur la police des eaux minérales.

§ 1er. — Dispositions générales.

1. Toute entreprise ayant pour effet de livrer ou d'administrer au public des eaux minérales naturelles ou artificielles, demeure soumise à une autorisation préalable et à l'inspection d'hommes de l'art. Sont seuls exceptés de ces conditions, les débits desdites eaux, qui ont lieu dans les pharmacies. (*Ord., 18 juin 1823, art. 1er.*)

2. Les autorisations exigées par l'article précédent sont délivrées par le ministre de l'intérieur, sur l'avis des autorités locales, accompagné, pour les eaux naturelles ou artificielles, des formules de leur préparation. — Elles ne peuvent être révoquées qu'en cas de résistance aux règles prescrites par la présente ordonnance, ou d'abus qui seraient de nature à compromettre la santé publique. (*Ord. préc., art. 2.*)

3. L'inspection est confiée à des docteurs en médecine ou en chirurgie. La nomination en est faite par le ministre de l'intérieur, de manière qu'il n'y ait qu'un inspecteur par établissement, et qu'un même inspecteur en inspecte plusieurs, lorsque le service le permet (1). — Il peut néanmoins, là où c'est jugé nécessaire, être nommé des inspecteurs adjoints, à l'effet de remplacer les inspecteurs titulaires en cas d'absence, de maladie ou de tout autre empêchement. (*Ord. préc., art. 3.*)

4. L'inspection a pour objet tout ce qui, dans chaque établissement, importe à la santé publique. Les inspecteurs font, dans ce but, aux propriétaires, régisseurs ou fermiers, les propositions et observations qu'ils jugent nécessaires. — Ils veillent particulièrement à la conservation des sources, à leur amélioration ; à ce que les eaux minérales artificielles soient toujours conformes aux formules approuvées, et à ce que les unes et les autres ne soient ni falsifiées ni altérées. — Ils surveillent, dans l'intérieur des établissements, la distribution des eaux, l'usage qui en est fait par les malades, sans néanmoins pouvoir mettre obstacle à la liberté qu'ont ces derniers de suivre les prescriptions de leurs propres médecins, et même d'être accompagnés par eux, s'ils le demandent. (*Ord. préc., art. 4, 5 et 6.*)

5. Les traitements des inspecteurs étant une charge des établissements inspectés, les propriétaires, régisseurs ou fermiers sont entendus pour leur fixation, laquelle est faite par les préfets, et confirmée par le ministre de l'intérieur. — Il n'est point dû de traitement aux inspecteurs adjoints. (*Ord. préc., art. 7.*)

6. Partout où l'affluence du public l'exige, les préfets, après avoir entendu les propriétaires et les inspecteurs, font des règlements particuliers qui ont en vue l'ordre intérieur, la salubrité des eaux, leur libre usage, l'exclusion de toute préférence dans les heures à assigner aux malades pour les bains ou douches, et la protection particulière due à ces derniers dans tout établissement placé sous la surveillance de l'autorité.

Lorsque l'établissement appartient à l'Etat, à un département, à une commune ou à un établissement charitable, le règlement doit aussi avoir en vue les autres branches de son administration. (*Ord. préc., art. 8.*)

7. Ces règlements restent affichés dans les établissements, et sont obligatoires pour les personnes qui les fréquentent, comme pour les individus attachés à leur service. (*Ord. préc., art. 9.*)

8. Doivent rester pareillement affichés dans ces établissements, et dans tous les bureaux destinés à la vente d'eaux minérales, les tarifs ordonnés par l'art. 10 de l'arrêté du gouvernement, du 27 décembre 1802 (2).

---

(1) Aux termes du décret du 25 mars 1852, la nomination des médecins-inspecteurs des établissements thermaux appartenant aux particuliers ou aux communes, est faite par les préfets.

(2) Aux termes de cet article, les propriétaires de sources minérales exploitées sont tenus de faire approuver par le préfet le tarif du prix de leurs eaux, sauf le recours au gouvernement en cas de contestation. (Au ministre de l'intérieur.)

Lorsque ces tarifs concernent des entreprises particulières, l'approbation des préfets ne peut porter aucune modification dans les prix, et doit servir seulement à les constater.

Il ne doit être, sous aucun prétexte, exigé ni perçu des prix supérieurs à ces tarifs. (*Ord., 18 juin 1823, art. 10 et 11.*)

9. Les inspecteurs remplissent et adressent, chaque année, au ministre de l'intérieur des tableaux dont il leur est fourni des modèles. Ils y joignent les observations qu'ils y ont recueillies, et les mémoires qu'ils ont rédigés sur la nature, la composition et l'efficacité des eaux, ainsi que sur le mode de leur application. (*Ord. préc., art. 12.*)

10. Les maires connaissent, sous l'autorité des sous-préfets et des préfets, de l'administration et de la police des eaux minérales situées dans leurs arrondissements respectifs. (*Arr. gouv., 23 vend. an 6-14 oct. 1798, art. 1er.*)

Aucun sondage, aucun travail souterrain, ne peuvent être pratiqués sans l'autorisation préalable du préfet, dans un périmètre de 1,000 mètres au moins de rayon autour de chacune des sources d'eaux minérales, dont l'exploitation a été régulièrement autorisée. Cette autorisation n'est délivrée que sur l'avis de l'ingénieur des mines du département, et du médecin inspecteur de l'établissement thermal. (*Décr., 8 mars 1848, art. 1er.*)

§ 2. — Fabrication des eaux minérales artificielles, dépôts et vente de ces eaux et des eaux minérales naturelles.

11. Tous individus fabricant des eaux minérales artificielles, ne peuvent obtenir ou conserver l'autorisation exigée, qu'à la condition de se conformer aux dispositions qui les concernent dans la présente ordonnance, de justifier des connaissances nécessaires pour de telles entreprises, ou de présenter pour garant un pharmacien légalement reçu. (*Ord. préc., art. 13.*)

12. Les autorisations nécessaires pour tous dépôts d'eaux minérales naturelles ou artificielles, ailleurs que dans les pharmacies ou dans les lieux où elles sont puisées ou fabriquées, ne sont pareillement accordées qu'à la condition expresse de se soumettre aux présentes règles, et de subvenir aux frais d'inspection. (*Ord. préc., art. 15.*)

13. Il ne peut être fait d'expédition d'eaux minérales naturelles hors de la commune où elles sont puisées, que sous la surveillance de l'inspecteur; les envois doivent être accompagnés d'un certificat d'origine, par lui délivré, constatant les qualités expédiées, la date de l'expédition et la manière dont les vases ou bouteilles ont été scellés au moment même où l'eau a été puisée à la source.

Les expéditions d'eaux minérales artificielles sont pareillement surveillées par l'inspecteur et accompagnées d'un certificat d'origine délivré par lui. (*Ord. préc., art. 16.*)

14. Lors de l'arrivée desdites eaux aux lieux de leur destination, ailleurs que dans les pharmacies ou chez des particuliers, les vérifications nécessaires pour s'assurer que les précautions prescrites ont été observées, et qu'elles peuvent être livrées au public, sont faites par les inspecteurs. Les caisses ne doivent être ouvertes qu'en leur présence, et les débitants doivent tenir registre des quantités reçues, ainsi que des ventes successives. (*Ord. préc., art. 17.*)

15. Là où il n'a point été nommé d'inspecteur, tous établissements d'eaux minérales naturelles ou artificielles, sont soumis aux visites ordonnées par les articles 29, 30 et 31 de la loi du 21 germinal an 11-11 avril 1803. (*Ord. préc., art. 18.*)

§ 3. — Administration des sources minérales appartenant à l'Etat, aux communes et aux établissements charitables.

16. Les établissements d'eaux minérales qui appartiennent à des départements, à des communes ou à des institutions charitables, sont gérés pour leur compte. Toutefois les produits ne sont point confondus avec les autres revenus, et continuent à être spécialement employés aux dépenses ordinaires et extraordinaires desdits établissements, sauf les excédants disponibles après qu'il a été satisfait à ces dépenses.

Les budgets et les comptes sont aussi présentés et arrêtés séparément, conformément aux règles prescrites pour ces trois ordres de services publics. *(Ord., 18 juin 1823, art. 19.)*

17. Les établissements d'eaux minérales qui appartiennent à l'Etat, sont administrés par les préfets, sous l'autorité du ministre de l'intérieur, qui en arrête les budgets et les comptes, et fait imprimer tous les ans, pour être distribué aux chambres, un tableau général et sommaire de leurs recettes et de leurs dépenses. — Est aussi imprimé, à la suite dudit tableau, le compte sommaire des subventions portées au budget de l'Etat, pour les établissements thermaux. *(Ord. préc., art. 20.)*

18. Les établissements dont il s'agit au présent paragraphe, doivent être mis en ferme ([1]), à moins que, sur la demande des autorités locales et des administrations propriétaires, le ministre de l'intérieur n'ait autorisé leur mise en régie. *(Ord. préc., art. 21.)*

19. Les cahiers des charges, dont font nécessairement partie les tarifs du prix des eaux, doivent être approuvés par les préfets, après avoir entendu les inspecteurs. Les adjudications doivent être faites publiquement et aux enchères.

Les clauses des baux doivent toujours stipuler que la résiliation pourra être prononcée immédiatement par le conseil de préfecture, en cas de violation du cahier des charges. *(Ord. préc., art. 22.)*

20. Les membres des administrations propriétaires ou surveillantes, ni les inspecteurs, ne peuvent se rendre adjudicataires desdites fermes ni y être intéressés. *(Ord. préc., art. 23.)*

21. En cas de mise en régie, le régisseur est nommé par le préfet. Si l'établissement appartient à une commune ou à une administration charitable, la nomination ne doit être faite que sur la présentation du maire ou de cette administration.

Doivent être nommés de la même manière les employés et servants attachés au service des eaux minérales, dans les établissements qui font l'objet du présent paragraphe. — Toutefois, ces dernières nominations ne peuvent avoir lieu que de l'avis de l'inspecteur.

Si l'établissement appartient à plusieurs communes, les présentations sont faites par le maire de la commune où il est situé.

Les mêmes formes sont observées pour la fixation du traitement des uns et des autres employés, ainsi que pour leur révocation. *(Ord. préc., art. 24.)*

22. Il doit être procédé, pour les réparations, constructions, reconstructions et autres travaux, conformément aux règles prescrites pour la branche de service public à laquelle l'établissement appartient, et aux ordonnances des 8 août, 31 octobre 1821 et 22 mai 1822. Toutefois, ceux de ces travaux qui ne sont pas demandés par l'inspecteur, ne peuvent être ordonnés qu'après avoir pris son avis. *(Ord. et art. préc.)*

§ 4. — Gratuité des eaux thermales.

23. Quand un malade, un infirme, a été traité en vain dans les hôpitaux; quand les médecins déclarent qu'il ne peut obtenir sa guérison ou au moins du soulagement que de l'usage de telles ou telles eaux minérales, il est de l'intérêt même et du devoir des administrations charitables de donner à ce malheureux les moyens d'aller essayer le remède qui lui est prescrit. *(Circ. min. comm., 9 juin 1834.)*

24. Les militaires blessés au service de la patrie, et les indigents munis de certificats des autorités qui les ont adressés, constatant leurs blessures ou infirmités, reçoivent gratuitement les secours des eaux minérales. *(Arr. gouv., 23 vend. an 6-14 oct. 1798, art. 4.)*

25. Les frais de route et de séjour aux eaux thermales sont faits par les communes qui y envoient ces malades; les frais sont pris sur les revenus de leurs éta-

---

([1]) Les préfets font mettre en adjudication, à l'enchère, le produit des eaux minérales dans les lieux où se trouvent des sources appartenant à l'Etat. Le cahier des charges contient le prix des eaux, bains et douches. — En cas d'inexécution du bail, il peut être résilié par le conseil de préfecture, et réadjugé à la folle enchère du fermier. *(Arr. gouv., 15 flor. an 8-25 avril 1800, art. 1 et 2.)*

blissements de secours à domicile, et, en cas d'insuffisance, sur les fonds affectés aux dépenses municipales. (*Circ. min. int., 28 prair. an 7-16 juin 1799.*)

26. En cas d'insuffisance des ressources locales, il peut être accordé aux indigents, pour les aider à se rendre aux eaux, quelques secours, soit sur les fonds votés à cet effet par le conseil général, soit sur le fonds des dépenses imprévues. Pour que ces secours ne puissent pas être détournés de leur destination, les frais de voyage, par exemple, peuvent être payés aux voituriers chargés de transporter les indigents. (*Circ. min. comm., 9 juin 1834.*)

EAUX PLUVIALES. — Form. mun., tom. IV, pag. 512.

1. Tout propriétaire doit établir ses toits de manière que les eaux pluviales s'écoulent sur son terrain ou sur la voie publique ; il ne peut les faire verser sur le fonds de son voisin. (*Cod. Nap., art. 681.*)

2. Il résulte de cette disposition que, dans les villes et dans tous les lieux où plusieurs maisons tiennent les unes aux autres, il est indispensable que chaque propriétaire s'arrange de manière que les eaux de ses toits ne passent pas sur ceux des maisons voisines.

3. Les maires, étant chargés de veiller à la sûreté de la voie publique, ont dans leurs attributions les conduits des eaux pluviales et la suppression des gouttières. (*Arr. gouv., 5 brum. an 9, art. 17.*) — En conséquence, afin d'empêcher que les eaux pluviales provenant des toitures des maisons riveraines de la voie publique, en tombant directement sur le sol, incommodent les passants, dégradent le pavé et enlèvent à la circulation des piétons une partie de la largeur des rues et notamment des trottoirs, les maires peuvent, par arrêté de police, prescrire aux propriétaires de ces maisons de faire établir des chéneaux ou des gouttières sous l'égout de leurs toits, et d'en conduire les eaux jusqu'au niveau de la rue, au moyen de tuyaux de descente appliqués sur le mur de face. (*Arr. cass., 21 nov. 1831.*)

4. Toute construction nouvelle dans une rue pourvue d'égouts, doit être disposée de manière à y conduire ses eaux pluviales et ménagères. La même disposition est prise pour toute maison ancienne en cas de grosses réparations, et, en tout cas, avant dix ans. (*Décr., 26 mars 1852, art. 6* [1].)

ÉCHANGES. — Form. mun., tom. IV, pag. 513.

LÉGISLATION.

Ordonnance du 2 décembre 1827. — Décret du 25 mars 1852, n° 41 du tableau A.

§ 1er. — Règles générales.

1. Les préfets sont compétents pour autoriser les échanges des biens de toute nature appartenant aux communes ou aux établissements de bienfaisance, quelle que soit la valeur de ces biens. (*Décr., 25 mars 1852, n° 41 du tabl. A.*)

2. Les échanges, pour être autorisés, doivent présenter une utilité incontestable pour les communes ou établissements publics, et leur procurer un avantage évident. (*Instr. min. int., 5 mai 1852.*)

§ 2. — Formes à suivre. — Pièces à produire.

I. — *Echanges entre communes ou établissements de bienfaisance et particuliers.*

3. Lorsqu'une commune ou un établissement de bienfaisance veut procéder à un échange, le conseil municipal ou la commission administrative prend d'abord une délibération motivée, dans laquelle on fait ressortir les avantages qui doivent résulter de l'échange projeté par la commune ou l'établissement.

Cette délibération est soumise au sous-préfet, qui nomme un expert chargé de procéder à l'évaluation des immeubles à échanger.

Le maire ou la commission administrative s'entend avec l'échangiste, pour faciliter le travail de l'expert, qui dresse le plan figuré des lieux.

---

(1) Ce décret est spécial aux rues de Paris; mais des décrets postérieurs en étendent les dispositions à diverses autres villes, qui en avaient demandé et obtenu l'application.

Cette opération achevée, le maire adresse au sous-préfet la délibération du conseil municipal, le procès-verbal d'expertise, le plan des lieux ainsi qu'une soumission de l'échangiste. Le sous-préfet prescrit une enquête *de commodo et incommodo* qui donne lieu à une seconde délibération du conseil municipal, si elle a soulevé des oppositions.

Après cette délibération, le maire (ou la commission administrative) transmet au sous-préfet :

1° La première délibération du conseil municipal (ou de la commission administrative), en double expédition ;

2° Le procès-verbal d'expertise, en double, dont l'un sur papier timbré, et le plan des lieux ;

3° Le procès-verbal d'enquête, avec l'avis du commissaire enquêteur ;

4° La délibération du conseil municipal sur l'enquête, s'il a été fait des oppositions, en double expédition ;

5° La soumission de l'échangiste, sur papier timbré [1] ;

6° Un certificat du conservateur des hypothèques, concernant les inscriptions qui peuvent grever l'immeuble cédé. (*Circ. min. int., 5 mai 1852.*)

4. Le sous-préfet donne son avis en forme d'arrêté.

L'arrêté préfectoral qui approuve l'échange est rendu conformément aux modèles nos 25 et 26, joints à la circulaire précitée du 5 mai 1852.

5. Lorsque cet arrêté a été transmis au maire ou à la commission administrative, l'acte d'échange est passé, soit par-devant notaire, soit par le maire dans la forme administrative. Cet acte est ensuite envoyé au sous-préfet, qui le soumet à l'approbation du préfet.

6. Les échangistes sont tenus, avant la passation de l'acte d'échange, de justifier, 1° de leurs titres de propriété, et 2°, dans les délais prescrits, de la libération de toute hypothèque portant sur les immeubles par eux donnés en échange. (*L., 22 mars 1813.*)

7. Les actes d'échange doivent être soumis par le maire, dans le délai de vingt jours, à la formalité de l'enregistrement. (*L., 22 frim. an 7, art. 4 et 20.*)

Ce délai ne court que du jour où l'approbation par le préfet est parvenue à la mairie ; à cet effet, la date de la réception de cette approbation doit être écrite sur la minute même de l'acte. (*Instr. min., 27 frim. an 13-18 déc. 1804.*)

8. Les actes d'échange sont soumis au droit proportionnel.—Les échanges faits avec l'Etat sont exemptés des droits d'enregistrement. (*L., 22 frim. an 7, art. 4 et 70.*)

II. — *Echanges contre des propriétés de l'Etat.*

9. Toute demande contenant proposition d'échange d'un immeuble avec un autre immeuble dépendant du domaine de l'Etat, est adressée directement au ministre des finances. Sont annexés à la demande les titres de propriété et une déclaration authentique des charges, servitudes, hypothèques, dont peut être grevé l'immeuble offert en échange. (*Ord., 12 déc. 1827, art. 1er.*)

10. Si le ministre des finances juge qu'il y a lieu d'y donner suite, il communique la demande et les pièces au préfet du département de la situation des biens à échanger. Le préfet, après avoir consulté les agents de l'administration des domaines, et, en outre, dans le cas où il s'agit de bois, les agents de l'administration des forêts, donne son avis sur la convenance et l'utilité de l'échange. Si l'immeuble offert en échange et celui demandé en contre-échange sont situés dans des départements différents, le ministre des finances consulte les préfets des départements de la situation des biens, afin qu'après avoir pris l'avis des agents ci-dessus indiqués, ils fassent connaître la valeur approximative, la contenance et l'état de conservation de l'immeuble situé dans leur département respectif ; le préfet du département de la situation de l'immeuble appartenant à l'Etat, donne, en outre, des renseignements sur les avantages ou les inconvénients de son alié-

---

[1] Si les immeubles ont une valeur égale, cette soumission mentionne que l'échange a lieu sans soulte ni retour ; si, au contraire, l'immeuble de la commune ou de l'établissement a une valeur supérieure à celui de l'échangiste, ce dernier s'engage, dans sa soumission, à payer une soulte représentant la différence.

nation. Ces réponses et pièces sont communiquées, avec les titres de propriété du demandeur, à l'administration des domaines, et, s'il y a lieu, à l'administration des forêts. Les avis des conseils d'administration sont transmis, avec telles observations que de droit, par les directeurs généraux, au ministre des finances. *(Ord., 12 déc. 1827, art. 2.)*

11. Quand l'échange est reconnu utile par le ministre des finances, il prescrit au préfet de faire procéder à l'estimation des biens. A cet effet, trois experts sont nommés : un par le préfet, sur la proposition du directeur des domaines ; un par le propriétaire du bien offert en échange, et le troisième, par le président du tribunal où la plus forte partie de l'immeuble appartenant au domaine est située. S'il s'agit de bois, de forêts ou de terrains y enclavés, le conservateur de l'arrondissement soumet trois candidats experts au directeur des domaines, qui en choisit un, dont il soumet la nomination à l'approbation du préfet. *(Ord. préc., art. 3.)*

12. Les experts nommés constatent le résultat de leurs opérations par un procès-verbal, affirmé par eux devant le juge de paix du canton de la situation des biens ou de leur plus forte partie. *(Ord. préc., art. 5.)*

13. Les procès-verbaux d'expertise sont remis au préfet, qui les adresse au ministre des finances avec son propre avis et ceux du directeur des domaines et du conservateur des forêts. *(Ord. préc., art. 6.)*

14. S'il existe des inscriptions sur l'échangiste, il est tenu d'en rapporter mainlevée et radiation dans quatre mois, à partir du jour de la notification qui lui en est faite, s'il ne lui a été accordé un plus long délai par l'acte d'échange ; sinon, cet acte est résilié de plein droit. *(Ord. préc., art. 10.)*

15. Le contrat d'échange est approuvé par une loi. *(Ord. préc., art. 11.)*

ÉCHENILLAGE. — Form. mun. tom. IV, pag. 516.

LÉGISLATION.

Loi du 26 ventôse an 4-16 mars 1796.

1. Tous propriétaires, fermiers, locataires ou autres, faisant valoir leurs propres héritages ou ceux d'autrui, sont tenus, chacun en droit soi, d'écheniller ou faire écheniller les arbres étant sur lesdits héritages, à peine d'amende, qui ne peut être moindre de trois journées de travail, et plus forte de dix. *(L., 26 vent. an 4-16 mars 1796, art. 1er.)*

2. Ils sont tenus, sous les mêmes peines, de brûler sur-le-champ les bourses et toiles qui sont tirées des arbres, haies ou buissons, et ce, dans un lieu où il n'y a aucun danger de communication de feu, soit pour les bois, arbres et bruyères, soit pour les maisons et bâtiments. *(L. préc., art. 2.)*

3. L'échenillage des arbres sur les domaines nationaux non affermés a lieu par les soins du préfet. *(L. préc., art. 3.)*

Relativement aux arbres des plantations sur les routes nationales, l'échenillage doit être fait, non-seulement dans l'intérêt de l'arbre, mais aussi dans l'intérêt général, et il appartient à l'administration de donner l'exemple, en se conformant à la loi qui le prescrit. *(Instr. min. int., 9 août 1852.)*

4. Les maires et adjoints sont tenus de surveiller l'exécution de ces dispositions, et ils sont responsables des négligences qui y sont découvertes. *(L., 26 vent. an 4-16 mars 1796, art. 4.)*

La gendarmerie dénonce à l'autorité locale tous ceux qui, dans les temps prescrits, ont négligé d'écheniller, contrairement aux règlements de police rurale, donnés par les préfets, sous-préfets et maires. *(Décr., 1er mars 1854, art. 327.)*

5. L'échenillage doit être fait, chaque année, avant le 20 février. *(L., 26 vent. an 4-16 mars 1796, art. 6.)*

6. Dans le cas où quelques propriétaires ou fermiers ont négligé de le faire pour cette époque, les maires et adjoints le font faire aux dépens de ceux qui l'auront négligé, par des ouvriers qu'ils choisissent ; l'exécutoire des dépenses leur est délivré par le juge de paix, sur les quittances des ouvriers contre lesdits propriétaires et locataires, et sans que ce paiement les dispense de l'amende. *(L. préc., art. 7.)*

7. Les maires ont le droit de faire des règlements locaux pour l'échenillage des arbres d'une commune, et lorsqu'un arrêté municipal détermine un délai, les tribunaux ne peuvent se dispenser de condamner à l'amende, depuis 1 fr. jusqu'à 5 fr., portée par l'art. 471 du Code pénal, les habitants qui ne s'y sont pas conformés, même sur le motif que la saison avait rendu impraticable ou dangereuse la fréquentation des héritages ruraux. (*Arr. cass., 21 mai 1829.*)

8. La connaissance des contraventions en matière d'échenillage appartient aux tribunaux de simple police. (*Cod. pén., art. 471.*)

V. Arbres, Élagage.

ÉCLAIRAGE. — Form. mun., tom. IV, pag. 521.

1. Les officiers de police doivent apporter tous leurs soins à ce que l'éclairage public soit toujours fait d'une manière régulière et convenable.

2. Une ordonnance du 27 janvier 1846 contient règlement sur les établissements d'éclairage par le gaz hydrogène, et prescrit diverses conditions pour l'établissement des usines et appareils.

3. Les règlements de police doivent prescrire aux personnes qui déposent des matériaux dans les rues ou sur la voie publique, celles qui y creusent des fondations, les entrepreneurs de pavage et autres, de placer, le soir et pour toute la nuit, une lumière près des objets déposés ou des excavations faites, sous peine d'amendes et de dommages-intérêts. Il en est de même des voituriers ou aubergistes qui laissent, pendant la nuit, des voitures sur la voie publique. Le défaut d'éclairage dans ces cas constitue une contravention punissable d'après le Code pénal, art. 471, n° 4, et 479, n° 4.

4. Aucune voiture marchant isolément ou en tête d'un convoi ne peut circuler pendant la nuit sans être pourvue d'un fallot ou d'une lanterne allumée.

Cette disposition peut être appliquée aux voitures d'agriculture par des arrêtés des préfets ou des maires. (*Décr., 10 août 1852, art. 10.*)

5. Pendant la nuit, les voitures publiques doivent être éclairées par une lanterne à réflecteur placée à droite et à l'avant de la voiture. (*Décr. préc., art. 28.*)

ÉCLUSES. — Form. mun., tom. IV, pag. 533.

Les art. 42 et 43 du titre 27 de l'ordonnance des eaux et forêts, de 1669, défendent à tout particulier de faire des écluses nuisibles au cours de l'eau dans les fleuves et rivières navigables ou flottables. Les maires, les commissaires de police et les gardes champêtres doivent donc constater, par des procès-verbaux, les infractions à ces défenses. Les procès-verbaux sont transmis au préfet, qui ordonne, s'il y a lieu, la destruction des travaux, surtout lorsque les écluses établies sans autorisation sont nuisibles au cours de l'eau.

ÉCOLES NORMALES.

Loi du 15 mars 1850. — Décret du 24 mars 1851.

1. Tout département est tenu de pourvoir au recrutement des instituteurs communaux, soit dans les établissements d'instruction primaire désignés par le conseil académique, soit aussi dans l'école normale établie à cet effet dans le département. (*L., 15 mars 1850, art. 35.*)

2. Les écoles normales peuvent être supprimées par le conseil général du département; elles peuvent l'être également par le ministre en conseil supérieur, sur le rapport du conseil académique, sauf, dans les deux cas, le droit acquis aux boursiers en jouissance de leur bourse. (*L. et art. préc.*)

3. Le programme de l'enseignement, les conditions d'entrée et de sortie, celles qui sont relatives à la nomination du personnel, et tout ce qui concerne les écoles normales, doit être déterminé par un règlement délibéré en conseil supérieur. (*L. et art. préc.*)

4. Chaque année, le ministre détermine, sur l'avis du conseil académique, le nombre des élèves-maîtres qui peuvent être admis à l'école normale, soit à leurs frais, soit aux frais des départements et des communes, soit aux frais de l'Etat. (*Décr., 24 mars 1851, art. 15.*)

ÉCOLES PRIMAIRES. V. INSTRUCTION PRIMAIRE.

ÉCOLES SECONDAIRES.

Loi du 15 mars 1850, titre III.

§ 1er. — Etablissements particuliers d'instruction secondaire.

1. Tout Français âgé de 25 ans au moins, et n'ayant encouru aucune des incapacités mentionnées dans l'art. 26 de la présente loi, peut former un établissement d'instruction secondaire, sous la condition de faire au recteur de l'Académie où il se propose de s'établir, les déclarations prescrites par l'art. 27 (¹), et, en outre, de déposer entre ses mains les pièces suivantes, dont il lui est donné récépissé :

1° Un certificat de stage, constatant qu'il a rempli, pendant cinq ans au moins, les fonctions de professeur ou de surveillant dans un établissement d'instruction secondaire public ou libre ;

2° Soit le diplôme de bachelier, soit un brevet de capacité délivré par un jury d'examen dans la forme déterminée par l'art. 62 (²) ;

3° Le plan du local et l'indication de l'objet de l'enseignement.

Le recteur à qui le dépôt des pièces a été fait, en donne avis au préfet du département et au procureur impérial de l'arrondissement dans lequel l'établissement doit être fondé.

Le ministre, sur la proposition des conseils académiques, et l'avis conforme du conseil supérieur, peut accorder des dispenses de stage. (*L., 15 mars 1850, art. 60.*)

2. Les certificats de stage sont délivrés par le conseil académique, sur l'attestation des chefs des établissements où le stage a été rempli.

Toute attestation fausse est punie des peines portées en l'art. 160 du Code pénal. (*L. préc., art. 61.*)

3. Tous les ans, le ministre nomme, sur la présentation du conseil académique, un jury chargé d'examiner les aspirants au brevet de capacité. Ce jury est composé de sept membres y compris le recteur, qui le préside.

Un ministre du culte professé par le candidat et pris dans le conseil académique, s'il n'y en a déjà un dans le jury, est appelé avec voix délibérative.

Le ministre, sur l'avis du conseil supérieur de l'instruction publique, doit instituer des jurys spéciaux pour l'enseignement professionnel.

Les programmes d'examen sont arrêtés par le conseil supérieur.

Nul ne peut être admis à subir l'examen de capacité avant l'âge de 25 ans. (*L. préc., art. 62.*)

4. Pendant le mois qui suit le dépôt des pièces requises par l'art. 60, le recteur, le préfet, le procureur impérial, peuvent se pourvoir devant le conseil académique, et s'opposer à l'ouverture de l'établissement, dans l'intérêt des mœurs publiques ou de la santé des élèves.

Après ce délai, s'il n'est intervenu aucune opposition, l'établissement peut être immédiatement ouvert.

En cas d'opposition, le conseil académique prononce, la partie entendue, ou dûment appelée, sauf appel devant le conseil supérieur de l'instruction publique. (*L. préc., art. 64.*)

5. Les établissements libres peuvent obtenir des communes, des départements ou de l'Etat, un local et une subvention, sans que cette subvention puisse excéder le dixième des dépenses annuelles de l'établissement.

Les conseils académiques sont appelés à donner leur avis préalable sur l'opportunité de ces subventions.

Sur la demande des communes, les bâtiments compris dans l'attribution gé-

---

(¹) Tout instituteur qui veut ouvrir une école doit préalablement déclarer son intention au maire de la commune où il veut s'établir, et lui donner l'indication des lieux où il a résidé, et des professions qu'il a exercées pendant les dix années précédentes. (*L., 15 mars 1850, art. 27.*)

(²) V. ci-après, n° 3.

nérale faite à l'université par le décret du 10 décembre 1808, peuvent être affectés à ces établissements par décret du pouvoir exécutif [1]. *(L., 15 mars 1850, art. 69.)*

6. Les écoles ecclésiastiques actuellement existantes sont maintenues, sous la seule condition de rester soumises à la surveillance de l'État. — Il ne peut en être établi de nouvelles sans l'autorisation du gouvernement. *(L. préc., art. 70.)*

§ 2. — Etablissements publics d'instruction secondaire.

7. Les établissements publics d'instruction secondaire sont les lycées et les colléges communaux.

Il peut y être annexé des pensionnats. *(L. préc., art. 71.)*

8. Les lycées sont fondés et entretenus par l'Etat, avec le concours des départements et des communes.

Les colléges communaux sont fondés et entretenus par les communes. — Ils peuvent être subventionnés par l'Etat. *(L. préc., art. 72.)*

9. Toute ville dont le collége communal est, sur la demande du conseil municipal, érigé en lycée, doit faire les dépenses de construction et d'appropriation requises à cet effet, fournir le mobilier et les collections nécessaires à l'enseignement, assurer l'entretien et la réparation des bâtiments.

Les villes qui veulent établir un pensionnat près du lycée, doivent fournir le local et le mobilier nécessaires, et fonder pour dix ans, avec ou sans le concours du département, un nombre de bourses fixé de gré à gré avec le ministre. A l'expiration des dix ans, les villes et les départements sont libres de supprimer les bourses, sauf le droit acquis aux boursiers en jouissance de leur bourse.

Dans le cas où l'Etat voudrait conserver le pensionnat, le local et le mobilier resteront à sa disposition, et ne feront retour à la commune que lors de la suppression de cet établissement. *(L. préc., art. 73.)*

10. Pour établir un collége communal, toute ville doit satisfaire aux conditions suivantes : fournir un local approprié à cet usage, et en assurer l'entretien; placer et entretenir dans ce local le mobilier nécessaire à la tenue des cours et à celle du pensionnat; si l'établissement doit recevoir des élèves internes, garantir pour cinq ans au moins le traitement fixe du principal et des professeurs, lequel est considéré comme dépense obligatoire pour la commune, en cas d'insuffisance des revenus propres du collége, de la rétribution collégiale payée par les externes, et des produits du pensionnat. *(L. préc., art. 74.)*

11. L'objet et l'étendue de l'enseignement dans chaque collége communal, sont déterminés, eu égard aux besoins de la localité, par le ministre de l'instruction publique, en conseil supérieur, sur la proposition du conseil municipal et l'avis du conseil académique. *(L. préc., art. 75.)*

ÉGLISES. — Form. mun., tom. IV, pag. 137 et 538.

LÉGISLATION.

Loi du 18 germinal an 10-8 avril 1802. — Décret du 30 décembre 1809.

SOMMAIRE.

§ 1er. — Propriété des églises ... tères.

1. La loi du 2 novembre 1789 avait mis sous ... main de la nation les biens affectés au culte; ils ont été rendus à leur destination par suite des dispositions suivantes :

---

[1] Les traités qui peuvent être projetés par les communes, les départements ou l'Etat, en exécution de l'art. 69 de la loi du 15 mars 1850, et qui doivent avoir pour effet de concéder aux évêques diocésains des bâtiments et des subventions pour l'établissement d'écoles libres, sont passés entre les communes, les départements ou l'Etat, et les évêques, non en leurdite qualité, mais en leur nom personnel, agissant comme fondateurs et bienfaiteurs de l'établissement projeté, intéressés comme tels à sa prospérité et à sa conservation, procédant, à ce titre, à la désignation du personnel et notamment du directeur de l'établissement, lequel, toutefois, demeure seul responsable vis-à-vis des autorités préposées à la surveillance de l'enseignement libre, et doit remplir les conditions prescrites par la loi. *(Décr., 31 mars 1851, art. 1er.)*

Toutes les églises métropolitaines, cathédrales, paroissiales et autres non aliénées, nécessaires au culte, seront remises à la disposition des évêques. (*L.* [*Concordat de 1801*], *18 germ. an 10-8 avril 1802, art. 12.*)

Les édifices anciennement destinés au culte catholique, actuellement dans les mains de la nation, à raison d'un édifice par cure et par succursale, seront mis à la disposition des évêques, par arrêté du préfet du département. Une expédition de ces arrêtés sera adressée au conseiller d'Etat chargé de toutes les affaires concernant les cultes. (*L. préc., art. 75.*)

Dans les paroisses où il n'y aura point d'édifices disponibles pour le culte, l'évêque se concertera avec le préfet pour la désignation d'un édifice convenable. (*L. préc., art. 77.*)

2. L'église consacrée au culte paroissial est, à défaut de titres contraires, une propriété communale. Elle est affectée pour toujours à sa destination, et la commune ne peut, sous aucun prétexte, en disposer pour un autre usage. (*Avis cons. Etat, 2 pluv. an 13-22 janv. 1805. — Décr., 17 mars 1809, 3 nov. 1836. — Instr. min. cult., 6 août 1841.*)

3. Les églises et presbytères qui, par suite de l'organisation ecclésiastique, seront supprimés, font partie des biens restitués aux fabriques, et sont réunis à celles des cures et succursales dans l'arrondissement desquelles ils sont situés. Ils pourront être échangés, loués ou aliénés au profit des églises et des presbytères des chefs-lieux. (*Décr., 30 mai 1806.*)

4. Il résulte de ces dispositions que les communes sont propriétaires des églises et presbytères des paroisses, conservés par l'organisation ecclésiastique, et les fabriques sont propriétaires des églises et presbytères supprimés par suite de cette même organisation.

§ 2. — Préséance.

5. L'église cathédrale de chaque diocèse est en même temps église paroissiale et épiscopale. (*Décr., 12 juill. 1790, tit. 1er, art. 7.*)

6. Il y a, dans les cathédrales et paroisses, une place distinguée pour les individus catholiques qui remplissent les autorités civiles et militaires. (*L., 18 germ. an 10, art. 47.*)

7. La police des églises appartenant aux évêques et aux curés, l'autorité civile ne doit pas s'occuper de placer les autorités dans ces édifices. C'est à l'évêque ou au curé à y disposer les *places, conformément à ce que prescrit le décret du 24 messidor*, et à veiller à ce que les places ne soient pas occupées par d'autres personnes. L'autorité civile ne devant pas s'occuper du placement des fonctionnaires désignés par le décret pour assister aux cérémonies civiles ou religieuses qui se célèbrent dans l'église, a encore moins le droit d'y appeler et d'y placer les agents du gouvernement ou des puissances étrangères, dont le décret ne fait aucune mention. (*Instr. min.*)

8. Les aliénations de parties d'églises pour l'établissement de tribunes particulières, sont interdites. (*Avis cons. Etat, 4 juin 1809.*)

9. Celui qui aurait entièrement bâti une église peut retenir la propriété d'un banc ou d'une chapelle, pour lui et sa famille, tant qu'elle existera.

Tout donateur ou bienfaiteur d'une église peut obtenir la même concession, sur l'avis du conseil de fabrique, approuvé par l'évêque et par le ministre des cultes. (*Décr., 30 déc. 1809, art. 72.*)

10. Des arrêtés du ministre des affaires ecclésiastiques, des 9 avril et 11 novembre 1829, et une ordonnance du roi, du 22 juillet 1829, ont autorisé des fabriques à concéder à perpétuité à des familles, moyennant certaines libéralités, la jouissance d'un banc dans une église ou une chapelle, à la charge par les concessionnaires de le réparer et de l'entretenir à leurs frais, et n'en pouvoir céder ni transporter la jouissance à quelque prix que ce soit.

§ 3. — Dispositions réglementaires.

11. Les églises sont ouvertes gratuitement au public; en conséquence, il est expressément défendu de rien percevoir dans les églises et à leur entrée, autre que le prix des chaises, sous quelque prétexte que ce soit. (*Décr., 18 mai 1806.*) — V. Chaises.

12. Les églises et édifices employés au culte, dont les frais sont payés par l'Etat, ne peuvent servir à aucun autre culte. (*Décr., 29 nov. 1791, art. 12. — L., 18 germ. an 10-8 avril 1802, art. 46.*)

13. Aucune inhumation n'a lieu dans les églises. (*Décr., 23 prair. an 12, art. 1er.*) Cependant, il a été dérogé à cette disposition pour la sépulture de personnages de haut rang, tels qu'archevêques, évêques, grands dignitaires. (*Déc. roy., 23 mars, 12 avril, 31 mai, 24 juin, 26 août et 13 déc. 1829.*)

14. Un décret du 31 juillet 1812 accorde la faculté de placer des armoiries, avec la permission du ministre, sur les monuments funèbres dans les églises.

15. Une circulaire du ministre de la justice et des cultes, du 27 avril 1839, recommande de la manière la plus expresse la conservation des objets d'art que possèdent les églises, tels que sculptures, boiseries, tableaux, vitraux peints, reliquaires, livres de liturgie, etc. Les fabriques qui ont la garde de ces objets sont responsables des dévastations qu'elles laisseraient commettre. La même responsabilité pèse sur la commune, qui n'est possesseur que pour conserver et non pour détruire.

16. Les administrateurs des hospices et des bureaux de bienfaisance sont autorisés à faire quêter dans tous les temples consacrés à l'exercice des cérémonies religieuses, et à y faire poser des troncs destinés à recevoir les aumônes et les dons que la bienfaisance individuelle voudrait y déposer. (*Arr. min. int., 5 prair. an 11-25 mai 1803. — Décr., 12 sept. 1806.*)

17. Dans les églises mixtes, qui servent alternativement à l'exercice du culte catholique et du culte protestant, le chœur doit toujours rester exclusivement réservé à l'usage des catholiques. (*Déc. min. just. et des cult., 15 mars 1843.*)

§ 4. — Constructions, restaurations, entretien, secours.

18. Relativement aux constructions, agrandissements, appropriation et grosses réparations des églises, v. CONSTRUCTIONS, § 2.

19. Les projets de construction ou d'agrandissement d'églises ne doivent rien laisser à désirer sous le rapport de l'économie, et ne comprendre que le strict nécessaire. Toutes les dépenses de luxe et d'ornement doivent être écartées avec soin, ou du moins réduites à ce qu'exige rigoureusement le caractère de dignité propre aux édifices religieux. (*Instr. min. int., 24 sept. 1846.*) Les projets les plus modestes sont les plus convenables et les plus favorablement accueillis, pourvu qu'ils portent le caractère de leur auguste destination. (*Instr. min. int. aux évêques, 15 nov. 1850.*)

20. Les devis doivent être dressés avec assez d'exactitude, pour que la dépense réelle soit sincèrement évaluée. (*Instr. dir. gén. de l'adm. des cult., 25 juill. 1848. — Circ. min. cult., 12 mars 1849.*)

21. Le mémoire explicatif doit contenir toutes les observations qui s'appliquent particulièrement aux projets de restauration; les circonstances particulières qui doivent faire adopter tel ou tel ordre dans l'exécution des travaux; le degré d'urgence de ces travaux; les moyens à employer pour les mener à bonne fin, et les motifs qui les font proposer. (*Instr. préc.*)

22. Les architectes diocésains doivent produire, à l'expiration de chaque campagne, en même temps que l'état de situation, un rapport raisonné sur l'avancement des travaux exécutés et sur ceux qui doivent compléter le montant des devis. (*Instr. préc.*)

23. Toutes les mesures de police que ces architectes jugent convenable de prendre, soit pour assurer l'ordre sur les travaux, parmi les ouvriers, soit pour la conservation des monuments, sont notifiées aux entrepreneurs, qui doivent, ainsi que leurs agents et ouvriers, s'y conformer scrupuleusement. (*Instr. min. cult., 26 févr. 1849* [1].)

24. La direction des travaux d'une église appartient à la commune, quand elle prend part à la dépense. Dans tous les cas, la commune et la fabrique ont

---

(1) Cette instruction contient des détails très-développés sur les mesures à prendre pour la conservation, l'entretien et la restauration des édifices diocésains, et particulièrement des cathédrales.

respectivement droit d'observation et de réclamation au sujet de cette direction; leur bon accord doit prévenir les difficultés; si, néanmoins, il s'en élevait, elles doivent être aplanies de concert par l'évêque et le préfet. (*Instr. min. cult. aux préfets, 15 nov. 1850.*)

25. L'avis de l'évêque diocésain est de rigueur pour tous les projets de construction ou de réparation des églises. (*Instr. min. cult. aux évêq., 15 nov. 1850.*)

26. Pour tout ce qui est restauration, on doit se conformer au genre de l'édifice qui en est l'objet, et ne pas y introduire de dispositions disparates. Quant à ce qui est reconstruction, on ne doit jamais entreprendre aucune démolition de tout ou partie d'une ancienne église, sans avoir fait connaître au ministre des cultes, par un dessin graphique, l'état ancien de l'édifice avec l'état nouveau qu'on a l'intention de lui substituer. (*Instr. préc.*)

27. Dans le cas où les communes sont obligées de suppléer à l'insuffisance des revenus des fabriques, pour les charges portées en l'art. 37, le budget de la fabrique est porté au conseil municipal, convoqué à cet effet, pour y être délibéré ce qu'il appartiendra; la délibération du conseil municipal doit être adressée au préfet, qui la communique à l'évêque diocésain, pour avoir son avis, et, dans le cas où l'évêque et le préfet seraient d'avis différent, il peut en être référé, soit par l'un, soit par l'autre, au ministre des cultes. (*Décr., 30 déc. 1809, art. 93.*)

28. S'il s'agit de réparations de bâtiments, de quelque nature qu'elles soient, et que la dépense ordinaire arrêtée par le budget ne laisse pas de fonds disponibles, ou n'en laisse pas de suffisants pour ces réparations, le bureau en fait rapport au conseil, et celui-ci prend une délibération tendant à ce qu'il soit pourvu par la commune; cette délibération est envoyée par le trésorier au préfet. (*Décr. préc., art. 94.*)

29. Le préfet nomme les agents de l'art, par lesquels, en présence de l'un des membres du conseil municipal et de l'un des marguilliers, il doit être dressé, le plus promptement qu'il est possible, un devis estimatif des réparations. Le préfet soumet cet avis au conseil municipal, et, sur son avis, ordonne, s'il y a lieu, que ces réparations soient faites par la commune, et, en conséquence, qu'il soit procédé par le conseil municipal, en la forme accoutumée, à l'adjudication au rabais. (*Décr. préc., art. 95.*)

30. S'il s'agit de dépenses pour réparations ou reconstructions qui ont été constatées conformément à l'art. 95, le préfet ordonne que ces réparations soient payées sur les revenus communaux, et, en conséquence, qu'il soit procédé par le conseil municipal, en la forme accoutumée, à l'adjudication au rabais. (*Décr. préc., art. 98.*)

31. Si les revenus communaux sont insuffisants, le conseil délibère sur les moyens de subvenir à cette dépense, selon les règles prescrites par la loi. (*Décr. préc., art. 99.*)

V. Fabriques.

32. Des secours pour les travaux quels qu'ils soient, concernant les églises, ne sont dus par l'Etat qu'aux paroisses et communes à bout de ressources et de sacrifices. Quelle que soit la dépense, si les ressources locales peuvent y suffire, il n'y a pas lieu, il ne peut y avoir droit aux secours. Il faut que ces sacrifices et l'épuisement des ressources soient justifiés par les engagements des fabriques et des communes (ou des particuliers), et par leurs budgets. — Le secours de l'Etat n'est accordé que pour les constructions ou grosses réparations, jamais pour l'ameublement ou l'ornementation intérieure. — La proportion du secours est ordinairement du quart ou du tiers de la dépense; cette proportion tend à baisser lorsque la dépense s'élève, et réciproquement. Elle peut dépasser même le tiers dans certains cas très-exceptionnels, lorsque la dépense n'est pas considérable, qu'il s'agit de travaux de première nécessité, et que la commune est dépourvue de ressources. En général, les plus petits secours sont les plus largement et les plus promptement accordés, parce qu'ils atteignent le plus grand nombre des communes, et les plus pauvres. Dans tous les cas, le secours n'est accordé que lorsqu'on justifie qu'on a déjà les autres ressources qui doivent, avec lui, suffire à toute la dépense. — Le dossier justificatif de ces conditions et de toutes celles susénoncées, est formé par les soins du préfet. (*Instr. min. cult. aux évêq., 15 nov. 1850.*)

33. Les travaux ordinaires d'entretien des édifices diocésains sont dirigés par des architectes ayant leur résidence dans le diocèse, et nommés par le ministre de l'instruction publique et des cultes, sur l'avis des évêques et des préfets. (*Décr., 7 mars 1853, art. 1er.*)

34. Les travaux extraordinaires de restauration et de construction peuvent être confiés, par décision spéciale du ministre des cultes, à des architectes pris hors des diocèses où les travaux doivent être exécutés. (*Décr. préc., art. 2.*)

35. Relativement à l'exécution des travaux et aux dépenses occasionnées par la construction et la réparation des églises, V. Cultes (III), Devis, Fabriques, Travaux communaux.

§ 5. — Compétence.

36. Les travaux de construction, de reconstruction et de réparation de l'église, exécutés pour le compte d'une commune ou d'une fabrique, ont le caractère de travaux publics. En conséquence, c'est à l'autorité administrative, à l'exclusion de l'autorité judiciaire, qu'il appartient de connaître des difficultés qui peuvent s'élever entre la commune ou la fabrique et l'entrepreneur, relativement à l'exécution et au paiement de ces travaux. (*C. E., 31 janv., 10 avril, 27 mai 1848, Koune, Masson, Deplace. — T. C., 24 avril, 13 août, 23 nov. 1850, Roger, Dubois, Meynadier.*) — Même jurisprudence en ce qui concerne la rédaction des plans et devis. (*T. C., 22 nov. 1851, Laucernay. — C. E., 18 juin 1852, Chapot.*) — La Cour de cassation jugeait dans un sens contraire. (*11 juin 1849, Julien.*) — La décision du tribunal des conflits, dans le sens de la compétence administrative, a fait cesser cette divergence de jurisprudence.

37. On ne peut considérer comme travaux publics les travaux de construction d'une église communale, alors qu'il est constant que l'entrepreneur ne présente aucune délibération qui lie la fabrique envers lui; que, ni cette dernière, ni la commune, n'ont été autorisées à bâtir cette église; que le marché a été passé sans aucune intervention de l'autorité administrative, par deux membres du conseil de fabrique et le curé, et que la dépense devait être payée, non sur les fonds de la commune ou de la fabrique, mais sur des fonds provenant de souscriptions particulières.

Les contestations nées à l'occasion de ces travaux, entre les souscripteurs du marché et l'entrepreneur, sont, dès lors, de la compétence de l'autorité judiciaire, à l'exclusion de l'autorité administrative. (*T. C., 18 avril 1850, 369, Preynat.*)

§ 6. — Police. — Conservation.

38. Le maintien du bon ordre dans les églises est un objet de police confié à la vigilance et à l'autorité des corps municipaux. (*L., 16 août 1790, tit. 2, art. 13.*)

39. On ne peut environner les édifices religieux de trop de respect, de soins et de précautions, pour les préserver de toute altération, de toute dégradation volontaire, ou même simplement imputable à la négligence. Les préfets doivent se concerter avec les municipalités, afin, notamment, d'empêcher les enfants de jeter des pierres contre ces édifices, et de poursuivre sévèrement les délinquants. (*Circ. min. cult., 16 mars 1852.*)

40. Il est regrettable que, dans quelques villes, les foires ou marchés se tiennent aux abords des édifices religieux. Si on ne peut absolument les déplacer, il faut faire en sorte, du moins, qu'ils ne s'installent qu'à une distance convenable; que les animaux, les voitures ou tous autres objets, ne soient ni attachés, ni appuyés contre les murs de ces édifices, et que le bruit du dehors ne vienne pas se prolonger à l'intérieur, et y troubler la célébration des saints mystères. (*Instr. min. cult. aux évêques, 15 nov. 1850.*)

41. On ne doit tolérer aucun établissement, quelque provisoire qu'il soit, aux flancs des cathédrales, et les préfets et les municipalités doivent tendre, avec le gouvernement, sauf cependant les droits des particuliers, à arriver le plus tôt possible à leur complet dégagement par la démolition et l'enlèvement de toutes

les anciennes constructions parasites qui les obstruent et les déshonorent. (*Instr. min. cult. aux évêques, 15 nov. 1850* [1].)

42. Les affiches ne doivent pas être apposées sur les murs et les portes des églises. Elles occasionnent des dégradations qu'il importe de prévenir, dans l'intérêt des édifices religieux et des fabriques et communes chargées de leur entretien. Elles entravent la circulation par les rassemblements et les attroupements de personnes qu'elles attirent; enfin, elles donnent lieu à des conversations bruyantes, à des discussions plus ou moins vives, qui troublent le prêtre et les fidèles dans l'exercice du culte.

Si, malgré les avertissements de l'autorité supérieure, un maire persiste à indiquer l'église paroissiale pour lieu d'affiche, le préfet a le droit de réformer l'arrêté pris à cet effet par le maire. (*Circ. min. cult., 25 juin 1850.*) — V. Affiches.

§ 7. — Démolition, produit, répartition.

43. Le produit des matériaux de démolition d'une église communale doit être attribué, comme dédommagement, à l'établissement qui a fait la dépense des réparations. Mais s'il y a eu concours simultané de la commune et de la fabrique dans les sacrifices, le montant de la vente ne doit pas être réparti entre elles proportionnellement au chiffre de leurs dépenses respectives. La commune doit d'abord être désintéressée, et, si ce remboursement laisse un libre excédant, alors seulement la fabrique peut y prétendre. En effet, l'obligation de la commune étant subsidiaire à celle de la fabrique, il est juste qu'elle soit remboursée la première de toutes ses avances. (*Déc. min. int., nov. 1853.*)

V. Cultes (III), Fabriques.

ÉGOUTS. — Form. mun., tom. IV, pag. 539.

1. Les égouts sont des canaux, ordinairement souterrains, établis pour recevoir et emporter hors d'une cité les eaux ménagères ou pluviales, les eaux sales et les ordures.

2. La loi du 16-24 août 1790, titre XI, art. 3, mettant au nombre des objets confiés à la vigilance des autorités municipales tout ce qui comprend le nettoiement, les maires doivent veiller à ce que les égouts ne deviennent pas, pour une ville, des foyers d'exhalaisons pernicieuses pour la salubrité de l'air et de la santé des citoyens, en tolérant que les habitants jettent ou poussent en aucun temps, et surtout dans les temps de pluie, des ordures, des boues et immondices qui peuvent les obstruer, empêcher le cours des eaux qui, devenues stagnantes, exhaleraient des germes de maladies putrides.

3. Les bouches d'égouts doivent être fermées par des barres de fer ou tout autre moyen qui, sans gêner le passage des eaux, empêchent de s'y introduire et préservent toute personne d'y tomber.

ÉLAGAGE. — Form. mun., tom. IV, pag. 541.

1. L'élagage des arbres plantés sur les routes, soit qu'ils appartiennent à l'État ou à des communes, soit qu'ils appartiennent à des particuliers, ne peut avoir lieu que conformément aux arrêtés du préfet du département où ils sont situés, et sous la direction des ingénieurs des ponts et chaussées. (*Décr., 16 déc. 1811, art. 102 et 105. — L., 12 mai 1825, art. 1er.*)

2. Les particuliers qui contreviendraient à ces dispositions seraient poursuivis comme coupables de dommages causés aux plantations des routes. (*Décr. préc., art. 105.*)

3. Les travaux de l'élagage des arbres appartenant à l'État ou aux communes sont exécutés au rabais et par adjudication publique. (*Décr. préc., art. 103.*)

---

[1] V. Arr. du cons. d'État, 18 févr. 1851, Strapart. — Arr. cass., 10 déc. 1849, Meny. — Arr. cass., 15 nov. 1853, de Gonnez.

ÉLECTIONS DES DÉPUTÉS AU CORPS LÉGISLATIF. — Form. mun., tom. IV, p. 542.

LÉGISLATION.

Décret organique du 2 février 1852. — Décret réglementaire dudit jour.

PROCÉDURE.

SOMMAIRE.

§ 1er. — Des Listes électorales.

1. Sont électeurs, sans conditions de cens, tous les Français âgés de vingt un ans accomplis, jouissant de leurs droits civils et politiques. (*Décr. org.*, *2 févr. 1852*, *art. 12.*)

2. La liste électorale est dressée, pour chaque commune, par le maire. Elle comprend, par ordre alphabétique : 1° Tous les électeurs habitant dans la commune depuis six mois au moins; 2° Ceux qui, n'ayant pas atteint, lors de la formation de la liste, les conditions d'âge et d'habitation, doivent les acquérir avant la clôture définitive. (*Décr. préc.*, *art. 13.*)

3. Les militaires en activité de service et les hommes retenus pour le service du port ou de la flotte, en vertu de leur immatriculation sur les rôles de l'inscription maritime, sont portés sur les listes des communes où ils étaient domiciliés avant leur départ. Ils ne peuvent voter que lorsqu'ils sont présents au moment de l'élection dans la commune où ils sont inscrits. (*Décr. préc.*, *art. 14.*)

4. Les extraits des actes de naissance nécessaires pour établir l'âge des électeurs sont délivrés gratuitement, sur papier libre, à tout réclamant. Ils portent en tête de leur texte l'énonciation de leur destination spéciale, et ne peuvent servir à aucune autre. (*Décr. préc.*, *art. 24.*)

5. A l'égard des incapacités électorales, voir les art. 15 et 16 du décret organique précité.

6. Les listes électorales sont permanentes. Elles sont l'objet d'une révision annuelle. (*Décr. préc.*, *art. 18.*)

7. Du 1er au 10 janvier de chaque année, le maire de chaque commune ajoute à la liste les citoyens qu'il reconnaît avoir acquis les qualités exigées par la loi, ceux qui acquerront les conditions d'âge et d'habitation avant le 1er avril, et ceux qui auraient été précédemment omis.

Il en retranche, 1° les individus décédés; 2° ceux dont la radiation a été ordonnée par l'autorité compétente; 3° ceux qui ont perdu les qualités requises par la loi; 4° ceux qu'il reconnaît avoir été indûment inscrits, quoique leur inscription n'ait point été attaquée. Il tient un registre de toutes ces décisions et y mentionne les motifs et les pièces à l'appui. (*Décr. régl.*, *2 févr. 1852*, *art. 1er.*)

8. Un tableau contenant les additions et retranchements faits par le maire à la liste électorale est déposé, au plus tard, le 15 janvier au secrétariat de la commune. Ce tableau est communiqué à tout requérant, qui peut le recopier et le reproduire par la voie de l'impression. Le jour même de ce dépôt, avis en est donné par affiches aux lieux accoutumés. (*Décr. préc.*, *art. 2.*)

9. Le maire dresse un procès-verbal du dépôt et le transmet immédiatement au sous-préfet, avec une copie du tableau. (*Décr. préc.*, *art. 3.*)

10. Si le préfet estime que les formalités et les délais prescrits par la loi n'ont pas été observés, il doit, dans les deux jours de la réception du tableau, déférer les opérations du maire au conseil de préfecture, qui statue dans les trois jours, et fixe, s'il y a lieu, le délai dans lequel les opérations doivent être refaites. (*Décr. préc.*, *art. 4.*)

11. Lors de la révision annuelle et dans les dix jours à compter de la publication des listes, tout citoyen omis sur les listes peut présenter sa réclamation à la mairie. Tout électeur inscrit peut réclamer la radiation ou l'inscription d'un individu. Le même droit appartient aux préfets et aux sous-préfets.

Il doit être ouvert, dans chaque mairie, un registre sur lequel les réclamations sont inscrites par ordre de date. Le maire doit donner récépissé de chaque réclamation.

L'électeur dont l'inscription est contestée doit en être averti sans frais, par le maire, et peut présenter ses observations. *(Décr. org., 2 févr. 1852, art. 19, et Décr. régl., art. 5.)*

12. Les réclamations sont jugées par une commission composée du maire et de deux membres du conseil municipal désignés par le conseil. *(Décr. org., art. 20.)*

13. Notification de la décision est, dans les trois jours, faite aux parties intéressées, par le ministère d'un agent assermenté. Elles peuvent interjeter appel dans les cinq jours de la notification.

L'appel est porté devant le juge de paix du canton; il est formé par simple déclaration au greffe; le juge de paix statue dans les dix jours, sans frais ni formes de procédure, et sur simple avertissement donné trois jours à l'avance à toutes les parties intéressées. *(Décr. préc., art. 21 et 22.)*

14. Le juge de paix donne avis des infirmations par lui prononcées au préfet et au maire, dans les trois jours de la décision. *(Décr. régl., art. 6.)*

15. La décision du juge de paix est en dernier ressort; mais elle peut être déférée à la Cour de cassation dans les dix jours de la notification de la décision. Le pourvoi est formé par simple requête dénoncée aux défendeurs dans les dix jours qui suivent; il est dispensé de l'intermédiaire d'un avocat, et jugé d'urgence, sans frais ni consignation d'amende. Il n'est pas suspensif. *(Décr. org., art. 23.)*

16. Tous les actes judiciaires sont, en matière électorale, dispensés du timbre et enregistrés gratis. *(Décr. préc., art. 24.)*

17. Le 31 mars de chaque année, le maire opère toutes les rectifications régulièrement ordonnées, transmet au sous-préfet le tableau de ces rectifications, et arrête définitivement la liste électorale. La minute de la liste reste déposée au secrétariat de la commune; le tableau rectificatif transmis au préfet reste déposé au secrétariat général du département. Communication en doit toujours être donnée aux citoyens qui la demandent. *(Décr. régl., art. 7.)*

18. La liste électorale reste, jusqu'au 31 mars de l'année suivante, telle qu'elle a été arrêtée, sauf les changements qui y auraient été ordonnés par décision du juge de paix, et sauf aussi la radiation des noms des électeurs décédés ou privés des droits civils et politiques par jugement ayant force de chose jugée. *(Décr. préc., art. 8.)*

§ 2. — Des Colléges électoraux.

19. Les colléges électoraux sont convoqués par un décret. Les électeurs se réunissent au chef-lieu de leur commune. Chaque commune peut être divisée, par arrêté du préfet, en autant de sections que le rend nécessaire le nombre des électeurs inscrits; l'arrêté peut fixer le siége de ces sections hors du chef-lieu de la commune. *(Décr. org., art. 3 et 4.)*

20. Le bureau de chaque collége ou section est composé d'un président, de quatre assesseurs et d'un secrétaire choisi par eux parmi les électeurs. Dans les délibérations du bureau, le secrétaire n'a que voix consultative. *(Décr. régl., art. 12.)*

21. Les colléges et sections sont présidés par les maires, adjoints et conseillers municipaux de la commune; à leur défaut, les présidents sont désignés par le maire, parmi les électeurs sachant lire et écrire. *(Décr. préc., art. 13.)*

22. Les assesseurs sont pris, suivant l'ordre du tableau, parmi les conseillers municipaux sachant lire et écrire; à leur défaut, les assesseurs sont les deux plus âgés et les deux plus jeunes électeurs sachant lire et écrire. *(Décr. préc., art. 14.)*

23. Trois membres du bureau au moins doivent être présents pendant tout le cours des opérations du collége. *(Décr. préc., art. 15.)*

24. Le bureau prononce provisoirement sur les difficultés qui s'élèvent touchant les opérations du collége ou de la section. — Ses décisions sont motivées. —

Toutes les réclamations et décisions sont inscrites au procès-verbal; les pièces ou bulletins qui s'y rapportent y sont annexés, après avoir été paraphés par le bureau. (*Décr. régl., art. 16.*)

25. Pendant toute la durée des opérations électorales, une copie officielle de la liste des électeurs, contenant les noms, domicile et qualification de chacun des inscrits, reste déposée sur la table autour de laquelle siége le bureau. (*Décr. préc., art. 17.*)

§ 3. — Des opérations des Colléges électoraux.

26. Les électeurs sont appelés successivement par ordre alphabétique. Ils apportent leur bulletin préparé en dehors de l'assemblée. Le papier du bulletin doit être blanc et sans signes extérieurs. (*Décr. préc., art. 21.*)

27. A l'appel de son nom, l'électeur remet au président son bulletin fermé. Le président le dépose dans la boîte du scrutin, laquelle doit, avant le commencement du vote, avoir été fermée à deux serrures, dont les clefs restent, l'une entre les mains du président, l'autre entre celles du scrutateur le plus âgé. (*Décr. préc., art. 22.*)

28. Le vote de chaque électeur est constaté par la signature ou le paraphe de l'un des membres du bureau, apposé sur la liste, en marge du nom du votant. (*Décr. préc., art. 23.*)

29. L'appel étant terminé, il est procédé au réappel de tous ceux qui n'ont pas voté. (*Décr. préc., art. 24.*)

30. Le scrutin reste ouvert pendant deux jours : le premier jour, depuis huit heures du matin jusqu'à six heures du soir ; et le second jour, depuis huit heures du matin jusqu'à quatre heures du soir. (*Décr. préc., art. 25.*)

31. Les boîtes du scrutin sont scellées et déposées pendant la nuit au secrétariat ou dans la salle de la mairie. Les scellés sont également apposés sur les ouvertures de la salle où les boîtes ont été déposées. (*Décr. préc., art. 26.*)

32. Après la clôture du scrutin, il est procédé au dépouillement de la manière suivante :

La boîte du scrutin est ouverte et le nombre des bulletins vérifié. Si ce nombre est plus grand ou moindre que celui des votants, il en est fait mention au procès-verbal.

Le bureau désigne parmi les électeurs présents un certain nombre de scrutateurs sachant lire et écrire, lesquels se divisent par tables de quatre au moins. Le président répartit entre les diverses tables les bulletins à vérifier.

A chaque table, l'un des scrutateurs lit chaque bulletin à haute voix et le passe à un autre scrutateur ; les noms portés sur les bulletins sont relevés sur des listes préparées à cet effet. (*Décr. préc., art. 27.*)

33. Le président et les membres du bureau surveillent l'opération du dépouillement. Néanmoins, dans les colléges ou sections où il s'est présenté moins de trois cents votants, le bureau peut procéder lui-même, et sans l'intervention de scrutateurs supplémentaires, au dépouillement du scrutin. (*Décr. préc., art. 28.*)

34. Les tables sur lesquelles s'opère le dépouillement du scrutin sont disposées de telle sorte que les électeurs puissent circuler alentour. (*Décr. préc., art. 29.*)

35. Les bulletins blancs, ceux ne contenant pas une désignation suffisante, ou dans lesquels les votants se font connaître, n'entrent point en compte dans le résultat du dépouillement, mais ils sont annexés au procès-verbal. (*Décr. préc., art. 30.*)

36. Immédiatement après le dépouillement, le résultat du scrutin est rendu public, et les bulletins autres que ceux qui doivent être annexés au procès-verbal, sont brûlés en présence des électeurs. (*Décr. préc., art. 31.*)

37. Pour les colléges divisés en plusieurs sections, le dépouillement du scrutin se fait dans chaque section. Le résultat est immédiatement arrêté et signé par le bureau ; il est ensuite porté par le président au bureau de la première section, qui, en présence des présidents des autres sections, opère le recensement général des votes et en proclame le résultat. (*Décr. préc., art. 32.*)

38. Les procès-verbaux des opérations électorales de chaque commune sont rédigés en double. L'un de ces doubles reste déposé au secrétariat de la mairie; l'autre double est transmis au sous-préfet de l'arrondissement, qui le fait parvenir au préfet du département. (*Décr. régl., art. 33.*)

39. Le recensement général des votes, pour chaque circonscription électorale, se fait au chef-lieu du département, en séance publique. Il est opéré par une commission composée de trois membres du conseil général. Cette opération est constatée par un procès-verbal. (*Décr. préc., art. 34.*)

40. Le recensement général des votes étant terminé, le président de la commission en fait connaître le résultat.

Il proclame député au Corps législatif celui des candidats qui a satisfait aux deux conditions exigées par l'art. 6 du décret organique, c'est-à-dire, qui a réuni, 1° la majorité absolue des suffrages exprimés; 2° un nombre égal au quart de celui des électeurs inscrits sur la totalité des listes de la circonscription électorale. (*Décr. préc., art. 35.*)

41. Si aucun des candidats n'a satisfait à ces deux conditions, l'élection est continuée au deuxième dimanche qui suit le jour de la proclamation du résultat du scrutin. (*Décr. préc., art. 36.*)

42. Au second tour de scrutin, l'élection a lieu à la majorité relative, quel que soit le nombre des votants. Dans le cas où les candidats obtiendraient un nombre égal de suffrages, le plus âgé est proclamé député. (*Décr. org., art. 6.*)

43. Aussitôt après la proclamation du résultat des opérations électorales, les procès-verbaux et les pièces y annexées sont transmis, par les soins des préfets et l'intermédiaire du ministre de l'intérieur, au corps législatif. (*Décr. régl., art. 37.*)

ÉLECTIONS DÉPARTEMENTALES.

LÉGISLATION.

Loi du 7 juillet 1852.

PROCÉDURE.

1. L'élection des membres des conseils généraux et des conseils d'arrondissement a lieu par commune, sur les listes dressées pour l'élection des députés au corps législatif, conformément aux dispositions des décrets du 2 février 1852. — V. ci-dessus ÉLECTIONS DES DÉPUTÉS AU CORPS LÉGISLATIF.

2. Le préfet peut, par un arrêté, diviser en sections électorales les communes, quelle que soit leur population.

Le recensement des votes pour l'élection des membres des conseils généraux et des conseils d'arrondissement est fait au chef-lieu de canton. (*L., 7 juill. 1852, art. 3.*)

3. Nul n'est élu membre des conseils généraux et des conseils d'arrondissement au premier tour de scrutin, s'il n'a réuni 1° la majorité des suffrages exprimés; 2° un nombre de suffrages égal au quart de celui des électeurs inscrits.

Au second tour de scrutin, l'élection a lieu à la majorité relative, quel que soit le nombre des votants. Si plusieurs candidats obtiennent le même nombre de suffrages, l'élection est acquise au plus âgé. (*L. préc., art. 4.*)

4. La formation des collèges électoraux et leurs opérations sont réglées par les décrets du 2 février 1852. — V. ci-dessus ÉLECTIONS DES DÉPUTÉS AU CORPS LÉGISLATIF.

ÉLECTIONS MUNICIPALES.

LÉGISLATION.

Loi du 7 juillet 1852.

PROCÉDURE.

1. L'élection des membres des conseils municipaux a lieu par commune, sur les listes dressées pour l'élection des députés au corps législatif, conformément aux dispositions des décrets du 2 février 1852. — V. ci-dessus ÉLECTIONS DES DÉPUTÉS AU CORPS LÉGISLATIF.

2. Le préfet peut, par un arrêté, diviser en sections électorales les communes, quelle que soit leur population. Il a la faculté de fixer, par le même arrêté, le nombre des conseillers municipaux qui doivent être nommés par chacune des sections.

Dans les communes qui comptent 2,500 âmes et plus, le scrutin doit durer deux jours; il doit être ouvert le samedi et clos le dimanche.

Dans les communes d'une population moindre, le scrutin ne dure qu'un jour; il est ouvert et clos le dimanche. (*L., 7 juill. 1852, art. 3.*)

3. Nul n'est élu membre du conseil municipal au premier tour de scrutin, s'il n'a réuni 1° la majorité absolue des suffrages exprimés; 2° un nombre de suffrages égal au quart de celui des électeurs inscrits.

Au second tour de scrutin, l'élection a lieu à la majorité relative, quel que soit le nombre des votants. Si plusieurs candidats obtiennent le même nombre de suffrages, l'élection est acquise au plus âgé. (*L. préc., art. 4.*)

4. La formation des collèges électoraux et leurs opérations sont réglées par les décrets organique et réglementaire des élections du 2 février 1852. — V. ci-dessus ÉLECTIONS DES DÉPUTÉS AU CORPS LÉGISLATIF.

EMBARRAS SUR LA VOIE PUBLIQUE. — Form. mun., tom. IV, pag. 571.

1. L'art. 471, n° 4, du Code pénal, punit d'une amende depuis un franc jusqu'à cinq francs inclusivement ceux qui auront embarrassé la voie publique, en y déposant ou en y laissant, sans nécessité, des matériaux ou des choses quelconques qui empêchent ou diminuent la liberté ou la sûreté du passage; ceux qui, en contravention aux lois et règlements, auront négligé d'éclairer les matériaux par eux entreposés ou les excavations par eux faites dans les rues et places.

2. Les maires et adjoints sont chargés, sous l'inspection et l'autorité des préfets et des sous-préfets, de rappeler à leurs administrés, pour en assurer l'exécution, les lois et règlements qui ordonnent que les propriétaires des maisons n'établissent point des auvents trop larges et capables d'intercepter l'air; qu'ils ne pratiquent point d'escalier anticipant sur la voie publique; qu'ils ne dépassent point les alignements, et qu'ils soient tenus de s'en pourvoir lorsqu'ils voudront faire quelques constructions; que les marchands n'embarrassent point la voie publique par des étalages, des tonneaux, caisses et paniers; que dans les halles, foires et marchés, ils n'outrepassent point les limites qui leur sont fixées; qu'enfin les promenades publiques soient dégagées de tout ce qui peut en gêner l'usage ou en détruire les agréments.

ÉMEUTES. V. ATTROUPEMENTS.

EMPRUNTS COMMUNAUX, DÉPARTEMENTAUX ET DES ÉTABLISSEMENTS DE BIENFAISANCE.

LÉGISLATION.

Loi du 18 juillet 1837. — Décret du 25 mars 1852. — Loi du 10 juin 1853. — Décret du 4 février 1854.

§ 1er. — Emprunts communaux.

I. — RÈGLES GÉNÉRALES.

1. Les emprunts communaux ont lieu, soit par voie d'adjudication, avec publicité et concurrence, sur un cahier des charges préalablement dressé, et déterminant un maximum d'intérêt; soit de gré à gré avec la caisse des dépôts et consignations.

La voie d'adjudication publique est imposée comme règle. Il ne doit être recouru aux ressources de la caisse des dépôts et consignations qu'autant que l'appel à la concurrence sera resté sans succès, ou n'aura pas permis d'obtenir du crédit privé des conditions au moins également avantageuses. (*Instr. min., 8 févr. 1853.*)

2. Les emprunts faits par les communes à la caisse des dépôts et consignations, sont remboursables en douze années au plus. Ils portent intérêt : 1° à 4 1/2

p. % pour ceux remboursables en moins de huit ans; 2° à 5 p. % pour ceux remboursables en plus de huit ans. (*Décr., 4 févr. 1854. — Instr. min., 9 févr. 1854.*)

3. Aucun emprunt ne peut être autorisé que par un décret, rendu dans les formes d'un règlement d'administration publique, pour les communes ayant moins de cent mille francs de revenu, et par une loi, s'il s'agit d'une commune ayant un revenu supérieur. — Néanmoins, en cas d'urgence et dans l'intervalle des sessions, un décret rendu dans la forme des règlements d'administration publique peut autoriser les communes dont le revenu est de cent mille francs et au-dessus, à contracter un emprunt jusqu'à concurrence du quart de leurs revenus. (*L., 18 juill. 1837, art. 41* [1].)

4. Les communes et les départements dont les revenus excèdent cent mille francs, ont pu être autorisés, sur leur demande, pendant l'intervalle de la session de 1853 à celle de 1854, par des décrets rendus en la forme des règlements d'administration publique, à convertir leurs dettes actuelles, et à les éteindre au moyen d'emprunts remboursables à longue échéance. — Le remboursement doit s'effectuer par des annuités dont le terme ne peut excéder cinquante années, et qui comprennent l'intérêt et l'amortissement du capital. (*L., 10 juin 1853, art. 1er* [2].)

5. Les voies et moyens de remboursement des nouveaux emprunts sont assurés pour toute la durée de l'amortissement; par conséquent, lorsque les ressources consistent en centimes additionnels, les conseils municipaux doivent les voter pour toutes les années à courir jusqu'à libération définitive. (*Instr. min., 20 juin 1853.*)

6. Les communes qui possèdent des immeubles non affectés à un service public, et susceptibles de produire un revenu, peuvent consentir sur ces biens des hypothèques conventionnelles, dans le cas où leurs prêteurs exigeraient cette garantie. — Les communes peuvent aussi être admises à souscrire des obligations, soit nominales, soit au porteur, lorsque ce mode fait partie du système adopté par les prêteurs, pourvu que l'échéance de chaque obligation soit en rapport avec les moyens de libération votés. — Les départements et les communes peuvent également voter des centimes additionnels aux contributions publiques, lorsqu'il n'y a pas absolument d'autres moyens d'assurer le paiement des annuités de remboursement. (*Instr. préc.*)

II. — Formes a suivre.

7. Dans les communes dont les revenus sont inférieurs à 100,000 fr., les plus imposés aux rôles de la commune sont appelés à délibérer, avec le conseil municipal, sur la proposition d'emprunt, dans les mêmes formes que pour le vote des impositions extraordinaires. — V. Impositions.

8. La délibération prise à ce sujet doit être motivée sur des besoins manifestes, urgents, et elle indique exactement les moyens de libération.

Dans le cas où, pour arriver à cette libération, il est proposé une aliénation d'immeubles, une délibération *spéciale* du conseil municipal, à laquelle sont jointes les pièces désignées au mot Aliénations, est adressée au sous-préfet. La libération au moyen d'une coupe de bois donne aussi lieu à une délibération *spéciale* du conseil municipal, qui est envoyée au sous-préfet avec les pièces énumérées au même mot et le dossier de l'emprunt. S'il est question de libérer

---

(1) Aux termes du décret du 25 mars 1852, art. 1er, §§ 36 et 37 du tableau A, les préfets étaient compétents pour autoriser, à l'égard des communes n'ayant pas cent mille francs de revenus, tous les emprunts dont la durée du remboursement n'excédait pas dix ans. Mais l'abrogation de ces dispositions par l'art. 4 de la loi du 10 juin 1853, relative à la conversion des dettes actuelles des départements et des communes, a fait revivre celles de l'art. 41 de la loi du 18 juillet 1837. (*Circ. min. int., 20 juin 1853.*) — Ainsi les préfets préparent l'instruction relative aux emprunts communaux; mais ils ne sont pas compétents pour les autoriser.

(2) La loi du 10 juin 1853 est une loi transitoire dont les effets ont cessé à l'ouverture de la session de 1854, en ce qui concerne les dispositions des trois premiers articles. Mais l'utilité des emprunts à longue échéance n'a pas cessé d'être reconnue, et les règles établies par l'art. 41 de la loi du 18 juillet 1837 n'ayant rien de contraire à cette nature d'emprunts, le gouvernement et les chambres ont continué à les autoriser.

la commune par une imposition extraordinaire, cette imposition est, comme l'emprunt, votée par le conseil municipal, assisté des plus imposés, et les deux votes sont mentionnés dans la même délibération.

Les nouvelles taxes d'octroi et autres, au moyen desquelles il peut être arrivé à l'amortissement de l'emprunt, ne doivent avoir qu'un caractère essentiellement temporaire, et ne peuvent être établies et autorisées qu'en cas d'urgence absolue et avec condition qu'elles seront limitées au terme de l'amortissement. (*Instr. min., 12 août 1840.*)

9. Avant la réunion du conseil municipal, le maire doit faire rédiger un projet par un homme de l'art, dans le cas où l'emprunt est destiné à des travaux. Si, au contraire, l'emprunt est fait pour acquérir un immeuble, il doit remplir les formalités préalables indiquées au mot ACQUISITIONS.

Il dresse aussi :

1° Un tableau d'amortissement indiquant, année par année, la décroissance du capital, les à-compte à payer et les intérêts à servir ;

2° Un relevé présentant, dans des colonnes distinctes, le total des recettes et des dépenses ordinaires des trois derniers exercices, afin d'avoir le chiffre de l'excédant des recettes, et, par le tiers de cet excédant, le chiffre moyen que la commune peut consacrer annuellement à l'amortissement de l'emprunt ;

3° Un état des dettes de la commune, ou plutôt le passif de la caisse municipale. Cet état doit mentionner exactement l'échéance des dettes, année par année, afin que la position financière de la commune soit parfaitement établie. (*Instr. min. int., 12 août 1840 et 13 juill. 1841.*)

10. Si l'emprunt doit être fourni par la caisse des dépôts et consignations, le maire en fait la demande au directeur de cette caisse. Si le retrait de la totalité des fonds doit avoir lieu en une seule fois, le maire fait connaître l'époque à laquelle il sera opéré; si ce retrait n'est à effectuer que par partie, il indique la portion de l'emprunt à réaliser chaque année.

Lorsque la caisse des dépôts et consignations a répondu qu'elle consent à faire les fonds de l'emprunt proposé, et qu'elle a fait connaître ses conditions, le maire transmet au directeur général :

1° Une ampliation en forme de l'arrêté préfectoral qui autorise l'emprunt (S'il est autorisé par une loi, la citation de la date suffit) ;

2° Une copie dûment certifiée de la délibération du conseil municipal qui a motivé l'arrêté préfectoral ou la loi ;

3° L'assurance que le vœu de la loi ou de l'arrêté préfectoral a été rempli, s'il avait été fait obligation à la commune de mettre l'emprunt en adjudication. (Si la commune a le choix de l'option, cette dernière pièce est inutile) ;

4° Les obligations et les coupons souscrits à la caisse par le receveur municipal, visés par le maire ;

5° Un tableau faisant connaître : le montant de chaque somme demandée et l'époque à laquelle la caisse devra en faire les fonds; la date du remboursement de cette somme, en évitant d'indiquer un jour férié; les intérêts calculés pour l'an de 360 jours.

Quant aux règles de versement de fonds par la caisse et de paiement des obligations souscrites par la commune, voir l'instruction du directeur général de cette caisse, annexée à l'instruction ministérielle du 12 août 1840 (¹).

11. Si l'emprunt est mis en adjudication, un cahier des charges énonciatif de toutes les conditions est dressé, soumis au conseil municipal, et, après approbation de l'autorité compétente, avis en est donné par affiche.

12. L'emprunt ne peut se diviser en coupons transmissibles par voie d'endossement, comme effets de commerce.

L'emprunt avec prime est aussi prohibé. (*Instr. min. préc.*)

III. — PIÈCES A PRODUIRE DANS LE CAS D'EMPRUNT PAR ADJUDICATION.

(Inst. min. int., 28 juillet 1853.)

Communes ayant moins de 100,000 fr. de revenus.

13. 1° Copie de la délibération par laquelle le conseil municipal, assisté des plus imposés, a voté l'emprunt. (La délibération mentionne la destination de l'em-

(¹) V. *Répertoire administratif*, 1840, pag. 316.

prunt, ainsi que le mode et les époques de remboursement; mention est faite aussi des noms des plus imposés qui ont assisté à la délibération);

2° Certificat du maire, faisant connaître le chiffre officiel de la population de la commune; le nombre des membres du conseil municipal en exercice (Dans le cas où, soit le maire, soit les adjoints, auraient été pris en dehors du conseil municipal, mention en sera faite sur le certificat);

3° Liste des plus imposés, dressée par le percepteur;

4° Certificat du maire constatant que les plus imposés présents dans la commune ont été convoqués dans l'ordre du tableau, dix jours à l'avance, en nombre égal à celui des membres du conseil municipal en exercice;

5° Budget de la commune de l'exercice courant (Si le budget additionnel du même exercice a déjà été voté et régulièrement approuvé, il doit également être produit. Dans le cas contraire, on produit celui de l'exercice précédent. — Le chiffre du principal des quatre contributions directes de la commune doit être indiqué sur le budget);

6° Certificat du maire et du receveur municipal, constatant les impositions communales de toute nature qui peuvent grever la commune, avec l'indication de leur durée; les emprunts non encore remboursés que la commune peut avoir été autorisée à contracter; les autres dettes communales; le montant des fonds de la commune placés au trésor;

7° Les pièces justificatives de la dépense en vue de laquelle l'emprunt a été voté (Chaque fois qu'un emprunt a été voté en vue d'une construction ou d'autres travaux d'utilité communale, il convient de produire les devis régulièrement arrêtés);

8° Les ressources que le conseil municipal propose d'affecter à son remboursement, en capital et intérêts, doivent, s'il y a lieu, être spécialement constatées au moyen des pièces justificatives. Ainsi, par exemple, si le remboursement doit être effectué, en tout ou en partie, au moyen d'une coupe de bois extraordinaire, le dossier doit contenir l'avis affirmatif de l'administration forestière;

9° L'avis du sous-préfet;

10° L'avis du préfet.

Communes ayant plus de 100,000 fr. de revenus.

14. Toutes celles ci-dessus énumérées, en ce qui concerne les communes dont le revenu est inférieur à 100,000 fr., à l'exception de celles relatives à la convocation et au concours des plus imposés.

Et, en outre, un relevé des recettes ordinaires de la commune, constatées par les comptes de trois années consécutives, établissant, suivant les règles tracées par l'art. 33 de la loi du 18 juillet 1837, que les revenus de la commune atteignent 100,000 fr.; ledit relevé certifié par le préfet.

15. La production de *toutes* ces pièces est rigoureusement exigée par le ministre.

§ 2. — Emprunts départementaux.

16. Les formes qui règlent les emprunts départementaux sont les mêmes que pour les emprunts communaux, avec cette différence qu'il n'y est donné suite que d'après une délibération du conseil général mentionnant la destination de l'emprunt, et le mode et les époques du remboursement.

§ 3. — Emprunts des établissements de bienfaisance.

I. — Règles générales.

17. Les établissements de bienfaisance ne peuvent être admis à contracter emprunt que lorsqu'ils ont bien établi qu'ils sont en mesure de remplir leurs engagements au moyen de leurs excédants annuels, et sans gêner en rien le service charitable. (*Instr. min., 5 mai 1852, § 37.*)

18. L'approbation des emprunts à faire par les établissements de bienfaisance ayant moins de 100,000 fr. de revenus, est donnée par le préfet; au-dessus de 100,000 fr., une loi spéciale est nécessaire.

II. — Pièces à produire.

19. 1° La délibération de la commission administrative, qui contient le vote et l'objet de l'emprunt, indique les ressources applicables à l'amortissement et au service des intérêts;

2° Le budget de l'établissement;
3° L'avis du conseil municipal;
4° L'avis du sous-préfet.
V. DETTES COMMUNALES, IMPOSITIONS.

ENFANTS TROUVÉS. — Form. mun., tom. IV, pag. 601.

LÉGISLATION.

Décret du 19 janvier 1811.

SOMMAIRE.

§ 1er. — Dispositions générales.

1. Les enfants dont l'éducation est confiée à la charité publique sont :
1° Les enfants trouvés;
2° Les enfants abandonnés;
3° Les orphelins pauvres. (*Décr., 19 janv. 1811, art. 1er.*)

2. Les enfants trouvés sont ceux qui, nés de pères et mères inconnus, ont été trouvés exposés dans un lieu quelconque, ou portés dans les hospices destinés à les recevoir. (*Décr. préc., art. 2.*)

3. Les enfants abandonnés sont ceux qui, nés de pères ou de mères connus, et d'abord élevés par eux, ou par d'autres personnes à leur décharge, en sont délaissés sans qu'on sache ce que les pères et mères sont devenus, ou sans qu'on puisse recourir à eux. (*Décr. préc., art. 5.*)

4. Les orphelins sont ceux qui, n'ayant ni pères ni mères, n'ont aucun moyen d'existence. (*Décr. préc., art. 6.*)

Les orphelins pauvres doivent être assimilés aux enfants trouvés et abandonnés, et les dispositions du décret du 19 janvier 1811 sont également applicables aux uns et aux autres de ces enfants. (*Avis cons. Etat, 20 juill. 1842. — Circ. min. int., 12 juill. 1843.*)

§ 2. — Etat civil.

5. Toute personne qui trouve un enfant nouveau-né est tenue de le remettre à l'officier de l'état civil, ainsi que les vêtements et autres effets trouvés avec l'enfant, et de déclarer toutes les circonstances du temps et du lieu où il a été trouvé. Il en est dressé un procès-verbal détaillé, qui énonce, en outre, l'âge apparent de l'enfant, son sexe, les noms qui lui sont donnés, l'autorité civile à laquelle il est remis. Ce procès-verbal est inscrit sur les registres. (*Cod. Nap., art. 58.*)

6. Tous les enfants devant être, d'après l'art. 55 du Code Napoléon, déclarés et présentés à l'officier de l'état civil, cette prescription doit recevoir son exécution aussi bien à l'égard des enfants destinés à l'abandon, en quelque forme que cet abandon doive avoir lieu, qu'à l'égard des enfants que leurs familles sont dans l'intention de conserver. (*Circ. min. int., 7 août 1852.*)

7. Les préposés des hospices sont tenus de porter les enfants à la mairie, pour les présenter à l'officier de l'état civil. (*Déc. min. just., 12 janv. 1829.*)

Les préposés des hospices ont dix jours de délai pour faire inscrire à l'état civil de la situation de l'hospice dépositaire les enfants apportés dans ces établissements (1). Ce délai suffit pour que ces préposés, lorsqu'ils croient connaître la commune à laquelle appartient l'enfant, puissent s'en assurer auprès de l'autorité municipale, et s'informer, en même temps, s'il y a été déclaré à l'état civil. En cas d'insuccès de leurs démarches, ils doivent, à l'expiration du délai précité, faire inscrire l'enfant à l'état civil de la situation de l'hospice. (*Déc. min. int. et just., 7 août 1852.*)

---

(1) L'instruction générale du 8 février 1823 n'accordait que vingt-quatre heures. Ce délai ne permettait pas aux préposés des hospices de rechercher la commune à laquelle ces enfants appartenaient, et de s'assurer que les dispositions de l'art. 55 du Code Napoléon avaient été accomplies à leur égard. (*Circ. min. int., 7 août 1852.*)

8. L'employé de l'hospice préposé à la tenue du registre des enfants trouvés doit nommer l'enfant, s'il n'a déjà été nommé par l'officier de l'état civil, ou si, en l'exposant, on n'a pas déposé avec lui des papiers indiquant ses noms. Les noms donnés à chaque enfant doivent être tels, que, s'il n'y en a que deux, le premier soit considéré comme nom de baptême, et l'autre devienne un nom de famille. — L'enfant doit être baptisé et élevé dans la religion de l'État, sauf les exceptions autorisées pour certaines localités. (*Instr. min. int., 8 févr. 1823.*)

§ 3. — Admission dans les hospices.

9. Il y a, au plus, dans chaque arrondissement, un hospice où les enfants trouvés peuvent être reçus. (*Décr., 19 janv. 1811, art. 4.*)

10. A l'arrivée d'un enfant, l'employé de l'hospice préposé à la tenue du registre des enfants trouvés, doit dresser procès-verbal de l'admission, et indiquer les circonstances, soit de l'exposition, soit de l'apport à l'hospice. Il en adresse, dans les dix jours qui suivent, un extrait du registre d'inscription, en ce qui le concerne, à l'officier de l'état civil, pour être immédiatement transcrit sur le registre des actes de naissance. (*Instr. préc. — Déc. min. int. et just., 7 août 1852.*)

11. Des registres constatent, jour par jour, l'arrivée des enfants, leur sexe, leur âge apparent, et décrivent les marques naturelles et les langes qui peuvent servir à les faire reconnaître. (*Décr., 19 janv. 1811, art. 4.*)

12. Il doit être tenu, pour l'inscription des enfants abandonnés, un registre analogue à celui des enfants trouvés. (*Instr. gén. min. int., 8 févr. 1823.*)

13. L'admission des enfants *trouvés* a lieu : 1° au moyen de leur apport à l'hospice, immédiatement après leur naissance, par l'officier de santé ou par la sage-femme qui a fait l'accouchement; 2° sur l'abandon de l'enfant, de la part de sa mère, si, admise dans l'hospice pour y faire ses couches, elle est reconnue dans l'impossibilité de s'en charger; 3° sur la remise du procès-verbal dressé par l'officier de l'état civil, pour les enfants exposés dans tout autre lieu que dans l'hospice [1]. (*Instr. min. int., 8 févr. 1823.*)

14. A Paris, les enfants sont présentés, dans l'intérieur de l'hospice, à un bureau de réception, ouvert de six heures du matin à minuit. Toute personne qui apporte un enfant est interrogée sur l'origine de cet enfant, sur ceux qui lui ont confié la mission de l'apporter, sur les causes de l'abandon, etc., etc. Cette personne doit, en outre, être munie :

1° *Pour les enfants trouvés exposés dans un lieu quelconque*, du procès-verbal dressé par l'officier de l'état civil dans les communes rurales du département de la Seine, et, à Paris, par un commissaire de police, lequel procès-verbal est dressé en conformité de l'art. 58 du Code Napoléon;

2° Pour les *enfants portés directement à l'hospice*, de l'acte de déclaration de naissance faite à l'officier de l'état civil par deux témoins (*Cod. Nap., art. 56*), et constatant que l'enfant est né de père et mère inconnus;

3° Pour les *enfants abandonnés*, d'un acte de notoriété dressé par le maire dans les communes rurales, et, à Paris, par un commissaire de police, lequel acte de notoriété constate l'absence ou la disparition des père et mère, et qu'il n'existe aucun parent qui veuille ou puisse s'en charger [2];

4° Pour les *enfants orphelins*, de leur acte de naissance, des actes constatant le décès du père et de la mère (ou de la mère seule si l'enfant est naturel et n'a point été reconnu par son père), et d'un procès-verbal du maire ou du commissaire de police, constatant que l'enfant n'a aucun moyen d'existence, ni parents

---

[1] Avant la suppression à peu près générale des tours, ces tours étaient un quatrième moyen d'admission, d'après cette même instruction du 8 février 1823.

[2] Cet acte de notoriété est exigé par l'instruction générale du 8 février 1823, pour toute la France :

« Dans le cas où des parents, après avoir momentanément abandonné leur enfant, et à dessein de le faire admettre frauduleusement dans un hospice, reparaissent ensuite dans la commune, le maire doit en informer le sous-préfet, qui ordonne la remise de l'enfant aux parents, et ceux-ci sont tenus au remboursement des frais occasionnés à l'hospice. » (*Instr. gén., 8 févr. 1823.*)

qui veuillent ou qui puissent en prendre soin. (*Délib. cons. gén. d'adm. des hosp. de Paris, 6 août 1845, tit. 2, appr. par le min. int., le 5 mars 1852.*)

15. A Paris encore, les enfants appartenant aux personnes arrêtées et détenues sous la prévention de crimes ou de délits, sont reçus, à titre de dépôt provisoire seulement, sur un ordre du préfet de police constatant les noms, professions et domicile des père et mère, et la détention qui prive les enfants de l'assistance de leurs parents. (*Délib. préc., art. 11.*)

D'après l'instruction générale du 8 février 1823, l'admission de ces derniers enfants a lieu sur l'expédition des jugements correctionnels ou criminels qui les privent de l'assistance de leurs parents.

16. Les admissions d'enfants, de quelque nature qu'elles soient et quel que soit le mode en vertu duquel elles ont été effectuées, sont, ainsi que les pièces à l'appui, examinées et vérifiées, chaque semaine, par le membre de la commission administrative, qui ordonne les nouvelles investigations ou enquêtes qu'il croit nécessaires pour faire cesser l'abandon. (*Délib. préc., art. 15.*)

Les titres d'admission des enfants trouvés et abandonnés sont examinés par les inspecteurs généraux des établissements de bienfaisance, qui réclament des préfets la radiation des enfants indûment admis à la charge des départements. (*Arr. min. int., 14 juin 1839, art. 27.*)

17. Aucun enfant abandonné ne peut être admis, s'il a atteint sa douzième année. (*Instr. gén. min. int., 8 févr. 1823.*)

§ 4. — Placement chez les nourrices et chez des maîtres d'apprentissage.

I. — *Nourrices. — Layettes et vêtures.*

18. Les enfants trouvés nouveau-nés sont mis en nourrice aussitôt que faire se peut. (*Décr., 19 janv. 1811, art. 7.*)

19. Ils doivent être baptisés et vaccinés avant leur départ pour la campagne. S'ils n'ont pu être vaccinés avant leur départ, les nourrices doivent les faire vacciner dans les trois premiers mois qui suivent la remise qui leur en a été faite, et justifier d'un certificat de vaccination pour être payées du premier trimestre des mois de nourrice. (*Instr. gén. min. int., 8 févr. 1823.*)

20. On doit exiger des nourrices et autres personnes qui viennent prendre des enfants dans les hospices, un certificat du maire de leur commune ([1]), constatant qu'elles sont de bonne vie et mœurs, et qu'elles sont en état d'élever et de soigner les enfants. (*Instr. préc.*)

21. Les nourrices sont visitées par les officiers de santé de l'hospice, pour constater leur santé, l'âge de leur lait et sa qualité. Ce n'est que dans le cas où elles sont reconnues saines et propres à allaiter avec succès, que les enfants doivent leur être remis. (*Instr. préc.*)

22. Au départ de la nourrice, il doit être fait mention, sur un registre matricule à ce destiné, de la mise de l'enfant en nourrice. Il lui est délivré une carte ou livret, contenant le nom de l'enfant, son âge, le numéro du registre matricule, le folio du registre du paiement, le nom de la nourrice et la date de la remise du nourrisson. — Ce livret a des blancs sur lesquels s'inscrivent successivement les paiements faits à la nourrice, les vêtures qui lui sont remises, et, s'il y a lieu, le décès de l'enfant. (*Instr. préc.*)

23. Les placements d'enfants chez des nourrices, à l'étranger, sont rigoureusement interdits. (*Circ. min. int., 13 août 1841.*)

24. Il doit être remis à chaque nourrice une layette, au moment où on lui confie un enfant nouveau-né. — Les vêtures qui suivent les layettes sont données aux enfants d'année en année, jusqu'à l'âge de six ans accomplis. — Il appartient aux préfets de régler, suivant l'usage des localités et les produits des fabriques du pays, la composition des layettes et vêtures. (*Instr. gén. min. int., 8 févr. 1823.*)

([1]) Ces certificats sont dispensés du timbre, comme étant délivrés dans un but de police et dans l'intérêt d'enfants indigents. (*Circ. min. int., 12 mars 1841.*)

25. Les layettes et vêtures doivent toujours être fournies en nature et jamais en argent. (*Circ. min. int., 13 août 1841.*)

26. Des boucles en argent, portant les initiales de l'enfant et de l'hospice auquel il appartient, sont placées aux oreilles des enfants envoyés en nourrice. Ces boucles doivent leur être enlevées à l'âge de six ans, au plus tard. (*Circ. min. int., 12 janv. 1842.*)

II. — *Pensions.*

27. A l'âge de six ans, tous les enfants, autant que faire se peut, sont mis en pension chez des cultivateurs ou des artisans. (*Décr., 19 janv. 1811, art. 9.*)

28. Les nourrices peuvent conserver jusqu'à l'âge de douze ans les enfants qui leur ont été confiés, à la charge de les nourrir et entretenir convenablement, et de les envoyer aux écoles primaires, pour y recevoir l'instruction morale et religieuse donnée aux autres enfants de la commune ou du canton [1]. (*Instr. gén. min. int., 8 févr. 1823.*)

29. Si les nourrices, ou autres personnes chargées d'enfants abandonnés, refusent de continuer à les élever jusqu'à l'âge de douze ans, les commissions des hospices civils qui leur ont confié ces enfants sont tenues de les placer ailleurs. (*Arr., 30 vent. an 5-20 mars 1797, art. 5.*)

30. Les nourrices et autres habitants chargés d'enfants abandonnés, sont tenus de représenter, tous les trois mois, les enfants qui leur ont été confiés, à l'agent de leur commune, qui certifiera que ces enfants ont été traités avec humanité. (*Arr. préc., art. 7.*)

III. — *Apprentissage.*

31. Les enfants ayant accompli l'âge de douze ans sont, autant que faire se peut, mis en apprentissage : les garçons, chez des laboureurs ou artisans ; les filles, chez des ménagères, des couturières ou autres ouvrières, ou dans des fabriques et manufactures. (*Décr., 19 janv. 1811, art. 17.*)

32. Les contrats d'apprentissage ne stipulent aucune somme en faveur du maître ni de l'apprenti ; mais ils garantissent au maître les services gratuits de l'apprenti jusqu'à un âge qui ne peut excéder vingt-cinq ans [2], et, à l'apprenti, la nourriture, l'entretien et le logement. L'appel aux armées fait cesser les obligations de l'apprenti. (*Décr. préc., art. 18 et 19.*)

Il importe d'imposer pour condition essentielle, dans tous les contrats d'apprentissage, que les enfants recevront l'instruction morale et religieuse. (*Instr. gén. min. int., 8 févr. 1823.*)

33. Les nourrices et autres habitants qui ont élevé jusqu'à douze ans les enfants qui leur ont été confiés, peuvent les conserver préférablement à tous autres, en se chargeant néanmoins de leur faire apprendre un métier, ou de les appliquer aux travaux de l'agriculture. (*Arr., 30 vent. an 5-20 mars 1797, art. 14.*)

IV. — *Destinations diverses.*

34. Lorsque les enfants manifestent le désir de s'attacher au service maritime, les commissions administratives peuvent, sous l'approbation des préfets, contracter des engagements pour le placement de ces enfants sur des vaisseaux de commerce ou de l'Etat. (*Arr. préc., art. 13.*)

35. Les enfants qui, par leur inconduite ou la manifestation de quelques inclinations vicieuses, sont reconduits dans les hospices, ne peuvent être confondus avec ceux qui y auraient été déposés comme orphelins ; ils sont, au contraire, placés seuls dans un local particulier, et les commissions des hospices prennent les mesures convenables pour les ramener à leur devoir, en attendant qu'elles

---

[1] Les communes ne peuvent se refuser à admettre ces enfants dans leurs écoles, sous prétexte qu'ils leur sont étrangers, puisque l'enseignement primaire est placé par la loi au rang de leurs dépenses obligatoires, et qu'il doit être donné gratuitement à tous les indigents qui habitent sur leur territoire.

[2] Les commissions administratives des hospices n'assurent jamais au maître les services de l'apprenti que jusqu'à l'âge de dix-huit ans.

puissent les rendre à leurs maîtres ou les placer ailleurs. (*Arr. préc., art. 17. — Instr. gén. min. int., 8 févr. 1823.*)

36. Ceux des enfants qui ne peuvent être mis en apprentissage, les estropiés, les infirmes que l'on ne trouve point à placer hors de l'hospice, y restent à sa charge, et des ateliers doivent être établis pour les occuper. (*Décr., 19 janv. 1811, art. 20. — Instr. préc.*)

37. Les inspecteurs généraux des établissements de bienfaisance recherchent si les enfants qui ne sont pas dans les hospices ne se livrent pas à la mendicité. (*Arr., 14 juin 1839, art. 31.*)

38. Les jeunes gens, enfants trouvés ou autres, placés sous la tutelle des commissions administratives des hospices, sont inscrits sur les tableaux de recensement de la commune où ils résident au moment de leur inscription. (*L., 26 déc. 1849, art. 4.*)

§ 5. — Tutelle. — Surveillance.

I. — *Tutelle.*

39. Les enfants admis dans les hospices, à quelque titre et sous quelque dénomination que ce soit, sont sous la tutelle des commissions administratives de ces maisons, lesquelles désignent un de leurs membres pour exercer, le cas advenant, les fonctions de tuteur, et les autres forment le conseil de tutelle. (*L., 15-25 pluv. an 13-4-14 févr. 1805, art. 1er.*)

40. Quand l'enfant sort de l'hospice pour être placé comme ouvrier, serviteur ou apprenti, dans un lieu éloigné de l'hospice où il avait été placé d'abord, la commission de cet hospice peut, par un simple acte administratif, visé du préfet ou du sous-préfet, déférer la tutelle à la commission administrative de l'hospice du lieu le plus voisin de la résidence actuelle de l'enfant. (*L. préc., art. 2.*)

41. La tutelle des enfants admis dans les hospices dure jusqu'à leur majorité ou émancipation par mariage ou autrement. (*L. préc., art. 3.*)

42. Les commissions administratives des hospices jouissent, relativement à l'émancipation des mineurs qui sont sous leur tutelle, des droits attribués aux pères et mères par le Code civil. — L'acte d'émancipation est délivré sans autres frais que ceux d'enregistrement et de papier timbré. (*L. préc., art. 4.*)

Les comptes et délégations de tutelle doivent aussi être faits sans frais. (*Déc. min. int., 18 mai 1824.*)

43. Si les enfants admis dans les hospices ont des biens, le receveur de l'hospice remplit à cet égard les mêmes fonctions que pour les biens des hospices. En cas d'émancipation, le receveur remplit les fonctions de curateur. (*L. préc., art. 5.*)

II. — *Surveillance.*

44. Les commissions administratives des hospices font visiter, au moins deux fois l'année, chaque enfant, soit par un commissaire spécial, soit par les médecins ou chirurgiens vaccinateurs ou des épidémies. (*Décr., 19 janv. 1811, art. 14.*)

§ 6. — Dépenses. — Paiement.

I. — *Règles générales.*

45. Les dépenses relatives au service des enfants trouvés et enfants abandonnés se divisent en dépenses *intérieures* et dépenses *extérieures*. (*Instr. gén. min. int., 8 févr. 1823.*)

46. Les hospices désignés pour recevoir les enfants trouvés, sont chargés de la nourriture, des layettes et de toutes les dépenses intérieures relatives à la nourriture et à l'éducation des enfants. (*Décr., 19 janv. 1811, art. 11.*)

47. Dans le cas cependant où les hospices chargés de recevoir les enfants trouvés et enfants abandonnés se trouvent dans l'impossibilité de pourvoir à la totalité de cette dépense, la portion qu'ils ne peuvent acquitter doit être répartie sur les autres hospices du département, en proportion de leurs ressources et de leurs be-

soins. Cette répartition est réglée par le préfet [1], et les sommes à fournir par chaque hospice doivent être comprises dans leurs budgets, pour servir au règlement des allocations à leur accorder sur les octrois. (*Instr. gén. min. int., 8 févr. 1823.*)

48. Les *dépenses extérieures* du service des enfants trouvés sont :

1° Les mois de nourrice et pensions ;

2° Les indemnités aux nourrices et habitants qui ont conservé les enfants jusqu'à l'âge de douze ans ;

3° Les indemnités à accorder pour la revue et l'inspection des enfants [2]. (*Instr. préc.*)

49. Il est pourvu aux dépenses *extérieures* au moyen d'un fonds commun formé à la caisse du receveur général de chaque département, et tenu à la disposition du préfet [3] ; et les hospices chargés de pourvoir au service des enfants trouvés reçoivent, en vertu de mandats délivrés par les administrateurs, les sommes nécessaires pour couvrir les avances qu'ils ont à faire. — Il peut aussi être accordé à ces établissements, pour le même service, des secours sur les fonds des budgets départementaux. Les receveurs des hospices en touchent le montant aux caisses des payeurs, d'après les mandats des préfets. (*Instr. gén. min. fin., 17 juin 1840, art. 914 et 915.*)

50. Les communes concourent au paiement des dépenses *extérieures* au moyen de contingents fixés par le conseil général [4] ; le préfet règle définitivement le mode de répartition du contingent particulier de chaque commune [5]. — La somme à fournir par chaque commune est comprise dans son budget s'il n'est pas encore approuvé, et, au cas contraire, dans le budget de l'exercice suivant, par voie de rappel. (*Instr. gén. min. int., 8 févr. 1823.*)

Le contingent assigné aux communes dans la dépense des enfants trouvés est obligatoire. (*L., 18 juill. 1837, art. 30, n° 15.*)

Les communes doivent concourir au paiement du traitement des inspecteurs départementaux du service des enfants trouvés ou abandonnés, comme aux autres dépenses de ce service, jusqu'à concurrence du contingent assigné à chacune d'elles. (*Avis cons. Etat, 22 juill. 1848.*)

51. Le préfet peut autoriser les communes dont les budgets se trouvent déjà réglés, à acquitter, si leur situation le permet, sur les revenus de l'exercice courant, les contingents qui leur sont assignés, sauf régularisation dans le budget de l'année suivante. (*Instr. préc.*)

52. Les contingents assignés aux communes sont versés par elles dans la caisse du receveur général, pour être réunis à la somme allouée au budget départemental, pour le service des enfants trouvés ; et le préfet ordonnance successivement, sur ces fonds, le remboursement des avances faites par les hospices. (*Instr. préc.*)

53. La dépense des enfants trouvés est avant tout *départementale*. En faisant supporter au budget départemental les quatre cinquièmes au moins de la dé-

---

[1] Les préfets sont compétents pour régler les budgets et comptes des établissements charitables. (*Décr., 25 mars 1852, n° 35 du tabl. A. — Instr. min. int., 5 mai 1852.*)

[2] Les dépenses extérieures du service des enfants trouvés étaient, autrefois, supportées par les seigneurs hauts justiciers. Mises, en 1790, à la charge du trésor public ; portées, en l'an 5, à la charge du département ; remises, en 1811 (jusqu'à concurrence de 4 millions), à la charge de l'Etat, ces dépenses ont enfin été reportées à la charge des budgets départementaux, par la loi du 25 mars 1817. (*Circ. min. int., 3 août 1844.*)

[3] Ce fonds commun se compose : 1° de la portion des amendes et confiscations affectées à la dépense des enfants trouvés ; 2° de la portion des revenus des hospices, spécialement affectés à la même destination ; 3° des allocations votées par les conseils généraux, sur le produit des centimes affectés aux dépenses départementales, et 4°, des contingents assignés sur les revenus des communes. (*Instr. gén. min. int., 8 févr. 1853.*)

[4] Le conseil général délibère sur la part de la dépense des enfants trouvés qui doit être mise à la charge des communes, et sur les bases de la répartition à faire entre elles. (*L., 10 mai 1838, art. 4.*)

[5] La répartition de la dépense des mois de nourrice et de pension des enfants trouvés est un acte d'administration qui n'est pas susceptible d'être déféré au conseil d'Etat. (*Avis cons. Etat, 30 mars 1846.*)

pense, on exécute la loi dans son véritable esprit. — Le conseil général, en réglant le concours de chaque commune, doit prendre pour base le chiffre de son revenu ordinaire, combiné avec celui de sa population. Il peut dispenser les communes de tout concours; mais cette faculté ne doit être exercée qu'avec réserve, afin de ne pas les laisser sans intérêt dans cette dépense. Elles peuvent être exonérées de leur contingent, même après la répartition arrêtée, s'il devient nécessaire de les en décharger, pour cause de pertes ou dépenses accidentelles et imprévues. (*Circ., 21 août 1839, 3 août 1840 et 13 août 1841.*)

II. — *Dépense des enfants aliénés.*

54. Lorsqu'un enfant, au lieu de demeurer dans l'hospice, se trouve dans le cas d'être transféré dans un établissement d'aliénés, il doit y être entretenu au moyen de ressources consacrées aux aliénés indigents, c'est-à-dire, aux frais du budget départemental et de la commune où il a son domicile de secours, si cette commune vient à être connue. (*Déc., 28 août 1848.*)

III. — *Mois de nourrices. — Indemnités. — Pensions.*

55. Le paiement des mois de nourrice et pensions ne doit avoir lieu que sur la représentation 1° de la carte ou du bulletin donné par l'hospice à la personne chargée de l'enfant; 2° d'un certificat de vie de l'enfant, ou de son acte de décès. (*Décr., 19 janv. 1811, art. 13. — Instr. gén. min. int., 8 févr. 1823.*)

Le certificat de vie doit être délivré par le maire de la commune où l'enfant se trouve en nourrice ou en pension, et constater que le maire a vu l'enfant dont il certifie l'existence; il doit être donné sur papier libre et sans frais, et le sceau de la mairie doit y être apposé. Les commissions administratives des hospices et les préfets prescriront, pour la délivrance des certificats de vie, toutes les précautions qu'ils jugeront propres à en assurer l'authenticité. (*Instr. préc.*)

56. Si l'enfant n'a pas été vacciné avant d'être mis en nourrice ou en pension, il est utile d'exiger, pour le paiement du premier trimestre, un certificat dûment légalisé par le maire, constatant que l'enfant a été vacciné, et il sera fait mention de ce certificat sur le registre de paiement. (*Instr. préc.*)

57. En cas de mort d'un enfant, les personnes qui en étaient chargées doivent rapporter une expédition de son acte de décès. Cette expédition doit être délivrée sans frais et sur papier libre, par l'officier de l'état civil, qui mentionnera, conformément à la loi du 13 brumaire an 7, qu'elle est destinée à l'administration de l'hospice auquel appartenait l'enfant décédé. (*Instr. préc.*)

58. Les administrations des hospices chargés d'enfants trouvés ou enfants abandonnés, font arrêter, après l'expiration de chaque trimestre, les états des paiements à faire pour les mois de nourrice et pensions du trimestre échu. Ces états doivent être distincts pour les enfants trouvés et pour les enfants abandonnés; et le décompte de ce qui est dû pour chaque enfant doit être établi d'après la production de son certificat de vie ou de son acte de décès. (*Instr. préc.*)

59. Les percepteurs font l'avance, sur les fonds provenant des contributions directes, des sommes à payer aux nourrices, lorsque les états des sommes à payer ont été dressés par les soins des commissions administratives, et ordonnancés par le préfet. (*Instr. min. fin., 25 juill. 1828. — Ord., 28 juin 1833, art. 6.*)

60. Les percepteurs ne doivent faire aucune retenue sur le salaire des nourrices, pour le paiement des contributions qu'elles peuvent devoir, à moins qu'elles n'offrent elles-mêmes de s'y soumettre, ou qu'il y ait péril pour les intérêts du trésor. Dans ce dernier cas, ils doivent en référer au receveur des finances, et le receveur général s'entend avec le préfet pour qu'il y soit statué. (*Instr. gén. min. fin., 17 juin 1840.*)

Les mois de nourrice sont insaisissables. (*Arr. cass., 28 janv. 1850.*)

61. Les quittances des sommes payées par les hospices pour les mois de nourrice des enfants trouvés sont affranchis de la formalité du timbre. (*Décr. min. fin., 30 janv. 1834.*)

62. Les nourrices et autres personnes chargées d'enfants trouvés ou abandonnés, lorsqu'elles présentent des certificats constatant que l'enfant qui leur a été confié existe, et qu'il a été traité avec soin, ont droit à une indemnité de 18 fr.

Ceux qui ont conservé des enfants jusqu'à l'âge de douze ans, et qui les ont préservés jusqu'à cet âge d'accidents provenant de défaut de soins, reçoivent à cette époque, sur la production des certificats dont il vient d'être parlé, une autre indemnité de 50 fr. (*Arr., 30 vent. an 5-20 mars 1797, art. 8 et 15. — Instr. gén. min. int., 8 févr. 1823.*)

§ 7. — Reconnaissances. — Réclamations.

63. Les enfants exposés ou abandonnés ne sont rendus aux parents qui les réclament qu'en remboursant toutes les dépenses qu'ils ont occasionnées. (*Arr. min. int., 26 oct. 1813, art. 1er.*)

Il n'y a d'exception que pour les parents qui sont reconnus hors d'état et sans moyens de rembourser tout ou partie de cette dépense. (*Arr. préc., art. 2.*)

Les exceptions ne peuvent avoir lieu qu'autant qu'elles sont arrêtées par le préfet. (*Arr. préc., art. 3.*)

Les préfets prennent toutes les mesures qui leur paraissent nécessaires pour se garantir de toute surprise, et constater la position réelle des réclamants. (*Arr. préc., art. 4.*)

64. Dans aucun cas, l'enfant dont l'État a disposé ne peut être soustrait aux obligations qui lui ont été imposées. (*Décr., 19 janv. 1811, art. 21.*)

65. La remise d'un enfant aux parents qui le réclament ne doit avoir lieu que sur un certificat de leur moralité, délivré par le maire de leur commune, et attestant, en outre, qu'ils sont en état d'élever leurs enfants. (*Instr. gén. min. int., 8 févr. 1823.*)

§ 8. — Successions des enfants décédés.

66. Si l'enfant décède avant sa sortie de l'hospice, son émancipation ou sa majorité, et qu'aucun héritier ne se présente, ses biens appartiennent en toute propriété à l'hospice, lequel peut en être envoyé en possession, à la diligence du receveur et sur les conclusions du ministère public. S'il se présente ensuite des héritiers, ils ne peuvent répéter les fruits que du jour de la demande. (*L., 15-25 pluv. an 13-4-14 févr. 1805, art. 8.*)

67. Les héritiers qui se présentent pour recueillir la succession d'un enfant décédé avant sa sortie de l'hospice, son émancipation ou sa majorité, sont tenus d'indemniser l'hospice des aliments fournis et des dépenses faites pour l'enfant décédé, pendant le temps qu'il est resté à la charge de l'administration, sauf à faire entrer en compensation, jusqu'à due concurrence, les revenus perçus par l'hospice. (*L. préc., art. 9.*)

§ 9. — Secours pour prévenir les abandons.

68. Les secours peuvent être accordés aux mères qui allaitent elles-mêmes leur enfant, ou qui continuent à en prendre soin, qu'elles soient accouchées dans les établissements placés sous la surveillance du conseil général des hospices de Paris, ou qu'elles aient fait leurs couches dans leur domicile ou chez des sages-femmes. (*Délib. du cons. gén. d'adm. des hosp. de Paris, 6 août 1845, art. 17, appr. par le min. int., le 5 mars 1852.*)

69. Des secours peuvent également être accordés aux mères qui n'auraient pu conserver auprès d'elles leurs enfants, pour les aider au paiement des mois de nourrice. (*Délib. préc., art. 18.*)

70. Ces secours ne sont accordés qu'après enquête et visite à domicile, ayant pour but la vérification exacte et approfondie, et l'appréciation scrupuleuse de la position et du besoin des mères. (*Délib. préc., art. 19.*)

71. Les secours peuvent être renouvelés dans des cas extraordinaires, mais toujours après nouvelle visite à domicile et sur la présentation de l'enfant ou des preuves de son existence. (*Délib. préc., art. 20.*)

§ 10. — Expositions d'enfants.

72. Relativement aux peines qui punissent les expositions d'enfants, V. le Code pénal, art. 348 à 353.

V. Domicile de secours.

ENGAGEMENTS VOLONTAIRES.

LÉGISLATION.

Loi sur le recrutement, du 21 mars 1832. — Ordonnance du 28 avril 1832.

1. Tout Français est reçu à contracter un engagement volontaire aux conditions suivantes : il doit 1°, s'il entre dans l'armée de mer, avoir seize ans accomplis, sans être tenu d'avoir la taille prescrite par la loi, mais sous la condition qu'à l'âge de dix-huit ans il ne pourra être reçu s'il n'a pas la taille ; 2° s'il entre dans l'armée de terre, avoir dix-sept ans accomplis (*Décr., 10 juill. 1848*), et au moins la taille d'un mètre 56 centimètres ; 3° jouir de ses droits civils ; 4° n'être marié ni veuf avec enfants ; 5° être porteur d'un certificat de bonne vie et mœurs délivré dans les formes prescrites par l'art. 20 de la loi du 21 mars 1832, et, s'il a moins de vingt ans, justifier du consentement de ses père, mère ou tuteur. Ce dernier doit être autorisé par une délibération du conseil de famille. (*L., 21 mars 1832, art. 32.*)

2. La durée de l'engagement volontaire est de sept ans. L'engagement est contracté dans les formes prescrites par les articles 34 à 44 du Code Napoléon, devant les maires des chefs-lieux de canton. Les conditions relatives à la durée de l'engagement sont insérées dans l'acte même. Les autres conditions sont lues au contractant avant la signature, et mention en est faite à la fin de l'acte, le tout à peine de nullité. (*L. préc., art. 33 et 34.*)

3. Tout Français qui demande à s'engager doit faire constater qu'il a les qualités requises pour l'arme à laquelle il se destine. A cet effet, il se présente devant le chef du corps, ou devant l'officier de recrutement du département, ou l'officier de gendarmerie le plus voisin de sa résidence, qui lui délivre, s'il y a lieu, un certificat d'acceptation, après s'être assuré que l'engagé a la taille et les autres qualités requises pour le service militaire et l'arme à laquelle il se destine. — Muni de ce certificat, le contractant se présente devant le maire d'un chef-lieu de canton ; il justifie de son âge par des pièces authentiques, et produit le certificat de bonne vie et mœurs ci-dessus énoncé, qui doit contenir le signalement du contractant et attester 1° la durée du temps pendant lequel il a été domicilié dans la commune ; 2° qu'il jouit de ses droits civils ; 3° qu'il n'a jamais été condamné à une peine correctionnelle pour vol, escroquerie, abus de confiance ou attentat aux mœurs. (*Ord., 28 avril 1832, art. 6, 7 et 8.*)

4. Le maire constate l'identité du contractant et lui fait déclarer, en présence de deux témoins, 1° qu'il n'est ni marié, ni veuf avec enfants ; 2° qu'il n'est lié au service ni comme engagé volontaire ou rengagé, ni comme appelé ou substituant, ni comme remplaçant ou inscrit maritime. Cette déclaration doit être insérée dans l'acte d'engagement. (*Ord. préc., art. 9.*)

5. Si l'engagé a déjà servi, il doit justifier qu'il est dégagé des obligations qui lui étaient imposées, en produisant le titre en vertu duquel il est rentré dans ses foyers, ou a été congédié ou licencié. (*Ord. préc., art. 10.*)

6. Les jeunes gens désignés par le sort pour faire partie du contingent de leur classe, ne sont reçus à s'engager que jusqu'au jour de la clôture de la liste du contingent de leur canton. L'acte d'engagement doit être conforme au modèle annexé à l'ordonnance. (*Ord. préc., art. 11 et 13.*)

7. Les certificats et autres pièces produites restent annexés à la minute de l'acte, dont il est fait immédiatement deux expéditions. L'une est remise à l'engagé volontaire, qui se fait délivrer une feuille de route par le sous-préfet, s'il ne se trouve pas de sous-intendant militaire dans le lieu où l'engagement est contracté. L'autre est transmise directement par le maire au sous-intendant du département.

8. Les registres des engagements volontaires reçus par les maires des chefs-lieux de canton doivent être clos et arrêtés par eux, à la fin de l'année, de la même manière que les registres de l'état civil (*L., 21 mars 1832, art. 40*), et, dans le mois de janvier, deux doubles de ces registres doivent être déposés par eux, l'un aux archives de la commune, l'autre au greffe du tribunal de première instance.

ENQUÊTES *DE COMMODO ET INCOMMODO*. — Form. mun., tom. V, pag. 457.

LÉGISLATION.

Instructions ministérielles des 2 mai 1801 et 20 août 1825. — Ordonnances des 18 février 1831 et 23 août 1835.

SOMMAIRE.

§ 1er. — Règles générales.

1. Les enquêtes *de commodo et incommodo* ont pour objet de constater l'opinion des tiers intéressés, lorsqu'il s'agit, soit d'acquisition, soit de vente, échange, partage ou bail à ferme des biens des communes ou des établissements publics, soit de changement d'un chemin ou de constructions utiles dans l'intérêt des communes, soit d'autoriser des établissements qui peuvent être réputés insalubres et nuisibles, enfin, d'éclairer l'autorité supérieure sur le mérite des projets qui lui sont soumis. (*Instr. min., 2 mai 1801 et 20 août 1825.*)

2. Il est procédé à l'information *de commodo et incommodo*, sur le lieu même, par le commissaire désigné, qui reçoit l'avis des habitants sur l'établissement projeté, et consigne leurs déclarations dans un procès-verbal.

3. Les fonctions de commissaire enquêteur sont remplies, soit par le maire, soit par le juge de paix, soit par tout autre fonctionnaire, sur la désignation du préfet ou du sous-préfet.

4. L'enquête doit être annoncée huit jours à l'avance, à son de trompe ou de tambour, et par voie d'affiches placardées au lieu principal de réunion publique, afin que les intéressés ne puissent en ignorer. L'annonce doit toujours être faite le dimanche, qui est le jour où les intéressés se trouvent habituellement réunis. Elle indique les jours et heures de l'ouverture et de la clôture de l'enquête, qui peuvent avoir lieu le même jour, sauf le cas où l'opération doit être prolongée plus longtemps. (*Instr. min., 20 août 1825.*)

5. Il est essentiel que le préambule du procès-verbal, dont il est donné connaissance aux déclarants, contienne un exposé exact de la nature, des motifs et des fins du projet annoncé.

6. Tous les habitants appelés et admis sans distinction à émettre leur vœu sur l'objet de l'enquête, doivent exprimer librement ce qu'ils en pensent, et déduire les motifs de leur opinion, surtout quand elle est opposée aux vues de l'administration qui les consulte.

Les déclarations sont individuelles et se font successivement ; elles sont signées des déclarants ou certifiées conformes à la déposition orale, pour ceux qui ne savent point écrire, par la signature du commissaire enquêteur, qui les reçoit et en dresse immédiatement procès-verbal.

Lors même que les déclarations sont identiques, elles doivent être consignées distributivement dans le procès-verbal, indépendamment les unes des autres, avec leurs raisons respectives, et, autant qu'il est possible, dans les termes propres aux déclarants. (*Instr. min. int., 20 août 1825.*)

7. Le commissaire enquêteur résume toutes les circonstances de l'opération et exprime son avis personnel.

L'information terminée est soumise à l'examen du conseil municipal qui donne son avis sur les observations qui y sont énoncées. Les pièces sont ensuite transmises au sous-préfet, qui exprime son avis par un arrêté motivé, qu'il fait passer, avec les pièces, au préfet du département. (*Instr. min. int., 2 mai 1801.*)

8. Tous les travaux publics entrepris par l'Etat, les départements, les communes, ne peuvent être exécutés qu'en vertu d'une loi, d'un décret ou d'un arrêté préfectoral, précédés d'une enquête administrative, dont les formes sont réglées par l'ordonnance du 18 février 1834, pour les travaux intéressant l'Etat et les départements, et par l'ordonnance du 23 août 1835 pour les travaux d'intérêt purement communal.

§ 2. — Travaux intéressant l'Etat et les départements.

9. A l'égard des travaux intéressant l'Etat et les départements, l'enquête peut s'ouvrir sur un avant-projet où l'on fait connaître le tracé général de la ligne des travaux, les dispositions principales des ouvrages les plus importants, et l'appréciation sommaire des dépenses. — S'il s'agit d'un canal, d'un chemin de fer ou d'une canalisation de rivière, l'avant-projet doit être accompagné d'un nivellement en longueur et d'un certain nombre de profils transversaux; et, si le canal est à point de partage, on indique les eaux qui doivent l'alimenter. (*Ord., 18 févr. 1834, art. 2.*)

10. A l'avant-projet doit être joint, dans tous les cas, un mémoire descriptif indiquant le but de l'entreprise et les avantages qu'on peut s'en promettre; on y annexe le tarif des droits dont le produit est destiné à couvrir les frais des travaux projetés, si ces travaux doivent devenir la matière d'une concession. (*Ord. préc., art. 3.*)

11. Il est formé, au chef-lieu de chacun des départements que la ligne des travaux doit traverser, une commission de neuf membres au moins et de treize au plus, pris parmi les principaux propriétaires de terres, de bois, de mines, les négociants, les armateurs et les chefs d'établissements industriels. — Les membres et le président de cette commission sont désignés par le préfet dès l'ouverture de l'enquête. (*Ord. préc., art. 4.*)

12. Des registres destinés à recevoir les observations auxquelles pourra donner lieu l'entreprise projetée sont ouverts, pendant un mois au moins et quatre mois au plus, au chef-lieu de chacun des départements et des arrondissements que la ligne de travaux devra traverser. — Les pièces qui doivent servir de base à l'enquête restent déposées pendant le même temps et aux mêmes lieux. — La durée de l'ouverture des registres est déterminée, dans chaque cas particulier, par l'administration supérieure. — Cette durée, ainsi que l'objet de l'enquête, sont annoncés par des affiches. (*Ord. préc., art. 5.*)

13. A l'expiration du délai fixé, la commission se réunit sur-le-champ; elle examine les déclarations consignées aux registres de l'enquête; elle entend les ingénieurs des ponts et chaussées et des mines employés dans le département, et, après avoir recueilli auprès de toutes les personnes qu'elle juge utile de consulter, les renseignements dont elle croit avoir besoin, elle donne son avis motivé, tant sur l'utilité de l'entreprise que sur les diverses questions posées par l'administration. — Ces diverses opérations, dont elle dresse procès-verbal, doivent être terminées dans un nouveau délai d'un mois. (*Ord. préc., art. 6.*)

14. Le procès-verbal de la commission d'enquête est clos immédiatement; le président de la commission le transmet sans délai, avec les registres et les autres pièces, au préfet, qui l'adresse, avec son avis, à l'administration supérieure, dans les quinze jours qui suivent la clôture du procès-verbal. (*Ord. préc., art. 7.*)

15. Les chambres de commerce, et au besoin les chambres consultatives des arts et manufactures des villes intéressées à l'exécution des travaux, sont appelées à délibérer et à exprimer leur opinion sur l'utilité et la convenance de l'opération. — Les procès-verbaux de leurs délibérations doivent être transmis au préfet avant l'expiration du délai fixé pour l'ouverture des registres d'enquête. (*Ord. préc., art. 8.*)

16. Si la ligne des travaux n'excède pas les limites de l'arrondissement dans lequel ils sont situés, le délai de l'ouverture des registres et du dépôt des pièces doit être fixé au plus à un mois et demi, et au moins à vingt jours. — La commission d'enquête se réunit au chef-lieu de l'arrondissement, et le nombre de ses membres varie de cinq à sept. (*Ord. préc., art. 10.*)

§ 3. — Travaux intéressant les communes.

17. A l'égard des travaux d'intérêt purement communal, l'enquête s'ouvre sur un projet où l'on fait connaître le but de l'entreprise, le tracé des travaux, les dispositions principales des ouvrages, et l'appréciation sommaire des dépenses. (*Ord., 23 août 1835, art. 2.*)

18. Ce projet est déposé à la mairie pendant quinze jours, pour que chaque

habitant puisse en prendre connaissance; à l'expiration de ce délai, un commissaire, désigné par le préfet, reçoit à la mairie, pendant trois jours consécutifs, les déclarations des habitants sur l'utilité publique des travaux projetés. — Les délais pour le dépôt des pièces à la mairie et pour la durée de l'enquête peuvent être prolongés par le préfet. — Dans tous les cas, ces délais ne courent qu'à dater de l'avertissement donné par voie de publications et d'affiches. — Il doit être justifié de l'accomplissement de cette formalité par un certificat du maire. (*Ord., 23 août 1835, art. 3.*)

19. Après avoir clos et signé le registre de ces déclarations, le commissaire le transmet immédiatement au maire, avec son avis motivé et les pièces de l'instruction. — Si le registre d'enquête contient des déclarations contraires à l'adoption du projet, ou si l'avis du commissaire lui est opposé, le conseil municipal est appelé à les examiner, et émet son avis par une délibération motivée dont le procès-verbal est joint aux pièces. — Dans tous les cas, le maire adresse immédiatement les pièces au sous-préfet, et celui-ci au préfet, avec son avis motivé. (*Ord. préc., art. 4.*)

20. Une enquête spéciale est prescrite dans les cas où il doit y avoir lieu à expropriation pour utilité publique, lorsque l'utilité publique a été déclarée. Les formes de cette enquête sont déterminées par les art. 5 à 12 inclus de la loi du 3 mai 1841. — V. EXPROPRIATION POUR CAUSE D'UTILITÉ PUBLIQUE.

ENRAYAGE DES VOITURES.

Loi du 30 mai 1851. — Décret du 10 août 1852.

§ 1er. — Voitures servant au transport des personnes.

1. Toute voiture publique doit être munie d'une machine à enrayer agissant sur les roues de derrière, et disposée de manière à pouvoir être manœuvrée de la place assignée au conducteur.

Les voitures doivent être, en outre, pourvues d'un sabot et d'une chaîne d'enrayage, que le conducteur placera à chaque descente rapide.

Les préfets peuvent dispenser de l'emploi de ces appareils les voitures qui parcourent uniquement des pays de plaine. (*L., 30 mai 1851, art. 2, § 3, n° 2°. — Décr., 10 août 1852, art. 27.*)

§ 2. — Voitures servant au transport des marchandises.

2. Le mode d'enrayage des voitures ne servant pas au transport des personnes, ne pouvant généralement intéresser que les voituriers, n'est pas déterminé par le règlement sur la police du roulage. Il peut être, toutefois, l'objet de mesures de police prises par les préfets ou par les maires, suivant le besoin des localités. (*Arr. cass., 25 avril et 30 mai 1846.*)

§ 3. — Pénalité.

3. Les contraventions du § 1er sont punies d'une amende de 16 à 200 fr., et d'un emprisonnement de six à dix jours; elles sont justiciables du tribunal correctionnel. (*L., 30 mai 1851, art. 6, et 19, § 2.*) Les contraventions du § 2 sont punies d'une amende de 1 à 5 fr. (*Cod. pén., art. 471, n° 15*); elles sont justiciables du tribunal de simple police.

ENREGISTREMENT. — Form. mun., tom. IV, pag. 616.

LÉGISLATION.

Lois des 22 frimaire an 7-12 décembre 1798; — 28 avril 1816; — 25 mars 1817; — 16 juin 1824.

SOMMAIRE.

§ 1er. — Des droits d'enregistrement.

1. Les droits d'enregistrement ont remplacé les droits de *contrôle*, d'*insinuation*, de *centième denier* introduits par les anciens édits pour constater la date des actes et leur donner plus de force et d'authenticité.

2. Les droits sont fixes ou proportionnels, suivant la nature des actes et mutations qui y sont assujetties. (*L., 22 frim. an 7-12 déc. 1798, art. 2.*)

3. Le droit fixe s'applique aux actes, soit civils, soit judiciaires ou extrajudiciaires, qui ne contiennent ni obligation, ni libération, ni condamnation, collocation ou liquidation de sommes et valeurs, ni transmission de propriété, d'usufruit ou de jouissance de biens meubles ou immeubles. (*L. préc., art. 3.*)

4. Le droit proportionnel est établi pour les obligations, libérations, condamnations, collocations ou liquidations de sommes et valeurs, et pour toute transmission de propriété, d'usufruit ou de jouissance de biens meubles et immeubles, soit entre vifs, soit par décès. (*L. préc., art. 4.*)

5. Les actes civils et extrajudiciaires sont enregistrés sur les minutes, brevets ou originaux. (*L. préc., art. 7.*)

Les actes judiciaires sont aussi enregistrés sur les minutes ou originaux (*L., 28 avril 1816, art. 38*); mais les actes et procès-verbaux pour faits de police, et les jugements qui interviennent sur ces actes et procès-verbaux sont enregistrés en débet, et la rentrée des droits d'enregistrement est suivie contre les parties condamnées, d'après les extraits des jugements fournis aux préposés de la régie par les greffiers. (*L., 22 frim. an 7-12 déc. 1798, art. 70.*)

§ 2. — Délais pour l'enregistrement des actes.

6. Les délais pour faire enregistrer les actes publics sont, savoir : de quatre jours pour ceux des huissiers et autres ayant pouvoir de faire des exploits et procès-verbaux; de dix jours pour les actes des notaires qui résident dans la commune où le bureau d'enregistrement est établi ; de quinze jours, pour ceux des notaires qui n'y résident pas; de vingt jours, pour les actes judiciaires soumis à l'enregistrement sur les minutes, et pour ceux dont il ne reste pas de minute au greffe ou qui se délivrent en brevet; de vingt jours aussi, pour les actes des administrations centrales et municipales assujettis à la formalité de l'enregistrement. (*L. préc., art. 20.*)

7. Les actes sous signature privée et qui portent transmission de propriété ou d'usufruit de biens immeubles, et les baux à ferme ou à loyer, sous-baux, cessions et subrogations de baux, et les engagements, aussi sous signature privée, de biens de même nature, sont enregistrés dans les trois mois de leur date. (*L. préc., art. 22.*)

8. Il n'y a point de délai de rigueur pour l'enregistrement de tous autres actes sous signature privée ou passés en pays étranger; mais il ne peut en être fait aucun usage, soit par acte public, soit en justice ou devant toute autre autorité constituée, qu'ils n'aient été préalablement enregistrés. (*L. préc., art. 23.*)

§ 3. — Des bureaux où les actes doivent être enregistrés.

9. Les huissiers et tous autres ayant pouvoir de faire des exploits, procès-verbaux ou rapports, doivent faire enregistrer leurs actes, soit au bureau de leur résidence, soit au bureau du lieu où ils les ont faits. — Les greffiers et les secrétaires des administrations centrales et municipales font enregistrer les actes qu'ils sont tenus de soumettre à cette formalité, aux bureaux dans l'arrondissement desquels ils exercent leurs fonctions. — Les actes sous signature privée et ceux passés en pays étranger, peuvent être enregistrés dans tous les bureaux indistinctement. (*L. préc., art. 26.*)

§ 4. — Du paiement des droits et de ceux qui doivent les acquitter.

10. Les droits des actes à enregistrer sont acquittés, savoir : par les huissiers et autres ayant pouvoir de faire des exploits et procès-verbaux, pour ceux de leur ministère; par les greffiers pour les actes et jugements (sauf le cas prévu par l'art. 37 [1]) qui doivent être enregistrés sur les minutes, et ceux passés et reçus aux greffes; par les secrétaires des administrations centrales et municipales, pour les actes de ces administrations qui sont soumis à la formalité de l'enregistrement, sauf aussi le cas prévu par l'art. 37 [1]. (*L. préc., art. 29.*)

---

[1] V. ci-après (14).

11. Les officiers publics qui, aux termes des dispositions précédentes, auraient fait, pour les parties, l'avance des droits d'enregistrement, peuvent prendre exécutoire du juge de paix de leur canton, pour leur remboursement. (*L., 22 frim. an 7-12 déc. 1798, art. 30.*)

12. Les greffiers qui négligent de soumettre à l'enregistrement, dans le délai fixé, les actes qu'ils sont tenus de présenter à cette formalité, doivent payer personnellement, à titre d'amende et pour chaque contravention, une somme égale au montant du droit. Ils doivent acquitter en même temps le droit, sauf leur recours, pour ce droit seulement, contre la partie. (*L. préc., art. 35.*)

13. Les dispositions de l'article précédent s'appliquent également aux secrétaires des administrations centrales et municipales, pour chacun des actes qu'il leur est prescrit de faire enregistrer, s'ils ne les ont pas soumis à l'enregistrement dans le délai. (*L. préc., art. 36.*)

14. Il est néanmoins fait exception aux dispositions des deux articles précédents quant aux jugements rendus à l'audience, qui doivent être enregistrés sur les minutes, et aux actes d'adjudication passés en séance publique des administrations, lorsque les parties n'auront pas consigné aux mains des greffiers et des secrétaires, dans le délai prescrit pour l'enregistrement, le montant des droits fixés par la loi. — Dans ce cas, le recouvrement doit être poursuivi contre les parties par les receveurs, et elles doivent supporter en outre la peine du droit en sus. — Pour cet effet, les greffiers et les secrétaires doivent fournir aux receveurs de l'enregistrement, dans les dix jours qui suivent l'expiration du délai, des extraits par eux certifiés des actes et jugements dont les droits ne leur ont pas été remis par les parties, à peine d'une amende de dix fr. pour chaque décade de retard (¹) et pour chaque acte et jugement, et d'être en outre personnellement contraints au paiement des doubles droits. (*L. préc., art. 37.*)

15. Les greffiers et les secrétaires des administrations centrales et municipales ne peuvent délivrer en brevet, copie ou expédition, aucun acte soumis à l'enregistrement sur la minute ou l'original, ni faire aucun autre acte en conséquence, avant qu'il ait été enregistré, à peine de dix fr. d'amende, outre le paiement du droit. (*L. préc., art. 41. — L., 16 juin 1824, art. 10.*)

16. Aucun greffier, secrétaire ou officier public ne peut faire ou rédiger un acte en vertu d'un acte sous signature privée, ou passé en pays étranger, l'annexer à ses minutes, ni le recevoir en dépôt, ni en délivrer extrait, copie ou expédition, s'il n'a été préalablement enregistré, à peine de dix fr. d'amende, et de répondre personnellement du droit. (*L. préc., art. 42. — L. et art. préc.*)

17. Il est défendu aux juges et arbitres de rendre aucun jugement, et aux administrations centrales et municipales de prendre aucun arrêté, en faveur des particuliers, sur des actes non enregistrés, à peine d'être personnellement responsables des droits. (*L., 22 frim. an 7-12 déc. 1798, art. 47.*)

18. Toutes les fois qu'une condamnation est rendue ou qu'un arrêté est pris sur un acte enregistré, le jugement, la sentence arbitrale ou l'arrêté doit en faire mention, et énoncer le montant du droit payé, la date du paiement et le nom du bureau où il a été acquitté. (*L. préc., art. 48.*)

19. Les maires doivent, dans le courant des mois de janvier, avril, juillet et octobre de chaque année, adresser au receveur de l'enregistrement de leur canton, le relevé par eux certifié de tous les décès survenus durant le trimestre précédent. Ils fournissent ces relevés sur papier non timbré, et le receveur leur en délivre un récépissé également sur papier libre, sous peine d'une amende de dix fr. (*L. préc., art. 55. — L., 16 juin 1824, art. 10.*)

§ 5. — Des Répertoires.

20. Les notaires, huissiers, greffiers, et les secrétaires des administrations centrales et municipales, doivent tenir des répertoires à colonnes, sur lesquels ils inscrivent, jour par jour, sans blanc ni interligne, et par ordre de numéros,

---

(¹) Cette amende progressive a été réduite à une seule amende de dix fr., quelle que soit la durée du retard, par la loi du 16 juin 1824, art. 10.

savoir : .... 3° les greffiers, tous les actes et jugements qui doivent être enregistrés sur les minutes, à peine d'une amende de cinq francs par chaque omission; 4° les secrétaires, tous les actes des administrations qui doivent aussi être enregistrés sur les minutes, à peine d'une amende de cinq francs par chaque omission. (*L. 22 frim. an 7-12 déc. 1798, art. 49. — L., 16 juin 1824, art. 10.*)

21. Chaque article du répertoire doit contenir, 1° son numéro; 2° la date de l'acte; 3° sa nature; 4° les noms et prénoms des parties et leur domicile; 5° l'indication des biens, leur situation et le prix, lorsqu'il s'agit d'actes qui ont pour objet la propriété, l'usufruit ou la jouissance de biens fonds; 6° la relation de l'enregistrement. (*L., 22 frim. an 7-12 déc. 1798, art. 50.*)

22. Les notaires, huissiers, greffiers et secrétaires des administrations centrales et municipales doivent présenter tous les trois mois leurs répertoires aux receveurs de l'enregistrement de leur résidence, qui les visent et énoncent dans leur visa le nombre des actes inscrits. Cette présentation a lieu chaque année dans les dix premiers jours des mois de janvier, avril, juillet et octobre, à peine d'une amende de dix fr. (*L. préc., art. 51.— L., 16 juin 1824, art. 10.*)

23. Indépendamment de la représentation ordonnée par l'article précédent, les notaires, huissiers, greffiers et secrétaires sont tenus de communiquer leurs répertoires, à toute réquisition, aux préposés de l'enregistrement qui se présenteront chez eux pour les vérifier, à peine d'une amende de dix fr. en cas de refus. (*L. préc., art. 52. — L. et art. préc.*)

24. Les répertoires sont cotés et paraphés, savoir : ceux des notaires, huissiers et greffiers de la justice de paix, par le juge de paix de leur domicile; ceux des secrétaires des administrations, par les préfets ou les sous-préfets. (*L., 22 frim. an 7, art. 53.*)

§ 6. — Actes exempts de l'enregistrement. — Actes à enregistrer en débet et gratis.

25. Sont exempts de la formalité de l'enregistrement ..... 2° les actes d'administration publique qui n'y sont pas spécialement soumis;... 4° les rescriptions, mandats et ordonnances de paiement sur les caisses nationales, leurs endossements et acquits; 5° les quittances de contributions, droits, créances et revenus payés à l'Etat, celles pour charges locales, et celles des fonctionnaires et employés salariés par l'Etat, pour leurs traitements et émoluments; 6° les ordonnances de décharge ou de réduction, remise ou modération d'imposition, les quittances y relatives, les rôles et extraits d'iceux; 7° les récépissés délivrés aux collecteurs, aux receveurs de deniers publics et de contributions locales, et les comptes des recettes ou gestions publiques; 8° les actes de naissance, décès et mariages, reçus par les officiers de l'état civil, et les extraits qui en sont délivrés;..... 11° les légalisations de signatures d'officiers publics; 12° les affirmations de procès-verbaux des employés, gardes et agents salariés par l'Etat, faits dans l'exercice de leurs fonctions. *L., 22 frim. an 7-12 déc. 1798, art. 70, § 3.*)

26. Les actes et procès-verbaux des huissiers, gendarmes, préposés, gardes champêtres ou forestiers (autres que ceux des particuliers), et généralement tous actes et procès-verbaux concernant la police ordinaire, et qui ont pour objet la poursuite et la répression des délits et contraventions aux règlements généraux de police et d'impositions, sont enregistrés *en débet*, lorsqu'il n'y a pas de partie civile poursuivante, sauf à suivre le recouvrement des droits contre les condamnés. (*L., 25 mars 1817, art. 74.*)

27. Sont enregistrés *gratis* les exploits, commandements, significations, sommations, établissements de garnison, saisies-arrêts et autres actes, tant en action qu'en défense, ayant pour objet le recouvrement des contributions directes ou indirectes, et de toutes autres sommes dues à l'Etat, même des contributions locales, lorsqu'il s'agit de cotes de 25 fr. et au-dessous, ou de droits et créances non excédant en total la somme de 25 fr. (*L., 22 frim. an 7-12 déc. 1798, art. 70.*)

28. Sont encore enregistrés *gratis* les actes de procédure et les jugements à la requête du ministère public ayant pour objet, 1° de réparer les omissions, et faire les rectifications sur les registres de l'état civil, d'actes qui intéressent les

individus notoirement indigents; 2° de remplacer les registres de l'état civil perdus ou incendiés par les événements de la guerre, et de suppléer aux registres qui n'auraient pas été tenus. (*L., 25 mars 1817, art. 75.*)

29. Les plans, procès-verbaux, certificats, significations, jugements, contrats, quittances et autres actes faits en vertu de la loi sur l'expropriation pour cause d'utilité publique, sont enregistrés *gratis*, lorsqu'il y a lieu à la formalité de l'enregistrement. (*L., 3 mai 1841, art. 58.*)

ENSEIGNES. — Form. mun., tom. IV, pag. 620.

1. Les maires et adjoints ayant dans leurs attributions tout ce qui a trait à la police municipale, il s'ensuit que les enseignes sont sous leur surveillance, et qu'il ne peut en être établi sans une permission de la petite voirie. La demande en est adressée au maire en double expédition, dont l'une sur papier timbré; cette demande doit indiquer *littéralement* les inscriptions et autres objets que l'on veut mettre sur l'enseigne, écriteau ou tableau, dont les conditions de solidité, de saillie, de forme, doivent être conformes aux lois et règlements sur la voirie. — V. Voirie.

2. L'autorisation accordée par le maire est inscrite en marge de l'expédition timbrée de la pétition, et elle indique les diverses conditions auxquelles le pétitionnaire doit se conformer.

3. Les contrevenants sont, outre la suppression et l'enlèvement des enseignes ou écriteaux, punis d'une amende de un à cinq fr. (*Cod. pén., art. 471, n° 5.*)

4. Les cabaretiers, aubergistes, traiteurs, restaurateurs, et tous débitants, doivent indiquer par une enseigne ou bouchon leur qualité de débitant. (*L., 28 avril 1816, contrib. ind., art. 50.*)

5. Toute brasserie en activité porte une enseigne sur laquelle est écrit le mot : *Brasserie.* (*L. préc., art. 124.*)

6. Les enseignes (ou tableaux) sont soumises à un droit de voirie. (*Décr., 27 oct. 1808.*)

ENTREPOTS DE DOUANES. — Form. mun., tom. IV, pag. 621.

LÉGISLATION.

Loi du 27 février 1832.

1. Il peut être établi, par décret, des entrepôts réels de douane dans toutes les villes qui le demandent, et qui remplissent les conditions déterminées ci-après. (*L., 27 févr. 1832, art. 1er.*)

2. Le séjour des marchandises en entrepôt ne peut excéder les trois années fixées par l'art. 14 de la loi du 17 mai 1826, lesquelles sont comptées du jour de l'importation des marchandises par terre ou par mer. Les mutations qui peuvent être faites d'un entrepôt sur l'autre ne donnent lieu à aucune prolongation de ce délai. (*L. préc., art. 3.*)

3. Pour obtenir l'établissement de l'entrepôt, les villes auxquelles la faculté en a été accordée doivent préalablement y avoir affecté un bâtiment spécial, isolé, et distribué intérieurement de manière à ce qu'on y puisse classer séparément les marchandises d'origines diverses. — Ces édifices doivent avoir été agréés par le gouvernement. (*L. préc., art. 9.*)

4. Les villes qui demandent l'établissement d'un entrepôt doivent pourvoir à la dépense spéciale nécessitée par la création et le service desdits entrepôts, tant pour les bâtiments que pour les salaires des employés, et généralement à tous les frais occasionnés par ces entrepôts (1). — Ces villes jouissent des droits de magasinage dans l'entrepôt. — Elles peuvent faire concession de ces droits, avec concurrence et publicité, à des adjudicataires qui se chargent de la dépense du local, de la construction et de l'entretien des bâtiments, ainsi que de toutes les autres

---

(1) La dépense relative au service de perception et de surveillance des entrepôts de douanes créés en vertu de la loi du 27 février 1832, a été mise à la charge de l'État, à partir du 1er janvier 1840, par la loi de finances du 10 août 1839, art. 11.

charges de l'entrepôt. — Sur le refus du conseil municipal, la chambre de commerce du lieu peut se charger de remplir les mêmes obligations, au moyen d'une association d'actionnaires constituée en société anonyme. (*L. 27 févr. 1832, art. 10.*)

Les villes peuvent s'imposer pour cette dépense comme pour toute autre dépense communale. (*Avis com. int., 19 août 1834.*)

5. Lorsqu'il y a lieu de demander la création d'un entrepôt de douanes, le conseil municipal est appelé à délibérer, et sa délibération, remise au sous-préfet ou au préfet, est envoyée par ce fonctionnaire au ministre du commerce, qui est chargé de provoquer le décret de création, conformément à l'art. 1er de la loi du 27 février 1832.

6. Quant aux pièces à produire, en ce qui concerne la construction de l'entrepôt, si la ville la fait à son compte, V. CONSTRUCTIONS.

ENTREPRENEURS DE TRAVAUX PUBLICS. — Form. mun., tom. IV, pag. 622.

1. Les entrepreneurs de travaux publics intéressant l'Etat ou les communes, ont à produire diverses garanties, soit pour être admis aux adjudications, soit pour répondre de leurs engagements. — V. MARCHÉS.

2. Nul ne doit être admis à concourir aux adjudications s'il n'a les qualités requises pour entreprendre les travaux et en garantir le succès. A cet effet, chaque concurrent est tenu de fournir un certificat constatant sa capacité, et de présenter un acte régulier, ou au moins une promesse valable de cautionnement. Il n'est pas exigé de certificat de capacité pour les fournitures de matériaux destinés à l'entretien des routes, ni pour les travaux de terrassement dont l'estimation ne s'élève pas à plus de 15,000 fr. (*Ord. roy., 10 mai 1829, art. 9.*)

Le certificat doit être délivré dans les trois ans qui précèdent l'adjudication. Il doit contenir l'indication des travaux exécutés ou suivis par l'entrepreneur, ainsi que la justification de l'accomplissement des engagements qu'il a contractés. (*Cah. des charg. de l'Adm. des ponts et chauss., 25 août 1833, art. 1er.*)

3. Le montant du cautionnement n'excède pas le trentième de l'estimation des travaux, déduction faite de toutes les sommes portées à valoir pour cas imprévus, indemnités de terrains et ouvrages en régie.

Ce cautionnement est mobilier ou immobilier, à la volonté des soumissionnaires. Les valeurs mobilières ne peuvent être que des effets publics ayant cours sur la place. (*Ord. roy., 10 mai 1829, art. 20.— Cah. des charg. préc., art. 2.*)

4. Les entrepreneurs sont responsables de l'exécution régulière de tous les ouvrages compris dans les projets; les altérations ou changements qui n'ont pas été expressément approuvés par l'autorité administrative demeurent à leur charge. Les préfets ne doivent rien allouer aux entrepreneurs pour des travaux qui n'ont pas été ordonnés selon les formes; mais les entrepreneurs peuvent exercer un recours contre les architectes, dans le cas où ceux-ci ont pris sur eux de donner des ordres contraires aux plans et devis arrêtés. (*Circ. min. int., 22 juill. 1816. — Cod. civ., art. 1793.*)

5. Il n'est alloué à l'entrepreneur aucune indemnité à raison des pertes, avaries ou dommages occasionnés par négligence, imprévoyance, défaut de moyens ou fausses manœuvres. Ne sont pas compris toutefois dans la disposition précédente les cas de force majeure qui, dans le délai de dix jours au plus après l'événement, auraient été signalés par l'entrepreneur : dans ces cas, néanmoins, il ne peut être rien alloué qu'avec l'approbation de l'administration. Passé le délai de dix jours, l'entrepreneur n'est plus admis à réclamer. (*Cah. des charg., 25 août 1833, art. 26.*)

6. Les paiements d'à-compte pour ouvrages faits s'effectuent en raison de l'avancement des travaux, en vertu des mandats du préfet, expédiés sur les certificats de l'ingénieur en chef, d'après les états fournis par l'ingénieur ordinaire, jusqu'à concurrence des neuf dixièmes de la dépense, et déduction faite des à-compte qui ont pu être délivrés sur les approvisionnements avant leur emploi.

Les paiements ne pouvant être faits qu'au fur et à mesure des ordonnances et des fonds disponibles, il n'est jamais alloué d'indemnité, sous aucune dénomination, pour retard de paiement pendant l'exécution des travaux.

Toutefois, si les travaux, étant définitivement reçus, l'entrepreneur ne peut pas être entièrement soldé à l'expiration du délai de garantie, il pourra prétendre à des intérêts pour cause de retard de paiement de la somme qui lui reste due à dater de cette époque. (*Cah. des charg. de l'Adm. des ponts et chauss., 25 août 1833, art. 34.*)

7. Le dernier dixième ne doit être payé à l'entrepreneur qu'après l'expiration du délai fixé pour la garantie des ouvrages, sauf les justifications préalables exigées par le quatrième paragraphe de l'art. 9.

Immédiatement après l'achèvement des travaux, il est procédé à leur réception provisoire, et la réception définitive n'a lieu qu'après l'expiration du délai de garantie. Pendant ce délai, l'entrepreneur demeure responsable de ses ouvrages, et est tenu de les entretenir.

Ce délai de garantie est de trois mois après la réception, pour les travaux d'entretien; de six mois pour les terrassements et les chaussées d'empierrement; d'un ou de deux ans pour les ouvrages d'art, selon les stipulations du devis. (*Cah. des charg. préc., art. 35.*)

8. Les difficultés existant entre les entrepreneurs de travaux publics et l'administration, sur le sens et l'exécution des clauses de leurs marchés, sont de la compétence des conseils de préfecture. Il en est de même des réclamations des particuliers qui se plaignent des torts et dommages procédant du fait personnel des entrepreneurs, et non du fait de l'administration. (*L., 28 pluv. an 8-17 févr. 1800, art. 4.*)

9. Les créanciers particuliers des entrepreneurs et adjudicataires des ouvrages faits ou à faire pour le compte de la nation, ne peuvent, jusqu'à l'organisation définitive des travaux publics, faire aucune saisie-arrêt ni opposition sur les fonds déposés dans les caisses des receveurs de district, pour être délivrés auxdits entrepreneurs ou adjudicataires. (*Décr., 26 pluv. an 2-14 févr. 1794, art. 1er.*)

10. Ne sont point comprises dans les dispositions des articles précédents, les créances provenant du salaire des ouvriers employés par lesdits entrepreneurs, et les sommes dues pour fournitures de matériaux et autres objets servant à la construction des ouvrages. (*Décr. préc., art. 3.*)

11. Néanmoins, les sommes qui restent dues aux entrepreneurs ou adjudicataires après la réception des ouvrages, peuvent être saisies par leurs créanciers particuliers, lorsque les dettes mentionnées en l'art. 3 auront été acquittées. (*Décr. préc., art. 4.*)

V. Travaux publics et Travaux communaux.

ÉPIDÉMIES. — Form. mun., tom. IV, pag. 623.

1. La loi du 16-24 août 1790, tit. 11, art. 3, n° 5, a mis au nombre des attributions municipales le soin de prévenir, par des précautions convenables, et celui de faire cesser, par la distribution des secours nécessaires, les accidents et fléaux calamiteux, tels que les incendies, les épidémies, les épizooties, en provoquant aussi dans ces deux derniers cas, l'autorité des administrations départementales.

2. Il doit y avoir dans chaque arrondissement un médecin des épidémies, dont le devoir est de se rendre immédiatement, à la demande des préfets et des sous-préfets, dans toute commune où l'on signale l'existence d'une épidémie. Ces médecins sont nommés par le ministre de l'intérieur, sur la présentation des préfets.

3. Les médecins des épidémies n'ont droit à aucun traitement; ils doivent seulement être indemnisés de leurs frais de voyage et de déplacement, lorsqu'ils ont quelque mission à remplir. Les préfets n'ont pas besoin d'autorisation préalable pour faire acquitter sur les fonds départementaux les frais occasionnés par le traitement des épidémies. (*Circ. min., 13 avril 1835.*)

4. Une circulaire du 24 mai 1836 renouvelle l'invitation de recommander aux maires d'avertir, sans aucun retard, le sous-préfet de leur arrondissement, aussitôt que l'accroissement de la mortalité ou celui du nombre des malades peut faire soupçonner l'existence d'une maladie épidémique. Le médecin des épidémies doit être envoyé immédiatement sur les lieux dès qu'il y a quelque sujet

de crainte, et le préfet doit adresser au ministre le rapport de ce médecin, rédigé dans la forme prescrite par les instructions.

5. La cause de l'épidémie est le plus souvent dans la putréfaction de l'air. Les maires, les adjoints, les commissaires de police, doivent redoubler de soins pour que les rues et les places publiques soient balayées et arrosées tous les jours; qu'il n'y soit rien jeté des maisons qui puisse causer des exhalaisons nuisibles; qu'il n'y séjourne aucuns fumiers; que les boues et immondices soient enlevées promptement. Ils doivent, en un mot, employer tous les moyens d'assainissement.

6. De l'aveu des plus habiles praticiens, l'*insalubrité* des localités est, parmi toutes les causes qui favorisent les épidémies, l'une de celles qui agissent avec la plus redoutable intensité. Dans diverses contrées de la France, elle a fait passer certaines maladies pestilentielles à l'état endémique, c'est-à-dire, qu'elles y règnent avec une constance et une régularité déplorables. Ailleurs, ce sont des amas de matières putréfiées, des flaques d'eaux corrompues, qui, dans les temps malheureux, favorisent l'arrivée du fléau et en prolongent la durée. Dans beaucoup de villages, les inhumations ont lieu près de l'église, souvent au centre de l'agglomération. Les maires sont investis de toute l'autorité nécessaire pour faire exécuter les prescriptions de police municipale se rapportant aux observations suivantes de l'Académie de médecine de Paris, concernant l'hygiène publique, observations dont les préfets ont recommandé dernièrement aux maires la mise en pratique. Cette Académie signale, entre autres, comme causes principales d'insalubrité:

1° Les amas de fumiers que les habitants des campagnes ont coutume de former à proximité de leurs maisons;

2° Le défaut d'aération, l'humidité, et le peu de propreté de ces habitations, qui sont souvent en communauté avec les animaux domestiques;

3° La situation des cimetières au centre des communes, et la profondeur insuffisante des fosses destinées aux sépultures, qui n'ont quelquefois que de 75 à 80 centim., au lieu de 1 mèt. 50 centim. à 2 mèt. voulus par les règlements (V. Cimetières);

4° Le mauvais état d'entretien et le défaut de pente des rues et des voies publiques des communes rurales. (*Acad. de méd. de Paris.*)

ÉPIZOOTIES. — Form. mun., tom. IV, pag. 321.

LÉGISLATION.

Arrêté du 27 messidor an 5-15 juillet 1797.

§ 1er. — Moyens préservatifs et répressifs.

1. L'arrêté du 27 messidor an 5-15 juillet 1797, a prescrit l'exécution des dispositions qui suivent, extraites d'anciens règlements.

2. Tout propriétaire ou détenteur de bêtes à cornes, à quelque titre que ce soit, qui a une ou plusieurs bêtes malades ou suspectes, est obligé, sous peine de 500 fr. d'amende, d'en avertir sur-le-champ le maire de sa commune (1), qui les fait visiter par l'expert le plus prochain ou par celui qui a été désigné par le département ou le canton. (*Arr. du parlem., 24 mars 1745. — Arr. cons., 19 juill. 1746, art. 3, et 16 juill. 1784, art. 1er.*)

3. Lorsque, d'après le rapport de l'expert, il est constaté qu'une ou plusieurs bêtes sont malades, le maire veille à ce que ces animaux soient séparés des autres, et ne communiquent avec aucun animal de la commune. Les propriétaires, sous quelque prétexte que ce soit, ne peuvent les faire conduire dans les pâturages ni aux abreuvoirs communs, et ils sont tenus de les nourrir dans des lieux renfermés, sous peine de 100 fr. d'amende. (*Arr. cons., 19 juill. 1746, art. 2.*)

4. Le maire en informe, dans le jour, le sous-préfet, auquel il indique le nom du propriétaire et le nombre des bêtes malades. Le sous-préfet fait part du tout au préfet (1). (*Arr. préc.*)

5. Aussitôt qu'il est prouvé au maire que l'épizootie existe dans une commune, il en instruit tous les propriétaires de bestiaux de ladite commune, par une affi-

(1) Ces agents administratifs sont au lieu et place de ceux qui fonctionnaient en 1746.

che posée au lieu où se placent les actes de l'autorité publique, laquelle affiche enjoint auxdits propriétaires de déclarer aux maires le nombre de bêtes à cornes qu'ils possèdent, avec désignation d'âge, de taille, de poil, etc. Copie de ces déclarations est envoyée au sous-préfet, et par celui-ci au préfet. (*Arr. cons.*, *19 juill. 1746, art. 4.*)

6. En même temps, le maire fait marquer, sous ses yeux, toutes les bêtes à cornes de sa commune avec un fer chaud, représentant la lettre M. Quand le préfet est assuré que l'épizootie n'a plus lieu dans le ressort du département, il ordonne une contre-marque telle qu'il le juge à propos, afin que les bêtes puissent aller et être vendues partout sans qu'on n'ait rien à en craindre. (*Arr. préc.*, *et 16 juill. 1784.*)

7. Afin d'éviter toute communication des bestiaux de pays infectés avec ceux de pays qui ne le sont pas, il est fait de temps en temps, par le maire ou par des personnes commises par lui, des visites chez les propriétaires de bestiaux, dans les communes infectées, pour s'assurer qu'aucun animal n'en a été distrait. (*Arr.*, *24 mars 1745, art. 1er.*)

8. Si, au mépris des dispositions précédentes, quelqu'un se permet de vendre ou d'acheter aucune bête marquée dans un pays infecté, pour la conduire dans un marché ou une foire, ou même chez un particulier de pays non infecté, il est puni de 500 fr. d'amende. Les propriétaires de bêtes, qui les font conduire par leurs domestiques ou autres personnes dans les marchés ou foires, ou chez des particuliers de pays non infectés, sont responsables du fait de ces conducteurs. (*Arr. cons.*, *19 juill. 1746, art. 5 et 6.*)

9. Il est enjoint à tout fonctionnaire public qui trouve sur les chemins ou dans les foires et marchés, des bêtes à cornes marquées de la lettre M, de les conduire devant le juge de paix, lequel les fait tuer sur-le-champ en sa présence. (*Arr. préc.*, *art. 7.*)

10. Aussitôt qu'une bête est morte, au lieu de la traîner, on la transporte à l'endroit où elle doit être enterrée, qui est, autant que possible, au moins à 50 toises des habitations : on la jette seule dans une fosse de 8 pieds de profondeur avec toute sa peau tailladée en plusieurs parties, et on la recouvre de toute la terre sortie de la fosse. Dans le cas où le propriétaire n'a pas la facilité d'en faire le transport, le maire en requiert un autre, et même les manouvriers nécessaires, à peine de 50 fr. contre les refusants. Dans les lieux où il y a des chevaux, on préfère de faire traîner par eux les voitures chargées de bêtes mortes, lesquelles voitures sont lavées à l'eau chaude après le transport. Il est défendu de les jeter dans les bois, dans les rivières ou à la voirie, et de les enterrer dans les étables, cours et jardins, sous peine de 300 fr. d'amende et de tous dommages et intérêts. (*Arr. du parlem.*, *1745, art. 5, et arr. cons.*, *1784, art. 6.*)

11. Les vétérinaires requis par l'autorité administrative pour combattre les épizooties contagieuses, doivent joindre à leur rapport sur les maladies des certificats des maires ou des adjoints des communes où ils ont été appelés, indiquant les dates des jours qu'ils ont passés dans ces communes, et leurs honoraires sont réglés à 8 fr. pour chacun de ces jours. Ces frais sont les seuls auxquels doive donner lieu l'exécution des mesures de police administrative prescrites pour les épizooties. Les frais de voyage, de nourriture en route, et même de fourniture de médicaments aux animaux malades, portés par des vétérinaires sur leurs mémoires, doivent être rejetés. L'administration peut inviter les vétérinaires à indiquer les moyens préservatifs ou curatifs à employer, mais les frais du traitement proprement dit des maladies restent à la charge des propriétaires des animaux. Les vétérinaires ne sont chargés, par l'autorité administrative, que de concourir à l'exécution des mesures de police propres à prévenir ou à arrêter la contagion, comme la visite des écuries et étables, la marque et l'isolement des bestiaux atteints, l'abatage de ceux reconnus incurables, et l'inspection des foires et marchés, sous le rapport de la salubrité. (*Circ. min. int.*, *18 oct. 1810.*)

12. La gendarmerie veille à l'exécution des ordres des autorités locales, pour prévenir ou réprimer les épizooties; elle veille, de plus, à ce que les animaux atteints et morts de cette maladie, ainsi que les chevaux morveux qui ont été abattus, soient enfouis avec leur cuir, pour prévenir et arrêter les effets des maladies contagieuses. (*Décr.*, *1er mars 1854, art. 525 et 526.*)

§ 2. — Pertes. — Secours.

13. D'après l'art. 13 de la loi du 19 vendémiaire an 6-10 octobre 1797, il est accordé des secours à ceux qui ont perdu des bestiaux par suite d'épizooties.

L'indemnité pour perte de bestiaux n'a lieu que dans le cas 1° où elles sont l'effet de maladies contagieuses ou d'incendies et autres cas majeurs; 2° où elles sont jugées, par les administrations, être assez graves pour mériter des secours. — Dans ce cas, il y a lieu à indemnité de la valeur des bestiaux de labour destinés à la charrue, et de la vache servant à l'entretien du ménage du perdant. (*L., 19 vend. an 6-10 oct. 1797, art. 19.*)

14. L'arrêté consulaire du 24 floréal an 8-14 mai 1800, confiait la constatation des pertes d'animaux domestiques aux soins des contrôleurs des contributions directes; mais les animaux morts par suite de maladies épizootiques devant être enfouis sans retard, il en résultait que si les agents des contributions indirectes ne se présentaient pas immédiatement pour procéder à l'estimation, les éléments d'appréciation avaient complétement disparu à leur arrivée. Le ministre de l'agriculture et du commerce a, en conséquence, décidé, de concert avec le ministre des finances, que les agents des contributions directes sont désormais dispensés de concourir à l'estimation des pertes d'animaux domestiques, pour lesquelles des secours sont demandés, et que les maires seuls demeurent chargés de cette estimation. Etant les premiers informés, ces fonctionnaires peuvent facilement, surtout en recourant, s'il y a lieu, à des experts, apprécier la valeur réelle des animaux perdus. (*Circ. min. agr. et comm., 26 juill. 1850.*)

15. Aucun propriétaire de bestiaux ne peut prétendre à un secours sur le crédit du centime spécial, sans justifier d'un certificat du maire, constatant qu'un vétérinaire breveté a été appelé pour soigner les animaux. Toutefois, ladite attestation n'est pas exigée, s'il n'y a pas de vétérinaire breveté dans un rayon de 8 kilom. autour de l'habitation du postulant, ou si les causes des pertes se sont déclarées trop subitement pour permettre de réclamer en temps utile les soins d'un homme de l'art, ou si, enfin, le défaut absolu de ressources n'a pas permis aux perdants d'y recourir. (*Circ. préc.*)

16. Les extraits de procès-verbaux d'estimation des contrôleurs, à joindre à l'appui des mandats de secours accordés, sont remplacés par les certificats des maires, indiquant la position nécessiteuse des intéressés, la valeur de leurs pertes, la possibilité ou l'impossibilité où ils se sont trouvés de faire soigner leurs bestiaux par un vétérinaire breveté, et leur position quant aux assurances. (*Circ. préc.*)

ÉTABLISSEMENTS DANGEREUX, INSALUBRES OU INCOMMODES.

LÉGISLATION.

Décret du 15 octobre 1810. — Ordonnance du 15 février 1815.

1. Les établissements qui présentent quelque danger ou qui répandent une odeur insalubre ou incommode, ne peuvent être formés sans une permission de l'autorité administrative. Ils ont été divisés en trois classes, suivant le degré de dangers ou d'inconvénients qu'ils peuvent présenter. (*Décr., 15 oct. 1810, art. 1er.*)

§ 1er. — Etablissements de 1re classe.

2. L'autorisation nécessaire pour la formation des établissements insalubres de 1re classe est accordée par le préfet, dans les formes déterminées pour cette nature d'établissements, et avec les recours existants pour les établissements de 2e classe. (*Décr., 25 mars 1852, art. 2, tabl. B, n° 8.*)

3. La demande en autorisation est faite sur papier timbré et adressée au sous-préfet en double expédition, avec un plan topographique, comprenant un rayon d'au moins 200 mètres. Le sous-préfet fait imprimer, aux frais du permissionnaire, une affiche qui est placardée, par son ordre, dans toutes les communes, à 5 kilom. de rayon. Il communique en même temps la demande au maire de la

commune dans laquelle on projette de former l'établissement, en le chargeant de procéder à une enquête *de commodo et incommodo*. (*Décr., 15 oct. 1810, art. 3 et 7. — Ord., 15 févr. 1815, art. 2.*)

4. Cette enquête doit rester ouverte durant un mois, pendant lequel tout particulier ainsi que les maires des communes, sont admis à former opposition. La date de l'ouverture et celle de la clôture de l'opération sont mentionnées au procès-verbal. (*Instr. min., 22 nov. 1811.*)

5. Le maire transmet au sous-préfet, avec la demande et le plan des lieux, un certificat d'affiche et de publication, ainsi que le procès-verbal d'enquête.

6. Les ingénieurs des mines sont consultés sur les inconvénients que peut présenter la manipulation des produits chimiques, et sur l'établissement des machines à vapeur.

Les ingénieurs des ponts et chaussées sont aussi consultés lorsque les établissements doivent être formés sur le bord des routes impériales et départementales.

L'administration des forêts est appelée à donner son avis sur la distance des bois; l'administration des douanes est consultée lorsqu'il s'agit de fabrique de soude, ou lorsque la fabrique doit être établie dans la ligne des douanes.

7. S'il y a des oppositions, le conseil de préfecture donne son avis, sauf le recours au conseil d'État. (*Décr., 15 oct. 1810, art. 4.*)

S'il n'y a pas d'opposition, l'autorisation est accordée par le préfet. (*Décr., 25 mars 1852, art. 2, tabl. B.*)

§ 2. — Etablissements de 2e classe.

8. L'entrepreneur adresse d'abord sa demande au sous-préfet de son arrondissement, qui la transmet au maire de la commune dans laquelle on projette de former l'établissement, en le chargeant de procéder à des informations *de commodo et incommodo*. Ces informations terminées, le sous-préfet prend sur le tout un arrêté qu'il transmet au préfet; celui-ci statue, sauf le recours au conseil d'État par toutes les parties intéressées.

S'il y a opposition, il est statué par le conseil de préfecture, sauf le recours au conseil d'État. (*Décr., 15 oct. 1810, art. 7.*)

9. Les conseils de préfecture n'ont juridiction, pour statuer sur les oppositions, qu'après l'autorisation du préfet (*Circ. min. int., 19 août 1825*), qui prononce et juge réellement en premier ressort, soit que la demande du fabricant ait fait naître des oppositions, soit qu'il n'en existe pas. (*Circ. min. int., 3 nov. 1828.*)

10. Il ne faut pas confondre le refus d'autorisation avec l'autorisation elle-même. Le conseil de préfecture ne peut connaître de la demande du fabricant lorsque l'autorisation lui a été refusée : il ne reste à celui qui a éprouvé le refus que le recours au conseil d'État. Là seulement le fabricant dont la demande a été rejetée peut être reçu appelant de la décision du préfet, et le conseil de préfecture excède ses pouvoirs en statuant sur l'opposition irrégulièrement formée devant lui, pour cause de refus. (*Ord., 16 nov. 1826 et 16 janv. 1828. — Circ. préc.*)

§ 3. — Etablissements de 3e classe.

11. Les permissions nécessaires pour la formation des établissements de 3e classe sont accordées par les sous-préfets, après avoir pris préalablement l'avis des maires et de la police locale. (*Ord., 15 févr. 1815, art. 3.*)

12. S'il s'élève des réclamations contre la décision du sous-préfet, elles sont jugées au conseil de préfecture. (*Décr., 15 oct. 1810, art. 8.*)

13. A l'égard des fours à chaux entièrement dépourvus de constructions, le préfet peut, sur les propositions du conservateur des forêts, et sans en référer au ministre des finances, les autoriser, bien que situés dans le rayon de prohibition des forêts. (*Déc. min., 13 juill. 1841.*)

V. Enquêtes.

ÉTABLISSEMENTS ECCLÉSIASTIQUES.

LÉGISLATION.

Loi du 2 janvier 1817. — Ordonnance du 2 avril 1817. — Loi du 24 mai 1825. — Ordonnances du 7 mai 1826 et du 14 janvier 1831.

§ 1er. — Création.

1. Entre autres formalités, la création d'un établissement ecclésiastique a lieu sur le vu :

1° De l'avis du conseil municipal du lieu où est projeté l'établissement;

2° Du procès-verbal d'une enquête *de commodo et incommodo;*

3° De l'avis du sous-préfet;

4° De celui du préfet.

Cette création est autorisée par le chef de l'Etat.

§ 2. — Dons et Legs.

2. Les établissements dûment autorisés peuvent, avec l'autorisation spéciale du chef de l'Etat, 1° accepter les biens meubles et immeubles qui leur sont donnés par actes entre-vifs ou par actes de dernière volonté; 2° acquérir, à titre onéreux, des biens immeubles ou des rentes; 3° aliéner les biens immeubles ou les rentes dont ils sont propriétaires. (*L., 24 mai 1825, art. 4.*)

3. Conformément à l'art. 910 du Code civil et à la loi du 2 janvier 1817, les dispositions entre-vifs ou par testament de biens meubles et immeubles, au profit des églises, des archevêchés et évêchés des chapitres, des grands et petits séminaires (1), des cures et des succursales, des fabriques, des pauvres, des hospices, des colléges, des communes, et en général de tout établissement d'utilité publique, et de toute association religieuse reconnus par la loi, ne peuvent être acceptées qu'après avoir été autorisées par le chef de l'Etat, le conseil d'Etat entendu, et sur l'avis préalable des préfets et des évêques, suivant les divers cas. (*Ord., 2 avril 1817, art. 1er.*)

4. L'acceptation des dons ou des legs en argent ou objets mobiliers n'excédant pas 300 fr. est autorisée par les préfets. (*Ord. et art. préc.*)

5. L'autorisation n'est accordée qu'après l'approbation provisoire de l'évêque diocésain, s'il y a charge de service religieux.

6. L'acceptation desdits legs ou dons, ainsi autorisée, est faite, savoir :

Par les évêques, lorsque les dons ou legs ont pour objet leur évêché, leur cathédrale ou leurs séminaires;

Par les doyens des chapitres, si les dispositions sont faites au profit des chapitres;

Par le curé ou desservant, lorsqu'il s'agit de dons ou legs faits à la cure ou succursale, ou pour la subsistance des ecclésiastiques employés à la desservir;

Par les trésoriers des fabriques, lorsque les donateurs ou testateurs ont disposé en faveur des fabriques ou pour l'entretien des églises et le service divin;

Par le supérieur des associations religieuses, lorsqu'il s'agit de libéralités faites au profit de ces associations;

Par les consistoires, lorsqu'il s'agit de legs faits pour la dotation des pasteurs ou pour l'entretien des temples;

Par les administrateurs des hospices, bureaux de charité et de bienfaisance, lorsqu'il s'agit de libéralités en faveur des hôpitaux et autres établissements de bienfaisance;

Par les administrateurs des colléges, quand les dons ou legs auront pour objet les colléges ou des fondations de bourses pour les étudiants ou des chaires nouvelles;

Par les maires des communes, lorsque les dons ou legs seront faits au profit de la généralité des habitants ou pour le soulagement et l'instruction des pauvres de la commune;

---

(1) Les écoles ecclésiastiques sont susceptibles de recevoir des dons et legs. (*Ord., 5 oct. 1814, art. 7.*)

Et enfin, par les administrateurs de tous les autres établissements d'utilité publique, légalement constitués, pour tout ce qui sera donné ou légué à ces établissements. *(Ord., 2 avril 1817, art. 2.)*

7. Lorsque la personne désignée en la qualité qu'elle exerce par l'ordonnance du 2 avril 1817, pour accepter, avec l'autorisation du chef de l'Etat, les donations faites aux établissements ecclésiastiques, est elle-même donatrice, elle est remplacée, pour la formalité de l'acceptation, savoir :

L'évêque, par le premier vicaire général, si la donation concerne l'évêché; par le supérieur du séminaire, s'il s'agit d'une libéralité en faveur de cet établissement; et par le trésorier de la fabrique cathédrale, si la donation a pour objet ladite cathédrale;

Le doyen du chapitre, par le plus ancien chanoine après lui :

Le curé et le desservant, par le trésorier de la fabrique;

Le trésorier, par le président;

Le supérieur, par l'ecclésiastique destiné à le remplacer en cas d'absence;

La supérieure, par la religieuse qui vient immédiatement après elle dans le gouvernement de la congrégation ou communauté. *(Ord., 7 mai 1826, art. 1er.)*

8. Tout notaire dépositaire d'un testament contenant un legs au profit d'un des établissements ou titulaires mentionnés ci-dessus, est tenu de leur en donner avis, lors de l'ouverture ou publication du testament; — En attendant l'acceptation, le chef de l'établissement ou titulaire fait tous les actes conservatoires qui sont jugés nécessaires. *(Ord., 2 avril 1817, art. 5.)*

9. L'autorisation pour l'acceptation ne fait aucun obstacle à ce que les tiers intéressés se pourvoient, par les voies de droit, contre les dispositions dont l'acceptation aura été autorisée. *(Ord. préc., art. 7.)*

10. Aucun transfert ni inscriptions de rentes sur l'Etat, au profit d'un établissement ecclésiastique ou d'une communauté religieuse de femmes, n'est effectué qu'autant qu'il a été autorisé par un décret. *(Ord., 14 janv. 1831, art. 1er.)*

11. Aucun notaire ne peut passer acte de vente, d'acquisition, d'échange, de cession ou de transport, de constitution de rente, de transaction, au nom desdits établissements, s'il n'est justifié du décret portant autorisation de l'acte, et qui doit y être entièrement inséré. *(Ord. préc., art. 2.)*

12. Nulle acceptation de legs, au profit des mêmes établissements, n'est présentée à l'autorisation du chef de l'Etat, sans que les héritiers connus du testateur soient appelés par acte extrajudiciaire, pour prendre connaissance du testament, donner leur consentement à son exécution, ou produire leurs moyens d'opposition; s'il n'y a pas d'héritiers connus, extrait du testament sera affiché, de huitaine en huitaine, et à trois reprises consécutives, au chef-lieu de la mairie du domicile du testateur, et inséré dans le journal judiciaire du département, avec invitation aux héritiers d'adresser au préfet, dans le même délai, les réclamations qu'ils auraient à présenter. *(Ord. préc., art. 3.)*

13. Ne peuvent être présentées à l'autorisation du chef de l'Etat, les donations qui sont faites à des établissements ecclésiastiques ou religieux, avec réserve d'usufruit en faveur du donateur. *(Ord. préc., art. 4.)*

14. L'état de l'actif et du passif, ainsi que les revenus et charges des établissements légataires ou donataires, vérifié et certifié par le préfet, sera produit à l'appui de leur demande en autorisation d'accepter les dons ou legs qui leur seraient faits. *(Ord. préc., art. 5.)*

§ 3. — Pièces à produire.

15. Les pièces qui doivent composer les dossiers sont *(Circ. min. cult., 20 janv. 1831)* :

Pour les legs.

1° Testament;
2° Acte de décès du testateur;
3° Evaluation de l'objet légué;
4° Acceptation provisoire faite conformément à l'art. 3 de l'ordonnance du 2 avril 1817;

5° Etat, approuvé par le préfet, de l'actif et du passif, ainsi que des charges et revenus de l'établissement légataire;

6° Avis de l'évêque;

7° Avis du sous-préfet;

8° Copie de l'acte extrajudiciaire constatant que les héritiers connus ont été appelés à prendre connaissance du testament;

9° Leur consentement à la délivrance des legs : au cas contraire, joindre leur mémoire, en faisant connaître le nombre des réclamants, le montant de l'hoirie, et la portion afférente à chacun d'eux. S'il n'y a pas d'héritiers connus, acte des affiches du testament au chef-lieu de la mairie du domicile du testateur;

10° Avis motivé du préfet.

Pour les donations.

1° Acte de donation;

2° Evaluation de l'objet donné;

3° Certificat de vie du donateur;

4° Acceptation provisoire, faite conformément à l'art. 3 de l'ordonn. du 2 avr. 1817;

5° Etat, approuvé par le préfet, de l'actif et du passif, ainsi que des charges et revenus de l'établissement donataire;

6° Avis de l'évêque;

7° Les renseignements du préfet, ayant pour objet de faire connaître si la libéralité n'a été produite par aucune suggestion; si elle n'excède point la quotité disponible, et, autant que possible, quelle est la position des héritiers naturels du donateur.

Le préfet doit formuler des propositions distinctes et séparées, lorsque des testaments ou des actes de donation contiennent *à la fois* des dispositions qui sont relatives aux établissements dans les attributions du ministre de l'intérieur, et des dispositions qui intéressent des établissements placés sous la surveillance du ministre des cultes.

Pour les acquisitions et échanges concernant les fabriques et les communautés religieuses.

1° Estimation de l'immeuble ou des immeubles à acquérir ou à échanger, faite contradictoirement par deux experts, nommés, l'un par l'administration de l'établissement intéressé, l'autre par le particulier qui se propose de devenir vendeur ou échangiste;

2° Un plan figuré et détaillé des lieux;

3° Consentement du vendeur ou échangiste;

4° Information *de commodo et incommodo*, par un commissaire au choix du sous-préfet;

5° Délibération du conseil de l'établissement; et, si l'opération intéresse une fabrique, joindre la délibération du conseil municipal;

6° Opinion du sous-préfet;

7° Opinion de l'évêque;

8° Avis particulier du préfet.

Pour les aliénations.

Mêmes pièces que ci-dessus, à l'exception toutefois de la soumission de l'acquéreur et de l'expertise contradictoire, puisque, d'après le droit commun, les ventes ne peuvent avoir lieu qu'aux enchères publiques.

V. Dons et Legs.

ÉTABLISSEMENTS PARTICULIERS ET PUBLICS DE BIENFAISANCE.

§ 1er. — Etablissements particuliers.

1. Tous les établissements de charité et de bienfaisance dirigés par des sociétés libres, qui rassemblent dans un bâtiment des femmes en couche, des malades et des orphelins, des vieillards et des pauvres, ne doivent pas être tolérés sans être régularisés et surveillés [1]. (*Avis cons. Etat, 17 janv. 1806.*)

---

[1] Une sorte de tolérance s'est toutefois établie en faveur des établissements recevant les indigents sans aucun prix de pension; en ce cas, ces établissements existent sous une simple autorisation du ministre de l'intérieur, ou même du préfet.

2. Un acte du pouvoir exécutif peut déclarer d'utilité publique un établissement de bienfaisance particulier.

3. Pour qu'un établissement privé soit déclaré d'*utilité publique*, il faut :

1° Que ce but d'utilité publique ait été constaté par une enquête dans la localité, et par les rapports du maire, du sous-préfet et du préfet;

2° Qu'il ait fonctionné pendant un assez long temps, pour que ses antécédents garantissent son utilité;

3° Que ses ressources soient suffisantes pour lui assurer le caractère de durée qui convient à un établissement public;

4° Que ses statuts aient été soumis au gouvernement. (*Avis com. int., 8 oct. 1835.*)

4. Par le décret déclarant l'utilité publique, le maire est appelé à présider le conseil de l'établissement, ou réserve est faite au préfet du choix des administrateurs sur une liste triple de candidats. (*Avis préc.*)

5. Les établissements privés qui n'ont pas été déclarés d'utilité publique n'ont point d'existence propre; ils sont incapables de contracter et de recevoir des libéralités. Les dons et legs qui leur seraient faits directement tomberaient en caducité, et ne pourraient être valablement acceptés par leurs fondateurs.

6. Les associations de bienfaisance autorisées par le ministre de l'intérieur ou par décret, ne peuvent quêter à domicile ou dans les établissements publics. L'autorité municipale excéderait ses pouvoirs en le leur permettant, car les établissements particuliers ne sont pas compris dans l'arrêté du ministre de l'intérieur du 5 prairial an 13, art. 1er. — V. QUÊTES.

§ 2. — Etablissements publics.

7. D'après l'ancienne et la nouvelle législation, les établissements publics de bienfaisance, quelle que soit leur origine, ne peuvent exister qu'en vertu de l'autorisation du gouvernement. (*Décr., 25 mars 1852, § V du tabl. A. — Circ. min. int., 5 mai 1852.*)

8. Sans avoir été contesté, ce principe a cessé, dans beaucoup de cas, de recevoir son application. Ainsi, les bureaux de bienfaisance sont presque toujours créés par de simples décisions préfectorales; quelquefois, un seul arrêté fait surgir plus de cent de ces établissements. C'est là un excès de pouvoir contraire aux règles traditionnelles, à l'ordre public, et aux principes même d'une charité éclairée.

La concession d'un semblable privilége n'a pas un intérêt purement local; elle touche aux intérêts de l'Etat lui-même. C'est donc un acte de haute administration publique que le gouvernement seul peut accomplir, avec le concours des lumières du conseil d'Etat. (*Circ. préc.*)

9. Les établissements fondés avec l'autorisation du gouvernement ne peuvent cesser d'exister, en droit, qu'en vertu d'une décision émanant de la même autorité. (*Circ. préc.*)

10. L'autorisation d'accepter les legs et donations d'immeubles, accordée par le gouvernement à un établissement de bienfaisance, lui impose l'obligation de vendre ces propriétés, dans le délai que fixe le décret d'autorisation, et d'en placer le produit en rentes sur l'Etat. (*Ord., 27 sept. 1839, art. 2.*)

11. Les fondateurs d'hospices et autres établissements de charité, qui se sont réservé, par leurs actes de libéralité, le droit de concourir à la direction des établissements qu'ils ont dotés, et d'assister, avec voix délibérative, aux séances de leurs administrations, ou à l'examen et vérification des comptes, jouissent de l'exercice de ces droits, concurremment avec les commissions administratives. (*Décr., 31 juill. 1806, art. 1er.*)

12. Les héritiers de ces fondateurs peuvent être appelés, par les actes de fondation, à jouir des mêmes droits. (*Décr. préc., art. 2.*)

Ce droit n'appartient pas à tous les héritiers, mais seulement à quelques-uns d'entre eux dans la proportion fixée par le ministre de l'intérieur, sur les propositions du préfet et de la commission administrative. (*Décr. préc.*)

13. Une donation destinée à la fondation d'un hospice dont la direction serait exclusivement confiée à des administrateurs désignés par le donateur, et qui de-

meurerait entièrement en dehors du concours et du contrôle de l'autorité, ne peut être acceptée. (*Arr. cons. Etat, 9 janv. 1831.*)

V. Bureaux de bienfaisance (relativement aux formalités à remplir et aux pièces à produire pour la création d'un établissement public de bienfaisance), Dons et legs, Hospices.

ÉTALAGE. — Form. mun., tom. IV, pag. 635.

1. La police locale doit veiller à ce que tout étalage, de quelque nature que ce soit, ne gêne pas la voie publique, et, en conséquence, tenir la main à ce que les étalages des boutiques n'excèdent pas les saillies autorisées par les règlements particuliers des localités.

2. Lorsque l'administration a reconnu que des étalages peuvent avoir lieu sans gêner la voie publique, sur les ponts, promenades, places publiques, etc., elle peut, conformément à la loi du 18 juillet 1837, art. 31, n° 7, assujettir à un prix de location qu'on appelle droit d'étalage, la faculté accordée aux étalagistes de stationner dans les lieux qui leur sont assignés.

3. Ce droit ne peut être établi qu'en vertu d'une délibération du conseil municipal, transmise au préfet, qui approuve le tarif par un arrêté. (*Décr., 25 mars 1852, art. 1er, tabl. A, n° 31.*)

ÉTANGS. — Form. mun., tom. IV, pag. 638.

Lorsqu'un étang, d'après les procès-verbaux et avis des gens de l'art, peut, par la stagnation de ses eaux, occasionner des maladies épidémiques ou épizootiques, ou que, par sa position, il est sujet à inonder et envahir les propriétés inférieures, les préfets peuvent, sur la demande formelle des communes et l'avis des maires, en ordonner le dessèchement. (*LL., 11 sept. 1792 et 16 sept. 1807.*)

ÉTAT CIVIL. — Form. mun., tom. IV, pag. 639.

LÉGISLATION.

Code Napoléon, articles 34 à 101. — Décret du 20 juillet 1807. — Lois des 10 juillet et 10 décembre 1850.

SOMMAIRE.

§ 1er. — Des officiers de l'état civil.

1. L'objet de l'état civil est de fixer la condition de l'homme, et de consacrer, dans son intérêt et dans celui des familles et de la société, les droits qu'il acquiert, les obligations qu'il contracte ou qu'il transmet par la naissance, le mariage ou la mort. — La loi a confié à des officiers spéciaux la mission importante de constater l'état des hommes. Ces officiers sont le maire, et, en cas d'empêchement ou de délégation, les adjoints. (*L., 28 pluv. an 8.*)

2. En cas d'empêchement du maire et des adjoints, les membres les plus anciens du conseil municipal reçoivent les actes de l'état civil. (*Ord., 23 mars 1816.*)

3. Hors du territoire de l'empire, les officiers de l'état civil sont : 1° pendant un voyage sur mer, les officiers à bord des bâtiments, pour les naissances et les décès. (*Cod. Nap., art. 59 et 86*); 2° pour les militaires, les quartiers-maîtres, capitaines, commandants et autres officiers, et les directeurs des hôpitaux militaires (*Cod. préc., art. 89 et suiv.*); 3° pour les Français non militaires, les agents diplomatiques et les consuls français. (*Cod. préc., art. 48.*)

§ 2. — Des actes de l'état civil en général.

4. Les actes de l'état civil doivent énoncer l'année, le jour et l'heure où ils sont reçus; les prénoms, noms, âge profession et domicile de tous ceux qui y sont dénommés. (*Cod. préc., art. 34.*) — Ils sont inscrits sur les registres, de suite, sans aucun blanc. Les ratures et les renvois doivent être approuvés et signés de la

même manière que le corps de l'acte. Rien n'y doit être écrit par abréviation, et aucune date n'y doit être mise en chiffres. (*Cod. Nap., art. 42.*)

5. Les officiers de l'état civil ne peuvent rien insérer dans les actes, soit par note, soit par énonciation quelconque, que ce qui doit être déclaré par les comparants. (*Cod. préc., art. 35.*)

6. Dans le cas où les parties intéressées ne sont point obligées de comparaître en personne, elles peuvent se faire représenter par un fondé de procuration spéciale et authentique. (*Cod. préc., art. 36.*)

7. Les témoins produits aux actes de l'état civil ne peuvent être que du sexe masculin, âgés de vingt-un ans au moins, parents ou autres; ils sont choisis par les parties intéressées. (*Cod. préc., art. 37.*)

8. L'officier de l'état civil donne lecture des actes aux parties comparantes ou à leurs fondés de procuration, et aux témoins. Il est fait mention de l'accomplissement de cette formalité. (*Cod. préc., art. 38.*)

9. Ces actes sont signés par l'officier de l'état civil, par les comparants et les témoins, ou mention est faite de la cause qui empêche les comparants et les témoins de signer. (*Cod. préc., art. 39.*)

10. L'officier de l'état civil du domicile des parties, auquel il est envoyé de l'armée, du bureau de l'inscription maritime, des hôpitaux militaires ou de tout autre lieu, expédition d'un acte de l'état civil, est tenu de l'inscrire de suite sur les registres. (*Cod. préc., art. 60, 61, 80, 82, 87 et 98.*)

§ 3. — Des registres de l'état civil.

11. Les actes de l'état civil doivent être inscrits, dans chaque commune, sur un ou plusieurs registres, tenus doubles. (*Cod. préc., art. 40.*) — Il y a exception à l'égard des publications de mariage qui sont inscrites sur un seul registre déposé, à la fin de chaque année, au greffe du tribunal de l'arrondissement. (*Cod. préc., art. 63.*)

12. Les registres sont envoyés aux maires, à la fin de chaque année, par les préfets, par l'intermédiaire des sous-préfets, et on leur en délivre de nouveaux ou du moins des feuilles additionnelles en cas d'insuffisance de ceux-ci. (*Circ. min. int., 3 déc. 1823.*) Cette dépense est à la charge des communes.

13. Les registres doivent être sur papier timbré, sous peine, contre l'officier public, d'une amende qui a été réduite à 5 fr. par l'art. 10 de la loi du 16 juin 1824.

14. Ils doivent être cotés par première et dernière, et parafés, sur chaque feuille, par le président du tribunal de première instance, ou par le juge qui le remplace. (*Cod. Nap., art. 41.*)

15. Les registres sont clos et arrêtés par l'officier de l'état civil, à la fin de chaque année, et, dans le mois, l'un des doubles est déposé aux archives de la commune, l'autre au greffe du tribunal de première instance. (*Cod. préc., art. 43.*)

16. Les procurations et les autres pièces qui doivent demeurer annexées aux actes de l'état civil, doivent être déposées, après avoir été parafées par la personne qui les a produites et par l'officier de l'état civil, au greffe du tribunal, avec le double des registres dont le dépôt doit avoir lieu audit greffe. (*Cod. préc., art. 44.*)

17. Toute personne peut se faire délivrer, par les dépositaires des registres de l'état civil, des extraits de ces registres. — Ces extraits doivent être signés par le fonctionnaire public dépositaire des registres, et non par les employés des mairies, qualifiés de secrétaires. — Les extraits délivrés conformes aux registres, et légalisés par le président du tribunal de première instance, font foi jusqu'à inscription de faux. (*Cod. préc., art. 45. — Avis cons. État, 2 juill. 1807.*)

Il est perçu au profit des communes, un droit d'expédition pour les extraits des actes de l'état civil. — V. Archives communales, § 6.

18. Lorsqu'il n'a pas existé de registres, ou qu'ils sont perdus, la preuve en est reçue, tant par titres que par témoins, et, dans ces cas, les mariages, naissances et décès peuvent être prouvés, tant par les registres et papiers émanés des père et mère décédés, que par témoins. (*Cod. préc., art. 46.*)

19. Le procureur impérial au tribunal de première instance est tenu de vérifier l'état des registres lors du dépôt qui en est fait au greffe ; il dresse un procès-verbal sommaire de la vérification, dénonce les contraventions ou délits commis par les officiers de l'état civil, et requiert contre eux la condamnation aux amendes. (*Cod. Nap., art. 52.*)

20. Toute contravention aux art. 34 à 50 du Code Napoléon de la part des fonctionnaires y dénommés, est poursuivie devant le tribunal de première instance, et punie d'une amende qui ne peut excéder cent francs. (*Cod. préc., art. 50.*)

21. Dans le mois qui suit la clôture des registres, les officiers de l'état civil doivent dresser une table alphabétique annuelle des actes qu'ils renferment, et l'annexer à chacun des doubles registres. (*Décr., 20 juill. 1807, art. 2.*)

22. Des tables décennales doivent être faites dans les six mois de la onzième année, par les greffiers des tribunaux de première instance. (*Décr. préc., art. 3.*)

23. Les tables annuelles et décennales sont faites sur papier timbré et certifiées par les dépositaires respectifs. (*Décr. préc., art. 4.*)

24. Les tables décennales sont faites en triple expédition pour chaque commune. L'une doit rester au greffe, la seconde est adressée au préfet du département, et la troisième, à chaque mairie du ressort du tribunal. (*Décr. préc., art. 5.*)

25. Les expéditions faites pour la préfecture sont payées aux greffiers des tribunaux sur les fonds destinés aux dépenses administratives du département, à raison d'un centime par nom, non compris le prix du timbre. Chaque feuillet doit contenir quatre-vingt-seize noms ou lignes. — Les expéditions destinées aux communes sont payées par chacune d'elles, et doivent être conformes aux autres. (*Décr. préc., art. 6 et 7.*)

§ 4. — Actes de naissance, de mariage et de décès.

26. Les formes particulières des actes de naissance, de mariage et de décès sont réglées par les art. 57 à 87 du Code Napoléon.

27. Aux termes d'une loi du 10 juillet 1850, l'officier de l'état civil chargé de procéder à la célébration du mariage doit, avant de recevoir des parties la déclaration qu'elles veulent se prendre pour mari et femme, interpeller les futurs époux, ainsi que les personnes qui autorisent le mariage, si elles sont présentes, d'avoir à déclarer s'il a été fait un contrat de mariage, et, dans le cas de l'affirmative, la date de ce contrat, ainsi que les noms et lieu de résidence du notaire qui l'aura reçu.

28. La déclaration faite sur l'interpellation ci-dessus énoncée, qu'il a été ou qu'il n'a pas été fait de contrat de mariage, et, autant que possible, la date du contrat, s'il existe, ainsi que les noms et lieu de résidence du notaire qui l'aura reçu, doivent être énoncés dans l'acte de mariage ; le tout à peine, contre l'officier de l'état civil, de l'amende fixée par l'art. 50. (*L., 10 juill. 1850.*)

29. Une autre loi, du 10 décembre 1850, a prescrit diverses mesures ayant pour objet de faciliter le mariage des indigents, la légitimation de leurs enfants naturels, et le retrait de ces enfants déposés dans les hospices. Elle dispose notamment que les pièces nécessaires seront réclamées et réunies par les soins de l'officier de l'état civil de la commune dans laquelle les parties auront déclaré vouloir se marier. — V. Assistance publique.

§ 5. — De la rectification des actes de l'état civil.

30. Lorsqu'il existe une erreur dans un acte de l'état civil, elle ne peut être réparée qu'en vertu d'un jugement rendu par le tribunal compétent, sur la demande, soit des parties intéressées, soit du procureur impérial, dans les cas où il a qualité dans l'intérêt de la loi. Ce principe est consacré par l'art. 99 du Code Napoléon.

31. Les jugements de rectification doivent être inscrits sur les registres par l'officier de l'état civil, aussitôt qu'ils lui ont été remis, et mention doit en être faite en marge de l'acte réformé. (*Cod. Nap., art. 101.*)

32. Aucune rectification, aucun changement ne peuvent être faits sur l'acte; mais les jugements de rectification doivent être inscrits sur les registres par l'officier de l'état civil, aussitôt qu'ils lui ont été remis; mention en doit être faite en marge de l'acte réformé, et l'acte ne doit plus être délivré qu'avec les rectifications ordonnées, à peine de dommages-intérêts contre l'officier qui l'aurait délivré. *(Cod. proc. civ., art. 857.)*

33. Dans tous les cas où la mention d'un acte relatif à l'état civil doit avoir lieu en marge d'un autre acte déjà inscrit, elle est faite, à la requête des parties intéressées, par l'officier de l'état civil, sur les registres courants ou sur ceux qui ont été déposés aux archives de la commune, et par le greffier du tribunal de première instance, sur les registres déposés au greffe, à l'effet de quoi l'officier de l'état civil en donne avis, dans les trois jours, au procureur impérial près ledit tribunal, qui veille à ce que la mention soit faite d'une manière uniforme sur les deux registres. *(Cod. Nap., art. 49.)*

EXHUMATIONS. V. INHUMATIONS.

EXPROPRIATION POUR CAUSE D'UTILITÉ PUBLIQUE. — Form. mun., tom. VI, pag. 780.

LÉGISLATION.

Loi du 3 mai 1841.

PROCÉDURE.

SOMMAIRE.

§ 1er. — Dispositions préliminaires.

1. L'expropriation pour cause d'utilité publique s'opère par l'autorité de la justice, et les tribunaux ne peuvent la prononcer qu'autant que l'utilité a été constatée dans les formes prescrites par la loi. *(L., 3 mai 1841, art. 1 et 2.)*

2. Ces formes sont réglées, pour les cas ordinaires, par la loi du 3 mai 1841, et pour les cas d'urgence en matière de travaux de fortifications, par la loi du 30 mars 1831.

3. Il était disposé, par l'art. 3 de la loi du 3 mai 1841, que tous grands travaux publics, routes royales, canaux, chemins de fer, canalisation de rivières, bassins et docks, entrepris par l'Etat, les départements, les communes, ou par compagnies particulières, ne pourraient être exécutés qu'en vertu d'une loi, précédée d'une enquête administrative; qu'une ordonnance suffirait pour autoriser l'exécution des routes départementales, des canaux et chemins de fer de moins de 20,000 mètres de longueur, de ponts et de tous autres travaux de moindre importance, et que cette ordonnance serait également précédée d'une enquête.

4. Mais le sénatus-consulte du 23 décembre 1852 dispose, art. 4, que tous les travaux d'utilité publique, notamment ceux désignés par l'art. 10 de la loi du 21 avril 1832, et l'art. 3 de la loi du 3 mai 1841, toutes les entreprises d'intérêt général sont ordonnées ou autorisées par décrets de l'empereur, rendus dans les formes prescrites pour les règlements d'administration publique.

5. Cette disposition, qui attribue au gouvernement le droit d'ordonner et d'autoriser, par un décret, les travaux publics qui ne pouvaient l'être précédemment que par une loi, laisse subsister les règles relatives à l'enquête administrative, établie par l'ordonnance du 18 février 1834, pour les travaux publics intéressant l'Etat et les départements, et par l'ordonnance du 23 août 1835, pour les travaux d'intérêt purement communal.

6. D'autre part, aux termes du décret du 25 mars 1852, sur la décentralisation administrative, les préfets sont devenus compétents pour autoriser l'exécution de tous les travaux d'intérêt départemental et en approuver les adjudications, sous les seules réserves relatives aux prisons départementales et aux asiles d'a-

liénés, lorsque les plans engageraient la question de système ou de régime intérieur; et, à l'égard des travaux dont les frais sont à la charge des communes, les attributions des préfets ont été affranchies de toute limite.

§ 2. — Mesures administratives.

7. Les formes de la déclaration d'utilité publique consistent: 1° dans la loi, le décret ou l'arrêté qui autorise l'exécution des travaux pour lesquels l'expropriation est requise; 2° dans l'acte du préfet qui désigne les localités ou territoires sur lesquels les travaux doivent avoir lieu, lorsque cette désignation ne résulte pas de la loi, du décret ou de l'arrêté; 3° dans l'arrêté ultérieur, par lequel le préfet détermine les propriétés particulières auxquelles l'expropriation est applicable.

Cette application ne peut être faite à aucune propriété qu'après que les parties intéressées ont été mises en état d'y fournir leurs contredits, d'après les règles ci-après exprimées. *(L., 3 mai 1841, art. 2.)*

8. Lorsque l'utilité publique a été déclarée, le plan parcellaire des terrains ou des édifices dont la cession paraît nécessaire, ledit plan indicatif des noms de chaque propriétaire, tels qu'ils sont inscrits sur la matrice des rôles, reste déposé pendant huit jours à la mairie de la commune où les propriétés sont situées, afin que chacun puisse en prendre connaissance. *(L. préc., art. 5.)*

9. Le délai de huitaine ne court qu'à dater de l'avertissement qui est donné collectivement aux parties intéressées, de prendre communication du plan déposé à la mairie. Cet avertissement est publié à son de trompe ou de caisse dans la commune, et affiché, tant à la principale porte de l'église qu'à celle de la maison commune. Il est, en outre, inséré dans l'un des journaux publiés dans l'arrondissement, ou, s'il n'en existe aucun, dans l'un des journaux du département. *(L. préc., art. 6.)*

10. Le maire certifie ces publications et affiches; il mentionne, sur un procès-verbal qu'il ouvre, et que les parties qui comparaissent sont requises de signer, les déclarations et réclamations qui lui ont été faites verbalement, et y annexe celles qui lui sont transmises par écrit. *(L. préc., art. 7.)*

11. A l'expiration du délai de huitaine, une commission se réunit au chef-lieu de la sous-préfecture. Cette commission, présidée par le sous-préfet de l'arrondissement, est composée de quatre membres du conseil général de département ou du conseil de l'arrondissement, désignés par le préfet, du maire de la commune où les propriétés sont situées, et de l'un des ingénieurs chargés de l'exécution des travaux. La commission ne peut délibérer valablement qu'autant que cinq de ses membres au moins sont présents. *(L. préc., art. 8.)*

12. La commission reçoit, pendant huit jours, les observations des propriétaires; elle les appelle toutes les fois qu'elle le juge convenable, et donne son avis. Ses opérations doivent être terminées dans le délai de dix jours, après quoi le procès-verbal est adressé immédiatement par le sous-préfet au préfet. — Dans le cas où les opérations n'auraient pas été mises à fin dans le délai ci-dessus, le sous-préfet doit, dans les trois jours, transmettre au préfet son procès-verbal et les documents recueillis. *(L. préc., art. 9.)*

13. Si la commission propose quelque changement au tracé indiqué par les ingénieurs, le sous-préfet doit, dans la forme indiquée par l'art. 6, en donner immédiatement avis aux propriétaires que ces changements pourraient intéresser. Pendant huitaine à dater de cet avertissement, le procès-verbal et les pièces restent déposées à la sous-préfecture: les parties intéressées peuvent en prendre communication sans déplacement et sans frais, et fournir leurs observations écrites. Dans les trois jours suivants, le sous-préfet transmet toutes les pièces à la préfecture. *(L. préc., art. 10.)*

14. Sur le vu du procès-verbal et des documents y annexés, le préfet détermine, par un arrêté motivé, les propriétés qui doivent être cédées, et indique l'époque à laquelle il sera nécessaire d'en prendre possession. *(L. préc., art. 11.)*

15. Dans le cas où l'expropriation est demandée par une commune, et dans un intérêt purement communal, ou pour des travaux d'ouverture ou de redressement de chemins vicinaux, les dispositions des art. 8, 9 et 10 ne sont point

applicables. Le procès-verbal prescrit par l'art. 7 est transmis, avec l'avis du conseil municipal, par le maire au sous-préfet, qui l'adresse au préfet avec ses observations. (*L., 3 mai 1841, art. 12.*)

§ 3. — Jugements d'expropriation.

16. A défaut de conventions amiables, soit avec les propriétaires des terrains ou bâtiments dont la cession est reconnue nécessaire, soit avec ceux qui les représentent, le préfet transmet au procureur impérial la décision qui autorise l'exécution des travaux et l'arrêté mentionné en l'art. 11. (*L. préc., art. 13.*)

17. Dans les trois jours et sur la production des pièces constatant que les formalités prescrites par les articles précédents ont été remplies, le procureur impérial requiert et le tribunal prononce l'expropriation pour cause d'utilité publique des terrains ou bâtiments indiqués dans l'arrêté du préfet.

Le jugement commet un des membres du tribunal pour remplir les fonctions attribuées au magistrat directeur du jury chargé de fixer l'indemnité, et désigne un autre membre pour le remplacer au besoin.

Dans le cas où les propriétaires à exproprier consentent à la cession, mais où il n'y a pas accord sur le prix, le tribunal donne acte du consentement et désigne le magistrat directeur du jury, sans qu'il soit besoin de rendre le jugement d'expropriation, ni de s'assurer que les formalités prescrites ont été remplies. (*L. préc., art. 14.*)

Lorsque le prix de l'immeuble n'excède pas 500 fr., et que, d'ailleurs, la position du cédant présente à la commune les garanties suffisantes, le conseil municipal peut, avec l'approbation du préfet, dispenser le maire, en raison de ces garanties, de la purge et de toute formalité hypothécaire. Les receveurs municipaux peuvent acquitter les mandats délivrés par les maires pour le paiement de ces acquisitions, pourvu que ces mandats indiquent la délibération du conseil municipal, approuvée par le préfet. (*Ord., 18 avril 1842, art. 2 et 3.*)

18. Le jugement est publié et affiché par extrait par la commune de la situation des biens. Il est, en outre, inséré dans l'un des journaux de l'arrondissement, ou, s'il n'en existe aucun, dans l'un de ceux du département.

Cet extrait, contenant les noms des propriétaires, les motifs et le dispositif du jugement, leur est notifié au domicile qu'ils ont élu dans l'arrondissement de la situation des biens, par une déclaration faite à la mairie de la commune où les biens sont situés, et, dans le cas où cette élection de domicile n'a pas eu lieu, la notification de l'extrait est faite en double copie au maire et au fermier, locataire, gardien ou régisseur de la propriété. (*L., 3 mai 1841, art. 15.*)

19. Après ces notifications, le jugement est immédiatement transcrit au bureau de la conservation des hypothèques de l'arrondissement, conformément à l'article 2181 du Code Napoléon [1]. (*L. préc., art. 16.*)

20. Dans la quinzaine de la transcription, les priviléges et les hypothèques conventionnelles, judiciaires ou légales, sont inscrits. A défaut d'inscription dans ce délai, l'immeuble exproprié est affranchi de tous priviléges et hypothèques, sans préjudice des droits des femmes, mineurs ou interdits. (*L. préc., art. 17.*)

21. Les règles qui précèdent sont applicables dans le cas de conventions amiables passées entre l'administration et les propriétaires.

Cependant, l'administration peut, sauf les droits des tiers, et sans accomplir les formalités ci-dessus tracées, payer le prix des acquisitions dont la valeur ne s'élève pas au-dessus de 500 fr. (*L. préc., art. 19.*)

22. Le jugement ne peut être attaqué que par la voie du recours en cassation, et seulement pour incompétence, excès de pouvoir ou vice de forme du juge-

---

[1] Les préfets doivent prendre toutes les mesures, d'une part, pour que les formalités de publications prescrites par l'art. 15 de la loi du 3 mai 1841 précèdent toujours la transcription au bureau de la conservation des hypothèques, et, d'autre part, pour que les certificats des maires, qui sont produits désormais à l'appui des paiements d'indemnités d'expropriation, fassent connaître avec précision la forme et la date de la publication faite par les soins de ces magistrats. (*Circ. min. trav. publ., 26 mars 1853.*)

ment. Le pourvoi a lieu, au plus tard, dans les trois jours à dater de la notification du jugement, par déclaration au greffe du tribunal. Il est notifié dans la huitaine, soit à la partie, au domicile indiqué par l'art. 15, soit au préfet ou au maire, suivant la nature des travaux, le tout à peine de déchéance. Dans la quinzaine de la notification du pourvoi, les pièces sont adressées à la chambre civile de la Cour de cassation, qui statue dans le mois suivant. (*L., 3 mai 1841, art. 20.*)

§ 4. — Règlement des indemnités.

23. Dans la huitaine qui suit la notification du jugement, le propriétaire est tenu d'appeler et de faire connaître à l'administration les fermiers, locataires, ceux qui ont des droits d'usufruit, d'habitation ou d'usage, et ceux qui peuvent réclamer des servitudes. Les autres intéressés sont en demeure de faire valoir leurs droits par l'avertissement énoncé en l'art. 6, et tenus de se faire connaître à l'administration dans le même délai de huitaine, à défaut de quoi ils sont déchus de tous droits à l'indemnité. (*L. préc., art. 21.*)

24. L'administration notifie aux propriétaires et à tous autres intéressés les sommes qu'elle offre pour indemnités. Ces offres sont, en outre, publiées et affichées conformément à l'art. 6. (*L. préc., art. 23.*)

25. Dans la quinzaine suivante, les propriétaires et autres intéressés sont tenus de déclarer leur acceptation, ou, s'ils n'acceptent pas les offres qui leur sont faites, d'indiquer le montant de leurs prétentions. Ce délai est d'un mois pour les femmes mariées sous le régime dotal, les tuteurs, les préfets, maires ou administrateurs, etc. (*L. préc., art. 24, 25, 26 et 27.*)

26. Si les offres de l'administration ne sont pas acceptées dans les délais prescrits, l'administration cite devant le jury, qui est convoqué à cet effet, les propriétaires et tous autres intéressés, pour qu'il soit procédé au règlement des indemnités. La citation contient l'énonciation des offres qui ont été refusées. (*L. préc., art. 28.*)

27. Toutes les fois qu'il y a lieu de recourir à un jury spécial, la première chambre de la Cour impériale, dans les départements qui sont le siége d'une Cour impériale, et, dans les autres départements, la première chambre du tribunal du chef-lieu judiciaire, choisit en la chambre du conseil, sur la liste dressée par le conseil général du département, en vertu de l'art. 29 [1], seize personnes qui forment le jury spécial chargé de fixer définitivement le montant de l'indemnité, et, en outre, quatre jurés supplémentaires. (*L. préc., art. 30.*)

28. Lorsqu'il s'agit de travaux d'ouverture et de redressement de chemins vicinaux, le tribunal, en prononçant l'expropriation, peut commettre le juge de paix du canton, pour remplir les fonctions attribuées au magistrat directeur du jury, et, au lieu de seize membres et quatre jurés supplémentaires, il choisit sur la liste générale quatre personnes pour former le jury, et trois jurés supplémentaires. (*L., 21 mai 1836, art. 16.*)

29. La liste des jurés est transmise au sous-préfet, qui, après s'être concerté avec le magistrat directeur du jury, convoque les jurés et les parties, en leur indiquant, au moins huit jours à l'avance, le lieu et le jour de la réunion. La notification aux parties leur fait connaître les noms des jurés. (*L., 3 mai 1841, art. 31.*)

30. Le mode des opérations du jury spécial est réglé par les art. 32 à 47 de la loi précitée du 3 mai 1841. (V. *ces articles.*)

31. Les indemnités réglées par le jury sont, préalablement à la prise de possession, acquittées entre les mains des ayants droit. S'ils se refusent à les recevoir, la prise de possession a lieu après offres réelles et consignation. — S'il s'agit de travaux exécutés par l'Etat ou les départements, les offres réelles peu-

---

[1] La liste dressée par le conseil général est de 36 membres au moins, et de 72 au plus. (*L., 3 mai 1841, art. 29.*) — Le nombre des personnes désignées conformément à cet art. 29, et parmi lesquelles sont choisis les membres du jury spécial chargé de régler les indemnités dues par suite d'expropriation pour cause d'utilité publique, est porté à 200 pour l'arrondissement de Lyon. (*L., 22 juin 1854, article unique.*)

vent s'effectuer au moyen d'un mandat égal au montant de l'indemnité réglée par le jury ; ce mandat, délivré par l'ordonnateur compétent, visé par le payeur, est payable sur la caisse publique qui s'y trouve désignée. — Si les ayants droit refusent de recevoir le mandat, la prise de possession a lieu après consignation en espèces. (*L., 3 mai 1841, art. 53.*)

32. Il n'est pas fait d'offres réelles toutes les fois qu'il existe des inscriptions sur l'immeuble exproprié ou d'autres obstacles au versement des deniers entre les mains des ayants droit; dans ce cas, il suffit que les sommes dues par l'administration soient consignées, pour être ultérieurement distribuées ou remises selon les règles du droit commun. (*L. préc., art. 54.*)

33. Les contrats de vente, quittances et autres actes relatifs à l'acquisition du terrain, peuvent être passés dans la forme des actes administratifs; la minute reste déposée au secrétariat de la préfecture: expédition en est transmise à l'administration des domaines. (*L. préc., art. 56.*)

34. Les significations et notifications peuvent être faites, tant par huissier que par tout agent de l'administration, dont les procès-verbaux font foi en justice. (*L. préc., art. 57.*)

35. Les plans, procès-verbaux, certificats, significations, jugements, contrats, quittances et autres actes sont visés pour timbre, et enregistrés gratis, lorsqu'il y a lieu à la formalité de l'enregistrement. Il n'est perçu aucun droit pour la transcription des actes au bureau des hypothèques. (*L. préc., art. 58.*)

§ 5. — Expropriation en cas d'urgence.

36. Lorsqu'il y a urgence de prendre possession des terrains non bâtis qui sont soumis à l'expropriation, l'urgence est spécialement déclarée par un décret. (*L. préc., art. 65.*)

37. En ce cas, après le jugement d'expropriation, le décret qui déclare l'urgence et le jugement sont notifiés aux propriétaires et aux détenteurs, avec assignation devant le tribunal civil. L'assignation est donnée à trois jours au moins; elle énonce la somme offerte par l'administration. (*L. préc., art. 66.*)

38. Au jour fixé, le propriétaire et les détenteurs sont tenus de déclarer la somme dont ils demandent la consignation avant l'envoi en possession. — Faute par eux de comparaître, il est procédé en leur absence. (*L. préc., art. 67.*)

39. Le tribunal fixe le montant de la somme à consigner. La consignation doit comprendre, outre le principal, la somme nécessaire pour assurer, pendant deux ans, le paiement des intérêts à 5 p. %. (*L. préc., art. 68 et 69.*)

40. Sur le vu du procès-verbal de consignation et sur une nouvelle assignation à deux jours de délai au moins, le président ordonne la prise de possession. (*L. préc., art. 70.*)

41. Le jugement du tribunal et l'ordonnance du président sont exécutoires sur minute, et ne peuvent être attaqués par opposition ni par appel. Le président taxe les dépens, qui sont supportés par l'administration. (*L. préc., art. 71 et 72.*)

42. Après la prise de possession, il est, à la poursuite de la partie la plus diligente, procédé à la fixation définitive de l'indemnité, d'après les règles établies ci-dessus. (*L. préc., art. 73.*)

43. Si cette fixation est supérieure à la somme déterminée par le tribunal, le supplément doit être consigné dans la quinzaine de la notification de la décision du jury, et, à défaut, le propriétaire peut s'opposer à la continuation des travaux. (*L. préc., art. 74.*)

§ 6. — Expropriation, en cas d'urgence, des propriétés nécessaires pour des travaux de fortification.

44. L'expropriation ou l'occupation temporaire, en cas d'urgence, des propriétés privées, qui sont jugées nécessaires pour des travaux de fortification, continuent d'avoir lieu conformément aux dispositions prescrites par la loi du 30 mars 1831.

Toutefois, lorsque les propriétaires ou autres intéressés n'ont pas accepté les offres de l'administration, le règlement définitif des indemnités a lieu conformément aux dispositions des art. 21 et suivants de la loi du 3 mai 1841.

Sont également applicables aux expropriations poursuivies en vertu de la loi du 30 mars 1831, les art. 16, 17, 18, 19 et 20, ainsi que le tit. 6 de la loi du 3 mai 1841. *(L., 3 mai 1841, art. 76.)*

45. Le décret qui autorise les travaux et déclare l'utilité publique, déclare en même temps qu'il y a urgence. *(L., 30 mars 1831, art. 2.)*

46. Dans les vingt-quatre heures de la réception du décret, le préfet transmet ampliation dudit décret au procureur impérial près le tribunal de l'arrondissement où sont situées les propriétés qu'il s'agit d'occuper, et au maire de la commune de leur situation.

Sur le vu de ce décret, le procureur impérial requiert de suite et le tribunal ordonne immédiatement que l'un des juges se transporte sur les lieux avec un expert, que le tribunal nomme d'office.

Le maire fait, sans délai, publier le décret par affiches, tant à la principale porte de l'église du lieu qu'à celle de la maison commune, et par tous autres moyens possibles. Les publications et affiches sont certifiées par ce magistrat. *(L. préc., art. 3.)*

47. Dans les vingt-quatre heures, le juge-commissaire rend, pour fixer le jour et l'heure de sa descente sur les lieux, une ordonnance qui est signifiée à la requête du procureur impérial, au maire de la commune où le transport doit s'effectuer, et à l'expert nommé par le tribunal.

Le transport s'effectue dans les dix jours de cette ordonnance, et seulement huit jours après la signification.

Le maire, sur les indications qui lui sont données par l'agent militaire chargé de la direction des travaux, convoque, au moins cinq jours à l'avance, pour le jour et l'heure indiqués par le juge-commissaire : 1° les propriétaires intéressés, et, s'ils ne résident pas sur les lieux, leurs agents, mandataires ou ayants cause; 2° les usufruitiers ou autres personnes intéressées, telles que fermiers, locataires ou occupants, à quelque titre que ce soit. — Les personnes ainsi convoquées peuvent se faire assister par un expert et un arpenteur. *(L. préc., art. 4.)*

48. Un agent de l'administration des domaines et un expert ingénieur, architecte ou arpenteur, désignés l'un et l'autre par le préfet, se transportent sur les lieux, au jour et à l'heure indiqués, pour se réunir au juge-commissaire, au maire ou à l'adjoint, à l'agent militaire et à l'expert désigné par le tribunal.

Le juge-commissaire reçoit le serment préalable des experts sur les lieux, et il en est fait mention dans le procès-verbal.

L'agent militaire détermine, en présence de tous, par des pieux et piquets, le périmètre du terrain dont l'exécution des travaux nécessite l'occupation. *(L. préc., art. 5.)*

49. Cette opération achevée, l'expert désigné par le préfet procède immédiatement et sans interruption, de concert avec l'agent de l'administration du domaine, à la levée du plan parcellaire, pour indiquer, dans le plan général de circonscription, les limites et la superficie des propriétés particulières. *(L. préc., art. 6.)*

50. L'expert nommé par le tribunal dresse un procès-verbal qui doit comprendre : 1° la désignation des lieux, des cultures, plantations, clôtures, bâtiments et autres accessoires du fonds : cet état descriptif doit être assez détaillé pour pouvoir servir de base à l'appréciation de la valeur foncière, et, en cas de besoin, de la valeur locative, ainsi que des dommages et intérêts résultant des changements ou dégâts qui pourront avoir lieu ultérieurement; 2° l'estimation de la valeur foncière et locative de chaque parcelle de ces dépendances, ainsi que l'indemnité qui pourra être due pour frais de déménagement, pertes de récoltes, détérioration d'objets mobiliers ou tous autres dommages [1].

51. Ces diverses opérations ont lieu contradictoirement avec l'agent de l'administration des domaines, et l'expert nommé par le préfet, avec les parties inté-

---

[1] Ces indications, et les bases d'estimation qui y sont énoncées, s'appliquent à tous les règlements amiables d'indemnités qui ont lieu, même en vertu de la loi du 3 mai 1841;

ressées si elles sont présentes, ou avec l'expert qu'elles ont désigné; si elles sont absentes et qu'elles n'aient point nommé d'expert, ou si elles n'ont point le libre exercice de leurs droits, un expert est désigné d'office par le juge-commissaire, pour les représenter. (*L., 30 mars 1831, art. 7.*)

52. L'expert nommé par le tribunal doit, dans son procès-verbal, 1° indiquer la nature et la contenance de chaque propriété, la nature des constructions, l'usage auquel elles sont destinées, les motifs des évaluations diverses, et le temps qu'il paraît nécessaire d'accorder aux occupants pour évacuer les lieux; 2° transcrire l'avis de chacun des autres experts, et les observations et réquisitions, telles qu'elles lui sont faites, de l'agent militaire, du maire, de l'agent du domaine, et des parties intéressées ou de leurs représentants. Chacun signe ses dires, ou mention est faite de la cause qui l'en empêche. (*L. préc., art. 8.*)

53. Lorsque les propriétaires, ayant le libre exercice de leurs droits, consentent à la cession qui leur est demandée et aux conditions qui leur sont offertes par l'administration, il est passé entre eux et le préfet un acte de vente qui est rédigé dans la forme des actes d'administration, et dont la minute reste déposée aux archives de la préfecture. (*L. préc., art. 9.*)

54. Dans le cas contraire, le règlement définitif des indemnités a lieu conformément aux dispositions des art. 21 et suivants de la loi du 3 mai 1841.

EXTRAITS ET EXPÉDITIONS D'ACTES.

1. Chaque individu a le droit de demander, dans les bureaux de la mairie, communication, extrait ou expédition des actes qui le concernent. — Cette communication doit être donnée sans frais, mais aussi sans déplacement et avec les précautions convenables de surveillance. (*L., 7 messid. an 2, art. 37.*)

Si, au lieu d'une simple communication, on demande une expédition ou un extrait, alors un droit est dû.

2. S'il s'agit d'actes de l'état civil, toute personne a le droit de s'en faire délivrer des extraits. (*Cod. Nap., art. 45.*) Le droit d'expédition est fixé par un décret du 12 juillet 1807. — V. ARCHIVES COMMUNALES, § 6.

3. Les premières expéditions ou extraits de tous actes, titres, renseignements, déposés dans les bureaux ou archives des préfectures, sous-préfectures ou municipalités, doivent être délivrés gratuitement aux parties intéressées (*Circ. min. int., 4 mai 1808*), à la charge seulement d'acquitter le prix du papier timbré, si ces expéditions ne peuvent, d'après leur nature, être expédiées sur papier non timbré.

Pour les secondes et ultérieures expéditions, outre le remboursement du prix du papier timbré, il est perçu un droit fixe de 75 centimes par rôle d'écriture. (*L., 7 messid. an 2, art. 37. — Avis cons. d'Etat, 4-18 août 1807.*)

4. L'administration doit gratuitement et sans déplacement, la simple communication des actes et pièces qu'elle possède, et ne peut percevoir, sous peine de concussion, d'autres droits que ceux autorisés, dans le cas seulement de secondes et ultérieures expéditions ou extraits. (*Décr., 12 juill. 1807.*) Ainsi, aucun droit de recherche ne peut être exigé, lors même qu'on est obligé de faire des recherches dans les pièces depuis plusieurs années.

5. Les maires ne doivent pas délivrer copie ou expédition des actes soumis à l'enregistrement sur la minute ou sur l'original, avant qu'ils aient été enregistrés, à peine d'amende outre le droit. (*L., 22 frim. an 7, art. 35 et 36.*)

6. Les expéditions des actes administratifs sont susceptibles de produits. (*L., 7 messid. an 2, art. 37.*)

7. Les premières expéditions des décisions préfectorales et municipales doivent être délivrées gratuitement; mais les secondes ou ultérieures expéditions desdites décisions, ou les expéditions de titres, pièces ou renseignements déposés dans les bureaux des préfectures, sous-préfectures et municipalités, doivent être payées au taux fixé par l'art. 37 de la loi du 7 messidor an 2. (*Avis approuvé, cons. d'Etat, 4 août 1807.*)

8. Le produit de ces expéditions doit faire un objet de recette à ajouter au fonds dont les préfets, sous-préfets et maires peuvent disposer pour leurs bu-

reaux. Ces recettes sont portées sur un registre à ce destiné, et elles doivent figurer au budget communal ou départemental. (*Instr. min.*, *4 mai 1808.*)

9. Aucune expédition ne peut être délivrée que sur papier timbré, si ce n'est aux indigents. (*L.*, *15 mai 1818*, *art. 80.*)

10. Les expéditions délivrées aux administrations publiques ou aux fonctionnaires sont dispensées du timbre. (*L.*, *13 brum. an 7-3 nov. 1798.*)

FABRIQUES DES ÉGLISES. — V. m. mun., tom. IV, pag. 178, et tom. V, pag. 1.

LÉGISLATION.

Décret du 30 décembre 1809. — Ordonnance du 12 janvier 1825.

SOMMAIRE.

§ 1er. — Institution. — Attributions.

1. Les fabriques dont l'art. 76 de la loi du 18 germinal an 10 a ordonné l'établissement, sont chargées de veiller à l'entretien et à la conservation des temples; d'administrer les aumônes et les biens, rentes et perceptions autorisées par les lois et règlements, les sommes supplémentaires fournies par les communes, et généralement tous les fonds qui sont affectés à l'exercice du culte : enfin, d'assurer cet exercice, et le maintien de sa dignité, dans les églises auxquelles elles sont attachées, soit en réglant les dépenses qui y sont nécessaires, soit en assurant les moyens d'y pourvoir. (*Décr.*, *30 déc. 1809*, *art. 1er.*)

2. Chaque fabrique est composée d'un conseil et d'un bureau de marguilliers. (*Décr. préc.*, *art. 2.*)

§ 2. — Conseil de fabrique. — Composition. — Séances. — Fonctions.

I. — Composition du Conseil.

3. Dans les paroisses où la population est de 5,000 âmes ou au-dessus, le conseil est composé de neuf conseillers de fabrique; dans toutes les autres paroisses, il doit l'être de cinq : ils sont pris parmi les notables; ils doivent être catholiques, et domiciliés dans la paroisse. (*Décr. préc.*, *art. 3.*)

4. De plus, sont de droit membres du conseil : 1° Le curé, ou desservant, qui y a la première place et peut s'y faire remplacer par un de ses vicaires; 2° le maire de la commune du chef-lieu de la cure ou succursale; il peut s'y faire remplacer par l'un de ses adjoints; si le maire n'est pas catholique, il doit se substituer un adjoint qui le soit, ou, à défaut, un membre du conseil municipal, catholique. — Le maire est placé à la gauche, et le curé ou desservant, à la droite du président. (*Décr. préc.*, *art. 4.*)

5. Le maire ne peut être élu président du conseil de fabrique. (*Déc. min. cult.*, *11 mars 1850.*) — On pense qu'il doit en être de même du curé, mais cette opinion est controversée.

6. Dans les villes où il y a plusieurs paroisses ou succursales, le maire est de droit membre du conseil de fabrique; il peut s'y faire remplacer, comme il est dit précédemment. (*Décr.*, *30 déc. 1809*, *art. 5.*)

7. Dans les paroisses ou succursales dans lesquelles le conseil de fabrique est composé de neuf membres, non compris les membres de droit, cinq des conseillers sont, pour la première fois, à la nomination de l'évêque, et quatre à celle du préfet; dans celles où il n'est composé que de cinq membres, l'évêque en nomme trois, et le préfet deux. Ils entrent en fonctions le premier dimanche du mois d'avril prochain. (*Décr. préc.*, *art. 6.*)

8. Le conseil de fabrique se renouvelle partiellement tous les trois ans, savoir : à l'expiration des trois premières années, dans les paroisses où il est composé de

neuf membres, sans y comprendre les membres de droit, par la sortie de cinq membres qui, pour la première fois, sont désignés par le sort, et des quatre plus anciens, après les six ans révolus; pour les fabriques dont le conseil est composé de cinq membres, non compris les membres de droit, par la sortie de trois membres désignés par la voie du sort après les trois premières années, et des deux autres après les six ans révolus. Dans la suite, ce sont toujours les plus anciens en exercice qui doivent sortir. (*Décr., 30 déc. 1809, art. 7.*)

9. Les conseillers qui doivent remplacer les membres sortants, sont élus par les membres restants. — Lorsque le remplacement n'est pas fait à l'époque fixée, l'évêque ordonne qu'il y soit procédé dans le délai d'un mois, passé lequel délai il y nomme lui-même, et pour cette fois seulement. — Les membres sortants peuvent être réélus. (*Décr. préc., art. 8. — Ord., 12 janv. 1825, art. 4.*)

10. C'est dans la séance du dimanche de *Quasimodo* que doivent être faites, tous les trois ans, les élections ordinaires. (*Ord. préc., art. 2.*)

11. Dans le cas de vacance par mort ou démission, l'élection en remplacement doit être faite dans la première séance ordinaire du conseil de fabrique qui suit la vacance. — Les nouveaux fabriciens ne sont élus que pour le temps d'exercice qui reste à ceux qu'ils sont destinés à remplacer. (*Ord. préc., art. 3.*)

12. Le conseil nomme au scrutin son secrétaire et son président; ils sont renouvelés chaque année, et peuvent être réélus. (*Décr., 30 déc. 1809, art. 9.*)

13. Sur la demande des évêques et l'avis des préfets, le ministre des cultes peut révoquer un conseil de fabrique pour défaut de présentation de budget ou de reddition de comptes, lorsque ce conseil, requis de remplir ce devoir, a refusé ou négligé de le faire, ou pour toute autre cause grave. Il est, dans ce cas, pourvu à une nouvelle formation de ce conseil de la manière prescrite par l'art. 6 du décret du 30 décembre 1809. [N° 7 ci-dessus.] (*Ord., 12 janv. 1825, art. 5.*)

14. La révocation d'un conseil de fabrique prononcée par le ministre des cultes, sur la demande de l'évêque et du préfet, ne peut être l'objet d'un recours devant le conseil d'Etat. (*Arr. cons. Etat, 27 avril 1850.*)

II. — Séances du Conseil.

15. Le conseil de fabrique s'assemble le dimanche de *Quasimodo* (*Ord., 12 janv. 1825, art. 2*), le premier dimanche des mois de juillet, d'octobre et de janvier, à l'issue de la grand'messe ou des vêpres, dans l'église, dans un lieu attenant à l'église ou dans le presbytère. — L'avertissement de chacune de ses séances est publié, le dimanche précédent, au prône de la grand'messe. — Le conseil peut, de plus, s'assembler extraordinairement sur l'autorisation de l'évêque ou du préfet, lorsque l'urgence des affaires ou de quelques dépenses imprévues l'exige. (*Décr., 30 déc. 1809, art. 10.*)

16. L'évêque et le préfet se préviennent réciproquement des autorisations d'assemblées extraordinaires qu'ils accordent aux conseils de fabrique, et des objets qui doivent être traités dans ces assemblées extraordinaires. (*Ord., 12 janv. 1825, art. 6.*)

17. Le président du conseil de fabrique a, en cas de partage, voix prépondérante. — Le conseil ne peut délibérer que lorsqu'il y a plus de la moitié des membres présents à l'assemblée. Tous les membres présents signent la délibération, qui est arrêtée à la pluralité des voix. (*Décr., 30 déc. 1809, art. 9.*)

III. — Fonctions du Conseil de fabrique.

18. Aussitôt que le conseil est formé, il choisit au scrutin, parmi ses membres, ceux qui, comme marguilliers, doivent entrer dans la composition du bureau; et, à l'avenir, dans celle de ses sessions qui répondra à l'expiration du temps fixé par le présent règlement pour l'exercice des fonctions de marguilliers, il fera également, au scrutin, l'élection de celui de ses membres qui remplacera le marguillier sortant. (*Décr. préc., art. 11.*)

19. Sont soumis à la délibération du conseil :

1° Le budget de la fabrique;

2° Le compte annuel de son trésorier;

3° L'emploi des fonds excédant les dépenses du montant des legs et donations, et le remploi des capitaux remboursés;

4° Toutes les dépenses extraordinaires au delà de cinquante fr. dans les paroisses au-dessous de mille âmes, et de cent fr. dans les paroisses d'une plus grande population;

5° Les procès à entreprendre ou à soutenir, les baux emphythéotiques ou à longues années, les aliénations ou échanges, et généralement tous les objets excédant les bornes de l'administration ordinaire des biens des mineurs. (*Décr., 30 déc. 1809, art. 12.*)

§ 3. — Bureau des marguilliers. — Composition. — Séances. — Fonctions.

I. — Composition du bureau.

20. Le bureau des marguilliers se compose: 1° du curé ou desservant de la paroisse ou succursale, qui en est membre perpétuel et de droit; 2° de trois membres du conseil de fabrique. — Le curé ou desservant a la première place, et peut se faire remplacer par un de ses vicaires. (*Décr. préc., art. 13.*)

21. Ne peuvent être en même temps membres du bureau, les parents ou alliés, jusques et y compris le degré d'oncle et de neveu. (*Décr. préc., art. 14.*)

22. Le curé ou desservant ne peut être ni président ni trésorier du bureau des marguilliers. Il y a incompatibilité entre ces trois fonctions. (*Lettr. min. cultes, 16 mars 1846.*)

23. Le dimanche de Quasimodo, l'un des marguilliers cesse d'être membre du bureau et doit être remplacé. (*Décr. préc., art. 15. — Ord., 12 janv. 1825, art. 2.*)

24. Des trois marguilliers qui sont pour la première fois nommés par le conseil, deux sortent successivement par la voie du sort, à la fin de la première et de la seconde année, et le troisième sort de droit la troisième année révolue. (*Décr., 30 déc. 1809, art. 16.*)

25. Dans la suite, ce sont toujours les marguilliers les plus anciens en exercice qui doivent sortir. (*Décr. préc., art. 17.*)

26. Lorsque l'élection n'est pas faite à l'époque fixée, il y est pourvu par l'évêque. (*Décr. préc., art. 18.*)

27. Les marguilliers nomment entre eux un président, un secrétaire et un trésorier. (*Décr. préc., art. 19.*)

28. Dans les paroisses où il y a ordinairement des marguilliers d'honneur, il peut en être choisi deux par le conseil parmi les principaux fonctionnaires publics domiciliés dans la paroisse. Ces marguilliers et tous les membres du conseil ont une place distinguée dans l'église; c'est le *banc de l'œuvre*: il est placé devant la chaire, autant que faire se peut. Le curé ou desservant a, dans ce banc, la première place toutes les fois qu'il s'y trouve pendant la prédication. (*Décr. préc., art. 21.*)

29. Les membres du conseil de fabrique nommés marguilliers ne peuvent refuser les fonctions qui leur sont offertes; ils doivent accepter l'entrée dans le bureau ou sortir de la fabrique. (*Décis. min.*)

II. — Séances du bureau.

30. Le bureau s'assemble tous les mois, à l'issue de la messe paroissiale, au lieu indiqué pour la tenue des séances du conseil. (*Décr., 30 déc. 1809, art. 22.*)

31. Les membres du bureau ne peuvent délibérer s'ils ne sont au moins au nombre de trois. — En cas de partage, le président a voix prépondérante. — Toutes les délibérations sont signées par les membres présents. (*Décr. préc., art. 20.*)

32. Dans les cas extraordinaires, le bureau est convoqué, soit d'office par le président, soit sur la demande du curé ou desservant. (*Décr. préc., art. 23.*)

III. — Fonctions du bureau.

33. Le bureau des marguilliers dresse le budget de la fabrique et prépare

les affaires qui doivent être portées au conseil; il est chargé de l'exécution des délibérations et du conseil de l'administration journalière du temporel de la paroisse. (*Décr., 30 déc. 1809, art. 24.*)

34. Le trésorier est chargé de procurer la rentrée de toutes les sommes dues à la fabrique, soit comme faisant partie de son revenu annuel, soit à tout autre titre. (*Décr. préc., art. 25.*)

35. Les marguilliers sont chargés de veiller à ce que toutes fondations soient fidèlement acquittées et exécutées suivant l'intention des fondateurs, sans que les sommes puissent être employées à d'autres charges. — Un extrait du sommier des titres contenant les fondations qui doivent être desservies pendant le cours d'un trimestre, est affiché dans la sacristie, au commencement de chaque trimestre, avec les noms du fondateur et de l'ecclésiastique qui acquitte chaque fondation. — Il est rendu compte à la fin de chaque trimestre par le curé ou desservant, au bureau des marguilliers, des fondations acquittées pendant le cours du trimestre. (*Décr. préc., art. 26.*)

36. Les marguilliers fournissent l'huile, le pain, le vin, l'encens, la cire, et généralement tous les objets de consommation nécessaires à l'exercice du culte; ils pourvoient également aux réparations et achats des ornements, meubles et ustensiles de l'église et de la sacristie. (*Décr. préc., art. 27.*)

37. Tous les marchés sont arrêtés par le bureau des marguilliers, et signés par le président, ainsi que les mandats. (*Décr. préc., art. 28.*)

38. Les prédicateurs sont nommés par les marguilliers à la pluralité des suffrages, sur la présentation faite par le curé ou desservant, et à la charge par lesdits prédicateurs d'obtenir l'autorisation de l'ordinaire. (*Décr. préc., art. 32.*)

39. La nomination et la révocation de l'organiste, des sonneurs, des bedeaux, suisses ou autres serviteurs de l'église, appartiennent aux marguilliers, sur la proposition du curé ou desservant. (*Décr. préc., art. 33.*)

40. Le trésorier est tenu de présenter tous les trois mois, au bureau des marguilliers, un bordereau signé de lui, et certifié véritable, de la situation active et passive de la fabrique pendant les trois mois précédents : ces bordereaux sont signés de ceux qui ont assisté à l'assemblée, et déposés dans la caisse ou armoire de la fabrique, pour être présentés lors de la reddition du compte annuel. — Le bureau détermine, dans la même séance, la somme nécessaire pour les dépenses du trimestre suivant. (*Décr. préc., art. 34.*)

41. Toute la dépense de l'église et les frais de sacristie sont faits par le trésorier ; en conséquence, il n'est rien fourni par aucun marchand ou artisan, sans un mandat du trésorier, au pied duquel le sacristain, ou toute autre personne apte à recevoir la livraison, certifie que le contenu audit mandat a été rempli. (*Décr. préc., art. 35.*)

§ 4. — Biens des fabriques.

42. Les biens des fabriques non aliénés, ainsi que les rentes dont elles jouissaient, et dont le transfert n'avait pas été fait, ont été rendus à leur destination par l'arrêté gouvernemental du 7 thermidor an 11-26 juillet 1803, art. 1er.

43. Par le même arrêté, confirmé par le décret du 30 mai 1806, les biens de fabriques des églises supprimées ont été réunis à ceux des églises conservées, et dans l'arrondissement desquelles ils se trouvaient. (*Arr. préc., art. 2.*) Le décret du 31 juillet 1806, tout en confirmant aussi la réunion des biens des fabriques des églises supprimées à ceux des églises conservées, a étendu cette disposition en ces termes : ......*Quand même ces biens seraient situés dans des communes étrangères.*

44. Les différents biens, rentes et fondations chargés de messes anniversaires et services religieux, faisant partie des revenus des églises, sont compris dans les dispositions de l'arrêté du 7 thermidor an 11-26 juillet 1803. (*Décis. gouv., 18 niv. an 12-9 janv. 1804.*)

45. Les biens et revenus rendus aux fabriques, qu'ils soient ou non chargés de fondations pour messes, obits ou autres services religieux, sont administrés

et perçus par les administrateurs desdites fabriques. (*Décr., 22 fruct. an 13-9 sept. 1805, art. 1er.*)

46. Cette administration est faite dans la forme particulière aux biens communaux. (*Arr. gouv., 7 therm. an 11-26 juill. 1803, art. 3. — Décr., 30 déc. 1809, art. 60.*)

47. Par un décret du 30 novembre 1810, les maisons vicariales non aliénées ni concédées pour un service public, et alors disponibles, ont été réunies aux biens restitués aux fabriques (¹), avec faculté de les échanger, louer ou aliéner au profit des églises et des presbytères des chefs-lieux.

48. Les dispositions qui précèdent ont été confirmées par l'art. 1er de l'ordonnance du 28 mars 1820, qui dispose que les fabriques des succursales érigées depuis la circonscription générale des paroisses du royaume, approuvée le 28 août 1808, ou qui le seraient à l'avenir, seront autorisées à se faire remettre en possession des biens ou rentes appartenant autrefois aux églises qu'elles administrent, ou à celles qui y sont réunies, dont, au moment de la publication de la présente ordonnance, le transfert ou l'aliénation n'aurait pas été définitivement et régulièrement consommé, en exécution de l'art. 2 de l'arrêté du 7 thermidor an 11, et des décrets des 30 mai et 31 juillet 1806.

49. La même faculté a été accordée, sous les mêmes conditions, aux fabriques des chapelles établies conformément au décret du 30 septembre 1807 (V. CULTES), mais seulement quant à l'usufruit des biens ou rentes appartenant autrefois, soit à l'église érigée légalement en chapelle, soit à celles qui se trouvent comprises dans la circonscription, et à la charge, par la fabrique usufruitière, de donner immédiatement avis à la fabrique de la cure ou succursale des biens ou rentes dont elles se seraient mises ou poursuivraient l'entrée en jouissance, pour, par cette dernière, être pris les mesures nécessaires afin de se faire envoyer régulièrement en possession de la nue-propriété. (*Ord., 28 mars 1820, art. 2.*)

50. Les évêques peuvent proposer de distraire des biens et rentes possédés par une fabrique paroissiale, pour être rendus à leur destination originaire, soit en toute propriété, soit seulement en simple usufruit, ceux ou partie de ceux provenant de l'église érigée postérieurement en succursale ou chapelle, lorsqu'il est reconnu que cette distraction laisse à la fabrique possesseur actuel les ressources suffisantes pour l'acquittement de ses dépenses. — La délibération de cette dernière fabrique, une copie de son budget, la délibération du conseil municipal, et les avis du sous-préfet et du préfet, doivent accompagner la proposition de l'évêque. (*Ord. préc., art. 3.*)

§ 5. — Revenus des fabriques.

51. Les revenus des fabriques se forment :

1° Du produit des biens et rentes restitués aux fabriques, des biens des confréries, et généralement de ceux qui auraient été affectés aux fabriques;

2° Du produit des biens, rentes et fondations qu'elles ont été ou pourront être autorisées par le chef de l'Etat à accepter;

3° Du produit des biens et rentes celés au domaine dont elles ont été ou seraient autorisées par le chef de l'Etat à se mettre en possession ;

4° Du produit spontané des terrains servant de cimetière ;

5° Du prix de la location des chaises ;

6° De la concession des bancs placés dans l'église;

7° Des quêtes faites pour les frais du culte;

8° De ce qui sera trouvé dans les troncs pour le même objet;

9° Des oblations faites à la fabrique ;

10° Des droits que, suivant les règlements épiscopaux approuvés par le chef de l'Etat, les fabriques perçoivent, et de celui qui leur revient sur le produit des frais d'inhumation ;

11° Du supplément donné par la commune, le cas échéant. (*Décr. préc., art. 36.*)

(¹) Les biens rendus aux fabriques leur ont été rendus quittes des rentes dont ils étaient grevés. (*Avis cons. d'Etat, 9 déc. 1810.*)

52. Les fabriques font, ou font faire par entreprise aux enchères, toutes les fournitures nécessaires au service des morts dans l'intérieur de l'église, et toutes celles qui sont relatives à la pompe des convois, sans préjudice aux droits des entrepreneurs qui ont des marchés existants. — Elles dressent, à cet effet, des tarifs et des tableaux gradués par classe, qui sont communiqués aux conseils municipaux pour y donner leur avis. (*Décr., 18 mai 1806, art. 7.*) — V. Convois funèbres, Inhumations.

53. Ces tarifs et tableaux sont soumis au préfet, qui est compétent pour les approuver (*Décr., 25 mars 1852, n° 46 du tabl. A*), et dont l'arrêté d'approbation vise (*Circ. min. int., 5 mai 1852, mod. n° 40*) :

1° La délibération du conseil municipal;
2° Celle du conseil de fabrique;
3° L'avis du sous-préfet;
4° Celui de l'évêque diocésain.

§ 6. — Charges des fabriques.

54. Les charges de la fabrique sont :

1° De fournir aux frais nécessaires du culte, savoir : les ornements, les vases sacrés, le linge, le luminaire, le pain, le vin, l'encens; le paiement des vicaires, des sacristains, chantres, organistes, sonneurs, suisses, bedeaux et autres employés au service de l'église, selon la convenance et le besoin des lieux;

2° De payer l'honoraire des prédicateurs de l'avent, du carême et autres solennités;

3° De pourvoir à la décoration et aux dépenses relatives à l'embellissement intérieur de l'église;

4° De veiller à l'entretien des églises, presbytères et cimetières; et, en cas d'insuffisance des revenus de la fabrique, de faire toutes diligences nécessaires pour qu'il soit pourvu aux réparations et reconstructions. (*Décr., 30 déc. 1809, art. 37.*)

55. Le nombre de prêtres et de vicaires habitués à chaque église est fixé par l'évêque, après que les marguilliers en ont délibéré, et que le conseil municipal de la commune a donné son avis. (*Décr. préc., art. 38.*)

56. Si, dans le cas de la nécessité d'un vicaire, reconnue par l'évêque, la fabrique n'est pas en état de payer le traitement, la décision épiscopale doit être adressée au préfet. (*Décr. préc., art. 39.*)

57. Le traitement des vicaires doit être de cinq cents fr. au plus, et de trois cents fr. au moins. (*Décr. préc., art. 40.*)

58. Les marguilliers, et spécialement le trésorier, sont tenus de veiller à ce que toutes les réparations soient bien et promptement faites. Ils ont soin de visiter les bâtiments avec des gens de l'art, au commencement du printemps et de l'automne. — Ils pourvoient sur-le-champ, et par économie, aux réparations locatives ou autres qui n'excèdent pas les proportions indiquées en l'art. 12, et sans préjudice toutefois des dépenses réglées pour le culte. (*Décr. préc., art. 41.*)

59. Lorsque les réparations excèdent la somme ci-dessus indiquée, le bureau est tenu d'en faire rapport au conseil, qui peut ordonner toutes les réparations qui ne s'élèvent pas à plus de cent fr., dans les communes au-dessous de mille âmes, et de deux cents fr. dans celles d'une plus grande population. — Néanmoins ledit conseil ne peut, même sur le revenu libre de la fabrique, ordonner les réparations qui excèdent la quotité ci-dessus énoncée, qu'en chargeant le bureau de faire dresser un devis estimatif, et de procéder à l'adjudication au rabais ou par soumission, après trois affiches renouvelées de huitaine en huitaine. (*Décr. préc., art. 42.*)

60. Si la dépense ordinaire, arrêtée par le budget, ne laisse pas de fonds disponibles, ou n'en laisse pas de suffisants pour les réparations, le bureau en fait son rapport au conseil, et celui-ci prend une délibération tendant à ce qu'il y soit pourvu dans les formes prescrites : cette délibération est envoyée par le président au préfet. (*Décr. préc., art. 43.*)

61. Lors de la prise de possession de chaque curé ou desservant, il est dressé,

aux frais de la commune et à la diligence du maire, un état de situation du presbytère et de ses dépendances. Le curé ou desservant n'est tenu que des simples réparations locatives et des dégradations survenues par sa faute. Le curé ou desservant sortant, ou ses héritiers ou ayants cause, sont tenus desdites réparations locatives et dégradations. (*Décr., 30 déc. 1809, art. 44.*)

§ 7. — Régie des biens des fabriques.

I. — Dispositions diverses.

62. Chaque fabrique a une caisse ou armoire fermée à trois clefs, dont une reste dans les mains du trésorier, l'autre dans celles du curé ou desservant, et la troisième dans celles du président du bureau. (*Décr. préc., art. 50.*)

63. Sont déposés dans cette caisse tous les deniers appartenant à la fabrique, ainsi que les clefs des troncs des églises. (*Décr. préc., art. 51.*)

64. Nulle somme ne peut être extraite de la caisse sans autorisation du bureau et sans un récépissé qui y reste déposé. (*Décr. préc., art. 52.*)

65. Si le trésorier n'a pas dans les mains la somme fixée à chaque trimestre par le bureau, pour la dépense courante, ce qui manque est extrait de la caisse; comme aussi ce qu'il se trouve avoir d'excédant est versé dans cette caisse. (*Décr. préc., art. 53.*)

66. Sont aussi déposés dans une caisse ou armoire les papiers, titres et documents concernant les revenus et affaires de la fabrique, et notamment les comptes avec les pièces justificatives, les registres de délibérations, autres que le registre courant, le sommier des titres et les inventaires ou récolements dont il est fait mention aux deux articles qui suivent. (*Décr. préc., art. 54.*)

67. Il est fait, sans frais, deux inventaires: l'un, des ornements, linges, vases sacrés, argenterie, ustensiles, et, en général, de tout le mobilier de l'église; l'autre, des titres, papiers et renseignements, avec mention des biens contenus dans chaque titre, du revenu qu'ils produisent, et de la fondation à la charge de laquelle les biens ont été donnés à la fabrique. Un double inventaire du mobilier est remis au curé ou desservant.

68. Il est fait tous les ans un récolement desdits inventaires, afin d'y porter les additions, réformes ou autres changements: ces inventaires et récolements sont désignés par le curé ou desservant et par le président du bureau. (*Décr. préc., art. 55.*)

69. Le secrétaire du bureau transcrit, par suite de numéros et par ordre de dates, sur un registre sommier:

1° Les actes de fondation, et généralement tous les titres de propriété;

2° Les baux à ferme ou à loyer.

La transcription est entre deux marges, qui servent pour y porter, dans l'une, les revenus, et dans l'autre, les charges.

Chaque pièce est signée et certifiée conforme à l'original par le curé ou desservant et par le président du bureau. (*Décr. préc., art. 56.*)

70. Nul titre ni pièce ne peut être extrait de la caisse sans un récépissé qui fait mention de la pièce retirée, de la délibération du bureau pour laquelle cette extraction a été autorisée, de la qualité de celui qui s'en charge et signe le récépissé, de la raison pour laquelle elle a été tirée de la caisse ou armoire; et, si c'est pour un procès, le tribunal et le nom de l'avoué sont désignés.

Ce récépissé, ainsi que la décharge au temps de la remise, sont inscrits sur le sommier ou registre des titres. (*Décr. préc., art. 57.*)

71. Les registres des fabriques sont sur papier non timbré. (*Décr. préc., art. 81.*)

II. — Chaises et bancs dans les églises.

72. Le prix des chaises est réglé, pour les différents offices, par délibération du bureau, approuvée par le conseil: cette délibération est affichée dans l'église. (*Décr. préc., art. 64.*)

73. Il est expressément défendu de rien percevoir pour l'entrée de l'église, ni de percevoir dans l'église plus que le prix des chaises, sous quelque prétexte que ce soit. — Il est même réservé dans toutes les églises une place où les fidèles qui ne louent pas de chaises ni de bancs, puissent commodément assister au service divin et entendre les instructions. (*Décr., 30 déc. 1809, art. 65.*)

74. Le bureau des marguilliers peut être autorisé par le conseil, soit à régir la location des bancs et chaises, soit à la mettre en ferme. (*Décr. préc., art. 66.*)

75. Quand la location des chaises est mise en ferme, l'adjudication a lieu après trois affiches de huitaine en huitaine: les enchères sont reçues au bureau de la fabrique par soumission, et l'adjudication est faite au plus offrant, en présence des marguilliers; de tout quoi il est fait mention dans le bail, auquel est annexée la délibération qui a fixé le prix des chaises. (*Décr. préc., art. 67.*)

76. Aucune concession de bancs ou de places dans l'église ne peut être faite, soit par bail pour une prestation annuelle, soit au prix d'un capital ou d'un immeuble, soit pour un temps plus long que la vie de ceux qui l'ont obtenue, sauf l'exception ci-après. (*Décr. préc., art. 68.*)

77. La demande de concession est présentée au bureau, qui, préalablement, la fait publier par trois dimanches et afficher à la porte de l'église pendant un mois, afin que chacun puisse obtenir la préférence par une offre plus avantageuse. — S'il s'agit d'une concession pour un immeuble, le bureau le fait évaluer en capital et en revenus, pour être, cette évaluation, comprise dans les affiches et publications. (*Décr. préc., art. 69.*)

78. Après ces formalités remplies, le bureau fait son rapport au conseil. — S'il s'agit d'une concession par bail pour une prestation annuelle, et que le conseil soit d'avis de faire cette concession, sa délibération est un titre suffisant. (*Décr. préc., art. 70.*)

79. S'il s'agit d'une concession pour un immeuble, il faut, sur la délibération du conseil, obtenir l'autorisation du chef de l'Etat dans la même forme que pour les dons et legs, dans le cas où il s'agirait d'une valeur mobilière; cette autorisation est nécessaire lorsque la valeur s'élève à la même quotité pour laquelle les communes et les hospices sont obligés de l'obtenir. (*Décr. préc., art. 71.*)

80. Celui qui a entièrement bâti une église peut retenir la propriété d'un banc ou d'une chapelle pour lui et sa famille tant qu'elle existe. — Tout donateur ou bienfaiteur d'une église peut obtenir la même concession, sur l'avis du conseil de fabrique, approuvé par l'évêque et par le ministre des cultes. (*Décr. préc., art. 72.*)

III. — Acquisitions. — Aliénations. — Echanges. — Baux et locations. — Emprunts. — Dons et legs. — Emploi des fonds libres.

Acquisitions.

81. Lorsqu'une fabrique veut acquérir un immeuble, elle doit produire les pièces suivantes (*Circ. min. int., 29 janv. 1831*):

1° Délibération de la fabrique, indiquant l'origine des fonds, portant vote de l'acquisition et approuvant l'estimation faite de l'immeuble à acquérir (double expédition);

2° La promesse de vente, sous seing privé, du vendeur;

3° Le procès-verbal d'estimation de l'immeuble, en double expédition;

4° Le procès-verbal de l'enquête *de commodo et incommodo* (dans le cas où le projet a donné lieu à des observations; ce procès-verbal est soumis au conseil de fabrique, qui prend une nouvelle délibération que l'on joint aux pièces);

5° Le plan détaillé et figuré des lieux, en double expédition;

6° Le budget de la fabrique;

7° Son compte;

8° L'avis du conseil municipal, en double expédition (toutes les pièces lui sont communiquées);

9° L'avis du sous-préfet;

10° Celui de l'évêque;

11° Celui du préfet.

Aliénations.

82. Mêmes pièces que ci-dessus. Seulement la délibération du conseil de fabrique fait connaître l'origine de l'immeuble à aliéner, et s'il est ou non grevé de fondation; s'il y a fondation, il doit être prélevé sur le prix une somme suffisante pour lui servir de gage. (*Circ. min. int., 29 janv. 1831.*)

Echanges.

83. Mêmes pièces qu'au numéro 81. Au lieu de la promesse de vente (2°), on doit produire la soumission de l'établissement ou de l'individu avec lequel l'échange se fait. — L'estimation de l'immeuble (3°) à échanger ou à recevoir en contre-échange, est contradictoire. — La teneur de la délibération de la fabrique est la même qu'au n° 82. (*Circ. préc.*)

Baux et locations.

84. Les fabriques peuvent affermer leurs biens ruraux pour dix-huit années, sans autres formalités que celles prescrites par les baux de neuf années. (*L., 25 mai 1835, art. 1er.*)

85. L'adjudication a lieu aux enchères, en présence du trésorier de la fabrique et d'un membre du bureau, et par-devant un notaire désigné par le préfet. Cette adjudication n'est définitive qu'après approbation du préfet. (*Décr., 12 août 1807, art. 1er, 4 et 5.*)

Emprunts.

86. Lorsque les fabriques veulent faire un emprunt, les pièces à produire sont :

1° La délibération de la fabrique indiquant la destination de la somme à emprunter; l'impossibilité pour la fabrique de pourvoir, avec ses ressources ordinaires, à la dépense en vue de laquelle l'emprunt a lieu; les moyens de remboursement des capitaux empruntés, ainsi que des intérêts;
2° Le tableau indiquant l'amortissement successif de l'emprunt;
3° Le budget de la fabrique;
4° L'avis du conseil municipal;
5° Celui du sous-préfet;
6° Celui de l'évêque;
7° Celui du préfet.

Dons et legs.

87. Tout notaire devant lequel il est passé un acte contenant donation entre-vifs ou disposition testamentaire au profit d'une fabrique est tenu d'en donner avis au curé ou desservant. (*Décr., 30 déc. 1809, art. 58.*)

88. Tout acte contenant des dons ou legs à une fabrique, est remis au trésorier, qui en fait son rapport à la prochaine séance du bureau. Cet acte est ensuite adressé par le trésorier, avec les observations du bureau, à l'archevêque ou évêque diocésain, pour que celui-ci donne sa délibération s'il convient ou non d'accepter. — Le tout est envoyé au ministre des cultes, sur le rapport duquel la fabrique est, s'il y a lieu, autorisée à accepter; l'acte d'acceptation dans lequel il est fait mention de l'autorisation, est signé par le trésorier au nom de la fabrique. (*Décr. préc., art. 59.*)

89. Les dons et legs faits aux fabriques ne supportent que le droit fixe de 1 fr. (*Décr. préc., art. 81.*)

90. Lorsqu'une fabrique n'a pas été autorisée à accepter un legs à elle fait, le conseil de préfecture doit lui refuser l'autorisation de plaider devant les tribunaux sur la validité de ce legs. (*Arr. cons. Etat, 7 mai 1823.*)

91. Relativement aux personnes ayant qualité pour recevoir les dons et legs, V. Etablissements ecclésiastiques.

92. Pour les pièces à produire, V. Dons et legs.

Emploi des fonds libres.

93. Les deniers provenant des donations ou legs dont l'emploi n'est pas déterminé par la fondation, les remboursements des rentes ou soultes d'échanges, les revenus excédant l'acquit des charges ordinaires, sont employés dans les formes déterminées par l'avis du conseil d'Etat, approuvé par le chef de l'Etat le 21 dé-

cembre 1808. — Dans le cas où la somme est suffisante, elle reste en caisse, si on prévoit que, dans les six mois suivants, il rentre des fonds disponibles, afin de compléter la somme nécessaire pour cette espèce d'emploi; sinon, le conseil délibère sur l'emploi à faire, et le préfet ordonne celui qui paraît le plus avantageux. (*Décr., 30 déc. 1809, art. 63.—Avis cons. Etat, 18 sept. 1829, 26 janv. 1836.*)

94. L'emploi en rentes sur l'Etat est celui qui offre les plus grands avantages pour la fabrique, et ce mode est recommandé par le gouvernement. (*Circ. dir. gén. adm. commun., 12 mai 1819. — Circ. min. int., 24 sept. 1825.*)

95. L'emploi des capitaux en rentes sur l'Etat doit être autorisé par le gouvernement. (*Ord., 14 janv. 1831, art. 1er.*)

96. L'emploi en biens-fonds, ou de toute autre manière, doit être autorisé par un décret rendu en conseil d'Etat, sur l'avis du ministre des cultes. (*Avis cons. Etat, 21 déc. 1808.*)

97. Le remboursement des capitaux dus aux fabriques peut toujours avoir lieu quand les débiteurs se présentent pour se libérer; mais ils doivent avertir les conseils de fabrique un mois d'avance, pour que ceux-ci avisent, pendant ce temps, aux moyens de placement, et requièrent les autorisations nécessaires. (*Avis cons. Etat, 21 déc. 1808.*)

§ 8. — Comptabilité. — Budget. — Comptes.

I. — Budget.

98. Il est présenté chaque année au bureau, par le curé ou desservant, un état par aperçu des dépenses nécessaires à l'exercice du culte, soit pour les objets de consommation, soit pour réparations et entretien d'ornements, meubles et ustensiles d'église.

Cet état, après avoir été, article par article, approuvé par le bureau, est porté en bloc, sous la désignation de *dépenses intérieures*, dans le projet du budget général. Le détail de ces dépenses est annexé audit projet. (*Décr., 30 déc. 1809, art. 45.*)

99. Ce budget établit la recette et la dépense de l'église. Les articles de dépenses sont classés dans l'ordre suivant :

1° Les frais ordinaires de la célébration du culte;
2° Les frais de réparation des ornements, meubles et ustensiles de l'église;
3° Les gages des officiers et serviteurs de l'église;
4° Les frais de réparations locatives.

La portion de revenus qui reste après cette dépense acquittée sert au traitement des vicaires légitimement établis, et l'excédant, s'il y en a, est affecté aux grosses réparations des édifices affectés au service du culte. (*Décr. préc., art. 46.*)

100. Le budget est soumis au conseil de la fabrique dans la séance du mois d'avril de chaque année; il est envoyé, avec l'état des dépenses de la célébration du culte, à l'évêque diocésain, pour avoir sur le tout son approbation. (*Décr. préc., art. 47.*)

101. Dans le cas où les revenus de la fabrique couvriraient les dépenses portées au budget, le budget peut, sans autres formalités, recevoir sa pleine et entière exécution. (*Décr. préc., art. 48.*)

102. Si les revenus sont insuffisants pour acquitter, soit les frais indispensables du culte, soit les dépenses nécessaires pour le maintien de sa dignité, soit les gages des officiers et des serviteurs de l'église, soit les réparations des bâtiments ou pour fournir à la subsistance de ceux des ministres que l'Etat ne salarie pas, le budget contiendra l'aperçu des fonds qui devront être demandés aux paroissiens pour y pourvoir. (*Décr. préc., art. 49.*)

103. Quand le budget a été régulièrement établi par le conseil de la fabrique et approuvé par l'évêque, le bureau des marguilliers use des crédits ouverts dans les limites posées par le budget pour chaque objet à acquérir, sans avoir besoin de recourir à une nouvelle délibération; si, au contraire, la dépense est imprévue, une délibération spéciale est indispensable, et le bureau doit se borner à l'exécuter. (*Déc. min. cult., 11 mars 1850.*)

II. — Comptes du trésorier.

104. Le trésorier présente son compte annuel au bureau des marguilliers, dans la séance du premier dimanche du mois de mars. Le compte, avec les pièces justificatives, leur est communiqué, sur le récépissé de l'un d'eux. Ils font au conseil, dans la séance du dimanche de Quasimodo, le rapport du compte; il est examiné, clos et arrêté dans cette séance, qui est, pour cet effet, prorogé au dimanche suivant, si besoin est. (*Décr., 30 déc. 1809, art. 85.*)

Les art. 82, 83, 84, 86 à 91 du décret du 30 décembre 1809, traitent des fonctions et des comptes du trésorier (¹).

105. Le dépôt du compte annuel ordonné par l'art. 89 du décret du 30 décembre 1809, est fait pour servir de renseignement à la commune. Ce dépôt doit donc avoir lieu, ou avant la présentation du budget de la fabrique, ou, au plus tard, en même temps. (*Instr. min. cult. aux évêq., 26 mars 1812.*)

106. Les conseils municipaux donnent toujours leur avis sur les budgets et comptes des fabriques. (*L., 18 juill. 1837, art. 21, n° 7.*)

107. Ils ont le droit de demander, à l'appui des comptes de fabriques, la pro-

---

(¹) 1. Le compte à rendre chaque année par le trésorier est divisé en deux chapitres, l'un de recette, et l'autre de dépense. — Le chapitre de recette est divisé en trois sections: la première, pour la recette ordinaire; la deuxième, pour la recette extraordinaire, et la troisième, pour la partie des recouvrements ordinaires ou extraordinaires qui n'auraient pas encore été faits. — Le reliquat d'un compte forme toujours le premier article du compte suivant. Le chapitre de dépense est aussi divisé en dépenses ordinaires, dépenses extraordinaires, et dépenses tant ordinaires qu'extraordinaires non encore acquittées. (*Décr., 30 déc. 1809, art. 82.*)

2. A chacun des articles de recette, soit des rentes, soit des loyers ou autres revenus, il est fait mention des débiteurs, fermiers ou locataires, des noms et situation de la maison et héritages, de la qualité de la rente foncière ou constituée, de la date du dernier titre-nouvel ou du dernier bail, et des notaires qui les ont reçus; ensemble de la fondation à laquelle la rente est affectée si elle est connue. (*Décr. préc., art. 83.*)

3. Lorsque, soit par le décès du débiteur, soit par le partage de la maison ou de l'héritage qui est grevé d'une rente, cette rente se trouve due par plusieurs débiteurs, il n'est néanmoins porté qu'un seul article de recette, dans lequel il est fait mention de tous les débiteurs, et sauf l'exercice de l'action solidaire, s'il y a lieu. (*Décr. préc., art. 84.*)

4. S'il arrive quelques débats sur un ou plusieurs articles du compte, le compte n'en est pas moins clos, sous la réserve des articles contestés. (*Décr. préc., art. 86.*)

5. L'évêque peut nommer un commissaire pour assister en son nom au compte annuel; mais si ce commissaire est un autre qu'un grand vicaire, il ne peut rien ordonner sur le compte, mais seulement dresser procès-verbal sur l'état de la fabrique et sur les fournitures et réparations à faire à l'église. — Dans tous les cas, les archevêques et évêques en cours de visite, ou leurs vicaires généraux, peuvent se faire représenter tous comptes, registres et inventaires, et vérifier l'état de la caisse. (*Décr. préc., art. 87.*)

6. Lorsque le compte est arrêté, le reliquat est remis au trésorier en exercice, qui est tenu de s'en charger en recette. Il lui est en même temps remis un état de ce que la fabrique a à recevoir par baux à ferme, une copie du tarif des droits casuels, un tableau par approximation des dépenses, celui des reprises à faire; celui des charges et fournitures non acquittées. — Il est, dans la même séance, dressé sur le registre des délibérations, acte de ces remises; et copie en est délivrée, en bonne forme, au trésorier sortant, pour lui servir de décharge. (*Décr. préc., art. 88.*)

7. Le compte annuel est en double copie, dont l'une est déposée dans la caisse ou armoire à trois clefs, l'autre à la mairie. (*Décr. préc., art. 89.*)

8. Faute par le trésorier de présenter son compte à l'époque fixée, et d'en payer le reliquat, celui qui lui succède est tenu de faire dans le mois au plus tard les diligences nécessaires pour l'y contraindre; et à son défaut, le procureur impérial, soit d'office, soit sur l'avis qui lui en est donné par l'un des membres du bureau ou du conseil, soit sur l'ordonnance rendue par l'évêque en cours de visite, est tenu de poursuivre le comptable devant le tribunal de première instance et le fait condamner à payer le reliquat, à faire payer les articles débattus, ou à rendre son compte, s'il ne l'a été, le tout dans un délai qui est fixé; sinon, et ledit temps passé, à payer provisoirement, au profit de la fabrique, la somme égale à la moitié de la recette ordinaire de l'année précédente, sauf les poursuites ultérieures. (*Décr. préc., art. 90.*)

9. Il est pourvu, dans chaque paroisse, à ce que les comptes qui n'ont pas été rendus le soient dans la forme prescrite par le présent règlement, et six mois au plus tard après la publication. (*Décr. préc., art. 91.*)

duction de celle des pièces justificatives qu'ils jugent nécessaire pour éclairer leur opinion sur l'insuffisance des revenus. (*Avis cons. Etat, 20 nov. 1839.*)

108. Ce n'est que dans le cas où les budgets et comptes des fabriques ne fournissent pas de lumières suffisantes aux conseils municipaux, que ces conseils sont autorisés à réclamer la production des pièces justificatives à l'appui des comptes, mais sans toutefois que leurs investigations, quant aux dépenses faites et aux comptes arrêtés, puissent avoir pour résultat d'infirmer l'approbation qu'y aurait donné l'autorité diocésaine, dont la décision doit être respectée. — Le seul but que doivent se proposer les conseils municipaux dans l'appréciation des dépenses faites, est de s'éclairer sur l'exigence des besoins futurs, et de s'assurer si les subventions qui seraient ultérieurement réclamées n'auraient rien d'exagéré relativement à l'importance des charges réellement imposées à la fabrique, ainsi qu'aux sacrifices précédemment exigés de la commune, la faculté de réduire ou même de refuser entièrement ces subventions ne pouvant, en aucun cas, être contestée à l'administration municipale, sauf le recours de droit, dès que la nécessité n'en serait pas suffisamment établie. (*Circ. min. int., 16 janv. 1840.*)

§ 9. — Actions judiciaires. — Autorisation de plaider. — Transaction.

109. Ne peuvent, les marguilliers, entreprendre aucun procès, ni y défendre, sans une autorisation du conseil de préfecture, auquel est adressée la délibération qui doit être prise à ce sujet par le conseil et le bureau réunis [1]. (*Décr., 30 déc. 1809, art. 77.*)

110. Toutefois, le trésorier est tenu de faire tous actes conservatoires pour le maintien des droits de la fabrique, et toutes diligences nécessaires pour le recouvrement de ces revenus. (*Décr. préc., art. 78.*)

111. Les procès sont soutenus au nom de la fabrique, et les diligences faites à la requête du trésorier, qui donne connaissance de ces procédures au bureau. (*Décr. préc., art. 79.*)

112. Toutes contestations relatives à la propriété des biens, et toutes poursuites à fin de recouvrements des revenus, sont portées devant les juges ordinaires. (*Décr. préc., art. 80.*)

113. Dans tous les procès nés ou à naître, qui peuvent avoir lieu entre des fabriques ou des particuliers, les fabriques ne peuvent transiger qu'après y avoir été autorisées par un décret. (*Arr. gouv., 21 frim. an 12-13 déc. 1803.*) — Les pièces à produire sont :

1° La délibération du conseil de fabrique ;
2° L'avis du conseil municipal ;
3° Celui de trois jurisconsultes désignés par le préfet ;
4° Celui du conseil de préfecture ;
5° Celui de l'évêque diocésain ;
6° Celui du préfet.

Les pièces sont envoyées par le préfet au ministre des cultes. (*Arr. préc.*)

§ 10. — Dispositions générales.

114. L'administration des établissements religieux n'a pas été décentralisée par le décret du 25 mars 1852. (*Circ. min. int., 5 mai 1852.*)

115. Les membres du conseil de fabrique ne peuvent être considérés comme des agents du gouvernement, et dès lors ils ne jouissent pas de la garantie portée par l'art. 75 de la loi du 22 frimaire an 8-13 décembre 1799 [2]. (*Arr. cass., 3 mai 1838.*)

---

[1] L'autorisation n'est pas nécessaire pour réclamer un objet mobilier de peu de valeur. (*Arr. cass., 21 juin 1808.*) — Elle n'est pas nécessaire non plus pour faire des actes conservatoires. (*Arr. Bruxelles, 20 avril 1811.*)

[2] Les agents du gouvernement autres que les ministres ne peuvent être poursuivis pour des faits relatifs à leurs fonctions qu'en vertu d'une décision du conseil d'État : en ce cas, la poursuite a lieu devant les tribunaux ordinaires. (*L., 22 frim. an 8-13 déc. 1799, art. 75.*)

§ 11. — Obligations des communes et des départements envers les fabriques.

I. — Communes : Fabriques paroissiales.

116. Sont dépenses obligatoires les secours aux fabriques et autres administrations préposées aux cultes dont les ministres sont salariés par l'État, en cas d'insuffisance de leurs revenus, justifiée par leurs comptes et budgets. (*L., 18 juill. 1837, art. 30, nº 14.*)

117. Les charges des communes relativement au culte sont : 1º De suppléer à l'insuffisance des revenus de la fabrique par les charges portées à l'art. 37 ; 2º De fournir au curé ou desservant un presbytère, ou, à défaut de presbytère, un logement, ou, à défaut de presbytère et de logement, une indemnité pécuniaire : 3º De fournir aux grosses réparations des édifices consacrés au culte. (*Décr., 30 déc. 1809, art. 92.*)

118. Dans le cas où les communes sont obligées de suppléer à l'insuffisance des revenus des fabriques par ces deux premiers chefs, le budget de la fabrique est porté au conseil municipal dûment convoqué à cet effet, pour y être délibéré ce qu'il appartient. La délibération du conseil municipal doit être adressée au préfet, qui la communique à l'évêque diocésain, pour avoir son avis ; dans le cas où l'évêque et le préfet sont d'avis différents, il peut en être référé, soit par l'un, soit par l'autre, au ministre des cultes. (*Décr. préc., art. 93.*)

119. S'il s'agit de réparations de bâtiments, de quelque nature qu'elles soient, et que la dépense ordinaire, arrêtée par le budget, ne laisse pas de fonds disponibles, ou n'en laisse pas de suffisants pour ces réparations, le bureau en fait un rapport au conseil, et celui-ci prend une délibération tendant à ce qu'il soit pourvu par la commune : cette délibération est envoyée par le trésorier au préfet. (*Décr. préc., art. 94.*)

120. Le préfet nomme les gens de l'art, par lesquels, en présence de l'un des membres du conseil municipal et de l'un des marguilliers, il est dressé, le plus promptement qu'il est possible, un devis estimatif des réparations. Le préfet soumet ce devis au conseil municipal ; et, sur son avis, ordonne, s'il y a lieu, que ces réparations soient faites aux frais de la commune, et, en conséquence, qu'il soit procédé par le conseil municipal, en la forme accoutumée, à l'adjudication au rabais. (*Décr. préc., art. 95.*)

121. Si le conseil municipal est d'avis de demander une réduction sur quelques articles de dépenses de la célébration du culte, et dans le cas où il ne reconnaît pas la nécessité de l'établissement d'un vicaire, sa délibération en porte les motifs. Toutes les pièces sont adressées à l'évêque qui prononce. (*Décr. préc., art. 96.*)

122. Dans le cas où l'évêque prononce contre l'avis du conseil municipal, ce conseil peut s'adresser au préfet, et celui-ci envoie, s'il y a lieu, toutes les pièces au ministre des cultes, pour être sur son rapport, par le chef de l'État, statué en conseil d'État ce qu'il appartient. (*Décr. préc., art. 97.*)

123. S'il s'agit de dépenses pour réparations ou reconstructions qui auront été constatées, conformément à l'art. 95, le préfet ordonne que ces réparations soient payées sur les revenus communaux, et, en conséquence, qu'il soit procédé par le conseil municipal, en la forme accoutumée, à l'adjudication au rabais. (*Décr. préc., art. 98.*)

124. Si les revenus communaux sont insuffisants, le conseil municipal délibère sur les moyens de subvenir à cette dépense. (*Décr. préc., art. 99.*)

125. Dans le cas où il est reconnu que les habitants d'une paroisse sont dans l'impuissance de fournir aux réparations, même par levée extraordinaire, on se pourvoit devant les ministres de l'intérieur et des cultes, sur le rapport desquels il est fourni à cette paroisse tel secours qui est par eux déterminé, et qui est pris sur le fonds commun établi par la loi du 15 septembre 1807, relative au budget de l'État. (*Décr. préc., art. 100.*)

126. Dans tous les cas où il y a lieu au recours d'une fabrique sur une commune, le préfet fait un nouvel examen du budget de la commune, et décide si la dépense demandée pour le culte peut être prise sur les revenus de la commune,

ou jusqu'à concurrence de quelle somme, sauf approbation pour les communes dont le revenu excède vingt mille francs. (*Décr., 30 déc. 1809, art. 101.*)

127. Dans le cas où il y a lieu à la convocation du conseil municipal, si le territoire de la paroisse comprend plusieurs communes, le conseil de chaque commune est convoqué et délibère séparément. (*Décr. préc., art. 102.*)

128. Lorsque, dans une paroisse, les revenus de la fabrique, ni, à leur défaut, les revenus communaux, ne sont pas suffisants pour les dépenses annuelles de la célébration du culte, la répartition entre les habitants, au marc le franc de la contribution personnelle et mobilière, peut être faite et rendue exécutoire provisoirement par le préfet, si elles n'excèdent pas 100 fr. dans les paroisses de 600 âmes et au-dessous, 150 fr. dans les paroisses de 600 à 1,200 âmes, et 300 fr. au-dessus de 1,200 âmes. — La répartition ne peut être ordonnée provisoirement que par un décret délibéré en conseil d'État, si elles sont au-dessus, et jusqu'à concurrence du double des sommes ci-dessus énoncées. — S'il s'agit de sommes plus fortes, l'autorisation par une loi est nécessaire, et nulle imposition ne peut avoir lieu avant qu'elle ait été rendue. (*L., 14 févr. 1810, art. 1er.*)

129. Lorsque, pour les réparations ou reconstructions des édifices du culte, il est nécessaire, à défaut des revenus de la fabrique ou communaux, de faire sur la paroisse une levée extraordinaire, il y est pourvu par voie d'emprunt, à la charge du remboursement dans un temps déterminé, ou par répartitions, au marc le franc, sur les contributions foncière ou mobilière. (*L. préc., art. 2.*)

130. L'emprunt et la répartition peuvent être autorisés provisoirement par le préfet, si les sommes n'excèdent pas celles énoncées en l'art. 1er. — La répartition en est ordonnée provisoirement par un décret délibéré en conseil d'État, lorsqu'il s'agit de sommes de 100 à 300 fr. dans les paroisses de 600 habitants et au-dessous; de 150 à 450 fr. dans celles de 600 à 1,200 habitants, et de 300 à 900 fr. dans les paroisses au-dessus de 1,200 habitants : au delà de ces sommes, l'autorisation est ordonnée par une loi. (*L. préc., art. 3.*)

131. Lorsqu'une paroisse est composée de plusieurs communes, la répartition entre elles est au marc le franc de leurs contributions respectives, savoir : de la contribution mobilière et personnelle, s'il s'agit de la dépense pour la célébration du culte ou de réparations d'entretien; et au marc le franc des contributions foncière et mobilière, s'il s'agit de grosses réparations ou reconstructions. (*L. préc., art. 4.*)

132. Les impositions provisoires ou emprunts autorisés par la présente loi sont soumis à l'approbation du corps législatif, à l'ouverture de chaque session. (*L. préc., art. 5.*)

II. — Départements : Églises cathédrales, Maisons épiscopales et Séminaires.

133. Les départements compris dans un diocèse sont tenus, envers la fabrique de la cathédrale, aux mêmes obligations que les communes envers les fabriques paroissiales. (*Décr., 30 déc. 1809, art. 106.*)

134. Lorsqu'il survient de grosses réparations ou des reconstructions à faire aux églises cathédrales, aux palais épiscopaux et aux séminaires diocésains, l'évêque en donne l'avis officiel au préfet du département dans lequel est le chef-lieu de l'évêché; il donne en même temps un état sommaire des revenus et des dépenses de sa fabrique, en faisant sa déclaration des revenus qui restent libres après les dépenses ordinaires de la célébration du culte. (*Décr, préc., art. 107.*)

135. Le préfet ordonne que, suivant les formes établies pour les travaux publics, en présence d'une personne à ce commise par l'évêque, il soit dressé un devis estimatif des ouvrages à faire. (*Décr. préc., art. 108.*)

136. Ce rapport est communiqué à l'évêque, qui l'envoie au préfet avec ses observations. Ces pièces sont ensuite transmises par le préfet, avec son avis, au ministre de l'intérieur; il en donne connaissance au ministre des cultes. (*Décr. préc., art. 109.*)

137. Si les réparations sont à la fois nécessaires et urgentes, le ministre de l'intérieur ordonne qu'elles soient provisoirement faites sur les premiers deniers

dont les préfets peuvent disposer, sauf le remboursement avec les fonds qui sont faits pour cet objet par le conseil général du département, auquel il est donné communication du budget de la fabrique de la cathédrale, et qui peut user de la faculté accordée aux conseils municipaux par l'art. 96. (*Décr., 30 déc. 1809, art. 110.*)

138. S'il y a dans le même évêché plusieurs départements, la répartition entre eux se fait dans les proportions ordinaires, si ce n'est que le département où sera le chef-lieu du diocèse paie un dixième de plus. (*Décr. préc., art. 111.*)

139. Dans les départements où les cathédrales ont des fabriques ayant des revenus dont une partie est assignée à les réparer, cette assignation continue d'avoir lieu, et sont, au surplus, les réparations, faites conformément à ce qui est prescrit ci-dessus. (*Décr. préc., art. 112.*)

140. Les fondations, donations ou legs faits aux églises cathédrales, sont acceptés, ainsi que ceux faits aux séminaires, par l'évêque diocésain, sauf l'autorisation du chef de l'Etat, donnée en conseil d'Etat, sur le rapport du ministre des cultes. (*Décr. préc., art. 113.*)

V. CULTES, DONS ET LEGS, EGLISES, ETABLISSEMENTS ECCLÉSIASTIQUES, PRESBYTÈRES.

FERMES-ÉCOLES.

1. Les fermes-écoles sont instituées par le gouvernement, sur la proposition du préfet, sur la délibération du conseil général (*Circ. min. agr., 28 juill. 1847*), et sur l'avis des chambres et du conseil général d'agriculture. (*L., 20 mars 1851, art. 15 et 24. — Décr., 25 mars 1852, art. 6 et 15.*)

2. Le but des fermes-écoles est de former de bons maîtres-valets ou contremaîtres ruraux, d'habiles métayers, et, dans une grande partie de la France, des régisseurs ou des fermiers intelligents. Elles sont, pour l'agriculture, ce que sont les établissements d'instruction primaire dans l'éducation publique. (*Circ. min. agr., 28 juill. 1847.*)

3. Avant que le gouvernement constitue une ferme-école, il est indispensable que la marche de l'exploitation soit assurée, c'est-à-dire, qu'un domaine lui soit affecté, qu'un directeur ait été choisi, et que des capitaux suffisants soient entre les mains de l'exploitant. Il faut, de plus, que les locaux destinés à recevoir les élèves-apprentis, et les bâtiments ruraux, soient convenablement appropriés et meublés. Le gouvernement se charge des traitements, indemnités et pensions, et des primes d'encouragement; mais toutes les autres dépenses sont à la charge du département. (*Circ. préc.*)

4. Les apprentis-élèves prennent une part sérieuse et réelle à tous les travaux de l'exploitation, qu'ils exécutent ainsi que le feraient des ouvriers recevant un salaire, et cela pendant le temps déterminé par le règlement [1]. (*Circ. préc.*)

5. Le nombre des apprentis-élèves est fixé selon l'étendue du domaine à exploiter. Ils ne sont pas admis avant l'âge de seize ans. (*Circ. préc.*)

6. Le directeur et le sous-directeur sont nommés par le ministre. Le directeur nomme et révoque les employés sous ses ordres, qui sont : 1° un chef de pratique; 2° un surveillant comptable; 3° un vétérinaire, et 4° au besoin, un jardinier-pépiniériste. (*Circ. préc.*)

7. L'administration centrale n'accueille pas les demandes qui ne sont pas accompagnées de pièces justifiant qu'il est suffisamment pourvu aux besoins de l'exploitation, aux frais de premier établissement, etc. — La demande est transmise au ministre par le préfet, qui l'accompagne de son avis, et le ministre statue, après avoir fait visiter les lieux par un inspecteur général de l'agriculture. (*Circ. préc.*)

8. Un jury d'admission est institué près de chaque école. Il se compose du directeur et de quatre membres, nommés pour quatre années par le ministre, sur la présentation du préfet. Ces jurés sont renouvelés par moitié. (*Circ. préc. — Progr. de la ferme-école du départ. de l'Isère, 22 juin 1849, approuvé par le min. agric.*)

---

[1] Dans la ferme-école du département de l'Isère, établie à St-Robert, le temps des études est limité à trois ans. (*Progr. de cette ferme-école.*)

9. Le programme des travaux et des règlements est formulé par le directeur, qui donne son avis ; les modifications projetées doivent être soumises au préfet et revêtues de l'approbation du ministre. (*Progr. de la ferme-école du dép. de l'Isère, 22 juin 1849.*)

10. Les parents des candidats aux places d'élèves-apprentis doivent envoyer au préfet, par l'intermédiaire des maires :

1° Leur demande ;
2° L'acte de naissance des candidats ;
3° Un certificat de vaccine.

Ces pièces sont transmises par le préfet au jury d'admission. (*Progr. préc.*)

FÊTES PATRONALES.

Ne sont pas prohibés la vente et le débit de marchandises dans les fêtes dites patronales. (*L., 18 nov. 1814, art. 7.*)

FEU. — Form. mun., tom. V, pag. 11.

1. Les maires peuvent, d'après l'art. 10 du décret du 28 septembre 1792, défendre d'allumer du feu dans les champs, plus près que 300 mètres des maisons, bois, bruyères, vergers, haies, meules de grains, de paille ou de foin.

2. Le Code forestier, art. 148, défend de porter ou allumer du feu dans l'intérieur et à la distance de 200 mètres des bois et forêts, sous peine d'une amende de 20 à 100 fr., sans préjudice, en cas d'incendie, des peines portées par le Code pénal, et de tous dommages et intérêts, s'il y a lieu.

3. Cependant, l'art. 28 du même Code permet aux adjudicataires de coupes de bois, d'établir dans les lieux indiqués par écrit par les agents forestiers, des fosses ou fourneaux pour charbon, ainsi que des loges ou des ateliers.

4. Les écobuages ([1]) de terrains, situés à proximité de bois soumis au régime forestier, sont autorisés par le préfet, sur la proposition conforme du conservateur, et aux conditions qui ont été arrêtées entre eux, d'après l'avis des agents locaux. En cas de dissentiment entre le préfet et le conservateur, soit sur la convenance de l'autorisation, soit sur les conditions à imposer au pétitionnaire dans l'intérêt du sol forestier, il est statué par le ministre des finances, sur la proposition de l'administration des forêts. (*Arr. min. fin., 14 juill. 1841.*)

V. Foins et fourrages (n° 2), Incendie, Toiture en chaume.

FLAGRANT DÉLIT. — Form. mun., tom. V, pag. 15.

1. Le délit qui se commet actuellement ou qui vient de se commettre, est un flagrant délit. Sont aussi réputés flagrant délit le cas où le prévenu est poursuivi par la clameur publique, et celui où le prévenu est trouvé saisi d'effets, armes ou papiers faisant présumer qu'il est auteur ou complice, pourvu que ce soit dans un temps voisin du délit. (*Cod. instr. crim., art. 41.*)

2. En cas de flagrant délit, tout Français doit porter secours, et les coupables sont saisis sans qu'il soit besoin de réquisition. (*Décr., 29 sept. 1791, sect. 3, art. 7 et 10.*)

3. Les juges de paix, les officiers de gendarmerie, les maires, les adjoints et les commissaires de police, ont le droit de faire saisir les prévenus en cas de flagrant délit, et de dresser procès-verbal du délit. (*LL., 7 pluv. an 9-27 janv. 1801, art. 4; 18 pluv. an 9-7 févr. 1801, art. 20. — Décr., 1er mars 1854, art. 249.*)

4. Les gardes forestiers peuvent arrêter tout inconnu surpris en flagrant délit. (*Cod. for., art. 163.*)

5. Toute infraction qui, par sa nature, est seulement punissable de peines correctionnelles, ne peut constituer un flagrant délit. Les officiers de gendarmerie

---

([1]) L'écobuage consiste à écroûter la surface du sol, et à brûler sur place les tranches de gazon ainsi enlevées.

ne sont point autorisés à faire des instructions préliminaires pour la recherche de ces infractions. (*Décr.*, *1er mars 1854, art. 250.*)

6. Tout individu arrêté en flagrant délit par la gendarmerie, et contre lequel il n'est point intervenu de mandat d'arrêt ou un jugement de condamnation à des peines, en matière correctionnelle ou criminelle, est conduit à l'instant même devant l'officier de police; il ne peut être transféré ensuite dans une maison d'arrêt ou de justice qu'en vertu du mandat délivré par l'officier de police. (*Décr. préc.*, *art. 617.*)

7. Dans le cas seulement où, par l'effet de l'absence de l'officier de police, le prévenu arrêté en flagrant délit ne peut être entendu immédiatement après l'arrestation, il est déposé dans l'une des salles de la mairie, où il est gardé à vue, ou dans la chambre de sûreté de la caserne de la gendarmerie, jusqu'à ce qu'il puisse être conduit devant l'officier de police; mais, sous aucun prétexte, cette conduite ne peut être différée au delà de 24 heures. — L'officier, sous-officier, brigadier ou gendarme qui a retenu plus longtemps le prévenu, sans le faire comparaître devant l'officier de police, est poursuivi comme coupable de détention arbitraire. (*Décr. préc.*, *art. 618.*)

FOINS ET FOURRAGES. — Form. mun., tom. V, pag. 18.

1. Des ordonnances de police des 7 juillet 1786, 23 messidor an 6 et 12 janvier 1816, renferment, pour la ville de Paris, un règlement relatif à la vente du foin, de la paille et des fourrages. Il y est défendu de vendre ces objets sur la voie publique partout ailleurs que sur les places et ports désignés dans cette ordonnance. Les pailles et foins doivent être enlevés au fur et à mesure de leur déchargement des bateaux; il ne peut en être déposé ni vendu sur la berge, s'ils ont besoin d'y être fanés ou bottelés, il faut un permis de l'inspecteur de la navigation. Les foins et pailles qui arrivent à destination doivent y être conduits directement et sans retard; les conducteurs doivent être porteurs de lettres de voiture. Les charrettes de fourrages trouvées stationnant sur la voie publique dans d'autres endroits que ceux désignés pour la vente, sont arrêtées, et procès-verbal est dressé de la contravention.

2. La loi du 28 septembre-6 octobre 1791, tit. 2, art. 10, porte une amende, outre le dommage, et, suivant les circonstances, la détention municipale contre toute personne qui aura allumé du feu dans les champs, à moins de 100 mètres des meules de foins, pailles, grains.

3. Les mesures de police ci-dessus énoncées peuvent faire l'objet d'un règlement municipal dont l'exécution aurait pour principal résultat de prévenir l'embarras de la voie publique et le danger du feu.

4. Les maires et adjoints ont le droit d'inspecter les bottes de foin ou de fourrages apportées dans les marchés, afin d'empêcher qu'il ne soit mis en vente des fourrages corrompus et pernicieux. (*L.*, *7 vend. an 7-29 sept. 1795.*)

5. Dans les communes où il existe un marché, il est tenu une mercuriale du prix du foin.

FOIRES ET MARCHÉS. — Form. mun., tom. V, pag. 20.

LÉGISLATION.

Instruction générale de l'Assemblée nationale du 12 août 1790. — Arrêté du gouvernement du 7 thermidor an 8-26 juillet 1800. — Décret du 25 mars 1852.

§ 1er. — Foires.

1. L'établissement et la suppression des foires sont proposés par les administrations de département et d'arrondissement. (*Instr. Ass. nat.*, *12 août 1790*, *chap. 6.*)

2. En cas de réclamation pour un changement, les jours de foires se règlent par le gouvernement, sur le rapport du ministre de l'intérieur, et sur l'avis du préfet. (*Arr. gouv.*, *7 therm. an 8-26 juill. 1800*, *art. 4.*)

3. Le concours de l'autorité souveraine est indispensable dans les changements de toute nature qui peuvent s'opérer dans les foires. (*Ord.*, *26 nov. 1814.*)

4. Il y a excès de pouvoir de la part d'un préfet qui apporte des changements à la tenue des foires. (*Ord., 26 nov. 1824.*)

5. Les communes découvrent quelquefois d'anciens titres de foires tombées en désuétude, et redemandent ces institutions, oubliées depuis plus ou moins longtemps; mais il n'y a aucune différence entre une création nouvelle et le renouvellement des institutions qui n'ont pu s'établir ou se soutenir, même dans l'état de choses qui en avait déterminé la fondation. (*Cir. min. int., 8 nov. 1822.*)

6. Le gouvernement n'accorde qu'un très-petit nombre d'érections ou de changements de foires, et uniquement dans le cas où il est démontré que ces demandes sont fondées sur des avantages sensibles, certains et étendus, réclamés par l'industrie agricole et commerciale. (*Circ. préc.*)

7. Les communes doivent adresser leurs demandes au préfet, et non au conseil général, afin que le préfet procède à l'instruction nécessaire, et que le conseil général n'ait à émettre qu'un vœu. (*Circ. min. int., 22 sept. 1838.*)

8. Les communes qui doivent d'abord être entendues sont celles qui, ayant elles-mêmes des foires considérables dont l'époque serait rapprochée de celles qu'on demande à établir, ont notoirement intérêt à la nouvelle création. — Il faut ensuite présumer intéressées, non-seulement toutes les communes du canton, mais encore celles qui sont situées au delà, dans un rayon de deux myriamètres environ du lieu d'où vient la demande. Le préfet doit les interpeller toutes (en les avertissant qu'après un mois de silence, il sera entendu qu'elles n'ont point d'objections à présenter), et produire leurs délibérations. Leur assentiment est définitif, quand elles ne se sont pas expliquées avant la délibération annuelle du conseil général sur les foires et marchés du département. — Cet avertissement ne doit pas empêcher le préfet d'insister pour avoir la délibération des communes négligentes, si, à sa connaissance, elles ont réellement intérêt à s'expliquer. (*Circ. préc.*)

9. Si la commune qui demande est à l'extrémité d'un département, les préfets doivent s'avertir réciproquement, afin que chacun fasse délibérer les communes de son département qui ont des intérêts à conserver. (*Circ. préc.*)

10. La défense d'exposer en vente des marchandises les jours de fêtes et de dimanches n'est point applicable aux ventes dans les foires et dans les fêtes dites *patronales*. (*L., 18 nov. 1814, art. 7.*)

§ 2. — Marchés.

11. Les préfets sont compétents pour autoriser l'ouverture de marchés, sauf pour les bestiaux. (*Décr., 25 mars 1852, art. 2, tabl. B.*)

12. L'instruction administrative relative à la création ou au changement d'un marché est la même et nécessite la même production de pièces que pour les foires (*Circ. min. int., 11 mai 1827 et 15 juill. 1850*). Il n'y a de différence que dans l'autorité compétente pour approuver définitivement.

13. La loi du 11 frimaire an 7-1er décembre 1798, art. 7, a autorisé les communes à percevoir un droit de location dans les marchés. — V. HALLES, MARCHÉS.

§ 3.— Dispositions communes aux foires et aux marchés.

14. Les conseils généraux et d'arrondissement donnent leur avis sur l'établissement, la suppression ou le changement des foires et marchés. (*L., 10 mai 1838, art. 6 et 41.*)

15. Pour que les conseils puissent donner leurs avis officiels, le préfet doit les mettre en position de prononcer en connaissance de cause, en mettant sous leurs yeux les demandes, accompagnées des délibérations des communes qui peuvent y avoir intérêt. Les avis des conseils municipaux doivent, en conséquence, précéder les délibérations des conseils généraux et d'arrondissement. (*Cir. min. int., 22 sept. 1838.*)

16. Les chambres consultatives et le conseil général d'agriculture sont consultés sur l'établissement des foires et marchés. (*L., 20 mars 1851, art. 15 et 21. — Décr., 25 mars 1852, art. 6 et 15.*)

17. Le maintien du bon ordre dans les foires et marchés est un objet de police municipale. (*Décr., 16 août 1790, tit. 11, art. 3*.)

§ 4. — Pièces à produire.

18. Chaque demande doit former un dossier distinct, avec une lettre d'envoi séparée, et il faut éviter, en conséquence, de réunir dans le même dossier, soit une demande de foire et une demande de marché (¹) pour la même commune, soit plusieurs demandes de l'une ou de l'autre nature pour des communes différentes. (*Circ. min. int., 15 juill. 1850.*)

19. Le dossier de chaque affaire doit contenir (*Circ. préc.*) :
1° La délibération de la commune en instance;
2° Celles des communes consultées et intéressées;
3° L'avis du conseil d'arrondissement;
4° Celui du sous-préfet;
5° Celui du conseil général;
6° Celui du préfet, en forme d'arrêté;
7° Des renseignements statistiques sur l'état de la population et sur l'importance des produits agricoles et industriels de la commune en instance;
8° La statistique des foires et marchés tenus dans le rayon indiqué;
9° Le rapport de l'agent voyer départemental sur l'état de viabilité des chemins qui accèdent à la commune demanderesse.

20. Si le conseil d'arrondissement et le conseil général ont formulé leurs avis sur plusieurs demandes à la fois, ce qu'il convient d'éviter autant que possible, il faut joindre au dossier de chaque demande une expédition entière ou par extrait de leur délibération. (*Circ. préc.*)

21. Chacun des documents fournis doit être sur une feuille séparée, et revêtu d'une signature qui en garantisse l'authenticité. (*Circ. préc.*)

22. Les avis *pour* ou *contre* du conseil d'arrondissement, du sous-préfet, du conseil général, et du préfet, doivent être expressément motivés, ne fût-ce qu'en se référant à des motifs invoqués dans d'autres parties de l'instruction, et ils ne doivent pas s'appuyer uniquement, comme il arrive quelquefois, sur le nombre des adhésions ou des refus qui ont précédé. (*Circ. préc.*)

FONTAINES PUBLIQUES. — Form. mun., tom. V, pag. 27.

1. L'entretien et la police des fontaines publiques sont soumis à la surveillance des maires. (*L., 16-24 août 1790.*)

2. Les maires ont le droit de défendre, par un règlement, de laver du linge, des herbages et autres objets dans les bassins des fontaines publiques, d'y rincer des tonneaux, bennes et autres vases, comme aussi d'y mener boire des chevaux et des bestiaux, sous les peines de simple police.

3. Les travaux qui ont pour objet l'établissement d'une fontaine publique étant d'une utilité générale pour les habitants d'une commune, la marche à suivre dans ce cas est tracée dans les règles établies pour les *travaux communaux*. V. *ces mots*. — Ainsi, lorsque le projet de construction a été régulièrement approuvé, l'administration municipale fait procéder à l'exécution des travaux par voie d'adjudication publique au rabais. (*Déc. min. int., 20 août 1841.*)

4. C'est au préfet qu'il appartient de statuer sur les règlements relatifs aux concessions d'eau, quelle que soit leur durée. (*Décr., 25 mars 1852, art. 1er, tabl. A, n° 44.*)

5. Lorsque les concessions d'eau n'existent qu'à titre précaire, les conseils municipaux sont libres d'en fixer et modifier le prix. (*L., 18 juill. 1837, art. 47. — Déc. min., 23 juill. 1841.*)

(¹) Nous rappelons que les préfets sont, d'après le décret du 25 mars 1852, compétents pour autoriser l'ouverture de marchés autres que ceux pour les bestiaux. Ils n'ont à envoyer au ministre de l'intérieur que les dossiers concernant ces derniers marchés.

FORCE PUBLIQUE. — Form. mun., tom. V, pag. 28.

1. La force publique, considérée d'une manière générale, est la réunion des forces de tous les citoyens. (*Décr., 6 déc. 1790.*)

2. La garde nationale fait partie de la force publique. (*Décr. préc.*)

3. Sont des auxiliaires de la force publique les douaniers, gardes forestiers, gardes-pêche, gardes champêtres, cantonniers et tous agents assermentés, salariés par l'Etat ou par les communes, toutes les fois qu'ils sont requis pour être employés à l'intérieur. (*Décr., 4 juin 1852, art. 1er.*)

4. Pour l'exercice des fonctions propres ou déléguées aux corps municipaux, ces corps ont le droit de requérir les secours nécessaires des gardes nationales et autres forces publiques. (*Décr., 14 déc. 1789, art. 52.*)

5. Tout fonctionnaire public peut requérir la force publique, pour assurer l'exécution de la loi dans la partie qui lui est confiée. (*L., 15 juin 1791, tit. 8, art. 6.*)

6. La force publique ne peut être requise par les autorités civiles que dans l'étendue de leur territoire; elle ne peut non plus se transporter dans un autre arrondissement sans ordres spéciaux. (*Décr., 1er mars 1854, art. 620.*)

V. Attroupements, Gendarmerie (§ 2).

FORÊTS. — Form. mun., tom. V, pag. 29.

1. Sont soumis au régime forestier et administrés conformément aux dispositions du Code forestier, 1° les bois et forêts qui font partie du domaine de l'Etat; 2° ceux qui font partie du domaine de la couronne; 3° ceux qui sont possédés à titre d'apanage et de majorats réversibles à l'Etat; 4° les bois des communes et sections de communes; 5° ceux des établissements publics; 6° les bois et forêts dans lesquels l'Etat, la couronne, les communes ou les établissements publics ont des droits de propriété indivis avec des particuliers. (*Cod. for., art. 1er.*)

2. Les règles relatives à la délimitation et bornage, à l'aménagement, aux adjudications des coupes, aux exploitations des bois qui font partie du domaine de l'Etat, aux droits d'usage dans ces bois et autres objets qui les concernent, sont établis au titre 3 du Code forestier, art. 8 à 85, et au titre 2 de l'ordonnance du 1er août 1827.

3. Les règles qui s'appliquent aux bois des communes et des établissements publics, sont renfermées dans le titre 6 du Code forestier, art. 90 et suivants, et dans le titre 5 de l'ordonnance du 1er août 1827. — V. ci-dessus Bois des communes et des établissements publics.

FOSSES D'AISANCES. — Form. mun., tom. V, pag. 117.

1. L'existence de fosses d'aisances suffisantes pour chaque maison, et le mode de leur construction, peuvent être d'un intérêt important pour la police municipale, sous le rapport de la propreté et de la salubrité publiques.

2. Celui qui veut faire creuser une fosse d'aisances près d'un mur mitoyen ou non, est obligé à laisser la distance prescrite par les règlements et usages particuliers sur ces objets, ou à faire les ouvrages prescrits par les mêmes règlements et usages, pour éviter de nuire au voisin. (*Cod. Nap., art. 674.*)

3. En ce qui concerne l'obligation pour les propriétaires d'avoir dans leurs maisons des fosses d'aisances, on doit suivre, dans chaque pays, ce que la coutume, ou des règlements locaux, ou l'usage, ont établi, relativement à la salubrité et les autres mesures de police. — A l'égard des villes et faubourgs des contrées où il n'y a rien de réglé à ce sujet par les règlements locaux, les maires peuvent exiger cette précaution utile et que réclame l'intérêt public, et en faire l'objet de règlements spéciaux. (*Arr. cass., 12 mars 1853, Sauva; 15 oct. 1853, Fontan.*)

4. Une ordonnance du roi, du 24 septembre 1819, contient un règlement pour les constructions des fosses d'aisances dans la ville de Paris. Cette ordonnance, quoique non obligatoire pour les autres villes, contient des dispositions qu'il serait très-utile d'appliquer aux grandes villes, et des renseignements dont

on peut tirer parti dans les plus petites localités sous le rapport de la salubrité publique.

5. L'autorité municipale a la police des vidanges, et elle doit arrêter, par un règlement, les mesures de sûreté et de salubrité publiques auxquelles doivent se soumettre les personnes qui entreprennent ce travail.

FOSSÉS ET EAUX DES CHEMINS VICINAUX ET DES ROUTES. — Form. mun., tom. V, pag. 116.

LÉGISLATION.

Loi du 21 mai 1836. — Projet de règlement général du 21 juillet 1854.

SOMMAIRE.

§ 1er. — Fossés communaux.

1. L'entretien des fossés des chemins vicinaux fait partie des dépenses communales. (*L., 11 frim. an 7-27 nov. 1798, art. 4.*)

2. Les préfets statuent sur tout ce qui est relatif aux fossés des chemins vicinaux et à leur curage. (*L., 21 mai 1836, art. 21.*)

3. Ce n'est pas simplement comme *annexes*, mais comme *parties intégrantes* des chemins vicinaux, que les fossés doivent être considérés. (*Instr. min. int., 24 juin 1836.*)

4. Dans toutes les localités où les chemins vicinaux, soit de petite, soit de grande communication, sont établis au niveau du terrain naturel ou en déblai, ces chemins doivent être bordés de fossés qui en font partie intégrante. — Leur largeur et profondeur sont réglées d'après les besoins du maintien de la viabilité. Leurs talus doivent être à l'angle de 45 degrés. (*Proj. de règl. gén. min. int., 21 juill. 1854, art. 321.*)

5. Les frais d'établissement des fossés, creusés par les ordres de l'administration, font partie des dépenses des chemins vicinaux, dont ces fossés sont une dépendance, et sont soldés sur les ressources affectées aux travaux de ces chemins. (*Proj. règl. gén. préc., art. 322.*)

6. Les fossés établis par l'administration le long des chemins vicinaux, soit de petite, soit de grande communication, doivent être curés tous les ans au moins, et plus souvent si la nécessité en est reconnue. Ce curage doit être effectué sous les ordres des maires, pour ceux qui bordent les chemins vicinaux de petite communication, et d'après les instructions du préfet, pour ceux qui bordent les chemins vicinaux de grande communication. (*Proj. règl. gén. préc., art. 323.*)

7. Les frais de curage des fossés dépendant des chemins vicinaux font partie des dépenses des chemins vicinaux dont ces fossés sont une dépendance, et doivent être soldés sur les ressources affectées aux travaux de ces chemins.—Si les fossés sont une propriété mitoyenne entre la commune et les riverains, le curage doit être exécuté à frais communs, entre ces derniers et l'administration. (*Proj. règl. gén. préc., art. 324.*)

8. Les déblais provenant du curage des fossés dépendant des chemins vicinaux peuvent être, au besoin, déposés sur les propriétés riveraines. Lorsque ces déblais sont de nature à nuire, et lorsqu'il y a réclamation, il doit être statué comme en matière d'occupation temporaire de terrains. — Toutefois, les déblais provenant des fossés ne peuvent jamais être déposés sur les propriétés riveraines qu'après l'enlèvement des récoltes. (*Proj. règl. gén. préc., art. 325.*)

9. Les propriétaires qui veulent profiter, comme engrais, du limon déposé dans les fossés dépendant des chemins vicinaux, peuvent obtenir l'autorisation de l'enlever, mais sous la condition expresse de curer les fossés à vif-fond, vif-bord, de les entretenir dans leur profondeur et largeur légales. — Ces autorisations sont données par le maire, pour les fossés dépendant des chemins vicinaux de petite communication, et par les sous-préfets, pour ceux dépendant des che-

mins vicinaux de grande communication. — Après le curage ainsi fait, les maires, pour les chemins vicinaux de petite communication, et les agents voyers, pour les chemins vicinaux de grande communication, doivent reconnaître si les propriétaires qui l'ont effectué ont observé les conditions prescrites, et rédiger, s'il y a lieu, procès-verbal des contraventions commises. (*Proj. règl. gén. min. int., 21 juill. 1854, art. 326.*)

10. Les propriétaires riverains peuvent, pour communiquer avec leurs propriétés, être autorisés à établir, sur les fossés, des ponceaux permanents ou temporaires; ils sont tenus de les disposer de telle sorte que les eaux conservent le débouché qui leur est nécessaire, et les fossés, ainsi que la voie publique, toute leur largeur. (*Proj. règl. gén. préc., art. 328.*)

11. Les ponts et ponceaux permanents ne peuvent être établis que sur l'autorisation des maires, pour les fossés dépendant des chemins vicinaux de petite communication, et sur celle du préfet, pour les fossés dépendant des chemins vicinaux de grande communication. — Les autorisations doivent régler le mode de conservation, les dimensions à donner aux ouvrages et les matériaux à employer; elles stipulent toujours la charge de l'entretien perpétuel par l'impétrant. (*Proj. règl. gén. préc., art. 329.*)

§ 2. — Usurpations, contraventions.

12. Nul ne peut, sous aucun prétexte, traverser les fossés avec voitures ou charrettes, pour le service de ses propriétés. — Il est également interdit de combler les fossés pour donner passage aux voitures. (*Proj. règl. gén. préc., art. 327.*)

13. Toute œuvre qui tend à rétrécir ou à supprimer les fossés dépendant des chemins vicinaux est formellement interdite; elle est considérée comme une usurpation sur le sol de ces chemins, constatée et poursuivie (*Proj. règl. gén. préc., art. 330*) comme il est dit au n° 20 ci-après.

14. Il est interdit de détériorer les berges des fossés, de cultiver le fond ou les talus de ces fossés, ou d'y faire ou laisser pâturer des bestiaux, de quelque espèce qu'ils soient. — Les herbes qui croissent spontanément dans les fossés sont la propriété des communes, et peuvent être vendues à leur profit, mais sous la condition qu'elles seront coupées à la main. (*Proj. règl. gén. préc., art. 331.*)
Ces dispositions s'appliquent aussi, identiquement, aux talus de ces mêmes fossés. (*Proj. règl. gén. préc., art. 341.*)

15. Il est interdit de mettre rouir le chanvre dans les fossés dépendant des chemins vicinaux, d'y déposer des fumiers, terres, matériaux et autres objets de nature à les combler, ou à empêcher le libre cours des eaux dans ces fossés. (*Proj. règl. gén. préc., art. 332.*)

16. Nul ne peut, sans y avoir été autorisé, établir de barrages ou écluses sur les fossés dépendant des chemins vicinaux. — Les autorisations sont données par les maires, pour les chemins de petite communication, et par le préfet, pour ceux de grande communication. Elles sont toujours révocables, sans indemnité, s'il est reconnu que la faculté accordée est nuisible à la viabilité. (*Proj. règl. gén. préc., art. 333.*)

17. Nulle construction, le long d'un chemin vicinal, bordé de fossés, ne doit être autorisée qu'à la charge d'établir à la place du fossé, soit un aqueduc ayant un débouché suffisant pour l'écoulement des eaux, soit des caniveaux pavés. (*Proj. règl. gén. préc. art. 334.*)

18. Toute œuvre qui aurait pour effet d'anticiper sur les talus des chemins vicinaux, doit être considérée comme une usurpation sur le sol de ces chemins, constatée et poursuivie. (*Proj. règl. gén. préc., art. 340.*)

19. Les usurpations sur les fossés des chemins vicinaux doivent être poursuivies de la même manière que les usurpations sur le sol même des chemins. (*Arr. cons. Etat, 14 juill. 1838 et 30 juin 1839.*)

20. Quant au mode de constatation, de poursuite et de répression des contraventions en cette matière, V. Chemins vicinaux, § 11.

21. Lorsqu'il y a litige sur la propriété d'un chemin, entre une commune et

un particulier, le préfet n'est pas autorisé à faire combler, par voie de police, un fossé que le particulier aurait fait ouvrir sur le chemin avant le litige. Les tribunaux seuls sont compétents. *(Ord., 27 mai 1816.)*

§ 3. — Fossés appartenant à des particuliers.

22. Lorsque l'administration n'a pas fait ouvrir de fossés le long d'un chemin vicinal, et qu'elle n'a pas l'intention d'en ouvrir, les propriétaires riverains peuvent faire ouvrir des fossés à leurs frais et sur leurs terrains. *(Proj. règl. gén. min. int., 21 juill. 1854, art. 335.)*

23. Tout propriétaire qui veut faire ouvrir des fossés sur son terrain, doit demander alignement au maire pour les chemins vicinaux de petite communication, et au sous-préfet pour les chemins vicinaux de grande communication. — Ces fossés ne peuvent jamais être ouverts à moins de 50 centim. de la limite légale du chemin ou du talus, afin de prévenir tout éboulement du sol du chemin; ils doivent avoir un talus de 1 mèt. de base au moins pour 1 mèt. de hauteur. *(Proj. règl. gén. préc., art. 336.)*

24. Tout propriétaire qui a fait ouvrir des fossés sur son terrain, le long d'un chemin vicinal, doit curer ces fossés à ses frais lorsque besoin est, et de manière à empêcher que les eaux qui y séjourneraient ne nuisent au maintien de la viabilité du chemin. *(Proj. règl. gén. préc. art. 337. — Arr. cass., 24 juill. 1835.)*

25. Si les fossés ouverts par des particuliers, sur leur terrain, le long d'un chemin vicinal, ont une profondeur telle qu'elle pût présenter des dangers pour les hommes ou pour les moyens de transport circulant sur ce chemin, les propriétaires de ces fossés sont tenus de les garnir de murs ou de barrières assez fortes pour prévenir tout danger; injonction leur est faite, à cet effet, par arrêté du maire de la commune, et, faute par eux d'y obtempérer, ils doivent être traduits devant le tribunal de simple police. *(Proj. règl. gén. préc., art. 338.— Arr. cass., 4 janv. 1840.)*

§ 4. — Fossés des routes impériales et départementales.

26. Le curage et l'entretien des fossés qui font partie de la propriété des routes impériales et départementales, sont opérés par les soins de l'administration des ponts et chaussées, et sont à la charge de l'Etat ou des départements. *(L., 12 mai 1825, art. 2.)*

§ 5. — Eaux, écoulement.

I.—*Ecoulement naturel.*

27. Les propriétés riveraines, situées en contre-bas des chemins vicinaux, sont assujetties, aux termes de l'art. 640 du Code Napoléon, à recevoir les eaux qui découlent naturellement de ces chemins. Les propriétaires de ces terrains ne peuvent y faire aucune œuvre qui tende à empêcher le libre écoulement des eaux qu'ils sont tenus de recevoir, à les faire séjourner dans les fossés ou refluer sur le sol du chemin. *(Proj. règl. gén. min. int., 21 juill. 1854, art. 342.)*

28. Les maires, en donnant les autorisations de construire ou reconstruire le long des chemins vicinaux, doivent stipuler les réserves et conditions nécessaires pour garantir le libre écoulement des eaux, sans qu'il en puisse résulter de dommages pour ces chemins. *(Proj. règl. gén. préc., art. 343.)*

II. — *Dérivation des eaux.*

29. Lorsque les eaux qui découlent d'un chemin vicinal n'ont pas naturellement un écoulement suffisant, il peut être établi des puits perdus de distance en distance. L'établissement de ces puits a lieu, autant que possible, en vertu d'accords à l'amiable avec les propriétaires des terrains sur lesquels ils doivent être établis. Si le consentement de ces propriétaires ne peut être obtenu, il est procédé à l'occupation des terrains conformément à l'art. 16 de la loi du 21 mai 1836. *(Proj. règl. gén. préc., art. 344.)*

30. Lorsque, pour empêcher les eaux de séjourner sur les chemins vicinaux et de nuire à leur viabilité, il y a nécessité de les diriger, par des rigoles ou des pentes artificielles, sur des propriétés qui ne sont pas naturellement obligées de les recevoir, les maires doivent, avant de les y faire passer, s'entendre avec les propriétaires pour régler à l'amiable l'indemnité qui peut leur être due. Si le consentement de ces propriétaires ne peut être obtenu, il doit être procédé ainsi qu'il est dit à l'article précédent. (*Proj. règl. gén. min. int., 21 juill. 1854, art. 345.*)

31. Lorsqu'un propriétaire demande à conduire des eaux d'un côté à l'autre d'un chemin vicinal, cette autorisation peut lui être accordée, à la charge d'établir, dans toute la largeur du chemin, un aqueduc en maçonnerie, qui doit être construit suivant les indications qui sont données dant l'arrêté d'autorisation. — Ces autorisations seront données par les maires, pour les chemins vicinaux de petite communication, et par le ministre de l'intérieur pour les chemins vicinaux de grande communication. (*Proj. règl. gén. préc., art. 346.*)

32. L'autorisation de transporter les eaux d'un côté à l'autre d'un chemin vicinal n'est donnée que sous la réserve du droit des tiers. Il y est toujours stipulé, pour l'administration, la faculté de faire supprimer les constructions faites, si elles sont mal entretenues, ou si elles deviennent nuisibles à la viabilité du chemin. (*Proj. règl. gén. préc., art. 347.*)

V. Cours d'eau.

FOUILLES. — Form. mun., tom. V, pag. 120.

1. Les concessionnaires de mines ne peuvent ouvrir leurs fouilles dans les enclos murés, ni dans les cours, jardins, prés, vergers et vignes attenant aux habitations, dans la distance de 800 mètres, que du consentement des propriétaires de ces fonds, qui ne peuvent, dans aucun cas, être forcés à le donner. (*Décr., 12 juill. 1791, tit. 1er, art. 23.*)

2. Les agents de l'administration ne peuvent fouiller un champ, pour y chercher des pierres, de la terre ou du sable, nécessaires à l'entretien des grandes routes ou autres ouvrages publics, qu'au préalable ils n'aient averti le propriétaire, et qu'il ne soit justement indemnisé à l'amiable ou à dire d'experts. (*Décr., 28 sept. 1791, tit. 1er, sect. 6, art. 1er.*)

3. Le propriétaire peut faire au-dessous de son sol toutes les constructions et fouilles qu'il juge à propos, et tirer de ces fouilles tout les produits qu'elles peuvent fournir, sauf les modifications résultant des lois et règlements relatifs aux mines, et des lois et règlements de police. (*Cod. Nap., art. 552.*)

4. L'art. 144 du Code forestier défend toute extraction de pierre, sable, minerai, terre, etc., dans les bois soumis au régime forestier.

5. Les demandes et contestations pour indemnités dues aux particuliers, à raison de terrains fouillés pour la confection des chemins, canaux et autres ouvrages publics, sont de la compétence des conseils de préfecture. (*L., 28 pluv. an 8-17 févr. 1800, art. 4.*)

V. Eaux thermales (n° 10), Mines.

FOURNISSEURS. — Form. mun., tom. V, pag. 121.

1. Les entrepreneurs qui se chargent, à leurs périls et risques, de certaines fournitures pour un prix déterminé, sont justiciables de l'autorité administrative, toutes les fois qu'il s'élève une contestation dans laquelle l'État ou les communes sont intéressés.

2. Les contestations, sur l'effet des marchés entre des fournisseurs et une régie locale administrative, sont jugées par le conseil de préfecture. (*Décr., 11 juin 1806 et 30 janv. 1812.*)

3. Les préfets sont compétents pour statuer : 1° sur les contestations qui s'élèvent entre les particuliers et les régies établies par le gouvernement, ou les agents desdites régies, à l'occasion du paiement des fournitures faites pour le compte de l'État (*Arr., 19 therm. an 9-7 août 1801. — Ord.-arr., 13 mai 1818, 4 mars 1819, etc.*) ; 2° sur le mode de paiement des marchés passés par des particuliers avec des communes, lorsque la validité desdits marchés n'est pas contestée, et sauf recours au ministre de l'intérieur. (*Déc., 25 févr. 1808.*)

4. Les ministres sont compétents pour décider sur toute contestation ou de-

mande relative à la résiliation, exécution, interprétation des marchés de travaux, de fournitures ou services quelconques (*Décr. réglem., 5 niv. an 8-26 déc. 1799.—Ord.-arr., 1er mai 1816, 11 juin 1817, etc.*), sur la question de savoir si un fournisseur a contracté en qualité d'agent du gouvernement, ou en son nom privé et dans son intérêt personnel (*Arr. réglem., 23 brum. an 10-14 nov. 1801. — Ord.-arr., 10 juill. 1822 et 24 mars 1824. — Arr. cass., 13 mess. an 12-2 juill. 1804, 14 et 21 brum. an 13-5 et 13 nov. 1804*), sur les difficultés auxquelles les expertises peuvent donner lieu pour l'exécution des marchés, pour liquider les sommes dues aux entrepreneurs et fournisseurs, etc. — V. MARCHÉS.

FOURRIÈRE. — Form. mun., tom. V, pag. 124.

1. On nomme fourrière le séquestre des bestiaux ou autres objets dont l'abandon constitue une contravention ou un délit. Le lieu où sont déposés les objets séquestrés prend aussi ce nom.

2. Le propriétaire auquel des bestiaux laissés à l'abandon ont causé du dommage, a le droit de les saisir, sous l'obligation de les faire conduire, dans les vingt-quatre heures, dans un lieu de dépôt désigné à cet effet par l'autorité municipale. Il doit être satisfait aux dégâts par la vente des bestiaux, s'ils ne sont pas réclamés, ou si le dommage n'a pas été payé dans la huitaine du jour du délit. (*L., 28 sept.-6 oct. 1791, tit. 2, art. 12.*)

3. Les animaux et tous objets périssables, pour quelque cause qu'ils aient été saisis, ne peuvent rester en fourrière ou sous le séquestre plus de huit jours. — Après ce délai, la mainlevée provisoire peut en être accordée. — S'ils ne doivent ou ne peuvent être restitués, ils sont mis en vente, et les frais de fourrière sont prélevés sur le produit de la vente, par privilége et préférence à tous autres. (*Décr., 18 juin 1811, art. 39.*)

4. La mainlevée provisoire est ordonnée par le juge de paix ou par le juge d'instruction, moyennant caution et le paiement des frais de fourrière et de séquestre. Si lesdits objets doivent être vendus, la vente est ordonnée par les mêmes magistrats. Cette vente est faite à l'enchère, au marché le plus voisin, à la diligence de l'administration de l'enregistrement. — Le jour de la vente doit être indiqué par affiches, vingt-quatre heures à l'avance, à moins que la modicité de l'objet ne détermine le magistrat à en ordonner la vente sans formalités, ce qu'il exprime dans son ordonnance. — Le produit de la vente est versé dans la caisse de l'administration de l'enregistrement, pour en être disposé ainsi qu'il sera ordonné par le jugement définitif. (*Décr. préc., art. 40.*)

5. Les maires et les commissaires de police peuvent aussi ordonner, par mesure de police, la mise en fourrière d'animaux et objets dont les propriétaires se trouvent en contravention, pour sûreté de l'amende dont ceux-ci peuvent être passibles. — V. BARRIÈRES DE DÉGEL, POLICE DU ROULAGE.

FOURS A CHAUX ET A PLATRE. — Form. mun., tom. V, pag. 125.

1. Les fours à chaux et à plâtre sont compris dans la catégorie des établissements insalubres de deuxième classe, et, comme tels, leur création ou leur déplacement ne sont soumis qu'aux formalités prescrites par l'art. 7 du décret du 7 octobre 1810. — V. ÉTABLISSEMENTS DANGEREUX, etc.

2. Aucun four à chaux ou à plâtre, soit temporaire, soit permanent, ne peut être établi, dans l'intérieur et à moins d'un kilomètre des forêts, sans l'autorisation du gouvernement, à peine d'une amende de 100 à 500 fr., et de démolition des établissements. (*Cod. for., art. 151.*)

3. Ces établissements sont soumis aux visites des agents et gardes forestiers, qui peuvent y faire toutes perquisitions sans l'assistance d'un officier public, pourvu qu'ils se présentent au nombre de deux au moins, ou que l'agent ou garde forestier soit accompagné de deux témoins domiciliés dans la commune. (*Cod. for., art. 157.*)

V. FOURS, INCENDIES.

FOURS ET FOURNEAUX. — Form. mun., tom. V, pag. 125.

De même que pour la construction des puits, des fosses d'aisances, des cheminées, des forges, etc., les fours et fourneaux ne peuvent être établis près d'un mur mitoyen ou non, qu'en laissant la distance prescrite par les règlements et usages particuliers, et en faisant les ouvrages ordonnés par ces règlements et usages. (*Cod. Nap., art. 674.*)

FRANCHISE. — Form. mun., tom. V, pag. 132.

LÉGISLATION.

Ordonnance du 17 novembre 1844.

1. La correspondance des fonctionnaires publics, exclusivement relative au service de l'Etat, est admise à circuler en franchise par la poste.

2. Les conditions auxquelles la franchise a lieu, le mode de fermeture de la correspondance et les circonscriptions territoriales et administratives pour lesquelles ce droit est admis, sont déterminés par l'ordonnance royale du 17 novembre 1844, qui est accompagnée d'une série de tableaux faisant connaître tous les fonctionnaires et personnes autorisés à contre-signer leur correspondance, et les fonctionnaires et personnes auxquels cette correspondance doit parvenir en franchise.

3. La correspondance des maires avec le préfet de leur département et le sous-préfet de leur arrondissement peut avoir lieu par lettres pliées et cachetées, selon la forme ordinaire, mais non sous enveloppe, et à condition 1° que ces lettres ne dépasseront pas le poids légal d'une lettre simple, c'est-à-dire, sept grammes et demi ; 2° qu'elles ne renfermeront aucune lettre ou pièce quelconque ; 3° qu'indépendamment de son contre-seing, l'expéditeur écrira sur l'adresse, et d'une manière apparente, le mot *confidentielle*. — L'omission d'une seule de ces formalités donne lieu à l'application de la taxe. (*Ord., 17 nov. 1844, art. 24.*)

4. Les lettres et paquets contre-signés qui doivent être mis sous bandes ne peuvent être reçus ni expédiés en franchise lorsque la largeur des bandes excède le tiers de la surface de ces lettres et paquets. (*Ord. préc., art. 25.*)

V. Correspondance.

FRUITS. — Form mun., tom. V, pag. 158.

1. Les fruits ne peuvent être assujettis aux taxes municipales. (*L., 11 frim. an 7-1er déc. 1798, art. 55.*)

2. Par suite des pouvoirs qui leur sont conférés par les lois sur la police municipale, et dans l'intérêt de la santé publique, l'exposition en vente de fruits gâtés ou verts doit être défendue par les maires, et les délinquants peuvent être traduits devant le tribunal de simple police, condamnés à l'amende, et même à l'emprisonnement, avec confiscation et destruction des marchandises. (*L., 19-22 juill. 1791, art. 20. — Cod. pén., art. 471, n° 14.*)

V. Aliments, Denrées.

GARDES CHAMPÊTRES. — Form. mun., tom. V, pag. 257.

SOMMAIRE.

§ 1er. — Nomination. — Révocation. — Nombre. — Serment.

1. Les gardes champêtres sont nommés par les préfets, sur la présentation des maires (*Décr., 25 mars 1852, art. 5*), et sur l'avis des conseils municipaux. (*Arr. gouv., 25 fruct. an 9-13 août 1801. — Ord., 29 nov. 1820, art. 1er. — L., 18 juill. 1837, art. 13.*)

2. Les gardes champêtres doivent être âgés au moins de 25 ans, être connus par leur probité et leur zèle, et savoir lire et écrire. (*LL., 6 oct. 1791, art. 5, et 20 mess. an 3-8 juill. 1795, art. 2.*)

3. Ils peuvent être suspendus par le maire, mais leur changement ou leur destitution ne peut être prononcé que par le sous-préfet ou le préfet, sur l'avis du

maire et du conseil municipal du lieu. Le sous-préfet doit soumettre son arrêté à l'approbation du préfet. (*Ord., 29 nov. 1820, art. 2. — L., 18 juill. 1837, art. 13. — Déc. min., 30 avril 1839.*)

4. Il doit y avoir au moins un garde champêtre par commune, et la municipalité est juge de la nécessité d'en établir davantage. (*L., 20 mess. an 3-8 juill. 1795, art. 3.*)

5. En leur qualité d'officiers de police judiciaire, les gardes champêtres prêtent serment entre les mains du juge de paix de leurs cantons respectifs, qui sont aussi chargés de recevoir leur serment professionnel. (*L., 6 oct. 1791. — Décr., 5 avril 1852, art. 5.*)

En aucun cas, l'autorité administrative ne peut recevoir ce serment. (*Circ. min. int., 25 juill. 1818.*)

6. Ils sont placés sous la juridiction du juge de paix et sous la surveillance immédiate du procureur impérial, comme officiers de police judiciaire; et du maire, en leur qualité d'officiers de police municipale. (*Cod. instr. crim. — L., 6 oct. 1791, art. 1er.*)

7. Ils ne peuvent s'absenter de leur commune sans une permission de leur supérieur; autrement, ils sont censés avoir renoncé à leurs fonctions. (*L., 12 sept. 1791.*)

§ 2. — Traitement.

8. Le traitement des gardes champêtres est réglé par le préfet, sur la proposition du conseil municipal et de l'avis du sous-préfet. (*LL., 20 mess. an 3-8 juill. 1795, art. 2, et 28 pluv. an 8-17 févr. 1800.*)

9. Ce traitement ne doit jamais dépasser le prix de 120 à 150 journées de travail. (*Avis cons. Etat, 6 oct. 1820.*)

10. Les gardes champêtres sont payés sur les revenus municipaux des communes. (*L., 11 frim. an 7-1er déc. 1799.*)

11. Dans toutes les communes où le salaire des gardes champêtres ne peut être acquitté sur les revenus communaux, en y comprenant le produit des amendes, et lorsque les habitants ne consentent point à former le traitement ou complément du traitement de ces gardes par une souscription volontaire, la somme qui manque est, en conformité de l'art. 3, sect. 7, de la loi du 28 septembre 1791, répartie sur les propriétaires ou exploitants de fonds *non enclos*, au centime le franc de la contribution foncière de chacun d'eux. (*Décr., 23 fruct. an 13-11 août 1805.*)

12. Les rôles d'impositions sur les propriétaires ou exploitants de fonds non enclos, pour le traitement des gardes champêtres, peuvent être rendus exécutoires par le préfet. (*L., 17 août 1822, art. 26.*)

13. Cette même imposition, étant de nature à se renouveler chaque année, doit être considérée comme faisant partie des revenus ordinaires de la commune, et être portée comme telle dans son budget. (*Instr. min., 18 avril 1824.*)

14. Tous les propriétaires de fonds non enclos (1) doivent contribuer au paiement du salaire du garde champêtre, quand même ils auraient à leurs frais des gardes champêtres ou garde-bois particuliers. (*Circ. min. int., 12 mai 1808, et 26 avril 1830. — OO., 22 juill. 1829.*)

15. Le salaire des gardes champêtres fait partie des dépenses obligatoires des communes (*L., 18 juill. 1837, art. 30, n° 7*), et il leur est payé par quart, à la fin de chaque trimestre, sur un mandat du maire ou de l'adjoint délivré sur le receveur municipal. (*L., 18 juill. 1837, art. 10-4°.*)

16. Indépendamment de leur traitement, les gardes champêtres reçoivent des gratifications pour les infractions qu'ils ont constatées, donnant lieu à l'application d'une amende. — Ces gratifications leur sont notamment délivrées pour les délits de chasse. (*L., 3 mai 1844, art. 10. — Ord., 5 mai 1845.*)

De plus, les gardes champêtres qui arrêtent, soit des déserteurs, soit des

(1) On ne doit entendre par clôtures non sujettes au traitement du garde champêtre que les propriétés closes de murs. (*Circ. min. int., 18 mars 1818.*)

hommes évadés des galères, ou autres individus, reçoivent la gratification accordée par les lois à la gendarmerie (25 fr. pour chaque arrestation). Cette somme peut leur être avancée par le préfet, sur le vu des procès-verbaux. (*Décr., 11 juin 1806, art. 6.*)

§ 3. — Attributions. — Devoirs.

17. Les gardes champêtres ont été institués pour la conservation des récoltes, des fruits de la terre et des propriétés rurales. La police des campagnes est spécialement sous leur surveillance. (*L., 6 oct. 1791, art. 1er, tit. 2.*)

18. Ils recherchent, mais seulement dans le territoire pour lequel ils ont été assermentés, les délits et les contraventions de police qui portent atteinte aux propriétés rurales. (*Cod. instr. crim., art. 16.*)

19. Ils suivent les choses enlevées, les mettent en séquestre s'ils peuvent les atteindre, ou, si le délinquant les cache dans une maison, ils se font assister du juge de paix, ou de son suppléant, ou d'un commissaire de police, ou d'un maire, ou d'un adjoint. (*Cod. et art. préc.*)

20. Ils arrêtent et conduisent devant le juge de paix, ou devant le maire, tout individu surpris en flagrant délit ou dénoncé par la clameur publique, lorsque ce délit emporte peine d'emprisonnement, ou une peine plus grave. (*Cod. et art. préc.*)

21. Ils se font donner, pour cet effet, main-forte par le maire ou par l'adjoint du maire du lieu, qui ne peut s'y refuser. (*Cod. et art. préc.*)

22. Ils constatent les contraventions aux arrêtés des maires (*Arr. cass., 5 nov. 1815*), et les délits de pêche et de chasse. (*L., 15 avril 1829 et 3 mai 1844.*)

23. Ils surveillent l'exécution 1° de la loi de douanes du 28 avril 1816 ; 2° des lois et règlements sur la police du roulage. (*L., 30 mai 1851, art. 15.*)

24. Ils recherchent les malfaiteurs, vagabonds, déserteurs et autres individus dont les signalements leur sont transmis par les maires ; ils peuvent requérir de la municipalité main-forte pour opérer une arrestation, et les citoyens requis doivent déférer aux ordres qui leur sont donnés. (*Décr., 20 mess. an 3-8 juill. 1795, art. 6.*)

25. Les gardes champêtres obéissent aux ordres du maire en tout ce qui a rapport au service ; ils l'informent de tout ce qui est de nature à compromettre l'ordre public, des délits qui se commettent dans la commune, et des individus étrangers à la localité qui viennent s'y établir. (*Ord., 29 oct. 1820.*)

26. Ils sont auxiliaires de la force publique pour le maintien de l'ordre, lorsqu'ils sont requis par l'autorité militaire ; en ce cas, ils ont droit au bénéfice des dispositions de l'art. 8 de l'ordonnance du 31 mai 1831 (*Décr., 4 juin 1852*), c'est-à-d[illegible] 'ils font alors partie intégrante de l'armée, et jouissent des mêmes droits, [illegible] et récompenses que les corps de troupes qui la composent. (*Ord., 31 m[illegible] [illegible]831, art. 8.*)

27. Les gardes champêtres sont placés dans la réserve de la garde nationale. (*L., 13 juin 1851, art. 14.*)

28. Lorsqu'ils négligent de faire, dans les vingt-quatre heures, le rapport des délits, ils sont responsables des dommages. (*L., 6 oct. 1791.*)

29. Ils peuvent être employés, sur la demande de l'autorité administrative, pour l'exécution de mesures propres à prévenir les épizooties. (*Ord., 27 janv. 1815.*)

30. Ils peuvent constater les fraudes sur le tabac, procéder à la saisie des tabacs, ustensiles et mécaniques prohibés, à celle des chevaux, voitures et autres objets servant au transport, et constituer prisonniers les fraudeurs et colporteurs. (*L., 24 déc. 1814, art. 48, et 28 avril 1816, art. 222.*)

31. Les gardes champêtres recherchent, en outre, toute fabrication clandestine de sel ou de liqueur saline, hors des trois lieues de la ligne des côtes ; seulement, ils sont rétribués dans la répartition des amendes, et d'après le mode suivi à l'égard des saisies opérées et auxquelles coopèrent les agents étrangers au service des douanes. (*Ord., 17 mars 1817, art. 7.*)

32. Chaque garde doit avoir un registre coté et paraphé par le maire ou par son adjoint, pour y insérer sommairement et journellement les rapports qu'il dresse. Le maire, ou son adjoint, mentionne en marge la date de l'affirmation de chaque rapport, et celle de la remise que lui en a faite le garde. Ces fonctionnaires doivent veiller avec soin à l'exécution de ces dispositions, et se faire représenter ce registre toutes les fois qu'ils le jugent convenable.

§ 4. — Armes.

33. Le préfet détermine les armes que portent les gardes champêtres. Ils doivent porter une plaque sur laquelle sont inscrits le nom de la commune et celui du garde. (*L., 28 sept. 1791.*)

34. Il ne leur est permis d'avoir un fusil que lorsqu'ils y sont autorisés par le préfet ou le sous-préfet. (*Ord., 24 juill. 1816, art. 2.*)

§ 5. — Rapports des gardes champêtres avec la gendarmerie.

35. Les gardes champêtres des communes sont placés sous la surveillance des commandants de brigade de gendarmerie. Ces derniers inscrivent sur un registre à ce destiné les noms, l'âge et le domicile de ces gardes champêtres, avec des notes sur leur conduite et leur manière de servir. (*Décr., 1er mars 1854, art. 624.*)

36. Les officiers, sous-officiers et brigadiers de gendarmerie s'assurent, dans leurs tournées, si les gardes champêtres remplissent bien les fonctions dont ils sont chargés; ils donnent connaissance aux préfets ou sous-préfets de ce qu'ils ont appris sur la moralité et le zèle de chacun d'eux. (*Décr. préc., art. 625.*)

37. Dans les cas urgents ou pour des objets importants, les sous-officiers et brigadiers de gendarmerie peuvent mettre en réquisition les gardes champêtres d'un canton, et les officiers, ceux d'un arrondissement, soit pour les seconder dans l'exécution des ordres qu'ils ont reçus, soit pour le maintien de la police et de la tranquillité publique; mais ils sont tenus de donner avis de cette réquisition aux maires et aux sous-préfets, et de leur en faire connaître les motifs généraux. (*Déc. préc., art. 626.*)

38. Les officiers, sous-officiers et brigadiers de gendarmerie adressent au besoin, aux maires, pour être remis aux gardes champêtres, le signalement des individus qu'ils ont ordre d'arrêter. (*Décr. préc., art. 627.*)

§ 6. — Procès-verbaux.

39. Les procès-verbaux des gardes champêtres ne sont soumis à aucune forme particulière. La nature des choses indique suffisamment qu'ils doivent être datés, contenir les noms, prénoms, qualité et demeure du fonctionnaire rédacteur, ainsi que ceux du délinquant, constater l'existence ou le corps du délit, en indiquer la nature, le temps, le lieu et les circonstances. Ils doivent être signés par le rédacteur.

40. Ces procès-verbaux doivent être sur papier timbré, et affirmés, à peine de nullité, dans les vingt-quatre heures, devant le juge de paix ou l'un de ses suppléants, le maire ou son adjoint. (*LL., 23 therm. an 4-10 août 1796, 13 brum. an 7-3 nov. 1798, et 28 flor. an 10-18 mai 1802.*)

Ce délai de vingt-quatre heures ne court que du moment de la clôture et de la signature du procès-verbal. (*Arr. cass., 2 mess. an 13-21 juin 1805, et 7 mars 1823.*)

Le délai pour l'affirmation des procès-verbaux de contravention à la police du roulage est de trois jours. L'affirmation peut avoir lieu devant le juge de paix du canton, ou devant le maire de la commune du domicile de l'agent ou du lieu où la contravention a été commise. (*L., 30 mai 1851, art. 18.*)

41. Les maires ou adjoints ne peuvent se refuser à recevoir cette affirmation, car cette réception n'est pas facultative; les maires ou leurs adjoints ne peuvent se dispenser de la constater, même ceux des communes de la résidence du juge de paix du canton et de ses suppléants, en l'absence de ces magistrats. (*Circ. min. int., 26 août 1806.*)

42. Les procès-verbaux doivent être, sous peine de nullité, enregistrés dans les quatre jours qui suivent celui de l'affirmation; et les procès-verbaux de

contravention en matière de roulage dans les trois jours de leur date ou de leur affirmation. (*L., 30 mai 1851, art. 19.*) L'enregistrement se fait en débet, lorsque les délits ou contraventions intéressent l'État, les communes ou les établissements publics. (*L., 22 frim. an 7.*)

43. Les procès-verbaux des gardes champêtres doivent, lorsqu'il s'agit de simples contraventions, être remis par eux, dans les trois jours au plus tard, au commissaire de police de la commune chef-lieu du canton, ou au maire, dans les communes où il n'y a point de commissaire de police ; et lorsqu'il s'agit d'un délit de nature à mériter une peine correctionnelle, la remise en doit être faite au procureur impérial. (*Cod. inst. crim., art. 20.*)

44. Les gardes champêtres, chargés de veiller à la conservation des propriétés rurales et de constater les délits et les contraventions de police qui y portent atteinte, sont sans qualité pour verbaliser relativement aux contraventions de police urbaine. (*Cod. préc., art. 16. — Arr. cass., 12 avril 1850.*)

45. Les procès-verbaux des gardes champêtres font foi en justice jusqu'à preuve contraire. (*LL., 22 avril 1790, 28 sept. 1791, et 30 mai 1851, art. 15.*)

46. Les rapports et procès-verbaux des gardes champêtres qui ne savent ou ne peuvent les dresser personnellement, doivent être reçus, rédigés et écrits, soit par les juges de paix, leurs suppléants ou leurs greffiers, soit par les commissaires de police, les maires ou les adjoints des maires. (*Arr. cass., 9 févr. 1843.*)

47. Un procès-verbal qui n'est écrit, ni par le garde qui a reconnu le délit, ni par aucun des officiers de l'autorité administrative ou judiciaire désignés, bien qu'il soit affirmé par le garde, n'a pas le caractère de légalité nécessaire pour servir de base à une condamnation. (*Arr. cass., 26 juill. 1821.*)

V. Gardes champêtres et forestiers particuliers, Gardes forestiers.

GARDES CHAMPÊTRES ET FORESTIERS PARTICULIERS.—

Form. mun., tom. V, pag. 263.

§ 1er. — Gardes champêtres.

1. Tout propriétaire peut avoir un garde champêtre particulier. (*Décr., 20 mess. an 3-8 juill. 1795, art. 4.*)

2. Il doit être agréé par le préfet ou le sous-préfet (*LL., 3 brum. an 4-25 oct. 1795, art. 40, et 28 pluv. an 8-17 févr. 1800*), qui peut le révoquer. (*Lett. min. int., 19 avril, 21 oct. et 20 déc. 1842.*)

3. L'avis du conseil municipal n'est pas nécessaire. (*Arr. cass., 8 avril 1816.*)

4. Le garde champêtre d'un particulier est un officier de police judiciaire, mais seulement lorsqu'il a été agréé par le sous-préfet. Ses procès-verbaux ont la même foi en justice que ceux des gardes champêtres des communes et des établissements publics. (*Arr. cass., 6 déc. 1827.*)

§ 2. — Gardes forestiers.

5. Les propriétaires qui veulent avoir, pour la conservation de leurs bois, des gardes particuliers, doivent les faire agréer par le sous-préfet de l'arrondissement, sauf le recours au préfet, en cas de refus. (*Cod. for., art. 117. — Ord., 1er août 1827, art. 150.*)

Si le sous-préfet croit devoir refuser son visa, il en rend compte au préfet en lui indiquant les motifs du refus. (*Ord. et art. préc.*)

6. Les commissions de ces gardes doivent être inscrites dans les sous-préfectures, sur un registre où sont relatés les noms et demeures des propriétaires et des gardes, ainsi que la désignation et la situation des bois. (*Ord. et art. préc.*)

7. Les procès-verbaux dressés par les gardes des bois et forêts des particuliers font foi jusqu'à preuve contraire. (*Cod. for., art. 188.*)

8. Les articles du Code forestier relatifs à la poursuite des délits et contraventions par les gardes forestiers des communes et des établissements publics, s'appliquent aussi aux gardes particuliers agréés et assermentés. (*Cod. préc., art. 189.*)

§ 3.—Dispositions communes aux gardes champêtres et forestiers particuliers.

9. Les fonctions de garde champêtre et de garde forestier particulier ne sont pas incompatibles. Les préfets sont juges des circonstances qui peuvent justifier ce cumul. (*Lett. min. int., 17 août et 28 oct. 1839.*)

10. Les règles relatives à la prestation des deux serments exigés des gardes champêtres, et à celui des gardes forestiers, sont applicables aux gardes particuliers. (*Déc. min. just., 23 mai 1844.*)

11. Les fermiers ont, comme les propriétaires, le droit d'avoir et de nommer un garde particulier. (*Arr. cass., 27 brum. an 11-18 nov. 1802.*)

GARDES FORESTIERS. — Form. mun., tom. V, pag. 270.

SOMMAIRE.

§ 1er. — Nomination. — Révocation. — Nombre. — Salaire. — Serment.

1. Les gardes forestiers des communes et des établissements de bienfaisance sont nommés par le préfet, sur la présentation des chefs de service (*Décr. 25 mars 1852, art. 5*), c'est-à-dire des conservateurs des forêts. (*Circ. min. int., 5 mai 1852.*)

2. Les candidats aux emplois de gardes forestiers des communes et des établissements publics, doivent être âgés de 25 ans au moins et de 35 au plus, savoir lire et écrire, et être capables de rédiger un procès-verbal. — Ils sont choisis parmi les anciens militaires qui ont contracté un rengagement, jusqu'à concurrence de trois quarts des vacances au moins, sauf le cas d'insuffisance dans le nombre des candidats de cette catégorie. (*Arr. min. fin., 3 mai 1852, art. 4.*)

Nul ne peut être nommé garde forestier s'il est âgé de plus de 35 ans, et s'il ne sait lire et écrire. (*Ord., 15 nov. 1832, art. 1er.*)

3. L'administration forestière peut suspendre de leurs fonctions les gardes des bois des communes et des établissements publics; s'il y a lieu à destitution, le préfet la prononce après avoir pris l'avis du conseil municipal ou des administrateurs des établissements propriétaires, ainsi que de l'administration forestière. (*Cod. for., art. 98.*)

4. Le salaire des gardes forestiers des communes et des établissements publics est réglé par le préfet, sur la proposition du conseil municipal ou de l'établissement propriétaire, et sur l'avis du conservateur. (*Cod. et art. préc.—Arr. min. fin., 3 mai 1852, art. 5.*)

5. Ce salaire est compris dans les dépenses obligatoires des communes. (*L., 18 juill. 1837, art. 30.*)

6. Il doit être acquitté sur le produit des coupes de bois ou sur les revenus communaux (*L., 9 flor. an 11-29 avril 1803*). Les communes qui n'ont ni revenus, ni affouages suffisants pour acquitter ce salaire, en font le montant en l'ajoutant aux centimes additionnels de leurs contributions. (*L., 22 mars 1806.— Avis cons. Etat, 3 févr. 1809.*)

7. Si les bois ne donnent pas un produit égal aux frais de garde, il doit être pris des mesures pour les aliéner, et pour employer le montant de la vente en acquisitions de rentes sur l'Etat, sauf les exceptions que peuvent commander les localités, à moins que le salaire du garde ne puisse être porté au budget. (*Circ. min. int., 18 mai 1818.*)

8. Le salaire des gardes, qui doit être acquitté par les communes, l'est, à l'échéance de chaque trimestre, par les receveurs de ces communes sur les fonds destinés à ce par leurs budgets, sur les ordonnances des préfets (*Décr., 31 janv. 1813*), et sur mandats du maire. (*Instr. min. int., 25 nov. 1836.*)

9. La garde d'un canton de bois appartenant à plusieurs communes ou établissements charitables, pouvant être confiée à un même garde (*Cod. for., art. 97, et arr. min. fin., 3 mai 1852, art. 6*), le salaire de ce garde, s'il est communal, est alors acquitté sur le fonds de cotisations municipales. (*Instr. min. int., 25 nov. 1836.*)

10. La surveillance d'un même garde sur des bois appartenant à plusieurs communes et établissements publics, lui est confiée par le préfet, suivant les cir-

constances locales et sur l'avis du conservateur. (*Arr. min. fin., 3 mai 1852, art. 6.*)

11. Le nombre des gardes forestiers est déterminé par le préfet, sur l'avis des municipalités (ou des administrateurs des établissements publics), et du conservateur. (*Cod. for., art. 94.*)

12. Les gardes forestiers ne peuvent entrer en fonctions qu'après avoir prêté serment devant le tribunal de première instance de leur résidence, et avoir fait enregistrer leur commission et l'acte de prestation de leur serment au greffe des tribunaux dans le ressort desquels ils doivent exercer leurs fonctions. Dans le cas d'un changement de résidence qui les place dans un autre ressort en la même qualité, il n'y a pas lieu à une autre prestation de serment. (*Cod. préc., art. 5.*)

13. Les gardes des bois des communes et des établissements publics sont en tout assimilés aux gardes des bois de l'Etat, et soumis à l'autorité des mêmes agents. Ils prêtent serment dans les mêmes formes. (*Cod. préc., art. 99.*)

14. Les gardes forestiers peuvent être en même temps gardes champêtres. (*Décr., 28 sept. 1791, tit. 1er, sect. 7, art. 2.*)

§ 2. — Attributions. — Devoirs. — Costumes.

15. Les gardes forestiers sont officiers de police judiciaire comme les gardes champêtres, et ils ont mêmes droits et mêmes devoirs quant aux attributions que leur confère cette qualité. (*Cod. instr. crim., art. 16, 17, 18 et 19.*) — V. GARDES CHAMPÊTRES.

Cette qualité d'officiers de police judiciaire leur donne le droit de dresser procès-verbal des délits commis dans les bois des particuliers, sans avoir besoin de réquisition de leur part. (*Arr. cass., 16 oct. et 5 nov. 1807.*)

16. Les gardes forestiers sont appelés à concourir, au besoin avec la gendarmerie, pour le maintien de l'ordre et de la tranquillité publiques, et les brigades de la gendarmerie doivent les seconder et leur prêter main-forte, pour la répression des délits forestiers. Les inspecteurs ou sous-inspecteurs des eaux et forêts, et les commandants de la gendarmerie, se donnent réciproquement connaissance des lieux de résidence des gardes forestiers et des brigades et postes de gendarmerie, pour assurer, de concert, l'exécution des mesures et réquisitions, toutes les fois qu'ils doivent agir simultanément. (*Décr., 1er mars 1854, art. 623.*)

17. Les gardes forestiers peuvent être requis, au besoin, par les commissaires de police; ils doivent informer ces fonctionnaires de tout ce qui intéresse la tranquillité publique. (*Décr., 28 mars 1852, art. 3.*)

Ce droit de réquisition directe ne peut avoir d'application que lorsque le maintien de l'ordre, la tranquillité publique, la sécurité des personnes, en un mot, des circonstances *exceptionnelles*, réclament le concours immédiat des préposés forestiers, et nullement lorsqu'il s'agit de la répression des délits, contraventions, etc., de police ordinaire. (*Circ. min. int., 4 oct. 1853.*)

18. Un garde forestier n'a aucun caractère pour constater un fait de chasse sur des terres ensemencées. (*Arr. cass., 9 mai 1828.*)

19. Les gardes forestiers sont placés dans la réserve de la garde nationale. (*L., 13 juin 1851, art. 14.*)

20. Quant aux attributions spéciales des gardes forestiers, V. le *Code forestier*, l'*ordonnance réglementaire du 1er août 1827*, et le *Code d'instruction criminelle.*

21. Dans l'exercice de leurs fonctions, les gardes forestiers des communes et des établissements publics doivent être revêtus de leur costume, et porteurs d'une plaque qui doit indiquer leur emploi, comme, par exemple : *Forêts communales.* (*Ord., 1er août 1827, art. 34. — Circ. min. int., 23 oct. 1807.*)

§ 3. — Procès-verbaux.

22. Les procès-verbaux des gardes forestiers des communes et des établissements publics font foi en justice pour constater les délits et contraventions commis même dans les bois soumis au régime forestier autres que ceux dont la garde leur est confiée. (*Cod. for., art. 99.*)

23. Ces procès-verbaux doivent être affirmés, au plus tard, le lendemain de

leur clôture ([1]), par-devant le juge de paix du canton ou l'un de ses suppléants, ou par-devant le maire ou l'adjoint, soit de la commune de leur résidence, soit de celle où le délit a été commis ou constaté; le tout sous peine de nullité. (*Cod. for., art. 165.*)

24. L'enregistrement de ces procès-verbaux doit être fait dans les quatre jours qui suivent celui de l'affirmation. (*Cod. préc., art. 170.*)

25. Les procès-verbaux revêtus de toutes les formalités prescrites par les articles 165 et 170 du Code forestier, et qui sont dressés et signés par deux gardes forestiers, font preuve jusqu'à inscription de faux. (*Cod. préc., art. 176.*)

Pour que le procès-verbal rédigé et signé par deux gardes forestiers, fasse foi jusqu'à inscription de faux, il est indispensable qu'il soit aussi affirmé par tous deux. (*Arr. cass., 6 févr. 1806.*)

26. Les procès-verbaux revêtus de toutes les formalités prescrites, mais qui ne sont dressés et signés que par un seul garde, font de même preuve suffisante jusqu'à inscription de faux, mais seulement lorsque le délit ou la contravention n'entraîne pas une condamnation de plus de 100 fr., tant pour amende que pour dommages-intérêts. (*Cod. for., art. 177.*)

27. Les gardes sont responsables des délits, dégâts, abus et abroutissements qui ont lieu dans leurs triages, et passibles des amendes et indemnités encourues par les délinquants, lorsqu'ils n'ont pas dûment constaté les délits. (*Cod. préc., art. 6.*)

28. Outre les procès-verbaux résultant de leurs fonctions spéciales, les gardes forestiers peuvent aussi constater, par procès-verbaux, les délits de pêche fluviale. (*L., 15 avril 1829, art. 45.*)

29. Relativement à la rédaction et à la forme des procès-verbaux, V. Gardes champêtres, § 6.

30. V. aussi Gardes champêtres (nº 32), pour le registre à tenir de leurs rapports et procès-verbaux, et pour leurs diverses attributions communes aux fonctions des gardes forestiers et des gardes champêtres.

V. Gardes champêtres et forestiers particuliers.

GARDE NATIONALE. — Form. mun., tom. V, pag. 163.

LÉGISLATION.

Loi du 22 mars 1831. — Loi du 13 juin 1851. — Décret du 11 janvier 1852.

§ 1er. — Dispositions générales.

1. La garde nationale est organisée dans toutes les communes où le gouvernement le juge nécessaire pour la défense de l'ordre public. Elle est dissoute et réorganisée suivant que les circonstances l'exigent. Elle est formée en compagnie, bataillon ou légion, selon les besoins du service déterminés par l'autorité administrative, qui peut créer des compagnies de sapeurs-pompiers. La création de corps spéciaux de cavalerie, artillerie ou génie ne peut avoir lieu que sur l'autorisation du ministre de l'intérieur. (*Décr., 11 janv. 1852, art. 3.*)

2. La garde nationale est placée sous l'autorité des maires, des sous-préfets, des préfets et du ministre de l'intérieur.

Lorsque, d'après les ordres du préfet ou du sous-préfet, la garde nationale de plusieurs communes est réunie, soit au chef-lieu du canton, soit dans toute autre commune, elle est sous l'autorité du maire de la commune où a lieu la réunion. Sont exceptés les cas déterminés par les lois où la garde nationale est appelée à faire un service militaire et où elle est mise sous les ordres de l'autorité militaire. (*Décr. préc., art. 5.*)

3. La garde nationale se compose de tous les français et des étrangers jouissant des droits civils qui sont admis par le conseil de recensement. (*Décr. préc., art. 8.*)

4. Le conseil de recensement est composé ainsi qu'il suit : 1º pour une compagnie, du capitaine, président, et de deux membres désignés par le sous-préfet;

([1]) Cette clôture n'est pas fixée, car des délits peuvent exiger de longues recherches pour les constater.

2° pour un bataillon : du chef de bataillon, président, et du capitaine de chacune des compagnies qui le composent ; le capitaine peut se faire suppléer par son sergent-major. — Le conseil de recensement prononce sur les admissions, et arrête le contrôle définitif. (*Décr., 11 janv. 1852, art. 9.*)

5. Il y a un jury de révision par chaque canton. Il est présidé par le juge de paix et composé de quatre membres nommés par le sous-préfet. (*Décr. préc., art. 10.*)

6. L'empereur nomme les officiers de tous grades, sur la présentation du ministre de l'intérieur, d'après les propositions des préfets. — Les adjudants sous-officiers sont nommés par le chef de bataillon, qui nomme également à tous les emplois de sous-officiers et de caporaux, sur la présentation des commandants de compagnies. (*Décr. préc., art. 11.*)

7. Les communes sont responsables, sauf leur recours contre les gardes nationaux, des armes que le gouvernement a jugé nécessaire de leur délivrer : ces armes restent la propriété de l'Etat. L'entretien de l'armement est à la charge du garde national ; les réparations, en cas d'accident causé par le service, sont à la charge de la commune. (*Décr. préc., art. 12.*)

8. Les dépenses de la garde nationale sont votées, réglées et surveillées comme toutes les autres dépenses municipales. (*Décr. préc., art. 14.*)

9. Lorsqu'il est créé des bataillons cantonaux, la répartition de la portion afférente à chaque commune du canton dans les dépenses obligatoires du bataillon, autres que celles des compagnies, est faite par le préfet, en conseil de préfecture, après avoir pris l'avis des conseils municipaux. Cette répartition a lieu proportionnellement à la population de chaque commune et à son contingent dans le principal des quatre contributions directes. (*Décr. préc., art. 16.*)

10. Il y a dans chaque légion ou chaque bataillon formés par les gardes nationaux d'une même commune, un conseil d'administration chargé de présenter annuellement au maire l'état des dépenses nécessaires pour le service de la garde nationale, et de viser les pièces justificatives de l'emploi des fonds. — Il y a également par bataillon cantonal, un conseil d'administration chargé des mêmes fonctions et qui doit présenter au sous-préfet l'état des dépenses du bataillon. — La composition de ces conseils est déterminée par un règlement d'administration publique. (*Décr. préc., art. 17.*)

11. Le règlement relatif au service ordinaire, aux revues, exercices et prises d'armes est arrêté : pour le département de la Seine, par le ministre de l'intérieur, sur la proposition du commandant supérieur ; — pour les villes et communes des autres départements, par le maire, sur la proposition du commandant de la garde nationale et sur l'approbation du sous-préfet. (*Décr. préc., art. 19.*)

12. Lorsque la garde nationale est organisée en bataillons cantonaux et en légions, le règlement sur les exercices est arrêté par le sous-préfet, de l'avis des maires des communes et sur la proposition du commandant pour chaque bataillon isolé, et du chef de légion pour les bataillons réunis en légions. (*Décr. préc., art. 20.*)

13. Le préfet peut suspendre les revues et exercices dans les communes et dans les cantons, à la charge d'en rendre immédiatement compte au ministre de l'intérieur. (*Décr. préc., art. 21.*)

§ 2. — **Des conseils de discipline.**

14. Le décret du 11 janvier 1852 ayant maintenu le titre 4 de la loi du 13 juin 1851, intitulé *discipline*, c'est dans cette loi que se trouvent les dispositions relatives à la composition et aux fonctions des conseils de discipline.

15. Il y a un conseil de discipline, 1° par bataillon communal ou cantonal ; 2° par commune ayant une ou plusieurs compagnies non réunies en bataillon ; 3° par compagnie formée de gardes nationaux de plusieurs communes. (*L., 13 juin 1851, art. 83.*)

16. Le conseil de discipline de la garde nationale d'une commune ayant une ou plusieurs compagnies non réunies en bataillon, et celui d'une compagnie formée de gardes nationaux de plusieurs communes, sont composés de cinq

juges, savoir : un capitaine, président; un lieutenant ou un sous-lieutenant, un sergent, un caporal et un garde national. (*L., 13 juin 1851, art. 87.*)

17. Le conseil de discipline de bataillon est composé de sept juges, savoir : le chef de bataillon, président; un capitaine, un lieutenant ou un sous-lieutenant, un sergent, un caporal et deux gardes nationaux. (*L. préc., art. 88.*)

18. Il y a, par conseil de discipline de bataillon ou de légion, un rapporteur et un secrétaire, et autant de rapporteurs et de secrétaires adjoints que les besoins du service l'exigent. Leur nombre, leur rang et le mode de leur nomination sont déterminés par des décrets. (*L. préc., art. 91.*)

19. Le conseil de discipline est saisi, par le renvoi que lui fait le chef de corps, de tous les rapports, procès-verbaux ou plaintes constatant les faits qui peuvent donner lieu à une poursuite. Lorsqu'il y a lieu à poursuivre contre le chef de corps, le conseil de discipline est saisi par le préfet. (*L. préc., art. 96.*)

20. L'officier rapporteur fait citer l'inculpé. La citation est portée à domicile par un agent de la force publique. (*L. préc., art. 97.*)

21. Il n'y a de recours contre les jugements définitifs des conseils de discipline que devant la cour de cassation, pour incompétence, excès de pouvoirs ou violation de la loi. (*L. préc., art. 101.*)

22. Pour plus amples détails relatifs aux conseils de discipline, V. les dispositions des art. 85 à 106 inclus de la loi du 13 juin 1851.

GENDARMERIE. — Form. mun., tom. V, pag. 279.

LÉGISLATION.

Loi du 28 germinal an 6. — Ordonnance du 29 novembre 1820. — Décrets des 22 décembre 1851, 20 janvier et 10 février 1852. — Décret du 1er mars 1854.

SOMMAIRE.

§ 1er. — Institution.

1. La gendarmerie est une force instituée pour veiller à la sûreté publique et pour assurer le maintien de l'ordre et l'exécution des lois. Une surveillance continue et répressive constitue l'essence de son service. — Son action s'exerce dans toute l'étendue du territoire continental et colonial de l'empire, ainsi que dans les camps et armées. — Elle est particulièrement destinée à la sûreté des campagnes et des voies de communication. (*Décr., 1er mars 1854, art. 1er.*)

2. Le corps de la gendarmerie, organisé par la loi du 18 germinal an 6, réorganisé par les décrets des 22 décembre 1851 et 20 janvier 1852, a reçu une nouvelle organisation par le décret du 1er mars 1854, portant règlement sur l'organisation et le service de la gendarmerie. Ce décret contient, entre autres, les règles relatives aux rapports de la gendarmerie avec les autorités judiciaires, administratives et militaires, celles concernant le service spécial de la gendarmerie et celles relatives à la police et à la discipline de ce corps.

§ 2. — Rapports de la gendarmerie avec les autorités administratives.

3. Le chef d'escadron commandant la gendarmerie du département, adresse chaque jour au préfet le rapport de tous les événements qui peuvent intéresser l'ordre public; il lui communique également tous les renseignements que lui fournit la correspondance des brigades, lorsque ces renseignements ont pour objet le maintien de l'ordre, et qu'ils peuvent donner lieu à des mesures de précaution ou de répression. — De semblables rapports sont adressés aux sous-préfets par les commandants d'arrondissement. (*Décr. préc., art. 110.*)

4. Les officiers commandant d'arrondissement adressent, en outre, tous les cinq jours, aux sous-préfets, un tableau sommaire de tous les délits et de toutes les arrestations dont la connaissance leur est parvenue par les rapports des brigades. — Ce tableau, en ce qui concerne l'arrondissement du chef-lieu de chaque département, est remis au préfet par le commandant de la compagnie. (*Décr. préc., art. 111.*)

5. Les officiers de gendarmerie commandants de compagnie et d'arrondissement ne sont pas tenus à des rapports négatifs, lorsque les correspondances des brigades ne donnent lieu à aucune communication. (*Décr., 1er mars 1854, art. 112.*)

6. Si les rapports de service font craindre quelque émeute populaire ou attroupements séditieux, les préfets, après s'être concertés avec l'officier général commandant le département, s'il est présent, et avec l'officier le plus élevé en grade de la gendarmerie en résidence au chef-lieu du département, peuvent requérir la réunion, sur le point menacé, du nombre de brigades nécessaire au rétablissement de l'ordre.—Il en est rendu compte sur-le-champ au ministre de l'intérieur par le préfet, et au ministre de la guerre par l'officier général ou par l'officier de gendarmerie. (*Décr. préc., art. 113.*)

7. Lorsque la tranquillité publique est menacée, les officiers de gendarmerie ne sont point appelés à discuter l'opportunité des mesures que les préfets croient devoir prescrire pour assurer le maintien de l'ordre; mais il est de leur devoir de désigner les points qui ne peuvent être dégarnis sans danger, et de communiquer à ces fonctionnaires tous les renseignements convenables, tant sur la force effective des brigades et leur formation en détachements, que sur les moyens de suppléer au service de ces brigades pendant leur absence. (*Décr. préc., art. 114.*)

8. Lorsque les autorités administratives ont adressé leurs réquisitions aux commandants de la gendarmerie, conformément à la loi, elles ne peuvent s'immiscer en aucune manière dans les opérations militaires ordonnées par ces officiers pour l'exécution desdites réquisitions. Les commandants de la force publique sont dès lors seuls chargés de la responsabilité des mesures qu'ils ont cru devoir prendre, et l'autorité civile qui a requis ne peut exiger d'eux que le rapport de ce qui aura été fait en conséquence de sa réquisition. (*Décr. préc., art. 115.*)

9. Les préfets des départements, agissant en vertu de l'art. 10 du Code d'instruction criminelle, peuvent requérir les officiers de gendarmerie de faire, en leur qualité d'officiers de police judiciaire, et dans l'étendue de leur commandement, tous les actes nécessaires à la constatation des crimes, délits et contraventions. (*Décr. préc., art. 116.*)

10. Dans les cas urgents, les sous-préfets peuvent requérir des officiers commandant la gendarmerie de leur arrondissement, le rassemblement de plusieurs brigades, à charge d'en informer sur-le-champ le préfet, qui, pour les mesures ultérieures, se concerte avec l'officier général et le commandant de la gendarmerie du département, conformément aux prescriptions de l'art. 113 (6) ci-dessus. (*Décr. préc., art. 117.*)

11. Les commissaires de police, dans l'exercice de leurs fonctions, peuvent requérir la gendarmerie en se conformant aux dispositions des art. 91 et suivants du décret du 1er mars 1854. (*Décr. préc., art. 118.*)

12. Dans aucun cas, ni directement ni indirectement, la gendarmerie ne doit recevoir des missions occultes, de nature à lui enlever son caractère véritable.—Son action s'exerce toujours en tenue militaire, ouvertement et sans manœuvres de nature à porter atteinte à la considération de l'arme. (*Décr. préc., art. 119.*)

13. En plaçant la gendarmerie auprès des diverses autorités pour assurer l'exécution des lois et règlements émanés de l'administration publique, l'intention du gouvernement est que ces autorités, dans leurs relations et dans leur correspondance avec les chefs de cette force publique, s'abstiennent de formes et d'expressions qui s'écarteraient des règles et des principes posés dans les articles ci-dessus, et qu'elles ne puissent, dans aucun cas, prétendre exercer un pouvoir exclusif sur cette troupe, ni s'immiscer dans les détails intérieurs de son service. — Les militaires de tout grade de la gendarmerie doivent également demeurer dans la ligne de leur devoir envers lesdites autorités, en observant constamment avec elles les égards et la déférence qui leur sont dus. (*Décr. préc., art. 141.*)

§ 3. — Service spécial de la gendarmerie.

I.—*Police judiciaire et administrative.*

14. Les fonctions habituelles et ordinaires des brigades sont de faire des tour-

nées, courses ou patrouilles sur les grandes routes, chemins vicinaux, dans les communes, hameaux, fermes et bois, enfin dans tous les lieux de leur circonscription respective. (*Décr.*, 1er *mars 1854, art. 271.*)

15. Chaque commune doit être visitée au moins deux fois par mois et explorée dans tous les sens, indépendamment des jours où elle est traversée par les sous-officiers, brigadiers et gendarmes au retour des correspondances. (*Décr. préc., art. 272.*)

16. Dans leurs tournées, les sous-officiers, brigadiers et gendarmes s'informent, avec mesure et discrétion, auprès des voyageurs, s'il n'a pas été commis quelque crime ou délit sur la route qu'ils ont parcourue; ils prennent les mêmes renseignements, dans les communes, auprès des maires ou de leurs adjoints. (*Décr. préc., art. 273.*)

17. Ils tâchent de connaître les noms, signalements, demeures ou lieux de retraite de ceux qui ont commis des crimes et délits; ils reçoivent les déclarations qui leur sont faites volontairement par les témoins, et les engagent à les signer, sans cependant pouvoir les y contraindre. — Ils se mettent immédiatement à la poursuite de ces malfaiteurs pour les joindre, et, s'il y a lieu, pour les arrêter au nom de la loi. (*Décr. préc., art. 274.*)

18. Après s'être assurés de l'identité de ces individus, par l'examen de leurs papiers et les questions qu'ils leur font sur leurs noms, leur état, leur domicile et les lieux d'où ils viennent, ils se saisissent de ceux qui demeurent prévenus de crimes, délits ou vagabondage, et ils en dressent procès-verbal; mais ils relâchent immédiatement ceux qui, étant désignés comme vagabonds ou gens sans aveu, se justifient par le compte qu'ils rendent de leur conduite, ainsi que par le contenu de leurs certificats et passe-ports. — Le procès-verbal d'arrestation doit contenir l'inventaire exact des papiers et effets trouvés sur les prévenus; il est signé par ces individus, et, autant que possible, par deux habitants les plus voisins du lieu de la capture; s'ils déclarent ne vouloir ou ne pouvoir signer, il en est fait mention. Les sous-officiers, brigadiers et gendarmes conduisent ensuite les prévenus par-devant l'officier de police judiciaire de l'arrondissement, auquel ils font la remise des papiers et effets. (*Décr. préc., art. 275.*)

19. Ils saisissent également les assassins, voleurs et délinquants surpris en flagrant délit ou poursuivis par la clameur publique, ainsi que ceux qui sont trouvés avec des armes ensanglantées ou d'autres indices faisant présumer le crime. (*Décr. préc., art. 276.*)

20. Ils dressent également des procès-verbaux des effractions, assassinats et de tous les crimes qui laissent des traces après eux. (*Décr. préc., art. 277.*)

21. En cas d'incendie, d'inondation et d'autres événements de ce genre, ils se rendent sur les lieux au premier avis ou signal qui leur est donné, et préviennent, sans délai, le commandant de l'arrondissement. — S'il ne s'y trouve aucun officier de police ou autre autorité civile, les officiers et même les commandants de brigade, ordonnent et font exécuter toutes les mesures d'urgence; ils font tous leurs efforts pour sauver les individus en danger; ils peuvent requérir le service personnel des habitants, qui sont tenus d'obtempérer sur-le-champ à leur sommation, et même de fournir les chevaux, voitures et tous autres objets nécessaires pour secourir les personnes et les propriétés; les procès-verbaux font mention des refus ou retards qu'ils éprouvent à cet égard. (*Décr. préc., art. 278.*)

22. Lors d'un incendie, le commandant de la brigade prend, dès son arrivée, toutes les mesures possibles pour le combattre; il distribue ses gendarmes de manière qu'ils puissent empêcher le pillage des meubles et effets qu'ils font évacuer de la maison incendiée; il ne laisse circuler dans les maisons, greniers, caves et bâtiments que les personnes de la maison et les ouvriers appelés pour éteindre le feu; il protége l'évacuation des meubles et effets dans les dépôts qui ont été désignés par les propriétaires ou intéressés. (*Décr. préc., art. 279.*)

23. Les sous-officiers, brigadiers et gendarmes s'informent ensuite, auprès des propriétaires et des voisins, des causes de l'incendie, s'il provient du défaut d'entretien des cheminées, de la négligence ou de l'imprudence de quelques person

nes de la maison, qui auraient porté ou laissé du feu près des matières combustibles, ou par suite d'autres causes qui peuvent faire présumer qu'il y a eu malveillance. (*Décr., 1er mars 1854, art. 280.*)

24. Si les déclarations inculpent quelques particuliers, et s'ils sont sur les lieux, le commandant de la brigade les fait venir sur-le-champ et les interroge ; si leurs réponses donnent à croire qu'ils ont participé au crime d'incendie, il s'assure de leurs personnes et attend l'arrivée de l'officier de police judiciaire ou du commandant de l'arrondissement, auquel il remet le procès-verbal qu'il a dressé de tous les renseignements parvenus à sa connaissance, pour être pris ensuite telles mesures qu'il appartiendra. — Dans le cas d'absence du juge de paix et du commandant de l'arrondissement, les prévenus sont conduits devant le procureur impérial. (*Décr. préc., art. 281.*)

25. Les brigades qui se sont transportées sur les lieux où un incendie a éclaté ne rentrent à la résidence qu'après l'extinction du feu, et après s'être assurées que leur présence n'est plus nécessaire pour la conservation des propriétés, pour le maintien de la tranquillité publique et pour l'arrestation des délinquants. (*Décr. préc., art. 282.*)

26. La gendarmerie constate, par procès-verbal, la découverte de tous cadavres trouvés sur les chemins, dans les campagnes ou retirés de l'eau ; elle en prévient les autorités compétentes et le commandant de l'arrondissement, qui, dans ce cas, est tenu de se transporter en personne sur les lieux dès qu'il lui en est donné avis. (*Décr. préc., art. 283.*)

27. Elle indique avec soin, dans ce procès-verbal, l'état et la position du cadavre au moment de son arrivée, les vêtements dont il est couvert, la situation et l'état des armes ensanglantées ou d'autres instruments faisant présumer qu'ils ont servi à commettre le crime, les objets ou papiers trouvés près du cadavre ou dans un lieu voisin ; elle empêche que qui que ce soit y touche jusqu'à l'arrivée de la justice ou de l'officier de gendarmerie. — Elle appréhende les individus qui paraissent suspects, et s'en assure, de manière qu'ils ne puissent s'évader, pour les remettre entre les mains de l'autorité compétente. (*Décr. préc., art. 284.*)

28. En attendant l'arrivée de l'officier de police judiciaire ou du commandant de l'arrondissement, les sous-officiers, brigadiers et gendarmes doivent recueillir les déclarations qui leur sont faites par les parents, amis, voisins ou autres personnes qui sont en état de leur fournir des preuves, renseignements ou indices sur les auteurs ou complices du crime, afin qu'ils puissent être poursuivis. (*Décr. préc., art. 285.*)

29. Dans ses tournées, correspondances, patrouilles et service habituel à la résidence, la gendarmerie exerce une surveillance active et persévérante sur les repris de justice, sur les condamnés libérés, sur ceux qui sont internés et qui cherchent à faire de la propagande révolutionnaire ; elle rend compte immédiatement de la disparition de ceux qui ont quitté, sans autorisation, la résidence qui leur est assignée ; elle envoie leur signalement aux brigades voisines, ainsi qu'à celles qui ont la surveillance des communes où l'on suppose qu'ils se sont retirés. — Elle se met à leur poursuite, et, si elle les arrête, elle les conduit devant l'autorité compétente. (*Décr. préc., art. 286.*)

30. Elle s'assure de la personne des étrangers et de tout individu circulant dans l'intérieur de la France sans passe-ports ou avec des passe-ports qui ne sont pas conformes aux lois, à la charge de les conduire sur-le-champ devant le maire ou l'adjoint de la commune la plus voisine : en conséquence, les militaires de tout grade de la gendarmerie se font représenter les passe-ports des voyageurs, et nul ne peut en refuser l'exhibition, lorsque l'officier, sous-officier, brigadier ou gendarme qui en fait la demande est revêtu de son uniforme et décline ses qualités. — Il est enjoint à la gendarmerie de se comporter, dans l'exécution de ce service, avec politesse, et de ne se permettre aucun acte qui puisse être qualifié de vexation ou d'abus de pouvoir. (*Décr. préc., art. 287.*)

31. L'exhibition des passe-ports est une mesure salutaire laissée à la prudence et au discernement de la gendarmerie, et non une consigne absolue qu'il n'est pas permis de modifier ou d'interpréter. — Elle ne peut, sous le simple prétexte

de visiter les passe-ports d'un individu, pénétrer dans la chambre où il est logé; elle doit attendre, pour faire cet examen, le moment de son départ ou de son stationnement dans la salle ouverte aux voyageurs, si c'est une auberge ou hôtellerie. — A moins de circonstances extraordinaires ou d'ordres spéciaux, les passe-ports des personnes voyageant en voiture particulière ne doivent être demandés que dans les auberges, hôtelleries et relais de poste. (*Décr., 1er mars 1854, art. 288.*)

32. Les signalements des malfaiteurs, voleurs, assassins, perturbateurs du repos public, évadés des prisons ou des bagnes, ainsi que ceux d'autres personnes contre lesquelles il est intervenu des mandats d'arrêt, sont délivrés à la gendarmerie, qui, en cas d'arrestation de ces individus, les conduit de brigade en brigade, jusqu'à la destination indiquée par lesdits signalements. — Les mandats de comparution, d'amener, de dépôt et d'arrêt, doivent être signés par le magistrat ou l'officier de police qui les décerne, et munis de son sceau ; ils doivent être datés ; le prévenu doit être nommé et désigné le plus clairement possible. — De plus, le mandat d'arrêt contient l'énonciation du fait pour lequel il est décerné, et l'énonciation de la loi qui déclare que ce fait est un crime ou un délit. (*Décr. préc., art. 289.*)

33. Pour faire la recherche des personnes signalées ou dont l'arrestation a été légalement ordonnée, les sous-officiers et gendarmes visitent les auberges, cabarets et autres maisons ouvertes au public ; ils se font représenter par les propriétaires ou locataires de ces établissements, leurs registres d'inscription des voyageurs, et ces registres ne peuvent leur être refusés. — S'ils remarquent des oublis ou négligences dans la tenue de ces registres, ils en dressent procès-verbal pour être remis au maire ou au commissaire de police. — Le refus d'exhibition de ces registres est puni conformément à l'art. 475 du Code pénal. (*Décr. préc., art. 290.*)

34. La maison de chaque citoyen est un asile où la gendarmerie ne peut pénétrer sans se rendre coupable d'abus de pouvoir, sauf les cas déterminés ci-après :

1° Pendant le jour, elle peut y entrer pour un motif formellement exprimé par une loi, ou en vertu d'un mandat spécial de perquisition, décerné par l'autorité compétente ; — 2° Pendant la nuit, elle peut y pénétrer dans les cas d'incendie, d'inondation ou de réclamations venant de l'intérieur de la maison.

Dans tous les autres cas, elle doit prendre seulement, jusqu'à ce que le jour ait paru, les mesures indiquées aux articles suivants. — Le temps de nuit est ainsi réglé : — Du 1er octobre au 31 mars, depuis six heures du soir jusqu'à six heures du matin ; — Du 1er avril au 30 septembre, depuis neuf heures du soir jusqu'à quatre heures du matin. (*Décr. préc., art. 291.*)

35. Hors le cas de flagrant délit, défini par l'art. 249 du décret du 1er mars 1854, la gendarmerie ne peut s'introduire dans une maison malgré la volonté du maître. — Lorsqu'elle est chargée d'exécuter les notifications de jugement, elle doit toujours exhiber les extraits de mandats ou de jugements. (*Décr. préc., art. 292.*)

36. Lorsqu'il y a lieu de supposer qu'un individu déjà frappé d'un mandat d'arrestation, ou prévenu d'un crime ou délit pour lequel il n'y aurait pas encore de mandat décerné, s'est réfugié dans la maison d'un particulier, la gendarmerie peut seulement garder à vue cette maison ou l'investir, en attendant les ordres nécessaires pour y pénétrer, ou l'arrivée de l'autorité qui a le droit d'exiger l'ouverture de la maison pour y faire l'arrestation de l'individu réfugié. (*Décr. préc., art. 293.*)

37. Lorsque les sous officiers, brigadiers et gendarmes arrêtent des individus en vertu des dispositions ci-dessus, ils sont tenus de les conduire aussitôt devant l'officier de police judiciaire le plus à proximité, et de lui faire le dépôt des armes, papiers, effets et autres pièces de conviction. (*Décr. préc., art. 294.*)

38. La gendarmerie est chargée spécialement de protéger la libre circulation des subsistances, et de saisir tous ceux qui s'y opposent par la violence. — En conséquence, elle se transporte sur les routes ou dans les communes dont elle a la surveillance, dès qu'elle apprend que des attroupements s'y sont formés dans

le dessein d'empêcher cette libre circulation des grains, soit par l'appât du pillage, soit pour tout autre motif. (*Décr., 1er mars 1854, art. 295.*)

39. Elle dissipe les rassemblements de toutes personnes s'opposant à l'exécution d'une loi, d'une contrainte, d'un jugement; elle réprime toute émeute populaire dirigée contre la sûreté des personnes, contre les autorités, contre la liberté absolue du commerce des subsistances, contre celle du travail et de l'industrie; elle disperse tout attroupement armé ou non armé, formé pour la délivrance des prisonniers et condamnés, pour l'invasion des propriétés publiques, pour le pillage et la dévastation des propriétés particulières. — L'attroupement est armé 1° quand plusieurs individus qui le composent sont porteurs d'armes apparentes ou cachées; 2° lorsqu'un seul de ces individus porteurs d'armes apparentes n'est pas immédiatement expulsé de l'attroupement par ceux-là mêmes qui en font partie. (*Décr. préc., art. 296.*)

40. Les sous-officiers, brigadiers et gendarmes ne peuvent, en l'absence de l'autorité judiciaire ou administrative, déployer la force des armes que dans les deux cas suivants: le premier, si des violences ou voies de fait sont exercées contre eux; le second, s'ils ne peuvent défendre autrement le terrain qu'ils occupent, les postes ou les personnes qui leur sont confiés, ou enfin si la résistance est telle, qu'elle ne puisse être vaincue autrement que par la force des armes. (*Décr. préc., art. 297.*)

41. Lorsqu'une émeute populaire prend un caractère et un accroissement tels, que la gendarmerie, après une intervention énergique, se trouve impuissante pour vaincre la résistance par la force des armes, elle dresse un procès-verbal, dans lequel elle signale les chefs et fauteurs de la sédition; elle prévient immédiatement l'autorité locale, ainsi que le commandant de la compagnie ou de l'arrondissement, afin d'obtenir des renforts des brigades voisines, et, suivant le cas, de la troupe de ligne ou de la garde nationale. (*Décr. préc., art. 298.*)

42. Dans aucun cas, les brigades ne doivent quitter le terrain, ni rentrer à leur résidence avant que l'ordre ne soit parfaitement rétabli. Elles doivent se rappeler que force doit toujours rester à la loi. Le procès-verbal qu'elles rédigent contient le détail circonstancié des faits qui ont précédé, accompagné ou suivi la formation de ces attroupements. — Quant aux prisonniers qu'elles ont faits, et dont elles ne doivent se dessaisir à aucun prix, ils sont immédiatement conduits, sous bonne escorte, devant le procureur impérial. (*Décr. préc., art. 299.*)

43. Elles saisissent tous ceux qui portent atteinte à la tranquillité publique, en troublant les citoyens dans l'exercice de leur culte, ainsi que ceux qui sont trouvés exerçant des voies de fait ou des violences contre les personnes. (*Décr. préc., art. 300.*)

44. Tout individu qui outrage les militaires de la gendarmerie dans l'exercice de leurs fonctions, ou qui leur fait la déclaration mensongère d'un délit qui n'a pas été commis, est immédiatement arrêté et conduit devant l'officier de police de l'arrondissement, pour être jugé et puni suivant la rigueur des lois. (*Décr. préc., art. 301.*)

45. La gendarmerie surveille le colportage des livres, gravures et lithographies; elle réprime la contrebande en matière de douanes et de contributions indirectes, et saisit les marchandises transportées en fraude; elle dresse des procès-verbaux de ces saisies, arrête et conduit, devant les autorités compétentes, les contrebandiers et autres délinquants de ce genre, en précisant les lieux où l'arrestation a été faite, les moyens employés et la résistance qu'il a fallu vaincre. (*Décr. préc., art. 302.*)

46. Elle est autorisée à faire directement, ou en prêtant main-forte aux inspecteurs, directeurs et employés des postes, des visites et perquisitions sur les messagers et commissionnaires allant habituellement d'une ville à une autre ville, sur les voitures de messageries et autres de cette espèce, portant les dépêches, et à saisir tous les objets transportés en fraude, au préjudice des droits de l'administration des postes. (*Décr. préc., art. 303.*)

47. Afin de ne pas retarder la marche de celles de ces voitures qui transportent des voyageurs, les visites et perquisitions n'ont habituellement lieu qu'à l'entrée ou à la sortie des villes ou aux relais. (*Décr. préc., art. 304.*)

48. Il n'est fait de visites sur les routes qu'autant qu'un ordre de l'administration des postes le prescrit. (*Décr., 1er mars 1854, art. 305.*)

49. Toutes visites et perquisitions doivent, quand bien même elles ne sont suivies d'aucune saisie, être constatées par un procès-verbal conforme au modèle adopté par l'administration. — Lorsque ce procès-verbal ne donne lieu à aucune poursuite devant les tribunaux, il n'a pas besoin d'être timbré ni enregistré ; il en est donné copie au particulier qui a été soumis à la visite, s'il le requiert. (*Décr. préc., art. 306.*)

50. Si les visites ou perquisitions ont fait découvrir des lettres ou journaux transportés en fraude, le procès-verbal, dressé à l'instant de la saisie, doit contenir l'énumération de ces lettres ou journaux, reproduire l'adresse de ces objets, et mentionner, autant que possible, le poids de chaque lettre. (*Décr. préc., art. 307.*)

51. Les procès-verbaux de saisie doivent être visés pour timbre et enregistrés dans les quatre jours qui suivent la saisie. Ces formalités s'accomplissent, soit dans le lieu de la résidence des gendarmes qui ont procédé aux saisies, soit dans le lieu même où le procès-verbal a été dressé. Le procès-verbal, avec les objets saisis, est remis au directeur des postes, qui acquitte les frais de timbre et d'enregistrement. (*Décr. préc., art. 308.*)

52. La gendarmerie ne peut, dans l'intérêt de l'administration des postes, faire des perquisitions sur des voyageurs étrangers au service des postes, et n'exerçant pas l'une des professions spécifiées à l'art. 304 (47). La saisie opérée sur eux dans cet intérêt est nulle. (*Décr. préc., art. 309.*)

53. Le voiturier trouvé porteur de lettres cachetées contenues dans des boîtes fermées ne peut être excusé de la contravention, sous prétexte que les lettres avaient été renfermées dans des boîtes à son insu, la bonne foi n'étant pas admissible comme excuse aux contraventions à l'arrêté du 27 prairial an 9. (*Décr. préc., art.* 310.)

54. Tout commissionnaire ou messager portant une lettre décachetée qui n'est pas exclusivement relative aux commissions dont il est chargé, est passible des peines portées par la loi, en vertu des art. 1er, 2 et 5 de l'arrêté du 27 prairial an 9 ; la gendarmerie doit donc verbaliser contre lui et faire saisie de la lettre pour la remettre au directeur des postes. (*Décr. préc., art. 311.*)

55. Les lettres et papiers uniquement relatifs au service personnel des entrepreneurs de voitures ne peuvent être saisis par la gendarmerie, qui ne dresse procès-verbal de contravention que lorsqu'elles sont fermées et cachetées, alors même qu'elles seraient en effet relatives à ce service. (*Décr. préc., art. 312.*)

II. — *Police des routes et des campagnes.*

56. Un des devoirs principaux de la gendarmerie est de faire la police sur les grandes routes, et d'y maintenir la liberté des communications : à cet effet, elle dresse des procès-verbaux de contravention en matière de grande voirie, telles qu'anticipations, dépôts de fumiers ou d'autres objets, et constate toute espèce de détériorations commises sur les grandes routes, sur les arbres qui les bordent, sur les fossés, ouvrages d'art et matériaux destinés à leur entretien : elle dénonce à l'autorité compétente les auteurs de ces délits ou contraventions. — Elle dresse également des procès-verbaux de contravention, comme en matière de grande voirie, contre quiconque, par imprudence ou involontairement, a dégradé ou détérioré, de quelque manière que ce soit, les appareils des lignes de télégraphie électriques ou les machines des télégraphes aériens. (*Décr. préc., art. 313.*)

57. Elle surveille l'exécution des règlements sur la police des fleuves et des rivières navigables ou flottables, des bacs et bateaux de passage, des canaux de navigation ou d'irrigation, des dessèchements généraux ou particuliers, des plantations pour la fixation des dunes, des ports maritimes de commerce ; elle dresse des procès-verbaux de contraventions à ces règlements, et en fait connaître les auteurs aux autorités compétentes. (*Décr. préc., art. 314.*)

58. Elle arrête tous ceux qui sont surpris coupant ou dégradant d'une manière

quelconque les arbres plantés sur les chemins, promenades publiques, fortifications et ouvrages extérieurs des places, ou détériorant les monuments qui s'y trouvent. — Elle saisit et conduit immédiatement devant l'officier de police de l'arrondissement quiconque est surpris détruisant ou déplaçant les rails d'un chemin de fer, ou déposant sur la voie des matériaux ou autres objets, dans le but d'entraver la circulation, ainsi que ceux qui, par la rupture des fils, par la dégradation des appareils, ou par tout autre moyen, tentent d'intercepter les communications ou la correspondance télégraphique. (*Décr., 1er mars 1854, art. 315.*)

59. Elle dresse des procès-verbaux contre ceux qui commettent des contraventions de petite voirie, dans les rues, places, quais et promenades publiques, hors du passage des grandes routes et de leur prolongement sur les chemins vicinaux, ainsi que les canaux ou ruisseaux flottables appartenant aux communes. (*Décr. préc., art. 316.*)

60. Elle dresse des procès-verbaux contre les propriétaires de voitures et les entrepreneurs de messageries publiques qui sont en contravention aux lois et règlements d'administration sur la police du roulage. (*Décr. préc., art. 317.*)

61. Elle contraint les voituriers, charretiers et tous conducteurs de voitures de se tenir à côté de leurs chevaux pour les diriger; en cas de résistance, elle arrête ceux qui obstruent les passages, et les conduit devant le maire ou l'adjoint du lieu. Elle constate les contraventions par procès-verbal. (*Décr. préc., art. 318.*)

62. Elle arrête tous individus qui, par imprudence, par négligence, par la rapidité de leurs chevaux, ou de toute autre manière, ont blessé quelqu'un ou commis quelques dégâts sur les routes, dans les rues ou voies publiques. (*Décr. préc., art. 319.*)

63. Elle dresse procès-verbal contre ceux qui exercent publiquement et abusivement de mauvais traitements envers les animaux domestiques.—Elle transmet ce procès-verbal au maire ou au commissaire de police chargé de la poursuite, et elle doit avoir soin d'indiquer s'il y a récidive, parce que, dans ce cas, la peine de la prison est toujours appliquée. (*Décr. préc., art. 320.*)

64. Elle veille à ce que les conducteurs d'animaux féroces suivent les grands chemins, sans jamais s'en écarter; elle leur défend d'aller dans les bourgs et hameaux, d'entrer dans les bois et de se trouver sur les routes avant le lever ou après le coucher du soleil; elle évite que tout danger puisse exister pour la sécurité publique. — En cas de désobéissance, elle les conduit devant le maire de la commune la plus voisine. (*Décr. préc., art. 321.*)

65. La gendarmerie est chargée de protéger l'agriculture et de saisir tous individus commettant des dégâts dans les champs et les bois, dégradant la clôture des murs, haies ou fossés, lors même que ces délits ne seraient pas accompagnés de vols; de saisir pareillement tous ceux qui sont surpris commettant des larcins de fruits ou d'autres productions d'un terrain cultivé. (*Décr. préc., art. 322.*)

66. Elle fait enlever, pour les remettre à l'autorité locale, les coutres de charrue, pinces, barres, barreaux, instruments aratoires, échelles ou autres objets dont peuvent abuser les malfaiteurs, et qui ont été laissés dans les rues, chemins, places, lieux publics, ou sont dans les champs; elle dénonce ceux à qui ils appartiennent, afin qu'ils soient poursuivis par les autorités compétentes. (*Décr. préc., art. 323.*)

67. Il est expressément ordonné à la gendarmerie, dans ses tournées, courses ou patrouilles, de porter la plus grande attention sur ce qui peut être nuisible à la salubrité, afin de prévenir, autant que possible, les ravages de maladies contagieuses; elle est tenue, à cet effet, de surveiller l'exécution des mesures de police prescrites par les règlements, et de dresser procès-verbal des contraventions, pour que les poursuites soient exercées par qui de droit contre les délinquants. (*Décr. préc., art. 324.*)

68. Lorsqu'elle trouve des animaux morts sur les chemins ou dans les champs, elle en prévient les autorités locales et les requiert de les faire enfouir; elle se porte, au besoin, de nouveau sur les lieux, pour s'assurer que les ordres donnés

à cet égard par les autorités ont été exécutés; en cas de refus ou de négligence, les chefs de la gendarmerie, sur le rapport du commandant de brigade, en informent les préfets ou sous-préfets, afin qu'il soit pris des mesures à cet égard. (*Décr., 1er mars 1851, art. 325.*)

69. Les mêmes précautions sont prises par la gendarmerie, dans les cantons où des épizooties se sont manifestées; elle veille de plus, à ce que les animaux atteints et morts de cette maladie, ainsi que les chevaux morveux qui ont été abattus, soient enfouis avec leur cuir, pour prévenir et arrêter les effets des maladies contagieuses. (*Décr. préc., art. 326.*)

70. Elle dénonce à l'autorité locale tous ceux qui, dans les temps prescrits, ont négligé d'écheniller, ainsi que ceux qui sont en contravention aux règlements de police rurale donnés par les préfets, sous-préfets et maires des communes dont ils ont la surveillance. (*Décr. préc., art. 327.*)

71. La gendarmerie dresse procès-verbal contre tous individus trouvés en contravention aux lois et règlements sur la chasse; elle saisit les filets, engins et autres instruments de chasse prohibés par la loi, ainsi que les armes abandonnées par les délinquants, et réprime la mise en vente, la vente, l'achat, le transport et le colportage du gibier pendant le temps où la chasse est interdite. (*Décr. préc., art. 328.*)

72. Il lui est expressément défendu de désarmer un chasseur; elle doit seulement lui déclarer saisie de son arme, dont elle précise le signalement, en l'en constituant dépositaire pour la représenter en justice; mais elle doit arrêter ceux qui font résistance, lui adressent des menaces, qui refusent de se faire connaître lorsque l'exhibition de leurs papiers leur est demandée, ceux qui donnent de faux noms, et enfin tous ceux qui sont masqués ou qui chassent pendant la nuit. (*Décr. préc., art. 329.*)

73. Elle seconde les agents des eaux et forêts dans la poursuite et la répression des délits forestiers et de pêche. (*Décr. préc., art. 330.*)

74. La gendarmerie doit toujours se tenir à portée des grands rassemblements d'hommes, tels que foires, marchés, fêtes et cérémonies publiques, pour y maintenir le bon ordre et la tranquillité, et, sur le soir, faire des patrouilles sur les routes et chemins qui y aboutissent, pour protéger le retour des particuliers et marchands. (*Décr. préc., art. 331.*)

75. Elle saisit ceux qui tiennent, dans ces rassemblements, des jeux de hasard et autres jeux défendus par les lois et règlements de police. (*Décr. préc., art. 332.*)

76. Elle surveille les mendiants, vagabonds et gens sans aveu parcourant les communes et les campagnes. — Elle arrête ceux qui ne sont pas connus de l'autorité locale, et qui ne sont porteurs d'aucun papier constatant leur identité, mais surtout les mendiants valides, qui peuvent être saisis et conduits devant l'officier de police judiciaire, pour être statué, à leur égard, conformément aux lois sur la répression de la mendicité: — 1° Lorqu'ils mendient avec violences et menaces; — 2° Lorsqu'ils mendient avec armes; — 3° Lorsqu'ils mendient nuitamment ou s'introduisent dans les maisons; — 4° Lorsqu'ils mendient plusieurs ensemble; — 5° Lorsqu'ils mendient avec de faux certificats, ou de faux passe-ports, ou infirmités supposées, ou déguisement; — 6° Lorsqu'ils mendient après avoir été repris de justice; — 7° Et enfin lorsque d'habitude ils mendient hors du canton de leur domicile. (*Décr. préc., art. 333.*)

77. Lorsqu'on présume que, par suite d'une grande affluence à des assemblées publiques, l'ordre peut être menacé, le commandant de l'arrondissement, après s'être concerté avec le sous-préfet, ou sur sa réquisition, peut réunir et envoyer sur le lieu plusieurs brigades; il les commande lui-même si sa présence est jugée nécessaire, et il en est toujours ainsi dans les diverses circonstances où plusieurs brigades sont réunies pour [illegible] de ville ou de campagne. — Les brigades ne rentrent à leur résidence [illegible] que leur présence n'est plus jugée nécessaire, et elles se retirent assez len[illegible]ent pour observer ce qui se passe et empêcher les rixes qui ont lieu fréquemment à la suite de ces assemblées. (*Décr. préc., art. 334.*)

78. En tout temps, les sous-officiers, brigadiers et gendarmes doivent faire des patrouilles et des embuscades de nuit pour protéger le commerce intérieur, en procurant la plus parfaite sécurité aux négociants, marchands, artisans, et à tous les individus que leur commerce, leur industrie et leurs affaires obligent à voyager. *(Décr., 1er mars 1854, art. 335.)*

§ 4. — Des procès-verbaux.

79. Toutes les fois que la gendarmerie est requise pour une opération quelconque, elle en dresse procès-verbal, même en cas de non-réussite, pour constater son transport et ses recherches. *(Décr. préc., art. 487.)*

80. Elle dresse également procès-verbal des crimes, délits et contraventions de toute nature qu'elle découvre, des crimes et délits qui lui sont dénoncés, de tous les événements importants dont elle a été témoin, de tous ceux qui laissent des traces après eux et dont elle va s'enquérir sur les lieux, de toutes les déclarations qui peuvent lui être faites par les fonctionnaires publics et les citoyens qui sont en état de fournir des indices sur les crimes ou délits qui ont été commis, enfin de toutes les arrestations qu'elle opère dans son service. *(Décr. préc., art. 488.)*

81. Un gendarme peut verbaliser seul, et son procès-verbal est toujours valable; mais il n'en est pas moins à désirer que tous les actes de la gendarmerie soient constatés par deux gendarmes au moins, afin de leur donner toute la force possible en opposant en justice leurs témoignages aux dénégations des délinquants. *(Décr. préc., art. 489.)*

82. Les sous-officiers, brigadiers et gendarmes requis de prêter main-forte aux fonctionnaires et aux agents de l'autorité administrative ou judiciaire peuvent signer les procès-verbaux dressés par ces fonctionnaires et agents, après en avoir pris connaissance ; mais ils ne dressent pas de procès-verbaux de ces opérations ; ils en font seulement mention sur les feuilles et rapports de service. *(Décr. préc., art. 490.)*

83. Les procès-verbaux des sous-officiers, brigadiers et gendarmes sont faits sur papier libre; ceux de ces actes qui sont de nature à donner lieu à des poursuites judiciaires, sont visés pour timbre et enregistrés en débet ou gratis, suivant les distinctions établies par les lois de finances ou règlements spéciaux. — Ils sont présentés à cette formalité par les gendarmes dans le délai de quatre jours, lorsqu'il se trouve un bureau d'enregistrement dans le lieu de leur résidence ; dans le cas contraire, l'enregistrement a lieu à la diligence du ministère public chargé des poursuites. *(Décr. préc., art. 491.)*

84. Les procès-verbaux constatant des contraventions du ressort des tribunaux de simple police sont essentiellement soumis à la double formalité du timbre et de l'enregistrement en débet. — Il en est de même de ceux constatant des faits intéressant l'Etat, les communes et les établissements publics, enfin de ceux rédigés pour mort violente, lorsqu'ils contiennent l'inventaire des effets trouvés sur le décédé ou près de lui. — Sont également soumis au droit de timbre et d'enregistrement les procès-verbaux de contravention en matière de douanes et de contributions indirectes, indépendamment de l'affirmation qui est exigée. *(Décr. préc., art. 492.)*

85. Les procès-verbaux de la gendarmerie en matière de contraventions aux lois et règlements sur la grande voirie et sur la police du roulage doivent être affirmés. — L'affirmation a lieu dans le délai de trois jours, à partir de la date de la rédaction du procès-verbal. — Ces procès-verbaux sont exempts de la double formalité du timbre et de l'enregistrement. *(Décr. préc., art. 493.)*

86. L'affirmation des procès-verbaux peut être faite, soit devant le juge de paix du canton ou devant le maire et les adjoints du lieu sur lequel la contravention a été commise, soit devant le juge de paix, le maire et ses adjoints du lieu de la résidence des gendarmes verbalisants.—Les gendarmes ayant leur résidence dans une ville, sans être exclusivement attachés à l'un des cantons dont cette ville se trouve composée, peuvent affirmer leurs procès-verbaux indifféremment devant le juge de paix de l'un de ces cantons. *(Décr. préc., art. 494.)*

87. Tous les procès-verbaux dressés par les brigades sont généralement établis en double expédition, dont l'une est remise, dans les vingt-quatre heures, à l'au-

torité compétente, et l'autre est adressée au commandant de l'arrondissement. Cet officier, après avoir examiné ce qui peut se trouver de défectueux ou d'omis dans la rédaction de ces procès-verbaux, les transmet, avec ses observations, au commandant de la compagnie. — Les procès-verbaux d'arrestation des forçats évadés et des déserteurs de l'armée de terre ou de mer sont en quadruple expédition. — Le signalement des individus arrêtés doit toujours être inscrit au bas du procès-verbal. — Les procès-verbaux en matière de roulage et de grande voirie doivent être faits en triple expédition ; deux expéditions revêtues de l'affirmation sont remises au préfet ou au sous-préfet, et la troisième est adressée au commandant de la compagnie, avec indication que cette formalité a été remplie. — Les procès-verbaux relatifs à la contrebande sont en triple expédition, dont deux sont adressées au directeur des douanes et des contributions indirectes. (*Décr., 1er mars 1854, art. 495.*)

88. Dans les résidences où il n'y a pas d'officiers de gendarmerie, les procès-verbaux rédigés par les militaires de cette arme sont adressés directement aux autorités compétentes, pour accélérer la transmission des dépêches ; mais les commandants de brigade n'en sont pas moins tenus d'en adresser immédiatement une expédition au commandant de l'arrondissement. (*Décr. préc., art. 496.*)

89. L'une des deux expéditions des procès-verbaux dressées par la gendarmerie, en matière de simple police, est transmise par le commandant de brigade au commissaire de police, ou au maire, remplissant les fonctions du ministère public près le tribunal de simple police de la localité ; l'autre expédition est transmise au commandant de l'arrondissement, qui doit adresser, les 1er et 15 de chaque mois, au procureur impérial, un état sommaire de ces contraventions, avec la date des procès-verbaux qui les ont constatées, ainsi que les noms des contrevenants et celui du fonctionnaire auquel la remise en a été faite. (*Décr. préc., art. 497.*)

90. Les procès-verbaux de la gendarmerie font foi en justice jusqu'à preuve contraire ; ils ne peuvent être annulés, sous prétexte de vice de forme, notamment pour omission ou irrégularité de l'affirmation, qui n'est exigée, au surplus, que dans le petit nombre de cas prévus par les articles précédents. — Il en est de même pour défaut d'enregistrement, les droits pouvant être perçus avant ou après le jugement. (*Décr. préc., art. 498.*)

91. Les gendarmes, étant chargés par les lois et règlements de police de constater, dans la circonscription de leurs brigades respectives, les contraventions qui peuvent être commises, doivent, comme tous les officiers de police judiciaire, être entendus à l'appui de leurs procès-verbaux. (*Décr. préc., art. 499.*)

GRAINS ET FARINES. — Form. mun., tom. V, pag. 299.

1. Tout ce qui concerne les subsistances, et notamment les approvisionnements de grains et farines, a constamment excité la sollicitude du gouvernement ; de tout temps, les chefs et les agents de l'administration ont été appelés à user des moyens propres à en assurer l'abondance, la libre circulation, la distribution, la bonne qualité, et à en maintenir le prix à un taux qui fût toujours, le plus possible, en rapport avec les facultés de la classe indigente.

2. Ainsi, le blé ne peut être taxé. (*L., 19-22 juill. 1791, tit. 1er, art. 30.*) — La loi sur la police rurale du 28 septembre-6 octobre 1791, a établi des peines contre ceux qui couperaient ou détruiraient le blé en vert. — La vente du blé en vert est interdite par une loi du 6 messidor an 3-24 juin 1795.

3. Les lois relatives aux subsistances veulent que rien n'entrave la circulation des grains, farines et légumes dans l'intérieur. Les maires et adjoints doivent veiller à l'exécution de ces lois, et employer tous les moyens qui sont en leur pouvoir pour protéger et faciliter l'arrivée des grains à leur destination. (*Décr., 7 vendém. an 4-29 sept. 1795. — L., 21 prair. an 5-9 juin 1797.*)

4. Les grains dirigés sur un marché et destinés à son approvisionnement, ne peuvent être interceptés ni vendus en route ; la répression de cet abus est un devoir pour les maires des communes sur le territoire desquelles passent les grains conduits au marché. Les maires peuvent fixer les heures où les marchands

de grains et blatiers patentés seront autorisés à acheter dans les marchés publics. Leurs règlements à cet égard doivent toujours être adaptés aux circonstances du moment et aux usages locaux.

5. La police des subsistances s'exerce aussi sur deux autres opérations de la plus haute importance, l'une qui reverse au dehors le trop plein des récoltes par la voie de l'exportation, l'autre qui appelle par la voie de l'importation les produits de l'étranger, pour compenser ce qui manque à la consommation.

6. Une loi du 16 juillet 1819 a réglé le mode d'importation et d'exportation sur un état dressé et arrêté chaque mois, des prix moyens des grains vendus sur les marchés que la loi indique. Cet état se règle sur les mercuriales des deux premiers marchés du mois précédent. Il est publié au *Bulletin des lois* le premier de chaque mois.

7. La loi sur les céréales du 20 octobre 1830, a apporté quelques modifications temporaires aux dispositions qui précèdent. La loi du 15 avril 1832 qui fixe les droits d'entrée et de sortie jusqu'au 1er juillet 1833, a été prorogée par la loi du 26 avril 1833, jusqu'à la révision des tarifs.

H

HAIES. — Form. mun., tom. V, pag. 310.

1. Il est interdit de planter des haies le long et joignant des chemins vicinaux, sans en avoir demandé et obtenu l'autorisation. (*Proj. règl. gén. min. int., 21 juill. 1854, art. 281.*)

2. Toute demande doit être présentée en double expédition, dont l'une sur papier timbré. (*Proj. règl. gén. préc., art. 282.*)

3. Les autorisations sont données par les maires. — Dans aucun cas, ces autorisations ne sont données verbalement, elles doivent faire l'objet d'un arrêté transcrit au registre des arrêtés du maire, et dont une expédition est remise aux parties intéressées. — Ces autorisations ne sont définitives qu'après approbation du sous-préfet, qui examine si la largeur légale du chemin a été respectée. (*Proj. règl. gen. préc., art. 283 à 285.*)

4. Les alignements pour plantation de haies sur les chemins vicinaux de grande communication sont donnés par les sous-préfets. (*Proj. règl. gén. préc., art. 308.*)

5. Il n'est pas besoin d'autorisation et d'alignement pour les haies que les propriétaires se proposent de planter sur leurs terrains à plus de deux mètres du bord des fossés ou de la limite légale des chemins. (*Proj. règl. gén. préc., art. 307.*)

6. Il est interdit de laisser croître dans les haies qui bordent les chemins vicinaux aucuns baliveaux ou grands arbres. (*Proj. règl. gén. préc., art. 311.*)

7. Les haies plantées le long des chemins vicinaux, soit de petite, soit de grande communication, doivent être élaguées tous les ans, et leur tonte se fait tous les trois ans. — Les racines des haies doivent être coupées toutes les fois qu'elles avanceront, soit sur les fossés, soit sur le sol des chemins. (*Proj. règl. gén. préc., art. 316.*)

8. Tous les ans, les maires doivent publier, dans leurs communes respectives, un arrêté prescrivant l'élagage annuel des haies, leur tonte, et le recepage des racines partout où besoin est. Cet arrêté fixe l'époque à laquelle ces diverses opérations doivent être terminées. (*Proj. règl. gén. préc., art. 317.*)

9. Dans le cas où les dispositions de cet arrêté n'ont pas été exécutées, les maires, adjoints, agents voyers et gardes champêtres (qui font une inspection générale à l'expiration du délai fixé) en dressent procès-verbal, qui est notifié aux retardataires, avec injonction d'avoir à procéder au recepage dans la huitaine, et déclaration que, faute de ce faire, il y sera pourvu d'office et à leurs frais. — Si, dans le délai fixé, il n'a pas été satisfait à cette injonction, les maires, pour

les chemins vicinaux de petite communication, et les sous-préfets pour ceux de grande communication, commettent des ouvriers de leur choix pour faire le travail aux dépens des propriétaires. Ils rédigent en même temps procès-verbal de la contravention, et le défèrent au tribunal de police, pour, le contrevenant, y être condamné à l'amende encourue et aux frais de l'exécution des travaux. (*Proj. règl. gén. min. int., 21 juill. 1854, art. 318 à 320.*)

10. La hauteur des haies vives et leur distance des fossés sont déterminées par les règlements préfectoraux sur les chemins vicinaux. (*Proj. règl. gén. préc., art. 309 et 310.*)

V. Chemins vicinaux, Echenillage, Feu.

HALAGE, V. Chemin de halage.

HALLES. — Form. mun., tom. V, pag. 313.

1. On nomme *halle* une place ou un édifice public destiné, dans les villes et bourgs, à tenir les marchés de toutes sortes de marchandises, et surtout des grains et farines.

2. Les halles se trouvent placées dans les attributions de l'autorité municipale, tant sous le rapport de la propriété des bâtiments ou emplacements, que sous celui de la police des marchés.

3. Dans les lieux où il n'existe pas de halles, il est dans les attributions du maire d'y suppléer en ordonnant que sur telle place publique ou sur tel autre local appartenant à la commune, qu'il désigne et circonscrit, les marchands venant aux foires et marchés seront tenus d'exposer leurs marchandises sans pouvoir les placer ailleurs, sous les peines de simple police.

4. Quand une commune veut établir une halle, elle est obligée, pour l'acquisition du terrain nécessaire, de remplir les formalités indiquées au mot *Acquisitions*.

5. S'il s'agit seulement de la part des communes de louer ou d'acquérir les halles établies sur leur territoire, elles doivent en traiter à l'amiable avec le propriétaire, et, à son refus, elles peuvent l'y contraindre. (*Décr., 15-18 mars 1790, tit. 2.*) Mais la dépossession du propriétaire ne peut avoir lieu qu'au moyen d'une indemnité préalable, conformément à l'art. 545 du Code civil.

6. Les droits de location de places dans les halles, foires et marchés ne doivent être autorisés que lorsqu'il a été reconnu qu'ils peuvent être perçus sans gêner la voie publique et la liberté du commerce ; ils ne peuvent être autorisés que sur la production d'un tarif, appuyé de l'état présumé de leurs produits et du budget de la commune ; ils ne doivent être réglés que sur les emplacements occupés par les objets mis en vente, et ne doivent pas porter directement sur les marchandises. (*Ord., 8 août 1821. — Circ. min., 10 nov. 1821.*)

7. Les tarifs des droits établis et perçus au profit des communes dans les halles sont arrêtés par les préfets. (*L., 11 frim. an 7-1er déc. 1798. — Décr., 25 mars 1852, art. 1er, tabl. A, n° 34.*)

8. La police des marchés, halles et foires est spécialement confiée aux maires et officiers de police (*LL., 16-24 août 1790, et 19-22 juill. 1791*), ainsi que celle des ports et lieux d'arrivage des comestibles, bestiaux, boissons et denrées.

V. Constructions, Marchés.

HARAS. — Form. mun., tom. V, pag. 318.

LÉGISLATION.

Décret du 4 juillet 1806. — Règlement général du 29 octobre 1825.

1. Nous ne considérerons les haras que sous le rapport des étalons placés chez les particuliers et des attributions des autorités préfectorale et municipale.

2. Les étalons sont placés, sur l'indication des préfets et sur les renseignements fournis par les autorités locales, chez les propriétaires présentant les garanties et conditions nécessaires pour être garde-étalons. (*Décr., 4 juill. 1806.— Règl. gén., 29 oct. 1825, art. 77.*)

3. Chaque station d'étalons est placée sous la surveillance immédiate du maire de la commune, à qui doivent être communiquées les instructions données, soit au palefrenier, soit au garde-étalon, afin qu'il en surveille l'exécution. (*Règl. gén., 29 oct. 1825, art. 78.*)

4. Les déclarations de saillie doivent être attestées par le maire de la commune, qui les transmet, par l'intermédiaire du préfet ou du sous-préfet, au directeur en chef du haras ou dépôt. (*Règl. gén. préc., art. 86.*)

5. Le maire et le sous-préfet visent les états de monte remis chaque année à l'inspecteur général de l'arrondissement. (*Règl. gén. préc., art. 159.*)

6. Les productions donnent lieu à un certificat constatant la naissance de la production, attesté par le maire de la commune et visé par le sous-préfet. (*Règl. gén. préc., art. 166.*)

7. Les préfets président aux adjudications de fourrages, à celles des travaux de construction ou de réparation d'édifices, à la conclusion des baux des domaines, à la vente des divers produits et des étalons de réforme; ils visent les pièces justificatives des dépenses et les états mensuels; ils vérifient et contrôlent les comptes généraux d'exercice et délivrent des mandats jusqu'à concurrence des fonds ordonnancés; ils prennent part à l'organisation du service de la monte et au placement des stations, ainsi qu'à l'approbation des étalons des particuliers; enfin, ils règlent ce qui concerne les primes d'encouragement et les courses de chevaux. (*Instr. min. int., 9 févr. 1816.*)

8. Une commission chargée d'examiner l'élève des chevaux dans les différentes localités est formée dans chaque circonscription de haras ou de dépôt. Les préfets soumettent au ministre, pour la formation de cette commission, une liste de candidats choisis parmi les propriétaires et cultivateurs qui s'occupent de l'élève des chevaux. (*Ord., 10 déc. 1833, art. 14, 15 et 16.*)

Cette commission choisit elle-même son président et son secrétaire. (*Arr. gouv., 11 déc. 1848, art. 5.*)

HOPITAUX ET HOSPICES. — Form. mun., tom. V, pag. 327.

LÉGISLATION.

Loi du 7 août 1851. — Décret du 25 mars 1852.

SOMMAIRE.

§ 1er. — Fondation. — Destination.

1. Aucun hôpital ou hospice ne peut être fondé sans l'autorisation du gouvernement. Lorsque des dons et legs sont faits pour la fondation d'un établissement de ce genre, et lorsque, les voies et moyens étant assurés, il s'agit de réaliser les intentions du fondateur, le préfet soumet une proposition à l'administration supérieure, en y joignant les délibérations y relatives, les avis des conseils municipaux (lorsque les propositions n'émanent pas des communes elles-mêmes), et tous les renseignements propres à éclairer le gouvernement sur l'utilité de l'établissement projeté, son mode de constitution, et les ressources et garanties de stabilité qu'il peut présenter. (*Décr., 25 mars 1852, § Y du tabl. A. — Circ. min. int., 5 mai 1852.*) — V. ÉTABLISSEMENTS DE BIENFAISANCE.

2. Les hôpitaux et hospices fondés avec l'autorisation du gouvernement ne peuvent cesser d'exister, en droit, qu'en vertu d'une décision émanant de la même autorité. (*Circ. préc.*)

3. Les fondations de lits qui sont offertes ne peuvent être acceptées ou rejetées qu'en vertu de l'autorisation du gouvernement. (*Arr. gouv., 16 fruct. an 11-3 sept. 1803.*)

4. L'*hôpital* reçoit:

1° Les malades civils, hommes, femmes et enfants, atteints de maladies aiguës ou blessés accidentellement;

2° Les malades militaires ou marins ;
3° Les galeux ;
4° Les teigneux ;
5° Les vénériens ;
6° Les femmes enceintes. (*Circ. min. int., 31 janv. 1840.*)

5. L'*hospice* reçoit et entretient :
1° Les vieillards indigents et valides des deux sexes ;
2° Les incurables indigents des deux sexes ;
3° Les orphelins pauvres ;
4° Les enfants trouvés et abandonnés ;
5° Des vieillards valides, ou incurables, à titre de pensionnaires. (*Circ. préc.*)

6. Un établissement réunit quelquefois les caractères d'hospice et d'hôpital ; il prend alors le nom générique d'hospice. (*Circ. préc.*)

§ 2. — Admission.

I. — Malades. — Incurables. — Vieillards.

7. Lorsqu'un individu privé de ressources tombe malade dans une commune, aucune condition de domicile ne peut être exigée pour son admission dans l'hôpital existant dans la commune. (*L., 7 août 1851, art. 1er.*)

8. Les malades et incurables indigents des communes privées d'établissements hospitaliers peuvent être admis aux hospices et hôpitaux du département désignés par le conseil général, sur la proposition du préfet, suivant un prix de journée fixé par le préfet, d'accord avec la commission des hospices et hôpitaux. (*L., 7 août 1851, art. 3.*)

9. Cet *accord* entre les préfets et les commissions administratives doit s'entendre en ce sens que celles-ci doivent toujours être consultées, sauf aux préfets à statuer même contrairement à l'avis des administrations charitables. (*Circ. min. int., 8 août 1852.*)

10. Les communes qui veulent profiter du bénéfice de l'art. 3 de la loi du 7 août 1851, supportent la dépense nécessaire pour le traitement de leurs malades et incurables. Toutefois, le département, dans le cas et les proportions déterminés par le conseil général, peut venir en aide aux communes dont les ressources sont insuffisantes. (*L., 7 août 1851, art. 4.*)

11. Dans le cas où, par suite de l'insuffisance des services organisés, les hospices et hôpitaux désignés pour recevoir les malades et incurables indigents des communes privées d'établissements hospitaliers, seraient astreints à des dépenses extraordinaires pour remplir leur nouvelle mission, il en doit être tenu compte dans la fixation du prix de journée réglé par le préfet, d'accord avec les commissions administratives de ces établissements. (*Circ. min. int., 8 août 1852.*)

12. L'obligation imposée aux hospices et hôpitaux de tenir des lits à la disposition des communes de leur circonscription, n'emporte pas nécessairement celle de recevoir les malades et incurables de ces communes. Cette dernière obligation n'existe qu'à la condition d'un prix de journée, qui est facultatif pour les administrations municipales. (*Circ. préc.*)

13. Dans le cas où les revenus d'un hospice ou hôpital le permettent, les commissions administratives sont autorisées à admettre dans les lits vacants les malades ou incurables des communes, sans exiger d'elles le prix de journée fixé par l'art. 3 de la loi du 7 août 1851. (*L., 7 août 1851, art. 4.*)

14. A cet égard, le préfet ne peut agir que par voie de conseil, et son rôle consiste uniquement à faire appel à l'humanité des commissions administratives. (*Circ. min. int., 8 août 1852.*)

15. L'administration des hospices et hôpitaux peut toujours exercer son recours, s'il y a lieu, contre les membres de la famille du malade, du vieillard ou de l'incurable. Les communes privées d'établissements hospitaliers peuvent exercer le même recours lorsqu'elles ont fait des dépenses relatives à l'envoi et à l'entretien de leurs malades et incurables, dans les hôpitaux et hospices voisins. (*L., 7 août 1851, art. 5.*)

16. Les malades indigents sont admis dans l'hôpital par un des membres de la commission administrative, sur l'avis du médecin de l'établissement. Cette admission, hors les cas d'urgence, n'est accordée que sur la présentation d'un certificat de l'autorité compétente, attestant l'indigence. *(L., 16 mess. an 7-4 juill. 1799. — Circ. min. int., 31 janv. 1840.)*

17. L'admission des vieillards septuagénaires et des indigents incurables ne peut être prononcée que par délibération de la commission administrative. *(L. et circ. préc.)*

18. Les commissions administratives des hôpitaux ne peuvent se refuser à recevoir et à traiter gratuitement les indigents atteints de maladies psoriques ou syphilitiques. En cas de refus, les préfets doivent faire admettre d'office ces malades indigents. *(Déc. min. int., 31 janv. 1844.)*

19. Les malades sortent de l'hôpital dès que le médecin a déclaré que cette sortie peut avoir lieu sans danger. *(Circ. min. int., 31 janv. 1840.)*

20. Les malades reconnus incurables ne peuvent rester dans l'hôpital. Ils peuvent alors être admis dans l'hospice, s'il y a des lits vacants. *(Circ. préc.)*

21. La commission administrative renvoie de l'hospice les incurables et les vieillards lorsque l'état d'infirmité ou d'indigence vient à cesser. *(Circ. préc.)*

22. Quant à l'admission des enfants trouvés, V. Enfants trouvés.

II. — Militaires, marins.

23. Les malades militaires et marins sont reçus dans les hospices civils, sur l'ordre de l'autorité compétente *(Circ. préc.)*, si la commune où ils se trouvent n'a pas d'hôpital militaire. *(L., 4 vend. an 6-25 sept. 1797.)*

24. A l'arrivée dans chaque localité des militaires qui voyagent en vertu de congés de semestre ou de congés limités, les maires s'assurent, de concert avec la gendarmerie, que la visite prescrite par l'arrêté du ministre de la guerre, du 10 mai 1842, a été effectuée, et la gendarmerie, après avoir constaté sur leurs congés l'état sanitaire de ces hommes, fait diriger immédiatement, sur l'hôpital le plus voisin, ceux qui sont malades. *(Déc. min. guerre, 29 mars 1843.)*

25. Les sous-préfets et les maires doivent chercher à prévenir, par une attention soutenue, les abus de séjour des militaires malades et les admissions de complaisance dans les hospices civils qui ne reçoivent que des militaires de passage. *(Circ. min. int., 7 oct. 1846.)*

26. Les commissions administratives des hospices civils reçoivent les marins qui, en se rendant à leur destination, tombent malades en route; mais l'administration de la marine doit être informée de cette admission toutes les fois que ces malades paraissent devoir être retenus au delà de huit jours. *(Circ. min. int., 1er juill. 1823.)*

III. — Prisonniers malades.

27. Dans le cas où la translation, dans un hôpital, d'un prisonnier malade, est reconnue nécessaire, il est pourvu à la garde des détenus et prisonniers à la diligence de ceux qui ont autorisé et consenti la translation. *(L., 4 vend. an 6-25 sept. 1797, art. 16.)*

La translation est ordonnée par le maire, après avoir obtenu l'autorisation de l'autorité compétente, et en avoir donné avis au procureur impérial. *(Circ. min. int., 18 juin 1822.)*

28. Toutes les fois qu'un sous-officier ou soldat, détenu à un hôpital civil et militaire, s'est évadé, il est rédigé de suite un procès-verbal de son évasion; ce procès-verbal est rédigé en double expédition, ou par la personne chargée en chef de la police dudit hôpital, ou, à sa diligence, par le commandant de la gendarmerie du lieu, ou par un officier de police judiciaire. *(Décr., 8 janv. 1810, art. 5.)*

IV. — Aliénés.

29. Les hospices et hôpitaux civils sont tenus de recevoir provisoirement les aliénés qui leur sont adressés, jusqu'à ce qu'ils soient dirigés sur l'établissement spécial destiné à les recevoir, ou pendant le trajet qu'ils font pour s'y rendre. *(L., 30 juin 1838, art. 24.)* — V. Aliénés.

Relativement à la dépense des aliénés et au concours des hospices, V. aussi Aliénés.

V. — Voyageurs indigents.

30. Les dépenses occasionnées aux hospices par des voyageurs indigents sont à la charge de ces établissements. Aucune distinction n'est à faire entre les indigents voyageurs auxquels des secours sont accordés sur les fonds départementaux, et ceux qui voyagent sans ce secours. (*Déc. min. comm. et trav. publ.*, *20 déc. 1833.*)

VI. — Admission moyennant abandon de biens ou de capitaux.

31. Les abandons de biens ou de capitaux aux hospices sous condition d'admission, ne sont pas des donations, mais des contrats synallagmatiques qui imposent aux parties contractantes des obligations respectives. Ces contrats n'ont pas rigoureusement besoin de l'autorisation impérieusement exigée pour les donations entre-vifs. — Les administrations hospitalières doivent adopter la forme des contrats synallagmatiques pour les abandons de biens ou de capitaux qui leur sont faits à charge d'admission ; ils sont passés par-devant notaire lorsque l'abandon se compose de biens ou de créances non recouvrables tout de suite. — Quant aux offres de capitaux immédiatement réalisables, ou de rentes sur l'Etat dont le transfert peut être aussi immédiatement opéré, il n'est pas nécessaire de recourir à un acte public : il suffit que ces offres soient consignées, avec les conditions de l'admission, dans les délibérations que les commissions administratives prennent à cet effet. Les administrations hospitalières doivent soumettre les actes de ce genre à la sanction de l'autorité supérieure. (*Circ. min. comm. et trav. publ.*, *26 juill. 1833.*)

§ 3. — Décès. — Naissances. — Etat civil.

32. En cas de décès dans les hôpitaux et hospices, les administrateurs sont tenus d'en donner avis, dans les vingt-quatre heures, à l'officier de l'état civil, qui s'y transporte, pour s'assurer du décès, et en dresse l'acte sur les déclarations qui lui sont faites, et sur les renseignements qu'il a pris. — Il est tenu, dans les hôpitaux, des registres destinés à inscrire ces déclarations et ces renseignements. — L'officier de l'état civil envoie l'acte de décès à celui du dernier domicile de la personne décédée, qui l'inscrit sur ses registres. (*Cod. Nap.*, *art. 80.*)

33. Les expéditions des actes de décès des personnes mortes dans les hospices et hôpitaux peuvent être légalisées, sans frais, par les préfets et les sous-préfets. (*Circ. min. int.*, *29 oct. 1844.*)

34. D'un département à un autre, ces actes de décès jouissent de la franchise, sous le couvert de la préfecture. Les maires, chacun en ce qui concerne leur commune, les adressent au préfet, qui les transmet à celui du département dans lequel le décédé avait son dernier domicile. Les préfectures doivent avoir, à cet effet, un registre où sont mentionnés la date de la réception de chaque acte, celle de l'envoi au préfet d'un autre département, et le nom et la commune du décédé. (*Circ. min. int.*, *25 févr. 1812.*)

35. Les déclarations de naissance relatives aux enfants nés dans les hospices et hôpitaux, sont soumises aux mêmes formalités que celles exigées par les art. 55 et 56 du Code Napoléon, pour les autres enfants. (*Circ. min. int.*, *8 nov. 1841.*) — V. Etat civil.

§ 4. — Service administratif.

36. Le service administratif des hospices et hôpitaux se compose : 1° d'une commission administrative ; 2° d'un économe ; 3° d'un receveur ; 4° de chirurgiens et médecins ; 5° d'un ou de plusieurs aumôniers ; et 6° d'employés divers. (*Instr. min. int.*, *8 févr. 1823.*)

I. — Commissions administratives. — Composition. — Renouvellement. — Attributions.

1° *Composition. — Présidence. — Incompatibilités. — Serment. — Maniement de fonds. — Délibérations.*

37. Les commissions administratives des hospices et hôpitaux sont composées

de cinq membres nommés par le préfet et du maire de la commune. — La présidence appartient au maire; il a voix prépondérante en cas de partage. En cas d'absence du maire, la présidence appartient au plus ancien des membres présents, et, à défaut d'ancienneté, au plus âgé. — Les fonctions des commissions administratives sont gratuites. (*Décr., 23 mars 1852, art. 1er.*)

Les maires, présidents-nés des commissions administratives, ne doivent point être comptés dans le nombre de cinq membres dont elles se composent. (*Instr. min. int., 8 févr. 1823.*)

38. L'adjoint ne peut remplacer le maire dans les fonctions de président que dans le cas de l'absence de ce magistrat; il ne peut le remplacer par délégation spéciale, car cet adjoint n'aurait plus droit alors à la présidence. (*Circ. min. int., 16 sept. 1830.*)

39. Dans tous les autres cas où le maire est empêché, la présidence est donnée au vice-président, élu tous les six mois par la commission. (*Instr. min. int., 8 févr. 1823.*)

40. Le nombre des membres des commissions administratives peut être porté à plus de cinq, en raison de l'importance des établissements ou des circonstances locales. (*Décr., 23 mars 1852, art. 4.*)

41. Les membres des commissions administratives sont nommés par les préfets. (*Décr. préc., art. 5, n° 9.*)

Là où la règle de la présentation par les commissions elles-mêmes est établie, cette règle est virtuellement maintenue. (*Circ. min. int., 5 mai 1852.*)

42. Les commissions choisissent dans leur sein un des administrateurs, qui, sous le titre d'*ordonnateur*, est chargé de la signature de tous les mandats à délivrer pour l'acquittement des dépenses. (*Décr., 7 flor. an 13-27 avril 1805.*)

43. Le vice-président et l'ordonnateur peuvent exercer leurs fonctions d'une manière indéfinie. (*Circ. min. int., 31 janv. 1840.*)

44. Les membres des commissions administratives doivent avoir leur domicile réel dans le lieu où siégent ces administrations. (*Ord., 31 oct. 1821, art. 5. — Instr. min. int., 8 févr. 1823.*)

45. Il convient d'éviter de placer dans une même commission plusieurs parents, du moins lorsqu'ils se trouvent à un degré trop rapproché. Ils ne peuvent être non plus parents ou alliés du receveur jusqu'au degré de cousin germain inclusivement. (*Instr. préc.*)

Les conseillers de préfecture ne peuvent faire partie de ces commissions. (*Circ. min. int., 13 févr. 1818.*)

Il y a aussi incompatibilité entre les fonctions d'administrateur et celles de médecin gagé de l'établissement. (*Déc. min. int., 19 nov. 1828.*)

46. Les mêmes personnes peuvent être à la fois administrateurs d'hospices et de bureaux de bienfaisance. (*Ord., 31 oct. 1821, art. 5.*)

47. Les fonctions des administrateurs d'hospices sont considérées comme services publics, et elles comptent pour la Légion d'honneur. (*Ord. préc.*)

48. Avant d'entrer en exercice, les membres des commissions administratives doivent prêter serment, exigé des fonctionnaires de l'ordre administratif. (*Circ. min. int., 17 sept. 1830.*)

49. Les administrateurs des établissements de bienfaisance se rendent comptables de deniers publics et justiciables du conseil de préfecture ou de la cour des comptes, lorsqu'ils s'immiscent dans le maniement des fonds des établissements qu'ils administrent. Leurs biens peuvent être mis en séquestre jusqu'à la reddition des comptes de cette gestion occulte. Ils sont soumis aux mêmes mesures de rigueur que les comptables réguliers. (*Arr. cour des comptes, 21 févr. 1823.*)

50. Les administrateurs des établissements de bienfaisance ne peuvent être poursuivis à raison de leurs fonctions sans autorisation du conseil d'État. (*Avis cons. Etat, 19 brum. an 11-10 nov. 1802. — Décr., 14 juill. 1812.*)

2° *Renouvellement. — Révocation. — Dissolution.*

51. Les commissions administratives sont renouvelées chaque année par cinquième. — Le renouvellement est déterminé par le sort pendant les quatre premières années, et ensuite par l'ancienneté. — Les membres sortants sont rééligibles. — En cas de remplacement dans le cours d'une année, les fonctions du

nouveau membre expirent à l'époque où auraient cessé celles du membre qu'il a remplacé. (*Décr., 23 mars 1852, art. 2.*)

Les nominations faites par les préfets pour le renouvellement annuel des commissions administratives, doivent être adressées au ministre dans le mois de décembre de chaque année. (*Circ. min. int., 16 sept. 1830.*)

Les commissions administratives peuvent être dissoutes par le ministre de l'intérieur, sur la proposition ou l'avis du préfet. — Les membres de ces commissions peuvent être individuellement révoqués dans la même forme. (*Décr., 23 mars 1852.*)

3° *Attributions.*

52. La commission administrative est chargée de diriger et de surveiller le service intérieur et extérieur des établissements hospitaliers. (*L., 7 août 1851, art. 7.*)

53. La commission des hospices et hôpitaux règle, par ses délibérations, les objets suivants : — Le mode d'administration des biens et revenus des établissements hospitaliers ; — Les conditions des baux et fermes de ces biens, lorsque leur durée n'excède pas dix-huit ans pour les biens ruraux, et neuf pour les autres ; — Le mode et les conditions des marchés pour fournitures et entretien dont la durée n'excède pas une année ; — Les travaux de toute nature dont la dépense n'excède pas trois mille francs. — Toute délibération sur l'un de ces objets est exécutoire, si, trente jours après la notification officielle, le préfet ne l'a pas annulée, soit d'office, pour violation de la loi ou d'un règlement d'administration publique, soit sur la réclamation de toute partie intéressée. — La commission arrête également, mais avec l'approbation du préfet, les règlements de service, tant intérieur qu'extérieur, et de santé, et les contrats à passer, pour le service, avec les congrégations hospitalières. (*L. préc., art. 8.*)

54. La commission délibère sur les objets suivants : — Les budgets, comptes, et en général toutes les recettes et dépenses des établissements hospitaliers ; — Les acquisitions, échanges, aliénations des propriétés de ces établissements, leur affectation au service, et en général, tout ce qui intéresse leur conservation et leur amélioration ; — Les projets de travaux pour construction, grosses réparations et démolitions dont la valeur excède trois mille francs ; — Les conditions ou cahier des charges des adjudications de travaux et marchés, pour fournitures et entretien dont la durée excède une année ; — Les actions judiciaires et transactions ; — Les placements de fonds et emprunts ; — Les acceptations de dons et legs. (*L. préc., art. 9.*)

55. Les délibérations comprises dans l'article précédent sont soumises à l'avis du conseil municipal, et suivent, quant aux autorisations, les mêmes règles que les délibérations de ce conseil. — Néanmoins, l'aliénation des biens immeubles formant la dotation des hospices et hôpitaux, ne peut avoir lieu que sur l'avis conforme du conseil municipal. (*L. préc., art. 10.*)

56. La commission ne peut délibérer qu'à la majorité des membres qui la composent. (*Instr. min. int., 8 févr. 1823.*)

57. La commission, d'accord avec le conseil municipal, et sous l'approbation du préfet, pourra traiter de gré à gré, ou par voie d'abonnement, de la fourniture des aliments et objets de consommation nécessaires aux établissements hospitaliers. (*L. préc., art. 15.*)

58. Lorsque la commune ne possède pas d'hospices ou hôpitaux, ou qu'ils sont insuffisants, le conseil municipal peut traiter avec un établissement privé, pour l'entretien des malades et des vieillards, après avoir consulté la commission des hospices et hôpitaux, qui est chargée de veiller à l'exécution du contrat passé avec l'établissement privé. Les traités doivent être soumis à l'approbation du préfet. (*L. préc., art. 16.*)

59. La commission des hospices et hôpitaux peut, avec les mêmes approbations, et en se conformant aux prescriptions de l'article 5 (v. pag. 287, n° 15), convertir une partie des revenus attribués aux hospices, mais seulement jusqu'à concurrence d'un cinquième, en secours à domicile annuels en faveur des vieillards ou infirmes placés dans leurs familles. (*L. préc., art. 17.*)

60. Les précédentes dispositions ne portent aucune atteinte aux droits des com-

munes rurales sur les lits des hospices et hôpitaux d'une autre commune, ni aux droits quelconques résultant de fondations faites par les départements, les communes ou les particuliers, qui doivent toujours être respectées. (*L., 7 août 1851, art. 18.*)

61. Les séances de la commission administrative doivent avoir lieu à des époques fixes, déterminées par le règlement du service intérieur. (*Circ. min. int., 31 janv. 1840.*)

Des séances extraordinaires peuvent avoir lieu quand les circonstances l'exigent; dans ce cas, la commission est convoquée par son président-né ou par son vice-président. (*Circ. préc.*)

62. Chaque membre de la commission exerce à tour de rôle, pendant un temps fixé par le règlement du service intérieur, une surveillance journalière sur toutes les parties de ce service. Il pourvoit provisoirement aux besoins imprévus, et il en rend compte à la commission dans sa première réunion. — Cet administrateur peut réclamer du maire ou du vice-président la convocation extraordinaire de la commission administrative. (*Circ. préc.*)

II. — ECONOMES, SECRÉTAIRES, RECEVEURS, CHIRURGIENS ET MÉDECINS. — NOMINATION. — RÉVOCATION.

63. La commission nomme son secrétaire, l'économe, les médecins et chirurgiens, mais elle ne peut les révoquer qu'avec l'approbation du préfet. (*L., 7 août 1851, art. 14.*)

Tous les autres employés sont nommés par la commission administrative, et révoqués par elle. (*Ord., 31 oct. 1821, art. 18.*)

64. Les receveurs sont nommés par le ministre de l'intérieur, sur la proposition de la commission administrative, et de l'avis du préfet. Lorsque le revenu des établissements hospitaliers n'excède pas 30,000 fr., les fonctions de receveur sont toujours exercées par le receveur de la commune. Dans tous les cas, la commission administrative exerce, à l'égard du receveur de l'établissement, les droits attribués aux conseils municipaux à l'égard des receveurs des communes. (*L., 7 août 1851, art. 14.*)

III. — AUMÔNIERS ET CHAPELAINS. — CASUEL. — SECOURS RELIGIEUX.

65. Les aumôniers et chapelains attachés aux hospices sont nommés par l'évêque diocésain, sur la présentation de trois candidats désignés par la commission administrative. (*Ord., 31 oct. 1821.*)

66. Le traitement des vicaires, chapelains et aumôniers, ensemble les frais du culte dans les établissements hospitaliers, sont réglés par les préfets, sur la proposition des commissions et l'avis des sous-préfets. Les arrêtés des préfets doivent être soumis à l'approbation du ministre de l'intérieur. (*Arr. gouv., 11 fruct. an 11-29 août 1803.*)

67. Les administrateurs des hospices ne peuvent établir des chapelles ou des oratoires dans l'intérieur de ces établissements qu'après en avoir obtenu l'autorisation du gouvernement, sur les avis du préfet et de l'évêque diocésain. (*L., 18 germ. an 10-8 avril 1802, art. 44. — Décr., 22 déc. 1812, art. 2.*) — V. CULTES (6°, pag. 157).

68. Les aumôniers des hospices sont tenus d'accomplir gratuitement les fondations religieuses dont sont chargés ces établissements. (*Circ. min. int., 27 fruct. an 11-14 sept. 1803.— Lett. min. int., 22 janv. 1838.*)

69. Tout le casuel qui provient de l'exercice du culte dans les hospices et hôpitaux doit tourner exclusivement au profit de ces établissements, et se confondre avec la masse générale de leurs revenus. (*Circ. préc.*)

70. Un malade a toujours le droit d'appeler un ministre de sa religion, et ce vœu doit être immédiatement transmis au ministre désigné ; ou, s'il n'y a pas eu de désignation, à l'un des ministres qui exercent dans la localité. (*Circ. min. int., 9 nov. 1846.*)

§ 5. — **Bienfaiteurs.** — **Droits.**

71. Les fondateurs d'hospices et d'hôpitaux qui se sont réservé le droit de con-

courir à leur direction, assistent aux séances avec voix délibérative, suivant le mode réglé par le ministre de l'intérieur, sur la proposition du préfet et l'avis de la commission administrative. Il en est de même pour les héritiers des fondateurs décédés qui seraient appelés par les actes de fondation, à jouir de ces droits. (*Décr., 31 juill. 1806.*)

§ 6. — Service intérieur. — Règlement.

72. Chaque membre de la commission exerce à tour de rôle une surveillance journalière sur toutes les parties du service intérieur. Il pourvoit provisoirement aux besoins imprévus du service, et il en rend compte à la commission dans sa première réunion. Cet administrateur peut réclamer du maire ou du vice-président la convocation extraordinaire de la commission administrative. (*Circ. min. int. et proj. de règl. int., 31 janv. 1840.*)

73. Le service intérieur de chaque établissement doit être régi par un règlement spécial proposé par la commission et approuvé par le préfet [1]. (*Ord., 31 oct. 1821.*)

§ 7. — Sœurs hospitalières. — Traités.

74. Le service des malades dans les hospices peut être confié à des hospitalières ou sœurs de charité. (*Décr., 18 févr. 1809.*) Mais elles ne doivent être appelées à ce service qu'en vertu de traités conclus entre les administrations de ces établissements et la communauté dont ces dames font partie. De plus, ces traités ne peuvent recevoir leur exécution que lorsqu'ils ont été approuvés par le ministre de l'intérieur, sur l'avis du préfet. (*Circ. min. int., 25 sept. 1838.*)

75. Les sœurs hospitalières sont placées, quant aux rapports temporels, sous l'autorité de la commission administrative, et tenues de se conformer aux lois, décrets, ordonnances et règlements qui régissent l'administration hospitalière. (*Circ. min. int. et proj. de traité, 26 sept. 1839.*)

76. Le nombre des sœurs ne peut être augmenté sans autorisation du ministre de l'intérieur. (*Circ. et proj. préc.*)

77. Les commissions administratives ne peuvent donner en ferme à une communauté religieuse l'administration intérieure de l'établissement. (*Avis cons. Etat, 19 août 1837.*) Elles peuvent retirer aux communautés religieuses le service qui leur est confié, soit pour le remettre à des personnes laïques, soit à d'autres communautés ; de même que les communautés sont libres de refuser leur concours. (*Avis cons. Etat, 23 avril 1845.*)

§ 8. — Administration financière.

I. — Biens, droits et revenus. — Recettes. — Dépenses.

78. La loi du 4 ventôse an 9-26 février 1801 a affecté aux hospices les plus voisins de la situation toutes les rentes appartenant à l'Etat dont la reconnaissance et le paiement se trouvaient alors interrompus, et tous domaines nationaux qui avaient été usurpés par des particuliers.

79. Par un règlement du 7 messidor an 9-26 juin 1801, ces établissements ont eu droit aux arrérages comme au principal des rentes que leur affectait la loi du 4 ventôse an 9. Ce même règlement leur a aussi attribué : 1° les rentes en argent ou en nature dues pour fondations à des cures, paroisses, fabriques, corps et corporations, et déclarées nationales; 2° les rentes foncières représentatives d'une concession de fonds.

80. Les administrateurs des hospices et hôpitaux ne doivent régir aucune de leurs propriétés sans y être formellement autorisés, savoir : par les préfets, lorsque ces propriétés sont d'un revenu de 1,000 fr. et au-dessous ; par le ministre de l'intérieur, lorsque ce revenu est au-dessus de 1,000 fr. et au-dessous de 2,000 ; et par le gouvernement, en conseil d'Etat, lorsque le revenu excède 2,000 fr. (*Avis cons. Etat, et circ. min. int., 31 déc. 1809.*)

---

[1] Le ministre de l'intérieur a fait dresser, le 31 janvier 1840, un projet de règlement général.

81. Les revenus ordinaires des hospices et hôpitaux se composent : 1° Des prix de ferme des maisons et biens ruraux ; — 2° Du produit des coupes ordinaires de bois ; — 3° Des rentes sur l'Etat (¹) et sur particuliers; — 4° Des fonds alloués sur les octrois municipaux ; — 5° Du produit des droits sur les spectacles, bals, concerts, etc. ; — 6° Des journées de militaires ; — 7° Du prix de vente des objets fabriqués par les individus admis dans chaque établissement ; — 8° Des dons, aumônes et collectes ; — 9° Des fonds alloués pour le service des enfants trouvés ou abandonnés ; — 10° Des amendes et confiscations ; — 11° Des recettes en nature ; — 12° Du prix de vente des denrées ou grains récoltés par l'établissement et excédant ses besoins. (*Instr. min. fin.*, *17 juin 1840.*)

82. Les revenus extraordinaires se composent : 1° De l'excédant des recettes sur les dépenses de l'exercice antérieur ; — 2° Des intérêts des fonds placés au Trésor public ; — 3° Du prix des coupes extraordinaires de bois ; — 4° Des legs et donations ; — 5° Du remboursement de capitaux ; — 6° Du prix de vente d'inscriptions de rentes sur l'Etat ; — 7° Des emprunts ; — 8° Des recettes accidentelles. (*Instr. préc.*)

83. Les hospices et hôpitaux possèdent, en outre, des revenus propres à chaque localité, et trop variés pour qu'on en donne ici la nomenclature. (*Instr. préc.*)

84. Les recettes des établissements hospitaliers pour lesquels les lois et règlements n'ont pas prescrit un mode spécial de recouvrement, s'effectuent sur des états dressés par le maire, sur la proposition de la commission administrative. Ces états sont exécutoires après qu'ils ont été visés par le sous-préfet. Les oppositions, lorsque la matière est de la compétence des tribunaux ordinaires, sont jugées comme affaires sommaires, et la commission administrative peut y défendre, sans autorisation du conseil de préfecture. (*L.*, *7 août 1851*, *art. 13.*)

85. Les effets mobiliers apportés par les malades décédés dans les hospices, et qui y ont été traités gratuitement, appartiennent auxdits hospices, à l'exclusion des héritiers et du domaine, en cas de déshérence. (*Avis cons. Etat, 3 nov. 1809.*)

86. A l'égard des malades ou personnes valides dont le traitement et l'entretien ont été acquittés de quelque manière que ce soit, les héritiers et légataires peuvent exercer leurs droits sur tous les effets apportés dans les hospices par lesdites personnes malades ou valides ; dans le cas de déshérence, les mêmes effets appartiennent aux hospices, au préjudice du domaine. (*Avis préc.*)

87. Les dépenses des hospices, divisées en dépenses ordinaires et extraordinaires, consistent, pour celles de la première espèce, dans les articles suivants : traitements divers ; gages des employés et servants ; réparations et entretien des bâtiments ; contributions assises sur ces bâtiments ; entretien du mobilier et des ustensiles ; dépenses du coucher ; linge et habillement ; achat de grains et denrées ; blanchissage ; chauffage ; éclairage ; achat de médicaments ; pensions ou rentes à la charge de l'établissement ; entretien et menues réparations des propriétés rurales, et contributions assises sur ces propriétés ; dépenses des mois de nourrice et pensions des enfants trouvés ; frais de layettes et vêtements de ces enfants. (*Inst. min. fin.*, *17 juin 1840.*)

88. On range également, dans la classe des dépenses ordinaires, les consommations de grains et denrées.

89. Les dépenses extraordinaires ont, en général, pour objet : les constructions et grosses réparations ; les achats de terrains et bâtiments ; la dépense des aliénés indigents, dans la proportion déterminée par le ministère de l'intérieur, sur la proposition des conseils généraux et des préfets ; les frais de procédure, et les achats de rentes sur l'État. (*Ord.*, *31 mai 1838, art. 501.* — *Instr. préc.*)

II. — Dons et legs.

90. V. Dons et Legs (pour les formalités à remplir et les pièces à produire),

(¹) Les acquisitions de rentes sur l'Etat ou sur les villes ne sont pas soumises à la formalité de l'autorisation ministérielle, et peuvent être faites dans la forme de leurs actes ordinaires d'administration, quels que soient l'origine et le montant des fonds à employer. (*Ord.*, *2 avril 1817, art. 6.* — *Circ. min. int.*, *8 juill. 1836.*)

ÉTABLISSEMENTS ECCLÉSIASTIQUES (relativement aux personnes ayant qualité pour recevoir).

III. — ACQUISITIONS. — ALIÉNATIONS. — BAUX A FERME. — ÉCHANGES.

91. V. ACQUISITIONS, ALIÉNATIONS, BAUX ADMINISTRATIFS, ÉCHANGES.

IV. — ACTIONS JUDICIAIRES. — TRANSACTIONS. — MAINLEVÉE D'HYPOTHÈQUES. — PARTAGES.

92. V. BUREAUX DE BIENFAISANCE (§§ 6, 7 et 8, nos 45 à 59, pag. 75 à 77), HYPOTHÈQUES.

V. — CONSTRUCTIONS.

93. Les règles relatives aux constructions communales sont applicables aux constructions des établissements de bienfaisance. — V. CONSTRUCTIONS COMMUNALES (§ 2, nos 4 à 22, pag. 142 à 144.)

VI. — BUDGETS. — COMPTABILITÉ.

94. V. COMPTABILITÉ DES ÉTABLISSEMENTS DE BIENFAISANCE.

VII. — EMPRUNTS.

95. V. EMPRUNTS (§ 3, pag. 202.)

VIII. — QUÊTES.

96. V. ce mot.

IX. — MARCHÉS. — FOURNITURES. — ADJUDICATIONS.

97. V. ADJUDICATIONS.

Tout marché, pour fourniture d'aliments ou autres objets nécessaires aux hospices, doit être adjugé dans une séance publique de la commission, en présence de la majorité des membres, après affiches apposées un mois avant l'adjudication. L'adjudicataire doit fournir un cautionnement, déterminé dans le cahier des charges, et le marché ne doit recevoir son exécution qu'après avoir été approuvé par le préfet. (*L., 16 messid. an 7-4 juill. 1799. — Ord., 14 nov. 1837.*) — Cependant, il peut être traité de gré à gré, sauf approbation par le préfet, pour les fournitures dont la valeur n'excède pas 3,000 fr. (*Ord. préc.*)

Les préfets doivent adresser au ministre, dans les trois premiers mois de chaque année, un état indiquant, pour les établissements de bienfaisance de leur département, les autorisations de marchés à l'amiable qu'ils ont accordés dans le cours de l'année précédente. Ces états doivent indiquer, d'une manière détaillée, les noms des établissements, la valeur des fournitures, les conditions principales des marchés approuvés, et les causes qui ont pu motiver les dispenses d'adjudication. (*Circ. min. int., 14 févr. 1839.*)

HYPOTHÈQUES. — Form. mun., tom. V, pag. 416.

§ 1er. — **Règles spéciales aux communes.**

1. Le prix des acquisitions immobilières faites par les communes, pour cause d'utilité publique constatée, peut, s'il n'excède pas 100 fr., être payé sans que les formalités pour la radiation et la purge des hypothèques aient été remplies [1]. (*Ord., 31 août 1830.*)

2. Les hypothèques inscrites au profit des communes peuvent être rayées en vertu de mainlevées données par les maires, dûment autorisées par délibération des conseils municipaux, approuvées par le préfet en conseil de préfecture. (*OO., 15 juill. 1840; 18 avril 1842, art. 1er.*)

3. Le maire qui veut se dispenser des formalités de la purge des hypothèques

---

[1] V. la loi du 3 mai 1841, pour les dispositions concernant l'inscription, la purge et les effets des hypothèques sur les immeubles expropriés pour cause d'utilité publique.

sur les acquisitions faites en vertu de la loi du 3 mai 1841 sur l'expropriation pour cause d'utilité publique, lorsque le prix ne s'élève pas au-dessus de 500 fr., doit se pourvoir de l'autorisation du conseil municipal et de l'approbation du préfet. (*Ord., 18 avril 1842, art. 2.*)

4. Tout acte d'acquisition de terrain pour le service des chemins vicinaux doit, dès qu'il a été approuvé par le préfet, être envoyé, par les soins du maire, à la conservation des hypothèques, pour y être revêtu de la formalité de la transcription. Le maire joint à l'envoi de l'acte de vente un réquisitoire pour la délivrance du certificat d'inscription. S'il y a sur une commune plusieurs actes d'acquisitions, ils doivent être réunis pour être adressés ensemble au conservateur des hypothèques en un seul et même envoi ; mais un réquisitoire doit être joint à chacun des actes. (*Circ. min. int., 17 déc. 1837.*)

5. Les frais de transcription, de purge, et le salaire des conservateurs, sont à la charge des communes, lorsque les acquisitions concernent des chemins vicinaux proprement dits. Ils sont payés sur les fonds centralisés pour les acquisitions relatives aux chemins vicinaux de grande communication. (*Circ. préc.*)

§ 2. — Règles spéciales aux établissements de bienfaisance.

6. Les établissements de bienfaisance ont une hypothèque légale sur tous les biens de leurs receveurs et agents comptables. Cette hypothèque s'étend à tous les immeubles que ces comptables peuvent acquérir. (*Cod. Nap., art. 2121 et 2122.*)

7. Les biens des administrateurs des hospices, nommés tuteurs des enfants trouvés, ne sont, à raison de leurs fonctions, passibles d'aucune hypothèque. (*L., 15 pluv. an 13-4 févr. 1805, art. 5.*)

8. Les hypothèques pour sûreté de créances appartenant aux hospices et établissements publics, ne sont pas dispensées d'inscriptions. (*Avis cons. Etat, 12 flor. an 13-2 mai 1805.*)

9. Le créancier hypothécaire d'un hospice ne peut exercer son droit que sur les biens spécialement affectés à sa créance : son hypothèque ne frappe pas les biens qui appartiennent à cet hospice par l'effet de la réunion d'un autre établissement. (*Avis cons. Etat, 4 prair. an 13-24 mai 1805.*)

10. Les établissements publics qui requièrent des inscriptions hypothécaires sur leurs débiteurs, n'ont aucuns déboursés à faire, et les droits et salaires ne peuvent être répétés par les conservateurs que contre les débiteurs. (*L., 21 vent. an 7-11 mars 1799, art. 23 et 24.*)

11. Les receveurs des établissements de bienfaisance ne peuvent, dans les cas où elle n'est pas ordonnée par les tribunaux, donner mainlevée des oppositions formées pour la conservation des droits des pauvres et des hospices, ni consentir aucune radiation, changement ou limitation d'inscriptions hypothécaires, qu'en vertu d'une décision spéciale du conseil de préfecture, prise sur une proposition formelle de l'administration et l'avis du comité consultatif établi près de chaque arrondissement communal. (*Décr., 11 therm. an 12-30 juill. 1804.*)

§ 3. — Dispositions diverses.

12. Les arrêtés des conseils de préfecture portant condamnation pour contraventions en matière de grande voirie, emportent hypothèque. (*L., 29 flor. an 10-19 mai 1802, art. 4.*)

13. Les condamnations et contraintes émanées de l'autorité administrative compétente emportent hypothèque judiciaire. La radiation des inscriptions de ces hypothèques doit être poursuivie devant les tribunaux, sauf renvoi devant l'administration, si le fond du droit est contesté. (*Avis cons. Etat, 25 therm. an 12-18 août 1804, et 12 nov. 1811.*)

14. Les biens des communes et des établissements publics ne peuvent être hypothéqués. (*Avis cons. Etat, mars 1834 et 14 oct. 1842. — Déc. min. int., 31 juill. 1849.*)

I

IMPOSITIONS EXTRAORDINAIRES. — Form. mun., tom. V, pag. 417.

LÉGISLATION.

Loi du 18 juillet 1837, articles 39, 40, et 42.

PROCÉDURE.

1. Les délibérations du conseil municipal concernant une contribution extraordinaire destinée à subvenir aux dépenses obligatoires, ne sont exécutoires qu'en vertu d'un arrêté du préfet, s'il s'agit d'une commune ayant moins de cent mille francs de revenu, et d'un décret, s'il s'agit d'une commune ayant un revenu supérieur.

Dans le cas où la contribution extraordinaire a pour but de subvenir à d'autres dépenses que les dépenses obligatoires, elle ne peut être autorisée que par un décret, s'il s'agit d'une commune ayant moins de cent mille francs de revenu, et par une loi, s'il s'agit d'une commune ayant un revenu supérieur [1]. (*L., 18 juill. 1837, art. 40.*)

2. Il n'y a pas lieu d'accueillir et de sanctionner une délibération de conseil municipal proposant de ne faire porter l'imposition extraordinaire que sur une, deux ou trois des contributions directes. (*Déc. min. int.*)

3. Dans les communes dont les revenus sont inférieurs à cent mille francs, toutes les fois qu'il s'agit de contributions extraordinaires, les plus imposés aux rôles de la commune sont appelés à délibérer avec le conseil municipal, en nombre égal à celui des membres en exercice.

Les plus imposés sont convoqués individuellement par le maire, au moins dix jours avant celui de la réunion.

Lorsque les plus imposés sont absents, ils sont remplacés en nombre égal par les plus imposés portés après eux sur le rôle. (*L. préc., art. 42.*)

4. En quelque nombre que les plus imposés se soient présentés, la délibération est valable, pourvu que l'imposition ait été votée par la moitié plus un des membres qui devaient être appelés, sans distinction d'origine. (*Circ. min., 27 mars 1837.*)

Le concours des plus imposés n'est pas exigé pour le vote des centimes spéciaux affectés aux dépenses de l'instruction primaire et à l'entretien des chemins vicinaux.

5. Si un conseil municipal n'allouait pas les fonds exigés pour une dépense obligatoire, ou n'allouait qu'une somme insuffisante, l'allocation nécessaire serait inscrite au budget par un décret, pour les communes dont le revenu est de 100,000 fr. et au-dessus, et par arrêté du préfet en conseil de préfecture, pour celles dont le revenu est inférieur.

Dans tous les cas, le conseil municipal doit être préalablement appelé à en délibérer.

S'il s'agit d'une dépense annuelle et variable, elle doit être inscrite pour sa quotité moyenne pendant les trois dernières années. S'il s'agit d'une dépense annuelle et fixe de sa nature, ou d'une dépense extraordinaire, elle doit être inscrite pour sa quotité réelle.

Si les ressources de la commune sont insuffisantes pour subvenir aux dépenses obligatoires inscrites d'office, il doit y être pourvu par le conseil municipal, ou, en cas de refus de sa part, au moyen d'une contribution extraordinaire établie par un décret, dans les limites du maximum fixé annuellement par la loi des finances, et par une loi spéciale si la contribution doit excéder ce maximum. (*L., 18 juill. 1837, art. 39.*)

6. Les pièces à produire à l'appui de la demande d'imposition extraordinaire

---

(1) Aux termes du décret du 25 mars 1852, art. 1er, § 36, les préfets étaient compétents pour autoriser les impositions extraordinaires pour dépenses facultatives, pour une durée de cinq années et jusqu'à concurrence de vingt centimes additionnels; mais l'abrogation de cette disposition par l'art. 4 de la loi du 10 juin 1853, relative à la conversion des dettes actuelles des départements et des communes, fait revivre celles de la loi du 18 juillet 1837, art. 40, relatives à ces mêmes objets. (*Circ. min., 20 juin 1853.*)

sont : 1° deux copies de la délibération du conseil municipal et des plus imposés, contenant la mention nominative des plus imposés ; 2° la liste des trente plus imposés, certifiée par le percepteur et visée par le maire ; 3° un certificat du maire, contenant l'indication du chiffre de la population de la commune, et du nombre des conseillers municipaux, et constatant que les plus imposés ont été convoqués individuellement dix jours avant la réunion ; 4° un certificat du percepteur ou du receveur municipal, indiquant quelles sont les autres impositions extraordinaires pour dépenses facultatives éventuelles qui pèseront sur la commune à l'époque où sera établie l'imposition votée, ou bien, constatant qu'elle n'aura à supporter, à cette époque, aucune autre imposition.

V. Emprunt.

INCENDIE. — Form. mun., tom. V, pag. 447.

1. Parmi les objets de police confiés à la vigilance et à l'autorité des corps municipaux, se trouve le soin de prévenir, par des précautions convenables, et celui de faire cesser, par la distribution des secours nécessaires, les accidents et fléaux calamiteux, tels que les incendies, etc. *(L., 24 août 1790, tit. 11, art. 3.)*

2. Ainsi, les maires ont le droit de déterminer, par des règlements municipaux, la nature des précautions et des mesures à prendre pour prévenir les incendies, et les contrevenants encourent les peines de simple police, portées par le Code pénal, art. 471, n° 15.

3. Ils ont également dans leurs attributions les mesures et secours propres à arrêter les progrès des incendies, les ordres à donner aux pompiers, la réquisition aux ouvriers et à la force publique, ainsi que leur emploi, la surveillance du corps des pompiers, le placement et la distribution de leurs corps de garde, des pompes, des réservoirs, tonneaux, sceaux et machines à incendie. *(Arr. gouv., 5 brum. an 9, art. 19.)*

4. L'art. 475, n° 12, du Code pénal prononce une amende de 6 fr. à 10 fr. inclusivement contre ceux qui, le pouvant, auront refusé ou négligé de faire les travaux, le service, ou de prêter le secours dont ils auraient été requis dans les circonstances d'incendie.

5. Comme officiers de police judiciaire, les maires et adjoints doivent, lorsqu'ils soupçonnent que l'incendie est la suite de la malveillance, prendre des informations sur les faits qui peuvent éclairer la justice, et dresser du tout un procès-verbal qui doit être envoyé au procureur impérial.

V. Accidents, Gendarmerie (n°s 22 à 25.)

INFORMATIONS *DE COMMODO ET INCOMMODO*.

V. Enquêtes.

INDIGENTS. — Form. mun., tom. V, pag. 456.

1. Les indigents ne sont imposables ni à la taxe personnelle, ni à la taxe mobilière. *(L., 26 mars 1831, art. 2 et 7.)*

2. Lors de la formation de la matrice du rôle de la contribution personnelle et mobilière, le conseil municipal désigne les individus qu'il croit devoir exempter de toute cotisation, et ceux qu'il juge convenable de n'assujettir qu'à la taxe personnelle. *(L., 21 avril 1832, art. 18.)*

3. L'indigence est constatée au moyen de la production *(Ord., 30 déc. 1846, art. 1er)* :

1° D'un extrait du rôle des contributions, constatant que les indigents paient moins de 10 fr., ou d'un certificat du percepteur de la commune, portant qu'ils ne sont point imposés ;

2° D'un certificat d'indigence délivré par le commissaire de police, ou par le maire dans les communes où il n'existe pas de commissaire de police. Ce certificat doit être visé et approuvé par le sous-préfet.

4. Ces extraits et certificats sont délivrés en plusieurs originaux, lorsqu'ils doivent être produits à divers bureaux d'enregistrement. *(Ord. préc., art. 3.)*

5. Sont exemptés de la formalité du timbre :

1° Les quittances et décomptes des pensions dues par les départements pour les indigents placés dans des asiles publics ou dans des établissements particuliers d'aliénés;

2° Les quittances et décomptes du prix des journées dues par les départements, aux dépôts de mendicité, pour les indigents conduits dans ces établissements par suite de condamnations judiciaires, et admis par ordre des préfets. (*Instr. adm. des dom., 20 nov. 1846.*)

6. Un arrêté du ministre des finances, en date du 19 septembre 1853, a donné à l'administration des forêts la faculté de concéder, sur la demande des maires, aux habitants pauvres des communes limitrophes des bois soumis au régime forestier, le bois mort, sec et gisant, quand il n'appartient pas, d'après des titres, aux usagers.

7. La liste des indigents à admettre au ramassage gratuit est dressée par le maire de la commune, de concert avec le chef de cantonnement; cette liste est soumise à l'approbation préalable de l'inspecteur des forêts, qui délivre, à chaque individu porté sur la liste approuvée, une carte indiquant les jours et heures fixés pour le ramassage, ainsi que les cantons où cette faculté peut être exercée. Les cartes sont personnelles, et ne peuvent, en conséquence, être cédées ou prêtées, sous peine de retrait. (*Arr. min. fin., 19 sept. 1853, art. 3 à 5.*)

8. Le bois doit être ramassé à la main et transporté à dos d'homme; on ne peut employer des instruments ou machines quelconques, ni introduire dans les forêts, des voitures, charrettes, bêtes de somme et autres moyens de transport. (*Arr. préc., art. 6.*)

9. Le retrait des cartes est ordonné par l'inspecteur des forêts. Dans le cas de procès-verbal, le chef de cantonnement fait retirer la carte jusqu'à nouvel ordre. (*Arr. préc., art. 8.*)

10. Avant de délivrer des certificats d'indigence aux dévastateurs des forêts qui ont encouru une amende dont ils demandent remise ou modération, les maires doivent bien s'assurer que l'état de pauvreté des pétitionnaires les met dans l'impossibilité absolue de payer, car ces fonctionnaires sont personnellement responsables de toute attestation qu'ils donneraient à des redevables en état d'acquitter l'amende. (*Circ. min. int., 8 fruct. an 10-26 août 1802.*)

V. Bureaux de bienfaisance, Certificats, Domicile de secours, État civil (n° 20, pag. 231), Hôpitaux et hospices, Passe-ports, Secours de route.

INGÉNIEURS DES PONTS ET CHAUSSÉES ET DES MINES (Honoraires des).

LÉGISLATION.

Décrets du 10 mai 1854.

1. Les ingénieurs en activité de service ne peuvent être ni maires ni adjoints. (*L., 21 mars 1831, art. 6 et 42.*)

2. Ceux employés par l'administration dans un département ne peuvent être nommés membres du conseil général et des conseils d'arrondissement de ce département. (*L., 22 juin 1833, art. 5 et 23.*)

§ 1er. — Ingénieurs des ponts et chaussées.

3. Les ingénieurs des ponts et chaussées et les agents placés sous leurs ordres ne reçoivent aucune rémunération, à titre, soit d'honoraires ou de vacations, soit de frais de voyage et de séjour, lorsque leur déplacement et leurs opérations ont pour objet les vérifications ou constatations à faire dans l'intérêt public, pour assurer l'exécution des lois et règlements généraux et particuliers. (*Décr., 10 mai 1854, art. 1er.*)

4. Les ingénieurs et les agents placés sous leurs ordres ont droit à l'allocation de frais de voyage et de séjour à la charge des intéressés, sans honoraires ni vacations, lorsque leur déplacement a pour objet:

1° La rédaction d'avant-projets ou rapports préparés, sur la demande des intéressés, pour constater l'utilité de travaux d'endiguement, de curage, de dessèchement, d'irrigations ou autres ouvrages analogues, à l'égard desquels l'intervention des ingénieurs a été régulièrement autorisée pour le compte de communes ou d'associations territoriales; la rédaction d'office des mêmes avant-projets, quand ils sont suivis d'exécution, après avoir été adoptés par les intéressés, ou quand les travaux sont ordonnés par l'administration, dans les cas où les règlements particuliers lui en auraient réservé le droit ; la vérification, s'il y a lieu, des projets de même nature présentés par les particuliers, les communes ou les associations territoriales;

2° Le contrôle des travaux, lorsque l'exécution n'est pas confiée à un ingénieur, ainsi qu'il est prévu à l'art. 4, et lorsque ce contrôle est expressément réservé ou prescrit par les règlements spéciaux qui autorisent les travaux ou les associations ;

3° Le contrôle en cours d'exécution et la réception, après achèvement des ouvrages exécutés par voie de concession de péage, tels que rectification de routes, ponts, canaux ou autres travaux concédés, lorsque l'obligation de payer les frais de cette nature a été stipulée au cahier des charges de la concession ;

4° L'instruction de demandes relatives à l'établissement d'usines hydrauliques, d'étangs, de barrages ou de prises d'eau d'irrigation, ou à la modification de règlements déjà existants; la réglementation, s'il y a lieu, des mêmes établissements, lorsqu'ils existent déjà, sans être pourvus d'autorisations régulières; le récolement des travaux prescrits par les règlements ; la vérification postérieurement au récolement, des points d'eau et ouvrages régulateurs des usines hydrauliques, étangs, barrages et prises d'eau d'irrigation, lorsque cette vérification a lieu sur la demande d'un intéressé;

5° L'instruction des demandes en concession de dunes ou de lais et relais de mer. (*Décr., 10 mars 1854, art. 2.*)

5. Les frais de voyage dus aux ingénieurs ou aux agents sous leurs ordres sont calculés d'après le nombre de kilomètres parcourus, tant à l'allée qu'au retour, à partir de leur résidence, à raison de 50 centimes par kilomètre pour les ingénieurs en chef; 30 centimes pour les ingénieurs ordinaires; 20 centimes pour les conducteurs ou piqueurs. Ce tarif est réduit de moitié pour tous les trajets effectués en chemin de fer. — Les frais de séjour sont réglés par jour : pour les ingénieurs en chef, à 12 fr.; pour les ingénieurs ordinaires, à 10 fr. ; pour les conducteurs ou employés secondaires, à 5 fr. — Lorsque les ingénieurs se sont occupés dans une même tournée de plusieurs affaires donnant lieu à l'allocation de frais de voyage, le montant total de ces frais est calculé d'après la distance effectivement parcourue, et réparti entre les intéressés proportionnellement aux frais qu'eût exigés l'instruction isolée de chaque affaire. — Il est procédé de la même manière pour les frais de séjour. — Il n'est pas alloué de frais pour les déplacements qui n'excèdent pas les limites de la commune où résident les ingénieurs. (*Décr. préc., art. 3.*)

Les ingénieurs des mines ont droit aux mêmes indemnités, en ce qui concerne leur déplacement et leurs opérations, d'après un autre décret spécial à la même date du 10 mai 1854.

6. Les ingénieurs des ponts et chaussées et les agents placés sous leurs ordres ont droit à l'allocation d'honoraires à la charge des intéressés, sans frais de voyage et de séjour ni vacations, lorsqu'ils prennent part, sur la demande des communes ou des associations territoriales, et avec l'autorisation de l'administration, à des travaux à l'égard desquels leur intervention n'est pas rendue obligatoire par les lois et règlements généraux, notamment lorsqu'ils sont chargés de la rédaction des projets définitifs et de l'exécution de travaux d'endiguement, de curage, de dessèchement, d'irrigation ou autres ouvrages analogues qui s'exécutent aux frais de ces communes ou associations territoriales, avec ou sans subvention du gouvernement. — Ces honoraires sont calculés d'après le chiffre de la dépense effectuée sous leur direction, déduction faite de la part contributive du trésor public, et à raison de 4 p. °/ₒ sur les premiers 40,000 fr., et de 1 p. °/ₒ pour le surplus. Ils sont partagés entre les ingénieurs et les agents dans la proportion qui sera déterminée par un arrêté ministériel. — Les salaires des surveillants spéciaux sont imputés séparément sur les fonds des travaux. — Il n'est pas dû d'honoraires sur les fonds fournis par des tiers, pour concourir à des travaux d'intérêt général à la charge de l'Etat. — Dans le cas où les ingénieurs et agents des ponts et chaussés qui ont pris part à la rédaction des projets définitifs

ne sont pas chargés de l'exécution des travaux, ils reçoivent seulement la moitié des honoraires stipulés ci-dessus. (*Décr., 10 mars 1854, art. 4.*)

7. Dans tous les cas prévus par les art. 1, 2, 3 et 4, les frais d'opération et d'épreuve sont supportés par les intéressés. (*Décr. préc., art. 5.*)

8. Les frais de voyage et de séjour, dans le cas prévu par l'art. 2, font l'objet d'états énonçant la date du déplacement, la distance parcourue et le temps employé hors de leur résidence par chacun des ingénieurs et des agents placés sous leurs ordres. Lorsqu'il y a lieu d'appliquer l'art. 4, les honoraires sont réglés par des certificats constatant le degré d'avancement des travaux, et le montant des dépenses faites. Les frais d'opération ou d'épreuve sont justifiés dans les formes prescrites pour la justification des dépenses en régie dans le service des ponts et chaussées. — Le tout est soumis par l'ingénieur en chef à l'approbation du préfet. (*Décr. préc., art. 6.*)

9. Après la vérification des pièces, le préfet arrête l'état des frais ou honoraires. Cet état est notifié aux parties, accompagné d'une expédition des pièces justificatives. (*Décr. préc., art. 7.*)

10. Cette marche est suivie, en ce qui concerne les ingénieurs des mines et les agents placés sous leurs ordres, dans les cas prévus par l'art. 5 d'un autre décret spécial à la même date du 10 mai 1854. (V. ci-après, n° 15.)

11. Dans le cas où les ingénieurs des ponts et chaussées et les agents sous leurs ordres agissent en qualité d'experts commis par les cours et tribunaux, il n'est pas dérogé, à leur égard, aux règles qui établissent la rémunération des experts. (*Décr. préc., art. 9.*) — Il en est de même pour les ingénieurs des mines. (*Autre décr., 10 mai 1854, art. 3.*)

§ 2. — Ingénieurs des mines.

12. Les ingénieurs des mines et les agents placés sous leurs ordres ne reçoivent aucune rémunération, à titre, soit d'honoraires ou de vacations, soit de frais de voyage, de séjour, à la charge des départements, communes, associations ou particuliers intéressés, lorsque leur déplacement et leurs opérations ont pour objet les vérifications ou constatations à faire dans l'intérêt public, pour assurer l'exécution des lois et règlements généraux et particuliers, des cahiers des charges, des concessions de mines et des actes de permission d'usines. (*Autre décr., 10 mai 1854, art. 1er.*)

13. Les mêmes ingénieurs et les mêmes agents ont droit à l'allocation de frais de voyage et de séjour, à la charge des intéressés, sans honoraires ni vacations, lorsque le déplacement a pour objet :

1° La rédaction d'avant-projets ou de rapports préparés sur la demande des intéressés, pour constater l'utilité de l'exploitation de mines, minières ou carrières, tourbières ou usines métallurgiques, ou de toute autre entreprise dont ils ont été régulièrement autorisés à s'occuper, pour le compte des départements, des communes ou d'associations territoriales, sauf l'exception mentionnée au § 2 de l'art. 4 ci-dessous ; la rédaction d'office des mêmes avant-projets, quand ils sont suivis d'exécution, après avoir été adoptés par les intéressés, ou quand les travaux sont ordonnés par l'administration, dans le cas où les règlements particuliers lui en ont réservé le droit ;

2° Les visites de lieux à la demande des intéressés, en vue de la constatation des faits relatifs à des recherches de mines ou au bornage des concessions de mines ;

3° L'instruction de demandes en autorisation d'établissement d'usines, de lavoirs à mines, d'appareils à vapeur ou de toutes autres usines soumises au régime des permissions, ou la modification de règlements déjà existants ; la réglementation, s'il y a lieu, des mêmes établissements lorsqu'ils existent déjà sans être régulièrement autorisés ; le récolement des travaux prescrits par les décrets ou arrêtés d'autorisation, ou les règlements concernant les usines et les lavoirs à mines ; la vérification, postérieurement au procès-verbal de récolement, des mêmes établissements, lorsque cette vérification a lieu sur la demande d'un intéressé ;

4° La première épreuve, au moyen de la pompe de pression, des chaudières et autres pièces destinées à contenir la vapeur, lorsque les ingénieurs ne reçoivent pas, soit sur les fonds départementaux, soit sur les fonds communaux, des allocations spéciales pour la surveillance des appareils à vapeur. (*Autre décr., 10 mai 1854, art. 2.*)

14. Les ingénieurs des mines et les agents placés sous leurs ordres ont droit à l'allocation d'honoraires à la charge des intéressés, sans frais de voyage et de séjour ni vacations, lorsqu'ils prennent part, sur la demande des départements, des communes ou des associations territoriales, et avec l'autorisation de l'administration, à des travaux à l'égard desquels leur intervention n'est pas rendue obligatoire par les lois et règlements généraux, notamment lorsqu'ils sont chargés de la rédaction de projets définitifs, et de la direction de travaux relatifs à des exploitations de mines, minières, carrières, tourbières ou usines métallurgiques, ou de tous autres travaux analogues dont ils auraient été régulièrement autorisés à s'occuper. — Dans le cas où les ingénieurs des mines et les agents placés sous leurs ordres, qui ont pris part à la rédaction des projets définitifs, ne sont pas chargés de la direction des travaux, ils reçoivent seulement la moitié des honoraires stipulés ci-dessus. (*Décr. préc., art. 4.*)

15. S'il s'agit de la rédaction de projets définitifs ou de la direction de travaux relatifs à l'exploitation de mines, minières, carrières ou d'usines métallurgiques ou de tous autres travaux analogues, les honoraires sont fixés par le ministre, d'après la proposition du préfet. (*Décr. préc., art. 5.*)

16. Pour les travaux d'exploitation des tourbières, exécutés pour le compte des communes ou d'associations territoriales, les honoraires sont réglés à raison de 50 centimes par pile de tourbes sèches de 10 mètres cubes. — Ne sont pas comprises dans ces allocations les dépenses en main-d'œuvre nécessitées par la reconnaissance et l'emparquement des terrains tourbeux. (*Décr. préc., art. 6, § 1er.*)

17. Dans le cas où des terrains tourbeux sont vendus par adjudication ou autrement au profit des communes ou d'associations territoriales, sur devis estimatif dressé par les ingénieurs des mines, les ingénieurs qui ont procédé à la reconnaissance, à l'emparquement et au devis estimatif reçoivent 2 p. % du produit de la vente, lorsque le montant ne dépasse pas 10,000 fr. Si ce produit est plus élevé, il est alloué aux ingénieurs 2 p. % pour les dix premiers mille francs, et 1 p. % pour le surplus. (*Décr. préc., art. 6, § 2.*)

18. Ces honoraires sont partagés entre l'ingénieur en chef, l'ingénieur ordinaire, le conducteur ou surveillant des tourbages, par un arrêté du préfet, qui est porté à la connaissance du ministre. (*Décr. préc., art. 6, § 3.*)

19. Les honoraires réglés par l'art. 6 ci-dessus (nos 16 et 17) peuvent être remplacés par des abonnements consentis par les communes ou associations propriétaires des marais tourbeux, ou d'après tout autre mode conforme aux usages locaux. — Ces abonnements ou règlements particuliers ne doivent pas excéder une somme équivalente à la rémunération de 50 centimes par pile de tourbes sèches de 10 mètres cubes. Ils doivent être approuvés par le ministre. (*Décr. préc., art. 7.*)

V. Mines, Moulins, Usines.

INHUMATIONS ET EXHUMATIONS.

LÉGISLATION.

Décret du 23 prairial an 12-12 juin 1804. — Code Napoléon.

§ 1er. — Inhumations. (*Form. mun., tom. V, pag. 460.*)

1. Aucune inhumation ne peut avoir lieu dans les églises, temples, synagogues, hôpitaux, chapelles publiques, et généralement dans aucun des édifices clos et fermés où les habitants se réunissent pour la célébration de leurs cultes, ni dans l'enceinte des villes et bourgs. (*Décr., 23 prair. an 12-12 juin 1804, art. 1er.*)

2. Aucune inhumation ne doit être faite qu'en vertu d'une autorisation donnée par les maires, sur papier libre et sans frais, et ils ne peuvent la donner qu'après avoir fait vérifier le décès, afin de constater s'il n'est pas l'effet d'une cause ex-

traordinaire, et seulement 24 heures après, hors les cas prévus par les règlements de police. (*Cod. Nap., art. 77.*)

3. Un décret du 4 thermidor an 13-23 juillet 1805, a aussi défendu à tous maires, adjoints et membres d'administrations municipales, de souffrir le transport, présentation, dépôt, inhumation des corps, ni l'ouverture des lieux de sépulture; à toutes les fabriques d'églises et consistoires, ou autres, ayant droit de faire les fournitures requises pour les funérailles, de livrer lesdites fournitures; à tous curés, desservants et pasteurs, d'aller lever aucuns corps, ou de les accompagner hors des églises et temples, qu'il ne leur apparaisse de l'autorisation donnée par l'officier de l'état civil, pour l'inhumation, à peine d'être poursuivis comme contrevenant aux lois.

4. Ceux qui, sans l'autorisation préalable de l'officier de l'état civil, dans le cas où elle est prescrite, ont fait inhumer un individu décédé, sont punis de six jours à deux mois d'emprisonnement, et d'une amende de 16 à 50 fr.; sans préjudice de la poursuite des crimes dont les auteurs de ce délit peuvent être prévenus dans cette circonstance. La même peine a lieu contre ceux qui ont contrevenu, de quelque manière que ce soit, à la loi et aux règlements relatifs aux inhumations précipitées. (*Cod. pén., art. 358.*)

5. Les terrains spécialement consacrés aux inhumations doivent être, au moins, à la distance de 35 à 40 mètres de l'enceinte des villes et bourgs. (*Décr., 23 prair. an 12-12 juin 1804, art. 2.*)

6. Chaque inhumation a lieu dans une fosse séparée; chaque fosse qui est ouverte doit avoir 1 mèt. 5 décim. à 2 mèt. de profondeur sur 8 décim. de largeur, et doit être ensuite remplie de terre bien foulée. (*Décr. préc., art. 4.*)

7. Les fosses doivent être distantes les unes des autres de 3 à 4 décim. sur les côtés, et de 3 à 5 décim. à la tête et aux pieds. (*Décr. préc., art. 5.*)

8. Dans le cas où les prêtres refusent à une personne décédée la sépulture ecclésiastique, les maires doivent faire conduire immédiatement le corps au cimetière, sans exiger des ministres du culte, ni prescrire à leur place, aucune cérémonie religieuse, aucune sonnerie de cloche. Les maires doivent prendre sous leur responsabilité les mesures nécessaires pour que l'ordre public ne soit pas troublé, et pour que la liberté de la religion et du culte ne reçoive point d'atteinte. (*Circ. min. cult., 15 juin 1847, et min. int., 16 juin 1847.*)

9. Toute personne peut être enterrée sur sa propriété, pourvu que cette propriété soit hors et à la distance prescrite de l'enceinte des villes et des bourgs. (*Décr., 23 prair. an 12-12 juin 1804, art. 14.*)

10. L'inhumation dans une propriété particulière, sans autorisation de l'administration municipale, constitue une infraction au décret du 23 prairial an 12, et à l'art. 471, n° 15, du Code pénal. (*Arr. cass., 14 avril 1838.*)

11. La faculté de se faire enterrer sur sa propriété implique le droit de se faire inhumer dans le cimetière d'une commune autre que celle du décès ou du domicile du défunt. (*Arr. cass., 12 juill. 1839.*)

§ 2. — **Exhumations.** (*Form. mun., tom. IV. pag. 701.*)

12. Les autorités locales sont spécialement chargées de maintenir l'exécution des lois et règlements qui prohibent les exhumations non autorisées. (*Décr., 23 prair. an 12-12 juin 1804, art. 17.*)

13. Lorsque, par suite de translation de cimetière, il y a lieu de procéder à des exhumations, les administrations locales doivent avertir les familles, afin que ces opérations aient lieu par leurs soins ou avec leur concours. — A l'égard des frais que les communes ont à supporter dans ce cas, il ne peut être question que des frais *matériels*, tels que creusement des fosses et transport des restes, et, au besoin, des matériaux des tombes érigées sur les terrains abandonnés. Toutes dépenses accessoires de pompes funèbres, ou autres, doivent rester à la charge des familles. (*Instr. min. int., 30 déc. 1843.*)

14. En l'absence de règles spéciales sur les exhumations et sur les transports des corps des décédés, il y a lieu de se conformer aux principes qui régissent notre organisation administrative. En conséquence, le maire doit donner

seul l'autorisation d'agir dans l'enceinte de la commune; le sous-préfet, dans l'arrondissement; le préfet, dans le département, et le ministre de l'intérieur, lorsqu'il s'agit de traverser plusieurs départements. — Les demandes doivent être inscrites sur une feuille de timbre à 35 c.; lorsqu'elles sont adressées aux maires, sous-préfets et préfets, les administrés sont tenus d'y joindre une autre feuille à 1 fr. 25 c., pour l'expédition de la décision à intervenir. Des curés et desservants ne sont pas chargés d'autoriser ou de surveiller les exhumations et transferts de corps. (*Déc. min. int., 14 août 1849.*)

15. Si l'exhumation a lieu pour transférer le corps dans un autre département, l'officier public doit dresser un procès-verbal de l'état dans lequel le décédé a été trouvé au moment où on l'enlève. Il délivre ensuite un passe-port motivé au conducteur du corps, et il adresse directement, au maire du lieu où il doit être déposé et aux frais des parents ou amis, une expédition de l'acte de décès et du procès-verbal de l'état du corps, afin que le maire de cette commune veille à ce qu'il ne se commette, lors de la nouvelle inhumation, aucun désordre, ou qu'on ne s'y permette aucun acte contraire au respect dû à la mémoire du mort. (*Instr. min. int., 26 therm. an 12-14 août 1804, et décr., 23 prair. an 12-12 juin 1804, art. 17, combinés.*)

V. Cadavre, Cimetières, Convois funèbres.

INONDATIONS. — Form. mun., tom. V, pag. 490.

1. Lorsqu'un débordement est imminent, ou lorsqu'il a eu lieu, l'autorité supérieure et l'autorité municipale ont le droit, comme dans tous les cas d'accidents imprévus, de requérir l'assistance de tous les citoyens. Le refus d'obtempérer à cette réquisition est puni des peines de simple police, sur le procès-verbal dressé par le maire, et de l'emprisonnement, s'il y a récidive. (*Cod. pén., art. 475.*)

2. Les administrations municipales ont été chargées par la loi du 16-24 août 1790, de prévenir, par des précautions convenables, les fléaux calamiteux, et de les faire cesser par les secours nécessaires.

3. Il suit de ces pouvoirs donnés aux autorités municipales, qu'en cas d'inondation, les maires peuvent faire supprimer les batardeaux et digues en terre qui existent dans les fossés d'écoulement et de dépurgement, servant à l'arrosement des prairies; faire ouvrir, s'il est nécessaire, de nouveaux fossés d'écoulement; enfin, procurer, par tous les moyens possibles, une issue aux eaux. Ils doivent surtout, avec la plus grande promptitude, faire porter des secours aux hameaux ou habitants isolés que les eaux auraient entourés; ils peuvent, pour cela, mettre en réquisition les bacs, bateaux et radeaux, ainsi que les bateliers résidant dans leurs communes ou aux environs.

4. On peut entrer de nuit dans les maisons particulières, en cas d'inondation. (*L., 22 frim. an 8-13 déc. 1799. — L., 28 germ. an 6-17 avril 1798, art. 131.*)

5. Lorsque plusieurs mines situées dans des concessions différentes sont atteintes ou menacées d'une inondation commune de nature à compromettre leur existence, la sûreté publique ou les besoins des consommateurs, le gouvernement peut obliger les concessionnaires de ces mines à exécuter en commun, et à leurs frais, les travaux nécessaires, soit pour assécher tout ou partie des mines inondées, soit pour arrêter les progrès de l'inondation. (*L., 27 avril 1838, art. 1er.*)

6. L'application de cette mesure est précédée d'une enquête administrative à laquelle tous les intéressés sont appelés, et dont les formes sont déterminées par un règlement d'administration publique. (*L. et art. préc.*)

7. Le ministre décide, d'après l'enquête, quelles sont les concessions inondées ou menacées d'inondation qui doivent opérer, à frais communs, les travaux d'assèchement. Cette décision est notifiée administrativement aux concessionnaires intéressés. Le recours contre cette décision n'est pas suspensif. (*L. préc, art. 2.*)

8. Les concessionnaires, ou leurs représentants, sont convoqués en assemblée générale, à l'effet de nommer un syndicat, composé de trois ou cinq membres, pour la gestion des intérêts communs. Le nombre des syndics, le mode de convocation et de délibération de l'assemblée générale, sont réglés par arrêté du préfet. (*L. et art. préc.*)

9. Quant au mode de répartition des dépenses et aux délibérations et attributions de ce syndicat spécial, v. les art. 3 et suivants de cette loi du 27 avril 1838.

V. Accidents, Gendarmerie (n° 22), Mines, Souscriptions.

INSTALLATION DES FONCTIONNAIRES MUNICIPAUX. — Form. mun., tom. V, pag. 499.

1. Les membres des conseils municipaux prêtent serment entre les mains du maire, et sont immédiatement installés par lui dans la première assemblée du conseil qui a lieu après leur nomination. Le maire en dresse un procès-verbal, qu'il transmet au sous-préfet. (*Arr. gouv., 19 flor. an 8-9 mai 1800, art. 13.*)

2. Relativement à l'installation des maires et des adjoints, les formes observées antérieurement aux événements de décembre 1851 ont été modifiées. Ensuite de ces événements, un certain nombre de conseils municipaux avaient été dissous. Voici les formalités nouvelles prescrites par le ministre de l'intérieur, le 15 juillet 1852, et qu'aucune disposition postérieure n'a rapportées :

3. Dans les communes où le conseil municipal subsiste encore, quel que soit d'ailleurs le nombre de ses membres, le préfet doit prescrire une réunion extraordinaire sous la présidence du conseiller municipal inscrit le premier dans l'ordre du tableau. Le maire prête serment entre ses mains ; puis, prenant immédiatement la présidence, il reçoit le serment de l'adjoint ou de ses adjoints. Cette opération est constatée par un procès-verbal, qui est adressé au préfet. (*Circ. min. int., 15 juill. 1852.*)

4. Dans les communes où le conseil municipal a été remplacé par une commission, la présidence appartient au membre de la commission porté le premier dans l'ordre des nominations ; les mêmes dispositions que celles plus haut sont suivies. (*Circ. préc.*)

5. S'il n'y a ni conseil, ni commission municipale, mais seulement une administration provisoire, le préfet nomme une commission, en vertu du droit que lui confère l'art. 10 de la loi du 7 juillet 1852 (¹). Cette commission reçoit le serment du maire, et assiste, comme il a été dit, à la prestation du serment par l'adjoint ou par les adjoints. (*Circ. préc.*)

6. Si les conseils municipaux ou les commissions, dûment convoqués, négligent ou refusent de se réunir, leur abstention est constatée dans un procès-verbal dressé par le maire, lequel procès-verbal est envoyé au préfet avec le serment écrit du maire et des adjoints. Ces formalités tiennent lieu de l'installation. (*Circ. préc.*)

7. Dans les villes chefs-lieux de département ou d'arrondissement dont le conseil a été dissous, les maires et adjoints nouvellement nommés sont convoqués à la préfecture ou à la sous-préfecture, et leur serment est reçu par le préfet ou par le sous-préfet. (*Circ. préc.*)

8. A l'ouverture de la première session qui suit les élections, le maire reçoit le serment de chacun des conseillers municipaux. S'il fait lui-même partie du conseil, il doit accomplir personnellement ce devoir entre les mains du premier conseiller. (*Circ. préc.*)

9. Tout fonctionnaire public qui est entré en exercice de ses fonctions sans avoir prêté le serment, peut être poursuivi, et puni d'une amende de 16 à 150 fr. (*Cod. pén., art. 196.*)

V. Adjoints, Conseils municipaux, Maires.

(¹) En cas de dissolution ou de suspension du conseil municipal, le préfet peut désigner, soit une commission qui remplira les fonctions de conseil municipal, soit des citoyens, pour assister le maire dans les actes administratifs, spéciaux et déterminés, pour lesquels la loi et les règlements exigent le concours d'un ou de plusieurs conseillers municipaux. (*L., 7 juill. 1852, art. 10.*)

INSTRUCTION PRIMAIRE. — Form. mun., tom. V, pag. 512.

LÉGISLATION.

Loi du 15 mars 1850, sur l'enseignement. — Décret du 7 octobre 1850, pour l'exécution de la loi du 15 mars précédent. — Décrets des 9 mars 1852 et 31 décembre 1853. — Loi du 27 mai 1854 sur l'instruction publique.

SOMMAIRE.

§ 1er. — Conditions d'exercice de la profession d'instituteur primaire.

1. Tout Français âgé de vingt-un ans accomplis, peut exercer dans toute la France la profession d'instituteur primaire, public ou libre, s'il est muni d'un brevet de capacité.

Le brevet de capacité peut être suppléé par un certificat de stage délivré par le conseil académique, par le diplôme de bachelier, par un certificat constatant qu'on a été admis dans une des écoles spéciales de l'Etat, ou par le titre de ministre, non interdit ni révoqué, de l'un des cultes reconnus par l'Etat. (*L., 15 mars 1850, art. 25.*)

2. Sont incapables de tenir une école publique ou libre, ou d'y être employés, les individus qui ont subi une condamnation pour crime ou pour un délit contraire à la probité ou aux mœurs, les individus privés par jugement de tout ou partie des droits mentionnés en l'art. 42 du Code pénal, et ceux qui ont été interdits de l'exercice de la profession d'instituteur. (*L. préc., art. 26.*)

§ 2. — Conditions spéciales aux instituteurs libres.

3. Tout instituteur qui veut ouvrir une école libre doit préalablement déclarer son intention au maire de la commune où il veut s'établir, lui désigner le local, et lui donner l'indication des lieux où il a résidé et des professions qu'il a exercées pendant les dix années précédentes. (*L. préc., art. 27.*)

4. Il est ouvert, dans chaque mairie, un registre spécial destiné à recevoir ces déclarations. Chacune d'elles doit être accompagnée : 1° de l'acte de naissance de l'instituteur ; 2° de son brevet de capacité ou du titre équivalent. — Cette déclaration est signée sur le registre par l'instituteur et par le maire. — Une copie en est immédiatement affichée à la porte de la mairie, et y demeure pendant un mois. (*Décr., 7 oct. 1850, art. 1er.*)

5. Dans les trois jours qui suivent la déclaration, le maire adresse au recteur [1] les pièces jointes à ladite déclaration et le certificat d'affiche. — Dans le même délai, le maire, après avoir visité ou fait visiter le local destiné à l'école, est tenu de délivrer gratuitement à l'instituteur, en triple expédition, une copie légalisée de sa déclaration. — S'il refuse d'approuver le local, il doit faire mention de cette opposition et des motifs sur lesquels elle est fondée, au bas des copies légalisées qu'il délivre à l'instituteur. — Une de ces copies est remise par l'instituteur au procureur impérial et une autre au sous-préfet, lesquels en délivrent récépissé. La troisième copie est remise au recteur de l'Académie par l'instituteur, avec les récépissés du procureur impérial et du sous-préfet. (*Décr. préc., art. 2.*)

6. A l'expiration du délai d'un mois de l'affiche, le maire transmet au recteur les observations auxquelles la déclaration peut avoir donné lieu, ou l'informe qu'il n'en a pas été reçu à la mairie. (*Décr. préc., art. 3.*)

7. Si le recteur croit devoir faire opposition à l'ouverture de l'école, il signifie son opposition à la partie par un arrêté motivé. — Trois jours au moins avant la séance fixée pour le jugement de l'opposition, la partie est citée à comparaître de-

---

[1] Les attributions déférées au recteur par la loi du 15 mars 1850, sont exercées par le préfet, suivant l'art. 8 de la loi du 27 mai 1854.

vant le conseil académique. — Cette opposition est jugée par le conseil dans les formes prescrites au chap. 2 du règlement d'administration publique du 29 juillet 1850 (¹). — Copie de la décision du conseil académique est transmise par le recteur au maire de la commune, qui fait transcrire cette décision en marge de la déclaration de l'instituteur sur le registre spécial. (*Décr. préc., art. 4.*)

§ 3. — Des instituteurs communaux.

8. Les instituteurs communaux sont nommés par le recteur de l'Académie (²), le conseil municipal entendu, et choisis, soit sur une liste d'admissibilité et d'avancement dressée par le conseil académique du département, soit sur la présentation faite par les supérieurs pour les membres des associations religieuses vouées à l'enseignement et autorisées par la loi ou reconnues comme établissements d'utilité publique. — Les consistoires jouissent du droit de présentation pour les instituteurs appartenant aux cultes non catholiques. (*L., 15 mars 1850, art. 31. — Décr., 9 mars 1852, art. 4.*)

9. Ainsi, lorsqu'il y a lieu de nommer un instituteur communal, le conseil municipal est appelé à déclarer s'il désire que la direction de l'école soit confiée à un instituteur laïque ou à un membre d'une association religieuse. La délibération est adressée au préfet, qui choisit, selon le vœu exprimé par le conseil, l'instituteur qu'il nomme d'après le mode ci-dessus énoncé. Le préfet peut ne délivrer à l'instituteur qu'une autorisation provisoire et suspendre pendant six mois sa nomination définitive. Dans ce cas, l'instituteur n'a droit au traitement supplémentaire alloué par l'État qu'à partir du jour de sa nomination définitive. (*Instr. min., 3 avril 1852. — L., 27 mai 1854, art. 8.*)

Les candidats doivent, comme par le passé, se faire inscrire sur la liste d'admissibilité dressée par le conseil départemental. (*Instr. min. instr. publ., 31 oct. 1854.*)

10. Nul n'est nommé définitivement instituteur communal, s'il n'a dirigé pendant trois ans, au moins, une école, en qualité d'instituteur suppléant, ou s'il n'a exercé pendant trois ans, à partir de sa 21ᵉ année, les fonctions d'instituteur adjoint. (*Décr., 31 déc. 1853, art. 1er.*)

11. Nul ne peut être nommé instituteur suppléant, s'il ne remplit les conditions déterminées par l'art. 25 de la loi du 15 mars 1850. (*Décr. préc., art. 2.*)

12. Les instituteurs suppléants peuvent être chargés, par les recteurs des académies, de la direction, soit des écoles publiques, dans les communes dont la population ne dépasse pas 500 âmes, soit des écoles annexes dont l'établissement serait reconnu nécessaire. — Ils remplacent temporairement les instituteurs communaux en cas de congé, de démission ou de révocation, de maladie ou de décès. (*Décr. préc., art. 3.*)

13. Le préfet peut, suivant les cas, réprimander, suspendre, avec ou sans privation totale ou partielle de traitement, pour un temps qui n'excède pas six mois, ou révoquer l'instituteur communal. — Le conseil académique peut, après l'avoir entendu ou dûment appelé, frapper l'instituteur communal d'une interdiction absolue, sauf appel devant le conseil supérieur de l'instruction publique, dans le délai de dix jours, à partir de la notification de la décision. — Cet appel n'est pas suspensif. — En cas d'urgence, le maire peut suspendre provisoirement l'instituteur communal, à charge d'en rendre compte, dans les deux jours, au recteur. (*LL., 15 mars 1850, art. 33, et 27 mai 1854, art. 8.*)

14. Le conseil académique détermine les écoles publiques auxquelles, d'après le nombre des élèves, il doit être attaché un instituteur adjoint. — Les instituteurs adjoints peuvent n'être âgés que de dix-huit ans, et ne sont pas soumis aux conditions du brevet de capacité. Ils sont nommés et révocables par l'instituteur. Les instituteurs adjoints appartenant aux associations religieuses sont nommés

---

(¹) En matière contentieuse, le conseil désigne un rapporteur qui fait son rapport à la plus prochaine session du conseil. — La présence de la moitié plus un des membres est nécessaire pour la validité des délibérations. (*Régl., 29 juill. 1850, art. 23 et 25.*)

(²) Les attributions déférées au recteur par la loi du 15 mars 1850 et par le décret du 9 mars 1852 sont exercées par le préfet, suivant l'art. 8 de la loi du 27 mai 1854.

et peuvent être révoqués par les supérieurs de ces associations. — Le conseil municipal fixe le traitement des instituteurs adjoints. Ce traitement est à la charge exclusive de la commune. (*L., 15 mars 1850, art. 34.*)

§ 4. — Ecoles communales.

15. Toute commune doit entretenir une ou plusieurs écoles primaires. Le conseil académique du département peut autoriser une commune à se réunir à une ou plusieurs communes voisines pour l'entretien d'une école.

Toute commune a la faculté d'entretenir une ou plusieurs écoles entièrement gratuites, à la condition d'y subvenir sur ses propres ressources.

Le conseil académique peut dispenser une commune d'entretenir une école publique, à condition qu'elle pourvoira à l'enseignement primaire gratuit, dans une école libre, de tous les enfants dont les familles sont hors d'état d'y subvenir. Cette dispense peut toujours être retirée. (*L., 15 mars 1850, art. 36.*)

16. Toute commune doit fournir à l'instituteur un local convenable, tant pour son habitation que pour la tenue de l'école, le mobilier de classe et un traitement. (*L. préc., art. 37.*)

Les maires, les curés, les pasteurs, ayant été expressément chargés par la loi de la surveillance quotidienne des écoles, ils doivent l'exercer d'une manière sérieuse et suivie. Ils doivent aussi se tenir en relations suivies, tant avec les délégués des cantons qu'avec les inspecteurs de l'instruction primaire, afin que le préfet puisse toujours avoir les renseignements dont il peut avoir besoin. (*Instr. min. instr. publ., 31 oct. 1854.*)

§ 5. — Traitement des instituteurs. — Rétribution scolaire.

17. Le traitement des instituteurs se compose : 1° d'un traitement fixe, qui ne peut être inférieur à 200 fr. ; 2° du produit de la rétribution scolaire ; 3° d'un supplément accordé à tous ceux dont le traitement, joint au produit de la rétribution scolaire, n'atteint pas 600 fr. — Ce supplément est calculé d'après le total de la rétribution scolaire pendant l'année précédente. (*L., 15 mars 1850, art. 38.*)

18. A défaut de fondation, dons ou legs, le conseil municipal délibère sur les moyens de pourvoir aux dépenses de l'enseignement primaire dans la commune. —En cas d'insuffisance des revenus ordinaires, il est pourvu à ces dépenses au moyen d'une imposition spéciale votée par le conseil municipal, ou, à défaut du vote de ce conseil, établie par un décret. Cette imposition ne peut excéder trois centimes additionnels au principal des quatre contributions directes. (*L. préc., art. 40.*)

19. Lorsque des communes, soit par elles-mêmes, soit en s'unissant à d'autres communes, n'ont pu subvenir aux dépenses de l'école communale, il y est pourvu sur les ressources ordinaires du département. — Si les ressources communales ou départementales ne suffisent pas, le ministre de l'instruction publique accorde une subvention sur le crédit porté annuellement pour l'enseignement primaire au budget de l'Etat. (*L. et art. préc.*)

20. Les conseils municipaux délibèrent chaque année, dans leur session du mois de février, pour l'année suivante, sur le taux de la rétribution scolaire, sur le traitement de l'instituteur, sur les centimes spéciaux qu'ils doivent voter, à défaut de leurs revenus ordinaires, 1° pour assurer le traitement fixe de l'instituteur au minimum de 200 fr. ; 2° pour élever au maximum de 600 fr. le revenu de l'instituteur, quand son traitement fixe, joint au produit de la rétribution scolaire, n'atteint pas cette somme.

Les délibérations des conseils municipaux sont envoyées avant le 1er mai au sous-préfet, qui les transmet dans les dix jours au préfet, avec son propre avis, celui des délégués cantonaux et celui de l'inspecteur primaire. (*Décr., 7 oct. 1850, art. 19.*)

21. Le préfet soumet ces délibérations au conseil académique, qui fixe définitivement le taux de la rétribution scolaire, et en informe le préfet, qui présente les résultats de ces diverses délibérations au conseil général, dans sa session ordinaire, à l'appui de la proposition des crédits à allouer pour les dépenses de l'instruction primaire dans le budget départemental. (*Décr. préc., art. 20.*)

22. La rétribution scolaire est perçue dans la même forme que les contributions publiques directes ; elle est exempte des droits de timbre, et donne droit aux mêmes remises que les autres recouvrements. — Néanmoins, sur l'avis conforme du conseil général, l'instituteur communal peut être autorisé par le conseil académique à percevoir lui-même la rétribution scolaire. (*L., 15 mars 1850, art. 41.*)

23. Le rôle de la rétribution scolaire est dressé à la fin de chaque trimestre. Il comprend tous les enfants présents à l'école pendant le trimestre écoulé, avec l'indication du nombre de douzièmes dus pour chacun d'eux. Il ne doit être tenu compte, dans le rôle trimestriel, d'aucune fraction de douzième, tout mois commencé étant dû en entier. (*Décr., 31 déc. 1853, art. 14.*)

24. L'instituteur communal remet au maire, 1° le rôle qu'il a dressé, avec indication du nom des redevables et du montant de la rétribution due par chacun d'eux ; 2° des extraits individuels dudit rôle, pour être ultérieurement remis aux redevables à titre d'avertissement. Il n'est ouvert dans le rôle qu'un article au père, à la mère ou au tuteur qui a plusieurs enfants à l'école.

Le maire vise le rôle, après s'être assuré qu'il contient tous les enfants soumis à la rétribution ; en outre, que la cotisation est établie d'après le taux fixé par le conseil académique. — Il l'adresse ensuite au sous-préfet, qui le communique à l'inspecteur, pour qu'il puisse fournir ses observations. — Le préfet, ou le sous-préfet par délégation, rend le rôle exécutoire, et le transmet au receveur des finances, qui le fait parvenir au receveur municipal. (*Décr., 7 oct. 1850, art. 22.*)

25. Lorsque plusieurs communes sont réunies pour l'entretien d'une même école, l'instituteur dresse un rôle spécial pour chaque commune. (*Décr. préc., art. 25.*)

26. A la fin de chaque année scolaire, le préfet fixe, sur la proposition des délégués cantonaux et l'avis de l'inspecteur de l'instruction primaire, le nombre maximum des enfants qui peuvent être admis gratuitement dans chaque école publique pendant le cours de l'année suivante. — La liste des élèves gratuits, dressée par le maire et les ministres des différents cultes, et approuvée par le conseil municipal, ne doit pas dépasser le nombre ainsi fixé. — Lorsque cette liste est arrêtée par le préfet, il en est délivré, par le maire, un extrait sous forme de billet d'admission, à chaque enfant qui y est porté. — Aucun élève ne peut être reçu gratuitement dans une école communale, s'il ne justifie d'un billet d'admission délivré par le maire. (*L., 15 mars 1850, art. 45.—Décr., 31 déc. 1853, art. 13.*)

§ 6. — Délégués cantonaux et autres autorités préposées à l'enseignement primaire.

27. Le conseil académique du département désigne un ou plusieurs délégués résidant dans chaque canton, pour surveiller les écoles publiques et libres du canton, et détermine les écoles particulièrement soumises à la surveillance de chacun.

Les délégués sont nommés pour trois ans ; ils sont rééligibles et révocables. Chaque délégué correspond, tant avec le conseil académique, auquel il doit adresser ses rapports, qu'avec les autorités locales, pour tout ce qui regarde l'État et les besoins de l'enseignement primaire dans sa circonscription.

Les délégués se réunissent au moins une fois tous les trois mois au chef-lieu de canton, sous la présidence de celui d'entre eux qu'ils désignent, pour convenir des avis à transmettre au conseil académique. (*L., 15 mars 1850, art. 42.*)

28. Les autorités locales préposées à la surveillance et à la direction morale de l'enseignement primaire sont, pour chaque école, le maire, le curé, le pasteur ou le délégué du culte israélite, et, dans les communes de deux mille âmes et au-dessus, un ou plusieurs habitants de la commune, délégués par le conseil académique.

Les ministres des différents cultes sont spécialement chargés de surveiller l'enseignement religieux de l'école, dont l'entrée leur est toujours ouverte. (*L. préc., art. 44.*)

29. Chaque année, le conseil académique nomme une commission d'examen chargée de juger publiquement, et à des époques déterminées par le recteur, l'aptitude des aspirants au brevet de capacité, quel que soit le lieu de leur domicile.

Cette commission se compose de sept membres et choisit son président. — Un inspecteur d'arrondissement pour l'instruction primaire, un ministre du culte professé par le candidat, et deux membres de l'enseignement public ou libre, en font nécessairement partie. *(L., 15 mars 1850, art. 46.)*

30. Le conseil académique délivre, s'il y a lieu, des certificats de stage aux personnes qui justifient avoir enseigné pendant trois ans au moins les matières qui font l'objet principal de l'enseignement primaire, dans les écoles publiques ou libres autorisées à recevoir des stagiaires.

Les élèves-maîtres sont, pendant la durée de leur stage, spécialement surveillés par les inspecteurs de l'enseignement primaire. *(L. préc., art. 47.)*

§ 7. — Écoles de filles.

31. Toute commune de 800 âmes de population et au-dessus est tenue, si ses propres ressources lui en fournissent les moyens, d'avoir au moins une école de filles, sauf le cas où le conseil académique a décidé qu'elles peuvent, à raison des circonstances et provisoirement, établir ou conserver des écoles primaires dans lesquelles sont admis des enfants de l'un et de l'autre sexe.

Le conseil académique peut, en outre, obliger les communes d'une population inférieure à entretenir, si leurs ressources ordinaires le leur permettent, une école de filles; et, en cas de réunion de plusieurs communes pour l'enseignement primaire, il peut, selon les circonstances, décider que l'école de garçons et l'école de filles seront dans deux communes différentes. Il prend l'avis du conseil municipal. *(L. préc., art. 51.)*

32. L'art. 51 de la loi du 15 mars 1850 a donné aux préfets un pouvoir dont il importe qu'ils se servent. Pour qu'une commune de plus de 800 âmes soit tenue de créer une école spéciale de filles, il n'est pas nécessaire qu'elle puisse faire cette création avec ses revenus ordinaires. En l'imputant sur ses *propres ressources*, le législateur a compris sous cette expression les deux sources de recettes, les recettes *ordinaires* et les recettes *extraordinaires*. L'entretien d'une école de filles doit donc prendre place, pour les communes au-dessus de 800 âmes que les préfets jugent en état d'y pourvoir, parmi les dépenses obligatoires. *(Instr. min. instr. publ., 23 oct. 1854.)*

33. Dans les lieux où la création d'une école de filles rencontre des obstacles insurmontables, il est une institution très-propre à remédier en partie, sinon en totalité, aux inconvénients résultant de la privation d'un enseignement spécial : les *asiles-ouvroirs*. Ces établissements sont destinés à donner aux jeunes filles les connaissances et l'habitude des travaux à l'aiguille. Rien de plus simple ni de moins coûteux : les asiles-ouvroirs se tiennent, soit dans les salles d'école, après les heures de classe, soit dans un local contigu. La femme de l'instituteur, ou, à son défaut, une couturière agréée par l'autorité, est chargée de la direction de cet ouvroir, moyennant la faible rétribution annuelle de 40 à 50 fr., à laquelle on ajoute une somme très-minime pour l'achat des matières premières. On a soin de varier les travaux des jeunes filles qui sont principalement occupées au raccommodage de leurs vêtements ou de ceux de leurs parents, pendant qu'une des monitrices fait à haute voix une lecture instructive. Dans les écoles mixtes, un ouvroir de ce genre est le complément presque indispensable de l'éducation des filles. *(Instr. préc.)*

34. Aucune école primaire, publique ou libre, ne peut, sans l'autorisation du conseil académique, recevoir d'enfants des deux sexes, s'il existe dans la commune une école publique ou libre de filles. *(L., 15 mars 1850, art. 52.)*

35. Des institutrices peuvent être chargées de la direction des écoles publiques communes aux enfants des deux sexes qui, d'après la moyenne des trois dernières années, ne reçoivent pas annuellement plus de quarante élèves. *(Décr., 31 déc. 1853, art. 9.)*

V. Maisons d'école.

INSTRUCTION PUBLIQUE. — Form. mun., tom. V, pag. 501.

• LÉGISLATION.

Loi du 15 mars 1850, sur l'enseignement. — Décret du 29 juillet 1850, contenant règlement pour l'exécution de la loi du 15 mars. — Décret du 9 mars 1852, et loi du 27 mai 1854, sur l'instruction publique.

1. La France est divisée en seize circonscriptions académiques.—Chacune des académies est administrée par un recteur, assisté d'autant d'inspecteurs d'académie qu'il y a de départements dans la circonscription. (*L., 27 mai 1854, art. 1 et 2.*)

2. Il y a au chef-lieu de chaque académie un conseil académique composé : 1° du recteur, président ; 2° des inspecteurs de la circonscription ; 3° des doyens des facultés ; 4° de sept membres choisis, tous les trois ans, par le ministre de l'instruction publique : un parmi les archevêques ou évêques de la circonscription ; deux parmi les membres du clergé catholique ou parmi les ministres des cultes non catholiques, reconnus ; deux dans la magistrature ; deux parmi les fonctionnaires publics ou autres personnes notables de la circonscription. (*L. préc., art. 3.*)

3. Le conseil académique veille au maintien des méthodes d'enseignement prescrites par le ministre, en conseil impérial de l'instruction publique, et qui doivent être suivies dans les écoles publiques d'instruction primaire, secondaire ou supérieure du ressort. Il donne son avis sur les questions d'administration, de finance ou de discipline qui intéressent les colléges communaux, les lycées et les établissements d'enseignement supérieur. (*L. préc., art. 4.*)

4. Il y a au chef-lieu de chaque département un conseil départemental de l'instruction publique, composé : 1° du préfet, président ; 2° de l'inspecteur d'académie ; 3° d'un inspecteur de l'instruction primaire, désigné par le ministre ; 4° des membres que les paragr. 5, 6, 7, 8, 9, 10 et 11 de l'art. 10 de la loi du 15 mars 1850 appelaient à siéger dans les anciens conseils (¹), et dont le mode de désignation demeure réglé conformément à ladite loi, et à l'art. 3 du décret du 9 mars 1852 [²]. (*L. préc., art. 5.*)

5. Le conseil départemental de l'instruction publique exerce, en ce qui concerne les affaires de l'instruction primaire et les affaires disciplinaires et contentieuses relatives aux établissements particuliers d'instruction secondaire, les attributions déférées au conseil académique par la loi du 15 mars 1850 (³). — Les

---

(¹) Ces membres sont : l'évêque ou son délégué ; un ecclésiastique désigné par l'évêque ; un ministre de l'une des deux églises protestantes, désigné par le ministre de l'instruction publique, dans les départements où il existe une église légalement établie ; un délégué du consistoire israélite dans chacun des départements où il existe un consistoire légalement établi ; le procureur général près la cour impériale, dans les villes où siége une cour impériale, et, dans les autres, le procureur impérial près le tribunal de première instance ; un membre de la cour impériale élu par elle, ou, à défaut de cour impériale, un membre du tribunal de première instance, élu par le tribunal ; quatre membres élus par le conseil général, dont deux au moins pris dans son sein.

(²) Aux termes de l'art. 3 du décret du 9 mars 1852, le ministre nomme et révoque les membres des conseils académiques qui procédaient précédemment de l'élection.

(³) Ces attributions, déterminées par les art. 14, 15 et 16 de la loi du 15 mars 1850, sont les suivantes :

Le conseil académique donne son avis sur l'état des différentes écoles établies dans le département ; sur les réformes à introduire dans l'enseignement, la discipline et l'administration des écoles publiques ; sur les budgets et comptes administratifs des lycées, colléges et écoles normales primaires ; sur les secours et encouragements à accorder aux écoles primaires. — Il instruit les affaires disciplinaires relatives aux membres de l'enseignement public secondaire ou supérieur, qui lui sont renvoyés par le ministre ou le recteur. — Il prononce, sauf recours au conseil supérieur, sur les affaires contentieuses relatives à l'obtention des grades, à l'ouverture des écoles libres, aux droits des maîtres particuliers, et à l'exercice du droit d'enseigner ; sur les poursuites dirigées contre les membres de l'instruction secondaire publique, et tendant à la révocation, avec interdiction d'exercer la profession d'instituteur libre, de chef ou professeur d'établisse-

appels de ses décisions, dans les matières qui intéressent la liberté d'enseignement, sont portés directement devant le conseil impérial de l'instruction publique, en conformité des dispositions de ladite loi. (*L., 27 mai 1854, art. 7.*)

6. Le préfet exerce, sous l'autorité du ministre de l'instruction publique, et sur le rapport de l'inspecteur d'académie, les attributions déférées au recteur par la loi du 15 mars 1850, et par le décret organique du 9 mars 1852, en ce qui concerne l'instruction primaire publique ou libre. (*L. préc., art. 8.*)

7. Sous l'autorité du préfet, l'inspecteur d'académie instruit les affaires relatives à l'enseignement primaire du département. — Sous l'autorité du recteur, il dirige l'administration des colléges et lycées, et exerce, en ce qui concerne l'enseignement secondaire libre, les attributions déférées au recteur par la loi du 15 mars 1850. (*L. préc., art. 9.*)

8. Un décret rendu en la forme des règlements d'administration publique détermine les circonscriptions des académies, ainsi que tout ce qui concerne la réunion et la tenue des conseils académiques et départementaux. — Les dispositions qui précèdent sont exécutoires à partir du 1er septembre 1854. (*L. préc., art. 11 et 12.*)

INTÉRÊT. — Form. mun., tom. V, pag. 539.

LÉGISLATION.

Loi du 3 septembre 1807.

1. L'intérêt conventionnel et l'intérêt légal ne peuvent, en matière civile, excéder 5 p. %, et, en matière de commerce, 6 p. %, sans retenue. (*L., 3 sept. 1807, art. 1 et 2.*)

2. L'intérêt des fonds confiés aux caisses d'épargnes par les sociétés de secours mutuels reconnues ou déclarées établissements d'utilité publique, est fixé à 4 et demi p. %. (*Décr., 26 mars 1852, art. 13.*)

3. Cet intérêt, pour les fonds déposés dans les mêmes caisses d'épargnes par les particuliers, est de 4 p. %. (*L., 7 mai 1853, art. 1er.*)

4. L'intérêt des prêts faits par la caisse des dépôts et consignations aux départements, communes et établissements publics, est de 4 et demi p. % pour les emprunts remboursables en douze ans, et de 5 p. %, pour ceux remboursables en huit ans. (*Décr., 4 févr. 1854. — Circ. min. int., 9 févr. 1854. — Décis. commiss. de surv. de la caisse des dép. et consign., 25 janv. 1854.*)

5. L'intérêt des fonds versés à cette caisse est de 3 p. %, pourvu qu'ils soient restés à la caisse trente jours. (*Circ. dir. gén. de cette caisse, 1er déc. 1851. — Ord., 3 juill. 1816, art. 5. — Décr., 1er mai 1851.*)

Ce même intérêt est liquidé au 31 décembre de chaque année. (*Ord. et circ. préc.*)

6. Les remboursements de capitaux et les paiements d'intérêts, quelle que soit l'époque de leur liquidation, par la caisse des dépôts et consignations, sont opérés : 1° sur la représentation du récépissé délivré lors du dépôt ; 2° sur la production du mandat ou de la demande écrite de l'administrateur compétent, au moyen, pour le remboursement de capitaux, d'une simple quittance donnée au

---

ment libre, et, dans les cas déterminés par la présente loi, sur les affaires disciplinaires relatives aux instituteurs primaires, publics ou libres. (*Art. 14.*)

Le conseil académique est nécessairement consulté sur les règlements relatifs au régime intérieur des lycées, colléges et écoles normales primaires, et sur les règlements relatifs aux écoles publiques primaires. — Il fixe le taux de la rétribution scolaire, sur l'avis des conseils municipaux et des délégués cantonaux. — Il détermine les cas où les communes peuvent, à raison des circonstances et provisoirement, établir ou conserver des écoles primaires dans lesquelles seront admis des enfants de l'un et de l'autre sexe, ou des enfants appartenant aux différents cultes reconnus. — Il donne son avis au recteur, sur les récompenses à accorder aux instituteurs primaires. (*Art. 15.*)

Le conseil académique présente, chaque année, au ministre et au conseil général, un exposé de la situation de l'enseignement dans le département. — Les rapports du conseil académique sont envoyés par le recteur au ministre, qui les communique au conseil supérieur. (*Art. 16.*)

bas de l'une de ces deux pièces par le comptable de l'établissement au nom duquel le dépôt a été fait ; et, pour les paiements d'intérêts, sur la production des mêmes pièces, mais une quittance distincte et spéciale. *(Ord., 3 juill. 1816. — Circ. dir. gén. commiss. de surv. de la caisse des dép. et consign., 1er déc. 1851.)*

7. Les paiements des intérêts dus par cette même caisse aux écoles normales primaires sont faits, non aux directeurs de ces établissements, mais aux receveurs généraux pour le compte du Trésor, sur les titres de perception que leur remet le préfet du département. *(Décis. min. instr. publ., 19 mai 1845. — Circ. préc.)*

8. La caisse de retraites établie par la loi du 18 juin 1850, tient compte, pour chaque versement qui lui est fait : 1° de l'intérêt composé du capital à raison de 4 et demi p. % par an [1] ; 2° des chances de mortalité en raison de l'âge des déposants et de l'âge auquel commence la retraite ; 3° du remboursement, au décès, du capital versé, si le déposant en a fait la demande au moment du versement. *(L., 18 juin 1850, art. 3.)*

9. L'intérêt des rentes inscrites sur le grand-livre de la dette publique est de 4 et demi p. %. *(Décr., 14 mars 1852, art. 1er.)*

V. Emprunts.

INVENTAIRE ET RÉCOLEMENT. — Form. mun., tom. V, pag. 542.

LEGISLATION.

Ordonnances des 7 avril 1819, 3 février 1830 et 7 août 1841. — Décrets des 28 mars et 8 août 1852.

SOMMAIRE.

§ 1er. — Règles générales.

1. Chacun des fonctionnaires et agents qui ressortissent aux divers ministères et résident à Paris ou dans les différentes villes de l'Etat, est tenu de dresser en double expédition un inventaire descriptif de tous les objets mobiliers affectés à son usage personnel, et qui lui ont été fournis par l'Etat. Cet inventaire doit être dressé en triple expédition pour ceux de ces objets appartenant aux départements. Le récolement de cet inventaire doit être fait par les agents de l'administration des domaines. *(Ord., 3 févr. 1830, art. 1er.)*

2. Chaque fonctionnaire responsable du mobilier peut diviser, au besoin, son inventaire en autant de sections que le comportent la nature des objets à inventorier, les locaux et emplacements qu'ils occupent, et le nombre des personnes aux soins desquelles la conservation de ces objets est ou peut être particulièrement confiée. *(Ord. préc., 2.)*

3. Tout fonctionnaire responsable de mobilier doit donner connaissance au directeur des domaines du département de l'achèvement de l'inventaire, pour que ce directeur puisse immédiatement faire procéder au récolement par un préposé de son administration, désigné à cet effet. — Après le récolement et sur la déclaration de prise en charge que contient l'arrêté de clôture, ce préposé y fait mention du récolement auquel il a assisté, signe cette mention sur les deux expéditions de l'inventaire, et dépose l'une d'elles à la direction des domaines ; l'autre reste entre les mains du fonctionnaire chargé du mobilier. La troisième expédition de l'inventaire des objets mobiliers à la charge des départements, est déposée entre les mains du secrétaire général de la préfecture, considéré dans cette occasion comme chargé des archives. *(Ord. préc., art. 3.)*

4. Les inventaires devant, conformément à la loi du 26 juillet 1829, être récolés à la fin de chacune des années suivantes et à chaque mutation de fonctionnaire responsable, les conseils généraux de département désignent à chaque session, un commissaire pour assister et concourir au récolement des inventaires

---

[1] Cet intérêt de 4 et demi p. % a été fixé par la loi du 28 mai 1853, à partir du 15 juin de ladite année. Auparavant, il était de 5 p. %.

du mobilier appartenant au département. — Ce commissaire doit être pris parmi les membres de la commission annuelle, formée dans le sein du conseil général en vertu de l'art. 4 de l'ordonnance royale du 17 décembre 1818. (*Ord., 3 févr. 1830, art. 4.*)

5. Dans l'intervalle d'un récolement au récolement suivant, tout fonctionnaire responsable de mobilier est tenu de faire consigner, sur la double expédition de l'inventaire laissée à sa disposition, d'une part, les accroissements qui surviennent dans la quantité des objets mobiliers appartenant, soit à l'Etat, soit au département; et, d'un autre côté, les ventes et réformes d'objets qui ont eu lieu, en indiquant sommairement, dans une colonne ménagée à cet effet, les causes des ventes et réformes, ou les circonstances propres à les justifier. (*Ord. préc., art. 5.*)

6. Aux époques de récolement ordonnées par la loi, les expéditions de l'inventaire sont conférées: celles dont la direction des domaines et le secrétaire général de la préfecture sont restés dépositaires au précédent récolement, sont d'abord rendues conformes à l'expédition laissée à la disposition du fonctionnaire responsable du mobilier, et après tout nouveau récolement pour lequel ont été remplies les formalités indiquées à l'art. 3 ci-dessus; l'une des expéditions de l'inventaire est rétablie dans les archives de la direction des domaines. (*Ord. préc., art. 6.*)

§ 2. — Archevêchés et évêchés.

7. Il est procédé chaque année, par le préfet ou un conseiller de préfecture désigné par lui, assisté de deux membres du conseil général, désignés d'avance par le conseil, au récolement du mobilier des archevêchés et évêchés, concurremment avec le titulaire, ou, en cas de vacance du siége, avec le vicaire capitulaire administrateur du diocèse. Le procès-verbal de cette opération contient l'évaluation des sommes jugées nécessaires, soit pour achats, soit pour frais d'entretien. (*Ord., 7 avril 1819, art. 5.*)

8. En cas de mutation par décès ou autrement, il est procédé dans les mêmes formes à l'inventaire et au récolement estimatif du mobilier. Les états de récolement sont signés par le préfet, par les deux membres du conseil général et par les parties intéressées, et sont dressés en triple expédition, dont l'une est déposée au secrétariat de l'évêché ou de l'archevêché, une autre à la préfecture, et la troisième, transmise au ministre de l'intérieur. (*Ord. préc., art. 6.*)

§ 3. — Préfectures.

9. Il est dressé, par les soins du préfet, un inventaire des meubles existant dans l'hôtel de préfecture, avec indication du prix d'achat de chacun d'eux. (*Ord., 7 août 1841, art. 3.*)

10. Cet inventaire est récolé par un préposé de l'administration des domaines, conformément à l'art. 3 de l'ordonnance du 3 février 1830, et le récolement est vérifié par une commission du conseil général. Ledit inventaire est déposé aux archives de la préfecture. Deux copies sont remises, l'une au préfet, l'autre au directeur des domaines; une troisième est transmise au ministre de l'intérieur. (*Ord. et art. préc.*)

11. Les meubles achetés, s'il y a lieu, pour compléter l'ameublement, sont portés sur l'inventaire avec leur prix d'achat. (*Ord. préc., art. 4.*)

12. Le récolement de fin d'année, ceux qui sont faits pendant chaque session ordinaire du conseil général et à chaque mutation de préfet, sont opérés par un agent de l'administration des domaines, et vérifiés par deux membres du conseil général. (*Ord. préc., art. 5.*)

§ 4. — Sous-préfectures.

13. Les formalités d'inventaire et de récolement du mobilier des préfectures doivent être suivies pour le mobilier des sous-préfectures, avec cette seule différence que la vérification du récolement est faite par deux membres du conseil d'arrondissement. (*Décr., 8 août 1852.*)

§ 5. — Mairies.

14. Les agents et adjoints municipaux remettent au maire de leur commune, le jour de son installation, tous les papiers et registres relatifs à l'administration ; il est dressé, de cette remise, un procès-verbal, dont le double est remis au maire, pour lui servir de décharge. (*Arr. gouv., 19 flor. an 8-9 mai 1800, art. 8.*)

15. On fait en même temps un état du mobilier appartenant aux communes et remis à la disposition des maires et des adjoints. Un double est laissé au maire, pour lui servir de décharge, ainsi qu'à l'adjoint. (*Arr. préc., art. 9.*)

16. V. Archives communales (§§ 1, 2, 3 et 4) pour tout ce qui concerne l'inventaire, le récolement et les devoirs des maires quant à ces archives.

§ 6. — Ecoles communales.

17. Les maires de chaque commune où il existe une école publique doivent dresser, contradictoirement avec l'instituteur communal, un inventaire exact et descriptif de tous les objets mobiliers qui garnissent ladite école. Cet inventaire doit être fait à double ; chaque original est revêtu des signatures du maire et de l'instituteur. (*Circ. min. instr. publ., 7 mars 1854.*)

18. Un de ces doubles doit être déposé à la mairie ; l'autre est remis à l'instituteur, qui devient responsable des objets y mentionnés. (*Circ. préc.*)

19. Lorsque l'instituteur est appelé dans une autre commune, il est procédé à la reconnaissance de ces objets par simple récolement, sur la présentation que l'instituteur est tenu d'en faire à toute réquisition des autorités préposées par la loi à la surveillance des écoles. (*Circ. préc.*)

20. Il est tenu de conserver ces objets en bon état, et de faire constater sur l'inventaire ceux qui, par vétusté ou toute autre cause, disparaîtraient successivement. Il en est responsable ; mais il n'est obligé de les remettre, à sa sortie, que dans l'état où ils se trouveront. Le dernier mandat de traitement ne doit être délivré à l'instituteur, qu'après la remise, régulièrement faite par lui, du mobilier de l'école décrit dans l'inventaire. (*Circ. préc.*)

V. Mobilier.

IRRIGATIONS. — Form. mun., tom. V, pag. 548.

LÉGISLATION.

Loi du 14-24 floréal an 11. — Code Napoléon, articles 644 et 645. — Loi du 29 avril 1845-11 juillet 1847. — Décret, 25 mars 1852.

SOMMAIRE.

1. L'irrigation est l'arrosement des propriétés rurales au moyen de dérivations ou prises d'eaux opérées sur un cours d'eau quelconque, et de canaux, fossés ou rigoles établis pour la direction et le passage des eaux.

2. Les prises d'eau peuvent être effectuées :
Sur des rivières navigables ou flottables ;
Sur des rivières ou canaux non navigables ou flottables ;
Sur des cours d'eau de propriété privée.

§ 1er. — Dispositions générales.

3. Les administrations de département sont chargées, sous l'autorité et l'inspection du chef de l'Etat, de toutes les parties de l'administration relatives aux rivières et canaux, et autres ouvrages publics (*L., 22 déc. 1789, sect. 3, art. 2, §§ 6 et 7*) ; de rechercher et indiquer les moyens de procurer le libre cours des eaux ; d'empêcher que les prairies ne soient submergées par la trop grande élévation des écluses des moulins ; de diriger enfin, autant qu'il sera possible, toutes les eaux

de leur territoire vers un but d'utilité générale, d'après les principes de l'irrigation. (*L., 12-20 août 1790, chap. 6.*)

§ 2. — Rivières navigables ou flottables.

4. Les fleuves et rivières navigables ou flottables sont considérés comme des dépendances du domaine public. (*Cod. civ., 538.*)

5. Les prises d'eaux pour irrigations ne peuvent être faites aux rivières navigables et flottables qu'après autorisation par le préfet, et sans pouvoir excéder le niveau qui a été déterminé. (*Arr. gouv., 19 vent. an 6-9 mars 1798, art. 10.*)

6. L'autorisation doit être accordée toutes les fois que la prise d'eau réclamée ne peut nuire ni au bien général ni à la navigation établie. (*Arr. préc.*)

7. Une prise d'eau faite sans autorisation sur les rivières navigables et flottables constitue une contravention de grande voirie, punissable par voie administrative et de la compétence exclusive du conseil de préfecture. (*L., 29 flor. an 10-19 mai 1802, art. 1er.*)

8. Le soin de constater ces contraventions est confié aux maires, adjoints, ingénieurs et conducteurs des ponts et chaussées, agents de la navigation, commissaires de police, employés des contributions et des octrois, gardes champêtres, ainsi qu'à la gendarmerie. (*L. préc., art. 2.—Décr., 18 août 1810, art. 1 et 2 ; 16 sept. 1811 ; 16 déc. 1811, art. 112, et 10 avril 1812.*)

§ 3. — Canaux et rivières non navigables ou flottables.

9. Il doit être pourvu au curage des canaux et rivières non navigables et à l'entretien des digues et ouvrages d'art qui y correspondent de la manière prescrite par les anciens règlements, ou d'après les usages locaux. (*L., 14-24 flor. an 11.*)

10. Lorsque l'application des règlements ou l'exécution du mode consacré par l'usage éprouve des difficultés, ou lorsque des changements survenus exigent des dispositions nouvelles, il y doit être pourvu par le gouvernement dans un règlement d'administration publique, rendu sur la proposition du préfet du département, de manière que la quotité de la contribution de chaque imposé soit toujours relative au degré d'intérêt qu'il aura aux travaux qui devront s'effectuer. (*L. préc. art. 2.*)

Les rôles de répartition des sommes nécessaires au paiement des travaux d'entretien, réparation ou reconstruction sont dressés sous la surveillance du préfet, rendus exécutoires par lui, et le recouvrement s'en opère de la même manière que celui des contributions publiques. (*L. préc., art. 3.*)

Toutes les contestations relatives au recouvrement de ces rôles, aux réclamations des individus imposés et à la confection des travaux, seront portées devant le conseil de préfecture, sauf le recours au gouvernement qui décidera en conseil d'Etat. (*L. préc., art. 4.*)

Les dispositions qui précèdent s'appliquent également aux travaux d'irrigation et aux règlements d'eau. (*Arr. cons. Etat, 17 janv. 1831, 23 août 1843, 28 août 1844, etc.*)

11. Les propriétaires qui profitent de l'irrigation ne peuvent refuser de payer le montant de leur quote-part, sous le prétexte que la prescription établie en matière de contributions leur serait acquise ; la prescription d'un an ne peut pas être opposée à la poursuite, parce qu'aucune loi ne l'a autorisée. (*Arr. cons. Etat, 29 oct. 1823.*)

12. Les propriétaires des canaux particuliers ont les mêmes droits sur ces canaux que l'Etat sur les canaux généraux : il leur est réservé de se pourvoir en justice pour obtenir la démolition de toutes usines, écluses, batardeaux, pêcheries, gords, plantations d'arbres, chaussées, filets, réservoirs, engins, lavoirs, et généralement toute construction nuisible au libre cours des eaux et non fondée en droit. (*Arr. gouv., 19 vent. an 6-9 mars 1798.*)

§ 4. — Cours d'eau de propriété privée. — Droits des riverains.

13. Celui dont la propriété borde une eau courante, autre que celle qui est déclarée dépendante du domaine public, peut s'en servir à son passage, pour l'irrigation de ses propriétés. Celui dont cette eau traverse l'héritage peut même en

user dans l'intervalle qu'elle y parcourt, mais à la charge de la rendre, à la sortie de ses fonds, à son cours ordinaire. (*Cod. Nap., art. 644.*)

14. S'il s'élève une contestation entre les propriétaires auxquels ces eaux peuvent être utiles, les tribunaux, en prononçant, doivent concilier l'intérêt de l'agriculture avec le respect dû à la propriété; et, dans tous les cas, les règlements particuliers et locaux sur le cours et l'usage des eaux doivent être observés. (*Cod. préc., art. 645.*)

15. Tout propriétaire qui veut se servir, pour l'irrigation de ses propriétés, des eaux naturelles ou artificielles dont il a le droit de disposer, peut obtenir le passage de ces eaux sur les fonds intermédiaires, à la charge d'une juste et préalable indemnité. Sont exceptés de cette servitude, les maisons, cours, jardins, parcs et enclos attenant aux habitations. (*L., 29 avril 1845, art. 1er.*)

16. Il peut aussi appuyer à la propriété du riverain opposé les ouvrages d'art nécessaires à sa prise d'eau, sous les mêmes conditions. (*L., 11 juill. 1847, art. 1er.*)

17. Le riverain sur le fonds duquel l'appui est réclamé peut toujours demander l'usage commun du barrage, en contribuant pour moitié aux frais d'établissement et d'entretien; aucune indemnité n'est respectivement due dans ce cas, et celle qui aura été payée doit être rendue. (*L. préc., art. 2.*)

18. Lorsque cet usage commun n'est réclamé qu'après le commencement ou la confection des travaux, celui qui le demande doit supporter seul l'excédant de dépense auquel peuvent donner lieu les changements à faire au barrage pour le rendre propre à l'irrigation des deux rives. (*L. et art. préc.*)

19. Les propriétaires des fonds inférieurs doivent recevoir les eaux des terrains arrosés conformément à l'art. 1er de la loi du 29 avril 1845 (V. ci-dessus, n° 15), sauf l'indemnité qui peut leur être due. Sont également exceptés de cette servitude les maisons, cours, jardins, parcs et enclos attenant aux habitations. (*L., 29 avril 1845, art. 2.*)

20. La même faculté de passage sur les fonds intermédiaires, peut être accordée au propriétaire d'un terrain submergé en tout ou en partie, à l'effet de procurer aux eaux nuisibles leur écoulement. (*L. préc., art. 3.*)

21. Les contestations sont portées devant les tribunaux, qui procèdent comme en matière sommaire; s'il y a lieu à expertiser, il n'est nommé qu'un seul expert. (*L. préc., art. 4, et 11 juill. 1847, art. 3.*)

§ 5. — Règlements d'eau.

22. Les propriétaires de moulins ne peuvent priver les propriétaires supérieurs de l'usage des eaux pour l'irrigation de leurs propriétés, sous le prétexte que toutes les eaux sont nécessaires au roulement de leurs usines. (*Arr. cass., 7 févr. 1809.*)

23. Le propriétaire d'un moulin inférieur ne peut intenter l'action possessoire contre le supérieur propriétaire des deux rives qui détourne l'eau pour l'irrigation et la rend, à la sortie de ses fonds, à son cours ordinaire. (*Arr. cass., 10 févr. 1824.*)

24. Il résulte de ces intérêts opposés des luttes qui ne peuvent cesser que par un règlement d'eau. Ensuite des principes des lois des 22 décembre 1789 et 12-20 août 1790, le droit de dresser des règlements d'eau appartient au préfet. (*Décr., 25 mars 1852, art. 4 et tabl. D.*)

V. Usines, où se trouve rapporté tout ce qui concerne les règlements d'eau.

J

JEUX. — Form. mun., tom. V, pag. 547.

1. Les maisons de jeux de hasard sont prohibées. Les préfets, les maires, les commissaires de police sont chargés de veiller à l'exécution de cette prohibition. (*Décr., 24 juin 1806, art. 1er.*)

2. Tout fonctionnaire public, soit civil, soit militaire, qui autorise une maison de jeu, qui s'intéresse dans ses produits, ou qui, pour la favoriser, reçoit quelque somme d'argent, ou autre présent, de ceux qui la tiennent, est poursuivi comme le complice des contrevenants. (*Décr., 24 juin 1806, art. 3.*)

3. Les art. 410, 475 et 477 du Code pénal règlent les peines à appliquer à ces contrevenants.

4. Tout ce qui intéresse la sûreté et la commodité du passage dans les rues, quais, places et voies publiques étant dans les attributions des maires par suite de la loi du 16-24 août 1790, il suit des pouvoirs à eux conférés quant à ce, qu'ils peuvent défendre de jouer sur la voie publique aux jeux qui peuvent porter atteinte à la commodité et à la sûreté du passage. Ils peuvent surtout défendre les jeux de boules, de mail et de paume, dans les chemins et les lieux destinés aux promenades publiques.

5. Le Code pénal, art. 475, n° 5, punit d'une amende depuis 6 fr. jusqu'à 10 fr. inclusivement, ceux qui auront établi ou tenu dans les rues, chemins, places ou lieux publics, des jeux de loterie ou d'autres jeux de hasard, et l'article 477 du même Code prononce la saisie et la confiscation des tables, instruments et appareils, ainsi que des enjeux. La répression des contraventions à la défense de tenir des jeux de hasard appartient aux tribunaux de simple police pour le cas prévu par l'art. 475 du Code pénal.

6. En vertu de la loi du 2 juillet 1850, relative aux mauvais traitements exercés sur des animaux domestiques, les préfets pour leurs départements, les maires pour leurs communes, peuvent prendre des arrêtés ayant pour but de prohiber tous jeux cruels s'exerçant sur des animaux vivants.

Cette prohibition est d'autant plus nécessaire, que, indépendamment de la violation de la loi, ces jeux accoutument les hommes, les femmes, les enfants même, à la vue du sang. Les souffrances provoquent le rire, et il en reste toujours de mauvaises impressions dans le cœur. (*Circ. préf. Loire-Inf., 19 juill. 1852.*)

V. Loteries.

JOURNÉE DE TRAVAIL. — Form. mun., tom. V, pag. 550.

1. Le prix de la journée de travail sert de base à la fixation de la taxe personnelle. (*L., 26 mars 1831, art. 4* [1].)

2. Le prix moyen de la journée de travail est déterminé dans chaque commune par le conseil général, sur la proposition du préfet, sans qu'il puisse être au-dessous de 50 centimes, ni au-dessus de 1 fr. 50 c. (*L., 21 avril 1832, art. 10.*)

3. La journée de travail sert de base aux amendes pour délits ruraux. (*Décr., 28 sept. 1791, tit. 2, art. 4 et 6.*)

4. La prestation pour les chemins vicinaux est appréciée en argent, conformément à la valeur qui a été attribuée annuellement pour la commune à chaque espèce de journée par le conseil général, sur la proposition des conseils d'arrondissement. (*L., 21 mai 1836, art. 4.*)

V. Chemins vicinaux.

JUGES DE PAIX. — Form. mun., tom. V, pag. 552.

1. Les juges de paix connaissent exclusivement, comme juges de police, 1° des contraventions commises dans l'étendue de la commune chef-lieu du canton;

---

[1] Cette même loi du 26 mars 1831, art. 4, fixait ainsi le prix de la journée de travail :
Dans les villes de 50,000 âmes et au-dessus, 1 fr. 50 c.
Dans celles de 20,000 à 50,000, 1 fr. 25 c.
Dans celles de 10,000 à 20,000, 1 fr. 10 c.
Dans celles de 5,000 à 10,000, et dans les chefs-lieux de département et d'arrondissement qui n'ont qu'une population au-dessous de 5,000 âmes, 1 fr.
Dans les communes qui ont une population agglomérée de 1,500 âmes jusqu'à 5,000, 80 c.
Dans toutes les autres communes au-dessous de 5,000 âmes, 70 c.

2° des contraventions dans les autres communes de leur arrondissement, lorsque, hors le cas où les coupables ont été pris en flagrant délit, les contraventions auraient été commises par des personnes non domiciliées ou non présentes dans la commune, ou lorsque les témoins qui doivent déposer n'y sont pas résidants ou présents; 3° des contraventions à raison desquelles la partie qui réclame conclut, pour ses dommages-intérêts, à une somme indéterminée ou à une somme excédant 15 fr.; 4° des contraventions forestières poursuivies à la requête des particuliers; 5° des injures verbales; 6° des affiches, annonces, ventes, distributions ou débits d'ouvrages, écrits ou gravures contraires aux mœurs; 7° de l'action contre les gens qui font le métier de deviner et pronostiquer, ou d'expliquer les songes. (*Cod. instr. crim., art. 139.*)

2. Les juges de paix connaissent aussi, mais concurremment avec les maires, de toutes autres contraventions commises dans leur arrondissement. (*Même Cod., art. 140.*)

V. TRIBUNAL DE POLICE.

JURIDICTION. V. CONSEIL DE PRÉFECTURE, CONSEIL D'ÉTAT, TRIBUNAL DE POLICE.

JURY.

LÉGISLATION.

Loi du 4 juin 1853.

§ 1er. — **Composition de la liste annuelle.**

1. La liste annuelle est composée : de deux mille jurés, pour le département de la Seine; de cinq cents pour les départements dont la population excède trois cent mille habitants; de quatre cents pour ceux dont la population est de deux à trois cent mille habitants; de trois cents pour ceux dont la population est inférieure à deux cent mille habitants. (*L., 4 juin 1853, art. 6.*)

2. Le nombre des jurés pour la liste annuelle est réparti, par arrondissement et par canton, proportionnellement au tableau officiel de la population. Cette répartition est faite par arrêté du préfet, pris en conseil de préfecture, dans la première quinzaine du mois d'octobre de chaque année.

A Paris et à Lyon, la répartition est faite entre les arrondissements.

En adressant au juge de paix l'arrêté de répartition, le préfet lui fait connaître les noms des jurés du canton, désignés par le sort pendant l'année précédente et pendant l'année courante. (*L. préc., art. 7.*)

3. Une commission composée, dans chaque canton, du juge de paix, président, et de tous les maires, dresse les listes préparatoires de la liste annuelle. Ces listes contiennent un nombre de noms triple de celui fixé pour le contingent du canton dans l'arrêté de répartition. (*L. préc., art. 8.*)

4. Dans les communes divisées en plusieurs cantons, il n'y a qu'une seule commission; elle est composée de tous les juges de paix et des maires des cantons. Elle est présidée par le juge de paix le plus ancien. (*L. préc., art. 9.*)

5. Les commissions chargées de dresser les listes préparatoires se réunissent au chef-lieu de leur circonscription, dans la première huitaine du mois de novembre, sur la convocation spéciale du juge de paix, délivrée en la forme administrative.

Les listes dressées sont signées séance tenante et envoyées au préfet, pour l'arrondissement chef-lieu du département, et au sous-préfet, pour chacun des autres arrondissements. (*L. préc., art. 10.*)

6. Une commission, composée du préfet ou du sous-préfet, président, et de tous les juges de paix de l'arrondissement, choisit, sur les listes préparatoires, le nombre de jurés nécessaire pour former la liste d'arrondissement, conformément à la répartition établie par le préfet.

Néanmoins, elle peut élever ou abaisser, pour chaque canton, le contingent proportionnel, fixé par le préfet.

L'augmentation ou la réduction ne peut, en aucun cas, excéder le quart du contingent cantonal, ni modifier le contingent de l'arrondissement.

Les décisions sont prises à la majorité; en cas de partage, la voix du président est prépondérante. (*L., 4 juin 1853, art. 11.*)

7. Cette commission se réunit au chef-lieu d'arrondissement, sur la convocation faite par le préfet ou le sous-préfet, dans la quinzaine qui suit la réception des listes préparatoires.

La liste d'arrondissement est définitivement arrêtée séance tenante, et envoyée sans délai au secrétariat de la préfecture, où elle reste déposée. (*L. préc., art. 12.*)

8. Une liste spéciale de jurés suppléants, pris parmi les jurés de la ville où se tiennent les assises, est aussi formée chaque année, en dehors de la liste annuelle du jury.

Elle est composée de deux cents jurés pour Paris, et de cinquante pour les autres départements.

Une liste préparatoire de jurés suppléants est dressée en nombre triple dans les formes prescrites par les art. 8, 9 et 10 de la présente loi.

Néanmoins, dans les villes divisées en plusieurs cantons, et dans celles qui font partie d'un canton formé de plusieurs communes, la commission n'est composée que des juges de paix du chef-lieu judiciaire, du maire et des adjoints de la ville.

La liste spéciale des jurés suppléants est dressée sur la liste préparatoire par une commission composée du préfet ou du sous-préfet, président, du procureur impérial et des juges de paix du chef-lieu. (*L. préc., art. 13.*)

9. Le préfet dresse immédiatement la liste annuelle du département, par ordre alphabétique, sur les listes d'arrondissement. Il dresse également la liste spéciale des jurés suppléants.

Ces listes ainsi rédigées sont, avant le 15 décembre, transmises au greffe de la cour ou du tribunal chargé de la tenue des assises. (*L. préc., art. 14.*)

10. Le préfet est tenu d'instruire immédiatement le président de la cour ou du tribunal des décès ou des incapacités légales qui frapperaient les membres dont les noms sont portés sur la liste annuelle. Dans ce cas, il est statué conformément à l'art. 390 du Code d'instruction criminelle. (*L. préc., art. 15.*)

§ 2. — Composition de la liste du jury pour chaque session.

11. Dix jours au moins avant l'ouverture des assises, le premier président de la cour impériale, ou le président du tribunal du chef-lieu judiciaire, dans les villes où il n'y a pas de cour d'appel, tire au sort, en audience publique, sur la liste annuelle, les noms des trente-six jurés qui forment la liste de la session. Il tire, en outre, quatre jurés suppléants sur la liste spéciale. (*L. préc., art. 17.*)

12. Si, au jour indiqué pour le jugement, le nombre des jurés est réduit à moins de trente, par suite d'absence ou de toute autre cause, ce nombre est complété par les jurés suppléants, suivant l'ordre de leur inscription; en cas d'insuffisance, par des jurés tirés au sort, en audience publique, parmi les jurés inscrits sur la liste spéciale; subsidiairement, parmi les jurés de la ville, inscrits sur la liste annuelle. (*L. préc., art. 18.*)

Dans le cas prévu par l'art. 90 du décret du 6 juillet 1810, le nombre des jurés titulaires est complété par un tirage au sort, fait, en audience publique, parmi les jurés de la ville inscrits sur la liste annuelle. (*L. et art. préc.*)

JUSTICES DE PAIX.

1. Un prétoire doit être affecté, dans chacun des arrondissements, au service de la justice de paix, car il est de principe que tout juge, tout tribunal, ne peut rendre de jugement que sur son propre territoire, et que, hors des limites qui le circonscrivent, il est sans qualité, sans caractère pour exercer ses fonctions. (*Lett. min. int., 19 juin 1838.*)

2. L'administration municipale doit aussi fournir un local où le greffe et le dépôt des minutes de la justice de paix puissent être convenablement placés. — L'offre d'une seule salle d'audience ne saurait suffire pour assurer les besoins du service. (*Lett. préc.*)

3. Sont obligatoires pour les communes chefs-lieux de canton les frais de loyer et de réparation du local de la justice de paix, ainsi que ceux d'achat et d'entretien de son mobilier. (*L., 18 juill. 1837, art. 30, n° 10.*)

4. Sont à la charge des départements les dépenses ordinaires des justices de paix, lesquelles consistent en frais de chauffage et d'éclairage des salles d'audience, reliure du *Bulletin des lois*, impressions, fourniture de papiers, plumes, encre, etc. (*L., 10 mai 1838.*)

5. Quant aux dépôts de sûreté attachés à chaque justice de paix, V. Dépôts de sureté.

L

LANTERNES DE VOITURES.

1. Pendant la nuit, les voitures publiques doivent être éclairées par une lanterne à réflecteur placée à droite et à l'avant de la voiture. (*Décr., 10 août 1852, art. 28.*)

2. En vertu de l'art. 3 du décret du 16-24 août 1790, et de l'art. 46, tit. 1er, du décret du 19-22 juillet 1791, les maires peuvent soumettre les voitures publiques faisant un service à volonté, et les voitures particulières servant au transport des personnes, à l'obligation de l'éclairage dans le parcours de leurs communes.

3. Le règlement de police qui prescrit d'éclairer les voitures mises en circulation pendant la nuit, rend l'éclairage obligatoire depuis le coucher du soleil jusqu'à son lever, et ne doit pas s'entendre seulement des intervalles de temps pendant lesquels l'art. 1037 du Code de procédure défend de faire des significations des actes d'exécution. (*Arr. cass., 2 juin 1848.*)

V. Eclairage.

LÉGALISATION. — Form. mun., tom. V, pag. 559.

1. La légalisation est l'attestation que donne un officier public de la vérité des signatures apposées à un acte, ainsi que des qualités de ceux qui l'ont fait et reçu, afin qu'on y ajoute foi dans les lieux autres que ceux de la résidence des signataires.

2. La légalisation des actes est faite par les présidents des tribunaux civils ou ceux des juges qui en font les fonctions. Dans les chefs-lieux où sont établis, soit les tribunaux, soit les administrations de districts, les maires font les légalisations concurremment avec les présidents des tribunaux, mais seulement sur les actes des officiers publics, ou pour les citoyens domiciliés dans l'étendue de la commune. (*L., 6-27 mars 1791.*)

3. Le droit de légalisation a ensuite été étendu aux maires de toutes les autres communes, par des avis du conseil d'Etat.

4. La signature des maires est elle-même légalisée par le sous-préfet ; celle du sous-préfet, par le préfet, et celle-ci par le ministre de l'intérieur. Lorsque l'acte doit être envoyé dans les colonies ou à l'étranger, le ministre de la marine ou celui des affaires étrangères certifie la signature du ministre de l'intérieur.

5. Les actes passés dans les pays étrangers doivent, pour faire foi en France, être légalisés par les consuls résidents, envoyés ou ambassadeurs français, établis dans ces pays.

6. Les extraits délivrés conformes aux registres de l'état civil par les dépositaires de ces registres, et légalisés par le président du tribunal de première instance, ou par le juge qui le remplace, font foi jusqu'à inscription de faux. (*Cod. Nap., art. 45.*)

7. Les actes notariés sont légalisés, savoir : ceux des notaires à la résidence des tribunaux d'appel, lorsqu'on s'en sert hors de leur ressort, et ceux des autres

notaires, lorsqu'on s'en sert hors de leur département. La légalisation est faite par le président du tribunal de première instance de la résidence du notaire, ou du lieu où est délivré l'acte ou l'expédition. (*L., 25 vent. an 11, art. 28.*)

LIBRAIRES ET LIBRAIRIE. — Form. mun., tom. V, pag. 564.

1. Nul ne peut être libraire, s'il n'est breveté et assermenté. (*L., 21 oct. 1814, art. 11.*)

2. Tout individu qui exerce le commerce de la librairie sans avoir obtenu un brevet, est puni d'une peine d'un mois à deux ans d'emprisonnement, et d'une amende de 100 fr. à 2,000 fr. L'établissement est fermé. (*Décr., 17 févr. 1852, art. 24.*)

3. Les commissaires de police ont qualité pour constater les contraventions aux lois sur la presse, et ils peuvent même provoquer directement l'action du ministère public. (*Ord., 13 sept. 1829. — Instr. min. int., 16 juin 1830.*)

4. La location, comme la vente des livres, fait partie du commerce de la librairie; par conséquent, ceux qui louent, comme ceux qui vendent, doivent, aux termes de l'art. 11 de la loi du 21 octobre 1814, être munis d'un brevet. (*Arr. cass., 30 déc. 1806. — Instr. préc.*)

5. Cette doctrine s'applique également aux bouquinistes en boutique. (*Instr. préc.*)

6. L'exercice illégal de la librairie, de la part des libraires, des loueurs de livres et des bouquinistes en boutique, est constaté par procès-verbal du commissaire de police, lequel procès-verbal doit être dressé en présence de la partie, qui doit être requise de le signer, et à laquelle on en donne copie dans les 24 heures. L'original est remis au préfet pour être envoyé au procureur impérial. (*Instr. préc.*)

7. La police locale, chargée spécialement de la petite voirie, peut refuser ou accorder aux étalagistes qui exposent des livres en vente sur la voie publique, la permission d'étaler, et elle est maîtresse d'attacher à la permission telles conditions qu'elle juge convenables dans l'intérêt public. Les permissions accordées par la police locale doivent être autorisées par le préfet, et ces autorisations sont révocables à volonté. (*Instr. préc.*)

8. Les brevets de libraire sont personnels et limités à la résidence de l'impétrant. S'ils sont exploités par les titulaires, leurs commis ou fondés de pouvoirs, ailleurs que dans les lieux pour lesquels ils ont été délivrés, les commissaires de police en dressent procès-verbal, rédigé dans les formes ordinaires et transmis au préfet. Il n'y a d'exception à établir qu'à l'égard des libraires et de leurs commis qui fréquentent les foires, pourvu qu'ils ne dépassent pas le terme fixé par l'autorité municipale. (*Instr. préc.*)

9. Par cette tolérance, le libraire qui fréquente les foires, se trouve momentanément assimilé aux colporteurs, et toutes les mesures administratives relatives à cette classe d'industriels lui sont successivement appliquées. Ainsi, les publications (livres, recueils ou gravures) que les libraires mettent en vente hors de leur domicile, même dans la ville où se trouve leur établissement, pendant la tenue des foires, doivent être soumises à la commission permanente [1], et frappées, s'il y a lieu, de l'estampille. — Le brevet de libraire remplace le permis ordinaire. (*Circ. min. int., 11 sept. 1853.*) — V. COLPORTEURS.

---

[1] Tout individu ayant l'intention de soumettre un ouvrage à l'estampille doit, préalablement, présenter à la préfecture un exemplaire de cet ouvrage, que le préfet transmet immédiatement au ministère de l'intérieur, pour qu'il soit lu par la commission chargée des livres colportés. Le ministre décide ensuite s'il convient d'accorder l'estampille. — Un catalogue des livres autorisés par la commission d'examen est adressée aux préfets chaque mois, et plus souvent si la nécessité l'exige. Si les livres qui ont été remis aux préfets se trouvent inscrits sur ce catalogue, le préfet peut en autoriser l'estampillage sans en référer au ministre [*]. (*Circ. min. pol. gén., 12 sept. 1852.*)

[*] Le ministère de la police générale ayant été supprimé depuis cette époque, et une direction de sûreté générale ayant été créée à sa place au ministère de l'intérieur, c'est à ce dernier ministre qu'ont été transférées les attributions du ministère de la police générale.

10. Les almanachs étant maintenant de véritables livres contenant des traités scientifiques, des manuels de tous les arts et métiers, des notices historiques, et dont la vente s'élève à plusieurs millions d'exemplaires, ces écrits sont réellement des actes de librairie, et les détenteurs doivent se conformer aux prescriptions des art. 11 de la loi du 21 octobre 1814, et 24 du décret du 17 février 1852. La vente à résidence fixe de ces almanachs ne doit donc être effectuée que par des personnes régulièrement autorisées, et la vente en est interdite aux papetiers, merciers, épiciers et autres commerçants. (*Circ. min. int., 22 juill. 1853.*)

11. La gendarmerie surveille le colportage des livres, gravures et lithographies. (*Décr., 1er mars 1854, art. 302.*)

LIEUX PUBLICS. — Form. mun., tom. V, pag. 565.

1. On appelle lieux publics les édifices consacrés à l'usage du public, les biens communaux, les places publiques, les routes, les chemins, et en général ce qu'on nomme la voie publique; enfin, tout ce qui est destiné à l'usage du public.

2. On entend aussi par lieux publics, les maisons et autres propriétés particulières où le public est admis indistinctement, tels que les boutiques d'artisans, les magasins et comptoirs des commerçants, les cafés, cabarets, auberges, les maisons où l'on donne à jouer, les jeux de paume, jardins publics, etc.

3. Les maires et adjoints ont le droit, d'après les art. 9 et 10 du tit. 1er de la loi du 22 juillet 1791, d'entrer en tout temps dans ces lieux, soit pour y prendre connaissance des désordres ou contraventions aux règlements, soit pour vérifier les poids et mesures, la salubrité des comestibles et médicaments, le titre des matières d'or et d'argent, etc.

LIVRETS D'OUVRIERS.

LÉGISLATION.

Lois des 22 mars 1841 et 22 juin 1854.

1. Les maires sont tenus de délivrer au père, à la mère, ou au tuteur de l'enfant employé dans une manufacture, un livret sur lequel doivent être portés le nom, les prénoms, l'âge, le lieu de naissance et le domicile de l'enfant, et le temps pendant lequel il a suivi l'enseignement primaire. — Les chefs d'établissement inscrivent : 1° sur le livret de chaque enfant, la date de son entrée dans l'établissement et celle de sa sortie ; 2° sur un registre spécial, toutes les indications mentionnées au présent article. (*L., 22 mars 1841, art. 6.*)

2. Les ouvriers de l'un et de l'autre sexe attachés aux manufactures, fabriques, usines, mines, minières, carrières, chantiers, ateliers et autres établissements industriels ou travaillant chez eux pour un ou plusieurs patrons, sont tenus de se munir d'un livret. (*L., 22 juin 1854, art. 1er.*)

3. Les livrets sont délivrés par les maires. Ils sont délivrés par le préfet de police à Paris et dans le ressort de sa préfecture, par le préfet du Rhône à Lyon, et dans les autres communes où il remplit les fonctions qui lui sont attribuées par la loi du 19 juin 1851. — Il n'est perçu pour la délivrance des livrets que le prix de confection. Ce prix ne peut dépasser 25 centimes. (*L. préc., art. 2.*)

4. Les chefs ou directeurs d'établissements ne peuvent employer un ouvrier soumis à l'obligation prescrite par cet article, s'il n'est porteur d'un livret en règle. (*L. préc., art. 3.*)

5. Si l'ouvrier est attaché à l'établissement, le chef ou directeur doit, au moment où il le reçoit, inscrire sur son livret la date de son entrée. — Il transcrit sur un registre non timbré, qu'il doit tenir à cet effet, les nom et prénoms de l'ouvrier, le nom et le domicile du chef de l'établissement qui l'a employé précédemment, et le montant des avances dont l'ouvrier peut être resté débiteur envers celui-ci. — Il inscrit sur le livret, à la sortie de l'ouvrier, la date de la sortie et l'acquit des engagements. — Il y ajoute, s'il y a lieu, le montant des avances dont l'ouvrier reste débiteur envers lui, dans les limites fixées par la loi du 14 mai 1851. (*L. préc., art. 4.*)

6. Si l'ouvrier travaille habituellement pour plusieurs patrons, chaque patron inscrit sur le livret le jour où il lui confie de l'ouvrage, et transcrit sur le registre mentionné en l'article précédent les nom et prénoms de l'ouvrier, et son domicile. — Lorsqu'il cesse d'employer l'ouvrier, il inscrit sur le livret l'acquit des engagements, sans aucune autre énonciation. (*L., 22 juin 1854, art. 5.*)

7. Lorsque le chef ou directeur d'établissement ne peut remplir l'obligation déterminée au § 3 de l'art. 4 et au § 2 de l'art. 5, le maire ou le commissaire de police, après avoir constaté la cause de l'empêchement, inscrit, sans frais, le congé d'acquit. (*L. préc., art. 7.*)

8. Le livret, visé gratuitement par le maire de la commune où travaille l'ouvrier; à Paris, et dans le ressort de la préfecture de police, par le préfet de police, à Lyon, et dans les communes spécifiées dans la loi du 19 juin 1851, par le préfet du Rhône, tient lieu de passe-port à l'intérieur. (*L. préc., art. 9.*)

9. Les contraventions aux art. 1, 2, 3, 4 et 5 sont poursuivies par-devant le tribunal de simple police, et punies d'une amende de 1 à 15 fr., sans préjudice des dommages-intérêts, s'il y a lieu. — Il peut, de plus, être prononcé, suivant les circonstances, un emprisonnement de un à cinq jours. (*L. préc., art. 11.*)

10. Aucun ouvrier soumis à l'obligation du livret n'est inscrit sur les listes électorales pour la formation des conseils de prud'hommes, s'il n'est pourvu d'un livret. (*L. préc., art. 15.*)

11. Les art. 12, 13 et 14 de la même loi prévoient et punissent la fabrication ou la falsification d'un livret, — l'usage d'un livret faux ou falsifié, — la délivrance sous un faux nom au moyen de fausses déclarations ou de faux certificats, et l'usage d'un livret dont on n'est pas propriétaire. — L'art. 463 du Code pénal peut être appliqué dans tous ces cas.

12. La loi du 22 juin 1854 ne doit avoir son effet qu'à partir du 1er janvier 1855. (*L. préc., art. 16.*)

V. Sociétés de secours mutuels, Manufactures.

LOGEMENTS MILITAIRES.

LÉGISLATION.

Lois des 10 juillet 1791 et 23 mai 1792. — Règlement d'administration, du 20 juillet 1824. — Décret du 14 septembre 1854.

1. Conformément aux dispositions des lois des 10 juillet 1791 et 23 mai 1792, le logement est fourni en nature chez l'habitant :

1° Aux militaires de tous grades et de toutes armes, et autres considérés comme tels, marchant en corps, en détachement, isolément ou allant en congé de semestre, munis de feuilles de route qui leur attribuent cette prestation ;

2° Aux hommes de troupe et sans troupe, en station dans les places ou cantonnements dans lesquels il n'y a pas de bâtiments militaires, ou lorsque les bâtiments militaires qui y existent sont reconnus insuffisants ou se trouvent dépourvus de fournitures de coucher. (*Règl., 20 juill. 1824, art. 100.*)

2. Les militaires chargés de la conduite des chevaux de remonte ont droit, comme toutes les troupes de marche, au logement, sans indemnité, chez l'habitant, pour eux et les chevaux qu'ils conduisent. (*Décr., 14 sept. 1854, art. 1er.*)

3. Lorsqu'un corps ou détachement arrive dans une place pour y tenir garnison, la troupe est considérée comme étant encore en marche, et logée chez l'habitant pour une nuit ou deux au plus. (*Règl., 20 juill. 1824, art. 101.*)

4. Les maires font fournir le logement chez l'habitant, sur la présentation des feuilles de route pour les militaires en marche, et sur les demandes des sous-intendants pour les troupes en station. (*Règl. préc., art. 103.*)

5. Le logement fourni chez l'habitant aux troupes en station est considéré comme une prestation en nature, faite pour le compte du ministère de la guerre, et donne droit au paiement des indemnités fixées par l'art. 53 de la loi du 23 mai 1792, savoir :

Pour le logement d'un adjudant ou de tout sous-officier ayant droit de coucher seul, 15 c. par nuit;

Pour le logement de tout militaire couchant à deux, 7 c. et demi par nuit et par homme;

Pour le logement dans les écuries, 5 c. par nuit et par cheval. (*Règl., 20 juill. 1824, art. 105.*)

6. Le maire remet les billets à l'officier chargé du logement, en paquets séparés pour chaque escadron ou compagnie, de manière que les officiers, sous-officiers et soldats qui la composent soient, autant que possible, logés dans le même village ou bourg, ou dans le même quartier, afin d'en faciliter le rassemblement et la surveillance. (*Règl. préc., art. 118.*)

7. Dans les communes où se fait habituellement le passage des troupes, et surtout dans celles qui sont gîtes d'étape, les maires doivent tenir un registre ou rôle des habitants en état de loger des officiers, et un semblable pour ceux qui peuvent loger des sous-officiers et soldats. Ce registre est dressé au moyen des rôles de recensement de la commune.

8. Les indemnités dues aux habitants, pour le logement des militaires en station, ou pour prêts de lits complets dans les bâtiments militaires, doivent être réclamées dans le délai de six mois, fixé pour la production des titres de créances, par l'art. 3 du décret du 13 juin 1806.

9. Cette réclamation est faite au nom des habitants, par le maire, qui doit joindre, à l'appui de sa demande, un état de dépense dressé à triple expédition, à l'expiration de chaque trimestre, et indiquant, suivant le cas, l'effectif en hommes et en chevaux, des corps ou détachements qui ont été logés chez l'habitant, ou le nombre de lits complets que les habitants ont prêtés, et le nombre des journées d'occupation. (*Règl. préc., art. 136.*)

10. Les trois expéditions de cet état, accompagnées des commandants des corps ou détachements, et émargées de la signature de chacun des habitants qui ont fourni le logement, sont remises dans le courant du premier mois qui suit le trimestre expiré, au sous-intendant, qui, après les avoir vérifiées et arrêtées, remet au maire une des expéditions, et adresse les deux autres à l'intendant. Celui-ci, après que les fonds ont été mis à sa disposition, délivre ses mandats de paiement au nom des maires, et joint à l'appui l'expédition de chacun des états qui lui ont été renvoyés par le ministre. (*Règl. préc., art. 137.*)

LOTERIES. — Form. mun., tom. V, pag. 580.

LÉGISLATION.

Loi du 21 mai 1836. — Ordonnance du 29 mai 1844.

1. Les loteries de toute espèce sont prohibées. (*L., 21 mai 1836, art. 1er.*)

2. Sont réputées loteries, et interdites comme telles : les ventes d'immeubles, de meubles ou de marchandises effectuées par la voie du sort, ou auxquelles ont été réunies des primes ou autres bénéfices dus au hasard ; et généralement toutes opérations offertes au public pour faire naître l'espérance d'un gain acquis par la voie du sort. (*L. préc., art. 2.*)

3. Sont exceptées de ces dispositions les loteries d'objets mobiliers exclusivement destinées à des actes de bienfaisance ou à l'encouragement des arts, lorsqu'elles ont été autorisées dans les formes déterminées par les règlements d'administration publique. (*L. préc., art. 5.*)

4. Les autorisations pour l'établissement des loteries désignées en l'art. 5 de la loi du 21 mai 1836, sont délivrées, savoir : par le préfet de police pour Paris et le département de la Seine, et, dans les autres départements, par les préfets, sur les propositions des maires. — Ces autorisations ne sont accordées que pour un seul tirage; elles énoncent les conditions auxquelles elles ont été accordées, dans l'intérêt du bon ordre et dans celui des bénéficiaires. (*Ord., 29 mai 1844, art. 1er.*)

5. Lesdits tirages se font sous l'inspection de l'autorité municipale, aux jours

et heures qu'elle a déterminés. Cette autorité peut, lorsqu'elle le juge convenable, faire intervenir dans cette opération la présence de ses délégués, ou de commissaires agréés par elle. (*Ord., 29 mai 1844, art. 2.*)

6. Le produit net des loteries dont il s'agit doit être entièrement et exclusivement appliqué à la destination pour laquelle elles ont été établies et autorisées, et il en doit être valablement justifié. (*Ord. préc., art. 3.*)

7. On irait évidemment contre le but de la loi si, parmi les actes de bienfaisance susceptibles d'être autorisés, on comprenait les loteries qui n'ont pour but que de venir en aide à des infortunes particulières. Il faut que les souffrances pour l'adoucissement desquelles une loterie est autorisée aient un caractère général, qu'elles pèsent sur des classes entières, sur une portion notable de la population. Doivent être rangés dans cette catégorie de malheurs publics les désastres qui seraient la suite d'une inondation, d'un incendie, de la grêle, de la mauvaise récolte, de tout accident qui atteint dans ses ressources une commune ou une contrée. (*Circ. min. int., 22 déc. 1845.*)

8. Lorsqu'un préfet croit devoir accorder l'autorisation sollicitée, il lui appartient toujours de décider s'il n'y a pas lieu d'exiger qu'une commission, constituée suivant les formes tracées par l'arrêté préfectoral, soit chargée de veiller au placement provisoire et ensuite à l'emploi sage et régulier des fonds recueillis. (*Circ. préc.*)

9. Les loteries destinées à l'encouragement des arts ne doivent être autorisées qu'autant qu'elles sont susceptibles de produire chez les artistes une excitation, une émulation, un zèle, pouvant tourner au profit de l'art. Il est des circonstances où l'autorisation accordée en faveur d'un artiste peut conduire à d'utiles résultats. Soustraire un homme de talent à la misère, faciliter la vente de son œuvre, propager son nom : tel est souvent le fruit d'une loterie qui a contribué à encourager les efforts de l'artiste ; mais l'autorisation doit être refusée s'il s'agit d'une loterie relative à l'œuvre d'un artiste vivant placé dans une condition pécuniaire satisfaisante, ou d'un artiste mort, à moins que ce ne soit au profit de sa veuve ou de ses enfants. (*Circ. préc.*)

10. Si le préfet vient à acquérir la preuve de malversations ou de fraudes, il doit les signaler à la justice. (*Circ. préc.*)

11. Les préfets doivent avoir pour règle habituelle de circonscrire dans leurs départements respectifs les démarches nécessaires pour le placement des billets, afin de ne pas contrarier ou paralyser les œuvres de bienfaisance autorisées par leurs collègues. (*Circ. préc.*)

12. Quand le montant de la loterie dépasse 100,000 fr., les préfets ne peuvent accorder d'autorisation sans en avoir référé au ministre de l'intérieur ; ils doivent rendre compte de toutes les autorisations accordées. (*Circ. préc.*)

13. Les loteries étrangères doivent être l'objet d'une prohibition sévère. (*Circ. préc.*)

LYCÉES ET COLLÈGES.

LÉGISLATION.

Loi du 15 mars 1850, sur l'enseignement. — Décret du 7 février 1852, sur la concession des bourses nationales, départementales et communales.

1. Les établissements publics d'instruction secondaire sont les lycées et les colléges communaux. (*L., 15 mars 1850, art. 71.*)

2. Les lycées sont fondés et entretenus par l'État, avec le concours des départements et des villes. — Les colléges communaux sont fondés et entretenus par les communes. Ils peuvent être subventionnés par l'État. (*L. préc., art. 72.*)

3. Toute ville dont le collége communal est, sur sa demande, érigé en lycée, doit faire les dépenses de construction et d'appropriation requises à cet effet, fournir le mobilier et les collections nécessaires à l'enseignement, assurer l'entretien et la réparation des bâtiments. (*L. préc., art. 73.*)

4. Pour établir un collége communal, toute ville doit satisfaire aux conditions suivantes : fournir un local approprié à cet usage, et en assurer l'entretien ; placer et entretenir dans ce local le mobilier nécessaire à la tenue des cours, et à celle du pensionnat, si l'établissement doit recevoir des élèves internes ; garantir pour cinq ans au moins le traitement fixe du principal et des professeurs, lequel sera considéré comme dépense obligatoire pour la commune, en cas d'insuffisance des revenus propres du collége, de la rétribution collégiale payée par les externes, et des produits du pensionnat. (*L., 15 mars 1850, art. 74.*)

5. Les candidats aux bourses nationales, départementales et communales doivent justifier, par un examen préalable, qu'ils sont en état de suivre la classe correspondante à leur âge.

Une commission chargée d'examiner les candidats et dont les membres sont désignés par le ministre de l'instruction publique, se réunit au chef-lieu du département. Le ministre détermine l'époque et la forme de ces examens. (*Décr., 7 févr. 1852, art. 1er.*)

6. Les boursiers nationaux sont nommés, sur la proposition du ministre de l'instruction publique, par l'empereur, à raison des services de leurs parents.

Les services militaires sont constatés par des états dûment certifiés ; les services civils, par les préfets ou par les ministres compétents.

Les boursiers nationaux reçoivent une bourse entière, trois quarts de bourse ou une demi-bourse, suivant la position de fortune de leur famille, laquelle est établie par un rapport du préfet. (*Décr. préc., art. 2.*)

7. Le préfet du département confère, sous la confirmation du ministre de l'instruction publique, les bourses départementales et communales, ces dernières d'après une liste dressée par les conseils municipaux.

Les dispositions du troisième paragraphe de l'art. 2 ci-dessus sont applicables aux bourses départementales et communales. (*Décr. préc., art. 3.*)

V. Bourses départementales et communales.

M

MACHINES A VAPEUR.

LÉGISLATION.

Ordonnances du 29 octobre 1823 et du 22 mai 1843.

1. Les machines à feu à haute pression, ou celles dans lesquelles la force élastique de la vapeur fait équilibre à plus de deux atmosphères, lors même qu'elles brûleraient complétement leur fumée, ne peuvent être établies qu'en vertu d'une autorisation obtenue conformément au décret du 15 octobre 1810, pour les établissements de 2e classe. (*Ord., 29 oct. 1823, art. 1er.*) — V. Établissements dangereux (§ 2, nos 8 à 10.)

2. Le recours au conseil d'État est ouvert au demandeur contre la décision du préfet. (*Ord., 22 mai 1843, art. 11.*)

3. S'il a été formé des oppositions à l'autorisation, les opposants peuvent se pourvoir devant le conseil de préfecture contre la décision du préfet qui a accordé l'autorisation, sauf recours au conseil d'État. (*Ord. et art. préc.*)

4. Les décisions du préfet relatives aux conditions de sûreté que les machines ou chaudières à vapeur doivent présenter, ne sont susceptibles de recours que devant le ministre des travaux publics. (*Ord. et art. préc.*)

5. L'arrêté du préfet est affiché pendant un mois à la mairie de la commune où se trouve l'établissement autorisé. Il en est, de plus, déposé une copie aux archives de la commune ; il doit, d'ailleurs, être donné communication dudit arrêté à toute partie intéressée qui en fait la demande. (*Ord. préc., art. 13.*)

6. L'art. 10 de la même ordonnance prescrit la forme de la teneur de l'arrêté préfectoral d'autorisation.

7. Quant aux formalités qui doivent précéder l'autorisation, V. ÉTABLISSEMENTS DANGEREUX.

V. BATEAUX A VAPEUR.

MAIRES ET ADJOINTS. — Form. mun., tom. V, pag. 582.

LÉGISLATION.

Loi du 21 mars 1831, sur l'organisation municipale. — Loi du 18 juillet 1837, sur l'administration municipale. — Loi du 7 juillet 1852.

§ 1er. — Nomination des maires et adjoints.

1. Les maires et adjoints sont nommés par l'empereur dans les chefs-lieux de département et d'arrondissement, et dans les communes de trois mille habitants et au-dessus.

Ils sont nommés par les préfets dans les autres communes.

Ils peuvent être suspendus par arrêté du préfet. Ils ne peuvent être révoqués que par un décret. (*L., 7 juill. 1852, art. 7.*)

2. Les adjoints peuvent être pris, comme les maires, en dehors du conseil municipal.

Le maire préside le conseil municipal; il a voix prépondérante en cas de partage. Les mêmes droits appartiennent à l'adjoint qui le remplace.

Dans tout autre cas, les adjoints pris en dehors du conseil ont seulement droit d'y siéger avec voix consultative. (*L. préc., art. 8.*)

3. Les maires et adjoints sont nommés pour trois ans ; ils doivent être âgés de 25 ans accomplis et avoir leur domicile réel dans la commune. (*L., 21 mars 1831, art. 4.*)

4. Il y a un seul adjoint dans les communes de 2,500 âmes et au-dessous, deux dans celles de 2,500 à 10,000 habitants, et dans les communes d'une population supérieure, un adjoint de plus par chaque excédant de 20,000 habitants. (*L. préc., art. 2.*)

5. Ne peuvent être maires ni adjoints :

1° Les membres des cours et tribunaux de première instance et des justices de paix; 2° les ministres des cultes; 3° les militaires et employés des armées de terre et de mer en activité de service; 4° les ingénieurs des ponts et chaussées et des mines en activité de service ; 5° les agents et employés des administrations financières et des forêts ; 6° les fonctionnaires et employés des colléges communaux et les instituteurs primaires ; 7° les commissaires et agents de police. (*L. préc., art. 6.*)

6. Néanmoins, les juges suppléants aux tribunaux de première instance et les suppléants des juges de paix peuvent être maires ou adjoints. (*L. préc., art. 7.*)

§ 2. — Installation des maires et adjoints.

7. V. INSTALLATION.

§ 3. — Attributions des maires et adjoints.

8. Le maire est chargé, sous l'autorité de l'administration supérieure : 1° de la publication et de l'exécution des lois et règlements; 2° des fonctions spéciales qui lui sont attribuées par les lois ; 3° de l'exécution des mesures de sûreté générale. (*L., 18 juill. 1837, art. 9.*)

9. Il est chargé, sous la surveillance de l'administration supérieure :

1° De la police municipale, de la police rurale et de la voirie municipale, et de pourvoir à l'exécution des actes qui y sont relatifs ;

2° De la conservation et de l'administration des propriétés de la commune, et de faire, en conséquence, tous actes conservatoires de ses droits ;

3° De la gestion des revenus, de la surveillance des établissements communaux et de la comptabilité communale ;

4° De la proposition du budget et de l'ordonnancement des dépenses ;

5° De la direction des travaux communaux ;

6° De souscrire les marchés, de passer les baux des biens et les adjudications des travaux communaux, dans les formes établies par les lois et règlements ;

7° De souscrire, dans les mêmes formes, les actes de ventes, échange, partage, acceptation de dons et legs; acquisition, transactions, lorsque ces actes ont été autorisés conformément à la loi;

8° De représenter la commune en justice, soit en demandant, soit en défendant. (*L., 18 juill. 1837, art. 10.*)

10. Le maire prend des arrêtés à l'effet : 1° d'ordonner les mesures locales sur les objets confiés par les lois à sa vigilance et à son autorité; 2° de publier de nouveau les lois et règlements de police, et de rappeler les citoyens à leur observation.

Les arrêtés pris par le maire sont immédiatement adressés au sous-préfet. Le préfet peut les annuler ou en suspendre l'exécution.

Ceux de ces arrêtés qui portent règlement permanent ne sont exécutoires qu'un mois après la remise de l'ampliation constatée par les récépissés donnés par le sous-préfet. (*L. préc., art. 11.*)

11. Le maire nomme à tous les emplois communaux pour lesquels la loi ne prescrit pas un mode spécial de nomination. Il suspend et révoque les titulaires de ces emplois. (*L. préc., art. 12.*)

12. Le maire est chargé seul de l'administration ; mais il peut déléguer une partie de ces fonctions à un ou à plusieurs de ses adjoints, et, en l'absence des adjoints, à ceux des conseillers municipaux qui sont appelés à en faire les fonctions. (*L. préc., art. 14.*)

13. Dans le cas où le maire refuse ou néglige de faire un des actes qui lui sont prescrits par la loi, le préfet, après l'en avoir requis, peut y procéder d'office lui-même ou par un délégué spécial. (*L. préc., art. 15.*)

14. En cas d'absence ou d'empêchement, le maire est remplacé par l'adjoint disponible, le premier dans l'ordre des nominations.

En cas d'absence ou d'empêchement du maire et des adjoints, le maire est remplacé par le conseiller municipal le premier dans l'ordre du tableau, lequel est dressé suivant l'ordre des suffrages obtenus. (*L., 21 mars 1831, art. 5.*)

Pour tout ce qui concerne les attributions des maires non énumérées ci-dessus, V., sous leurs rubriques spéciales, les différents actes de leur administration. — V. encore Adjoint.

MAISONS D'ÉCOLE ET LOGEMENTS DES INSTITUTEURS PRIMAIRES.

LÉGISLATION.

Loi du 15 mars 1850. — Décret du 7 octobre 1850.

§ 1er. — Devoirs des communes.

1. Toute commune doit fournir à l'instituteur un local convenable, tant pour son habitation que pour la tenue de l'école. (*L., 15 mars 1850, art. 37.*)

2. Le local que la commune est tenue de fournir doit être visité, avant l'ouverture de l'école, par le délégué cantonal, qui fait connaître au conseil académique si ce local convient pour l'usage auquel il est destiné. (*Décr., 7 oct. 1850, art. 7.*)

3. Lorsque les communes demandent à se réunir pour l'entretien d'une école, le local destiné à la tenue de cette école doit être visité par l'inspecteur de l'arrondissement, qui transmet son rapport au conseil académique. A défaut de conventions contraires, les dépenses auxquelles l'entretien des écoles donne lieu sont réparties entre les communes réunies, proportionnellement au montant des quatre contributions directes. Cette répartition est faite par le préfet. (*Décr. préc., art. 8.*)

4. Lorsqu'il est reconnu que le local fourni par une commune ne convient pas pour l'usage auquel il est destiné, le préfet, après s'être concerté avec le recteur, et avoir pris l'avis du conseil municipal, décide, s'il y a lieu, en raison des circonstances, de faire exécuter des travaux pour approprier le local à sa destination, ou bien d'en prononcer l'interdiction. — S'il s'agit de travaux à exécuter, il met la commune en demeure de pourvoir à la dépense nécessaire pour leur exécution dans un délai déterminé. A défaut d'exécution dans ce délai, il peut y pourvoir d'office. — Si l'interdiction du local a été prononcée, le préfet et le rec-

teur pourvoient à la tenue de l'école, soit par la location d'un autre local, soit par les autres moyens prévus par l'art. 36 de la loi du 15 mars 1850. — Les dépenses occasionnées par cette mesure sont à la charge de la commune, dans les limites déterminées par la loi. (*Décr., 7 oct. 1850, art. 9.*)

5. La durée d'un bail d'une maison d'école ne peut excéder six années. (*Ord., 16 juill. 1833.*)

§ 2. — Subvention de l'Etat.

6. Tous les ans et d'avance, une somme indéterminée est répartie entre les départements, proportionnellement au nombre des demandes de subvention reçues par le ministre de l'instruction publique. Les préfets font ensuite la répartition, entre les communes, des fonds affectés à chacun de leurs départements respectifs, dans les limites des décisions de l'autorité supérieure, ou selon les besoins et les ressources de chaque commune. — Les préfets adressent seulement au ministre de l'instruction publique, au commencement de chaque exercice, un état sur le vu duquel le ministre fait immédiatement ordonnancer, au nom du préfet, les sommes que ce dernier a déterminées, jusqu'à concurrence des sommes mises à sa disposition. (*Circ. min. instr. publ., 10 nov. 1847.*)

7. Les demandes de secours faites à l'Etat par les communes pour des constructions ou des acquisitions de bâtiments destinés aux maisons d'école, doivent être soumises par le préfet au recteur, qui, après avoir pris l'avis des inspecteurs et des délégués cantonaux, les soumet au conseil académique, qui examine les demandes sous le rapport de la bonne disposition de l'école à établir, et du secours que l'Etat peut accorder à la commune. Le dossier complet est ensuite transmis par le préfet au ministre de l'instruction publique, afin que ce dossier soit examiné par la section permanente du conseil supérieur, et que le ministre puisse fixer la quotité des secours à accorder. (*Instr. min. instr. publ., 24 déc. 1850.*)

8. S'il y a lieu à création de centimes additionnels, les préfets doivent joindre au dossier les délibérations et autres pièces dont l'envoi est prescrit en matière d'impositions extraordinaires, et s'abstenir de tous moyens de coaction si les conseils municipaux refusent ou négligent de voter la dépense. (*Circ. min. int., 22 déc. 1847.*) — V. Impositions extraordinaires.

9. Pour obtenir un secours, il faut : 1° que la commune établisse l'urgence des travaux projetés ; 2° qu'elle prenne à sa charge les deux tiers de la dépense ; et 3° qu'elle prouve l'insuffisance de ses ressources pour y pourvoir intégralement.— A l'appui de ces justifications, le maire doit produire les pièces et remplir les formalités mentionnées au mot Acquisitions.

10. Si une aliénation est nécessaire, V. Aliénations ; ou si la commune doit recourir à un emprunt, V. Emprunts.

11. En ce qui concerne les constructions et réparations, V. Constructions, Travaux publics communaux.

V. Instruction primaire, Mobilier (§ 3.)

MANDATS DE PAIEMENT. — Form. mun., tom. III, pag. 337 et suiv.

LÉGISLATION.

Ordonnances des 14 septembre 1822, 23 avril 1823, 31 mai 1838, et instruction générale du 17 juin 1840.

§ 1er. — Dépenses faites pour le compte de l'Etat.

1. Toute ordonnance de paiement et tout mandat résultant d'une ordonnance de délégation doivent, lorsqu'ils sont présentés à l'une des caisses du trésor, être accompagnés des pièces qui constatent que leur effet est d'acquitter, en tout ou en partie, une dette de l'Etat régulièrement justifiée. (*Ord., 14 sept. 1822, art. 10.*)

V., pour le détail des pièces à produire, et les autres règles relatives aux dépenses faites pour le compte de l'Etat, le règlement général sur la comptabilité publique du 31 mai 1838, et l'instruction générale du 17 juin 1840.

§ 2. — Dépenses faites pour le compte des départements.

2. Les règles prescrites par l'ordonnance du 14 septembre 1822 s'appliquent aux dépenses des départements. (*Ord., 14 sept. 1822, art. 23.*)

V. aussi le règlement général du 31 mai 1838 et l'instruction générale du 17 juin 1840.

§ 3. — Dépenses faites pour le compte des communes.

3. Aucune dépense ne peut être acquittée par un receveur municipal, si elle n'a été préalablement ordonnancée par le maire sur un crédit régulièrement ouvert. Tout mandat ou ordonnance doit énoncer l'exercice et le crédit auxquels la dépense s'applique, et être accompagné, pour la légitimité de la dette et la garantie du paiement, des pièces indiquées par les règlements. (*OO., 23 avril 1823, art. 3, et 31 mai 1838, art. 447.*)

4. Les pièces à fournir pour la justification des dépenses communales, sont les suivantes :

DÉPENSES DU PERSONNEL.

Appointements, gages et salaires des agents et préposés de l'administration communale.	La quittance ou l'état émargé des parties prenantes, énonçant leur nom, leur grade ou leur emploi, le montant de leurs traitements, gages et salaires par années et par mois, les retenues pour pensions de retraites, et le net à payer.

DÉPENSES DU MATÉRIEL.

Dépenses ordinaires pour achats d'objets mobiliers, denrées, matières et marchandises.	Factures ou mémoires réglés des fournitures; procès-verbal d'adjudication; soumissions, conventions et marchés, dans tous les cas où ces voies ont été employées; certificats de réception; décomptes des livraisons.
Echanges et acquisitions de propriétés mobilières par voies d'amiable composition et de consentement volontaire.	Ordonnance ou arrêté autorisant l'acquisition ou l'échange. La grosse du contrat; le certificat de transcription au bureau des hypothèques de l'arrondissement dans lequel les propriétés sont assises; le certificat constatant qu'il n'existe pas d'inscription, ou le certificat de radiation ou de mainlevée de celles qui existaient à la transcription du contrat, et généralement toutes les pièces justificatives de la purge des hypothèques légales.
Acquisition par voie d'expropriation forcée, pour cause d'utilité publique.	Ordonnance autorisant l'acquisition pour cause d'utilité publique; extrait ou copie du jugement rendu pour l'expropriation, et le règlement de l'indemnité légale à payer aux propriétaires. Le certificat négatif d'inscription, délivré par le conservateur des hypothèques, ou de radiation de celles qui pourraient avoir été prises sur les propriétés acquises; le certificat de purge des hypothèques légales.
Construction, reconstruction et réparations extraordinaires.	Décisions approbatives des travaux; procès-verbal de l'adjudication publique au rabais, dûment approuvé par le préfet; état d'avancement des travaux et des à-compte à payer, certifié véritable par l'architecte chargé de leur surveillance et direction, et visé par le maire. Et quant au solde des travaux, procès-verbal de réception.
Réparations de simple entretien et n'excédant pas mille francs.	Devis estimatif et arrêté approbatif de la dépense; soumission de l'entrepreneur, acceptée par le maire, ou mémoire des réparations exécutées par économie, réglé et certifié véritable par l'architecte et visé par le maire.

(*Tableau annexé à l'ordonnance du 23 avril 1823.*)

5. Les maires demeurent chargés, sous leur responsabilité, de la remise aux

ayants droit des mandats qu'ils délivrent sur la caisse municipale. (*Ord., 31 mai 1838, art. 448.*)

6. Le maire peut seul délivrer des mandats ; s'il refuse d'ordonnancer une dépense régulièrement autorisée et liquidée, il est prononcé par le préfet en conseil de préfecture. L'arrêté du préfet tient lieu du mandat du maire. (*L., 18 juill. 1837, art. 61.—Ord., 31 mai 1838, art. 449.*)

V. encore l'instruction générale du 17 juin 1840, art. 844 et suiv.

MANUFACTURES (TRAVAIL DES ENFANTS ET HEURES DE TRAVAIL DANS LES).

LÉGISLATION.

Loi du 22 mars 1841. — Loi du 9 septembre 1848. — Décret du 17 mai 1851.

§ 1er.— Travail des enfants dans les manufactures.

1. Les enfants ne peuvent être employés que sous les conditions déterminées par la loi du 22 mars 1841, 1° dans les manufactures, usines et ateliers à moteur mécanique ou à feu continu, et dans leurs dépendances; 2° dans toute fabrique occupant plus de vingt ouvriers réunis en atelier. (*L., 22 mars 1841, art. 1er.*)

2. Les enfants doivent, pour être admis, avoir au moins huit ans. — De huit à douze ans, ils ne peuvent être employés au travail effectif plus de huit heures sur vingt-quatre, divisées par un repos. — De douze à seize ans ils ne peuvent être employés au travail effectif plus de douze heures sur vingt-quatre, divisées par des repos.—Ce travail ne peut avoir lieu que de cinq heures du matin à neuf heures du soir. (*L. préc., art. 2.*)

3. L'âge des enfants est constaté par un certificat délivré, sur papier non timbré et sans frais, par l'officier de l'état civil. (*L. et art. préc.*)

4. Tout travail entre neuf heures du soir et cinq heures du matin est considéré comme travail de nuit. Tout travail de nuit est interdit pour les enfants audessous de treize ans. (*L. préc., art. 3.*)

5. Si la conséquence du chômage d'un moteur hydraulique ou des réparations urgentes l'exigent, les enfants au-dessus de treize ans peuvent travailler la nuit, en comptant deux heures pour trois, entre neuf heures du soir et cinq heures du matin. Un travail de nuit des enfants ayant plus de treize ans, pareillement supputé, peut être toléré, s'il est reconnu indispensable, dans les établissements à feu continu dont la marche ne peut pas être suspendue pendant le cours des vingt-quatre heures. (*L. et art. préc.*)

6. Les enfants au-dessous de seize ans ne peuvent être employés les dimanches et jours de fêtes reconnus par la loi. (*L. préc., art. 4.*)

7. Nul enfant âgé de moins de douze ans ne peut être admis qu'autant que ses parents ou tuteur justifient qu'il fréquente actuellement une des écoles publiques ou privées existant dans la localité. Tout enfant admis doit, jusqu'à l'âge de douze ans, suivre une école. — Les enfants âgés de plus de douze ans sont dispensés de suivre une école lorsqu'un certificat, donné par le maire de leur résidence, atteste qu'ils ont reçu l'instruction primaire élémentaire. (*L. préc., art. 5.*)

8. Relativement au livret de ces enfants, V. LIVRETS.

§ 2. — Heures de travail. — Limitation.

9. La journée de l'ouvrier dans les manufactures et usines ne peut pas excéder douze heures de travail. (*L., 9 sept. 1848, art. 1er.*)

10. Ne sont point compris dans la limite de durée du travail fixé par la loi du 9 septembre 1848, les travaux industriels ci-après : travail des ouvriers employés à la conduite des fourneaux, étuves, sécheries ou chaudières à débouillir, lessiver ou aviver ; — Travail des chauffeurs attachés au service des machines à vapeur, des ouvriers employés à allumer les feux avant l'ouverture des ateliers, des gardiens de nuit ; — Travaux de décatissage ; — Fabrication et dessiccation de la colle-forte ; — Chauffage dans les fabriques de savon ; — Mouture des grains ; — Imprimeries typographiques et lithographiques ; — Fonte, affinage,

étamage, galvanisation de métaux ; fabrication de projectiles de guerre. (*Décr., 17 mars 1851, art. 1er.*)

11. Sont également exceptés de la disposition de l'art. 1er de la loi du 9 septembre 1848 : 1° le ne 'em.nt des machines à la fin de la journée; 2° les travaux que rendent imme tement nécessaires un accident arrivé à un moteur, à une chaudière, à l'outil ,e, ou au bâtiment même d'une usine, ou tout autre cas de force majeure. (*Décr. préc., art. 2.*)

12. La durée du travail effectif peut être prolongée au delà de la limite légale, de deux heures, pendant cent vingt jours ouvrables par année, au choix des chefs d'établissement, dans les usines de teinturerie, d'imprimerie sur étoffes, d'apprêts d'étoffes et de pressage. (*Décr., 17 mai 1851, art. 3.*)

13. Tout chef d'usine ou de manufacture qui veut user de ces exceptions est tenu de faire savoir préalablement au préfet, par l'intermédiaire du maire, qui donne récépissé de la déclaration, les jours pendant lesquels il se propose de donner au travail une durée exceptionnelle. (*Décr. préc., art. 4.*)

14. La limitation du travail à douze heures n'est applicable qu'aux manufactures et usines ; les simples ateliers ne sont pas compris dans le domaine de la loi. (*Circ. min. agric. et comm., 24 juin 1851.*)

15. La durée du travail effectif dans les manufactures et usines ne doit pas excéder douze heures sur vingt-quatre ; mais il s'agit, bien entendu, du travail d'un même ouvrier. Rien ne s'oppose à l'organisation des relais, qui reste dans le droit commun. Tout chef d'établissement est libre de tenir ses ateliers en activité aussi longtemps qu'il le juge à propos, pourvu que le travail soit organisé par série, et que chaque ouvrier ne soit point occupé plus de douze heures sur vingt-quatre. (*Circ. préc.*)

16. Les préfets doivent unir leurs efforts à ceux des procureurs généraux et de leurs substituts pour assurer l'exécution de la loi. Aucune tolérance partielle ne doit être permise, et on ne peut admettre d'autres exceptions que celles qui sont déterminées par le décret du 17 mai 1851. Les préfets doivent donc se concerter avec l'autorité judiciaire, et ordonner, en ce qui les concerne, toutes les mesures nécessaires pour que les infractions commises soient constatées avec vigilance et déférées aux tribunaux compétents.

17. Les art. 4 et 5 de la loi du 9 septembre 1848 sont relatifs aux contraventions et aux peines qui leur sont applicables.

V. Établissements dangereux.

MARCHÉS. — Form. mun., tom. V, pag. 623.

1. Le mot *marché* a plusieurs acceptions. Il signifie le lieu public où, à certain jour de la semaine, les marchands se rendent pour y vendre toutes sortes de choses nécessaires pour la subsistance ou la commodité de la vie, ou l'assemblée de ceux qui vendent ou achètent dans ce lieu public. V. à cet égard les mots Foires et marchés, Halles.

2. Mais il désigne aussi le contrat ou la convention par laquelle une personne s'oblige envers une autre à faire une entreprise ou une fourniture, moyennant un prix déterminé.

Les marchés d'entreprises ou de fournitures ont été soumis à des règles particulières, suivant qu'ils sont passés au nom de l'Etat ou au nom des communes et des établissements publics. Les premiers sont régis par l'ordonnance du 4 décembre 1836, et les autres, par l'ordonnance du 14 novembre 1837.

§ 1er. — Marchés passés au nom de l'Etat.

3. Tous les marchés passés au nom de l'Etat sont faits avec concurrence et publicité, sauf les exceptions mentionnées en l'article suivant. (*Ord., 4 déc. 1836, art. 1er.*)

4. Il peut être traité de gré à gré : 1° pour les fournitures, transports et travaux, dont la dépense totale n'excède pas 10,000 fr.; ou, s'il s'agit d'un marché passé pour plusieurs années, dont la dépense annuelle n'excède pas 3,000 fr.; 2° pour toute espèce de fournitures, de transports et de travaux, lorsque les cir-

constances exigeront que les opérations du gouvernement soient tenues secrètes; ces marchés doivent être préalablement autorisés par le chef de l'Etat, sur un rapport spécial; 3° pour les objets dont la fabrication est exclusivement attribuée à des porteurs de brevets d'invention ou d'importation; 4° pour les objets qui n'auraient qu'un possesseur unique; 5° pour les ouvrages et les objets d'art et de précision, dont l'exécution ne peut être confiée qu'à des artistes éprouvés; 6° pour les exploitations, fabrications et fournitures qui ne seraient faites qu'à titre d'essai; 7° pour les matières et denrées qui, à raison de leur nature particulière et de la spécialité de l'emploi auquel elles sont destinées, doivent être achetées et choisies aux lieux de production, ou livrées, sans intermédiaire, par les producteurs eux-mêmes; 8° pour les fournitures, transports ou travaux qui n'auraient été l'objet d'aucune offre aux adjudications, ou à l'égard desquels il n'aurait été proposé que des prix inacceptables; toutefois, lorsque l'administration aura cru devoir arrêter et faire connaître un *maximum* de prix, elle ne devra pas dépasser ce *maximum;* 9° pour les fournitures, transports et travaux qui, dans les cas d'urgence évidente, amenés par des circonstances imprévues, ne peuvent pas subir les délais des adjudications; 10° pour les affrètements passés aux cours des places, par l'intermédiaire de courtiers, et pour les assurances sur les chargements qui s'ensuivent; 11° pour les achats de tabac ou de salpêtre indigène, dont le mode est réglé par une législation spéciale; 12° pour le transport des fonds du trésor. (*Ord., 4 déc. 1836, art. 2.*)

5. Les adjudications publiques relatives à des fournitures, à des travaux, à des exploitations ou fabrications, qui ne pourraient être sans inconvénient livrés à une concurrence illimitée, peuvent être soumises à des restrictions qui n'admettent à concourir que des personnes préalablement reconnues capables par l'administration, et produisant les titres justificatifs exigés par les cahiers des charges. (*Ord. préc., art. 3.*)

6. Les cahiers des charges déterminent la nature et l'importance des garanties que les fournisseurs ou entrepreneurs auront à produire, soit pour être admis aux adjudications, soit pour répondre de l'exécution de leurs engagements. Ils déterminent aussi l'action que l'administration exerce sur ces garanties, en cas d'inexécution de ces engagements. (*Ord. préc., art. 5.*)

7. L'avis des adjudications à passer est publié, sauf les cas d'urgence, un mois à l'avance, par la voie des affiches et par tous les moyens ordinaires de publicité.

Cet avis fait connaître : 1° le lieu où l'on pourra prendre connaissance du cahier des charges; 2° les autorités chargées de procéder à l'adjudication; 3° le lieu, le jour et l'heure fixés pour l'adjudication. (*Ord. préc., art. 6.*)

8. Les soumissions doivent toujours être remises cachetées, en séance publique. Lorsqu'un *maximum* de prix ou un *minimum* de rabais a été arrêté d'avance par le ministre ou par le fonctionnaire qu'il a délégué, ce *maximum* ou ce *minimum* doit être déposé cacheté sur le bureau à l'ouverture de la séance. (*Ord. préc., art. 7.*)

9. Dans le cas où plusieurs soumissionnaires auraient offert le même prix, et où ce prix serait le plus bas de ceux portés dans les soumissions, il est procédé, séance tenante, à une réadjudication, soit sur de nouvelles soumissions, soit à extinction des feux, entre ces soumissionnaires seulement. (*Ord. préc., art. 8.*)

10. Les résultats de chaque adjudication sont constatés par un procès-verbal relatant toutes les circonstances de l'opération. (*Ord. préc., art. 9.*)

11. Il peut être fixé par le cahier des charges un délai pour recevoir des offres de rabais sur le prix de l'adjudication. Si, pendant ce délai, qui ne doit pas dépasser trente jours, il est fait une ou plusieurs offres de rabais d'au moins dix pour cent chacune, il est procédé à une réadjudication entre le premier adjudicataire ou l'auteur ou les auteurs des offres de rabais, pourvu que ces derniers aient, préalablement à leurs offres, satisfait aux conditions imposées par le cahier des charges pour pouvoir se présenter aux adjudications. (*Ord. préc., art. 10.*)

12. Les adjudications et réadjudications sont toujours subordonnées à l'approbation du ministre compétent, et ne sont valables et définitives qu'après cette

approbation, sauf les exceptions spécialement autorisées et rappelées dans le cahier des charges. *(Ord., 4 déc. 1836, art. 11.)*

13. Les marchés de gré à gré sont passés par les ministres ou par les fonctionnaires qu'ils ont délégués à cet effet. Ils ont lieu : 1° soit sur un engagement souscrit à la suite d'un cahier des charges; 2° soit sur soumission souscrite par celui qui propose de traiter; 3° soit sur correspondance, suivant les usages du commerce.

Il peut y être suppléé par des achats faits sur simple facture, pour les objets qui doivent être livrés immédiatement, et dont la valeur n'excède pas cinq cents francs.

Les marchés de gré à gré passés par les délégués d'un ministre, et les achats qu'ils ont faits, sont toujours subordonnés à son approbation, à moins, soit de nécessité résultant de force majeure, soit d'une autorisation spéciale ou dérivant des règlements, circonstances qui doivent être relatées dans lesdits marchés, ou dans les décisions approbatives des achats. *(Ord. préc., art. 12.)*

14. Les dispositions de la présente ordonnance ne sont point applicables aux marchés passés aux colonies ou hors du territoire français, ni aux travaux que l'administration se trouve dans la nécessité d'exécuter en régie ou à la journée. *(Ord. préc., art. 13.)*

§ 2. — Marchés passés par les communes et par les établissements publics.

15. Toutes les entreprises pour travaux et fournitures, au nom des communes et des établissements de bienfaisance, sont données avec concurrence et publicité, sauf les exceptions ci-après. *(Ord., 14 nov. 1837, art. 1er.)*

16. Il peut être traité de gré à gré, sauf approbation par le préfet, pour les travaux et fournitures dont la valeur n'excède pas trois mille francs. — Il peut également être traité de gré à gré, à quelque somme que s'élèvent les travaux et fournitures, mais avec l'approbation du ministre de l'intérieur (¹), 1° pour les objets dont la fabrication est exclusivement attribuée à des porteurs de brevets d'invention et d'importation; 2° pour les objets qui n'auraient qu'un possesseur unique; 3° pour les ouvrages et objets d'art et de précision, dont l'exécution ne peut être confiée qu'à des artistes éprouvés; 4° pour les exploitations, fabrications et fournitures qui ne seraient faites qu'à titre d'essai; 5° pour les matières et denrées qui, à raison de leur nature particulière et de la spécialité de l'emploi auquel elles sont destinées, doivent être achetées et choisies aux lieux de production, ou livrées sans intermédiaire par les producteurs eux-mêmes; 6° pour les fournitures et travaux qui n'auraient été l'objet d'aucune offre aux adjudications, ou à l'égard desquels il n'aurait été proposé que des prix inacceptables; toutefois, l'administration ne doit pas dépasser le *maximum* arrêté conformément à l'art. 7; 7° pour les fournitures et travaux qui, dans les cas d'urgence absolue et dûment constatée, amenés par des circonstances imprévues, ne pourraient pas subir les délais des adjudications. *(Ord. préc., art. 2.)*

17. Les adjudications relatives à des fournitures, à des travaux, à des exploitations ou fabrications qui ne pourraient être, sans inconvénient, livrés à une concurrence illimitée, peuvent être soumises à des restrictions qui n'admettent à concourir que des personnes préalablement reconnues capables par l'administration et produisant les titres justificatifs exigés par les cahiers des charges. *(Ord. préc., art. 3.)*

18. Les cahiers des charges déterminent la nature et l'importance des garanties que les fournisseurs ou entrepreneurs ont à produire, soit pour être admis aux adjudications, soit pour répondre de l'exécution de leurs engagements. Ils déterminent aussi l'action que l'administration exerce sur ces garanties, en cas d'inexécution de ces engagements. Il est toujours et nécessairement stipulé que tous les ouvrages exécutés par les entrepreneurs, en dehors des autorisations régulières, demeureront à la charge personnelle de ces derniers, sans répétition contre les communes ou les établissements. *(Ord. préc., art. 4.)*

(¹) Les marchés passés de gré à gré sont soumis seulement à l'approbation du préfet, par le décret du 25 mars 1852, art. 1er, tabl. A, n° 48.

19. Les cautionnements à fournir par les adjudicataires sont réalisés à la diligence des receveurs des communes et des établissements de bienfaisance. (*Ord., 14 nov. 1837, art. 5.*)

20. L'avis des adjudications à passer est publié, sauf les cas d'urgence, un mois à l'avance, par la voie des affiches et par tous les moyens ordinaires de publicité. — Cet avis fait connaître : 1° le lieu où l'on peut prendre connaissance du cahier des charges ; 2° les autorités chargées de procéder à l'adjudication ; 3° le lieu, le jour et l'heure fixés pour l'adjudication. (*Ord. préc., art. 6.*)

21. Les soumissions doivent toujours être remises cachetées en séance publique. Un *maximum* de prix ou un *minimum* de rabais, arrêté d'avance par l'autorité qui procède à l'adjudication, doit être déposé, cacheté, sur le bureau, à l'ouverture de la séance. (*Ord. préc., art. 7.*)

22. Dans le cas où plusieurs soumissionnaires auraient offert le même prix, il est procédé, séance tenante, à une adjudication entre ces soumissionnaires seulement, soit sur de nouvelles soumissions, soit à extinction des feux. (*Ord. préc., art. 8.*)

23. Les résultats de chaque adjudication sont constatés par un procès-verbal. (*Ord. préc., art. 9.*)

24. Les adjudications sont toujours subordonnées à l'approbation du préfet, et ne sont valables et définitives, à l'égard des communes et des établissements, qu'après cette approbation. (*Ord. préc., art. 10.*)

MATIÈRES D'OR ET D'ARGENT. — Form. mun., tom. V, p. 633.

LÉGISLATION.

Loi du 19 brumaire an 6-9 novembre 1797.

1. Les personnes qui veulent fabriquer des matières d'or et d'argent doivent donner, à la mairie de leur résidence, l'empreinte de leur poinçon particulier, avec leur nom, insculpés sur une planche de cuivre à ce destinée. L'administration de département veille à ce que le même symbole ne soit pas employé par deux fabricants de son arrondissement. (*L., 2 brum. an 6, art. 72.*)

2. Quiconque se borne au commerce d'orfèvrerie, sans entreprendre la fabrication, n'est tenu que de faire sa déclaration à la municipalité de son canton, et est dispensé d'avoir un poinçon. (*L. préc., art. 73.*)

3. Les fabricants d'or et d'argent ouvrés et non ouvrés doivent avoir un registre coté et paraphé par l'administration municipale, sur lequel ils inscrivent la nature, le nombre, le poids et le titre des matières et ouvrages d'or et d'argent qu'ils achètent et vendent, avec les noms de ceux de qui ils les ont achetés. (*L. préc., art. 74.*)

4. Les marchands d'ouvrages d'or et d'argent, ambulants ou venant s'établir en foire, sont tenus, à leur arrivée dans une commune, de se présenter à l'administration municipale ou à l'agent de cette administration, dans les lieux où elle ne réside pas, et de lui montrer les bordereaux des orfèvres qui leur ont vendu les ouvrages d'or et d'argent dont ils sont porteurs. (*L. préc., art. 92.*)

5. La municipalité, ou l'agent municipal, doit faire examiner les marques de ces ouvrages par des orfèvres, ou, à défaut, par des personnes connaissant les marques et poinçons, afin d'en constater la légitimité. (*L. préc., art. 93.*)

6. L'administration municipale, ou son agent, doit faire saisir et remettre au tribunal de police correctionnelle les ouvrages d'or et d'argent qui ne seraient point accompagnés de bordereaux, ou ne seraient point marqués de poinçons de vieux ou de recense, ou les ouvrages dont les marques paraîtraient contrefaites, ou enfin ceux qui n'auraient pas été déclarés conformément à l'art. 92. (*L. préc., art. 94.*)

7. Quiconque veut plaquer ou doubler l'or et l'argent sur le cuivre, ou sur tout autre métal, est tenu d'en faire la déclaration à sa municipalité, à l'administration de son département, et à celle des monnaies. (*L. préc., art. 95.*)

8. Le fabricant de doublé doit transcrire, jour par jour, les ventes qu'il a

faites, sur un registre coté et paraphé par l'administration municipale. (*L., 19 brum. an 6-9 nov. 1797, art. 98.*)

9. Les visites que les employés sont autorisés à faire chez les orfèvres, bijoutiers, horlogers et autres fabricants d'ouvrages d'or et d'argent sujets à l'exercice, ne peuvent avoir lieu qu'avec l'assistance du commissaire de police, et, à son défaut, du maire ou d'un adjoint. (*L. préc., art. 101 et 105.*)

MÉDECINE. — Form. mun., tom. V, pag. 649.

LÉGISLATION.

Loi du 19 ventôse an 11-10 mars 1803.

1. Les diplômes des docteurs en médecine ou en chirurgie, et des officiers de santé, sont enregistrés au greffe du tribunal de première instance, et à la préfecture ou sous-préfecture de l'arrondissement de leur domicile. (*L., 19 ventôse an 11-10 mars 1803, art. 21, 24.*)

2. Chaque année, et dans chaque département, il est formé et publié par les préfets, la liste de tous les médecins, chirurgiens, officiers de santé et sages-femmes ayant le droit d'exercer. (*L. préc., art. 25, 26 et 34.*)

3. A cet effet, les préfets demandent des renseignements aux maires, pour rectifier la liste de l'année précédente, d'après les mutations qui ont lieu par suite de décès, changements de résidence ou nouveaux établissements survenus dans leurs communes, dans le courant de l'année.

4. Les médecins et officiers de santé peuvent être requis par les procureurs impériaux et par les maires pour la levée des cadavres, toutes les fois qu'il s'agit d'une mort violente ou d'une mort dont la cause est inconnue et suspecte. (*Cod. inst. crim., art. 44.*)

5. Les médecins du service des prisons sont nommés par les préfets, qui donnent avis de ces nominations au ministre. (*Circ. min., 16 déc. 1824.*)

MÉMOIRES et FACTURES D'OUVRIERS ET FOURNISSEURS. — Form. mun., tom. V, pag. 654.

1. Les mémoires, factures et quittances des ouvriers qui ont fait des travaux ou des fournitures pour les communes, doivent être timbrés, aux termes de la loi du 13 brumaire an 7. Toutefois, l'art. 16 de cette loi exempte du timbre les quittances de sommes au-dessous de dix francs.

2. Si la quittance est apposée sur la facture, il n'est dû qu'un seul droit de timbre pour la facture et le mandat. (*Circ. min., 20 déc. 1834.*)

3. Des instructions du ministre des finances ont décidé que tous les mémoires ou factures joints à l'appui des mandats, doivent être timbrés, lors même que la somme est inférieure à dix francs. Mais, lorsqu'il s'agit d'une dépense qui n'excède pas dix francs, les maires peuvent dispenser les créanciers de produire une facture ou un mémoire timbré, en énonçant dans le mandat le détail des fournitures.

MENDICITÉ.

1. Un décret du 5 juillet 1808 sur l'établissement des dépôts de mendicité, avait défendu la mendicité dans tout le territoire français. Il disposait que les mendiants de chaque département seraient arrêtés et traduits dans le dépôt de mendicité dudit département aussitôt qu'il serait établi. C'est sur ce décret que sont basées les dispositions des art. 274 à 282 inclus du Code pénal, concernant la mendicité.

2. Mais les dépôts de mendicité n'existant plus aujourd'hui, la mendicité a cessé par cela seul d'être défendue. Lors donc qu'il n'a pu être formé aucun établissement qui puisse en tenir lieu, il ne reste contre les mendiants, d'autres mesures de répression, que l'application de l'art. 275 du Code pénal, qui punit de l'emprisonnement les mendiants d'habitude, valides, et des mesures de police

dont la principale est d'empêcher le vagabondage des mendiants, en les obligeant à demeurer dans le canton du lieu de leur domicile ou de leur naissance.

3. Depuis quelques années, il a été créé, dans plusieurs villes, des établissements de la nature de ceux indiqués par le Code pénal pour obvier à la mendicité, et par suite, la mendicité a pu être défendue sur tout le territoire de ces communes.

4. Dans l'intérêt de l'ordre et de la sûreté publique, les maires peuvent, surtout dans les villes, faire mander devant eux toutes les personnes qui mendient dans les rues et en exiger les renseignements à l'aide desquels ils ont à décider s'il y a lieu de traduire quelques-uns de ces mendiants devant les tribunaux correctionnels, ou de les faire retourner dans le lieu de leur domicile ou de leur naissance, ou enfin, de leur permettre de séjourner dans la ville.

MERCURIALES. — Form. mun., tom. V, pag. 664.

1. On nomme ainsi un état sommaire dans lequel les maires sont tenus de constater, à chaque marché qui se tient dans leur commune, les prix courants et les quantités vendues des denrées de première nécessité, telles que froment, seigle, orge, avoine, méteil, etc. (*Arr., 12 mess. an 8-1er juill. 1800, art. 28, et 5 brum. an 9-27 oct. 1800, art. 24.*)

2. Les mercuriales doivent être arrêtées et transcrites sur les registres tous les jours de marchés, date par date, et immédiatement après la clôture des ventes, en énonçant les quantités en mesures métriques. Le résultat de ces inscriptions doit ensuite être, tous les quinze jours, le 15 et le 30 de chaque mois, porté par les maires dans un tableau certifié par eux et adressé en double expédition aux sous-préfets de leurs arrondissements respectifs. (*Circ. min., 20 therm. an 10-8 août 1802.*)

3. Les maires des communes où il existe en même temps un marché et une brigade de gendarmerie, doivent adresser en outre au commandant de cette brigade, mais seulement à la fin de chaque trimestre, un état présentant pour chacun des trois mois précédents, le prix moyen de cent bottes de paille ou de foin vendues sur leurs marchés respectifs. Dans cet état, chaque botte doit être supposée du poids de cinq kilogrammes. — S'il ne se vend ni foin ni paille sur le marché de la commune, le maire établit le prix de ces denrées d'après le taux commun des conventions faites entre particuliers.

MEUNIERS. — Form. mun., tom. V, pag. 669.

1. L'autorité municipale doit exercer une surveillance active sur les gens de cette profession si intimement liée aux premiers besoins des habitants. Cette surveillance doit principalement avoir pour objet d'empêcher toute espèce de fraude, soit dans le pesage et mesurage, soit dans la manipulation des grains et farines.

2. En ce qui concerne le premier point, les maires doivent s'assurer par des visites, si les meuniers sont munis de poids et de balances, même de mesures de capacité. En cas de contravention aux lois sur les poids et mesures, les maires et autres agents de police doivent dresser procès-verbal et saisir les faux poids ou les fausses mesures.

3. A l'égard des fraudes qui peuvent résulter de la manipulation des farines, les officiers de police doivent remarquer que la mauvaise construction des moulins peut faciliter beaucoup la fraude. Ils doivent principalement obliger les meuniers d'avoir un cercle d'ais bien serrés autour de leurs meules, et une coulisse également bien serrée, pour que la chute de la farine se fasse exactement dans la huche.

MINES, MINIÈRES, CARRIÈRES ET ÉTABLISSEMENTS MÉTALLURGIQUES. — Form. mun., tom. V, pag. 673.

LÉGISLATION.

Loi du 21 avril 1810. — Arrêté du ministre de l'intérieur du 27 octobre 1812. — Décrets du 13 janvier 1813 et du 23 octobre 1852. — Ordonnances du 26 mars 1843 et du 4 décembre 1844.

PROCÉDURE.

SOMMAIRE.

§ 1er. — De la propriété des mines.

1. Les mines ne peuvent être exploitées qu'en vertu d'un acte de concession délibéré en conseil d'Etat. Cet acte règle les droits des propriétaires de la surface sur le produit des mines concédées. Il donne la propriété perpétuelle de la mine, laquelle est dès lors disponible et transmissible comme tous autres biens, et dont on ne peut être exproprié que dans les cas et selon les formes prescrites pour les autres propriétés. Toutefois, une mine ne peut être vendue par lots ou partagée sans une autorisation préalable du gouvernement, donnée dans la même forme que la concession. (*L., 21 avril 1810, art. 5, 6, 7.*)

§ 2. — De la recherche des mines.

2. Nul ne peut faire des recherches pour découvrir des mines, enfoncer des sondes ou tarières sur un terrain qui ne lui appartient pas, que du consentement du propriétaire de la surface, ou avec l'autorisation du gouvernement, donnée après avoir consulté l'administration des mines, à la charge d'une préalable indemnité envers le propriétaire et après qu'il aura été entendu. (*L. préc., art. 10.*)

3. Nulle permission de recherches ni de concessions de mines ne pourra, sans le consentement formel du propriétaire de la surface, donner le droit de faire des sondes et d'ouvrir des puits ou galeries, ni celui d'établir des machines, ou magasins dans les enclos murés, cours ou jardins, ni dans les terrains attenant aux habitations ou clôtures murées, dans la distance de cent mètres desdites clôtures ou des habitations. (*L. préc., art. 11.*)

4. Le propriétaire peut faire des recherches sans formalité préalable, dans les lieux réservés par le précédent article, comme dans les autres parties de sa propriété ; mais il est obligé d'obtenir une concession avant d'y établir une exploitation ; dans aucun cas, les recherches ne peuvent être autorisées dans un terrain déjà concédé. (*L. préc., art. 12.*)

5. Si une commune est propriétaire du terrain à fouiller, le conseil municipal accorde lui-même l'autorisation par délibération spéciale approuvée par le préfet.

Si le terrain est soumis au régime forestier, on doit demander l'autorisation du conservateur des forêts. (*Ord., 4 déc. 1844, art. 2.*)

6. Les pièces à produire pour obtenir une permission de recherche, sont : 1° la pétition du demandeur ; 2° le refus motivé du propriétaire du sol ; 3° l'avis de l'ingénieur des mines ; 4° l'avis de l'autorité locale ; 5° l'avis motivé du préfet.

La durée des permissions de recherche ne peut excéder deux années ; ces permissions ne peuvent être renouvelées. (*Instr. min., 3 août 1810.*)

§ 3. — Des concessions de mines. — Oppositions. — Mesures de sûreté.

I. Concessions.

7. La demande en concession de mines est faite par voie de simple pétition adressée au préfet. (*L., 21 avril 1810, art. 22.*)

8. Le demandeur doit justifier des facultés nécessaires pour entreprendre et conduire les travaux, et des moyens de satisfaire aux redevances et indemnités qui lui seront imposées par l'acte de concession. (*L. préc., art. 14.*)

9. A cet effet, il produit un extrait du rôle des contributions constatant sa cote. Il doit faire connaître ses nom, prénoms et qualités, le lieu où est située la mine, la nature des minerais, l'état dans lequel il les livrera au commerce, les lieux d'où il tirera le combustible, l'étendue de la concession, les indemnités offertes au propriétaire du sol. (*Instr. min., 30 août 1810.*)

10. La pétition doit être accompagnée d'un plan régulier de la surface, en triple expédition, sur une échelle de dix millimètres par cent mètres.— Ce plan, dressé ou vérifié par l'ingénieur des mines, est approuvé par le préfet. (*L., 21 avril 1810, art. 30.*)

11. La demande est enregistrée à la préfecture à la date de sa pétition sur un registre particulier. (*L. préc., art. 22.*)

12. Le secrétaire général de la préfecture délivre au requérant un extrait certifié de l'enregistrement de la demande en concession. (*L. préc., art. 25.*)

13. Cette demande est communiquée à l'ingénieur en chef, qui prépare le projet d'affiches.

Le préfet fait ensuite publier et afficher la demande dans les dix jours de sa réception, et ces affiches ont lieu pendant quatre mois, dans le chef-lieu du département, dans celui de l'arrondissement où la mine est située, dans le lieu du domicile du demandeur, et dans toutes les communes dans le territoire desquelles la concession peut s'étendre : elles sont insérées dans les journaux du département. (*L. préc., art. 23.*)

14. Les publications ont lieu devant la porte de la maison commune et des églises paroissiales ou consistoriales, à la diligence des maires, à l'issue de l'office, au jour de dimanche, et au moins une fois par mois pendant la durée des affiches. Les maires sont tenus de certifier ces publications. (*L. préc., art. 24.*)

15. L'inscription sur le registre de la préfecture des demandes en concurrence formées dans le délai de quatre mois, leur notification aux premiers demandeurs, suffisent pour la publicité. (*Avis cons. Etat, et circ. min. trav. publ., 30 mai 1843.*)

16. Les demandes en concurrence présentées après les quatre mois ne doivent pas faire partie de l'instruction locale ; et, par cela même, si plus tard on juge qu'elles méritent d'être prises en considération, il est indispensable de procéder, à leur égard, à une instruction spéciale, puisque le public n'en a eu connaissance ni par les affiches ni par l'inscription au registre. (*Avis et circ. préc.*)

17. Il convient de ne jamais omettre de transcrire sur le registre spécial de la préfecture les demandes en concurrence qui sont présentées dans le délai légal, et de mentionner sur ces pièces que cette transcription a en effet eu lieu. Il faut aussi veiller à ce qu'elles soient notifiées par les parties aux premiers demandeurs, pour qu'ils puissent y répondre. (*Circ. préc.*)

18. Rien ne fait obstacle à ce que diverses demandes soient portées à la connaissance du public par le moyen d'affiches simultanées et collectives, lorsque aucune d'elles n'a encore été l'objet d'un arrêté qui en prescrive la publication. (*Circ. préc.*)

19. A l'expiration du délai des affiches et des publications, le maire adresse un certificat constatant l'accomplissement de ces formalités. Toutes les pièces sont ensuite transmises à l'ingénieur en chef des mines, qui donne son avis sur l'ensemble de l'affaire, l'état de la mine, le mode d'exploitation le plus utile, la redevance fixe et proportionnelle dont la concession lui paraît susceptible. (*Instr. min., 3 août 1810.*)

20. Dans le mois qui suit, au plus tard, le préfet, sur l'avis de l'ingénieur des mines, et après avoir pris des informations sur les droits et les facultés des demandeurs, donne son avis en forme d'arrêté, et transmet toutes les pièces au ministre de l'intérieur. (*L., 21 avril 1810, art. 27.*)

21. S'il y a des oppositions, le préfet en discute le mérite. S'il y a des demandes en concurrence, il fait des propositions en faveur de celui qui lui paraît devoir mériter la préférence.

Il est définitivement statué sur la demande en concession, par un décret impérial délibéré en conseil d'Etat.

22. Le décret de concession est transmis au concessionnaire et à l'ingénieur en chef des mines; il est publié dans les communes où s'étend la concession.

23. Tout concessionnaire de mines doit élire un domicile, qu'il fait connaître par une déclaration adressée au préfet du département où la mine est située. (*Ord., 28 avril 1842, art. 1er.*)

24. En cas de transfert de la propriété de la mine, à quelque titre que ce soit, la même obligation est imposée au nouveau propriétaire. (*Ord. préc., art. 2.*)

25. Défense est faite à tout concessionnaire de mines, de quelque nature qu'elles soient, de réunir sa ou ses concessions à d'autres concessions de même nature, par association ou acquisition, ou de toute autre manière, sans l'autorisation du gouvernement. (*Décr., 23 oct. 1852, art. 1er.*)

26. Tous actes de réunion opérés en opposition à l'article précédent, doivent, en conséquence, être considérés comme nuls et non avenus, et peuvent donner lieu au retrait des concessions, sans préjudice des poursuites que les concessionnaires des mines réunies pourraient avoir encourues en vertu des art. 414 et 419 du Code pénal. (*Décr. préc., art. 2.*)

II. Oppositions.

27. Jusqu'à l'émission du décret, toute opposition est admissible devant le ministre de l'intérieur ou le secrétaire général du conseil d'Etat. Dans ce dernier cas, elle a lieu par une requête signée et présentée par un avocat au conseil, et, dans tous les cas, elle est notifiée aux parties intéressées.

Si l'opposition est motivée sur la propriété de la mine acquise par concession ou autrement, les parties sont renvoyées devant les tribunaux et cours. (*L., 21 avril 1810, art. 28.*)

28. Les demandes en concurrence et les oppositions sont admises devant le préfet jusqu'au dernier jour du quatrième mois, à compter de la date de l'affiche; elles sont notifiées par acte extrajudiciaire à la préfecture, où elles sont enregistrées sur le registre indiqué à l'art. 22. Les oppositions sont notifiées aux parties intéressées, et le registre est ouvert à tous ceux qui en demandent communication. (*L. préc., art. 26.*)

29. Toutes oppositions ou demandes en concurrence formées contre une demande en concession nouvelle, et notifiées dans les formes prescrites par l'art. 26 de la loi du 21 avril 1810, à la préfecture d'un département, après le dernier jour du quatrième mois de l'affiche de cette demande, ne peuvent être admises par le préfet pour faire partie de l'instruction d'après laquelle il doit statuer sur la demande en concession, conformément à l'art. 27 de la même loi, comme si ces oppositions ou demandes en concurrence n'avaient point eu lieu. (*Arr. min. int., 27 oct. 1812, art. 1er.*)

30. Le préfet auquel ces oppositions ou demandes tardives ont été notifiées, les transmet néanmoins séparément au ministre, avec un arrêté constatant les motifs pour lesquels elles n'ont point été comprises et discutées dans l'instruction principale sur la demande en concession, et son avis sur le mérite de ces oppositions. (*Arr. préc., art. 2.*)

31. Toutes les fois qu'une opposition à une demande en concession, notifiée à la préfecture dans le délai prescrit par l'art. 26 de la loi de 1810, est motivée sur la propriété de la mine acquise à l'opposant par concession ou autrement, et qu'ainsi la connaissance est susceptible d'en appartenir aux tribunaux, d'après les dispositions de l'art. 28 de ladite loi, le préfet ne peut en ordonner le renvoi de son propre mouvement; mais il exprime son avis sur la nature de cette opposition par un arrêté particulier et préparatoire, qu'il transmet, avec l'opposition et les pièces à l'appui, au ministre de l'intérieur, lequel statue sur le renvoi aux tribunaux, s'il y a lieu. (*Arr. préc., art. 4.*)

32. Lorsque les demandes en concession de mines ont été instruites conformément aux règles prescrites par la loi du 21 avril 1810, le gouvernement peut accorder la concession nonobstant une nouvelle demande, présentée après les délais déterminés par la loi. (*Avis cons. Etat, 3 mai 1837.*)

33. Le gouvernement peut toujours aussi, si des demandes en concurrence sont présentées après les délais, et s'il le juge convenable, surseoir à la concession. (*Avis préc.*)

III. Mesures de sureté.

34. Dans les cas prévus par l'art. 50 de la loi du 21 avril 1810 ([1]), et généralement lorsque, par une cause quelconque, l'exploitation d'une mine compromet la sûreté publique ou celle des ouvriers, la solidité des travaux, la conservation du sol ou des habitations de la surface, les concessionnaires sont tenus d'en donner immédiatement avis à l'ingénieur des mines et au maire de la commune où l'exploitation est située. (*Ord., 26 mars 1843, art. 1er.*)

35. L'ingénieur des mines, ou, à son défaut, le garde-mines, se rend sur les lieux, dresse procès-verbal, et le transmet au préfet, en y joignant l'indication des mesures qu'il juge propres à faire cesser la cause du danger. (*Ord. préc., art. 2.*)

36. Le maire adresse aussi au préfet ses observations et ses propositions sur ce qui peut concerner la sûreté des personnes et celle des propriétés. (*Ord. et art. préc.*)

37. Le préfet, après avoir entendu le concessionnaire, ordonne telles dispositions qu'il appartient. (*Ord. préc., art. 3.*)

38. Si le concessionnaire, sur la notification qui lui est faite de l'arrêté du préfet, n'obtempère pas à cet arrêté, il y est pourvu d'office, à ses frais, et par les soins des ingénieurs des mines. (*Ord. préc., art. 4.*)

39. Quand les travaux ont été exécutés d'office par l'administration, tous les frais de confection et autres frais sont réglés par le préfet. Le recouvrement en est opéré par les préposés de l'administration de l'enregistrement et des domaines. — Les réclamations contre le règlement de ces frais sont portées devant le conseil de préfecture, sauf recours au conseil d'Etat. (*Ord. préc., art. 5.*)

§ 4. — Des minières.

40. L'exploitation des minières qui comprennent les minerais de fer dits d'alluvion, les terres pyriteuses et alumineuses, et les tourbes, est assujettie à des règles spéciales, et ne peut avoir lieu sans permission. La permission détermine les limites de l'exploitation, et les règles sous les rapports de sûreté et de salubrité publique. (*L., 21 avril 1810, art. 57 et 58.*)

41. Le propriétaire du fonds sur lequel il y a du minerai de fer d'alluvion est tenu d'exploiter en quantité suffisante, pour fournir, autant que faire se peut, aux besoins des usines établies dans le voisinage avec autorisation légale ; en ce cas, il n'est assujetti qu'à en faire la déclaration au préfet ; elle doit contenir la désignation des lieux. Le préfet donne acte de cette déclaration, ce qui vaut permission pour le propriétaire, et l'exploitation a lieu par lui sans autre formalité. (*L. préc., art. 59.*)

42. Si le propriétaire n'exploite pas, les maîtres de forges ont la faculté d'exploiter à sa place, à la charge 1° d'en prévenir le propriétaire qui, dans un mois à dater de la notification, peut déclarer qu'il entend exploiter lui-même ; 2° d'obtenir du préfet la permission, sur l'avis de l'ingénieur des mines, après avoir entendu le propriétaire. (*L. préc., art. 60.*)

43. Si, après l'expiration du délai d'un mois, le propriétaire ne déclare pas qu'il entend exploiter, il est censé renoncer à l'exploitation ; le maître de forges peut, après la permission obtenue, faire les fouilles immédiatement dans les terres incultes et en jachères, et après récoltes dans toutes les autres terres. (*L. préc., art. 61.*)

44. Lorsque le propriétaire n'exploite pas en quantité suffisante, ou suspend ses travaux d'extraction pendant plus d'un mois sans cause légitime, les maîtres de forges peuvent se pourvoir auprès du préfet pour obtenir permission d'exploiter à sa place. — Si les maîtres de forges laissent écouler un mois sans faire usage de cette permission, elle est regardée comme non avenue, et le propriétaire du terrain rentre dans tous ses droits. (*L. préc., art. 62.*)

([1]) Si l'exploitation compromet la sûreté publique, la conservation des puits, la solidité des travaux, la sûreté des ouvriers mineurs ou des habitations de la surface, il y est pourvu par le préfet, ainsi qu'il est pratiqué en matière de grande voirie. (*L., 21 avril 1810, art. 50.*)

45. En cas de concurrence entre plusieurs maîtres de forges, pour l'exploitation dans un même fonds, le préfet détermine, sur l'avis de l'ingénieur des mines, les proportions dans lesquelles chacun d'eux peut exploiter, sauf le recours au conseil d'Etat. Le préfet règle de même les proportions dans lesquelles chaque maître de forges a droit à l'achat du minerai, s'il est exploité par le propriétaire. (*L., 21 avril 1810, art. 64.*)

46. Lorsque les propriétaires font l'extraction du minerai pour le vendre aux maîtres de forges, le prix en est réglé entre eux de gré à gré ou par des experts choisis ou nommés d'office. (*L. préc., art. 65.*)

47. Lorsque les maîtres de forges font extraire le minerai, il est dû au propriétaire du fonds, et avant l'enlèvement du minerai, une indemnité qui est aussi réglée par experts. (*L. préc., art. 66.*)

48. Si les minerais se trouvent dans les forêts impériales, dans celles des établissements publics ou des communes, la permission de les exploiter ne pourra être accordée qu'après avoir entendu l'administration forestière. L'acte de permission détermine l'étendue des terrains dans lesquels les fouilles peuvent être faites. (*L., préc., art. 67.*)

49. Les minières ne peuvent être exploitées qu'en vertu d'une concession : 1° si l'exploitation à ciel ouvert cesse d'être possible, et si l'établissement de puits, galeries et travaux d'art est nécessaire; 2° si l'exploitation, quoique possible encore, doit durer peu d'années et rendre ensuite impossible l'exploitation avec galeries et puits. On procède alors comme pour la concession des mines. (*L. préc., art. 68 et 69.*)

§ 5. — Des terres pyriteuses et alumineuses.

50. L'exploitation des terres pyriteuses et alumineuses est assujettie aux formalités prescrites pour les minières, soit qu'elle ait lieu par les propriétaires du fonds, soit par d'autres individus qui, à défaut par ceux-ci d'exploiter, en auraient obtenu la permission. (*L. préc., art. 71.*)

§ 6. — Des tourbières.

51. Les tourbes ne peuvent être exploitées que par le propriétaire du terrain ou de son consentement. (*L. préc., art. 83.*)

52. Tout propriétaire de tourbière doit demander à la sous-préfecture la permission d'extraire, à peine de 100 fr. d'amende. (*L. préc., art. 84.*)

53. L'ingénieur des mines donne son avis sur la demande, après avoir pris sur le terrain le nivellement nécessaire, avoir reconnu par des sondages, le gisement et la puissance des bancs de tourbe. Il fournit un plan général d'exploitation qui doit être approuvé par le préfet, sauf recours au ministre de l'intérieur. (*Instr. min., 3 août 1810.*)

54. Un règlement d'administration publique détermine la direction générale des travaux d'extraction; celle des rigoles de desséchement, enfin toutes les mesures propres à faciliter l'écoulement des eaux dans les vallées, et l'atterrissement des entailles tourbées. (*L., 21 avril 1810, art. 85.*)

§ 7. — Des carrières.

55. L'exploitation des carrières à ciel ouvert a lieu sans permission, sous la simple surveillance de la police, et avec l'observation des lois ou règlements généraux ou locaux. (*L. préc., art. 81.*)

56. Les ingénieurs rendent compte au préfet de l'état de ces exploitations, et proposent les mesures à prendre suivant les circonstances. (*Instr. min., 3 août 1810.*)

57. Quand l'exploitation a lieu par galeries souterraines, elle est plus spécialement soumise à la surveillance de l'administration. (*L., 21 avril 1810, art. 82.*)

58. Les exploitants sont tenus de fournir à la préfecture, au mois de janvier de chaque année, les plans et coupes de leurs travaux, tracés sur une échelle d'un millimètre par mètre. Ces plans sont vérifiés et certifiés, puis déposés au bureau de l'ingénieur des mines. (*Instr. min., 3 août 1810.*)

§ 8. — Des établissements métallurgiques.

59. Les fourneaux à fondre les minerais de fer et autres substances métalliques; les forges et les martinets pour ouvrer le fer et le cuivre; les usines servant de patouillets et bocards, celles pour le traitement des substances salines et pyriteuses, dans lesquelles on consomme des combustibles, ne peuvent être établis que sur une permission accordée par un règlement d'administration publique. (*L., 21 avril 1810, art. 73.*)

60. La demande en permission énonce la nature de la substance que l'on se propose de traiter, la consistance de l'usine, le lieu d'où l'on tirera le minerai ou le métal à traiter, l'espèce et la quantité de combustible que l'on consommera, ainsi que les lieux qui le fourniront, le cours d'eau dont on se servira et la durée désirée de la permission. Elle doit être accompagnée d'un plan de l'usine et des cours d'eau sur une échelle d'un millimètre pour dix mètres.

La demande est adressée au préfet, enregistrée le jour de la remise sur un registre spécial, communiquée à l'ingénieur en chef des mines, qui prépare les affiches dont le préfet ordonne la publication pendant quatre mois, comme pour les demandes en concession de mines.

En renvoyant, après le délai de publication, le procès-verbal constatant l'accomplissement de cette formalité, l'autorité locale donne son avis. Le préfet, dans le délai d'un mois, donne son avis, tant sur la demande que sur les oppositions et les demandes en préférence qui seraient survenues; l'administration des mines donne le sien sur la quotité du minerai à traiter; l'administration des forêts, sur l'établissement des bouches à feu, en ce qui concerne les bois, et l'administration des ponts et chaussées, sur ce qui concerne les cours d'eau navigables ou flottables. (*L. préc., art. 74.*)

61. Suivant une circulaire du ministre des travaux publics, du 16 octobre 1852, interprétative du tableau D annexé au décret du 25 mars 1852, sur la décentralisation administrative, le gouvernement se réserve toujours, comme par le passé, le droit de statuer sur toutes les usines métallurgiques régies par la loi du 21 avril 1810. Comme le veut cette loi, si l'usine est mue par un cours d'eau, l'administration des ponts et chaussées doit être consultée; si elle doit brûler du combustible végétal, l'administration forestière doit être entendue; de même, quand il s'agit de construire une usine dans le rayon des douanes, l'administration des douanes doit aussi être appelée à fournir ses observations. Il ne peut évidemment appartenir à l'autorité préfectorale seule de prononcer entre toutes ces administrations, et le gouvernement doit nécessairement intervenir.

V. Carrières, Inondations (nos 5 à 9).

MINISTÈRE PUBLIC. — Form. mun., tom. V, pag. 698.

1. Devant les tribunaux de simple police, les fonctions du ministère public sont remplies par les maires, adjoints, conseillers municipaux, commissaires de police, suivant les distinctions ci-après énoncées.

2. Les fonctions du ministère public auprès du juge de paix pour les faits de police, sont remplies par le commissaire de police du lieu où siége le tribunal; en cas d'empêchement du commissaire de police ou s'il n'y en a point, elles sont remplies par le maire, qui peut se faire remplacer par son adjoint. — S'il y a plusieurs commissaires de police, le procureur général près la cour impériale nomme celui ou ceux d'entre eux qui feront le service. (*Cod. instr. crim., art. 144.*)

3. Le ministère public est exercé auprès du maire, dans les matières de police, par l'adjoint; en l'absence de l'adjoint, ou lorsque l'adjoint remplace le maire comme juge de police, le ministère public est exercé par un membre du conseil municipal, qui est désigné à cet effet par le procureur impérial pour une année entière. (*Cod. préc., art. 167.*)

MISE EN JUGEMENT DES FONCTIONNAIRES. — Form. mun., tom. V, pag. 697.

1. Les agents du gouvernement, autres que les ministres, ne peuvent être poursuivis, pour des faits relatifs à leurs fonctions, qu'en vertu d'une décision du con-

seil d'Etat; en ce cas, la poursuite a lieu devant les tribunaux ordinaires. (*L. constit., 22 frim. an 8-13 déc. 1799, art. 75.*)

2. Cette garantie couvre tous les agents du gouvernement, et notamment les ecclésiastiques, les conseillers d'Etat, les militaires de tout grade en activité de service, les préfets, sous-préfets, maires et adjoints, les employés des douanes, les préposés du domaine, les employés des octrois, les percepteurs des contributions directes, les directeurs et inspecteurs des postes, les gardes forestiers et les gardes-pêche, les gardes champêtres et les gendarmes, lorsqu'ils sont prévenus d'avoir commis un délit dans l'exercice de leurs fonctions.

3. L'autorisation du conseil d'Etat n'est pas nécessaire pour traduire devant les tribunaux, 1° les agents du gouvernement pris en flagrant délit ; 2° les maires et adjoints, gardes champêtres et gardes forestiers, commissaires de police et officiers de gendarmerie, qui auraient commis des contraventions ou des délits en qualité d'officiers de l'état civil ou de police judiciaire (*Avis cons. Etat, 4 pluv. an 12*) ; 3° les percepteurs des contributions, lorsque les préfets veulent les poursuivre (*Arr., 10 flor. an 10*) ; 4° les employés des contributions indirectes (*L., 8 oct. 1814, art. 144*) ; 5° les gardes-bois des particuliers. (*Ord., 22 juill. 1818.*)

4. Il en est de même lorsque les faits et les délits ont été commis par les agents du gouvernement, hors de l'exercice de leurs fonctions, ou lorsque les faits imputés sont postérieurs à la cessation des fonctions de l'agent.

5. L'autorisation du conseil d'Etat n'est pas nécessaire pour poursuivre un juge de paix ou de police, un officier de police judiciaire, un juge du tribunal de commerce, un membre du tribunal correctionnel ou de première instance, un membre des cours impériales, ou un officier du ministère public près de l'un de ces tribunaux. Des formes particulières sont établies à cet égard par le Code d'instruction criminelle, art. 479 et suivants.

MOBILIER DES BATIMENTS DÉPARTEMENTAUX ET COMMUNAUX.

LÉGISLATION.

Ordonnances des 7 avril 1819, 3 février 1830 et 7 août 1841. — Décrets des 28 mars et 8 août 1852.

SOMMAIRE.

§ 1er. — Archevêchés et évêchés.

1. L'ameublement des archevêchés et évêchés se compose : 1° des meubles meublants servant à la représentation, tels que glaces, consoles, secrétaires, tentures, lustres, tapis, siéges et autres objets qui garnissent les salons de réception, la salle à manger et le cabinet du prélat; 2° de l'ameublement d'un appartement d'habitation d'honneur ; 3° du mobilier de la chapelle de l'archevêché ou évêché ; 4° des crosses épiscopales et des croix processionnelles des archevêques. (*Ord., 7 avril 1819, art. 1er.*)

2. Les sommes nécessaires pour les nouveaux achats de meubles, ainsi que pour l'entretien annuel des ameublements, sont prises sur les fonds affectés aux dépenses fixes ou communes à plusieurs départements. Elles sont mises à la disposition des archevêques, évêques ou vicaires capitulaires, en cas de vacances du siége, à la charge de rendre compte de leur emploi. Il est procédé aux allocations à faire et aux comptes arrêtés comme pour les autres dépenses de même nature : le préfet du département où est établi le siége soumet au conseil général, dans la session ordinaire, les états, devis estimatifs et autres pièces, et il est définitivement statué par le ministre de l'intérieur. (*Ord. préc., art. 4.*)

3. Les archevêques et évêques ne sont point responsables de la valeur des meubles, et sont tenus seulement de les représenter. (*Ord. préc., art. 7.*)

§ 2. — Préfectures.

4. La première section des budgets départementaux comprend, parmi les dé-

penses ordinaires, l'ameublement et l'entretien du mobilier de l'hôtel de préfecture. (*L., 10 mai 1838, art. 12.*)

5. L'ameublement et l'entretien du mobilier des hôtels de préfecture comprennent : 1° le mobilier des appartements de réception ; le mobilier des salles du conseil de préfecture, du conseil général et des commissions ; du cabinet du préfet et des bureaux de la préfecture ; celui d'au moins six chambres de maître, avec leurs accessoires, et huit chambres de domestiques ; 2° les objets nécessaires au service des cuisines et au service des écuries et remises, et les ustensiles de jardinage. (*Ord., 7 août 1841, art. 1er.*)

6. L'allocation votée chaque année par le conseil général, pour l'entretien du mobilier, est du vingtième du taux de ce même mobilier. Elle doit être employée exclusivement au maintien du mobilier en bon état de conservation. Il doit être rendu compte chaque année, au conseil général, de l'emploi de cette allocation. (*Ord. préc., art. 6.*)

7. Indépendamment du fonds annuel d'entretien, il peut être ouvert des crédits pour réparations extraordinaires du mobilier. (*Ord., préc., art. 7.*)

8. Les meubles entretenus ou réparés conservent sur l'inventaire leur valeur primitive d'achat. (*Ord. préc., art. 8.*)

9. Les meubles qui sont réformés sont remplacés par des meubles nouveaux, sans que, dans aucun cas, le taux du mobilier puisse être dépassé. Les meubles réformés sont vendus au profit du département. Le produit des ventes doit figurer dans le budget départemental, au chapitre des *Revenus et produits des propriétés tant mobilières qu'immobilières.* (*Ord. préc., art. 9.*)

10. Les préfets sont tenus de représenter les divers objets inventoriés, mais ne sont pas responsables des détériorations et diminutions de valeurs qu'ils peuvent avoir subies. (*Ord. préc., art. 10.*)

§ 3. — Sous-préfectures.

11. La dépense d'ameublement et d'entretien du mobilier des hôtels de sous-préfectures est classée parmi les dépenses ordinaires que comprend la première section des budgets départementaux. (*Décr., 28 mars 1852, art. 1er.*)

12. L'ameublement et l'entretien du mobilier des hôtels de sous-préfectures comprennent : 1° le mobilier d'un salon de réception et d'une salle à manger au moins ; 2° le mobilier du cabinet du sous-préfet et des bureaux de la sous-préfecture ; 3° le mobilier d'au moins trois chambres de maître avec leurs accessoires et trois chambres de domestique ; 4° les objets mobiliers nécessaires au service des cuisines et des écuries et remises, et les ustensiles de jardinage. (*Décr., 8 août 1852, art. 1er.*)

Cet article n'établit qu'un *minimum* en ce qui concerne les appartements de réception et les chambres à coucher : il reste subordonné aux convenances locales, aux dispositions de l'hôtel et aux allocations budgétaires. (*Circ. min. int., 8 août 1852.*)

13. Par *accessoires* des chambres de maître, on doit entendre les cabinets de toilette. La batterie de cuisine, les tables, siéges, buffets, armoires, etc., représentent les objets mobiliers nécessaires au service des cuisines. Les râteliers, seaux, crics, chevalets, etc., constituent les objets indispensables au service journalier des écuries et remises. Ces sortes de dépenses doivent être excessivement restreintes et bornées aux seuls objets qui sont placés à demeure. La même observation s'applique aux ustensiles de jardinage. (*Circ. préc.*)

14. Rien n'est changé au mode d'ameublement du cabinet du sous-préfet et de ses bureaux ; seulement, les cartons destinés au classement des affaires administratives doivent être considérés comme faisant partie du mobilier des bureaux, et sont payés sur les fonds alloués pour achat de meubles. (*Circ. préc.*)

15. L'argenterie, la vaisselle, les cristaux, les porcelaines, sont exclus de la composition du mobilier légal, pour les sous-préfectures comme pour les préfectures. Les tableaux, bustes, statues et autres objets d'art, n'y doivent pas, non plus, être compris ; l'acquisition n'en doit jamais être autorisée par le préfet. Quant aux objets qui peuvent être attachés aux parquets et fixés à demeure,

tels que glaces, consoles, poêles, cheminées, tentures, etc., ils sont immobilisés et n'entrent point dans la valeur du mobilier. *(Circ. min. int., 8 août 1852.)*

16. L'allocation du vingtième pour l'entretien du mobilier est purement limitative, et n'établit qu'un *maximum* qu'il convient d'abaisser autant que le permettront les besoins les plus stricts du service. *(Circ. préc.)*

17. Le fonds d'entretien ne doit jamais être appliqué à des réparations extraordinaires ou à des acquisitions de meubles nouveaux. Sa destination est de maintenir autant que possible le mobilier dans sa valeur primitive, ou au moins dans un bon état de conservation. Il est cependant certains objets qui peuvent être payés sur le fonds d'entretien, à titre d'accessoires des meubles, tels que le marbre d'un secrétaire ou d'une commode, le tapis d'une table de jeu, les verres et les globes des lampes, etc. Le blanchissage des rideaux fait aussi partie de l'entretien du mobilier; mais le remplacement des carreaux de vitres, la restauration ou la peinture des boiseries, la pose des bourrelets, le ramonage, le frottage, etc., ne peuvent être imputés que sur le fonds d'entretien du bâtiment lui-même, et, dans certains cas, que sur le traitement du sous-préfet. *(Circ. préc.)*

18. Les gens de la maison du sous-préfet doivent rester chargés de tous les travaux de propreté et d'ordre intérieur; toutefois, lorsque des opérations spéciales exigent des mains plus exercées, comme le nettoyage de lampes à mécanisme, le fonds d'entretien peut supporter cette dépense. Les ustensiles de jardinage et les objets de service des écuries et remises, seront aussi entretenus aux frais du département. Les préfets doivent veiller à ce qu'aucune acquisition nouvelle ne soit faite au moyen de fonds d'entretien. En s'écartant de cette règle, les sous-préfets engageraient leur responsabilité personnelle, et le ministre est résolu à ne pas les en affranchir. Lorsque, par suite d'un long usage ou d'accidents imprévus, il y a lieu de remettre à neuf une partie du mobilier, le préfet, de conformité à l'art. 7 du décret du 28 mars 1852, demande au conseil général une allocation spéciale. L'emploi de ces sortes de crédits est subordonné à l'approbation du préfet. *(Circ. préc.)*

19. La vente des meubles réformés doit toujours être approuvée par le conseil général. *(Circ. préc.)*

20. Le taux du mobilier de chaque hôtel de sous-préfecture est fixé par délibération du conseil général. Ce taux est définitivement fixé par le décret réglementaire du budget départemental. *(Décr., 8 août 1852, art. 2.)*

21. Les art. 6, 7, 8, 9 et 10 du décret précité, prescrivent les mêmes mesures que celles prévues par les art. 6, 7, 8, 9 et 10 de l'ordonnance du 7 août 1841. (V. ci-dessus, nos 6 à 10.)

§ 4. — Mairies.

22. Quand le maire juge nécessaire une dépense d'entretien ou d'achat de mobilier à l'usage de la mairie, il en fait la proposition au conseil municipal, qui délibère, et en vote, s'il y a lieu, l'acquisition.

23. Si des effets mobiliers appartenant à la mairie sont inutiles ou hors de service, la vente en est faite, sur la proposition du maire, par adjudication publique au plus offrant et dernier enchérisseur; le prix en est versé dans la caisse municipale et porté dans les comptes du receveur, au chapitre des *Recettes accidentelles.*

24. Les communes sont libres de recourir, pour ces sortes de ventes, au ministère d'un officier public ou de s'en abstenir. *(Déc. min. int. et just., 21 nov. 1853.)*

§ 5. — Écoles communales.

25. Toute commune doit fournir son école primaire du mobilier de classe. *(L., 15 mars 1850, art. 37.)*

26. Les registres, instructions, cartes, tableaux, etc., font partie du mobilier des écoles primaires, et sont, dès lors, une propriété communale. *(Circ. min. instr. publ., 7 mars 1851.)*

§ 6. — **Administration académique.**

27. Les départements fournissent un local pour le service de l'administration académique. (*L., 15 mars 1850, art. 13.*)

28. Ce local comprend au moins, avec le mobilier nécessaire au service, un cabinet pour le recteur; une salle des délibérations pour le conseil académique et pour les examens de candidats au brevet de capacité; un cabinet pour le secrétaire de l'académie, et une pièce pour les commis de l'académie et pour les archives. (*Décr., 29 juill. 1850, art. 14.*)

29. Le local de l'académie, le mobilier du conseil académique et des bureaux du recteur, sont fournis par la ville chef-lieu. Le local et le mobilier nécessaires à la réunion du conseil départemental, et les bureaux de l'inspecteur d'académie, ainsi que les frais de bureaux, sont à la charge du département. Ces dépenses sont obligatoires. (*L., 14 juin 1854, art. 10.*)

V. Inventaire et récolement.

MONTS-DE-PIÉTÉ. — Form. mun., tom. V, pag. 718.

1. Les monts-de-piété sont des établissements publics de bienfaisance, et les maires sont appelés, non-seulement à faire partie du personnel des administrations destinées à les régir, mais même à présider ces administrations.

2. On doit essentiellement se proposer, par l'établissement des monts-de-piété et par leur direction, de venir au secours de la classe la plus pauvre de la société, de faire baisser l'intérêt du prêt sur gage, à la charge de faire tourner exclusivement au profit des hospices l'espèce de bénéfice qui en résulte. (*Avis cons. Etat, 12 juill. 1807.*)

3. Il ne peut, par conséquent, être accordé des monts-de-piété qu'aux villes où la caisse municipale et celle des hospices, ou l'une des deux, fournissent un capital suffisant à la mise en activité de l'établissement, sans qu'on puisse, en aucun cas, recourir à la voie des actions. (*Avis préc.*)

4. Les maires qui jugent utile et possible de former dans leurs communes un semblable établissement, doivent, sous l'approbation du préfet, faire délibérer leur conseil municipal sur l'opportunité de l'établissement, sur les moyens de former le capital nécessaire, et sur le projet du règlement à présenter avec la demande en autorisation.

5. Les préfets soumettent ensuite à l'empereur en conseil d'Etat les projets d'établissement accompagnés de leur avis, et la création a lieu par un décret auquel est annexé le règlement approuvé ou modifié qui détermine l'organisation et le service de l'établissement.

6. Les budgets et comptes des monts-de-piété sont réglés comme ceux des hospices, les conseils municipaux préalablement entendus. (*Ord., 18 juin 1823.*)

7. La même ordonnance déclare applicable aux monts-de-piété les formes déterminées à l'égard des hospices, en ce qui concerne les constructions, reconstructions, acquisitions, ventes et échanges, ainsi que les prêts et emprunts autres que les opérations ordinaires de cette nature autorisées par les règlements.

MONUMENTS HISTORIQUES.

1. Toutes les demandes de secours, tous les projets de travaux à exécuter qui concernent les monuments historiques, doivent être adressés au ministre de l'intérieur. (*Circ. min. int., 19 févr. 1841.*)

2. Ils sont examinés par une commission spéciale attachée au ministère de l'intérieur, et aucune décision n'est rendue que sur le rapport de cette commission, qui est la seule qui puisse être saisie des affaires relatives à la conservation de ces monuments. (*Circ. préc.*)

3. Pour qu'une affaire de ce genre puisse être mise utilement sous les yeux de la commission des monuments historiques, il est nécessaire d'adresser au ministre de l'intérieur les pièces suivantes :

1° Un exposé des besoins du monument et de son état actuel ;

2° Une notice historique et une description ;

3° Des plans, coupes, dessins, ou, du moins, des croquis et un plan avec des mesures ;

4° Un devis, rédigé par un architecte, aussi détaillé que possible, des travaux projetés. Ces travaux doivent être divisés en trois catégories : la première doit comprendre les travaux très-urgents qui ont pour objet la consolidation immédiate de l'édifice ; la seconde, les travaux moins urgents qui concernent la conservation ; la troisième, ceux qui peuvent toujours être différés, et qui doivent en compléter la restauration. — On doit, enfin, indiquer dans le même devis les dépenses qui ne peuvent être divisées en raison de la nature des travaux, ou de toutes autres circonstances. (*Circ. min. int.*, *19 févr. 1841.*)

4. Les secours du ministère de l'intérieur ne sont accordés qu'à des édifices qui offrent un intérêt réel sous le rapport de l'art, et ne peuvent s'appliquer qu'à des travaux de conservation ou de réparation. C'est uniquement en raison de leur architecture ou des souvenirs qu'ils rappellent, qu'ils ont droit au secours du ministère de l'intérieur. (*Circ. préc.*)

5. En recevant l'avis d'une allocation de ce ministère, les préfets sont en même temps informés de l'emploi précis qu'elle doit recevoir ; si cette destination était changée, la dépense demeurerait à la charge des autorités qui auraient favorisé ou toléré cet abus. (*Circ. préc.*)

6. Lorsque des conseils municipaux ont à s'occuper d'alignement, ils doivent subordonner ces projets aux monuments existants dans les communes, et ils peuvent profiter de cette occasion pour débarrasser les édifices remarquables des constructions modernes, qui, trop souvent, en obstruent les abords et en compromettent la conservation. (*Circ. préc.*)

7. L'ordonnancement des allocations n'a lieu qu'après la réception des travaux en bonne forme (*Circ. préc.*), et sur la production au ministre d'un état régulier et détaillé des dépenses, afin qu'il puisse contrôler la nature de ces dépenses, et les comparer aux articles du devis approuvé. (*Circ. min. int.*, *31 oct. 1845.*)

8. Les maires des communes dans lesquelles se trouvent des monuments historiques ne peuvent faire subir à ces monuments aucune modification, sans que le projet en ait été adressé au ministre de l'intérieur et reçu son approbation. (*Circ. min. int.*, *18 sept. 1841.*)

9. Si ces monuments appartiennent à des particuliers, le préfet doit être informé quand les propriétaires seront dans l'intention de les restaurer, de les vendre ou de les démolir, et le préfet en prévient en temps utile le ministre de l'intérieur, pour que l'État puisse au besoin s'en rendre adjudicataire. Si les prétentions des propriétaires sont exagérées, il y a lieu de recourir aux dispositions de la loi sur l'expropriation forcée. (*Circ. préc.*)

10. Les préfets doivent donner des ordres précis pour interdire le moulage ou l'estampage dans les monuments subventionnés par le ministère de l'intérieur. Lorsqu'ils croiront qu'il y a lieu de faire une exception à cette défense générale, ils doivent en prévenir d'avance le ministre, et lui faire connaître les motifs qui leur paraissent motiver une autorisation spéciale, qui, d'ailleurs, doit toujours être refusée à des spéculations commerciales, et qui ne peut être accordée qu'à des artistes donnant toutes les garanties désirables de leur adresse et de leur expérience. (*Circ. min. int.*, *16 déc. 1842.*)

11. Les préfets doivent enfin porter leur attention sur les usurpations ou tolérances déplorables par suite desquelles plusieurs monuments sont entourés et masqués de constructions parasites, souvent très-nuisibles aux édifices contre lesquels on les a établies. Il serait à désirer que les administrations municipales eussent toujours la fermeté désirable pour prévenir ou pour réprimer ces usurpations. (*Circ. min. int.*, *22 avril 1852.*)

Cette même circulaire du 22 avril 1852 recommande l'exécution des dispositions contenues dans les circulaires citées plus haut.

V. Églises, § 6.

MOULINS. V. Cours d'eau, Usines.

N

NAVIGATION INTÉRIEURE. — Form. mun., tom. V, pag. 731.

1. Les maires doivent contribuer à la surveillance de tout ce qui intéresse la liberté, la sûreté et la police de la navigation intérieure; ils doivent, en conséquence, informer le préfet de toutes les entreprises qui tendraient à empêcher le libre cours des eaux. Ils doivent aussi tenir la main à l'exécution ponctuelle des règlements particuliers sur l'usage des cours d'eau qui existent dans l'étendue de leur commune.

2. Les contributions en matière de grande voirie, telles que celles relatives aux canaux, fleuves et rivières navigables, à leurs chemins de halage, francs-bords, fossés et ouvrages d'art, sont constatées, réprimées et poursuivies par voie administrative. (*L., 29 flor. an 10-19 mai 1802, art. 1er.*)

3. Elles sont constatées concurremment par les maires ou adjoints, les ingénieurs des ponts et chaussées, leurs conducteurs, les agents de la navigation, les commissaires de police et la gendarmerie. (*L. préc., art. 2.*)

4. Les procès-verbaux sur les contraventions doivent être adressés au sous-préfet, qui ordonne, par provision et sauf le recours au préfet, ce que de droit, pour faire cesser les dommages. (*L. préc., art. 3.*)

5. La loi du 29 floréal an 10 a été complétée en ce qui concerne les mesures répressives des délits de grande voirie, par le titre 9 du décret du 16 décembre 1811, dont les dispositions ont été déclarées applicables aux communications par eaux.

NAVIGATION A LA VAPEUR.

LÉGISLATION.

Ordonnance du 2 avril 1823.

1. Dans les départements où il existe des fleuves, rivières ou côtes, sur lesquels sont ou peuvent être établis des bateaux à vapeur, le préfet forme une ou plusieurs commissions composées de personnes expérimentées, et présidées, soit par un ingénieur en chef des ponts et chaussées ou des mines, soit, à son défaut, par un ingénieur ordinaire. Cette commission est chargée, sous la direction du préfet, de s'assurer que les bateaux à vapeur sont construits avec solidité, particulièrement en ce qui concerne l'appareil moteur; que cet appareil est soigneusement entretenu dans toutes ses parties, et ne présente aucune probabilité d'effraction, ni aucune détérioration dangereuse. (*Ord., 2 avril 1823, art. 1er.*)

2. Aucun bateau à vapeur ne peut entrer en navigation qu'après que la commission a constaté la solidité de construction et de bon état de la machine, et que le préfet a notifié aux propriétaires qu'il a reçu et approuvé le procès-verbal de la commission. (*Ord. préc., art. 2.*)

3. Les bateaux à vapeur sont assujettis, pour ce qui concerne le nombre des passagers, les heures de départ, la composition de l'équipage et l'état des bâtiments, aux lois et règlements pour la navigation qui sont en vigueur, soit sur les côtes, soit sur les fleuves et rivières. En conséquence, quand les bateaux sont dans le cas de naviguer dans la circonscription des arrondissements maritimes, les capitaines doivent être munis d'un permis de navigation ou d'un rôle d'équipage; et lorsqu'ils naviguent seulement dans l'intérieur, ils sont assujettis à la surveillance des officiers de port, ainsi qu'aux règlements particuliers des préfets, pour tout ce qui se rapporte à la police des départs et à la sûreté des embarcations. (*Ord. préc., art. 4.*)

4. Le permis de navigation énonce les conditions que l'emploi de la vapeur rend indispensables et les mesures de police à observer. (*Circ. min. int., 15 sept. 1839.*)

5. Tout propriétaire de bateau à vapeur est tenu de se conformer, non-seulement aux conditions qui lui ont été imposées par son permis, mais encore à

toutes les mesures d'ordre et de police établies sur la ligne de navigation. (*Circ. min. int., 15 sept. 1839.*)

6. Lorsqu'un préfet autorise le service d'un bateau à vapeur, son arrêté d'autorisation doit contenir une disposition portant que le propriétaire et ses préposés sont dans l'obligation de se soumettre aux mesures particulières d'ordre et de police locale qui sont ou peuvent être prescrites, dans l'intérêt de la navigation, par les préfets des départements que le bateau doit traverser; et que l'inobservation de ces mesures pourra, comme les contraventions aux dispositions du permis lui-même, entraîner, suivant la gravité des cas, le retrait temporaire ou définitif de ce permis, sans préjudice des autres peines de droit. (*Circ. préc.*)

7. C'est au préfet qui a donné l'autorisation de naviguer qu'il appartient, s'il y a lieu, de la suspendre ou de la retirer. Mais le préfet du département dans lequel la contravention est commise peut requérir de son collègue qu'il prononce cette suspension ou ce retrait. A cet effet, il lui transmet les procès-verbaux qui ont été dressés, et lui fait part de la répression qu'il juge devoir être appliquée, suivant la nature du délit. (*Circ. préc.*)

8. Il appartient notamment aux préfets de fixer les heures de départ, la durée et les lieux de stationnement, les points d'embarquement et de débarquement, les modes suivant lesquels ils doivent s'effectuer dans les ports ou en pleine rivière, la direction à tenir par les capitaines en cas de rencontre de deux bateaux allant en sens inverse ou dans le même sens; enfin, tout ce qui intéresse la sûreté des personnes et la conservation des établissements ou travaux d'art en rivière. (*Circ. préc.*)

9. Il doit être expressément défendu de naviguer avec une vitesse supérieure à celle que comporte la marche régulière de l'appareil moteur, de pousser inconsidérément la tension de la vapeur pour faire assaut de vitesse. (*Circ. préc.*)

10. Le local de l'appareil moteur doit toujours être séparé des salles où se tiennent les voyageurs, par de fortes cloisons doublées en tôle. (*Circ. préc.*)

11. La charge totale du bateau doit être réglée de manière que la ligne de flottaison ne puisse jamais être submergée, et il doit être interdit expressément d'admettre un nombre de voyageurs supérieur à celui qui a été fixé. (*Circ. préc.*)

12. Les batelets des bateaux à vapeur ne peuvent être établis qu'en vertu d'une permission qui détermine leurs dimensions et les conditions de solidité qu'ils doivent offrir. (*Circ. préc.*)

13. Dans les endroits où le courant est trop rapide, et rend dangereux l'usage des batelets, les embarquements et les débarquements ne peuvent s'effectuer qu'au moyen de pontons ou d'embarcadères. (*Circ. préc.*)

14. Il doit toujours y avoir à bord un registre dont les pages sont cotées et paraphées, et sur lequel les passagers ont la faculté de consigner les observations ou les plaintes qu'ils ont à faire. (*Circ. préc.*)

15. Les registres sont représentés aux commissions de surveillance dans leurs visites, et aux autorités chargées de la police locale. (*Circ. préc.*)

16. Les capitaines sont tenus de déclarer à ces autorités, après chaque voyage, les accidents ou avaries quelconques qui seraient arrivés. (*Circ. préc.*)

17. Dans chaque salle où se tiennent les passagers, il doit être placé un tableau indiquant la durée moyenne des voyages tant en montant qu'en descendant, le nombre *maximum* des passagers qui peuvent être reçus, et la faculté donnée à ces passagers de consigner leurs observations sur le registre ouvert à cet effet. Une copie du permis de navigation doit aussi y être affichée. (*Circ. préc.*)

18. Tout bateau à vapeur venant d'un département avec une autorisation de naviguer n'en est pas moins soumis aux visites des commissions de surveillance instituées dans les lieux qu'il traverse. Ces commissions, ou leurs membres délégués à cet effet, peuvent se transporter à bord toutes les fois que cela est jugé utile, se faire représenter le permis, examiner si les conditions en sont exactement observées, si l'appareil est soigneusement entretenu dans toutes ses parties. Enfin, une inspection assidue doit être exercée, non-seulement par ces commissions, mais encore par les ingénieurs des mines, ceux des ponts et chaussées,

les officiers de port, les maires et adjoints, les commissaires de police, les officiers et sous-officiers de gendarmerie des villes et communes situées sur les fleuves ou rivières. (*Circ. min. int., 15 sept. 1839.*)

19. Les préfets des départements traversés par une ligne de bateaux à vapeur doivent se concerter pour établir et faire observer, sur la ligne de navigation, toutes les dispositions ci-dessus, et celles d'intérêt local qui seraient nécessaires. (*Circ. préc.*)

20. Quand des procès-verbaux sont transmis à un préfet d'un autre département que le sien, il doit informer le préfet qui a transmis ces procès-verbaux de la suite qui leur a été donnée. (*Circ. préc.*)

21. S'il y a divergence d'opinion entre deux préfets, relativement à la nécessité de suspendre ou de retirer un permis, ils doivent en référer au ministre de l'intérieur, qui doit toujours aussi être avisé des décisions préfectorales de la suspension ou du retrait définitif d'un permis de navigation. (*Circ. préc.*)

V. Bateaux a vapeur, Machines a vapeur, Navigation intérieure.

NETTOIEMENT. — Form. mun., tom. V, pag. 737.

1. Le nettoiement et la propreté des rues et places publiques sont au nombre des objets les plus importants de la police administrative. Les soins à y donner doivent comprendre le balayage des rues, le curage des égouts, l'enlèvement des boues et des immondices, et celui des glaces et neiges pendant l'hiver, l'arrosement des places et promenades publiques pendant l'été, etc.

2. Les maires peuvent prendre à cet égard tous les arrêtés qu'ils jugent nécessaires. Ces arrêtés doivent déterminer quelle est la partie de la voie publique dont le balayage est à la charge des habitants. Le balayage sur les places, ports, quais et autour des jardins et édifices publics, doit être l'objet d'une dépense communale, à moins que l'administration n'avise à d'autres moyens de le faire faire.

3. Les contraventions aux dispositions ordonnées pour le service du nettoiement, soit de la part des habitants, soit de la part des entrepreneurs qui en sont chargés, doivent être constatées par des procès-verbaux, et les contrevenants traduits devant le tribunal de police.

NOMS, PRÉNOMS ET SURNOMS. — Form. mun., tom. V, pag. 744.

LÉGISLATION.

Décret du 6 fructidor an 2-23 août 1794. — Loi du 11 germinal an 11-1er avril 1803.

1. Les noms en usage dans les différents calendriers, et ceux des personnages connus de l'histoire ancienne, peuvent seuls être reçus, comme prénoms, sur les registres de l'état civil destinés à constater la naissance des enfants; il est interdit aux officiers publics d'en admettre aucun autre dans leurs actes. (*L., 11 germ. an 11-1er avril 1803, art. 1er.*)

2. Toute personne qui a quelque raison de changer de nom, en adresse la demande motivée au gouvernement, qui prononce dans la forme prescrite par les règlements d'administration publique. (*L. préc., art. 4 et 5.*)

3. Aucun citoyen ne peut porter de nom ni de prénom autres que ceux exprimés dans son acte de naissance. (*Décr., 6 fruct. an 2-23 août 1794, art. 1er.*)

4. Il est également défendu d'ajouter aucun surnom à son nom propre, à moins qu'il ne serve à distinguer les membres d'une même famille. (*Décr. préc., art. 2.*)

5. Il suffit qu'un particulier soit depuis longtemps en possession d'un nom, pour qu'il puisse s'opposer à ce qu'une autre famille s'en empare, et demander que l'ordonnance de concession soit retirée. (*Arr. cons. Etat, 23 déc. 1815, 18 avril 1816, 3 juin 1818, et 12 mai 1819.*)

6. Le droit d'opposition appartient même à une commune dont le nom a été concédé à un particulier. (*Arr. cons. Etat, 8 janv. 1817.*)

V. État civil.

O

OCTROIS. — Form. mun., tom. VI, pag. 1.

LÉGISLATION.

Décret du 10 mai 1809. — Ordonnance du 9-27 décembre 1814, portant règlement sur les octrois. — Loi du 28 avril 1816.

PROCÉDURE.

§ 1er. — Etablissement des octrois. — Tarifs. — Règlements.

1. Lorsque les revenus d'une commune sont insuffisants pour ses dépenses, il peut y être établi, sur la demande du conseil municipal, un droit d'octroi sur les consommations. La désignation des objets imposés, le tarif, le mode et les limites de la perception, sont délibérés par le conseil municipal, et réglés de la même manière que les dépenses et les revenus communaux. Le conseil municipal décide si le mode de perception sera la régie simple, la régie intéressée, le bail à ferme ou l'abonnement avec la régie des contributions indirectes; dans tous les cas, la perception du droit fixe se fait sous la surveillance du maire, du sous-préfet et du préfet. (*L., 28 avril 1816, art. 147.*)

2. Il doit être joint au vote préalable du conseil municipal un état de la situation financière de la commune. Cet état doit indiquer, d'une part, les dettes de la commune et les époques de libération; d'autre part, les dépenses extraordinaires susceptibles de se renouveler, et le nombre d'années pendant lesquelles ces dépenses se reproduiront; il est en outre appuyé d'un relevé des recettes et dépenses ordinaires, d'après les comptes des trois dernières années. (*Circ. min., 12 févr. 1848.*)

3. Les délibérations portant établissement d'un octroi sont adressées, par le maire, au sous-préfet, et renvoyées par celui-ci, avec ses observations, au préfet, qui les transmet, également avec son avis, au ministre de l'intérieur, lequel permet, s'il y a lieu, l'établissement de l'octroi demandé, et autorise le conseil municipal à délibérer les tarif et règlement. (*Ord., 9 déc. 1814, art. 6.*)

4. Les projets de règlement et de tarif, délibérés par les conseils municipaux, en vertu de l'autorisation du ministre de l'intérieur, parviennent de même aux préfets, avec l'avis des maires et des sous-préfets; les préfets les transmettent au directeur général des contributions indirectes, pour être soumis au ministre des finances, sur le rapport duquel l'approbation est accordée, s'il y a lieu. (*Ord. préc., art. 7.*)

5. Les règlements d'octroi ne peuvent contenir aucune disposition contraire à celles des lois et règlements relatifs aux différents droits imposés au profit du trésor. (*L., 28 avril 1816, art. 150.*)

§ 2. — Matières qui peuvent être soumises aux droits d'octroi.

6. Aucun tarif d'octroi ne peut porter que sur des objets destinés à la consommation des habitants du lieu sujet. Ces objets seront toujours compris dans les cinq divisions suivantes, savoir : 1° Boissons et liquides; — 2° Comestibles; — 3° Combustibles; — 4° Fourrages; — 5° Matériaux. (*Ord., 9 déc. 1814, art. 11.*)

1re Division.

7. Sont compris dans la première division, les vins, vinaigres, cidres, poirés, bières, hydromels, eaux-de-vie, esprits, liqueurs et eaux spiritueuses. — Les droits d'octroi sur les vins, cidres, poirés, eaux-de-vie et liqueurs ne pourront excéder ceux perçus aux entrées des villes sur les mêmes boissons pour le compte du trésor public (Paris excepté). — Les vendanges ou fruits à cidre ou à poiré sont assujettis aux droits, à raison de trois hectolitres de vendange pour deux hectolitres de vin, et de cinq hectolitres de pommes ou de poires pour deux hectolitres de cidre ou de poiré. (*Ord. préc., art. 12.*)

8. Les eaux-de-vie et esprits doivent être divisés, pour la perception, d'après les degrés, conformément au tarif des droits d'entrée. — Les eaux dites de Cologne, de la reine de Hongrie, de mélisse et autres dont la base est l'alcool, doivent être tarifées comme les liqueurs. (*Ord. préc., art. 13.*)

9. Dans le pays où la bière est la boisson habituelle et générale, celle importée, quelle que soit sa qualité, ne peut être, au plus, taxée qu'au quart en sus du droit sur la bière fabriquée dans l'intérieur. (*Ord., 9 déc. 1814, art. 14.*)

10. Les huiles peuvent aussi, suivant les localités, être imposées; la taxe en est déterminée suivant leur qualité ou leur emploi. (*Ord. préc., art. 15.*)

2e Division.

11. Sont compris dans la deuxième division les objets servant habituellement à la nourriture des hommes, à l'exception toutefois des grains et farines, fruits, beurre, lait, légumes et autres menues denrées. (*Ord. préc., art. 16.*)

12. Ne sont point compris dans ces exceptions les fruits secs et confits, les pâtes, les oranges, les limons et citrons, lorsque ces objets sont introduits dans les villes en caisses, tonneaux, barils, paniers ou sacs, ni le beurre et les fromages venant de l'étranger. (*Ord. préc., art. 17.*)

13. Les bêtes vivantes doivent être taxées par tête. Les bestiaux abattus au dehors, et introduits par quartier, paieront au prorata de la taxe par tête. A l'égard des viandes dépecées, fraîches ou salées, elles sont imposées au poids. (*Ord. préc., art. 18.*)

14. Les coquillages, le poisson de mer frais, sec ou salé, de toute espèce, et celui d'eau douce, peuvent être assujettis aux droits d'octroi, suivant les usages locaux, soit à raison de leur valeur vénale, soit à raison du nombre ou du poids, soit paniers, barils ou tonneaux. (*Ord. préc., art. 19.*)

3e Division.

15. Sont compris dans la troisième division, 1° toute espèce de bois à brûler, les charbons de bois et de terre, la houille, la tourbe, et généralement toutes les matières propres au chauffage; 2° les suifs, cires et huiles à brûler. (*Ord. préc., art. 20.*)

4e Division.

16. La quatrième division comprend les pailles, foins et tous les fourrages verts ou secs, de quelque nature, espèce ou qualité qu'ils soient. Le droit doit être réglé par botte ou au poids. (*Ord. préc., art. 21.*)

5e Division.

17. Sont compris dans la cinquième division, les bois, soit en grume, soit équarris, façonnés ou non, propres aux charpentes, constructions, menuiserie, ébénisterie, tour, tonnellerie, vannerie et charronnage.

Y sont également compris les pierres de taille, moellons, pavés, ardoises, tuiles de toute espèce, briques, craies et plâtre. (*Ord. préc., art. 22.*)

18. Pour toutes les matières désignées au présent titre, les droits doivent être imposés par hectolitre, kilogramme, mètre cube ou carré, ou stère, ou par fractions de ces mesures. Cependant, lorsque les localités ou la nature des objets l'exigent, le droit peut être fixé au cent ou au millier, ou par voiture, charge ou bateau. (*Ord. préc., art. 23.*)

19. Les objets récoltés, préparés ou fabriqués dans l'intérieur d'un lieu soumis à l'octroi, ainsi que les bestiaux qui y sont abattus, seront toujours assujettis par le tarif au même droit que ceux introduits de l'extérieur. (*Ord. préc., art. 24.*)

§ 3. — Modifications des tarifs.

20. Les changements proposés par les maires ou les conseils municipaux, aux tarifs ou règlements en vigueur, et ceux jugés nécessaires par l'autorité supérieure, ne peuvent être exécutés qu'ils n'aient été délibérés et approuvés de la manière prescrite pour les projets de règlements ou de tarifs. (*Ord. préc., art. 8.*)

21. Les modifications du tarif de l'octroi sont décrétées sur la production des pièces suivantes :

1° Délibération du conseil municipal, demandant l'autorisation de modifier le tarif de l'octroi ;

2° Avis du directeur des contributions indirectes;

3° Avis du préfet qui transmet les pièces au ministre de l'intérieur ;

4° Décision ministérielle d'autorisation ;

5° Avis de cette décision donnée par le préfet au maire, qui produit ensuite deux copies de la délibération votant les modifications à apporter au tarif, deux copies des tarif et règlement proposés, et du résumé des propositions du tarif;

6° Copie du budget de la commune;

7° Deux copies de l'avis motivé du directeur des contributions indirectes du département;

8° Avis du préfet, qui transmet le dossier au ministre de l'intérieur. (*Instr. min. fin., 9 mai 1823. — Circ. dir. adm. contr. indir., 1er août 1842. — Circ. min., 12 févr. 1848.*)

§ 4. — Perception des droits d'octroi.

22. Le conseil municipal, chargé de voter le mode de perception, doit choisir celui qui paraît le mieux convenir à la population, au commerce, à l'industrie, à l'agriculture, aux arrivages par terre et par eau, à la nature des lieux et à l'espèce, quantité et qualité des objets qui se consomment dans la commune. (*Décr., 17 mai 1809, art. 5.*)

23. Les divers modes de perception en usage sont : la régie simple, la régie intéressée, le bail à ferme et l'abonnement avec la régie des contributions indirectes.

La régie simple est la perception de l'octroi, sous l'administration immédiate du maire, par des préposés à la solde de la commune. Les frais d'exploitation et de premier établissement sont réglés par l'autorité locale, sous l'approbation du ministre des finances. Un receveur, nommé par le préfet, sur la proposition du maire, fait la recette de l'octroi. Il lui est adjoint, suivant les cas, un ou plusieurs préposés, qui sont également nommés par le préfet.

24. La régie intéressée consiste à traiter avec un régisseur, à la condition d'un prix fixe et d'une portion déterminée dans les produits excédant le prix principal et la somme abonnée pour les frais, laquelle ne doit pas, autant que possible, excéder douze pour cent du prix fixe du bail. Le partage des bénéfices se fait à la fin de chaque année; mais il n'est que provisoire, et, à l'expiration du bail, il est fait compte de la totalité des bénéfices pour établir une année commune, d'après laquelle a lieu le partage définitif dans les proportions déterminées par le cahier des charges.

25. Le bail à ferme est l'adjudication des produits de l'octroi, moyennant un prix convenu, sans partage de bénéfices et sans allocation de frais. Le maire procède à l'adjudication, ensuite de l'autorisation du préfet, après les formalités d'usage remplies conformément à l'art. 16 de la loi du 18 juillet 1837. Des formules imprimées du cahier des charges, des affiches et du procès-verbal d'adjudication, sont fournies au maire par l'administration des contributions indirectes. — Les baux d'octroi sont passés ordinairement pour trois années et renouvelés après ce terme. On en fait cinq expéditions : une pour la commune, une pour le receveur, une pour l'administration des contributions indirectes de la localité, et deux pour le préfet, qui les transmet au directeur de l'administration, avec son avis et celui du directeur du département, et le ministre des finances rend une décision approbative.

26. L'abonnement avec la régie des contributions indirectes a pour effet de mettre la perception entre les mains des employés de cette régie. Il est passé un traité de gré à gré, qui est soumis à l'approbation du ministre des finances. (*Décr., 17 mai 1809, art. 102 et suiv. — Ord., 9 déc. 1814, art. 94 et suiv. — L., 28 avril 1816, art. 158.*)

27. Le versement du produit des octrois est fait en entier à la caisse du receveur municipal, le prélèvement de dix pour cent, attribué au trésor public par la loi du 28 avril 1816, ayant été supprimé par la loi des finances du 17 mars 1852.

§ 5. — Suppression d'octrois.

28. La demande en suppression d'octroi est formée par une délibération du conseil municipal, transmise par le maire au préfet qui, après en avoir reçu l'autorisation du ministre de l'intérieur, autorise, s'il y a lieu, le conseil municipal à délibérer sur cette demande. (*Ord., 9 déc. 1814, art. 85.*)

29. La délibération du conseil municipal, accompagnée de l'avis du sous-préfet et du maire, est adressée par le préfet, avec ses observations et l'état des recettes et des besoins des communes, au ministre de l'intérieur, qui statue provisoirement sur les propositions, et fait connaître immédiatement sa décision au ministre des finances. La suppression de l'octroi est ordonnée par un décret. *(Ord., 9 déc. 1814, art. 86.)*

30. Les droits d'octroi continuent à être perçus jusqu'à ce que la suppression de l'octroi ait été autorisée, ou jusqu'à la mise à exécution du mode de remplacement. *(Ord. préc., art. 87.)*

ORGANISATION DÉPARTEMENTALE. V. CONSEILS D'ARRONDISSEMENT, CONSEILS GÉNÉRAUX, ÉLECTIONS DÉPARTEMENTALES, PRÉFETS.

ORGANISATION MUNICIPALE. V. CONSEILS MUNICIPAUX, ÉLECTIONS MUNICIPALES, MAIRES.

P

PANAGE ET PAISSON (¹).

LÉGISLATION.

Code forestier. — Ordonnance du 1er août 1827.

1. Les formalités prescrites par le Code forestier pour les adjudications de coupes de bois, doivent être observées pour les adjudications de panage et paisson. *(Cod. for., art. 53.)*

2. Les adjudicataires ne peuvent introduire dans les forêts un plus grand nombre de porcs que celui qui est déterminé par l'acte d'adjudication, sous peine d'une amende de 2 fr. par chaque porc en sus. *(Cod. préc., art. 54 et 199.)*

3. Les adjudicataires sont tenus de faire marquer les porcs d'un fer chaud, sous peine d'une amende de 3 fr. par chaque porc qui ne serait point marqué. *(Cod. préc., art. 55.)*

4. Si les porcs sont trouvés hors des cantons désignés par l'acte d'adjudication, ou des chemins indiqués pour s'y rendre, il y a lieu, contre l'adjudicataire, à une amende de 1 fr. par porc. En cas de récidive, outre l'amende encourue par l'adjudicataire, le pâtre est condamné à un emprisonnement de cinq à quinze jours. *(Cod. préc., art. 56.)*

5. L'exercice peut être réduit, suivant l'état et la possibilité des forêts. *(Cod. préc., art. 65.)*

6. La durée du panage ne peut excéder trois mois. L'ouverture en est fixée, chaque année, par l'administration forestière. *(Cod. préc., art. 66.)*

7. Il ne s'exerce que dans les cantons déclarés défensables. *(Cod. préc., art. 67.)*

8. L'administration forestière fixe, et les agents forestiers font connaître aux communes et aux usagers le nombre des porcs admis au panage. Les maires sont tenus d'en faire la publication dans les communes usagères. *(Cod. préc., art. 68 et 69.)*

9. Les usagers ne peuvent jouir de leurs droits de panage que pour les porcs à leur usage, et non pour ceux dont ils font commerce. *(Cod. préc., art. 70.)*

10. Les art. 71 à 85 du même Code forestier contiennent diverses dispositions ayant pour objet de régler la police du panage, et d'en réprimer les contraventions. — D'après l'art. 90, ces dispositions sont applicables aux bois des communes et des établissements publics, et, d'après les art. 119 et 120, à ceux des particuliers.

(¹) On entend par *panage* le droit de mettre dans une forêt des porcs qui s'y nourrissent de glands, de faînes, etc., et par *paisson*, tout ce que broutent dans les forêts les bestiaux et les bêtes fauves.

V., de plus, les art. 100, 101, 102, 103, 104, 139 et 151 de l'ordonnance du 1er août 1827.

V., pour le droit de rachat, Bois des communes, § 9.

V. Paturage.

PARCOURS ET VAINE PATURE ([1]). — Form. mun., tom. VI, pag. 169.

LÉGISLATION.

Décret du 28 septembre-6 octobre 1791.

1. L'art. 2 de la sect. 4 du tit. 1er du décret du 28 septembre-6 octobre 1791 a conservé la servitude réciproque de commune à commune, connue sous le nom de *parcours*, et qui entraîne avec elle le droit de vaine pâture, lorsque cette servitude était fondée sur un titre ou sur une possession autorisée par les lois et les coutumes ; à tous autres égards, elle a été abolie.

2. Le droit de vaine pâture dans une commune, accompagné ou non de la servitude du parcours, ne peut exister que dans les lieux où il est fondé sur un titre particulier, ou autorisé par la loi, ou par un usage local immémorial, et à la charge que la vaine pâture n'y sera exercée que conformément aux règles et usages locaux qui ne contrarient point les réserves portées dans les articles suivants. *(Décr., 28 sept.-6 oct. 1791, tit. 1er, sect. 4, art. 3.)*

3. Le droit de parcours et le droit simple de vaine pâture ne peuvent, en aucun cas, empêcher les propriétaires de clore leurs héritages; tout le temps qu'un héritage est clos de la manière déterminée par l'article suivant, il ne peut être assujetti ni à l'un ni à l'autre droit ci-dessus. *(Décr. préc., art. 5. — Cod. Nap., art. 682.)*

4. L'héritage est réputé clos, lorsqu'il est entouré d'un mur de quatre pieds de hauteur avec barrière ou porte, ou lorsqu'il est exactement fermé et entouré de palissades ou de treillages, ou d'une haie vive, ou d'une haie sèche faite avec des pieux ou cordelée avec des branches, ou de toute autre manière de faire les haies en usage dans chaque localité, ou, enfin, d'un fossé de quatre pieds de large (1 m. 33 c.) au moins à l'ouverture, et de deux pieds (67 c.) de profondeur. *(Décr. préc., art. 6.)*

5. La clôture affranchit de même du droit de vaine pâture réciproque ou non réciproque entre particuliers, si ce droit n'est pas fondé sur un titre. *(Décr. préc., art. 7.)*

6. Entre particuliers, tout droit de vaine pâture fondé sur un titre, même dans les bois, est rachetable à dire d'experts, suivant l'avantage que peut en retirer celui qui a le droit, s'il n'est pas réciproque, ou eu égard au désavantage qu'un des propriétaires a à perdre la réciprocité, si elle existe; le tout sans préjudice au droit de cantonnement, tant pour les particuliers que pour les communautés, confirmé par l'art. 8 du décret des 17, 19 et 20 septembre 1790. *(Décr. préc., art. 8.)*

7. Dans aucun cas et dans aucun temps, le droit de parcours ni celui de vaine pâture ne peuvent s'exercer sur les prairies artificielles, et ne peuvent avoir lieu sur aucune terre ensemencée ou couverte de quelque production que ce soit, qu'après la récolte. *(Décr. préc., art. 9.)*

8. Partout où les prairies naturelles sont sujettes au parcours ou à la vaine pâture, ils n'ont lieu provisoirement que dans le temps autorisé par les lois et coutumes, et jamais tant que la première herbe n'est pas récoltée ([2]). *(Décr. préc., art. 10.)*

9. Le droit dont jouit tout propriétaire de clore ses héritages, a lieu même par

---

([1]) Le parcours est une servitude au moyen de laquelle les habitants de deux ou de plusieurs communes peuvent réciproquement envoyer leurs bestiaux pacager sur leurs territoires respectifs. — La vaine pâture est ce même droit, mais exercé seulement entre les habitants d'une même commune.

([2]) La vaine pâture est expressément permise par le décret du 28 septembre-6 octobre 1791, dans les prairies naturelles après la récolte des premières herbes, partout où ces prairies sont sujettes à cette servitude. *(Déc. min. int., 28 mai 1841.)*

rapport aux prairies, dans les communes où, sans titre de propriété et seulement par l'usage, elles deviennent communes à tous les habitants, soit immédiatement après la récolte de la première herbe, soit dans tout autre temps déterminé. (*Décr., 28 sept.-6 oct. 1791, art. 11.*)

10. Dans les pays de parcours ou de vaine pâture soumis à l'usage du troupeau en commun, tout propriétaire ou fermier peut renoncer à cette communauté, et faire garder, par troupeau séparé, un nombre de têtes de bétail proportionné à l'étendue des terres qu'il exploite dans la commune. (*Décr. préc., art. 12.*)

11. La quantité de bétail, proportionnellement à l'étendue du terrain, est fixée, dans chaque paroisse, à tant de bêtes par arpent, d'après les règlements et usages locaux; et, à défaut de documents positifs à cet égard, il y est pourvu par le conseil municipal de la commune. (*Décr. préc., art. 13.*)

12. Néanmoins, tout chef de famille domicilié, qui n'est ni propriétaire ni fermier d'aucun des terrains sujets au parcours ou à la vaine pâture, et le propriétaire ou fermier à qui la modicité de son exploitation n'assure pas l'avantage qui va être déterminé, peuvent mettre sur lesdits terrains, soit par troupeau séparé, soit en troupeau en commun, jusqu'au nombre de six bêtes à laine et d'une vache avec son veau, sans préjudicier aux droits desdites personnes sur les terres communales, s'il y en a, et sans entendre rien innover aux lois, coutumes ou usages locaux et de temps immémorial, qui leur accordent un plus grand avantage. (*Décr. préc., art. 14.*)

13. Les propriétaires ou fermiers exploitant des terres sur les communes sujettes au parcours ou à la vaine pâture, et dans lesquelles ils ne sont pas domiciliés, ont le même droit de mettre dans le troupeau commun, ou de faire garder par troupeau séparé, une quantité de têtes de bétail proportionnée à l'étendue de leur exploitation, et suivant les dispositions de l'art. 13 (v. ci-dessus, nº 11); mais, dans aucun cas, ces propriétaires ou fermiers ne peuvent céder leurs droits à d'autres. (*Décr. préc., art. 15.*)

14. Quand un propriétaire d'un pays de parcours ou de vaine pâture a clos une partie de sa propriété, le nombre de têtes de bétail qu'il peut continuer d'envoyer dans le troupeau commun, ou par troupeau séparé, sur les terres particulières des habitants de la communauté, est restreint proportionnellement et suivant les dispositions de l'art. 13 précité. (*Décr. préc., art. 16.*)

15. La communauté dont le droit de parcours sur une commune voisine est restreint par des clôtures faites de la manière déterminée à l'art. 6 (v. ci-dessus, nº 4), ne peut prétendre à cet égard à aucune espèce d'indemnité, même dans le cas où son droit est fondé sur un titre; mais cette communauté a le droit de renoncer à la faculté réciproque qui résulte de celui de parcours entre elle et la paroisse voisine: ce qui a également lieu, si le droit de parcours s'exerce sur la propriété d'un particulier. (*Décr. préc., art. 17.*)

16. Si quelques sections de commune se trouvent réunies à des communes soumises à des usages différents des leurs, soit relativement au parcours ou à la vaine pâture, soit relativement au troupeau en commun, la plus petite partie dans la réunion suit la loi la plus grande, et les corps administratifs décident des contestations qui naissent à ce sujet. Cependant, si une propriété n'est point enclavée dans les autres, et qu'elle ne gêne point le droit provisoire de parcours ou de vaine pâture auquel elle n'est point soumise, elle est exceptée de cette règle. (*Décr. préc., art. 18.*)

17. Aussitôt qu'un propriétaire a un troupeau malade, il est tenu d'en faire la déclaration à la municipalité: elle assigne, sur le terrain du parcours ou de la vaine pâture, si l'un ou l'autre existe dans la commune, un espace où le troupeau malade peut pâturer exclusivement, et le chemin qu'il doit suivre pour se rendre au pâturage. Si ce n'est point un pays de parcours ou de vaine pâture, le propriétaire est tenu de ne point faire sortir de ses héritages son troupeau malade. (*Décr. préc., art. 19.*)

18. Dans les lieux de parcours, comme dans ceux où cet usage n'est point établi, les pâtres ou les bergers ne peuvent mener les troupeaux d'aucune espèce

dans les champs moissonnés et ouverts que deux jours après la récolte entière, sous peine d'amende. (*Décr., 28 sept.-6 oct. 1791, art. 22.*)

19. Le parcours sur les biens communaux ne donne aucun droit au pâturage. (*Décr., 10 juin 1793, sect. 2, art. 14.*)

20. Les conseils municipaux délibèrent sur le parcours et la vaine pâture. (*L., 18 juill. 1837, art. 19, n° 8.*)

21. Le préfet examine les délibérations qui lui sont soumises sur cette matière, et statue directement. (*Circ. min. int., 12 juill. 1842.*)

22. Le règlement municipal, approuvé par le préfet, qui détermine le mode et la durée de l'exercice de la vaine pâture, est obligatoire pour tous les habitants de la commune, qu'ils soient ou non propriétaires des héritages qui y sont soumis. En conséquence, celui qui exerce la vaine pâture avant l'époque fixée ne peut être renvoyé de la plainte sous le prétexte qu'il est propriétaire des terrains sur lesquels ses bestiaux ont été trouvés. (*Arr. cass., 15 juill. 1843.*)

23. Un préfet ne peut donner son approbation aux délibérations municipales qui auraient pour objet de suspendre ou de restreindre l'exercice de la vaine pâture autrement que dans les cas prévus par la section 4 de la loi du 28 septembre-6 octobre 1791; on doit laisser aux propriétaires intéressés la faculté de s'entendre entre eux et de renoncer mutuellement, s'ils le jugent à propos, à leurs droits respectifs, sauf le droit spécialement attribué à chaque chef de famille non domicilié et non propriétaire, auquel il ne peut être porté atteinte par aucune convention privée. (*Déc. min. int., 19 sept. 1840.*)

V. Patre, Paturage.

PAROISSES. V. Culte catholique.

PARTAGE DES BIENS DES COMMUNES ET DES ÉTABLISSEMENTS DE BIENFAISANCE.

1. Relativement au partage des biens indivis entre deux ou un plus grand nombre de communes, V. Biens communaux (§§ 5 et 7, nos 10, 13 à 17).

2. Quant aux partages dans lesquels sont intéressés les établissements de bienfaisance, les formalités et les pièces à produire sont les mêmes que celles ci-dessus; seulement, à ces pièces, il faut joindre, 1° l'avis du comité consultatif d'arrondissement; 2° le projet de liquidation, avec l'engagement des co-propriétaires de l'approuver.

Lorsque le partage doit être fait en justice, l'établissement ne peut le provoquer, ni y défendre, sans l'autorisation du conseil de préfecture. — V. Procès.

PASSE-PORTS. — Form. mun., tom. VI, pag. 176.

LÉGISLATION.

Lois du 10 vendémiaire an 4-2 octobre 1795, du 14 ventôse an 4-4 mars 1796, et du 28 vendémiaire an 6-19 octobre 1797.

§ 1er. — Passe-ports à l'intérieur.

I. — Délivrance.

1. Nul ne peut quitter le territoire de son canton, ni voyager, sans être muni d'un passe-port délivré par le maire de sa commune. (*L., 10 vend. an 4-2 oct. 1795, art. 1er.*)

2. Les passe-ports doivent désigner les lieux où les voyageurs doivent se rendre. (*L. préc. — Circ. min. int., 15 avril 1852.*)

3. Tout passe-port contient, outre l'indication du lieu de destination, le signalement de l'individu, sa signature ou sa déclaration qu'il ne sait signer. Il doit être renouvelé au moins une fois par an. Chaque commune tient un registre des passe-ports qu'elle délivre. (*L., 10 vend. an 4-2 oct. 1795, art. 2 et 3.*)

4. Les maires ne doivent donner de passe-ports qu'aux citoyens qu'ils connaissent personnellement; s'ils ne les connaissent pas, ils ne doivent les délivrer que sur l'attestation et la signature de deux citoyens connus, dont les noms doivent être désignés dans le talon des passe-ports; s'ils ne savent pas signer, il en doit être fait mention. *(L., 10 vend. an 4-2 oct. 1795. — Circ. min. int., 15 avril 1852.)*

5. Les officiers publics qui délivrent un passe-port à une personne qu'ils ne connaissent pas personnellement, sans avoir fait attester ses noms et ses qualités par deux citoyens à eux connus, sont punis d'un emprisonnement d'un mois à six mois. *(Cod. pén., art. 155.)*

6. Si l'officier public, instruit de la supposition du nom, a néanmoins délivré le passe-port sous le nom supposé, il est puni du bannissement. *(Cod. et art. préc.)*

7. Les maires ne doivent, sous aucun prétexte, délivrer des passe-ports aux hommes de la réserve, s'ils n'en ont préalablement obtenu l'autorisation de l'autorité militaire. *(Instr. min. int., 16 nov. 1833 et 28 avril 1836.)*

8. On ne doit délivrer aux ouvriers de passe-ports pour Paris qu'avec une grande réserve, et qu'autant qu'ils justifient de ressources suffisantes pour s'y rendre, et y vivre pendant un mois sans travail. *(Circ. min. pol. gén., 17 avril 1852.)*

Déjà, par de nombreuses circulaires, le ministre de l'intérieur avait ordonné cette mesure. Une instruction spéciale du même ministre, en date du 9 novembre 1848, prescrit aux préfets et sous-préfets d'apposer leur visa sur les passe-ports des ouvriers sans ouvrage qui désirent se rendre à Paris.

9. Les formules de passe-ports à l'intérieur sont fournies par les percepteurs des contributions, qui ne peuvent les remettre qu'aux maires et sur leur récépissé. Le prix de ces formules est fixé à 2 fr. Des formules de passe-ports aux indigents sont également remises sur la présentation des certificats donnés par les maires, les sous-préfets et les préfets. Les indigents peuvent même obtenir des passe-ports avec secours de route; mais leur délivrance est attribuée exclusivement aux préfets. *(Circ. min. int., 5 févr. 1835.)*

10. Les citoyens qui sont forcés de faire changer sur leurs passe-ports l'indication des lieux où ils veulent se rendre, se présentent au maire du canton où ils se trouvent, pour s'y en faire délivrer de nouveaux. Une copie du passe-port ainsi renouvelé est adressée à l'administration municipale du canton où se trouve le domicile du citoyen qui l'a obtenu. *(L., 28 vend. an 6-19 oct. 1797, art. 5.)*

II. — Police des passe-ports.

11. La gendarmerie s'assure de la personne des étrangers et de tout individu circulant dans l'intérieur de la France sans passe-ports ou avec des passe-ports qui ne sont pas conformes aux lois, à la charge de les conduire sur-le-champ devant le maire ou l'adjoint de la commune la plus voisine : en conséquence, les militaires de tout grade de la gendarmerie se font représenter les passe-ports des voyageurs, et nul ne peut en refuser l'exhibition, lorsque l'officier, sous-officier, brigadier ou gendarme qui en fait la demande est revêtu de son uniforme et décline ses qualités. — Il est enjoint à la gendarmerie de se comporter, dans l'exécution de ce service, avec politesse, et de ne se permettre aucun acte qui puisse être qualifié de vexation ou d'abus de pouvoir. *(Décr., 1er mars 1854, art. 287.)*

12. L'exhibition des passe-ports est une mesure salutaire laissée à la prudence et au discernement de la gendarmerie, et non une consigne absolue qu'il n'est pas permis de modifier ou d'interpréter. — Elle ne peut, sous le simple prétexte de visiter les passe-ports d'un individu, pénétrer dans la chambre où il est logé; elle doit attendre, pour faire cet examen, le moment de son départ ou de son stationnement dans la salle ouverte aux voyageurs, si c'est une auberge ou hôtellerie. — A moins de circonstances extraordinaires ou d'ordres spéciaux, les passe-ports des personnes voyageant en voiture particulière ne doivent être demandés que dans les auberges, hôtelleries et relais de poste. *(Décr. préc., art. 288.)*

13. Les maires peuvent faire écrouer et détenir administrativement les individus dépourvus de passe-ports que la gendarmerie ou autres agents de la force publique amènent devant eux. Ils peuvent aussi permettre à ces individus, après information, de continuer leur route, en leur délivrant un passe-port gratuit spécial, avec itinéraire obligé. (*L., 10 vend. an 4-2 oct. 1795, art. 6.*)

§ 2. — Passe-ports gratuits.

14. Les passe-ports réclamés par des personnes véritablement indigentes et reconnues hors d'état d'en acquitter le prix, leur seront accordés gratuitement. (*Avis cons. Etat, 11 déc. 1811.*)

15. Les personnes qui réclameront un passe-port gratuit, soit pour voyager, soit en remplacement d'un autre suranné, devront justifier de leur indigence par un certificat du commissaire de police, délivré sur l'attestation du bureau de charité.

16. Si un individu non domicilié réclame un passe-port gratuit, sans justifier du passe-port du maire de la commune de son domicile, ou sans donner un répondant domicilié, conformément à l'art. 9 de la loi du 28 mars 1792, il sera procédé à son égard comme il est dit à l'article 16 ci-dessus, pour ceux qui voyagent sans passe-port. En conséquence, il sera pris auprès du maire de sa commune des renseignements sur l'inscription du réclamant au tableau communal, et sur son indigence. S'il en résulte qu'il est véritablement indigent, hors d'état d'acquitter le prix du passe-port, la délivrance lui en sera faite gratuitement.

17. Les mendiants étrangers à la commune recevront un passe-port gratuit, avec itinéraire obligé, d'après le procès-verbal ou rapport des causes de leur arrestation.

V. Secours de route.

§ 3. — Passe-ports pour l'Algérie.

18. Les passe-ports pour l'Algérie sont délivrés par le ministre de la guerre. (*Circ. min. guerre, 5 nov. 1838.*)

19. Il n'est pas délivré de passe-ports pour l'Algérie à des ouvriers et cultivateurs, sans que ce ministre ait accordé l'autorisation de passage. (*Circ. min. guerre, 10 mai 1839.*)

20. Pour les ouvriers donc, toutes les demandes d'autorisation de passage qui doivent précéder l'obtention des passe-ports pour l'Algérie, doivent être appuyées de déclarations contenant l'engagement d'être employés comme terrassiers dans les chantiers de travaux publics, s'ils ne trouvent pas à travailler ailleurs de leur état. Ces déclarations sont faites devant les maires, qui doivent s'assurer que la véritable profession n'est point dissimulée. (*Circ. préc.*)

V. Algérie.

§ 4. — Passe-ports à l'étranger.

21. Les passe-ports à l'étranger sont délivrés par les préfets, sur l'avis motivé des maires. (*L., 14 vent. an 4-4 mars 1796, art. 1er.*)

22. La demande en est faite au préfet, en double copie, dont une sur papier timbré. Elle indique les nom, prénoms, lieu de naissance, domicile, qualité, âge, signalement, et les motifs du voyage du pétitionnaire, ainsi que sa destination précise. — Le maire donne son avis en marge de la pétition, qui est adressée au préfet, accompagnée d'une quittance du percepteur constatant le versement de la somme de 10 fr., à laquelle est fixé le prix des passe-ports à l'étranger.

Les visas des passe-ports pour les ambassades et légations étrangères doivent être demandés directement par les parties intéressées, à cause des frais de chancellerie récemment établis pour ces formalités. (*Circ. min., 31 août 1849.*)

23. Les passe-ports pour la Belgique ne sont valables qu'autant qu'ils ont été revêtus du visa de la légation belge à Paris. (*Circ. min., 18 janv. 1850.*)

24. Relativement aux livrets d'ouvriers et aux diplômes de sociétés de secours mutuels pouvant servir de passe-ports, V. LIVRETS, SOCIÉTÉS DE SECOURS MUTUELS.

V. RÉFUGIÉS.

PATENTES.

LÉGISLATION.

Loi du 25 avril 1844.

1. La contribution des patentes se compose d'un droit fixe et d'un droit proportionnel. (*L., 25 avril 1844, art. 2.*)

2. Les contrôleurs des contributions directes procèdent annuellement au recensement des imposables et à la formation des matrices des patentes. (*L. préc., art. 20.*)

3. Le maire doit être prévenu de l'opération du recensement, et peut assister le contrôleur dans cette opération, ou se faire représenter, à cet effet, par un délégué. En cas de dissentiment entre les contrôleurs et les maires, ou leurs délégués, les observations contradictoires de ces derniers sont consignées dans une colonne spéciale. (*L. et art. préc.*)

4. La matrice, dressée par le contrôleur, est déposée pendant dix jours au secrétariat de la mairie, afin que les intéressés puissent en prendre connaissance et remettre au maire leurs observations (¹). A l'expiration d'un second délai de dix jours, le maire, après avoir consigné ses observations sur la matrice, l'adresse au sous-préfet. (*L. et art. préc.*)

5. Le sous-préfet porte également ses observations sur la matrice, et la transmet au directeur des contributions directes, qui établit les taxes conformément à la loi, pour tous les articles non contestés. A l'égard des articles sur lesquels le maire ou le sous-préfet n'est pas d'accord avec le contrôleur, le directeur soumet les contestations au préfet, avec son avis motivé. Si le préfet ne croit pas devoir adopter les propositions du directeur, il en est référé au ministre des finances. (*L. et art. préc.*)

6. Le préfet arrête les rôles et les rend exécutoires. (*L. et art. préc.*)

7. A Paris, l'examen de la matrice des patentes a lieu, pour chaque arrondissement municipal, par le maire, assisté, soit de l'un des membres de la commission des contributions, soit de l'un des agents attachés à cette commission, délégué par le préfet. (*L. et art. préc.*)

8. Les réclamations en décharge ou réduction, et les demandes en remise ou modération, sont communiquées aux maires. Elles sont, d'ailleurs, présentées, instruites et jugées dans les formes et délais prescrits pour les autres contributions directes. (*L. préc., art. 22.*)

9. Les formules de patentes sont visées par le maire et revêtues du sceau de la commune. (*L. préc., art. 26.*)

10. Tout patentable est tenu d'exhiber sa patente lorsqu'il en est requis par les maires, adjoints, juges de paix, et tous autres officiers ou agents de police judiciaire. (*L. préc., art. 27.*)

11. Il est prélevé sur le principal de la contribution des patentes huit centimes par franc, dont le produit est versé dans la caisse municipale. (*L. préc., art. 32.*)

12. S'il s'élève des difficultés relativement à la catégorie dans laquelle une commune doit être rangée par suite d'un nouveau recensement de la population, la réclamation du conseil général du département ou celle de l'administration des contributions directes est instruite et jugée conformément aux dispositions de l'art. 22 de la loi du 28 avril 1816 (*L., 4 août 1844, art. 4*), c'est-à-dire que la

(¹) Pour que les contribuables aient connaissance de ce dépôt, les maires doivent en donner avis par affiches : c'est ce qui se pratique annuellement à Paris.

réclamation de la commune est soumise au préfet, qui, après avoir pris l'opinion du sous-préfet et celle du directeur, la transmet, avec son avis, au directeur général des contributions indirectes, sur le rapport duquel il sera statué par le ministre des finances, sauf le recours de droit, et la décision du préfet est provisoirement exécutée. (*L., 28 avril 1816, art. 22.*)

V. POPULATION.

PATRES DES COMMUNES.

1. Le maire nomme les pâtres communs, sauf l'approbation du conseil municipal. Il peut prononcer leur révocation. (*L., 18 juill. 1837, art. 13.*)

2. Le troupeau de chaque commune ou section de commune doit être conduit dans les bois de l'Etat ou des communes et des établissements publics par un ou plusieurs pâtres communs, choisis par l'autorité municipale; en conséquence, les habitants des communes usagères ne peuvent, ni conduire eux-mêmes, ni faire conduire leurs bestiaux à garde séparée, sous peine de 2 fr. d'amende par tête de bétail. (*Cod. for., art. 72.*)

3. Les porcs ou bestiaux de chaque commune ou section de commune usagère forment un troupeau particulier et sans mélange de bestiaux d'une autre commune ou section, sous peine d'une amende de 5 à 10 fr. contre le pâtre, et d'un emprisonnement de cinq à dix jours en cas de récidive. (*Cod. et art. préc.*)

4. Les communes et sections de communes sont responsables des condamnations pécuniaires qui peuvent être prononcées contre lesdits pâtres ou gardiens. (*Cod. et art. préc.*)

5. Lorsque les bestiaux des usagers sont trouvés hors des cantons déclarés défensables, ou hors des chemins désignés pour s'y rendre, il y a lieu contre le pâtre à une amende de 3 à 30 fr. En cas de récidive, le pâtre peut être condamné à un emprisonnement de cinq à quinze jours. (*Cod. préc., art. 76.*)

6. Les pâtres ne peuvent être arrêtés, sinon pour crime, avant qu'il ait été pourvu à la sûreté des troupeaux. (*L., 28 sept.-6 oct. 1791, tit. 1er, sect. 3, art. 1er.*)

V. PANAGE, PARCOURS, PATURAGE.

PATURAGE. — Form. mun., tom. VI, pag. 185.

1. Le droit de pâturage s'exerce sur les bois et forêts de l'Etat ou des communes, ou sur les prairies, terres vaines ou autres propriétés communales qui ne sont pas affermées, et que l'on destine à cet usage.

2. Ce droit appartient à tous les habitants de la commune qui peuvent l'exercer individuellement ou en commun. Mais le pâturage dans les forêts de l'Etat et des communes ne peut être exercé individuellement. Les habitants de chaque commune ou section de commune réunissent leurs bestiaux en un seul troupeau, qui est conduit au pâturage sous la garde d'un ou plusieurs pâtres communs ou choisis par l'autorité municipale.

3. Le droit de pâturage dans les forêts de l'Etat et des communes se trouve réglé par les art. 64, 67 à 78, 90, 110 et 112 du Code forestier, et par les art. 118, 119, 120 et 121 de l'ordonnance d'exécution.

V. PANAGE, PARCOURS, PATRE.

PAVAGE. — Form. mun., tom. VI, pag. 188.

1. Le pavé des villes, bourgs et villages qui ne sont pas traversés de routes impériales ou départementales, est à la charge des communes. (*L., 11 frim. an 7-1er déc. 1798, art. 4.*)

2. Quoique le pavé des rues qui servent de grandes routes soit à la charge de l'Etat, cela n'empêche pas les villes de contribuer au pavage des revers, si le conseil municipal juge qu'il y aille de l'utilité de la commune. (*Ord. 10 févr. 1821.*)

3. Dans les villes où, conformément aux usages locaux, le pavage de tout ou

partie des rues est à la charge des propriétaires riverains, l'obligation qui en résulte, pour les frais de premier établissement ou d'entretien, peut, en vertu d'une délibération du conseil municipal, et sur un tarif approuvé par le préfet, être convertie en une taxe payable en numéraire, et recouvrable comme les cotisations municipales. (*L., 25 juin 1841, art. 28. — Décr., 25 mars 1852.*)

4. Les formalités à remplir à cet égard sont : 1° délibération du conseil municipal, contenant le tarif de conversion ; 2° enquête conformément à l'ordonnance du 23 août 1835 ; 3° nouvelle délibération du conseil municipal, discutant les réclamations consignées ou annexées au procès-verbal de l'enquête ; 4° avis des ingénieurs des ponts et chaussées ; 5° avis du sous-préfet ; 6° arrêté approbatif du préfet, contenant le visa des pièces susénoncées. (*Instr. min., 5 mai 1852.*)

V. Trottoirs.

PÉAGE. — Form. mun., tom. VI, pag. 191.

1. Le péage est un droit qui se lève sur les personnes, sur les bestiaux et attelages qui traversent une rivière sur des ponts, sur des bacs ou sur des bateaux. Ce mot indique aussi le droit de passage perçu en certaines circonstances sur des chemins, places, chaussées, etc.

2. L'établissement du péage est un acte d'administration placé dans les attributions des préfets. Le gouvernement, sur leur proposition, fixe le tarif de la taxe à percevoir, et la perception de ces droits ne peut être autorisée que par une loi.

3. La police des péages et la perception des droits sont placés sous la surveillance des maires. Les contraventions aux règlements qui assurent la perception des droits de péage, doivent être portées devant les tribunaux de simple police ; mais c'est aux tribunaux civils seuls qu'il appartient de décider si le droit est ou n'est pas dû, à raison des causes d'exemption qui peuvent se trouver dans la personne ou dans les qualités des passants.

PERCEPTEURS DES CONTRIBUTIONS DIRECTES. — Form. mun., tom. VI, pag. 222.

1. Les fonctions de percepteur des contributions directes sont incompatibles avec celles de maire et d'adjoint ; ils ne peuvent pas même faire partie du conseil municipal, lorsqu'ils sont chargés de la perception des revenus communaux. (*L., 22 mars 1831, art. 6 et 18.*)

2. Les percepteurs remplissent les fonctions de receveur municipal des communes de leur circonscription, et, dans tous les cas de vacance d'une recette municipale, le service doit leur en être immédiatement remis.

Néanmoins, dans les communes dont le revenu excède 30,000 fr., ces fonctions sont conférées, si le conseil municipal le demande, à un receveur municipal spécial. (*L., 18 juill. 1837, art. 65.*) — V. Receveurs municipaux.

PERMIS DE CHASSE.

Loi du 3 mai 1844, sur la police de la chasse.

1. Les permis de chasse sont délivrés, sur l'avis du maire et du sous-préfet, par le préfet du département dans lequel celui qui en fait la demande a sa résidence ou son domicile.

La délivrance des permis de chasse donne lieu au paiement d'un droit de quinze francs au profit de l'Etat, et de dix francs au profit de la commune dont le maire a donné l'avis ci-dessus énoncé.

Les permis de chasse sont personnels ; ils sont valables pour tout l'empire, et pour un an seulement. (*L., 3 mai 1844, art. 5.*)

2. Les articles 6 et 7 de la même loi indiquent les personnes auxquelles le préfet peut refuser le permis de chasse, et celles auxquelles il ne doit pas être délivré.

3. La quittance de 25 fr. délivrée par le percepteur pour l'obtention du permis n'est valable qu'autant qu'elle est présentée dans le mois de sa date. — Le rem-

boursement d'une quittance sur laquelle on n'aurait pas délivré de permis est ordonné, s'il y a lieu, par le préfet. (*Circ. min. int., 30 juill. 1849.*) Le réclamant s'adresse au préfet en lui faisant connaître les causes qui l'ont engagé à retenir sa quittance. Le maire et le sous-préfet donnent leur avis sur cette demande.

PESAGE ET MESURAGE (Bureaux et droits de.)—V. Poids publics.

PHARMACIENS. — Form. mun., tom. VI, pag. 225.

1. Les maires ont le droit de faire chez les pharmaciens et autres personnes qui vendent des médicaments, des visites pour s'assurer que les substances employées n'ont rien de pernicieux ou qu'elles ne sont ni gâtées ni corrompues. (*L., 19 juill. 1791, art. 9.*) En cas de contravention, ils doivent en dresser procès-verbal et traduire les délinquants au tribunal de police.

2. La surveillance de la vente des médicaments est spécialement confiée aux membres du jury de médecine; mais ils ne l'exercent qu'avec le concours des maires, puisqu'ils ne peuvent se présenter dans les officines des pharmaciens et dans les boutiques des épiciers-droguistes, qu'accompagnés, soit des maires ou adjoints, soit du commissaire de police, et que ce sont ces derniers qui dressent les procès-verbaux des contraventions.

PLACE (droits de.) — Form. mun., tom. VI, pag. 233.

1. La location des places dans les lieux publics, tels que les halles, les marchés et chantiers, et sur la voie publique, sur les rivières, ports et promenades, fait partie des recettes ordinaires des communes. (*L., 18 juill. 1837, art. 31.*)

2. Les maires proposent l'établissement des droits à percevoir pour cette location, au conseil municipal, qui délibère sur leur opportunité, et arrête un projet de tarif et de règlement. — Ces projets, appuyés de l'état présumé des produits et du budget de la commune, ainsi que de l'état du passif de la commune, sont remis au sous-préfet, qui les transmet au préfet, avec son avis. Le tarif doit être basé sur la superficie du terrain occupé par les marchandises exposées en vente, et non sur la nature et la quotité de ces marchandises. Il est approuvé par un arrêté du préfet. (*Décr., 25 mars 1852, tableau A, n° 34.*)

PLACES PUBLIQUES.

1. Les places publiques sont des biens communaux, et ne peuvent être réunies au domaine de l'État. (*Avis cons. État, 3 niv. an 13-24 déc. 1804.*)

2. Les places publiques qui servent aux foires et marchés ne sont pas cotisables à la contribution foncière. (*L., 3 frim. an 7-23 nov. 1798, art. 103.*)

3. La sûreté et la commodité du passage sur les places publiques sont des objets de police municipale. (*Décr., 16 août 1790, tit. 11, art. 3.*)

V. Voirie.

PLANS D'ALIGNEMENT.

LÉGISLATION.

Loi du 16 septembre 1807.

§ 1er. — Obligation de lever les plans d'alignement.

1. Dans les villes, les alignements pour l'ouverture de nouvelles rues, pour l'élargissement des anciennes qui ne font point partie d'une grande route, ou pour tout autre objet d'utilité publique, seront donnés par les maires, conformément aux plans dont les projets auront été adressés aux préfets, transmis avec leur avis au ministre de l'intérieur, et arrêtés en conseil d'État.

En cas de réclamation de tiers intéressés, il sera de même statué, en conseil d'État, sur le rapport du ministre de l'intérieur. (*L., 16 sept. 1807, art. 52.*)

2. Pour les localités reconnues *villes*, quel que soit le chiffre de la population, la loi qui exige un plan d'alignement doit être obligatoirement appliquée; pour

les simples communes, elle ne peut l'être qu'à l'égard de celles qui comptent 2,000 habitants agglomérés, ou qui provoquent d'elles-mêmes cette mesure. Aller au-delà, ce serait accroître, sans une nécessité suffisamment établie, les charges déjà si lourdes qui pèsent sur les communes, et que l'administration doit chercher au contraire tous les moyens d'alléger. (*Lettr. min. int., 26 févr. 1841, 22 févr. 1842, et 7 janv. 1843. — Avis cons. Etat, 14 déc. 1842.*)

3. Cependant, il ne peut qu'être utile d'arrêter l'alignement des rues dans les bourgs et villages; mais c'est alors aux préfets à en faire dresser les plans par les agents voyers, sauf à eux à statuer comme en matière de chemins vicinaux. (*Avis com. int., 23 févr. 1844.*)

4. Dans le cas où il y a refus ou négligence de la part du maire, le préfet, de conformité à l'art. 15 de la loi du 18 juillet 1837, peut procéder d'office pour la levée du plan, et passer le marché, sauf l'exécution de l'art. 39 de cette même loi, pour assurer les moyens de paiement. (*Circ. min. int., 25 oct. 1837. — Avis com. int., 14 mai 1839.*)

5. Si le refus provient du conseil municipal seul, le maire ne perd pas pour cela son droit comme administrateur des deniers communaux, et c'est à lui qu'il appartient de traiter pour l'exécution du travail, sous l'approbation du préfet, aux termes de l'art. 10, n° 6, de la loi du 18 juillet 1837. (*Avis préc.*)

6. C'est ensuite au préfet à mettre le conseil municipal en demeure, et, s'il persiste dans sa résistance, il doit prendre en conseil de préfecture un arrêté pour porter d'office la somme nécessaire au budget de la ville. (*Avis préc.*)

7. Dans le cas où, à défaut de ressources, et sur le refus du conseil municipal, il y a lieu de recourir à une imposition d'office, le préfet doit préalablement délibérer, en conseil de préfecture, sur le marché passé par le maire de la commune avec le géomètre entrepreneur, et fixer, par un arrêté spécial, le montant de la dépense. (*Avis préc.*)

§ 2. — Enquête.

8. Le règlement des plans d'alignement intéressant tous les propriétaires, ils doivent être prévenus de la confection des projets proposés par les conseils municipaux, pour qu'ils puissent présenter leurs réclamations. A cet effet, lorsque le plan est terminé, et que les alignements adoptés par le conseil municipal y ont été tracés, les maires doivent le faire déposer pendant quinze jours à la mairie, et en prévenir le public par publications et affiches, afin que chaque habitant puisse en prendre connaissance. (*Circ. préf. Loiret, 21 mai 1853* [1].)

9. Les maires informent le préfet de l'accomplissement de ces formalités, et, à l'expiration du délai de quinzaine, un commissaire désigné par le préfet reçoit, pendant trois jours consécutifs, les déclarations des habitants. (*Circ. préc.*)

10. Après avoir clos et signé le registre de ces déclarations, le commissaire le transmet immédiatement au maire avec son avis motivé et les autres pièces de l'instruction qui ont servi de base à l'enquête. (*Circ. préc.*)

11. Si le registre d'enquête contient des déclarations contraires à l'adoption du projet, dans son ensemble ou dans quelques-unes de ses parties, ou si l'avis du commissaire lui est opposé, le conseil municipal est appelé à les examiner et à délibérer sur le tout; le procès-verbal de la délibération est joint aux pièces. Le maire adresse immédiatement les pièces au sous-préfet (ou au préfet pour l'arrondissement chef-lieu), et celui-ci les transmet au préfet avec son avis motivé. Ces pièces sont ensuite soumises au conseil départemental des bâtiments civils. (*Circ. préc.*)

§ 3. — Conditions matérielles des plans.

12. Dans les communes dont l'importance et la population comportent un nom-

---

[1] Nous citons cette circulaire de M. le préfet du Loiret, parce qu'elle est le résumé des nombreuses instructions ministérielles sur la matière, et notamment de celles du 23 janvier 1830, du 23 août 1841, du 20 octobre 1842, etc., et qu'elle a pour base la loi du 16 septembre 1807.

bre considérable d'habitations agglomérées, il est nécessaire de faire dresser à la fois un plan général comprenant le village ou le bourg dans son ensemble, et des plans de divisions comprenant isolément des portions du plan général, séparées par des rues, quais, cours d'eau, etc., etc. (*Circ. préf. Loiret, 21 mai 1853.*)

13. Les plans généraux sont à l'échelle de 1 millimètre pour mètre, et les plans de divisions à l'échelle de 3 millimètres pour mètre. (*Circ. préc.*)

14. Pour le plus grand nombre des communes, il suffit de dresser un seul plan qui, sur une ou deux feuilles, comprend toutes les parties de la commune soumises à l'alignement. Ce plan est à l'échelle de 3 millimètres pour mètre. (*Circ. préc.*)

15. Tous les plans doivent contenir, en lignes noires, le tracé des rues, places, masses d'édifices publics, boulevards, promenades, avenues et plantations. Les cours d'eau apparents sont lavés en couleur d'eau ; ceux des eaux couvertes, ponctués et lavés plus pâles. Aux bordures des voies publiques, on doit laver en gris ce qui est bâti, et en couleur de terre ou bistre léger, ce qui ne l'est pas. On doit indiquer les clôtures en murs, palissades et haies, ainsi que les séparations respectives des propriétés. Pour les plans qui doivent se composer de plusieurs feuilles, chaque division doit avoir un liseré en couleur ou une ligne ponctuée dont le pourtour doit se répéter au plan général. Il y a à l'un et à l'autre plan un numéro correspondant à chaque feuille divisionnaire. Tous les plans doivent avoir le nord placé dans la marge supérieure, et la direction de ce point de l'horizon doit être tracé par une flèche. (*Circ. préc.*)

16. On doit indiquer aussi celles des rues qui sont routes impériales, départementales, chemins de grande ou de moyenne communication. Les géomètres doivent se contenter de reproduire les alignements de ces voies publiques, lorsqu'ils ont été régulièrement arrêtés ; quant à celles dont les plans ne sont qu'en projet, ou soumis à la sanction du préfet, le tracé n'en doit être porté sur les plans des communes que pour les compléter et avec une mention particulière, attendu que les alignements qui les concernent sont fixés après l'accomplissement de formalités déterminées par des règlements spéciaux. (*Circ. préc.*)

17. On doit désigner dans toute leur épaisseur les murs de face des édifices publics, leurs entrées principales donnant sur les rues, places, quais, etc., ainsi que les fontaines publiques et puits banaux. Dans le cas où il y a impossibilité absolue de donner les détails des murs de face des édifices publics, on doit les distinguer par une teinte grise plus forte que celle des édifices particuliers. (*Circ. préc.*)

18. Sur tous les plans on doit écrire les noms des rues, places, etc., ceux de tous les édifices publics, des rivières, cours ou promenades, et sur chaque plan de division l'on doit placer, par rue, place et quai, une série de numéros sur chaque division de propriété, en mettant les numéros pairs à droite et les impairs correspondants à gauche, à partir du centre des habitations. (*Circ. préc.*)

19. Les alignements proposés doivent être tracés en lignes rouges. Ce dont on doit avancer, doit être lavé en rouge pâle, et ce dont on doit reculer, en jaune. Les projets généraux de percement et embellissement doivent être ponctués en rouge ; on doit être très-circonspect sur les avancements, en ne visant pas à un parallélisme avantageux dans les rues nouvelles, inutile souvent dans les rues anciennes où il ne s'agit que de redressements partiels. Ces avancements sont très-nuisibles quand l'un bâtit avant l'autre. (*Circ. préc.*)

20. Pour que l'autorité locale puisse donner l'alignement en connaissance de cause, il est indispensable que la hauteur des portions de terrain qui doivent être retranchées de la voie publique ou y être ajoutées, soit indiquée dans une cote perpendiculaire à l'axe de la rue. (*Circ. préc.*)

21. Il doit être proposé des noms aux rues, places, etc., qui n'en ont pas. (*Circ. préc.*)

22. Dans le cas où les alignements ont été contestés, les variantes doivent être tracées en lignes bleues, et, au bas du plan d'ensemble ou même de chaque feuille, s'il n'est nécessaire, on doit faire connaître à l'opinion de qui se rapporte le tracé rouge ou bleu. (*Circ. préc.*)

23. Les plans sont en double minute. Ils sont datés et certifiés par les géomètres, et visés par les maires. (*Circ. préf. Loiret, 21 mai 1853.*)

24. En tête des plans, ou sur des feuilles annexées aux plans et revêtues des mêmes formalités et signatures, sont indiqués : 1° l'état des rues et autres voies publiques avec le procès-verbal du tracé des alignements donnant les largeurs proposées; 2° l'état desdites rues, etc., avec colonnes, comprenant les numéros des propriétés, les noms propres des propriétaires actuels, et la nature de chaque propriété. On doit suivre, pour ces indications, la marche des subdivisions des plans. (*Circ préc.*)

§ 4. — Nature de la dépense.

25. Ainsi que nous l'avons déjà dit au mot Alignements (n° 8), les frais relatifs à la confection des plans d'alignement sont rangés au nombre des dépenses obligatoires des communes. (*L., 18 juill. 1837, art. 30, n° 18.*)

V. Alignements (n°s 6 à 11.)

PLANTATIONS, DÉFRICHEMENTS ET DESSÉCHEMENTS.

LÉGISLATION.

Loi du 3 frimaire an 7-23 novembre 1798.

§ 1er. — Desséchement et défrichement.

1. La cotisation des marais qui viennent à être desséchés, ne peut être augmentée pendant les vingt-cinq premières années après le desséchement. (*L., 3 frim. an 7-23 nov. 1798, art. 3.*)

2. La contribution foncière des terres vaines et vagues depuis quinze ans, qui sont mises en culture autres que celles désignées en l'art. 114 ci-après, ne peut être augmentée pendant les dix premières années après le défrichement. (*L. préc., art. 112.*)

§ 2. — Plantations.

3. La contribution foncière des terres en friche depuis dix ans, qui sont plantées ou semées en bois, ne peut être augmentée pendant les trente premières années du semis ou de la plantation. (*L. préc., art. 113.*)

4. La contribution foncière des terres vaines et vagues ou en friche depuis quinze ans, qui sont plantées en vignes, mûriers ou autres arbres fruitiers, ne peut être augmentée pendant les vingt premières années de la plantation. (*L. préc., art. 114.*)

5. Le revenu imposable des terrains déjà en valeur, qui sont plantés en vignes, mûriers ou autres arbres fruitiers, ne peut être évalué, pendant les quinze premières années de la plantation, qu'au taux de celui des terres d'égale valeur non plantées. (*L. préc., art. 115.*)

6. Le revenu imposable des terrains maintenant en valeur, qui sont plantés ou semés en bois, n'est évalué, pendant les trente premières années de la plantation ou du semis, qu'au quart de celui des terres d'égale valeur non plantées. (*L. préc., art. 116.*)

7. Les semis et plantations de bois sur le sommet et le penchant des montagnes et sur les dunes sont exempts de tout impôt pendant vingt ans. (*Cod. for., art. 225.*)

§ 3. — Formalités à remplir pour obtenir l'exemption de contributions.

8. Pour jouir de ces divers avantages et à peine d'en être privé, le propriétaire est tenu de faire, au secrétariat de l'administration municipale dans le territoire de laquelle les biens sont situés, avant de commencer les desséchements, défrichements et autres améliorations, une déclaration détaillée des terrains qu'il veut ainsi améliorer. (*L. préc., art. 117.*)

9. Cette déclaration est reçue par le secrétaire de l'administration municipale, sur un registre ouvert à cet effet, coté, paraffé, daté et signé comme celui des mutations; elle est signée tant par le secrétaire que par le déclarant, ou son fondé

de pouvoir. Copie de cette déclaration est délivrée au déclarant, moyennant la somme de 25 c., non compris le papier timbré et autres droits légalement établis. (*L., 3 frim. an 7-23 nov. 1798, art. 118.*)

10. Dans la semaine qui suit la déclaration, l'administration municipale charge l'agent municipal de la commune, ou son adjoint, ou un officier municipal dans les communes de cinq mille habitants et au delà, d'appeler deux des répartiteurs, de faire avec eux la visite des terrains déclarés, de dresser procès-verbal de leur état présent, et de le communiquer, ainsi que la déclaration, aux autres répartiteurs. Ce procès-verbal est affiché pendant quinze jours, tant dans la commune de la situation des biens, qu'au chef-lieu du canton : il est rédigé sans frais et sur papier non timbré. (*L. préc., art. 119.*)

11. Il est libre aux répartiteurs et à tous autres contribuables de la commune de contester la déclaration, et même de faire à l'administration municipale des observations sur le procès-verbal de l'état présent des terrains, et, si la déclaration ne se trouve pas sincère, l'administration prononce que le déclarant n'a pas droit aux avantages précités. Si, au contraire, la sincérité de la déclaration est reconnue, l'administration municipale arrête que le propriétaire a droit de jouir de ces avantages. On peut, dans tous les cas, recourir à l'administration centrale du département, qui réforme, s'il y a lieu, l'arrêté de l'administration municipale. (*L. préc., art. 120.*)

PLANTATIONS DES ROUTES ET DES CHEMINS VICINAUX.

LÉGISLATION.

Décret du 16 décembre 1811. — Loi du 15 juillet 1845. — Règlement général sur les chemins vicinaux du 21 juillet 1854.

§ 1er. — Routes impériales.

I. — Plantations.

1. Toutes les routes impériales non plantées, et qui sont susceptibles de l'être sans inconvénient, sont plantées par les particuliers ou communes propriétaires riverains de ces routes, dans la traversée de leurs propriétés respectives. (*Décr., 16 déc. 1811, art. 88.*)

2. Ces propriétaires ou ces communes demeurent propriétaires des arbres qu'ils ont plantés. (*Décr. préc., art. 89.*)

3. Les plantations sont faites au moins à la distance d'un mètre du bord extérieur des fossés, et suivant l'essence des arbres. (*Décr. préc., art. 90.*)

4. Dans chaque département, l'ingénieur en chef remet au préfet un rapport tendant à fixer celles des routes impériales du département non plantées, et susceptibles de l'être sans inconvénient, l'alignement des plantations à faire, route par route, commune par commune, et le délai nécessaire pour l'effectuer : il y joint son avis sur l'essence des arbres qu'il convient de choisir pour chaque localité, pour le tout devenir l'objet d'un arrêté du préfet, qui est soumis à l'approbation du ministre de l'intérieur, par l'intermédiaire du directeur général. (*Décr. préc., art. 91.*)

5. Les arbres sont reçus par les ingénieurs des ponts et chaussées, qui surveillent toutes les opérations, et s'assurent que les propriétaires se sont conformés en tout aux dispositions de l'arrêté du préfet. (*Décr. préc., art. 92.*)

6. Tous les arbres morts ou manquants sont remplacés, dans les trois derniers mois de chaque année, par le planteur, sur la simple réquisition de l'ingénieur en chef. (*Décr. préc., art. 93.*)

7. Lorsque les plantations s'effectuent au compte et par les soins des communes propriétaires, les maires surveillent, de concert avec les ingénieurs, toutes les opérations. L'entreprise en est donnée au rabais et à la chaleur des enchères, par voie d'adjudication publique, à moins d'une autorisation formelle du préfet de déroger à cette disposition. L'adjudicataire garantit pendant trois ans la plantation, et reste chargé tant de son entretien que du remplacement des arbres morts ou manquants pendant ce temps ; la garantie de trois années est prolongée d'autant pour les arbres remplacés. (*Décr. préc., art. 94.*)

8. A l'expiration du délai fixé en exécution de l'art. 91 pour l'achèvement de la plantation dans chaque département, les préfets font constater, par les ingénieurs, si des particuliers ou communes propriétaires n'ont pas effectué les plantations auxquelles le présent décret les oblige, ou ne se sont pas conformés aux dispositions prescrites pour les alignements et pour l'essence, la qualité, l'âge des arbres à fournir. — Le préfet ordonne en vue dudit rapport de l'ingénieur en chef, l'adjudication des plantations non effectuées ou mal exécutées par les particuliers ou les communes propriétaires. Le prix de l'adjudication est avancé sur les fonds des travaux des routes. (*Décr., 16 déc. 1811, art. 95.*)

9. Les dispositions de l'article précédent sont applicables à tous particuliers ou communes propriétaires qui n'ont pas remplacé leurs arbres morts ou manquants, aux termes de l'art. 93 du présent décret. (*Décr. préc., art. 96.*)

10. Tous particuliers ou communes au lieu et place desquels il a été effectué des plantations, en vertu des deux articles précédents, sont condamnés à l'amende d'un franc par pied d'arbre que l'administration a planté à leur défaut; et ce indépendamment du remboursement de tous les frais de plantation. (*Décr. préc., art. 97.*)

11. Le produit desdits frais et amendes est versé, comme fonds spécial, à notre trésor impérial, et affecté au service des ponts et chaussées. (*Décr. préc., art. 98.*)

II. — Remplacement des arbres.

12. Pour toutes les routes qui ont au moins 10 mètres de largeur, les plantations doivent être établies sur le sol même du domaine public. Elles doivent consister en une rangée d'arbres, de chaque côté, sur les routes de 10 à 16 mètres, et en deux rangées d'arbres sur les routes qui ont 16 mètres et plus. (*Circ. min. trav. publ., 9 août 1850.*)

13. Ces plantations doivent se composer d'essences appropriées au sol et au climat, et, autant que possible, propres à donner un produit. — La distance d'un arbre à l'autre, dans chaque rangée, doit être généralement de 10 mètres (1); l'intervalle entre deux rangées formant contre-allées doit être au moins de 3 mètres. Les arbres sont plantés en quinconce. (*Circ. préc.*)

14. Les arbres à planter sur les routes sont tenus à la distance de 2 mètres de la ligne qui sépare le domaine public et les fonds riverains. (*Circ. préc. — Cod. Nap., art. 671.*)

15. Les routes que les riverains ont déjà bordées d'arbres, en exécution du décret du 16 décembre 1811, n'en sont pas moins, si elles ont 10 mètres de largeur, plantées sur leur sol même. Aucune plantation ne peut, d'ailleurs, être exécutée sur le sol du domaine public, que d'après un projet approuvé par l'administration, et au moyen d'un crédit ouvert pour le paiement de la dépense. (*Circ. préc.*)

16. Soit que l'administration ait déjà fait planter sur le sol de la route, soit qu'elle n'ait pas encore réalisé son projet, tout riverain conserve la faculté de planter lui-même, en observant la distance prescrite par l'art. 671 du Code Napoléon. (*Circ. préc.*)

17. Dans les circonstances rares où les traverses doivent être plantées, il est nécessaire que les lignes d'arbres soient à trois mètres au moins des constructions. (*Instr. min. trav. publ., 17 juin 1851.*)

18. Les arbres plantés sur le terrain de la route et appartenant à l'État, ceux plantés sur les terres riveraines, soit par les communes, soit par les particuliers, en exécution du présent décret ou antérieurement, ne peuvent être coupés et arrachés qu'avec l'autorisation du directeur général des ponts et chaussées, accordée sur la demande du préfet, laquelle est formée seulement lorsque le dépérissement des arbres a été constaté par les ingénieurs, et toujours à la charge du remplacement immédiat. (*Décr., 16 déc. 1811, art. 99.*)

---

(1) Sur beaucoup de routes, on peut réduire de moitié cet intervalle, en ayant soin de faire alterner les arbres à croissance lente avec ceux à croissance rapide. (*Instr. min. trav. publ., 17 juin 1851.*)

19. La vente des arbres appartenant à l'État, et de ceux appartenant aux communes, est faite par voie d'adjudication publique; le prix de ceux appartenant à l'État, est versé comme fonds spécial, à notre trésor impérial, et affecté au service des ponts et chaussées; le prix des arbres appartenant aux communes est versé dans leurs caisses respectives. (*Décr., 16 déc. 1811, art. 100.*)

20. Tout propriétaire qui est reconnu avoir coupé sans autorisation, arraché ou fait périr les arbres plantés sur son terrain, est condamné à une amende égale à la triple valeur de l'arbre détruit. (*Décr., 16 déc. 1811, art. 101.*)

III. — Police.

21. La conservation des plantations des routes est confiée à la surveillance et à la garde spéciale des cantonniers, gardes champêtres, gendarmes, agents et commissaires de police, et des maires, chargés par les lois de veiller à l'exécution des règlements de grande voirie. (*Décr. préc., art. 106.*)

22. Un tiers des amendes qui sont prononcées pour peine des dégâts et dommages causés aux plantations des grandes routes, appartient aux agents qui ont constaté le dommage; un deuxième tiers appartient à la commune du lieu des plantations, et l'autre tiers est versé comme fonds spécial au trésor impérial, et affecté au service des ponts et chaussées. (*Décr. préc., art. 107.*)

23. Toutes condamnations, aux termes des art. 97, 101 et 105 du présent, sont poursuivies et prononcées, et les amendes recouvrées comme en matière de grande voirie. (*Décr. préc., art. 108.*)

§ 2. — Chemins de fer.

24. Les servitudes imposées par les lois et règlements sur la grande voirie, concernant la distance à observer pour les plantations et l'élagage des arbres plantés, sont applicables aux propriétés riveraines des chemins de fer. (*L., 15 juill. 1845, art. 3.*)

25. L'administration peut faire supprimer, moyennant indemnité, les plantations existant dans les zones de chemins de fer, spécifiées par la loi du 15 juillet 1845. (*L. préc., art. 10.*)

§ 3. — Chemins vicinaux.

26. Les propriétaires riverains des chemins vicinaux ne peuvent faire aucune plantation d'arbres, même dans leurs propriétés closes, sans, au préalable, avoir demandé et obtenu alignement. — Il est fait exception à cette obligation pour les plantations que les propriétaires se proposeraient de faire, sur leurs terres, à plus de trois mètres en arrière du bord des fossés ou de la limite légale des chemins. (*Proj. de règl. gén. min. int., 21 juill. 1854, art. 296.*)

27. Les alignements pour plantation d'arbres sont donnés par les maires pour les chemins vicinaux de petite communication ou d'intérêt commun, et par les sous-préfets pour les chemins vicinaux de grande communication. (*Proj. de règl. gén. préc., art. 297.*)

28. Aucune plantation d'arbres ne peut être effectuée sur le bord des chemins vicinaux qu'en observant les distances prescrites par les arrêtés que chaque préfet doit prendre pour son département respectif. (*Proj. de règl. gén. préc., art. 298.*)

29. La distance des arbres entre eux ne peut être inférieure à celle ordonnée par le préfet; ils ne peuvent être plantés en face les uns des autres, mais doivent être en quinconce, et de manière à ce que chaque arbre d'une rangée corresponde au milieu des deux arbres de l'autre rangée. (*Proj. de règl. gén. préc., art. 299.*)

30. Les plantations faites antérieurement à la publication du présent règlement, à des distances moindres que celles ci-dessus, peuvent être conservées; mais elles ne peuvent être renouvelées qu'à la charge d'observer les distances prescrites par les deux articles précédents. (*Proj. de règl. gén. préc., art. 300.*)

31. Tous les chemins vicinaux qui traversent un terrain communal, sont,

autant que possible, plantés de chaque côté, en observant les distances ci-dessus prescrites. (*Proj. de règl. gén. min. int., 21 juill. 1854, art. 301.*)

32. Les communes peuvent faire planter des arbres sur les terrains vagues existant entre les chemins vicinaux et les propriétés particulières, ou sur les terrains qui sont distraits du sol actuel de ces chemins par leur réduction à la largeur légale, et dont l'aliénation n'a pas eu lieu. — Les plantations de cette nature ne peuvent être effectuées qu'en observant, relativement aux chemins, les distances prescrites par les articles ci-dessus, et, relativement aux propriétés riveraines, les distances voulues par l'art. 671 du Code Napoléon. (*Proj. de règl. gén. préc., art. 302.*)

33. Il est fait défense à tout propriétaire riverain des chemins vicinaux de faire aucune plantation sur le sol de ces chemins. (*Proj. de règl. gén. préc., art. 303.*)

34. Les plantations faites par des particuliers sur le sol des chemins vicinaux avant la publication du présent règlement, peuvent être conservées, si les besoins de la circulation le permettent, mais elles ne peuvent, dans aucun cas, être renouvelées. (*Proj. de règl. gén. préc., art. 304.*)

35. Si l'intérêt de la viabilité exige la destruction des plantations existant sur le sol des chemins vicinaux, les propriétaires doivent être mis en demeure d'enlever, dans le délai d'un mois, les arbres qui leur appartiennent, sauf à eux à faire valoir le droit qu'ils croient avoir à une indemnité. — Dans le cas où les particuliers, mis en demeure, n'ont pas obtempéré, dans le délai fixé, à l'injonction qui leur a été faite, l'abatage des arbres est fait d'office et à leurs frais. Ces frais sont prélevés sur le produit de la vente des arbres, qui est versé provisoirement dans la caisse municipale, et tenu à la disposition du propriétaire. (*Proj. de règl. gén. préc., art. 305.*)

36. Les communes qui en font la demande peuvent être autorisées par l'Etat à faire des plantations sur le sol des chemins vicinaux. — Les conditions auxquelles ces plantations sont faites, l'espacement des arbres entre eux, ainsi que la distance à observer entre les plantations et les propriétés riveraines, sont déterminées par le préfet dans son arrêté d'autorisation. (*Proj. de règl. gén. préc., art. 306.*)

37. Les actions relatives à la distance prescrite par la loi, les règlements particuliers et l'usage des lieux, pour les plantations d'arbres ou de haies, sont de la compétence des juges de paix, lorsque la propriété ou les titres qui l'établissent ne sont pas contestés. (*L., 25 mai 1838, art. 6, § 2.*)

V. Arbres, Echenillage, Elagage, Haies, Routes.

PLAQUES DE VOITURES.

LÉGISLATION.

Loi du 30 mai 1851. — Décret du 10 août 1852.

§ 1er. — Dispositions générales.

1. Toute voiture circulant sur les routes nationales, départementales et chemins vicinaux de grande communication, doit être munie d'une plaque. (*L., 30 mai 1851, art. 3.*)

2. Sont exceptées de cette disposition : 1° les voitures particulières destinées au transport des personnes, mais étrangères à un service public de messageries; 2° les malles-postes et autres voitures appartenant à l'administration des postes; 3° les voitures d'artillerie, chariots, fourgons, appartenant aux départements de la guerre et de la marine; 4° les voitures employées à la culture des terres, au transport des récoltes, à l'exploitation des fermes, qui se rendent de la ferme aux champs ou des champs à la ferme, ou qui servent au transport des objets récoltés du lieu où ils ont été recueillis jusqu'à celui où, pour les conserver ou les manipuler, le cultivateur les dépose ou les rassemble. (*L. et art. préc.*)

3. La plaque devient indispensable lorsque les voitures de la campagne sont employées en dehors de ces limites, comme, par exemple, lorsqu'elles se rendent aux marchés ou dans les foires. (*Circ. min. int., 25 août 1852.*)

4. Tout propriétaire de voiture ne servant pas au transport de personnes est tenu de faire placer, en avant des roues et au côté gauche de sa voiture, une plaque métallique portant, en caractères apparents et lisibles, ayant au moins 5 millim. de hauteur, ses nom, prénoms et profession, le nom de la commune, du canton et du département de son domicile. (*Décr., 10 août 1852, art. 16.*)

§ 2. — Contraventions. — Pénalité. — Juridiction.

5. Tout propriétaire d'une voiture circulant sur les voies publiques sans qu'elle soit munie d'une plaque, doit être puni d'une amende de 6 à 15 fr., et le conducteur, d'une amende de 1 à 5 fr. (*L., 30 mai 1851, art. 7.*)

6. Tout propriétaire ou conducteur de voiture qui a fait usage d'une plaque portant un nom ou domicile faux ou supposé, doit être puni d'une amende de 50 à 200 fr., et d'un emprisonnement de six jours au moins et de six mois au plus. (*L. préc., art. 8.*)

7. La même peine est applicable à celui qui, conduisant une voiture dépourvue de plaque, a déclaré un nom ou domicile autre que le sien, ou que celui du propriétaire pour le compte duquel la voiture est conduite. (*L. et art. préc.*)

8. Les contraventions à l'art. 3 de la loi du 31 mai 1851 sont de la compétence du tribunal de police. Celles se rattachant à l'art. 8 de cette même loi sont de la compétence du tribunal correctionnel.

V. Voitures.

POIDS ET MESURES. — Form. mun., tom. VI, pag. 241.

LÉGISLATION.

Ordonnances des 17 avril et 16 juin 1839.

SOMMAIRE.

Sect. Ire. — Forme, matières et tableaux des poids et mesures.

§ 1er. — Forme et matières des poids et mesures.

1. A dater du 1er janvier 1840, les poids, mesures et instruments de pesage et de mesurage ne sont reçus à la vérification première, qu'autant qu'ils réunissent les conditions d'admission indiquées dans les tableaux annexés à la présente ordonnance. (*Ord., 16 juin 1839, art. 1er.*)

2. Les poids, mesures et instruments de pesage portant la marque de vérification première, et qui réunissent d'ailleurs les conditions exigées jusqu'ici, sont admis à la vérification périodique, savoir :

Les mesures décimales de longueur, après qu'on a fait disparaître les divisions et les noms relatifs aux anciennes dénominations ;

Les mesures décimales pour les matières sèches, quelle que soit l'espèce de bois dont elles sont construites;

Les mesures décimales en étain, quel que soit leur poids;

Les poids décimaux en fer et en cuivre, quelle que soit leur forme, après qu'on a fait disparaître l'indication relative aux anciennes dénominations, et pourvu qu'ils portent sur la surface supérieure les noms qui leur sont propres;

Les poids décimaux en fer et en cuivre, portant uniquement leurs noms exprimés en myriagrammes, kilogrammes, hectogrammes ou décagrammes;

Les poids décimaux à l'usage des balances-bascules, pourvu qu'ils ne portent pas d'autre indication que celle de leur valeur réelle;

Enfin, les romaines, dont on a fait disparaître les anciennes divisions et dénominations, pourvu qu'elles soient graduées en divisions décimales et reconnues oscillantes.

Les poids et mesures décimaux placés dans une des catégories qui précèdent ne peuvent être conservés par les assujettis qu'autant qu'ils ont subi, avant l'époque de la vérification périodique de l'année 1840, les modifications exigées.

Ces poids et mesures peuvent être rajustés, mais ils ne doivent pas être remontés à neuf. *(Ord., 16 juin 1839, art. 2.)*

3. Tous les poids et mesures autres que ceux qui sont provisoirement permis par l'art. 2 de la présente ordonnance, sont mis hors de service à partir du 1er janvier 1840. *(Ord. préc., art. 3.)*

4. Il est déposé, dans tous les bureaux de vérification, des modèles ou des dessins des poids et mesures légalement autorisés, pour être communiqués à tous ceux qui voudront en prendre connaissance. *(Ord. préc., art. 4.)*

5. A l'avenir, les bois de noyer ou de hêtre peuvent être employés, ainsi que les bois de chêne, pour la fabrication, en feuilles ou éclisses, des mesures de capacité destinées au mesurage des matières sèches. *(Décr., 5 nov. 1852, art. 1er.)*

6. Les mesures de capacité pour les liquides, notamment pour les huiles et l'alcool, peuvent être établies en fer-blanc, mais exclusivement avec celui qui est connu dans le commerce sous la dénomination de *cinq*, de *quatre* ou de *trois croix*. *(Décr. préc., art. 2.)*

7. Il n'est pas dérogé aux dispositions des tableaux et des instructions annexés à l'ordonnance du 16 juin 1839, en ce qui concerne, soit les mesures pour le lait, soit la forme, les dimensions et les autres garanties que doivent présenter les mesures de capacité mentionnées au présent décret. *(Décr. préc., art. 3.)*

§ 2. — Tableaux des poids et mesures.

I. — Mesures de longueur.

8. *Noms des mesures.* — Double décamètre, — Décamètre, — Demi-décamètre, — Double mètre, — Mètre, — Demi-mètre, — Double décimètre, — Décimètre.

Ces mesures doivent être construites en métal, en bois ou autre matière solide.

Elles peuvent être établies dans la forme qui convient le mieux aux usages auxquels elles sont destinées.

Indépendamment des mesures d'une seule pièce, il est permis de faire des mesures brisées, pourvu que le nombre de leurs parties soit deux, cinq ou dix.

Les mesures doivent être construites avec solidité.

Des garnitures en métal doivent être adaptées aux extrémités des mesures en bois, du mètre, de son double et de sa moitié.

Les divisions en centimètres ou millimètres doivent être exactes, déliées et d'équerre avec la longueur de la mesure.

Le nom propre à chaque mesure est gravé sur la face supérieure de la mesure, qui doit porter aussi le nom ou la marque du fabricant.

Le décamètre, son double et sa moitié, construits en forme de chaîne, doivent avoir des chaînons d'une force suffisante et de la longueur de deux ou de cinq décimètres; les anneaux à chaque mètre sont exécutés avec un métal d'une couleur différente de celui employé pour les autres anneaux. *(Ord., 16 juin 1839, tableau 1.)*

II. — Mesures de capacité pour les matières sèches.

9. *Noms des mesures.* — Hectolitre, — Demi-hectolitre, —Double décalitre, — Décalitre, — Demi-décalitre, — Double litre, — Litre, — Demi-litre, — Double décilitre, — Décilitre, — Demi-décilitre.

Les mesures de capacité pour les matières sèches doivent être construites dans la forme cylindrique, et ont intérieurement le diamètre égal à la hauteur.

Les mesures en bois ne peuvent être faites qu'en bois de chêne; elles doivent être établies avec solidité dans toutes leurs parties.

Pour les mesures qui sont garnies intérieurement de potences ou autres corps saillants, la hauteur est augmentée proportionnellement au volume de ces objets.

Les mesures en bois doivent être formées d'une éclisse ou feuille courbée sur elle-même et fixée par des clous.

Toutes les mesures en bois doivent être garnies, à la partie supérieure, d'une bordure en tôle rabattue.

Les mesures, depuis et compris le double décalitre jusqu'à l'hectolitre, doivent, en outre, être ferrées; on peut, suivant l'usage auquel elles sont destinées, y adapter des pieds fixés avec boulons et écrous.

Les mesures en bois de plus petite dimension peuvent être garnies de bandes latérales en tôle.

On peut fabriquer des mesures pour les matières sèches, en cuivre ou en tôle, pourvu qu'elles soient établies avec solidité et dans la forme ci-dessus prescrite. — Chaque mesure doit porter le nom qui lui est propre: le nom ou la marque du fabricant est appliqué sur le fond de la mesure. (*Ord., 16 juin 1839, tabl. 2.*)

III. — Mesures de capacité pour les liquides.

10. Les noms et la forme affectés aux mesures de capacité pour les matières sèches dans le tableau n° 2, servent de règle pour la construction des mêmes mesures employées pour les liquides, depuis l'hectolitre jusqu'au demi-décalitre inclusivement. Elles peuvent être établies en cuivre, tôle ou fonte, mais sous la réserve expresse de prévenir, par l'étamage ou autre procédé analogue, toute altération ou oxydation de nature à présenter des dangers dans l'usage de ces sortes de mesures.

Les mesures du double litre et au-dessous doivent être construites exclusivement en étain, et ont intérieurement la hauteur double du diamètre; elles ont le poids déterminé ci-après, comme *minimum* obligatoire pour chacune des espèces de mesures.

NOMS DES MESURES.	POIDS DES MESURES EN GRAMMES.		
	Sans anses ni couvercles.	Avec anses sans couvercles.	Avec anses et couvercles.
	gr.	gr.	gr.
Double litre....................	1,350	1,700	2,200
Litre....................	900	1,100	1,350
Demi-litre....................	525	650	820
Double décilitre....................	280	335	420
Décilitre....................	145	180	240
Demi-décilitre....................	85	110	140
Double centilitre....................	45	60	85
Centilitre....................	25	35	50

Le titre de l'étain employé pour la fabrication des mesures reste fixé à 83 centièmes 5 millièmes, avec une tolérance de 1 centième 5 millièmes; ainsi le métal dont les mesures sont fabriquées ne doit pas contenir moins de 82 centièmes d'étain pur, et plus de 18 centièmes d'alliage.

Ces mesures doivent conserver, intérieurement et sur le bord supérieur, la venue du moule; elles doivent être sans soufflures ni autres imperfections.

Le nom propre de chaque mesure doit être inscrit sur le corps de la mesure. Le nom ou la marque du fabriquant doit être apposé sur le fond.

On peut construire des mesures en fer-blanc depuis le double litre jusqu'au décilitre; mais ces sortes de mesures, exclusivement réservées pour le lait, doivent être établies dans la forme cylindrique, ayant le diamètre égal à la hauteur, conformément à ce qui est prescrit dans le tableau n° 2 pour les mesures destinées aux matières sèches; elles seront garnies d'une anse ou d'un crochet également en fer-blanc, et porteront le nom qui leur est propre sur le cercle supérieur rabattu et servant de bordure. On aura soin de placer, pour recevoir les marques de vérification, deux gouttes d'étain aplaties, l'une au bord supérieur, l'autre à la jonction du fond de chaque mesure, qui devra porter aussi le nom ou la marque du fabricant. (*Ord. préc., tabl. 3.*)

IV. — Poids en fer.

11. Les poids doivent être construits en fonte de fer; leurs noms sont indiqués ci-après, ainsi que la dénomination abréviative qui doit être inscrite sur chacun d'eux en caractères lisibles.

50 kilogrammes, 50 kilog.; — 20 kilogrammes, 20 kilog.; — 10 kilogrammes, 10 kilog.; — 5 kilogrammes, 5 kilog.; — Double kilogrammes, 2 kilog.; —

Kilogramme, 1 kilog.; — Demi-kilogramme, demi-kilog. ou 5 hectog.; — Double hectogramme, 2 hectog.; — Hectogramme, 1 hectog.; — Demi-hectogramme, 1/2 hectog.

Les poids en fer de 50 et de 20 kilogrammes doivent être établis en forme de pyramide tronquée, arrondie sur les angles, et ayant pour base un parallélogramme.

Les autres poids en fer, depuis celui de 10 kilogrammes jusqu'au demi-hectogramme inclusivement, doivent être établis en forme de pyramide tronquée, ayant pour base un hexagone régulier.

Les anneaux dont les poids sont garnis doivent être placés de manière à ne pas dépasser l'arête des poids.

Chaque anneau doit être en fer forgé, rond, et soudé à chaud.

Chaque anneau, attaché par un lacet, doit entrer sans difficulté dans la rainure pratiquée sur le poids, pour le recevoir.

Chaque lacet doit être en fer forgé et construit solidement, tant au sommet qui embrasse l'anneau, qu'aux extrémités de ses branches, lesquelles doivent être rabattues et enroulées par-dessous pour retenir le plomb nécessaire à l'ajustage.

Les poids en fer ne doivent présenter à leur surface ni bavures, ni soufflures, et la fonte ne doit être ni aigre ni cassante.

Chaque poids doit être garni, aux extrémités du lacet, d'une quantité suffisante de plomb coulé d'un seul jet, destiné à recevoir les empreintes des poinçons de vérification première et périodique, ainsi que la marque du fabricant, qui doit y être apposée. (*Ord.*, *16 juin 1839*, *tabl. 4.*)

V. — Poids en cuivre.

12. Les poids en cuivre sont indiqués ci-après, ainsi que la dénomination qui doit être inscrite sur chacun d'eux.

20 kilogrammes, 20 kilogrammes; — 10 kilogrammes, 10 kilogrammes; — 5 kilogrammes, 5 kilogrammes; — Double kilogramme, 2 kilogrammes; — Kilogramme, 1 kilogramme; — Demi-kilogramme, 500 grammes; — Double hectogramme, 200 grammes; — Hectogramme, 100 grammes; — Demi-hectogramme, 50 grammes; — Double décagramme, 20 grammes; — Décagramme, 10 grammes; — Demi-décagramme, 5 grammes; — Double gramme, 2 grammes; — Gramme, 1 gramme; — Demi-gramme, 5 décig.; — Double décigramme, 2 décig.; — Décigramme, 1 décig.; — Demi-décigramme, 5 centig.; — Double centigramme, 2 c. g.; — Centigramme, 1 c. g.; — Demi-centigramme, 5 m. g.; Double milligramme, 2 m.; — Milligramme, 1 m.

La forme des poids en cuivre, depuis et compris celui de 20 kilogrammes jusqu'au gramme, est celle d'un cylindre surmonté d'un bouton; la hauteur du cylindre est égale à son diamètre pour tous les poids jusqu'à celui de 5 grammes inclusivement; la hauteur de chaque bouton est égale à la moitié du diamètre du cylindre qui le supporte. Ces dispositions ne sont pas applicables aux poids d'un et de deux grammes, qui auront le diamètre plus fort que la hauteur.

Les poids, depuis et compris le 5 décigramme jusqu'au milligramme, se font avec des lames de laiton mince, coupées carrément.

Les poids en cuivre cylindriques et à bouton peuvent être massifs ou contenir, dans leur intérieur, une certaine quantité de plomb; mais ils doivent toujours présenter le même volume. Ces poids peuvent être faits d'un seul jet ou formés de deux pièces seulement, savoir : le cylindre et le bouton; mais, dans ce dernier cas, le bouton doit être monté à vis sur le corps du poids, et fixé invariablement par une cheville ou petite vis à fleur de la surface. Cette cheville est en cuivre rouge, afin de la distinguer facilement.

On peut aussi construire des poids en cuivre d'un kilogramme ou d'un de ses sous-multiples dans la forme de godets coniques qui s'empilent les uns dans les autres, et se trouvent ainsi renfermés dans une boîte, qui est elle-même un poids légal.

La surface des poids en cuivre doit être nette et ne laisser apercevoir aucun corps étranger qu'on aurait chassé dans le cuivre, ni aucune soufflure qui permettrait d'en introduire.

Les dénominations sont inscrites en creux et en caractères lisibles sur la surface supérieure des poids. Chaque poids devra porter le nom ou la marque du fabricant. (*Ord., 16 juin 1839, tabl. 5.*)

VI. — Instruments de pesage.

13. Les instruments de pesage sont :

1° Les balances à bras égaux ;

2° Les balances-bascules ;

3° Les romaines.

Les balances à bras égaux désignées sous le nom de balances de magasin ou de comptoir, doivent être solidement établies. Les fléaux doivent être plus larges qu'épais; principalement au centre occupé par les couteaux ou pivots qui les traversent perpendiculairement, et dont les arêtes doivent former une ligne droite. Les poids extrêmes de suspension doivent être placés à égale distance de ces couteaux. Les fléaux ne doivent pas vaciller dans les chappes. Les balances doivent être oscillantes. Leur sensibilité demeure fixée à un deux-millièmes du poids d'une portée.

Les balances-bascules doivent être oscillantes et établies de manière à donner, quel que soit le poids dont on charge le tablier, un rapport de 1 à 10. Ces instruments, dont la portée ne peut être moindre que 100 kilogrammes, doivent être solidement construits. Il ne pourra être employé à leur usage que des poids fabriqués suivant les formes et dénominations prescrites dans le tableau n° 4.

L'indication de la force de chaque balance-bascule sera exprimée en kilogrammes sur une plaque de cuivre incrustée dans le montant en bois. La sensibilité pour ces sortes d'instruments demeure fixée à un millième du poids d'une portée.

Les romaines doivent être solidement construites. Les couteaux auxquels elles sont suspendues doivent avoir une arête assez fine pour faciliter les mouvements du fléau ; les leviers doivent être assez forts pour ne pas fléchir sous le poids curseur qui les accompagne. L'aiguille dont chaque levier est traversé par le haut, ne doit pas frotter dans la châsse.

Les romaines doivent être oscillantes. Toute autre espèce est prohibée.

La sensibilité pour ces instruments demeure fixée à 1/500e du poids d'une portée.

Les romaines portent seulement les divisions décimales représentant les poids légaux. Toute autre division est interdite. Leur portée est exprimée en kilogrammes sur chacune des faces divisées.

Tout instrument de pesage doit porter le nom ou la marque du fabricant. (*Ord. préc., tabl. 6.*)

VII. — Instruments de mesurage pour le bois de chauffage.

14. Les membrures qui représentent des mesures de solidité du demi-décastère, du double stère, du stère, et destinées à mesurer les bois de chauffage, sont construites en bon bois; les pièces qui les composent doivent être bien dressées et assemblées solidement.

Chaque membrure est formée d'une sole, de deux montants et de deux contre-fiches ; elle doit avoir de plus deux sous-traits.

La longueur de la sole, entre les montants, est fixée ainsi qu'il suit, savoir :

Demi-décastère, 3 mètres ; — Double stère, 2 mètres ; — Stère, 1 mètre.

Pour les bois coupés à 1 mètre de longueur, la hauteur des montants est :

Demi-décastère, 1 mètre 667 millimètres ; — Double stère et stère, 1 mètre.

Cette hauteur varie suivant la longueur des bois, de manière à toujours reproduire un solide de 1, 2 ou 5 mètres cubes.

On peut construire aussi des membrures en fer du double stère et du stère, pourvu qu'elles réunissent les conditions de justesse et de solidité nécessaires, et qu'elles soient garnies de rondelles adhérentes, en étain ou en plomb, pour faciliter l'application des marques de vérification. (*Ord. préc., tabl. 7.*)

Sect. II. — Vérification des poids et mesures.

§ 3. — Des vérificateurs.

15. La vérification des poids et mesures destinés et servant au commerce est

faite, sous la surveillance des préfets et sous-préfets, par des agents nommés et révocables par le ministre secrétaire d'Etat des travaux publics, de l'agriculture et du commerce. (*Ord., 17 avril 1839, art. 1er.*)

16. Un vérificateur est nommé par chaque arrondissement communal. Son bureau est établi, autant que possible, au chef-lieu. (*Ord. préc., art. 2.*)

17. Nul ne peut exercer l'emploi de vérificateur, s'il n'est âgé de vingt-cinq ans accomplis, et s'il n'a subi des examens spéciaux, d'après un programme arrêté par le ministre des travaux publics, de l'agriculture et du commerce. (*Ord. préc., art. 3.*)

18. L'emploi de vérificateur est incompatible avec toutes autres fonctions publiques et toute profession assujettie à la vérification. (*Ord. préc., art. 4.*)

19. Les vérificateurs ne peuvent entrer en fonctions qu'après avoir prêté, devant le tribunal de première instance de l'arrondissement pour lequel ils sont commissionnés, le serment prescrit par la loi du 31 août 1830. (*Ord. préc., art. 5.*)

20. Chaque bureau de vérification est pourvu de l'assortiment nécessaire d'étalons vérifiés et poinçonnés au dépôt des prototypes établi près du ministère des travaux publics, de l'agriculture et du commerce. Ces étalons doivent être vérifiés de nouveau au même dépôt, au moins une fois en dix ans.

Les poinçons nécessaires aux vérifications, dans les départements, sont fabriqués sur les ordres du ministre des travaux publics, de l'agriculture et du commerce. Ils portent des marques distinctes pour chaque année d'exercice.

Les poinçons destinés à la vérification des poids et mesures nouvellement fabriqués ou rajustés sont différents de ceux qui sont destinés à constater les vérifications périodiques successives. (*Ord. préc., art. 6.*)

21. Les étalons et les poinçons des bureaux de vérification sont conservés par les vérificateurs, sous leur responsabilité et sous la surveillance des préfets et sous-préfets. (*Ord. préc., art. 7.*)

22. Les vérificateurs peuvent être suspendus par les préfets. Il est immédiatement rendu compte de cette mesure au ministre des travaux publics, de l'agriculture et du commerce. (*Ord. préc., art. 9.*)

§ 4. — De la vérification.

23. Les poids et mesures nouvellement fabriqués ou rajustés sont présentés au bureau du vérificateur, vérifiés et poinçonnés avant d'être livrés au commerce. (*Ord. préc., art. 10.*)

24. Aucun poids ou aucune mesure ne peut être soumis à la vérification, mis en vente ou employé dans le commerce, s'il ne porte, d'une manière distincte et lisible, le nom qui lui est affecté par le système métrique.

Le ministre du commerce peut excepter de l'exécution du présent article les poids ou mesures dont la dimension ne s'y prêterait pas. (*Ord. préc., art. 11.*)

25. La forme des poids et mesures servant à peser ou à mesurer les matières de commerce, sera déterminée par des règlements d'administration publique, ainsi que les matières avec lesquelles ces poids et mesures seront fabriqués. (*Ord. préc., art. 12.*)

26. Indépendamment de la vérification primitive dont il est question dans l'article 10, les poids et mesures dont les commerçants compris dans le tableau indiqué à l'art. 15 font usage ou qu'ils ont en leur possession, sont soumis à une vérification périodique, pour reconnaître si la conformité avec les étalons n'a pas été altérée.

Chacune de ces vérifications est constatée par l'apposition d'un poinçon nouveau. (*Ord. préc., art. 13.*)

27. Les fabricants et marchands de poids et mesures ne sont assujettis à la vérification périodique que pour ceux dont ils font usage dans leur commerce.

Les poids, mesures et instruments de pesage et mesurage neufs ou rajustés, qu'ils destinent à être vendus, doivent seulement être marqués du poinçon de la vérification primitive. (*Ord. préc., art. 14.*)

28. Les préfets dressent, pour chaque département, le tableau des professions qui doivent être assujetties à la vérification.

Ce tableau indique l'assortiment des poids et mesures dont chaque profession est tenue de se pourvoir. (*Ord., 17 avril 1839, art. 15.*)

29. L'assujetti qui se livre à plusieurs genres de commerce doit être pourvu de l'assortiment de poids et mesures fixé pour chacun d'eux, à moins que l'assortiment exigé pour l'une des branches de son commerce ne se trouve déjà compris dans l'une des autres branches des industries qu'il exerce. (*Ord. préc., art. 16.*)

30. L'assujetti qui, dans une même ville, ouvre au public plusieurs magasins, boutiques ou ateliers distincts ou placés dans des maisons différentes et non contiguës, doit pourvoir chacun de ces magasins, boutiques ou ateliers de l'assortiment exigé pour la profession qu'il exerce. (*Ord. préc., art. 17.*)

31. La vérification périodique se fait tous les ans dans les chefs-lieux d'arrondissement et dans les communes désignées par le préfet, et tous les deux ans dans les autres lieux. Toutefois, en 1840, elle aura lieu dans toutes les communes indistinctement.

Le préfet règle l'ordre dans lequel les diverses communes du département sont vérifiées. (*Ord. préc., art. 18.*)

32. Le vérificateur est tenu d'accomplir la visite qui lui a été assignée pour chaque année, et de se transporter au domicile de chacun des assujettis inscrits au rôle qui sera dressé conformément à l'art. 50.

Il vérifie et poinçonne les poids, mesures et instruments qui lui sont exhibés, tant ceux qui composent l'assortiment obligatoire au *minimum*, que ceux que le commerçant posséderait de surplus.

Il fait note de tout sur un registre portatif qu'il fait émarger par l'assujetti ; et si celui-ci ne sait ou ne veut signer, il le constate. (*Ord. préc., art. 19.*)

33. La vérification périodique peut être faite aux siéges des mairies, dans les localités où, conformément aux usages du commerce et sur la proposition des préfets, le ministre des travaux publics, de l'agriculture et du commerce jugerait cette opération d'une plus facile exécution, sans toutefois que cette mesure puisse être obligatoire pour les assujettis, et sauf le droit d'exercice à domicile.

Les vérificateurs peuvent toujours faire, soit d'office, soit sur la réquisition des maires et du procureur du roi, soit sur l'ordre du préfet et des sous-préfets, des visites extraordinaires et inopinées chez les assujettis. (*Ord. préc., art. 20.*)

34. Les marchands ambulants qui font usage de poids et mesures sont tenus de les présenter, dans les trois premiers mois de chaque année ou de l'exercice de leur profession, à l'un des bureaux de vérification dans le ressort desquels ils colportent leurs marchandises. (*Ord. préc., art. 21.*)

35. Les balances romaines ou autres instruments de pesage, sont soumis à la vérification primitive, et poinçonnés avant d'être exposés en vente ou livrés au public.

Ils sont, en outre, inspectés dans leur usage, et soumis, sur place, à la vérification périodique. (*Ord. préc., art. 22.*)

36. Les membrures du stère et double stère, destinées au commerce du bois de chauffage, sont, avant qu'il en soit fait usage, vérifiées et poinçonnées dans les chantiers où elles doivent être employées.

Elles y sont également soumises à la vérification périodique. (*Ord. préc., art. 23.*)

37. Les poids et mesures des bureaux d'octroi, bureaux de poids publics, ponts à bascule, hospices et hôpitaux, prisons et établissements de bienfaisance et tous les autres établissements publics sont soumis à la vérification périodique. (*Ord. préc., art. 24.*)

38. Les poids et mesures employés dans les halles, foires et marchés, dans les étalages mobiles, par les marchands forains et ambulants, sont soumis à l'exercice des vérificateurs. (*Ord. préc., art. 25.*)

39. Les visites et exercices que les vérificateurs sont autorisés à faire chez les assujettis ne peuvent avoir lieu que pendant le jour.

Néanmoins, ils peuvent avoir lieu chez les marchands débitants pendant tout le temps que les lieux de vente sont ouverts au public. (*Ord., 17 avril 1839, art. 26.*)

40. Les préfets fixent, par des arrêtés pour chaque commune, l'époque où la vérification de l'année commence et celle où elle doit être terminée.

A l'expiration du dernier délai ci-dessus, et après que la vérification aura eu lieu dans la commune, il est interdit aux commerçants, entrepreneurs et industriels, d'employer et de garder en leur possession des poids, mesures et instruments de pesage qui n'auraient pas été soumis à la vérification périodique et au poinçon de l'année. (*Ord. préc., art. 27.*)

§ 5. — De l'inspection sur le débit des marchandises qui se vendent au poids et à la mesure.

41. L'inspection du débit des marchandises qui se vendent au poids et à la mesure est confiée spécialement à la vigilance et à l'autorité des préfets, sous-préfets, maires, adjoints et commissaires de police. (*Ord. préc., art. 28.*)

42. Les maires, adjoints, commissaires et inspecteurs de police feront, dans leurs arrondissements respectifs et plusieurs fois dans l'année, des visites dans les boutiques et magasins, dans les places publiques, foires et marchés, à l'effet de s'assurer de l'exactitude et du fidèle usage des poids et mesures.

Ils surveillent les bureaux publics de pesage et de mesurage dépendants de l'administration municipale.

Ils s'assurent que les poids et mesures portent les marques et poinçons de vérification, et que depuis la vérification constatée par ces marques, ces instruments n'ont point souffert de variations, soit accidentelles, soit frauduleuses. (*Ord. préc., art. 29.*)

43. Ils visitent fréquemment les romaines, les balances et tous les autres instruments de pesage. Ils s'assurent de leur justesse et de la liberté de leurs mouvements, et constatent les infractions. (*Ord. préc., art. 30.*)

44. Les maires et officiers de police veillent à la fidélité dans le débit des marchandises qui, étant fabriquées au moule ou à la forme, se vendent à la pièce ou au paquet, comme correspondant à un poids déterminé; néanmoins, les formes ou moules propres aux fabrications de ce genre, ne seront jamais réputés instruments de pesage ni assujettis à la vérification. (*Ord. préc., art. 31.*)

45. Les vases ou futailles servant de récipient aux boissons, liquides ou autres matières, ne sont pas réputés mesures de capacité ou de pesanteur.

Il est pourvu à ce que, dans le débit en détail, les boissons et autres liquides ne soient pas vendus à raison d'une certaine mesure présumée sans avoir été mesurés effectivement. (*Ord. préc., art. 32.*)

46. Les arrêtés pris par les préfets, en matière de poids et mesures, à l'exception de ceux qui sont pris en exécution de l'art. 18, ne sont exécutoires qu'après l'approbation de notre ministre du commerce. (*Ord. préc., art. 33.*)

§ 6. — Des infractions et du mode de les constater.

47. Indépendamment du droit conféré aux officiers de police judiciaire par le Code d'instruction criminelle, les vérificateurs constatent les contraventions prévues par les lois et règlements concernant les poids et mesures dans l'étendue de l'arrondissement pour lequel ils sont commissionnés et assermentés.

Ils sont tenus de justifier de leur commission aux assujettis qui les requièrent.

Leurs procès-verbaux font foi en justice jusqu'à preuve contraire, conformément à l'art. 7 de la loi du 4 juillet 1837. (*Ord. préc., art. 34.*)

48. Les vérificateurs saisissent tous les poids et mesures autres que ceux maintenus par la loi du 4 juillet 1837.

Ils saisissent également tous les poids, mesures, instruments de pesage et mesurage altérés ou défectueux, ou qui ne seraient pas revêtus des marques légales de la vérification.

Ils déposent à la mairie les objets saisis, toutes les fois que cela est possible. (*Ord., 17 avril 1839, art. 35.*)

49. Ils doivent recueillir et relater les circonstances qui ont accompagné, soit la possession, soit l'usage des poids ou des mesures dont l'emploi est interdit. (*Ord. préc., art. 36.*)

50. S'ils trouvent des mesures qui, par leur état d'oxydation, puissent nuire à la santé des citoyens, ils en donnent avis aux maires et aux commissaires de police. (*Ord. préc., art. 37.*)

51. Les assujettis sont tenus d'ouvrir leurs magasins, boutiques et ateliers, et de ne pas quitter leur domicile après que, par un ban publié dans la forme ordinaire, le maire a fait connaître, au moins deux jours à l'avance, le jour de la vérification.

Ils sont tenus de se prêter aux exercices toutes les fois qu'ont lieu les visites prévues par les art. 19 et 20. (*Ord. préc., art. 38.*)

52. Dans le cas de refus d'exercice, et toutes les fois que les vérificateurs procèdent chez les débitants, avant le lever et après le coucher du soleil, aux visites autorisées par l'art. 26, ils ne peuvent s'introduire dans les maisons, bâtiments ou magasins, qu'en présence, soit du juge de paix ou de son suppléant, soit du maire, de l'adjoint ou du commissaire de police. (*Ord. préc., art. 39.*)

53. Les fonctionnaires dénommés en l'article précédent ne peuvent se refuser à accompagner sur-le-champ les vérificateurs, lorsqu'ils en sont requis par eux, et les procès-verbaux qui sont dressés, s'il y a lieu, sont signés par l'officier en présence duquel ils ont été faits, sauf aux vérificateurs, en cas de refus, d'en faire mention auxdits procès-verbaux. (*Ord. préc., art. 40.*)

54. Les vérificateurs dressent leurs procès-verbaux dans les vingt-quatre heures de la contravention par eux constatée. Ils les écrivent eux-mêmes; ils les signent, affirment au plus tard le lendemain de la clôture desdits procès-verbaux par-devant le maire ou l'adjoint, soit de la commune de leur résidence, soit de celle où l'infraction a été commise; l'affirmation est signée tant par les maires et adjoints que par les vérificateurs. (*Ord. préc., art. 41.*)

55. Leurs procès-verbaux sont enregistrés dans les quinze jours qui suivent celui de l'affirmation, et conformément à l'art. 74 de la loi du 25 mars 1817; ils sont visés pour timbre et enregistrés en débet, sauf à suivre le recouvrement des droits contre les condamnés. (*Ord. préc., art. 42.*)

56. Dans le même délai, les procès-verbaux sont remis au juge de paix, qui se conforme aux règles établies par les art. 20, 21 et 139 du Code d'instruction criminelle. (*Ord. préc., art. 43.*)

57. Les vérificateurs des poids et mesures sont sous la surveillance des procureurs du roi, sans préjudice de leur subordination à l'égard de leurs supérieurs dans l'administration. (*Ord. préc., art. 44.*)

58. Si des affiches ou annonces contiennent des dénominations de poids et mesures autres que celles portées dans le tableau annexé à la loi du 4 juillet 1837, les maires, adjoints et commissaires de police sont tenus de constater cette contravention, et d'envoyer immédiatement leurs procès-verbaux au receveur de l'enregistrement.

Les vérificateurs et tous autres agents de l'autorité publique sont tenus également de signaler au même fonctionnaire toutes les contraventions de ce genre qu'ils pourront découvrir.

Les receveurs d'enregistrement, soit d'office, soit d'après ces dénonciations, soit sur la transmission qui leur est faite des procès-verbaux ou rapports, dirigent, contre les contrevenants, les poursuites prescrites par l'art. 5 de la loi précitée. (*Ord. préc., art. 45.*)

§ 7. — Des droits de vérification.

59. La vérification première des poids, mesures et instruments de pesage est faite gratuitement.

Il en est de même pour les poids, mesures et instruments de pesage rajustés, qui sont soumis à une nouvelle vérification. *(Ord., 17 avril 1839, art. 46.)*

60. Les droits de la vérification périodique seront provisoirement perçus conformément au tarif annexé à l'ordonnance du 18 décembre 1825, modifiée par celles du 21 décembre 1832 et 18 mai 1838. *(Ord. préc., art. 47.)*

61. La vérification périodique des poids, mesures et instruments de pesage appartenant aux établissements publics désignés par l'article 24, est faite gratuitement.

Il en est de même pour les poids, mesures et instruments de pesage présentés volontairement à la vérification par des individus non assujettis. *(Ord. préc., art. 48.)*

62. Les droits de la vérification périodique sont payés pour les poids et mesures formant l'assortiment obligatoire de chaque assujetti, et pour les instruments de pesage sujets à la vérification.

Les poids et mesures excédant l'assortiment obligatoire sont vérifiés et poinçonnés gratuitement. *(Ord. préc., art. 49.)*

63. Les états-matrices des rôles sont dressés par les vérificateurs des poids et mesures, d'après le résultat des opérations qui doivent être consommées avant le 1er août.

Les états sont remis aux directeurs des contributions directes, à mesure que les opérations sont terminées dans les communes dépendant de la même perception, et, au plus tard, le 1er août de chaque année. *(Ord. préc., art. 50.)*

64. Les directeurs des contributions directes, après avoir vérifié et arrêté les états-matrices mentionnés à l'article précédent, procèdent à la confection des rôles, lesquels sont rendus exécutoires par le préfet, pour être mis immédiatement en recouvrement par les mêmes voies et avec les mêmes termes de recours en cas de réclamation, que pour les contributions directes. *(Ord. préc., art. 51.)*

65. Avant la fin de chaque année, il sera dressé et publié des rôles supplémentaires pour les opérations qui, à raison de circonstances particulières, n'auraient pu être faites que postérieurement au délai fixé par l'art. 50. *(Ord. préc., art. 52.)*

66. La perception des droits de vérification est faite par les agents du trésor public.

Le montant intégral des rôles est exigible dans la quinzaine de leur publication.

L'art. 3 de l'ordonnance du 21 décembre 1832 continuera à être exécuté (¹). *(Ord. préc., art. 53.)*

67. Les remises auxquelles ont droit les agents du trésor pour le recouvrement des contributions, ainsi que les allocations revenant aux directeurs des contributions directes pour les frais de confection des rôles, sont réglées par notre ministre secrétaire d'État des finances. *(Ord. préc., art. 54.)*

§ 8. — Dispositions générales.

68. Les contraventions aux arrêtés des préfets, à ceux des maires et à la présente ordonnance sont poursuivies conformément aux lois. *(Ord. préc., art. 55.)*

69. Sont abrogés les proclamations et arrêtés des 27 pluviôse an 6, 19 germinal, 28 messidor et 11 thermidor an 7; l'arrêté du 7 floréal an 8; les arrêtés des 13 brumaire et 29 prairial an 9; et les ordonnances royales des 18 décembre 1825, 7 juin 1826, 21 décembre 1832 et 18 mai 1838, sauf les dispositions des ordonnances des 18 décembre 1825, 21 décembre 1832 et 18 mai 1838, rappelées aux art. 47 et 53 de la présente ordonnance.

(¹) Cet article est ainsi conçu :
« A l'avenir, les rôles ne seront plus établis avant l'accomplissement des opérations; les états-matrices seront, en conséquence, dressés par les agents des poids et mesures sur le résultat des vérifications. »

Tous arrêtés ministériels pris en vertu du décret du 12 février 1812 cessent de recevoir leur exécution au 1er janvier 1840. (*Ord., 17 avril 1839, art. 56.*)

§ 9. — Tarifs.

Tarif joint à l'ordonnance du 18 décembre 1825, des rétributions à percevoir pour la vérification des poids et mesures et des instruments de pesage et de mesurage de chaque espèce, autorisés ou tolérés, sauf la remise accordée aux fabricants par l'art. 17 de l'ordonnance du 18 décembre 1825.

POIDS EN CUIVRE.

Simples.

	cent.	
Double myriagramme	37	5
Myriagramme	37	5
Demi-myriagramme	37	5
Double kilogramme	15	
Kilogramme	15	
Demi-kilogramme	15	
Double hectogramme	7	5
Hectogramme	7	5
Demi-hectogramme	7	5
Double décagramme	7	5
Décagramme	7	5
Demi-décagramme	7	5
Double gramme	7	5
Gramme	7	5

Divisés.

		cent.
5 kilogrammes composés de		
1 double kilogramme	15	75
2 kilogrammes	30	
1 kilogramme divisé	30	
Double kilogramme composé de		
1 kilogramme	15	45
1 kilogramme divisé	30	
2 kilogrammes divisés		30
Double hectogramme divisé		30
Hectogramme divisé		30
Demi-hectogramme divisé		30
Double décagramme divisé et au-dessous		30

POIDS EN FER.

Cinq myriagrammes	50
Double myriagramme	25
Myriagramme	25
Demi-myriagramme	25
Double kilogramme	10
Kilogramme	10
Demi-kilogramme	10
Double hectogramme	5
Hectogramme	5
Demi-hectogramme	5

MESURES DE CAPACITÉ POUR LES GRAINS ET AUTRES MATIÈRES SÈCHES.

Hectolitre	75
Demi-hectolitre	50
Double décalitre	15
Décalitre	10
Demi-décalitre	7
Double litre	5
Litre	5
Demi-litre	5
Double décilitre	5
Décilitre	5

MESURES DE CAPACITÉ POUR LES LIQUIDES.

Double décalitre	50
Décalitre	50
Demi-décalitre	50
Double litre	20
Litre	15
Demi-litre	10
Double décilitre	10
Décilitre	10
Demi-décilitre et au-dessous	10

MESURES POUR LE LAIT.

Double litre	10
Litre	10

MESURES DE LONGUEUR.

Double mètre ordinaire ou brisé	15
Mètre ployant ou à charnières	10
Mètre simple et demi-mètre	10
Décimètre et double décimètre	5

MESURES DE SOLIDITÉ.

Double stère	75
Stère	75

MESURES AGRAIRES.

Double décamètre	25
Décamètre	25
Demi-décamètre	25

INSTRUMENTS DE PESAGE.

La rétribution pour la vérification primitive des instruments de pesage, est fixe et sans remise.

Balances de magasin, 50 c. chaque.

Balances de comptoir, 25 c. chaque.

Sont réputées balances de magasins, et indistinctement, toutes balances dont les fléaux ont plus de 65 centim. de longueur; et comme balances de comptoir, toutes celles de la plus petite dimension, jusqu'à 65 centim.

Balances-bascules autorisées dans le commerce en gros, de la portée de 50 à 100 kil. inclusivement, 1 fr. chaque.

Les mêmes balances, quelle que soit leur portée au-dessus de 100 kil. et indistinctement, 2 fr.

Les poids spéciaux à l'usage desdites balances-bascules étant susceptibles de la révision périodique (art. 24 de l'ordonnance), il est perçu pour chacun d'eux la rétribution analogue à celle de tout autre poids de la même nature et de la même valeur. Pour la vérification primitive de ces poids, la remise de la moitié du droit est accordée aux fabricants.

Romaines tolérées, divisées au poids décimal ou usuel, et indistinctement, quelle que soit leur portée, jusqu'à 40 kil. inclusivement, 50 c. chaque.

La rétribution sur chaque *romaine tolérée* dans le commerce en gros, dont la portée s'élève de 40 à 200 kil., est calculée à raison de 25 c. pour chacun des doubles myriagrammes qui constituent sa plus forte portée, et sans qu'il soit tenu compte des divisions en kilogrammes qui excéderaient un nombre rond de double myriagramme.

Romaines tolérées de 200 kil. et au-dessus, quelle que soit leur portée, 2 fr. 50 c.

Si d'autres instruments de pesage et de mesurage viennent à être autorisés, le droit sera fixé, suivant l'analogie, par le ministre secrétaire d'État de l'intérieur.

§ 10. — **Modération.**

70. Pour faire jouir les fabricants de poids et mesures de la modération promise par l'article final de l'arrêté du 18 juin 1801, le tarif est réduit, à leur égard, de moitié. *(Ord. roy., 18 déc. 1825, art. 17, partie.)*

Conformément à l'art. 12 de l'ordonnance royale du 18 décembre 1825, un dégrèvement du dixième de la rétribution attachée à la vérification des poids et mesures est accordé, à partir du 1er janvier prochain, dans les communes où la révision périodique des instruments de pesage et de mesurage est annuelle. *(Ord. roy., 21 déc. 1832, art. 1er.)*

71. Dans les autres localités, la rétribution n'est plus réduite à la moitié ni levée annuellement, aux termes de l'art. 16 de l'ordonnance du 18 décembre 1825; elle est intégralement perçue une fois tous les deux ans seulement, sur un rôle publié et recouvrable dans le courant de l'exercice pendant lequel la vérification a été faite. (*Ord. préc., art.* 2.)

72. La rétribution fixée par le tarif annexé à l'ordonnance du 18 décembre 1825, pour la vérification des balances-bascules et romaines tolérées, est respectivement appliquée à la vérification périodique de ces sortes d'instruments, sous la remise du dixième dans les communes où elle doit avoir lieu, suivant l'art. 1er de la présente ordonnance. Cette rétribution est réduite à moitié pour les balances à bras égaux. (*Ord. préc., art. 8.)*

POIDS PUBLICS, ou BUREAUX DE PESAGE, etc.

LÉGISLATION.

Arrêté du gouvernement du 7 brumaire an 9-29 octobre 1800. — Loi du 29 floréal an 10-19 mai 1802.

1. Il est établi, dans les communes qui en sont susceptibles, par le gouvernement, des bureaux de pesage, mesurage et jaugeage publics. Nul n'est contraint à s'en servir, si ce n'est dans le cas de contestation. *(L., 29 flor. an 10-19 mai 1802, art. 1er.)*

2. Les tarifs des droits à percevoir dans ces bureaux, et les règlements y relatifs, sont proposés par les conseils des communes, adressés aux sous-préfets qui donnent leur avis, et transmis aux préfets qui prononcent. (*L., 29 flor. an 10-19 mai 1802, art. 2. — Décr., 25 mars 1852, tabl. A, n° 34.*)

A ces pièces on doit joindre un tableau contenant en marge le nom et la population de la commune, avec sept colonnes, dont la 1re rappelle le tarif ancien, si la commune possédait un établissement de ce genre; dans le cas contraire, la déclaration en est faite à la tête de la colonne; la 2e indique le produit de ce tarif; la 3e, les frais d'exploitation qu'il coûtait; la 4e, le tarif proposé; la 5e, son produit présumé; la 6e, les frais de régie; la 7e, le montant du produit net présumé. (*Instr. min., 15 prair. an 10-4 juin 1802.*)

3. Un dixième des produits nets de ces droits sert à compléter l'acquittement des frais de vérification des poids et mesures et le traitement des agents préposés à cette vérification. (*L., 29 flor. an 10-19 mai 1802, art. 3.*)

4. Le surplus des produits est employé aux dépenses des commissions et des hospices exclusivement, et ce, suivant les règles prescrites pour les octrois de bienfaisance. (*L. préc., art. 4.*)

5. Nul ne peut exercer les fonctions de peseur, mesureur et jaugeur, sans prêter le serment de bien et fidèlement remplir ses devoirs: ce serment est reçu par le président du tribunal de commerce, ou devant le juge de police du lieu.

6. Dans les lieux où il n'est pas nécessaire d'établir des bureaux publics, les fonctions de peseur, mesureur et jaugeur sont confiées, par le préfet, à des citoyens d'une probité et d'une capacité reconnues, lesquels prêtent serment.

7. Aucune autre personne que lesdits employés ou préposés ne peut exercer, dans l'enceinte des marchés, halles et ports, la profession de peseur, mesureur et jaugeur, à peine de confiscation des instruments destinés au mesurage. (*Arr., 7 brum. an 9-29 oct. 1800, art. 4.*)

8. L'enceinte desdits marchés, halles et ports, est déterminée et désignée d'une manière apparente par l'administration municipale, sous l'approbation du sous-préfet. (*Arr. préc., art. 5.*)

9. Les citoyens à qui les bureaux ou les fonctions de peseurs ou mesureurs publics sont confiés, sont obligés de tenir les marchés, halles et ports, garnis d'instruments nécessaires à l'exercice de leur état, et d'employés en nombre suffisant; faute de quoi, il y est pourvu à leurs frais par la police, et ils sont destitués.

Ils ne peuvent employer que des poids et mesures dûment étalonnés, certifiés, et portant l'inscription de leur valeur. (*Arr. préc., art. 6.*)

10. Il est délivré aux citoyens qui le demandent, par les peseurs et mesureurs publics, un bulletin qui constate le résultat de leurs opérations. (*Arr. préc., art. 7.*)

11. L'infidélité dans les poids employés au pesage public, est punie, par voie de police correctionnelle, des peines prononcées par les lois contre les marchands qui vendent à faux poids ou à fausse mesure. (*Arr. préc., art. 8.*)

12. Les produits ayant la même destination que ceux des octrois, sont versés, comme ces derniers, dans la caisse du receveur des deniers communaux; il en est rendu compte au ministre par des bordereaux particuliers, aux mêmes époques et dans les mêmes formes que celles qui ont été réglées pour les octrois. (*Instr. min. int., 15 prair. an 10-4 juin 1802.*)

13. Le bulletin du préposé au poids public fait foi en justice jusqu'à l'inscription de faux, comme les procès-verbaux des officiers publics assermentés. C'est une conséquence de l'art. 2 de la loi du 29 floréal, qui ordonne l'intervention de l'officier du poids public dans tous les différends que des contestations sur le poids ou la mesure peuvent occasionner; sans ce caractère particulier, le titre délivré par l'officier public n'aurait rien de plus authentique, ni pour les parties, ni pour les tribunaux, que les certificats délivrés par les peseurs que l'administration n'aurait point avoués, et l'objet de la loi, celui d'offrir une garantie au commerce, serait manqué. (*Instr. préc.*)

14. La loi n'interdit pas la profession du pesage aux citoyens qui voudraient l'exercer dans leur domicile; mais les halles, les marchés, les ports et les places publiques étant un domaine commun, dont la location, aux termes de l'art. 7 du

tit. 1er de la loi du 11 frimaire an 7-1er décembre 1798, confirmé par l'art. 31, n° 6, de la loi du 18 juillet 1837, fait partie des recettes municipales, les pesage, mesurage et jaugeage n'y peuvent être exercés qu'en vertu d'une commission du magistrat. L'enceinte des lieux publics, une fois définie par une ordonnance de police, tout particulier qui contreviendra à ce qu'elle prescrit, sera puni par voie de police correctionnelle, suivant l'exigence du délit, et conformément à l'arrêté du 7 brumaire an 9-29 octobre 1800, relatif au poids public. (*Instr. min. int., 15 prair. an 10-4 juin 1802. — Déc. min., 23 janv. 1824.*)

15. L'économie des frais de régie doit être la base essentielle de tous les projets d'établissement de poids publics. Pour ce faire, on peut commettre l'exercice des pesage, mesurage et jaugeage aux proposés de l'octroi dans toutes les communes où cette réunion ne sera pas incompatible avec les formes particulières de chacun de ces deux services. (*Instr. préc.*)

POLICE. — Form. mun., tom. VI, pag. 320.

1. La police est instituée pour maintenir l'ordre public, la liberté, la propriété, la sûreté individuelle. L'exercice de la police est une des attributions les plus importantes des maires et des autres fonctionnaires de l'ordre administratif.

2. La police se divise en police *administrative* et police *judiciaire*.

La police *administrative* a pour objet le maintien habituel de l'ordre public dans chaque lieu et dans chaque partie de l'administration générale. Elle tend principalement à prévenir les délits.

La police *judiciaire* recherche les délits que la police administrative n'a pu empêcher de commettre, en rassemble les preuves et en livre les auteurs aux tribunaux chargés par la loi de les punir. (*Cod. des dél. et des pein., 3 brum. an 4-25 oct. 1795, art. 16, 18, 19 et 20.*)

3. La police *administrative* se divise en *police générale, police municipale, police rurale, police forestière, police sanitaire*, etc.

4. La police administrative générale veille à tout ce qui a rapport au gouvernement et à l'ordre public. Elle a dans ses attributions l'exécution des lois relatives à la police générale, à la sûreté et à la tranquillité intérieure de l'Etat, le service de la garde nationale et de la gendarmerie, pour tout ce qui est relatif au maintien de l'ordre public; la surveillance des journaux, des pièces de théâtre et des publications de toute nature; la police des prisons, maisons d'arrêt, de justice et de réclusion; la police commerciale, sanitaire et industrielle; la répression de la mendicité et du vagabondage, etc.

5. La police administrative générale est exercée par le ministre de l'intérieur, le préfet de police, à Paris, les préfets des départements, les maires et les commissaires de police.

6. Les maires, comme exerçant par délégation une partie du pouvoir exécutif, concourent à l'exercice de la police générale en ce qui concerne la formation des tableaux de population, la délivrance des passe-ports, la surveillance des prisons et autres maisons de détention, la dispersion des attroupements, l'inspection des poids et mesures et de ce qui intéresse la sûreté du commerce, l'exécution des lois sur la libre circulation des subsistances, sur les poudres et salpêtres, les patentes, le port d'armes, le recrutement de l'armée, les élections, etc.

POLICE FORESTIÈRE.

V. les dispositions du Code forestier, tit. 10 et 11, et le tit. 9 de l'ordonnance d'exécution, du 1er août 1827, relatif à la police et à la conservation des bois et forêts qui sont régis par l'administration forestière.

POLICE MUNICIPALE ET RURALE. — Form. mun., tom. VI, pag. 321.

LÉGISLATION.

Loi du 16-24 août 1790, sur l'organisation judiciaire. — Loi du 19-22 juillet 1791, sur la police municipale correctionnelle. — Loi du 28 septembre-6 octobre 1791, sur la police rurale. — Loi du 18 juillet 1837, sur l'administration municipale.

PROCÉDURE.

1. Le maire est chargé, sous la surveillance de l'administration supérieure, de

la police municipale, et de pourvoir à l'exécution des actes de l'autorité supérieure qui y sont relatifs. (*L., 18 juill. 1837, art. 10.*)

2. Il prend des arrêtés à l'effet, 1° d'ordonner les mesures locales confiées par les lois à sa vigilance et à son autorité ; 2° de publier de nouveau les lois et règlements de police, et de rappeler les citoyens à leur observation.

Les arrêtés pris par le maire sont immédiatement adressés au sous-préfet. Le préfet peut les annuler ou en suspendre l'exécution.

Ceux de ces arrêtés qui portent règlement permanent ne sont exécutoires qu'un mois après la remise de l'ampliation constatée par les récépissés donnés par le sous-préfet. (*L. préc., art. 11.*)

3. Les objets de police confiés à la vigilance et à l'autorité municipale sont énoncés dans l'art. 3 de la loi du 16-24 août 1790, et dans les art. 5 et suivants de la loi du 19-22 juillet 1791. — V. COMMISSAIRES DE POLICE.

4. La loi fondamentale sur la police rurale est celle du 28 septembre-6 octobre 1791, dont plusieurs dispositions ont été modifiées par les art. 444 et suivants du Code pénal, contenant diverses dispositions relatives aux délits ruraux.

5. Les contraventions en matière de police municipale et rurale sont constatées par procès-verbaux des commissaires de police et des gardes champêtres, et jugées par les tribunaux de simple police.

POLICE SANITAIRE. — Form. mun., tom. VI, pag. 336.

1. La police sanitaire est régie par une loi du 3 mars 1822 et par une ordonnance d'exécution du 7 août suivant. Ces lois contiennent une dérogation formelle aux lois générales, lesquelles, dans aucun cas, ne peuvent leur être opposées. Elles déterminent, 1° le régime sanitaire applicable dans les pays dont les provenances doivent être habituellement ou temporairement soumises à ce régime ; 2° les mesures à observer sur les côtes, dans les ports et rades, dans les lazarets et autres lieux réservés; 3° les mesures extraordinaires que l'invasion ou la crainte d'une maladie pestilentielle peut rendre nécessaires sur les frontières de terre ou dans l'intérieur.

2. Les fonctions d'officier de l'état civil sont exercées par les autorités sanitaires dans l'enceinte et les parloirs de lazarets et autres lieux réservés, à la charge d'envoyer, dans les vingt-quatre heures, une expédition des actes de naissance et de décès à l'officier de l'état civil de la commune où est situé l'établissement, lequel est tenu d'en faire la transcription.

PONTS ET CHAUSSÉES. — Form. mun., tom. VI, p. 351.

LÉGISLATION.

Décret du 7 fructidor an 12, contenant organisation du corps des ingénieurs des ponts et chaussées. — Loi du 30 novembre 1850. — Décret du 13 octobre 1851, portant règlement sur le service des ponts et chaussées.—Décret du 10 mai 1854.

1. Le corps des ingénieurs des ponts et chaussées a dans ses attributions le service des ponts et chaussées, de la navigation et du commerce, le service extraordinaire comprenant la direction et l'exécution des grands travaux publics non permanents, tels qu'établissements de chemins de fer, de canaux, d'ouvrages à la mer, etc., et les services détachés, qui, n'étant pas rétribués sur le budget des travaux publics, sont néanmoins obligatoires pour les ingénieurs des ponts et chaussées, tels que le service des ports militaires et des colonies, le service de l'Algérie, etc. (*Décr., 7 fruct. an 12-25 août 1804, et 13 oct. 1851.*)

2. Le corps des ingénieurs des ponts et chaussées se recrute en partie parmi les conducteurs embrigadés des ponts et chaussées. — L'admission des conducteurs dans le corps des ingénieurs a lieu à la suite de concours et d'examens publics. Nul n'est admis à concourir s'il n'a dix ans de service effectif à partir de sa nomination au grade de conducteur auxiliaire. — Le sixième des sujets nouveaux à admettre chaque année au grade d'ingénieur, est pris parmi les conducteurs embrigadés ayant satisfait aux conditions du concours. — A défaut de conducteurs reconnus admissibles, les vacances sont attribuées aux élèves des ponts et chaussées. (*L., 30 nov. 1850.*)

3. Les ingénieurs des ponts et chaussées et les agents placés sous leurs ordres ont droit à l'allocation d'honoraires à la charge des intéressés, sans frais de

voyage et de séjour, ni vacations, lorsqu'ils prennent part, sur la demande des communes ou des associations territoriales, et avec l'autorisation de l'administration, à des travaux à l'égard desquels leur intervention n'est pas rendue obligatoire par les lois et règlements généraux, notamment lorsqu'ils sont chargés de la rédaction des projets définitifs et de l'exécution de travaux d'endiguement, de curage, de dessèchement, d'irrigation ou autres ouvrages analogues qui s'exécutent aux frais de ces communes ou associations territoriales, avec ou sans subvention du gouvernement.

Ces honoraires sont calculés d'après le chiffre de la dépense effectuée sous leur direction, déduction faite de la part contributive du trésor public, et à raison de 4 p. % sur les premiers 40,000 fr., et de 1 p. % pour le surplus. Ils sont partagés entre les ingénieurs et les agents dans la proportion qui sera déterminée par un arrêté ministériel. Les salaires des surveillants spéciaux sont imputés séparément sur les fonds des travaux.

Dans le cas où les ingénieurs et agents des ponts et chaussées qui ont pris part à la rédaction des projets définitifs ne sont pas chargés de l'exécution des travaux, ils reçoivent seulement la moitié des honoraires stipulés ci-dessus. (*Décr., 10 mai 1854, art. 4.*)

PONTS SUSPENDUS.

1. Les cahiers des charges qui servent de base aux adjudications de ponts suspendus au moyen de concession de péage, contiennent une clause qui soumet ces ponts et leurs dépendances à une visite annuelle. La sûreté publique exige que cette condition soit ponctuellement observée. Il doit être procédé aux visites, soit par l'ingénieur en chef, soit par l'agent voyer en chef, selon que l'exécution des travaux a été surveillée par l'un ou par l'autre de ces fonctionnaires. (*Circ. min., 1er févr. 1847.*)

2. La solidité des ponts suspendus étant subordonnée à une surveillance constante et à un entretien permanent, et les accidents survenus depuis quelque temps ayant fait sentir la nécessité de compléter ou de modifier certaines dispositions du cahier des charges qui a, jusqu'à ce jour, servi de base à l'adjudication des ponts suspendus, le ministre des travaux publics a fait préparer un nouveau modèle de cahier des charges, dont les dispositions paraissent de nature à donner toutes les garanties de sécurité compatibles avec ce genre de construction. (*Circ. min., 6 oct. 1852.*)

3. Le décret du 10 août 1852, portant règlement sur la police du roulage a également prescrit diverses mesures et précautions à prendre pendant la traversée des ponts suspendus. Ainsi, les chevaux doivent être mis au pas; les voituriers ou rouliers doivent tenir les guides ou le cordeau, et les conducteurs et postillons rester sur leurs siéges. — Défense est faite aux rouliers et autres voituriers de dételer aucun de leurs chevaux pour le passage du pont. — Toute voiture attelée de plus de cinq chevaux ne doit pas s'engager sur le tablier d'une travée, quand il y a déjà sur cette travée une voiture d'un attelage supérieur à ce nombre de chevaux. — Pour les ponts suspendus qui n'offriraient pas toutes les garanties nécessaires pour le passage des voitures lourdement chargées, il peut être adopté par le ministre des travaux publics ou par le ministre de l'intérieur, chacun en ce qui le concerne, telles autres dispositions qui seraient jugées nécessaires. — Dans des circonstances urgentes, les préfets et les maires peuvent prendre telles mesures que leur paraîtra commander la sûreté publique, sauf à en rendre compte à l'autorité supérieure. — Les mesures prescrites pour la protection des ponts suspendus doivent être, dans tous les cas, placardées à l'entrée et à la sortie des ponts. (*Décr., 10 août 1852, art. 8.*)

POPULATION. — Form. mun., tom. IV, pag. 295, et tom. VI, pag. 351.

LÉGISLATION.

Loi du 22 juillet 1791.

§ 1er. — Recensement quinquennal.

1. Dans les villes et dans les campagnes, les corps municipaux (les maires et les adjoints) feront constater l'état des habitants, soit par des officiers municipaux, soit par des commissaires de police (s'il y en a), soit par des citoyens commis à

cet effet. Chaque année, dans le courant des mois de novembre et de décembre, cet état sera vérifié de nouveau, et on y fera les changements nécessaires. L'état des habitants des campagnes sera recensé au chef-lieu du canton par des commissaires que nommeront les officiers municipaux de chaque communauté particulière. (*L., 22 juill. 1791, art. 1er.*)

2. Ce dénombrement est devenu quinquennal depuis l'ordonnance du 16 janvier 1822, et on l'appelle le *recensement officiel.*

Néanmoins, le mouvement qui survient chaque année, soit dans la population, soit dans le logement des habitants, la nécessité de pourvoir aux logements militaires, les diverses mesures d'ordre et de police, et d'autres considérations, rendent indispensable le travail de vérification prescrit annuellement par l'art. 1er de la loi du 22 juillet 1791, et qui n'est autre chose qu'un nouveau recensement.

3. Il n'est pas seulement d'un grand intérêt, au point de vue statistique, de connaître, à des intervalles plus ou moins éloignés, le chiffre exact de la population : ce chiffre sert encore de base à l'assiette de plusieurs impôts, à l'application de lois administratives importantes, notamment de la loi municipale, enfin du traitement de divers fonctionnaires. (*Rapport au présid. de la Républ., 1er févr. 1851.*)

4. Le dénombrement de la population a lieu par les soins des maires (*Décr., 1er févr. 1851, art. 1er*), sous l'autorité de l'administration supérieure. (*L., 18 juill. 1837, art. 9.*)

Les imprimés ou *états* que les maires ont à garnir leur sont envoyés par les préfets.

5. Les frais de cette opération sont des dépenses obligatoires à la charge des communes. (*L. préc., art. 30. — Instr. min. int., 4 mars 1851.*)

Par dépenses obligatoires du dénombrement, dans le sens de la loi, il ne faut pas entendre seulement les frais de *matériel*, c'est-à-dire les fournitures d'imprimés, mais encore toutes les dépenses quelconques que nécessite cette opération, notamment les frais d'auxiliaires ou de délégués municipaux dont le concours est indispensable dans les grandes villes, quand les maires n'ont pu obtenir gratuitement ce concours. (*Inst. préc.*)

6. Dans les villes, les maires peuvent se faire aider par les agents des contributions directes et indirectes. Le concours de ces agents est d'autant plus utile à l'autorité municipale, qu'il prévient les inconvénients d'un second dénombrement, que ces agents ont le droit de demander dans l'intérêt du trésor, soit quand ils sont autorisés à douter de l'existence du premier (*L. de finances, 28 avril 1816, art. 22; Avis cons. Etat, 11 oct. 1837*), soit lorsqu'il s'élève des difficultés en ce qui concerne la catégorie à laquelle une commune doit appartenir pour la fixation du contingent dans la contribution des portes et fenêtres. (*L. de finances, 4 août 1844, art. 4.*)

7. Lorsque l'administration préfectorale trouve mauvais vouloir, inertie ou résistance de la part des municipalités, dans l'accomplissement des formalités du dénombrement, elle ne doit pas hésiter à recourir à tous les moyens légaux pour surmonter les obstacles. Elle est alors autorisée à remplacer par des délégués (1) les maires des communes où le dénombrement ne serait pas opéré dans les formes et les délais prescrits ; toutefois, cette mesure ne sera prise qu'après avoir, plusieurs fois, mis le maire en demeure, et après avoir demandé au ministre des instructions spéciales. (*Instr. min. int., 4 mars 1851.*)

8. Une fois le dénombrement commencé, il doit être continué sans interruption. (*Instr. préc.*)

9. Dans les communes populeuses, les maires peuvent diviser le dénombrement par sections et par quartiers, et le répartir entre plusieurs commissaires revêtus d'une délégation officielle en vertu d'un arrêté spécial. (*Instr. préc.*)

10. Le dénombrement doit, autant que possible, être personnel, c'est-à-dire que les maires ou leurs délégués doivent toujours s'adresser aux individus, pour recueillir de leur bouche les renseignements demandés, c'est-à-dire, 1° les noms

(1) Ces délégués doivent être pris, autant que possible, dans la commune ou dans les localités voisines, pour éviter des déplacements onéreux. (*Instr. min. int., 4 mars 1851.*)

et prénoms ; 2° l'état civil ; 3° l'âge ; 4° la profession ; 5° la nationalité ; et 6° la religion. (*Instr. min. int., 4 mars 1851.*)

11. L'état doit comprendre les individus de tout âge et de tout sexe, habitant ou résidant dans la commune. Le tableau nominatif des habitants doit être établi par famille ou ménage, en portant en tête de chaque ménage le chef de famille, puis sa femme, ensuite ses enfants, puis les aïeuls et autres parents faisant partie du même ménage, puis enfin les domestiques attachés à la famille. (*Instr. min. int., 2 avril 1841 et 6 mai 1846* [1].)

12. On ne doit considérer comme faisant partie des banlieues que les habitations éparses et les dépendances rurales entièrement détachées du lieu principal. La population des faubourgs, celle des maisons réunies entre elles par des parcs, jardins, vergers, ateliers ou autres enclos, font partie de l'agglomération, lors même qu'elles sont séparées du lieu principal par une rue, un fossé, une promenade. (*Circ. dir. gén. contrib. dir., 1845*).

13. Un avis du conseil d'Etat du 23 novembre 1842 a décidé, 1° qu'il y a lieu de diviser le chiffre total de la population agglomérée des villes de 1,500 âmes et au-dessus en deux colonnes, l'une consacrée à la population sédentaire, et l'autre à la population mobile ; 2° qu'il convient de comprendre dans le chiffre de la population mobile les troupes de terre et de mer, les maisons centrales, les prisons départementales, les bagnes, les asiles d'aliénés, les hospices, les lycées et les colléges communaux, les écoles spéciales, les séminaires, les pensions et les écoles, les communautés religieuses, les ateliers d'ouvriers temporaires, les réfugiés à la solde de l'Etat, etc. ; 3° que l'ordonnance qui interviendra pour arrêter les chiffres officiels de la population doit statuer que le chiffre de la population mobile ne sera pas compté dans les évaluations qui servent de base aux divers tarifs des impôts de toute nature, pas plus que dans les conditions numériques prévues par les lois sur l'organisation municipale.

14. Au fur et à mesure que les tableaux des communes rentrent au préfet, il les contrôle dans les états nominatifs. Dès que le tableau général est terminé, il en doit adresser une expédition au ministre, qui le fait immédiatement contrôler. (*Instr. min. int., 4 mars 1851.*)

15. Le dénombrement de 1851, le huitième et le dernier, opéré dans ce siècle, a été commencé le 1er avril et terminé le 1er juin. Ce délai de deux mois était de rigueur pour les administrations municipales. (*Instr. préc.*)

D'après les tableaux de population annexés au décret du 10 mai 1852, qui les déclare seuls authentiques pendant cinq ans, la population totale de la France était, à cette époque, de 35,781,628 habitants.

16. La publication quinquennale des tableaux officiels de population ne met pas obstacle à ce que, dans l'intervalle, les communes dans leur intérêt particulier, et l'administration des contributions indirectes dans celui du trésor, ne réclament contre les erreurs ou les changements qui auraient pour résultat de les restreindre indûment au paiement du droit d'entrée, ou de les exempter à tort de cet impôt. (*Avis cons. Etat, et Circ. min. int., 27 nov. 1837.*)

17. Si une commune, un conseil général, ou même l'administration des contributions directes, conteste le chiffre de la population, la réclamation est adressée au préfet, qui ordonne, suivant l'objet de la réclamation, un nouveau recensement de la population totale ou de la partie non agglomérée. (*Circ. dir. gén. contrib. dir., 1845.*)

18. Ce nouveau recensement doit être opéré contradictoirement entre les délégués de la mairie et un agent de la direction des contributions directes. S'il y a lieu à modifier l'état des choses, le préfet prend un arrêté qu'il transmet au ministre de l'intérieur, à fin de rectification du décret de dénombrement. (*Circ. préc.*)

§ 2. — Recensement annuel.

19. Indépendamment du recensement quinquennal, les maires, comme offi-

---

[1] Ces instructions contiennent, en outre, des détails sur l'opération du recensement et sur la distinction des catégories d'habitants qui ne doivent pas être compris au tableau nominatif de dénombrement, mais y être portés collectivement.

ciers de l'état civil, ont à fournir, dans le premier trimestre de chaque année, un état du mouvement de la population de leur commune, divisé mois par mois, en naissances, mariages et décès.

POSTES. — Form. mun., tom. VI, pag. 373.

LÉGISLATION.

Ordonnance du 8 novembre 1810. — Loi des finances du 21 avril 1832.

1. Pour la création de services journaliers, il est nécessaire de produire des délibérations des conseils municipaux des communes intéressées; ces délibérations sont adressées au préfet, qui donne son avis et transmet les pièces à l'inspecteur des postes. La décision est rendue par le directeur général des postes.

2. Pour la création de bureaux de direction ou de distribution, on remplit les formalités ci-dessus énoncées. La demande étant accueillie, on doit produire au directeur général chargé de faire statuer par le ministre des finances, 1° l'état des communes rurales devant composer l'arrondissement postal du bureau; 2° la copie du plan cadastral de la commune où le bureau doit être établi; 3° le plan de la partie agglomérée de la commune; 4° la délibération des conseils municipaux des communes désignées pour former l'arrondissement postal; 5° l'indication des bureaux de poste avec lesquels il convient de mettre en relation le bureau projeté; 6° l'indication des routes qui relient ces localités; 7° on doit indiquer, en outre, si la commune où doit être établi le bureau possède une horloge publique réglée au temps moyen.

3. Les changements dans le service postal sont opérés par décision de M. le directeur général des postes, sur la demande des communes et sur l'avis du préfet. (*L., 21 avril 1832. — Circ. min., 24 févr., 22 et 28 avril 1844.*)

4. Les directeurs de postes doivent faite constater, le 31 décembre de chaque année, par le maire de la commune où est situé le bureau, l'existence des valeurs en caisse et en portefeuille, dont les directeurs ou les distributeurs se trouvent dépositaires.

Un procès-verbal de cette opération doit être dressé et transmis immédiatement par le maire au directeur général des postes. (*Ord. et arr., 8 nov. 1810.*)

5. Le préfet nomme, sur la présentation de l'inspecteur des postes du département, 1° les directeurs des bureaux de poste aux lettres dont le produit n'excède pas mille francs; 2° les distributeurs et facteurs des postes. (*Décr., 25 mars 1852, art. 5.*)

POUDRES ET SALPÊTRES. — Form. mun., tom. VI, pag. 378.

1. La fabrication et la vente des poudres et salpêtres est réglée par la loi du 13 fructidor an 5-30 août 1797.

2. La nomination des débitants de poudres à feu, qui est attribuée aux préfets par le décret du 25 mars 1852, sur la décentralisation administrative, est faite sur la présentation, par le directeur des contributions indirectes du département, d'une liste de trois candidats. (*Arr. min. fin., 3 mai 1852.*)

PRÉFETS.

Lois diverses, et décret du 25 mars 1852, sur la décentralisation administrative.

1. Le préfet est seul chargé de l'administration du département. (*Arr., 28 pluv. an 8-17 févr. 1800, art. 3.*) Il exerce ses fonctions sous l'autorité immédiate des ministres et des conseillers d'Etat, directeurs généraux, chargés en chef d'une partie de l'administration.

2. Les arrêtés des préfets, sur tous les objets qui intéressent l'administration générale de l'empire, ou sur des entreprises nouvelles ou des travaux extraordinaires, ne doivent être exécutés qu'après l'approbation du gouvernement. Quant à l'expédition des affaires particulières et de tout ce qui s'exécute en vertu d'arrêtés déjà approuvés, l'autorisation spéciale du gouvernement n'est pas nécessaire.

3. Le préfet est membre et président-né du conseil de préfecture ; il a la police de ses audiences; il dirige l'instruction des affaires qui y sont pendantes; il peut, quand il le veut, assister à ses délibérations, et lorsqu'il y assiste, sa voix, en cas de partage, est prépondérante.

4. Chaque année, le préfet présente au conseil général le compte des dépenses qu'il a ordonnées sur les fonds départementaux. Ce compte, sur lequel le conseil général fait ses observations, est ensuite arrêté par le ministre de l'intérieur. — Le préfet présente aussi au conseil général le projet de budget des dépenses et recettes pour l'exercice futur ; le conseil émet son vœu sur chaque article, et le budget est définitivement réglé et approuvé par le ministre de l'intérieur. (*L., 10 mai 1838.*)

5. Les préfets annulent, confirment ou modifient les arrêtés des sous-préfets et des maires, et les délibérations des conseils municipaux.

6. Les attributions des préfets ont été déterminées et considérablement étendues par le décret du 25 mars 1852 sur la décentralisation administrative, dont les dispositions sont ci-après rapportées.

7. Les préfets continuent de soumettre à la décision du ministre de l'intérieur les affaires départementales et communales qui affectent directement l'intérêt général de l'Etat, telles que l'approbation des budgets départementaux, les impositions extraordinaires et les délimitations territoriales; mais ils statuent désormais sur toutes les autres affaires départementales et communales qui, jusqu'à ce jour, exigeaient la décision du chef de l'Etat ou du ministre de l'intérieur, et dont la nomenclature est fixée par le tableau A ci-annexé. (*Décr. 25 mars 1852, art. 1er, et tabl. A.*)

TABLEAU A. — 1. Acquisitions, aliénations et échanges de propriétés départementales non affectées à un service public. — 2. Affectation d'une propriété départementale à un service d'utilité départementale, lorsque cette propriété n'est déjà affectée à aucun service. — 3. Mode de gestion des propriétés départementales. — 4. Baux de biens donnés ou pris à ferme et à loyer par le département. — 5. Autorisation d'ester en justice. — 6. Transactions qui concernent les droits des départements. — 7. Acceptation ou refus des dons au département, sans charge ni affectation immobilière, et des legs qui présentent le même caractère ou qui ne donnent pas lieu à réclamation. — 8. Contrats à passer pour l'assurance des bâtiments départementaux. — 9. Projets, plans et devis de travaux exécutés sur les fonds du département, et qui n'engageraient pas la question de système ou de régime intérieur, en ce qui concerne les prisons départementales ou les asiles d'aliénés. — 10. Adjudication de travaux dans les mêmes limites.

11. Adjudication des emprunts départementaux dans les limites fixées par les lois d'autorisation. — 12. Acceptation des offres faites par des communes, des associations ou des particuliers pour concourir à la dépense des travaux à la charge des départements. — 13. Concession à des associations, à des compagnies ou à des particuliers des travaux d'intérêt départemental. — 14. Acquisition de meubles pour la préfecture, réparations à faire au mobilier. — 15. Achat, sur les fonds départementaux, d'ouvrages administratifs destinés aux bibliothèques des préfectures et des sous-préfectures. — 16. Distribution d'indemnités ordinaires et extraordinaires allouées sur le budget départemental aux ingénieurs des ponts et chaussées. — 17. Emploi du fonds de réserve inscrit à la deuxième section des budgets départementaux pour dépenses imprévues. — 18. Règlement de la part des dépenses des aliénés, enfants trouvés et abandonnés et orphelins pauvres, à mettre à la charge des communes, et bases de la répartition à faire entre elles. — 19. Traités entre les départements et les établissements publics ou privés d'aliénés. — 20. glement des budgets des asiles publics.

21. Règlement des frais de transport, de séjour provisoire et du prix de pension des aliénés. — 22. Dispenses de concours à l'entretien des aliénés réclamés par les familles. — 23. Mode et condition d'admission des enfants trouvés dans les hospices ; tarifs des mois de nourrice et de pension ; indemnités aux nourriciers et gardiens ; prix des layettes et vêtures. — 24. Marchés de fourniture pour les prisons départementales, les asiles d'aliénés et tous les établissements départementaux. — 25. Tansfèrement des détenus d'une prison départementale dans une autre prison du même département. — 26. Création d'asiles départementaux pour l'indigence, la vieillesse, et règlements intérieurs de ces établissements. — 27. Règlements intérieurs des dépôts de mendicité. — 28. Règlements, budgets et comptes des sociétés de charité maternelles. — 29. Acceptation ou refus des dons et legs faits à es sociétés quand ils ne donnent point lieu à réclamation. — 30. Rapatriement des liénés étrangers soignés en France, *et vice versa*.

31. Dépenses faites pour les militaires et les marins aliénés, et provisoirement pour les forçats libérés. — 32. Autorisation d'établir des asiles privés d'aliénés. — 33. Rapatriement d'enfants abandonnés à l'étranger ou d'enfants d'origine étrangère abandonnés en France. — 34. Tarifs des droits de location de places dans les halles et marchés, et des droits de pesage, jaugeage et mesurage. — 35. Budgets et comptes des communes, lorsque ces budgets ne donnent pas lieu à des impositions extraordinaires. — 36. Impositions extraordinaires pour dépenses facultatives pour une durée de cinq années, et jusqu'à concurrence de vingt centimes additionnels. — 37. Emprunts, pourvu que le terme de remboursement n'excède pas dix années, lorsqu'il doit être remboursé au moyen des ressources ordinaires, ou lorsque la création des ressources extraordinaires se trouve dans la compétence des préfets. — 38. Pensions de retraite aux employés et agents des communes et établissements charitables. — 39. Répartition du fonds commun des amendes de police correctionnelle. — 40. Mode de jouissance en nature des biens communaux, quelle que soit la nature de l'acte primitif qui ait approuvé le mode actuel.

41. Aliénations, acquisitions, échange, partage de biens de toute nature, quelle qu'en soit la valeur. — 42. Dons et legs de toute sorte de biens, lorsqu'il n'y a pas réclamation des familles. — 43. Transactions sur toutes sortes de biens, quelle qu'en soit la valeur. — 44. Baux à donner ou à prendre, quelle qu'en soit la durée. — 45. Distraction de parties superflues de presbytères communaux, lorsqu'il n'y a pas opposition de l'autorité diocésaine. — 46. Tarifs des pompes funèbres. — 47. Tarifs des concessions dans les cimetières. — 48. Approbation des marchés passés de gré à gré. — 49. Approbation des plans et devis des travaux, quel qu'en soit le montant. — 50. Plans d'alignement des villes.

51. Cours d'eau non navigables ni flottables, en tout ce qui concerne leur élargissement et leur curage. — 52. Assurances contre l'incendie. — 53. Tarifs des droits de voirie dans les villes. — 54. Etablissements de trottoirs dans les villes. — 55. Enfin, tous les autres objets d'administration départementale, communale et d'assistance publique, sauf les exceptions ci-après:

a. Changements proposés à la circonscription du territoire du département, des arrondissements, des cantons, des communes, et à la désignation des chefs-lieux. — *b.* Contributions extraordinaires à établir et emprunts à contracter dans l'intérêt du département. — *c.* Répartition du fonds commun affecté aux dépenses ordinaires des départements. — *d.* Règlements des budgets départementaux; approbation des virements de crédits d'un sous-chapitre à un autre sous-chapitre de la première section du budget, quand il s'agit d'une dépense nouvelle à introduire, et des virements de la seconde et de la troisième section. — *e.* Règlement du report des fonds libres départementaux d'un exercice sur un exercice ultérieur, et règlement des comptes départementaux. — *f.* Changement de destination des édifices départementaux affectés à un service public. — *g.* Fixation du taux maximum du mobilier des hôtels de préfecture. — *h.* Acceptation ou refus des dons et legs faits au département, qui donnent lieu à réclamation. — *i.* Classement, direction et déclassement des routes départementales. — *j.* Approbation des règlements d'administration et de discipline des prisons départementales.

k. Approbation des projets, plans et devis des travaux à exécuter aux prisons départementales ou aux asiles publics d'aliénés, quand ces travaux engagent la question de système ou de régime intérieur, quelle que soit d'ailleurs la quotité de la dépense. — *l.* Fixation de la part contributive du département aux travaux exécutés par l'Etat et qui intéressent le département. — *m.* Fixation de la part contributive du département aux dépenses et aux travaux qui intéressent à la fois le département et les communes. — *n.* Organisation des caisses de retraites ou de tout autre mode de rémunération ou de secours en faveur des employés des préfectures ou sous-préfectures et des autres services départementaux. — *o.* Règlement du domicile de secours pour les aliénés et les enfants trouvés, lorsque la question s'élève entre deux ou plusieurs départements. — *p.* Suppression des tours actuellement existants; ouverture de tours nouveaux. — *q.* Approbation des taxes d'octroi. — *r.* Frais de casernement à la charge des villes, leur abonnement. — *s.* Impositions extraordinaires pour dépenses facultatives, lorsque les centimes additionnels excèdent le nombre de vingt, et que la durée de l'imposition dépasse cinq ans. — *t.* Emprunts, lorsque le terme du remboursement excédera dix années, ou que ce remboursement devra s'opérer au moyen d'une imposition extraordinaire soumise à l'approbation de l'autorité centrale.

u. Expropriation pour cause d'utilité publique, sans préjudice des concessions déjà faites en faveur de l'autorité préfectorale par la loi du 21 mai 1836, relative aux chemins vicinaux. — *v.* Legs, lorsqu'il y a réclamation de la famille. — *x.* Ponts communaux à péage. — *y.* Création d'établissements de bienfaisance (hôpitaux, hospices, bureaux de bienfaisance, monts-de-piété.)

8. Les préfets statuent également, sans l'autorisation du ministre de l'intérieur, sur les divers objets concernant les subsistances, les encouragements à l'agriculture, l'enseignement agricole et vétérinaire, les affaires commerciales et la police sanitaire et industrielle dont la nomenclature est fixée par le tableau *B* ci-annexé. (*Décr. préc., art. 2, et tabl. B.*)

TABLEAU B. — 1. Autorisation d'ouvrir des marchés, sauf pour les bestiaux. — 2. Réglementation complète de la boucherie, boulangerie et vente de comestibles sur les foires et marchés. — 3. Primes pour la destruction des animaux nuisibles. — 4. Règlement des frais de traitement des épizooties. — 5. Approbation des tableaux de marchandises à vendre aux enchères par le ministère des courtiers. — 6. Formation et autorisation des sociétés de secours mutuels qui ne rempliraient pas les formalités voulues pour être déclarées d'utilité publique. — 7. Examen et approbation des règlements de police commerciale pour les foires, marchés, ports et autres lieux publics. — 8. Autorisation des établissements insalubres de première classe, dans les formes déterminées pour cette nature d'établissements, et avec les recours existants aujourd'hui pour les établissements de deuxième classe. — 9. Autorisation de fabriques et ateliers dans le rayon des douanes, sur l'avis conforme du directeur des douanes.

9. Les préfets statuent en conseil de préfecture, sans l'autorisation du ministre des finances, mais sur l'avis ou la proposition des chefs de service, en matière de contributions indirectes, en matières domaniales et forestières, sur les objets déterminés par le tableau *C* ci-annexé. (*Décr. préc., art. 3, et tabl. C.*)

TABLEAU C. — 1. Transactions ayant pour objet les contraventions en matière de poudre à feu, lorsque la valeur des amendes et confiscations ne s'élève pas au delà de mille francs. — 2. Location amiable, après estimation contradictoire, de la valeur locative des biens de l'Etat, lorsque le prix annuel n'excède pas cinq cents francs. — 3. Concessions de servitudes à titre de tolérance temporaire et révocables à volonté. — 4. Concessions autorisées par les lois des 20 mai 1836 et 10 juin 1847 des biens usurpés, lorsque le prix n'excède pas deux mille francs. — 5. Cessions de terrains domaniaux compris dans le tracé des routes nationales, départementales et des chemins vicinaux. — 6. Echanges de terrains provenant de déclassement de routes, dans le cas prévu par l'art. 4 de la loi du 20 mai 1836. — 7. Liquidation de dépenses, lorsque les sommes liquidées ne dépassent pas deux mille francs. — 8. Demandes en autorisation, concernant les établissements et constructions mentionnés dans les art. 151, 152, 153, 154 et 155 du Code forestier. — 9. Vente sur les lieux des produits façonnés provenant des bois des communes et des établissements publics, quelle que soit la valeur de ces produits. — 10. Travaux à exécuter dans les forêts communales ou d'établissements publics, pour la recherche ou la conduite des eaux, la construction des récipients et autres ouvrages analogues, lorsque ces travaux auront un but d'utilité communale.

10. Les préfets statuent également, sans l'autorisation du ministre des travaux publics, mais sur l'avis ou la proposition des ingénieurs en chef, et conformément aux règlements ou instructions ministérielles, sur tous les objets mentionnés dans le tableau *D* ci-annexé. (*Décr. préc., art. 4, et tabl. D.*)

TABLEAU D. — 1. Autorisation, sur les cours d'eau navigables ou flottables, des prises d'eau faites au moyen de machines, et qui, eu égard au volume du cours d'eau, n'auraient pas pour effet d'en altérer sensiblement le régime. — 2. Autorisation des établissements temporaires sur lesdits cours d'eau, alors même qu'ils auraient pour effet de modifier le régime ou le niveau des eaux; fixation de la durée de la permission. — 3. Autorisation, sur les cours d'eau non navigables ni flottables, de tout établissement nouveau, tel que moulin, usine, barrage, prise d'eau d'irrigation, patouillet, bocard, lavoir à mine. — 4. Régularisation de l'existence desdits établissements lorsqu'ils ne sont pas encore pourvus d'autorisation régulière, ou modification des règlements déjà existants. — 5. Dispositions pour assurer le curage et le bon entretien des cours d'eau non navigables ni flottables de la manière prescrite par les anciens règlements ou d'après les usages locaux. Réunion, s'il y a lieu, des propriétaires intéressés en associations syndicales. — 6. Constitution en associations syndicales des propriétaires intéressés à l'exécution et à l'entretien des travaux d'endiguement contre la mer, les fleuves, rivières et torrents navigables ou non navigables, de canaux d'arrosage ou de canaux de desséchement, lorsque ces propriétaires sont d'accord pour l'exécution desdits travaux et la répartition des dépenses. — 7. Autorisation et établissement des débarcadères sur les bords des fleuves et rivières pour le service de la navigation; fixation des tarifs et des conditions d'exploitation de ces débarcadères. — 8. Approbation de la liquidation des plus-values ou des moins-values en fin de bail du matériel des bacs affermés au profit de l'Etat. — 9. Autorisation et établissement des bateaux particuliers. — 10. Approbation, dans la limite des crédits ouverts, des dépenses dont la nomenclature suit :

a. Acquisition de terrains, d'immeubles, etc., dont le prix ne dépasse pas vingt-cinq mille francs. — *b.* Indemnités mobilières. — *c.* Indemnités pour dommages. — *d.* Frais accessoires aux acquisitions d'immeubles, aux indemnités mobilières et aux dommages ci-dessus désignés. — *e.* Loyers de magasins, terrains, etc. — *f.* Secours aux ouvriers réformés, blessés, etc., dans les limites déterminées par les instructions.

11. Approbation de la répartition rectifiée des fonds d'entretien et des décomptes définitifs des entreprises, quand il n'y a pas d'augmentation sur les dépenses autorisées. — 12. Autorisation de la mainlevée des hypothèques prises sur les biens des adjudicataires ou de leurs cautions, et du remboursement des cautionnements après la réception définitive des travaux; autorisation de la remise à l'administration des domaines des terrains devenus inutiles au service.

11. Ils nomment directement, sans l'intervention du gouvernement et sur la présentation des divers chefs de service, aux fonctions et emplois suivants : — 1° Les directeurs des maisons d'arrêt et des prisons départementales ; 2° les gardiens desdites maisons et prisons; 3° les membres des commissions de surveillance de ces établissements ; 4° les médecins et comptables des asiles publics d'aliénés; 5° les médecins des eaux thermales dans les établissements privés ou communaux ; 6° les directeurs et agents des dépôts de mendicité ; 7° les architectes départementaux ; 8° les archivistes départementaux; 9° les administrateurs, directeurs et receveurs des établissements de bienfaisance ; 10° les vérificateurs des poids et mesures; 11° les directeurs et professeurs des écoles de dessin et les conservateurs des musées des villes ; 12° les percepteurs surnuméraires ; 13° les receveurs municipaux des villes dont le revenu ne dépasse pas trois cent mille francs ; 14° les débitants de poudres à feu ; 15° les titulaires des débits de tabac simples dont le produit ne dépasse pas mille francs ; 16° les préposés en chef des octrois des villes ; 17° les lieutenants de louveterie ; 18° les directeurs des bureaux de poste aux lettres dont le produit n'excède pas mille francs ; 19° les distributeurs et facteurs des postes ; 20° les gardes forestiers des départements, des communes et des établissements publics ; 21° les gardes champêtres ; 22° les commissaires de police des villes de six mille âmes et au-dessous ; 23° les membres des jurys médicaux ; 24° les piqueurs des ponts et chaussées et cantonniers du service des routes; 25° les gardes de navigation, cantonniers, éclusiers, barragistes et pontonniers; 26° les gardiens des phares, les canotiers du service des ports maritimes de commerce, baliseurs et surveillants de quais. (*Décr. préc., art. 5.*)

12. Les préfets rendent compte de leurs actes aux ministres compétents dans les formes et pour les objets déterminés par les instructions que ces ministres leur adressent. — Ceux de ces actes qui sont contraires aux lois et règlements, ou qui donnent lieu aux réclamations des parties intéressées, peuvent être annulés ou réformés par les ministres compétents. (*Décr. préc., art. 6.*)

V. Préséances.

PRESBYTÈRES. — Form. mun., tom. VI, pag. 386.

LÉGISLATION.

Décret du 30 décembre 1809. — Loi du 18 germinal an 10.

§ 1er. — Propriété. — Jouissance. — Amodiation.

1. Ainsi que nous l'avons déjà dit aux mots Eglises (§ 1er) et Fabriques (§ 6), les communes doivent, en cas d'insuffisance des ressources des fabriques, fournir au curé ou desservant un presbytère, ou, à défaut de presbytère, un logement, ou, à défaut de presbytère et de logement, une indemnité pécuniaire. (*Décr., 30 déc. 1809, art. 92. — L., 28 juill. 1837, art. 30.*)

2. La loi du 18 germinal an 10 ayant rendu *aux curés et desservants des succursales* les presbytères et les jardins non aliénés, il s'ensuivit des questions de propriété entre les fabriques et les communes, questions résolues en faveur de ces dernières par un grand nombre de dispositions législatives ou gouvernementales, entre autres par le décret du 17 mars 1809 et les avis du conseil d'Etat des 2 pluviôse, 29 frimaire et 24 prairial an 13, et 12 juin 1809, desquels il résulte formellement que lesdits presbytères doivent être considérés comme propriétés communales.

3. Les fabriques ne sont propriétaires que des églises et presbytères supprimés par suite de l'organisation ecclésiastique. (*Décr., 30 mai 1806.*)

4. En cas de difficulté entre une commune et une fabrique sur la question de propriété de ces édifices, c'est à l'autorité administrative à en connaître. Le litige doit être soumis au conseil de préfecture, sauf le recours au conseil d'Etat. (*Avis cons. Etat, 3 nov. 1836.*)

5. Le ministre de l'intérieur, dans une circulaire du 23 juin 1838 sur cette question de compétence, recommande aux préfets d'élever le conflit d'attributions réglé par les ordonnances du 1er juin 1827 et du 12 mars 1831, dans le cas où, malgré leurs observations et leurs conseils, de nouvelles contestations de cette nature ont lieu entre les communes et les fabriques, et sont portées devant les tribunaux ordinaires.

6. Les curés ou leurs vicaires, ainsi que les desservants autorisés par leur évêque à biner dans les succursales vacantes, ont droit à la jouissance des presbytères et dépendances de ces succursales, tant qu'ils exercent régulièrement ce double service. Ils ne peuvent en louer tout ou partie qu'avec l'autorisation de l'évêque. (*Ord., 3 mars 1825, art. 2.*)

7. Dans les communes qui ne sont ni paroisses ni succursales, où le binage n'a pas lieu, les presbytères et les dépendances peuvent être amodiés, mais sous la condition expresse de rendre immédiatement les presbytères des succursales s'il est nommé un desservant, ou si l'évêque autorise un curé, vicaire ou desservant voisin à y exercer le binage. (*Ord. préc., art. 3.*)

8. Le produit de cette location appartient à la fabrique, si le presbytère et ses dépendances lui ont été remis en exécution de la loi du 8 avril 1802, de l'arrêté du gouvernement du 26 juillet 1803, des décrets des 30 mai et 31 juillet 1806, si elle en a fait l'acquisition sur ses propres ressources, ou s'ils lui sont échus par legs ou donation. Le produit appartient à la commune, quand le presbytère et ses dépendances ont été acquis ou construits de ses deniers, ou quand il lui en a été fait legs ou donation. (*Ord. préc., art. 4.*)

§ 2. — Construction. — Acquisition. — Location.

9. Relativement à la construction, à la réparation, à la location et à l'acquisition d'un presbytère, V. Acquisitions, Baux communaux, Constructions, Fabriques, Travaux communaux, pour les pièces à produire et les formalités à remplir.

10. Si, pour couvrir la dépense, il a été voté par le conseil municipal une aliénation, ou un emprunt, ou une imposition extraordinaire, V. Aliénations, Emprunts, Impositions extraordinaires.

11. Dans le cas où une partie de la dépense est couverte au moyen de souscriptions ou de cotisations volontaires, on doit joindre aux pièces à produire dans les divers cas une liste des souscripteurs. Cette liste doit être sur papier timbré, et contenir l'indication des sommes offertes et l'engagement des souscripteurs.

12. Si l'emplacement n'appartient pas à la commune, il doit être procédé comme en matière d'acquisition.

13. Pour les grosses réparations, il est procédé de même que pour les constructions.

14. Les réparations locatives sont à la charge des curés ou desservants qui les occupent, lesquels sont également tenus des dégradations survenues par leur faute. (*Décr., 30 déc. 1809, art. 44.*)

15. Des subventions de l'Etat peuvent être accordées aux communes, pour réparations, constructions ou acquisitions de presbytères; mais il faut, avant toute chose, que le besoin soit constaté, et que la dépense à faire soit connue et réglée. (*Circ. min. int., 29 juin 1841.*)

16. Les pièces à produire à l'appui d'une demande de secours à l'Etat sont (*Circ. préc.*) :

1° Les plans et devis approuvés par le préfet, qui, d'après le décret du 25 mars 1852, est compétent pour autoriser les travaux des communes ou des établissements publics;

2° Délibération du conseil de fabrique, laquelle doit faire connaître jusqu'à concurrence de quelle quotité il lui est possible de contribuer à la dépense, soit qu'il s'agisse d'acquisition, de construction ou de réparation ([1]);

3° Délibération du conseil municipal, qui énonce son opinion sur la nécessité, l'urgence ou seulement l'opportunité de la dépense proposée, et qui indique aussi dans quelles limites il est possible à la commune d'y contribuer;

4° Budget de la fabrique, revêtu, conformément à l'art. 47 du décret du 30 décembre 1809, de l'approbation de l'évêque diocésain;

5° Budget de la commune;

6° Certificat du percepteur ou du receveur municipal, énonçant le chiffre des impositions extraordinaires qu'elle supporte, et le nombre d'années durant lesquelles elle en sera grevée;

7° L'avis du sous-préfet;

8° Celui du préfet.

17. Toutes ces pièces sont envoyées par le préfet au ministre des cultes, qui accorde la subvention et en fixe la quotité sur le vu des pièces à lui transmises. *(Circ. préc.)*

§ 3. — Distraction de parties superflues.

18. Aucune distraction de parties superflues d'un presbytère, pour un autre service, ne peut avoir lieu sans l'autorisation spéciale du chef de l'Etat, le conseil d'Etat entendu (*Ord., 3 mars 1825, art. 1er*), lorsqu'il y a opposition de l'autorité diocésaine. (*Décr., 25 mars 1852, n° 45 du tabl. A. — Circ. min. int., 5 mai 1852.*)

19. S'il n'y a pas opposition de cette autorité, le préfet est compétent pour statuer définitivement. (*Décr. et circ. préc.*)

20. Dans le premier cas, et selon le même art. 1er de l'ordonnance du 3 mars 1825, toute demande de distraction doit être revêtue de l'avis de l'évêque et de celui du préfet.

21. Dans le second cas, l'arrêté préfectoral d'autorisation de la demande vise *(Circ. préc., et mod. n° 39)* les pièces suivantes, qui doivent être produites:

1° La délibération du conseil municipal;

2° Celle du conseil de fabrique;

3° Le croquis visuel des lieux;

4° Le procès-verbal de l'enquête à laquelle il a dû être préalablement procédé;

5° L'avis du commissaire enquêteur;

6° Celui du sous-préfet;

7° Celui, favorable, de l'évêque diocésain.

22. Cet arrêté doit énoncer les conditions, s'il en existe, auxquelles la distraction doit être faite.

23. Les demandes en distraction qui ne sont fondées que sur le désir d'augmenter sans nécessité les ressources de la commune, doivent être rejetées. Ces distractions doivent s'opérer sans réduire le presbytère à des proportions trop exiguës. Mais lorsque ces deux conditions sont remplies, la commune qui sollicite la distraction ne peut être astreinte à aucune compensation en nature ou en argent envers le desservant ou la fabrique. (*Circ. préc.*)

PRÉSÉANCES. — Form. mun., tom. II, pag. 481.

LÉGISLATION.

Décret du 24 messidor an 12-13 juillet 1804.

1. D'après l'art. 1er du décret du 24 messidor an 12-13 juillet 1804, les préfets prennent rang, dans les cérémonies publiques, après les archevêques, ou, à défaut, après les premiers présidents des cours impériales; les sous-préfets, après les évêques, ou, à défaut, après les généraux de brigade commandant de département, ou, encore à défaut, après les présidents de cours d'assises, et, enfin,

---

([1]) V. Cultes (III), Eglises (§ 4), et Fabriques (§ 6), pour les justifications à faire par la fabrique au conseil municipal.

après les préfets ; les maires, après le président du tribunal de commerce ou les présidents des tribunaux de première instance.

2. Les conseils de préfecture prennent rang après les membres des cours d'assises, ou, à défaut, des officiers de l'état-major ; les corps municipaux, après les membres des tribunaux de première instance, ou, à défaut, après le conseil de préfecture. (*Décr. préc., art. 8.*)

3. La convocation, pour les cérémonies doit être faite, dans les départements, par les préfets ou sous-préfets, ou les maires, quand les ordres sont adressés à l'autorité civile, en remplissant les formes prescrites par l'art. 6 du décret précité, en se concertant avec le fonctionnaire le plus éminent en dignité, et non par le fonctionnaire qui doit jouir du droit de préséance dans la cérémonie ordonnée. (*Avis cons. Etat., 23 janv. 1814.*)

4. Il doit y avoir, dans les églises cathédrales et paroissiales, une place distinguée pour les individus catholiques qui remplissent les fonctions civiles ou militaires. (*L., 18 germ. an 10-8 avril 1802, art. 47.*) Mais ces fonctionnaires n'ont droit à ces places que lorsqu'ils assistent en corps aux cérémonies publiques, et ils sont dans l'obligation, pour en jouir, d'être revêtus du costume de leurs fonctions. (*Déc. min. cult., 20 juill. 1837. — Déc. min. int., 9 nov. 1833.*) — V. Eglise, § 2, *Préséance.*

5. Les autorités appelées aux cérémonies publiques se réunissent ches la personne qui doit y occuper le premier rang. (*Décr., 24 mess. an 12-13 juill. 1804, art. 7. — Circ. min. guerr., 26 juill. 1847. — Circ. min. int., 24 août 1847.*)

PRESTATIONS POUR LES CHEMINS VICINAUX.

LÉGISLATION.

Loi du 21 mai 1836. — Projet de règlement général du ministre de l'intérieur, du 21 juillet 1854.

SOMMAIRE.

§ 1er. — Règles générales.

1. En cas d'insuffisance des ressources des communes, il est pourvu à l'entretien des chemins vicinaux à l'aide, soit de prestations en nature dont le maximum est fixé à trois journées de travail, soit de centimes spéciaux en addition au principal des quatre contributions directes, et dont le maximum est fixé à cinq. (*L., 21 mai 1836, art. 2.*)

2. Tout habitant, chef de famille ou d'établissement, à titre de propriétaire, de régisseur, de fermier ou de colon partiaire, porté au rôle des contributions directes, peut être appelé à fournir, chaque année, une prestation de trois jours : 1° pour sa personne et par chaque individu mâle, valide, âgé de 18 ans au moins et de 60 au plus, membre ou serviteur de la famille, et résidant dans la commune ; 2° pour chacune des charrettes ou voitures attelées, et, en outre, pour chacune des bêtes de somme, de trait, de selle, au service de la famille ou de l'établissement dans la commune. (*L. préc., art. 3.*)

3. La prestation est appréciée en argent, conformément à la valeur qui a été attribuée annuellement pour la commune à chaque espèce de journée par le conseil général, sur les propositions des conseils d'arrondissement. (*L. préc., art. 4.*) — V. Journée de travail.

4. La prestation peut être acquittée en nature ou en argent, au gré du contribuable. Toutes les fois que le contribuable n'a pas opté dans les délais prescrits, la prestation est de droit exigible en argent. (*L. et art. préc.*)

5. La prestation non rachetée en argent peut être convertie en tâches, d'après les bases et évaluations de travaux préalablement fixés par le conseil municipal. (*L. et art. préc.*)

6. Si le conseil municipal, mis en demeure, n'a pas voté, dans la session désignée à cet effet, les prestations et centimes nécessaires, ou si la commune n'en a

pas fait emploi dans les délais prescrits, le préfet peut, d'office, soit imposer la commune dans les limites du maximum, soit faire exécuter les travaux. (*L., 21 mai 1836, art. 5.*)

7. Les communes acquittent la portion des dépenses de chemins vicinaux de grande communication mise à leur charge, au moyen de leurs revenus ordinaires, et, en cas d'insuffisance, au moyen de deux journées de prestation sur les trois journées autorisées par l'art. 2 (V. plus haut, n° 1), et des deux tiers des centimes votés par le conseil municipal en vertu du même article. (*L. préc., art. 9.*)

§. 2. — Vote de la prestation en nature.

8. Si, en cas d'insuffisance des ressources ordinaires de la commune, le conseil municipal reconnaît la nécessité de recourir à l'emploi de la prestation en nature, il vote, sans adjonction des plus imposés, des journées de prestation en nature qui ne peuvent dépasser le nombre de trois. Cette délibération est prise pendant la session du mois de mai. — Il n'est pas voté de fractions de journée, et il ne peut être voté qu'un nombre égal de journées sur chaque nature d'objets imposables aux termes de la loi. (*Proj. règl. gén., 21 juill. 1854, art. 53.*)

9. Les délibérations prises en conformité de l'article précédent, sont par le préfet, s'il y a lieu, rendues exécutoires, et transmises au directeur des contributions directes, pour la rédaction des rôles. (*Proj. règl. gén. préc., art. 54.*)

10. Dans la session de mai, les conseils municipaux sont également appelés à fixer les bases et évaluations d'un tarif de conversion en tâches des prestations en nature votées, ou à réviser le tarif précédemment adopté, ainsi que le veut le troisième paragraphe de l'article 4 de la loi du 21 mai 1836. — Ce tarif est rédigé de manière que chaque journée de bras, d'animaux ou de voiture soit représentée par une quantité déterminée de travail à exécuter ou de matériaux à extraire, à transporter, etc. — Le conseil municipal prend pour base de ce tarif la valeur en argent des prestations telle qu'elle a été réglée par le conseil général, et le prix des différentes espèces de travaux ou de transports dans le pays. — Pour faciliter les opérations du conseil municipal, l'agent voyer d'arrondissement prépare, dans le courant d'avril et pour chaque commune de sa circonscription, un tarif de conversion qui est communiqué au conseil par le maire. (*Proj. règl. gén. préc., art. 55.*)

11. La délibération du conseil municipal et le tarif arrêté par lui sont adressés au sous-préfet, qui y joint son avis, et qui nous les transmet pour être approuvés par le préfet, s'il y a lieu. (*Proj. règl. gén. préc., art. 56.*)

§. 3. — Assiette de la prestation.

I. — Établissement de la matrice.

12. Il est rédigé, dans chaque commune du département, par le contrôleur des contributions directes, assisté du maire et des répartiteurs, un état-matrice des contribuables soumis à la prestation. (*Proj. règl. gén. préc., art. 57.*)

13. En cas de refus du maire et des répartiteurs de prêter leur concours pour la rédaction de l'état-matrice, le contrôleur, assisté du percepteur-receveur municipal, procède à la formation de l'état-matrice, qui est, dans ce cas, sur l'avis du directeur, soumis à l'approbation du préfet. (*Proj. règl. gén. préc., art. 58.*)

14. L'état-matrice est disposé de manière à pouvoir servir pendant trois ans ; il est révisé chaque année, à l'époque de la tournée ordinaire des contrôleurs ; il est soumis à l'approbation du préfet à chaque renouvellement intégral. (*Proj. règl. gén. préc., art. 59.*)

15. L'ordre des tournées des contrôleurs est réglé par le directeur, qui le fait connaître au préfet. Les maires reçoivent, quelque temps à l'avance, avis du jour où les contrôleurs doivent se trouver dans leurs communes respectives, afin qu'ils puissent, en temps utile, convoquer les autres membres de la commission de répartition, et préparer les éléments du travail. (*Proj. règl. gén. préc., art. 60.*)

II. — Rédaction et recouvrement des rôles.

16. Les rôles de prestations et les avertissements sont rédigés par le directeur des contributions directes. Une colonne est ménagée au rôle pour inscrire les déclarations d'option. — La date de la délibération du conseil municipal qui vote la prestation ou de l'arrêté du préfet qui en ordonne l'imposition d'office, doit être indiquée en tête du rôle. (*Proj. règl. gén., 21 juill. 1854, art. 69 et 70*).

17. Les rôles de prestation sont remis au préfet par le directeur des contributions directes au fur et à mesure de leur rédaction, et de manière à ce que la publication puisse en avoir lieu, dans toutes les communes, dans le courant du mois de novembre antérieur à l'année à laquelle le rôle s'applique. Ils sont rendus exécutoires par le préfet, et transmis aux percepteurs-receveurs municipaux, par l'intermédiaire des receveurs des finances, avec les avertissements rédigés par le directeur. (*Proj. règl. gén. préc., art. 72.*)

18. Les percepteurs-receveurs municipaux communiquent immédiatement les rôles aux maires, qui doivent en faire faire la publication dans les mêmes formes que pour ceux des contributions directes. — Aussitôt après cette publication, qui est certifiée par le maire sur le rôle même, les percepteurs-receveurs municipaux font parvenir sans frais, aux contribuables, les avertissements qui les concernent. (*Proj. règl. gén. préc., art. 73.*)

19. Les demandes en dégrèvement de la part des cotisés aux rôles de prestations doivent être présentées avant le 31 mars et doivent être en double expédition. — Ces demandes sont instruites et jugées comme celles concernant les contributions directes. (*Proj. règl. gén. préc., art. 74.*)

20. Les pourvois que les communes croient devoir former, dans leur intérêt, contre l'arrêté du conseil de préfecture dégrevant un prestataire, peuvent être également présentés sans le ministère d'avocat. Ils sont, à cet effet, formés par les maires, sur la seule délibération du conseil municipal, et sans qu'il soit besoin de l'autorisation du conseil de préfecture ; ils sont transmis par le maire au préfet, pour y être, par lui, donné cours. (*Proj. règl. gén. préc., art. 75.*)

21. Les déclarations d'option, faites conformément à l'article 70, sont reçues par le maire ou par l'adjoint, s'il est délégué à cet effet ; elles sont, en présence des déclarants, consignées sur un registre qui doit être clos à l'expiration du mois, et transmis immédiatement au percepteur-receveur municipal, pour être, lesdites déclarations, annotées au rôle, en regard des noms des contribuables, dans la colonne à ce destinée. (*Proj. règl. gén. préc., art. 76.*)

22. Dans la quinzaine qui suit l'expiration du délai d'option, les percepteurs-receveurs municipaux forment et adressent aux maires un relevé du rôle des prestations divisé en deux parties : la première comprend pour chaque contribuable, nominativement, les journées de prestation d'hommes, d'animaux et de charrois que le contribuable a déclaré vouloir acquitter en nature ; la seconde comprend seulement le montant total des cotes qui sont exigibles en argent, soit parce que les contribuables ont préféré ce mode de libération, soit parce que, à défaut d'option dans le délai voulu, les cotes sont devenues exigibles en argent. (*Proj. règl. gén. préc., art. 77.*)

23. Les poursuites à exercer pour la rentrée des cotes exigibles en argent sont faites selon le mode en vigueur pour les contributions directes, et sous la surveillance des receveurs des finances. — Lorsque les percepteurs-receveurs municipaux sont dans le cas d'exercer des poursuites de cette nature, ils remettent au maire de chaque commune une liste des contribuables en retard, indicative de la somme due par chacun d'eux, et ils lui demandent l'autorisation de poursuivre par voie de garnison collective. Le maire, après avoir engagé les contribuables à se libérer sans frais, donne, s'il y a lieu, son autorisation au bas de l'état, et cet état, ainsi approuvé, est soumis au sous-préfet pour être déclaré exécutoire. Le percepteur-receveur municipal ne doit, au reste, donner cours aux poursuites qu'après les avoir fait précéder d'un avertissement gratis ou d'une nouvelle publication dans la commune. — Les poursuites par voie de commandement, de saisie et de vente ne peuvent être exercées qu'après qu'il nous en a été préalablement référé. (*Proj. règl. gén. préc., art. 79.*)

24. Les percepteurs-receveurs municipaux sont responsables envers les communes du recouvrement des rôles de prestations, comme du recouvrement de toute autre ressource communale, conformément aux règles tracées par les circulaires du ministère de l'intérieur des 31 août 1842 et 18 novembre 1845. (*Proj. règl. gén. min. int., 21 juill. 1854, art. 80.*)

25. Les contrôleurs des contributions directes reçoivent un centime et demi par article, pour la rédaction des états-matrices et l'examen des réclamations présentées par les contribuables. — Il est alloué au directeur des contributions directes 4 centimes par article pour la rédaction des rôles de prestation, l'expédition des avertissements et la fourniture des imprimés nécessaires, tant pour ces dernières pièces que pour les états-matrices. — Ces remises sont acquittées sur les ressources communales affectées aux chemins vicinaux, et leur montant est centralisé à la caisse du receveur général, au compte du fonds de cotisations municipales. (*Proj. règl. gén. préc., art. 81.*)

26. Les rôles de prestation en nature étant portés, en recette et en dépenses, aux budgets des communes, les remises dues aux percepteurs-receveurs municipaux, sur le montant total de ces rôles, sont établies conformément aux ordonnances royales des 17 avril et 23 mai 1839. (*Proj. règl. gén. préc., art. 82.*)

III. — Impositions d'office.

27. Lorsque le préfet a reconnu nécessaire d'imposer d'office des journées de prestation, un arrêté pris par lui détermine, dans les limites de la loi, le nombre de journées à imposer; il est immédiatement transmis au directeur des contributions directes, avec invitation de faire rédiger le rôle. — Cet arrêté est également notifié par le préfet au maire de la commune, pour être porté, par voie de publication, à la connaissance des habitants. (*Proj. règl. gén. préc., art. 90.*)

28. Lorsque le rôle rédigé en vertu de l'article précédent a été rendu exécutoire par le préfet, il est, en conformité de l'article 72 (n° 17) ci-dessus, transmis au percepteur-receveur municipal, par l'entremise du receveur des finances, pour y être publié dans la forme accoutumée. Les avertissements aux contribuables sont aussitôt distribués par les soins du percepteur-receveur municipal. (*Proj. règl. gén. préc., art. 91.*)

29. Si le maire de la commune néglige, ou si, après mise en demeure, il refuse de faire la publication du rôle rédigé d'office, un délégué nommé par le préfet, en vertu de l'article 15 de la loi du 18 juillet 1837, fait faire cette publication. (*Proj. règl. gén. préc., art. 92.*)

§ 4. — Emploi de la prestation en journées pour les chemins vicinaux ordinaires.

I. — Emploi de la prestation. — Époque.

30. Les travaux de prestation en nature à effectuer en journées sont exécutés à deux époques de l'année fixées par le préfet. Les maires déterminent, dans ce laps de temps, l'époque la plus convenable à la bonne exécution des travaux, de manière à ce qu'ils puissent être achevés à l'expiration du délai indiqué. (*Proj. règl. gén. préc., art. 133.*)

31. Les préfets peuvent, pour certaines communes placées dans des conditions exceptionnelles, modifier ces époques sur la demande des maires et l'avis des sous-préfets. (*Proj. règl. gén. préc., art. 134.*)

32. Dans tous les cas, les prestations acquittables en nature doivent toujours être effectuées, sinon dans l'année même pour laquelle elles ont été votées, au moins dans les délais fixés pour la clôture de l'exercice. Il est expressément interdit de mettre les prestations en nature en réserve d'une année sur l'autre. (*Proj. règl. gén. préc., art. 135.*)

33. Les fermiers ou colons qui viendraient à quitter la commune avant d'avoir effectué les journées de prestation pour lesquelles ils sont portés au rôle, n'étant pas libérés par le seul fait de leur départ, mais ne pouvant, toutefois, que difficilement être appelés alors à exécuter ces prestations, les maires doivent avoir soin d'appeler aux travaux, avant l'époque où il est d'usage de changer de ferme, ceux d'entre eux qui seraient à la fin de bail. (*Proj. règl. gén. préc., art. 136.*)

II. — Travaux de prestation. — Ouverture. — Surveillance.

34. Le maire fixe, dans les limites déterminées par l'art. 133 ci-dessus (V. plus haut, n° 30), l'époque à laquelle doivent s'ouvrir les travaux de prestation en journées. Quinze jours avant cette époque, et le dimanche, le maire fait publier, à l'issue de la messe paroissiale, et fait afficher à la porte de la mairie, l'avis que les travaux de prestation en nature vont commencer dans la commune; cette publication est répétée un second dimanche. (*Proj. règl. gén. min. int., 21 juill. 1854, art. 137.*)

35. Cinq jours au moins avant l'époque fixée pour les travaux, le maire fait remettre à chaque contribuable soumis à la prestation un bulletin signé de lui, portant réquisition de se rendre tel jour, à telle heure, sur tel chemin, pour y faire les travaux qui lui seront indiqués. Ces avis portent aussi la mention qu'à défaut par le contribuable d'obtempérer à la réquisition qui lui est faite, sa cote deviendrait de droit exigible en argent. (*Proj. règl. gén. préc., art. 138.*)

36. Lorsqu'un prestataire est empêché par maladie ou par quelque autre cause, il doit le faire connaître au maire dans les vingt-quatre heures qui suivent la réception de la réquisition. Il peut lui être accordé par le maire un ajournement dont la durée est basée sur la nature de l'empêchement. Dans aucun cas, cet ajournement ne peut se prolonger au delà de l'époque fixée pour la clôture de l'exercice. Toute cote non acquittée en nature, à cette époque, est exigible en argent. (*Proj. règl. gén. préc., art. 139.*)

37. Dans le cas de l'application des art. 6 et 8 de la loi du 21 mai 1836, les prestataires peuvent être requis d'effectuer leurs travaux de prestation hors des limites de la commune à laquelle ils appartiennent; si les ateliers de travail sont situés à plus d'un certain nombre de kilomètres des limites de leur commune [1], il doit être tenu compte aux prestataires du temps nécessaire pour l'aller et le retour. (*Proj. règl. gén. préc., art. 140.*)

38. Il n'est requis à la fois que le nombre de travailleurs et d'attelages qui peuvent être employés simultanément, sans encombrement ni perte de temps, et avec le plus d'avantage pour la bonne exécution des travaux. Les réquisitions ne sont donc envoyées que successivement, et au fur et à mesure de l'avancement et du besoin des travaux; elles doivent toujours parvenir aux prestataires au moins cinq jours à l'avance. (*Proj. règl. gén. préc., art. 141.*)

III. — Surveillance et direction des travaux.

39. La surveillance et la direction des travaux de prestation sur les chemins vicinaux de petite communication appartient au maire de la commune sur le territoire de laquelle ils sont exécutés; ce fonctionnaire, autant que faire se peut, est assisté d'un agent voyer. Le maire peut se faire remplacer par un membre du conseil municipal, à son choix. (*Proj. règl. gén. préc., art. 143.*)

40. Le maire, sur l'avis favorable du conseil municipal et avec notre autorisation, peut choisir un piqueur ou cantonnier, qui est chargé, sous l'inspection d'un agent voyer, s'il est possible, de la direction matérielle des travaux, et qui rend compte au fonctionnaire chargé de la surveillance, de la manière dont l'emploi des journées a eu lieu; ce compte sert de base à la délivrance des certificats de libération. — Le salaire de cet agent fait partie de la dépense des chemins vicinaux, et il est soldé sur les fonds qui sont affectés à ces travaux. (*Proj. règl. gén. préc., art. 144.*)

41. Dans les communes où il existe un garde champêtre, cet agent doit se trouver sur le lieu des travaux, pour exécuter les ordres du fonctionnaire chargé de les surveiller. (*Proj. règl. gén. préc., art. 145.*)

42. Le maire remet jour par jour, et d'avance, au fonctionnaire chargé de la surveillance des travaux, la liste des prestataires requis pour acquitter leur prestation; cette liste, qui fait connaître, en regard du nom de chaque prestataire, les outils dont il doit être muni, est précédée d'une note indicative de l'heure assignée pour l'ouverture des travaux. (*Proj. règl. gén. préc., art. 146.*)

---

(1) Ce nombre maximum de kilomètres est fixé par le préfet.

43. A l'heure indiquée, le surveillant fait l'appel des prestataires requis; il s'assure qu'ils sont pourvus des outils demandés par l'avis de réquisition; il leur assigne l'atelier où ils ont à travailler et la nature de leur travail. — Les prestataires doivent arriver sur les ateliers porteurs du billet de réquisition ; les absents sont annotés avec soin par le surveillant sur la liste qui lui a été fournie, et ils sont requis pour le lendemain par le maire. (*Proj. règl. gén. min int., 21 juill. 1854, art. 147.*)

IV. — Obligations des prestataires.

44. Chaque prestataire doit porter, sur l'atelier dont il fait partie, les pelles, pioches et outils en sa possession qui lui ont été indiqués par l'avis du maire ; quant aux masses, brouettes, et autres objets dont les prestataires ne sont pas ordinairement munis, chaque commune doit se les procurer sur les fonds des travaux. — Les bêtes de somme doivent être garnies de leurs bât, paniers et bride ; les voitures sont attelées et les bêtes de trait garnies de leurs harnais. Le conducteur est fourni par le propriétaire ; il doit être muni d'une pelle en fer, et travailler avec les autres ouvriers commis au chargement de la charrette ou du tombereau. Sa journée est imputée sur la cotisation du propriétaire portée en nom au rôle. (*Proj. règl. gén. préc., art. 148.*)

45. Les prestataires qui n'ont pas les instruments nécessaires pour l'emploi de leurs prestations, et qui se trouvent dans l'impossibilité absolue de se les procurer, sont tenus d'en avertir le maire quarante-huit heures après la réception de leurs réquisitions. (*Proj. règl. gén. préc., art. 149.*)

46. Sur l'avis qui lui a été donné, conformément à l'article précédent, le maire, s'il n'a pas à sa disposition ou ne trouve pas à se procurer tous les instruments nécessaires pour en fournir à ces travailleurs, contremande ceux qui ne peuvent être occupés utilement, et leur assigne un autre jour pour l'acquit de leurs prestations. (*Proj. règl. gén. préc., art. 150.*)

47. Les prestataires peuvent se faire remplacer, pour leur personne et celles des membres de leur famille, par des ouvriers à leurs gages, pourvu que les remplaçants soient valides, âgés de 18 ans au moins et de moins de 60 ans ; ces ouvriers doivent être agréés par le maire ou ses délégués. Les prestataires en nom ne sont d'ailleurs libérés qu'autant que le maire est satisfait du travail des remplaçants ; et si le maire renvoie ces derniers de l'atelier avant l'acquittement complet des journées qu'ils doivent fournir, les prestataires en nom sont tenus de la portion non acquittée. (*Proj. règl. gén. préc., art. 151.*)

48. Les prestataires doivent se trouver sur l'atelier aux heures fixées par le préfet, selon les époques. — La durée totale du temps des repas ou du repos ne doit pas excéder deux heures. (*Proj. règl. gén. préc., art. 152.*)

49. La durée du travail pour les bêtes de somme et de trait est fixée par le préfet en deux reprises. (*Proj. règl. gén. préc., art. 153.*)

50. La journée de prestation est indivisible ; pour en être libéré, le prestataire doit la fournir tout entière et sans interruption. — En cas d'interruption de la journée par empêchement légitime ou par le mauvais temps, les contribuables sont tenus de compléter plus tard leurs prestations. (*Proj. règl. gén. préc., art. 154.*)

51. La journée de prestation n'est réputée acquittée qu'autant que le prestataire l'a convenablement employée. — En conséquence, quand un prestataire n'est pas rendu sur l'atelier à l'heure qui lui a été indiquée, ou qu'il n'a fourni qu'une partie des journées par lui dues, soit en manquant aux heures de travail, soit autrement, sa cote ou le restant de sa cote est exigible en argent. (*Proj. règl. gén. préc., art. 155.*)

52. Dans le cas prévu par l'article précédent, le maire adresse au percepteur-receveur municipal le nom du prestataire récalcitrant ou retardataire, et invite ce comptable à opérer le recouvrement en argent des journées ou portions de journées restant dues. — Toutefois, le maire reste juge des cas de force majeure dans lesquels il y a lieu de modérer l'application de ces dispositions, et d'accorder au prestataire un nouveau délai pour se libérer. Ce délai ne doit jamais dépasser l'année ou au moins la durée de l'exercice. (*Proj. règl. gén. préc., art. 156.*)

53. La police des ateliers appartient au maire ou à son délégué ; les prestataires sont tenus de leur obéir en tout ce qu'ils leur commandent pour la bonne exécution des travaux. *(Proj. règl. gén. min. int., 21 juill. 1854, art. 157.)*

54. Tout prestataire qui ne se soumet pas aux règles établies pour les travaux, ou qui trouble l'ordre, qui n'est pas muni des outils exigés par sa réquisition, qui n'a pas équipé ses bêtes de somme et disposé ses attelages de manière à servir utilement, sous les réserves portées en l'article 149 ci-dessus (n° 45), ou enfin qui ne travaille pas comme s'il était salarié, est renvoyé de l'atelier par le fonctionnaire chargé de la surveillance des travaux, et sa cote ou le restant de sa cote est exigible en argent. *(Proj. règl. gén. préc., art. 158.)*

V. — Libération des prestataires.

55. Le fonctionnaire chargé de la surveillance des travaux doit être muni du relevé des prestations acquittables en nature, qui a été remis par le percepteur-receveur municipal, en conformité de l'article 77 ci-dessus (n° 22.) — A la fin de chaque journée, ce fonctionnaire émarge, en regard du nom de chaque prestataire, le nombre de journées de diverses espèces que ce contribuable a acquittées ou fait acquitter pour son compte; il décharge en même temps la réquisition qui a été envoyée au prestataire. *(Proj. règl. gén. préc., art. 159.)*

56. Après l'exécution des travaux, le relevé, émargé comme il est dit en l'article précédent, est visé par le maire et remis par lui au percepteur-receveur municipal, qui doit également émarger sur le rôle de prestation les cotes ou parties de cotes acquittées en nature. Ce comptable totalise lesdites cotes, et en inscrit le montant, en un seul article, sur son journal à souche ; le bulletin n'en est pas détaché, mais il a soin de le biffer en le laissant tenir à la souche. *(Proj. règl. gén. préc., art. 160.)*

VI. — Emploi de la prestation en taches.

57. Lorsque, en exécution des articles 55 et 56 du présent règlement (nos 10 et 11), le conseil municipal d'une commune a arrêté les bases de la conversion des journées de prestation en tâches, et que cette délibération a reçu l'approbation du préfet, le maire décide, en ce qui concerne les chemins vicinaux de petite communication, si les travaux de prestation en nature se font, dans la commune, en journées ou en tâches, selon qu'il le juge le plus utile dans l'intérêt de la réparation des chemins vicinaux. Cette décision est obligatoire pour tous les prestataires qui ont déclaré opter pour l'acquittement de leurs cotes en nature. — La même décision est prise par le préfet, pour les travaux des chemins vicinaux de grande communication et des chemins vicinaux d'intérêt commun. *(Proj. règl. gén. préc., art. 161.)*

58. Lorsque les travaux de prestation en nature doivent être exécutés en tâches, la réquisition adressée aux prestataires, en conformité de l'article 138 ci-dessus (n° 35), en fait mention, et indique l'espèce et la quantité de travaux qu'ils doivent effectuer, ainsi que le délai dans lequel les tâches doivent être exécutées. — Les travaux à faire sont en outre indiqués sur le terrain, s'il en est besoin, par le maire ou le piqueur. Si ces travaux consistent en terrassements ou en étendage de matériaux, le chemin est, autant que possible, piqueté par des jalons numérotés, indiquant l'étendue des tâches. *(Proj. règl. gén. préc., art. 162.)*

59. La réception des travaux en tâches est faite, par le maire ou le piqueur, soit au fur et à mesure de l'avancement de ces travaux, soit à l'expiration du délai fixé pour leur achèvement ; les prestataires sont responsables de ces travaux jusqu'à la réception. *(Proj. règl. gén. préc., art. 163.)*

60. Les travaux dont la réception est refusée pour vice d'exécution sont refaits ou retouchés dans un délai qui n'excède pas quinze jours. — Des prolongations du délai fixé par la réquisition peuvent être accordées dans le cas prévu par l'article 139 (n° 36), et dans les limites de cet article. *(Proj. règl. gén. préc., art. 164.)*

61. Le maire ou son délégué acquitte, pour les tâches reçues, le bulletin de réquisition ; il annote également la libération des prestataires sur le relevé dont il est question en l'article 77 (n° 22), et il remet ce relevé au percepteur-receveur

municipal, qui émarge le rôle de prestation, comme il est dit pour l'acquittement des prestations en journées. (*Proj. règl. gén. min. int., 21 juill. 1854, art. 165.*)

VII. — Concours des entrepreneurs pour les travaux de prestation.

62. Les prestataires, même lorsque les prestations sont converties en tâches, ne peuvent jamais être tenus d'effectuer ces travaux sous le contrôle ni pour le compte d'un adjudicataire. (*Proj. règl. gén. préc., art. 166.*)

63. Toutefois, lorsque les travaux à faire sur un chemin vicinal, soit de petite, soit de grande communication, sont mis en adjudication, le cahier des charges peut obliger les adjudicataires à recevoir pour comptant, soit les journées de prestation, d'après le tarif de conversion en argent arrêté par le conseil général du département, soit des tâches, d'après le tarif arrêté par le conseil municipal et approuvé par le préfet. — Dans ce cas, les prestations en nature, en journées ou en tâches, sont requises, surveillées et constatées par les agents de l'administration exclusivement, les entrepreneurs devant rester entièrement étrangers à ces différentes dispositions. Si les prestataires ne remplissent pas leurs obligations, les entrepreneurs s'adressent aux maires ou agents voyers pour obtenir l'accomplissement de ces obligations. (*Proj. règl. gén. préc., art. 167.*)

VIII. — Emploi d'office des prestations en nature.

64. Lorsque, dans une commune, des journées de prestation ont été votées par le conseil municipal, et que le rôle a été rendu exécutoire, mais que les travaux n'ont pas été effectués dans le délai fixé, et au plus tard dans le dernier mois de l'année, il en est rendu compte au préfet par le sous-préfet, afin que le préfet puisse ordonner l'exécution d'office des travaux, avant l'expiration de l'exercice. (*Proj. règl. gén. préc., art. 168.*)

65. A cet effet, un arrêté spécial, pris par le préfet, met le maire de la commune en demeure de faire exécuter les travaux dans un délai déterminé par ce fonctionnaire. Cet arrêté prévient en outre les contribuables que, faute par eux d'avoir fourni leurs prestations en nature dans le délai fixé, leurs cotes deviennent exigibles en argent. (*Proj. règl. gén. préc., art. 169.*)

66. L'arrêté de mise en demeure doit être publié dans une commune par les soins du maire. — Si ce fonctionnaire néglige ou refuse de faire cette publication, il y est pourvu par le préfet, conformément à l'article 15 de la loi du 18 juillet 1837. (*Proj. règl. gén. préc., art. 170.*)

67. Les travaux de prestation à exécuter d'office sont surveillés par un agent voyer commis à cet effet par le préfet ou par le sous-préfet de l'arrondissement. Les certificats de libération sont délivrés par le maire, sur l'attestation de l'agent voyer. A défaut de l'intervention du maire, les certificats de l'agent voyer opèrent la libération des prestataires. (*Proj. règl. gén. préc., art. 171.*)

68. Les mesures prescrites par les quatre articles qui précèdent, reçoivent également leur application dans le cas où les prestations non employées ont été imposées d'office, en exécution de l'article 5 de la loi du 21 mai 1836. (*Proj. règl. gén. préc., art. 172.*)

IX. — Spécialité de l'emploi des prestations.

69. Aucune partie des prestations fournies en nature, ou de celles rachetées en argent, ne peut être employée sur des chemins qui n'ont pas été légalement déclarés vicinaux. Il ne peut non plus en être fait emploi pour aucune espèce de travaux autres que ceux des chemins vicinaux. Le fonctionnaire qui contrevient à cette défense demeure personnellement responsable de la valeur des prestations qu'il a indûment fait employer. (*Proj. règl. gén. préc., art. 173.*)

§ 5. — Chemins vicinaux de grande communication. — Travaux de prestation en nature.

70. Un arrêté rendu par le préfet, sur le rapport de l'agent voyer en chef, détermine le jour de l'ouverture des travaux de prestation sur chaque chemin vicinal de grande communication. — Cet arrêté est publié dans chaque commune par les soins du maire. (*Proj. règl. gén. préc., art. 249.*)

71. A l'époque fixée pour l'exécution des travaux de prestation en nature sur

les chemins vicinaux de grande communication, l'agent voyer se transporte dans chaque commune, et se concerte avec le maire, qui doit lui remettre la liste nominative des prestataires qui doivent fournir, soit des journées, soit des tâches. (*Proj. règl. gén. min. int., 21 juill. 1854, art. 250.*)

72. Aussitôt après, le maire adresse aux prestataires les réquisitions prescrites par l'article 138 (n° 35) ci-dessus. (*Proj. règl. gén. préc., art. 251.*)

73. Les travaux de prestations sur les chemins vicinaux de grande communication, soit en journées, soit en tâches, s'exécutent comme il est dit aux articles 139 à 173 (nos 36 à 69) du présent règlement, lesquels sont déclarés applicables à ces travaux. — Toutefois la direction matérielle des travaux appartient, sous l'autorité du préfet, à l'agent voyer, qui doit se trouver présent sur les ateliers, le maire n'ayant qu'à veiller à ce que chaque prestataire remplisse ses obligations. (*Proj. règl. gén. préc., art. 252.*)

74. Lorsque les travaux de prestation en nature à faire sur les chemins vicinaux de grande communication sont terminés, l'agent voyer qui a été chargé de leur direction délivre aux prestataires leur certificat de libération. (*Proj. règl. gén. préc., art. 253.*)

75. Si les travaux de prestation qu'une commune doit faire effectuer sur un chemin vicinal de grande communication n'ont pas été exécutés dans le délai fixé par le préfet, ou bien s'ils n'ont été exécutés qu'en partie et d'une manière défectueuse, il en est rendu compte au préfet par l'agent voyer en chef, pour, par le préfet, y être avisé à ce que de droit. (*Proj. règl. gén. préc., art. 254.*)

76. Les prestations qu'une commune a à fournir sur un chemin vicinal de grande communication peuvent, sur la proposition du maire et le consentement du préfet, être converties en fournitures d'une quantité convenue de matériaux bruts ou cassés, rendus sur place, ou à prendre dans un lieu déterminé, et que le maire fait livrer par les prestataires, conformément aux conventions ainsi arrêtées. — Dans ce cas, le préfet fait connaître au maire l'époque où la livraison doit avoir lieu, assez tôt pour que les prestataires puissent être prévenus quinze jours d'avance par publication et huit jours d'avance par réquisitions individuelles. (*Proj. règl. gén préc., art. 255.*)

77. Les matériaux approvisionnés en vertu de l'article précédent, peuvent, sur l'autorisation du préfet, être remis à l'adjudicataire des travaux à faire à prix d'argent, lequel doit les recevoir au prix de son marché. La remise lui en est faite par le maire de la commune, en présence de l'agent voyer d'arrondissement, mais seulement après que ces matériaux ont été reçus des prestataires, afin d'éviter toute difficulté entre ces derniers et l'adjudicataire. — Il est dressé procès-verbal de cette remise, pour la décharge de la commune, et ce procès-verbal est transmis au préfet, pour être annexé aux pièces justificatives du compte des travaux exécutés sur le chemin. (*Proj. règl. gén. préc., art. 256.*)

V. Chemins vicinaux (§ 6), Souscriptions volontaires, Travaux des chemins vicinaux.

PRISONS. — Form. mun., tom. VI, pag 401.

LÉGISLATION.

Décret du 16 septembre 1791. — Arrêtés du ministre de l'intérieur, du 20 octobre 1810 et du 31 octobre 1841. — Ordonnances du 9 avril 1819 et du 5 novembre 1847. — Code d'instruction criminelle.

SOMMAIRE.

§ 1er. — Dénomination. — Destination. — Nombre.

1. Les prisons sont divisées en cinq espèces, et connues sous les dénominations suivantes :

1° Maisons de police municipale (V. Dépôts de sureté);
2° Maisons d'arrêt;
3° Maisons de justice;
4° Maisons de correction;
5° Maisons de détention. (*Arr. min. int., 20 oct. 1810, art. 2.*)

2. Les maisons de police municipale sont établies par chaque arrondissement de justice de paix. Dans les villes où il y a maison d'arrêt, la maison de police municipale peut y être placée dans un quartier distinct et séparé. (*Arr. préc., art. 4.*)

3. Les maisons de police municipale sont destinées à la réclusion des condamnés par voie de police municipale. Elles servent aussi de dépôt de sûreté pour les prévenus, les accusés et les condamnés que l'on transfère d'une prison dans une autre, ou qui ne sont pas encore frappés d'un mandat d'arrêt. (*Arr. préc., art. 8.*)

4. Les maisons de justice sont distinctes des maisons d'arrêt; les condamnés par voie de police correctionnelle ou par les cours d'assises ne peuvent être renfermés dans l'une ou l'autre de ces maisons, sauf les exceptions que les localités permettent d'autoriser. (*Arr. préc., art. 3.*)

5. Il y a pour chaque arrondissement communal une maison d'arrêt, et pour chaque département, une maison de justice (1). Les maisons de justice et les maisons d'arrêt ne peuvent être réunies dans la même enceinte, qu'autant que l'édifice présente, par son étendue, les moyens d'affecter à chacune de ces maisons un corps de bâtiment séparé. (*Arr. préc., art. 5.*)

6. Les maisons de correction sont établies à raison d'une par département. (*Arr. préc., art. 6.*)

7. Les maisons de détention continuent d'être organisées ainsi qu'il est prescrit par le décret du 16 juin 1808. (*Arr. préc., art. 7.*)

§ 2. — Commissions de surveillance des maisons d'arrêt et de justice. — Composition. — Attributions. — Devoirs des préfets, sous-préfets et maires.

8. L'administration, le régime et la police intérieure de ces maisons, sont placés sous l'autorité des préfets et la surveillance des sous-préfets; elles sont, de plus, soumises à l'inspection journalière d'un conseil gratuit et charitable, dont le maire du lieu est chef et président; les procureurs près les tribunaux sont, en outre, membres-nés du conseil, et peuvent, en conséquence, assister aux séances, et prendre part aux délibérations. Les cinq membres du conseil sont nommés par le ministre de l'intérieur, sur la proposition des préfets, dans les formes prescrites pour les établissements de charité. (*Arr. préc., art. 15.*)

9. Cette commission, composée de trois à sept membres, prend le nom de: *Commission pour la prison de.....* (*Ord., 9 avril 1819, art. 13.*)

10. Les membres de ces commissions sont nommés par le ministre de l'intérieur pour la première fois, sur la présentation des préfets, et, dans la suite, selon le mode prescrit par l'art. 6, pour le renouvellement du conseil général des prisons. (*Ord. préc., art. 14.*)

11. Le procureur général, dans les villes où siége une cour impériale, et dans les autres villes, le procureur impérial, sont de droit membres supplémentaires de ces commissions, qui sont présidées par le préfet, dans le chef-lieu de département, et par le sous-préfet dans le chef-lieu d'arrondissement. (*Ord. préc., art. 15.*)

12. Les commissions pour les prisons dans les départements sont chargées: 1° de la surveillance intérieure des prisons, et de tout ce qui concerne la salubrité, la discipline, la tenue régulière des registres d'écrou, le travail, la distribution des profits du travail, l'instruction religieuse et la réforme morale des déte-

(1) Il y a, près de chaque tribunal d'arrondissement, une maison d'arrêt pour y retenir ceux qui sont envoyés par mandats d'officier de police; et, près de chaque cour d'assises, une maison de justice, pour détenir ceux contre lesquels il est intervenu une ordonnance de prise de corps, indépendamment des prisons qui sont établies comme peine. (*Décr., 16 sept. 1791, tit. 13, art. 1er. — Cod. instr. crim., art. 603.*)

nus, et la conduite envers ceux-ci des concierges ou gardienne; 2° elles dressent les cahiers des charges pour les marchés des fournitures relatives aux différents services de la prison, et passent lesdits marchés, lesquels, faits par soumission cachetée et sur échantillon, ne sont valables qu'autant qu'ils ont reçu l'approbation du préfet; 3° elles dressent, chaque année, à l'époque déterminée par les instructions, l'état des détenus qui, par leur bonne conduite et leur assiduité au travail, sont reconnus avoir acquis des titres à la clémence du chef de l'Etat. Elles transmettent ces états au préfet, qui les envoie, avec son avis, au ministre de l'intérieur, pour être transmis par lui au garde des sceaux, ministre de la justice; 4° elles transmettent, en outre, au préfet, pour être par lui envoyés au ministre de l'intérieur, et mis sous les yeux du conseil général des prisons, tous les renseignements et documents relatifs à l'état et au régime de chaque prison, ainsi que leurs vues, propositions et demandes sur les améliorations dont cet état est susceptible. Les époques et les formes de la correspondance sur toutes ces matières, sont déterminées par des instructions particulières du ministre de l'intérieur. (*Ord., 9 avril 1819, art. 16.*)

13. Les membres des commissions des prisons départementales qui se rendent à Paris sont, sur leur demande, admis aux séances du conseil général, s'ils ont quelques propositions à soumettre, ou quelques renseignements à donner dans l'intérêt de leurs prisons. (*Ord. préc., art. 17.*)

14. Dans toutes les villes où il y a, soit une maison d'arrêt, soit une maison de justice, soit une prison, un des officiers municipaux du lieu est tenu de faire, au moins une fois par mois, la visite de ces maisons. (*Décr., 16 sept. 1791, tit. 13, art. 8.—Cod. instr. crim., art. 612.*)

15. Le préfet est tenu de visiter, au moins une fois par an, toutes les maisons de justice et prisons, et tous les prisonniers du département. (*Cod. préc., art. 611.*)

16. L'officier municipal veille à ce que la nourriture des détenus soit suffisante et saine, et, s'il s'aperçoit de quelque tort à cet égard contre la justice et l'humanité, il est tenu d'y pourvoir par lui-même ou d'y faire pourvoir par la municipalité, laquelle a le droit de condamner le geôlier à l'amende, même de demander sa destitution au directoire de département, sans préjudice de la poursuite criminelle contre lui, s'il y a lieu. (*Décr. préc., art. 9. — Cod. préc., art. 613.*)

17. La police des maisons d'arrêt, de justice et de prison, appartient à la municipalité du lieu. Le président du tribunal peut néanmoins donner tous les ordres qu'il juge nécessaires pour le jugement et l'instruction. Si quelque détenu usait de menaces, injures ou violences, soit à l'égard du gardien ou geôlier, soit à l'égard des autres détenus, l'officier municipal peut ordonner qu'il soit resserré plus étroitement, renfermé seul, même mis aux fers, en cas de fureur ou de violences graves, sans préjudice de la poursuite criminelle, s'il y a lieu. (*Décr. et tit. préc., art. 10. — Cod. préc., art. 613 et 614.*)

18. Dans le cas de détention légale, l'officier municipal, lors de sa visite dans les maisons d'arrêt, de justice ou prison, examine ceux qui y sont détenus, et les causes de leur détention; et tout gardien ou geôlier est tenu, à sa réquisition, de lui représenter la personne de l'arrêté, sans qu'aucun ordre puisse l'en dispenser, et ce, sous peine d'être poursuivi criminellement, comme coupable d'attentat à la liberté individuelle. (*Décr. préc., tit. 14, art. 6.*)

19. Si l'officier municipal, lors de la visite, découvre qu'un homme est détenu sans que la détention soit justifiée, il en dresse sur-le-champ procès-verbal, fait conduire le détenu à la municipalité, laquelle, après avoir de nouveau constaté le fait, le met définitivement en liberté, et, dans ce cas, poursuit la punition du gardien et du geôlier [1]. (*Décr. et tit. préc., art. 7.*)

20. Les parents ou amis de l'arrêté, porteurs de l'ordre de l'officier municipal, lequel ne peut le refuser, ont aussi le droit de se faire représenter la personne du détenu, et le gardien ne peut s'en dispenser qu'en justifiant de l'ordre exprès, inscrit sur son registre, de le tenir au secret. (*Décr. et tit. préc., art. 8.*)

---

[1] V., quant à ces pouvoirs, les art. 615 à 617 du Code d'instruction criminelle.

21. Tout gardien qui refuse de montrer au porteur de l'ordre de l'officier municipal la personne de l'arrêté, sur la réquisition qui lui en est faite, ou de montrer l'ordre qui le lui défend, est poursuivi ainsi qu'il est dit art. 6 et autres. (*Décr., 16 sept. 1791, tit. 13, art. 9. — Cod. instr. crim., art. 618.*)

22. Pour mettre les officiers publics ci-dessus désignés à portée de prendre les soins qui viennent d'être imposés à leur vigilance et à leur humanité, lorsque le prévenu a été envoyé à la maison d'arrêt du district, copie du mandat est remise à la municipalité du lieu, et une autre envoyée à celle du domicile du prévenu, s'il est connu ; celle-ci en donne avis aux parents ou amis du prévenu. (*Décr. et tit. préc., art. 10.*)

23. Avis est donné auxdites municipalités de l'ordonnance de prise de corps, rendue contre le prévenu, sous peine d'être suspendu de ses fonctions. (*Décr. et tit. préc., art. 11.*)

24. Le président du tribunal criminel est tenu, sous la même peine, d'envoyer auxdites municipalités copie du jugement d'absolution ou de condamnation du prévenu. (*Décr. et tit. préc., art. 12.*)

25. Il y a, à cet effet, dans chaque municipalité, un registre particulier, pour y tenir note des avis qui leur ont été donnés. (*Décr. et tit. préc., art. 13.*)

26. Lorsque le gardien-chef croit devoir retenir une lettre écrite à un détenu ou par un détenu, il la remet au maire ou au membre de la commission de surveillance qui est de service. (*Circ. min. int., 28 juin 1843.*)

27. Un maire ne peut déléguer l'exercice de son autorité dans les prisons qu'à un de ses adjoints. (*Arr. min. int., 31 oct. 1841, art. 123.*)

§ 3. — Commissions de surveillance des maisons centrales de force et de correction. — Composition. — Attributions.

28. Une commission de surveillance est établie près de chaque maison centrale de force et de correction. (*Ord., 5 nov. 1847, art. 1er.*)

29. Cette commission est composée ainsi qu'il suit : le préfet, président ; le premier président de la cour impériale, le procureur général, le président du tribunal civil du ressort, le procureur impérial, deux membres du conseil général, deux membres du conseil d'arrondissement, le maire de la commune. L'un des membres, choisi par la commission, à la majorité des suffrages, remplit les fonctions de secrétaire. (*Ord. préc., art. 2.*)

30. Les membres du conseil général et du conseil d'arrondissement sont nommés par le ministre secrétaire d'Etat au département de l'intérieur, sur la présentation du préfet ; leurs fonctions durent trois années. (*Ord. préc., art. 3.*)

31. Les commissions de surveillance s'assemblent, sur la convocation du préfet, soit à l'hôtel de la préfecture, soit dans le local de la maison centrale ; elles doivent se réunir au moins une fois par mois. (*Ord. préc., art. 4.*)

32. Les commissions donnent leur avis sur l'instruction morale, religieuse et élémentaire des détenus ; sur l'état sanitaire de la maison ; sur l'exercice de la justice disciplinaire ; sur les clauses du cahier des charges des entreprises, en cas de renouvellement ; sur les tarifs de la main-d'œuvre ; enfin, sur les améliorations générales dont le régime et la police de la maison leur paraissent susceptibles. (*Ord. préc., art. 5.*)

33. Le préfet peut faire appeler au sein de la commission le directeur de la maison, qui, dans ce cas, a voix consultative. (*Ord. préc., art. 6.*)

34. Lorsque les inspecteurs généraux des prisons de l'empire se trouvent en tournée, ils assistent aux séances de la commission avec voix délibérative. (*Ord. préc., art. 7.*)

35. Les procès-verbaux des séances de la commission sont transmis au ministre secrétaire d'Etat au département de l'intérieur, par les soins des préfets. (*Ord. préc., art. 8.*)

§ 4. — Maisons d'arrêt, de justice et de correction. — Personnel. — Nomination. Révocation.

36. Le personnel des maisons d'arrêt, des maisons de justice et des maisons

départementales de correction se compose, suivant l'importance des établissements, d'un directeur, d'un commis-greffier, d'un gardien-chef, d'un ou de plusieurs gardiens, de sœurs religieuses ou surveillantes, d'un médecin, d'un aumônier, d'un instituteur, et de tous autres employés ou agents que l'autorité administrative juge utile de préposer au service des prisons. (*Arr. min. int., 31 oct. 1841, art. 1er.*)

37. La garde des prisons est donnée par le préfet, sur la présentation de la municipalité du lieu, à des hommes d'un caractère et de mœurs irréprochables, lesquels prêtent serment de veiller à la garde de ceux qui leur sont remis, et de les traiter avec douceur et humanité. (*Décr., 16 sept. 1791, tit. 13, art. 3. — Cod. instr. crim., art. 606. — Décr., 25 mars 1852, art. 5.*)

38. Les autres employés du service administratif et les gardiens sont nommés et révoqués par le préfet. Néanmoins, tout arrêté de révocation n'est définitif que par l'approbation du ministre. (*Arr. min. int., 31 oct. 1841, art. 5.*)

§ 5. — Police intérieure.

39. Le directeur est chargé, sous l'autorité du maire et la surveillance de la commission : 1° de l'exécution des règlements généraux et particuliers, et de la police de la prison ; 2° de veiller à l'exécution des marchés pour les diverses fournitures ; 3° de désigner les détenus qui peuvent être employés au service de la prison et de l'entreprise ; 4° d'ordonner le classement des prisonniers, conformément aux lois et règlements ; 5° de l'examen de la correspondance des détenus, à l'arrivée et au départ. (*Arr. préc., art. 9.*)

40. Les attributions des sœurs religieuses sont déterminées par un arrêté du préfet, approuvé par le ministre. (*Arr. préc., art. 30.*)

41. Hors les cas de permissions délivrées par le préfet ou par le sous-préfet, et dont le maire est informé, aucune personne étrangère à l'administration de la prison ou à la surveillance légale des détenus ne peut visiter la prison ou les prisonniers sans une permission écrite du maire. Cette permission est un ordre obligatoire pour le gardien, à moins que le détenu désigné dans le permis ne soit en punition, et sans préjudice des ordres qui ont pu être donnés par le juge d'instruction ou par le président des assises, en vertu de l'art. 613 du Code d'intruction criminelle. (*Arr. préc., art. 39.*)

42. Le service de santé est fait par un médecin nommé par le préfet. Ce médecin ne peut faire partie de la commission de surveillance de la prison. En cas d'absence ou d'empêchement, il est remplacé par le médecin qui a été désigné par le préfet ou par le sous-préfet. (*Arr. préc., art. 44.*)

43. A l'expiration de chaque année, le médecin fait un rapport sur les maladies qui ont régné dans la prison et sur leurs causes. Le rapport est adressé au sous-préfet, qui le transmet au préfet. (*Arr. préc., art. 48.*)

44. Un aumônier, nommé par le préfet, sur la proposition de l'évêque, est attaché à chaque prison. (*Arr. préc., art. 49.*)

45. Un instituteur, réunissant les conditions d'aptitude et de capacité voulues par la loi du 28 juin 1834, peut être nommé, par le préfet, dans les prisons dont la population le comporte. (*Arr. préc., art. 55.*)

46. Les marchés généraux ou partiels pour toutes les fournitures de nourriture, vêtements, literie, blanchissage, raccommodage, chauffage, etc., sont passés dans les formes réglées par l'ordonnance royale du 4 décembre 1826, sur les marchés au compte de l'État. Tout marché de gré à gré devra être autorisé par le ministre. (*Arr. préc., art. 82.*)

47. Un tarif, arrêté tous les quinze jours par le maire, contient le prix du pain ou autres aliments et objets dont la vente aux détenus a été autorisée. (*Arr. préc., art. 83.*)

48. Des travaux sont organisés dans chaque prison, de manière à ne laisser aucun condamné oisif. Un arrêté du préfet, pris sur l'avis du sous-préfet, du maire et de la commission de surveillance, détermine le mode d'organisation et de comptabilité du travail. (*Arr. préc., art. 85.*)

49. A défaut de maisons distinctes d'arrêt, de justice et de correction, les pré-

fets, les sous-préfets et les maires veillent à ce que les prévenus, les accusés et les condamnés renfermés dans la même maison y occupent des locaux séparés. (*Arr. min. int.*, 31 *oct.* 1841, *art.* 89.)

50. Sauf le cas d'autorisation spéciale accordée par le préfet ou par le sous-préfet, les visiteurs ne peuvent communiquer avec les prisonniers qu'au parloir ou dans le local qui en tient lieu, et en présence des gardiens. (*Arr. préc., art.* 92.)

51. Le placement en apprentissage des enfants jugés en vertu de l'art. 66, et remis à la tutelle de l'administration départementale pour un an seulement, ne doit avoir lieu que lorsque l'enfant a déjà été détenu pendant un certain temps. Le préfet prend, en tout cas, l'avis de la commission de surveillance. (*Arr. préc., art.* 110.)

52. Les jeunes filles acquittées, mais retenues pour un an, en vertu de l'art. 66 du Code pénal, peuvent être placées par le préfet dans des maisons de refuge ou de charité autorisées à les recevoir. (*Arr. préc., art.* 111.)

53. Il est établi dans chaque prison un dépôt de livres à l'usage des détenus. Le choix de ces livres est approuvé par le préfet sur l'avis du maire et celui de la commission de surveillance. Aucun autre ouvrage ou imprimé quelconque ne peut être introduit dans la prison, soit pour les condamnés, soit pour les prévenus, sans une autorisation spéciale du préfet. (*Arr. préc., art.* 120.)

54. L'enseignement primaire élémentaire peut être donné à ceux des détenus que la commission de surveillance juge dignes et capables de profiter de cet enseignement. (*Arr. préc., art.* 121.)

55. Indépendamment des visites que les commissions de surveillance doivent faire, conformément au règlement de leur institution, et de celles que doivent faire les préfets et les maires, aux termes des art. 611 et 612 du Code d'instruction criminelle, les sous-préfets font, au moins tous les mois, une visite spéciale dans les prisons du chef-lieu de leur arrondissement. Ils rendront compte de leurs observations au préfet. (*Arr. préc., art.* 124.)

56. Les préfets et les sous-préfets s'assurent, lors de leurs tournées annuelles pour le recrutement, et autres tournées, de l'état des chambres de sûreté annexées aux casernes de gendarmerie, maisons de dépôt et de police municipale. (*Arr. préc., art.* 125.)

57. Des hommes appartenant à une corporation religieuse ne peuvent être introduits dans les prisons départementales pour y exercer des fonctions quelconques, sans une autorisation préalable du ministre. (*Arr. préc., art.* 127.)

58. Lorsque le détenu qui a causé un dommage quelconque ne peut en acquitter le montant, l'administration peut s'en rembourser par la retenue de tout ou partie de ses vivres, autres que le pain. Le préfet statue à cet égard sur le rapport du gardien chef, l'avis du maire et celui de la commission de surveillance, en prenant en considération les circonstances du fait, le caractère et la conduite habituelle de son auteur. (*Circ. min. int.*, 12 *août* 1852.)

59. Les maisons d'arrêt et de justice doivent être entièrement distinctes des prisons établies pour peines. (*Cod. instr. crim., art.* 604.)

§ 6. — Translation de prisonniers malades dans les hôpitaux.

60. Les maires et tous autres ayant la police des maisons d'arrêt, de justice et de prisons, ne peuvent faire passer dans les hospices de santé, sous prétexte de maladie, les détenus, que du consentement, pour les maisons d'arrêt et de justice, du président du tribunal de première instance, et pour les prisons, du préfet et du sous-préfet. (*L.*, 4 *vend. an* 6-25 *sept.* 1797, *art.* 15.)

61. Dans le cas où la translation dans les hospices de santé est reconnue nécessaire, il est pourvu, dans les hospices, à la garde des détenus ou prisonniers à la diligence de ceux qui ont autorisé et consenti la translation. (*L. préc., art.* 16.)

§ 7. — Fournitures aux prisons. — Adjudications.

62. Sont admis à soumissionner, pour les adjudications des fournitures à faire

aux maisons centrales ou de détention, les négociants, les marchands patentés, les propriétaires et les agriculteurs, qui justifient de leur qualité ou profession, comme il est dit ci-après. (*Arr. min. int., 31 juill. 1852, art. 1er.*)

63. Chaque concurrent doit produire avec sa soumission : 1° S'il est négociant ou marchand, sa patente de l'année ou celle de l'année précédente, lorsque les rôles de l'année courante n'ont pas encore été publiés, ou bien un certificat du maire de sa commune constatant qu'il est régulièrement patenté; — S'il est propriétaire ou agriculteur, un certificat du maire constatant sa qualité ou sa profession; — 2° Une promesse, souscrite sur papier timbré, de garantir l'exécution de ses engagements par un cautionnement ou une caution (¹). — Il doit être produit, en outre, lorsque le cahier des charges l'exige, un récépissé constatant le versement opéré, à titre de cautionnement provisoire, dans une caisse publique, d'une somme déterminée, pour être affectée au paiement des frais mis à la charge des adjudicataires par l'art. 34 du présent règlement. (*Arr. préc., art. 2.*)

64. Les adjudications sont publiques. (*Arr. préc., art. 9.*)

65. Lorsqu'elles n'ont pas lieu au siége de l'administration centrale, il y est procédé sous la présidence du préfet du département ou du fonctionnaire délégué par lui à cet effet. Dans les chefs-lieux de sous-préfecture, le sous-préfet est délégué de droit, pour la présidence, lorsque le préfet n'est pas sur les lieux, ou qu'il ne juge pas à propos de présider lui-même. (*Arr. préc., art. 10.*)

66. Le directeur de la maison centrale ou de détention assiste à l'adjudication et prend place au bureau, à moins qu'il n'ait des motifs de dispense. (*Arr. préc., art. 11.*)

67. Les cahiers des charges, pour la mise en adjudication d'une fourniture, doivent être approuvés par le ministre de l'intérieur. Ce n'est que dans des cas exceptionnels, lorsqu'il y a extrême urgence de procéder à bref délai, à une adjudication, que le préfet peut se dispenser de la soumettre préalablement à l'examen ministériel; mais, dans ce cas, il doit lui en être immédiatement, et sans attendre l'adjudication, rendu compte des motifs qui ont paru devoir autoriser une dérogation à la règle générale. (*Circ. min. int., 12 août 1852.*)

68. Les procès-verbaux d'adjudication doivent être signés par les adjudicataires. (*Circ. préc.*)

69. Lorsque le préfet soumet à l'approbation du ministre les adjudications, il doit lui envoyer, non pas l'original, mais une expédition certifiée du procès-verbal. Il doit y joindre : 1° les soumissions déposées par tous les concurrents, qu'ils aient été, ou non, déclarés adjudicataires; 2° des extraits certifiés des mercuriales de la localité ou des marchés les plus voisins; 3° les cahiers des charges lorsqu'ils n'ont pas déjà été transmis avant l'adjudication. (*Circ. préc.*)

§ 8. — Dépenses.

70. Les dépenses ordinaires des prisons départementales sont à la charge des départements. (*L., 10 mai 1838, art. 12, § 6.*)

PROCÈS DES COMMUNES. — Form. mun., tom. VI, pag. 405.

LÉGISLATION.

Loi du 18 juillet 1837, sur l'administration municipale.

1. Nulle commune ou section de commune ne peut introduire une action en justice sans être autorisée par le conseil de préfecture.

Après tout jugement intervenu, la commune ne peut se pourvoir devant un autre degré de juridiction qu'en vertu d'une nouvelle autorisation du conseil de préfecture.

Cependant tout contribuable inscrit au rôle de la commune a le droit d'exercer, à ses frais et risques, avec l'autorisation du conseil de préfecture, les actions qu'il croirait appartenir à la commune ou section, et que la commune ou section, préalablement appelée à en délibérer, aurait refusé ou négligé d'exercer.

(¹) V. les art. 25 et 26 de cet arrêté.

La commune ou section doit être mise en cause, et la décision qui intervient a effet à son égard. (*L., 18 juill. 1837, art. 49.*)

2. Pour obtenir l'autorisation d'exercer une action judiciaire, le maire présente au sous-préfet sa demande appuyée de toutes les pièces qui peuvent la motiver. Sur l'avis de ce dernier, le préfet autorise, s'il y a lieu, la convocation du conseil municipal pour délibérer sur le procédé qu'il convient d'intenter. La délibération du conseil municipal est adressée au sous-préfet, qui donne de nouveau son avis et renvoie les pièces au préfet. Le préfet soumet le tout au conseil de préfecture, qui prononce par un arrêté.

3. La commune, section de commune, ou le contribuable auquel l'autorisation a été refusée, peut se pourvoir au conseil d'Etat. Le pourvoi est introduit et jugé en la forme administrative. Il doit, à peine de déchéance, avoir lieu dans le délai de trois mois, à dater de la notification de l'arrêté du conseil de préfecture. (*L. préc., art. 50.*)

4. Quiconque veut intenter une action contre une commune ou section de commune, est tenu d'adresser préalablement au préfet un mémoire exposant les motifs de sa réclamation. Il lui en est donné récépissé. La présentation du mémoire interrompt la prescription et toutes déchéances. Le préfet transmet le mémoire au maire, avec l'autorisation de convoquer immédiatement le conseil municipal pour en délibérer. (*L. préc., art. 51.*)

5. La délibération du conseil municipal est, dans tous les cas, transmise au conseil de préfecture, qui décide si la commune doit être autorisée à ester en justice.

La décision du conseil de préfecture doit être rendue dans le délai de deux mois, à partir de la date du récépissé délivré par le préfet. (*L. préc., art. 52.*)

6. Toute décision du conseil de préfecture portant refus d'autorisation doit être motivée.

En cas de refus d'autorisation, le maire peut, en vertu d'une délibération du conseil municipal, se pourvoir au conseil d'Etat, conformément à l'art. 50.

Il doit être statué sur le pourvoi dans le délai de deux mois, à partir du jour de son enregistrement au secrétariat général du conseil d'Etat. (*L. préc., art. 53.*)

7. L'action ne peut être intentée qu'après la décision du conseil de préfecture, et, à défaut de décision dans le délai fixé par l'art. 52, qu'après l'expiration de ce délai.

En cas de pourvoi contre la décision du conseil de préfecture, l'instance est suspendue jusqu'à ce qu'il ait été statué sur le pourvoi, et, à défaut de décision dans le délai fixé par l'article précédent, jusqu'à l'expiration de ce délai.

En aucun cas, la commune ne peut défendre à l'action qu'autant qu'elle y a été expressément autorisée. (*L. préc., art. 54.*)

8. Le maire peut, toutefois, sans autorisation préalable, intenter toute action possessoire ou y défendre, et faire tous autres actes conservatoires ou interruptifs des déchéances. (*L. préc., art. 55.*)

9. Lorsqu'une section est dans le cas d'intenter ou de soutenir une action judiciaire contre la commune elle-même, il est formé pour cette section une commission syndicale de trois ou cinq membres, que le préfet choisit parmi les électeurs municipaux, et, à leur défaut, parmi les citoyens les plus imposés.

Les membres du corps municipal qui seraient intéressés à la jouissance des biens ou droits revendiqués par la section, ne doivent point participer aux délibérations du conseil municipal relatives au litige.

Ils sont remplacés, dans toutes ces délibérations, par un nombre égal d'électeurs municipaux de la commune, que le préfet choisit parmi les habitants ou propriétaires étrangers à la section.

L'action est suivie par celui de ces membres que la commission syndicale désigne à cet effet. (*L. préc., art. 56.*)

10. Lorsqu'une section est dans le cas d'intenter ou de soutenir une action judiciaire contre une autre section de la même commune, il est formé pour chacune des sections intéressées, une commission syndicale conformément à l'article précédent. (*L. préc., art. 57.*)

V. Transactions.

PROCÈS DES ÉTABLISSEMENTS DE BIENFAISANCE.

1. La législation ayant gardé le silence sur les formes à suivre à l'égard des procès concernant les établissements de bienfaisance, la jurisprudence à suppléé à ce silence, et elle a décidé que les actions à exercer pour ou contre les hospices, sont assujetties aux mêmes formalités que celles à exercer pour ou contre les communes.

2. C'est aux maires, comme présidents des commissions administratives, et non aux receveurs, qu'il appartient de suivre les actions judiciaires qui intéressent les établissements de bienfaisance. *(Circ. min. int., 30 germ. an 12-20 avril 1804.)*

V. Bureaux de bienfaisance (§ 6).

PROCÈS DE L'ETAT.

LÉGISLATION.

Règlement du ministre des finances du 3 juillet 1834.

1. Lorsque l'Etat se trouve dans le cas d'intenter une action contre des particuliers, des communes ou des établissements publics, le directeur des domaines transmet au préfet un mémoire énonçant la demande, et appuyé des pièces justificatives. Une copie de ce mémoire est adressée par le préfet aux parties intéressées, qui doivent faire connaître leur réponse dans le délai d'un mois; elles peuvent prendre connaissance des pièces à la préfecture, mais sans déplacement. *(Règl. min. fin., 3 juill. 1834, art. 1er.)*

2. Lorsqu'il y a lieu d'intenter une action contre l'Etat, les parties remettent un mémoire au préfet, qui le communique au directeur des domaines pour avoir sa réponse. *(Règl. préc., art. 2.)*

3. Ces mémoires sont enregistrés au secrétariat de la préfecture, sur un registre spécial, qui doit, en outre, contenir les mentions sur la suite donnée à chaque affaire, et l'indication de tous les actes auxquels elle aura donné lieu depuis son origine jusqu'à son terme. Il est délivré aux préfets récépissé des mémoires et pièces. *(Règl. préc., art. 3 et 21.)*

4. Le préfet statue par forme d'avis sur les mémoires un mois après la communication des pièces; huitaine après, expédition de cet avis est remise au directeur des domaines, qui la transmet à son administration avec son avis.

Le préfet peut directement engager l'instance ou la soutenir, s'il la croit bonne. Il en informe les parties par la copie de son arrêté.

Si l'action lui paraît mauvaise, il doit, dans la huitaine, envoyer son avis au ministre des finances. *(Règl. préc., art. 5.)*

5. Lorsque l'Etat est demandeur, l'assignation est donnée à la requête du préfet, poursuites et diligences du directeur des domaines. *(Règl. préc., art. 6.)*

6. Le préfet défendeur envoie l'assignation au directeur des domaines. Celui-ci prépare un mémoire qu'il soumet à l'approbation du préfet. Ce mémoire est signifié, au plus tard, quinze jours après l'exploit d'assignation. *(Règl. préc., art. 7 et 8.)*

7. Il y a lieu à remise de la cause, lorsque le mémoire n'a pu être signifié assez tôt. *(Règl. préc., art. 9.)*

8. Le préfet désigne un avocat et un avoué.

En cas de perte du procès, il est formé appel au nom de l'Etat, et un mémoire est produit sur l'appel. *(Règl. préc., art. 14 et 15.)*

9. S'il y a lieu à pourvoi en cassation de la part de l'Etat, ce pourvoi est formé, après décision préalable du ministre. *(Règl. préc., art. 17 et 18.)*

10. Il y a lieu au concours des agents supérieurs de l'administration des forêts, lorsqu'il s'agit de propriétés de l'Etat régies par cette administration.

PROCÈS-VERBAUX. — Form. mun., tom. VI, pag. 419.

1. Les procès-verbaux qui ont pour objet de rechercher ou constater des contraventions, des délits ou des crimes, sont dressés par les maires et adjoints, les

commissaires de police, les gardes champêtres et forestiers, les gendarmes, et plusieurs autres fonctionnaires.

2. En général, les procès-verbaux doivent être datés, contenir les noms, qualités et demeure des fonctionnaires rédacteurs, constater l'objet ou la remise de la dénonciation ou de la plainte, l'existence ou le corps du délit, en indiquer la nature, le temps, les lieux, les circonstances, en recueillir les indices, les présomptions, les preuves, constater l'état des lieux, contenir, en un mot, tous les documents qui peuvent servir à manifester la vérité. Ils doivent être signifiés par l'officier rédacteur.

3. Les procès-verbaux des officiers de police judiciaire ne sont soumis à aucune forme particulière. Seulement, ils doivent, à peine de nullité, être affirmés dans les vingt-quatre heures par-devant le juge de paix du canton, ou l'un de ses suppléants, ou par-devant le maire et l'adjoint. Ceux des maires sont dispensés de l'affirmation. (*L., 30 avril 1790.*)

4. Les procès-verbaux doivent, sous peine de nullité, être enregistrés dans les quatre jours qui suivent celui de l'affirmation, ou celui de la clôture du procès-verbal, s'il n'est pas sujet à l'affirmation. L'enregistrement se fait en débet, lorsque les délits ou contraventions intéressent l'Etat, les communes ou les établissements publics. (*L., 22 frim., an 7.*)

5. Les procès-verbaux de certains fonctionnaires, tels que les employés des contributions indirectes, sont assujettis à des formes particulières.

V. RATURES.

Q

QUAIS. — Form. mun., tom. VI, pag. 440.

La sûreté et la commodité du passage sur les quais sont des objets de police municipale; les maires, en vertu des pouvoirs qui leur ont été conférés quant à ce par le décret du 16-24 août 1790, peuvent faire des règlements de police pour prescrire les mesures nécessaires au maintien de la sûreté et de la commodité de passage, et les contraventions à ces règlements entraînent l'application de l'art. 471, n° 5, du Code pénal.

V. POLICE MUNICIPALE, TROTTOIRS.

QUÊTES. — Form. mun., tom. VI, pag. 441.

1. Les quêtes ont été interdites à tous les religieux par le décret du 19 mars 1790.

2. Les administrateurs des hospices et des bureaux de bienfaisance sont autorisés à faire quêter dans tous les temples consacrés à l'exercice des cérémonies religieuses, et à confier la quête, soit aux filles de charité vouées au service des pauvres et des malades, soit à telles autres dames qu'ils jugent convenable. (*Arr. min. int., 5 prair. an 11-25 mai 1803, art. 1er.*)

3. Le produit des quêtes est remis dans la caisse de ces institutions, et employé à leurs besoins suivant et conformément aux lois. Les préfets en transmettent l'état tous les trois mois au ministre de l'intérieur. (*Arr. préc., art. 4.*)

4. Tout ce qui concerne les quêtes dans les églises est réglé par l'évêque diocésain, sur le rapport des marguilliers, sans préjudice des quêtes pour les pauvres, lesquelles doivent toujours avoir lieu dans les églises toutes les fois que les bureaux de bienfaisance le jugent convenable. (*Décr., 30 déc. 1809, art. 75.*)

V. BUREAU DE BIENFAISANCE, FABRIQUES.

R

RATURES, RENVOIS et SURCHARGES. — Form. mun., tom. VI, pag. 444.

1. Dans les actes de l'état civil, les ratures, les renvois et les surcharges doivent être approuvés et signés de la même manière que le corps de l'acte. (*Cod. Nap., art. 42.*)

2. Les ratures, renvois et surcharges, non suffisamment approuvés, qui se trouvent dans un procès-verbal, n'en altèrent point la confiance, s'ils ne portent que sur des mots insignifiants, étrangers aux parties substantielles du procès-verbal qui les renferme. (*Arr. cass., 9 févr. 1811.*)

V. Etat civil.

RECEVEURS DES COMMUNES ET DES ÉTABLISSEMENTS DE BIENFAISANCE.

§ 1er. — Receveurs municipaux.

1. Les receveurs municipaux des villes dont les revenus ne dépassent pas 300,000 fr. sont nommés par les préfets. (*Décr., 25 mars 1852, art. 5, § 13.*)

2. Ceux des villes dont les revenus dépassent 300,000 fr., sont nommés par le chef de l'Etat, sur un rapport du ministre des finances, à qui le conseil municipal, par l'intermédiaire du préfet, fournit une liste de trois candidats. (*Circ. min. int., 5 mai 1852.*)

3. Les communes dont le revenu excède 30,000 fr. peuvent avoir, sur la demande du conseil municipal, un receveur spécial. (*L., 18 juill. 1837, art. 65.*)

Ce receveur spécial, une fois nommé, continue ses fonctions lors même que, plus tard, les revenus de la commune cesseraient de s'élever à 30,000 fr. (*Instr. gén. min. fin., 17 juin 1840, art. 1049.*)

4. Si la liste de trois candidats que doit présenter le conseil municipal n'est pas agréée par le préfet, il la renvoie au conseil municipal avec ses observations, en l'invitant à lui en présenter une autre. (*Circ. min. int., 5 mai 1852.*)

5. Les percepteurs-receveurs des communes doivent fournir un cautionnement, qui est déterminé, par sa nature et par sa quotité, dans l'arrêté de nomination, et qui doit être réalisé avant leur installation. (*Instr. gén. min. fin., 17 juin 1840, art. 1051. — Circ. préc.*)

Ce cautionnement, pour le service des communes et des établissements de bienfaisance, est du dixième des recettes ordinaires portées au compte de l'année qui précède celle de la nomination. (*Instr. et art. préc.*)

Celui des receveurs communaux doit être fait en numéraire, et versé au trésor public. (*Instr. préc., art. 1052.*)

6. Les receveurs municipaux ne peuvent entrer en fonctions qu'après avoir prêté serment entre les mains du préfet. (*Cir. min. fin., 5 sept. 1830.*)

7. Les percepteurs remplissent les fonctions de receveur municipal des communes de leur circonscription, et, dans tous les cas de vacance d'une recette municipale, le service doit leur en être immédiatement remis. (*Instr. gén. min. fin., 17 juin 1840, art. 1049.*)

8. Les receveurs municipaux sont seuls compétents pour faire toutes les diligences qu'exige la rentrée des revenus et toutes autres ressources affectées au service communal, et pour diriger, à cet effet, toutes poursuites nécessaires au nom de l'administration. Seuls aussi ils ont qualité pour faire les paiements que le service communal exige; le tout sous les ordres et la surveillance du maire, et à la charge de tenir toutes les écritures prescrites par les dispositions législatives ou réglementaires qui régissent la matière. (*Instr. min. fin., sept. 1824.*)

§ 2. — Receveurs des établissements de bienfaisance.

9. Les receveurs municipaux sont, de droit, receveurs des hospices et autres établissements de bienfaisance de leur commune, lorsque les revenus ordinaires de ces établissements ne dépassent pas 30,000 fr.; dans le cas contraire, la recette des établissements peut être confiée à un receveur spécial. (*Instr. gén. min. fin., 17 juin 1840, art. 1050.*)

10. Tous les receveurs des établissements charitables sont nommés par le préfet, qui fixe leur cautionnement par son arrêté de nomination. (*Décr., 25 mars 1852, art. 5. — Circ. min. int., 5 mai 1852.*)

Cette nomination a lieu 1° sur la proposition des commissions administratives; 2° sur l'avis du sous-préfet. (*Circ. préc., modèle n° 5.*)

11. Le cautionnement de ces receveurs doit être fourni en immeubles ou en rentes sur l'Etat, à moins qu'ils ne soient exceptionnellement autorisés par le préfet à les verser en numéraire. Les cautionnements fournis en deniers doivent être versés dans la caisse des monts-de-piété. (*Ord., 31 oct. 1821, art. 23, et 6 juin 1830, art. 4. — Circ. min. int., 5 mai 1852.*)

§ 3. — Dispositions générales.

12. Les percepteurs-receveurs des communes et des établissements de bienfaisance sont tenus à résidence, et ne peuvent s'absenter qu'en vertu d'un congé du préfet. (*Instr. gén. min. fin., 17 juin 1840, art. 970.*)

13. Ils ne peuvent fixer leur domicile dans une autre commune que celle de leur résidence, qu'en vertu d'une autorisation expresse du ministre des finances. Pour obtenir cette autorisation, les percepteurs doivent présenter au receveur des finances de leur arrondissement une demande accompagnée de l'avis des maires de toutes les communes composant la perception. Le receveur particulier, après avoir soumis cette demande au sous-préfet, l'adresse au receveur général, et celui-ci la remet au préfet, qui l'envoie au ministre avec ses observations. (*Inst. préc., art. 1067.*)

14. Les percepteurs et les receveurs spéciaux des communes et des établissements de bienfaisance sont tenus d'exercer personnellement, et ne peuvent se faire représenter par un fondé de pouvoir que temporairement; ce fondé de pouvoir doit être accrédité par le sous-préfet. (*Instr. préc., art. 1074.*)

15. Ils ne peuvent cumuler avec leurs fonctions celles de maire ou d'adjoint, et de membre de conseil de préfecture, de conseil municipal, et de commission administrative d'établissements de bienfaisance. — Ils ne peuvent être, non plus, juges, greffiers des tribunaux et des justices de paix, suppléants de juges, notaires, avocats, avoués, huissiers, commissaires-priseurs, agents de change, courtiers, secrétaires de mairie et de commission administrative, commis de préfecture, de sous-préfecture, de recette générale et de recette particulière de finances. (*Inst. préc., art. 1078.*)

16. Ils ne peuvent, enfin, se rendre adjudicataires des revenus qu'ils sont chargés de percevoir. (*Instr. et art. préc.*)

17. Les comptes des receveurs municipaux sont définitivement apurés par le conseil de préfecture, pour les communes dont le revenu n'excède pas 30,000 fr., sauf recours à la cour des comptes. — Les comptes des receveurs des communes dont le revenu excède 30,000 fr., sont réglés et apurés par ladite cour. Ces dispositions sont applicables aux comptes des trésoriers des établissements de bienfaisance. (*L., 18 juill. 1837, art. 65.*)

18. Les amendes encourues par ces comptables, pour cause de retard dans la présentation de leurs comptes, sont attribuées aux communes ou établissements que concernent les comptes en retard. Elles sont assimilées aux débets des comptables, et le recouvrement peut en être suivi par corps, conformément aux art. 8 et 9 de la loi du 17 avril 1832. (*L., préc., art. 68.*)

19. Relativement aux diverses fonctions des receveurs communaux et des établissements de bienfaisance, V. l'instruction générale du ministre des finances du 17 juin 1840; V. aussi ci-dessus les divers articles groupés sous les mots Budget et Comptabilité.

RÉCOMPENSES. (Actes de courage civil et de dévouement.)

1. Les maires doivent informer avec soin les préfets, et ceux-ci doivent faire part au ministre de l'intérieur, de tous les actes de courage civil et de dévouement qui se produisent, afin qu'ils soient récompensés par le gouvernement. (*Circ. min. int., 28 juin 1816.*)

2. Les récompenses sont, ou pécuniaires, ou honorifiques [médailles d'honneur]. (*Circ. min. int., 8 oct. 1831.*)

3. Les préfets doivent laisser, aux auteurs des belles actions, le choix entre l'une ou l'autre de ces récompenses. Avant d'adresser leurs propositions au mi-

nistre, il font s'expliquer, à cet égard, les citoyens qui ont mérité un témoignage de la reconnaissance publique. (*Circ. min. int., 8 oct. 1831.*)

4. Les préfets peuvent accorder eux-mêmes la récompense pécuniaire ; le ministre de l'intérieur est seul compétent pour accorder la récompense honorifique. (*Circ. min. int., 29 août 1832.*)

5. Ces fonctionnaires doivent apporter la plus grande attention aux demandes de récompenses ; aucune proposition à cet égard ne doit être faite par eux au ministre, qu'après avoir fait constater d'une manière authentique, par les autorités locales, le mérite du fait cité, les dangers courus par la personne signalée à la reconnaissance publique, et, en même temps, la réputation dont elle jouit. (*Circ. préc.*)

6. Lorsque les auteurs de belles actions appartiennent à l'armée, les préfets en instruisent l'autorité militaire du département et le ministre de la guerre, afin que les propositions de récompenses soient faites directement au ministre de l'intérieur par celui de la guerre. (*Circ. min. int., 3 nov. 1834.*)

7. Les fonds des récompenses pécuniaires sont pris sur le fonds des dépenses imprévues du département où elles sont accordées. (*Cir. min. int., 28 juin 1816.*)

RECRUTEMENT. — Form. mun., tom. VI, pag. 485.

LÉGISLATION.

Loi du 21 mars 1832 sur le recrutement de l'armée.

SOMMAIRE.

1. L'armée se recrute par des appels et des engagements volontaires. (*L., 21 mars 1832, art. 1er.*)

2. Le contingent assigné à chaque canton est fourni par un tirage au sort entre les jeunes Français qui ont leur domicile légal dans le canton, et qui auront atteint l'âge de vingt ans révolus dans le courant de l'année précédente. (*L. préc., art. 5.*)

§ 1er. — Recensement annuel.

3. Les tableaux de recensement des jeunes gens du canton soumis au tirage, sont dressés par les maires : 1° sur la déclaration à laquelle sont tenus les jeunes gens, leurs parents ou tuteurs ; 2° d'office, d'après les registres de l'état civil et tous autres renseignements ou documents.

Ils sont ensuite publiés et affichés dans chaque commune et dans les formes prescrites par les articles 63 et 64 du Code Napoléon.

Un avis publié dans les mêmes formes indique les lieu, jour et heure où il sera procédé à l'examen desdits tableaux, et à la désignation, par le sort, du contingent cantonal. (*L. préc., art. 8.*)

4. Les maires procèdent, chaque année, au recensement, dans le mois de décembre. Au moyen des renseignements qu'ils ont obtenus, ils établissent une liste préparatoire de tous les jeunes gens qui se trouvent dans le cas d'être inscrits sur les tableaux de recensement. (*Instr. min. int., 26 nov. 1845.*)

5. Pour les jeunes gens domiciliés hors de la commune où ils sont nés et dont le domicile a pu être connu, le maire adresse immédiatement à son collègue de la commune de ce domicile, les documents concernant l'état civil de ces derniers. (*Instr. préc.*)

6. Les tableaux de recensement sont ouverts le 1er janvier de chaque année. Les maires y inscrivent par ordre alphabétique de leurs noms de famille 1° les jeunes gens dont ils ont fait le recensement au mois de décembre et qu'ils ont reconnu devoir y figurer ; 2° ceux qui leur ont été signalés par leurs collègues ou par le sous-préfet, après s'être assurés qu'ils sont réellement domiciliés dans leur commune ; 3° les omis des classes antérieures qui leur ont été signalés par le sous-préfet, ou qu'ils ont découverts eux-mêmes depuis le tirage de ces classes. (*Instr. préc.*)

7. Les maires provoquent, au moyen d'avis publics, la déclaration à laquelle sont tenus par l'art. 8 les jeunes gens, leurs parents ou tuteurs, en leur indiquant qu'ils ont eux-mêmes intérêt à faire ces déclarations, puisque ceux des jeunes gens appelés par la loi qui se trouveraient omis seraient reportés à une classe suivante et retarderaient ainsi l'époque de leur libération. (*Instr. min. int.*, *26 nov. 1845.*)

8. Les maires consignent dans la colonne d'observation des tableaux de recensement les renseignements qu'ils ont obtenus, soit des parents, soit de la population, sur les jeunes gens absents et sur ceux qui se trouveraient exclus de l'armée dans les cas prévus par l'art. 2, afin qu'il puisse être statué sur leur inscription lors de l'examen des tableaux par le sous-préfet. (*Instr. préc.*)

9. Les tableaux de recensement ne sont définitifs que lorsqu'ils ont été arrêtés par le sous-préfet le jour du tirage ; jusqu'à ce moment, ils ne sont que provisoires, et les maires peuvent leur faire subir toutes les modifications qu'exigent la position des jeunes gens ou des réclamations fondées. (*Instr. préc.*)

10. Les maires mentionnent sur les tableaux de recensement les motifs d'exemption ou de déduction que les jeunes gens ont à faire valoir, et les renseignements sur leur instruction qui sont indiqués, en regard de chaque nom, dans la colonne à ce destinée sur les tableaux de recensement. (*Instr. préc.*)

§ 2. — Examen des tableaux de recensement et tirage au sort.

11. Dans les cantons composés de plusieurs communes, l'examen des tableaux de recensement et le tirage au sort ont lieu au chef-lieu de canton, en séance publique, devant le sous-préfet, assisté des maires du canton. Dans les communes qui forment un ou plusieurs cantons, le sous-préfet est assisté du maire et de ses adjoints.

Le tableau est lu à haute voix. Les jeunes gens, leurs parents ou ayants cause sont entendus dans leurs observations. Le sous-préfet statue, après avoir pris l'avis des maires. Le tableau, rectifié s'il y a lieu, et définitivement arrêté, est revêtu de leurs signatures.

Dans les cantons composés de plusieurs communes, l'ordre dans lequel elles seront appelées pour le tirage, est, chaque fois, indiqué par le sort. (*L., 21 mars 1832, art. 10.*)

12. Le sous-préfet inscrit, en tête de la liste du tirage, les noms des jeunes gens qui se trouvent dans le cas prévu par le second paragraphe de l'art. 38 [1]. — Les premiers numéros leur sont attribués de droit. Ces numéros sont, en conséquence, extraits de l'urne avant l'opération du tirage. (*L. préc., art. 11.*)

13. Avant de commencer l'opération du tirage, le sous-préfet compte publiquement les numéros déposés dans l'urne ; et après s'être assuré que ce nombre est égal à celui des jeunes gens appelés à y concourir, il en fait la déclaration à haute voix.

Aussitôt après, chacun des jeunes gens appelés dans l'ordre du tableau, prend dans l'urne un numéro qui est immédiatement proclamé et inscrit. Les parents des absents, ou, à leur défaut, le maire de leur commune, tirent à leur place.

L'opération du tirage achevée est définitive ; elle ne peut, sous aucun prétexte, être recommencée, et chacun garde le numéro qu'il a tiré.

La liste, par ordre de numéros, est dressée au fur et à mesure du tirage. Il y est fait mention des cas et des motifs d'exemption ou de déduction que les jeunes gens, ou leurs parents, ou les maires des communes, se proposent de faire valoir devant le conseil de révision. Le sous-préfet y ajoute ses observations.

La liste du tirage est ensuite lue, arrêtée et signée de la même manière que le tableau de recensement, et annexée avec ledit tableau au procès-verbal des opérations. Elle est publiée et affichée dans chaque commune du canton. (*L. préc., art. 12.*)

---

[1] Toutes fraudes ou manœuvres, par suite desquelles un jeune homme aura été omis sur les tableaux de recensement, seront déférées aux tribunaux ordinaires, et punies d'un emprisonnement d'un mois à un an.

Le jeune homme omis, s'il a été condamné comme auteur ou complice desdites fraudes ou manœuvres, sera, à l'expiration de sa peine, inscrit sur la liste du tirage, ainsi que le prescrit l'art. 11. (*L., 21 mars 1832, art. 38.*)

§ 3. — **Conseil de révision.**

14. Les opérations du recrutement sont revues, les réclamations auxquelles ces opérations peuvent donner lieu sont entendues, et les causes d'exemption et de déduction sont jugées en séance publique, par un conseil de révision, composé: du préfet, président, ou, à son défaut, du conseiller de préfecture qu'il a délégué; d'un conseiller de préfecture; d'un membre du conseil général du département; d'un membre du conseil de l'arrondissement, tous trois à la désignation du préfet; d'un officier général ou supérieur désigné par l'empereur. — Un membre de l'intendance militaire assiste aux opérations du conseil de révision; il est entendu toutes les fois qu'il le demande, et peut faire consigner ses observations au registre des délibérations.

Le conseil de révision se transporte dans les divers cantons; toutefois, suivant les localités, le préfet peut réunir dans le même lieu plusieurs cantons pour les opérations du conseil.

Le sous-préfet, ou le fonctionnaire par lequel il a été suppléé pour les opérations du tirage, assiste aux séances que le conseil de révision tient dans l'étendue de son arrondissement. — Il y a voix consultative. (*L., 21 mars 1832, art. 15.*)

15. Les jeunes gens qui, d'après leur numéro, peuvent être appelés à faire partie du contingent, sont convoqués, examinés et entendus par le conseil de révision.

S'ils ne se rendent pas à la convocation, ou s'ils ne se font pas représenter, ou s'ils n'obtiennent pas un délai, il est procédé comme s'ils étaient présents.

Dans le cas d'exemption pour infirmité, les gens de l'art sont consultés. — Les autres cas d'exemption ou de déduction sont jugés par la production des documents authentiques, ou, à défaut de documents, sur des certificats signés de trois pères de famille, domiciliés dans le même canton, dont les fils sont soumis à l'appel ou ont été appelés. Ces certificats doivent, en outre, être signés et approuvés par le maire de la commune du réclamant. (*L., préc., art. 16.*)

16. Le conseil de révision statue également sur les substitutions de numéros et les demandes de remplacement. (*L. préc., art. 17.*)

17. Après que le conseil de révision a statué sur les exemptions, déductions, substitutions, remplacements, ainsi que sur toutes les réclamations auxquelles les opérations du recrutement ont pu donner lieu, la liste du contingent de chaque canton est définitivement arrêtée et signée par le conseil de révision, et les noms inscrits sont proclamés.

Les jeunes gens qui, aux termes des art. 26 et 27, sont appelés les uns à défaut des autres, ne sont inscrits sur la liste du contingent que conditionnellement, et sous la réserve de leurs droits.

Le conseil déclare ensuite que les jeunes gens qui ne sont pas inscrits sur cette liste, sont définitivement libérés. Cette déclaration, avec l'indication du dernier numéro compris dans le contingent cantonal, est publiée et affichée dans chaque commune du canton.

Dès que les délais accordés en vertu de l'art. 27 sont expirés, ou que les tribunaux ont statué en exécution des art. 26 et 41 (V. ces articles), le conseil prononce de la même manière la libération des réclamants ou des jeunes gens conditionnellement désignés pour les suppléer.

Le conseil de révision ne peut statuer ultérieurement sur les jeunes gens portés sur les listes du contingent, que pour les demandes de substitution et de remplacement.

La réunion de toutes les listes du contingent de chaque canton d'un même département forme la liste du contingent départemental. (*L. préc., art. 28.*)

§ 4. — **Engagements volontaires.**

V. ces mots à leur ordre alphabétique.

RÉFUGIÉS.

LÉGISLATION.

Loi du 21 avril 1832, 1er mai 1834, et 24 juillet 1839 (¹).

§ 1er. — Résidence. — Surveillance.

1. Les étrangers réfugiés sont tenus de résider dans les villes désignées par le gouvernement. (*L., 21 avril 1832, art. 1 et 2.*)

2. Ceux qui ont demeuré en France ou servi sous les drapeaux pendant cinq années peuvent, sans l'autorisation du gouvernement, changer de résidence, mais ils sont tenus d'en donner préalablement avis au préfet du département de la résidence. (*L., 24 juill. 1839, art. 2.*)

Ceux qui ne résident pas au chef-lieu du département doivent remettre l'avis écrit de leur déplacement au sous-préfet ou au maire du lieu de leur résidence, qui le transmet au préfet. (*Instr. gén. min. int., 1er déc. 1840, art. 3.*)

3. Tout réfugié subventionné qui abandonne sa résidence sans avoir rempli les formalités exigées est censé avoir renoncé aux subsides. Le préfet raie son nom des contrôles, où il ne peut plus être rétabli que par une autorisation spéciale du ministre de l'intérieur. (*Instr. préc., art. 7.*)

4. Les préfets sont chargés de la surveillance des réfugiés civils ou militaires, subventionnés ou non subventionnés, qui résident dans leurs départements; ils prennent les mesures nécessaires pour maintenir l'ordre parmi ces étrangers. (*Instr. préc., art. 1er.*)

5. Toute réclamation que des réfugiés subventionnés peuvent être dans le cas de former auprès du ministre de l'intérieur, doit parvenir par l'intermédiaire du préfet du département, qui y joint ses observations, propositions ou avis. (*Instr. préc., art. 2.*)

§ 2. — Passe-ports.

6. La délivrance de passe-ports aux réfugiés, et celle des visas qui en changeraient la destination primitive, sont réservées aux préfets, qui peuvent, dans certains cas, charger les maires de l'expédition de ces titres. (*Instr. préc., art. 8.*)

7. Il est expressément défendu aux commissaires de police d'accorder aux réfugiés aucun visa spécial de déplacement. (*Instr. et art. préc.*)

8. Aucun passe-port à l'intérieur ou à l'étranger n'est délivré gratis à un réfugié subventionné sans l'autorisation du ministre de l'intérieur. (*Instr. et art. préc.*)

9. Sous aucun prétexte les préfets n'expédient de passe-ports aux réfugiés avec le libellé ci-après : *Pour circuler ou voyager dans l'intérieur de l'empire.* (*Instr. préc., art. 10.*)

10. Les passe-ports délivrés aux réfugiés qui, dans un intérêt quelconque, ont à parcourir plusieurs départements, doivent indiquer les départements dans lesquels ils se proposent de séjourner. (*Instr. et art. préc.*)

11. Aussitôt qu'un réfugié a obtenu un passe-port ou un visa de changement de destination, avis en est donné au ministre de l'intérieur, ainsi qu'au préfet du département où le titulaire a demandé à se rendre. (*Instr. préc., art. 11.*)

12. A moins d'une autorisation spéciale du ministre de l'intérieur, aucun secours de route ou moyen de transport ne doit être accordé aux réfugiés, quels qu'ils soient, qui changent de résidence. Les préfets doivent veiller à ce que les autorités municipales de leur département se conforment exactement à cette prescription. (*Circ. min. int., 25 nov. 1834. — Instr. préc., art. 16.*)

(¹) Ces trois lois ont été, d'année en année, prorogées par celles des 12 juin 1841, 11 juin 1842, 27 juin 1843, 3 août 1844, 14 mai 1845, 3 juillet 1846 et 1er août 1847. — Depuis cette dernière époque, la matière a été réglée par de nombreuses instructions ministérielles, dont nous rapportons seulement les prescriptions qui rentrent dans notre cadre.

§ 3. — **Subsides. — Paiement. — Comptabilité.**

13. Tout réfugié admis aux subsides doit être muni, par les soins du préfet, d'un extrait de son bulletin individuel, revêtu du sceau de la préfecture, et indiquant : 1° ses noms, prénoms et âge; 2° son grade, sa qualité et sa position sociale; 3° les noms, prénoms et âge des membres de sa famille qui l'accompagnent; 4° la quotité des secours réguliers ou exceptionnels qui est accordée à lui ou à chacun des membres de sa famille; 5° son signalement; 6° la date de son arrivée en France, et, s'il y a lieu, la durée de ses services dans les armées françaises; 7° sa signature. — Cet extrait doit être présenté par le réfugié pour recevoir ses subsides, et la date de chaque paiement y est mentionnée dans les cadres disposés à cet effet. (*Instr. gén. min. int., 1er déc. 1840, art. 17.*)

14. Les subsides sont payés à l'expiration de chaque mois. Les préfets peuvent néanmoins mandater tous les dix jours les allocations attribuées aux sous-officiers et soldats les plus nécessiteux. (*Instr. préc., art. 19.*)

15. Toute avance sur les subsides à échoir est formellement interdite. (*Instr. et art. préc.*)

16. Une retenue d'un sixième doit être exercée sur les subsides des réfugiés qui ont contracté des dettes dans leur résidence. Cette retenue ne peut être opérée qu'en vertu d'une décision ministérielle et au profit seulement des personnes qui ont logé, nourri ou vêtu les réfugiés. (*Instr. préc., art. 20.*)

17. Le préfet est chargé de faire, à l'amiable, la répartition aux ayants droit des sommes retenues. Cette comptabilité, lorsque le préfet ne se la réserve pas en propre, doit être confiée, soit au secrétaire général, soit au conseiller de préfecture faisant fonctions de secrétaire général, et il en est rendu compte au préfet. (*Déc. min. fin., 1er déc. 1840, art. 4.*)

18. Si les créanciers du réfugié n'habitent pas le département où la retenue a eu lieu, le préfet adresse, avec les indications nécessaires, la somme disponible en un mandat sur le receveur général à l'ordre de son collègue du département de la résidence des ayants droits auxquels ce dernier en distribue le montant. (*Instr. gén. min. int., 1er déc. 1840, art. 21.*)

19. Les réfugiés admis dans les hôpitaux civils et militaires où le traitement n'est point accordé gratuitement, subissent, sur leurs subsides, la retenue du prix de chaque journée de présence dans ces établissements; si ce prix est supérieur au taux journalier du subside, le surplus est complété par le préfet au moyen d'une imputation sur les fonds de secours, mais seulement en ce qui concerne les remboursements à faire aux hôpitaux civils. (*Instr. préc., art. 23.*)

20. Dans les dix premiers jours de chaque mois, terme de rigueur, les préfets doivent avoir adressé au ministre de l'intérieur le compte des dépenses occasionnées par les réfugiés pendant le mois précédent. (*Instr. préc., art. 25.*)

21. Le 1er octobre de chaque année, les préfets ont soin d'adresser au ministre un état nominatif des réfugiés subventionnés dans leur département. Cet état, dressé par nationalité et suivant l'ordre alphabétique, indique la nature des occupations et les ressources pécuniaires de chacun de ces étrangers; les causes d'inoccupation y sont mentionnées. — A l'occasion de cette communication, ils proposent les économies qui motiveraient les améliorations notables qui seraient survenues dans la position des réfugiés. (*Instr. préc., art. 26.*)

22. Les subsides ne peuvent être retirés à aucun réfugié sans une décision du ministre de l'intérieur. — Cependant, les préfets n'ont pas besoin d'autorisation préalable pour opérer la radiation sur les contrôles dans les cas ci-après, savoir : 1° la renonciation volontaire aux subsides; 2° le défaut d'autorisation spéciale pour la continuation des subsides dans les cas précisés par l'art. 5 ci-dessus; 3° la disparition de la résidence; 4° la condamnation par les tribunaux; 5° l'engagement pour la légion étrangère; 6° la sortie de France; 7° le décès. (*Instr. préc., art. 27*).

23. Le ministre de l'intérieur doit être informé immédiatement des radiations ainsi opérées. (*Instr. et art. préc.*)

24. Une autre instruction, du ministre de la police générale, en date du 9

avril 1853, prescrit l'éloignement des réfugiés de la frontière de leurs pays respectifs, et leur résidence dans une localité distante de 10 à 16 myriamètres des frontières.

RÈGLEMENTS ET ARRÊTÉS DE POLICE. — Form. mun., tom. VI, pag. 539.

LÉGISLATION.

Décret du 19 juillet 1791. — Loi du 18 juillet 1837.

§ 1er. — Règles générales.

1. Les maires prennent des arrêtés à l'effet : 1° d'ordonner les mesures locales sur les objets confiés par la loi à leur vigilance et à leur autorité; 2° de publier de nouveau les lois et règlements de police, et de rappeler les citoyens à leur observation. (*L., 18 juill. 1837, art. 11.*)

2. Les arrêtés pris par les maires sont immédiatement adressés au sous-préfet. Le préfet peut les annuler ou en suspendre l'exécution (*L. et art. préc.*) ; mais il ne peut *modifier* l'arrêté suspendu ou annulé. (*Circ. min. int., 1er juill. 1840.*)

3. Les arrêtés des maires sont divisés en deux catégories distinctes : les uns, qui portent règlement permanent, c'est-à-dire, qui statuent d'une manière générale sur quelqu'une des matières comprises dans les attributions de l'autorité municipale, comme, par exemple, un arrêté sur la tenue des foires et marchés, sur la police des lieux publics, etc. ; les autres, qui n'ont pas ce caractère d'intérêt général, mais qui statuent seulement sur les demandes individuelles des citoyens, comme serait l'autorisation de construire ou de réparer un bâtiment situé le long de la voie publique, l'autorisation d'ouvrir un bal public, ou de faire telle autre chose pour laquelle la permission du maire est nécessaire, etc. (*Circ. préc.*)

4. En l'absence d'un arrêté municipal sur une matière qui a besoin d'être réglementée, le préfet peut prendre lui-même cet arrêté, si l'autorité municipale reste inactive malgré la réquisition de l'autorité supérieure. (*Circ. préc.*)

§ 2. — Arrêtés non permanents.

5. Les arrêtés non permanents des maires ont force et autorité par eux-mêmes, et n'ont pas besoin, pour être exécutés, d'aucune approbation des préfets. La loi de 1837, comme la législation antérieure, n'attribue aux préfets qu'un droit de contrôle et de révision sur les arrêtés des maires ; mais tous, sur quelque objet qu'ils portent et quelque peu d'importance qu'ils aient, sont soumis nécessairement à ce contrôle ; tous doivent être adressés au préfet, et le maire qui négligerait de remplir cette obligation, contreviendrait formellement à la loi. (*Circ. préc.*)

6. Si le préfet n'use pas du droit d'annuler, ou s'il ne suspend pas l'exécution, les arrêtés qui statuent sur un intérêt individuel sont exécutoires de plein droit, du moment où le récépissé en a été délivré par le sous-préfet. (*Circ. préc.*)

7. Cependant, le préfet peut les annuler à quelque époque que ce soit. Mais les faits accomplis pendant que ces règlements étaient exécutoires sont légalement accomplis, et l'annulation de l'arrêté n'entraîne pas la nullité de ce qui a été fait précédemment en vertu de cet acte. (*Circ. préc.*)

§ 3. — Arrêtés permanents.

8. Les arrêtés municipaux portant règlement permanent ne sont exécutoires qu'un mois après la remise de l'ampliation, constatée par des récépissés donnés par les sous-préfets. (*L., 18 juill. 1837, art. 11.*)

9. Toutefois, si le préfet juge n'avoir pas besoin de ce délai d'un mois pour l'examen d'un règlement municipal soumis à son approbation, il peut en autoriser l'exécution immédiate, en déclarant qu'il n'usera pas du droit d'annuler ou de suspendre. (*Circ. min. int., 1er juill. 1840.*)

10. Les arrêtés municipaux qui portent règlement permanent doivent être

communiqués par le préfet au ministre de l'intérieur. (*Instr. min. int.*, *26 août 1841.*)

11. Tout en conservant cette dernière disposition, le ministre de l'intérieur, par une circulaire du 20 mai 1850, l'a modifiée dans ce sens : que les préfets ne sont tenus d'envoyer au ministre que les arrêtés permanents qui paraîtraient aux préfets contenir des dispositions contraires aux lois ou aux règlements d'administration publique. Dans ce cas, les préfets ne doivent pas se borner à communiquer au ministre ces règlements municipaux, sur la teneur desquels il y a matière à discussion : ils doivent examiner attentivement ces arrêtés et les questions qu'ils soulèvent, les discuter, et émettre leur avis sur la solution dont ces questions leur paraissent susceptibles.

12. Les arrêtés municipaux permanents, dont l'exécution ne soulève aucun doute dans l'esprit des préfets, peuvent être autorisés par eux sans communication préalable au ministre de l'intérieur. (*Circ. min. int.*, *20 mai 1850.*)

V. Arrêtés, Maires (pour les objets sur lesquels ces fonctionnaires peuvent prendre des arrêtés).

RÉJOUISSANCES PUBLIQUES.

1. Le maintien du bon ordre dans les réjouissances publiques est un objet de police municipale. (*Décr.*, *16 août 1790, tit. 11, art. 3.*)

2. La gendarmerie doit toujours se tenir à portée des grands rassemblements d'hommes, telles que fêtes publiques, pour y maintenir le bon ordre et la tranquillité. (*Décr.*, *1er mars 1854, art. 331.*)

REMPLACEMENTS MILITAIRES. — Form. mun., tom. VI, pag. 497.

LÉGISLATION.

Loi du 21 mars 1832, sur le recrutement de l'armée, art. 19 et suivants.

PROCÉDURE.

1. Les jeunes gens compris définitivement dans le contingent cantonal peuvent se faire remplacer.

2. Le remplacement ne peut avoir lieu qu'aux conditions suivantes :

Le remplaçant doit :

1° Etre libre de tout service, et de toutes obligations imposées, soit par la loi sur le recrutement, soit par celle du 25 octobre 1795 sur l'inscription maritime ;

2° Etre âgé de vingt à trente ans au plus, ou de vingt à trente-cinq ans, s'il a été militaire, ou de dix-huit à trente, s'il est frère du remplacé ;

3° N'être ni marié ni veuf avec enfants ;

4° Avoir au moins la taille de 1 mètre 56 centim., s'il n'a pas déjà servi dans l'armée, et réunir les autres qualités pour faire un bon service ;

5° N'avoir pas été exempté ou réformé du service militaire ;

6° Suivant sa position, être porteur des certificats spécifiés dans les art. 20 et 21 ci-après. (*L.*, *21 mars 1832, art. 19.*)

3. Le remplaçant doit produire un certificat délivré par le maire de la commune de son dernier domicile ; si le remplaçant ne compte pas au moins une année de séjour dans cette commune, il est tenu d'en produire également un autre du maire de la commune ou des maires des communes où il a été domicilié pendant le cours de cette année.

Les certificats doivent contenir le signalement du remplaçant et attester, 1° la durée du temps pendant lequel il a été domicilié dans la commune; 2° qu'il jouit de ses droits civils ; 3° qu'il n'a jamais été condamné à une peine correctionnelle pour vol, escroquerie, abus de confiance, ou attentat aux mœurs ; 4° qu'il n'est ni marié ni veuf avec enfants.

Dans le cas où le maire de la commune ne connaîtrait pas l'individu qui ferait la demande de ce certificat, il doit en constater légalement l'identité, et recueillir les preuves et témoignages qu'il juge convenables pour arriver à la connaissance de la vérité. (*L. préc.*, *art. 20.*)

4. Si le remplaçant a été militaire, outre le certificat du maire, il doit pro-

duire un certificat de bonne conduite du corps dans lequel il a servi. (*L., 21 mars 1832, art. 21.*)

5. Le remplaçant doit être porteur de pièces qui justifient qu'il a satisfait à la loi du recrutement. Ainsi, s'il a été militaire, il produit son congé définitif, et, s'il n'a pas servi, il produit un certificat de libération, délivré sur papier timbré par le sous-préfet de l'arrondissement dans lequel il a concouru au tirage. (*Instr. min.*)

6. Le remplaçant est admis par le conseil de révision du département dans lequel le remplacé a concouru au tirage. (*L., 21 mars 1832, art. 22.*)

7. Les pièces à produire par les remplaçants doivent être déposées dans les bureaux de la préfecture quinze jours avant celui fixé pour la réunion du conseil de révision. (*Circ. min., 18 avril 1851.*)

8. Les actes de substitution et de remplacement sont reçus par le préfet, dans les formes prescrites pour les actes administratifs.

Les stipulations particulières qui peuvent avoir lieu entre les contractants, à l'occasion des substitutions et remplacements, sont soumises aux mêmes règles et formalités que tout autre contrat civil. (*L., 21 mars 1832, art. 24.*)

RÉPARTITEURS.

LÉGISLATION.

Loi du 3 frimaire an 7-23 novembre 1798.

§ 1er. — Nombre. — Nomination. — Refus. — Empêchement. — Convocation. — Présidence.

1. Les répartiteurs sont au nombre de sept, savoir : le maire et son adjoint dans les communes de moins de 5,000 habitants; deux conseillers municipaux, désignés à cet effet, dans les autres communes, et cinq citoyens capables, choisis par l'administration municipale parmi les contribuables fonciers de la commune, dont deux au moins non domiciliés dans ladite commune, s'il s'en trouve de tels. (*L., 3 frim. an 7-23 nov. 1798, art. 9.*)

2. La nomination des cinq citoyens répartiteurs et des deux conseillers municipaux est faite chaque année (*L. préc., art. 10*), au mois de juin.

3. Cette nomination est faite par le sous-préfet ou le préfet, sur la présentation des maires. (*Arr. gouv., 9 flor. an 8-9 mai 1800, art. 4.*)

4. La nomination des répartiteurs leur est signifiée, dans les cinq jours de sa date, par le sous-préfet. Cette notification se fait par un simple avertissement sur papier non timbré; elle est signée, tant par celui qui en est le porteur, que par le sous-préfet, et datée. Elle n'est point sujette à l'enregistrement; mais il en reste un double, qui est déposé au secrétariat de la mairie. (*L., 3 frim. an 7-23 nov. 1798, art. 12.*)

5. Outre les cinq répartiteurs ci-dessus, non compris le maire et l'adjoint, il est nommé cinq répartiteurs suppléants; à cet effet, les maires doivent, chaque année, dans le courant de janvier, envoyer au sous-préfet une liste de dix propriétaires aptes à remplir les fonctions de répartiteurs, en ayant soin de n'y comprendre ni le maire, ni l'adjoint. (*Instr. min. fin., 28 mars 1844.*)

6. Celui qui est nommé répartiteur pour la même année dans plusieurs communes, déclare son option au sous-préfet dans les dix jours de l'avertissement qui lui est donné de sa nomination. (*L., 3 frim. an 7-23 nov. 1798, art. 16.*)

7. Tout propriétaire ayant des biens dans la commune, quoique domicilié hors du département, peut être appelé aux fonctions de répartiteur. (*Déc., 28 pluv. an 9-17 févr. 1801.*)

8. Les fonctions de répartiteur ne peuvent être refusées que pour les causes légitimes suivantes : 1° les infirmités graves et reconnues, ou vérifiées en la forme ordinaire en cas de contestation; 2° l'âge de 60 ans commencés, ou plus; 3° l'entreprise d'un voyage ou d'affaires qui obligent à une longue absence du domicile ordinaire; 4° l'exercice de fonctions administratives ou judiciaires autres que celles d'assesseur de juge de paix; 5° le service militaire de terre ou de mer, ou

un autre service public; 6° le domicile à plus de deux myriamètres de la commune. (*L., 3 frim. an 7-23 nov. 1798, art. 13, 14 et 15.*)

9. Celui qui n'accepte point les fonctions de répartiteur doit produire, par écrit, au sous-préfet, son refus motivé dans les dix jours de l'avertissement qui lui a été donné de sa nomination. (*L. préc., art. 17.*)

10. Le sous-préfet prononce dans les dix jours suivants. Si le refus se trouve fondé, il remplace sur-le-champ le refusant; dans le cas contraire, il déclare que le refus n'est point admis, et que celui qui l'a propos reste répartiteur. (*L. préc., art. 18.*)

11. Celui qui n'a point proposé de refus ou dont le refus n'a pas été admis, et qui, étant ensuite convoqué, ne se réunit point aux autres répartiteurs, pour les opérations dont ils ont été chargés, est cité par le sous-préfet, à jour et à heure fixes, en séance publique; s'il s'y présente, le sous-préfet, en lui annonçant qu'il va faire mention de son refus sur ses registres, le remplace dans la même séance. Extrait du procès-verbal est affiché, sur papier libre et sans frais, dans la salle des séances et au secrétariat. (*L. préc., art. 19.*)

12. Si le cité ne comparaît point, il est remplacé en séance publique. Extrait du procès-verbal est affiché, sur papier timbré, dans la salle des séances de la sous-préfecture et à la principale porte extérieure de la mairie. L'extrait du procès-verbal n'est point soumis à l'enregistrement. (*L. préc., art. 20.*)

13. Le répartiteur cité devant le sous-préfet, et ne se présentant pas, est, en outre, cité devant le juge de paix de la résidence du sous-préfet. Il est condamné à une amende de la valeur de trois journées de travail et aux frais de l'affiche du procès-verbal, lesquels frais sont réglés à 3 fr., non compris le papier timbré, et sont payés au secrétaire de la sous-préfecture sans préjudice des frais légitimement faits devant le juge de paix, et ceux de signification et mise à exécution du jugement, qu'il est pareillement tenu de payer. (*L. préc., art. 21.*)

14. En cas d'empêchement temporaire survenu à un ou plusieurs répartiteurs, par maladie grave, par voyage nécessaire et inopiné, ou par un service public, ils en donnent ou font donner avis au sous-préfet, qui peut les remplacer momentanément par d'autres propriétaires de la commune. Ce remplacement ne peut avoir lieu qu'autant que le nombre des répartiteurs se trouve réduit à moins de cinq, ou que ceux d'entre eux non domiciliés dans la commune sont à remplacer. Ceux-ci ne peuvent dans aucun cas, lorsqu'ils n'excèdent point le nombre de deux, être remplacés par d'autres contribuables fonciers non domiciliés dans la commune, s'il y en a de tels. (*L. préc., art. 22.*)

15. Les sept répartiteurs délibèrent en commun, à la majorité des suffrages. Ils ne peuvent prendre aucune détermination, s'ils ne sont au nombre de cinq au moins, présents. (*L. préc., art. 23.*)

16. Ils sont convoqués et présidés par le maire ou par son adjoint, ou par l'un des conseillers municipaux, et, à leur défaut, par le plus âgé des autres répartiteurs. (*L. et art. préc.*)

§ 2. — Attributions.

17. Les répartiteurs sont chargés de la répartition entre les contribuables des contributions foncière, personnelle et mobilière. (*L. préc., art. 8, et 3 niv. an 7-23 déc. 1798, art. 1er.*)

18. En ce qui concerne la répartition de la contribution foncière, les répartiteurs ne peuvent augmenter ni diminuer le revenu imposable des propriétaires qui paraîtraient surtaxés ou ménagés. Ils se bornent, chaque année, sur le livre tenu à cet effet, à faire un relevé des mutations de propriétés survenues dans le cours de l'année, et à l'estimation des maisons ou usines nouvellement construites, comme à la distraction du revenu des bâtiments démolis. (*L. préc., art. 31, 32 et 33. — Instr. min. fin., 25 févr. 1826.*)

19. A l'égard de la contribution personnelle et mobilière, les répartiteurs doivent, avec l'assistance du contrôleur, former une matrice de tous les habitants passibles de ces taxes, et déterminer ensuite les loyers qui doivent servir de base à la répartition individuelle. Cette matrice établie, les opérations annuelles consistent en la formation d'un état des mutations survenues pour cause de dé-

cès, de changement de résidence, de diminution ou d'augmentation de loyer. (*L. 21 avril 1832, art. 17, et 3 niv. an 7-23 déc. 1798.*)

20. Quant à la contribution des portes et fenêtres, ils dressent, avec le concours des contrôleurs, l'état des ouvertures imposables, lequel doit servir de base à la répartition. Ce recensement ayant été exécuté, leur travail se réduit, chaque année, à la rédaction d'un état des changements qui auraient eu lieu par suite de démolition ou de reconstruction, comme à la rectification de toutes surcharges ou omissions. (*L., 4 frim. an 7-23 nov. 1798, et 21 avril 1832, art. 27.*)

21. Les répartiteurs émettent leur avis sur les réclamations donnant lieu à la décharge ou réduction en matière de contributions foncière, personnelle et mobilière, telles que double ou faux emploi, surtaxe comparative. (*Arr. gouv., 24 flor. an 8-14 mai 1800.*)

22. Les avis du maire et des répartiteurs sont sur papier libre; mais ordinairement ils sont inscrits dans une case spéciale réservée sur la feuille d'instruction envoyée par le contrôleur et en marge de laquelle il a inscrit les questions sur lesquelles il demande l'avis des répartiteurs ou du maire. — La rédaction doit être courte, claire et motivée. — L'avis doit être consciencieux et impartial. (*Déc., 30 avril 1832.*)

23. En cas de contre-expertise, les répartiteurs assistent à la vérification des experts. (*Arr. gouv., 24 flor. an 8-14 mai 1800.*)

Dans ce dernier cas, si les répartiteurs ne se présentent pas, il est fait mention dans le procès-verbal de leur convocation et de leur absence, et il est passé outre. (*Arr. cons. Etat, 18 oct. 1833.*)

24. Leur travail doit être terminé dans les dix jours qui suivent la réception du mandement. (*Arr. gouv., 19 flor. an 8-9 mai 1800, art. 4.*)

25. Sous prétexte de décharge et de demande en réduction, ou pour tout autre motif, les répartiteurs ne peuvent se dispenser de faire les opérations qui sont dans leurs attributions, à peine de responsabilité solidaire, et même de contrainte, pour le paiement de tous les termes de la contribution assignée à leur commune, dont le recouvrement se trouverait en retard par l'effet de la non-exécution de ces opérations dans le délai prescrit. (*L., 3 niv. an 7-23 déc. 1798, art. 61, et 2 mess. an 7-20 juin 1799, art. 15.*)

V. Contributions.

RÉPERTOIRE. — Form. mun., tom. VI, pag. 549.

LÉGISLATION.

Lois du 22 frimaire an 7-12 décembre 1798, du 15 mai 1818, et du 16 juin 1824.

1. Les maires doivent tenir un répertoire à colonnes, sur lequel ils inscrivent, jour par jour, sans blanc ni interligne, et par ordre de numéros, tous les actes des municipalités soumis à l'enregistrement sur les minutes. (*L., 22. frim. an 7-12 déc. 1798, art. 49.*)

2. Chaque article du répertoire contient : 1° son numéro ; 2° la date de l'acte ; 3° sa nature ; 4° les noms et prénoms des parties, et leur domicile ; 5° l'indication des biens, leur situation et le prix, lorsqu'il s'agit d'actes qui ont pour objet la propriété, l'usufruit ou la jouissance des biens-fonds ; 6° la relation de l'enregistrement. (*L. préc., art. 50.*)

3. Les maires présentent, tous les trois mois, leurs répertoires aux receveurs de l'enregistrement de leur résidence, qui les visent, et qui énoncent dans leur visa le nombre des actes inscrits. Cette présentation a lieu chaque année dans les dix premiers jours des mois de janvier, avril, juillet et octobre, à peine d'une amende de 10 fr. (*L. préc., art. 51, et 16 juin 1824, art. 10.*)

4. Ils sont tenus aussi de communiquer leur répertoire à toute réquisition, aux préposés de l'enregistrement qui se présentent pour le vérifier, à peine d'une amende de 10 fr., en cas de refus. (*LL., 22 frim. an 7-12 déc. 1798, art. 52, et 16 juin 1824, art. 10.*)

5. Le répertoire est coté et paraphé par le sous-préfet ou le préfet. (*L., 22 frim. an 7-12 déc. 1798, art. 53.*)

6. Les maires peuvent déléguer, par arrêté spécial, à l'un des employés de la mairie, la tenue du répertoire. (*Circ. min. int., 16 avril 1807.*)

7. L'employé délégué accepte par écrit, à la suite de l'arrêté du maire, la délégation qui lui a été faite, et se soumet, sous sa responsabilité personnelle, à l'exécution des obligations imposées par la loi. (*Circ. préc.*)

8. Deux expéditions de ces actes sont envoyées au sous-préfet de l'arrondissement. Cet administrateur prend note de la délégation et de la soumission; il en adresse copie au préfet aux époques fixées par lui, et envoie les expéditions, l'une au directeur de l'enregistrement, l'autre au procureur près le tribunal de première instance. (*Circ. préc.*)

9. Lors du renouvellement du répertoire, le maire qui en a délégué la tenue, le cote et paraphe lui-même. (*Circ. préc.*)

10. Les actes d'une mairie sujets à l'enregistrement doivent subir cette formalité dans le délai de vingt jours. (*L., 15 mai 1818, art. 78.*)

11. Ces actes n'ayant de force et n'étant consommés de fait que par suite de l'approbation du préfet ou du sous-préfet, ce n'est qu'après cette approbation que doit être compté le délai de l'enregistrement, et il court, non point du jour de l'approbation, mais seulement du jour où l'arrêté approbatif du préfet est parvenu à la mairie. (*Décis. min. fin., 4 août 1838. — Instr. adm. enregistr., 31 déc. 1838.*)

12. Les répertoires sont assujettis aux droits de timbre établis en raison de la dimension du papier. (*L., 3 brum. an 7-3 nov. 1798, art. 12, § 2.*)

13. Les amendes progressives prononcées, dans certain cas, contre les fonctionnaires publics, par les lois sur l'enregistrement et le dépôt des répertoires, sont réduites à une seule amende de 10 fr., quelle que soit la durée du retard. (*L., 16 juin 1824, art. 10.*)— V. ENREGISTREMENT.

RÉQUISITION DE LA FORCE PUBLIQUE. — Form. mun., tom. VI, pag. 554.

LÉGISLATION.

Décrets du 15 juin et du 27 juillet 1791, du 30 mai 1793 et du 1er mars 1854.

1. En vertu des décrets que nous venons de citer, les préfets, sous-préfets et maires ont le droit de requérir la force publique et tous les citoyens, dans l'intérêt de la conservation de l'ordre public.

2. L'action des autorités civiles et administratives sur la gendarmerie ne peut s'exercer que par des réquisitions. (*Décr., 1er mars 1854, art. 91.*)

3. Les réquisitions sont toujours adressées au commandant de la gendarmerie du lieu où elles doivent recevoir leur exécution, et, en cas de refus, à l'officier sous les ordres duquel est immédiatement placé celui qui n'a pas obtempéré à ces réquisitions. — Elles ne peuvent être données ni exécutées que dans l'arrondissement de celui qui les donne et de celui qui les exécute. (*Décr. préc., art. 92.*)

4. La main-forte est accordée, toutes les fois qu'elle est requise par ceux à qui la loi donne le droit de requérir. (*Décr. préc., art. 93.*)

5. Les réquisitions doivent énoncer la loi qui les autorise, le motif, l'ordre, le jugement, ou l'acte administratif en vertu duquel elles sont faites. (*Décr. préc., art. 95.*)

6. Les réquisitions sont faites par écrit, signées, datées, et dans la forme ci-après: « DE PAR L'EMPEREUR. — *Conformément à la loi* (1), *en vertu de* (2), *nous* » *requérons le* (3) *de* (4) *et qu'il nous fasse part* (5) *de l'exécution de ce qui est* » *par nous requis au nom de l'empereur.* » (*Décr. préc., art. 96.*)

---

(1) Indiquer cette loi.
(2) Loi, arrêté ou règlement.
(3) Grade et lieu de résidence.
(4) *Commander, faire, se transporter,* ou *arrêter,* etc.
(5) Si c'est un officier; *qu'il nous rende compte,* si c'est un sous-officier.

7. Les réquisitions à la gendarmerie ne doivent contenir aucun terme impératif, tel que : *ordonnons, voulons, enjoignons, mandons*, etc., ni aucune expression ou formule pouvant porter atteinte à la considération de l'arme, et au rang qu'elle occupe parmi les corps de l'armée. (*Décr., 1er mars 1854, art. 97.*)

8. Lorsque la gendarmerie est légalement requise pour assister l'autorité dans l'exécution d'un acte ou d'une mesure quelconque, elle ne doit être employée que pour assurer l'effet de la réquisition, et pour faire cesser, au besoin, les obstacles et empêchements. (*Décr. préc., art. 98.*)

9. Si les officiers de gendarmerie reconnaissent qu'une force supplétive leur est nécessaire pour dissoudre un rassemblement séditieux, réprimer des délits, transférer un nombre trop considérable de prisonniers, pour assurer enfin l'exécution des réquisitions de l'autorité civile, ils en préviennent sur-le-champ le préfet ou les sous-préfets, lesquels requièrent, soit le commandant du département, soit le commandant de place, de faire appuyer l'action de la gendarmerie par un nombre suffisant de troupe de ligne. — Les demandes des officiers de gendarmerie contiennent l'extrait de l'ordre ou de la réquisition, et les motifs pour lesquels la main-forte est réclamée. (*Décr. préc., art. 136.*)

10. Dans les cas urgents, les officiers et sous-officiers de gendarmerie peuvent requérir directement l'assistance de la troupe de ligne, qui est tenue de déférer à leurs réquisitions et de leur prêter main-forte. Ils se conforment, pour ce service, aux dispositions du deuxième paragraphe de l'article précédent. (*Décr. préc., art. 137.*)

11. Lorsqu'un détachement de troupes de ligne est employé, conjointement avec la gendarmerie, pour un service de gendarmerie, le commandement appartient, à grade égal, à l'officier de cette dernière arme. — Si le chef du détachement est d'un grade supérieur à celui dont l'officier de gendarmerie est titulaire, il prend le commandement; mais il est obligé de se conformer aux réquisitions qui lui sont faites par écrit par l'officier de gendarmerie, lequel demeure responsable de l'exécution de son mandat, lorsque l'officier auxiliaire s'est conformé à sa réquisition. (*Décr. préc., art. 138.*)

12. A défaut, ou en cas d'insuffisance de la troupe de ligne, les commandants de la gendarmerie requièrent main-forte à la garde nationale ; à cet effet, ils s'adressent aux autorités locales. (*Décr. préc., art. 139.*)

13. Les détachements de la garde nationale sont toujours aux ordres du commandant de la gendarmerie qui a fait la réquisition. (*Décr. préc., art. 140.*)

14. Les officiers de gendarmerie défèrent à la réquisition qui leur est faite, soit par le propriétaire de la maison, soit par le principal locataire ou par le locataire d'un appartement. (*Décr. préc., art. 264.*)

15. La force publique ne peut être requise par les autorités civiles que dans l'étendue de leur territoire ; elle ne peut, non plus, se transporter dans un autre arrondissement sans ordres spéciaux. (*Décr. préc., art. 620.*)

16. Les militaires du corps de la gendarmerie qui refusent d'obtempérer aux réquisitions légales de l'autorité civile peuvent être réformés, d'après le compte qui en est rendu au ministre de la guerre, sans préjudice des peines dont ils sont passibles si, par suite de leur refus, la sûreté publique a été compromise. (*Décr. préc., art. 622.*)

17. L'autorité peut requérir les citoyens toutes les fois qu'il s'agit de porter remède à un fléau calamiteux, par exemple à un incendie, une inondation, etc. — V. INCENDIE, INONDATIONS.

RESPONSABILITÉ DES COMMUNES ET DES FONCTIONNAIRES. — Form. mun., tom. VI, pag. 557.

LÉGISLATION.

Décrets du 24 février et du 6 octobre 1790, des 16 et 17 prairial an 3-4 juin 1795. — Loi du 10 vendémiaire an 4-2 octobre 1795. — Avis du conseil d'Etat du 5 floréal an 13.

§ 1er. — Responsabilité des communes.

1. Toutes les municipalités doivent se prêter mutuellement main-forte, à leur

réquisition respective; quand elles s'y refusent, elles sont responsables des suites du refus. (*Décr., 23 févr. 1790, art. 4.*)

2. Lorsqu'il a été causé quelques dommages par un attroupement, la commune en répond, si elle a été requise et si elle a pu l'empêcher, sauf le recours contre les auteurs de l'attroupement; et la responsabilité est jugée par les tribunaux du lieu, sur la réquisition du sous-préfet. (*Décr. préc., art. 5.*)

3. L'indemnité des dégradations est prise d'abord sur les biens des coupables, et subsidiairement supportée par les communes. (*Décr., 6 oct. 1690.*)

4. Tous citoyens habitant la même commune sont garants civilement des attentats commis sur le territoire de la commune, soit envers les personnes, soit envers les propriétés, ainsi que des dommages-intérêts auxquels ils donnent lieu. (*L., 10 vend. an 4-2 oct. 1795, tit. 1er, et tit. 4, art. 1er.*)

5. Dans le cas où les habitants de la commune ont pris part aux délits commis sur son territoire par des attroupements et rassemblements, cette commune est tenue de payer à l'État une amende égale au montant de la réparation principale. (*L. préc., tit. 4, art. 2.*)

6. Si les rassemblements ou attroupements ont été formés d'habitants de plusieurs communes, toutes sont responsables des délits qu'ils ont commis, et contribuent tant à la réparation et dommages-intérêts qu'au paiement de l'amende. (*L. et tit. préc., art. 3.*)

7. Les habitants de la commune ou des communes contribuables qui prétendraient n'avoir pris aucune part aux délits et contre lesquels il ne s'élèverait aucune preuve de complicité ou participation aux attroupements, peuvent exercer leur recours contre les auteurs et complices des délits. (*L. et tit. préc., art. 4.*)

8. Dans le cas où les rassemblements ont été formés d'individus étrangers à la commune sur le territoire de laquelle les délits ont été commis, et où la commune a pris toutes les mesures qui sont en son pouvoir à l'effet de les prévenir et d'en faire connaître les auteurs, elle demeure déchargée de toute responsabilité. (*L. et tit. préc., art. 5.*)

9. Lorsque, par suite de rassemblements ou attroupements, un individu, domicilié ou non sur une commune, y a été pillé, maltraité ou homicidé, tous les habitants sont tenus de lui payer, ou, en cas de mort, à sa veuve et enfants, des dommages-intérêts. (*L. et tit. préc., art. 6.*)

10. Lorsque des ponts ont été rompus, des routes coupées ou interceptées par des abatis d'arbres ou autrement, dans une commune, la municipalité ou l'administration municipale du canton les fait réparer sans délai aux frais de la commune, sauf son recours contre les auteurs du délit. (*L. et tit. préc., art. 7.*)

11. Cette responsabilité de la commune n'a pas lieu dans les cas où elle justifie avoir résisté à la destruction des ponts et des routes, ou bien avoir pris toutes les mesures qui sont en son pouvoir pour prévenir l'événement, et encore dans le cas où elle désigne les auteurs, provocateurs et complices du délit, tous étrangers à la commune. (*L. et tit. préc., art. 8.*)

12. Lorsque, par suite de rassemblements ou attroupements, un citoyen a été contraint de payer, lorsqu'il a été volé ou pillé sur le territoire d'une commune, tous les habitants de la commune sont tenus de la restitution, en même nature, des objets pillés et choses enlevées par force, ou d'en payer le prix sur le pied du double de leur valeur, au cours du jour où le pillage a été commis. (*L. préc., tit. 5, art. 1er.*)

13. Lorsqu'un délit de la nature de ceux exprimés aux articles précédents, a été commis sur une commune, le maire est tenu de le faire constater sommairement dans les vingt-quatre heures, et d'en adresser procès-verbal, sous trois jours au plus tard, au procureur impérial. (*L. et tit. préc., art. 2.*)

14. Le préfet du département dans le territoire duquel il a été commis des délits, à force ouverte et par violence, sur des propriétés nationales, en poursuit la réparation et les dommages-intérêts devant le tribunal civil. (*L. et tit. préc., art. 3.*)

15. Les dommages-intérêts dont les communes sont tenues, aux termes des articles précédents, sont fixés par le tribunal civil, sur le vu des procès-verbaux et autres pièces, constatant les voies de fait, excès et délits. (*L., 10 vend. an 4-2 oct. 1795, tit. 4, art. 4.*)

16. Les dommages-intérêts ne peuvent jamais être moindres que la valeur entière des objets pillés et choses enlevées. (*L. et tit. préc., art. 6.*)

17. Le jugement du tribunal civil portant fixation des dommages-intérêts, est envoyé, dans les vingt-quatre heures, par le préfet, au sous-préfet qui est tenu de l'envoyer, sous trois jours, à la municipalité ou à l'administration municipale du canton. (*L. et tit. préc., art. 7.*)

18. La répartition et la perception pour le remboursement des sommes avancées sont faites sur tous les habitants de la commune, par la municipalité ou l'administration municipale du canton, d'après le tableau des domiciliés et à raison des facultés de chaque habitant. (*L. et tit. préc., art. 9.*)

19. Dans le cas de réclamation d'un ou de plusieurs contribuables, le préfet statue sur la demande en réduction. (*L. et tit. préc., art. 10.*)

20. Lorsqu'une commune est dans le cas de la responsabilité, le procès-verbal des officiers municipaux n'est pas absolument indispensable pour l'application de cette responsabilité. (*Avis cons. Etat, 5 flor. an 13-25 avril 1805.*)

21. Les individus qui continuent à faire partie d'un attroupement après les trois sommations, peuvent être déclarés civilement et solidairement responsables des condamnations pécuniaires prononcées pour réparation de dommages causés par l'attroupement. (*L., 10 avril 1831, art. 9.*)

22. Les communes peuvent être autorisées à s'imposer extraordinairement pour acquitter les réparations du dommage causé par une émeute. (*L., 31 mai 1834.*)

§ 2. — Responsabilité des fonctionnaires administratifs.

LÉGISLATION.

Décrets du 27 juillet 1791, et du 14 frimaire an 2.

23. L'art. 4, tit. 2, de la loi du 10 vendémiaire an 4-2 octobre 1795, rend personnellement responsable les agents municipaux de l'exécution de ladite loi sur les émeutes et attroupements, loi dont nous venons de rapporter les principales dispositions.

24. Si un fonctionnaire public exerce sans titre légal quelque contrainte contre un citoyen, ou si même, avec un titre légal, il emploie ou fait employer des violences inutiles, il est responsable de sa conduite, et puni sur la plainte de l'opprimé, portée et poursuivie selon les formes prescrites. (*Décr., 28 févr. 1791, art. 10.*)

V. Mise en jugement.

RETRAITE (Pensions de).

LÉGISLATION.

Loi du 9 juin 1853. — Décret du 9 novembre 1853.

SOMMAIRE.

§ 1er. — Admission à faire valoir ses droits à pension.

1. L'admission du fonctionnaire à faire valoir ses droits à la retraite est prononcée par l'autorité qui, aux termes des règlements, a qualité pour prononcer sa révocation. — L'acte d'admission à la retraite spécifie les circonstances qui donnent ouverture au droit à la pension, et indique les articles de la loi applicables au fonctionnaire. (*Décr., 9 nov. 1853, art. 29.*)

§ 2. — Présentation de la demande et enregistrement.

2. Toute demande de pension est adressée au ministre du département auquel appartient le fonctionnaire. Cette demande doit, à peine de déchéance, être présentée avec les pièces à l'appui dans le délai de cinq ans, à partir de la promulgation de la présente loi, pour les droits ouverts antérieurement, et, pour les droits qui s'ouvriront postérieurement, à partir, savoir : pour le titulaire, du jour où il aura été admis à faire valoir ses droits à la retraite, ou du jour de la cessation de ses fonctions, s'il a été autorisé à les continuer après cette admission, et, pour la veuve, du jour du décès du fonctionnaire. — Les demandes de secours annuels pour les orphelins doivent être présentées dans le même délai, à partir de la promulgation de la présente loi, ou du jour du décès de leur père ou de celui de leur mère. (*L., 9 juin 1853, art. 22.*)

3. La date de la présentation de la demande en liquidation, est constatée par son inscription sur un registre spécial tenu dans chaque ministère. Un bulletin de cette inscription est délivré à la partie intéressée. (*L. préc., art. 42.*)

4. Les demandes ou propositions de pensions qui parviennent au préfet doivent être immédiatement enregistrées. Ils font inscrire la date précise de leur réception et y apposent leur signature ; ils délivrent ensuite, sans aucun retard, aux parties intéressées, le bulletin d'inscription exigé par l'article précédent. Après l'examen primordial indispensable, les dossiers doivent être envoyés sans le moindre délai à l'administration centrale. (*Circ. min. int., 30 janv. 1854.*)

§ 3. — Pièces à produire.

5. Le fonctionnaire admis à la retraite doit produire, indépendamment de son acte de naissance et d'une déclaration de domicile :

Pour la justification des services civils, un extrait dûment certifié des registres ou sommiers de l'administration à laquelle il a appartenu, énonçant ses nom et prénoms, sa qualité, la date et le lieu de sa naissance, la date de son entrée dans l'emploi avec traitement, la série de ses grades et services, l'époque et les motifs de leur cessation, et le montant du traitement dont il a joui pendant chacune des six dernières années de son activité. — Lorsqu'il n'existe pas de registre, ou que tous les services administratifs ne se trouvent pas inscrits sur les registres existants, il y est suppléé, soit par un certificat du chef ou des chefs compétents des administrations où l'employé a servi, relatant les indications sus-énoncées, soit par un extrait des comptes et états d'émargement certifié par le greffier de la cour des comptes. A défaut de ces justifications, et lorsque, pour cause de destruction des archives dont on a pu les extraire, ou du décès des fonctionnaires supérieurs, l'impossibilité de les produire a été prouvée, les services peuvent être constatés par un acte de notoriété. (*Décr., 9 nov. 1853, art. 31.*)

§ 4. — Droits des veuves.

6. A droit à pension la veuve du fonctionnaire qui a obtenu une pension de retraite en vertu de la loi du 9 juin 1853, ou qui a accompli la durée de service exigée, pourvu que le mariage ait été contracté six ans avant la cessation des fonctions du mari. (*L., 9 juin 1853, art. 13.*)

7. La pension de la veuve est du tiers de celle que le mari avait obtenue, ou à laquelle il aurait eu droit. Elle ne peut être inférieure à 100 fr., sans toutefois excéder celle que le mari aurait obtenue ou pu obtenir. (*L. et art. préc.*)

8. Le droit à pension n'existe pas pour la veuve dans le cas de séparation de corps prononcée sur la demande du mari. (*L. et art. préc.*)

9. Les veuves prétendant à pension doivent fournir, indépendamment des pièces que leur mari aurait été tenu de produire :

1° Leur acte de naissance ;

2° L'acte de décès de l'employé ou du pensionnaire ;

3° L'acte de célébration du mariage ;

4° Un certificat de non-séparation de corps, et, si le mariage est antérieur à la loi du 8 mai 1816, un certificat de non-divorce ;

5° Dans le cas où il y a eu séparation de corps, la veuve doit justifier que cette séparation a eu lieu sur sa demande. (*Décr., 9 nov. 1853, art. 32.*)

§ 5. — **Droits des orphelins.**

10. L'orphelin ou les orphelins mineurs d'un fonctionnaire ou employé ayant obtenu sa pension, ou ayant accompli la durée de services exigée par l'art. 5 de la loi du 9 juin 1853, ou ayant perdu la vie dans un des cas prévus par les §§ 1° et 2° de l'art. 14 de ladite loi, ont droit à un secours annuel, lorsque la mère est, ou décédée, ou inhabile à recueillir la pension, ou déchue de ses droits. Ce secours est, quel que soit le nombre des enfants, égal à la pension que la mère aurait obtenue ou pu obtenir. Il est partagé entre eux par égales portions, et payé jusqu'à ce que le plus jeune des enfants ait atteint l'âge de 21 ans accomplis, la part de ceux qui décèdent ou celle des majeurs faisant retour aux mineurs. — S'il existe une veuve et un ou plusieurs orphelins mineurs provenant d'un mariage antérieur du fonctionnaire, il est prélevé sur la pension de la veuve, et sauf réversibilité en sa faveur, un quart au profit de l'orphelin du premier lit, s'il n'en existe qu'un en âge de minorité, et la moitié s'il en existe plusieurs. (*L., 9 juin 1853, art. 16.*)

11. Les orphelins prétendant à pension fournissent, indépendamment des pièces que leur père aurait été tenu de produire (*Décr., 9 nov. 1853, art. 32*) :

1° Leur acte de naissance;

2° L'acte de décès de leur père;

3° L'acte de célébration du mariage de leurs père et mère;

4° Une expédition ou un extrait de l'acte de tutelle,

5° En cas de prédécès de leur mère, son acte de décès;

6° En cas de séparation de corps, expédition du jugement qui a prononcé la séparation, ou un certificat du greffier du tribunal qui a rendu le jugement;

7° En cas de second mariage, acte de célébration.

12. Les veuves ou orphelins prétendant à pension produisent le brevet délivré à leur mari ou père, lorsqu'il est décédé en jouissance de pension.

13. Les enfants orphelins des fonctionnaires décédés pensionnaires ne peuvent obtenir de secours à titre de réversion qu'autant que le mariage dont ils sont issus a précédé la mise à la retraite de leur père. (*Décr. préc., art. 34.*)

§ 6. — **Fonctionnaires de l'enseignement.**

14. Les fonctionnaires de l'enseignement rétribués, en tout ou en partie, sur les fonds départementaux et communaux, ou sur le prix des pensions payées par les élèves des lycées nationaux, ont droit à pension, conformément aux dispositions de la loi du 9 juin 1853, et supportent, sur leur traitement et leurs différentes rétributions, la retenue déterminée par l'art. 3 de ladite loi. (*L., 9 juin 1853, art. 4.*) — V. INSTRUCTION PRIMAIRE.

§ 7. — **Employés des préfectures et des sous-préfectures.**

15. Les services des employés des préfectures et des sous-préfectures rétribués sur les fonds d'abonnement sont réunis, pour l'établissement du droit à pension et pour la liquidation, aux services rémunérés conformément aux dispositions de la loi du 9 juin 1853, pourvu que la durée de ces derniers soit au moins de douze ans dans la partie sédentaire, et de dix ans dans la partie active. (*L. préc., art. 9.*)

V., pour de plus amples renseignements, le *Code des pensions civiles* (¹).

RIVIÈRES NAVIGABLES OU FLOTTABLES. — Form. mun., tom. VI, pag. 836.

LÉGISLATION.

Loi du 6 octobre 1791. — Loi du 14 floréal an 11. — Décret du 25 mars 1852, art. 4, tableau D.

1. Les fleuves et rivières navigables et flottables étant la propriété de l'Etat, l'administration en appartient au gouvernement, et le contentieux de cette ad-

(¹) Un vol. in-8°. — Prix : 1 fr. 50 cent. (*franco*). — En vente chez Prudhomme, imprimeur-éditeur, à Grenoble.

ministration, aux tribunaux administratifs. Les tribunaux judiciaires n'ont à prononcer que sur les contestations qui s'élèvent entre particuliers, pour la jouissance de ces eaux, lorsque l'État n'a aucun intérêt dans le litige.

2. Aux termes de la loi du 6 octobre 1791, de celle du 14 floréal an 11 et de l'arrêté du 19 ventôse an 6, aucun changement de direction ou élargissement du lit des eaux, aucune usine ou écluse, aucun batardeau, moulin, digue ou autre obstacle au libre écoulement des eaux, dans les rivières navigables ou flottables, ne peuvent être établis qu'avec l'autorisation du gouvernement.

3. Tous les autres actes de surveillance et de police des rivières navigables sont au pouvoir des préfets, sauf le contrôle et l'approbation des ministres. Ainsi, il leur appartient, notamment,

1° De prescrire, dans l'intérêt général des propriétaires riverains et de l'ordre public, la construction de barrages pour empêcher la déperdition des eaux (*Ord., 20 nov. 1815 et 26 févr. 1823*);

2° D'ordonner le curage des canaux et rivières, et de régler le mode de paiement des frais occasionnés par ces travaux, sauf le recours au conseil de préfecture (*Décr., 12 avril 1812. — Ord., 6 mars 1816*);

3° De régler la hauteur des eaux des moulins, l'emplacement des usines et la dimension des déversoirs (*L., 6 oct. 1791. — Arr., 19 vent. an 6, etc.*), et d'ordonner la suspension et la destruction des travaux d'une usine établie sans autorisation préalable, et même de ceux faits à une usine autorisée, si de graves motifs d'ordre public, légalement vérifiés, en nécessitaient la démolition. (*Décr., 28 févr. et 15 oct. 1809. — Ord., 21 et 31 août 1816*);

4° De faire changer et abaisser les vannes des moulins et usines, et de réprimer les inondations qui proviendraient de leur exhaussement (*Décr., 18 mai 1812 et 4 juin 1815. — Ord., 29 déc. 1819*);

5° De révoquer les concessions faites à des particuliers de dériver les eaux des rivières navigables, lorsque les conditions de la concession sont violées (*Arr., 19 vent. an 6-9 mars 1798. — Ord., 30 mars et 9 juill. 1820, et 18 déc. 1822*);

6° De déclarer si une rivière est navigable ou flottable. (*Décr., 22 janv. 1808. — Ord., 6 et 27 déc. 1820.*)

4. Le mode de réglementation des usines situées sur les cours d'eau a été déterminé par une circulaire du ministre des travaux publics, du 23 octobre 1851. V. cette circulaire, *Répert.* 1853, pag. 66. V. encore ci-après le mot Usines.

5. Les préfets statuent sans l'autorisation du ministre des travaux publics, mais sur l'avis ou la proposition des ingénieurs en chef, et conformément aux règlements ou instructions ministérielles, en ce qui concerne : 1° l'autorisation sur les cours d'eau navigables ou flottables, des prises d'eau faites au moyen de machines, et qui, eu égard au volume du cours d'eau, n'auraient pas pour effet d'en altérer sensiblement le régime ; 2° l'autorisation des établissements temporaires sur lesdits cours d'eau, alors même qu'ils auraient pour effet de modifier le régime ou le niveau des eaux, et la fixation de la durée de la permission. (*Décr., 25 mars 1852, art. 4, tabl. D, §§ 1 et 2.*)

6. Toutes les affaires concernant les rivières navigables ou flottables, qui ne rentrent pas dans les paragraphes du tableau D qui viennent d'être rapportés, doivent être soumises, comme par le passé, à l'administration supérieure, après l'accomplissement des formalités prescrites par la circulaire du 23 octobre 1851. (*Circ. min., 27 juill. 1852.*)

ROULAGE (Police du). — Form. mun., tom. VI, pag. 560.

LÉGISLATION.

Loi du 30 mai 1851. — Décret du 10 août 1852.

SOMMAIRE.

§ 1er. — Constatation des contraventions.

1. Sont spécialement chargés de constater les contraventions et délits prévus par la loi du 30 mai 1851, les conducteurs, agents voyers, cantonniers-chefs et

autres employés du service des ponts et chaussées ou des chemins vicinaux de grande communication commissionnés à cet effet, les gendarmes, les gardes champêtres, les employés des contributions indirectes, agents forestiers ou des douanes et employés des poids et mesures ayant droit de verbaliser, et les employés des octrois ayant le même droit. (*L., 30 mai 1851, art. 15.*)

2. Peuvent également constater les mêmes contraventions et délits, les maires et adjoints, les commissaires et agents assermentés de police, les ingénieurs des ponts et chaussées, les officiers et les sous-officiers de gendarmerie, et toute personne commissionnée par l'autorité départementale, pour la surveillance de l'entretien des voies de communication. (*L. et art. préc.*)

3. Les dommages prévus à l'art. 9 de la loi du 30 mai 1851 sont constatés, pour les routes impériales et départementales, par les ingénieurs, conducteurs et autres employés des ponts et chaussées commissionnés à cet effet, et pour les chemins vicinaux de grande communication, par les agents voyers, sans préjudice du droit réservé à tous les fonctionnaires et agents mentionnés au présent article, de dresser procès-verbal du fait de dégradation qui aurait eu lieu en leur présence. (*L. et art. préc.*)

4. Les procès-verbaux dressés en vertu du présent article font foi jusqu'à preuve contraire. (*L. et art. préc.*)

5. Les contraventions prévues par les art. 4 et 6 de la loi du 30 mai 1851 ne peuvent, en ce qui concerne les voitures publiques allant au trot, être constatées qu'au lieu de départ, d'arrivée, de relais et de stations desdites voitures, ou aux barrières d'octroi, sauf toutefois celles qui concernent le nombre des voyageurs, le mode de conduite des voitures, la police des conducteurs, cochers ou postillons, et les modes d'enrayage. (*L. préc., art. 16.*)

§ 2. — Juridiction.

6. Les contraventions prévues par les art. 4 et 9 de ladite loi sont jugées par le conseil de préfecture du département où le procès-verbal a été dressé. — Tous les autres délits et contraventions prévus par la présente loi sont de la compétence des tribunaux. (*L. préc., art. 17.*)

§ 3. — Affirmation et enregistrement des procès-verbaux.

7. Les procès-verbaux rédigés par les agents mentionnés au paragr. 1er de l'article 15 de la loi du 30 mai 1851, doivent être affirmés dans les trois jours, à peine de nullité, devant le juge de paix du canton ou devant le maire de la commune, soit du domicile de l'agent qui a verbalisé, soit du lieu où la contravention a été constatée. (*L. préc., art. 18.*)

8. Les procès-verbaux doivent être enregistrés en débet dans les trois jours de leur date ou de leur affirmation, à peine de nullité. (*L. préc., art. 19.*)

§ 4. — Consignation provisoire.

9. Toutes les fois que le contrevenant n'est pas domicilié en France, la voiture est provisoirement retenue, et le procès-verbal est immédiatement porté à la connaissance du maire de la commune où il a été dressé, ou de la commune la plus proche sur la route que suit le prévenu. — Le maire arbitre provisoirement le montant de l'amende, et, s'il y a lieu, des frais de réparation, et il en ordonne la consignation immédiate, à moins qu'il ne lui soit présenté une caution solvable. — A défaut de consignation ou de caution, la voiture est retenue jusqu'à ce qu'il ait été statué sur le procès-verbal. Les frais qui en résultent sont à la charge du propriétaire. — Le contrevenant est tenu d'élire domicile dans le département du lieu où la contravention a été constatée ; à défaut d'élection de domicile, toute notification lui est valablement faite au secrétariat de la commune dont le maire a arbitré l'amende ou les frais de réparation. (*L. préc., art. 20.*)

10. Lorsqu'une voiture est dépourvue de plaque, et que le propriétaire n'est pas connu, il est procédé conformément aux trois premiers paragraphes de l'article précédent. Il en est de même, dans le cas de procès-verbal dressé à raison de l'un des délits prévus à l'art. 8 de la loi du 30 mai 1851. (*L. préc., art. 21.*)

Il est procédé de la même manière à l'égard de tout conducteur de voiture de roulage ou de messageries, inconnu dans le lieu où il est pris en contravention, et qui n'est point régulièrement muni d'un passe-port, d'un livret ou d'une feuille de route, à moins qu'il ne justifie que la voiture appartient à une entreprise de roulage ou de messageries, ou qu'il ne résulte des lettres de voiture ou des autres papiers qu'il a en sa possession, que la voiture appartient à celui dont le domicile est indiqué sur la plaque. (*L., 30 mai 1851, art. 21.*)

§ 5. — Poursuites.

11. Le procès-verbal est adressé, dans les deux jours de l'enregistrement, au sous-préfet de l'arrondissement, qui le transmet, dans les deux jours de sa réception, au préfet, s'il s'agit d'une contravention de la compétence du conseil de préfecture, ou au procureur impérial, s'il s'agit d'une contravention de la compétence des tribunaux. (*L. préc., art. 22.*)

12. S'il s'agit d'une contravention de la compétence du conseil de préfecture, copie du procès-verbal, ainsi que de l'affirmation, quand elle est prescrite, est notifiée avec citation, par la voie administrative, au domicile du propriétaire, tel qu'il est indiqué sur la plaque, ou tel qu'il a été déclaré par le contrevenant, et, quand il y a lieu, à celui du conducteur. — Cette notification a lieu dans le mois de l'enregistrement, à peine de déchéance. — Le délai est étendu à deux mois, lorsque le contrevenant n'est pas domicilié dans le département où la contravention a été constatée; il est étendu à un an lorsque le domicile du contrevenant n'a pas pu être constaté au moment du procès-verbal. — Si le domicile du conducteur est resté inconnu, toute notification qui lui est faite au domicile du propriétaire est valable. (*L. préc., art. 23.*)

13. Le prévenu est tenu de produire, dans le délai de trente jours, ses moyens de défense devant le conseil de préfecture. — Ce délai court à compter de la date de la notification du procès-verbal; mention en est faite dans ladite notification. (*L. préc., art. 24.*)

§ 6. — Décision. — Opposition. — Prescription.

14. A l'expiration du délai fixé, le conseil de préfecture prononce, lors même que les moyens de défense n'auraient pas été produits. — Son arrêté est notifié au contrevenant dans la forme administrative, dix jours au moins avant toute exécution. Si la condamnation a été prononcée par défaut, la notification faite au domicile énoncé sur la plaque est valable. (*L. et art. préc.*)

15. L'opposition à l'arrêté rendu par défaut doit être formée dans le délai de quarante jours, à compter de la date de la notification. (*L. et art. préc.*)

16. Le recours au conseil d'Etat contre l'arrêté du conseil de préfecture peut avoir lieu par simple mémoire déposé au secrétariat général de la préfecture ou à la sous-préfecture, et sans l'intervention d'un avocat au conseil d'Etat. — Il est délivré au déposant récépissé du mémoire, qui doit être immédiatement transmis par le préfet. — Si le recours est formé au nom de l'administration, il doit l'être dans les trois mois de la date de l'arrêté. (*L. préc., art. 25.*)

17. L'instance à raison des contraventions de la compétence des conseils de préfecture est périmée par six mois, à compter de la date du dernier acte des poursuites, et l'action publique est éteinte, à moins de fausses indications sur la plaque, ou de fausse déclaration en cas d'absence de plaque. (*L. préc., art. 26.*)

18. Les amendes se prescrivent par une année, à compter de la date de l'arrêté du conseil de préfecture, ou à compter de la décision du conseil d'Etat, si le pourvoi a eu lieu. — En cas de fausses indications sur la plaque, ou de fausses déclarations de nom ou de domicile, la prescription n'est acquise qu'après cinq années. (*L. préc., art. 27.*)

§ 7. — Répartition des amendes.

19. Lorsque le procès-verbal constatant le délit ou la contravention a été dressé par l'un des agents désignés au § 1er de l'art. 15 de la loi du 30 mai 1851, le tiers de l'amende prononcée appartient audit agent, à moins qu'il ne s'agisse d'une contravention ou d'un délit prévu aux art. 10 et 11 de ladite loi. Les deux autres tiers sont attribués, soit au trésor public, soit au département, soit aux communes intéressées, selon que la contravention ou le dommage concerne une route impériale, une route départementale, ou un chemin vicinal de grande communi-

cation. Il en est de même du total des frais de réparation réglés en vertu de l'art. 9 de ladite loi, ainsi que du total de l'amende, lorsqu'il n'y a pas lieu d'appliquer les dispositions du § 1er du présent article. (*L., 30 mai 1851, art. 28.*)

V. Attelage, Barrières de dégel, Chargements, Clous, Colliers, Eclairage, Enrayage, Lanternes, Plaques, Voitures publiques.

RIXES.

1. La répression et la punition des rixes qui troublent la tranquillité publique sont des objets de police municipale. (*Décr., 16 août 1790, tit. 11, art. 3 et 5.*)

2. Les rixes avec ameutement de peuple sont de la juridiction de la police municipale. La récidive est punie de peines correctionnelles. (*Décr., 19 juill. 1791, tit. 1er, art. 19, et tit. 2, art. 28.*)

ROUTES IMPÉRIALES ET DÉPARTEMENTALES.

LÉGISLATION.

Décret du 16 décembre 1811.

SOMMAIRE.

§ 1er. — Routes impériales.

1. Les routes impériales ne peuvent être exécutées qu'en vertu d'une loi rendue après enquête administrative. (*L., 3 mai 1841, art. 3.*)

2. Sur la demande ou avec l'assentiment des conseils généraux des départements ou des conseils municipaux des communes intéressées, les portions de route délaissées par suite de changement de tracé ou d'ouverture d'une nouvelle route impériale, peuvent être classées parmi les routes départementales, les chemins vicinaux de grande communication ou les simples chemins vicinaux. (*L., 24 mai 1842, art. 1er.*)

3. Au cas où ce classement n'est pas ordonné, les terrains délaissés sont remis à l'administration des domaines, laquelle est autorisée à les aliéner. Néanmoins, il doit être réservé, s'il y a eu lieu, eu égard à la situation des propriétés riveraines, et par arrêté du préfet, rendu en conseil de préfecture, un chemin d'exploitation dont la largeur ne peut excéder cinq mètres. (*L. préc., art. 2.*)

4. Les propriétaires doivent être mis en demeure d'acquérir, chacun en droit soi, dans les formes tracées par l'art. 61 de la loi du 3 mai 1841, les parcelles attenantes à leurs propriétés. (*L. préc., art. 3.*)

5. Lorsque les portions de routes impériales délaissées ont été classées parmi les routes départementales ou les chemins vicinaux, les parcelles de terrain qui ne feraient pas partie de la nouvelle voie de communication, ne peuvent être aliénées qu'à la charge, par le département ou la commune, de se conformer aux dispositions de l'article précédent. (*L. préc., art. 4.*)

6. Pour plus amples détails sur les routes impériales, dont nous n'avons pas à nous occuper davantage ici, V., entre autres, les lois des 21 avril 1832, 7 juillet 1833, 3 mai 1841, 24 mai 1842, et surtout le décret du 16 décembre 1811, qui règle encore la matière.

§ 2. — Routes départementales.

I. — Ouverture. — Classement. — Dépenses, répartition. — Formalités préalables a l'exécution des travaux.

7. Il est statué, sur la construction, la reconstruction, la plantation et l'entretien des routes départementales, par des règlements d'administration publique rendus pour chacune desdites routes. (*Décr., 16 déc. 1811, art. 16.*)

8. La demande pour l'ouverture, la reconstruction ou l'entretien des routes départementales, formée par des arrondissements, des communes, des particuliers ou des associations de particuliers, est présentée à la plus prochaine session du conseil général du département, lequel délibère : 1° sur l'uti-

lité des travaux demandés ; 2° sur la part que devront supporter respectivement, dans les dépenses, les départements, les arrondissements ou les communes, en proportion de leur intérêt dans les travaux proposés ; 3° sur les offres faites par des particuliers, ou associations de particuliers ou communes, et sur les conditions auxquelles ces offres sont faites. (*Décr., 16 déc. 1811, art. 18.*)

9. Le conseil général délibère aussi sur le classement et la direction de ces routes. (*L., 10 mai 1838, art. 4, § 8.*)

10. La délibération du conseil général est communiquée aux conseils d'arrondissement, aux conseils municipaux, aux particuliers ou associations de particuliers, lesquels sont tenus de fournir leurs observations dans un délai qui leur est fixé par le préfet. (*Décr., 16 déc. 1811, art. 19.*)

11. Lorsqu'une proposition pour l'ouverture, la reconstruction ou l'entretien d'une route départementale intéresse plusieurs départements, le ministre de l'intérieur fait communiquer cette proposition aux conseils généraux de tous les départements intéressés, et il est procédé, dans chacun desdits départements, ainsi qu'il est dit aux art. 18 et 19 ci-dessus. (*Décr. préc., art. 20.*)

12. Les délibérations définitives des conseils généraux sont, avec l'avis du préfet, et les observations de l'ingénieur en chef du département, adressés, par l'intermédiaire du directeur général des ponts et chaussées, au ministre de l'intérieur, d'après le rapport duquel il est statué par le chef de l'Etat. (*Décr. préc., art. 21.*)

13. Dans le cas où le conseil général d'un département n'a reçu aucune demande pour l'établissement, la réparation ou l'entretien de ses routes départementales, et juge cependant nécessaire qu'il soit rendu des décrets pour assurer l'existence de tout ou partie de ces routes, il peut prendre une délibération dans la forme indiquée à l'art. 18, sur laquelle est faite l'instruction préalable prescrite par l'art. 19, pour être ensuite statué par le chef de l'Etat. (*Décr. préc., art. 22.*)

14. Une route départementale ne peut être élevée au rang de route impériale, qu'en vertu d'une loi (*L., 21 avril 1832, art. 10*), mais après le vote du conseil général du département, précédée d'une enquête préalable. (*L., 20 mars 1835.*)

15. Le conseil d'arrondissement donne son avis sur les réclamations élevées au sujet de la part contributive des communes respectives dans les travaux intéressant à la fois plusieurs communes, ou les communes et le département. (*L., 10 mai 1838, art. 41, § 4.*)

16. Le conseil d'arrondissement peut aussi donner son avis sur le classement et la direction des routes départementales qui intéressent l'arrondissement. (*L. préc., art. 42, § 2.*)

II. — Routes départementales intéressant deux ou plusieurs départements.

17. Lorsqu'une route, intéressant deux ou plusieurs départements, a été classée et est en voie d'exécution, et qu'un département sur lequel cette route doit s'étendre, refuse de classer ou d'exécuter la portion de route traversant son territoire, le classement ou l'exécution peut être ordonné par une loi, après enquête. (*L., 25 juin 1841, art. 1er.*)

18. Cette loi fixe la part contributive de chaque département dans les dépenses de construction et d'entretien. Les dépenses peuvent être mises, pour la totalité, à la charge des départements qui ont réclamé le classement ou l'exécution sur le territoire d'un autre département. (*L. préc., art. 2.*)

19. Lorsque, en vertu des dispositions de la loi du 25 juin 1841, une loi spéciale pour le classement ou l'exécution d'une route départementale est réclamée par un département, il est procédé à une enquête préalable. (*Ord., 7 sept. 1842, art. 1er.*)

20. Aux pièces spéciales fournies par l'ingénieur chargé des études, par le ministre des travaux publics, avec le concours de ceux des départements intéressés, doivent être annexés : le rapport des ingénieurs, l'avis des préfets, et les délibérations des conseils généraux. (*Ord. préc., art. 2 et 3.*)

21. Les frais des opérations auxquelles donne lieu l'application des articles précédents restent à la charge des départements qui ont provoqué le classement ou l'exécution de la route. (*Ord., 7 sept. 1842, art. 4.*)

22. Les pièces sont déposées, pendant un mois au moins et deux mois au plus, au secrétariat général des préfectures de tous les départements traversés par la route. Des registres destinés à recevoir les observations auxquelles peut donner lieu le classement ou l'exécution d'office, doivent rester ouverts pendant le même temps. La durée du dépôt des pièces et de l'ouverture des registres est déterminée par le ministre des travaux publics. Cette durée, ainsi que l'objet de l'enquête, est annoncée par des affiches. (*Ord. préc., art. 5.*)

23. Il doit être formé une commission dans laquelle chaque département intéressé est représenté par deux membres que choisit le préfet, et qui se compose, en outre, de deux membres nommés par le ministre des travaux publics. Le ministre désigne le président; la commission élit elle-même son secrétaire. (*Ord. préc., art. 6.*)

24. Après la clôture des registres d'enquête, la commission se réunit aux lieu et jour fixés par le ministre des travaux publics. Elle appelle toutes les personnes qu'elle juge utile d'entendre. Elle exprime son opinion sur les avantages communs à plusieurs départements; sur l'intérêt spécial des départements traversés, et sur la répartition de la dépense, tant de premier établissement que des frais d'entretien de la route. La délibération, pour être valable, doit être prise en la présence de cinq membres au moins. (*Ord. préc., art. 7.*)

25. Dès que la délibération est close, le président de la commission adresse les pièces au ministre des travaux publics, qui donne communication de ces pièces aux préfets des départements traversés, pour avoir leur avis et celui des ingénieurs en chef. (*Ord. préc., art. 8.*)

26. Les chambres de commerce des départements traversés, ou, à leur défaut, les chambres consultatives des arts et manufactures, sont également consultées. (*Ord. préc., art. 9.*)

III. — Portions de terrains délaissés.

27. Les portions de terrains dépendants d'anciennes routes ou chemins, et devenues inutiles, peuvent être cédées aux propriétaires des terrains sur lesquels les parties de route neuves doivent être exécutées. (*L., 20 mai 1836, art. 4.*)

IV. — Exécution et surveillance des travaux. — Entretien. — Travaux d'art.

28. Les travaux de construction, de reconstruction et d'entretien des routes départementales sont projetés, les devis sont faits, discutés et approuvés dans les formes et règles suivies pour les routes impériales, et les travaux sont exécutés par les ingénieurs des ponts et chaussées. (*Décr., 16 déc. 1811, art. 24.*)

29. Il est exercé une surveillance spéciale sur les travaux des routes départementales, dans l'intérêt des départements, arrondissements, communes, particuliers et associations de particuliers, qui ont contribué à fournir les fonds nécessaires. A cet effet, le préfet nomme, parmi les membres des conseils de départements, arrondissements et communes, et parmi les particuliers et associations de particuliers, une commission dont il désigne les présidents et secrétaires, à laquelle il est donné communication préalable du cahier des charges, et qui assiste aux adjudications, ainsi qu'à la réception des matériaux et des travaux, et donne ses observations sur le tout. (*Décr. préc., art. 25.*)

30. Les fonds provenant des contributions extraordinaires, cotisations ou donations de capitaux ou de rentes, établies ou acceptées par suite de décrets, sont déposés dans la caisse du receveur général du département, pour être employés, comme fonds spécial, sur les mandats du préfet, et d'après les ordonnances du ministre de l'intérieur. (*Décr. préc., art. 26.*)

31. Le compte de l'emploi de ces fonds est présenté, chaque année à la commission formée en vertu de l'art. 25. Cette commission donne son avis sur ledit compte, lequel est soumis, pour la partie qui le concerne, à chaque conseil gé-

néral intéressé, qui le vérifie et y joint ses observations. Le tout est transmis, par le préfet, au directeur général des ponts et chaussées. (*Décr.*, *16 déc. 1811*, *art. 27.*)

32. Les travaux d'entretien des routes départementales et des ouvrages d'art qui en font partie sont à la charge du département. (*L.*, *10 mai 1838*, *art. 12*, § 10.)

33. Quand le département a épuisé ses centimes facultatifs et ses ressources, il peut recevoir une portion du fonds commun départemental, à titre de secours, pour complément de la dépense des ouvrages d'art dépendant des routes départementales. (*L. préc.*, *art. 17.*)

§ 3. — Surveillance des routes impériales et départementales.

34. Les préfets, sous-préfets et maires sont chargés d'exercer une surveillance spéciale sur le bon état des routes de leurs départements, arrondissements et communes. (*Décr.*, *16 déc. 1811*, *art. 57.*)

I. — Surveillance des maires.

35. La surveillance des maires sur l'état des routes de leurs communes et sur le service des cantonniers qui y sont placés, s'exerce par une inspection des travaux, qu'ils peuvent faire aussi fréquemment qu'ils le trouvent convenable, en se faisant accompagner par les cantonniers toutes les fois qu'ils le jugent nécessaire. (*Décr. préc.*, *art. 58.*)

36. Les maires ne peuvent néanmoins interdire ni ordonner aucun travail auxdits cantonniers; mais ils rendent compte au sous-préfet de leur arrondissement, au moins chaque quinzaine, et sur-le-champ, s'il y a urgence, des résultats de leur inspection. (*Décr. préc.*, *art. 59.*)

II. — Surveillance des sous-préfets.

37. Les sous-préfets font quatre fois, chaque année, l'inspection des routes impériales de leur arrondissement; ils doivent, en outre, se transporter sur tous les points de route dont l'état est l'objet d'une contradiction entre les rapports des maires et ceux des ingénieurs. (*Décr. préc.*, *art. 60.*)

38. Dans tous les cas énoncés à l'article ci-dessus, les sous-préfets peuvent prescrire aux ingénieurs ordinaires de se rendre sur les parties de route qu'ils leur indiqueront, et se faire, en outre, assister dans leurs visites, par les maires et par les cantonniers. (*Décr. préc.*, *art. 61.*)

39. Après chacune de leurs tournées, les sous-préfets adressent aux préfets un compte sommaire et exact, canton par canton, de la situation des routes de leur arrondissement. (*Décr. préc.*, *art. 62.*)

III. — Surveillance des préfets.

40. Les préfets, dans leur tournée annuelle, inspectent toutes les routes impériales de leur département; ils doivent, en outre, se transporter sur tous les points de route dont l'état est l'objet d'une contradiction entre les rapports des sous-préfets et ceux des ingénieurs. (*Décr. préc.*, *art. 63.*)

41. Les préfets peuvent se faire assister des ingénieurs en chef dans les formes établies et dans les cas prévus pour les sous-préfets et les ingénieurs ordinaires par l'art. 61 ci-dessus (n° 38), et se faire, en outre, accompagner dans leurs visites par les sous-préfets et les ingénieurs ordinaires. (*Décr. préc.*, *art. 65.*)

§ 4. — Actes de cession et d'acquisition de terrains.

42. Les préfets peuvent déléguer aux sous-préfets la mission de passer les actes de cession et d'acquisition de terrains par suite d'alignement, toutes les fois que la valeur de la parcelle à céder ou à acquérir n'atteint pas 1,000 fr. Cette valeur est déterminée sur la proposition de l'ingénieur de l'arrondissement, adoptée par l'ingénieur en chef, sauf recours à l'autorité supérieure, si le sous-préfet ou l'agent du domaine soulève des objections contre l'évaluation. (*Circ. min. trav. publ.*, *11 févr. 1850.*)

43. Les sous-préfets n'ont pas à soumettre les contrats à l'approbation du mi-

nistre; mais ils doivent en adresser des extraits au préfet, pour que celui-ci les porte dans les extraits trimestriels qu'il a à produire. (*Circ. min. trav. publ.*, *11 févr. 1850.*)

V. une circulaire du ministre des travaux publics, en date du 22 novembre 1853, relativement aux alignements dans les traverses, pour les routes impériales et départementales.

V. ALIGNEMENTS, AMENDES, CANTONNIERS, PLANS D'ALIGNEMENT, PLANTATIONS, et VOIRIE (pour les délits).

ROUTOIRS.

1. Le rouissage du chanvre en grand est compris dans la première classe des établissements insalubres par le décret du 15 octobre 1810, confirmé par l'ordonnance du 5 novembre 1826. — V. ÉTABLISSEMENTS DANGEREUX, etc.

2. Mais dans le plus grand nombre de localités, le rouissage s'opère en petit, et le cultivateur fait lui-même rouir le chanvre qu'il récolte, soit sur le pré, soit dans les rivières, ruisseaux ou fosses qui avoisinent sa demeure. Il n'est pas possible d'interdire complétement cette préparation; mais, en choisissant l'emplacement, il convient de prendre certaines précautions qui peuvent, sinon détruire, du moins atténuer les inconvénients de cette opération. Ainsi, l'on doit rouir et laver le chanvre aussi loin que possible des lieux habités et dans les eaux courantes. (*Circ. min. comm. et trav. publ.*, *7 juill. 1832.*)

3. Les conseils ou commissions de salubrité d'arrondissement ou de canton peuvent être consultés utilement sur les moyens de rendre le rouissage moins malsain, moyens qui peuvent varier suivant la nature des lieux et les usages du pays. C'est ensuite à l'autorité municipale, éclairée par ces avis, qu'il appartient de faire des règlements qui obligent les habitants à se soumettre aux dispositions qu'elle a jugé convenable de prendre dans l'intérêt de la santé publique. (*Circ. préc.*)

4. N'est pas obligatoire l'arrêté préfectoral interdisant le rouissage du chanvre et du lin dans les rivières navigables et flottables, ainsi que dans les ruisseaux qui y affluent. (*Arr. cass.*, *5 févr. 1847.*)

V. FOSSÉS (§ 2), SALUBRITÉ PUBLIQUE.

RUES. — Form. mun., tom. VI, pag. 573.

§ 1er. — Dispositions générales.

1. La sûreté et la commodité du passage dans les rues est un objet de police municipale. (*Décr.*, *26 juill. 1790, art. 1er.*)

Les maires ont, par conséquent, le droit d'interdire le passage dans une rue, par mesure de police, de salubrité ou de sûreté.

2. L'ouverture d'une rue ne peut avoir lieu qu'après une délibération du conseil municipal (*L.*, *18 juill. 1837, art. 19*, § 7), et en vertu d'une autorisation du chef de l'État, dans une ville dont la population s'élève à 2,000 âmes et au-dessus. (*Déclar.*, *10 avril 1783, art. 1er et 7.* — *L.*, *16 sept. 1807, art. 52.* — *Instr. min. int.*, *7 août 1813.*)

3. Les rues qui forment la prolongation des grandes routes appartiennent à l'État; celles qui sont la prolongation des chemins vicinaux appartiennent aux communes, comme ces chemins. (*LL.*, *15 août 1790, art. 1er; 6 oct. 1791; 10 juin 1793, sect. 1re, art. 5.* — *Cod. Nap.*, *art. 538 et 542.*)

D'où la conséquence que les communes sont chargées de l'entretien des rues qui n'appartiennent qu'à la petite voirie. — V. PAVAGE.

4. Dans les ports de commerce, la chaussée de la rue comprise entre les maisons et le parapet, élevée sur un mur de soutènement suivi d'un quai ou d'une cale de débarquement, est entretenue aux frais de la ville, à moins qu'elle n'appartienne à une route impériale ou départementale. (*Décr.*, *5 janv. 1853, art. 3.*)

5. Les pavages des terre-pleins spécialement affectés aux dépôts des marchandises, sont entretenus aux frais de l'État. Mais lorsque la commune a été autorisée à percevoir des droits de location ou de dépôt sur quelque partie des quais, l'entretien de ces parties est à sa charge. (*Décr. préc.*, *art. 4.*)

6. L'usage des portions de terre-pleins qui ne sont pas utilisées par la commune, soit pour le dépôt des marchandises, soit pour les mouvements du port, peut, sur l'autorisation du ministre, être accordé provisoirement à la ville, qui, dans ce cas, doit prendre à sa charge l'entretien des pavages. — Cette autorisation est révocable à toute époque et sans indemnité. (*Décr., 5 janv. 1853, art. 5.*)

§ 2. — Noms des rues et places publiques.

7. Les dénominations des rues et places publiques doivent être déterminées par le maire de la commune. (*Circ. min. int., 3 août 1841.*)

8. Le maire n'est pas dans l'obligation de consulter à cet égard le conseil municipal. (*Circ. préc.*)

9. Parmi les dénominations qui sont attribuées, soit à de nouvelles rues et places publiques, soit à des rues et places dont il s'agit de changer les anciens noms, il en est qui ont pour objet de conserver ou rappeler le souvenir de personnages illustres, de citoyens distingués; quelquefois, c'est un honneur que l'on veut déférer à des personnages vivants, décerné par une autorité constituée, mais l'acte qui les décerne doit être soumis à l'approbation du chef de l'Etat, en vertu de l'ordonnance du 10 juillet 1845. Cet acte peut émaner du maire, à qui, en thèse générale, appartient le soin de proposer les dénominations des diverses parties de la voie publique; il peut aussi faire l'objet d'un vœu du conseil municipal. Mais, dans les deux cas, et que l'hommage s'adresse à un homme vivant ou à un personnage historique, l'arrêté administratif ou la délibération qui le décerne doit être transmis au ministre de l'intérieur, qui le soumet à l'approbation du chef de l'Etat. (*Circ. préc.*)

10. Cette approbation n'est pas nécessaire quand il s'agit de donner à une rue le nom du propriétaire qui la fait ouvrir. L'attribution d'un nom de personne n'est point, dans ce cas, une récompense ou un hommage, et ne rentre nullement dans l'application de l'ordonnance du 10 juillet 1845. Elle est soumise aux mêmes règles que celles qui régissent en général les dénominations des rues et places publiques, c'est-à-dire, qu'elle est donnée par le maire et approuvée par le ministre ou par le préfet, suivant qu'il s'agit d'une commune sujette à avoir un plan d'alignement, ou d'une commune qui en est dispensée. (*Circ. préc.*)

V. Alignements, Constructions, Places publiques, Plans d'alignement, Voirie.

S

SAGES-FEMMES. — Form. mun., tom. VI, pag. 579.

LÉGISLATION.

Loi du 19 ventôse an 11-10 mars 1803.

§ 1er. — Règles générales.

1. Il est établi, dans l'hospice le plus fréquenté du département, un cours annuel et gratuit d'accouchement théorique et pratique, destiné particulièrement à l'instruction des sages-femmes. (*L., 19 vent. an 11-10 mars 1803, art. 30.*)

2. Les élèves sages-femmes doivent avoir suivi au moins deux de ces cours, et vu pratiquer pendant neuf mois, ou pratiqué elles-mêmes les accouchements pendant six mois dans un hospice, ou sous la surveillance du professeur, avant de se présenter à l'examen. (*L. préc., art. 31.*)

3. D'après l'art. 32 de ladite loi, il ne leur est délivré un diplôme qu'après leur examen par un jury.

4. Les sages-femmes ne peuvent employer les instruments, dans les cas d'accouchements laborieux, sans appeler un docteur, ou un médecin, ou un chirurgien anciennement reçu. (*L. préc., art. 33.*)

5. L'art. 319 du Code pénal, qui punit l'homicide involontaire commis par imprudence ou maladresse, est applicable à la sage-femme qui, dans un accouchement difficile, n'appelle pas un médecin, et, par suite, cause la mort de la mère ou de l'enfant. (*Arr. cass., 18 sept. 1817.*)

6. Les sages-femmes doivent faire enregistrer leur diplôme au tribunal de première instance et à la sous-préfecture de l'arrondissement où elles s'établissent et où elles ont été reçues. (*L., 19 vent. an 11-10 mars 1803, art. 34.*)

7. La liste des sages-femmes reçues pour chaque département est dressée dans les tribunaux de première instance et par les préfets. (*L. et art. préc.*)

8. Pour être admises à suivre les cours d'accouchement, les personnes qui se destinent à la profession de sage-femme doivent : 1° savoir lire et écrire ; 2° produire leur acte de naissance et de mariage, si elles sont mariées ; l'acte de décès de leur époux, si elles sont veuves ; 3° un certificat de bonnes vie et mœurs, délivré par le maire de la commune. — Ce certificat doit énoncer l'état des père et mère de l'élève, et, si elle est mariée, l'état de son mari.

9. C'est aux maires, en vertu des pouvoirs qu'ils exercent relativement à la police municipale, qu'est confié le soin de veiller à ce qu'aucune personne ne s'ingère dans l'art des accouchements, si elle n'est pourvue d'un diplôme. Ils peuvent, à cet effet, exiger la reproduction de ce diplôme, vérifier s'il est en bonnes formes, et, dans le cas contraire, dresser procès-verbal contre le contrevenant.

10. A partir du 1er janvier 1855, les certificats d'aptitude pour la profession de sage-femme sont délivrés, soit par les facultés de médecine de Paris, Montpellier et Strasbourg, soit par les écoles préparatoires de médecine et de pharmacie, sous la présidence d'un professeur de l'une des facultés de médecine. (*Décr., 22 août 1854, art. 17.*)

11. Les aspirantes se font inscrire au secrétariat de l'école du 10 au 25 août de chaque année.

12. Le registre d'inscription est clos ledit jour, et la liste des candidats dont l'inscription est régulière est adressée immédiatement au président désigné pour la session de l'examen, qui fait connaître au directeur de l'école, par l'intermédiaire du recteur de l'académie, le jour où il pourra présider les opérations du jury. (*Règl. min. instr. publ., 23 déc. 1854, art. 14*).

13. Toute aspirante non inscrite à l'époque fixée ne peut être admise aux examens qu'en justifiant d'une autorisation du ministre de l'instruction publique. (*Circ. min. instr. publ., 1er mai 1851.*)

14. On ne doit point admettre parmi les dépenses d'un hospice les frais de pension d'une ou de plusieurs élèves sages-femmes. Cette dépense est purement départementale. (*Lett. min. int., 22 janv. 1838.*)

15. Si la rémunération accordée à une sage-femme par une commune, pour accouchements de femmes indigentes, n'est pas fixe, mais proportionnelle aux services rendus, les quittances des sages-femmes doivent être données sur papier timbré. Si, au contraire, la rémunération est fixe et ne s'élève pas à 300 fr., ces quittances peuvent être données sur papier libre. (*Décis. min. fin., 1er oct. 1844.*)

§ 2. — Elèves de l'Hospice de la Maternité, à Paris.

16. Les préfets peuvent envoyer, chaque année, à l'hospice de la maternité, un nombre de sujets proportionné aux fonds dont ils peuvent disposer, soit sur ceux mis à leur disposition pour l'instruction des sages-femmes, soit sur ceux provenant des frais de réception des officiers de santé, soit, enfin, dans les cas d'insuffisance, sur les fonds affectés aux dépenses variables. (*Règl. gén. min. int., 8 nov. 1810, tit. 2, art. 1er.*)

17. Les élèves sages-femmes doivent, pour obtenir leur nomination, 1° savoir lire et écrire; 2° produire leur acte de naissance et de mariage, si elles sont mariées; l'acte de décès de leur époux, si elles sont veuves; 3° un certificat de bonnes vie et mœurs délivré par le maire de la commune. Ce certificat énonce l'état des père et mère de l'élève, et, si elle est mariée, l'état de son mari. (*Règl. et tit. préc., art. 4.*)

18. Les préfets donnent, un mois à l'avance, avis au préfet du département de la Seine, président du conseil général d'administration des hospices de Paris, de la nomination de leurs élèves, ensemble de celles qui ont été choisies par les commissions des hospices. (*Règl. et tit. préc., art. 7.*)

19. Le départ des élèves pour l'hospice de la maternité doit être calculé de façon que les élèves n'arrivent jamais dans cette maison avant le 1er juillet, ni après les dix premiers jours de ce mois. (*Règl. gén. min. int.*, *8 nov. 1810*, *tit. 2.*)

20. La pension des élèves sages-femmes pour une année scolaire est fixée à la somme de 600 francs payable d'avance et par semestre. (*Règl. préc.*, *tit. 4*, *art. 1er.*)

21. Cette somme est acquittée par les préfets ou par les administrations d'hospices, entre les mains du receveur général des hospices civils de Paris, qui tient à cet effet une comptabilité distincte. (*Règl. et tit. préc.*, *art. 2.*)

22. Les frais de voyage des élèves pour se rendre à Paris sont réglés par les préfets et par les commissions administratives, suivant les localités, et de la manière qui leur paraîtra la plus convenable; le montant en est remis aux élèves au moment de leur départ. (*Règl. et tit. préc.*, *art. 6.*)

23. Quant aux frais de retour, ils sont adressés, avec le second terme de la pension, au receveur général des hospices de Paris, qui les fait remettre aux élèves. (*Règl.*, *tit. et art. préc.*)

24. Avis est donné au préfet du jour de départ des élèves de leur département. (*Règl. préc.*, *tit. 10*, *art. 3.*)

25. A leur arrivée au chef-lieu de la préfecture du département dans lequel elles comptent se fixer, les élèves de l'hospice de la maternité de Paris sont tenues de justifier des pièces qui leur ont été délivrées à l'hospice. Ces pièces sont enregistrées et revêtues du visa et du timbre du département. (*Règl. gén. de l'hospice de la maternité*, *8 nov. 1810*, *tit. 11*, *art. 1er.*)

26. Les sages-femmes qui ont été instruites à la Maternité aux frais de leurs départements, et qui ont souscrit l'engagement de se fixer dans les communes qui leur ont été désignées par les préfets, sont tenues de s'établir dans lesdites communes. (*Règl. et tit. préc.*, *art. 3.*)

27. Dans le cas où elles n'ont contracté aucune obligation à cet égard, les préfets doivent les inviter à aller habiter de préférence les communes où le besoin de bonnes accoucheuses se fait le plus sentir. (*Règl.*, *tit. et art. préc.*)

28. Celles dont les frais d'instruction ont été supportés par une commune doivent y fixer leur résidence. (*Règl.*, *tit. et art. préc.*)

29. Aucune élève ne peut exercer ses fonctions, dans quelque lieu que sa résidence soit fixée, que l'avis n'en ait été donné par le préfet au maire de la commune, et que ses certificats n'aient été visés à la mairie. (*Règl. et tit. préc.*, *art. 4.*)

30. Lorsqu'une élève de la Maternité s'est fixée dans une commune, l'autorité locale doit interdire avec sévérité, aux matrones et aux autres personnes non encore reçues, de se livrer à une profession qu'elles n'exercent souvent qu'au détriment des femmes qui se confient à leur ignorance; aussi doivent-elles être poursuivies en exécution de l'art. 36 de la loi du 19 ventôse an 11, qui punit d'une amende de 100 fr. pour la première contravention, et d'une amende double en cas de récidive, les femmes qui pratiquent sans diplôme l'art des accouchements. (*Circ. min. int.*, *24 mai 1816.*)

SALLES D'ASILE. — Form. mun., tom. VI, pag. 592.

LÉGISLATION.

Ordonnance du 22 décembre 1837. — Règlement général du 24 avril 1838. — Loi du 15 mars 1850.

§ 1er. — Patronage. — Comité central.

1. Les salles d'asile contribuent de la manière la plus efficace au bien-être moral et physique de l'enfance, partout où les familles demandent leurs moyens d'existence à des travaux qui les éloignent nécessairement de leur domicile. — Elles sont placées sous le patronage de l'impératrice. (*Décr.*, *16 mai 1854.*)

2. Un comité central de patronage, institué près le ministère de l'instruction

publique, est chargé : 1° de donner tous ses soins à leur propagation ; 2° de veiller au maintien des bons procédés d'éducation et de premier enseignement dans ces établissements ; 3° de proposer les mesures propres à en améliorer le régime ; 4° de donner son avis sur les livres ou objets qui peuvent y être utilement employés, et sur les concessions de secours demandés à l'Etat pour leur établissement et leur entretien ; 5° de recueillir et distribuer les offrandes qui lui sont faites pour l'entretien des enfants pauvres admis dans les salles d'asile ; 6° de distribuer dans le même but la subvention mise chaque année à sa disposition sur les fonds de l'Etat. (*Autre décr., 16 mai 1854, art. 1, 2 et 3.*)

§ 2. — Forme. — Direction. — Subventions.

3. Les salles d'asile sont publiques ou libres. (*L., 15 mars 1850, art. 57.*)

4. Les salles d'asile publiques sont celles que soutiennent, en tout ou en partie, les communes, les départements, ou l'Etat. (*Ord., 22 déc. 1837, art. 3.*)

5. Nulle salle d'asile n'est considérée comme publique qu'autant qu'un logement et un traitement convenables ont été assurés à la personne chargée de tenir l'établissement, soit par des fondations, donations ou legs, soit par des délibérations du conseil général ou conseil municipal dûment approuvées. (*Ord. préc., art. 4.*)

6. Les salles d'asile libres peuvent recevoir des secours sur les budgets des communes, des départements ou de l'Etat. (*L., 15 mars 1850, art. 59.*)

7. Les personnes chargées de la direction des salles d'asile publiques sont nommées par le conseil municipal, sauf l'approbation du conseil académique. (*L. préc., art. 58.*)

8. Le concours de l'Etat et du département est assuré aux communes dont les conseils municipaux votent l'établissement d'une salle d'asile. Ce vote doit être formulé dans une délibération spéciale où est indiqué, avec les ressources communales applicables à la création de cet établissement, le montant du secours demandé. Ce secours peut, suivant la situation financière des communes, s'élever à la moitié de la dépense à faire d'après le devis. (*Instr. min. et circ. préf. Mayenne, 22 avril 1849.*)

§ 3.— Observations générales.

9. Les préfets doivent appeler sans cesse l'attention des conseils municipaux sur l'utilité des salles d'asile, et leur faire sentir la valeur réelle de ces établissements, qui, sous une modeste apparence, présentent un intérêt des plus vifs et des plus permanents. C'est par leur moyen que les communes pourront transformer leurs populations, les instruire, les élever surtout, et remplacer chez elles les mauvais penchants par des principes de saine morale et des habitudes d'honnêteté pratique. (*Circ. min. int., 9 août 1845.*)

10. Les préfets doivent aussi veiller à ce que le nombre des salles d'asile soit proportionné aux besoins des populations, et à ce que ces précieux établissements soient substitués peu à peu aux *garderies*, où l'incurie des parents entassent trop souvent de pauvres êtres dont le corps s'étiole en même temps que leur âme risque de se flétrir. Ils veillent encore à ce que les salles d'asile ne dégénèrent pas en écoles. En résumé, ils doivent créer la salle d'asile partout où elle peut être utile, et, partout où elle existe, y faire pratiquer *la méthode*, c'est-à-dire, cet ensemble de procédés que l'étude de la nature et des besoins de l'enfant a fait connaître, dont l'usage a démontré la puissante efficacité, et qu'on ne pourrait négliger sans porter atteinte à l'institution même. (*Instr. min. instr. publ., 31 oct. 1854.*)

11. Relativement à tout ce qui concerne le service intérieur, la surveillance, le personnel, le mobilier et la méthode des salles d'asile, V., entre autres documents insérés dans le *Formulaire municipal* et le *Répertoire administratif*, l'ordonnance du 2 décembre 1837, le règlement général du 24 avril 1838, et les instructions ministérielles des 2 et 9 août 1845.

SALUBRITÉ ET SANTÉ PUBLIQUE. — Form. mun., tom. VI, pag. 604.

1. Les préfets, sous-préfets, maires, adjoints, commissaires de police, sont

chargés du maintien de la salubrité publique. (*Décr., 22 déc. 1789, sect. 3, art. 2 et 3.*)

2. Les frais relatifs à la salubrité dans les communes font partie des dépenses communales. (*L., 11 frim. an 7-1er déc. 1798, art. 4, 9°.*)

Elles sont obligatoires. (*L., 17 juill. 1837, art. 30-21°.*)

SAPEURS-POMPIERS. — Form. mun., tom. VI, pag. 605.

LÉGISLATION.

Lois du 22 mars 1831 et du 5 avril 1851. — Décret du 11 janvier 1852.

SOMMAIRE.

§ 1er. — Formation des corps. — Règlements.

1. Partout où il n'existe pas de corps soldé de sapeurs-pompiers, il est, autant que possible, formé des compagnies ou des subdivisions de compagnies de sapeurs-pompiers volontaires. (*L., 13 juin 1851, art. 34.*)

2. L'autorité administrative peut créer dans chaque garde nationale des corps de sapeurs pompiers. (*Décr., 11 janv. 1852, art. 3.*)

3. Lorsque les désignations individuelles faites sur les contrôles d'une garde nationale par le conseil de recensement ont réalisé le nombre fixé de gardes nationaux, ce conseil doit extraire de ces contrôles les citoyens qui, par une aptitude spéciale pour l'arme des sapeurs-pompiers, peuvent faire partie de ce corps. (*Circ. min. int., 25 févr. 1852, n° 12.*)

4. Les règlements constitutifs des compagnies de pompiers sont rédigés par les maires. Ils déterminent l'objet du service, la force du corps, leur organisation sous le commandement d'un ou de plusieurs chefs, leurs relations avec l'autorité publique, les conditions d'admission, la discipline et les dépenses. (*Instr. min. int., 6 févr. 1815.*)

Le service des sapeurs-pompiers est essentiellement volontaire. (*Arr. cons. Etat, 1er déc. 1853. — Circ. min. int., 29 déc. 1853.*)

§ 2. — Secours. — Pensions. — Caisses communales.

I. Secours. — Pensions.

5. Les officiers, sous-officiers et soldats des bataillons, compagnies ou subdivisions de compagnie des sapeurs-pompiers municipaux ou gardes nationaux qui, dans leur service, ont reçu des blessures ou contracté une maladie entraînant une incapacité de travail personnel temporaire ou permanente, ont droit à des secours ou à des pensions, suivant les circonstances. (*L., 5 avril 1851, art. 1er.*)

Les veuves et enfants de ceux qui ont péri dans le service, ou qui sont morts des suites des blessures reçues ou des maladies contractées dans le service, ont également droit à des secours ou à des pensions. (*L. et art. préc.*)

6. Les pensions pourront être temporaires ou à vie; toutefois, les pensions accordées pour un temps déterminé s'éteindront par le décès du titulaire, avant le terme assigné à leur durée, lorsque la réversibilité n'en aura pas été ordonnée. (*L. préc., art. 2.*)

7. Les secours et pensions sont dus, 1° si l'accident a eu lieu dans un incendie, par la commune où le sapeur-pompier a été tué, blessé ou atteint en luttant contre l'incendie; 2° si l'accident, n'étant pas arrivé dans un incendie, a eu lieu néanmoins dans le service, par la commune à laquelle appartient le bataillon, la compagnie ou la subdivision de compagnie dont le sapeur-pompier fait partie. (*L. préc., art. 3.*)

8. Dans le mois au plus tard de la constatation de la mort, des blessures ou de la maladie, le conseil municipal de la commune débitrice est réuni pour procéder à la liquidation des secours ou des pensions. (*L. préc., art. 4.*)

9. Les secours et pensions sont accordés dans la proportion des besoins de celui ou de ceux qui les réclament, et des ressources de la commune, sauf ce qui sera dit aux art. 7 et 8 [nos 11, 12 et 16 ci-après]. (*L., préc., art. 5.*)

10. La délibération du conseil municipal peut être attaquée par toute partie intéressée, ainsi que par le maire, au nom de la commune, ou d'office par le préfet. Le recours est porté devant le conseil général du département, qui statue en dernier ressort et comme jury d'équité, après avoir entendu le rapport du préfet. — Jusqu'à la décision définitive du conseil général, la délibération du conseil municipal est provisoirement exécutée, sauf règlement ultérieur. (*L., 5 avril 1851, art. 6.*)

11. Les secours et pensions, liquidés comme il est dit plus haut, sont portés au budget de la commune comme dépenses obligatoires. (*L. préc., art. 7.*)

II. — Subventions départementales.

12. Les conseils généraux peuvent accorder, sur les fonds du département applicables aux dépenses facultatives d'utilité départementale, une subvention aux communes pour lesquelles le service de ces secours et pensions paraîtrait une charge trop onéreuse. (*L. et art. préc.*)

13. Cette subvention est accordée sur la demande des communes, qui doivent justifier de l'insuffisance de leurs ressources, ou de la difficulté d'en trouver dans des impositions extraordinaires, et solliciter du conseil général une subvention pour aider au service des indemnités et des pensions concédées. — La demande peut néanmoins être faite en même temps que les recours formés devant le conseil général, afin que cette assemblée soit à même de statuer, à la fois, sur toutes les circonstances d'une même affaire. (*Circ. min. int., 28 juin 1851.*)

14. Les subventions votées par le conseil général sont versées à la caisse communale, à des époques correspondantes au paiement des pensions servies. (*Circ. préc.*)

15. Le préfet a soin d'en subordonner le mandatement à l'examen de la situation financière des communes subventionnées, afin que le versement des allocations votées pour cause d'insuffisance des ressources communales puisse être opportunément suspendu, si cette situation venait à être modifiée. Le préfet rend compte, chaque année, au conseil général, des mesures prises et des incidents survenus dans cette partie du service. (*Circ. préc.*)

III. — Caisses communales.

16. Sur la demande du conseil municipal et par décret du chef de l'État, il peut être établi, dans les communes où sont organisés des bataillons, compagnies ou subdivisions de compagnies de sapeurs-pompiers municipaux ou gardes nationaux, une caisse communale de secours et pensions en faveur des sapeurs-pompiers victimes de leur dévouement dans les incendies, de leurs veuves et de leurs enfants. (*L., 5 avril 1851, art. 8.*)

17. Sont versés à cette caisse : 1° les dons et subventions volontaires et le produit des souscriptions provenant des compagnies d'assurances contre l'incendie ou des particuliers ; 2° le produit des donations ou legs que la caisse pourra recevoir, avec l'autorisation du gouvernement, comme établissement d'utilité publique. (*L. préc., art. 9.*)

18. Les caisses établies en vertu de l'article précédent sont la propriété exclusive des communes et non d'aucuns corps ni individus. Elles sont gérées comme les autres fonds des communes, et soumises à toutes les règles de la comptabilité municipale. (*L. préc., art. 10.*)

19. La demande d'établissement de caisse communale doit résulter d'une délibération du conseil municipal contenant les dispositions réglementaires dont il convient de faire application à la commune. (*Circ. min. int., 28 juin 1851.*) — Voir pour l'établissement de cette caisse, Garde nationale.

IV. — Dispositions diverses.

20. Les secours et pensions accordés en vertu de la loi du 5 avril 1851, sont incessibles et insaisissables. Les lois sur le cumul ne leur sont pas applicables. (*L., 5 avril 1851, art. 11.*)

21. Les conseils municipaux doivent faire complète abstraction du grade occupé par le réclamant, attendu que le grade ne constitue pas un état dans la

garde nationale, et qu'il ne peut, par lui-même, donner de titres particuliers en matière de secours ou de pensions. — S'il doit résulter de la blessure ou de la maladie une incapacité prolongée de travail, ou une incapacité permanente, le conseil municipal, après avoir pourvu aux premiers besoins, peut ajourner sa décision sur l'allocation d'indemnités temporaires ou de pensions viagères, jusqu'au moment où les hommes de l'art soient en mesure d'émettre un avis avec certitude. Aussitôt cet avis connu, il y a obligation pour le conseil municipal de statuer, soit en faveur du sapeur-pompier, soit à l'égard de sa veuve et de ses enfants. — Les arrérages de la pension concédée remontent au jour où s'est produit le fait qui y donne lieu. (*Circ. min. int., 28 juin 1851.*)

22. Les délibérations des conseils municipaux qui accordent des indemnités annuelles temporaires ou des pensions viagères, et celles qui rejettent les demandes présentées, doivent être notifiées à la partie intéressée et soumises à l'approbation du préfet, qui ne donne, s'il y a lieu, cette approbation qu'après un délai convenable réservé aux intéressés pour attaquer ladite délibération. — Les indemnités et pensions liquidées sont portées au budget de la commune comme dépenses obligatoires et payables à la caisse du receveur municipal. (*Circ. préc.*)

23. La loi ne détermine point de tarif pour les indemnités; elle laisse au conseil municipal à en fixer le chiffre, sauf recours au conseil général. — Dans un grand nombre de cas, le mieux est de se borner à une indemnité annuelle qui permette de tenir compte du changement et de l'amélioration d'état ou de fortune du réclamant, de sa veuve et de ses enfants. (*Circ. préc.*)

24. La loi sur les pensions militaires, et diverses lois de concession de pensions aux enfants de gardes nationaux tués dans le service limitent la durée du secours à l'âge où les enfants peuvent se suffire. — La loi militaire et la loi civile en prolongent la durée jusqu'à 21 ans. Les lois spéciales concernant des gardes nationaux la restreignent à 18. (*Circ. préc.*)

§ 3. — Uniforme des sapeurs-pompiers.

25. L'uniforme est obligatoire pour les corps de sapeurs-pompiers (*Décr., 14 juin 1853*) qui sont formés dans des villes ou communes dans lesquelles il n'en a pas existé jusqu'ici, et où la dépense de l'uniforme peut être aisément supportée par les sapeurs-pompiers, avec ou sans le concours de la caisse municipale. (*Circ. min. int., 2 juill. 1852.*)

26. Quant aux localités où il y aurait impossibilité, pour les pompiers et pour la commune, de subvenir aux frais de l'uniforme et de l'équipement, on doit s'attacher à obtenir l'adoption d'une petite tenue très-peu coûteuse, qui pourrait consister en: une veste bleu foncé, fermant droit sur la poitrine avec neuf petits boutons d'uniforme, collet bleu échancré et agrafé; parements bleus fermant avec deux petits boutons; ceinturon en cuir noir avec plaque d'uniforme; casque ou, à défaut de casque, képi en drap bleu. (*Circ. préc.*)

27. Les facilités et les dispenses que le préfet juge devoir accorder peuvent s'étendre, dans les limites qu'il détermine, aux officiers, sous-officiers et caporaux. Toutefois, la dignité et l'autorité du commandement rendent l'uniforme et les insignes du grade obligatoires à un plus haut degré pour les officiers que pour les sous-officiers, et, pour ceux-ci, plus que pour les caporaux. Il ne doit donc être accordé, à cet égard, que les facilités indispensables. (*Circ. préc.*)

SECOURS, DÉGRÈVEMENTS. — Form. mun., tom. VI, pag. 620.

§ 1er. — Secours à raison de pertes résultant d'incendie, de grêle, d'inondations, d'épizooties et d'accidents divers.

1. Les demandes individuelles pour obtenir des secours sur les fonds mis annuellement à la disposition des préfets, doivent être formées par les parties intéressées et accompagnées 1° d'un certificat du maire constatant la position, les charges de famille et autres du réclamant, la réalité, la nature et le montant de sa perte; que cette perte n'est couverte par aucune assurance; qu'enfin, il est absolument hors d'état de la réparer sans un secours du gouvernement; 2° s'il

s'agit de perte de bestiaux, d'un certificat du vétérinaire sur papier timbré, constatant la date, la nature, la cause et le montant de la perte; 3° de l'avertissement ou, à défaut, d'un extrait de rôle, en ce qui touche tant les contributions supportées directement par le réclamant, que celles qu'il peut être tenu d'acquitter comme fermier ou locataire.

2. Ces demandes sont adressées au préfet, par l'intermédiaire du sous-préfet, enregistrées à la préfecture, et transmises à la direction des contributions directes.

3. Le contrôleur est chargé de vérifier et d'estimer la perte de concert avec le maire. Il envoie le procès-verbal de cette opération au directeur des contributions, qui le transmet à la préfecture avec ses propositions.

4. Lorsque toutes les pertes survenues dans le même mois ont été constatées, le préfet en fait un état sommaire et récapitulatif qu'il transmet au ministre de l'agriculture et du commerce en sollicitant un secours en faveur des perdants peu aisés et malheureux.

5. Dès que le secours est mis à la disposition du préfet, il en fait la répartition proportionnellement au montant des dommages entre les perdants qui y ont droit, et en ayant égard à leur position et à la nature des pertes qu'ils ont éprouvées.

6. Les demandes collectives sont instruites comme les demandes individuelles, sauf en ce qui concerne la constatation des dommages, qui est faite alors conjointement avec des commissaires nommés par arrêté préfectoral.

7. Lorsqu'il est accordé des dégrèvements d'impôts à raison des pertes éprouvées, la répartition de ces fonds est faite par le directeur des contributions directes en fin d'exercice de l'année à laquelle se rapporte la perte. Le préfet ne fait que signer les ordonnances de dégrèvement. Il régularise par un arrêté mis au bas du procès-verbal d'estimation les allocations de secours et les remises d'impôt accordées.

§ 2. — Secours accordés à d'anciens militaires.

8. Des fonds sont mis à la disposition du ministre de la guerre pour secours, 1° à d'anciens militaires; 2° à leurs veuves, lorsqu'elles ne sont pas remariées, et pourvu que leur mariage soit antérieur à la cessation d'activité du mari; 3° aux pères et mères de militaires morts sous les drapeaux.

9. Les demandes sont adressées au sous-préfet par le maire de la commune, qui y joint son avis. Elles doivent être accompagnées 1° pour un officier, de la copie des états de service; 2° pour un sous-officier et soldat, de la copie de l'état des services et de celle du congé définitif; 3° pour les veuves, de la copie de l'acte de mariage ou de l'acte de décès, de celle de l'état des services du mari et du titre de sa pension, s'il en avait une; 4° pour les pères et mères de militaires morts au service, de la copie de l'acte du décès des enfants au service ou de l'acte des services constatant le décès.

Toutes ces pièces doivent être légalisées par le sous-intendant militaire.

§ 3. — Secours accordés sur les fonds départementaux pour les indigents malades.

10. L'allocation mise à la disposition du préfet par le conseil général pour l'objet ci-dessus énoncé, est employée en secours de médicaments.

11. Ces secours sont accordés sur la présentation 1° d'un certificat d'indigence délivré par le maire; 2° d'un certificat de médecin faisant connaître la nature de la maladie.

12. Lorsque l'indigent malade est dans la nécessité de faire usage des eaux minérales et thermales, le certificat du médecin constate cette circonstance.

SECOURS DE ROUTE.

LÉGISLATION.

Décret du 30 mai 1790.

§ 1er. — Droit au secours de route.

1. Il est accordé 15 c. par lieue (4 kilomètres) à tout individu pourvu d'un passe-port gratuit avec secours de route. (*Décr., 30 mai 1790, art. 7.*)

2. Les seuls individus pouvant participer aux secours de route sont :

1° Les mendiants, et, par extension, les indigents régnicoles, qui, se trouvant éloignés de leur domicile, demandent à y retourner ;

2° Les étrangers vagabonds ou condamnés, expulsés de l'empire après leur peine, et les étrangers indigents, porteurs de passe-ports réguliers, qui retournent dans leur pays ;

3° Les vagabonds et condamnés libérés qui sont dirigés du lieu de leur détention, soit sur leurs communes respectives, soit sur le lieu de résidence qu'ils ont déclaré choisir.

3. Les individus compris dans cette classification peuvent, seuls, recevoir des passe-ports gratuits avec secours de route. (*Circ. min. int., 25 oct. 1833.*)

4. Nul indigent ne peut, dans aucun cas, y prétendre pour entreprendre un voyage hors de la commune où il est domicilié. (*Circ. préc.*)

5. L'ouvrier qui a quitté son domicile pour chercher au loin du travail, n'y a droit, non plus, que par exception, et lorsque son état de dénûment est authentiquement constaté. (*Circ. préc.*)

6. Les dépenses pour moyens de transports ne sont admissibles que dans le cas où le voyageur vient à tomber malade en route. Alors il doit être transporté jusqu'à l'hospice le plus voisin, sur la ligne de son itinéraire. (*Instr. min. int., sept. 1819. — Circ. préc.*)

7. Les passe-ports avec indemnité de route ne peuvent être délivrés qu'à des individus valides, ou qui du moins sont présumés en état de faire le voyage sans secours extraordinaires. (*Circ. préc.*)

8. Les secours de route ne doivent pas être accordés à une famille entière. Le père, la mère et un seul enfant ont droit à les recevoir. (*Circ. préc.*)

9. Les secours de route ne doivent être accordés aux condamnés libérés qu'après que le préfet s'est assuré qu'ils n'ont pas reçu, du produit de leur masse, une somme suffisante pour subvenir aux frais de leur voyage, et il ne peut leur être accordé, non plus qu'aux vagabonds libérés, qu'au sortir de la prison ou du bagne, pour se rendre à leur destination. Sous aucun prétexte, les secours de route ne doivent leur être alloués lorsqu'ils demandent à changer de résidence. (*Circ. préc.*)

V. Eaux minérales, Indigents.

§ 2. — Délivrance des passe-ports avec secours de route.

10. Aux préfets seuls appartient la délivrance des passe-ports gratuits avec secours de route. (*Circ. min. int., 22 nov. 1825. — Circ. préc.*) Tout acte de cette nature délivré par une autre autorité, n'est pas valable. (*Circ. préc.*)

11. Tout individu qui se présente comme indigent pour obtenir le passe-port et le secours, est tenu de justifier authentiquement : 1° qu'il est dépourvu actuellement de toute ressource ; 2° que la commune où il désire se rendre est bien le lieu de sa naissance ou celui de son domicile. (*Circ. préc.*) — V. Domicile de secours.

12. Indépendamment des signalements et professions, qui doivent être clairement spécifiés sur le passe-port, soit individuel, soit collectif, il doit contenir, en outre, l'indication des motifs qui l'ont fait accorder, et tracer l'itinéraire du voyageur. (*Circ. préc.*)

13. Celui-ci ne peut séjourner dans un lieu quelconque qu'après avoir présenté son passe-port au maire, et en avoir obtenu un permis de séjour, qui lui sert, au besoin, de justification ultérieure pour le retard qu'il a pu mettre dans son voyage. (*Circ. préc.*)

14. S'il s'écarte de l'itinéraire qui lui a été tracé, s'il est trouvé porteur d'un passe-port irrégulier, il doit être immédiatement conduit devant l'autorité compétente, qui lui délivre un passe-port gratis ordinaire pour continuer sa route, à moins qu'il ne soit prévenu de quelque autre délit pour lequel il y a lieu de le mettre à la disposition du procureur impérial. (*Circ. préc.*)

15. Les frais de route indûment payés aux individus qui se sont écartés de leur itinéraire, ou dont les passe-ports ne sont pas conformes aux indications qui

précèdent, restent à la charge des communes qui en ont fait l'avance. (*Circ. min. int., 22 nov. 1825, 25 oct. 1833, et 17 août 1853.*)

16. Arrivé au lieu de sa destination, le voyageur est tenu de déposer son passe-port entre les mains du maire de la commune, qui l'annule, et en donne aussitôt avis au préfet qui l'a délivré. (*Circ. min. int., 25 oct. 1833.*)

17. Ces diverses obligations doivent être clairement expliquées à chaque individu dans le cas d'obtenir un passe-port d'indigent avec secours de route. (*Circ. préc.*)

V. PASSE-PORTS.

SECRÉTAIRES DE MAIRIE. — Form. mun., tom. VI, pag. 621.

LÉGISLATION.

Arrêté du gouvernement, du 8 messidor an 8-27 juin 1800.

1. L'existence des secrétaires de mairie a été reconnue par l'art. 4 de l'arrêté du 8 messidor an 8-27 juin 1800, qui règle leur costume, et une lettre du ministre de l'intérieur aux préfets, du 6 nivôse an 9-27 décembre 1800, invite les préfets à établir des secrétaires de mairie et des instituteurs ou maîtres d'école, dans les communes où il n'y en avait pas, en réunissant les deux qualités dans le même individu.

2. Les secrétaires de mairie n'ont aucun caractère public; leur signature ne peut rendre authentique aucun acte, aucune expédition, ni aucun extrait des actes des autorités. (*Avis cons. Etat, 2 juill. 1807.*) — V. ETAT CIVIL.

3. En sa qualité d'administrateur responsable de la commune, le maire a seul le droit de nommer le secrétaire de la mairie; il peut aussi le révoquer à volonté. (*L., 18 juill. 1837, art. 12.*)

4. Il y a incompatibilité entre les fonctions de secrétaire de mairie et celles d'adjoint et de conseiller municipal. Toutefois, il n'y a pas incompatibilité si, dans ce cas, le traitement du secrétaire est pris sur les fonds personnels du maire, et non sur les fonds de la commune.

5. Les secrétaires de mairie n'étant pas des fonctionnaires publics dans le sens des lois sur la diffamation, le délit de diffamation commis contre eux ne doit pas être déféré au jury : il est de la juridiction de la police correctionnelle. (*L., 26 mai 1819, art. 14.*)

6. Le fils d'un maire peut remplir les fonctions de secrétaire de mairie, et en toucher le traitement. (*Arr. cons. préf. Isère, 7 et 21 déc. 1836.*)

7. Les instituteurs ne peuvent remplir ces fonctions sans une autorisation du conseil académique. (*L., 15 mars 1850, art. 32.*)

V. RÉPERTOIRE.

SOCIÉTÉS DE SECOURS MUTUELS. — Form. mun., tom. VI, pag. 638.

LÉGISLATION.

Loi du 15 juillet 1850. — Décrets du 14 juin 1851 et du 26 mars 1852. — Arrêté du ministre de l'intérieur, du 5 janvier 1853.

SOMMAIRE.

Observation préliminaire.

D'après les divers actes qui régissent les sociétés de secours mutuels, ces sociétés peuvent être divisées en trois catégories :

1° Les sociétés de premier ordre, ou *reconnues* comme établissements d'utilité publique par le gouvernement, qui peut seul leur retirer le titre, suivant les formes d'après lesquelles il leur a été conféré;

2° Les sociétés de second ordre, ou *approuvées* par MM. les préfets, et susceptibles, aux termes du décret du 26 mars 1852, d'être également dissoutes par les préfets;

3° Enfin, les sociétés de dernier ordre, c'est-à-dire, celles qui se forment aux termes de l'art. 291 du Code pénal et de la loi de 1834, qui ne réclament nullement le patronage ou la protection de l'autorité, et qui, n'existant qu'en vertu d'une simple autorisation de police, s'administrent librement quoique surveillées. *(Circ. min. pol. gén., 28 oct. 1852.)*

§ 1er. — Sociétés de secours mutuels RECONNUES comme établissements d'utilité publique.

I. — Règles générales.

1. Les associations connues sous le nom de *Sociétés de secours mutuels* peuvent, sur leur demande, être déclarées établissements d'utilité publique, aux conditions ci-après déterminées. *(L., 15 juill. 1850, art. 1er.)*

2. Ces sociétés ont pour but d'assurer des secours temporaires aux sociétaires malades, blessés ou infirmes, et de pourvoir aux frais funéraires des sociétaires. *(L. préc., art. 2.)*

3. Elles sont placées sous la protection et la surveillance de l'autorité municipale; le maire ou un adjoint par lui délégué ont toujours le droit d'assister à toute séance; lorsqu'ils y assistent, ils les président. — Les présidents et vice-présidents sont nommés par l'association, conformément aux règles établies par les statuts de la société. — Ils peuvent être révoqués dans la même forme. *(L. préc., art. 4.)*

4. Les cotisations de chaque sociétaire sont fixées par les statuts, d'après les tables de maladie et de mortalité, confectionnées ou approuvées par le gouvernement. *(L. préc., art. 5.)*

5. Lorsque les fonds réunis dans la caisse d'une société de plus de cent membres s'élèvent au-dessus de la somme de 3,000 fr., l'excédant est versé à la caisse des dépôts et consignations. — Si la société est composée de moins de cent membres, ce versement peut avoir lieu lorsque les fonds réunis dans sa caisse dépasseront 1,000 fr. — Le taux de l'intérêt des sommes déposées est fixé à 4 et 1/2 pour 100 par an, jusqu'à ce qu'il ait été statué autrement par une loi. — Les sociétés de secours mutuels peuvent faire aux caisses d'épargne des dépôts de fonds égaux à la totalité de ceux qui seraient permis au profit de chaque sociétaire individuellement. *(L. préc., art. 6.)*

6. Les sociétés déclarées établissements d'utilité publique peuvent recevoir des donations et legs après y avoir été dûment autorisées. — Les dons et legs de sommes d'argent ou d'objets mobiliers dont la valeur n'excède pas 1,000 fr. sont exécutoires en vertu d'un arrêté du préfet. — Les gérants et administrateurs de ces sociétés peuvent toujours, à titre conservatoire, accepter les dons et legs. La décision de l'autorité qui interviendra ultérieurement aura effet du jour de cette acceptation. *(L. préc., art. 7.)*

7. Au besoin, les communes doivent fournir gratuitement aux sociétés dûment autorisées ou aux sections établies dans leurs circonscriptions, les locaux nécessaires. — Elles leur fournissent aussi gratuitement les livrets et registres nécessaires à l'administration et à la comptabilité. — En cas d'insuffisance des ressources de la commune, cette dépense est à la charge du département. *(L. préc., art. 8.)*

8. Tous les actes intéressant les sociétés de secours mutuels dûment autorisées sont exempts des droits de timbre et d'enregistrement. *(L. préc., art. 9.)*

9. Sont nulles de plein droit les modifications apportées à ses statuts par une société de secours mutuels autorisée, si elles n'ont pas été approuvées préalablement par le gouvernement. *(L. préc., art. 10.)*

10. La dissolution n'est valable qu'après la même approbation. *(L. et art. préc.)*

11. En cas de dissolution d'une société de secours mutuels, il doit être restitué aux sociétaires faisant à ce moment partie de la société, le montant de leurs versements respectifs jusqu'à concurrence des fonds existants, et déduction faite des dépenses occasionnées personnellement. Les fonds restés libres après cette restitution doivent être partagés entre les sociétés du même genre ou établissements de bienfaisance situés dans la commune, ou, à leur défaut, entre les sociétés de

secours mutuels dûment autorisées du même département, au prorata du nombre de leurs membres.

12. Les sociétés de secours déjà reconnues comme établissements d'utilité publique peuvent continuer à s'administrer conformément à leurs statuts. (*L., 15 juill. 1850, art. 12.*)

13. Les sociétés non autorisées, mais existant depuis un temps assez long pour que les conditions de leur administration aient été suffisamment éprouvées, peuvent être reconnues comme établissements d'utilité publique, lors même que leurs statuts ne seraient pas complétement d'accord avec les conditions de la présente loi. (*L. et art. préc.*)

14. Les autres sociétés de secours mutuels actuellement constituées, ou qui se formeraient à l'avenir, s'administrent librement tant qu'elles ne demandent pas à être reconnues comme établissements d'utilité publique. Néanmoins, elles peuvent être dissoutes par le gouvernement, le conseil d'État entendu, dans le cas de gestion frauduleuse, ou si elles sortaient de leur condition de sociétés mutuelles de bienfaisance. En cas de contravention à l'arrêté de dissolution, les membres, chefs ou fondateurs, sont punis correctionnellement des peines portées en l'art. 13 de la loi du 28 juillet 1848. (*L. et art. préc.*)

15. Chaque société de secours mutuels doit fournir, à la fin de l'année, au préfet du département où elle est placée, un compte de la situation et un état des cas de maladie ou de mort éprouvés par les sociétaires dans le cours de l'année. (*L. préc., art. 13.*)

II. — Autorisation. — Forme. — Pièces a produire.

16. Les sociétés de secours mutuels sont reconnues comme établissements d'utilité publique, par décret rendu dans la forme des règlements d'administration publique. (*Décr., 14 juin 1851, art. 1er.*)

17. La demande est adressée au préfet avec les pièces suivantes :

1° L'acte notarié contenant les statuts;

2° Un état nominatif, certifié par le notaire, des sociétaires qui y ont adhéré ;

3° Un exemplaire du règlement intérieur. (*Décr. préc., art. 2.*)

18. Le préfet transmet la demande et les pièces au ministre de l'agriculture et du commerce, avec son avis motivé. — Il fait connaître, notamment, les ressources de la société, et les moyens à l'aide desquels les communes peuvent être appelées à contribuer aux dépenses indiquées dans l'art. 8 de la loi du 15 juillet 1850. (*Décr. préc., art. 3.*)

19. Les statuts doivent régler : 1° le but de la société; 2° les conditions d'admission et d'exclusion ; 3° les droits aux secours et aux frais funéraires; 4° le montant des cotisations, les époques d'exigibilité et les formes de la perception ; 5° le mode de placement des fonds; 6° le mode d'administration de la société. (*Décr. préc., art. 4.*)

20. Aucune modification ne peut être apportée aux statuts, si elle n'a été approuvée par le gouvernement, dans la même forme que l'autorisation. (*Décr. préc., art. 5.*)

III. — Surveillance.

21. Les sociétés de secours mutuels sont tenues de communiquer leurs livres, registres, procès-verbaux et pièces de toute nature aux préfets, sous-préfets et maires et à leurs délégués. — Cette communication a lieu sans déplacement, sauf le cas où le déplacement serait ordonné par arrêté du préfet. (*Décr. préc., art. 6.*)

22. La forme des livrets et des registres de comptabilité est déterminée par le ministre de l'agriculture et du commerce. (*Décr. préc., art. 7.*)

23. Chaque année, les sociétés de secours mutuels doivent adresser au maire de la commune où est établi le siége de la société, et au préfet du département, un relevé de leurs opérations pendant le cours de l'année précédente, et un état de leur situation au 31 décembre, conformément aux modèles déterminés par le ministre de l'agriculture et du commerce. (*Décr. préc., art. 8.*)

24. Pour assurer l'exécution de l'art. 4 de la loi du 15 juillet 1850, le conseil

d'administration de chaque société doit informer le maire de la commune où siége la société, au commencement de chaque année, des jours de ses séances périodiques. — Lorsque les séances ne sont pas périodiques ou lorsqu'il y a des séances extraordinaires, le maire en doit être prévenu au moins trois jours à l'avance. Il est également prévenu, dans le même délai, de la réunion de toute assemblée générale des sociétaires. (*Décr., 14 juin 1851, art. 9.*)

25. Il est fait procès-verbal des délibérations, soit du conseil d'administration, soit des assemblées générales, sur un registre spécial. Les procès-verbaux sont signés par le président et le secrétaire. (*Décr. et art. préc.*)

IV. — Suspension.

26. Le préfet peut suspendre l'administration de la société en cas de fraude dans la gestion, ou d'irrégularité grave dans les registres ou pièces de comptabilité. — Les sociétaires sont immédiatement convoqués par le maire, pour pourvoir au remplacement provisoire de l'administration suspendue. — En cas de négligence ou de refus des sociétaires, le maire y pourvoit d'office. (*Décr. préc., art. 10.*)

27. Le préfet peut ordonner la suspension temporaire de la société elle-même, dans le cas où elle sortirait des conditions des sociétés mutuelles de bienfaisance. (*Décr. préc., art. 11.*)

28. Les arrêtés de suspension sont notifiés à l'administration de la société et au maire de la commune, chargé d'en assurer l'exécution. — Ils seront transmis immédiatement, avec un rapport motivé, au ministre de l'agriculture et du commerce, et, s'il y a lieu, au ministre de l'intérieur. (*Décr. préc., art. 12.*)

V. — Dissolution.

29. La dissolution volontaire des sociétés de secours mutuels ne peut être demandée qu'en vertu d'une délibération prise, sous la présidence du maire ou de son délégué, à la majorité des trois quarts des membres présents et à la majorité absolue des membres de la société. (*Décr. préc., art. 13.*)

30. La dissolution peut être prononcée par le gouvernement, en cas d'inexécution des statuts, de contravention aux lois et au présent règlement. (*Décr. préc., art. 14.*)

31. La dissolution peut encore être prononcée, si le nombre des membres tombe au-dessous du minimum fixé par l'art. 3 de la loi du 15 juillet 1850. Mais, dans ce cas, le préfet pour faire compléter le nombre nécessaire à l'existence légale de la société, peut faire publier, dans les communes intéressées, l'état de l'actif social et le nombre des associés. (*Décr. préc., art. 15.*)

32. La dissolution est prononcée par un décret rendu dans la forme des règlements d'administration publique, sur l'avis du maire et du préfet, et sur le rapport du ministre de l'agriculture et du commerce ou du ministre de l'intérieur, selon les cas. (*Décr. préc., art. 16.*)

33. La liquidation se fait sous la surveillance du préfet ou de son délégué. Les comptes de liquidation sont adressés au ministre de l'agriculture et du commerce. (*Décr. préc., art. 17.*)

34. Les fonds restés libres après la liquidation sont répartis, par arrêté du ministre de l'agriculture et du commerce, conformément à l'art. 10 de la loi du 15 juillet 1850. (*Décr. préc., art. 18.*)

§ 2. — Sociétés de secours mutuels APPROUVÉES.

I. — Organisation.

35. Une société de secours mutuels doit être créée par les soins du maire et du curé dans chacune des communes où l'utilité en a été reconnue. — Cette utilité est déclarée par le préfet, après avoir pris l'avis du conseil municipal. — Toutefois, une seule société peut être créée pour deux ou plusieurs communes voisines entre elles, lorsque la population de chacune est inférieure à mille habitants. (*Décr., 26 mars 1852, art. 1er.*)

36. Le préfet doit examiner avec soin quelles sont les localités qui se prêtent

le mieux à la création de ces sociétés, et met en demeure les conseils municipaux de se prononcer sur l'utilité de ces fondations. (*Instr. gén. min. int., 29 mai 1852.*)

37. L'utilité une fois reconnue par le préfet, le maire doit procéder, avec le concours du curé, à l'organisation de la société. A cet effet, il fait un appel à tous les hommes de bonne volonté, aux propriétaires, aux chefs de manufactures et d'usines, aux fonctionnaires de tout rang et de tout ordre, ainsi qu'aux ouvriers. (*Instr. préc.*)

38. Autant que possible, l'organisation doit commencer par le chef-lieu de préfecture, ou une des villes importantes. — Le préfet doit faire tous ses efforts pour que cet exemple soit aussi donné dans quelques-unes des communes rurales. (*Instr. préc.*)

39. Il est bon que, dans les villes populeuses, les sociétés s'organisent par circonscription et admettent les ouvriers des différents états. (*Instr. préc.*)

II. — Composition. — Admission.

40. Ces sociétés se composent d'associés participants et de membres honoraires; ceux-ci paient les cotisations fixées ou font des dons à l'association, sans participer aux bénéfices des statuts. (*Décr., 26 mars 1852, art. 2.*)

41. Les associés participants ne pourront être reçus qu'au scrutin et à la majorité des voix de l'assemblée générale. — Le nombre des sociétaires participants ne peut excéder celui de cinq cents. Cependant il pourra être augmenté en vertu d'une autorisation du préfet. (*Décr. préc., art. 5.*)

42. Les membres honoraires sont admis par le président et par le bureau. (*Décr. préc., art. 4.*)

III. — Président. — Bureau. — Nomination. — Attributions.

43. Le président de chaque société est nommé par le chef de l'Etat. — Il surveille et assure l'exécution des statuts. (*Décr. préc., art. 3 et 4.*)

44. Le bureau est nommé par les membres de l'association qu'il administre. (*Décr. et art. préc.*)

Le préfet doit faire parvenir au ministre de l'intérieur tous les renseignements qui peuvent éclairer le choix du président, et il ne peut se montrer trop sévère et trop scrupuleux dans ses présentations. (*Instr. gén. min. int., 29 mai 1852.*)

IV. — But. — Statuts.

45. Les sociétés de secours mutuels ont pour but d'assurer des secours temporaires aux sociétaires malades, blessés ou infirmes, et de pourvoir à leurs frais funéraires. — Elles peuvent promettre des pensions de retraite si elles comptent un nombre suffisant de membres honoraires. (*Décr., 16 mars 1852, art. 6.*)

46. Les statuts de ces sociétés doivent être soumis à l'approbation du ministre de l'intérieur pour le département de la Seine, et du préfet pour les autres départements. Ces statuts doivent régler les cotisations de chaque sociétaire, d'après les tables de maladie et de mortalité confectionnées ou approuvées par le gouvernement. (*Décr. préc., art. 7.*)

47. Dans aucun cas, le préfet ne doit approuver la promesse de secours en cas de chômage. (*Instr. gén. min. int., 29 mai 1852.*)

V. — Droits. — Obligations.

48. Une société de secours mutuels approuvée peut prendre des immeubles à bail, posséder des objets mobiliers, et faire tous les actes relatifs à ces droits. — Elle peut recevoir, avec l'autorisation du préfet, des dons et des legs mobiliers dont la valeur n'excède pas 5,000 francs. (*Décr., 26 mars 1852, art. 8.*)

49. Les communes sont tenues de fournir gratuitement aux sociétés approuvées les locaux nécessaires pour leurs réunions, ainsi que les livrets et registres nécessaires à l'administration et à la comptabilité. — En cas d'insuffisance des

ressources de la commune, cette dépense est à la charge du département [1]. (*Décr., 26 mars 1852, art. 9.*)

50. Dans les villes où il existe un droit municipal sur les convois, il est accordé à chaque société une remise des deux tiers sur les convois, dont elle doit supporter les frais, aux termes de ces statuts. (*Décr. préc., art. 10.*)

51. Tous les actes intéressant les sociétés de secours mutuels approuvées sont exempts des droits de timbre et d'enregistrement. (*Décr. préc., art. 11.*)

52. Lorsque les fonds réunis dans la caisse d'une société de plus de cent membres excèdent la somme de 3,000 fr., l'excédant doit être versé à la caisse des dépôts et consignations. — Si la société est de moins de cent membres, ce versement doit être opéré lorsque les fonds réunis dans la caisse dépassent 1,000 fr. — Le taux de l'intérêt des sommes déposées est fixé à 4 et demi pour cent par an. (*Décr. préc., art. 13.*)

53. Les sociétés de secours mutuels approuvées peuvent faire aux caisses d'épargne des dépôts de fonds égaux à la totalité de ceux qui seraient permis au profit de chaque sociétaire individuellement. — Elles peuvent aussi verser dans la caisse des retraites, au nom de leurs membres actifs, les fonds restés disponibles à la fin de chaque année. (*Décr. préc., art. 14.*)

54. Sont nulles de plein droit les modifications apportées à ses statuts par une société, si elles n'ont pas été préalablement approuvées par le préfet. (*Décr. préc., art. 15.*)

55. La dissolution n'est valable qu'après la même approbation. — En cas de dissolution d'une société de secours mutuels, il sera restitué aux sociétaires, faisant en ce moment partie de la société, le montant de leurs versements respectifs, jusqu'à concurrence des fonds existants, et déduction faite des dépenses occasionnées par chacun d'eux. — Les fonds restés libres après cette restitution seront partagés entre les sociétés du même genre ou les établissements de bienfaisance situés dans la commune, à leur défaut, entre les sociétés de secours mutuels approuvées du même département, au prorata du nombre de leurs membres. (*Décr. et art. préc.*)

VI. — Dissolution.

56. Les sociétés approuvées pourront être suspendues ou dissoutes par le préfet pour mauvaise gestion, inexécution de leurs statuts, ou violation des dispositions du présent décret. (*Décr. préc., art. 16.*)

57. Le préfet ne doit faire intervenir le gouvernement en matière de dissolution de sociétés de secours mutuels, c'est-à-dire de provoquer à cet égard un décret du chef de l'État, que lorsqu'il s'agit de sociétés reconnues comme établissements d'utilité publique et existant à ce titre en vertu d'un décret inséré au *Bulletin des lois*. — Mais lorsqu'il sera question de sociétés approuvées par les préfets, elles peuvent être dissoutes par ces fonctionnaires. — Enfin, lorsqu'il sera question de sociétés s'administrant librement et simplement, autorisées en vertu de l'art. 291 du Code pénal et de la loi de 1834 [2], les associations de cette nature peuvent être, à plus forte raison, dissoutes par MM. les préfets, sans qu'il soit besoin d'instruire à leur égard, devant le conseil d'État, la procédure introduite en pareille matière par la loi du 15 juillet 1850.

Le droit qui est conféré aux préfets à l'égard des sociétés de secours mutuels devant s'exercer sous l'autorité du gouvernement, ils doivent avoir soin, lorsqu'ils

---

(1) Cette dépense consiste dans les fournitures suivantes:

1° Registre matricule, divisé en colonnes, pour les associés participants, renfermant à la fin quelques pages blanches pour recevoir les noms des membres honoraires ; — 2° Un livret de la dimension que devra avoir le diplôme, afin que livret et diplôme puissent être réunis et cartonnés ensemble ; — 3° Un journal pour le trésorier, sur lequel seront inscrites toutes les dépenses et toutes les recettes de la société, sans exception, et à leurs dates respectives ; — 4° Une feuille de visite contenant tous les éléments nécessaires pour déterminer ce qui sera dû au malade, et pour assurer une surveillance exacte du service des maladies ; — 5° Un registre blanc, pour y consigner les procès-verbaux et les délibérations du bureau et des assemblées générales, et les comptes-rendus financiers. (*Circ. min. int., 15 et 20 avril 1853.*)

(2) V. Associations.

sont appelés à provoquer ou à prononcer la dissolution d'une société de ce genre, d'en rendre compte au ministère de l'intérieur. (*Inst. min. pol. gén., 28 oct. 1852.*)

VII. — Diplômes. — Effet.

58. Des diplômes peuvent être délivrés par le bureau de la société à chaque sociétaire participant. Ces diplômes leur serviront de passe-port et de livret. (*Décr., 26 mars 1852, art. 12.*)

59. Les sociétaires ne peuvent en obtenir la délivrance qu'un an au moins après leur admission dans la société, et après le dépôt à son secrétariat du livret ou du passe-port dont ils peuvent être nantis, ou, à défaut, d'une déclaration signée d'eux, portant qu'ils ne sont munis d'aucun de ces titres. (*Arr. min. int., 5 janv. 1853, art. 2.*)

60. Les diplômes sont délivrés par le bureau de la société. Ils énoncent les nom, prénoms, âge, profession, domicile et signalement du sociétaire, l'époque de son entrée dans la société ; ils sont signés par le président, le secrétaire et le sociétaire, et portent le timbre de la société ; chaque feuillet du diplôme est coté et parafé par le président. (*Arr. préc., art. 3.*)

61. Les diplômes devront être délivrés sur des feuilles à souche, fournies gratuitement à la société par l'administration communale, et, dans le ressort de la préfecture de police, par le préfet de police. — La souche doit contenir toutes les énonciations du diplôme, et est transmise par le bureau, à Paris, à la préfecture de police ; ailleurs, à la mairie. — Le diplôme ne peut être délivré au sociétaire qu'un mois après cet envoi, et, à défaut d'opposition du préfet de police ou du maire, dans cet intervalle. — Les diplômes sont représentés à toute réquisition du bureau de la société et des agents de l'autorité publique. (*Arr. préc., art. 4.*)

62. Copie des énonciations du diplôme est transcrite sur un registre spécial et signée par le président et le sociétaire. — Ce registre sera parafé, à Paris, par le préfet de police ou son délégué ; ailleurs, par le maire. Il sera représenté à toute réquisition de l'autorité administrative. (*Arr. préc., art. 5.*)

63. Le diplôme remplace le livret pour l'ouvrier, et sert aux mêmes usages. (*Arr. préc., art. 6.*)

64. Lorsque le sociétaire veut voyager, il n'est tenu qu'à faire viser sans frais son diplôme, à Paris, par le préfet de police ; ailleurs, par le maire. (*Arr. préc., art. 7.*)

65. Dans le cas où le titulaire ferait partie de plusieurs associations, il ne peut lui être visé qu'un seul diplôme comme passe-port. (*Arr. préc., art. 8.*)

66. L'apposition de la signature du président et du timbre de la société doit être renouvelée tous les deux ans, sous peine de nullité du diplôme comme passe-port. — Avis du renouvellement est donné par le bureau dans les quarante-huit heures, à Paris, à la préfecture de police ; ailleurs, à la mairie. (*Arr. préc., art. 9.*)

67. Dans le cas d'exclusion ou de sortie volontaire de la société, le diplôme doit être remis au bureau et annulé. — Mention en est faite sur le registre de la société, et avis en est donné, par le bureau, dans les quarante-huit heures, à Paris, à la préfecture de police ; ailleurs, à la mairie. (*Arr. préc., art. 10.*)

VIII. — Dispositions générales.

68. Les sociétés de secours mutuels, déclarées établissements d'utilité publique, en vertu de la loi du 15 juillet 1850, jouissent de tous les avantages accordés par le présent décret aux sociétés approuvées. (*Décr., 26 mars 1852, art. 17.*)

69. Une commission supérieure d'encouragement et de surveillance des sociétés de secours mutuels est instituée au ministère de l'intérieur, de l'agriculture et du commerce. — Elle est composée de dix membres nommés par le chef de l'État. — Cette commission est chargée de provoquer et d'encourager la fondation et le développement des sociétés de secours mutuels, de veiller à l'exécution du présent décret, et de préparer les instructions et règlements nécessaires à son application. — Elle propose des mentions honorables, mé-

dailles d'honneur et autres distinctions honorifiques, en faveur des membres honoraires ou participants qui lui paraissent les plus dignes. — Elle propose à l'approbation du ministre de l'intérieur les statuts des sociétés de secours mutuels établies dans le département de la Seine. (*Décr., 26 mars 1852, art. 19.*)

70. Les sociétés de secours mutuels adressent chaque année au préfet un compte-rendu de leur situation morale et financière. — Chaque année, la commission supérieure présente au chef de l'Etat un rapport sur la situation de ces sociétés, et lui soumet les propositions propres à développer et à perfectionner l'institution. (*Décr. préc., art. 20.*)

§ 3. — Sociétés de secours mutuels LIBRES.

71. Les sociétés non autorisées actuellement existantes ou qui se formeraient à l'avenir, peuvent profiter des dispositions du présent décret en soumettant leurs statuts à l'approbation du préfet. (*Décr. préc., art. 18.*)

72. Depuis la promulgation de la loi du 15 juillet 1850, de graves modifications ont été apportées au régime des associations en général. Le décret du 26 mars 1852 a remis en vigueur les art. 291 et 292 du Code pénal (¹), et la loi du 10 avril 1834, sans qu'il ait été apporté aucune exception au profit des sociétés de secours mutuels. — Désormais donc ces sociétés ne peuvent (comme toutes les autres associations), se fonder sans une autorisation préalable. D'un autre côté, le décret du 26 mars 1852, relatif aux sociétés de secours mutuels, n'établit aucune distinction entre les sociétés de cette nature existant au moment de sa promulgation, et considérées, par le seul fait de leur existence, comme pourvues désormais d'une autorisation implicite, et celles qui viendraient à se fonder ultérieurement et à être régulièrement autorisées. Les unes et les autres tombent également sous l'application de l'art. 1ᵉʳ, § 2, de la loi du 10 avril 1834, ainsi conçu : « L'autorisation donnée par le gouvernement est toujours révocable. » (*Circ. min. pol. gén., 28 oct. 1853.*)

73. Dans cet état de choses, il a paru évident au ministre de la police générale que le décret du 26 mars 1852 abrogeait implicitement l'art. 12 de la loi du 15 juillet 1850, en ce qui concerne la procédure à suivre pour la dissolution de sociétés de secours mutuels dites *libres*. Il y a, en effet, incompatibilité entre cette procédure et la loi du 10 avril 1834, qui se trouve remise en vigueur par un acte postérieur à la loi du 15 juillet 1850. Ainsi donc, au lieu de recourir à l'entremise ministérielle pour faire prononcer par décret, le conseil d'Etat entendu, la dissolution des sociétés de secours mutuels dites *libres*, les préfets ont pouvoir suffisant pour opérer cette dissolution en retirant l'autorisation qu'ils ont qualité pour accorder, sauf à rendre compte de leur acte au ministre de l'intérieur. (*Circ. préc.*)

SOUSCRIPTIONS VOLONTAIRES, ou OFFRES DE CONCOURS DES COMMUNES ET DES PARTICULIERS POUR TRAVAUX COMMUNAUX.

1. Lorsqu'une commune a intérêt à faire commencer les travaux d'un chemin vicinal de grande communication, ou à hâter l'achèvement de ces travaux, le conseil municipal peut consacrer à leur exécution des ressources supérieures au contingent assigné à la commune. (*Proj. règl. gén. min. int., 21 juill. 1854, art. 126.*)

2. La délibération du conseil municipal est prise sans l'assistance des plus im-

---

(¹) Art. 291 du Code pénal. « Nulle association de plus de vingt personnes, dont le but sera de se réunir *tous les jours ou à certains jours marqués* pour s'occuper d'objets religieux, littéraires, *politiques ou autres*, ne pourra se former qu'avec l'agrément du gouvernement, et sous les conditions qu'il plaira à l'autorité publique d'imposer à la société. — Dans le nombre de personnes indiqué par le présent article, ne sont pas compris celles domiciliées dans la maison où l'association se réunit. » — Art. 292 du Code pénal. « Toute association de la nature ci-dessus exprimée qui se sera formée sans autorisation, ou qui, après l'avoir obtenue, aura enfreint les conditions à elle imposées, *sera dissoute*. — Les chefs, directeurs ou administrateurs de l'association seront en outre punis d'une amende de seize francs à deux cents francs. »

posés, si le concours doit être fourni sur les revenus de la commune ; elle est prise avec l'assistance des plus imposés, si, pour réaliser l'offre de concours, il y a nécessité de recourir à une imposition extraordinaire. (*Proj. règl. gén. min. int., 21 juill. 1854, art. 126.*) — V. Impositions extraordinaires.

3. Dans aucun cas, l'offre de concours extraordinaire ne peut être réalisée au moyen de journées de prestation dépassant le maximum fixé par la loi. (*Proj. et art. préc.*) — V. Prestations.

4. Lorsque l'offre de concours d'une commune a été régulièrement approuvée, la dépense qui en résulte est une dépense obligatoire de la commune, et, en cas de refus de remplir l'engagement contracté, il doit être procédé conformément à l'art. 39 de la loi du 18 juillet 1839. (*Proj. règl. gén. préc., art. 127.*)

5. Lorsque des particuliers ou des associations de particuliers offrent de concourir, soit par des travaux en nature, soit par des fournitures de matériaux, soit enfin par des subventions en argent, à la construction ou à l'amélioration d'un chemin vicinal, l'acte contenant ces offres est adressé directement au préfet ; il doit mentionner les conditions auxquelles les particuliers ou les associations de particuliers entendent concourir aux travaux, et la quotité de leurs offres, soit en journées de travail, soit en matériaux, soit en argent. (*Proj. règl. gén. préc., art. 128.*)

6. Si les offres de concours ont pour objet un chemin vicinal de grande communication, il est statué directement par le préfet. — Si ces offres ont pour objet un chemin vicinal de petite communication, elles sont soumises au conseil municipal, et la délibération est transmise, avec l'avis du sous-préfet, au préfet, pour être statué par lui. (*Proj. règl. gén. préc., art. 129.*)

7. Les sommes provenant des offres de concours ne peuvent être employées qu'à la réparation ou à la construction du chemin pour lequel elles ont été offertes. Il en est de même des offres de concours en fournitures de matériaux ou en journées de travail. (*Proj. règl. gén. préc., art. 130.*)

8. Si, après l'acceptation régulière d'offres de concours, la réalisation en éprouve des difficultés, l'accomplissement des engagements pris est poursuivi par voie administrative, sauf recours des parties devant le conseil de préfecture. (*Proj. règl. gén. préc., art. 131 et 242.*)

9. Si les offres pour chemin vicinal de grande communication sont faites, non par un seul particulier, mais par une réunion de propriétaires, ceux-ci doivent signer individuellement les listes de souscription indiquant les offres. (*Proj. règl. gén. préc., art. 243.*)

10. Les sommes offertes et acceptées par le préfet pour un chemin vicinal de grande communication, sont recouvrées par les soins du receveur général, et encaissées au compte du chemin en vue duquel elles ont été offertes. — L'acceptation des offres est notifiée aux parties intéressées et au receveur général. (*Proj. règl. gén. préc., art. 240 et 241.*)

11. Quelle que soit la forme des engagements écrits pris par les souscripteurs habitants des communes, pour subvenir aux dépenses de travaux de voirie ou de construction d'édifices servant à un usage public, les administrations municipales ont le droit, lorsqu'ils refusent de remplir ces engagements, de les poursuivre suivant le mode établi par l'art. 63 de la loi du 18 juillet 1837, qui déclare exécutoire les états de recettes dressés par le maire et visés par le sous-préfet à l'égard de toutes recettes pour lesquelles les lois et règlements n'ont pas prescrit un mode spécial de recouvrement. Cette voie évite aux communes les inconvénients attachés à une introduction d'instance judiciaire, et met les récalcitrants dans la nécessité de s'acquitter ou de former une opposition dans laquelle ils se trouvent demandeurs, et qui est, d'ailleurs, jugée sommairement. (*Décis. min. int., 27 avril 1840.*)

V. Chemins vicinaux, Prestations.

SOUS-PRÉFETS. — Form. mun., tom. VI, p. 670.

1. Les sous-préfets ont été créés par la loi du 28 pluviôse an 8-17 février 1800.

2. Ils sont nommés par le chef de l'Etat. (*L., 28 pluv. an 8-17 févr. 1800, art. 18.*)

3. Ils prêtent serment entre les mains du préfet et sont installés par lui. (*Arr. gouv., 17 vent. an 8-8 mars 1800, art. 4.*)

4. En cas d'absence ou de maladie, les préfets pourvoient au remplacement provisoire des sous-préfets. (*Autre arr. gouv., 17 vent. an 8-8 mars 1800, art. 7.*)

5. Les sous-préfets assistent aux séances du conseil d'arrondissement, dans lequel ils ont voix consultative. (*Ord., 26 mars 1817.*)

6. Quant aux diverses attributions des sous-préfets, V. dans cet ouvrage le mot indiquant la spécialité de l'attribution sur laquelle on a besoin de consulter.

V. Préséances.

SPECTACLES. (Droits des pauvres sur les spectacles de tous genres.)

LÉGISLATION.

Loi du 7 frimaire an 5-26 novembre 1796. — Arrêté des consuls du 10 thermidor an 11-29 juillet 1803. — Décret du 9 décembre 1809.

1. Il est perçu un décime par franc, en sus du prix de chaque billet d'entrée dans tous les spectacles où se donnent des pièces de théâtre, des bals, des feux d'artifice, des concerts, des courses et exercices de chevaux, pour lesquels les spectateurs paient. La même perception a lieu sur le prix des places louées pour un temps déterminé. (*L., 7 frim. an 5-26 nov. 1796, art. 1er.*)

Les établissements connus sous la dénomination de *Panoramas* et de *Théâtre pittoresque et mécanique*, sont assimilés aux spectacles pour la quotité du droit à percevoir en faveur des pauvres et des hospices. (*Arr. gouv., 10 therm. an 11-29 juill. 1803, art. 2.*)

2. Cette perception, qui n'avait d'abord été autorisée que pour six mois et qu'avaient prorogée diverses dispositions législatives jusqu'en 1809, devint définitive à cette époque par un décret du 9 décembre 1809, dont l'art. 1er est ainsi conçu :

« Les droits qui ont été perçus jusqu'à ce jour en faveur des pauvres ou des hospices, en sus de chaque billet d'entrée et d'abonnement dans les *spectacles*, et sur la recette brute des *bals*, *concerts*, *danses* et *fêtes publiques*, continueront à être indéfiniment perçus, ainsi qu'ils l'ont été pendant le cours de cette année et des années antérieures, sous la responsabilité des receveurs et contrôleurs de ces établissements. »

3. Les représentations gratuites et à bénéfice sont exemptes des droits. (*Décr., 9 déc. 1809, art. 4.*)

4. Les lois de finances ont successivement prorogé cette perception. Celle du 16 juillet 1840 dit, art. 9 :

« Continuera d'être faite la perception..... du dixième des billets d'entrée dans les spectacles et les concerts quotidiens ; d'un quart de la recette brute dans les lieux de réunion et de fête où l'on est admis en payant. »

5. Les produits sont répartis par les préfets, sur l'avis des sous-préfets, c'est-à-dire, que les préfets déterminent les portions qui doivent être versées dans la caisse des bureaux de bienfaisance, pour être répartis, par ces bureaux, en secours aux pauvres de chaque commune, et celles qui doivent être versées dans la caisse des hôpitaux, pour être employées par les commissions aux dépenses courantes de ces établissements. (*Circ. min. int., 24 fruct. an 8-11 sept. 1800.*)

6. Les contestations qui peuvent s'élever dans l'exécution ou l'interprétation de ces dispositions, sont décidées par les préfets, en conseil de préfecture, sur l'avis motivé des comités consultatifs, établis en exécution de l'arrêté du 7 messidor an 9-26 juin 1801, dans chaque arrondissement, pour le contentieux de l'administration des pauvres et des hospices ; sauf, en cas de réclamation, le recours

au gouvernement. (*Arr. gouv., 10 therm. an 11-29 juill. 1803, art. 3.*) — V. Bureaux de bienfaisance (§ 6).

V. Hôpitaux (§ 8).

SPECTACLES DE CURIOSITÉS.

1. La loi du 24 août 1790, titre 11, ayant confié aux autorités municipales la police des lieux publics, tous directeurs de spectacles de curiosités, théâtres mécaniques, cabinets de figures, fantoccini, etc., tous saltimbanques et bateleurs qui arrivent dans une commune, ne peuvent ouvrir leurs établissements, de quelque nature qu'ils soient, ou exercer leur profession, tant dans l'intérieur d'un bâtiment que sur la voie publique, sans en avoir préalablement obtenu l'autorisation. (*Circ. min. int., 10 oct. 1829.*)

2. Cette autorisation doit toujours être donnée par écrit, indiquer la nature du spectacle, et contenir, suivant les circonstances, tous les détails propres à faire reconnaître si l'on s'y est scrupuleusement conformé. Elle doit, d'ailleurs, faire mention expresse des noms, prénoms et domicile des directeurs ou propriétaires de ces spectacles et des individus qui les accompagnent, ainsi que des passe-ports dont ils doivent être munis. (*Circ. préc.*)

3. Afin que ces autorisations soient données en connaissance de cause, les autorités locales doivent avoir soin de n'en pas accorder sans s'être fait remettre les programmes ou descriptions détaillées des spectacles et représentations, et sans s'être assurées par elles-mêmes que les objets proposés à la curiosité publique n'offrent rien de contraire au respect dû à la religion et aux bonnes mœurs. Ces autorités se font rendre compte préalable des explications, parades, chants, dont le spectacle serait accompagné, afin d'exiger la suppression de ce qui pourrait être dangereux pour l'ordre et les mœurs. Elles veillent soigneusement à ce que les conditions qu'elles auront imposées à cet égard soient exactement remplies, afin d'en constater les contraventions, d'en déférer les auteurs à la justice, et, surtout, de retirer immédiatement l'autorisation dont on aurait abusé. (*Circ. préc.*)

4. Si quelques objets ont été exposés en public sans l'autorisation des maires, ceux-ci doivent aussitôt en opérer la saisie, les transmettre au procureur impérial avec le procès-verbal de saisie, et faire conduire les délinquants devant ce magistrat. Ils doivent agir de même pour les explications, parades, chansons, etc., qui n'ont pas été soumises à leur approbation, ou qu'ils ont refusé d'admettre. A l'égard de ce qui peut être dangereux et coupable, mais qui, n'ayant pas été produit en public, ne serait pas susceptible d'être saisi, les maires doivent avoir soin de le consulter par un procès-verbal détaillé, qu'ils adressent au préfet, au commandant de la gendarmerie du département, et au ministère public, pour y donner suite, en cas de besoin. (*Circ. préc.*)

V. Bateleurs, Saltimbanques, Théâtres.

STATISTIQUE CANTONALE (Commissions de).

LÉGISLATION.

Décret du 1er juillet 1852.

SOMMAIRE.

§ 1er. — Formation. — Composition.

1. Il est formé une commission de statistique permanente au chef-lieu de chaque canton. (*Décr., 1er juill. 1852, art. 1er.*)

2. Les membres de cette commission sont nommés par le préfet [1]. (*Décr. préc., art. 2.*)

3. Dans les villes, chefs-lieux de département ou d'arrondissement, qui ne

---

[1] Quant au personnel de ces commissions, V. la circulaire du ministre de l'intérieur en date du 18 septembre 1852 (*Répertoire administratif*, 1853, pag. 118), qui contient en outre plusieurs prescriptions utiles à consulter quant à ce.

comprennent qu'un seul canton, la commission de statistique est présidée, selon les cas, par le préfet ou le sous-préfet. (*Décr. préc., art. 3.*)

4. Dans les villes, chefs-lieux de département ou d'arrondissement comprenant plusieurs cantons, il n'y a qu'une seule commission de statistique pour les divers cantons, sous la présidence du préfet ou du sous-préfet. (*Décr. préc., art. 4.*)

5. A Paris et à Lyon, il est formé une société de statistique pour chaque arrondissement communal, sous la présidence du maire de l'arrondissement. (*Décr. préc., art. 5.*)

6. Dans les villes où, soit le préfet, soit le sous-préfet, sont présidents de droit des commissions de statistique, ces fonctionnaires peuvent déléguer la présidence : le préfet, au secrétaire général de la préfecture ou au maire de la ville, au juge de paix du canton, ou à un membre du conseil général ; le sous-préfet, au maire, au juge de paix, ou à un membre du conseil d'arrondissement. (*Décr. préc., art. 6.*)

7. Chaque commission nomme, à la simple majorité, un ou plusieurs secrétaires-archivistes. (*Décr. préc., art. 7.*)

§ 2. — Travaux. — Contrôle. — Centralisation.

8. Chaque commission est chargée de remplir et de tenir à jour, pour les communes de la circonscription cantonale, deux tableaux dressés par le ministre de l'intérieur. Ces deux tableaux contiennent une série de questions : le premier, sur les faits statistiques dont il importe que le gouvernement ait la connaissance annuelle ; le second, sur ceux qui, par leur nature, ne peuvent être utilement recueillis que tous les cinq ans. (*Décr. préc., art. 9.*)

9. A la fin de chaque année pour le tableau annuel, et à l'expiration de la cinquième année pour le tableau quinquennal, ces deux tableaux, provisoirement arrêtés par le président de la commission, doivent être déposés, pendant un mois, dans une salle de la mairie, où chacun pourra venir en prendre connaissance, et consigner ses observations sur un registre spécial. (*Décr. préc., art. 10.*)

10. A l'expiration de ce délai, la commission se réunit pour examiner les observations dont les deux tableaux ont pu être l'objet, et les arrête définitivement. — Un double de ces tableaux, ainsi clos, arrêté et signé des membres du bureau, est immédiatement transmis, par le président, au sous-préfet de l'arrondissement, avec une copie des procès-verbaux des délibérations de la commission. (*Décr. préc., art. 11.*)

11. Les tableaux statistiques cantonaux sont transmis par les sous-préfets, avec un état récapitulatif pour l'arrondissement, aux préfets, chargés de les soumettre à un dernier examen et d'en opérer le dépouillement. (*Décr. préc., art. 14.*)

12. Au fur et à mesure que les tableaux cantonaux ont été approuvés par les préfets, avis en est donné aux présidents des commissions cantonales, qui en font déposer la copie aux archives de la mairie du chef-lieu du canton. (*Décr. préc., art. 15.*)

13. Il peut être donné communication aux particuliers, par les soins du maire et sous les conditions qu'il détermine, des tableaux ainsi approuvés. — Les maires des communes de la circonscription communale peuvent s'en faire délivrer un extrait pour ce qui concerne leur commune. (*Décr. préc., art. 16.*)

14. Dans les premiers mois de chaque année, les préfets doivent transmettre, au ministre de l'intérieur, le tableau récapitulatif, par canton et par arrondissement, des statistiques cantonales annuelles. Ils transmettent également, à l'expiration de chaque période de cinq ans, le tableau récapitulatif des statistiques cantonales quinquennales. (*Décr. préc., art. 17.*)

§ 3. — Dissolution. — Dépenses.

15. Les préfets dans l'arrondissement chef-lieu, les sous-préfets dans les autres arrondissements, peuvent dissoudre les sociétés de statistique cantonale qui s'oc-

cuperaient de questions étrangères au but de leur institution. (*Décr. préc., art. 21.*)

16. Les dépenses de matériel auxquelles peuvent donner lieu leurs travaux, sont à la charge de la commune chef-lieu de canton. (*Décr. préc., art. 22.*)

SUBSTANCES VÉNÉNEUSES.

LÉGISLATION.

Lois du 21 germinal an 11-11 avril 1803 et du 19 juillet 1845.—Ordonnance du 29 octobre 1846.

1. Quiconque veut faire le commerce d'une ou de plusieurs substances vénéneuses est tenu d'en faire préalablement la déclaration devant le maire de la commune, en indiquant le lieu où est situé son établissement. Les chimistes, fabricants ou manufacturiers, employant une ou plusieurs substances vénéneuses, sont également tenus d'en faire la déclaration dans la même forme. (*Ord., 29 oct. 1846, art. 1er.*)

2. Cette déclaration doit aussi être faite par tous les maréchaux experts ou empiriques se livrant au traitement des maladies des animaux, s'ils veulent se servir de substances vénéneuses. (*Circ. min. int., 20 mai 1853.*)

3. Ladite déclaration est inscrite sur un registre à ce destiné, et dont un extrait est remis au déclarant. Elle doit être renouvelée, dans le cas de déplacement de l'établissement. (*Ord., 29 oct. 1846, art. 1er.*)

4. Tous achats ou ventes de substances vénéneuses doivent être inscrits sur un registre spécial coté et paraphé par le maire ou par le commissaire de police. — Il doit être fait de même par les fabricants et manufacturiers employant des substances vénéneuses. (*Ord. préc., art. 3 et 4.*)

5. Ledit registre doit être conservé pendant vingt ans au moins, et représenté à toute réquisition de l'autorité. (*Ord. préc., art. 6.*)

6. Les maires ou commissaires de police doivent s'assurer de l'exécution des dispositions de l'ordonnance du 29 octobre 1846. Ils visitent, à cet effet, les officines des pharmaciens, les boutiques et magasins des commerçants et manufacturiers vendant ou employant les mêmes substances. Ils se font représenter les registres, et constatent les contraventions. Leurs procès-verbaux sont transmis au procureur impérial. (*Ord. préc., art. 14.*)

7. Quant au nombre et au nom des substances dites vénéneuses, V. le tableau annexé à ladite ordonnance.

V. PHARMACIENS.

SUBVENTIONS POUR CHEMINS VICINAUX.

SOMMAIRE.

§ 1er. — Dégradation des chemins. — Etablissements industriels. — Cotisation.

1. Lorsque des exploitations de mines, de carrières, de forêts ou de toute entreprise industrielle appartenant à des particuliers, à des établissements publics, à la couronne ou à l'État, dégradent habituellement ou temporairement un chemin vicinal entretenu à l'État de viabilité, il peut, en exécution de l'art. 14 de la loi du 21 mai 1836, être imposé des subventions spéciales aux entrepreneurs ou aux propriétaires, suivant que l'exploitation ou les transports ont lieu pour le compte des uns ou des autres. (*Proj. règl. gén. min. int., 21 juill. 1854, art. 99.*)

2. Ces subventions sont réclamées par les maires des communes intéressées pour les chemins vicinaux ordinaires. Ces fonctionnaires peuvent aussi, à défaut du préfet, réclamer celles qui concernent les chemins vicinaux de grande communication. (*Proj. règl. gén. préc., art. 100.*)

3. Il y a dégradation habituelle lorsqu'il s'agit d'une exploitation de mines, de carrières, de forêts ou de toute autre entreprise industrielle qui continue toute l'année, ou pendant la plus grande partie de l'année, par le même chemin. — Il y a dégradation temporaire lorsque l'exploitation ne continue pas toute l'année, ou la plus grande partie de l'année, mais se fait seulement temporairement. Si, se continuant toute l'année, l'exploitation emprunte successivement plusieurs chemins, il y a lieu de la considérer comme temporaire à l'égard de chacun des chemins dont elle se sert. (*Proj. règl. gén. min. int., 21 juill. 1854, art. 101.*)

4. Si l'exploitation ou les transports se font pour le compte du propriétaire de l'exploitation ou de l'établissement, c'est à ce propriétaire que la commune doit adresser sa demande. — Si l'exploitation ou les transports ne se font pas pour le compte du propriétaire; si la mine ou l'entreprise industrielle est louée à un fermier; si la carrière est exploitée par un entrepreneur permanent; si la forêt est louée par bail, la demande de subvention doit être adressée, non pas au propriétaire, mais à celui qui exerce les droits du propriétaire d'une manière permanente. Lorsqu'une exploitation de forêts ou de bois est divisée en lots, et adjugée à divers adjudicataires, c'est au propriétaire que la commune doit s'adresser pour la subvention qui peut lui être due. (*Proj. règl. gén. préc., art. 102.*)

5. Les exploitations mentionnées à l'art. 14 de la loi du 21 mai 1836 peuvent être tenues à des subventions, même envers des communes autres que celles sur le territoire desquelles elles sont situées. (*Proj. règl. gén. préc., art. 103.*)

§ 2. — Etat de viabilité. — Constatation.

6. Aux termes de l'art. 14 de la loi du 21 mai 1836, les chemins pour lesquels les subventions sont demandées doivent être entretenus à l'état de viabilité. Il est procédé à la constatation de cet état de la manière suivante : Tous les ans il est publié et affiché dans chaque commune un tableau des chemins vicinaux de petite et de grande communication entretenus à l'état de viabilité. Le tableau des chemins de la première catégorie est arrêté par le maire sur une délibération du conseil municipal; celui de la deuxième, par le préfet, sur un rapport de l'agent voyer en chef. (*Proj. règl. gén. préc., art. 104.*)

7. Les propriétaires industriels ou entrepreneurs qui se servent pour leur exploitation des chemins indiqués au tableau, sont admis à présenter leurs réclamations sur l'état de viabilité desdits chemins, dans la quinzaine qui suit la publication du tableau. (*Proj. règl. gén. préc., art. 105.*)

8. Les chemins qui n'ont donné lieu à aucune observation sont considérés comme étant en bon état de viabilité et peuvent donner ouverture à des demandes de subventions spéciales; à l'égard de ceux dont la viabilité est contestée, il est procédé à une reconnaissance contradictoire de leur état entre les agents de l'administration et les parties intéressées ou leurs représentants. Le résultat de cette reconnaissance doit être consigné par un procès-verbal. (*Proj. règl. gén. préc., art. 106.*)

§ 3. — Dégradations. — Constatation.

9. Les subventions réclamées par les communes devant être proportionnées aux dégradations causées par les exploitations ou autres entreprises industrielles, ces dégradations sont constatées par des experts nommés dans la forme prescrite par l'art. 17 de la loi du 21 mai 1836. (*Proj. règl. gén. préc., art. 107.*)

10. Si la partie intéressée refuse ou néglige de nommer son expert, après l'invitation qui lui en a été faite par le sous-préfet, il en est rendu compte au préfet, qui provoque, près du conseil de préfecture, la nomination d'office de cet expert. (*Proj. règl. gén. préc., art. 108.*)

11. Avant d'opérer, les experts prêtent serment, savoir : devant le conseil de préfecture pour l'arrondissement chef-lieu, et devant les sous-préfets pour les autres arrondissements. Il est rédigé procès-verbal de la prestation de serment. (*Proj. règ. gén. préc., art. 109.*)

12. L'expertise se fait à la fin de l'exploitation, si cette exploitation est temporaire; elle se fait à la fin de l'année si l'exploitation est permanente. (*Proj. règl. gén. préc., art. 110.*)

13. S'il y a discord entre les experts, il en est rendu compte au préfet, qui provoque près du conseil de préfecture, la nomination d'un tiers expert. (*Proj. règl. gén. min. int., 21 juill. 1854, art. 111.*)

14. Les procès-verbaux de prestation de serment des experts, et ceux constatant leurs opérations, sont rédigés sur papier timbré et soumis à l'enregistrement; ils nous sont ensuite adressés. (*Proj. règl. gén. préc., art. 112.*)

§ 4. — Règlement des subventions.

15. Les procès-verbaux d'expertise sont soumis au conseil de préfecture, qui règle la subvention due à la commune, conformément au troisième paragraphe de l'art. 14 de la loi du 21 mai 1836. (*Proj. règ. gén. préc., art. 113.*)

16. Les subventions sont réglées annuellement, sans que la décision rendue puisse, en aucun cas, s'étendre à plusieurs années. (*Proj. règl. gén. préc., art. 114.*)

§ 5. — Recouvrement des subventions.

17. La décision du conseil de préfecture qui a déterminé le montant de la subvention, doit être notifiée par le maire ou à sa diligence au propriétaire ou à l'exploitant à la charge duquel elle est mise. Il est tiré reçu ou dressé procès-verbal de cette notification. — Une expédition de la décision est, en outre, remise au percepteur-receveur municipal, pour servir de titre à ses poursuites. (*Proj. règl. gén. préc., art. 115.*)

18. Si la subvention concerne une forêt impériale, il est remis une expédition de la décision au conservateur des forêts; s'il s'agit d'une propriété de la couronne, il en est remis une expédition à l'inspecteur des domaines et forêts de la couronne; enfin, s'il s'agit d'établissements publics, l'expédition est remise aux administrateurs ou chefs de ces établissements. (*Proj. règl. gén. préc., art. 116.*)

19. Les subventionnaires pouvant, aux termes du deuxième paragraphe de l'art. 14 de la loi du 21 mai 1836, acquitter les subventions en argent ou en prestation en nature, à leur choix, ils doivent déclarer leur option au maire de la commune, dans le délai de quinze jours, à partir de la notification de la décision du conseil de préfecture. Faute par les subventionnaires d'avoir opté dans ce délai, ils ne peuvent plus se libérer qu'en argent. (*Proj. règl. gén. préc., art. 117.*)

20. Les subventions exigibles en argent sont recouvrées comme en matière de contributions directes. (*Proj. règl. gén. préc., art. 118.*)

21. Lorsque les subventionnaires ont déclaré vouloir acquitter leurs subventions en prestations en nature, ils sont soumis à toutes les règles relatives aux travaux de prestation dans la commune.—Dans ce cas, la subvention fixée en argent par le conseil de préfecture est convertie, soit en journées de prestations, d'après le tarif de conversion arrêté pour la commune par le conseil général du département, soit en tâches, conformément au tarif voté par le conseil municipal. — Les travaux doivent être exécutés par des hommes valides, qui travailleront sous l'inspection de l'autorité locale et aux époques indiquées par elle. Des quittances régulières sont données au fur et à mesure de l'emploi des journées, afin d'opérer la libération du subventionnaire. (*Proj. règl. gén. préc., art. 119.*)

22. Si un subventionnaire, après avoir opté pour l'acquit de sa subvention en prestation, n'obtempère pas aux réquisitions qui lui sont régulièrement adressées, il est déclaré déchu du bénéfice de son option, et le recouvrement de la subvention est poursuivi en argent par le percepteur-receveur municipal. (*Proj. règl. gén. préc., art. 120.*)

23. Les subventions exigées en vertu de l'art. 14 de la loi du 21 mai 1836, soit qu'elles doivent s'acquitter en nature, soit qu'elles doivent s'acquitter en argent, sont exclusivement affectées à ceux des chemins qui y auront donné lieu. — Le produit en doit être versé à la caisse communale, s'il s'agit d'un chemin vicinal de petite communication; si elles s'appliquent à un chemin vicinal de grande communication, le montant en est versé à la caisse du receveur général pour être ajouté au crédit de ce chemin. (*Proj. règl. gén. préc., art. 121.*)

§ 6. — Fixation des subventions par abonnement.

24. Lorsqu'il y a lieu, par une commune, de réclamer les subventions prévues par l'art. 14 de la loi du 21 mai 1836, ces subventions sont, s'il est possible, réglées entre le maire et la partie intéressée, par voie d'abonnement en argent. — Les conditions de l'abonnement, signées par les parties, sont d'abord soumises par le maire à l'approbation du conseil municipal, qu'il est, à cet effet, autorisé à réunir toutes les fois qu'il est nécessaire. (*Proj. règl. gén. min. int., 21 juill. 1854, art. 122.*)

25. Si le conseil municipal est d'avis d'admettre les propositions d'abonnement, ces propositions, ainsi que la délibération à laquelle elles ont donné lieu, sont transmises au préfet par l'intermédiaire du sous-préfet, pour y être statué par le préfet, en conseil de préfecture. (*Proj. règl. gén. préc., art. 123.*)

26. L'exécution des engagements souscrits est poursuivie comme en matière des contributions directes. (*Proj. règl. gén. préc., art. 124.*)

27. Les abonnements, souscrits et réglés pour plusieurs années consécutives, ne continuent à être valables qu'autant que l'exploitation ne change pas de nature pendant le délai pour lequel ils ont été souscrits. — Dans tous les cas, les abonnements doivent être renouvelés tous les trois ans, afin de mettre l'administration à portée de reconnaître si les conditions sont toujours en rapport avec les dégradations que peuvent occasionner les exploitations. (*Proj. règl. gén. préc., art. 125.*)

§ 7. — Subventions départementales.

28. Lorsque le conseil général du département a voté au budget départemental les fonds qu'il croit pouvoir affecter aux besoins du service vicinal, soit au moyen de prélèvements sur les centimes facultatifs, soit par le vote de centimes spéciaux, soit enfin par le vote de centimes extraordinaires ou d'un emprunt, et que le vote du conseil général est devenu définitif par l'approbation du budget pour les deux premières natures de ressources, et par une autorisation législative pour la troisième, le préfet opère, aussitôt après la réception du budget approuvé, la répartition des subventions départementales entre les divers chemins vicinaux de grande communication qui doivent y prendre part. — Cette répartition, basée sur l'importance des travaux à exécuter dans le cours de l'année à laquelle elle s'applique, est opérée en ayant égard aux ressources, aux sacrifices et aux besoins des communes, comme le veut l'art. 8 de la loi du 21 mai 1836. — Le préfet prend également en considération, pour cette répartition, les offres de concours volontaires qui auraient été faites, tant par les communes, en dehors de leurs contingents obligatoires, que par des particuliers ou associations de particuliers. (*Proj. règl. gén. préc., art. 244.*)

V. Chemins vicinaux, Prestations, Souscriptions.

SURVEILLANCE LÉGALE. — Form. mun., tom. VI, pag. 677.

LÉGISLATION.

Loi du 21 avril 1832. — Décret du 8 décembre 1851.

1. L'effet du renvoi sous la surveillance de la haute police est de donner au gouvernement le droit de déterminer certains lieux dans lesquels il est interdit au condamné de paraître après qu'il a subi sa peine. Il reçoit une feuille de route, réglant l'itinéraire dont il ne peut s'écarter, et la durée de son séjour dans chaque lieu de passage. Il est tenu de se présenter, dans les vingt-quatre heures de son arrivée, devant le maire de la commune. (*L., 21 mars 1832, art. 30.*)

2. Un décret du 8 décembre 1851 enlève au condamné sous la surveillance la faculté que lui donnait la loi de 1832 de changer de résidence, après en avoir averti le maire, trois jours à l'avance. Ce condamné ne peut plus maintenant quitter sa résidence sans l'autorisation du préfet, autorisation qu'il doit solliciter par l'intermédiaire du maire et du sous-préfet, en indiquant le lieu dont l'interdiction n'est pas absolue où il désire se rendre. — Le maire joint à la demande tous les renseignements de nature à faire connaître l'individu, sa moralité, ses moyens d'existence, les motifs du changement de résidence projeté, et s'il est assuré de trouver dans cette nouvelle résidence des ressources honnêtes. (*Circ. min. pol. gén.*)

3. Les infractions aux règles de la surveillance doivent être, sans retard, signalées par le maire au sous-préfet. (*Circ. min. pol. gén.*)

4. Dans le cas où, par inadvertance et contrairement aux instructions ministérielles, des condamnés sont dirigés sur des localités interdites, les maires de ces localités envoient au sous-préfet les titres de voyage, en lui faisant connaître le lieu non interdit où, sur l'injonction de l'autorité municipale, l'individu demande à se rendre. Le condamné reste provisoirement dans la commune, en attendant la décision du préfet. (*Circ. préc.*)

T

TAXES MUNICIPALES.

LÉGISLATION.

Loi du 11 frimaire an 7-1er décembre 1798.

1. Lorsque, dans une commune formant à elle seule un canton ou considérée comme telle, l'état des dépenses municipales et communales, réunies, a été arrêté, et qu'il a été reconnu que les recettes ordinaires sont insuffisantes pour fournir en entier auxdites dépenses, il y est pourvu par l'établissement de taxes indirectes et locales, lesquelles ne peuvent avoir lieu qu'après l'autorisation expresse d'une loi. (*L., 11 frim. an 7-1er déc. 1798, art. 51.*)

2. En conséquence, et avant le 30 août de chaque année, l'administration municipale desdites communes dresse le tableau comparatif des dépenses municipales et communales réunies, tel que l'état en a été arrêté par l'administration de département, et du montant présumé des recettes municipales et communales également réunies, y compris le produit des centimes additionnels, calculés sur le pied de ceux perçus l'année précédente. — Elle y joint l'indication des taxes indirectes et locales qu'elle juge les plus convenables pour suppléer à l'insuffisance des centimes additionnels. (*L. préc., art. 52.*)

3. Ce tableau comparatif est fait, dans les communes au-dessus de 100,000 âmes, par l'administration de département, à laquelle les municipalités fournissent, à cet effet, leurs états de recettes et dépenses particulières, et autres documents nécessaires. (*L. préc., art. 53.*)

4. L'indication des taxes indirectes et locales dont il vient d'être parlé, comprend; 1° la désignation des objets sur lesquels ces taxes doivent porter; 2° le tarif de la taxe à établir sur chacun des objets désignés; 3° l'indication des moyens d'exécution pour la perception desdites taxes; 4° l'évaluation du produit présumé des diverses taxes projetées; 5° enfin, l'évaluation des frais que pourra occasionner leur perception. (*L. préc., art. 54.*)

5. Ne peuvent être assujettis auxdites taxes, ni les grains et farines, ni les fruits, beurre, lait, fromages, légumes, et autres menues denrées servant habituellement à la nourriture des hommes. (*L. préc., art. 55.*)

6. Les administrations municipales doivent avoir égard, dans leurs projets de taxes municipales, 1° à ce que le tarif et le produit en soient, le plus qu'il se peut, proportionnés au montant des sommes reconnues rigoureusement nécessaires; 2° à ce que le mode de perception entraîne le moins de frais possible et le moins de gêne qu'il se peut pour la liberté des citoyens, des communications et du commerce; 3° aux exceptions et franchises qui peuvent être jugées nécessaires au commerce de la commune et à raison de sa position. (*L., 11 frim. an 7-1er déc. 1798, art. 56.*)

7. Le projet de taxes municipales mentionné aux articles précédents est soumis à l'administration départementale, qui peut le modifier; elle l'arrête et l'adresse, dans le mois de septembre, avec son avis, au ministre de l'intérieur. (*L. préc., art. 57.*)

8. Les taxes particulières dues par les habitants ou propriétaires, en vertu des lois et des usages locaux, sont réparties par délibération du conseil municipal approuvée par le préfet. (*L., 18 juill. 1837, art. 44.*)

9. Ces taxes sont perçues suivant les formes établies pour le recouvrement des contributions publiques. (*L., 18 juill. 1837, art. 44.*)

10. Quant aux taxes elles-mêmes, V. les divers mots qui les caractérisent, tels que Abattoirs, Affouage, Octroi, Pavage, Voirie (§ 2), etc.

TÉLÉGRAPHES.

LÉGISLATION.

Lois du 29 novembre 1850 et du 28 mai 1853. — Décret du 17 juin 1852. — Arrêté des ministres de l'intérieur et des finances, du 18 février 1851.

SOMMAIRE.

§ 1er. — Dispositions générales.

1. Il est permis à toute personne dont l'identité est établie, de correspondre au moyen du télégraphe électrique de l'Etat. (*L., 29 nov. 1850, art. 1er.*)

2. Le directeur du télégraphe peut, dans l'intérêt de l'ordre public et des bonnes mœurs, refuser de transmettre les dépêches. En cas de réclamation, il en est référé, à Paris, au ministre de l'intérieur, et, dans les départements, au préfet ou au sous-préfet, ou à tout autre agent délégué par le ministre de l'intérieur. (*L. préc., art. 3.*)

3. L'autorité administrative a le droit de retarder ou d'interdire la remise d'une dépêche. (*L. et art. préc.*)

4. Toute personne qui veut faire usage de la correspondance télégraphique privée, doit d'abord faire constater son identité. L'identité peut être établie par des pièces, telles que passe-ports, actes de naissance, actes de notoriété, jugements, et autres actes et papiers, dont la réunion prouve l'identité de la personne qui les possède. (*Décr., 17 juin 1852.*)

5. L'identité de la signature est certifiée par un visa des préfets, sous-préfets, président du tribunal civil, juge de paix, notaires, maires et commissaires de police. (*Décr. préc., art. 5.*)

§ 2. — Lignes télégraphiques aériennes. — Maintien de la visibilité.

6. Les lignes de télégraphes aériens sont composées de postes placés à une distance moyenne d'environ huit kilomètres, et établis de manière à ce que le rayon visuel qui va de l'un à l'autre, ne soit arrêté par aucun obstacle. Cette condition assure un bon service tant qu'elle est remplie, et elle l'est toujours quand on construit une ligne. Mais, avec le temps, plusieurs obstacles peuvent s'interposer et entraver ou même empêcher le passage des signaux, et il peut se présenter trois espèces d'obstacles : les constructions d'une nature permanente, et non susceptibles d'être déplacées ; les arbres et les objets placés à demeure, mais susceptibles d'être déplacés; les objets mobiles. (*Circ. min. int., 25 nov. 1852.*)

Les premiers ne peuvent disparaître qu'en employant la voie ordinaire de l'expropriation pour cause d'utilité publique, et il est, en général, de beaucoup préférable de déplacer les postes télégraphiques. (*Circ. préc.*)

7. Les objets placés à demeure, mais susceptibles d'être déplacés, qui pourraient faire obstacle à la visibilité des postes aériens sont : les fours à briques, les hangars, les abris pour bestiaux, les mâts pour signaux, et, enfin, toutes les constructions légères qui peuvent être déplacées sans détérioration réelle, et sans priver le propriétaire ou le fermier du service qu'il en retire. (*Circ. préc.*)

8. Les objets mobiles pouvant être déplacés, sur les arrêtés des maires, sont : les meules à foin, les tas de gerbes, les voitures stationnant, tous les obstacles interposés par des individus qui ne sont ni propriétaires ni fermiers. (*Circ. préc.*)

9. Lorsqu'il y a lieu de faire disparaître un des obstacles placés dans la seconde catégorie, un rapport de l'inspecteur du télégraphe, adressé au préfet, indique le lieu où existe l'obstacle et les circonstances qui le rendent nuisible, et fait connaître les efforts tentés pour obtenir du propriétaire qu'il consente à le faire disparaître. Sur ce rapport, le préfet fait, s'il y a lieu, sommer adminis-

trativement le propriétaire de l'objet formant obstacle, d'en opérer le déplacement ou d'en faire l'élagage, s'il s'agit d'un arbre. Sur le refus de la partie intéressée, le préfet prescrit, par un arrêté, les mesures nécessaires pour faire disparaître l'obstacle. L'inspecteur des lignes télégraphiques, ou un agent de ce service, peut être chargé de l'exécution de l'arrêté, qui réservera toujours le paiement préalable de l'indemnité. (*Circ. min. int., 25 nov. 1852.*)

10. Le déplacement des objets mobiles peut être demandé par les stationnaires des postes dont la visibilité est compromise. Ils font une réquisition au maire, qui statue, s'il y a lieu. (*Circ. préc.*)

11. Si le maire se refuse à ordonner l'enlèvement d'un objet mobile faisant obstacle, le recours a lieu devant le sous-préfet, qui prescrit ce que de droit. Toutes les fois qu'il y a lieu à indemnité, elle est consignée préalablement à l'exécution de l'arrêté du préfet. Des offres réelles sont faites, par l'inspecteur des lignes télégraphiques, à la partie intéressée, qui est, d'ailleurs, mise en demeure de formuler ses prétentions dans un certain délai; sa réponse fixe la question du litige et détermine le premier ou le dernier ressort. (*Circ. préc.*)

§ 3. — Protection. — Surveillance. — Contravention.

12. Les préfets doivent placer les lignes et les postes télégraphiques sous la protection générale de la gendarmerie, des maires et des commissaires de police. Les cantonniers peuvent aussi être chargés de surveiller ces constructions, et de dénoncer, au besoin, les contraventions dont ils peuvent avoir connaissance. (*Circ. préc.*)

13. Pour faciliter la surveillance des lignes télégraphiques, l'administration de ces lignes doit faire connaître aux préfets, les noms, les qualités et les résidences de ceux des agents de cette administration chargés d'exercer des fonctions de surveillance dans leurs départements respectifs. (*Circ. préc.*)

14. Les procès-verbaux des contraventions commises par les concessionnaires ou fermiers de chemins de fer et de canaux, doivent être, dans les quinze jours de leur date, notifiés administrativement au domicile élu par le concessionnaire ou le fermier, à la diligence du préfet, et transmis, dans le même délai, au conseil de préfecture du lieu de la contravention. (*Décr., 27 déc. 1851, art. 7.*)

15. Les crimes, délits ou contraventions prévus par la présente loi peuvent être constatés par les procès-verbaux dressés concurremment par les officiers de police judiciaire, les commissaires et sous-commissaires préposés à la surveillance des chemins de fer, les inspecteurs des lignes télégraphiques, les agents de surveillance nommés et agréés par l'administration et dûment assermentés. Ces procès-verbaux font foi jusqu'à preuve contraire. (*Décr. préc., art. 10.*)

16. Les procès-verbaux dressés en vertu de l'article précédent sont visés pour timbre et enregistrés en débet. Ceux qui ont été dressés par des agents de surveillance assermentés, doivent être affirmés dans les trois jours, à peine de nullité, devant le juge de paix ou le maire, soit du lieu du délit ou de la contravention, soit de la résidence de l'agent. (*Décr. préc., art. 11.*)

17. L'administration peut prendre immédiatement toutes les mesures provisoires pour faire cesser les dommages résultant des crimes, délits et contraventions, et le recouvrement des frais qu'entraîne l'exécution de ces mesures, est poursuivi administrativement, le tout ainsi qu'il est procédé en matière de grande voirie. (*Décr. préc., art. 12.*)

§ 4. — Télégraphes particuliers. — Etablissement.

18. Quand une demande d'autorisation de transmission de signaux télégraphiques, d'un lieu à un autre, est adressée au préfet, ce fonctionnaire a à distinguer trois cas (*Circ. min. int., 25 nov. 1852*) :

1° Lorsqu'il s'agit de demandes se rapportant à l'établissement de signaux télégraphiques, soit dans une même commune, soit entre deux localités situées dans le même canton, l'autorisation peut être accordée par un arrêté du préfet, après une enquête sommaire faite par le maire du principal lieu où la ligne doit être établie, et sur un rapport du sous-préfet. Il doit être donné connaissance au ministre de l'intérieur des autorisations accordées (*Circ. préc.*);

2° Lorsque la demande a pour but l'établissement d'une ligne s'étendant sur plusieurs cantons, dans le même département, l'enquête est instituée par le préfet, qui prend aussi, s'il y a lieu, l'avis, soit de la chambre de commerce, soit des sous-préfets. Dans tous les cas, l'autorisation est accordée par un arrêté du ministre de l'intérieur, après délibération du conseil d'administration des lignes télégraphiques (*Circ. min. int., 25 nov. 1852*);

3° Enfin, quand la ligne doit s'étendre sur plusieurs départements, la demande d'autorisation est renvoyée au ministre de l'intérieur. (*Circ. préc.*)

THÉATRES. — Form. mun., tom. VI, pag. 688.

LÉGISLATION.

Arrêté du gouvernement du 25 pluviôse an 4-14 février 1796. — Règlement du 30 août 1814. — Ordonnance du 8 décembre 1824. — Loi du 9 septembre 1835.

§ 1er. — Règles générales.

1. Il ne peut être établi, soit à Paris, soit dans les départements, aucun théâtre ni spectacle, de quelque nature qu'ils soient, sans l'autorisation du ministre de l'intérieur, à Paris, et des préfets, dans les départements. (*L., 9 sept. 1835, art. 21.*)

2. La même autorisation est exigée pour les pièces qui y sont représentées. (*L. et art. préc.*)

3. Les directeurs de théâtre dans les départements sont nommés par les préfets, qui doivent leur imposer l'obligation de fournir un cautionnement. (*Circ. min. int., 1er nov. 1841.*)

4. Au commencement de chaque année théâtrale, le directeur envoie au ministre de l'intérieur, par qui il a été nommé, et par l'intermédiaire du préfet du chef-lieu où il débute, le tableau de sa troupe, ainsi que son répertoire. La même communication doit être faite à tous les préfets des départements composant chaque circonscription de troupe d'arrondissement ou de troupe ambulante. (*Ord., 8 déc. 1824, art. 7.*)

5. Il doit aussi désigner aux mêmes préfets les villes dont il se propose d'exploiter les théâtres, et indiquer les époques précises auxquelles il donnera des représentations. (*Ord. préc., art. 20.*)

6. Les préfets des départements dans lesquels il y a des théâtres permanents, rendent compte, tous les trois mois, au ministre de l'intérieur, de la conduite des directeurs. Aux mêmes époques, ils exigent des directeurs, et font passer au ministre l'état des recettes et dépenses des troupes permanentes et ambulantes. (*Règl., 30 août 1814, art. 17 et 18.*)

Une circulaire du ministre de l'intérieur, en date du 1er novembre 1841, recommande avec instance aux préfets l'exécution de ces dispositions, et prescrit que les maires ne doivent tolérer aucune représentation donnée par d'autres troupes que les troupes autorisées.

7. Les autorités ne peuvent exiger d'entrées gratuites des entrepreneurs, que pour le nombre d'individus jugé indispensable au maintien de l'ordre et de la sûreté publique. (*Règl. préc., art. 28.*)

§ 2. — Salles de spectacle.

8. Les salles de spectacle appartenant aux communes peuvent, sur la proposition des maires et des préfets, être abandonnées gratuitement aux directeurs. (*Règl. préc., art. 22.*)

9. Quant aux salles appartenant à des particuliers, le loyer ne peut être payé par la commune à la décharge des directeurs. Les conseils municipaux sont autorisés à prendre, à ce sujet, des délibérations, que les préfets doivent transmettre, avec leur avis, au ministre, pour le rapport en être fait, s'il y a lieu, et les sommes nécessaires portées au budget. (*Règl. préc., art. 23.*)

10. En général il doit être pris, autant que possible, des mesures pour que toutes les communes deviennent propriétaires de salles de spectacle. (*Règl. préc., art. 24.*)

§ 3. — Police des théâtres.

11. Le maintien du bon ordre dans les spectacles publics est un objet de police municipale. (*Décr., 16 août 1790, tit. 11, art. 3.*)

12. Aucune pièce ne peut être représentée dans les départements sans l'autorisation des préfets. (*L., 30 juill. 1850, art. 1er.*)

13. Les maires veillent, dans l'intérêt des pauvres, à ce qu'il ne soit accordé d'entrée gratuite qu'aux personnes dont parle l'art. 28 du règlement du 30 août 1814 [ci-dessus, n° 6]. (*Ord., 8 déc. 1824, art. 14.*)

14. Les préfets et les maires doivent veiller à la stricte exécution des lois et instructions relatives aux droits des auteurs dramatiques. (*Règl., 30 août 1814, art. 31.*)

15. L'autorité chargée de la police des spectacles prononce provisoirement sur toutes contestations, soit entre les directeurs et les acteurs, soit entre les directeurs et les auteurs ou leurs agents, qui tendraient à interrompre le cours ordinaire des représentations; la décision provisoire doit être exécutée nonobstant le recours vers l'autorité supérieure à laquelle il appartient de juger le fond de la question. (*Règl. préc., art. 32.*)

16. Les préfets doivent donner des ordres très-précis aux sous-préfets, maires et commissaires de police, pour que les affiches de théâtre n'annoncent au public que les titres des ouvrages dramatiques portés sur les brochures visées au ministère de l'intérieur ou sur les répertoires, et pour que, sous aucun prétexte, ces titres ne puissent être dénaturés ou doublés. (*Circ. min. int., 10 juill. 1853.*)

17. Enfin, l'arrêté du 25 pluviôse an 4-14 février 1796, charge les officiers municipaux de veiller à ce qu'il ne soit représenté aucune pièce dont le contenu puisse servir de prétexte à la malveillance et occasionner du désordre, et les autorise à arrêter la représentation de toutes celles pour lesquelles l'ordre public serait troublé d'une manière quelconque.

V. Spectacles.

TIMBRE. — Form. mun., tom. VI, pag. 704.

LÉGISLATION.

Lois du 13 brumaire an 7-3 novembre 1798, du 28 avril 1816, et du 15 mai 1818.

§ 1er. — Pièces sujettes au timbre.

1. Sont assujettis au droit de timbre, établi en raison de la dimension les actes des autorités constituées administratives qui sont assujettis à l'enregistrement, ou qui se délivrent aux citoyens, et toutes les expéditions et extraits des actes, arrêtés et délibérations desdites autorités qui sont délivrés aux citoyens; les pétitions et mémoires, même en forme de lettres, présentés à toute autorité constituée, aux administrateurs ou établissements publics; les registres des administrations centrales et municipales, tenus pour objets qui leur sont particuliers et n'ayant point de rapport à l'administration générale, et les répertoires de leurs secrétaires. (*L., 13 brum. an 7-3 nov. 1798, art. 12.*)

2. Sont aussi assujettis au timbre et à l'enregistrement sur la minute, dans le délai de vingt jours, 1° les actes des autorités administratives et des établissements publics, portant transmission de propriété, d'usufruit et de jouissance, les adjudications ou marchés de toute nature aux enchères, au rabais et sur soumission; 2° les cautionnements relatifs à ces actes. (*L., 15 mai 1818, art. 78.*)

3. Lorsque, pour les actes ci-dessus comme pour les adjudications publiques, les parties n'ont pas consigné les droits entre les mains du secrétaire, il est autorisé, pour sa décharge, à faire la remise d'un extrait au receveur de l'enregistrement. (*L. préc., art. 79.*)

§ 2. — Pièces non sujettes au timbre.

4. Sont exceptés du droit et de la formalité du timbre, 1° les minutes de tous les actes, arrêtés, décisions et délibérations de l'administration publique en général et de tous les établissements publics, dans tous les cas où aucun de ces actes n'est sujet à l'enregistrement sur la minute, et les extraits, copies et expéditions

qui s'expédient ou se délivrent par une administration ou un fonctionnaire public lorsqu'il y est fait mention de cette destination; les quittances de secours payés aux indigents, et des indemnités pour incendies, inondations, épizooties et autres cas fortuits; toutes autres quittances, même celles entre particuliers, pour créances ou sommes non excédant 10 fr., quand il ne s'agit pas d'un compte ou d'une quittance finale sur plus forte somme; les certificats d'indigence; 2° les registres de toutes les administrations publiques et des établissements publics, pour ordre et administration générale. (*L., 13 brum. an 7-3 nov. 1798, art. 16.*)

V., pour le détail des pièces soumises ou non au timbre, les divers articles de cet ouvrage faisant mention d'actes administratifs. V. surtout l'*Agenda des receveurs municipaux* au mot *Timbre* [1].

TOITURES. — Form. mun., tom VI, pag. 708.

1. Par suite des pouvoirs que les préfets et les maires tiennent des lois sur la police municipale, entre autres de celles des 16 août 1790 et 18 juillet 1837, ils peuvent prendre des arrêtés par lesquels sont prohibées les toitures en chaume, planches, ou en matières pouvant facilement donner prise à l'incendie.

2. Les maires peuvent aussi enjoindre aux couvreurs, maçons et ouvriers qui travaillent sur les toits, de suspendre quelque chose à une corde tombant sur la rue, pour servir d'avertissement aux passants.

3. Ils peuvent également ordonner que tout propriétaire fasse visiter, au moins deux fois l'an, les toits de ses bâtiments, surtout après les ouragans, pour éviter les accidents qui peuvent résulter de la chute de débris de tuiles.

4. Rien ne doit être déposé sur les toits, comme vases, caisses de fleurs, etc., sans être solidement fixés et mis dans l'impossibilité de tomber sur la voie publique.

V. Accidents, Incendie, Voie publique.

TRANSACTIONS. — Form. mun., tom. VI, pag. 713.

LÉGISLATION.

Arrêté du gouvernement du 21 frimaire an 12-13 décembre 1803. — Loi du 18 juillet 1837. — Décret du 25 mars 1852.

1. Dans tous les procès nés ou à naître, qui ont lieu entre des communes et des particuliers, sur des droits de propriété, les communes ne peuvent transiger qu'après une délibération du conseil municipal, prise sur la consultation de trois jurisconsultes désignés par le préfet du département, et sur l'autorisation de ce même préfet, donnée d'après l'avis du conseil de préfecture. (*Arr. gouv., 21 frim. an 12-13 déc. 1803, art. 1er. — Circ. min. int., 5 mai 1852.*)

2. Les préfets sont compétents pour homologuer les transactions sur toutes sortes de biens, quelle qu'en soit la valeur. (*Décr., 25 mars 1852, n° 43 du tabl. A.*)

3. Avant cette homologation, les préfets doivent rechercher avec soin si les conditions des transactions ne sont pas défavorables aux communes ou aux établissements intéressés. — Quand la valeur de l'objet en litige est peu importante et hors de proportion avec les frais qu'entraînerait la solution du procès par les voies judiciaires, ils doivent faire des efforts pour faciliter une transaction. (*Circ. min. int., 5 mai 1852.*)

4. Les transactions doivent être accueillies généralement avec faveur, comme tendant à prévenir ou à terminer des procès toujours fâcheux; mais il importe de veiller à ce que le désir d'éviter des embarras et les frais qui en résultent n'amène pas les communes et les administrations charitables à abandonner trop facilement les droits et les intérêts dont la défense leur est confiée. (*Circ. préc.*)

5. L'arrêté préfectoral d'homologation vise les pièces suivantes (*Circ. préc., mod. n° 33*) :

[1] En vente, chez Prudhomme, imprimeur-éditeur, à Grenoble.

Transactions intéressant les communes.

6. 1° Délibération du conseil municipal ;
2° L'acte de transaction ;
3° Le budget communal ;
4° La consultation de trois avocats, avec sa conclusion ;
5° L'avis du conseil de préfecture ;
6° Celui du sous-préfet.

Transactions intéressant les établissements de bienfaisance.

7. Les mêmes pièces que ci-dessus, auxquelles il faut ajouter la délibération de la commission administrative, du bureau de bienfaisance, ou du conseil d'administration, selon qu'il s'agit d'un hospice, d'un bureau de bienfaisance ou d'un mont-de-piété. (*Circ. min. int., 5 mai 1852, mod. n° 34.*)

V. Procès, etc.

TRANSFÈREMENT DE PRÉVENUS ET DE CONDAMNÉS.

LÉGISLATION.

Décret du 1er mars 1854.

§ 1er. — Transfèrement à pied.

1. Dans le cas où il n'y a pas de maison d'arrêt ou de détention dans le lieu de résidence d'une brigade, les prévenus ou condamnés transférés par la gendarmerie sont déposés dans la chambre de sûreté de la caserne de gendarmerie ; ils y sont gardés par celle de la résidence jusqu'au départ du lendemain ou du jour fixé pour la correspondance. — Mais si les prisonniers sont de différents sexes, les femmes sont remises à l'autorité locale, qui pourvoit à leur logement. — En cas de refus du maire de pourvoir à la subsistance des prisonniers déposés dans la chambre de sûreté, la gendarmerie, après l'avoir constaté par procès-verbal, est tenue de leur fournir les aliments déterminés par les règlements en vigueur, sauf remboursement par l'autorité administrative. (*Décr., 1er mars 1854, art. 372.*)

2. Si un prisonnier tombe malade ou arrive malade dans une résidence de brigade où il n'y a ni prison ni hôpital, il reste déposé dans la chambre de sûreté de la caserne ; les secours nécessaires lui sont administrés par les soins du maire ou de l'adjoint, mais jusqu'au moment seulement où il peut être transféré sans danger dans la maison de détention ou dans l'hôpital le plus à proximité. (*Décr. préc., art. 388.*)

3. Si le prisonnier meurt entre les mains des gendarmes de l'escorte, ou à la chambre de sûreté, ils doivent en prévenir immédiatement le maire de la commune dans laquelle ce prisonnier est décédé, et l'inviter à faire procéder à son inhumation, après les délais voulus par la loi ; ils signent l'acte de décès, dont ils se font délivrer une copie, et la joignent au procès-verbal qu'ils dressent pour constater cet événement. (*Décr. préc., art. 389.*)

4. Lorsqu'un prévenu ou condamné, conduit à pied par la gendarmerie, tombe malade en route, le maire ou l'adjoint du lieu le plus voisin, sur la réquisition des sous-officiers, brigadiers ou gendarmes chargés de la conduite, est tenu de pourvoir aux moyens de transport jusqu'à la résidence de la brigade, la maison de détention ou l'hôpital le plus à proximité dans la direction de la conduite du prisonnier. (*Décr. préc., art. 390.*)

5. Dans le cas où, par suite de tentative violente d'évasion ou de rébellion, les gendarmes de l'escorte ayant fait usage de leurs armes, un ou plusieurs prisonniers transférés sont restés sur place, le chef de l'escorte doit requérir le maire de la commune, afin qu'il dresse l'acte de décès et pourvoie à l'inhumation, toutefois après en avoir reçu l'autorisation du procureur impérial. (*Décr. préc., art. 418 et 419.*)

§ 2. — Transfèrement par voitures cellulaires.

6. Sur la réquisition des préfets, il est fourni pour chaque voiture cellulaire un brigadier, ou, au besoin, un sous-officier de gendarmerie, pour accompagner la

voiture depuis le point de départ jusqu'à destination définitive. (*Décr., 1er mars 1854, art. 430.*)

7. Le cas arrivant où il est absolument nécessaire de s'arrêter pour donner du repos aux condamnés, le brigadier choisit pour lieu de repos un chef-lieu de préfecture ou de sous-préfecture. Les condamnés sont déposés provisoirement dans la maison d'arrêt ou de justice, où il est pourvu à leur nourriture et aux frais du coucher par les soins du préposé de l'entreprise. — Avant d'en effectuer le dépôt, le brigadier donne avis de leur arrivée au maire, ainsi qu'au préfet ou sous-préfet, afin qu'il soit pris par eux telles mesures qu'il appartient, pour leur garde, jusqu'au moment du départ. (*Décr. préc., art. 447.*)

8. Si, par suite d'accident survenu à la voiture, il devient nécessaire de s'arrêter et de mettre à pied les condamnés, et si l'accident est survenu non loin de l'habitation du maire, le brigadier en donne avis à ce magistrat, afin qu'il ait à requérir, s'il en est besoin, la garde nationale, ou à prescrire toute autre mesure d'urgence pour le logement et la garde des condamnés, jusqu'à ce qu'il soit possible de se mettre en route. (*Décr. préc., art. 448.*)

9. Si, pendant le voyage, des condamnés sont reconnus, par les médecins appelés à les visiter, hors d'état d'être transportés plus loin, ils sont remis, suivant les localités, à la disposition, soit du préfet, soit du sous-préfet ou du maire, qui prescrivent à leur égard telle mesure qu'il appartient. (*Décr. préc., art. 449.*)

10. En cas de décès d'un condamné pendant le trajet, il est pourvu à sa sépulture par les soins du maire de la commune, et aux frais de l'entreprise. (*Décr. préc., art. 451.*)

11. En cas d'évasion, le brigadier remet au préfet, au sous-préfet ou au maire, suivant les localités, le signalement du condamné évadé, et tous autres renseignements pouvant servir à son arrestation. (*Décr. préc., art. 452.*)

V. Gendarmerie, Prisons.

TRAVAUX PUBLICS INTÉRESSANT L'ÉTAT, LES DÉPARTEMENTS ET LES COMMUNES. — Form. mun., tom. VI, pag. 715.

LÉGISLATION.

Règlement du 25 août 1833. — Ordonnance du 14 novembre 1837. — Décret du 25 mars 1852. — Sénatus-consulte du 23 décembre 1852.

SOMMAIRE.

Chapitre Ier. — Dispositions générales.

1. D'après les lois qui ont classé les dépenses générales, départementales et communales, les dépenses relatives, 1° à la confection, à l'entretien et à la réparation des grandes routes et des ponts; 2° à la navigation intérieure et à l'entretien et réparation des ports; 3° aux constructions, grosses réparations et frais de premier établissement des édifices consacrés au service public, sont à la charge de l'Etat.

2. Les travaux dont les dépenses sont à la charge des départements, sont 1° la construction, la réparation et l'entretien des routes départementales et autres ouvrages d'intérêt local non compris au budget des ponts et chaussées, sauf les cas où les arrondissements et les communes peuvent être appelés à y concourir; 2° les dépenses relatives aux bâtiments des maisons centrales de détention et des cours impériales, et à ceux des préfectures, tribunaux, prisons, dépôts, casernes et autres édifices départementaux.

3. Les travaux publics intéressant les communes, et à l'exécution desquels les maires et adjoints sont chargés de veiller, sont notamment : 1° la construction et l'entretien des chemins vicinaux; 2° la construction et l'entretien des édifices publics appartenant particulièrement à la commune, tels que la maison commune, les écoles publiques, les églises et presbytères; 3° l'entretien des fossés, aqueducs et ponts à l'usage particulier de la commune, des ports, quais, abreuvoirs, etc.

4. Tous les travaux d'utilité publique, toutes les entreprises d'intérêt général, sont ordonnés ou autorisés par décrets de l'empereur, rendus dans les formes

prescrites pour les règlements d'administration publique. (*Sénatus-cons., 23 déc. 1852, art. 4.*)

5. Les préfets sont compétents pour autoriser l'exécution de tous les travaux d'intérêt départemental et en approuver les adjudications, sous les seules réserves relatives aux prisons départementales et aux asiles d'aliénés, lorsque les plans engagent la question de système ou de régime intérieur. (*Décr., 25 mars 1852, nos 9 et 10 du tabl. A.*)

6. A l'égard des travaux dont les frais sont à la charge des communes, les projets et devis sont soumis à l'approbation du préfet, dont les attributions sur ce point ont été affranchies de toute limite, en ce qui concerne le montant de la dépense, par le décret précité du 25 mars 1852, n° 40 du tableau A.

7. Les dispositions qui précèdent ont laissé subsister les règles relatives à l'enquête administrative, établies par l'ordonnance du 18 février 1834, pour les travaux publics intéressant l'Etat et les départements, et par l'ordonnance du 23 août 1835, pour les travaux d'intérêt purement communal. — V. ENQUÊTES *de commodo et incommodo.*

8. Ces règles, qui sont également prescrites par la loi du 3 mai 1841, pour arriver à l'expropriation des immeubles nécessaires pour l'exécution des travaux, ne sont pas applicables, lorsqu'il y a lieu à l'expropriation en cas d'urgence, ni lorsqu'il s'agit de travaux militaires ou de travaux de la marine. (*L., 3 mai 1841, art. 65 et suiv.*)

9. Le conseil général de département est appelé à délibérer sur les projets, plans et devis de tous les travaux départementaux, sur les offres faites par les communes, par des associations ou des particuliers pour concourir à la dépense, sur la concession des travaux à des associations, à des compagnies ou à des particuliers, et sur la part contributive à imposer au département dans la dépense des travaux exécutés par l'Etat et qui intéressent le département. (*L., 10 mai 1838, art. 4.*)

10. A l'égard des travaux dont les frais sont à la charge des communes, les projets et devis, dressés, soit par l'agent-voyer, s'il s'agit de l'ouverture ou du redressement d'un chemin vicinal, soit par un architecte, s'il s'agit d'autres travaux communaux, sont soumis d'abord à la délibération du conseil municipal, puis à l'approbation du préfet.

Chap. II. — Modes d'adjudication et d'exécution des travaux publics.

11. Les travaux publics peuvent être exécutés de plusieurs manières : 1° par adjudication, avec publicité et concurrence ; 2° par marchés passés de gré à gré; 3° par concession donnée avec ou sans concurrence ; 4° par régie.

12. En principe général, toute entreprise de travaux publics doit être mise en adjudication avec concurrence et publicité. Mais il est des cas où il importe de déroger à cette règle, soit que l'urgence des travaux ne permette pas de remplir les formalités de l'adjudication, soit qu'ils n'aient pu être adjugés faute d'offres acceptables, soit que la nature des travaux ne permette pas de les livrer, sans inconvénient, à une concurrence illimitée, soit enfin que la minimité des travaux et de la dépense motive la dispense d'adjudication.

Ainsi, les communes peuvent faire exécuter, sans adjudication, et même sans autorisation préalable du préfet, les réparations de simple entretien dont la dépense ne dépasse pas 300 fr., et dont les fonds sont alloués au budget. (*Décr., 10 brum. an 14-1er nov. 1805, et instr. min., 9 juin 1838.*)

13. Le maire peut traiter de gré à gré, 1° pour les travaux et fournitures dont la valeur n'excède pas 3,000 fr.; 2° pour ceux qui se trouvent dans les autres cas ci-dessus énoncés. Mais dans tous les cas, les marchés doivent être soumis à l'approbation du préfet. Néanmoins, ces travaux peuvent être exécutés en régie sous la surveillance du maire, et avec l'autorisation spéciale du préfet, qui est exigée seulement lorsque la dépense excède 300 fr. (*Ord., 14 nov. 1837.*)

14. A l'égard des travaux qui doivent être mis en adjudication, les règles qui y sont relatives et les formes à suivre sont indiquées au mot *Adjudication.*

15. Les ouvrages sont exécutés aux clauses et conditions du marché, suivant les indications de l'ingénieur ou de l'architecte ; il est tenu, au fur et à mesure de l'exécution des travaux, des attachements figurés et écrits, destinés à constater la disposition, la nature et les dimensions de tous les travaux qui ne resteraient pas visibles ou facilement accessibles. (*Instr. min., avril 1842.*)

16. Les travaux sont surveillés dans leur exécution par les ingénieurs ou l'architecte, constatés à mesure de leur avancement, et reçus quand ils sont terminés. (*Règl., 25 août 1833.*) La réception définitive n'a lieu qu'après l'expiration du délai de garantie, qui varie suivant la nature des ouvrages.

17. Le paiement du prix des travaux se fait d'après les mémoires établis par les entrepreneurs, suivant l'ordre adopté pour la rédaction des devis et la tenue des attachements, et conformément aux séries de prix qui ont fait la base des adjudications. Ces mémoires sont réglés par le vérificateur et visés par l'architecte. (*Arr., 20 déc. 1841.*)

18. Les conseils de préfecture sont compétents pour statuer sur les difficultés qui peuvent s'élever entre les entrepreneurs de travaux publics et l'administration, concernant le sens ou l'exécution de leurs marchés. (*L., 28 pluv. an 8.*)

19. Les mandats exécutoires délivrés par les préfets pour frais et honoraires de toute nature auxquels donnent lieu les travaux d'intérêt public exécutés d'office ou de gré à gré, à la charge des particuliers, sont recouvrés par les percepteurs des contributions directes. (*Décr., 27 mai 1854, art. 1er.*)

Chap. III. — Travaux des chemins vicinaux.

SECTION. Ire. — CHEMINS VICINAUX ORDINAIRES.

§ 1er. — Travaux à faire à prix d'argent.

I. — RÉDACTION DES PROJETS ET DEVIS.

20. Tous les travaux à exécuter à prix d'argent, sur les chemins vicinaux, doivent être l'objet de projets régulièrement dressés et appuyés de devis. Toutefois, il peut, sous l'approbation du sous-préfet, être fait exception à la disposition qui précède, lorsqu'il s'agit de travaux de simple réparation ou d'entretien dont la dépense ne dépasse pas 300 fr. (*Proj. règl. gén. min. int., 21 juill. 1854, art. 174.*)

21. Les projets et devis des travaux à prix d'argent doivent être rédigés chaque année dans le courant de novembre. — Ils sont immédiatement adressés au sous-préfet, qui les fait examiner par l'agent voyer d'arrondissement, et qui approuve, s'il y a lieu, ceux dont la dépense n'excède pas 1,000 fr. — Ceux dont la dépense dépasse 1,000 fr. sont adressés au préfet par le sous-préfet, avec son avis et celui de l'agent voyer d'arrondissement, pour être, s'il y a lieu, approuvé par le préfet, sur l'avis de l'agent voyer en chef. (*Proj. règl. gén. préc., art. 175.*)

II. — MODE D'EXÉCUTION DES TRAVAUX.

22. Les travaux à exécuter à prix d'argent sur les chemins vicinaux peuvent être exécutés, d'après leur importance, par voie d'adjudication, de marchés à forfait ou de régie. (*Proj. règl. gén. préc., art. 176.*)

23. Lorsque la dépense portée au devis ne s'élève pas à 300 fr., le maire peut faire exécuter les travaux par voie de marché ou par voie de régie, sans avoir besoin de recourir à une autorisation spéciale. — Entre la limite de 300 fr. à 1,000 fr., les travaux peuvent encore être exécutés par voie de marchés à forfait ou de régie, mais seulement avec l'autorisation du préfet. Lorsque la dépense portée au devis excède 1,000 fr., les travaux doivent nécessairement être mis en adjudication. Après deux tentatives infructueuses d'adjudication, il en est rendu compte au préfet, qui autorise, s'il y a lieu, l'exécution des travaux par voie de marchés ou de régie. (*Proj. règl. gén. préc., art. 177.*)

§ 2. — Travaux à faire par voie d'adjudication.

24. Les adjudications sont, autant que possible, faites à la sous-préfecture de l'arrondissement, et, à cet effet, le sous-préfet se concerte avec les maires pour

réunir dans une même affiche et adjuger dans une même séance, par lots distincts, les travaux à faire dans les différentes communes de l'arrondissement. Lorsque des circonstances particulières exigent que l'adjudication des travaux ait lieu dans la commune même où ces travaux doivent être faits, cette exception est autorisée par le préfet. (*Proj. règl. gén. min. int., 21 juill. 1854, art. 178.*)

25. Le sous-préfet détermine, selon la nature et l'importance des travaux, si l'adjudication a lieu pour la totalité des travaux à exécuter dans une commune et en bloc, ou si elle doit être faite par nature d'ouvrages et par série de prix. — Il détermine également si l'adjudication doit avoir lieu sur soumissions cachetées, à la criée ou à l'extinction des feux. (*Proj. règl. gén. préc., art. 179.*)

26. Les adjudications sont annoncées au moins quinze jours à l'avance, par des affiches placardées, tant au chef-lieu que dans les principales communes de l'arrondissement. Ces affiches indiquent, sommairement, la nature des travaux, le montant de la dépense, les conditions et le mode de l'adjudication, le lieu, le jour et l'heure où il y sera procédé, le lieu et le moment où devra se faire le dépôt des soumissions, enfin le montant du cautionnement à fournir par le soumissionnaire déclaré adjudicataire. (*Proj. règl. gén. préc. art. 180.*)

27. Lorsque l'adjudication a lieu à la sous-préfecture, le sous-préfet est assisté du maire et d'un membre du conseil municipal de chacune des communes intéressées, du percepteur-receveur municipal et de l'agent voyer de l'arrondissement. L'absence d'un ou de plusieurs de ces fonctionnaires, eux dûment appelés, ne fait pas obstacle à ce que l'adjudication ait lieu. — Si l'adjudication a lieu sur l'autorisation du préfet, dans une commune et pour les travaux de cette seule commune, il y est procédé selon que le préfet le décide, soit par le sous-préfet de l'arrondissement, soit par le maire de la commune, en présence de deux membres du conseil municipal et du receveur municipal. (*Proj. règl. gén. préc., art. 181.*)

28. Lorsque l'adjudication a lieu sur soumissions cachetées, il est arrêté, pour chaque adjudication, de concert entre le maire et le sous-préfet, après avoir consulté l'agent voyer, et avant l'ouverture de la séance, un *minimum* de rabais, qui est déposé cacheté sur le bureau. (*Proj. règl. gén. préc., art. 182.*)

29. Nul n'est admis à concourir s'il n'a les qualités requises pour entreprendre les travaux et en garantir le succès. A cet effet, le concurrent est tenu de fournir un certificat constatant sa capacité, et de présenter un acte régulier ou au moins une promesse valable de cautionnement. Ce certificat et cet acte ou cette promesse sont joints à la soumission ; mais celle-ci est placée sous un second cachet. — Il n'est pas exigé de certificat de capacité pour la fourniture des matériaux destinés à l'entretien des chemins, ni pour les travaux de terrassement dont l'estimation ne s'élève pas à 300 fr. (*Proj. règl. gén. préc., art. 183.*)

30. Les paquets sont reçus cachetés, par le sous-préfet ou le maire qui préside à l'adjudication, en présence des fonctionnaires dont il doit être assisté ; ils sont immédiatement rangés sur le bureau, et reçoivent un numéro dans l'ordre de leur présentation. (*Proj. règl. gén. préc., art. 184.*)

31. A l'instant fixé pour l'ouverture des paquets, le premier cachet est rompu publiquement, et il est dressé un état des pièces contenues sous ce premier cachet. L'état dressé, les concurrents se retirent de la salle de l'adjudication, et le président, après avoir consulté les fonctionnares qui l'assistent, arrête la liste des concurrents agréés. (*Proj. règl. gén. préc., art. 185.*)

32. Immédiatement après, la séance redevient publique, et le président donne connaissance de la liste des concurrents agréés. Les soumissions présentées par ces derniers seulement sont alors ouvertes publiquement. Toute soumission qui n'est pas conforme au modèle indiqué par les affiches, est déclarée nulle. — Les concurrents qui ne savent pas écrire peuvent faire signer leur soumission par un fondé de procuration verbale, sous la condition de le déclarer, avant l'ouverture de leur soumission, au fonctionnaire qui préside à l'adjudication. (*Proj. règl. gén. préc., art. 186.*)

33. Le soumissionnaire qui a fait l'offre d'exécuter les travaux aux conditions les plus avantageuses est déclaré adjudicataire. Toutefois, si le rabais offert dans

les soumissions, n'atteint pas le minimum fixé dans le billet cacheté dont il est fait mention en l'art. 182 (nº 9), l'adjudication doit être déclarée sans résultat et remise. (*Proj. règl. gén. min. int., 21 juill. 1854, art. 187.*)

34. Dans le cas où plusieurs soumissionnaires ont offert le même rabais, il est procédé, séance tenante, à une adjudication entre ces soumissionnaires seulement, soit sur de nouvelles soumissions, soit à l'extinction des feux. (*Proj. règl. gén. préc., art. 188.*)

35. Pour les travaux dont l'importance ne s'élève pas à plus de 1,000 francs, les adjudications se font au rabais, à la criée ou à l'extinction des feux. Le mode adopté doit toujours être indiqué dans l'affiche. (*Proj. règl. gén. préc., art. 189.*)

36. Il est dressé, pour chaque adjudication, soit qu'elle ait lieu par voie de soumissions cachetées, soit qu'elle ait lieu à la criée ou à l'extinction des feux, un procès-verbal qui doit relater toutes les circonstances de l'opération. — La minute du procès-verbal de l'adjudication est inscrite sur papier timbré. (*Proj. règl. gén. préc., art. 190.*)

37. Les adjudications auxquelles le préfet n'a pas présidé lui-même, ne sont définitives qu'après son approbation. (*Proj. règl. gén. préc., art. 191.*)

38. Dans les vingt jours de la date de l'adjudication, pour celles que le préfet a passées, dans les vingt jours de la date de son approbation pour les autres, la minute du procès-verbal de l'adjudication est enregistrée; il ne peut en être délivré ni expédition ni extrait, qu'après l'accomplissement de cette formalité. (*Proj. règl. gén. préc., art. 192.*)

39. Les adjudicataires paient les frais de timbre et d'enregistrement des procès-verbaux, ceux d'expéditions sur papier timbré des devis et cahier des charges dont il leur est fait remise, ainsi que ceux d'affiches et autres publications, s'il y a lieu. Il ne peut être rien exigé d'eux au delà. (*Proj. règl. gén. préc., art. 193.*)

40. Le cautionnement à fournir par les adjudicataires est réalisé à la diligence du receveur municipal, conformément aux dispositions de l'art. 5 de l'ordonnance du 14 novembre 1837. (*Proj. règl. gén. préc., art. 194.*)

§ 3. — Travaux à faire par voie de marchés.

41. Lorsque, en raison du montant des devis (art. 177 [nº 23]), ou bien parce que deux tentatives d'adjudication seront restées infructueuses, il y aura lieu de faire exécuter les travaux par voie de marché, les marchés sont passés par le maire, assisté de deux conseillers municipaux pris dans l'ordre du tableau. Les marchés doivent contenir l'engagement par l'entrepreneur d'exécuter les travaux portés au devis, moyennant une somme fixe qui, dans aucun cas, ne peut excéder le devis, et dans un délai déterminé, passé lequel le soumissionnaire s'oblige, si les travaux ne sont pas exécutés, à payer à la commune des dommages-intérêts qui doivent être réglés par le marché lui-même. — Ces marchés sont soumis à l'approbation du sous-préfet pour les travaux au-dessous de 1,000 fr., et à celle du préfet, lorsqu'ils atteignent ce chiffre. Les dispositions des articles 192, 193, 194 (nºˢ 38, 39, 40), leur sont applicables. (*Proj. règl. gén. préc., art. 195.*)

§ 4. — Surveillance et réception des travaux.

42. Les travaux qui se font par voie d'adjudication ou de marchés sont surveillés par le maire de la commune, assisté, autant que faire se peut, d'un agent voyer. En cas d'impossibilité du concours d'un agent voyer, le maire peut nommer un ou plusieurs piqueurs ou cantonniers, qui sont chargés de surveiller plus immédiatement l'exécution de ces travaux. Le salaire de ces agents est prélevé sur les fonds applicables aux dépenses des chemins vicinaux. (*Proj. règl. gén. préc., art. 196.*)

43. En cas de retard dans l'ouverture ou l'exécution progressive des travaux confiés à un entrepreneur, le maire lui notifie l'ordre de les commencer ou de les continuer sans délai. Si, dans la huitaine à dater du jour de la notification, cet ordre demeure sans effet, il en rend compte au préfet, et celui-ci prend un arrêté de mise en demeure, lequel porte que, si, à une époque que le préfet

fixera, l'entrepreneur ne satisfait pas à ses obligations, il est établi une régie à ses frais, ou bien que la résiliation du marché est prononcée, et une nouvelle adjudication sur folle enchère passée aux risques et périls de l'entrepreneur retardataire. (*Proj. règl. gén. min. int., 21 juill. 1854, art. 197.*)

44. En cas de résiliation, les sommes dues à l'entrepreneur, pour les travaux exécutés et les matériaux fournis qui sont jugés de nature à être reçus, lui sont payés; les mauvais ouvrages sont détruits, et les mauvais matériaux sont rejetés aux frais de l'entrepreneur, en déduction des sommes qui lui sont dues. (*Proj. règl. gén. préc., art. 198.*)

45. La réception définitive des travaux est faite par le maire, assisté de l'agent voyer, et en présence de l'adjudicataire ou lui dûment appelé. Le procès-verbal est signé par des personnes présentes; il est soumis à l'acceptation de l'entrepreneur, qui, s'il a des observations à présenter, doit les remettre dans les dix jours de la notification de ce document. Il est ensuite soumis à l'approbation du sous-préfet pour les travaux d'une valeur de moins de 1,000 fr., et à l'approbation du préfet pour les travaux d'un valeur plus considérable. (*Proj. règl. gén. préc., art. 199.*)

46. Le procès-verbal de réception est dressé en triple original : l'un est déposé à la mairie, l'autre est annexé à la minute de l'adjudication, le troisième est remis à l'adjudicataire pour être produit à l'appui du dernier mandat qui lui est délivré. (*Proj. règl. gén. préc., art. 200.*)

47. Les maires peuvent délivrer des mandats partiels de paiement aux entrepreneurs, à raison de l'avancement des travaux ou de l'importance des approvisionnements faits. Ces mandats sont basés sur un certificat d'avancement des travaux, délivré par l'agent voyer ou par le surveillant des travaux. Ce certificat est joint au mandat. (*Proj. règl. gén. préc., art. 201.*)

48. Les mandats partiels ne doivent jamais excéder les quatre cinquièmes du montant des travaux effectués ou des approvisionnements faits, le dernier cinquième devant servir de garantie jusqu'à la réception définitive. (*Proj. règl. gén. préc., art. 202.*)

49. Le paiement total n'a lieu, et la remise des cautionnements n'est faite qu'après l'achèvement, la reconnaissance et la réception définitive des travaux, et ce, sans préjudice des délais de garantie que stipule le cahier des charges, ou qui résultent des dispositions du Code Napoléon. (*Proj. règl. gén. préc., art. 203.*)

§ 5. — Travaux en régie.

50. Lorsque, en raison du montant des devis, ou en vertu d'autorisations spéciales, les travaux des chemins vicinaux doivent être faits en régie, ces travaux sont exécutés sous la surveillance du maire ou de son délégué, avec l'assistance, autant que faire se peut, d'un agent voyer. (*Proj. règl. gén. préc., art. 204.*)

51. Le maire peut charger de la direction effective des ateliers un agent voyer, piqueur, cantonnier ou conducteur, qui exerce les fonctions de régisseur. (*Proj. règl. gén. préc., art. 205.*)

52. Le régisseur doit tenir un carnet sur lequel sont journellement indiqués les divers ouvriers employés à l'atelier, le temps de leur présence, la nature et la quantité des travaux exécutés chaque jour. Ce carnet doit être chaque jour visé et parafé par le maire. (*Proj. règl. gén. préc., art. 206.*)

53. Le régisseur dresse, à l'expiration de chaque mois, l'état de la dépense, en double expédition, et en fait la remise au maire qui, après la vérification et apposition de son visa sur chaque état, délivre sur le receveur municipal, au nom du régisseur, un mandat du montant de la dépense. (*Proj. règl. gén. préc., art. 207.*)

54. Le régisseur opère le paiement des ouvriers en présence du maire ; les états de dépense sont émargés par les parties prenantes : lorsque celles-ci ne savent signer, le paiement est certifié par le maire. L'un des doubles des états de dépense est remis au receveur municipal pour être annexé au mandat ; l'autre est déposé à la mairie. (*Proj. règl. gén. préc., art. 208.*)

55. Lorsqu'il y a nécessité, le maire peut faire remettre, par avance, au régis-

seur, les fonds nécessaires au paiement des salaires journaliers, à charge d'en rendre compte et de produire des états émargés des parties prenantes. *(Proj. règl. gén. min. int., 21 juill. 1854, art. 209.)*

SECT. II. — CHEMINS VICINAUX DE GRANDE COMMUNICATION.

§ 1er. — Dispositions générales.

56. Les travaux de toute nature à faire sur les chemins vicinaux de grande communication s'exécutent sous l'autorité immédiate du préfet, et la surveillance et la direction des agents voyers. — Des décisions spéciales déterminent, lorsqu'il y a lieu, l'action que les sous-préfets ont à exercer sur cette partie du service. *(Proj. règl. gén. préc., art. 247.)*

57. Les travaux de toute nature à faire sur les chemins vicinaux de grande communication sont l'objet de projets et devis rédigés par les agents voyers, et ne sont exécutés qu'après leur approbation par le préfet. — Les projets et devis sont accompagnés de plans, quand l'importance des travaux l'exige, et ils indiquent les terrains et les carrières d'où les matériaux doivent être extraits. — Les projets indiquent les parties de travaux qui peuvent être exécutés au moyen de la prestation en nature, et celles qui ne peuvent, en raison de leur nature, être exécutées qu'à prix d'argent. *(Proj. règl. gén. préc., art. 248.)*

§ 2. — Travaux à faire par voie d'adjudication.

58. Les travaux à exécuter à prix d'argent sur les chemins vicinaux de grande communication, doivent toujours, à moins d'impossibilité absolue, être adjugés au rabais, par voie de soumission cachetée. — Toutefois, il peut être fait exception à cette règle, soit pour les travaux d'une valeur au-dessous de 1,000 fr., soit pour ceux qui, ayant une valeur de 1,000 fr. et au-dessus, auraient été l'objet de deux tentatives infructueuses d'adjudication. *(Proj. règl. gén. préc., art. 257.)*

59. Les travaux d'entretien peuvent, dans des cas d'exception que le préfet détermine, être exécutés en régie, sous la surveillance et la direction des agents voyers. *(Proj. règl. gén. préc., art. 258.)*

60. Il est dressé par le préfet un cahier des charges générales relatives aux adjudications de travaux concernant les travaux des chemins vicinaux de grande communication. Les clauses spéciales à chaque adjudication sont également arrêtées par le préfet. *(Proj. règl. gén. préc., art. 259.)*

61. Lorsqu'une adjudication doit comprendre tous les travaux de même nature à effectuer dans toute l'étendue du département, ou seulement dans plusieurs arrondissements, elle est passée par le préfet en conseil de préfecture, avec l'assistance de deux membres du conseil général et celle de l'agent voyer en chef. — Lorsqu'une adjudication ne doit comprendre que les travaux à faire dans un seul arrondissement, elle peut être passée par le sous-préfet, avec l'assistance d'un membre du conseil d'arrondissement et celle de l'agent voyer de l'arrondissement, sous l'approbation du préfet. — Les membres du conseil général et ceux des conseils d'arrondissement qui sont appelés à assister aux adjudications sont désignés par nous. *(Proj. règl. gén. préc., art. 260.)*

62. Les adjudications se font par ligne vicinale, sauf la division par lots dans chaque ligne, si l'importance des travaux l'exige. *(Proj. règl. gén. préc., art. 261.)*

63. Les adjudications sont faites dans les formes prescrites par les articles 183 à 194 du présent règlement. *(Proj. règl. gén. préc., art. 262.)*

§ 3. — Travaux par voie de marché.

64. Lorsque, en raison du montant des devis, ou bien parce que deux tentatives d'adjudication sont restées infructueuses, il y a lieu de faire exécuter les travaux par voie de marchés, les marchés sont passés par le préfet, pour l'arrondissement chef-lieu, et par les sous-préfets dans les autres arrondissements. Les marchés contiennent l'engagement par l'entrepreneur d'exécuter les travaux portés au devis, moyennant une somme fixée qui, dans aucun cas, ne peut excéder le devis, et dans un délai déterminé, passé lequel le soumissionnaire s'oblige à

payer au profit de la ligne vicinale des dommages-intérêts qui sont réglés par le marché lui-même. Ceux de ces marchés qui sont passés par les sous-préfets doivent être soumis à l'approbation du préfet. L'art. 195 du présent règlement est applicable aux marchés. *(Proj. règl. gén. min. int., 21 juill. 1854, art. 263.)*

§ 4. — Surveillance et réception des travaux.

65. Les travaux qui se font par voie d'adjudication ou de marchés sont surveillés par les agents voyers. *(Proj. règl. gén. préc., art. 264.)*

66. L'art. 197 du présent règlement (n° 43 ci-dessus) est applicable aux travaux des chemins vicinaux de grande communication, sauf la substitution de l'autorité du préfet à celle du maire, pour les actes à exercer contre les entrepreneurs. *(Proj. règl. gén. préc., art. 265.)*

67. La réception des travaux est faite par les agents voyers en présence de l'adjudicataire, ou lui dûment appelé. Le procès-verbal est signé des personnes présentes ; il est soumis à l'acceptation de l'entrepreneur, qui, s'il y a des observations à présenter, doit les remettre dans les dix jours de la notification de ce document. Lorsque le procès-verbal a pour objet une réception définitive, il est soumis à l'approbation du préfet. *(Proj. règl. gén. préc., art. 266.)*

68. Le paiement des entrepreneurs a lieu sur mandats du préfet, d'après les règles suivies pour les travaux des routes départementales. *(Proj. règl. gén. préc., art. 267.)*

§ 5. — Travaux en régie.

69. Lorsque le préfet a autorisé l'exécution de travaux en régie, le régisseur est présenté à son choix par l'agent voyer en chef, qui doit veiller, sous sa responsabilité personnelle, à l'exécution des formalités prescrites pour la justification des dépenses. — Ces formalités sont les mêmes que celles applicables au service des routes départementales. *(Proj. règl. gén. préc., art. 268.)*

§ 6. — Travaux d'entretien.

70. Lorsqu'un chemin vicinal de grande communication est terminé en tout ou en partie, et mis en bon état de viabilité, il peut être établi, pour son entretien, des cantonniers qui sont employés sous la direction et la surveillance des agents voyers. *(Proj. règl. gén. préc., art. 269.)*

71. Les cantonniers sont nommés et leur traitement est fixé par le préfet, sur la proposition de l'agent voyer en chef. Leur salaire est payé sur les fonds affectés au chemin, et leur service est réglé par un arrêté spécial. *(Proj. règl. gén. préc., art. 270.)*

SECT. III. — COMMISSIONS DE SURVEILLANCE DES CHEMINS VICINAUX.

72. Il peut être formé par le préfet, soit pour chaque chemin vicinal de grande communication, soit pour les chemins vicinaux de grande communication de tout un arrondissement, une commission de surveillance composée de membres du conseil général et du conseil d'arrondissement, de maires et de propriétaires, et d'industriels les plus intéressés au bon état des chemins. *(Proj. règl. gén. préc., art. 274.)*

73. Lorsqu'un chemin vicinal de grande communication se trouve situé sur deux arrondissements, ou a une étendue trop considérable pour être facilement surveillé par une seule commission, il peut être divisé en deux parties, qui sont confiées chacune à une commission distincte. *(Proj. règl. gén. préc., art. 275.)*

74. Chaque commission nomme son président et son secrétaire, et détermine le lieu habituel des réunions. — Lorsque le sous-préfet assiste aux séances, il a la présidence. — Les agents voyers en chef et d'arrondissement peuvent assister aux séances avec voix consultative. *(Proj. règl. gén. préc., art. 276.)*

75. Les commissions, lorsque le préfet le juge utile, sont appelées à donner leur avis sur les projets rédigés par les agents voyers, pour les travaux neufs et les

ouvrages d'art. — Elles peuvent être consultées sur la proportion d'après laquelle la dépense doit être répartie entre les communes. — Elles surveillent les cantonniers et signalent au sous-préfet ceux qui ne remplissent pas leur devoir. — Elles désignent un ou plusieurs de leurs membres pour assister à la réception des ouvrages exécutés par entreprise, ainsi qu'à celle des matériaux fournis par des entrepreneurs ou au moyen de prestations. Les agents voyers chargés de ces réceptions doivent prévenir, à l'avance, les délégués de la commission du moment où elles auront lieu; faire mention, dans leurs procès-verbaux, des observations des commissaires, et inviter ceux-ci à les signer. Il est procédé, par l'agent voyer, en l'absence des commissaires, si ceux-ci, dûment avertis, ne se présentent pas. (*Proj. règl. gén. min. int., 21 juill. 1854, art. 277.*)

76. Les commissions se réunissent dans les trois premiers mois de l'année, pour présenter leurs observations sur l'état des chemins et sur les améliorations les plus urgentes à y faire. Ces observations sont adressées aux sous-préfets. — Dans cette première séance, les commissions règlent le service de l'année, en désignant les commissaires chargés spécialement de veiller à la bonne confection des ouvrages d'art et d'assister aux réceptions. Ces commissaires peuvent se mettre en relation directe avec les sous-préfets et les agents voyers, afin de signaler plus promptement les malfaçons et les retards apportés dans l'exécution des travaux, ainsi que les améliorations dont ils peuvent être l'objet. — Les autres réunions de chacune des commissions de surveillance ont lieu aux époques qu'elle a elle-même déterminées à l'avance ou sur la convocation du président. (*Proj. règl. gén. préc., art. 278.*)

77. Les commissions de surveillance s'appliquent à former des liens naturels entre les communes et les particuliers intéressés à chaque chemin, ainsi qu'à faire naître et entretenir l'esprit d'association qui peut surtout amener une prompte amélioration des chemins vicinaux de grande communication. Elles provoquent la réalisation de souscriptions en argent et en nature, cherchent à obtenir, autant que faire se peut, les cessions gratuites de terrains et de matériaux nécessaires pour l'établissement et pour l'entretien des chemins confiés à leur surveillance, et usent de leur influence pour aplanir les difficultés de toute nature auxquelles peuvent donner lieu le tracé de ces chemins, leur conservation et l'exécution des travaux. (*Proj. règl. gén. préc., art. 279.*)

78. Les chemins vicinaux de grande communication étant placés, par l'art. 9 de la loi du 21 mai 1836, sous l'autorité du préfet, les commissions ou leurs délégués ne peuvent prescrire directement aucune modification aux projets adoptés, ni donner aux agents chargés de leur exécution aucun ordre direct. (*Proj. règl. gén. préc., art. 280.*)

TRIBUNAUX DE SIMPLE POLICE.

LÉGISLATION.

Code d'instruction criminelle.

§ 1er. — Juridiction des maires comme juges de police.

1. Les maires des communes non chefs-lieux de canton connaissent, concurremment avec les juges de paix, des contraventions commises dans l'étendue de leur commune, par les personnes prises en flagrant délit, ou par des personnes qui résident dans la commune ou qui y sont présentes, lorsque les témoins y sont aussi résidants ou présents, et lorsque la partie réclamante conclut, pour ses dommages-intérêts, à une somme déterminée qui n'excède pas celle de 15 fr. (*Cod. instr. crim., art. 166.*)

2. Les maires ne peuvent jamais connaître des contraventions attribuées exclusivement aux juges de paix par l'art. 139 dudit Code, ni d'aucune des matières dont la connaissance est attribuée aux juges de paix considérés comme juges civils. (*Cod. et art. préc.*)

3. Le ministère public est exercé auprès du maire, dans les matières de police, par l'adjoint; en l'absence de l'adjoint, ou lorsque l'adjoint remplace le maire comme juge de police, le ministère public est exercé par un membre du conseil

municipal, désigné à cet effet par le procureur impérial pour une année entière. (*Cod. inst. crim., art. 167.*)

4. Les fonctions de greffier des maires dans les affaires de police sont exercées par un citoyen que le maire propose, et qui prête serment en cette qualité au tribunal de police correctionnelle. Il reçoit, pour ses expéditions, les émoluments attribués au greffier du juge de paix. (*Cod. préc., art. 168.*)

Ces émoluments sont réglés par le décret du 18 juin 1811.

5. Les secrétaires de mairie, n'étant pas fonctionnaires publics, peuvent remplir les fonctions de greffier de police auprès des tribunaux de police municipale ; mais le même individu ne peut pas remplir les fonctions de greffier auprès de plusieurs tribunaux de police. (*Décis. min. just., 8 juin et 5 août 1811.*)

6. Le greffier du tribunal de police est dispensé de l'obligation de fournir un cautionnement. Il est même dispensé de la tenue d'un répertoire. (*Décis. min. just., 12 août et 2 nov. 1811.*)

7. Le ministère des huissiers n'est pas nécessaire pour les citations aux parties ; elles peuvent être faites par un avertissement du maire, qui annonce au défendeur le fait dont il est inculpé, le jour et l'heure où il doit se présenter. — Il en est de même des citations aux témoins. (*Cod. instr. crim., art. 169 et 170.*)

8. Le maire donne son audience dans la maison commune ; il entend publiquement les parties et les témoins. (*Cod. préc., art. 171.*)

9. Quant à l'instruction et au jugement, les art. 149, 150, 151, 153 à 160 du même Code leur sont applicables. (*Cod. et art. préc.*)

§ 2. — Juridiction du juge de paix comme juge de police.

10. Les juges de paix connaissent exclusivement : 1° des contraventions commises dans l'étendue de la commune chef-lieu du canton ; 2° des contraventions dans les autres communes de leur arrondissement, lorsque, hors le cas où les coupables ont été pris en flagrant délit, les contraventions ont été commises par des personnes non domiciliées ou non présentes dans la commune, ou lorsque les témoins qui doivent déposer n'y sont pas résidants ou présents ; 3° des contraventions à raison desquelles la partie qui réclame conclut, pour ses dommages-intérêts, à une somme indéterminée ou à une somme excédant quinze francs. (*Cod. préc., art. 139.*)

Les juges de paix connaissent aussi, mais concurremment avec les maires, de toutes autres contraventions commises dans leur arrondissement. (*Cod. préc., art. 140.*)

11. Les fonctions du ministère public, pour les faits de police, sont remplies par le commissaire du lieu où siége le tribunal ; en cas d'empêchement du commissaire de police, ou, s'il n'y en a point, elles sont remplies par le maire, qui peut se faire remplacer par son adjoint. (*Cod. préc., art. 144.*)

12. Les citations pour contraventions de police sont faites à la requête du ministère public, ou de la partie qui réclame. Elles sont notifiées par un huissier. (*Cod. préc., art. 145.*)

13. Un conseiller municipal ne peut, au cas d'empêchement du maire et de l'adjoint, être appelé à remplir les fonctions de ministère public devant le tribunal de police du canton. (*Arr. cass., 13 nov. 1841.*)

§ 3. — De l'appel des jugements de police.

14. Relativement à l'appel des jugements de police, V. le § 3 du liv. 2, art. 172 à 177 du Code d'instruction criminelle.

15. Au commencement de chaque trimestre, le maire transmet au procureur impérial l'extrait des jugements de police qui ont été rendus dans le trimestre précédent, et qui ont prononcé la peine d'emprisonnement. Cet extrait est délivré sans frais par le greffier. (*Cod. instr. crim., art. 178.*)

V. Contraventions, et les art. 137 à 178 du Code d'instruction criminelle.

TROTTOIRS. — Form. mun., tom. VI, pag. 772.

LÉGISLATION.

Loi du 7 juillet 1845. — Décret du 25 mars 1852 et du 5 janvier 1853.

§ 1er. — Trottoirs dans les villes qui ne sont pas ports de commerce.

1. Dans les rues et places dont les plans d'alignement ont été arrêtés par l'autorité compétente, et où, sur la demande des conseillers municipaux, l'établissement de trottoirs est reconnu d'utilité publique, la dépense de construction des trottoirs est répartie entre la commune et les propriétaires riverains dans les proportions et après l'accomplissement des formalités déterminées par les articles suivants. (*L., 7 juill. 1845, art. 1er.*)

2. La délibération du conseil municipal qui provoque la déclaration d'utilité publique doit désigner en même temps les rues et places où les trottoirs seront établis, arrêter le devis des travaux selon les matériaux entre lesquels les propriétaires ont été autorisés à faire un choix, et répartir la dépense entre la commune et les propriétaires. La portion à la charge de la commune ne peut être inférieure à la moitié de la dépense totale. (*L. préc., art. 2.*)

3. Il est procédé à une enquête *de commodo et incommodo* (*L. et art. préc.*), sur le procès-verbal de laquelle le conseil municipal délibère. (*Circ. min. int., 5 mai 1852.*)

4. Le préfet est compétent pour déclarer l'utilité publique. (*Décr., 25 mars 1852, n° 54 du tabl. A.*)

Toutefois, pour que le préfet soit compétent, il est nécessaire que les dispositions des art. 1 et 2 de la loi du 7 juillet 1845 (V. plus haut, nos 1 et 2) aient préalablement reçu leur exécution entière. (*Circ. min. int., 5 mai 1852.*)

5. La portion de la dépense à la charge des propriétaires est recouvrée de la forme déterminée par l'art. 28 de la loi de finances du 25 juin 1841. (*L., 7 juill. 1845, art. 3.*)

6. La loi du 7 juillet 1845, par son art. 4 et dernier, déclare qu'il n'est pas dérogé aux usages en vertu desquels les frais de construction de trottoirs sont à la charge des propriétaires riverains, soit en totalité, soit dans une proportion supérieure à la moitié de la dépense totale.

7. L'arrêté préfectoral déclarant l'utilité publique vise (*Circ. min. int., 5 mai 1852, mod. n° 51*) :

1° Le devis dressé pour l'établissement des trottoirs ;
2° Le plan d'alignement de la rue ;
3° La délibération du conseil municipal ;
4° Les pièces de l'enquête *de commodo et incommodo* ;
5° L'avis de l'ingénieur en chef du département ;
6° Celui du sous-préfet.

§ 2. — Trottoirs et chaussées dans les villes ports de commerce.

8. Les dépenses relatives à l'entretien des revers et des trottoirs compris entre les maisons bâties sur un port de commerce et le ruisseau de la rue latérale ne sont pas imputées sur les fonds de l'État. Les revers sont entretenus, soit par les propriétaires, soit par la ville, conformément aux usages locaux. — Les frais relatifs à l'entretien des trottoirs sont réglés conformément aux prescriptions de la loi du 7 juin 1845. (*Décr., 5 janv. 1853, art. 1er.*)

9. Lorsque, par suite de la délimitation des quais, il existe une rue latérale parallèle aux maisons, la chaussée de cette rue est entretenue sur les fonds du trésor public, si elle fait partie d'une route impériale ; sur les fonds du département, si la rue est considérée comme traverse d'une route départementale ; à frais communs par l'État et par la ville, si elle n'appartient ni à une route impériale ni à une route départementale. (*Décr. préc., art. 2.*)

V. Pavage, Rues (§ 1er).

U

USINES. — Form. mun., tom. VI, pag. 777.

LÉGISLATION.

Décret du 25 mars 1852, sur la décentralisation administrative. — Circulaires du ministre des travaux publics, des 23 octobre 1851 et 27 juillet 1852.

SOMMAIRE.

§ 1er. — Etablissements sur les cours d'eau non navigables ni flottables.

1. Aucun établissement nouveau, tel que moulin, usine, barrage, prise d'eau d'irrigation, patouillet, bocard, lavoir à mine, ne peut être formé sur les cours d'eau non navigables ni flottables qu'avec l'autorisation du préfet, sur l'avis ou la proposition des ingénieurs en chef, et conformément aux règlements ou instructions ministérielles. (*Décr., 25 mars 1852, art. 4 et tabl. D.*)

2. C'est également au préfet de statuer, dans les mêmes formes, sur la régularisation de l'existence des établissements ci-dessus énoncés, lorsqu'ils ne sont pas encore pourvus d'autorisation régulière, ou sur la modification des règlements déjà existants. (*Décr., art. et tabl. préc.*)

3. Toute demande relative, soit à la construction première de moulins ou usines à créer sur un cours d'eau, soit à la régularisation d'établissements anciens, soit à la modification des ouvrages régulateurs d'établissements déjà autorisés, doit être adressée au préfet en double expédition, dont une sur papier timbré. (*Circ. min., 23 oct. 1851.*)

4. S'il s'agit de la construction première d'une usine, la demande doit énoncer d'une manière distincte, 1° les noms du cours d'eau et de la commune sur lesquels cette usine devra être établie, les noms des établissements hydrauliques placés en amont et en aval; 2° l'usage auquel l'usine est destinée; 3° les changements présumés que l'exécution des travaux devra apporter au niveau des eaux, soit en amont, soit en aval; 4° la durée probable de l'exécution des travaux. — Le pétitionnaire doit, en outre, justifier qu'il est propriétaire des rives dans l'emplacement du barrage projeté, et du sol sur lequel les autres ouvrages doivent être exécutés, ou produire le consentement écrit du propriétaire de ces terrains. (*Circ. préc.*)

5. S'il s'agit de modifier ou de régulariser le système hydraulique d'une usine existante ou d'un ancien barrage, le propriétaire doit fournir, autant que possible, outre les renseignements ci-dessus mentionnés, une copie des titres en vertu desquels ces établissements existent, et indiquer les noms des propriétaires qui les ont possédés avant lui. (*Circ. préc.*)

6. Toute demande relative à l'établissement ou à la régularisation de moulin ou usine, doit être soumise à une enquête préalable de vingt jours. Un arrêté du préfet ordonne le dépôt de la demande à la mairie de la commune où les travaux doivent être exécutés, et fixe le jour de l'ouverture de l'enquête. L'arrêté est, par les soins du maire, affiché tant à la principale porte de l'église qu'à celle de la mairie, et publié à son de caisse ou de trompe, le dimanche, à l'heure où les habitants se trouvent habituellement réunis. Un registre destiné à recevoir les observations des parties intéressées est ouvert à la mairie. (*Circ. préc.*)

Si l'entreprise paraît de nature à étendre son effet en dehors du territoire de la commune, l'arrêté du préfet doit désigner les autres communes dans lesquelles l'enquête doit être annoncée. Si ces communes appartiennent à plusieurs départements, l'enquête est ordonnée par le préfet du département où se trouve le siége principal de l'établissement, et l'arrêté, transmis aux préfets des autres départements, pour être publié dans toutes les communes intéressées. L'accomplissement de ces formalités est certifié par les maires des communes où elles ont été prescrites. (*Circ. préc.*)

7. Après l'expiration du délai, le maire adresse au sous-préfet, avec le certificat constatant que l'affiche a eu lieu, le procès-verbal contenant les oppositions qui ont été faites, et, dans le cas contraire, un certificat négatif. Il joint aux pièces son avis particulier sur les avantages et les inconvénients qui pourraient résulter de l'établissement de l'usine ou de la prise d'eau.

8. Le préfet transmet ensuite les pièces à l'ingénieur en chef dans les attributions duquel le cours d'eau se trouve placé. L'ingénieur en chef renvoie toutes les pièces à l'ingénieur ordinaire, chargé du service des usines dans l'arrondissement, pour être procédé par lui à la visite des lieux et à l'instruction de l'affaire dont les formes sont réglées par la circulaire précitée du 23 octobre 1851. (V. *Répert. adm.*, 1853, pag. 66 et suiv.)

9. Le projet de règlement proposé par les ingénieurs des ponts et chaussées est soumis à une nouvelle enquête en tout semblable à la première, sauf réduction du délai à quinze jours. Le résultat de cette seconde enquête est communiqué à MM. les ingénieurs, pour qu'ils donnent leur avis. Si, d'après les résultats de cette seconde enquête, MM. les ingénieurs croient devoir apporter à leurs premières conclusions quelque changement qui soit de nature à provoquer de nouvelles oppositions, il convient que l'affaire soit de nouveau soumise à une enquête de quinze jours. *(Circ. min., 23 oct. 1851.)*

10. Après l'accomplissement de ces formalités, le préfet statue sur l'admission ou le rejet de la demande. *(Circ. préc.)*

Le recours contre les décisions préfectorales peut s'exercer au moyen de requêtes adressées au ministre des travaux publics, soit directement, soit par l'intermédiaire du préfet. Toutes les pièces de l'instruction sont transmises au ministre, avec l'avis de MM. les ingénieurs, et les observations personnelles du préfet sur la réclamation des intéressés. *(Circ. min. trav. publ., 27 juill. 1852.)*

11. Lorsque l'acte d'autorisation a été rendu, l'ingénieur ordinaire, à l'expiration du délai fixé par cet acte, se transporte sur les lieux pour vérifier si les travaux ont été exécutés conformément aux dispositions prescrites, et rédige un procès-verbal de récolement, en présence de l'autorité locale et des intéressés, convoqués à cet effet dans les mêmes formes que pour la visite des lieux. Le préfet prononce, après avoir pris l'avis de MM. les ingénieurs et sauf recours des parties devant le ministre, sur toutes les difficultés que pourraient faire naître l'inexécution de quelques-unes des prescriptions des arrêtés d'autorisation. *(Circ. min. trav. publ., 23 oct. 1851, et 27 juill. 1852.)*

§ 2. — Etablissements sur les cours d'eau navigables ou flottables.

12. En ce qui concerne les établissements à former sur les cours d'eau navigables ou flottables, les attributions des préfets sont réglées par les deux premiers paragraphes du tableau D, annexé au décret du 25 mars 1852, tableau qui mentionne les objets sur lesquels les préfets, conformément à l'art. 4 de ce décret, doivent statuer, sans l'autorisation du ministre des travaux publics, mais sur l'avis ou la proposition des ingénieurs, et conformément aux règlements ou instructions ministérielles. Ces paragraphes sont ainsi conçus : « 1° Autorisation, » sur les cours d'eau navigables ou flottables, des prises d'eau faites au moyen » de machines, et qui, eu égard au volume du cours d'eau, n'auraient pas pour » effet d'en altérer sensiblement le régime; 2° autorisation des établissements » temporaires sur lesdits cours d'eau, alors même qu'ils auraient pour effet de » modifier le régime ou le niveau des eaux; fixation de la durée de la permis» sion. » *(Circ. min. trav. publ., 27 juill. 1852.)*

13. Les prises d'eau que l'administration a entendu désigner par le premier de ces paragraphes, sont particulièrement celles qui ont pour objet des usages domestiques ou industriels. Avant d'autoriser des établissements de ce genre, les préfets doivent s'assurer, par les rapports de MM. les ingénieurs, que ces établissements ne peuvent nuire en rien aux intérêts de la navigation ou du flottage, ni porter aucune atteinte à des droits anciens, consacrés par des autorisations ou concessions régulières. Il convient de déterminer, dans chaque cas, le volume d'eau concédé, et de prescrire que les eaux qui ne seraient pas absorbées d'une manière utile, seront rendues à la rivière. Il peut même y avoir lieu, dans certaines circonstances, afin de donner à tous les intérêts une garantie complète, de

stipuler que la prise d'eau nouvelle sera fermée, par l'ordre du préfet, toutes les fois que cette mesure sera reconnue nécessaire, soit dans l'intérêt de la navigation, soit pour assurer aux anciens usagers les eaux auxquelles ils ont droit en vertu de leurs titres, soit pour laisser dans la rivière le volume d'eau que l'on jugera utile d'y maintenir en étiage. (*Circ. min. trav. publ., 27 juill. 1852.*)

14. Le deuxième paragraphe du tableau D s'applique aux établissements qui n'ont qu'un caractère purement accidentel et temporaire, tels que les scieries destinées à l'exploitation d'une coupe de bois, ou les ouvrages provisoires, soit en graviers, soit en fascinage, qui peuvent être nécessaires pendant la saison d'étiage, pour assurer l'alimentation d'une prise d'eau d'usine ou d'irrigation régulièrement autorisée. Dans ce cas, comme dans les précédents, il importe que MM. les ingénieurs ne proposent d'accorder des autorisations de cette nature qu'autant qu'il n'en peut résulter aucun inconvénient pour la navigation. L'arrêté doit toujours fixer la durée de la permission, qui ne peut excéder une année; aucune redevance ne doit être exigée du permissionnaire, attendu le caractère éminemment précaire de l'autorisation. (*Circ. préc.*)

15. Toutes les affaires concernant les rivières navigables ou flottables, qui ne rentrent pas dans les paragraphes ci-dessus rapportés, doivent être soumises, comme par le passé, à l'administration supérieure, après l'accomplissement des formalités prescrites par la circulaire du 23 octobre 1851. (*Circ. préc.*)

§ 3. — Règles communes aux cours d'eau navigables ou non navigables.

16. Lorsqu'il s'agit d'une usine alimentée par un étang qui peut donner lieu à des exhalaisons dangereuses, le préfet doit consulter les conseils municipaux des communes intéressées, ainsi que le conseil d'hygiène de l'arrondissement. (*Circ. préc.*)

17. Pour les scieries ou pour les usines situées dans la zone frontière, soumise à l'exercice des douanes, soit qu'il s'agisse d'établissements temporaires sur les cours d'eau navigables ou flottables, ou d'établissements permanents sur les cours d'eau non navigables, le préfet doit prendre l'avis du conservateur des eaux et forêts, ou du directeur des douanes, sans qu'il soit nécessaire de recourir à l'intervention du ministre. Mais il n'en est pas de même pour les établissements compris dans la zone des servitudes militaires, autour des places de guerre; dans ce cas, le préfet transmet au ministre toutes les pièces du dossier, en y joignant les procès-verbaux des conférences avec les officiers du génie militaire. (*Circ. préc.*)

18. Le recours contre les décisions préfectorales peut s'exercer au moyen de requêtes adressées au ministre des travaux publics, soit directement, soit par l'intermédiaire du préfet. Dans le premier cas, le préfet, sur la communication qui lui est donnée de la réclamation dont le ministre a été saisi, lui transmet toutes les pièces de l'instruction, en y joignant les avis des ingénieurs, et ses observations personnelles sur la réclamation des intéressés. Lorsque le recours a été adressé au préfet, pour être transmis par lui à l'administration supérieure, il doit le communiquer immédiatement aux ingénieurs, et adresser ensuite au ministre le dossier complet, avec son avis particulier. (*Circ. préc.*)

19. Dans l'un et l'autre cas, dès que le préfet a été saisi d'une requête présentée au ministre contre un arrêté préfectoral, il doit surseoir à l'exécution de cet arrêté, à moins que quelque circonstance spéciale ou quelque motif d'urgence n'en exige l'exécution immédiate. (*Circ. préc.*)

20. Les préfets adressent au ministre une copie de leurs arrêtés, au fur et à mesure qu'ils sont pris. Ils ne joignent au dossier une lettre d'envoi qu'autant qu'ils ont des observations particulières à communiquer au ministre. (*Circ. préc.*)

§ 4. — Usines métallurgiques.

21. Le gouvernement se réserve toujours, comme par le passé, le droit de statuer sur toutes les usines métallurgiques régies par la loi de 1810. (*Circ. min. trav. publ., 10 oct. 1852.*)

V. Carrières et établissements métallurgiques, Mines, Minières.

USURPATIONS DE BIENS COMMUNAUX.

LÉGISLATION.

Ordonnance du 23 juin 1819.

1. Les administrations locales doivent s'occuper de la recherche et de la reconnaissance des terrains usurpés sur les communes depuis la publication de la loi du 10 juin 1793, et généralement de tous les biens d'origine communale en jouissance privée, dont l'occupation ne résulte d'aucun acte de concession ou de partage, écrit ou verbal, qui ait dessaisi la communauté de ses droits en faveur des détenteurs. (*Ord., 23 juin 1819, art. 1er.*)

2. Les détenteurs qui ont déclaré les usurpations commises par eux sur les biens communaux, peuvent être, sur la proposition du conseil municipal et de l'avis du sous-préfet, maintenus par le préfet en possession définitive des biens usurpés, s'ils s'engagent à rembourser les fruits indûment perçus, au moins pendant les cinq dernières années, et à payer le prix intégral des biens. (*Ord. préc., art. 2 et 3. — L., 18 juill. 1837, art. 46. — Circ. min. int., 10 juin 1843.*)

3. Les experts chargés des évaluations sont désignés par le préfet ou le sous-préfet. (*Circ. préc.*)

4. Le paiement peut s'effectuer en plusieurs années, pourvu que ce délai n'excède pas cinq ou six ans, et qu'il soit tenu compte à la commune de l'intérêt légal. Dans aucun cas, le préfet ne doit approuver la stipulation d'une rente perpétuelle en remplacement du prix principal. (*Circ. préc.*)

5. Si le détenteur fait difficulté, sous un prétexte plus ou moins spécieux, de se soumettre aux conditions rappelées plus haut, et si, pour vaincre sa résistance, la commune se voyait forcée de recourir aux tribunaux, il peut être sage pour elle de faire quelques sacrifices pour éviter cette extrémité, d'autant plus fâcheuse pour les communes qu'ordinairement l'objet en litige est d'une faible importance, relativement aux frais judiciaires qu'il faudrait exposer pour en poursuivre la revendication. (*Circ. préc.*) — V. Transaction, 3.

6. Conformément aux dispositions de la loi du 9 ventôse an 12-29 février 1804, et de l'avis interprétatif du 18 juin 1809, les conseils de préfecture sont juges des contestations sur le fait et l'étendue de l'usurpation, sauf le cas où le détenteur, niant l'usurpation et se prétendant propriétaire à tout autre titre qu'en vertu d'un partage, il s'élèverait des questions de propriété pour lesquelles les parties auraient à se pourvoir devant les tribunaux, après s'y être fait autoriser, s'il y avait lieu, par les conseils de préfecture. (*Ord., 23 juin 1819, art. 6.*)

V. Biens communaux, Chemins vicinaux.

V

VACCINE. — Form. mun., tom. VI, pag. 804.

1. La propagation de la vaccine a été recommandée par le gouvernement depuis le 26 mai 1803 (¹). Par une circulaire aux préfets, à cette date, le ministre de l'intérieur en préconisait les bienfaits et en prescrivait la propagation; cette même circulaire recommandait aux préfets d'introduire d'abord la pratique de la vaccine dans les hospices d'enfants et dans les autres établissements publics placés sous leur surveillance, et ils devaient, dès cette époque, faire disposer dans les hospices une salle particulière et séparée de celles affectées au service ordinaire, où les familles pauvres devaient pouvoir faire vacciner gratuitement leurs enfants.

2. D'après une deuxième instruction en date du 3 mars 1804, les préfets devaient adresser tous les trois mois au ministre, au moyen de tableaux en double expédition, les résultats des mesures adoptées par eux, avec indication des

(¹) Le vaccin, ou *cow-pox*, a été importé en France en 1800.

citoyens et gens de l'art qui s'étaient distingués par des succès ou un dévouement plus remarquable.

3. Des prix de 3,000, 2,000 et de 1,000 fr., avaient ensuite été établis pour être décernés à ceux qui auraient fait le plus de vaccinations et obtenu le plus de succès dans la propagation de la vaccine. (*Circ. min. int.*, *31 oct. 1814.*)

Une ordonnance du 10 décembre 1823 décida aussi que des prix seraient accordés chaque année aux vaccinateurs.

4. Par une circulaire en date du 4 septembre 1821, le conseiller d'Etat chargé de l'administration des hospices, recommandait aux préfets de n'employer que la persuasion pour arriver à cette propagation, et non des moyens qui, dans les premières années qui ont suivi la découverte de la vaccine, avaient pu paraître nécessaires pour surmonter les résistances que les préjugés opposent toujours aux progrès des méthodes nouvelles. — Ainsi, d'après ladite circulaire, l'entrée des hôpitaux et autres établissements de bienfaisance ne devait pas être refusée aux individus non vaccinés, et l'administration devait se borner aux mesures qui pouvaient engager et persuader les citoyens, et stimuler le zèle des vaccinateurs.

5. Deux autres circulaires du 18 juin 1832 et du 12 novembre 1833, du ministre de l'intérieur, prescrivaient aux préfets l'établissement de comités de vaccine aux chefs-lieux de département et même aux chefs-lieux de sous-préfecture. La première de ces circulaires et une autre du 8 février 1835 rappelaient qu'aucun enfant ne devait être admis dans les écoles, etc., s'il n'avait été vacciné, ou s'il n'avait eu la petite-vérole. — Toutes les lois sur l'enseignement, les écoles, quelles qu'elles soient, en effet, exigent un certificat de vaccine ou de petite-vérole. — Les instituteurs, institutrices, tous les aspirants à quelque grade ou emploi que ce soit, doivent aussi fournir ce même certificat.

6. Les maires, curés et desservants ne sauraient trop exhorter les pères et mères de famille à faire vacciner leurs enfants, en leur représentant vivement tout ce qu'une négligence blâmable sur ce point peut leur coûter de regrets amers. (*Circ. min. int.*, *10 févr. 1834.*)

7. Les états de vaccination, les arrêtés et autres documents relatifs au service de la vaccine, doivent être adressés au ministre de l'intérieur dans les quatre mois qui suivent l'année à laquelle ils se rapportent. (*Circ. min. int.*, *8 févr. 1835.*)

8. Le concours entre les vaccinateurs est définitivement fermé le 31 août de chaque année, c'est-à-dire que ceux dont les états de vaccination n'ont pas été remis à l'académie de médecine avant cette époque, ne peuvent avoir part aux prix ou médailles décernés par le gouvernement. (*Circ. préc.*)

Dans ce cas même, les préfets doivent envoyer au ministre les documents qui leur sont parvenus après l'expiration du délai. (*Circ. préc.*)

9. Pour que les préfets puissent envoyer en temps utile, au ministre, les états de vaccination du département, les maires doivent adresser aux préfets, ou aux sous-préfets, dans le premier trimestre de chaque année, au plus tard dans le mois de mars, le tableau des vaccinations opérées dans leurs communes pendant l'année précédente.

VAGABONDS. — Form. mun., tom. VI, pag. 806.

LÉGISLATION.

Code pénal.

1. Le vagabondage est un délit. (*Cod. pén.*, *art. 269.*)

2. Les vagabonds, ou gens sans aveu, sont ceux qui n'ont ni domicile certain, ni moyens de subsistance, et qui n'exercent habituellement ni métier ni profession. (*Cod. préc.*, *art. 270.*)

3. Les individus déclarés vagabonds par un jugement peuvent, s'ils sont étrangers, être conduits, par les ordres du gouvernement, hors du territoire Français. (*Cod. préc.*, *art. 272.*)

4. Les vagabonds nés en France peuvent, après un jugement même passé en force de chose jugée, être réclamés par délibération du conseil municipal de la

commune où ils sont nés, ou cautionnés par un citoyen solvable. (*Cod. pén., art. 273.*)

5. Si le gouvernement accueille la réclamation, ou agrée la caution, les individus ainsi réclamés ou cautionnés sont, par ses ordres, renvoyés ou conduits dans la commune qui les a réclamés, ou dans celle qui leur est assignée pour résidence, sur la demande de la caution. (*Cod. et art. préc.*)

6. Les frais de translation des vagabonds sont à la charge des départements. (*L., 10 mai 1838, art. 12, § 7.*)

7. Les préfets peuvent faire acquitter sans l'autorisation du ministre, sur le fonds des dépenses imprévues de chaque département, les sommes pour frais de translation ou de transport des vagabonds. (*Circ. min. int., 6 févr. 1816.*)

8. La plainte ou la dénonciation peut suffire à la gendarmerie pour arrêter les vagabonds, ou faire décerner contre eux des mandats d'amener. (*Décr., 1er mars 1854, art. 259.*)

V. Gendarmerie (n° 76), Mendicité, Secours de route.

VÉTÉRINAIRES.

LÉGISLATION.

Décret du 15 janvier 1813.

1. Les médecins et maréchaux vétérinaires sont exclusivement employés, par les autorités civiles et militaires, pour le traitement des animaux malades. (*Décr., 15 janv. 1813, art. 14.*)

2. Il peut y avoir dans chaque chef-lieu de préfecture, si le préfet juge que cela soit utile, et d'après l'autorisation du ministre de l'intérieur, un médecin vétérinaire qui doit être obligé d'y résider, et qui reçoit une indemnité annuelle de 1,200 fr., prise sur les fonds du département. — Ce médecin vétérinaire est tenu de former un atelier de maréchalerie, de faire des élèves à des conditions fixées à l'amiable entre eux et lui. A la fin de la seconde année d'apprentissage, il délivre à ses élèves un certificat de maréchal expert. Ce certificat est visé par le préfet. (*Décr. préc., art. 15.*)

3. Les villes chefs-lieux d'arrondissement peuvent, d'après l'autorisation du préfet, accorder à un maréchal vétérinaire, qui doit être obligé d'y résider, une indemnité annuelle de 800 fr., prise sur les fonds du département. Ce maréchal vétérinaire est assujetti aux mêmes conditions et jouit des mêmes avantages accordés aux médecins vétérinaires par l'article précédent. Les certificats de maréchal expert qu'il délivre sont visés par le sous-préfet. (*Décr. préc., art. 16.*)

4. Les villes et communes qui ne sont pas chefs-lieux de département ou d'arrondissement peuvent, sur la demande du conseil municipal, approuvée par le préfet, accorder à un maréchal vétérinaire, sur les fonds communaux, une indemnité annuelle, aux mêmes clauses exprimées dans les articles ci-dessus. Les certificats de maréchal expert, délivrés par le maréchal vétérinaire à ses apprentis, sont, dans ce cas, visés par le maire. (*Décr. préc., art. 17.*)

5. Les préfets peuvent choisir et envoyer des élèves aux écoles vétérinaires, soit aux frais de l'Etat, soit à ceux de leurs départements. (*Décr. préc., tit. 1er et 3.*)

6. Il est défendu à tous vétérinaires, maréchaux, et autres guérisseurs, sous quelque dénomination que ce soit, de traiter aucun animal attaqué de la morve ou autre maladie contagieuse, sans en avoir fait sa déclaration au maire de la commune, qui est tenu d'en donner avis au sous-préfet, qui doit lui-même en instruire le préfet, sous peine, par les uns et par les autres, de tous dommages qui pourraient résulter de leur négligence. (*Ord. intendant de Paris, 1er juill. 1730, et 8 juin 1785, et arr. cons. Etat, 16 août 1784, rappelés par l'arr. min. int., 9 fruct. an 5-26 août 1797, art. 5.*)

7. L'administration ne doit employer que les vétérinaires porteurs d'un brevet ou diplôme émané de l'une des écoles vétérinaires. — Les pièces à produire au ministre de l'agriculture, à l'appui des propositions qui lui sont faites pour la nomination de vétérinaires départementaux, doivent contenir l'indication de la

date du brevet ou diplôme des vétérinaires que ces propositions intéressent. (*Circ. min. agr.*, 25 *juin* 1836.)

8. Les préfets doivent faire dresser, par arrondissement et par commune, et en prenant soin d'indiquer le lieu de leur résidence, la liste des vétérinaires de chaque département qui ont obtenu des diplômes ; cette liste doit être insérée dans le *Recueil des actes administratifs*, et affichée en permanence, jusqu'à nouvel ordre, à la mairie de chaque commune. (*Circ. min. agr.*, 10 *juill.* 1837.)

9. Les vétérinaires experts qui sont employés par les administrations sont payés de leurs salaires sur les fonds assignés au traitement des épizooties. (*Arr. min. int.*, 9 *fruct. an* 5-26 *août* 1797, *art.* 14.) — V. Épizooties.

10. Les vétérinaires ne peuvent faire partie des jurys de haras pour les primes à accorder aux propriétaires de chevaux. Cependant, les préfets peuvent mettre des vétérinaires à la disposition des jurys, soit pour dresser le signalement des chevaux, soit pour répondre aux questions spéciales qu'on jugerait à propos de leur faire. (*Déc. min. int., et circ. dir. adm. gén. des haras et de l'agric.*, 8 *juill.* 1824.)

VISA. — Form. mun., tom. VI, pag. 821.

LÉGISLATION.

Code de procédure civile.

1. Ainsi qu'on peut le voir dans plusieurs de nos articles, les maires sont chargés par différentes dispositions, législatives ou autres, d'apposer leur visa sur certains actes. — V. Livrets, Passe-ports, etc., etc.

2. La forme du visa n'est pas *une* : cette forme peut dépendre, soit de l'acte lui-même, soit de la volonté du fonctionnaire municipal appelé à l'apposer.

3. Le visa du maire est exigible pour :

1° Les procès-verbaux de perquisitions faites en vertu de mandats d'arrêt ;

2° Les congés des soldats et marins ;

3° Les extraits de rôles délivrés par les percepteurs aux personnes qui veulent se faire inscrire sur les listes électorales ;

Et pour un grand nombre d'autres actes.

4. En matière judiciaire, le visa est nécessaire pour :

1° Les citations ou exploits dont copie est laissée au maire ou à l'adjoint, en l'absence des parties. (*Cod. proc. civ., art.* 1er, *et* 4 *à* 68) ;

2° L'original d'un procès-verbal de saisie-brandon dont copie lui est laissée. En ce cas, le visa est donné par le maire de la commune chef-lieu de l'exploitation, et, s'il n'y en a pas, par le maire de la commune où est située la majeure partie des biens. (*Cod. préc., art.* 628) ;

3° Les originaux des procès-verbaux de saisie immobilière, par le maire du domicile du saisi. (*Cod. préc., art.* 673, 676 *et* 681) ;

4° Les originaux des placards pour expropriation forcée, par les maires de chacune des communes dans lesquelles l'apposition est faite. (*Cod. préc., art.* 687) ;

5° Le procès-verbal de l'huissier constatant que le débiteur admis au bénéfice de cession a retiré sa cession en personne à la maison commune un jour de séance. (*Cod. préc., art.* 901) ;

6° Les affiches de ventes de biens de mineurs, qui doivent être, non-seulement visées, mais certifiées par les maires. (*Cod. Nap., art.* 459.)

VISITES DOMICILIAIRES ET PERQUISITIONS.

LÉGISLATION.

Codes d'instruction criminelle, de procédure civile, et forestier. — Décret du 1er mars 1854.

§ 1er. — Visites et perquisitions en matière criminelle.

1. D'après l'art. 184 du Code pénal, aucun fonctionnaire de l'ordre administratif ne peut s'introduire dans le domicile d'un citoyen, en sa qualité, sans le consentement de celui-ci.

Cependant, plusieurs dérogations à cette règle peuvent avoir lieu :

1° En cas d'incendie (V. INCENDIE) ;

2° En cas d'inondation (V. INONDATIONS) ;

3° En cas de réclamations faites de l'intérieur de la maison (V. GENDARMERIE) ;

4° Lorsqu'il s'agit de maisons ouvertes au public, tant qu'elles ne sont pas fermées (V. LIEUX PUBLICS) ;

5° Ou de maisons de débauche et de jeux de hasard, *en tout temps* (V. DÉBAUCHE) ;

6° Pour les visites des fours et cheminées (V. CHEMINÉES) ;

7° Pour s'assurer du décès d'une personne (*Cod. Nap., art. 77*) ;

8° Pour dresser les tableaux de recensement (V. POPULATION) ;

9° Pour la vérification des registres des logeurs (V. AUBERGES).

2. Les préfets peuvent faire personnellement, ou requérir les officiers de police judiciaire, chacun en ce qui le concerne, de faire tous actes nécessaires à l'effet de constater les crimes, délits et contraventions, et d'en livrer les auteurs aux tribunaux chargés de les punir. (*Cod. instr. crim., art. 10.*)

3. Les maires, adjoints de maire, et les commissaires de police, dans le cas de flagrant délit ou de réquisition de la part d'un chef de maison, font les visites et les autres actes qui, auxdits cas, sont de la compétence des procureurs impériaux, le tout dans les formes et suivant les règles établies au chap. 4 du Code d'instruction criminelle. (*Cod. préc., art. 50.*)

4. Si le prévenu contre lequel a été décerné un mandat de dépôt ou d'arrêt est trouvé hors de l'arrondissement de l'officier qui a délivré le mandat, il est conduit devant le juge de paix ou son suppléant, et, à leur défaut, devant le maire ou l'adjoint du maire, ou le commissaire de police du lieu, lequel vise le mandat sans pouvoir en empêcher l'exécution. (*Cod. préc., art. 98.*)

§ 2. — Visites que peut faire la gendarmerie.

5. V. GENDARMERIE.

§ 3. — Visites que peuvent faire les gardes champêtres et gardes forestiers.

6. V. GARDES CHAMPÊTES, GARDES FORESTIERS.

VOIE PUBLIQUE. — Form mun., tom. VI, pag. 832.

LÉGISLATION.

Décret du 16 août 1790.

1. On nomme *voie publique* les routes, chemins, rues, places publiques et les cours des fleuves et des rivières.

2. La sûreté et la commodité du passage sur la voie publique sont des objets de police municipale. (*Décr., 16 août 1790.*)

3. Les mesures pour assurer cette commodité et cette sûreté du passage étant donc de la compétence des maires, ils peuvent prescrire par des arrêtés municipaux, par exemple :

1° De ne pas embarrasser la voie publique par des étalages, tonneaux, caisses ou paniers, et de ne pas outrepasser, dans les halles et marchés, les limites qui sont fixées pour les marchands ;

2° De tenir les promenades publiques dégagées de tout ce qui peut en gêner l'usage ou en détruire les agréments ;

3° De ne laisser séjourner sur la voie publique ni fumier ou immondices, ni aucuns matériaux ;

4° De curer les mares, puisards, puits, citernes, etc., et de n'y jeter ni corps d'animal mort, ni rien qui puisse en corrompre les eaux ;

5° De ne laisser divaguer dans les rues, places ou chemins, ni porcs, ni lapins, etc. ;

6° De ne rien exposer sur les fenêtres qui, par sa chute, puisse occasionner des accidents ;

7° D'enlever promptement les décombres ;

8° De ne point établir de caves sous les rues et chemins publics ;

9° De renfermer les fous furieux ;

10° De ne point laisser galoper les chevaux ;
11° De museler et attacher les chiens et animaux malfaisants, etc., etc.

4. Les impasses livrées à la circulation pendant le jour sont soumises aux règlements de police prescrivant ces mesures, alors même que ces impasses sont fermées la nuit. (*Arr. cass., 8 juin 1837.*)

V. Alignements, Neiges et glaces, Nettoiement, Petite voirie, etc., etc.

VOIRIE. — Form. mun., tom. VI, pag. 833.

LÉGISLATION.

Décret du 16 décembre 1811. — Lois des 21 mai 1836 et 18 juillet 1837.

§ 1er. — De la grande voirie.

1. La grande voirie comprend les routes impériales et départementales et les rues qui en font partie, les rivières ou canaux navigables ou flottables, et les chemins de fer.

V. Rivières.

2. L'entretien des routes pavées et non pavées est divisé en deux parties qui doivent être adjugées séparément, savoir : 1° la fourniture des matériaux, qui est donnée à l'entreprise ; 2° leur emploi et les autres travaux de l'entretien, qui sont adjugés à des cantonniers. — Il ne peut être dérogé à ce mode d'entretien qu'en vertu d'un règlement d'administration publique, fixant le mode qui y sera substitué, et rendu pour chaque localité où l'exception serait reconnue nécessaire. (*Décr., 16 déc. 1811, art. 28.*)

3. Ces deux espèces d'adjudication sont faites dans les formes usitées, sur soumissions cachetées, et d'après un cahier des charges arrêté par le directeur général des ponts et chaussées. (*Décr. préc., art. 30.*)

4. Les baux pour la fourniture des pavés doivent être de six ans au moins ; ceux pour l'extraction, le transport et le cassage des matériaux destinés à la réparation des routes non pavées, ne peuvent être moindres d'une année ni excéder trois années. (*Décr. préc., art. 32.*)

5. Les adjudications à de cantonniers, de l'emploi des matériaux et autres travaux de l'entretien des routes, sont faites pour le terme de trois années. (*Décr. préc., art. 36.*)

6. Les contraventions, en matière de grande voirie, telles qu'anticipations, dépôts de fumiers et autres objets, et toutes espèces de détériorations commises sur les grandes routes, sur les arbres qui les bordent, sur les fossés, ouvrages d'art et matériaux destinés à leur entretien, sur les canaux, fleuves et rivières navigables, leurs chemins de halage, francs-bords, fossés et ouvrages d'art, sont constatées, réprimées et poursuivies par voie administrative. (*L., 29 flor. an 10-19 mai 1802, art. 1er.*)

7. Les contraventions sont constatées concurremment par les maires ou adjoints, les ingénieurs des ponts et chaussées, leurs conducteurs, les agents de la navigation, les commissaires de police, et par la gendarmerie. (*L. préc., art. 2.*)

8. Les cantonniers, gendarmes, gardes champêtres, conducteurs des ponts et chaussées et autres agents appelés à la surveillance de la police des routes, peuvent affirmer leurs procès-verbaux de contraventions ou de délits devant le maire ou l'adjoint du lieu. (*Décr., 16 déc. 1811, art. 112.*)

9. Ces procès-verbaux sont adressés au sous-préfet, qui ordonne sur-le-champ la réparation des délits par les délinquants, ou à leur charge, s'il s'agit de dégradations, dépôts de fumiers, immondices ou autres substances, et en rend compte au préfet en lui adressant les procès-verbaux. (*Décr. préc., art. 113.*)

10. Il est statué sans délai, par les conseils de préfecture, tant sur les oppositions qui auraient été formées par les délinquants, que sur les amendes encourues par eux, nonobstant la réparation du dommage. — Seront, en outre, renvoyés à la connaissance des tribunaux, les violences, vols de matériaux, voies de fait ou

réparations de dommages réclamés par des particuliers. (*Décr., 16 déc. 1811, art. 114.*)

V. Routes.

§ 2. — De la petite voirie.

I. — Règles générales.

11. La petite voirie comprend les places publiques et rues qui ne font pas partie des grandes routes, les chemins vicinaux et ruraux, et les cours d'eau qui ne sont ni navigables ni flottables. — V. Chemins ruraux, Chemins vicinaux, Cours d'eau.

On divise la petite voirie en voirie *urbaine* et voirie *vicinale* ou *rurale*.

12. L'administration de la petite voirie est dans les attributions du pouvoir municipal. Les maires ont le droit de prendre, sauf réformation par l'autorité administrative supérieure, des arrêtés réglementaires en matière de petite voirie, et ces arrêtés sont obligatoires du moment de leur publication, sauf ceux portant règlement permanent qui ne sont exécutoires qu'un mois après la remise de l'ampliation constatée par les récépissés donnés par le sous-préfet. (*L., 18 juill. 1837, art. 11.*)

13. Il peut être perçu, d'après un tarif arrêté par le préfet, des droits de voirie au profit de la caisse municipale dans l'intérieur des villes ou communes d'une certaine population agglomérée. Ces droits s'appliquent à la délivrance des alignements et permissions de la loi de bâtir ou réparer, et s'étendent à toutes les saillies fixes ou mobiles que les propriétaires sont autorisés à établir en dehors de la ligne d'aplomb de leurs édifices. (*L. préc., art. 43. — Décr., 25 mars 1852, art. 1er, tabl. A, n° 53.*)

14. Sur le vu de l'arrêté du maire qui fixe les alignements et détermine la dimension des saillies pour les rues appartenant à la voirie urbaine, et de l'arrêté du préfet pour les rues faisant partie des grandes routes, le conseil municipal est appelé à délibérer sur l'assiette et la quotité des droits, et propose un tarif qui est inséré dans la délibération, laquelle est transmise au sous-préfet en triple expédition, accompagnée de l'arrêté du préfet, de deux copies de celui du maire, et de l'état de situation financière de la commune. (*L. et décr. préc.*)

V. Alignements, Plans d'alignement.

II. — Conservation des chemins vicinaux.

15. L'art. 372 du projet de règlement général sur les chemins vicinaux en date du 21 juillet 1854 du ministre de l'intérieur, défend, et les préfets et maires doivent défendre :

1° D'enlever du gravier, du sable, de la terre ou du gazon sur les chemins vicinaux ou dans les fossés qui en dépendent ;

2° De faire, sur les chemins vicinaux ou dans les fossés, aucun dépôt de pierres, terres, décombres ou autres matériaux, sauf le cas de nécessité absolue ;

3° D'y jeter les pierres provenant de l'épierrement des champs voisins ;

4° D'y laisser stationner aucune voiture, instruments aratoires, marchandises ou autres choses encombrantes, de manière à gêner la circulation ;

5° De mutiler les arbres plantés sur les chemins vicinaux, de dégrader les bornes, parapets des ponts et autres ouvrages ;

6° De dépaver les chemins vicinaux qui seraient pavés en tout ou en partie ;

7° D'enlever aucune pierre, non plus que les fers, bois et autres matériaux destinés aux travaux desdits chemins ou déjà mis en œuvre ;

8° De faire aucune tranchée ou ouverture quelconque dans la chaussée, les accotements, revers ou glacis des chemins vicinaux, pour quelque motif que ce soit, sans en avoir demandé et obtenu l'autorisation ;

9° De déverser sur les chemins vicinaux ou dans les fossés des eaux d'irrigation ou provenant des usines et fabriques, ni même les eaux pluviales ou ménagères, de manière à causer des dégradations aux chemins ou fossés ;

10° De parcourir les chemins vicinaux avec une charrue dont le fer ne serait pas relevé ;

11° De détériorer les berges, talus ou autres marques distinctives de la largeur des chemins vicinaux ;

12° D'établir des fumiers sur le sol des chemins, ou d'y étendre, pour la faire macérer ou briser, aucune espèce de litière, paille, ajoncs, feuilles, lavande, bois, etc.;

13° De labourer le sol des chemins vicinaux dans la largeur comprise entre les fossés, ou, à défaut de fossés, dans la largeur attribuée au chemin par les arrêtés de classement;

14° De faire ou de laisser paître sur les chemins vicinaux aucune espèce d'animaux, soit sous la garde d'un pâtre, soit même à la longe ou en laisse.

16. Les propriétaires des terrains supérieurs bordant les chemins vicinaux sont tenus d'empêcher leur éboulement sur lesdits chemins ou dans les fossés, et d'entretenir toujours en bon état les murs de soutènement ou de clôture de leurs possessions, de manière que ni les chemins ni les fossés ne soient embarrassés. (*Proj. règl. gén. min. int., 21 juill. 1854, art. 373.*)

17. Si la circulation sur un chemin vicinal vient à être interceptée par une œuvre quelconque, le maire y pourvoit d'urgence. —En conséquence, après une simple sommation administrative de faire disparaître l'œuvre faisant obstacle à la circulation, le maire fait, d'office, détruire les travaux et rétablir les lieux dans leur ancien état, aux frais et risques de qui il appartient, et sans préjudice des poursuites à exercer contre qui de droit. (*Proj. règl. gén. préc., art. 374.*)

VOITURES CELLULAIRES.

1. C'est aux préfets qu'il appartient de déterminer l'ordre dans lequel les condamnés prêts à partir doivent être livrés aux entrepreneurs de transports par voitures cellulaires. (*Instr. min. int., 15 juill. 1850.*)

2. La gendarmerie est appelée à exercer une surveillance sur le transport des condamnés par les voitures cellulaires. (*Décr., 1er mars 1854, art. 429.*)

3. Dans les départements désignés comme lieux de départ des voitures, le préfet ou le sous-préfet, après s'être concerté avec le commandant de la gendarmerie, requiert les brigadiers de gendarmerie pour le service des voitures cellulaires. Si, par un motif quelconque, le brigadier préposé à la conduite se trouve hors d'état de continuer sa route, sur l'avis qui en est donné sans délai, par le préposé de l'entreprise, à l'autorité administrative locale, celle-ci pourvoit immédiatement à son remplacement. L'autorité qui a pris cette mesure en rend compte au ministre de l'intérieur. (*Arr. min. int., 30 juin 1837. — Décr. préc., art. 430 et 431.*)

4. Les réquisitions, soit primitives, soit subsidiaires, doivent indiquer avec soin le lieu du départ de chaque voiture, ceux de passage et celui de sa destination; les brigadiers, après avoir rempli la mission qui a été précisée dans les réquisitions, sont renvoyés immédiatement à leur résidence. (*Décr. préc., art. 432.*)

5. Le brigadier a la police de la voiture; il s'assure, avant le départ, si elle est en bon état, tant à l'intérieur qu'à l'extérieur; il veille à ce que les gardiens remettent au fondé de pouvoirs des entrepreneurs les extraits d'arrêts ou de condamnation des individus qui lui sont livrés; il constate leur identité en les interrogeant et en consultant leur signalement; il défère à toutes instructions écrites qui lui sont données par les préfets ou sous-préfets, pour le transport des prévenus, accusés et autres personnes; il transmet ces instructions, avec son rapport, au ministre de l'intérieur. (*Décr. préc., art. 434.*)

6. Le détenteur chargé de la garde de la voiture cellulaire est désigné par le préfet; ce détenteur peut être ou le gardien-chef de la prison ou le brigadier de gendarmerie, ou le concierge du palais de justice, suivant l'édifice départemental dans lequel la voiture est placée. (*Circ. min. int., 28 mai 1853.*)

7. Les préfets doivent s'entendre avec le payeur, le receveur général et les receveurs particuliers de finances, pour que, sur son ordre ou sur celui des sous-préfets, les fonds nécessaires soient remis, avant le départ, au gendarme préposé à la conduite des prisonniers. (*Circ. préc.*)

8. Les préfets ne peuvent arrêter la marche des voitures cellulaires, et faire exécuter d'urgence des transfèrements non prévus dans les ordres donnés par

l'administration supérieure. En conséquence, ils ne peuvent adresser de réquisitoire aux gardiens comptables de ces voitures. (*Circ. min. int., 28 mai 1853.*)

V. TRANSFÈREMENTS.

VOITURES PUBLIQUES. — Form. mun., tom. VI, pag. 887.

LÉGISLATION.

Loi du 30 mai 1851. — Décret du 10 août 1852.

§ 1er. — Circulation. — Conditions.

I. — DISPOSITIONS APPLICABLES A TOUTES LES VOITURES.

1. Les voitures suspendues ou non suspendues, servant au transport des personnes ou des marchandises, peuvent circuler sur les routes impériales, départementales et les chemins vicinaux de grande communication, sans aucune condition de réglementation de poids ou de largeur de jantes. (*L., 30 mai 1851, art. 1er.*)

2. Sont affranchies de toute réglementation de largeur de chargement les voitures de l'agriculture servant au transport des récoltes de la ferme aux champs et des champs à la ferme, ou au marché. (*L. préc., art. 2.*)

3. Les essieux des voitures ne peuvent avoir plus de 2 mètres 50 centimètres de longueur, ni dépasser, à leurs extrémités, le moyeu de plus de 6 centimètres. (*Décr., 10 août 1852, art. 1er.*)

4. La saillie des moyeux, y compris celle de l'essieu, ne doit pas excéder plus de 12 centimètres le plan passant par le bord extérieur des bandes. Il est accordé une tolérance de 2 centimètres sur cette saillie, pour les roues qui ont déjà fait un certain service. (*Décr. et art. préc.*)

5. Tout roulier ou conducteur de voiture doit se ranger à sa droite à l'approche de toute autre voiture, de manière à lui laisser libre au moins la moitié de la chaussée. (*Décr. préc., art. 9.*)

6. Il est interdit de laisser stationner sans nécessité sur la voie publique aucune voiture attelée ou non attelée. (*Décr. préc., art. 10.*)

II. — DISPOSITIONS APPLICABLES AUX VOITURES NE SERVANT PAS AU TRANSPORT DES PERSONNES.

7. Lorsque plusieurs voitures marchent à la suite les unes des autres, elles doivent être distribuées en convois de quatre voitures au plus si elles sont à quatre roues et attelées d'un seul cheval; de trois voitures au plus si elles sont à deux roues et attelées d'un seul cheval; et de deux voitures au plus si l'une d'elles est attelée de plus d'un cheval.—L'intervalle d'un convoi à l'autre ne peut être moindre de 50 mètres. (*Décr. préc., art. 13.*)

8. Tout voiturier ou conducteur doit se tenir constamment à portée de ses chevaux ou bêtes de trait et en position de les guider. (*Décr. préc., art. 14.*)

9. Il est interdit de faire conduire par un seul conducteur plus de quatre voitures à un cheval si elles sont à quatre roues, et plus de trois voitures à un cheval si elles sont à deux roues. (*Décr. et art. préc.*)

10. Chaque voiture attelée de plus d'un cheval doit avoir un conducteur. Toutefois, une voiture dont le cheval est attaché derrière une voiture attelée de quatre chevaux au plus, n'a pas besoin d'un conducteur particulier. (*Décr. et art. préc.*)

11. Des règlements de police municipale doivent déterminer, en ce qui concerne la traverse des villes, bourgs et villages, les restrictions qui peuvent être apportées aux dispositions du présent article et de celui qui précède. (*Décr. et art. préc.*)

III. — DISPOSITIONS APPLICABLES AUX VOITURES DE MESSAGERIES.

1. *Déclaration. — Visite. — Estampille des voitures.*

12. Les entrepreneurs de voitures publiques allant à destination fixe doivent déclarer le siége principal de leur établissement, le nombre de leurs voitures,

celui des places qu'elles contiennent, le lieu de destination, les jours et heures de départ et d'arrivée. Cette déclaration est faite, dans le département de la Seine, au préfet de police, et, dans les autres départements, aux préfets ou sous-préfets. (*Décr., 10 août 1852, art. 17.*)

Ces formalités ne sont obligatoires, pour les entrepreneurs actuels, qu'au renouvellement de leurs voitures, ou lorsqu'ils en modifient la forme ou la contenance. (*Décr. et art. préc.*)

Tout changement aux dispositions arrêtées par suite du premier paragraphe du présent article donne lieu à une déclaration nouvelle. (*Décr. et art. préc.*)

13. Aussitôt après les déclarations faites en vertu des paragraphes 1 et 2 de l'article précédent, le préfet ou le sous-préfet ordonne la visite des voitures, afin de constater si elles sont entièrement conformes à ce qui est prescrit par les articles ci-après (nos 17 à 20), et si elles ne présentent aucun vice de construction qui puisse occasionner des accidents. Cette visite, qui peut être renouvelée toutes les fois que l'autorité le juge nécessaire, est faite en présence du commissaire de police, par un expert nommé par le préfet ou le sous-préfet. (*Décr. préc., art. 18.*)

L'entrepreneur a la faculté de nommer, de son côté, un expert pour opérer contradictoirement avec celui de l'administration. (*Décr. et art. préc.*)

14. La visite des voitures ne peut être faite qu'à l'un des principaux établissements de l'entreprise : les frais sont à la charge de l'entrepreneur. (*Décr. et art. préc.*)

15. Le préfet prononce sur le vu du procès-verbal d'expertise et du rapport du commissaire de police. (*Décr. et art. préc.*)

Aucune voiture ne peut être mise en circulation avant la délivrance de l'autorisation du préfet. (*Décr. et art. préc.*)

Le préfet transmet au directeur des contributions indirectes copie par extrait des autorisations par lui accordées en vertu de l'article précédent. (*Décr. préc., art. 19.*)

16. L'estampille prescrite par l'art. 117 de la loi du 25 mars 1817 n'est délivrée que sur le vu de cette autorisation, qui doit être inscrite sur un registre spécial. (*Décr. et art. préc.*)

2. *Largeur de la voie.*

17. La largeur de la voie pour les voitures publiques est fixée, au minimum, à 1 mètre 65 centimètres entre le milieu des jantes de la partie des roues reposant sur le sol. (*Décr. préc., art. 20.*)

Toutefois, si les voitures sont à quatre roues, la voie de devant peut être réduite à 1 mètre 55 centimètres. (*Décr. et art. préc.*)

18. En pays de montagnes, les entrepreneurs peuvent être autorisés par les préfets, sur l'avis des ingénieurs et des agents voyers, à employer des largeurs de voies moindres que celles réglées par les paragraphes précédents, mais à la condition que les voies seront au moins égales à la voie la plus large des voitures en usage dans la contrée. (*Décr. et art. préc.*)

19. La distance entre les axes des deux essieux, dans les voitures publiques à quatre roues, doit être égale au moins à la moitié de la longueur des caisses mesurées à la hauteur de leur ceinture, sans pouvoir néanmoins descendre au-dessous de 1 mètre 55 centimètres. (*Décr. préc., art. 21.*)

3. *Hauteur des voitures.*

20. Le maximum de la hauteur des voitures publiques, depuis le sol jusqu'à la partie la plus élevée du chargement, est fixé à 3 mètres pour les voitures à quatre roues, et à 2 mètres 60 centimètres pour les voitures à deux roues. (*Décr. préc., art. 22.*)

Il est accordé, pour les voitures à quatre roues, une augmentation de 10 centimètres, si elles sont pourvues à l'avant-train de sassoires et contre-sassoires formant chacune au moins un demi-cercle de 1 mètre 15 centimètres de diamètre, ayant la cheville ouvrière pour centre. (*Décr. et art. préc.*)

Lorsque, par application du troisième paragraphe de l'art. 20, on autorise une réduction dans la largeur de la voie, le rapport de la hauteur de la voiture avec la largeur de la voie doit être, au maximum, de 1 3/4. (*Décr., 10 août 1852, art. 22.*)

Dans tous les cas, la hauteur est réglée par une traverse en fer placée au milieu de la longueur affectée au chargement, et dont les montants, au moment de la visite prescrite par l'art. 17, sont marqués d'une estampille constatant qu'ils ne dépassent pas la hauteur voulue; ils doivent, ainsi que la traverse, être constamment apparents. (*Décr. et art. préc.*)

4. Chargement des voitures.

21. La bâche qui recouvre le chargement ne peut déborder ces montants ni la hauteur de la traverse. (*Décr. et art. préc.*)

Il est défendu d'attacher aucun objet en dehors de la bâche. (*Décr. et art. préc.*)

5. Dispositions de l'intérieur. — Banquettes de l'impériale.

22. Les compartiments des voitures publiques doivent être disposés de manière à satisfaire aux conditions suivantes: — Largeur moyenne des places, 48 centim.; largeur des banquettes, 45 centim.; distance entre deux banquettes, 45 centim.; distance entre la banquette du coupé et le devant de la voiture, 35 centim.; hauteur du pavillon au-dessus du fond de la voiture, 1 mètre 40 centim.; hauteur des banquettes, y compris le coussin, 40 centim. (*Décr. préc., art. 23.*)

Pour les voitures parcourant moins de 20 kilomètres et pour les banquettes à plus de trois places, la largeur moyenne des places peut être réduite à 40 centim. (*Décr. et art. préc.*)

23. Il peut être placé sur l'impériale une banquette destinée au conducteur et à deux voyageurs, ou à trois voyageurs lorsque le conducteur se place sur le même siége que le cocher. — Cette banquette, dont la hauteur, y compris le coussin, ne doit pas dépasser 30 centim., ne peut être recouverte que d'une capote flexible. — Aucun paquet ne peut être chargé sur cette banquette. (*Décr. préc., art. 24.*)

6. Portière. — Marchepied. — Essieux.

24. Le coupé et l'intérieur doivent avoir une portière de chaque côté. — La caisse de derrière ou la rotonde peut n'avoir qu'une portière ouverte à l'arrière. (*Décr. préc., art. 25.*)

25. Chaque portière sera garnie d'un marchepied. (*Décr. et art. préc.*)

26. Les essieux doivent être en fer corroyé, de bonne qualité, et arrêtés à chaque extrémité, soit par un écrou assujetti au moyen d'une clavette, soit par une boîte à huile, fixée par quatre boulons traversant la longueur du moyeu, soit par tout autre système approuvé par le ministre des travaux publics. (*Décr. préc., art. 26.*)

7. Inscriptions.

27. Chaque voiture porte à l'extérieur, dans un endroit apparent, indépendamment de l'estampille délivrée par l'administration des contributions indirectes, le nom et le domicile de l'entrepreneur, et l'indication du nombre des places de chaque compartiment. (*Décr. préc., art. 29.*)

28. Elle porte à l'intérieur des compartiments : 1° le numéro de chaque place; 2° le prix de la place depuis le lieu du départ jusqu'à celui de l'arrivée. (*Décr. préc., art. 30.*)

29. L'entrepreneur ne peut admettre dans les compartiments de ses voitures un plus grand nombre de voyageurs que celui indiqué sur les panneaux, conformément à l'art. 29. (*Décr. et art. préc.*)

8. Enregistrement. — Feuille de route.

30. Chaque entrepreneur inscrit, sur un registre coté et paraphé par le maire, le nom des voyageurs qu'il transporte; il y inscrit également les ballots et paquets dont le transport lui est confié. (*Décr. préc., art. 31.*)

Il remet au conducteur, pour lui servir de feuille de route, une copie de cet enregistrement, et à chaque voyageur un extrait en ce qui le concerne, avec le numéro de sa place. (*Décr.*, *10 août 1852, art. 31.*)

31. Les conducteurs ne peuvent prendre en route aucun voyageur ni recevoir aucun paquet sans en faire mention sur les feuilles de route qui leur ont été remises au point de départ. (*Décr. préc., art. 32.*)

9. *Conduite des voitures.*

32. Toute voiture publique dont l'attelage ne présente de front que deux rangs de chevaux peut être conduite par un seul postillon ou un seul cocher. — Elle doit être conduite par deux postillons ou par un cocher et un postillon, lorsque l'attelage comporte plus de deux rangs de chevaux. (*Décr. préc.*, *art. 33.*)

Les postillons ou cochers ne peuvent, sous aucun prétexte, descendre de leurs chevaux ou de leurs siéges. — Il leur est enjoint d'observer, dans les traversées des villes et des villages, les règlements de police concernant la circulation dans les rues.—Dans les haltes, le conducteur et le postillon ne peuvent quitter en même temps la voiture, tant qu'elle reste attelée. — Avant de remonter sur son siége, le conducteur doit s'assurer que les portières sont exactement fermées. (*Décr. préc.*, *art. 34.*)

33. Lorsque, contrairement à l'art. 9 du présent décret (nº 5), un roulier ou conducteur de voiture n'a pas cédé la moitié de la chaussée à une voiture publique, le conducteur ou postillon qui a à se plaindre de cette contravention, doit en faire la déclaration à l'officier de police du lieu le plus rapproché, en faisant connaître le nom du voiturier d'après la plaque de sa voiture. — Les procès-verbaux de contravention sont sur-le-champ transmis au procureur impérial, qui fait poursuivre les délinquants. (*Décr. préc., art. 35.*)

10. *Police des relais.*

34. Les entrepreneurs de voitures publiques, autres que celles conduites par les maîtres de poste, font, à Paris, à la préfecture de police, et dans les départements, à la préfecture ou sous-préfecture du lieu où sont établis leurs relais, la déclaration des lieux où ces relais sont situés et du nom des relayeurs. — Une déclaration semblable doit être faite chaque fois que les entrepreneurs traitent avec un nouveau relayeur. (*Décr. préc., art. 36.*)

35. Les relayeurs ou leurs préposés doivent être présents à l'arrivée et au départ de chaque voiture, et s'assurer par eux-mêmes, et sous leur responsabilité, que les postillons ne sont pas en état d'ivresse. (*Décr. préc., art. 37.*)

36. La tenue des relais, en tout ce qui intéresse la sûreté des voyageurs, est surveillée, à Paris, par le préfet de police, et, dans les départements, par les maires des communes où ces relais se trouvent établis. (*Décr. et art. préc.*)

11. *Police des postillons.*

37. Nul ne peut être admis comme postillon ou cocher s'il n'est âgé de seize ans au moins et porteur d'un livret délivré par le maire de la commune de son domicile, attestant ses bonnes vie et mœurs et son aptitude pour le métier qu'il veut exercer. (*Décr. préc., art. 38.*)

38. A chaque bureau de départ et d'arrivée, et à chaque relai, il y a un registre coté et paraphé par le maire, pour l'inscription des plaintes que les voyageurs peuvent avoir à former contre les conducteurs, postillons ou cochers. Ce registre est présenté aux voyageurs à toute réquisition par le chef du bureau ou par le relayeur. (*Décr. préc., art. 39.*)

Les maîtres de poste qui conduisent des voitures publiques présentent, aux voyageurs qui le requièrent, le registre qu'ils sont obligés de tenir d'après le règlement des postes. (*Décr. et art. préc.*)

§ 2. — Escortes à fournir par la gendarmerie.

39. Lorsqu'une escorte est reconnue indispensable par les préfets ou sous-pré-

fets, elle ne peut être refusée par les officiers de gendarmerie ; dans ce cas, si les gendarmes ne trouvent pas place à côté du conducteur sur la voiture, ils la suivent sans pouvoir l'abandonner avant l'arrivée à destination ou avant d'avoir été relevés. — Ils ne doivent se placer, ni en avant, ni sur les côtés de la voiture, mais se tenir en arrière à une distance de cent mètres environ, afin de ne pas la perdre de vue, et d'être à même d'arriver subitement en cas d'attaque. — Pour ces escortes, les gendarmes doivent toujours avoir les armes chargées. (*Décr., 1er mars 1854, art. 468.*)

10. Dans le cas où l'escorte n'a pas été jugée nécessaire au moment du départ, la réquisition est remise au conducteur de la voiture, lequel peut en faire usage, au besoin, dans toute l'étendue de la route à parcourir. (*Décr. préc., art. 469.*)

V. Attelage, Chargement, Clous, Colliers, Lanternes, Ponts suspendus, Roulage (¹).

VOYERS. — Form. mun., tom. VI pag. 906.

§ 1er. — Des voyers ou architectes voyers.

1. Les voyers proprement dits, ou architectes voyers, sont des agents ou employés communaux à la nomination des maires, qui ont aussi le droit de les suspendre ou de les révoquer. (*L., 18 juill. 1837, art. 12.*)

2. Leur traitement, lorsqu'il est prélevé sur le crédit ordinaire des frais d'administration, est fixé par le maire ; dans le cas contraire, il est réglé par le conseil municipal et inscrit au budget de la commune.

3. Les voyers, ou architectes voyers, exercent, sous l'autorité des maires, les fonctions qui leur sont attribuées par ce magistrat. Leur principal devoir est de veiller à la conservation et à l'exécution du plan d'alignement. C'est sur leur avis que sont données les autorisations d'alignement aux propriétaires qui veulent construire longeant la petite voirie.

4. Les taxes provenant des droits de voirie ne peuvent être perçues qu'en suite de tarifs approuvés par arrêté du préfet ; elles font partie des ressources communales. (*L., 18 juill. 1837, art. 31. — Décr., 25 mars 1852.*)

§ 2. — Des agents voyers.

5. Les agents voyers sont nommés par les préfets. Leur traitement est fixé par le conseil général et prélevé sur les fonds affectés aux travaux des chemins vicinaux. (*L., 21 mai 1836, art. 11.*)

6. Les agents voyers sont des employés spécialement attachés au service des chemins vicinaux, et surtout des chemins vicinaux de grande communication. Ils remplissent, à l'égard de ces chemins, les mêmes fonctions que les ingénieurs des ponts et chaussées relativement aux routes impériales et départementales.

7. Ils doivent prêter serment. Ils peuvent constater les contraventions et délits, et dresser des procès-verbaux. (*L. et art. préc.*)

8. Les procès-verbaux dressés par les agents voyers sont admis, dans les quatre jours de leur date, aux formalités du visa pour timbre et de l'enregistrement en débet, sauf le recouvrement des droits sur les parties condamnées. (*Déc. min. fin., 3 juill. 1837.*)

La loi du 21 mai 1836 n'a pas astreint à la formalité de l'affirmation les procès-verbaux des agents voyers.

9. Lorsqu'un agent voyer se déplace pour un alignement dans l'intérêt de l'autorité, qui doit le donner, il ne peut réclamer d'indemnité, car le particulier

---

(¹) V. encore, pour tout ce qui concerne cette matière, le *Code de la Police du roulage et des Voitures publiques*, 1 vol. in-8°, chez Prudhomme, imprimeur-éditeur, à Grenoble.

qui a demandé l'alignement a droit d'exiger qu'il soit statué gratuitement sur sa pétition. Mais lorsqu'après l'alignement donné, le particulier réclame contre l'alignement et demande la descente de l'agent voyer sur les lieux, celui-ci doit avoir droit à une indemnité, car alors il agit dans le seul intérêt du réclamant. (*Décis. min. int., 24 juill. 1837.*)

10. Les agents voyers en chefs sont autorisés à correspondre en franchise, sous bandes, avec les préfets et sous-préfets, les maires, les percepteurs et les agents voyers d'arrondissement et de canton de leurs départements respectifs. (*Ord., 17 nov. 1844.*)

Les agents voyers d'arrondissement sont autorisés à correspondre, sous bandes, avec le préfet, les sous-préfets, l'agent voyer en chef, les maires, les percepteurs et les agents voyers de canton de leurs arrondissements respectifs. (*Ord. préc.*);

Et les agents voyers de canton, avec le préfet, le sous-préfet, l'agent voyer en chef, l'agent voyer d'arrondissement, les percepteurs et les maires de leurs cantons respectifs. (*Ord. préc.*)

11. Dans chaque département, il doit être formé une commission chargée d'examiner les candidats pour les fonctions d'agent voyer ou de conducteur, et c'est parmi les candidats dont la commission a reconnu la capacité que le préfet doit faire son choix. (*Circ. min. int., 11 oct. 1836.*)

12. Cette circulaire du 11 octobre 1836 contient le programme des connaissances exigées pour les places d'agents voyers ou de conducteurs des chemins vicinaux.

13. Les mandats de traitement des agents voyers doivent être timbrés. (*Circ. min. int., 22 nov. 1854.*)

ZONES FRONTIÈRES.

LÉGISLATION.

Ordonnance du 27 février 1815. — Décision royale du 25 janvier 1839. — Loi du 7 avril 1851. — Décret du 16 août 1853.

1. Pour chaque département ou portion de département situé dans la zone frontière, le préfet fait dresser, par les soins de l'ingénieur en chef des ponts et chaussées et avec l'aide des agents voyers et forestiers, une carte à échelle de grandeur convenable, sur laquelle sont tracés les cours d'eau navigables ou flottables, les routes impériales ou départementales, les voies de fer, les chemins vicinaux et les chemins forestiers actuellement à l'entretien de l'État, des départements ou des communes ; cette carte porte, en outre, une légende indiquant par des teintes conventionnelles, les divers degrés de viabilité des voies de terre et la nature de ces voies. (*Décr., 16 août 1853, art. 40.*)

2. A cette carte est joint un état général de ces mêmes communications, groupées par nature et désignées par leurs numéros de classement et par les noms des points extrêmes qu'elles réunissent, avec indication des points intermédiaires par lesquels elles passent. (*Décr. et art. préc.*)

3. Le directeur des fortifications, auquel cet état et cette carte sont envoyés par le préfet, les communique au chef du génie, tant pour y faire remarquer les limites des territoires, des places et des chefferies, que pour avoir des renseignements sur celles des voies de terre et d'eau qui paraîtraient susceptibles d'être exonérées de la surveillance de l'autorité militaire, et il transmet ensuite ces documents au ministre de la guerre avec ses propositions. (*Décr. et art. préc.*)

4. Indépendamment du travail ci-dessus demandé, les préfets, toutes les fois qu'ils en reconnaissent la nécessité, font dresser, de la manière qui vient d'être indiquée, une carte et un état sur lesquels sont portées les communications de terre et d'eau dont les diverses autorités civiles ont l'intention de proposer l'établissement dans un avenir rapproché; et le ministre de la guerre détermine celles de ces communications à l'exécution et à l'exonération desquelles il adhère immédiatement, et celles, au contraire, dont les projets doivent être soumis aux formalités ordinaires relatives aux travaux mixtes. Ce dernier travail ne con-

cerne d'ailleurs les chemins vicinaux que dans l'étendue des territoires réservés. *(Décr., 16 août 1853, art. 40.)*

5. Les voies de terre objet de l'exonération peuvent, sans intervention de l'autorité militaire, recevoir les modifications et les améliorations dont elles sont susceptibles, telles que l'élargissement des chaussées ou des accotements, l'adoucissement des rampes ou des pentes, la substitution d'autres matériaux à ceux précédemment employés, l'empierrement ou le pavage des parties en terre, le creusement des fossés latéraux et l'addition de gares, d'évitement ou de dépôt, pourvu que ces améliorations ou modifications ne changent pas leur direction générale, n'ouvrent pas de communication nouvelle ou ne prolongent pas celles qui existent. — Il en est de même à l'égard des voies d'eau, mais seulement pour les travaux qui peuvent être faits tant au lit de ces voies, à leurs digues, à leurs francs-bords et à leurs fossés, qu'à leurs écluses et à leurs ouvrages d'art, pourvu qu'il ne soit rien changé ni au tracé de ces voies ni au régime des eaux. *(Décr. préc., art. 41.)*

6. Sont toujours exceptés de l'exonération les travaux concernant : 1° Les ponts établis au croisement d'une voie de terre classée et d'une voie d'eau navigable ou flottable ; 2° Les portions de communications de terre ou d'eau situées dans les limites de la zone des fortifications ou dans le rayon des servitudes des enceintes fortifiées. *(Décr. préc., art. 42.)*

7. La répartition entre les divers services intéressés de l'entretien des portions de voies de terre et d'eau situées dans la zone des fortifications des places et des postes, est établie, après avis de la commission mixte des travaux publics, à la suite d'une conférence entre le chef du génie et les ingénieurs des ponts et chaussées. *(Décr. préc., art. 43.)*

8. A cette conférence interviennent : 1° Le maire de la commune ou son adjoint, assisté au besoin d'un agent voyer ou d'un architecte, pour tout ce qui concerne les chemins vicinaux, la rue du rempart et les portions d'esplanades militaires affectées à la circulation des habitants : — 2° Un délégué de chaque compagnie concessionnaire, s'il s'agit d'ouvrages concédés. *(Décr. et art. préc.)*

9. Cette répartition comprend les ponts, les portes, les barrières, les écluses, les digues, les barrages, et généralement tous les ouvrages d'art qui font partie ou qui dépendent des voies de terre ou d'eau dans la traversée des fortifications. *(Décr. et art. préc.)*

10. Toutes les dispositions antérieures contraires aux présentes dispositions sont abrogées. *(Décr. préc., art. 44.)*

11. Le compte des dépenses de tout jugement de condamnation pour contravention commise sur la zone frontière, est transmis par le directeur des fortifications au préfet du département, qui l'arrête et en fait poursuivre le recouvrement conformément à la loi du 19 mai 1802. *(L., 7 avril 1851, art. 8.)*

APPENDICE.

A

ACQUISITIONS. (Pag. 6 de la *Procédure.*)

§ 1er. — Instruction de l'affaire.

1. D'après l'instruction du ministre de l'intérieur en date du 5 mai 1852, l'expertise de l'immeuble à acquérir doit être faite par une personne désignée par le préfet ou le sous-préfet de l'arrondissement.

2. Le sous-préfet joint, aux pièces qu'il doit envoyer au préfet et que nous avons énumérées pag. 6, son avis et celui du commissaire enquêteur. (*Circ. min. int., 5 mai 1852, mod. n° 23.*)

3. L'arrêté préfectoral qui autorise l'acquisition, outre toutes ces pièces, vise encore le budget communal. (*Circ. et mod. préc.*)

§ 2. — Acquisitions relatives aux chemins vicinaux.

4. Si les propriétaires de terrains à occuper ne consentent pas à en faire l'abandon gratuit à la commune, il est procédé, autant que possible, à l'acquisition à l'amiable de ces terrains. — A cet effet, le maire de la commune débat, avec les propriétaires intéressés, les conditions de l'acquisition ; ces conditions sont soumises à la délibération du conseil municipal, et, si elles paraissent au préfet de nature à être acceptées, l'acquisition est autorisée par lui en conseil de préfecture. (*Proj. règl. gén. min. int., 21 juill. 1854, art. 45.*)

5. Lorsque l'acquisition à l'amiable a été ainsi autorisée, l'acte d'acquisition en est passé par le maire, dans la forme des actes administratifs. — Ces actes, et tous ceux qui sont faits pour arriver à l'acquisition, sont présentés au visa pour timbre et à l'enregistrement, ainsi qu'il est prescrit par l'article 58 de la loi du 3 mai 1841. (*Proj. règl. gén. préc., art. 46.*)

6. Si l'acquisition des terrains à occuper ne peut avoir lieu à l'amiable, soit parce que les propriétaires refusent de consentir à l'occupation, soit parce qu'il n'a pas pu y avoir accord sur le prix de ces terrains, il y a lieu de recourir à l'expropriation. — A cet effet, et en conformité de l'article 13 de la loi du 3 mai 1841, le préfet transmet au procureur impérial de l'arrondissement toutes les pièces constatant l'accomplissement des formalités prescrites, pour qu'il soit procédé conformément aux titres III, IV et V de ladite loi, sauf les modifications qui y sont apportées par l'article 16 de celle du 21 mai 1836. — Toutefois, les propriétaires peuvent consentir à la cession, sauf règlement ultérieur de l'indemnité par le jury, conformément au § 5 de l'article 14 de la loi du 3 mai 1841. (*Proj. règl. gén. préc., art. 47.*)

7. Le montant des indemnités dues est à la charge des communes sur le territoire desquelles les travaux d'ouverture ou de redressement ont été opérés. — Il peut être précompté aux communes sur les contingents qui leur sont assignés, lorsqu'il s'agit d'un chemin vicinal de grande communication. (*Proj. règl. gén. préc., art. 48.*)

V. Chemins vicinaux (à la *Procédure* et à l'*Appendice.*)

ACTES.

Un arrêté du 24 prairial an IX-13 juin 1804 porte : 1° que tous les actes publics doivent être rédigés en langue française ; 2° que la traduction en idiome du pays peut être à mi-marge de la minute française ; 3° que les actes sous seings privés peuvent aussi être écrits en idiome du pays, à la charge par les parties qui présentent ces actes à la formalité de l'enregistrement, d'y joindre à leurs frais une traduction française certifiée par un traducteur juré. L'exécution de cet arrêté a été confirmée par une lettre du ministre de la justice du 21 thermidor an XII, décidant que, pour les testaments, les notaires doivent rédiger l'acte en français, quelle que soit la langue dans laquelle il leur est dicté par le testateur, sauf à eux à écrire la traduction à mi-marge, et à lire cette traduction au testateur et aux témoins.

ALIÉNATIONS. (Pag. 16 de la *Procédure.*)

Les nouveaux détails que contient l'Appendice au mot *Acquisitions* (pag. 503, § 1er), s'appliquent aussi aux aliénations.

ALIGNEMENTS. (Pag. 19 de la *Procédure.*)

1. Dans le cas où il ne s'agit, pour une commune, que d'aliéner ou d'acquérir quelques parcelles de terrain concédées ou retranchées au propriétaire qui demande alignement, il peut suffire que la somme fixée par les experts soit créditée au budget municipal, parce qu'il ne s'agit alors que d'une simple indemnité à accorder ou à recevoir, et que le plan d'alignement a donné implicitement à la commune toute l'autorisation nécessaire pour le faire exécuter. (*Circ. min. int., 23 janv. 1836.*)

2. Mais il n'en est pas de même dans le cas où un propriétaire peut vouloir, avant le temps où la vétusté de sa maison l'oblige à reculer, vendre tout ou partie de sa propriété, comme aussi dans celui où la commune peut croire convenable de l'acheter. Dans ce cas, comme ce n'est plus par suite du plan d'alignement que la commune fait cette opération, une autorisation nouvelle est nécessaire, et l'acquisition doit être précédée par une déclaration d'utilité publique, si les parties ne sont pas d'accord (*Circ. préc., et avis cons. Etat*), ou par un arrêté préfectoral autorisant la vente à l'amiable. (*Décr., 25 mars 1852. — Circ. min. int., 5 mai 1852.*) — Mais, ainsi que nous l'avons dit à ACQUISITIONS (pag. 6, n° 6), — s'il s'agit d'exproprier, un décret est nécessaire (*Circ. préc.*), et quand il y a contestation sur le chiffre de l'indemnité, c'est le jury d'expropriation qui prononce. (*Circ. min. int., 23 août 1841.*)

3. Les articles ALIGNEMENTS (pag. 19) et PLANS D'ALIGNEMENT (pag. 365 de la *Procédure*), se complètent l'un par l'autre, et sont à consulter en même temps. — Au n° 8 du premier de ces articles, c'est de l'art. 30, et non 50, de la loi du 18 juillet 1837, dont il est question.

B

BACS ET BATEAUX. (Pag. 37 de la *Procédure.*)

Les préfets doivent faire insérer dans le cahier des charges servant aux adjudications pour le service des bacs une clause additionnelle portant que le fermier sera tenu de passer gratuitement les pompiers et les personnes qui, en cas d'incendie, vont porter secours d'une rive à l'autre, ainsi que le matériel nécessaire. — Cette clause doit être également reproduite dans l'article de ce cahier des charges relatif aux passages de nuit. (*Circ. min. trav. publ., 27 oct. 1853.*)

BORNAGE. (Pag. 54, et 97 [§ 4] de la *Procédure.*)

§ 1er. — **Bornage des chemins vicinaux.**

1. Chaque préfet doit ordonner qu'il soit procédé au bornage des chemins

vicinaux dans toutes les communes de son département. (*Proj. règl. gén. min. int., 21 juill. 1854, art. 9.*)

2. Le bornage des chemins vicinaux doit être opéré contradictoirement entre le maire de la commune et les propriétaires des terrains situés sur les deux rives. — Le maire est assisté de deux membres du conseil municipal choisis par lui, et, autant que possible, d'un agent voyer ; la présence de l'agent voyer est indispensable lorsqu'il s'agit du bornage d'un chemin de grande communication. (*Proj. règl. gén. préc., art. 10.*)

3. Les bornes sont, autant que possible, en pierres dures. Elles sont placées vis-à-vis l'une de l'autre, toutes les fois que le chemin a sa largeur légale. Leur saillie et leur côté sont déterminés par le préfet. (*Proj. règl. gén. préc., art. 13.*)

4. Dans les parties du chemin qui ont une largeur plus grande que celle fixée par l'arrêté du préfet, cet excédant de largeur doit être conservé jusqu'à ce qu'il en soit autrement ordonné ; les bornes sont placées à l'extrême limite du sol dépendant du chemin. (*Proj. règl. gén. préc., art. 14.*)

5. Dans les parties du chemin qui n'ont pas encore la largeur légale, cette largeur est donnée, autant que possible, au moment de l'abornement. — Si la largeur légale ne peut être actuellement donnée au chemin, il ne doit pas être placé de bornes sur les côtés de la voie publique. Pour y suppléer, il est placé, au milieu du chemin, de distance en distance, et à 500 mètres au plus, des bornes en pierres brutes, qui sont arasées au-dessous du sol du chemin, de manière à ne pas gêner la circulation. — Ces bornes médiaires sont entourées, au pied, de tuileaux, fragments de briques ou de charbon, destinés à leur servir de témoins. Les bornes médiaires servent de point de repères, soit lorsqu'arrive le moment de donner au chemin vicinal sa largeur légale, soit lorsqu'il y a lieu de rechercher les usurpations qui ont été commises depuis le placement de ces bornes. (*Proj. règl. gén. préc., art. 15.*)

V. Chemins vicinaux (§ 4), pour les dispositions relatives au bornage que celles-ci complètent.

§ 2. — Bornage des routes impériales et départementales.

6. Relativement aux routes impériales et départementales, leur bornage est réglé, entre autres instructions, par la circulaire du ministre des travaux publics du 21 juin 1853, laquelle ne contient rien de spécial aux fonctionnaires auxquels la *Procédure* s'adresse particulièrement.

V. Bois des communes (pag. 50, § 2, de la *Procédure*), pour la délimitation et le bornage de ces bois.

C

CANTONNIERS. (Pag. 82 de la *Procédure*.)

L'arrêté du maire nommant un cantonnier sur les chemins vicinaux doit faire connaître la date de la naissance de l'individu, le temps pendant lequel il doit travailler, et son traitement mensuel. Cet arrêté est transmis en double expédition au sous-préfet, et l'agent voyer en chef est ensuite chargé de faire procéder à l'installation du cantonnier. (*Inst. min. et préf.*)

V. Chemins vicinaux (*Procédure*, pag. 100), pour la nomination et le salaire de ces cantonniers.

CHAMBRES CONSULTATIVES D'AGRICULTURE.

LÉGISLATION.

Décret du 25 mars 1852.

SOMMAIRE.

§ 1er. Nombre, composition, présidence, 1 à 5.
§ 2. Sessions, 6 à 8.
§ 3. Fonctions, correspondance, procès-verbaux, 9 à 15.
§ 4. Local, budget, 16 et 17.
§ 5. Dons et legs, 18.

§ 1er. — Nombre. — Composition. — Présidence.

1. Il y a dans chaque arrondissement une chambre consultative d'agriculture. (*Décr., 25 mars 1852, art. 1er.*)

2. Les chambres consultatives d'agriculture sont composées d'autant de membres qu'il y a de cantons dans l'arrondissement, sans que le nombre de ces membres puisse être inférieur à six. (*Décr., 25 mars 1852, art. 2.*)

3. Le préfet désigne dans chaque canton, pour faire partie de la chambre d'agriculture, un agriculteur notable ayant son domicile ou des propriétés dans le canton. — Les membres de la chambre d'agriculture sont nommés pour trois ans. Ils sont toujours rééligibles. (*Décr. préc., art. 3.*)

4. Le préfet, au chef-lieu, et les sous-préfets, dans les arrondissements, président la chambre consultative d'agriculture. — Un vice-président, élu à la majorité des voix des membres présents, supplée le préfet ou le sous-préfet, en cas d'absence ou d'empêchement. — Le préfet ou le sous-préfet nomme le secrétaire. (*Décr. préc., art. 4.*)

5. La durée des fonctions du vice-président est d'une année, et il est toujours rééligible. — Le secrétaire peut être pris parmi les membres de la chambre consultative ou hors de cette chambre; mais, dans ce dernier cas, il ne doit, sous aucun prétexte, prendre part aux délibérations, et n'a voix ni consultative ni délibérative. (*Circ. min. int., 20 juin 1852.*)

§ 2. — Sessions.

6. Un arrêté du préfet fixe, chaque année, l'époque de la session ordinaire des chambres d'agriculture de son département. Il en détermine la durée et arrête le programme des travaux. — Des sessions extraordinaires peuvent avoir lieu sur sa convocation. (*Décr., 25 mars 1852, art. 6.*)

7. Les chambres d'un même département doivent, autant que possible, être réunies en session ordinaire à la même époque, laquelle doit être choisie de manière à gêner le moins possible les travaux ordinaires de l'agriculture. Ces sessions doivent être fort courtes, et n'avoir qu'une durée de deux ou trois jours au plus. (*Circ. min. int., 20 juin 1852.*)

8. Au jour indiqué par l'arrêté du préfet, pour l'ouverture d'une session ordinaire ou extraordinaire, les membres de la chambre se réunissent et délibèrent valablement, en quelque nombre qu'ils se trouvent; toutefois, le nom des absents est inscrit au procès-verbal. Lorsqu'un membre aura manqué, sans motif ou pour des motifs qui ne seraient pas agréés par la chambre, à deux convocations consécutives, le préfet a le droit de le considérer comme démissionnaire et de le remplacer. (*Circ. préc.*)

§ 3. — Fonctions. — Correspondance. — Procès-verbaux.

9. Les chambres consultatives d'agriculture présentent au gouvernement leurs vues sur les questions qui intéressent l'agriculture. Leur avis peut être demandé sur les changements à opérer dans la législation, en ce qui touche les intérêts agricoles, et notamment en ce qui concerne les contributions indirectes, les douanes, les octrois, la police et l'emploi des eaux. — Elles peuvent aussi être consultées sur l'établissement des foires et marchés, sur la destination à donner aux subventions de l'Etat et du département, enfin sur l'établissement des écoles régionales et des fermes-écoles. — Elles sont chargées de la statistique agricole de l'arrondissement. (*Décr., 25 mars 1852, art. 6.*)

10. Si, pour la solution de ces questions, il est quelquefois utile d'appeler au sein de la chambre, pour y être entendus, certains fonctionnaires ou agents du gouvernement dans le département, le préfet est juge de cette utilité, et fait à ces fonctionnaires ou à ces agents les invitations qu'il croit nécessaires. (*Circ. min. int., 20 juin 1852.*)

11. Le cercle des travaux réservés aux chambres consultatives d'agriculture, embrasse toutes les matières de la législation rurale, c'est-à-dire le Code forestier, ainsi que les lois sur la propriété et la police des eaux, sur les marais et les étangs, sur le roulage, sur les voies de communication, sur les biens communaux, sur les propriétés rurales, sur les baux à ferme, etc., etc. (*Circ. préc.*)

12. A cette nomenclature, il faut joindre encore: 1° les demandes faites par le département ou par les communes à l'effet de s'imposer ordinairement ou extraordinairement, lorsque ces impositions doivent comporter un accroissement dans

les taxes des contributions indirectes ou des octrois ; 2° les questions relatives aux douanes, aux contributions indirectes et aux octrois, dont la solution serait proposée, soit par l'administration supérieure, soit par l'administration préfectorale ; 3° les demandes relatives aux concessions d'eau pour les usines, moulins, irrigations, etc., etc. ; 4° enfin, les demandes et les questions relatives aux foires et marchés, aux encouragements à l'agriculture, à l'établissement des écoles régionales d'agriculture, aux fermes-écoles et aux chaires d'enseignement agricole. (*Circ. min. int., 20 juin 1852.*)

En ce qui touche l'établissement des foires et marchés, le texte du décret doit être entendu, non-seulement de la création de ces institutions commerciales, mais encore de leur suppression ou de leur changement. (*Circ. préc.*)

13. La demande d'avis aux chambres consultatives d'agriculture n'est point obligatoire ; toutefois, et, sauf les cas d'urgence, les préfets doivent compléter toujours l'instruction des affaires relatives aux objets énoncés en l'art. 6 (n° 9), en prenant l'avis des chambres appartenant aux arrondissements intéressés. (*Circ. préc.*)

14. Les chambres consultatives d'agriculture correspondent directement avec les préfets et les sous-préfets, et, par l'intermédiaire des préfets, avec le ministre de l'agriculture et du commerce. (*Décr., 25 mars 1852, art. 7.*)

15. Les préfets doivent faire parvenir au ministre de l'agriculture et du commerce, après chaque session, soit ordinaire, soix extraordinaire, une copie des procès-verbaux des délibérations prises par les chambres consultatives d'agriculture de leur département, ainsi que toutes les pièces relatives à ces procès-verbaux ou aux travaux exécutés par les chambres et leurs commissions. Ils doivent spécialement veiller à l'exécution de cette prescription. (*Circ. min. int., 20 juin 1852.*)

§ 4. — Local. — Budget.

16. Les préfets et les sous-préfets fournissent au chef-lieu du département ou de l'arrondissement un local convenable pour la tenue des séances. (*Décr., 25 mars 1852, art. 8.*)

17. Le budget des chambres consultatives d'agriculture est visé par le préfet, et présenté en conseil général. Il fait partie des dépenses départementales et est porté au chapitre VII des dépenses ordinaires. — Ce budget doit être dressé par les chambres elles-mêmes, chaque année ; on ne doit y porter que les dépenses indispensables pour la tenue des sessions et les frais accessoires. Ce budget est ensuite transmis au préfet pour qu'il puisse l'examiner, le viser, le modifier même s'il y a lieu, et, dans tous les cas, le soumettre, avec son avis, au conseil général du département, qui doit l'inscrire au nombre des dépenses obligatoires. (*Circ. min. int., 20 juin 1852.*)

§ 5. — Dons et legs.

18. Les chambres consultatives d'agriculture sont reconnues comme établissements d'utilité publique, et peuvent, en cette qualité, acquérir, recevoir, posséder, aliéner, après y avoir été dûment autorisées. (*Décr., 25 mars 1852, art. 10.*)

Lorsqu'il y a lieu de faire application des dispositions de cet article, le préfet envoie au ministre de l'agriculture toutes les pièces nécessaires à l'instruction de l'affaire, afin qu'il puisse en saisir le conseil d'État. — Du reste, les chambres consultatives d'agriculture peuvent recevoir, non-seulement les libéralités qui peuvent lui être faites pour elles-mêmes, mais encore celles qui peuvent leur échoir en vue de l'une des associations agricoles comprises dans leur circonscription. (*Circ. min. int., 20 juin 1852.*)

CHAMBRES CONSULTATIVES DES ARTS ET MANUFACTURES. (Pag. 88 de la *Procédure.*)

1. Le renouvellement des membres des chambres consultatives des arts et manufactures se fait dans une assemblée composée : — 1° Des membres du tribunal de commerce ; — 2° De ceux de la chambre de commerce ou de la chambre consultative, y compris les membres sortants ; — 3° Des membres

du conseil des prud'hommes là où il s'en trouve un ; — 4° De notables en nombre égal au nombre des membres dont sont composés le tribunal et la chambre de commerce ou la chambre consultative, et néanmoins au nombre de vingt au moins. Ces notables sont choisis par moitié par le tribunal de commerce et par la chambre de commerce ou consultative. (*Ord., 16 juin 1832, art. 1er.*)

2. S'il n'y a pas de tribunal de commerce dans la ville où réside la chambre de commerce ou consultative, les notables sont nommés, moitié par lesdites chambres, et moitié par le conseil de prud'hommes, ou par le conseil municipal de la ville s'il n'y réside pas de conseil de prud'hommes. (*Ord. et art. préc.*)

3. L'assemblée électorale est convoquée et présidée par le préfet au chef-lieu du département, par le sous-préfet dans les autres arrondissements ; le maire de la ville remplace au besoin le préfet ou le sous-préfet. (*Ord. préc., art. 2.*)

4. Les fonctions des membres durent trois ans; le renouvellement se fait par tiers pendant les deux premières années, après la nomination générale; le sort décide de l'ordre des sorties. — Les membres fournis par les arrondissements extérieurs ne comptent pas dans le premier roulement : ils sortent après trois ans d'exercice. Nul ne peut être réélu plus d'une fois sans interruption d'exercice. — Les vacances accidentelles sont remplies à la plus prochaine élection ; les élus ne le sont que pour le temps qui reste à courir sur l'exercice du remplacé. (*Ord. préc., art. 9.*)

CHEMINS VICINAUX. (Page 96 de la *Procédure.*)

SOMMAIRE.

§ 1er. — Largeur.

1. Le maximum de largeur des chemins vicinaux ordinaires et des chemins vicinaux de grande communication est fixé par le préfet. (*Proj. règl. gén. min. int., 21 juill. 1854, art. 2.*)

2. Ne sont pas compris dans ce maximum, les fossés, parapets, banquettes, murs de soutènement, talus de remblai ou de déblai, et autres ouvrages accessoires qu'il peut être nécessaire d'établir en dehors de la voie livrée à la circulation, et dont le préfet détermine les dimensions suivant les besoins. — Ces ouvrages font partie intégrante du sol du chemin vicinal auquel ils se rattachent. (*Proj. règl. gén. préc., art. 3.*)

§ 2. — Indemnités. — Règlement.

3. Si le propriétaire ne consent pas à faire à la commune l'abandon gratuit de la parcelle de terrain à réunir au chemin, le maire traite avec lui du montant de l'indemnité à accorder. S'il y a accord, les conditions de la cession, constatées par écrit, et signées par le maire et le propriétaire, sont soumises à l'acceptation du conseil municipal, et elles sont, s'il y a lieu, approuvées par le préfet en conseil de préfecture, par application de l'article 10 de la loi du 28 juillet 1824. (*Proj. règl. gén. préc., art. 6.*)

4. Si l'indemnité ne peut être réglée à l'amiable, le juge de paix est appelé à la fixer, en exécution de l'art. 15 de la loi du 21 mai 1836. A cet effet, et conformément à l'art. 51 de la loi du 18 juillet 1837, le propriétaire dépossédé doit adresser au préfet un mémoire exposant les motifs de sa réclamation. — Si l'autorisation de défendre à l'action intentée à la commune lui est refusée, elle doit payer l'indemnité réclamée par le propriétaire. — Dans le cas, au contraire, où ladite autorisation est accordée, le propriétaire nomme un expert et met la commune en demeure de désigner le sien. Si la commune se refuse à faire cette nomination, son expert est désigné d'office par le juge de paix. Les deux experts, après avoir prêté serment, se réunissent pour faire leur rapport sur le

montant de l'indemnité due. En cas de désaccord, il est procédé à la nomination d'un tiers expert par le juge de paix, à la requête de la partie la plus diligente. (*Proj. règl. gén. min. int., 21 juill. 1854, art. 7.*)

5. L'indemnité, fixée à l'amiable ou par le juge de paix, est à la charge de la commune. — Le montant de cette indemnité, dont le paiement n'est pas exigible avant l'occupation du sol, est prélevé sur les premiers fonds disponibles. Il peut être précompté à la commune sur le contingent qu'elle doit fournir, s'il s'agit d'un chemin vicinal de grande communication. (*Proj. règl. gén. préc., art. 8.*)

V. Acquisitions, à l'*Appendice, pag.* 503.)

§ 3. — Classement.

6. Lorsque les besoins de la circulation exigent qu'un chemin existant soit déclaré vicinal, la demande peut en être faite, soit par le maire de la commune sur le territoire de laquelle le chemin est situé, soit par les maires des communes limitrophes aux communications desquelles ce chemin est nécessaire, soit, enfin, par tout propriétaire qui a intérêt à ce que le chemin soit déclaré vicinal. (*Proj. règl. gén. préc., art. 21.*)

7. Sur le vu de cette demande, un agent voyer est chargé de reconnaître, conjointement avec le maire de la commune, le chemin dont le classement comme chemin vicinal est demandé. Il est dressé de cette reconnaissance un procès-verbal contenant tous les renseignements nécessaires pour faire apprécier le degré d'utilité du chemin. (*Proj. règl. gén. préc., art. 22.*)

8. Le procès-verbal de reconnaissance prescrit par l'article précédent, est déposé à la mairie pendant un mois, et avis de ce dépôt doit être donné aux habitants, par voie de publication et affiches, en la forme ordinaire, pour qu'ils puissent présenter leurs réclamations ou observations, s'il y a lieu. (*Proj. règl. gén. préc., art. 23.*)

9. A l'expiration du délai de dépôt, le maire, après s'y être fait autoriser, réunit le conseil municipal et l'appelle à délibérer sur la proposition du classement du chemin, au nombre des chemins vicinaux de la commune. A cet effet, il met sous les yeux du conseil municipal, tant le procès-verbal de reconnaissance du chemin que les réclamations et observations auxquelles le projet de classement aurait donné lieu. (*Proj. règl. gén. préc., art. 24.*)

10. Le conseil municipal délibère tant sur le projet de classement que sur la largeur à donner au chemin et sur les réclamations mises sous ses yeux. — Dans le cas où la propriété du sol du chemin à classer est revendiquée par des tiers, le conseil donne ses observations et son avis. — Il fera connaître, en outre, les ressources au moyen desquelles l'indemnité serait payée, si les prétentions des tiers étaient reconnues fondées. (*Proj. règl. gén. préc., art. 25.*)

11. Sur le vu de la délibération du conseil municipal et des autres pièces à l'appui, il est statué par le préfet sur le classement, abstraction faite de toute question de propriété et tous droits des tiers réservés. (*Proj. règl. gén. préc., art. 26.*)

12. Dans le cas où des indemnités représentant la valeur du sol doivent être payées à des tiers, elles sont réglées comme en matière d'élargissement, conformément aux articles 6, 7 et 8. (*Proj. règl. gén. préc., art. 27.*)

§ 4. — Déclassement.

13. Lorsqu'un chemin compris au tableau des chemins vicinaux d'une commune paraît n'être plus utile aux communications, ou, au moins, n'être plus d'un intérêt assez général pour que son entretien reste à la charge de la commune, le déclassement peut en être demandé par le maire. (*Proj. règl. gén. préc., art. 28.*)

14. S'il paraît au préfet devoir être donné suite à la demande de déclassement, cette demande est renvoyée au maire, pour être déposée, pendant un mois, à la mairie de la commune ; avis de ce dépôt est donné aux habitants, par voie de publication et affiches, en la forme ordinaire. — Des copies de la demande de

déclassement sont transmises aux maires des communes voisines qui peuvent être intéressés à ce que le chemin soit conservé à la circulation ; dépôt en est également fait aux mairies de ces communes, pendant un mois, et les habitants en sont prévenus par publication et affiches. (*Proj. règl. gén. min. int.*, *21 juill. 1854*, *art. 29.*)

15. A l'expiration du mois de dépôt, les conseils municipaux, tant de la commune sur le territoire de laquelle le chemin est situé, que des communes voisines, sont appelés à délibérer sur la question de savoir s'il y a lieu ou non de rayer ce chemin du tableau des chemins vicinaux. Le conseil municipal de la commune sur le territoire de laquelle le chemin est situé, doit exprimer, dans sa délibération, s'il est d'avis que le chemin soit conservé à la circulation comme chemin rural, ou bien s'il doit être supprimé pour le sol en être vendu au profit de la commune. (*Proj. règl. gén. préc.*, *art. 30.*)

16. Les délibérations des conseils municipaux sont immédiatement transmises au préfet avec l'avis du sous-préfet et de l'agent voyer. — Si toutes les délibérations ne sont pas favorables au déclassement d'un chemin, il peut être ouvert une enquête dans les différentes communes, afin de pouvoir mieux apprécier les véritables intérêts des localités. (*Proj. règl. gén. préc.*, *art. 31.*)

17. Sur le vu des délibérations et autres documents ci-dessus indiqués, et s'il paraît au préfet y avoir lieu au déclassement du chemin, un arrêté pris par lui déclarera que ce chemin cesse de faire partie des chemins vicinaux de la commune. — Ce même arrêté déterminera si le chemin doit être conservé à la circulation, ou s'il doit être supprimé pour le sol en être vendu au profit de la commune. (*Proj. règl. gén. préc.*, *art. 32.*)

18. Expédition de cet arrêté doit être adressée au maire de la commune sur le territoire de laquelle le chemin est situé, pour être publié et annexé au tableau des chemins vicinaux. — Avis en est donné aux maires des communes dont les conseils municipaux ont été appelés à délibérer sur le déclassement. (*Proj. règl. gén. préc.*, *art. 33.*)

§ 5. — Ouverture. — Redressement. — Formalités préliminaires.

19. Lorsque l'administration a reconnu la nécessité d'ouvrir un nouveau chemin sur le territoire d'une ou de plusieurs communes, ou de redresser un chemin existant, il est procédé à une enquête, conformément à l'ordonnance du 23 août 1835, et les conseils municipaux sont appelés à délibérer tant sur l'utilité du chemin que sur les réclamations consignées au procès-verbal d'enquête. — Les pièces de cette affaire sont ensuite transmises au préfet par le sous-préfet, qui y joint son avis, ainsi que celui de l'agent voyer. (*Proj. règl. gén. préc.*, *art. 41.*)

20. Sur le vu des délibérations et avis ci-dessus, un arrêté rendu par le préfet, s'il y a lieu, conformément à l'art. 16 de la loi du 21 mai 1836, déclare l'utilité publique et autorise l'ouverture du chemin. (*Proj. règl. gén. préc.*, *art. 42.*)

21. Cet arrêté est publié dans la commune ou les communes sur le territoire desquelles le nouveau chemin doit être ouvert, et, aussitôt après, il est procédé à l'accomplissement des formalités prescrites par les art. 4, 5, 6 et 7 de la loi du 3 mai 1841. (*Proj. règl. gén. préc.*, *art. 43.*)

22. Sur le vu des différentes pièces de l'instruction à laquelle il a été procédé, le préfet détermine, par un arrêté pris en conseil de préfecture, les propriétés qui doivent être cédées, et indique l'époque à laquelle il est nécessaire d'en prendre possession. — Cet arrêté est soumis à l'approbation du ministre de l'intérieur, conformément à l'art. 11 de la loi du 3 mai 1841. (*Proj. règl. gén. préc.*, *art. 44.*)

V. Expropriation forcée.

§ 6. — Création de ressources communales.

I. — Délibération des conseils municipaux.

23. Tous les ans, du 1er au 15 avril, il est fait, par le maire ou par l'agent voyer, une appréciation sommaire des dépenses à faire sur les chemins vicinaux de la commune. — Cette appréciation est mise, dans la session de mai, sous

les yeux du conseil municipal. — Le maire fera également connaître à cette assemblée le montant des contingents qui lui sont demandés pour les chemins vicinaux de grande communication auxquels la commune a été déclarée intéressée. (*Proj. règl. gén. min. int. int., 21 juill. 1854, art. 49.*)

24. Le conseil municipal délibère sur les documents qui lui ont été communiqués en vertu de l'article précédent. — En ce qui concerne les chemins vicinaux de petite communication, il détermine ceux de ces chemins qui doivent être réparés, ainsi que la nature des travaux à y faire. Il recherche ensuite les moyens de pourvoir, tant à cette dépense qu'à celle résultant du contingent assigné à la commune, s'il y a lieu, dans le service des chemins vicinaux de grande communication. — Ces délibérations ne sont exécutoires que sur l'approbation du préfet. (*Proj. règl. gén. préc., art. 50.*)

II. — Allocations sur les revenus communaux.

25. Dans le cas où les revenus ordinaires de la commune sont suffisants pour pourvoir, en tout ou en partie, aux besoins du service vicinal, le conseil municipal affecte à ces besoins la portion de ces revenus que d'autres dépenses plus urgentes ne réclament pas. (*Proj. règl. gén. préc., art. 51.*)

III. — Insuffisance des revenus ordinaires.

26. Dans le cas où aucune portion des revenus ordinaires de la commune ne peut être affectée au service des chemins vicinaux, ou bien si les prélèvements qui pourraient être faits sur ces revenus ne peuvent suffire aux besoins de ce service, le conseil municipal examine comment il peut y être suppléé, et vote, soit des prestations en nature jusqu'au maximum de trois journées, soit des centimes spéciaux jusqu'au maximum de cinq, soit enfin l'une et l'autre de ces deux ressources concurremment. (*Proj. règl. gén. préc., art. 52.*)

IV. — Vote et assiette de la prestation en nature.

V. Prestations en nature.

V. — Vote de centimes spéciaux.

27. Lorsque, en raison de l'insuffisance des revenus ordinaires de la commune pour pourvoir au service des chemins vicinaux, le conseil municipal veut user de la faculté que lui donne l'art. 2 de la loi du 21 mai 1836 de voter des centimes spéciaux, la délibération est prise sans le concours des plus imposés. Cette délibération doit être prise dans la session de mai ; elle est aussitôt transmise au préfet par le sous-préfet, avec son avis, et, après qu'elle a été approuvée par le préfet, s'il y a lieu, elle est adressée au directeur des contributions directes, qui fait comprendre le montant de cette imposition dans le rôle de la commune. (*Proj. règl. gén. préc., art. 83.*)

VI. — Vote de centimes extraordinaires.

28. Dans le cas où, après avoir affecté aux dépenses des chemins vicinaux toute la portion disponible des revenus ordinaires et le maximum légal du nombre des journées de prestation et des centimes spéciaux, un conseil municipal veut affecter à ce service des ressources plus considérables, le conseil municipal peut, avec adjonction des plus imposés, voter une imposition extraordinaire. — La délibération est transmise au préfet par le sous-préfet, avec son avis, et adressée par le préfet au ministre de l'intérieur, pour être, s'il y a lieu, homologuée par décret impérial. (*Proj. règl. gén. préc., art. 84.*)

29. En aucun cas il ne doit être voté de centimes extraordinaires, pour le service des chemins vicinaux, avant que le maximum des journées de prestation et des centimes spéciaux ait été voté. (*Proj. règl. gén. préc., art. 85.*)

VII. — Impositions d'office.

30. Dans le courant du mois de juin, les sous-préfets dressent et font parvenir au préfet l'état des communes dont les conseils municipaux auraient négligé ou refusé d'affecter des ressources à la réparation et à l'entretien des chemins vicinaux. Ils accompagnent cet état d'un rapport sur l'état des chemins de ces

communes, et de leur avis sur la nécessité de pourvoir à leur réparation au moyen d'impositions d'office. (*Proj. règl. gén. min. int., 21 juill. 1854, art. 86.*)

31. Lorsque, soit par les rapports des sous-préfets, soit par l'envoi d'un agent voyer sur les lieux, soit enfin par tout autre moyen, le préfet a reconnu la nécessité de contraindre une commune à affecter à la réparation des chemins vicinaux des ressources qu'elle aurait négligé ou refusé de voter, un arrêté motivé, pris par lui, met le conseil municipal en demeure de voter ces ressources, et fixe le délai dans lequel ce conseil doit en délibérer. — Lorsqu'il s'agit du contingent à fournir par une commune pour les chemins vicinaux de grande communication, la mise en demeure résulte de la fixation du contingent à fournir, qui a été notifié au conseil municipal dans sa session de mai, conformément au troisième paragraphe de l'art. 49 du présent règlement [n° 23 ci-dessus]. (*Proj. règl. gén. préc., art. 87.*)

32. Si à l'expiration du délai fixé par l'arrêté mentionné au premier paragraphe de l'art. précédent, le conseil municipal n'a pas voté, dans les limites de la loi, les ressources nécessaires au service vicinal, ou s'il les avait votées en partie seulement, il y est pourvu d'office par le préfet, en exécution de l'art. 5 de la loi du 21 mai 1836. (*Proj. règl. gén. préc., art. 88.*)

33. Dans le cas où les revenus ordinaires de la commune retardataire permettent de faire face, en tout ou en partie, au besoin du service vicinal, l'allocation nécessaire est inscrite au budget par un arrêté pris par le préfet en conseil de préfecture. (*Proj. règl. gén. préc., art. 89.*)

34. Lorsque le préfet a reconnu nécessaire d'imposer d'office des centimes spéciaux, un arrêté pris par lui déterminera, dans les limites de la loi, le nombre de centimes à imposer. Il est immédiatement transmis au directeur des contributions directes, pour, le nombre de centimes à imposer d'office, être compris au rôle des contributions directes de la commune. — Cet arrêté est également notifié par le préfet au maire de la commune, pour être porté, par voie de publication, à la connaissance des habitants. (*Proj. règl. gén. préc., art. 93.*)

35. Dans le cas où le rôle des contributions directes de la commune est rédigé à l'époque où le directeur reçoit l'arrêté ordonnant une imposition d'office, il est rédigé un rôle supplémentaire comprenant le nombre de centimes portés dans cet arrêté. (*Proj. règl. gén. préc., art. 94.*)

V. Prestations en nature (nos 27 à 29).

VIII. — Spécialité de l'emploi des ressources.

36. Les ressources affectées au service des chemins vicinaux, quelle que soit leur origine et qu'elles consistent en argent ou en prestation en nature, ne peuvent, sous aucun prétexte, être appliquées, soit à des travaux étrangers à ce service, soit à la réparation de chemins qui n'auraient pas été légalement reconnus et classés comme chemins vicinaux. — Tout emploi, soit de fonds, soit de prestation en nature, qui serait effectué contrairement à cette règle, sera rejeté des comptes, et mis à la charge du comptable ou de l'ordonnateur, selon le cas. (*Proj. règl. gén. préc., art. 132.*)

§ 7. — Extraction de matériaux. — Occupation temporaire de terrains.

I. — Désignation des terrains.

37. Les devis qui sont rédigés pour la construction ou la réparation des chemins vicinaux, doivent indiquer les carrières ou les propriétés où doit avoir lieu l'extraction des matériaux nécessaires auxdits travaux. (*Proj. règl. gén. préc., art. 348.*)

38. Dans le cas où, pendant le cours des travaux, il devient nécessaire de désigner des terrains autres que ceux indiqués au devis, cette désignation est faite par le préfet, sur la proposition du maire et du sous-préfet, pour les chemins vicinaux de petite communication; sur celle de l'agent voyer et du sous-préfet, pour les chemins vicinaux de grande communication. (*Proj. règl. gén. préc., art. 349.*)

39. Les propriétés communales et le lit des rivières et ruisseaux non navigables doivent être choisis de préférence pour l'extraction des matériaux. A défaut

seulement, les extractions peuvent avoir lieu sur les propriétés particulières non fermées de murs ou autres clôtures équivalentes, d'après les usages du pays. Les lieux plantés en bois, arbres fruitiers et vignes, doivent être exceptés autant que possible. — Les propriétés particulières, fermées de murs ou autres clôtures équivalentes et attenantes à une habitation, ne peuvent être désignées que sur le consentement formel et préalable des propriétaires.—Les cailloux ou pierres roulantes ne peuvent être ramassés à la surface des terres labourables à partir du moment de leur ensemencement jusqu'à celui de l'enlèvement des récoltes. (*Proj. règl. gén. min. int., 21 juill. 1854, art. 350.*)

II. — Occupation des terrains par convention amiable.

40. Lorsqu'il est nécessaire d'occuper temporairement des terrains, soit pour extraction ou transport de matériaux, soit pour enlèvement ou dépôt de terres, ou pour toute autre cause relative au service des chemins vicinaux, le maire de la commune doit d'abord demander le consentement du propriétaire à l'occupation sans indemnité. (*Proj. règl. gén. préc., art. 351.*)

41. Si le propriétaire ne consent à l'occupation que moyennant indemnité, le taux de cette indemnité doit être, pour les chemins vicinaux de petite communication, réglé à l'amiable, autant que possible, entre le maire et les propriétaires. Les conventions souscrites à ce sujet sont soumises à l'approbation du conseil municipal, et la délibération intervenue est homologuée par le préfet, sur le rapport de l'agent voyer en chef. — Lorsque l'occupation doit avoir lieu pour le service des chemins vicinaux de grande communication, l'accord à l'amiable conclu par le maire et les propriétaires, est approuvé par le préfet, sur le rapport de l'agent voyer et du sous-préfet. (*Proj. règl. gén. préc., art. 352.*)

III. — Occupation d'office des terrains.

42. Lorsque le propriétaire d'un terrain dont l'occupation a été reconnue nécessaire, a refusé, soit de consentir à cette occupation, soit d'acquiescer aux offres d'indemnité qui lui ont été faites par le maire, un arrêté est pris par le préfet pour autoriser l'occupation. — Cet arrêté contient mise en demeure du propriétaire de désigner un expert dans un délai qui ne peut excéder quinze jours, à partir de la notification de cet acte. (*Proj. règl. gén. préc., art. 353.*)

43. L'arrêté mentionné en l'article précédent est notifié par l'intermédiaire du maire et sans frais aux parties intéressées, propriétaires, locataires ou fermiers, dix jours au moins avant l'ouverture des travaux, et la notification est constatée par un reçu des parties ou par un procès-verbal de l'agent chargé de la notification. Une copie de ce procès-verbal est laissée au domicile de la partie intéressée, et la minute déposée à la mairie. (*Proj. règl. gén. préc., art. 354.*)

44. Le délai entre la notification et l'ouverture des travaux est augmenté d'un jour lorsqu'il y a trois myriamètres de distance entre la situation des lieux et le domicile desdits propriétaires, locataires ou fermiers. Il est augmenté de deux jours lorsque la distance est de six myriamètres, et ainsi de suite. (*Proj. règl. gén. préc., art. 355.*)

45. Immédiatement après l'extraction des matériaux ou l'occupation temporaire des terrains, les experts, nommés dans la forme voulue par l'art. 17 de la loi du 21 mai 1836, doivent procéder contradictoirement à l'appréciation des dommages causés. (*Proj. règl. gén. préc., art. 356.*)

46. Les experts doivent, préalablement à toute opération, prêter serment devant le conseil de préfecture pour l'arrondissement chef-lieu, et devant le sous-préfet pour les autres arrondissements. (*Proj. règl. gén. préc., art. 357.*)

47. Si le propriétaire, locataire ou fermier a refusé ou négligé de nommer son expert, il en est rendu compte au préfet, qui provoque, près le conseil de préfecture, la nomination d'office d'un expert dans l'intérêt du propriétaire. (*Proj. règl. gén. préc., art. 358.*)

48. Les experts rédigent procès-verbal de l'appréciation des dommages, et indiquent le taux de l'indemnité qui leur paraît être due. S'ils ne sont pas d'accord entre eux, il en est rendu compte au préfet, qui provoque la nomination

d'un tiers expert, qui doit également prêter serment. (*Proj. règl. gén. min. int., 21 juill. 1854, art. 359.*)

49. Les procès-verbaux d'appréciation des dommages sont transmis au préfet par l'intermédiaire du sous-préfet de l'arrondissement, et il est statué sur le règlement de l'indemnité, par le conseil de préfecture. (*Proj. règl. gén. préc., art. 360.*)

50. Les frais d'expertise sont taxés par le conseil de préfecture, sur mémoire des experts, en double minute, dont une doit être écrite sur papier timbré. (*Proj. règl. gén. préc., art. 361.*)

51. La décision du conseil de préfecture fixant l'indemnité due pour l'occupation temporaire du terrain ou l'extraction de matériaux, doit être notifiée administrativement aux parties intéressées. Cette notification est constatée, soit par un reçu des personnes auxquelles elle est faite, soit par un procès-verbal de l'agent chargé de l'effectuer. (*Proj. règl. gén. préc., art. 362.*)

52. Les indemnités réglées ainsi qu'il vient d'être dit, sont payées par les entrepreneurs de travaux lorsque les cahiers des charges le déterminent ainsi. — Elles le sont par les communes lorsque les travaux se font sur des chemins vicinaux de petite communication, soit par des prestataires, soit par régie ou par tâches. — Elles sont acquittées sur les mandats du préfet, et sur les fonds affectés aux travaux, lorsqu'il s'agit de chemins vicinaux de grande communication. (*Proj. règl. gén. préc., art. 363.*)

53. Lorsque le paiement des indemnités a été mis à la charge de l'entrepreneur des travaux, il est fait une retenue à cet entrepreneur pour garantie des sommes dues aux propriétaires et autres intéressés. Cette retenue cesse sur la justification que fait l'entrepreneur du paiement des indemnités convenues ou réglées; elle cesse également par le fait de la prescription prononcée par l'art. 18 de la loi du 21 mai 1836. (*Proj. règl. gén. préc., art. 364.*)

IV. — Dispositions diverses.

54. A l'expiration des délais fixés en l'art. 354 ci-dessus (n° 4), et après la reconnaissance préalable des lieux, les propriétaires, locataires ou fermiers ne peuvent, sous quelque prétexte que ce soit, apporter aucun trouble ou empêchement à l'occupation des terrains, au ramassage ou à l'extraction des matériaux. Tout trouble ou empêchement à ces travaux doit être constaté par procès-verbal, qui est transmis au procureur impérial, pour y être donné telle suite que de droit. (*Proj. règl. gén. préc., art. 365.*)

55. Les maires et agents voyers ne doivent faire aucune désignation de carrières à ouvrir à moins de 15 mètres du bord des chemins vicinaux, et faire défense aux entrepreneurs de pousser leurs fouilles à de moindres distances. Il doit être dressé procès-verbal contre les entrepreneurs qui contreviendraient à cette défense. (*Proj. règl. gén. préc., art. 366.*)

56. Il est interdit aux entrepreneurs d'employer les matériaux qu'ils ont extraits, en vertu des dispositions qui précèdent, à des travaux et sur des lieux autres que ceux désignés dans l'arrêté qui en a autorisé l'extraction. (*Proj. règl. gén. préc., art. 367.*)

57. Les fouilles abandonnées doivent être comblées immédiatement, de manière à permettre l'ensemencement des terrains. (*Proj. règl. gén. préc., art. 368.*)

58. Lorsqu'il est nécessaire de faire opérer des extractions de matériaux dans les bois et forêts régis par l'administration des forêts, ou de faire occuper temporairement des terrains dépendants de ces bois, il est procédé conformément aux dispositions de l'ordonnance royale du 8 août 1845. Si les terrains à occuper ou à fouiller dépendent de propriétés régies par l'administration des domaines, des mesures analogues sont concertées avec les agents de cette administration.

§ 8. — Talus.

59. Lorsque les chemins vicinaux sont construits, soit en déblai, soit en remblai, le sol constituant la largeur légale de ces chemins comprend le terrain nécessaire à l'établissement des talus, qui font, en conséquence, partie intégrante des chemins. (*Proj. règl. gén. préc., art. 339.*)

60. Toute œuvre qui a pour effet d'anticiper sur les talus des chemins vicinaux doit être considérée comme une usurpation sur le sol de ces chemins, constatée et poursuivie de la même manière. (*Proj. règl. gén. min. int., 21 juill. 1854, art. 340.*)

61. Il est interdit de dégrader les talus des chemins vicinaux ou d'y faire ou laisser pâturer des bestiaux, de quelque espèce que ce soit. — Les herbes qui croissent spontanément sur les talus sont la propriété des communes, et peuvent être vendues à leur profit, mais sous la condition qu'elles seront coupées à la main. (*Proj. règl. gén. préc., art. 341.*)

§ 9. — Chemins vicinaux situés sur des chaussées d'usines ou traversés par des canaux faits de main d'homme.

62. Les propriétaires d'étangs, dont les chaussées occupent le même emplacement que les chemins vicinaux, sont tenus à la réparation de tous les dégâts causés par le mouvement et l'infiltration des eaux de l'étang, de manière à ce que la largeur légale des chemins ne soit jamais diminuée du côté de l'étang. (*Proj. règl. gén. préc., art. 370.*)

63. Si un chemin vicinal est traversé par un canal de moulin ou d'usine, creusé de main d'homme, ou par un courant d'eau dévié par des travaux artificiels, les ponts à établir ou à réparer sont à la charge du propriétaire de l'usine ou de l'auteur des travaux. (*Proj. règl. gén. préc., art. 371.*)

§ 10. — Comptabilité des recettes et des dépenses.

I. — Recettes.

64. Les *recettes* relatives au service des chemins vicinaux sont justifiées, savoir : 1° Celle du produit des centimes spéciaux et des centimes extraordinaires, par des extraits du rôle des contributions directes ou du rôle spécial, délivrés par le percepteur et visés par le maire de la commune; 2° celle des prestations en nature, par le rôle même des prestations, dont le montant intégral est porté en recette et en un seul article ; 3° celle des subventions spéciales, par les arrêtés de fixation rendus par le conseil de préfecture ou par le préfet, selon que ces subventions ont été réglées dans la forme des expertises ou dans celle des abonnements ; 4° celle enfin des fonds provenant de souscriptions de particuliers ou d'association de particuliers, par le titre de souscription, appuyé de l'acceptation donnée par le préfet.

II. — Dépenses.

65. Les *dépenses* sont justifiées par la production des pièces ci-après, savoir :

1° Pour les prestations fournies en nature : — I. Le relevé émargé des journées ou des tâches effectuées en nature, ledit relevé revêtu du certificat du maire attestant l'exécution des travaux ; — II. Les ordonnances de décharge ou de réduction revêtues du certificat du maire constatant leur émargement au rôle, et, s'il y a lieu, la quittance du remboursement aux prestataires des journées ou tâches qu'ils auraient indûment acquittées. (*Proj. règl. gén. préc., art. 215.*)

2° Pour les travaux exécutés par entreprise : — I. Une expédition du devis ou du détail estimatif ; — II. Une expédition du cahier des charges, du procès-verbal d'adjudication ou du marché, dûment approuvée ; — III. Le procès-verbal de réception définitive des matériaux ou des travaux, visé par le maire ; — IV. Les mandats du maire dûment acquittés. (*Proj. règ. gén. et art. préc.*)

3° Pour les travaux en régie : — I. L'état d'indication des travaux, ou le devis, s'il en a été fait, et le détail estimatif ; — II. L'autorisation du sous-préfet ou du préfet, d'exécuter les travaux en régie, si, en raison du chiffre de la dépense, cette autorisation a dû être demandée ; — III. L'état des tâches ou des journées faites par les ouvriers salariés, lequel sera émargé par eux ou par deux témoins ; — IV. Les mémoires quittancés des fournitures de matériaux ; — V. Les mandats du maire délivrés au nom du régisseur ou du chef d'atelier. (*Proj. règl. gén. et art. préc.*)

4° Pour les indemnités relatives aux acquisitions de terrains : — S'il y a eu cession à l'amiable par les propriétaires, — I. L'arrêté préfectoral qui prescrit l'ouverture, le redressement ou l'élargissement ; — II. Une expédition de l'acte de cession à l'amiable ; — III. Un certificat de non-inscription, si l'indemnité est de 100 fr. et au-dessus en matière d'élargissement, ou au-dessus de 500 fr. en matière d'ouverture ou de redressement ; — IV. Délibération du conseil municipal dûment approuvée, dispensant de la purge des hypothèques, si l'indemnité est de moins de 100 fr. en matière d'élargissement, et de 500 fr. en matière d'ouverture et de redressement ; — V. Un certificat de non-inscription si, l'indemnité n'atteignant pas les sommes ci-dessus indiquées, le conseil municipal n'a pas cru devoir dispenser de la purge des hypothèques, ou si la délibération tendant à la dispense n'a pas été approuvée ; — VI. Les mandats du maire dûment acquittés. (*Proj. règl. gén. min. int., 21 juill. 1854, art. 215.*)

Si, à défaut de cession à l'amiable par les propriétaires des terrains nécessaires à l'élargissement, l'indemnité a été réglée par le juge de paix (art. 15 de la loi), — I. L'arrêté préfectoral qui prescrit l'élargissement ; — II. La décision du juge de paix, ou le jugement du tribunal s'il y a eu appel de la sentence du juge de paix ; — III. Un certificat de non-inscription, si l'indemnité est de 100 fr. et au-dessus ; — IV. Délibération du conseil municipal, dûment approuvée, dispensant de la purge des hypothèques, si l'indemnité est de moins de 100 fr. ; — V. Un certificat de non-inscription, si, l'indemnité n'atteignant pas 100 fr., le conseil municipal n'a pas cru devoir dispenser de la purge des hypothèques, ou si la délibération tendant à la dispense n'a pas été approuvée ; — VI. Les mandats du maire dûment acquittés. (*Proj. règl. gén. et art. préc.*)

Si, à défaut de cession à l'amiable par les propriétaires, il a fallu recourir à l'expropriation pour cause d'utilité publique (art. 16 de la loi), — I. l'arrêté préfectoral qui prescrit les travaux d'ouverture ou de redressement ; — II. Un extrait du jugement d'expropriation et de la décision du jury fixant le chiffre de l'indemnité ; — III. Un certificat de non-inscription, si l'indemnité est de 500 fr. et au-dessus ; — IV. Délibération du conseil municipal, dûment approuvée, dispensant de la purge des hypothèques, si l'indemnité est de moins de 500 fr. ; — V. Un certificat de non-inscription, si, l'indemnité n'atteignant pas 500 fr., le conseil municipal n'a pas cru devoir dispenser de la purge des hypothèques, ou si la délibération tendant à la dispense n'a pas été approuvée ; — VI. Les mandats du maire dûment acquittés. (*Proj. règl. gén. et art. préc.*)

Ou, enfin, si les propriétaires ont consenti à l'occupation des terrains, sauf règlement ultérieur des indemnités par le jury, — I. L'arrêté qui prescrit l'ouverture ou le redressement ; — II. L'acte par lequel les propriétaires déclarent consentir à l'occupation des terrains, sauf règlement ultérieur des indemnités ; — III.—Un extrait de la décision du jury fixant le chiffre de l'indemnité ; — IV. Un certificat de non-inscription si l'indemnité est de 500 fr. et au-dessus ; — V. Délibération du conseil municipal, dûment approuvée, dispensant de la purge des hypothèques, si l'indemnité ne dépasse pas 500 fr. ; — VI. Un certificat de non-inscription, si, l'indemnité n'atteignant pas 500 fr., le conseil municipal n'a pas cru devoir dispenser de la purge des hypothèques ou si la délibération tendant à la dispense n'a pas été approuvée ; — VII. Les mandats du maire dûment acquittés. (*Proj. règl. gén. et art. préc.*)

5° Pour les indemnités relatives, soit à des extractions de matériaux, soit à des dépôts ou enlèvement de terre, soit à des occupations temporaires de terrains (art. 7 de la loi.) — Si l'indemnité a pu être fixée à l'amiable, — I. L'arrêté préfectoral qui autorise les extractions des matériaux ou les occupations temporaires de terrains ; — II. L'accord fait entre l'administration et le propriétaire, accepté par le conseil municipal et approuvé par le préfet ; — III. Les mandats du maire dûment acquittés. (*Proj. règl. gén. et art. préc.*)

Si l'indemnité n'a pu être réglée à l'amiable, — I. L'arrêté préfectoral qui autorise les extractions de matériaux ou les occupations temporaires de terrains ; — II. L'arrêté du conseil de préfecture qui a fixé l'indemnité ; — III. Les mandats du maire dûment acquittés. (*Proj. règl. gén. et art. préc.*)

6° Pour le contingent de la commune dans les travaux des chemins vicinaux de grande communication, si le contingent a été acquitté, en argent, en tout ou en partie : — I. La notification, faite par le préfet, du montant de ce contingent ; — II. Le mandat délivré par le maire, au profit du receveur général des finances, auquel sera joint le récépissé à talon de ce comptable. (*Proj. règl. gén. et art. préc.*)

Le tout sans préjudice de la justification des titres des parties, suivant les cas. (*Proj. règl. gén. et art. préc.*)

66. Toutes les dépenses autres que celles énumérées en l'article précédent sont justifiées comme il est prescrit par les règlements sur la comptabilité communale. (*Proj. règl. gén. min. int., 21 juill. 1854, art. 216.*)

§ 11. — Chemins vicinaux de grande communication. — Mandatement et justification des dépenses.

67. Toutes les dépenses relatives au service des chemins vicinaux de grande communication sont mandatées par le préfet sur la caisse du payeur du département, par assimilation aux dépenses départementales proprement dites. Il en est de même pour les indemnités de terrains qui sont, par exception, dans le cas d'être soldées sur les fonds applicables aux travaux des chemins. (*Proj. règl. gén. préc., art. 271.*)

68. Les dépenses relatives aux chemins vicinaux de grande communication sont justifiées dans les formes prescrites par les règlements, pour celles relatives aux routes départementales. (*Proj. règl. gén. préc., art. 272.*)

69. Les comptes de l'emploi des ressources de toute nature, produits par les agents voyers, en fin d'exercice, pour chaque chemin vicinal de grande communication, après avoir été vérifiés et arrêtés par le préfet, sont soumis au conseil général, avec un résumé de l'ensemble des travaux. — Lorsque ces comptes ont été examinés par le conseil général, le résumé en est imprimé et adressé aux maires des communes intéressées, ainsi que, s'il y a lieu, aux associations de souscripteurs. (*Proj. règl. gén. préc., art. 273.*)

V. au surplus, dans la *Procédure* et dans l'Appendice, aux mots qui les caractérisent, les diverses formalités auxquelles peuvent donner lieu les chemins vicinaux de petite et de grande communication.

§ 12. — Sûreté des voyageurs.

70. Il est interdit de pratiquer, dans le voisinage des chemins vicinaux, des excavations de quelque nature que ce soit, si ce n'est aux distances ci-après déterminées, à partir de la crête extérieure des fossés, ou, à défaut des fossés, à partir de la limite légale desdits chemins, savoir :

Pour les carrières, marnières et galeries souterraines	15m
Les puits et citernes	10
Les argilières, sablonnières et excavations du même genre, à ciel ouvert	3
Mares publiques ou particulières	3
Caves et fossés particuliers	1

Les maires peuvent, en outre, imposer aux propriétaires de ces excavations l'obligation de les couvrir ou de les entourer, selon les cas, de clôtures propres à prévenir tout danger pour les voyageurs. (*Proj. règl. gén. préc., art. 375.*)

71. En aucun cas, les maires ne peuvent autoriser l'établissement de caves sous la voie publique. (*Proj. règl. gén. préc., art. 376.*)

72. Il est interdit d'établir des moulins à vent ou tout autre établissement mû par le vent à une distance moindre de 50 m. des abords des chemins vicinaux. (*Proj. règl. gén. préc., art. 377.*)

73. Les maires doivent veiller à la solidité des constructions bordant les chemins vicinaux, et prendre les mesures nécessaires pour sauvegarder la sécurité des passants. (*Proj. règl. gén. préc., art. 378.*)

74. Des poteaux indicateurs doivent être placés aux intersections des chemins vicinaux de grande communication, soit entre eux, soit avec les routes impériales ou départementales, lorsque les points d'intersection sont en dehors des lieux habités. (*Proj. règl. gén. préc., art. 379.*)

75. Des tableaux indicateurs doivent aussi être placés sur les murs de maisons, à l'entrée et à la sortie des villes, bourgs et villages. (*Proj. règl. gén. préc., art. 380.*)

76. La dépense relative à l'établissement des poteaux et des tableaux indicateurs est faite sur les fonds affectés aux travaux. (*Proj. règl. gén. préc., art. 381.*)

CONSTRUCTIONS LONGEANT LES CHEMINS VICINAUX.

§ 1er. — Règles générales.

1. Il est interdit de construire, de reconstruire ou réparer aucune maison, aucun bâtiment, mur ou clôture, de quelque nature que ce soit, d'ouvrir des fossés, de planter des arbres ou des haies, le long et joignant des chemins vicinaux, sans en avoir demandé et obtenu l'autorisation. (*Proj. règl. gén. min. int., 21 juill. 1854, art. 281.*)

2. Toute demande d'autorisation de construire, reconstruire ou réparer une maison, un bâtiment, mur ou clôture, d'ouvrir des fossés, de planter des arbres ou des haies, le long et joignant les chemins vicinaux, doit être présentée en double expédition, dont l'une sur papier timbré. (*Proj. règl. gén. préc., art. 282.*)

§ 2. — Chemins vicinaux ordinaires.

3. Les autorisations, en ce qui concerne les chemins vicinaux ordinaires et d'intérêt commun, sont données par le maire. (*Proj. règl. gén. préc., art. 283.*)

4. Dans aucun cas, les autorisations données par les maires ne le sont verbalement ; elles doivent faire l'objet d'un arrêté qui doit être transcrit au registre des arrêtés du maire, et dont une expédition est remise aux parties intéressées. (*Proj. règl. gén. préc., art. 284.*)

5. Les autorisations données par les maires ne sont définitives qu'après approbation du sous-préfet, qui examine si la largeur légale du chemin a été respectée. — Dans le cas où, pour déterminer l'alignement, une opération graphique est nécessaire, l'agent voyer d'arrondissement est préalablement consulté. (*Proj. règl. gén. préc., art. 285.*)

§ 3. — Chemins vicinaux de grande communication.

6. Les autorisations de construire, reconstruire ou réparer, le long et joignant les chemins vicinaux de grande communication, ainsi que dans les traverses des bourgs et villages qui sont la continuation de ces chemins, sont donnés par le préfet, sur le rapport des agents voyers et l'avis des maires et du sous-préfet de l'arrondissement, ou par le sous-préfet lui-même, lorsque le préfet lui a délégué pouvoir à cet effet. (*Proj. règl. gén. préc., art. 286.*)

7. Dans les traverses pour lesquelles il existe des plans dressés en exécution de l'art. 52 de la loi du 16 septembre 1807, les alignements sont donnés conformément à ces plans. (*Proj. règl. gén. préc., art. 287.*) — V. ALIGNEMENTS, PLANS D'ALIGNEMENT.

8. Les agents voyers dressent, successivement, les plans de toutes les traverses des chemins vicinaux de grande communication, autres que celles désignées en l'article précédent, et y tracent, conformément aux instructions du préfet, un projet d'alignement général, approprié aux besoins de la localité et à ceux de la circulation. — Ces plans et projets sont déposés pendant un mois à la mairie de la commune; les habitants sont invités, par publications et affiches, à venir en prendre connaissance ; un registre est ouvert pendant le mois du dépôt, pour recevoir leurs réclamations et observations ; le conseil municipal en délibère, et l'ensemble de ces documents est transmis au préfet par le sous-préfet, avec son avis et celui de l'agent voyer d'arrondissement, pour y être statué par le préfet. — Les plans, approuvé par lui, servent de base aux alignements qu'il a à donner. (*Proj. règl. gén. préc., art. 288.*)

9. Lorsque les chemins vicinaux, soit de grande, soit de petite communication, ont leur largeur légale, les alignements à donner pour constructions ou reconstructions sont donnés de manière à ce que l'impétrant puisse construire sur la limite séparative de sa propriété et du chemin. — Lorsque ces chemins n'ont pas leur largeur légale, les alignements pour constructions et reconstructions sont délivrés de manière à donner aux chemins cette largeur, sauf règlement de l'indemnité due pour la valeur du sol à incorporer au chemin, si les propriétaires ne consentent pas à l'abandon gratuit de ce sol. — Lorsque les chemins ont plus

que la largeur légale, les propriétaires riverains peuvent être autorisés, par mesure d'alignement, à avancer leurs constructions jusqu'à l'extrême limite de cette largeur, sauf par eux à payer à la commune la valeur du sol qui leur est ainsi concédé. Cette valeur est réglée, soit à l'amiable entre les propriétaires et l'administration, soit à dire d'experts, par application de l'art. 19 de la loi. (*Proj. règl. gén. min. int., 21 juill. 1854, art. 289.*)

10. Toutes les fois que des constructions nouvelles ont été autorisées le long et joignant les chemins vicinaux, les portes en sont disposées de manière à ce qu'elle ne s'ouvrent pas en dehors sur le sol de la voie vicinale. Les toits doivent être élevés à 4 mètres au moins du sol, afin de ne point gêner la circulation des voitures chargées. — Ces constructions peuvent, d'ailleurs, être défendues par des bornes dont la hauteur et la saillie sont fixées par le préfet. (*Proj. règl. gén. préc., art. 290.*)

11. Les clôtures en terre, gazons ou pierres sèches, ne peuvent être placées à moins de 50 centim. du bord extérieur du fossé ou de la limite du chemin, afin de prévenir les éboulements qui pourraient combler les fossés ou entraver la circulation. (*Proj. règl. gén. préc., art. 291.*)

12. Lorsqu'une demande en autorisation de travaux à faire à des constructions existantes, le long et joignant des chemins vicinaux qui n'ont pas encore leur largeur légale, a pour objet des réparations à faire au mur de face, dans la hauteur du rez-de-chaussée, il doit être examiné si ces réparations doivent avoir pour effet de consolider ce mur de face. Dans le cas de l'affirmative, l'autorisation ne peut être accordée qu'exceptionnellement. (*Proj. règl. gén. préc., art. 292.*)

13. Lorsqu'un chemin vicinal n'a pas encore sa largeur légale, et que les propriétaires de constructions bordant ce chemin font volontairement démolir leurs bâtiments ou murs, ou lorsqu'ils sont contraints de les démolir pour cause de vétusté et de péril, ils n'ont droit à indemnité que pour la valeur du sol qu'ils délaissent à la voie publique. Il n'ont droit à indemnité pour la valeur des édifices ou murs que dans le cas où l'autorité en exige la démolition, dans le seul but de donner à la voie publique sa largeur légale. (*Proj. règl. gén. préc., art. 293.*)

14. Les personnes autorisées à faire des constructions le long des chemins vicinaux ne peuvent, à moins de nécessité, embarrasser la voie publique du dépôt de leurs matériaux ; elles font mention, dans leurs demandes d'autorisation, du besoin qu'elles ont d'occuper une partie du sol du chemin. La permission qui leur est donnée prescrit de laisser libre les deux tiers au moins de la voie publique. (*Proj. règl. gén. préc., art. 294.*) — V. Embarras.

15. Lorsqu'une construction sise le long d'un chemin vicinal menace ruine et que la conservation en serait dangereuse pour la sûreté publique, le péril doit être constaté par un rapport d'un homme de l'art, qui est communiqué au propriétaire avec injonction de démolir. Dans le cas où le propriétaire conteste l'état de péril, il est procédé à une expertise contradictoire, dans la forme prescrite par les déclarations du roi, en date de 1729 et 1730. — Toutefois, en cas de péril imminent, la démolition d'office des constructions peut être ordonnée d'urgence. — Dans le cas de démolition pour cause de péril, aucune indemnité n'est due au propriétaire pour la valeur des constructions. Il n'en est dû que pour la valeur du sol qui est abandonné à la voie publique. (*Proj. règl. gén. préc., art. 295.*)

V. Constructions (pag. 141 de la *Procédure*.)

D

DOMICILE DE SECOURS. (Pag. 173 de la *Procédure*.)

Une circulaire du ministre de l'intérieur, en date du 23 octobre 1854, insiste vivement sur l'interprétation suivante de la loi du 24 vendémiaire an 2-15 octobre 1793, en ce qui touche les enfants de détenus restés sans moyens d'existence, interprétation que nous avons déjà donnée en partie pag. 174, nº 24 :

1° Le domicile de secours des enfants nés dans les maisons centrales est au lieu où leurs mères avaient leur domicile habituel avant leur emprisonnement ;

2° A l'égard des enfants nés avant cet emprisonnement, le domicile de secours est au lieu où les mères avaient leur domicile habituel à l'époque de leur accouchement.

Cette même circulaire du 23 octobre 1854 rapporte d'une manière expresse les dispositions de celle du 25 janvier 1841, relativement à cette question.

E

ÉTAT CIVIL. (Pag. 229, § 3, de la *Procédure.*)

La loi du 20 septembre 1792 et le décret du 20 juillet 1807 exigent que les tables annuelles et les tables décennales des registres de l'état civil soient dressées par ordre alphabétique. — Pour atteindre le but de la loi, qui est de faciliter les recherches et de prévenir les erreurs, il est indispensable de suivre, pour l'établissement de ces tables, l'ordre alphabétique, appliqué, non-seulement à la première, mais encore à toutes les lettres de chaque nom. — Les préfets doivent transmettre des instructions dans ce sens à tous les officiers de l'état civil de leurs départements respectifs, et veiller avec soin à l'exécution de ces dispositions. *(Circ. min. int., 25 janv. 1853.)*

L

LÉGION D'HONNEUR (DÉCÈS DES MEMBRES DE LA).

1. Les décès qui surviennent parmi les membres de l'ordre de la Légion d'honneur devant être notifiés au grand chancelier, les maires, tous les trois mois, doivent faire, sur les registres de l'état civil, le relevé des décès des légionnaires, et l'adresser au préfet.

2. Les préfets fournissent ces relevés, qui doivent être faits en double original, et contenir, outre les détails pouvant servir à constater l'individualité de chaque légionnaire décédé, l'indication de son grade dans la Légion d'honneur, et celle de la date et du lieu du décès.

3. Les états nominatifs doivent être transmis par les préfets, au ministre de l'intérieur, dans le courant du mois qui suit l'expiration de chaque trimestre. Ces états doivent toujours être adressés au ministre, alors même qu'ils sont négatifs.

4. Si des décès n'ont pas été notifiés en temps utile, ils sont relatés en tête de l'état trimestriel suivant. *(Circ. min. int., 22 janv. 1818, 26 août 1820, 6 mars 1838, et 11 sept. 1839.)*

LOGEMENTS INSALUBRES.

LÉGISLATION.

Loi du 13 avril 1850.

§ 1er. — Création de commissions.

1. Dans toute commune où le conseil municipal le déclare nécessaire par une délibération spéciale, il nomme une commission chargée de rechercher et indiquer les mesures indispensables d'assainissement des logements et dépendances insalubres mis en location ou occupés par d'autres que le propriétaire, l'usufruitier ou l'usager. *(L., 13 avril 1850, art. 1er.)*

2. Sont réputés insalubres les logements qui se trouvent dans des conditions de nature à porter atteinte à la vie ou à la santé de leurs habitants. *(L. et art. préc.)*

3. La commission doit se composer de neuf membres au plus, et de cinq au moins. En font nécessairement partie, un médecin, un architecte ou tout autre homme de l'art, ainsi qu'un membre du bureau de bienfaisance et du conseil

des prud'hommes, si ces institutions existent dans la commune. (*L., 13 avril 1850, art. 2.*)

4. La présidence appartient au maire ou à l'adjoint. (*L. et art. préc.*)

5. Le médecin et l'architecte peuvent être choisis hors de la commune. (*L. et art. préc.*)

6. La commission se renouvelle tous les deux ans par tiers ; les membres sortants sont indéfiniment rééligibles. (*L. et art. préc.*)

§ 2. — **Opérations des commissions.**

7. La commission visite les lieux signalés comme insalubres. Elle détermine l'état d'insalubrité, et en indique les causes ainsi que les moyens d'y remédier. Elle désigne les logements qui ne sont pas susceptibles d'assainissement. (*L. préc., art. 3.*)

8. Les rapports de la commission sont déposés au secrétariat de la mairie, et les parties intéressées mises en demeure d'en prendre communication et de produire leurs observations dans le délai d'un mois. (*L. préc., art. 4.*)

§ 3. — **Mesures de police.**

9. A l'expiration de ce délai, les rapports et observations sont soumis au conseil municipal, qui détermine : 1° les travaux d'assainissement et les lieux où ils doivent être entièrement ou partiellement exécutés, ainsi que les délais de leur achèvement ; 2° les habitations qui ne sont pas susceptibles d'assainissement. (*L. préc., art. 5.*)

10. Un recours est ouvert aux intéressés contre ces décisions devant le conseil de préfecture, dans le délai d'un mois à dater de la notification de l'arrêté municipal. Ce recours est suspensif. (*L. préc., art. 6.*)

11. En vertu de la décision du conseil municipal ou de celle du conseil de préfecture, en cas de recours, s'il a été reconnu que les causes d'insalubrité sont dépendantes du fait du propriétaire ou de l'usufruitier, l'autorité municipale lui enjoint, par mesure d'ordre et de police, d'exécuter les travaux jugés nécessaires. (*L. préc., art.7.*)

12. Les ouvertures pratiquées pour l'exécution des travaux d'assainissement sont exemptées, pendant trois ans, de la contribution des portes et fenêtres. (*L. préc., art. 8.*)

§ 4. — **Voies coërcitives.**

13. En cas d'inexécution, dans les délais déterminés, des travaux jugés nécessaires, et si le logement continue d'être occupé par un tiers, le propriétaire ou l'usufruitier est passible d'une amende de 16 fr. à 100 fr. Si les travaux n'ont pas été exécutés dans l'année qui a suivi la condamnation, et si le logement insalubre a continué d'être occupé par un tiers, le propriétaire ou l'usufruitier est passible d'une amende égale à la valeur des travaux, et pouvant être élevée au double. (*L. préc., art. 9.*)

14. S'il est reconnu que le logement n'est pas susceptible d'assainissement, et que les causes d'insalubrité sont dépendantes de l'habitation elle-même, l'autorité municipale peut, dans le délai qu'elle fixera, en interdire provisoirement la location à titre d'habitation. — L'interdiction absolue ne peut être prononcée que par le conseil de préfecture, et, dans ce cas, il y a recours de sa décision devant le conseil d'Etat. — Le propriétaire ou l'usufruitier qui a contrevenu à l'interdiction prononcée, est condamné à une amende de 16 fr. à 100 fr., et, en cas de récidive dans l'année, à une amende égale au double de la valeur locative du logement interdit. (*L. préc., art. 10.*)

15. Lorsque, par suite de l'exécution de la présente loi, il y a lieu à résiliation des baux, cette résiliation n'emporte en faveur du locataire aucuns dommages-intérêts. (*L. préc., art. 11.*)

16. L'article 463 du Code pénal est applicable à toutes les contraventions ci-dessus indiquées. (*L. préc., art. 12.*)

17. Lorsque l'insalubrité est le résultat de causes extérieures et permanentes,

ou lorsque ces causes ne peuvent être détruites que par des travaux d'ensemble, la commune peut acquérir, suivant les formes et après l'accomplissement des formalités prescrites par la loi du 3 mai 1841, la totalité des propriétés comprises dans le périmètre des travaux. — Les portions de ces propriétés qui, après l'assainissement opéré, resteraient en dehors des alignements arrêtés pour les nouvelles constructions, peuvent être revendues aux enchères publiques, sans que, dans ce cas, les anciens propriétaires ou leurs ayants droit puissent demander l'application des art. 60 et 61 de la loi du 3 mai 1841. (*L., 13 avril 1850, art. 13.*)

18. Les amendes prononcées en vertu de la présente loi sont attribuées en entier au bureau ou établissement de bienfaisance de la localité où sont situées les habitations à raison desquelles ces amendes ont été encourues. (*L. préc., art. 14.*)

M

MOBILIER DES COURS ET TRIBUNAUX. (Inventaire, Vérification.)

1. L'inventaire de ce mobilier est fait en double expédition. L'une est laissée entre les mains du greffier; l'autre est remise, après vérification ou récolement, au préfet du département ou au maire du chef-lieu du canton, suivant qu'il s'agit du mobilier des cours et tribunaux ou de celui des justices de paix. (*Décr., 20 juill. 1853, art. 5.*)

2. Il est procédé à la vérification, en ce qui concerne le mobilier appartenant à l'État, par un ou plusieurs délégués du préfet; en ce qui concerne le mobilier appartenant au département, par un délégué du préfet et un ou plusieurs membres du conseil général; en ce qui concerne le mobilier appartenant aux communes, par le maire ou son délégué, en présence du juge de paix. (*Décr. préc., art. 6.*)

3. Un récolement est fait dans les mêmes formes que la vérification, à la fin de chaque année et à chaque mutation de gardien responsable. (*Décr. préc., art. 8.*)

V. Inventaires et récolement, Mobilier.

O

OCTROIS. (Pag. 353 de la *Procédure.*)

1. Les droits d'octroi sur les vins, cidres, poirés et hydromels ne peuvent être supérieurs au double des droits d'entrée déterminés par le tarif annexé au décret du 17 mars 1852, le décime non compris. (*L., 22 juin 1854, art. 18.*)

2. Dans les communes qui, à raison de leur population, ne sont pas soumises à un droit d'entrée sur les boissons, le droit d'octroi ne peut dépasser le double du droit d'entrée déterminé par le décret du 17 mars 1852 pour les villes d'une population de 4,000 âmes. (*L. et art. préc.*)

3. Il ne peut être établi aucune taxe d'octroi supérieur au double du droit d'entrée qu'en vertu d'une loi. (*L. et art. préc.*)

4. Les communes peuvent dès à présent (août 1854) user de la faculté qui leur est donnée de réclamer l'élévation des droits d'octroi sur les boissons dans la limite qui vient d'être indiquée, sauf en ce qui concerne les alcools, auxquels le décret du 17 mars 1852 n'était point applicable. Elles ne le peuvent, toutefois, qu'en justifiant de la nécessité d'augmenter leurs revenus pour satisfaire à des dépenses urgentes d'utilité publique. — Les délibérations des conseils municipaux prises à cet effet, et les pièces à l'appui, doivent être adressées par les préfets au ministre de l'intérieur, qui les transmet, avec son avis, au département des finances. (*Circ. dir. gén. douanes et contrib. ind., 17 août 1854.*)

5. L'obligation qu'avaient imposée plusieurs décrets publiés postérieurement au 1er mai 1852, de réduire les taxes d'octroi sur les boissons au taux du droit d'entrée, à dater du 1er janvier 1856, se trouve annulée de plein droit. En con-

séquence, les communes auxquelles ces décrets se rapportent resteront en possession des taxes qu'elles perçoivent actuellement ; elles peuvent même, si leurs taxes d'octroi n'atteignent pas le double des droits d'entrée, et si, d'ailleurs, elles justifient valablement de l'insuffisance de leurs ressources, réclamer le bénéfice de l'art. 18, précité, de la loi du 22 juin 1854. (*Circ. dir. gén. douanes et contr. ind., 17 août 1851.*)

P

PÊCHE FLUVIALE.

Afin de prévenir les dégâts provenant de l'emploi d'engins prohibés et de substances vénéneuses se commettant plus spécialement à l'embouchure des ruisseaux et des torrents, tandis que la surveillance des gardes-pêche s'exerce principalement sur les rivières dans lesquelles la pêche est louée au profit de l'État, les maires, les commissaires de police, les gardes champêtres et la gendarmerie doivent seconder cette surveillance et leur prêter un concours actif. — Les préfets doivent donner des ordres à cet égard. (*Circ. min. int., 19 janvier 1852.*)

POIDS ET MESURES. (Pag. 373 de la *Procédure.*)

1. Les vérificateurs des poids et mesures sont nommés par les préfets [1]. (*Décr., 25 mars 1852, art. 5.*)

2. Les préfets doivent appeler de préférence à ces fonctions les vérificateurs adjoints. (*Circ. min. int., 26 avril 1852.*)

3. Les décisions des préfets portant nomination de vérificateurs doivent être soumises au ministre, qui statue sur la fixation du traitement. (*Circ. préc.*)

4. Les congés sont accordés par les préfets ; hors le cas de maladie ou de convalescence constatée, les congés excédant quinze jours donnent lieu à une retenue de moitié du traitement. (*Circ. préc.*)

5. Aucun agent des poids et mesures ne peut être admis à la retraite par les préfets, sans en avoir référé au ministre de l'intérieur. (*Circ. préc.*)

6. Les vérificateurs ne peuvent s'immiscer, directement ou indirectement, dans le commerce des instruments de pesage et de mesurage, et doivent s'abstenir de toute coopération aux rajustages. Toute infraction à ces règles doit entraîner la révocation. (*Circ. préc., et 31 déc. 1825.*)

7. Il y a incompatibilité entre les fonctions de vérificateur et l'emploi de facteur du commerce pour l'achat et le placement des vins, laines, bois, etc., ou celui d'agent des compagnies d'assurances contre l'incendie, de remplacement militaire, et même de commis de sous-préfecture. — Les préfets doivent veiller à ce que ce cumul n'ait pas lieu, en prescrire immédiatement la cessation s'il existe, et en rendre compte au ministre de l'intérieur. (*Circ. min. int., 6 avril 1852.*)

8. La quantité d'instruments de pesage et de mesurage dont doit être garnie une gare de chemin de fer est fixée par le préfet, conformément à l'art. 15 de l'ordonnance du 17 avril 1839. (*Cir. min. int., 22 juin 1853.*)

PONTS ET CHAUSSÉES. (Pag. 387 de la *Procédure.*)

1. Les préfets donnent leur avis sur la fixation, chaque année, du nombre des employés des ponts et chaussées, des différentes classes, attachés à chaque service d'ingénieur en chef. (*Décr., 17 août 1853, art. 4.*)

2. Les employés secondaires des ponts et chaussées sont nommés par le préfet, sur la proposition de l'ingénieur en chef. (*Décr. préc., art. 5.*)

3. Il en est de même pour les agents inférieurs, tels que gardes, éclusiers et autres, attachés au service de la navigation intérieure, et pour les pontiers, gardiens de phares et de fanaux. (*Décr. préc., art. 21, 28 et 32.*)

---

(1) C'est par erreur qu'à la pag. 377, n° 15, de la *Procédure*, nous avons dit que cette nomination était faite par le ministre des travaux publics.

4. Leur révocation est prononcée par le préfet, sur le rapport de l'ingénieur en chef. (*Décr.*, *17 août 1853, art. 12, 25, 28 et 36.*)

PRISONNIERS DE GUERRE.

LÉGISLATION.

Règlement du ministre de la guerre du 3 juillet 1854.

1. Si la désertion se manifeste d'une manière alarmante dans un dépôt, la gendarmerie et même les gardes nationales des communes environnantes doivent être mises sur pied, et ne discontinuer leurs recherches qu'après avoir rétabli l'ordre. (*Règl. min. guerre, 3 juill. 1854, art. 17.*)

2. Il est accordé une gratification de 25 fr. aux gendarmes ou aux autres militaires qui ont repris un prisonnier de guerre fugitif. Cette gratification est portée à 50 fr. pour l'arrestation d'un officier violateur de sa parole. (*Règl. préc., art. 29.*)

3. Les détachements de prisonniers travailleurs arrivant dans chaque département sont remis, avec un état nominatif et signalétique, au capitaine de gendarmerie, qui en fait la répartition d'après les instructions qu'il reçoit du préfet, et qui adresse à ses subordonnés l'état, également signalétique, de ceux qui sont placés dans leurs arrondissements respectifs. (*Règl. préc., art. 41.*)

4. Les cultivateurs ou manufacturiers qui emploient des prisonniers de guerre doivent déclarer sur-le-champ, et dans le jour même, au maire ou à son adjoint et au brigadier de gendarmerie de l'arrondissement, ceux des prisonniers de guerre qui se sont absentés de chez eux. Les prisonniers travailleurs, accordés à ceux qui contreviennent à cette disposition, leur sont sur-le-champ retirés par les ordres du préfet. (*Règl. préc., art. 43.*)

5. Lorsqu'un prisonnier employé chez l'habitant se conduit mal ou donne lieu de craindre son évasion, il est, sur la demande du maire et par les ordres du préfet, renvoyé de brigade en brigade, au dépôt dont il faisait partie. Un rapport adressé au commandant du dépôt fait connaître les motifs du renvoi. (*Règl. préc., art. 44.*)

6. Chaque prisonnier ainsi détaché est porteur d'une carte signée par l'officier ou sous-officier de gendarmerie de l'arrondissement et par le maire de la commune dans laquelle il travaille. Les préfets donnent les modèles de ces cartes. (*Règl. préc., art. 45.*)

7. Lorsqu'un prisonnier s'est évadé, soit en route, soit de la ville de rassemblement ou du dépôt, son signalement est sur-le-champ adressé à la gendarmerie des environs, qui est tenue, de concert au besoin avec la garde nationale, de faire les recherches les plus actives pour le découvrir. (*Règl. préc., art. 55.*)

R

RECRUTEMENT. (Pag. 418 de la *Procédure.*)

§ 1er. — Militaires de la réserve. — Mariage.

1. Aux termes des art. 2 et 3 du décret du 16 juin 1808, les sous-officiers et soldats ne peuvent contracter mariage qu'après en avoir obtenu l'autorisation du conseil d'administration de leurs corps, sous peine de destitution contre l'officier de l'état civil. (*Circ. min. int., 10 janv. 1854.*)

2. Cette disposition s'applique aussi bien aux soldats de la réserve qui restent dans leurs foyers en attendant un ordre de service, qu'aux militaires qui sont sous le drapeau. La jurisprudence n'admet aucune différence à cet égard. L'autorisation pour contracter mariage est nécessaire aux uns comme aux autres, et l'officier de l'état civil se rend passible de la même peine, lorsqu'il néglige de la réclamer dans l'un ou l'autre cas. (*Circ. préc.*)

3. Les généraux divisionnaires peuvent accorder directement les autorisations de mariage concernant : 1° Les jeunes soldats ou militaires inscrits sur les contrôles de la réserve, et se trouvant dans la dernière année de leur service ; 2° Les jeunes soldats remplacés, ou les hommes maintenus dans leurs foyers à

titre de soutien de famille, quelle que soit la durée du temps de service qu'il reste à faire par ces derniers. (*Circ. min. guerre, 27 juill. 1854.*)

4. Les demandes de mariage formées, soit par les dispensés, soit par les jeunes soldats ou militaires de la réserve ayant plus d'une année de service à faire, doivent, comme par le passé, être adressées au ministre de la guerre, avec l'avis des généraux divisionnaires. Cependant, si des circonstances tout à fait exceptionnelles, telles que la maladie grave d'un des futurs ou de l'un de leurs ascendants, nécessitaient la prompte célébration du mariage, les généraux divisionnaires pourraient l'autoriser d'urgence. (*Circ. préc.*)

§ 2. — Emplois. — Justification.

5. Nul ne peut être admis, avant l'âge de trente ans accomplis, à un emploi civil ou militaire, s'il ne justifie qu'il a satisfait aux obligations du recrutement. (*L., 21 mars 1832, art. 48.*)

6. Tout employé doit produire la preuve qu'il a satisfait au recrutement, ou se faire inscrire pour prendre part au prochain tirage. — A l'avenir, aucun candidat ayant dépassé l'âge du tirage ne peut être nommé dans l'un des services dépendant du ministère des travaux publics, sans avoir justifié qu'il a satisfait aux obligations de la loi sur le recrutement. Il doit être tenu un registre spécial pour les agents qui, nommés avant cet âge, auraient à fournir ultérieurement les justifications prescrites. (*Circ. min. trav. publ., 13 févr. 1851.*)

S

SERVITUDES MILITAIRES.

LÉGISLATION.

Décret du 10 août 1853.

SOMMAIRE.

§ 1er. — Application.

1. Les servitudes sont applicables du jour de la publication du décret de classement. Ce décret de classement est accompagné d'un plan indiquant, avec le tracé de la fortification, les limites des terrains qui doivent être soumis aux servitudes. (*Décr., 10 août 1853, art. 1er.*)

2. Les décrets relatifs, soit à des constructions nouvelles des places ou postes de guerre, soit à la suppression ou démolition de ceux actuellement existants, soit à des changements dans le classement ou dans l'étendue desdites places ou postes, sont, ainsi que tous ceux qui sont mentionnés dans le présent règlement, insérés au *Bulletin des lois*. A la réception du *Bulletin des lois*, les préfets les font immédiatement publier dans les communes intéressées. (*Décr. préc., art. 2.*)

§ 2. — Bornage des zones de servitudes et des polygones exceptionnels.

3. Le chef du génie et l'ingénieur des ponts et chaussées, en présence du maire ou de son adjoint, fait procéder sur le terrain, aux frais du gouvernement, contradictoirement avec les propriétaires intéressés, dûment appelés par voie d'affiches ou autres moyens de publication en usage, aux bornages des zones de servitudes et des polygones exceptionnels, conformément au plan arrêté par le ministre de la guerre. — Les maires, sur l'invitation du chef du génie, sont tenus de prêter appui aux opérations de la délimitation et du bornage, et de fournir aux agents de l'autorité militaire les indications et documents réclamés. (*Décr. préc., art. 19.*)

4. Il est dressé, par le chef du génie et par l'ingénieur des ponts et chaus-

sées, un procès-verbal de bornage sur lequel le maire ou son adjoint peut consigner ses observations. Ce procès-verbal, ainsi que le plan de délimitation et ses annexes, sont déposés, pendant trois mois, à la mairie de la place ou du poste, pour que chacun puisse en prendre connaissance. Avis de ce dépôt est donné aux parties intéressées, par voie d'affiches ou autres moyens de publication en usage. — Les parties intéressées ont trois mois, à la date de cet avis, pour se pourvoir devant le conseil de préfecture contre l'opération matérielle du bornage. — Le conseil de préfecture statue, sauf recours au conseil d'État, après avoir fait faire, au besoin, sur les lieux, les vérifications nécessaires par les ingénieurs civils et militaires. — Les réclamants ont le droit d'être présents à ces vérifications et doivent y être dûment appelés. Ils peuvent s'y faire assister par un arpenteur, et leurs observations sont consignées au procès-verbal qui constate l'opération. (*Décr., 10 août 1853, art. 20.*)

5. Dès qu'il a été définitivement statué sur les réclamations des parties intéressées, le plan de délimitation, ses annexes et le procès-verbal de bornage sont adressés, par le directeur des fortifications, au ministre de la guerre, qui les fait homologuer et rendre exécutoires par un décret. Aucun changement ne peut être apporté à ces pièces qu'en se conformant de nouveau à toutes les formalités ci-dessus prescrites. Une expédition desdites pièces est déposée dans le bureau du génie de la place, et une autre expédition à la sous-préfecture, où chacun peut en prendre connaissance. — Il est défendu, sous les peines portées par les lois et les règlements, aux sous-préfets et à leurs agents, de laisser déplacer les plans dont il s'agit, ni d'en laisser prendre copie ou extrait, par quelque motif ou sous quelque prétexte que ce soit. — En temps de guerre, si le chef-lieu de la sous-préfecture est dans une ville ouverte, les plans sont transportés dans le bureau du génie de la place la plus voisine. Il en est de même, en cas de siége, pour les plans en dépôt dans les chefs-lieux qui sont places de guerre. (*Décr. préc., art. 21.*)

§ 3. — Servitudes relatives au terrain militaire formant la zone des fortifications, et bornage de ce terrain.

6. La rue militaire ne peut être réduite que par un décret rendu sur le rapport du ministre de la guerre. — Les autorités civiles peuvent lui faire assigner des limites plus étendues, par voies d'alignement, dans l'intérêt de la circulation, en se conformant aux prescriptions de la loi du 16 septembre 1807 et du décret du 24 mars 1852. (*Décr. préc., art. 22.*)

7. Les prescriptions ci-dessus des articles 19, 20 et 21 du présent décret (nos 3, 4 et 5), concernant le bornage et l'homologation du plan de délimitation des zones de servitudes, sont applicables au bornage et à l'homologation du plan spécial de circonscription du terrain militaire formant la zone des fortifications. (*Décr. préc., art. 25.*)

§ 4. — Registres, plans et états descriptifs concernant les constructions préexistantes.

8. Aussitôt après l'homologation du plan de délimitation des zones de servitudes, ou du plan de circonscription de la zone des fortifications, le chef du génie fait déposer à la mairie de la place un registre, coté et parafé par le directeur des fortifications. Ce registre est destiné à recevoir les déclarations des propriétaires, lesquels doivent affirmer, d'une part, que leurs constructions existaient dans leur nature et leurs dimensions actuelles avant que le sol sur lequel elles se trouvent ne fût soumis aux servitudes défensives, et, de l'autre, qu'elles n'ont fait, depuis cette époque, l'objet d'aucune soumission de démolition sans indemnité. — Le dépôt de ce registre est porté à la connaissance des propriétaires par trois publications, faites de mois en mois, dans les communes intéressées, à l'aide d'affiches ou autres modes de publication en usage dans la localité. — La signature de chaque propriétaire est légalisée par le maire. (*Décr. préc., art. 30.*)

9. Les particuliers à l'égard desquels le ministre déclare les pièces insuffisantes ou inadmissibles, conservent le droit de fournir et de faire constater, à toute époque, la preuve de la priorité d'existence, en produisant, à cet effet, leurs titres devant les tribunaux ordinaires. — L'affaire est instruite sommairement comme en matière domaniale; le département de la guerre y est repré-

senté par un avoué, qui opère d'après les documents que lui transmet le directeur des fortifications. — Le conseil de préfecture statue, sauf recours au conseil d'Etat, s'il s'agit de contestations relatives à l'interprétation des titres administratifs. — L'époque à laquelle remonte l'existence d'un ouvrage de fortification est déterminée par une déclaration du ministre de la guerre, et la décision prise à cet égard ne peut être attaquée que devant le conseil d'Etat. (*Décr., 10 août 1853, art. 32.*)

10. Le chef du génie fait indiquer, sur un plan pareil au plan de délimitation et de ses annexes, chacune des propriétés dont les constructions ont fait l'objet de déclarations acceptées par le ministre. Ce plan est fait en double expédition, dont une pour la mairie; il est complété chaque année, et signé tous les ans par le maire et par le chef du génie. (*Décr. préc., art. 33.*)

11. Il est fait en outre, par propriété, un plan parcellaire des constructions reconnues préexistantes et non soumissionnées, avec l'état descriptif de leur nature et de leurs dimensions. Ce plan et cet état sont rapportés, avec le numéro d'ordre, sur un registre tenu en double et signé comme il est dit ci-dessus. — Si l'une de ces constructions fait plus tard l'objet d'une soumission de démolition sans indemnité, cette circonstance est annotée sur le registre, et l'annotation est certifiée par le chef du génie et par le maire. — Le conseil de préfecture prononce, sauf recours au conseil d'État, sur les réclamations auxquelles donnent lieu les plans parcellaires ou les états descriptifs, après avoir fait faire par les ingénieurs civils et militaires, les vérifications qu'il juge nécessaires. (*Décr. préc., art. 34.*)

§ 5. — Dépossessions, démolitions et indemnités.

12. Il y a lieu à allouer des indemnités de dépossession lorsque des constructions nouvelles de places ou de postes de guerre, ou des changements ou augmentations à ceux qui existent, mettent le gouvernement dans le cas d'exiger la cession à l'Etat de propriétés privées par la voie d'expropriation pour cause d'utilité publique. — L'indemnité est réglée dans les formes établies par la loi du 3 mai 1841. (*Décr. préc., art. 36.*)

§ 6. — Contraventions. — Répression.

13. Les gardes du génie, dûment assermentés, recherchent les contraventions et les constatent aussitôt qu'elles sont reconnues. A cet effet, ils dressent des procès-verbaux qui font foi jusqu'à inscription de faux, conformément à la loi du 29 mars 1806. Ces procès-verbaux doivent être affirmés dans les vingt-quatre heures devant le juge de paix ou le maire du lieu où la contravention a été commise; ils sont visés pour timbre et enregistrés en débet dans les quatre jours de leur date. Les gardes du génie opèrent, dans tous les cas, sous l'autorité des officiers du génie chargés des poursuites. (*Décr. préc., art. 40.*)

14. Les procès-verbaux de contravention sont notifiés sans délai aux contrevenants par les gardes du génie dûment assermentés, avec sommation de suspendre sur-le-champ les travaux indûment entrepris, de démolir la partie déjà exécutée, et de rétablir les lieux dans l'état où ils étaient avant la contravention, ou, en cas d'impossibilité, dans un état équivalent; le tout dans un délai déterminé d'après le temps que cette opération réclame. — Une notification et une sommation pareilles sont aussi faites à l'architecte, à l'entrepreneur ou au maître-ouvrier qui dirige les travaux. (*Décr. préc., art. 41.*)

15. Si le contrevenant n'interrompt pas ses travaux dans les vingt-quatre heures de la date de l'acte de notification et de sommation, le chef du génie en informe le directeur des fortifications, en lui envoyant cet acte. — Le directeur vise, et transmet cette pièce au préfet du département, et demande que le conseil de préfecture prononce immédiatement la suspension des ouvrages commencés. — Sur le vu de cette demande et de l'acte à l'appui, le conseil de préfecture, convoqué d'urgence par le préfet, ordonne sur-le-champ cette suspension par provision, nonobstant toute inscription de faux. — Dans les vingt-quatre heures qui suivent le jugement, le préfet fait parvenir au directeur des fortifications une expédition de l'arrêté du conseil de préfecture. — Cet arrêté est notifié au contrevenant par le garde du génie, et, dès le lendemain de la notification, nonobstant et sauf toute opposition et tout recours, les officiers et les

gardes du génie en assurent l'exécution, même, au besoin, par l'emploi de la force publique. (*Décr., 10 août 1853, art. 42.*)

16. Dans le cas où, nonobstant l'acte de notification et de sommation prescrit à l'art. 41 (14 ci-dessus), le contrevenant ne démolit pas les travaux indûment exécutés, et ne met pas les lieux en l'état spécifié audit acte, le directeur des fortifications adresse au préfet un mémoire de discussion avec plan à l'appui, tendant à obtenir que le conseil de préfecture prononce la répression de la contravention, conformément aux dispositions consignées dans la sommation. — Ce mémoire est notifié au contrevenant en la forme administrative, avec citation devant le conseil de préfecture, et sommation de présenter ses moyens de défense dans le délai d'un mois; sauf le cas d'inscription de faux, le conseil de préfecture statue dans le mois suivant. — Toutefois, si le procès-verbal est reconnu incomplet ou irrégulier, en tout ou en partie, et que le conseil ne trouve pas, dans les autres pièces produites, les renseignements nécessaires, il fait faire préalablement sur les lieux, par les officiers du génie et les ingénieurs des ponts et chaussées, les vérifications qu'il juge convenables, et il prononce sur le tout dans le mois de la remise qui lui est faite du procès-verbal de vérification. — L'arrêté du conseil de préfecture, dans les huit jours au plus tard de sa date, est adressé par le préfet au directeur des fortifications. — Cet officier supérieur, si cet arrêté fait droit à ses conclusions, le fait notifier au contrevenant par un garde du génie, avec sommation d'exécuter le jugement dans le délai qui lui est assigné; dans le cas contraire, il en réfère immédiatement au ministre de la guerre. (*Décr. préc., art. 43.*)

17. Le conseil de préfecture fixe le délai dans lequel le contrevenant est tenu de démolir les travaux exécutés, et de rétablir à ses frais les lieux dans l'état où ils étaient avant la contravention, ou, en cas d'impossibilité, dans l'état équivalent déterminé par le conseil. (*Décr. préc., art. 44.*)

18. A l'expiration du délai fixé, si le jugement n'a pas été exécuté par le contrevenant, le chef du génie se concerte avec le commandant de place sur l'époque de l'exécution du jugement, et, s'il est nécessaire, sur l'intervention de la force armée, et requiert, en outre, par écrit, le maire de la commune d'être présent à l'opération. — Huit jours à l'avance, un garde du génie, dûment assermenté, notifie au contrevenant le jour et l'heure de l'exécution du jugement, avec sommation d'y assister. — L'exécution a lieu, et les démolitions, déblais et remblais sont effectués comme s'il s'agissait de travaux militaires, soit au moyen des ouvriers de l'entrepreneur des fortifications, soit à l'aide de travailleurs militaires ou civils, requis, au besoin, sur les lieux, en vertu de l'art. 24 du titre VI de la loi du 10 juillet 1791. — Le garde du génie constate, par un procès-verbal, les résultats de l'opération et les incidents auxquels elle donne lieu. (*Décr. préc., art. 45.*)

19. Toutes les dépenses faites pour constater, poursuivre et réprimer une contravention sont à la charge du contrevenant. — Les officiers du génie tiennent la comptabilité de ces diverses dépenses dans les formes établies pour les travaux de fortification, et, si le contrevenant ne les acquitte pas immédiatement, le chef du génie en dresse le compte, y joint les feuilles de dépenses, et envoie le tout, certifié par lui et signé par l'entrepreneur ou par le gérant, au directeur des fortifications, qui le vise et le transmet au préfet du département. — Le préfet arrête le compte de la dépense, le déclare exécutoire, et en fait poursuivre le recouvrement conformément aux dispositions de la loi du 19 mai 1802. (*Décr. préc., art. 46.*)

20. L'action publique, en ce qui concerne la peine de l'amende qui serait prononcée par application de l'arrêt du conseil, du 27 février 1765, est prescrite après une année révolue, à compter du jour auquel la contravention a été commise. — Mais l'action principale, à l'effet de faire prononcer la démolition des travaux indûment entrepris, est imprescriptible, dans l'intérêt toujours subsistant de la défense de l'Etat.

V. ZONES FRONTIÈRES.

FIN DE LA PROCÉDURE ADMINISTRATIVE.

TABLE PAR ORDRE CHRONOLOGIQUE

DE

Tous les Actes officiels, Lois, Décrets, Ordonnances, Circulaires ministérielles, etc., etc.,

Cités dans la *Procédure administrative.*

NOTA. — Le nom du mois n'est cité qu'une fois; un tiret (—) en tient lieu quand il doit être répété. Le chiffre qui suit indique le quantième du mois. Puis vient l'indication de la nature de l'acte cité.

Av., pour *Avis.* — Arr., pour *Arrêt* ou *Arrêté.* — Arr. gouv., pour *Arrêté du gouvernement.* — Circ. min. int., pour *Circulaire du ministre de l'intérieur*; les autres départements ministériels sont abrégés d'après le même mode. — C. E., pour *Conseil d'Etat.*—Cons., pour *Conseil du roi.* — D., pour *Décret.* — Déclaration, pour *Déclaration du conseil du roi.* — I. ou Instr., pour *Instruction.*— L., pour *Loi.*—O., pour *Ordonnance.*—Parl., pour *Parlement.*— R., pour *Règlement.*

Après la désignation de l'acte vient, ou l'indication des articles cités si l'acte n'est indiqué qu'en partie, ou l'indication par le mot de la rubrique de la *Procédure* avec la page et le No de la rubrique où l'acte est invoqué en entier ou en partie, ainsi de suite. — Le No ou les Nos de l'article de la *Procédure* sont liés au folio par une division (-). Quand l'acte cité se trouve en entier dans le *Formulaire* ou dans le *Répertoire*, pour la commodité de ceux qui sont abonnés à ces deux ouvrages, nous y renvoyons en indiquant le volume et la page où ils pourront trouver cet acte.

1669.

O., tit. 27, art. 42, 43, Ecluses, 187; tit. 28, art. 7, Chemins de halage, 94-2 (*Form.*, t. 5, 311).

1729.

Déclar. du roi, Constructions, 519-15.

1730.

Juill. 1er, O. intendant de Paris, Vétérinaires, 490-6.

Déclar. du roi, Constructions, 519-15.

1745.

Mars 24, Arr. du parl., art. 1, 5, Epizooties, 221-2-7-10 (*Form.*, t. 4, 627).

1746.

Juill. 19, Arr. cons., art. 2 à 7, Epizooties, 221-2 à 6-8-9 (*Form.*, t. 4, 627).

1765.

Févr. 27, Arr. cons., Servit. mil., 528-20.

1782.

Avril 28, Déclar. du roi, Abreuvoirs, 4-3-9.

1783.

Avril 10, Déclar. du roi, art. 1, 7, Rues, 441-2.

1784.

Juill. 16, Arr. cons., art. 1, 6, Epizooties, 221-2-6-10.

Août 16, Arr. cons. Etat, Vétérinaires, 490-6 (*Form.*, t. 4, 628).

1785.

Juin 8, O. intendant de Paris, Vétérinaires, 490-6.

1786.

Juill. 7, O. de pol., Foins et Fourr., 255-1 (*Form.*, t. 5, 18).

1789.

Nov. 2, L., Eglises, 189-1 (*Form.* t. 4, 138, sect. 2).

Déc. 14, L. (*et non 14-22*), art. 50, Blanchisserie, 49-4; Cours d'eau non navig., 151-2; — art. 52, Force publ., 258-4; — art. 60 et 61, Crimes et dél., 153-4 (lisez 14 et non 14-18).

— 22, D., sect. 3, art. 2 et 3, Salubrité, 445-1; — §§ 6, 7, Irrig., 315-3-24.

1790.

Févr. 23, D., art. 4 et 5, Responsabilité des communes, 429-1-2.

Mars 15-18, D., tit. 2, Halles, 285-5 (*Form.*, t. 5, 319).

— 19, D., Quêtes, 415-1.

Avril 22, L., Gardes champêtres, 268-45 (*Form.*, t. 2, 608. V. la note au bas de cette page 608, relativement à la date de ladite loi).

— 30, L., Procès-verbaux, 415-3.

Mai 30, D., art. 7, Sec. de route, 449-1.

Juill. 12, D., tit. 1er, art. 7, Eglises, 190-5.

— 26, D., art. 1er, Rues, 441-1.

Août 12-20, I. Ass. nat., chap. 6, Foires et marchés, 255-1; Irrig., 315-3-24 (*Form.*, t. 5, 21).

— 15, L., art. 1er, Rues, 441-3 (*Form.*, t. 6, 573).

— 16-24, L., Aliments, 21-1; Bals publics, 39-1; Bouchers, 54-1; Boulangers, 55-1; Charcutiers, 88-1; Chevaux, Chiens, 104; Dégradations, 163-1; Denrées, 164-3; Fontaines publiq., 257-1; Halles, 285-8; Inondations, 304-2; Jeux, 318-4; Police munic. et rur., 386 (*Form.*, t. 5, 322); Quais, 415; Toitures, 472-1; Voie publique, 492-2; — tit. 2, art. 13, Eglises, 193-38; — tit. 11, art. 3, Bâtiments, 41-1; Blanchisserie, 49-4; Blé, 49; Bruits et tapages, 55-2; Cérémonies publ., 87-1 (*Form.*, t. 2, 483); Cheminées et Fours, 93-

1791.

1792.

1793.

AN II-1793-1794.

---

(1) A l'alinéa 21, lisez : tit. 14, au lieu de tit. 13.

AN VIII-1799-1800.

Mercuriales, 338-1; — art. 32, Abreuvoirs, 4-3.
Therm. 7-26 juill. 1800, Arr. gouv., art. 4, Foires et marchés, 255-2.
Fruct. 24-11 sept. 1800, Circ. min. int., Spectacles, 460-5.

An IX-1800-1801.

Brum. 5-27 oct. 1800, Arr., art. 16, Bâtiments, 41-1; — art. 17, Eaux pluviales, 184-3; —art. 19, Incendie, 298-3; — art. 24, Mercuriales, 338-1.
— 7-29 oct. 1800, Arr. gouv., Poids publics, 384, 385-14; — art. 4 à 8, Poids publics, 385-7 à 11 (*Form.*, t. 6, 318).
— 13-4 nov. 1800, Arr., Poids et mesures, 382-69 (*Form.*, t. 6, 318).
Niv. 6-27 déc. 1800, Lett. min. int., Secrétaires de mairie, 451-1.
— 17-7 janv. 1801, Arr., Délégation, 164-3.
Pluv. 7-27 janv. 1801, L., art. 4, Adjoints, 8-11; Flagrant délit, 254-3.
— 18-7 févr. 1801, L., art. 20, Flagr. délit, 254-3.
— 28-17 févr. 1801, Déc., Répartiteurs, 425-7.
Vent. 4-23 févr. 1801, L., Bureaux de bienf., 72-8-2°; Hôpitaux et hospices, 293-78 (lisez 23 févr. et non 26.)
— 7-26 févr. 1801, Instr. min. pol., Commissaires de police, 116-17.
Germ. 29-19 avril 1801, Arr., Bureaux de bienfaisance, 72-12.
Flor. 12-2 mai 1801, Instr. min. int., Enquêtes, 212-1-7 (*Form.*, t. 5, 457).
Prair. 24-13 juin 1801 (au lieu de *1804*), Arr., Actes, 504.
— 27-16 juin 1801, Arr., art. 1, 2, 5, Gendarmerie, 279-54.
— 29-18 juin 1801, Arr., Poids et mesures, 382-69.
Mess. 7-26 juin 1801, Arr., Hôpitaux et hospices, 293-79; Spectacles, 460-6; —art. 11 à 13, Bureaux de bienfaisance, 75-45-46.
— 26-15 juill. 1801 (¹), Concordat, art. 6, Abus (appel comme d'), 5-2-3, (*Form.*, t. 4, 144).
Ther. 19-7 août 1801, Arr., Fournisseurs, 262-3.
Fruct. 19-7 sept. 1801, Arr., art. 3, 4, Conseils de préfecture, 136-5-7-note.
— 25-12 sept. (au lieu du *13 août*) 1801, Arr. gouv., Gardes champ., 264-1.

An X-1801-1802.

Brum. 13-4 nov. 1801, Arr., Conflits d'attributions, 127-4.
— 23-14 nov. 1801, Arr. règl., Fournisseurs, 262-4.

(¹) V. ci-après la loi du 18 germinal an 10-8 avril 1810, qui est la date de la loi organique du culte.

Niv. 8-29 déc. 1801, Circ. min. int., Dépôts de sûreté, 165-1) *Form.*, t. 4, 144.)
Germ. 18-8 avril 1802, L. (*Form.*, t. 4, 144), Cultes, 159-60; Eglises, 189; Presbytères, 395-2-8; — art. 12, Eglises, 189-1; — art. 19, 29, Cultes, 154-10-11; —art. 44, Hôpitaux et hospices, 292-67; —art. 45, Cultes, 154-6; — art. 46, Eglises, 191-12; — art. 47, Eglises, 190-6; Préséances, 398-4; — art. 48, Cloches, 109-1; — art. 60 à 63, 66, Cultes, 154-8-12-13-22 à 24; — art. 75, Eglises, 189-1; — art. 76, Fabriques, 239-1; — art. 77, Eglises, 189-1. (V. aussi à la date du 26 messidor, an IX.)
Flor. 10-30 avril 1802, Arr., Mise en jugement, 345-3.
— 11-1ᵉʳ mai 1802, L., art. 8, Collèges communaux, 110-1.
— 14-4 mai 1802, L., Bacs et bateaux, 37; — art. 9, 10, Bacs et bateaux, 37-2-3 (*Form.*, t. 1ᵉʳ, 338).
— 15-16-5-6 mai 1802, L., Biens de l'Etat, 48-4.
— 28-18 mai 1802, L., Gardes champêtres, 267-40.
— 29-19 mai 1802, L. (*Form.*, t. 6, 319), art. 1 à 4, Poids publics, 384-1 à 4-13.
— — L., Servitudes milit., 528-19; Zones frontières, 502-11; —art. 1 à 3, Bâtiments, 41-1; Irrigations, 316-7-8; Navigation intérieure, 350-2 à 5; Voirie, 493-6-7; — art. 4, Conseils de préfecture, 138-31; Hypothèques, 296-12.
Prair. 15-4 juin 1802, Instr. min. int., Poids publics, 385-2-12 à 15.
Mess. 6-25 juin 1802, Arr. gouv., Absence, 4-4.
Ther. 4-23 juill. 1802, Arr., art. 10, Centimes additionnels, 86-2.
— 20-8 août 1802, Circ. min., Mercuriales, 338-2.
Fruct. 8-26 août 1802, Circ. min. int., Indigents, 299-10.

An XI-1802-1803.

Brum. 19-10 nov. 1802, Avis cons. Etat, Hôpitaux et hospices, 290-50.
— 27-18 nov. 1802, Arr. cass., Gardes champêtres et for. particul., 269-11.
Frim. 27-18 déc. 1802, Instr., Cultes, 158-45.
Niv. 6-27 déc. 1802, Arr. gouv., art. 10, Eaux minérales et thermales, 181-8 (*Form.*, t. 4, 508).
Vent. 19-10 mars 1803, L., Accouchements, 5-1; — art. 21, 24, 25, 26, Médecine, 337-1-2; — art. 30 à 33, Sages-femmes, 442-1 à 4; —art. 34, Médecine, 337-2; Sages-femmes, 443-6-7; — art. 36, Sages-femmes, 444-30.

1810.

1811.

Déc. 10, D., art. 90, 93, Arbres, 23-1.
— 11, Av. cons. Etat, Passe-ports, 361-14.
— 16, D. (Form., t. 6, 338), Plantations des routes, 369; Routes, 437-6; Voirie, 493; — art. 16, 18 à 22, 24 à 27, Routes, 437-7-8-10 à 13-28 à 31; — art. 28, 30, 32, 36, Voirie, 493-2 à 5; — art. 57 à 63, 65, Routes, 440-34 à 41; — art. 88 à 101, Plantations des routes, 369-1 à 11-18 à 20; — art. 102, 103, 105, Elagage, 194-1 à 3; — art. 106 à 108, Plantations des routes, 371-21 à 23; — art. 112, Irrigations, 316-8; — art. 112 à 114, Voirie, 493-8 à 10; — tit. 9, Canaux, 81-2; Navigation intérieure, 350-5.
— 24, D., art. 65, Bâtiments militaires, 42-2.

1812.

Janv. 30, D., Fournisseurs, 262-2.
Févr. 12, D., Poids et mesures, 382-69 (Form., t. 6, 300).
— 25, Circ. min. int., Hôpitaux et hospices, 289-34 (1).
Mars 26, Circ., Cultes, 159-58; Fabriq., 240-105.
Avril 10, D., Canaux, 81-1-2; Irrigations, 316-8.
— —, Arr. cons. Etat, Conseils de préfecture, 138-19.
— 12, D., Rivières navigables ou flottables, 434-3-2°.
— 14, Circ., Budgets communaux, 66-86.
Mai 18, D., Rivières navigables ou flottables, 434-3-4°.
— 22-31, D., Dettes des comm., 168-8.
Juin 18, Arr. min., Architectes, 25-5.
Juill. 14, D., Bureaux de bienf., 73-17; Hôpitaux et hosp., 290-50.
— 31, D., Eglises, 191-14.
Août 4, Arr. cons. Etat, Conseils de préfecture, 138-21.
Oct. 27, Arr. min. int., art. 1, 2, 4, Mines, 330, 341-29 à 31.
Déc. 22, D., art. 2, Cultes, 157-44; Hôpitaux et hospices, 292-67.

1813.

Janv. 13, D., Mines, 330.
— 15, D., tit. 1, 3, art. 14 à 17, Vétérinaires, 490-1 à 5.
— 31, D., Gardes forestiers, 269-8.
Mars 22, L., Echanges, 185-6.
— —, Régl. gén. (Form., t. 2, 430), Carrières, etc., 83-7; — art. 2, 4 à 8, 10, 22 à 26, Carrières, etc., 83-8 à 16.
Mai 24-31, D., Dettes des communes, 168-8.
Juin 21, Arr. cons. Etat, Conseils de préfecture, 138-10.
— 28, Instr. min., Construct., 142-4.
Août 7, Instr. min. int., Rues, 441-2.
Août 12, Circ. min., Colléges communaux, 111-4.
Sept. 30, Instr., Contrib. dir., 146-11.
Oct. 26, Arr. min. int., art. 1 à 4, Enfants trouvés, 210-63.

1814.

Janv. 23, Av. cons. Etat, Préséances, 398-3.
Juin 29, O., Abus (Appel comme d'), 5-2.
Août 20, Régl., Battues, 42-5 (Form., t. 2, 634).
— 30, Régl., Théâtres, 470; — art. 17, 18, 22 à 24, 28, 31, 32, Théâtres, 470-6 à 10-14-15.
Oct. 5, O., art. 7, Etabliss. ecclésiastiques, 225-note (Form., t. 4, 176).
— 8, L., art. 144, Mise en jugement, 345-3.
— 21, L., art. 11, Libraires et librairie, 322-1-4-10.
— —, O., art. 37, 38, Carrières, etc., 83-6.
— 31, Circ. min. int., Vaccine, 489-3.
Nov. 18, O., Coutres de charrues, 152-1.
— —, L., Dimanches et fêtes, 172-1-2; — art. 7, Fêtes patronales, 254; Foires et marchés, 256-10.
— 26, O., Foires et marchés, 255-3.
Déc. 9, O. (Form., t. 6, 3), art. 6 à 8, 11 à 24, 85 à 87, 94 et suiv., Octrois, 353-3-4-6 à 20-28 à 30.
— 24, L., art. 48, Gardes champêtres, 266-30.

1815.

Janv. 14, O., Abattoirs, 2-9.
— 27, O., Gardes champ., 266-29.
— 28, O., Conseils de préfecture, 137-10 (Form., t. 3, 326).
Févr. 6, Instr. min. int., Sapeurs-pompiers, 446-4.
— 15, O., Etabliss. dangereux, 223; — art. 2, 3, Etabliss. dangereux, 223-3-11 (Form., t. 5, 693).
— 27, O., Zones frontières, 501.
Juin 4, D., Rivières navigables ou flottables, 434-3-4°.
Sept. 21, Circ. min. int., Actes administratifs, 7-4-5 (Form., t. 1er, 47).
Nov. 5, Arr. cass., Gardes champêtres, 266-22.
— 20, O., Actes administratifs, 7-3; Rivières navigabl. ou flottabl., 434-3-1°.
Déc. 23, Arr. cons. Etat, Cons. de préf., 139-34; Noms, prénoms, 352-5.

1816.

Janv. 12, O. de pol., Foins et fourrages, 255-1.
Fév. 6, Circ. min. int., Vagabonds, 490-7.
— 9, Instr. min., Haras, 286-7.
Mars 6, O., Rivières navigables ou flottables, 434-3-2°.
— 23, O., Etat civil, 229-2.
Avril 8, Arr. cass., Gardes champêtres et forestiers particuliers, 268-3.
— 18, Arr. cons. Etat, Noms, 352-5.

(1) V., à la date du 25 mars 1852, n° 35 du tableau A, la note au bas de la colonne.

1817.

1818.

1819.

1838.

1851.

1852.

(1) Dans cet alinéa, au lieu de 1812, il faut lire 1852.

1854.

Code Napoléon.

Code de procédure civile.

Code d'instruction criminelle

Code pénal.

Code Forestier.

Code de Commerce.

FIN DE LA TABLE CHRONOLOGIQUE.

N° 1.

TABLE GÉNÉRALE ALPHABÉTIQUE ET ANALYTIQUE

DES MATIÈRES.

Nota. — Le premier chiffre qui vient après le texte, et chaque chiffre précédé d'une virgule indiquent la page où l'on renvoie. — Les chiffres qui sont liés par un tiret (-) au chiffre de la page, indiquent le N° de l'article auquel on doit se reporter. — V. *Voyez*, *T.* 2, *Table de décentralisation*, n° 2 (ci-après). — Les mots en italique indiquent la rubrique de l'article auquel on renvoie.

A

B

D

F

G

H

I

J

K

L

M

P

Q

R

S

U

V

FIN DE LA TABLE ANALYTIQUE, N° 1.

N° 2.

TABLE ALPHABÉTIQUE ET ANALYTIQUE

De toutes les matières réglées par le décret de décentralisation du 25 mars 1852.

Abréviations. — Les mêmes que dans la table n° 1. — 392-7-A-44, pour page 392, paragraphe 7, tableau A, n° 44, etc.

A

B

R

S

T

FIN DE LA TABLE DE DÉCENTRALISATION, N° 2.

ERRATA.

Abréviations: Al., pour *alinéa* ou *numéro*. — L., pour *ligne*.

Pages
3, *Abonnement*, au sommaire, ligne 2, au lieu de 24 juin 1800, lisez: *27*; — même page, alinéa 2, ligne 7, au lieu de 1851, lisez: *1852*.
13, *Affouage*, al. 6, l. 3, au lieu de 1837, lisez: *1827*.
20, *Alignements*, al. 8, l. 2, au lieu de art. 50, lisez: *art. 30*.
35, *Attelage*, al. 1, l. 5, au lieu de 1851, lisez: *1852*.
39, *Ban*, al. 2, l. 8, au lieu de 26 septembre, lisez: *28*.
43, *Baux administratifs*, al. 2, l. 9, au lieu de 1838, lisez: *1837*; — même page, al. 3, l. 5, même rectification.
49, *Blanchisseries*, al. 4, l. 12, au lieu de 14-22 déc., lisez: *14 déc.*
—, *Blé*, l. 7, à L., 16-24 août 1790, ajoutez: *tit. 11*.
58, *Budgets*, al. 24-2° §, l. 3, au lieu de: et l'autre au percepteur, lisez: *au receveur municipal*.
83, *Carrières*, al. 2, l. 3, après Instr. gén. min. int., ajoutez: *3 août 1810*.
86, *Centimes additionnels*, al. 3, l. 6, au lieu de 1812, lisez: *1818*; au lieu de 17 mars, lisez: *27 mars*.
89, *Chargements*, al. 1, l. 9, au lieu de: art. 3, lisez: *art. 11*.
104, *Chiens*, al. 1, l. 2, au lieu de 19-22 juillet 1721, lisez: *1791*.
106, *Cimetières*, al. 17, l. 4, après déc. 1843, supprimez: *art. 184*.
114, *Commissaires de police*, al. 6, l. 1, au lieu de: le serment est prêté devant le maire, lisez: *le serment politique et professionnel est prêté entre les mains du préfet. (Circ. min. int., 14 déc. 1854.)* Le reste de l'alinéa est conservé.
115, Même rubrique, al. 15, supprimez tout ce qui est relatif aux commissaires départementaux, ces commissaires ayant été supprimés après la rédaction de la *Procédure*.
145, *Contributions directes*, au sommaire, l. 1, au lieu de loi du 22 messidor, lisez: *2 messidor*.
146, Même rubrique, al. 12, l. 10, au lieu de 22 messidor, lisez: *2 messidor*.
151, *Cours d'eau*, al. 2, l. 5, après 24 août 1790, ajoutez: *tit. 11*.
153, *Crimes et délits*, al. 4, l. 3, au lieu de 14-18 déc., lisez: *14 déc.*
170, *Devis*, al. 8, l. 3, au lieu de 25 mai 1852, lisez: *25 mars 1852*.
209, *Enfants trouvés*, al. 61, l. 2, au lieu de Décr. min. fin., lisez: *Déc. min. fin.*
226, *Établissements ecclésiastiques*, al. 15, l. 1, au lieu de 20 janv., lisez: *29 janv.*
255, *Foins et fourrages*, al. 4, l. 3, au lieu de 7 vend. an 7, lisez: *7 vend. an 4*.
—, *Foires*, al. 1, l. 2, au lieu de 12 août 1790, lisez: *12-20 août 1790*.
259, *Fossés et eaux*, etc., al. 1, l. 2, au lieu de 11 frim. an 7-27 nov., lisez: *11 frim. an 7-1er déc.*
265, *Gardes champêtres*, al. 11, l. 7, au lieu de 23 fruct. an 13-11 août, lisez: *23 fruct. an 13-10 sept.*
273, *Gendarmerie*, al. 2, l. 1, au lieu de 18 germ., lisez: *28 germ.*
293, *Hôpitaux et hospices*, al. 78, l. 1, au lieu de 4 ventôse an 9-26 février, lisez: *4 ventôse an 9-23 février*.
299, *Ingénieurs*, al. 4-5°, l. 2, au lieu de 10 mars, lisez: *10 mai*.
300, Même rubrique, al. 6, dernière ligne, même rectification.
332, *Manufactures*, al. 10, dernière ligne, au lieu de 17 mars, lisez: *17 mai*.
333, Même rubrique, al. 12, l. 4, au lieu de 17 mai 1841, lisez: *17 mai 1851*.
336, *Matières d'or et d'argent*, al. 1, l. 5, au lieu de 2 brum., lisez: *19 brum.*
353, *Octrois*, au sommaire, l. 1, au lieu de 10 mai, lisez: *17 mai*.
387, *Police municipale*, al. 3, l. 2, après art. 3, ajoutez: *titre 11*.
409, *Prisons*, al. 21, l. 4, au lieu de titre 13, lisez: *titre 14*.
425, *Répartiteurs*, al. 3, l. 2, au lieu de 9 flor. an 8, lisez: *19 flor. an 8*.
427, Même rubrique, al. 20, l. 6, au lieu de 4 frim. an 7, lisez: *3 frim. an 7*.
429, *Responsabilité*, au sommaire, l. 1, au lieu de 24 février, lisez: *23 février*.
430, Même rubrique, al. 3, l. 2, au lieu de 1690, lisez: *1790*.
431, Même rubrique, al. 15, l. 4, au lieu de titre 4, lisez: *titre 5*.
445, *Salles d'asile*, al. 11, l. 4, au lieu de 2 décembre, lisez: *22 décembre*.
446, *Salubrité*, al. 2, l. 3, au lieu de 17 juillet 1837, lisez: *18 juillet 1837*.
455, *Sociétés de secours mutuels*, al. 45, l. 4, au lieu du 16 mars 1852, lisez: *26 mars 1852*.
461, *Spectacles de curiosités*, al. 1, l. 1, après titre 11, ajoutez: *art. 3 et 4*.
466, *Surveillance légale*, au sommaire, au lieu de 21 avril 1832, lisez: *28 avril 1832*. — Al. 1, l. 6, au lieu de 21 mars 1832, lisez: *28 avril 1832*.
492, *Voie publique*, al. 2, l. 2, au lieu de 16 août 1790, lisez: *16-24 août 1790*.
504, *Actes*, l. 1, au lieu de 13 juin 1804, lisez: *13 juin 1801*.

Tableau, imprimé en
... affiché dans les pré-
...le in-plano, prix : 1 fr.

...RS PRIMAIRES, conte-
...1850 sur l'enseignement ;
...ration publique du 8 mai
1850 ; le décret du 7 octobre
...ministre de l'instruction pu-
...lative aux traitements des in-
...rement de la rétribution sco-
...tion des maisons d'école, avec
...i l'accompagnent ; la Circulaire
...eurs ; la Circulaire du receveur
aux percepteurs, sur les rapports
...es instituteurs, etc., etc. — 1 vol.
...0.

PATENTES, avec Tables et Tableaux,
... d'une Table générale sur les huit clas-
...entes ; de la Circulaire du 14 août 1844 du
...eur général des contributions directes, et des
...ations, corrections et renvois extraits du Tarif
général des droits des patentes ; de la nouvelle Loi sur les patentes, du 15 mai 1850, avec Tableaux ; de l'Instruction du 10 juillet 1850, du ministre des finances. — 1 vol. in-8, prix : 2 fr. 75.

CODE DE LA VOIRIE de la ville de Grenoble, in-8, prix : 1 fr.

CODE DE LA CHASSE, contenant : la loi du 3 mai 1844 ; — les Instructions des ministres de l'intérieur, du 9 mai 1844, de la justice, du 20 mai 1844 ; — les Formules d'avis du maire pour la délivrance d'un permis de chasse, — du registre des avis pour permis de chasse, — de six sortes de procès-verbaux de délit de chasse, — d'ordonnance pour la remise du gibier saisi, — de procès-verbal pour emploi de drogues ou appâts nuisibles au gibier. — 1 vol. in-18, prix : 50 c.

CODE-FORMULAIRE DU CRÉDIT FONCIER DE FRANCE, contenant : tous les actes officiels sur la matière, le tableau de répartition du premier prêt de 200 millions, de trois tables d'amortissement ; d'une formule de demande d'emprunt, d'un projet de délibération de conseil municipal à l'effet d'être autorisé à contracter un emprunt, de neuf formules d'actes notariés, et enfin, d'une table alphabétique et analytique des matières ; précédés d'une notice historique sur le Crédit foncier et son mécanisme, et de la nomenclature des pièces à produire pour un emprunt. — 1 vol. in-8, prix : 1 fr. 50.

CODE-FORMULAIRE DES PENSIONS CIVILES, ou Manuel des fonctionnaires soumis à la retenue et ayant droit à la pension de retraite, contenant : la Loi du 9 juin 1853, annotée, et précédée d'une Notice historique ; le Décret du 9 novembre 1853 ; les Circulaires ministérielles sur cette législation, et les Tableaux y annexés ; une Circulaire de M. le receveur général de l'Isère, portant instructions sur le nouveau service de la rétribution scolaire et sur les retenues pour pension, avec 56 modèles de mandats de paiement, faisant suite à l'*Agenda des receveurs municipaux*. — 1 vol. in-8°, prix : 1 fr. 50.

CODE FORESTIER, suivi de l'ordonnance d'exécution et d'une Table alphabétique et analytique des matières. — 1 vol. in-32 en gros caractères, 50 c.

LÉGISLATION sur les **Contraventions** et les **Peines** en matière de simple police ; un grand placard de deux feuilles, contenant la matière d'un in-12 ; prix : 1 fr. 50.

LOI et INSTRUCTION sur les Chemins vicinaux, 1 vol. in-8, prix : 1 fr. 25.

PROMPT-CALCUL d'intérêts, d'escomptes, de rentes, de pensions, de traitements, de salaires, de locations, de coulages ou déchets, etc., pour quelque somme et quelque durée que ce puisse être, à 40 taux différents, entiers ou fractionnés, par C. BENOIT. — 1 vol. in-18, prix : 2 fr.

TABLES DE CUBAGE des Bois suivant les divers modes usités en France, au volume réel, au 1/4 de la circonférence sans déduction, au 1/6 déduit et au 1/5 déduit, par LICHTLIN, sous-inspecteur des forêts ; précédées d'instructions sur leur usage. — 1 vol. petit in-8, prix : 2 fr. 50 c.

TRAITÉ COMPLET D'ÉDUCATION physique, intellectuelle et morale, CONTENANT : 1° Une partie générale, consacrée à l'examen THÉORIQUE des principes et à l'exposé des moyens de l'organisation des établissements d'instruction publique ; 2° une partie spécialement PRATIQUE, comprenant : PLUSIEURS ESSAIS DE COURS sur les diverses branches de l'enseignement du premier et du second degré, à l'USAGE des pères et mères de famille, des directeurs et directrices des crèches et des salles d'asile, des instituteurs et institutrices des divers degrés, et de toutes les personnes chargées d'instituer ou de diriger des établissements d'éducation publique. — *L'éducation doit avoir pour objet le perfectionnement de TOUTES les parties de notre être.* Par MM. Joseph REY et A. BARRÉ. — Deuxième édition, 1 très-fort volume in-8, avec ATLAS composé de 10 tableaux et de 8 planches lithographiées. Prix : 9 fr.

AVIS ESSENTIEL.

Le **RÉPERTOIRE ADMINISTRATIF** (annoncé ci-contre), **Journal complémentaire et continuation du *Formulaire municipal*, contenant, par ordre chronologique, tous les actes officiels administratifs qui font suite à la législation recueillie dans le *Formulaire*,** 1 vol. in-8° par an, paraissant par livraisons mensuelles de 32 à 64 pages, le **RÉPERTOIRE ADMINISTRATIF** fait également suite, à partir de l'année 1854, à la **PROCÉDURE ADMINISTRATIVE**. En conséquence, avec la **PROCÉDURE ADMINISTRATIVE** et le **RÉPERTOIRE**, on est continuellement à jour des Lois, Décrets, Jurisprudence et Instructions ministérielles concernant la Législation municipale.

Le prix du **RÉPERTOIRE**, rendu à domicile, franco par la poste, est de 8 fr. par an. — L'abonnement commence le 1er janvier.

Par exception pour les souscripteurs à la *Législation toujours complète*, annoncée dans la deuxième page de la couverture au prix de 132 fr. payables en 10 ans, le prix du **RÉPERTOIRE** n'est compté que 6 fr. l'année.

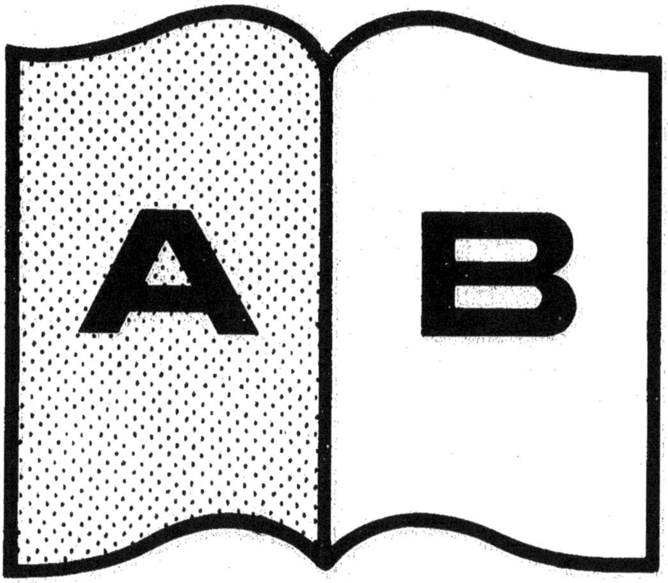

Contraste insuffisant

NF Z 43-120-14

www.ingramcontent.com/pod-product-compliance
Lightning Source LLC
Chambersburg PA
CBHW071142270326
41929CB00012B/1850
9782019562465